# BON 본
# EARTH SCIENCE I

# 본 지구 과학 I

# STRUCTURE 구성과 특징

## | 본교재 |

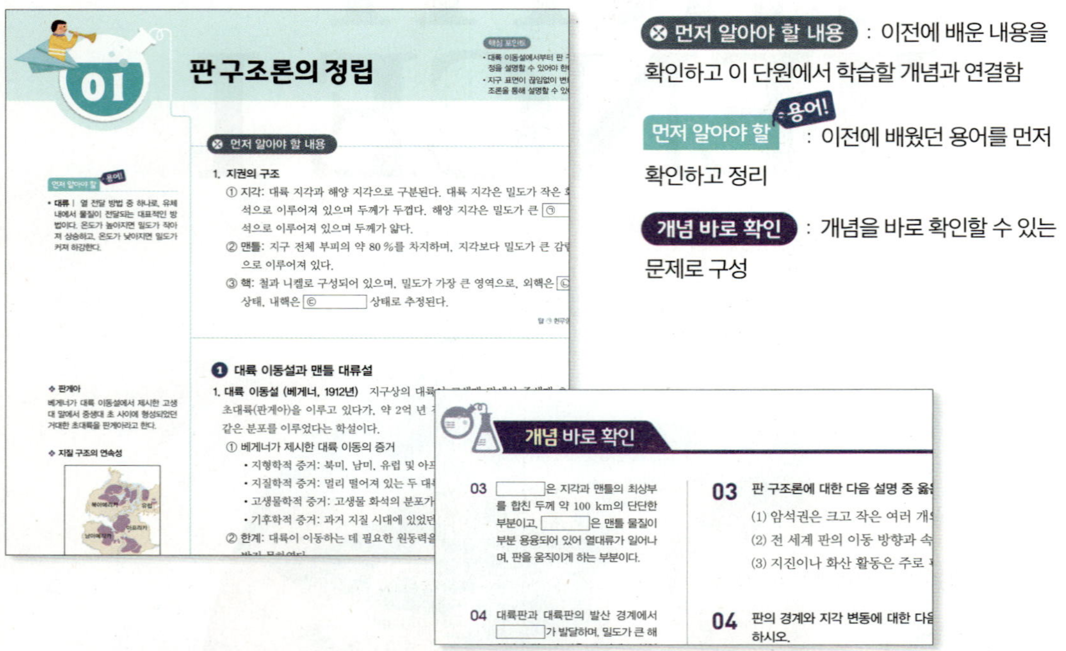

**먼저 알아야 할 내용** : 이전에 배운 내용을 확인하고 이 단원에서 학습할 개념과 연결함

**먼저 알아야 할 용어!** : 이전에 배웠던 용어를 먼저 확인하고 정리

**개념 바로 확인** : 개념을 바로 확인할 수 있는 문제로 구성

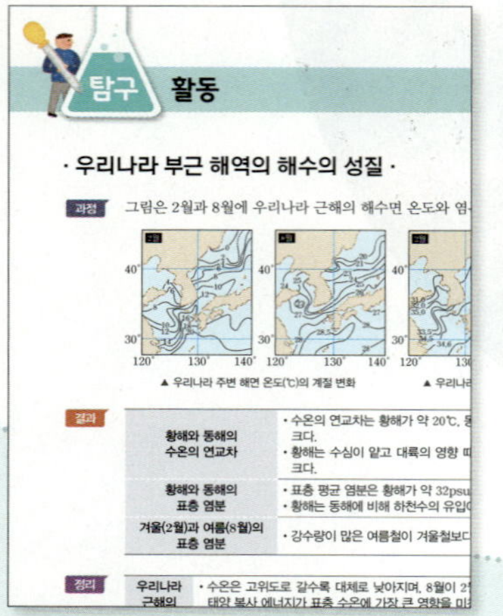
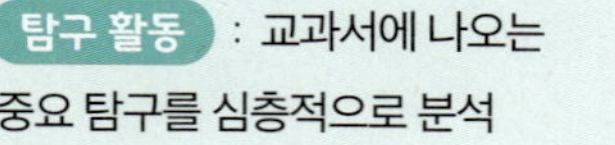

**탐구 활동** : 교과서에 나오는 중요 탐구를 심층적으로 분석

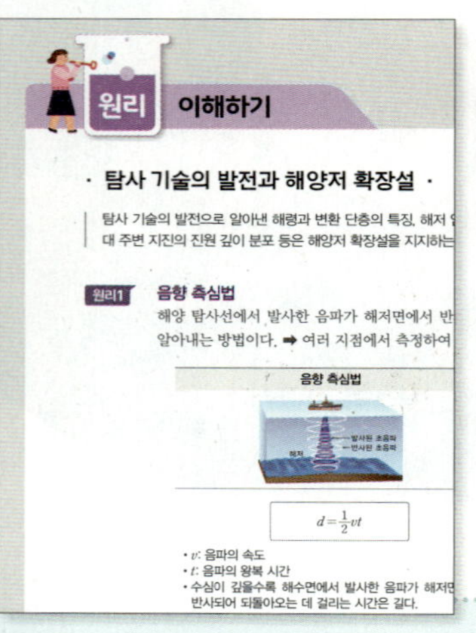

**원리 이해하기** : 내용 정리만으로 이해하기 어려운 내용을 쉽고 자세하게 설명

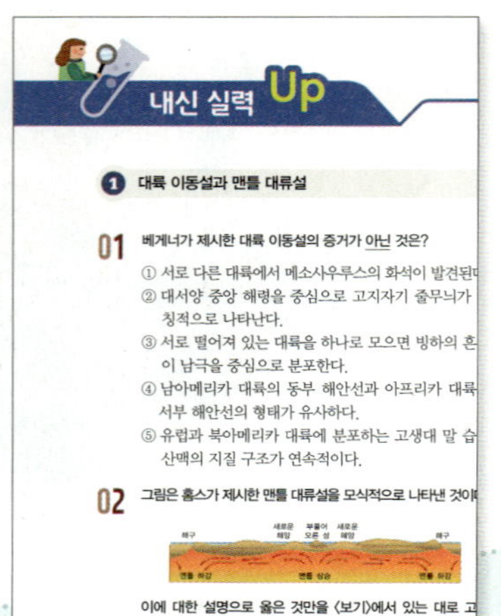

**내신 실력 Up** : 학교 시험에 출제될 가능성이 높은 문제로 구성, 서술형 문제 포함

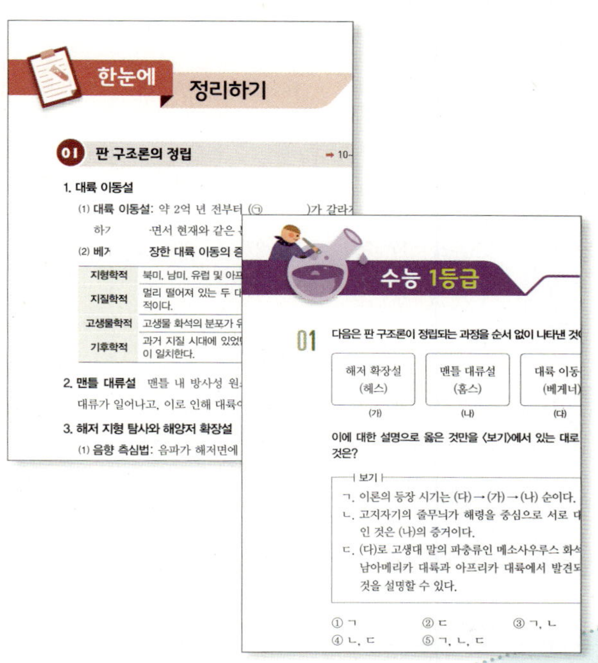

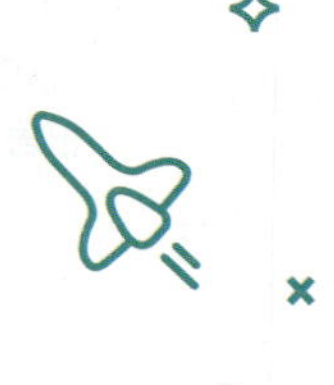





**한눈에 정리하기** : 중단원을 마무리하면서
핵심 개념을 요약 정리

**수능 1등급** : 수능에 출제될 수 있는 문제로
구성

# | 시험 대비 워크북 |

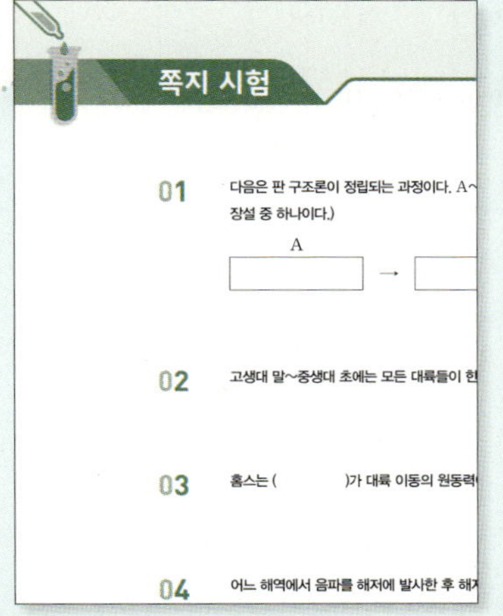



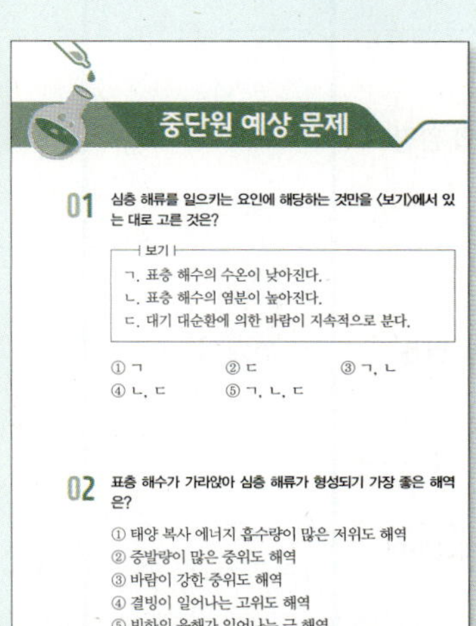



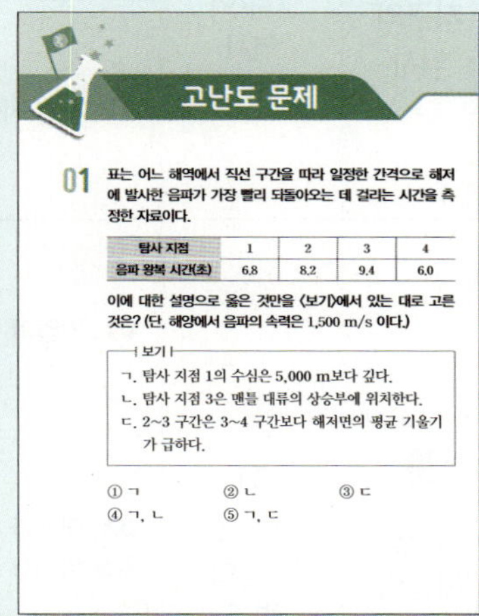



**쪽지 시험** : 쪽지 시험 형태의
단답형 주관식 문항

**중단원 예상 문제** : 학교 시험과
유사한 형태의 예상 문제 제시

**고난도 문제** : 난이도 높은 문제로
실력을 향상시킴

| 대단원 | 중단원 | 소단원 | 본 지구 과학 I | 금성 | 미래엔 | 비상 | 천재 | YBM |
|---|---|---|---|---|---|---|---|---|
| I.<br>지권의<br>변동 | 01.<br>지권의<br>변동 | 01. 판구조론의 정립 | \|본교재\| 10~17 | 13~18 | 14~21 | 11~18 | 11~17 | 13~22 |
| | | 02. 대륙의 분포 변화 | \|본교재\| 18~21 | 19~23 | 22~27 | 20~25 | 18~21 | 23~28 |
| | | 03. 맨틀 대류와 플룸 구조론 | \|본교재\| 22~25 | 27~29 | 28~30 | 26~29 | 22~25 | 29~33 |
| | | 04. 변동대의 마그마 활동 및 화성암 | \|본교재\| 26~33 | 30~33 | 32~35 | 30~33 | 31~38 | 34~37 |
| II.<br>지구의<br>역사 | 01.<br>지구의<br>역사 | 01. 지질 구조와 퇴적환경 | \|본교재\| 42~49 | 45~51 | 46~53 | 39~48 | 47~56 | 45~54 |
| | | 02. 지질 시대와 환경 | \|본교재\| 50~59 | 52~69 | 54~71 | 50~65 | 59~72 | 55~72 |
| III.<br>대기와<br>해양의<br>변화 | 01.<br>대기와<br>해양의<br>변화 | 01. 기압과 날씨 변화 | \|본교재\| 68~75 | 79~83 | 82~89 | 77~83 | 81~85 | 81~88 |
| | | 02. 태풍과 우리나라의 주요 악기상 | \|본교재\| 76~83 | 84~95 | 90~97 | 84~95 | 86~94 | 89~101 |
| | | 03. 해수의 성질 | \|본교재\| 84~91 | 88~95 | 98~103 | 96~103 | 97~102 | 102~109 |

| 이용하는 방법 |

자신의 교과서 출판사명과 공부할 범위를 확인한다.

예 미래엔 22~27쪽이면 본 지구 과학 Ⅰ 본교재 18~21쪽을 공부한다.

| 대단원 | 중단원 | 소단원 | 본 지구 과학 Ⅰ | 금성 | 미래엔 | 비상 | 천재 | YBM |
|---|---|---|---|---|---|---|---|---|
| **Ⅳ.**<br>대기와<br>해양의<br>상호 작용 | **01.**<br>대기와<br>해양의<br>상호 작용 | **01.** 대기 대순환과 해양의 표층 순환 | ㅣ본교재ㅣ100~105 | 113~115 | 114~117 | 109~113 | 111~114 | 117~121 |
| | | **02.** 해양의 심층 순환 | ㅣ본교재ㅣ106~109 | 116~119 | 118~121 | 114~117 | 115~117 | 123~127 |
| | | **03.** 대기와 해양의 상호 작용 | ㅣ본교재ㅣ110~117 | 120~123 | 122~129 | 118~123 | 118~122 | 128~134 |
| | | **04.** 지구 기후 변화 | ㅣ본교재ㅣ118~129 | 127~135 | 130~136 | 124~132 | 125~138 | 135~145 |
| **Ⅴ.**<br>별과<br>외계 행성계 | **01.**<br>별과<br>외계 행성계 | **01.** 별의 물리량 | ㅣ본교재ㅣ138~145 | 145~148 | 148~151 | 143~147 | 147~151 | 153~159 |
| | | **02.** H-R도와 별의 특징 | ㅣ본교재ㅣ146~149 | 150~152 | 152~155 | 149~153 | 152~155 | 160~163 |
| | | **03.** 별의 탄생과 진화 | ㅣ본교재ㅣ150~155 | 153~157 | 156~159 | 154~159 | 156~160 | 164~168 |
| | | **04.** 별의 에너지원과 내부 구조 | ㅣ본교재ㅣ156~165 | 158~160 | 160~162 | 160~164 | 161~164 | 169~172 |
| | | **05.** 외계 행성계 | ㅣ본교재ㅣ166~173 | 165~171 | 164~171 | 166~177 | 167~172 | 173~183 |
| **Ⅵ.**<br>외부 은하와<br>우주 팽창 | **01.**<br>외부 은하와<br>우주 팽창 | **01.** 외부 은하 | ㅣ본교재ㅣ182~187 | 181~183 | 182~187 | 183~188 | 181~185 | 191~197 |
| | | **02.** 허블 법칙과 우주론 | ㅣ본교재ㅣ188~197 | 184~181 | 188~195 | 189~197 | 186~193 | 198~210 |
| | | **03.** 암흑 물질과 암흑 에너지 | ㅣ본교재ㅣ198~202 | 192~195 | 196~197 | 198~201 | 194~196 | 211~214 |

# CONTENTS 차례

# 01

## 지권의 변동

# 판 구조론의 정립





**먼저 알아야 할 "용어!"**

* **대류** | 열 전달 방법 중 하나로, 유체 내에서 물질이 전달되는 대표적인 방법이다. 온도가 높아지면 밀도가 작아져 상승하고, 온도가 낮아지면 밀도가 커져 하강한다.

## ⊗ 먼저 알아야 할 내용

### 1. 지권의 구조

① **지각**: 대륙 지각과 해양 지각으로 구분된다. 대륙 지각은 밀도가 작은 화강암질 암석으로 이루어져 있으며 두께가 두껍다. 해양 지각은 밀도가 큰 ⓐ◯◯◯◯◯ 암석으로 이루어져 있으며 두께가 얇다.

② **맨틀**: 지구 전체 부피의 약 80 %를 차지하며, 지각보다 밀도가 큰 감람암질 암석으로 이루어져 있다.

③ **핵**: 철과 니켈로 구성되어 있으며, 밀도가 가장 큰 영역으로, 외핵은 ⓑ◯◯◯◯ 상태, 내핵은 ⓒ◯◯◯◯ 상태로 추정된다.

답 ⊙ 현무암질 ⓒ 액체 ⓒ 고체

## ❶ 대륙 이동설과 맨틀 대류설

**1. 대륙 이동설 (베게너, 1912년)** 지구상의 대륙이 고생대 말에서 중생대 초까지는 하나의 초대륙(판게아)을 이루고 있다가, 약 2억 년 전부터 갈라져 이동하기 시작하면서 현재와 같은 분포를 이루었다는 학설이다.

① 베게너가 제시한 대륙 이동의 증거
• 지형학적 증거: 북미, 남미, 유럽 및 아프리카의 해안선이 일치한다.
• 지질학적 증거: 멀리 떨어져 있는 두 대륙에서 발견된 지질 구조가 연속적이다.
• 고생물학적 증거: 고생물 화석의 분포가 유사하고 분포 지역이 연속적이다.
• 기후학적 증거: 과거 지질 시대에 있었던 빙하의 분포 지역과 이동 방향이 일치한다.

② 한계: 대륙이 이동하는 데 필요한 원동력을 설명하지 못하여 발표 당시에는 큰 지지를 받지 못하였다.

### 2. 맨틀 대류설 (홈스, 1929년)

① **맨틀 대류의 원인**: 맨틀 내의 방사성 원소의 붕괴열과 고온의 지구 중심부에서 맨틀로 올라오는 열에 의하여 맨틀 상하부에 온도차가 생기고 그 결과 매우 느리게 열대류가 일어난다. ➡ 홈스는 이러한 맨틀 대류가 대륙을 움직이게 할 수 있다고 생각하였다.

② 맨틀 대류와 지형
• 맨틀 대류의 상승부에서 지각이 갈라지고, 갈라진 틈을 따라 용암이 분출하여 새로운 지각이 생성된다.
• 맨틀 대류의 하강부에서 지각이 맨틀 속으로 들어가며, 횡압력이 작용하면서 두꺼운 산맥이 형성된다.

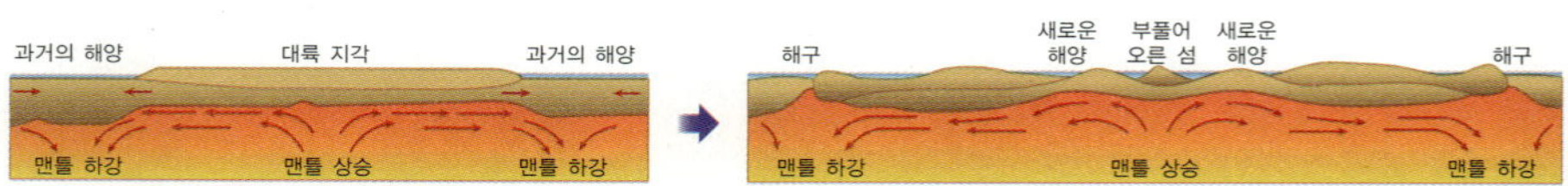

▲ 홈스의 맨틀 대류설

---

**❖ 판게아**

베게너가 대륙 이동설에서 제시한 고생대 말에서 중생대 초 사이에 형성되었던 거대한 초대륙을 판게아라고 한다.

**❖ 지질 구조의 연속성**

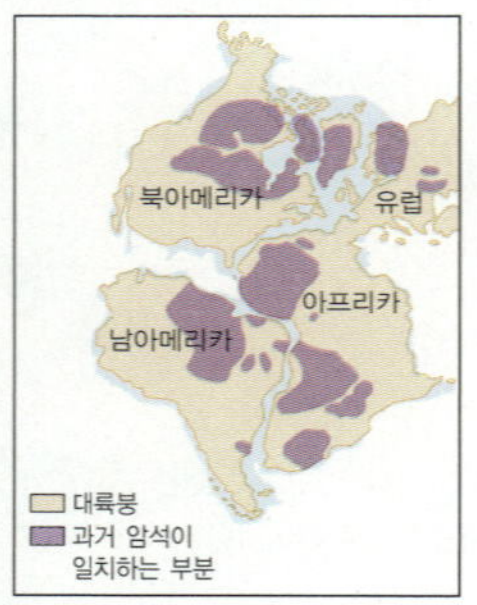



**❖ 고생물 화석의 분포**

메소사우루스는 고생대 말에 얕은 바다에 살았던 파충류이고, 리스트로사우루스는 고생대 말에서 중생대 초에 살았던 육상 파충류이고, 글로소프테리스는 고생대 말에서 중생대 초에 살았던 양치식물이다. 이들이 깊은 바다인 대서양을 사이에 두고 남아메리카와 아프리카에서 발견된다는 것은 고생대 말에 두 대륙이 붙어 있었다는 것을 의미한다.

## ② 해저 지형 탐사와 해양저 확장설

### 1. 해저 지형 탐사

① **음향 측심법**: 해양 탐사선에서 발사한 음파가 해저면에 반사되어 되돌아오는 데 걸리는 시간을 측정하여 수심을 측정하는 방법이다.

- 수심을 구하는 방법: 음파가 반사되어 가장 빨리 되돌아오는 데 걸리는 시간을 $t$, 음파의 속도를 $v$라고 하면 수심 $d$는 다음과 같다.

$$d = \frac{1}{2}vt$$

- 음향 측심법을 이용한 해저 탐사를 통해 해저 지형의 모습을 자세히 알게 되었다. ➡ 해양저 확장설이 등장하는 데 중요한 역할을 한다.

② **고지자기 분석**: 과거의 암석에 보존되어 있는 잔류 자기를 통해 생성 당시의 자기장 방향을 알 수 있으며, 고지자기는 정자극기와 역자극기가 반복되어 나타난다.

- 정자극기: 생성 당시 지구 자기장의 방향이 현재와 같은 시기이다.
- 역자극기: 생성 당시 지구 자기장의 방향이 현재와 반대 방향인 시기이다.

### 2. 해양저 확장설

① **해양저 확장설 (헤스, 1964년)**: 중앙 해령에서 생성된 마그마가 새로운 해양 지각을 만들고, 해령을 축으로 서로 반대 방향으로 이동하면서 해저가 확장된다는 이론이다.

② **해양저 확장설의 증거**

- 해양 지각의 나이: 해령에서 멀어질수록 해양 지각의 나이는 많아진다.
- 해저 퇴적물의 두께: 해령에서 멀어질수록 해저 퇴적물의 두께가 두꺼워진다.
- 고지자기 분포: 고지자기 줄무늬는 해령과 거의 나란하며, 해령을 축으로 대칭을 이룬다.

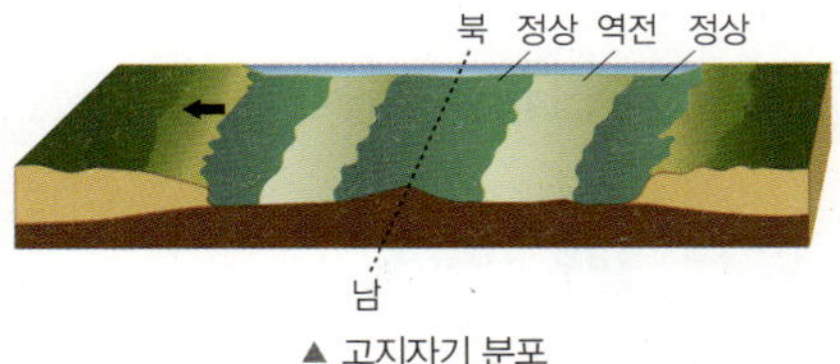


▲ 고지자기 분포

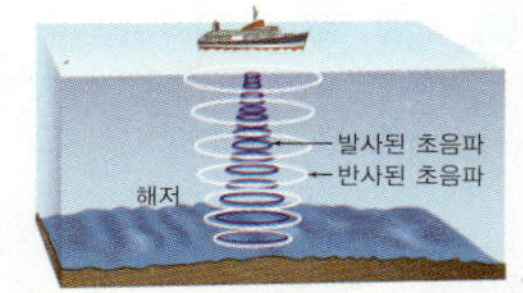


❖ **음향 측심법**

음파가 반사되어 되돌아오는 데 걸리는 시간이 길수록 수심은 깊다.

❖ **잔류 자기**

용암이 식어 굳거나 퇴적물이 퇴적될 때 자성을 띠는 광물은 당시의 지구 자기장의 방향으로 자화되고, 그 후 지구 자기장의 방향이나 세기가 변해도 처음의 자화 방향은 그대로 보존된다.

❖ **해령 부근의 수심**

해령에서 생성된 해양 지각이 양쪽으로 이동하면서 냉각됨에 따라 암석의 밀도가 증가한다. 이에 따라 해령에서 멀어질수록 해저면이 낮아지게 되어 수심이 깊어진다.

## 개념 바로 확인

정답 및 해설 | 02쪽

**01** 음향 측심법은 수심이 깊을수록 음파가 해저에 반사되어 되돌아오는 데 걸리는 시간이 [　　　].

**02** 해령에서 멀어질수록 해양 지각의 나이는 [　　　], 해저 퇴적물의 두께는 [　　　].

**01** 베게너가 제시한 대륙 이동설에 대한 다음 설명 중 옳은 것은 ○, 옳지 <u>않은</u> 것은 ×로 표시하시오.

(1) 고생대 말부터 중생대 초에는 대륙들이 한 덩어리로 모여 있었다. (　　　)

(2) 대서양을 사이에 둔 남아메리카 대륙과 아프리카 대륙의 해안선 모양이 유사한 것은 대륙 이동의 증거이다. (　　　)

(3) 베게너의 대륙 이동설은 당시 많은 학자들에게 큰 지지를 받았다. (　　　)

**02** 홈스가 제시한 맨틀 대류설에 대한 다음 설명 중 옳은 것은 ○, 옳지 <u>않은</u> 것은 ×로 표시하시오.

(1) 맨틀 상하부의 온도 차이에 의해 열대류가 발생하고, 이로 인해 대륙이 이동한다. (　　　)

(2) 맨틀 대류의 상승부에서 횡압력이 작용하여 지각이 갈라진다. (　　　)

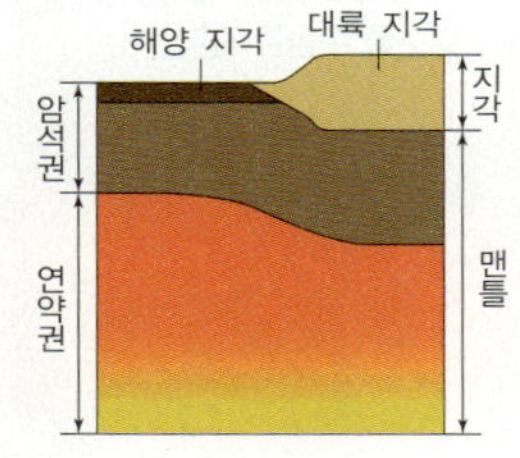

❖ 암석권과 연약권

## ❸ 판 구조론의 정립

### 1. 판 구조론

① 판 구조론 (윌슨, 1965년): 지구 표면은 10여 개의 판으로 이루어져 있고, 이런 판들의 상호 작용으로 인해 판의 경계 부분에서 지각 변동이 활발히 일어난다는 이론이다.

② 판의 구조

| | |
|---|---|
| 암석권 | 지각과 상부 맨틀의 일부를 포함하는 약 100 km 두께의 단단한 부분이다. |
| 연약권 | 판(암석권) 아래에 위치하며, 암석권에 비해 밀도가 크며, 맨틀이 부분 용융되어 있어 유동성을 띤다. |
| 판 | 암석권의 크고 작은 조각으로 연약권의 움직임에 따라 이동한다. |

❖ 대륙판과 해양판

| 종류 | 대륙판 | 해양판 |
|---|---|---|
| 구성 | 대륙 지각 + 상부 맨틀 일부 | 해양 지각 + 상부 맨틀 일부 |
| 두께 | 두껍다 | 얇다 |
| 밀도 | 작다 | 크다 |

③ 판의 이동

- 연약권에서의 상하부 온도차에 의한 대류에 의해 판이 이동한다.
- 판의 이동 방향은 각기 다르고, 이동 속도는 약 2~10 cm/년이다.
- 판의 상대적인 이동 방향에 따라 발산형 경계, 수렴형 경계, 보존형 경계로 구분한다.

▲ 전 세계 판의 분포

### 2. 판의 경계와 지각 변동

① 발산형 경계: 판과 판이 서로 멀어지는 경계이다.

❖ 발산형 경계

- 맨틀 대류의 상승으로 인해 마그마가 분출하여 판이 생성된다.
- 양쪽으로 멀어지기 때문에 장력으로 인한 정단층과 V자형의 열곡이 발달한다.

| | 대륙판 – 대륙판 | 해양판 – 해양판 |
|---|---|---|
| 발산형 |  |  |
| 특징 | • 열곡대: 대륙판이 확장하는 경계부에서 골짜기인 열곡이 길게 이어진 구조<br>• 시간이 지나면 새로운 바다가 형성된다. | • 해령: 맨틀의 상승부에 형성된 해저 산맥<br>• 장력에 의해 만들어진 열곡이 발달하고 이곳에서 마그마가 분출한다. |
| 지진 | 열곡대, 해령(열곡)을 따라 천발 지진이 발생한다. | |
| 화산 활동 | 열곡대, 해령(열곡)을 따라 화산 활동이 활발하다. | |
| 지역 | • 동아프리카 열곡대<br>• 아이슬란드 열곡대 | • 대서양 중앙 해령<br>• 동태평양 해령 |

❖ 천발 지진, 중발 지진, 심발 지진

지진은 진원의 깊이에 따라 분류한다. 진원의 깊이가 0~70 km이면 천발 지진, 진원의 깊이가 70~300 km이면 중발 지진, 진원의 깊이가 300 km 이상이면 심발 지진이다.

② 수렴형 경계: 판과 판이 서로 모여드는 경계로, 충돌형 경계와 섭입형 경계로 구분한다.

❖ 수렴형 경계

- 맨틀 대류의 하강으로 인해 판이 소멸된다.
- 양쪽에서 가까워지기 때문에 횡압력으로 인한 역단층과 습곡이 발달한다.

| 충돌형 | 대륙판 – 대륙판 | |
|---|---|---|
| 지형 | 습곡 산맥 |  |
| 특징 | 대륙판과 대륙판이 충돌할 때 그 사이에 있던 해저의 퇴적층이 심한 습곡과 변성 작용을 받아 습곡 산맥이 형성된다. | |
| 지진 | 천발 ~ 중발 지진이 발생한다. | |
| 화산 활동 | 거의 나타나지 않는다. | |
| 지역 | • 히말라야 산맥    • 알프스 산맥 | |

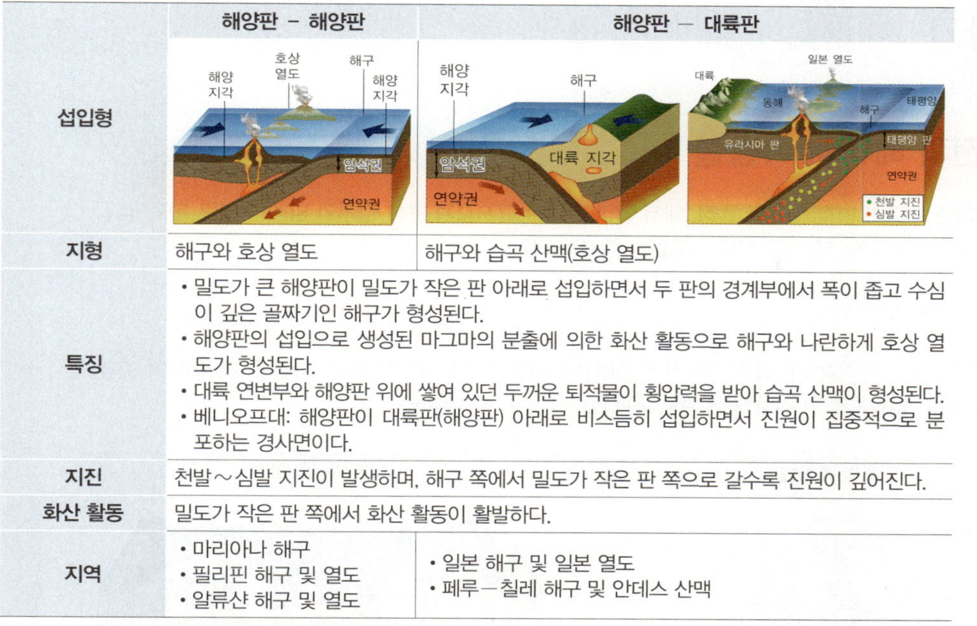





| | 해양판 - 해양판 | 해양판 - 대륙판 |
|---|---|---|
| 지형 | 해구와 호상 열도 | 해구와 습곡 산맥(호상 열도) |
| 특징 | * 밀도가 큰 해양판이 밀도가 작은 판 아래로 섭입하면서 두 판의 경계부에서 폭이 좁고 수심이 깊은 골짜기인 해구가 형성된다.<br>* 해양판의 섭입으로 생성된 마그마의 분출에 의한 화산 활동으로 해구와 나란하게 호상 열도가 형성된다.<br>* 대륙 연변부와 해양판 위에 쌓여 있던 두꺼운 퇴적물이 횡압력을 받아 습곡 산맥이 형성된다.<br>* 베니오프대: 해양판이 대륙판(해양판) 아래로 비스듬히 섭입하면서 진원이 집중적으로 분포하는 경사면이다. | |
| 지진 | 천발~심발 지진이 발생하며, 해구 쪽에서 밀도가 작은 판 쪽으로 갈수록 진원이 깊어진다. | |
| 화산 활동 | 밀도가 작은 판 쪽에서 화산 활동이 활발하다. | |
| 지역 | * 마리아나 해구<br>* 필리핀 해구 및 열도<br>* 알류산 해구 및 열도 | * 일본 해구 및 일본 열도<br>* 페루-칠레 해구 및 안데스 산맥 |

**❖ 우리나라 주변의 판 경계**

* 밀도가 큰 태평양 판이 유라시아 판 아래로 섭입하면서 수렴형 경계인 일본 해구(B)가 발달한다.
* 일본 해구를 경계로 밀도가 작은 판(유라시아 판) 쪽에서 지진과 화산 활동이 활발하다.
* 태평양 판이 섭입함에 따라 일본 열도 아래에서 마그마가 생성되고, 생성된 마그마가 상승하면서 일본 열도에 화산 활동을 일으킨다.
* 일본 해구(B)에서 A 쪽으로 갈수록 진원의 깊이는 대체로 깊어진다.

③ 보존형 경계: 판과 판이 서로 어긋나는 경계이다.

| 보존형 | | |
|---|---|---|
| 지형 | 변환 단층 | |
| 특징 | 변환 단층: 해령 주변부처럼 인접한 두 판이 서로 반대 방향으로 평행하게 어긋날 때 발달하며, 대륙에서도 형성된다. |  |
| 지진 | 변환 단층을 따라 천발 지진이 발생한다. | |
| 화산 활동 | 거의 나타나지 않는다. | |
| 지역 | * 해령 부근의 변환 단층 | * 산안드레아스 단층 |

**❖ 보존형 경계**

* 판의 생성이나 소멸이 없다.
* 양쪽으로 어긋나기 때문에 수평 이동 단층이 발달한다.

---

## 개념 바로 확인

정답 및 해설 | 02쪽

**03** ☐☐☐은 지각과 맨틀의 최상부를 합친 두께 약 100 km의 단단한 부분이고, ☐☐☐은 맨틀 물질이 부분 용융되어 있어 열대류가 일어나며, 판을 움직이게 하는 부분이다.

**04** 대륙판과 대륙판의 발산 경계에서 ☐☐☐☐가 발달하며, 밀도가 큰 해양판이 밀도가 작은 판 아래로 섭입할 때 해구와 나란하게 ☐☐☐☐가 발달한다.

**03** 판 구조론에 대한 다음 설명 중 옳은 것은 ○, 옳지 **않은** 것은 ×로 표시하시오.

(1) 암석권은 크고 작은 여러 개의 판으로 이루어져 있다. ( )

(2) 전 세계 판의 이동 방향과 속도는 어디에서나 일정하다. ( )

(3) 지진이나 화산 활동은 주로 판의 경계에서 일어난다. ( )

**04** 판의 경계와 지각 변동에 대한 다음 설명 중 옳은 것은 ○, 옳지 **않은** 것은 ×로 표시하시오.

(1) 발산형 경계에서는 주로 천발 지진이 발생하고, 화산 활동이 활발하다. ( )

(2) 대륙판과 대륙판이 충돌하는 수렴형 경계에서는 화산 활동이 거의 나타나지 않는다. ( )

(3) 해양판과 해양판의 수렴 경계에서는 천발 지진과 심발 지진이 모두 발생한다. ( )

(4) 판과 판이 어긋나는 곳에서는 화산 활동이 활발하다. ( )

# 원리 이해하기

## · 탐사 기술의 발전과 해양저 확장설 ·

탐사 기술의 발전으로 알아낸 해령과 변환 단층의 특징, 해저 암석에 대한 고지자기 분석 결과와 암석의 연령 분포, 섭입대 주변 지진의 진원 깊이 분포 등은 해양저 확장설을 지지하는 증거가 되었다.

### 원리1 음향 측심법

해양 탐사선에서 발사한 음파가 해저면에서 반사되어 되돌아오는 데 걸리는 시간을 측정하여 수심을 알아내는 방법이다. ➡ 여러 지점에서 측정하여 해저 지형을 알아냈다.

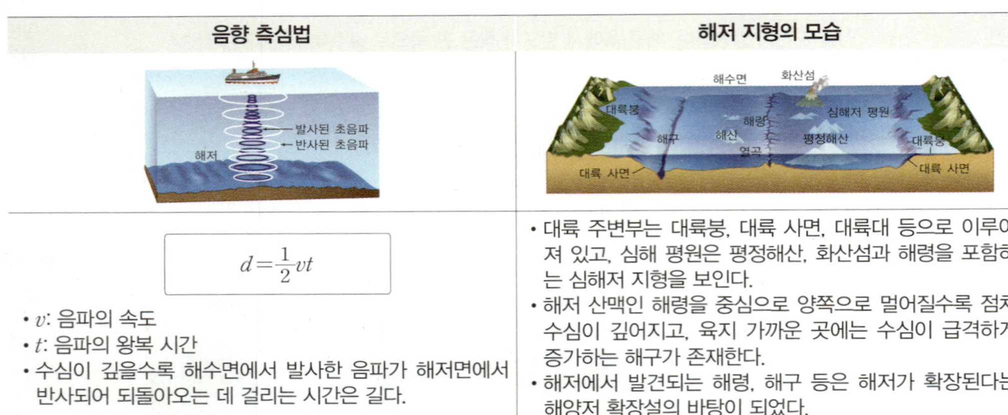



| 음향 측심법 | 해저 지형의 모습 |
|---|---|
| $$d = \frac{1}{2}vt$$ <br> • $v$: 음파의 속도 <br> • $t$: 음파의 왕복 시간 <br> • 수심이 깊을수록 해수면에서 발사한 음파가 해저면에서 반사되어 되돌아오는 데 걸리는 시간은 길다. | • 대륙 주변부는 대륙붕, 대륙 사면, 대륙대 등으로 이루어져 있고, 심해 평원은 평정해산, 화산섬과 해령을 포함하는 심해저 지형을 보인다. <br> • 해저 산맥인 해령을 중심으로 양쪽으로 멀어질수록 점차 수심이 깊어지고, 육지 가까운 곳에는 수심이 급격하게 증가하는 해구가 존재한다. <br> • 해저에서 발견되는 해령, 해구 등은 해저가 확장된다는 해양저 확장설의 바탕이 되었다. |

### 원리2 변환 단층의 발견

대서양 중앙 해령에 대한 연구를 통해 변환 단층을 발견하였다.

| 변환 단층 | 해령을 중심으로 해양 지각이 서로 반대 방향으로 어긋나 이동하면서 지층이 끊어지면서 형성된다. |
|---|---|
| 변환 단층에서의 지각 변동 및 변환 단층 발견의 의의 | 해령과 해령 사이의 변환 단층에서는 지진이 발생하지만, 해령에서 멀리 떨어진 부분에서는 지진이 일어나지 않는다. ➡ 변환 단층의 발견은 해양저의 확장을 알려 주는 증거가 되었다. |

### 원리3 고지자기 연구

탐사에 이용할 수 있는 자력계 개발을 통해 해저 암석에 대한 고지자기를 분석하였고, 방사성 동위 원소를 이용하여 암석의 연령을 측정하였다.

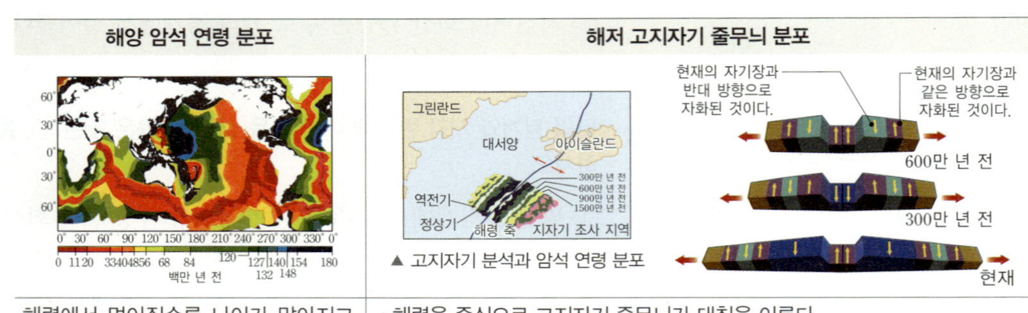



| 해양 암석 연령 분포 | 해저 고지자기 줄무늬 분포 |
|---|---|
| 해령에서 멀어질수록 나이가 많아지고, 퇴적물의 두께가 두꺼워진다. | • 해령을 중심으로 고지자기 줄무늬가 대칭을 이룬다. <br> • 고지자기의 남극과 북극이 반복적으로 바뀌었기 때문에 줄무늬가 나타난다. |

해양 암석 연령 분포와 해저 고지자기 줄무늬 분포는 해령에서 새로운 해양 지각이 생성되고, 해령을 중심으로 해양 지각이 양쪽으로 이동한다는 해양저 확장설을 뒷받침하는 증거가 되었다.

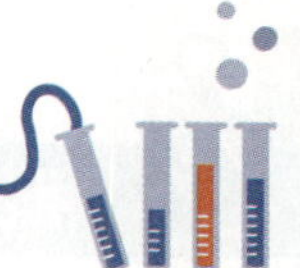

### 1 대륙 이동설과 맨틀 대류설

**01** 베게너가 제시한 대륙 이동설의 증거가 <u>아닌</u> 것은?

① 서로 다른 대륙에서 메소사우루스의 화석이 발견된다.
② 대서양 중앙 해령을 중심으로 고지자기 줄무늬가 대칭적으로 나타난다.
③ 서로 떨어져 있는 대륙을 하나로 모으면 빙하의 흔적이 남극을 중심으로 분포한다.
④ 남아메리카 대륙의 동부 해안선과 아프리카 대륙의 서부 해안선의 형태가 유사하다.
⑤ 유럽과 북아메리카 대륙에 분포하는 고생대 말 습곡 산맥의 지질 구조가 연속적이다.

**02** 그림은 홈스가 제시한 맨틀 대류설을 모식적으로 나타낸 것이다.

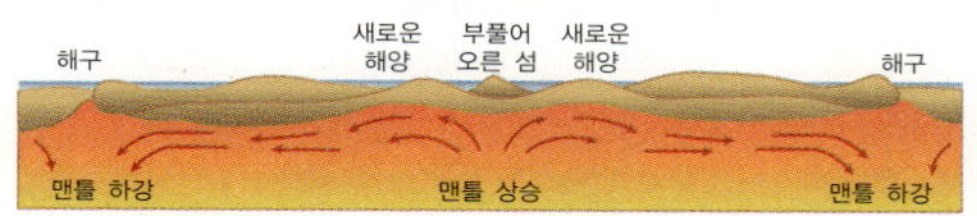


이에 대한 설명으로 옳은 것만을 〈보기〉에서 있는 대로 고른 것은?

보기
ㄱ. 맨틀 대류가 상승하는 곳에서는 마그마의 활동으로 새로운 지각이 형성된다.
ㄴ. 액체 상태의 맨틀이 대류하면서 대륙이 이동한다.
ㄷ. 당시에 대륙 이동설을 뒷받침하는 증거로 인정받았다.

① ㄱ     ② ㄴ     ③ ㄱ, ㄷ
④ ㄴ, ㄷ     ⑤ ㄱ, ㄴ, ㄷ

### 2 해저 지형 탐사와 해양저 확장설

**03** 해양저 확장설에 대한 설명으로 옳은 것만을 〈보기〉에서 있는 대로 고른 것은?

보기
ㄱ. 해양 지각의 나이는 해령에서 멀어질수록 증가한다.
ㄴ. 해령을 중심으로 양쪽으로 갈수록 해저 지각의 수심이 깊어진다.
ㄷ. 해령에서 생성된 해양 지각이 양쪽으로 이동한 후 해구에서 침강한다.

① ㄱ     ② ㄴ     ③ ㄱ, ㄷ
④ ㄴ, ㄷ     ⑤ ㄱ, ㄴ, ㄷ

**04** 다음은 해저 탐사에 대한 내용이다.

- ㉠ 음향 측심법을 통해 수심을 구하고, 이를 통해 해저 지형도를 작성하였다.
- 대서양 중앙 해령을 중심으로 해양 지각이 서로 반대 방향으로 어긋나 이동하면서 지층이 끊어지는 ㉡ 단층을 발견하였다.
- 자력계를 이용하여 ㉢ 해령의 양쪽으로 정상 자기를 가진 암석과 역전 자기를 가진 암석이 서로 반복되고 있다는 것을 알아냈다.

이에 대한 설명으로 옳은 것만을 〈보기〉에서 있는 대로 고른 것은?

보기
ㄱ. ㉠에서 수심이 깊을수록 해수면에서 발사한 음파가 해저면에서 반사되어 되돌아오는 데 걸리는 시간은 길다.
ㄴ. ㉡의 단층은 천발 지진과 화산 활동이 활발하다.
ㄷ. ㉢은 해양저의 확장을 알려 주는 증거가 되었다.

① ㄱ     ② ㄴ     ③ ㄱ, ㄷ
④ ㄴ, ㄷ     ⑤ ㄱ, ㄴ, ㄷ

**05** 그림은 아이슬란드 남쪽 지역에서 측정한 고지자기의 이상대와 생성 과정을 나타낸 것이다.

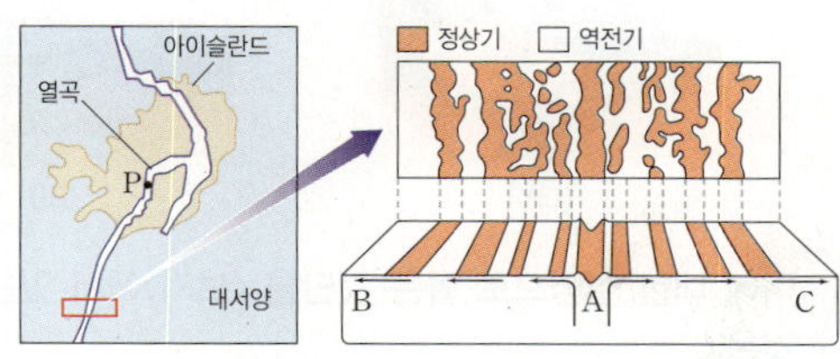


이에 대한 설명으로 옳은 것만을 〈보기〉에서 있는 대로 고른 것은?

보기
ㄱ. P 지역에서는 습곡 산맥이 발달한다.
ㄴ. A에서 B로 갈수록 지진이 자주 발생한다.
ㄷ. A에서 C로 갈수록 해저 퇴적물의 두께가 두꺼워진다.

① ㄱ     ② ㄷ     ③ ㄱ, ㄴ
④ ㄴ, ㄷ     ⑤ ㄱ, ㄴ, ㄷ

### 3 판 구조론의 정립

**06** 그림은 맨틀 일부와 지각의 단면을 나타낸 모식도이다.

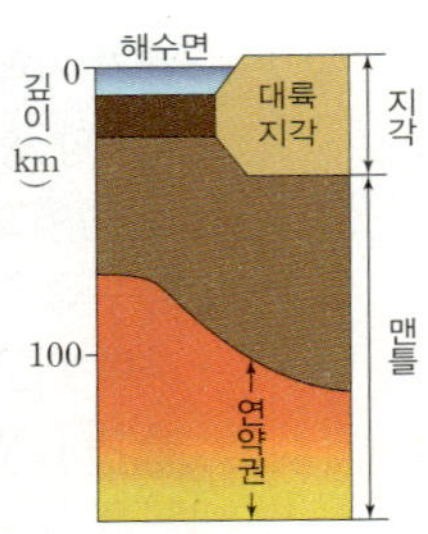

이에 대한 설명으로 옳은 것만을 〈보기〉에서 있는 대로 고른 것은?

| 보기 |

ㄱ. 판은 암석권과 연약권을 포함한다.
ㄴ. 암석권은 연약권보다 밀도가 작다.
ㄷ. 판은 맨틀 대류를 따라 이동한다.

① ㄱ          ② ㄷ          ③ ㄱ, ㄴ
④ ㄴ, ㄷ       ⑤ ㄱ, ㄴ, ㄷ

**07** 그림은 판의 경계에서 일어나는 지각 변동을 나타낸 모식도이다.

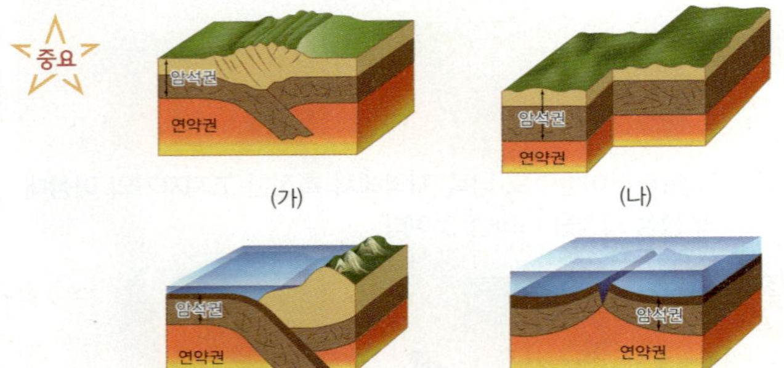

이에 대한 설명으로 옳은 것만을 〈보기〉에서 있는 대로 고른 것은?

| 보기 |

ㄱ. (가)와 같은 곳에서 히말라야산맥이 형성되었다.
ㄴ. (나)에서는 맨틀 물질이 상승하여 새로운 해양 지각이 만들어진다.
ㄷ. (다)에서는 해양판이 대륙판 밑으로 침강하여 소멸된다.
ㄹ. (라)는 보존형 경계로 변환 단층이 발달한다.

① ㄱ, ㄷ        ② ㄴ, ㄹ        ③ ㄷ, ㄹ
④ ㄱ, ㄴ, ㄷ     ⑤ ㄱ, ㄴ, ㄹ

**08** 그림은 판의 경계와 상대적 이동 방향을 나타낸 것이다.

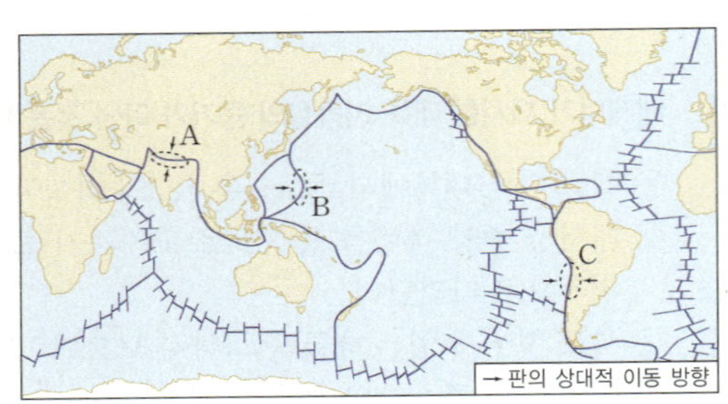


A~C 지역에 대한 설명으로 옳은 것만을 〈보기〉에서 있는 대로 고른 것은?

| 보기 |

ㄱ. A는 대륙과 대륙이 충돌하는 곳이다.
ㄴ. B와 C에서는 천발 지진이 발생한다.
ㄷ. 인접한 두 판의 밀도 차는 C에서 가장 작다.

① ㄱ          ② ㄷ          ③ ㄱ, ㄴ
④ ㄴ, ㄷ       ⑤ ㄱ, ㄴ, ㄷ

**09** 그림은 어느 해령 부근의 고지자기 분포와 세 지점 A ~ C의 위치를 나타낸 것이다.

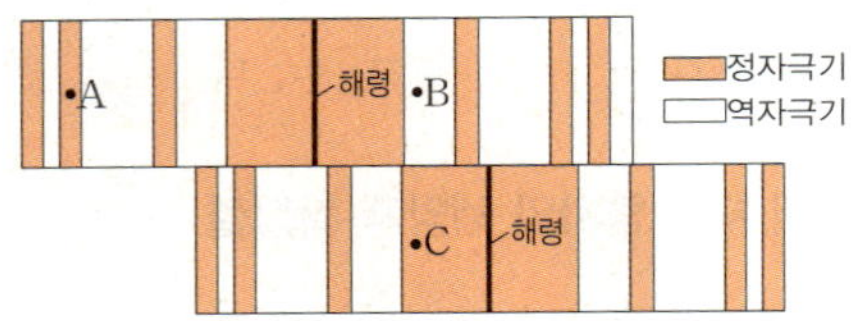


이에 대한 설명으로 옳은 것만을 〈보기〉에서 있는 대로 고른 것은?

| 보기 |

ㄱ. 해저 퇴적물의 두께는 A가 C보다 두껍다.
ㄴ. B 지점의 지각이 생성될 당시 지구 자기장의 방향은 현재와 같았다.
ㄷ. B가 위치한 판과 C가 위치한 판의 이동 방향은 서로 같다.

① ㄱ          ② ㄴ          ③ ㄱ, ㄷ
④ ㄴ, ㄷ       ⑤ ㄱ, ㄴ, ㄷ

**10** 그림은 판의 분포와 이동 방향을 모식적으로 나타낸 것이다.

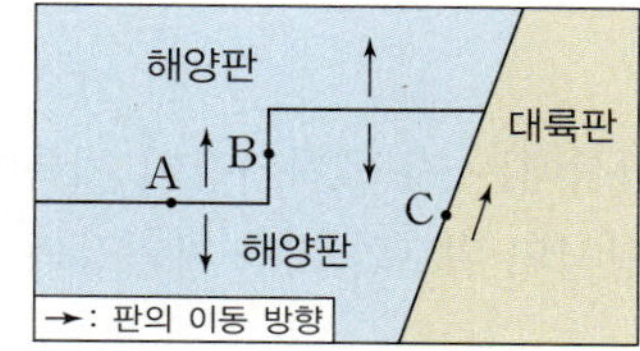


이에 대한 설명으로 옳은 것만을 〈보기〉에서 있는 대로 고른 것은?

| 보기 |

ㄱ. A는 맨틀 대류 상승부에 위치한다.
ㄴ. A와 B에서는 모두 화산 활동이 활발하게 일어난다.
ㄷ. B와 C에서는 모두 심발 지진이 자주 발생한다.

① ㄱ  ② ㄴ  ③ ㄱ, ㄷ
④ ㄴ, ㄷ  ⑤ ㄱ, ㄴ, ㄷ

**11** 그림은 맨틀 대류와 판의 운동을 모형으로 나타낸 것이다.

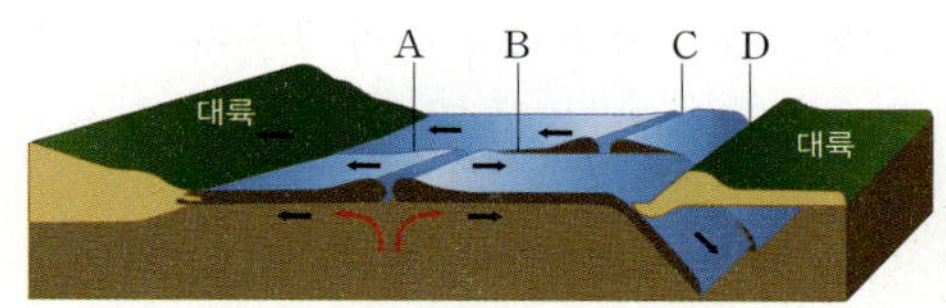


이에 대한 설명으로 옳은 것만을 〈보기〉에서 있는 대로 고른 것은?

| 보기 |

ㄱ. 3개의 서로 다른 판이 존재한다.
ㄴ. A보다 B에서 지진이 자주 발생한다.
ㄷ. 해양 지각의 나이는 C에서 D로 갈수록 많아진다.

① ㄱ  ② ㄴ  ③ ㄱ, ㄷ
④ ㄴ, ㄷ  ⑤ ㄱ, ㄴ, ㄷ

 이렇게!

**12** 그림은 아프리카의 나미비아의 위치를 나타낸 것이다.

현재 나미비아는 사막 기후이지만, 빙하의 흔적이 발견된다. 그 이유를 대륙 이동과 관련지어 설명하시오.

**13** 그림은 아라비아 반도 주변 지역의 판의 경계와 이동 속도를 화살표로 나타낸 것이다.

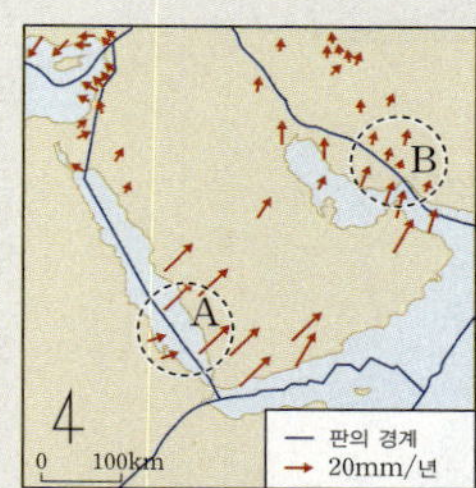


A와 B 중 화산 활동이 활발한 지역을 고르고, 그 이유를 판 구조론의 관점에서 설명하시오.

**14** 그림은 지난 10여 년 동안 한반도 주변에서 일어난 규모 5.0 이상인 지진의 진앙과 규모, 진원 깊이를 나타낸 것이다.

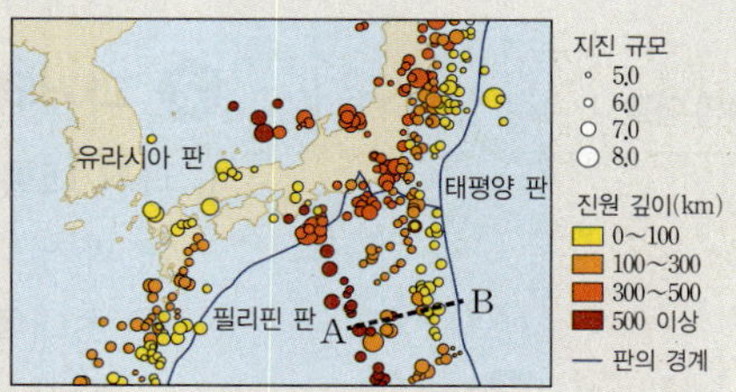


A에서 B로 갈수록 진원의 깊이는 어떻게 변하는지 쓰고, 그 이유를 판 구조론의 관점에서 설명하시오.

# 대륙의 분포 변화



- 고지자기 자료를 통해 지질 시대 동안의 대륙 분포 변화를 설명할 수 있어야 한다.
- 현재 대륙 이동 속도 자료를 통해 미래의 변화를 추정할 수 있어야 한다.

## ① 고지자기 변화와 대륙 이동 복원

### 1. 고지자기 변화

① **고지자기 변화**: 지질 시대에 생성된 암석에는 지구 자기장의 기록이 남아 있으므로, 고지자기 변화를 통해 암석이 생성될 당시의 위도와 지구 자기장의 북극(자북극)의 이동을 알 수 있다.

② **편각**: 지구 표면의 한 지점에서 진북과 자북 사이의 각이다. ➡ 고지자기 편각 연구를 통해 자북극의 변화를 알 수 있다.

③ **복각**: 자기장의 방향이나 자침이 수평면과 이루는 각이다.

- 복각은 자북극에서 $+90°$, 자기 적도에서 $0°$, 자남극에서 $-90°$이다. ➡ 복각은 자극에서 가장 크고, 자극에서 멀어질수록 작아진다.
- 남북 방향으로 이동한 대륙에서 생성된 암석은 생성된 위도에 따라 복각의 크기가 다르다. ➡ 암석에 기록되어 있는 복각을 이용하면 암석이 생성될 당시의 위도를 알 수 있다.

### 2. 자북극의 이동

유럽 대륙과 북아메리카 대륙에서 측정한 자북극의 이동 경로가 다르다. 지질 시대 동안 자북극은 하나뿐이므로, 자북극의 겉보기 이동 경로를 합쳐보면 과거에 두 대륙이 서로 붙어있었음을 알 수 있다.

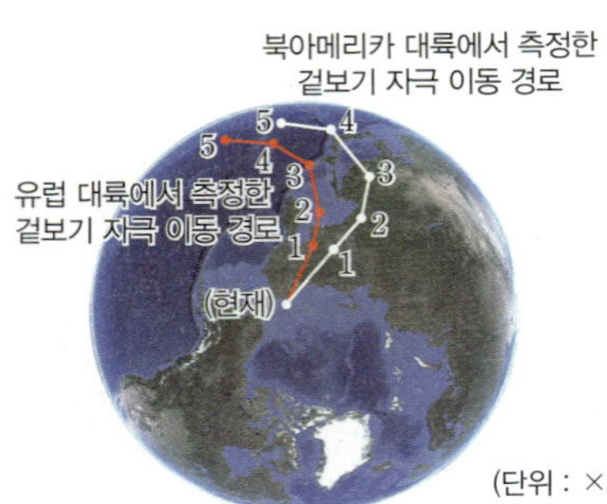



▲ 두 대륙에서 측정한 겉보기 자극 이동 경로

▲ 겉보기 자극 이동 경로를 겹쳐서 복원된 대륙의 모습

### 3. 복각을 이용하여 알아낸 인도 대륙의 이동

- 인도 대륙은 동서 방향으로는 거의 이동하지 않고 남북 방향으로 이동하였다.
- 인도 대륙은 약 7100만 년 전에는 남반구에 위치해 있다가 1년에 약 $5 \sim 15\,cm$씩 북쪽으로 이동하여 약 3800만 년 전에는 인도 대륙의 대부분이 북반구에 위치하였다.
- 이후 인도 대륙이 계속 북쪽으로 이동하다가 유라시아 판과 충돌하여 현재의 히말라야 산맥이 만들어졌다.

## ② 과거와 미래의 대륙 분포

### 1. 과거 대륙 분포의 변화

고지자기 관측, 암석 분석, 화석 연구, 고기후 연구 등을 종합하여 과거 대륙 분포의 변화를 확인할 수 있다.

① **초대륙**: 지질 시대 동안 여러 차례 초대륙이 만들어지고 분리되었다고 추정하고 있다.

- 로디니아: 약 11억 년 전에 존재하였다.
- 판게아: 로디니아 초대륙은 몇 개의 대륙으로 분리되고 이동하다가 약 2억 7천만 년 전에 대륙이 다시 모여 판게아가 형성되었다.

② **판게아 이후 대륙의 이동**

- 약 2억 년 전부터 판게아가 분리되기 시작하였다.
- 약 1억 5천만 년 전에 대서양이 부분적으로 열리면서 아프리카 대륙과 남아메리카 대

---



* **지구 자기장** | 지구의 자기력이 미치는 공간으로, 지구 밖에서 들어오는 고에너지 입자를 막아주는 역할을 한다.
* **지질 시대** | 지구가 탄생한 약 46억 년 전부터 현재까지의 시기이다.

❖ **편각과 복각**



❖ **지리상의 북극과 지자기 북극**



- 지리상 북극(진북): 지구의 자전축과 북반구의 지표면이 만나는 지점이다.
- 지자기 북극(자북): 나침반 자침의 N극이 가리키는 방향이다.
- 현재 진북과 자북은 일치하지 않으며, 해마다 조금씩 변한다.

❖ **인도 대륙의 이동**

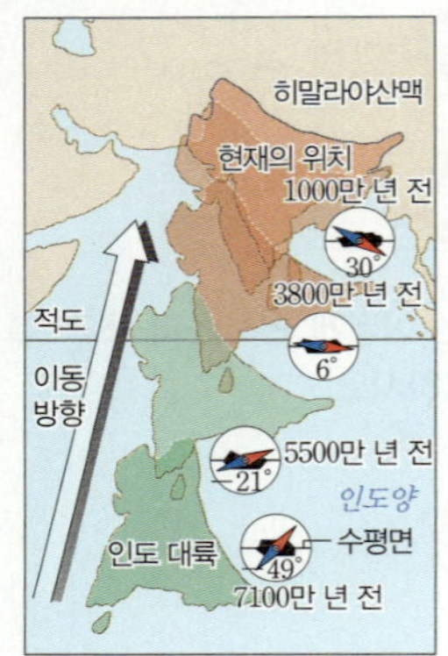

륙이 분리되기 시작하였고, 다른 대륙들이 남극 대륙에서 분리되어 북쪽으로 이동하였다.

- 약 9천만 년 전에는 남대서양이 확장되고, 마다가스카르가 아프리카 대륙에서 분리되고, 오스트레일리아는 남극 대륙에서 분리되었다.
- 이후 북쪽으로 이동하던 인도 대륙은 유라시아 판과 충돌하여 현재와 비슷한 수륙 분포를 이루게 되었다.

▲ 중생대 초기에 판게아가 분리되기 시작하였다.

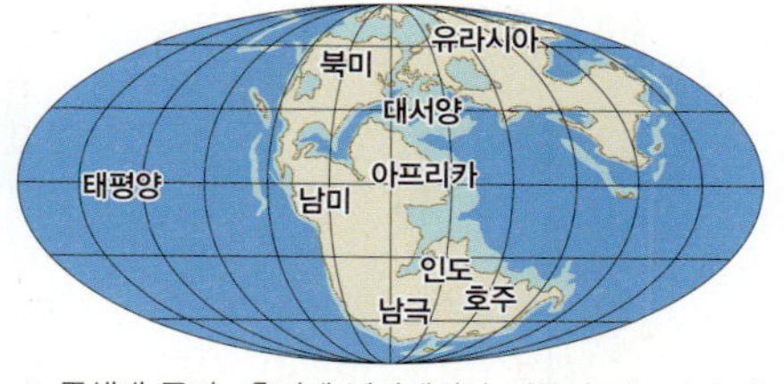


▲ 중생대 중기~후기에 남아메리카 대륙이 아프리카 대륙과 분리되었다.

▲ 중생대 후기~신생대 초기에 오스트레일리아 대륙이 남극 대륙과 분리되었다.

▲ 신생대 초기~중기에 인도 대륙이 유라시아 판과 충돌하였다.

**2. 미래의 대륙과 해양의 분포**   현재에도 대륙은 느리지만 끊임없이 이동하고 있으며, 현재 판의 경계에서의 대륙 이동 속도와 방향을 분석하면 미래의 대륙과 해양의 모습을 어느 정도 예측할 수 있다.

- 약 5천만 년 후에는 대서양이 더 넓어지며 지중해는 사라질 것이다.
- 약 1억 년 후에는 대서양이 남북아메리카 해안을 따라 섭입하기 시작할 것이다.
- 약 2억 5천만 년 후에는 대서양이 사라질 것이며, 이로 인해 새로운 초대륙인 판게아 울티마(또는 판게아 프록시마)가 형성될 것이다.

▲ 판게아

▲ 로디니아

---

## 개념 바로 확인



**01** 복각의 크기는 자북극에서 [　　　], 자기 적도에서 [　　　], 자남극에서 [　　　]이다.

**01** 복각과 고지자기의 변화에 대한 다음 설명 중 옳은 것은 ○, 옳지 **않은** 것은 × 로 표시하시오.

(1) 지구 표면의 한 지점에서 진북과 자북 사이의 각이 복각이다.　(　　)

(2) 동시대에 지자기 북극은 2개가 있을 수 있다.　(　　)

(3) 암석에 기록되어 있는 복각을 이용하면 생성 당시의 위도를 알 수 있다.　(　　)

**02** 다음은 판게아 이후 대륙의 이동에 대한 설명이다. (　　) 안에 알맞은 말을 쓰시오.

(1) 로디니아 이후의 초대륙으로 고생대 말에 형성된 초대륙을 (　　　)라고 한다.

(2) 판게아가 분리되면서 대서양의 면적은 (　　　)지기 시작했다.

(3) 현재와 비슷한 수륙 분포는 (　　　)에 만들어졌다.

**02** [　　　] 대륙과 [　　　] 대륙이 충돌하면서 히말라야산맥이 형성되었다.

## 1  고지자기 변화와 대륙 이동 복원

**01** 그림은 지구 자기장을 나타낸 것이다.
이에 대한 설명으로 옳은 것만을 〈보기〉에서 있는 대로 고른 것은?

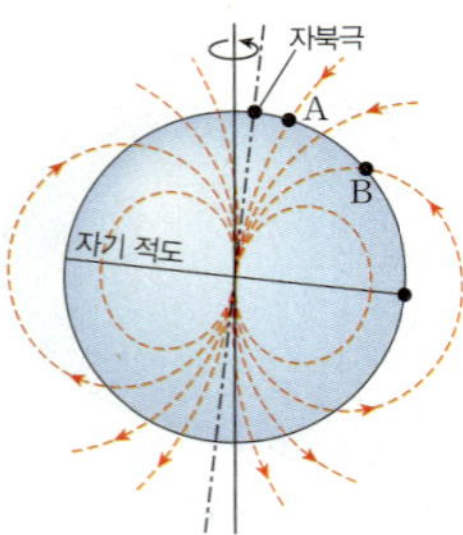


┤ 보기 ├
ㄱ. A에서 B로 갈수록 복각은 커진다.
ㄴ. 현재 지리상의 북극과 지자기 북극은 일치하지 않는다.
ㄷ. 암석의 나이와 복각을 측정하면 암석이 생성될 당시의 위도를 알 수 있다.

① ㄱ          ② ㄷ          ③ ㄱ, ㄴ
④ ㄴ, ㄷ          ⑤ ㄱ, ㄴ, ㄷ

**02** 그림은 최근 약 7100만 년 동안 인도 대륙의 위치 변화를 나타낸 것이다.
이에 대한 설명으로 옳은 것만을 〈보기〉에서 있는 대로 고른 것은?

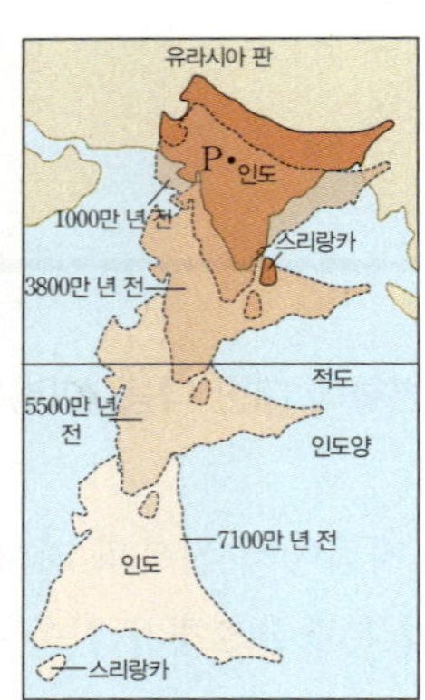


┤ 보기 ├
ㄱ. 인도 대륙의 이동 속력은 점차 빨라졌다.
ㄴ. 히말라야산맥은 수렴형 경계에서 생성되었다.
ㄷ. P 지점의 5500만 년 전 암석에서 측정한 복각은 7100만 년 전 암석에서 측정한 복각보다 크다.

① ㄱ          ② ㄴ          ③ ㄱ, ㄷ
④ ㄴ, ㄷ          ⑤ ㄱ, ㄴ, ㄷ

**03** 그림 (가)와 (나)는 서로 다른 위도에 위치한 지역의 자기력선의 모습을 나타낸 것이다.

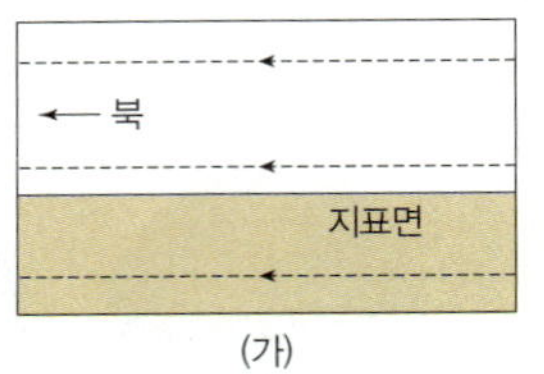


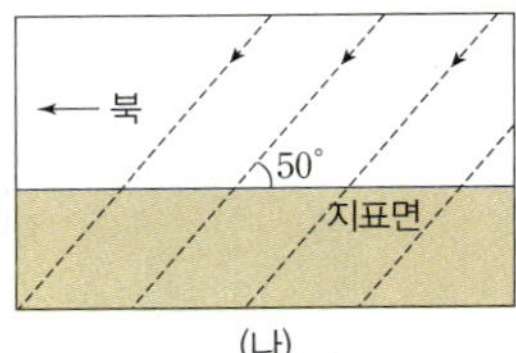


이에 대한 설명으로 옳은 것만을 〈보기〉에서 있는 대로 고른 것은?

┤ 보기 ├
ㄱ. (가)는 자기 적도에서의 모습이다.
ㄴ. (나)에서 복각은 +40°이다.
ㄷ. (가)는 (나)보다 고위도에 위치한다.

① ㄱ          ② ㄷ          ③ ㄱ, ㄴ
④ ㄴ, ㄷ          ⑤ ㄱ, ㄴ, ㄷ

## 2  과거와 미래의 대륙 분포

**04** 그림은 초대륙이 만들어지고 분리되는 과정을 모식적으로 나타낸 것이다. 화살표(→)는 판의 이동 방향을 의미한다.

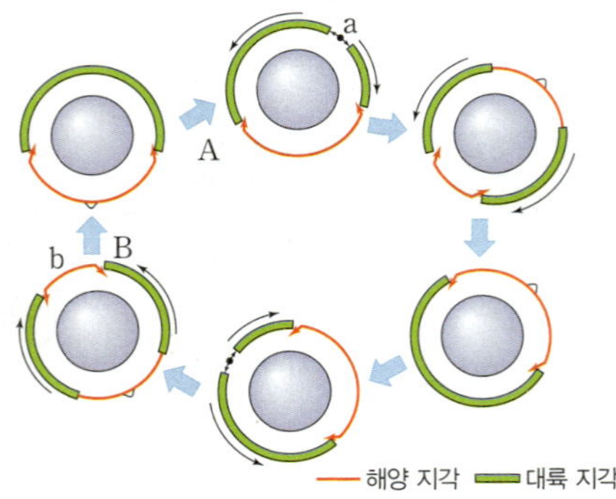


이에 대한 설명으로 옳은 것만을 〈보기〉에서 있는 대로 고른 것은?

┤ 보기 ├
ㄱ. A 과정에서 초대륙이 만들어진다.
ㄴ. a는 맨틀 대류의 상승부에 위치한다.
ㄷ. B 과정에서 해양 지각 b는 소멸하고 있다.

① ㄱ          ② ㄴ          ③ ㄱ, ㄷ
④ ㄴ, ㄷ          ⑤ ㄱ, ㄴ, ㄷ

**05** 다음 (가)~(라)는 지질 시대 동안 일어난 대륙 분포의 변화를 순서 없이 나타낸 것이다.

> (가) 오스트레일리아가 남극 대륙에서 분리되었다.
> (나) 남아메리카 대륙이 아프리카 대륙과 분리되었다.
> (다) 판게아가 분리되기 시작하면서 대서양이 부분적으로 열렸다.
> (라) 인도 대륙이 유라시아 판과 충돌하여 히말라야산맥을 형성하였다.

대륙 분포의 변화를 순서대로 옳게 나열한 것은?

① (나) → (가) → (다) → (라)
② (나) → (다) → (라) → (가)
③ (다) → (가) → (나) → (라)
④ (다) → (가) → (라) → (나)
⑤ (다) → (나) → (가) → (라)

**06** 그림 (가)와 (나)는 약 2억 5천만 년 전과 현재의 대륙 분포를 나타낸 것이다.

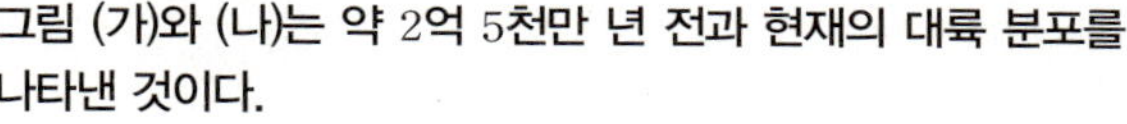

(가) 약 2억 5천만 년 전 　　　　 (나) 현재

이에 대한 설명으로 옳은 것만을 〈보기〉에서 있는 대로 고른 것은?

> **보기**
> ㄱ. 약 2억 5천만 년 전 이후부터 현재까지 대서양의 면적은 넓어졌다.
> ㄴ. 현재 아프리카 대륙의 남부에서는 빙하의 흔적이 발견될 수 있다.
> ㄷ. 지구 전체의 해안선 길이는 약 2억 5천만 년 전이 현재보다 길었다.

① ㄱ　　　　② ㄷ　　　　③ ㄱ, ㄴ
④ ㄴ, ㄷ　　　⑤ ㄱ, ㄴ, ㄷ

**07** 그림 (가)는 현재의 대륙 분포를 나타낸 것이고, (나)는 약 2억 5천만 년 후 대륙 분포를 예측하여 나타낸 것이다.

(가) 현재 　　　　 (나) 약 2억 5천만 년 후

이에 대한 설명으로 옳은 것만을 〈보기〉에서 있는 대로 고른 것은?

> **보기**
> ㄱ. 대륙을 이동시킨 원동력은 맨틀 대류이다.
> ㄴ. (가)와 (나) 시기 사이에 대서양의 가장자리에 수렴형 경계가 형성될 것이다.
> ㄷ. 현재의 대륙 이동 속도와 방향을 분석하면 미래의 대륙의 분포를 예측할 수 있다.

① ㄱ　　　　② ㄴ　　　　③ ㄱ, ㄷ
④ ㄴ, ㄷ　　　⑤ ㄱ, ㄴ, ㄷ

---

**서술형** 이렇게!

**08** 그림은 유럽 대륙과 북아메리카 대륙에서 측정한 과거 약 5억 년 동안 지자기 북극의 겉보기 이동 경로를 나타낸 것이다.

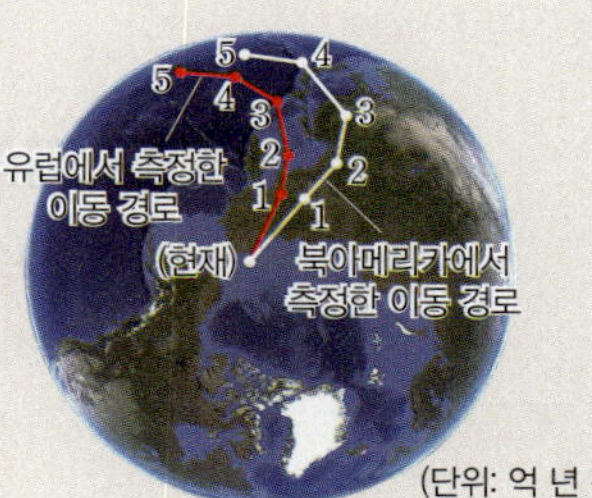


두 대륙에서 측정된 지자기 북극의 위치가 서로 다른 이유를 설명하시오.

**09** 표는 대륙의 이동을 알아보기 위해 어느 지괴의 암석에 기록된 지질 시대별 고지자기 복각을 나타낸 것이다.

| 지질 시대 | 쥐라기 | 백악기 | 제4기 |
|---|---|---|---|
| 고지자기 복각 | +25° | +39° | +52° |

이 기간 동안 이 지괴가 이동한 방향을 쓰고, 그 이유를 설명하시오.

# 03 맨틀 대류와 플룸 구조론



## ❶ 맨틀 대류와 판의 운동

**1. 맨틀 대류** 맨틀은 고체이지만 온도가 높아 유동성을 띠고 있으며, 지구 중심으로 갈수록 온도가 높아져 대류 현상이 일어난다.

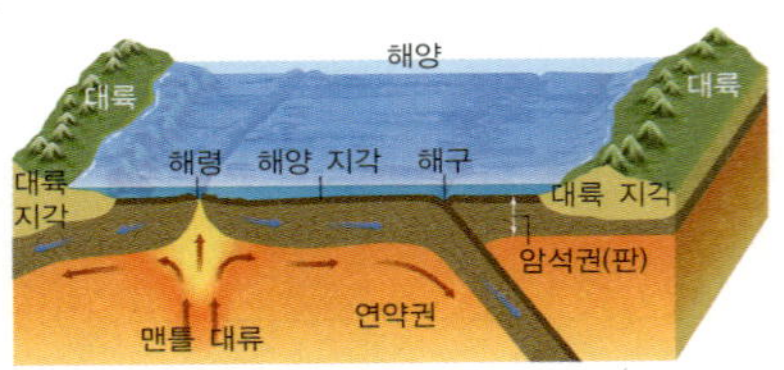


① 깊이에 따른 온도 차이로 연약권에서 대류가 일어나며, 판의 운동은 연약권 위에 놓인 암석권이 맨틀의 대류에 따라 이동한다.

② 맨틀 대류의 상승부에서는 해령이 만들어지고 하강부에서는 해구가 만들어진다.

③ 대부분의 지진과 화산 활동은 판과 판의 상호 작용으로 일어나므로 지진과 화산 활동이 일어나는 지역은 대체로 판의 경계와 일치한다.

## 2. 판 이동의 원동력

| 해령에서 밀어 올리는 힘 | 섭입하는 판이 잡아당기는 힘 | 판이 미끄러지는 힘 |
| --- | --- | --- |
| 해령 아래쪽에서 마그마가 상승함에 따라 판을 양쪽으로 밀어낸다. | 해구 아래쪽으로 하강하는 판 자체의 무게에 의해 판을 잡아당긴다. | 해령에서 해구 쪽으로 생긴 기울기 때문에 판 자체가 미끄러진다. |

## ❷ 플룸 구조론

### 1. 판 구조론의 한계

① 하와이섬, 동아프리카 지역 등 판의 내부에서 일어나는 화산 활동은 상부 맨틀이 대류하면서 일어나는 판의 운동으로 설명하기 어렵다.

② 맨틀 대류설이 안고 있는 문제점과 지구 내부의 운동을 설명하기 어렵다.

③ 이러한 한계를 설명하기 위해 제시된 이론이 플룸 구조론이다.

### 2. 플룸 구조론 플룸의 하강과 상승에 의해 지구 내부의 변동이 일어난다는 이론이다.

① 플룸은 지구 내부에서 상승하거나 하강하는 맨틀 물질 덩어리로, 온도가 낮은 차가운 플룸과 온도가 높은 뜨거운 플룸으로 구분한다.

② **차가운 플룸**: 하강하는 저온의 맨틀 물질로, 주로 수렴형 경계에서 섭입된 판의 물질이 상부 맨틀과 하부 맨틀의 경계 부근에 쌓여 있다가 가라앉아 생성된다.

③ **뜨거운 플룸**

• 상승하는 고온의 맨틀 물질로, 차가운 플룸의 하강에 의해 생성되는 것으로 해석된다.

• 차가운 플룸이 핵과 맨틀의 경계에 도달하면 핵은 차가운 플룸에 대해 열적 반응을 일으키고, 핵과 맨틀 경계면의 온도 구조가 교란되어 뜨거운 플룸이 생성된다.

④ **열점**: 뜨거운 플룸이 지표면과 만나는 지점 아래 마그마가 생성되는 곳이다.

---



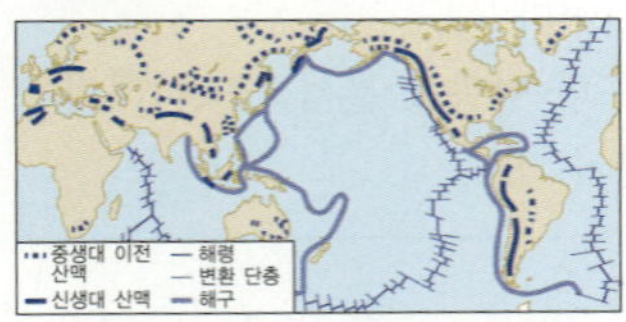

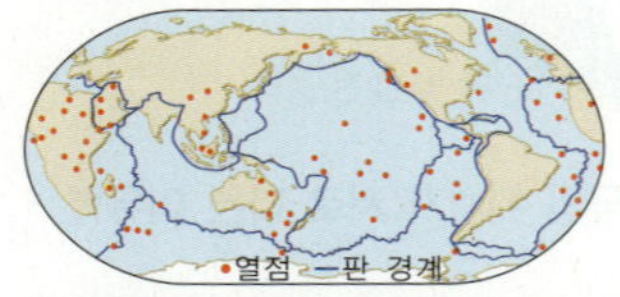

⑤ 플룸 구조론의 모식도: 현재 아시아 대륙에서는 거대한 차가운 플룸이 하강하고, 남태평양과 아프리카 대륙에서는 뜨거운 플룸이 상승하고 있다.

⑥ 기존의 판 구조론은 지구 표면에서 발생하는 지각 변동을 설명했지만, 플룸 구조론은 지구 내부의 운동까지 설명할 수 있다는 특징이 있다.

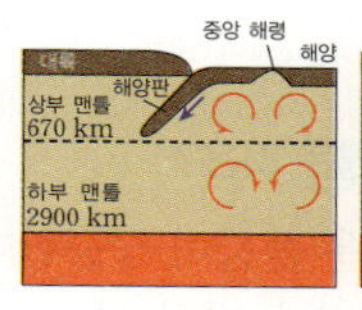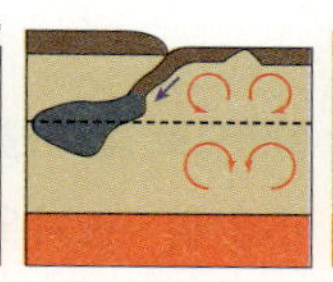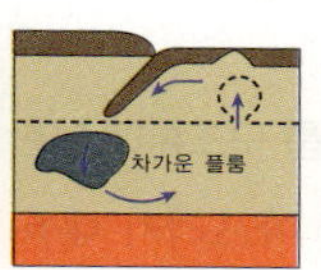

▲ 차가운 플룸 형성 과정

▲ 열점의 형성 과정

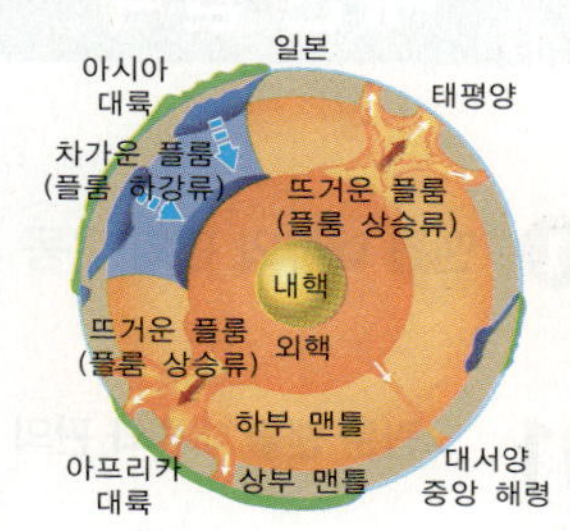


## 3. 플룸에서 나타나는 지진파 속도 분포

① 플룸 상승류가 있는 곳은 주변의 맨틀보다 온도가 높고, 플룸 하강류가 있는 곳은 주변의 맨틀보다 온도가 낮다.

② 지진파 속도의 분석: 플룸의 상승과 하강을 알아낼 수 있다.

- 지진파 속도가 느려지는 곳(붉은색): 주변의 맨틀보다 온도가 높다. ➡ 플룸 상승류
- 지진파 속도가 빨라지는 곳(파란색): 주변의 맨틀보다 온도가 낮다. ➡ 플룸 하강류

③ 지진파의 분석으로 알아낸 플룸의 상승과 하강은 맨틀 대류가 맨틀 전체에서 발생하고 있음을 보여 준다. ➡ 플룸 구조론은 판 구조론으로 설명이 어려웠던 판 내부에서 일어나는 화산 활동을 설명할 수 있다.

❖ 지진파 단층 촬영과 플룸
- 지진파를 이용하여 지구 내부를 시각화하는 것을 지진파 단층 촬영이라고 한다.
- 지구 내부에 존재하는 플룸은 지진파 단층 촬영을 통해 알려지게 되었다.

## 4. 상부 맨틀의 운동과 플룸 운동

| 구분 | 상부 맨틀의 운동 | 플룸 운동 |
| --- | --- | --- |
| 이론 | 판의 섭입 전 지구 표면의 수평 운동 및 판의 섭입 과정에서 수직 운동을 설명한다. | 지구 내부의 변동이 플룸의 상승이나 하강에 의해 지배받고 있다는 이론으로, 지구 내부 움직임 중 대규모의 수직 운동을 주로 설명한다. |
| 원동력 | 맨틀 내에 존재하는 방사성 물질의 붕괴에서 나오는 열과 상하부 깊이에 따른 온도 차이로 발생하는 열대류이다. | 상승하는 뜨거운 플룸과 하강하는 차가운 플룸이 거대 규모의 대류를 일으키며 판을 이동시킨다. |
| 활동 영역 | 연약권 내의 대류 | 맨틀-핵 경계에서의 물질 상승과 하강 |
| 대표적인 지형 | 대서양 중앙 해령, 태평양 해령, 해구, 변환 단층 등 | 하와이 열점 등 |

❖ 동아프리카 거대 플룸

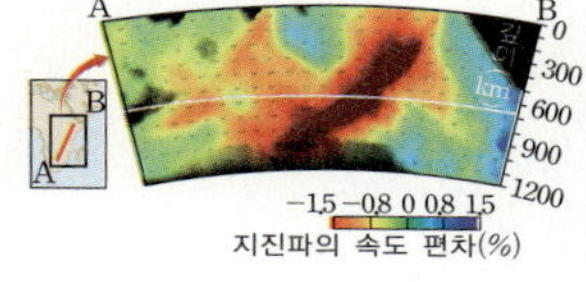

## 개념 바로 확인

정답 및 해설 | 05쪽

**01** 뜨거운 ☐☐☐은 핵과 맨틀의 경계부에서 만들어진 물질이 원통형의 통로를 따라 암석권까지 상승한 것이다.

**01** 맨틀 대류에 대한 다음 설명 중 옳은 것은 ○, 옳지 <u>않은</u> 것은 ×로 표시하시오.

(1) 연약권은 온도가 낮아 유동성을 띠고 있어 맨틀 대류가 일어난다. (     )

(2) 맨틀 대류의 상승부에서는 해령이 만들어지고 하강부에서는 해구가 만들어진다. (     )

**02** 차가운 플룸은 주변의 맨틀보다 온도가 ☐☐☐므로 지진파의 속도가 ☐☐☐게 나타난다.

**02** 플룸 구조론에 대한 다음 설명 중 옳은 것은 ○, 옳지 <u>않은</u> 것은 ×로 표시하시오.

(1) 판의 경계가 아닌 곳에는 화산 활동이 일어나지 않는다. (     )

(2) 하와이섬과 그 주변의 섬들은 발산형 경계에서 형성되었다. (     )

(3) 맨틀이 대류하여 판이 이동함에 따라 열점의 위치가 계속 변한다. (     )

## 1  맨틀 대류와 판의 운동

**01** 그림은 맨틀 대류와 판의 운동을 모식적으로 나타낸 것이다.

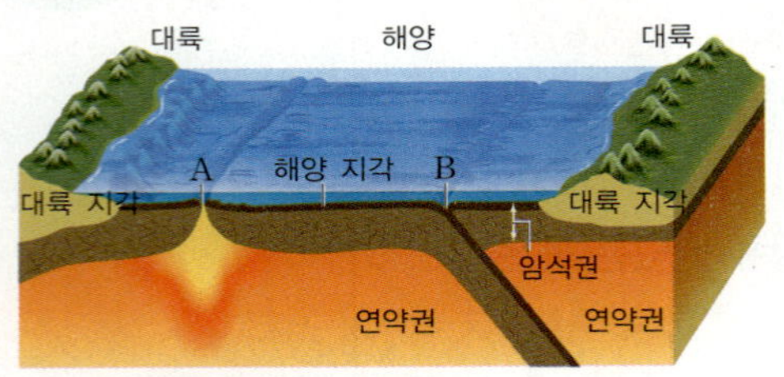


이에 대한 설명으로 옳은 것만을 〈보기〉에서 있는 대로 고른 것은?

| 보기 |

ㄱ. A는 맨틀 대류의 상승부에 위치한다.
ㄴ. B는 해구이다.
ㄷ. A에서 B로 갈수록 해양 지각의 나이가 많아진다.

① ㄱ   ② ㄴ   ③ ㄱ, ㄷ
④ ㄴ, ㄷ   ⑤ ㄱ, ㄴ, ㄷ

**02** 그림은 판을 움직이는 힘 A, B, C를 나타낸 것이다.

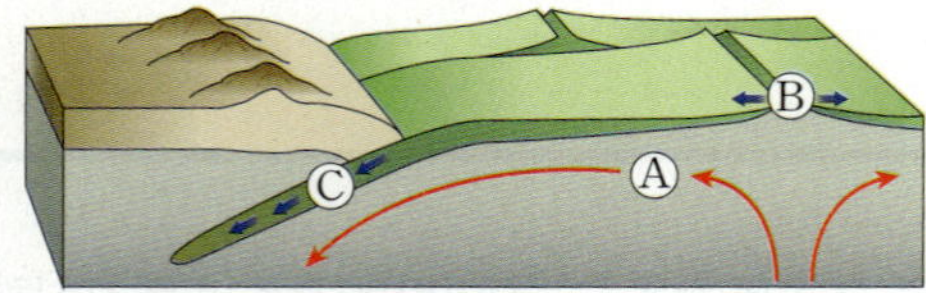


이에 대한 설명으로 옳은 것만을 〈보기〉에서 있는 대로 고른 것은?

| 보기 |

ㄱ. A는 연약권 내에서 맨틀 대류로 형성된 힘이다.
ㄴ. B는 해령에서 해구 쪽으로 생긴 기울기 때문에 판이 미끄러지는 힘이다.
ㄷ. C는 해구 아래쪽으로 하강하는 판 자체의 무게에 의해 판을 잡아당기는 힘이다.

① ㄱ   ② ㄴ   ③ ㄱ, ㄷ
④ ㄴ, ㄷ   ⑤ ㄱ, ㄴ, ㄷ

## 2  플룸 구조론

**03** 플룸 구조론에 대한 설명으로 옳지 <u>않은</u> 것은?

① 아프리카 대륙 아래에는 뜨거운 플룸이 상승한다.
② 지진파 단층 촬영 기술의 발달로 등장한 이론이다.
③ 열점은 판의 이동에 관계없이 위치가 변하지 않는다.
④ 판의 내부에서 일어나는 화산 활동을 설명할 수 있다.
⑤ 열점은 차가운 플룸이 하강하여 마그마가 생성된 것이다.

**04** 그림은 어느 지역에서 열점에 의해 생성된 여러 화산암체의 위치와 연령을 나타낸 것이다.

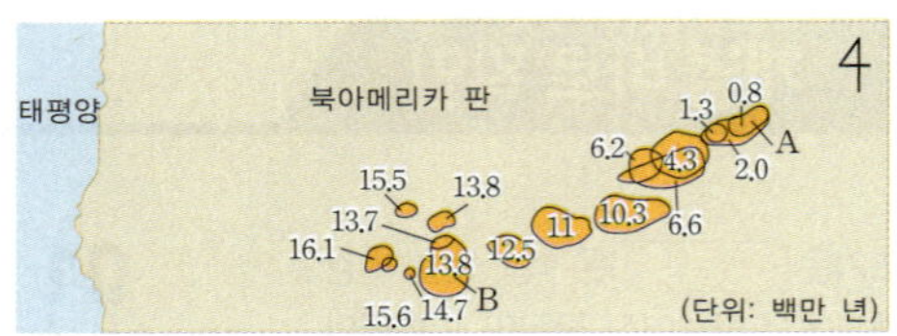


이에 대한 설명으로 옳은 것만을 〈보기〉에서 있는 대로 고른 것은?

| 보기 |

ㄱ. 북아메리카 판의 이동 방향은 동쪽 방향이다.
ㄴ. 현재 화산 활동은 주로 A 부근에서 나타난다.
ㄷ. A와 B를 구성하는 암석의 화학 조성은 비슷할 것이다.

① ㄱ   ② ㄴ   ③ ㄱ, ㄷ
④ ㄴ, ㄷ   ⑤ ㄱ, ㄴ, ㄷ

**05** 그림 (가)와 (나)는 차가운 플룸이 형성되는 과정을 순서 없이 나타낸 것이다.

중요

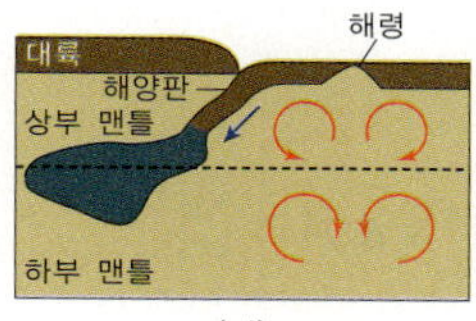


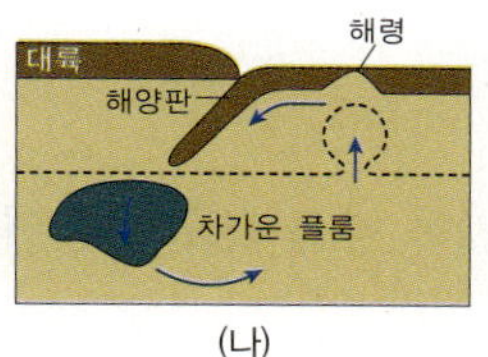


이에 대한 설명으로 옳은 것만을 〈보기〉에서 있는 대로 고른 것은?

| 보기 |

ㄱ. (가)가 (나)보다 먼저 나타난다.
ㄴ. 이 과정은 주로 발산형 경계 부근에서 잘 나타난다.
ㄷ. 차가운 플룸의 하강으로 인해 핵과 맨틀의 경계면 에서 뜨거운 플룸이 생성된다.

① ㄱ　　　　② ㄴ　　　　③ ㄱ, ㄷ
④ ㄴ, ㄷ　　　⑤ ㄱ, ㄴ, ㄷ

**06** 그림은 하와이섬 아래의 지진파 단층 촬영 영상이다.

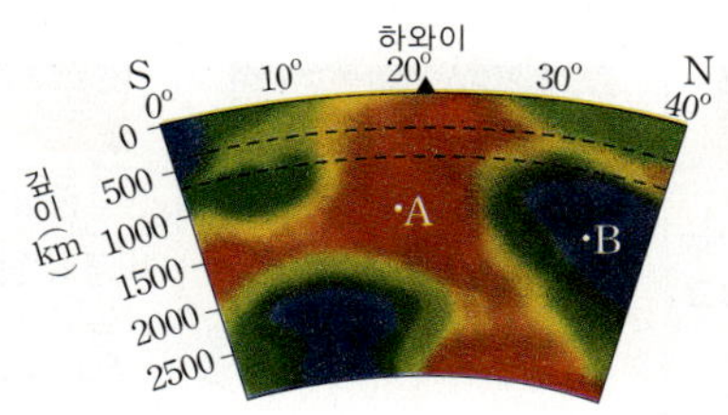


이에 대한 설명으로 옳은 것만을 〈보기〉에서 있는 대로 고른 것은? (단, 붉은색으로 갈수록 지진파의 속도가 느려짐을 의미 한다.)

| 보기 |

ㄱ. 온도는 A가 B보다 높다.
ㄴ. 하와이섬은 열점에 해당한다.
ㄷ. A에는 플룸 상승류가 존재한다.

① ㄱ　　　　② ㄷ　　　　③ ㄱ, ㄴ
④ ㄴ, ㄷ　　　⑤ ㄱ, ㄴ, ㄷ

## 서술형 이렇게!

**07** 그림은 화산 활동과 지진이 발생하는 지역을 판의 경계와 함 께 나타낸 것이다.

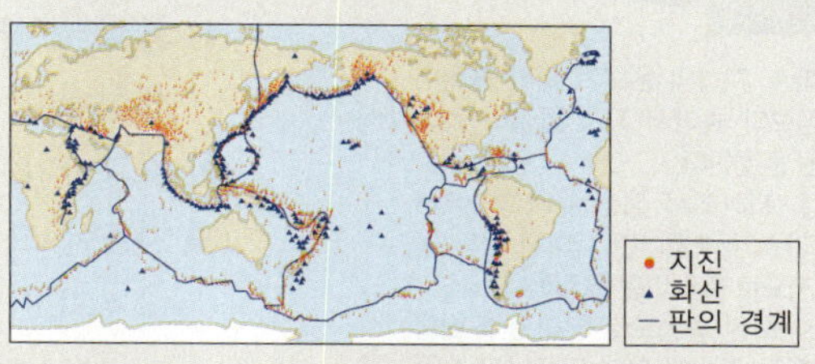


지진과 화산 활동이 활발한 지역과 판의 관계를 적고, 그 이유 를 상부 맨틀의 운동과 플룸의 운동 중에서 하나를 선택하여 설명하시오.

**08** 그림은 하와이 열도를 구성하는 화산섬들의 분포를 나타낸 것 이다.

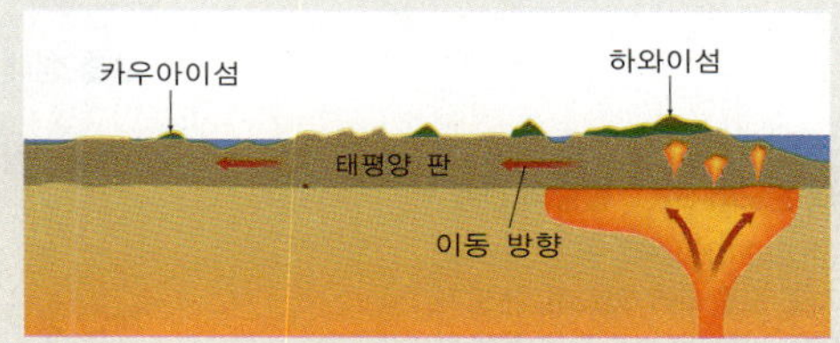


(1) 하와이섬들의 생성 과정을 상부 맨틀의 운동과 플룸 의 운동 중에서 하나를 선택하여 설명하시오.

(2) 카우아이섬과 하와이섬 중 화산섬의 연령이 더 많은 곳을 고르고, 그 이유를 설명하시오.

# 변동대의 마그마 활동 및 화성암



**먼저 알아야 할 용어!**

* **마그마** | 지하의 온도가 지하 물질의 용융점보다 높아서 지하 물질이 녹아 생성된 물질이다.
* **용암** | 지하에서 생성된 마그마에서 화산 가스가 빠져나간 나머지 용융 물질이 지표로 흘러나온 물질이다.
* **화산** | 화산 활동으로 분출된 물질들이 분화구 주변에 모여 만들어진 지형이다.
* **용융** | 일반적으로 고체가 가열되어 액체가 되는 변화를 말한다.

## ⊗ 먼저 알아야 할 내용

### 1. 암석의 순환

(1) 화성암, 변성암, 퇴적암이 지하 깊은 곳으로 들어가면 용융되어 [ ⊙ ]가 생성된다.

(2) 마그마가 식어서 굳어져 [ ⓒ ]이 생성된다.

(3) 지표에 드러난 화성암, 변성암, 퇴적암은 풍화·침식되어 퇴적물이 되고, 퇴적물이 다져지고 굳어져 [ ⓒ ]이 생성된다.

(4) 화성암, 변성암, 퇴적암이 높은 열이나 압력을 받으면 [ ⓔ ]이 생성된다.

답 ⊙ 마그마 ⓒ 화성암 ⓒ 퇴적암 ⓔ 변성암

**❖ 암석의 순환**

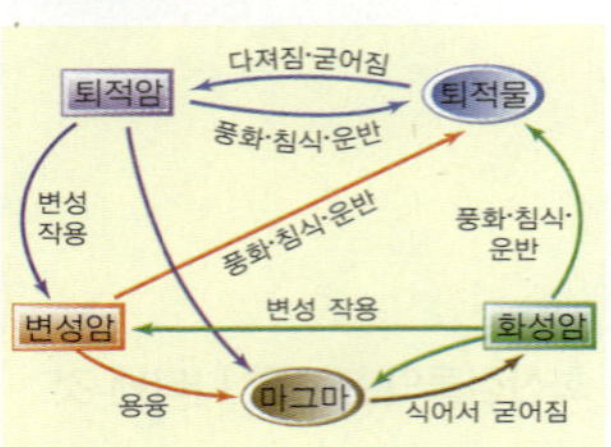

**❖ 마그마의 온도와 $SiO_2$ 함량의 관계**
온도가 높은 마그마일수록 용융점이 높은 물질까지도 포함되어 있으며, 온도가 낮은 마그마일수록 $SiO_2$와 같은 용융점이 낮은 물질의 함량비가 높다.

## ① 마그마의 생성

**1. 마그마의 종류** 화학 조성($SiO_2$ 함량)에 따라 현무암질, 안산암질, 유문암질 마그마로 구분한다.

| 마그마 | 현무암질 | 안산암질 | 유문암질 |
|---|---|---|---|
| $SiO_2$ 함량 | 52 % 이하(염기성) | 52∼66 %(중성) | 66 % 이상(산성) |
| 온도 | 고온(약 1000∼1200 ℃) | ⟷ | 저온(약 600∼800 ℃) |
| 점성 | 작다 | ⟷ | 크다 |
| 유동성 | 크다 | ⟷ | 작다 |
| 화산 가스 함량 | 적다 | ⟷ | 많다 |
| 분출 형태 | 조용한 분출 | 용암과 화산 쇄설물이 교대로 분출 | 격렬히 폭발 |
| 화산체의 경사 | 완만하다 | ⟷ | 급하다 |
| 화산 형태 | 순상 화산, 용암 대지 | 성층 화산 | 종상 화산(용암 돔) |
| 유색 광물의 함량 | Fe, Mg, Ca 등 밀도가 크고 색깔이 어두운 원소의 함량이 상대적으로 높다. | ⟷ | 비금속 원소인 $SiO_2$ 함량이 높고, Na, K 등 밀도가 작고 밝은 원소의 함량이 상대적으로 높다. |

**❖ 화산 형태**
• 용암 대지: 유동성이 큰 용암이 폭발적인 활동을 하지 않고 대량 유출되었을 때 형성된 평탄한 대지이다.
• 순상 화산: 점성이 매우 작은 용암류가 화구를 중심으로 다수 누적되어 형성된 방패 모양의 화산체이다.
• 성층 화산: 하나의 화구에서 되풀이하여 분출된 화산 쇄설물과 용암이 겹겹이 쌓여 층을 이루어 만들어진 원뿔 모양의 화산체이다.
• 종상 화산: 점성이 강한 용암이 지표로 분출하여 화구 위로 솟아올라서 종을 엎은 모양과 같이 경사가 급한 화산체로, 용암 돔이라고도 한다.

 **마그마의 종류와 화산체의 모양**

그림 (가)와 (나)는 형태가 다른 두 화산을 모식적으로 나타낸 것이다.

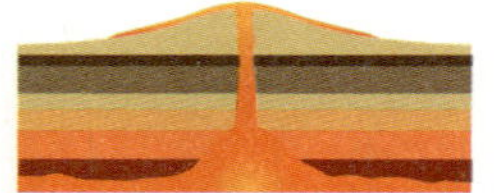

(가) 완만한 경사를 이루는 화산

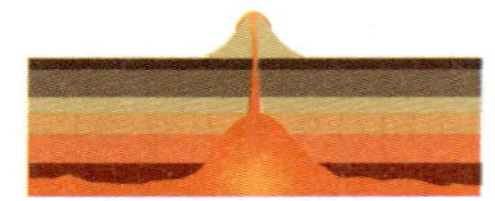

(나) 급한 경사를 이루는 화산

❶ 마그마의 종류에 따른 화산체의 모양
• 현무암질 마그마는 온도가 높고 $SiO_2$ 함량이 낮으므로 점성이 작고 유동성이 크다. ➡ 조용히 분출하여

경사가 완만한 순상 화산이나 용암 대지를 만든다.

- 유문암질 마그마는 온도가 낮고 $SiO_2$ 함량이 많으므로 점성이 크고 유동성이 작다. ➡ 폭발적으로 분출하여 경사가 급한 종상 화산을 만든다. 또한 화산 활동의 후기에 산 정상부에 용암 돔을 만들기도 한다.

❷ **(가)와 (나)를 형성한 마그마의 비교:** (가)는 (나)보다 유동성이 큰 마그마가 분출하여 형성되어 화산의 경사가 완만하다.

## 2. 마그마의 생성 조건

① **지하의 온도 분포와 암석의 용융:** 깊이가 깊어질수록 온도와 압력이 높아지고, 맨틀의 용융점도 높아진다. ➡ 맨틀의 용융점은 같은 깊이에서 지구 내부의 온도보다 높기 때문에 마그마는 자연적으로 생성되기 어렵다.

② **마그마의 생성 조건:** 마그마가 생성되는 장소의 온도가 그 곳에 존재하는 암석의 용융점보다 높아야 한다.

③ **마그마가 생성되는 경우**

| | |
|---|---|
| **온도 상승(A)** | 대륙 지각을 구성하는 암석(화강암질)의 온도가 상승하여 물이 포함된 화강암의 용융점보다 높아지면 대륙 지각이 용융되어 마그마가 생성된다. |
| **압력 감소(B)** | 맨틀 물질이 상승하여 압력이 낮아지면 마그마가 생성된다. |
| **물의 공급(C)** | 맨틀에 물이 공급되면 맨틀의 용융점이 지하의 온도보다 낮아지고, 맨틀 물질이 용융되어 마그마가 생성된다. |

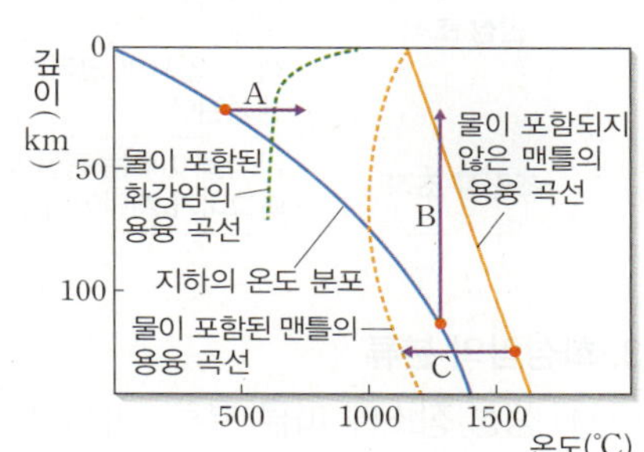


## 3. 마그마의 생성 장소

| | |
|---|---|
| **해령 하부** | 고온의 맨틀 물질이 상승하여 압력이 감소한다. ➡ 용융 온도에 도달하여 현무암질 마그마가 생성된다. |
| **열점** | 지하 깊은 곳에서 뜨거운 물질이 상승하여 압력이 감소한다. ➡ 용융 온도에 도달하여 현무암질 마그마가 생성된다. |
| **섭입대 부근** | 판이 섭입하면서 온도와 압력이 상승하여 해양 지각에서 물이 빠져나온다. ➡ 빠져 나온 물에 의해 연약권을 구성하는 암석의 용융점이 낮아진다. ➡ 연약권의 암석이 부분 용융되고, 용융된 물질로 인해 현무암질 마그마가 생성된다. ➡ 현무암질 마그마가 상승하면서 지각 하부를 용융시켜 유문암질(화강암질) 마그마가 생성된다. ➡ 유문암질(화강암질) 마그마와 현무암질 마그마가 혼합되어 안산암질 마그마가 생성된다. |

❖ **함수 광물**
- 광물 구조 내에 OH를 포함하고 있어 가열하면 물이 빠져나오는 광물을 함수 광물이라고 한다.
- 섭입대에서 현무암질 해양 지각과 그 위에 두껍게 덮여 있는 해저 퇴적물이 섭입대를 따라 맨틀로 들어가면서 해양 지각 내 함수 광물과 해저 퇴적물 내에 포함된 물이 빠져 나와 맨틀에 공급되어 용융점이 낮아지면 맨틀이 녹아 마그마가 생성된다.

❖ **부분 용융**
- 암석이 용융되어 마그마가 생성될 때 암석을 구성하는 광물 중 용융점이 낮은 광물이 먼저 녹아 마그마가 만들어지는 것을 부분 용융이라고 한다.
- 부분 용융된 마그마는 주위 암석보다 밀도가 낮아 상승한다.

❖ **안산암선**
- 태평양 주변을 따라 안산암이 분포하는 한계선으로, 판의 수렴형 경계와 대체로 일치한다.
- 이 경계선 주변에 있는 호상 열도와 습곡 산맥에서는 주로 안산암질 마그마가 분출된다.

## 개념 바로 확인

정답 및 해설 | 07쪽

**01** 현무암질 마그마가 분출하면 주로 [ ] 화산이 생성되고, 유문암질 마그마가 분출하면 주로 [ ] 화산이 생성된다.

**02** 마그마는 온도 [ ], 압력 [ ], [ ]의 공급에 의한 용융점 하강 등으로 생성된다.

**01** 마그마의 종류에 대한 다음 설명 중 옳은 것은 ○, 옳지 <u>않은</u> 것은 ×로 표시하시오.

(1) $SiO_2$ 함량이 많은 마그마일수록 온도가 높다. ( )

(2) 현무암질 마그마가 유문암질 마그마보다 유동성이 크다. ( )

(3) 점성이 큰 마그마가 분출할수록 경사가 급한 화산체를 만든다. ( )

(4) 온도가 높은 마그마일수록 점성이 크고 화산 가스의 함량이 많다. ( )

**02** 마그마의 종류에 따른 생성 장소를 옳게 연결하시오.

(1) 해령 하부 •  　　　 • ㉠ 현무암질 마그마

(2) 열점 •  　　　 • ㉡ 안산암질 마그마

(3) 섭입대 부근 •  　　　 • ㉢ 유문암질 마그마

❖ **반상 조직**

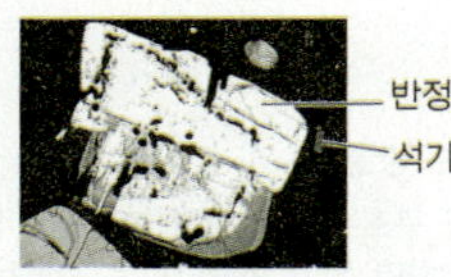


- 지하에서 서서히 냉각되면서 생성된 큰 결정(반정)이, 분출에 의해 비교적 빨리 냉각되면서 생성된 세립질의 입자(석기) 속에 나타난다.
- 주로 화산암에서 잘 나타난다.

## ② 화성암의 생성과 분류

**1. 화성암의 생성**  지구 내부에서 생성된 마그마가 지표 부근이나 지하에서 식어서 만들어진다.

**2. 화성암의 조직**  생성 장소에 따라 마그마의 냉각 속도가 달라 광물 입자의 크기가 달라진다.

|  |  |
|---|---|
| 유리질 조직 | • 결정을 이루지 못한 조직이다.<br>• 마그마가 지표 근처에서 급격히 냉각될 때 만들어진다. |
| 세립질 조직 | • 암석을 이루는 광물 입자의 크기가 작은 조직이다.<br>• 마그마가 급격히 냉각될 때 만들어진다. |
| 반상 조직 | • 반정과 석기로 이루어진 조직이다.<br>• 반정: 화성암에서 세립질의 석기 속에 있는 큰 결정으로 마그마가 서서히 냉각될 때 생성된다.<br>• 석기: 입자의 크기가 작은 결정으로 반정을 둘러싸고 있으며, 마그마가 급격히 냉각되어 생성된다. |
| 조립질 조직 | • 암석을 이루는 광물 입자의 크기가 큰 조직이다.<br>• 마그마가 지하에서 천천히 냉각될 때 만들어진다. |

## 3. 화성암의 분류

① **생성 장소에 따른 분류**: 마그마가 냉각되어 굳어진 위치에 따라 화산암, 반심성암, 심성암으로 나눌 수 있다.

| 화산암 | 마그마가 지표로 분출하여 급격히 냉각되어 만들어진다. ➡ 마그마가 급격히 냉각되므로 결정이 성장하지 못하여 결정의 크기가 작은 세립질 조직을 이룬다. |
|---|---|
| 반심성암 | 마그마가 지표 근처에서 냉각되어 만들어진다. ➡ 반정과 석기로 이루어진 반상 조직이 나타난다. |
| 심성암 | 마그마가 지하 깊은 곳에서 천천히 냉각되어 만들어진다. ➡ 마그마가 천천히 냉각되므로 결정이 크게 성장하여 조립질 조직을 이룬다. |

❖ **화산암과 심성암**

화산암에는 현무암, 안산암, 유문암이 있으며, 심성암에는 반려암, 섬록암, 화강암이 있다.

② **화학 조성에 따른 분류**: 마그마의 $SiO_2$ 함량에 따라 염기성암, 중성암, 산성암으로 구분한다.

| 염기성암 | 마그마의 $SiO_2$ 함량이 52 % 이하인 현무암질 마그마가 냉각되어 만들어진다. 감람석, 휘석, 각섬석과 같은 어두운색 광물이 많아 어두운색을 띤다. |
|---|---|
| 중성암 | 마그마의 $SiO_2$ 함량이 52~66 %인 안산암질 마그마가 냉각되어 만들어진다. |
| 산성암 | 마그마의 $SiO_2$ 함량이 66 % 이상인 유문암질 마그마가 냉각되어 만들어진다. 사장석, 정장석, 석영 등의 밝은색 광물의 함량이 많아 밝은색을 띤다. |

❖ **염기성암과 산성암**

염기성암은 철과 마그네슘을 많이 포함하여 고철질암, 산성암은 석영과 장석을 많이 포함하여 규장질암이라고도 한다.

**화성암의 분류**

| 화학 조성에 의한 분류 | | | 염기성암 | 중성암 | 산성암 |
|---|---|---|---|---|---|
| 조직에 의한 분류 | 성질 | $SiO_2$ 함량 | 적음 ← 52% | 66% | → 많음 |
| | | 색 | 어두운색 ← | 중간 | → 밝은색 |
| | | 원소 | Ca, Fe, Mg | | Na, K, Si |
| | | 밀도 | 큼 ← | | → 작음 |
| 화산암 | 세립질 조직 | 빠르다. | 현무암 | 안산암 | 유문암 |
| 심성암 | 조립질 조직 | 느리다. | 반려암 | 섬록암 | 화강암 |

조암 광물의 부피(%) 80 60 40 20

■ 무색(밝은색) 광물
■ 유색(어두운색) 광물

석영, 사장석, 정장석, 휘석, 각섬석, 감람석, 흑운모

## ❸ 우리나라의 화성암 지형

**1. 화산암 지형**　화산 활동으로 분출한 용암에 의해 형성된 지형으로, 우리나라의 화산암 지형은 주로 신생대 화산 활동으로 형성된 현무암으로 이루어져 있다.

　① 제주도
- 신생대인 180만 년 전부터 수천 년 전까지 여러 차례에 걸쳐 일어난 화산 활동으로 형성된 화산섬이다.
- 대부분 용암이 분출하여 이루어진 현무암이고, 화산 분출로 인해 화산 쇄설물로 이루어진 응회암이 일부 존재한다.
- 현무암 절벽과 폭포 등이 발달하였으며, 육각기둥 모양의 주상 절리가 나타난다.
- 한라산은 화산체의 경사가 완만한 순상 화산의 형태를 이루고 있다.
- 유동성이 큰 용암이 흐를 때 발생한 용암이 빠져나가서 생성된 용암 동굴이 있다.

　② 강원도 철원 지역과 한탄강 일대
- 신생대 제 4기에 현무암질 용암이 분출하여 만들어진 용암 대지가 발달한다.
- 철원 평야: 용암 대지의 풍화와 침식 작용으로 형성되었다.
- 한탄강 일대: 현무암과 응회암이 발견되고, 한탄강 절벽에는 주상 절리가 발달한다.

**2. 심성암 지형**　지하 깊은 곳에서 형성된 심성암으로 이루어진 지형으로, 우리나라의 심성암 지형은 주로 중생대에 만들어진 화강암이 지표에 노출된 후 풍화, 침식 작용을 받아 형성되었다.

　① 북한산
- 주로 약 1억 8천만 년 전 ~ 1억 6천만 년 전 중생대에 지하 깊은 곳에서 형성된 화강암으로 이루어져 있다.
- 오랜 시간이 지나면서 화강암 상부의 암석이 풍화와 침식 작용으로 깎여 나갔고, 화강암을 누르던 압력이 감소하고 화강암체가 서서히 융기하여 지표에 노출되었다.
- 산 정상 부근에는 압력 감소로 인해 생성된 판상 절리가 관찰된다.

　② 설악산
- 약 1억 2천만 년 전 중생대에 지하 깊은 곳에서 형성된 화강암이 활발한 융기와 침식 작용을 받아 깎여나간 후 지표에 노출되어 형성되었다.

---

❖ **화산암 지형**

제주도, 한탄강 일대, 울릉도, 독도 등에서 나타난다.

❖ **주상 절리**
- 단면이 기둥 모양을 이룬다.
- 화산 폭발 시 용암의 표면이 먼저 냉각되면서 수축되면 표면에서 아래쪽으로 갈라지면서 수축이 일어나 주상 절리가 형성된다.
- 용암이 급격히 냉각된 화산암에서 잘 나타난다. 예 현무암, 안산암, 유문암 등

▲ 한탄강의 주상 절리

❖ **판상 절리**
- 단면이 지표면과 평행한 방향이다.
- 지하 깊은 곳에서 형성된 암석이 지표로 노출되면 암석을 누르고 있던 압력이 낮아지면서 판상 절리가 형성된다.
- 심성암인 화강암에서 잘 나타난다.

▲ 판상 절리

---

## 개념 바로 확인

정답 및 해설 ┃ 07쪽

**03** 마그마가 지표 부근에서 굳어진 암석을 [　　　], 지하 깊은 곳에서 굳어진 암석을 [　　　]이라 한다.

**04** 제주도의 한라산과 철원 일대 지역은 주로 [　　　], 북한산과 설악산은 주로 [　　　]으로 이루어져 있다.

**03** 화성암에 대한 다음 설명 중 옳은 것은 ○, 옳지 <u>않은</u> 것은 × 로 표시하시오.

(1) 반려암은 화강암보다 밀도가 크다. 　　　　　　　　( 　 )
(2) 주상 절리는 주로 화강암에서 나타난다. 　　　　　　( 　 )
(3) $SiO_2$ 함량이 많을수록 암석의 색이 밝다. 　　　　　( 　 )
(4) 섬록암은 안산암보다 광물 입자의 크기가 크다. 　　　( 　 )
(5) 반려암은 밝은색을 띠는 세립질의 화성암이다. 　　　( 　 )
(6) 유문암은 현무암보다 유색 광물의 함량비가 높다. 　　( 　 )
(7) 마그마의 냉각 속도가 빠를수록 구성하는 결정의 크기가 크다. 　( 　 )
(8) 화성암에서 나타나는 판상 절리는 주로 압력의 감소로 만들어졌다. ( 　 )

## · 변동대에서 생성되는 마그마 ·

변동대에서 생성되는 마그마의 종류가 다르다는 것을 알고, 그 이유를 마그마의 생성 과정과 관련지어 이해해야 100점으로 갈 수 있답니다.

### 원리1  마그마의 생성 조건

1. **온도 상승**: 대륙 지각을 구성하는 화강암질 암석의 온도가 상승하여 물이 포함된 화강암의 용융점보다 높아지면 대륙 지각이 용융되어 <u>화강암질(유문암질) 마그마</u>가 생성된다.
2. **압력 감소**: 맨틀 물질이 상승하면 압력이 감소하여 <u>현무암질 마그마</u>가 생성된다.
3. **물의 공급**: 맨틀에 물이 공급되면 맨틀 물질의 용융 온도가 낮아짐으로써 <u>현무암질 마그마</u>가 생성된다.

### 원리2  변동대에서 생성되는 마그마

**1. 해령 하부**

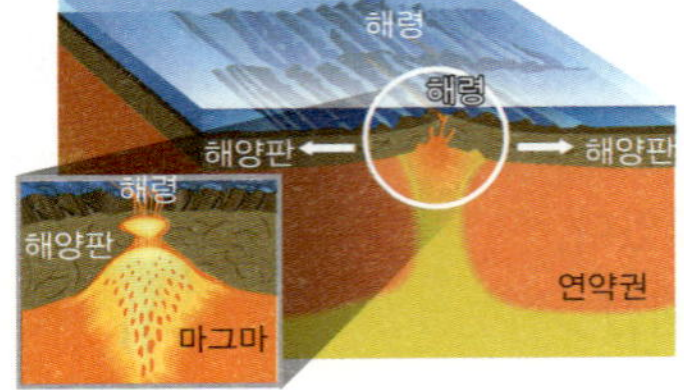


- 해령 하부에서는 주로 감람암질 암석으로 이루어져 있는 맨틀 물질이 맨틀 대류의 상승류를 따라 서서히 상승하면서 압력 감소로 부분 용융이 일어나 **현무암질 마그마**가 생성된다.
- 이 마그마가 해령의 하부에서 관입하거나 열곡으로 분출하면서 현무암질 암석으로 된 해양판이 생성된다.

**2. 열점**

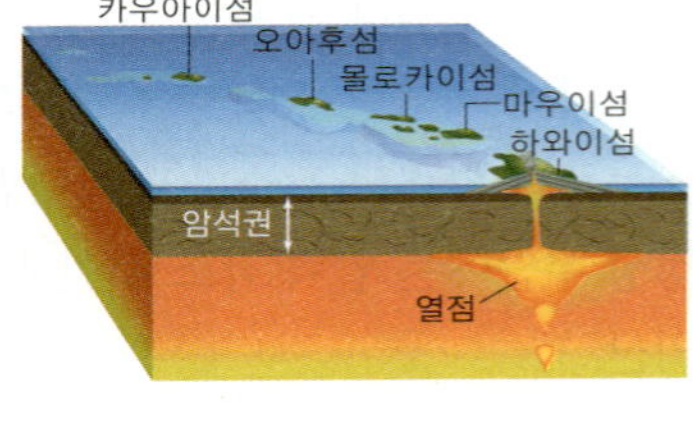


- 열점에서는 주변의 맨틀보다 온도가 높고 밀도가 낮아 상승하는 맨틀 플룸이 압력 감소로 부분 용융되어 **현무암질 마그마**가 생성된다.
- 열점에 의해 생긴 화산 열도(하와이 열도)의 섬들은 대부분 현무암으로 이루어져 있다.

**3. 섭입대(해구 부근)**

① A에서 마그마가 생성되는 과정

- 섭입대에서 섭입되는 퇴적물과 해양 지각으로부터 공급된 물에 의해 맨틀 물질의 용융 온도가 낮아진다.
- 해양판이 맨틀로 침강하면 온도와 압력이 상승한다. ➡ 해양판에 포함된 물이 빠져나와 섭입하는 판 바로 위에 있는 연약권에 유입된다. ➡ 연약권과 해양 지각이 부분 용융되어 **현무암질 마그마**가 생성된다.

② B에서 마그마가 생성되는 과정

- 섭입대에서 만들어진 현무암질 마그마는 주변의 암석보다 가벼우므로 상승한다. ➡ 상승한 마그마의 일부는 대륙 지각의 하부를 용융시켜 유문암질 마그마(화강암질 마그마)를 생성한다. ➡ 유문암질 마그마(화강암질 마그마)와 현무암질 마그마가 혼합되면서 <u>안산암질 마그마</u>가 생성된다.
- 일본 열도나 안데스산맥은 해양판이 대륙판 아래로 섭입하는 과정에서 주로 안산암질 마그마에 의한 화산 활동으로 해구와 나란하게 형성된 것이다.

③ A와 B에서 생성되는 마그마의 온도 비교: A(현무암질 마그마) > B(안산암질 마그마)

## 1 마그마의 생성

**01** 그림은 현무암질 마그마와 유문암질 마그마를 특징에 따라 구분한 것이다. 이에 대한 설명으로 옳은 것만을 〈보기〉에서 있는 대로 고른 것은?

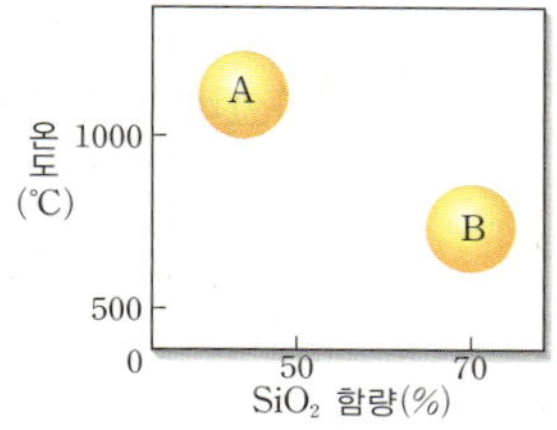


┤ 보기 ├

ㄱ. A는 현무암질 마그마이다.
ㄴ. 마그마의 점성은 A가 B보다 크다.
ㄷ. 화산재의 분출량은 A가 B보다 많다.

① ㄱ  　　② ㄴ  　　③ ㄱ, ㄷ
④ ㄴ, ㄷ  　　⑤ ㄱ, ㄴ, ㄷ

**02** (가)와 (나)는 서로 다른 화산 활동의 모습을 나타낸 것이다.

(가)　　　　　　　　(나)

이에 대한 설명으로 옳은 것만을 〈보기〉에서 있는 대로 고른 것은?

┤ 보기 ├

ㄱ. 마그마의 온도는 (가)가 (나)보다 높다.
ㄴ. 화산체의 경사는 (가)가 (나)보다 급하다.
ㄷ. 마그마의 $SiO_2$ 함량은 (가)가 (나)보다 많다.

① ㄱ  　　② ㄷ  　　③ ㄱ, ㄴ
④ ㄴ, ㄷ  　　⑤ ㄱ, ㄴ, ㄷ

**03**  그림은 깊이에 따른 지하의 온도 분포 및 화강암과 현무암의 용융 곡선을 나타낸 것이다.

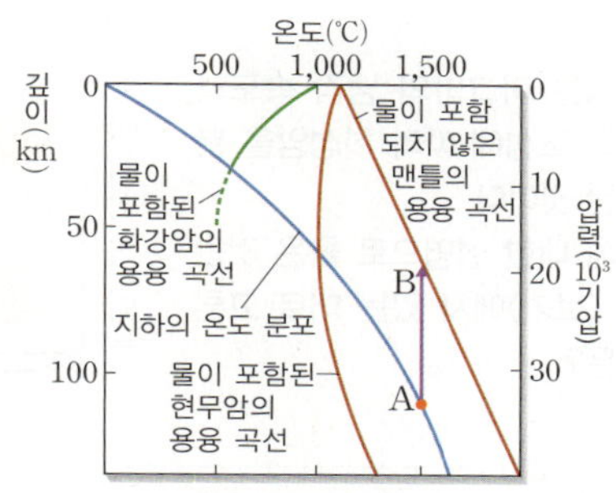


이에 대한 설명으로 옳은 것만을 〈보기〉에서 있는 대로 고른 것은?

┤ 보기 ├

ㄱ. 현무암에 물이 포함되면 용융점이 높아진다.
ㄴ. 지구 내부로 갈수록 지하의 온도와 압력은 상승한다.
ㄷ. 해령 하부에서는 A → B와 같은 변화에 의해 현무 암질 마그마가 생성된다.

① ㄱ  　　② ㄴ  　　③ ㄱ, ㄷ
④ ㄴ, ㄷ  　　⑤ ㄱ, ㄴ, ㄷ

**04** 그림은 마그마가 생성되는 장소를 나타낸 것이다.

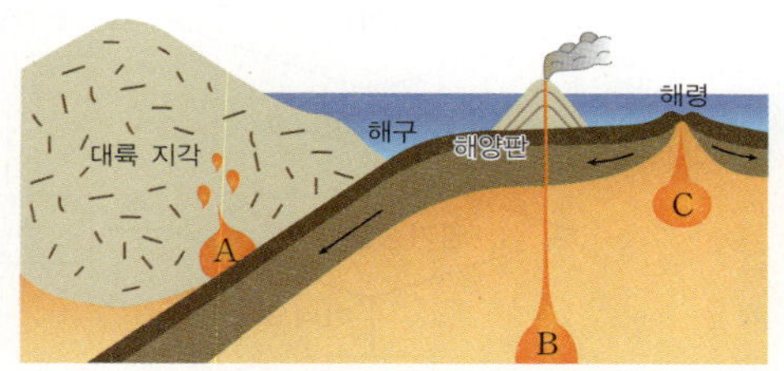


A~C에 대한 설명으로 옳은 것만을 〈보기〉에서 있는 대로 고른 것은?

┤ 보기 ├

ㄱ. A에서는 해양판에서 빠져나온 물의 영향으로 암 석의 용융점이 낮아진다.
ㄴ. A와 B에서 생성된 마그마의 성분은 같다.
ㄷ. C에서 현무암질 마그마가 생성된다.

① ㄱ  　　② ㄴ  　　③ ㄱ, ㄷ
④ ㄴ, ㄷ  　　⑤ ㄱ, ㄴ, ㄷ

### 2 화성암의 생성과 분류

**05** 그림은 마그마의 냉각 속도와 화학 조성에 따라 화성암을 분류한 것이다.
이에 대한 설명으로 옳은 것만을 〈보기〉에서 있는 대로 고른 것은?

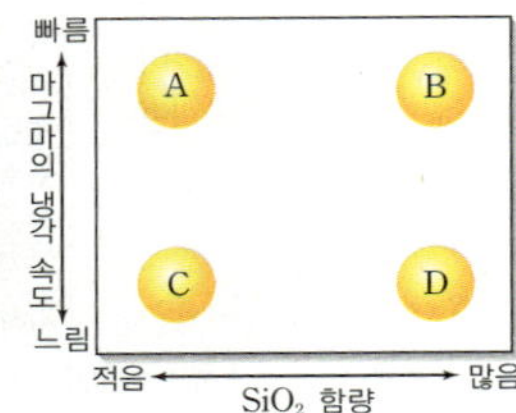

| 보기 |
ㄱ. A는 B보다 밝은색을 띤다.
ㄴ. A는 D보다 구성 광물의 결정 크기가 작다.
ㄷ. B는 C보다 저온의 마그마가 굳어서 생성된다.

① ㄱ      ② ㄷ      ③ ㄱ, ㄴ
④ ㄴ, ㄷ      ⑤ ㄱ, ㄴ, ㄷ

**06** 그림은 화성암을 분류하는 과정을 나타낸 것이다.

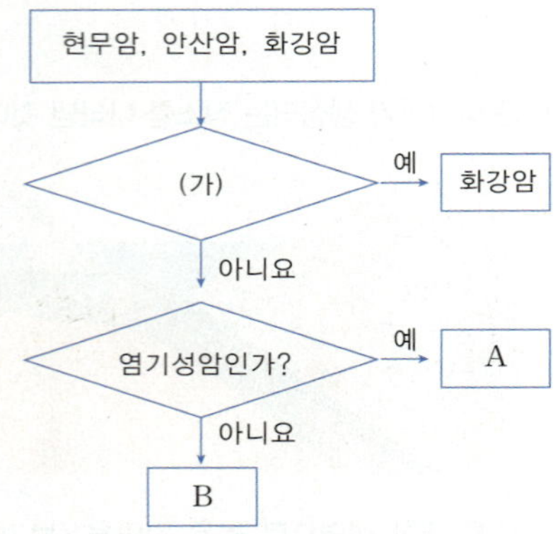

이에 대한 설명으로 옳은 것만을 〈보기〉에서 있는 대로 고른 것은?

| 보기 |
ㄱ. A는 현무암이다.
ㄴ. A는 B보다 규소와 산소의 함량이 많다.
ㄷ. (가)에는 '세립질 암석인가?'가 들어갈 수 있다.

① ㄱ      ② ㄴ      ③ ㄱ, ㄷ
④ ㄴ, ㄷ      ⑤ ㄱ, ㄴ, ㄷ

**07** 다음은 어느 암석에 대한 설명이다.

- 전체적으로 밝은색을 띠고 있다.
- 마그마가 굳어져 생성된 암석이다.
- 결정의 크기로 보아 마그마가 천천히 굳어 생성되었다.

이 암석에 대한 설명으로 옳은 것만을 〈보기〉에서 있는 대로 고른 것은?

| 보기 |
ㄱ. 염기성암이다.
ㄴ. 화석이 산출될 수 있다.
ㄷ. 조립질 조직이 잘 나타난다.

① ㄱ      ② ㄷ      ③ ㄱ, ㄴ
④ ㄴ, ㄷ      ⑤ ㄱ, ㄴ, ㄷ

**08** 다음은 화성암을 구성하는 주요 광물의 부피비(%)를 나타낸 것이다.

| 구분 | 염기성암 | 중성암 | 산성암 |
| --- | --- | --- | --- |
| 화산암 | A | B | C |
| 심성암 | D | E | F |

이에 대한 설명으로 옳은 것만을 〈보기〉에서 있는 대로 고른 것은?

| 보기 |
ㄱ. A→B→C로 갈수록 $SiO_2$ 함량은 많아진다.
ㄴ. A와 D는 구성 광물의 종류가 비슷하다.
ㄷ. C는 F보다 광물 결정의 크기가 크다.

① ㄱ      ② ㄴ      ③ ㄱ, ㄴ
④ ㄴ, ㄷ      ⑤ ㄱ, ㄴ, ㄷ

### 3  우리나라의 화성암 지형

**09** 다음은 어느 지역에서 나타나는 여러 가지 지형이다.

> • 현무암 절벽을 따라 주상 절리가 발달한다.
> • 해안가를 따라 다수의 용암 동굴이 발달한다.
> • 순상 화산체가 존재한다.

이러한 지형이 모두 나타나는 지역은?

① 북한산　　　② 설악산　　　③ 울릉도
④ 제주도　　　⑤ 한탄강 일대

**10** 다음은 서울 북한산의 모습이다. 북한산을 이루고 있는 암석에 대한 설명으로 옳은 것만을 〈보기〉에서 있는 대로 고른 것은?

> ┤ 보기 ├
> ㄱ. 신생대에 형성되었다.
> ㄴ. 현무암보다 밝은색을 띤다.
> ㄷ. 표면의 절리는 지하 깊은 곳에 있던 암석이 지표에 노출되면서 압력이 감소하여 형성된다.

① ㄱ　　　　② ㄷ　　　　③ ㄱ, ㄴ
④ ㄴ, ㄷ　　　⑤ ㄱ, ㄴ, ㄷ

**11** 다음은 우리나라의 어느 지질 명소에 대한 설명이다.

> • 장소: 강원도 철원군 한탄강 유역 대교천 계곡
> • 구성 암석: ㉠ 현무암
> • 특징: 절벽에 ㉡ 육각기둥 모양의 절리가 발달함

이에 대한 설명으로 옳은 것만을 〈보기〉에서 있는 대로 고른 것은?

> ┤ 보기 ├
> ㄱ. ㉠은 중생대에 생성되었다.
> ㄴ. 이 지역에는 과거에 화산 활동이 나타났다.
> ㄷ. ㉡은 마그마가 빠르게 냉각될 때 생성될 수 있다.

① ㄱ　　　　② ㄴ　　　　③ ㄱ, ㄷ
④ ㄴ, ㄷ　　　⑤ ㄱ, ㄴ, ㄷ

---

### 서술형 이렇게!

**12** (가)와 (나)는 서로 다른 화산의 모습을 나타낸 것이다.

(가)　　　　　　　　(나)

(가)와 (나)의 화산체의 모습이 다른 이유를 마그마의 성질(점성 및 온도)과 관련지어 설명하시오.

**13** (가)와 (나)는 각각 설악산과 한라산의 모습과 두 지역에서 볼 수 있는 절리를 나타낸 것이다.

(가)　　　　　　　　(나)

(1) (가)와 (나)의 암석을 이루는 광물 결정의 크기를 비교하고, 그 이유를 설명하시오.

(2) (가)와 (나)의 암석을 만든 마그마의 $SiO_2$ 함량을 비교하고, 그 이유를 설명하시오.

## 01 판 구조론의 정립
➡ 10~17쪽

### 1. 대륙 이동설
(1) **대륙 이동설**: 약 2억 년 전부터 (㉠      )가 갈라져 이동하기 시작하면서 현재와 같은 분포를 이루었다는 학설이다.

(2) **베게너가 주장한 대륙 이동의 증거**

| | |
|---|---|
| 지형학적 | 북미, 남미, 유럽 및 아프리카의 해안선이 일치한다. |
| 지질학적 | 멀리 떨어져 있는 두 대륙에서 발견된 지질 구조가 연속적이다. |
| 고생물학적 | 고생물 화석의 분포가 유사하고 분포 지역이 연속적이다. |
| 기후학적 | 과거 지질 시대에 있었던 빙하의 분포 지역과 이동 방향이 일치한다. |

### 2. 맨틀 대류설
맨틀 내 방사성 원소의 붕괴열에 의하여 맨틀의 대류가 일어나고, 이로 인해 대륙이 이동한다는 학설이다.

### 3. 해저 지형 탐사와 해양저 확장설
(1) **음향 측심법**: 음파가 해저면에 반사되어 되돌아오는 데 걸리는 시간을 측정하여 수심을 측정하는 방법이다.

$$수심(d) = \frac{1}{2}vt \; (v: 음파의\ 속도,\ t: 음파의\ 왕복\ 시간)$$

(2) **해양저 확장설**

① 해령에서 생성된 마그마가 새로운 해양 지각을 만들고, 해령을 축으로 서로 반대 방향으로 이동하면서 해저가 확장된다는 이론이다.

② 해양저 확장설의 증거

| | |
|---|---|
| **해양 지각의 나이와 퇴적물 분포** | 해령에서 멀어질수록 해양 지각의 나이는 많아지고, 해저 퇴적물의 두께가 두꺼워진다. |
| **해저 고지자기 분포** | 고지자기 줄무늬는 해령과 거의 나란하며, 해령을 축으로 대칭을 이룬다. |
| **변환 단층** | 해양 지각이 확장되는 속도 차이 때문에 해령과 해령 사이에 변환 단층이 생성된다. |

### 4. 판 구조론의 정립
(1) **판 구조론**

① 판 구조론: 지구 표면은 10여 개의 판으로 이루어져 있고, 이런 판들의 상호 작용으로 인해 판의 경계 부분에서 지각 변동이 활발히 일어난다는 이론이다.

② 판의 구조

| | |
|---|---|
| **암석권** | 지각과 상부 맨틀의 일부를 포함하는 약 100 km 두께의 단단한 부분이다. |
| (㉡    ) | 판(암석권) 아래에 위치하며, 암석권에 비해 밀도가 크며, 맨틀이 부분 용융되어 있어 유동성을 띤다. |
| **판** | 암석권의 크고 작은 조각으로 연약권의 움직임에 따라 이동한다. |

(2) **판의 경계와 지각 변동**

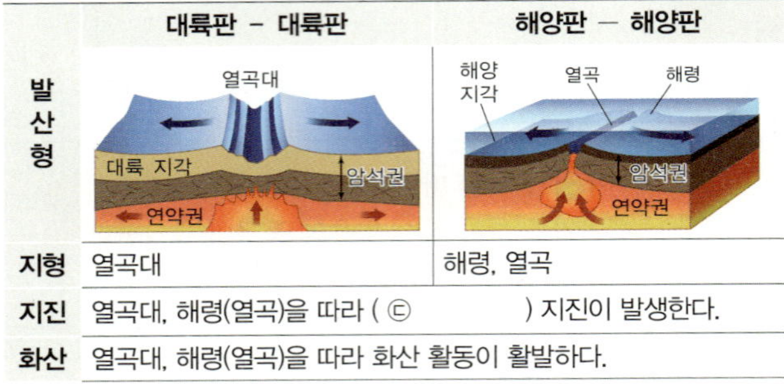

| 발산형 | 대륙판 – 대륙판 | 해양판 – 해양판 |
|---|---|---|
| 지형 | 열곡대 | 해령, 열곡 |
| 지진 | 열곡대, 해령(열곡)을 따라 (㉢     ) 지진이 발생한다. | |
| 화산 | 열곡대, 해령(열곡)을 따라 화산 활동이 활발하다. | |

| 섭입형 | 해양판 – 해양판 | 해양판 – 대륙판 |
|---|---|---|
| 지형 | 해구와 호상 열도 | 해구와 습곡 산맥(호상 열도) |
| 지진 | 천발~심발 지진이 발생하며, 해구 쪽에서 밀도가 작은 판 쪽으로 갈수록 진원이 (㉣     ). | |
| 화산 | 밀도가 작은 판 쪽에서 화산 활동이 활발하다. | |

| 충돌형 | 대륙판 – 대륙판 |
|---|---|
| 지형 | 습곡 산맥 |
| 지진 | 천발~중발 지진이 발생한다. |
| 화산 | 거의 나타나지 않는다. |

| 보존형 | |
|---|---|
| 지형 | 변환 단층 |
| 지진 | 변환 단층을 따라 천발 지진이 발생한다. |
| 화산 | 거의 나타나지 않는다. |

## 02 대륙의 분포 변화
➡ 18~21쪽

### 1. 편각과 복각
(1) **편각**: 지구 표면의 한 지점에서 진북과 자북 사이의 각이다. ➡ 고지자기 편각을 통해 자북극의 변화를 알 수 있다.

(2) **복각**: 자기장의 방향이나 자침이 수평면과 이루는 각으로, 자북극에서 (㉤    )이고 자북극에서 멀어질수록 작아진다.

### 2. 자북극의 이동
유럽 대륙과 북아메리카 대륙에서 측정한 자북극의 이동 경로가 다르다. ➡ 자북극의 겉보기 이동 경로를 합쳐 보면 과거에 두 대륙이 서로 붙어있었음을 알 수 있다.

### 3. 복각을 이용하여 알아낸 인도 대륙의 이동
• 남북 방향으로 이동한 대륙에서 생성된 암석은 생성된 위도

에 따라 복각의 크기가 다르다. ➡ 암석에 기록되어 있는 복각을 이용하면 암석이 생성될 당시의 위도를 알 수 있다.

- 인도 대륙은 7100만 년 전에 남반구에 위치했지만 점차 북상하여 유라시아 판과 충돌하면서 히말라야산맥을 형성하였다.

### 4. 판게아 이후 대륙 분포 변화

| 고생대 후기 | 여러 대륙이 하나의 초대륙을 이루었다. |
|---|---|
| 중생대 초기 | 판게아가 분리되기 시작하였다. |
| 중생대 중기~후기 | 남아메리카 대륙이 아프리카 대륙과 분리되었다. |
| 중생대 후기 ~신생대 초기 | 오스트레일리아 대륙이 남극 대륙과 분리되었다. |
| 신생대 초기~중기 | 인도 대륙이 유라시아 대륙과 충돌하였다. |

## 03 맨틀 대류와 플룸 구조론　　➡ 22~25쪽

### 1. 맨틀 대류와 판의 운동

(1) 연약권에서 대류가 일어나며, 판의 운동은 연약권 위에 놓인 암석권이 맨틀의 대류에 따라 이동한다.

(2) 맨틀 대류의 상승부에서는 (ⓑ　　　　)이 만들어지고 하강부에서는 (ⓢ　　　　)가 만들어진다.

(3) 대부분의 지진과 화산 활동은 판과 판의 상호 작용으로 일어나므로 지진과 화산 활동이 일어나는 지역은 대체로 판의 경계와 일치한다.

(4) **판 이동의 원동력**: 해령에서 밀어 올리는 힘, 섭입하는 판이 잡아당기는 힘, 판이 미끄러지는 힘이 있다.

### 2. 플룸 구조론

(1) **판 구조론의 한계**: 판의 내부에서 일어나는 화산 활동은 맨틀이 대류하면서 일어나는 판의 운동으로 설명하기 어렵다.

(2) **플룸 구조론**: 플룸의 하강과 상승에 의해 지구 내부의 변동이 일어난다는 이론이다.

- 플룸은 지구 내부에서 상승하거나 하강하는 맨틀 물질 덩어리로, 차가운 플룸과 뜨거운 플룸으로 구분한다.
- (◎　　　　): 뜨거운 플룸이 지표면과 만나는 지점 아래 마그마가 생성되는 곳이다.

(3) **하와이 열도의 생성**

- 상부 맨틀이 대류하여 판이 이동해도 열점의 위치는 변하지 않는다.
- 시간이 지남에 따라 판이 이동하면서 새로운 화산섬이 연속해서 만들어져 일정한 배열을 보인다. ➡ 열점에서 멀어질수록 화산섬의 나이가 많아진다.

## 04 변동대의 마그마 활동 및 화성암　　➡ 26~33쪽

### 1. 마그마의 생성

(1) **마그마의 종류**: 화학 조성에 따라 현무암질, 안산암질, 유문암질 마그마로 구분한다.

| 마그마 | 현무암질 | 안산암질 | 유문암질 |
|---|---|---|---|
| $SiO_2$ 함량 | 52 % 이하(염기성) | 52~66 %(중성) | 66 % 이상(산성) |
| 온도 | 고온 (약 1000 ~1200℃) | ⟷ | 저온 (약 600 ~800℃) |
| 점성 | 작다 | ⟷ | 크다 |
| 유동성 | 크다 | ⟷ | 작다 |
| 화산 가스 함량 | 적다 | ⟷ | 많다 |
| 분출 형태 | 조용한 분출 | 용암과 화산 쇄설물이 교대로 분출 | 격렬히 폭발 |
| 경사 | 완만하다 | ⟷ | 급하다 |
| 화산 형태 | 순상 화산 | 성층 화산 | 종상 화산(용암 돔) |

(2) **마그마의 생성**

① 마그마가 생성되는 경우: 마그마가 생성되는 장소의 온도가 그 곳에 존재하는 암석의 용융점보다 높아야 한다.

② 마그마 생성 장소

| 열점과 해령 | 압력 감소에 의해 용융 온도가 낮아져서 (ⓩ　　　　) 마그마가 생성된다. |
|---|---|
| 섭입대 부근 | 판이 섭입되는 과정에서 빠져나온 물이 암석의 용융 온도를 낮추어 현무암질, 안산암질, 유문암질 마그마가 생성된다. |

### 2. 화성암의 생성과 분류

(1) **생성 장소에 따른 분류**

| 화산암 | 마그마가 지표로 분출하여 급격히 냉각되어 만들어진다. ➡ (ⓩ　　　　) 조직을 이룬다. |
|---|---|
| 심성암 | 마그마가 지하 깊은 곳에서 천천히 냉각되어 만들어진다. ➡ (㉠　　　　) 조직을 이룬다. |

(2) **화학 조성에 따른 분류**: 마그마의 $SiO_2$ 함량에 따라 52 %보다 적으면 (ⓣ　　　　)암, 52~66 %이면 중성암, 66 % 이상이면 산성암으로 구분한다.

### 3. 우리나라의 화성암 지형

| 제주도 | • 신생대에 여러 차례에 걸쳐 일어난 화산 활동으로 형성된 화산섬이다. • 용암의 급격한 냉각에 의해 생성된 (ⓜ　　　　) 절리가 나타난다. |
|---|---|
| 설악산과 북한산 | • (ⓢ　　　　)에 지하 깊은 곳에서 형성된 화강암으로 이루어져 있다. • 압력 감소로 인해 생성된 판상 절리가 관찰된다. |

**01** 다음은 판 구조론이 정립되는 과정을 순서 없이 나타낸 것이다.

| 해저 확장설<br>(헤스) | 맨틀 대류설<br>(홈스) | 대륙 이동설<br>(베게너) |
|---|---|---|
| (가) | (나) | (다) |

이에 대한 설명으로 옳은 것만을 〈보기〉에서 있는 대로 고른 것은?

┤ 보기 ├

ㄱ. 이론의 등장 시기는 (다) → (가) → (나) 순이다.

ㄴ. 고지자기의 줄무늬가 해령을 중심으로 서로 대칭인 것은 (나)의 증거이다.

ㄷ. (다)로 고생대 말의 파충류인 메소사우루스 화석이 남아메리카 대륙과 아프리카 대륙에서 발견되는 것을 설명할 수 있다.

① ㄱ ② ㄷ ③ ㄱ, ㄴ
④ ㄴ, ㄷ ⑤ ㄱ, ㄴ, ㄷ

**02** 그림 (가)와 (나)는 대서양과 태평양에서 음향 측심법으로 측정한 수심 자료를 그래프로 나타낸 것이다.

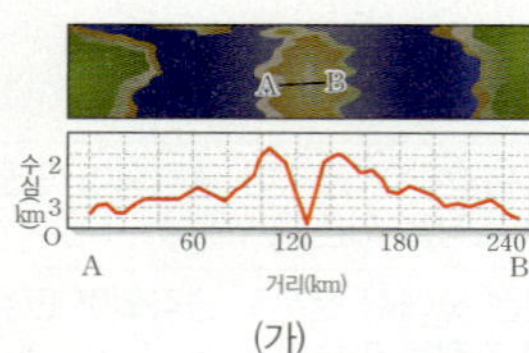
(가)

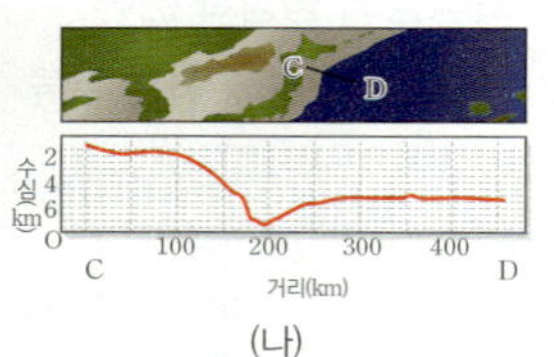
(나)

이에 대한 설명으로 옳은 것만을 〈보기〉에서 있는 대로 고른 것은?

┤ 보기 ├

ㄱ. A~D 중 화산 활동은 D에서 가장 활발하다.

ㄴ. 구간 A−B에서 해령이, 구간 C−D에서 해구가 발견된다.

ㄷ. (가)와 (나)의 해저 지형은 해양저 확장설의 바탕이 되었다.

① ㄱ ② ㄴ ③ ㄱ, ㄷ
④ ㄴ, ㄷ ⑤ ㄱ, ㄴ, ㄷ

**03** 그림은 해령 A, B, C 부근의 고지자기 분포 자료를 통해 구한 해양 지각의 나이를 해령으로부터의 거리에 따라 나타낸 것이다.

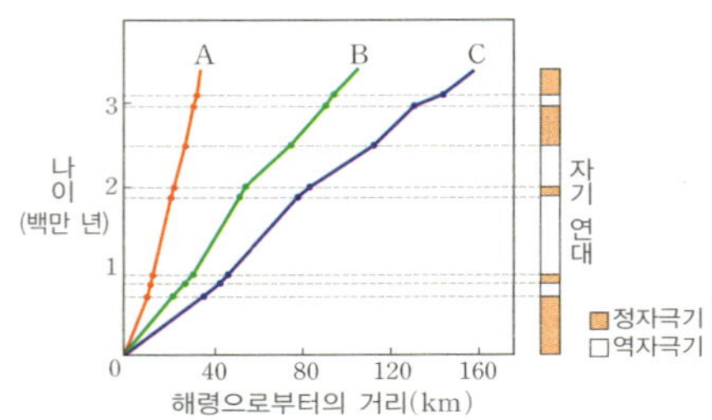

이에 대한 설명으로 옳은 것만을 〈보기〉에서 있는 대로 고른 것은?

┤ 보기 ├

ㄱ. 지각의 확장 속도는 A보다 C가 빠르다.

ㄴ. 150만 년 전에 고지자기 방향은 북쪽을 가리켰다.

ㄷ. 최근 300만 년 동안 해령 B의 평균 확장 속도는 약 3 cm/년이다.

① ㄱ ② ㄴ ③ ㄱ, ㄷ
④ ㄴ, ㄷ ⑤ ㄱ, ㄴ, ㄷ

**04** 그림 (가)는 어느 대륙 주변부에 있는 판의 경계를, (나)와 (다)는 각각 A−A′ 지역과 B−B′ 지역에서 발생하는 지진의 진원 분포를 나타낸 것이다.

중요

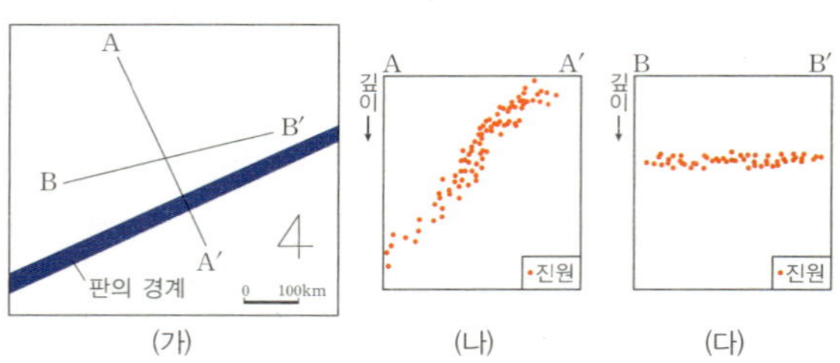

이에 대한 설명으로 옳은 것만을 〈보기〉에서 있는 대로 고른 것은?

┤ 보기 ├

ㄱ. 판의 밀도는 A가 속한 판보다 A′이 속한 판이 크다.

ㄴ. 섭입하는 판의 기울기는 B 주변보다 B′ 주변에서 완만하다.

ㄷ. (가)의 판의 경계는 맨틀 대류가 상승하는 지역에서 나타난다.

① ㄱ ② ㄷ ③ ㄱ, ㄴ
④ ㄴ, ㄷ ⑤ ㄱ, ㄴ, ㄷ

**05** 그림은 북아메리카 서부에 위치한 산안드레아스 단층의 형성 과정을 순서대로 나타낸 것이다.

A~D에 대한 설명으로 옳은 것만을 〈보기〉에서 있는 대로 고른 것은?

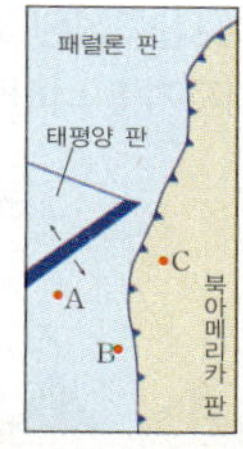
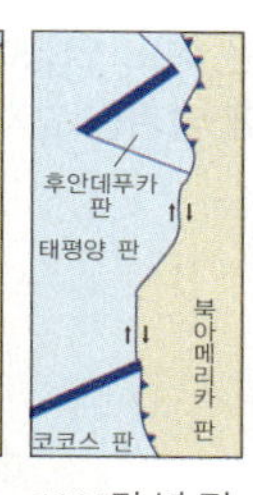
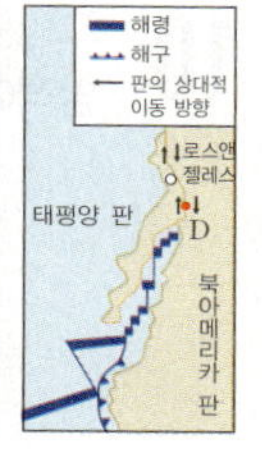



| 보기 |

ㄱ. 해양 퇴적물의 두께는 A가 B보다 두껍다.
ㄴ. 판의 두께는 B가 C보다 두껍다.
ㄷ. D에서 발생하는 지진은 대부분 천발 지진이다.

① ㄱ     ② ㄷ     ③ ㄱ, ㄴ
④ ㄴ, ㄷ     ⑤ ㄱ, ㄴ, ㄷ

**06** 그림 (가)는 잔류 자기를 이용하여 과거의 지자기 북극을 찾는 방법을 모식적으로 나타낸 것이고, (나)는 유럽과 북아메리카 대륙에서 측정한 지자기 북극의 겉보기 이동 경로를 나타낸 것이다.

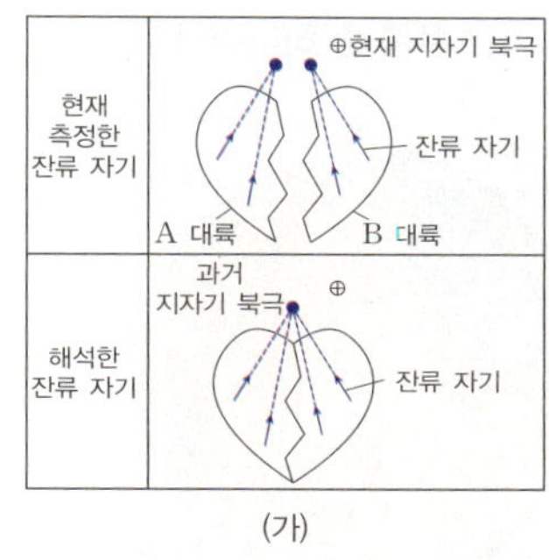

이에 대한 설명으로 옳은 것만을 〈보기〉에서 있는 대로 고른 것은?

| 보기 |

ㄱ. 한때 A와 B 사이에는 발산형 경계가 있었다.
ㄴ. A 대륙에서 발견되는 습곡 산맥이 B 대륙에 연속적으로 분포할 수 있다.
ㄷ. 같은 시기에 하나의 대륙에서 형성된 잔류 자기의 방향은 한 지점으로 수렴된다.

① ㄱ     ② ㄷ     ③ ㄱ, ㄴ
④ ㄴ, ㄷ     ⑤ ㄱ, ㄴ, ㄷ

**07** 그림은 어느 해역에 위치한 어느 해령의 이동을 알아보기 위해 해령 주변 암석에 기록된 고지자기 복각을 진앙 분포와 함께 나타낸 모식도이다.

〈중요〉

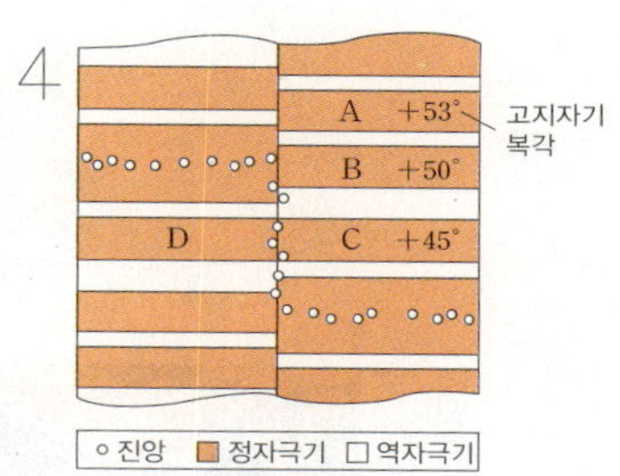


이에 대한 설명으로 옳은 것만을 〈보기〉에서 있는 대로 고른 것은?

| 보기 |

ㄱ. A는 생성 당시 북반구에 위치하였다.
ㄴ. B가 생성된 이후에 해령은 고위도로 이동하였다.
ㄷ. C와 D의 생성 시기는 같다.

① ㄱ     ② ㄴ     ③ ㄱ, ㄷ
④ ㄴ, ㄷ     ⑤ ㄱ, ㄴ, ㄷ

**08** 그림 (가)~(라)는 약 2억 4천만 년 전부터 현재까지의 대륙 분포 변화를 순서 없이 나타낸 것이다.

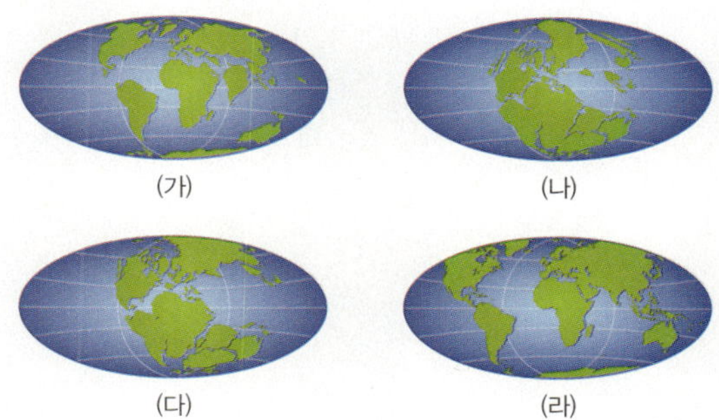


이에 대한 설명으로 옳은 것만을 〈보기〉에서 있는 대로 고른 것은?

| 보기 |

ㄱ. 대륙의 분포 변화를 오래된 것부터 순서대로 나열하면 (나)→(다)→(가)→(라)이다.
ㄴ. 오스트레일리아 대륙에서 고생대 말의 빙하 흔적이 발견될 수 있다.
ㄷ. 이 기간 동안 생물의 서식 환경이 다양해졌다.

① ㄱ     ② ㄷ     ③ ㄱ, ㄴ
④ ㄴ, ㄷ     ⑤ ㄱ, ㄴ, ㄷ

**09** 그림 (가)는 한반도 주변의 모습을, (나)는 X－Y 단면에서 지하의 지진파 단층 촬영 영상을 나타낸 것이다.

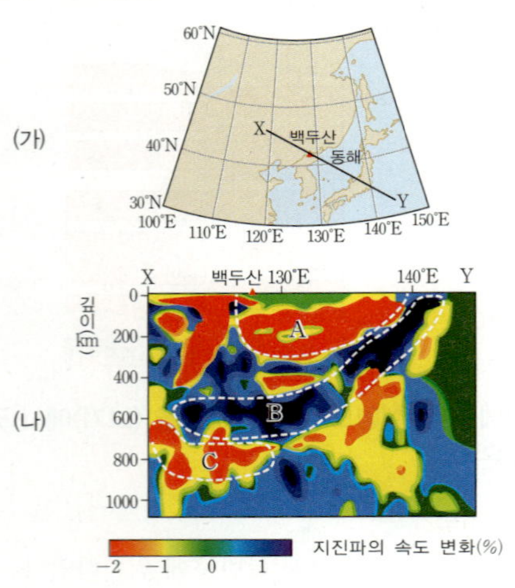


이에 대한 설명으로 옳은 것만을 〈보기〉에서 있는 대로 고른 것은?

보기
ㄱ. A는 주변부보다 밀도가 크다.
ㄴ. B는 해구에서 섭입하는 물질에 의해 생성되는 플룸이다.
ㄷ. 온도는 B보다 C가 높다.

① ㄱ
② ㄷ
③ ㄱ, ㄴ
④ ㄴ, ㄷ
⑤ ㄱ, ㄴ, ㄷ

**10** 그림은 어느 열점에서 형성된 화산섬들의 위치와 형성 시기, 암석에 남겨진 고지자기를 나타낸 것이다.

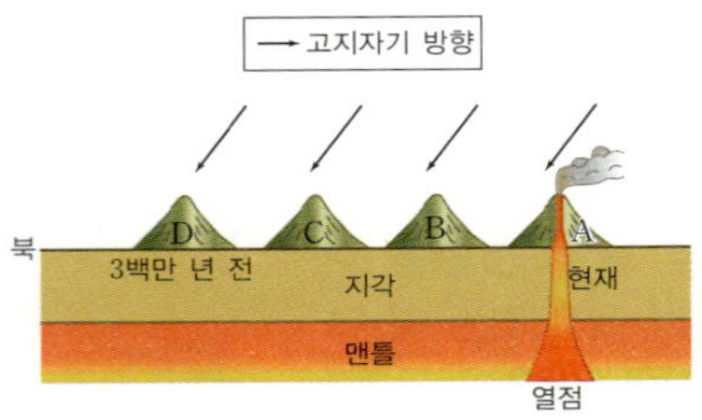


이에 대한 설명으로 옳은 것만을 〈보기〉에서 있는 대로 고른 것은?

보기
ㄱ. 이 화산섬들은 북반구에 위치한다.
ㄴ. 화산섬이 위치한 판은 A → D 방향으로 이동하고 있다.
ㄷ. 화산암 생성 당시 고지자기 방향은 자성 광물을 이용하여 추정할 수 있다.

① ㄱ
② ㄷ
③ ㄱ, ㄴ
④ ㄴ, ㄷ
⑤ ㄱ, ㄴ, ㄷ

**11** 그림은 플룸 구조론의 모식도를 나타낸 것이다. A와 B는 각각 뜨거운 플룸과 차가운 플룸 중 하나이다.

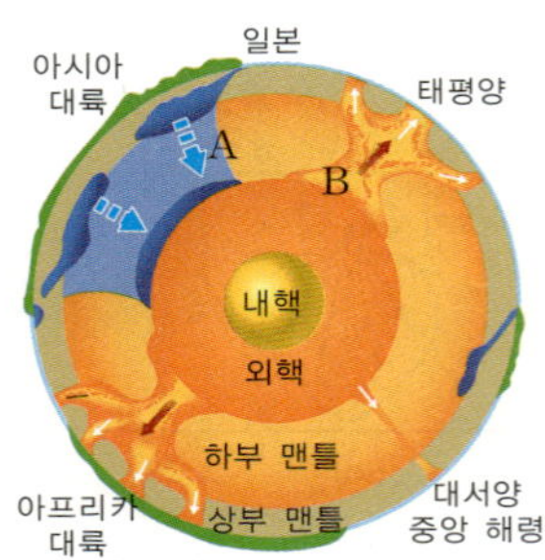


이에 대한 설명으로 옳은 것만을 〈보기〉에서 있는 대로 고른 것은?

보기
ㄱ. 플룸의 상승과 하강은 맨틀 전체에서 발생한다.
ㄴ. A가 맨틀과 외핵의 경계에 도달하면 뜨거운 플룸으로 변한다.
ㄷ. B의 상승은 대륙을 분열시킬 수 있다.

① ㄱ
② ㄴ
③ ㄱ, ㄷ
④ ㄴ, ㄷ
⑤ ㄱ, ㄴ, ㄷ

**12** 그림 (가)와 (나)는 유문암질 마그마와 현무암질 마그마가 분출하여 형성된 두 화산체의 등고선 분포를 순서 없이 나타낸 것이다.

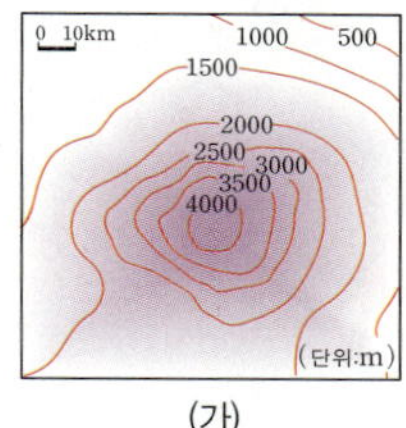


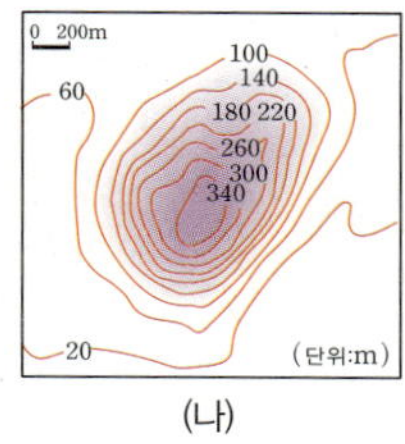


이에 대한 설명으로 옳은 것만을 〈보기〉에서 있는 대로 고른 것은?

┤ 보기 ├

ㄱ. 제주도의 한라산을 형성한 마그마는 (가)보다 (나)의 화산체를 형성한 마그마에 가깝다.

ㄴ. 화산 분출물에서 화산 쇄설물이 차지하는 비율은 (나)가 (가)보다 높다.

ㄷ. (나)는 (가)보다 $SiO_2$ 함량(%)이 높은 마그마가 분출하여 형성되었다.

① ㄱ      ② ㄷ      ③ ㄱ, ㄴ
④ ㄴ, ㄷ      ⑤ ㄱ, ㄴ, ㄷ

**13** 그림은 섭입대 부근에서 생성된 마그마 A와 B의 위치를 나타낸 것이다. A와 B 중 하나는 현무암질 마그마, 다른 하나는 안산암질 마그마이다.

★ 중요

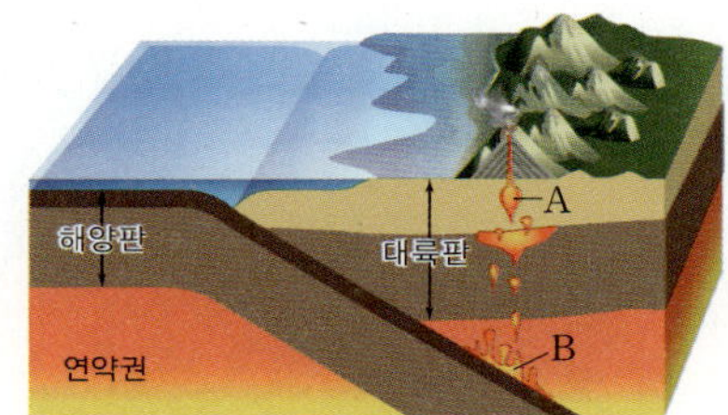


이에 대한 설명으로 옳은 것만을 〈보기〉에서 있는 대로 고른 것은?

┤ 보기 ├

ㄱ. A는 현무암질 마그마이다.

ㄴ. B에서는 주로 온도가 높아져서 마그마가 생성된다.

ㄷ. 마그마의 온도는 A보다 B가 높다.

① ㄱ      ② ㄷ      ③ ㄱ, ㄴ
④ ㄴ, ㄷ      ⑤ ㄱ, ㄴ, ㄷ

**14** 다음은 컴퓨터를 활용하여 태평양에서 마그마가 분출하는 두 지역의 해저 지형과 마그마 특성을 알아보는 탐구 활동이다.

[탐구 과정]

(가) 태평양에서 마그마가 분출하는 두 지역 A와 B를 선정한다.

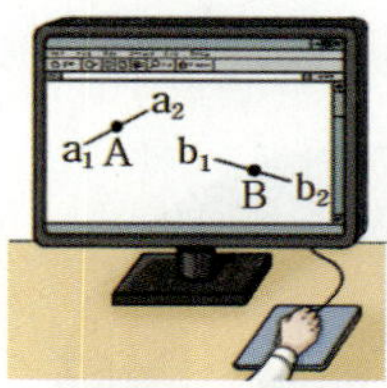


(나) 그림과 같이 A와 B를 각각 가로지르는 두 구간 $a_1-a_2$와 $b_1-b_2$를 그리고, 각 구간의 수심 자료를 수집한다.

[탐구 결과 — 구간별 수심 자료]

| 구간 $a_1-a_2$ | | 구간 $b_1-b_2$ | |
|---|---|---|---|
| 거리(km) | 수심(m) | 거리(km) | 수심(m) |
| 0 | 5602 | 0 | 4269 |
| 200 | 5420 | 200 | 4085 |
| 400 | 4871 | 400 | 4008 |
| 600 | 4297 | 600 | 3881 |
| 800 | 121 | 800 | 3456 |
| 1000 | 5194 | 1000 | 3097 |
| 1200 | 5093 | 1200 | 3447 |
| 1400 | 5491 | 1400 | 3737 |
| 1600 | 5372 | 1600 | 4147 |
| 1800 | 5315 | 1800 | 4260 |
| 2000 | 5151 | 2000 | 4328 |

이에 대한 설명으로 옳은 것만을 〈보기〉에서 있는 대로 고른 것은?

┤ 보기 ├

ㄱ. A는 판의 경계에 위치한다.

ㄴ. B에서 분출되는 마그마의 평균 $SiO_2$ 함량은 52 % 보다 적다.

ㄷ. A와 B에서는 압력 감소에 의해 마그마가 생성된다.

① ㄱ      ② ㄷ      ③ ㄱ, ㄴ
④ ㄴ, ㄷ      ⑤ ㄱ, ㄴ, ㄷ

# 01

# 지구의 역사

# 지질 구조와 퇴적 환경



- 퇴적암이 만들어지는 과정을 설명할 수 있어야 한다.
- 퇴적 구조와 퇴적 환경의 관계를 설명할 수 있어야 한다.
- 다양한 지질 구조의 종류와 특징을 구별하여 설명할 수 있어야 한다.

## ❖ 공극과 공극률

토양 입자 사이의 틈을 공극, 암석의 전체 부피에 대한 공극의 비율을 공극률이라 한다.

## ❖ 셰일과 이암

- 셰일과 이암은 모두 입자가 매우 작은 점토질 물질이 쌓여 형성된다.
- 셰일은 층리가 발달하지만 이암은 층리가 잘 나타나지 않는다.

## ❖ 석회암

- 해수 중에 녹아 있던 탄산 칼슘의 침전물이나 산호, 유공충 등 해양 생물의 석회질 유해가 쌓여서 만들어진다. ➡ 화학적 퇴적암이거나 유기적 퇴적암이다.
- 구성하는 광물은 주로 방해석으로, 산과 반응하여 이산화 탄소를 방출한다.

## ❖ 층리

- 퇴적 환경과 퇴적물의 종류에 따라 입자의 크기, 색깔, 성분 등이 다른 퇴적물이 쌓여 형성된 지층에 나타나는 줄무늬 구조이다.
- 퇴적암에서 나타나는 가장 특징적인 구조로, 쇄설성 퇴적암에서 뚜렷하게 나타난다.

## ❖ 저탁류와 점이 층리의 형성

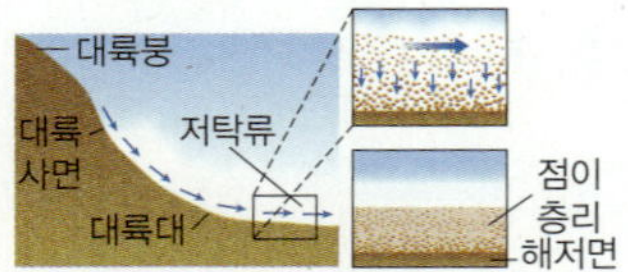



- 저탁류: 경사가 급한 대륙 사면에 쌓여 있는 퇴적물이 수심이 깊고 평탄한 대륙대로 빠르게 흘러내려가는 흐름이다.
- 저탁류에 의해 퇴적물이 빠르게 흐르다가 속도가 느려지는 대륙대에서 퇴적될 때 큰 입자가 먼저 쌓이고, 그 이후 작은 입자가 서서히 가라앉아 점이 층리가 형성된다.

## ① 퇴적암

### 1. 퇴적암의 생성 과정

① 퇴적암: 퇴적물이 쌓인 후 굳어져 만들어진 암석이다.

② 속성 작용: 퇴적물이 쌓인 후 다져지고 굳어지면서 퇴적암이 되기까지의 전체 과정으로, 다짐 작용(압축 작용)과 교결 작용으로 나뉜다.

| 다짐 작용 (압축 작용) | 오랜 세월 동안 퇴적물이 쌓이면서 위에 있는 물질의 무게에 의해 치밀하게 다져지는 작용이다. ➡ 퇴적물 사이의 공극은 줄어들고 퇴적층의 밀도는 증가한다. |
| --- | --- |
| 교결 작용 | 퇴적물 속의 수분이나 지하수에 녹아 있던 탄산 칼슘, 규산염 광물, 철분 등의 물질이 퇴적 입자 사이에 침전하면서 퇴적물 알갱이들을 단단하게 연결시키는 작용이다. |

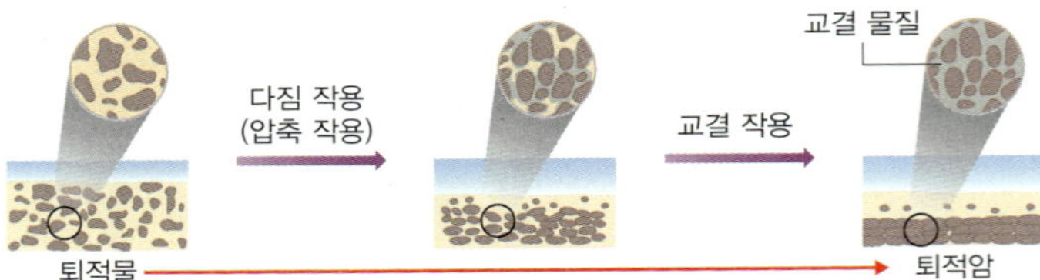



▲ 속성 작용

### 2. 퇴적암의 분류

퇴적물의 기원에 따라 쇄설성 퇴적암, 화학적 퇴적암, 유기적 퇴적암으로 구분된다.

| 쇄설성 퇴적암 | • 점토나 모래, 자갈 등의 쇄설물이나 화산 활동으로 분출된 화산 쇄설물이 퇴적된 후 속성 작용에 의해 형성된 퇴적암으로, 퇴적물 입자의 크기에 따라 구분된다.<br>예 역암–자갈, 사암–모래, 이암(셰일)–점토, 응회암–화산재 |
| --- | --- |
| 화학적 퇴적암 | • 호수나 바다 등에서 물에 녹아 있던 물질이 화학적으로 침전하거나 물이 증발하면서 침전하여 생성된 암석이다.<br>예 석회암–$CaCO_3$, 암염–$NaCl$ |
| 유기적 퇴적암 | • 동식물이나 미생물의 유해가 쌓여 생성된 암석이다.<br>예 석탄–식물체, 석회암–석회질 생물체, 처트–규질 생물체 |

## ② 퇴적 구조와 퇴적 환경

### 1. 퇴적 구조

퇴적 당시의 자연 환경을 알려주며, 지각 변동을 받은 지층의 역전 여부를 판단하는 데 기준이 된다.

| 구분 | 점이 층리 | 사층리 | 연흔 | 건열 |
| --- | --- | --- | --- | --- |
| 모습 |  |  |  |  |
| 퇴적 구조 | 한 지층 내에서 위로 갈수록 입자의 크기가 점점 작아진다. | 층리가 나란하지 않고 엇갈린 구조이다. | 퇴적물의 표면에 생긴 물결 모양 자국의 흔적이다. | 가뭄이 들 때 논바닥이 갈라지는 것과 같이 갈라진 구조이다. |
| 생성 원인 | 퇴적물이 빠르게 흐르다가 속도가 느려져 퇴적될 때 큰 입자가 먼저 쌓이고, 그 이후 작은 입자가 서서히 가라앉아 생성된다. | 물이 흐르거나 바람이 부는 방향으로 퇴적물이 운반되어 경사면을 따라 쌓여 생성된다. ➡ 퇴적물이 공급된 방향을 알 수 있다. | 얕은 물밑에서 퇴적물의 표면에 흐르는 물이나 파도의 영향을 받아 생성된다. | 얕은 물밑에 점토질 물질이 쌓인 후 퇴적물의 표면이 대기에 노출되어 건조해지면 퇴적물이 수축하여 갈라져 생성된다. |
| 퇴적 환경 | 수심이 깊은 바다(대륙대)나 호수 | 수심이 얕은 바다나 사막의 사구 | 수심이 얕은 바다나 호수 | 건조한 기후 |

**2. 퇴적 환경**  육상 환경, 연안 환경, 해양 환경으로 구분한다. 퇴적 환경의 특성에 따라 다양한 퇴적 구조가 나타나므로, 퇴적 구조를 해석하면 과거 퇴적 환경을 추론할 수 있다.

| | |
|---|---|
| **육상 환경** | 육지 내에 주로 쇄설성 퇴적물이 쌓이는 곳으로, 선상지, 하천, 호수, 사막 등이 있다. |
| **연안 환경** | 육상 환경과 해양 환경 사이에 형성되는 곳으로, 삼각주, 조간대, 해빈, 사주, 강 하구, 석호 등이 있다. |
| **해양 환경** | 가장 넓은 면적을 차지하는 퇴적 환경으로, 대륙붕, 대륙 사면, 대륙대, 심해저 등이 있다. |

## 3. 우리나라 퇴적암 지형

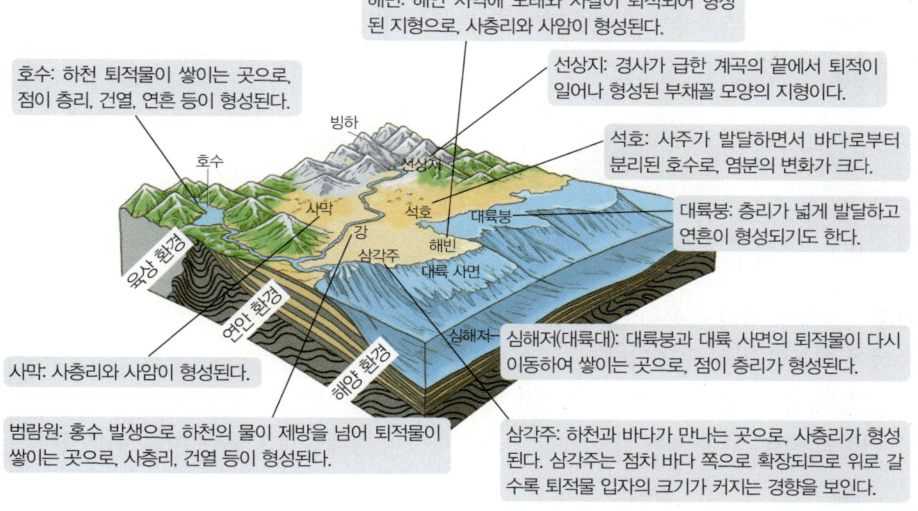


| | |
|---|---|
| **① 태백 구문소** | 고생대 바다에서 퇴적된 석회암층으로, 주변에서 연흔과 건열을 쉽게 찾아볼 수 있다. |
| **② 진안 마이산** | 중생대 퇴적 분지에서 형성된 육성 기원 퇴적암으로, 주로 역암이 분포한다. |
| **③ 부안 채석강** | 중생대 후기에 호수 밑바닥에서 생성된 퇴적층이 차곡차곡 쌓여 있다. |
| **④ 고성 덕명리** | 중생대에 퇴적된 셰일층으로, 공룡 발자국 화석을 비롯하여 연흔과 건열 등이 나타난다. |
| **⑤ 제주 수월봉** | 신생대 화산 활동으로 형성된 응회암 지층으로, 겹겹이 쌓인 층리가 나타난다. |

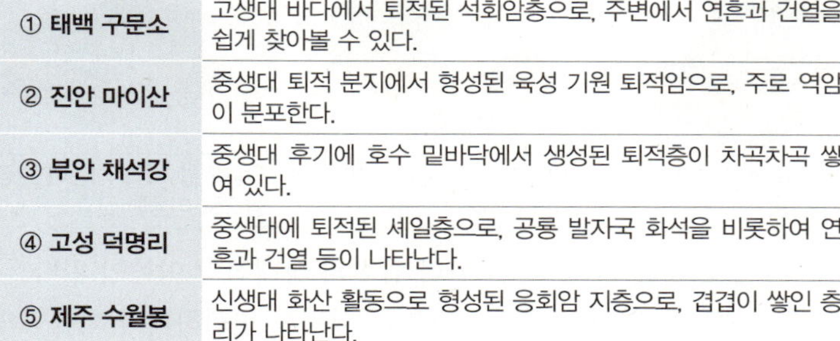


❖ **사층리의 형성 과정**

- 사층리는 주로 사암층에 나타나며, 일반적으로 평행한 지층에 대하여 경사져 있는 모습이다.
- 윗부분이 잘린 형태를 띠며, 아랫부분은 윗부분에 비해 경사가 완만하다. ➡ 바람이나 물에 의해 퇴적물이 이동한 방향은 기울기가 큰 쪽에서 작은 쪽 방향이다.

❖ **우리나라 퇴적암 지형**

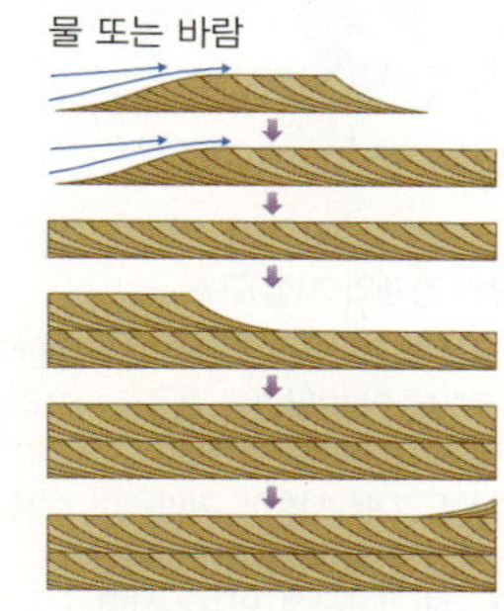

▲ 진안 마이산

▲ 제주 수월봉

---

## 개념 바로 확인

정답 및 해설 | 11쪽

**01** 퇴적암은 위쪽 퇴적물의 무게에 의해 퇴적물 사이의 간격이 줄어드는 ☐☐☐☐ 작용과 물속에 녹아 있는 탄산 칼슘 등의 물질의 침전으로 입자들이 단단히 결합되는 ☐☐☐☐ 작용을 거치면서 형성된다.

**02** 한 지층 내에서 위로 갈수록 입자의 크기가 점점 작아지는 구조를 ☐☐☐☐라고 한다.

**01** 퇴적암과 퇴적 구조에 대한 설명으로 옳은 것은 ○, 옳지 <u>않은</u> 것은 ×로 표시하시오.

(1) 지표의 암석이 풍화 및 침식을 받아 생성된 암석 조각이나, 화산 분출물이 쌓여서 형성된 퇴적암은 쇄설성 퇴적암이다. ( )

(2) 사층리는 일반적으로 윗부분이 아랫부분보다 경사가 완만하다. ( )

(3) 건열은 습윤한 기후보다 건조한 기후 환경에서 잘 형성된다. ( )

**02** 다음에서 설명하는 퇴적 환경을 쓰시오.

(1) 육상 환경으로 하천 퇴적물이 쌓이는 곳이다. ( )

(2) 하천과 바다가 만나는 곳으로, 주로 사층리가 형성된다. ( )

(3) 해양 환경으로 점이 층리가 형성된다. ( )

# 지질 구조와 퇴적 환경



## ❸ 다양한 지질 구조

**1. 습곡**    수평으로 퇴적된 지층이 암석 양쪽에서 미는 횡압력에 의해 휘어진 지질 구조이다.

① 습곡의 구조: 가장 많이 휘어진 부분을 습곡축, 습곡축 양쪽의 경사면을 날개, 위로 볼록한 부분을 배사, 아래로 볼록한 부분을 향사라고 한다.

② 습곡의 종류: 습곡축면의 기울기에 따라 분류한다.

| 구분 | 정습곡 | 경사 습곡 | 횡와 습곡 |
|---|---|---|---|
| 모습 | | | |
| 정의 | 습곡축면이 수평면에 대해 거의 수직인 습곡 | 습곡축면이 수평면에 대해 기울어진 습곡 | 습곡축면이 거의 수평으로 누운 습곡 |

**2. 단층**    암석에 힘이 작용하여 끊어지면서 생긴 면을 경계로 양쪽의 암석이 상대적으로 이동하여 어긋난 지질 구조이다.

① 단층의 구조: 단층면이 경사져 있을 때 그 윗부분을 상반, 아랫부분을 하반이라고 한다.

② 단층의 종류: 단층면을 기준으로 상반과 하반의 상대적인 이동에 따라 구분한다.

| 구분 | 정단층 | 역단층 | 주향 이동 단층 |
|---|---|---|---|
| 모습 | | | |
| 정의 | 장력이 작용하여 상반이 아래로 내려간 단층 | 횡압력이 작용하여 상반이 위로 밀려 올라간 단층 | 단층면을 따라 지층이 수평 방향으로 이동한 단층 |

**3. 절리**    암석에 생긴 틈이나 균열로, 갈라진 틈을 따라 암석의 상대적인 이동이 없다.

① 절리의 형성 과정: 지각 변동에 의해 암석에 가해지는 압력이 변화하거나 화성암의 냉각 및 수축 등에 의해 암석에 틈이나 균열이 생긴다.

② 절리의 종류

| 구분 | 주상 절리 | 판상 절리 |
|---|---|---|
| 정의 | 오각형, 육각형의 기둥 모양을 이루는 절리 | 얇은 판 모양으로 갈라진 절리 |
| 생성 과정 | 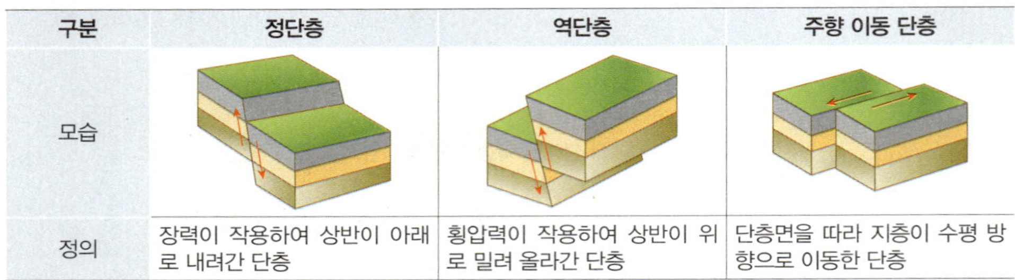<br>용암이 급격히 냉각되면 수축하여 기둥 모양으로 절리가 만들어진다.<br>➡ 화산암에서 잘 나타난다. | 지하 깊은 곳에 있던 암석이 지표로 드러나면 팽창하여 판 모양으로 절리가 만들어진다.<br>➡ 심성암에서 잘 나타난다. |



## 4. 부정합

① 정합과 부정합

- 정합: 상하 퇴적층이 큰 시간 간격이 없이 나란히 쌓여 있는 관계이다.
- 부정합과 부정합면: 퇴적이 오랫동안 중단된 후 다시 퇴적이 일어나면 지층 사이에 퇴적 시간의 공백이 생기는데, 이처럼 시간적으로 불연속적인 상하 두 지층 사이의 지질 구조를 부정합이라 하고, 그 경계면을 부정합면이라고 한다.

---

❖ **판의 경계와 지질 구조**

- 발산형 경계: 지층에 장력이 작용한다. ➡ 정단층이 발달한다. 예 동아프리카 열곡대, 대서양 중앙 해령
- 수렴형 경계: 지층에 횡압력이 작용한다. ➡ 습곡과 역단층이 발달한다. 예 히말라야산맥, 알프스산맥
- 보존형 경계: 지층에 어긋나는 힘이 작용한다. ➡ 주향 이동 단층이 발달한다. 예 변환 단층

❖ **횡압력과 장력**

지층을 양쪽에서 미는 힘을 횡압력, 지층을 양쪽에서 잡아당기는 힘을 장력이라고 한다.

❖ **습곡과 단층의 구조**

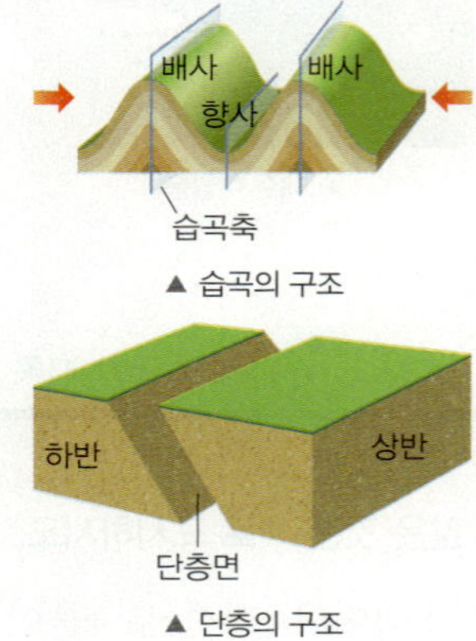



▲ 습곡의 구조



▲ 단층의 구조

❖ **부정합의 특징**

- 부정합면 바로 위에 놓인 역암을 기저 역암이라 한다. 부정합면 위에는 기저 역암이 존재하는 경우가 많다.
- 부정합면을 기준으로 상하 두 지층 사이에 오랜 시간 간격이 있다. ➡ 지질 시대를 구분하는 중요한 기준이 된다.

② 부정합의 형성 과정: 퇴적 ➡ (조륙 운동이나 조산 운동에 의해) 융기 ➡ 풍화 및 침식 ➡ 침강 ➡ 퇴적의 과정을 거쳐 형성된다.

③ 부정합의 종류: 부정합면 아래의 암석의 종류나 상태에 따라 구분한다.

| 구분 | 평행 부정합 | 경사 부정합 | 난정합 |
|------|-----------|-----------|--------|
| 모습 | 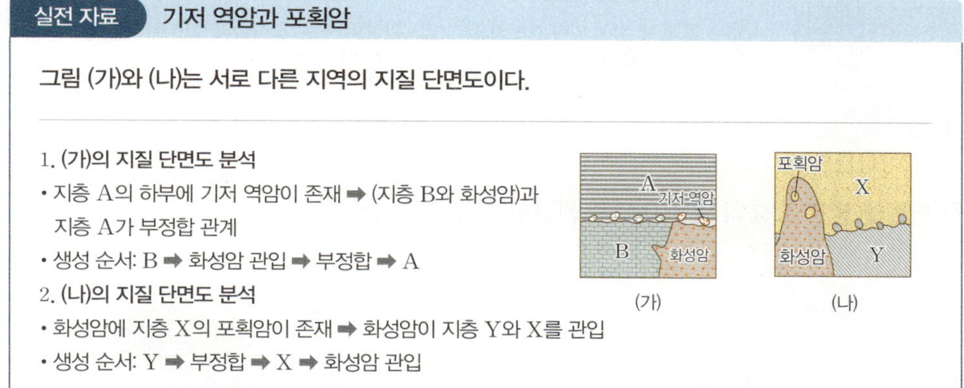<br> |  |  |
| 정의 | 부정합의 아래층과 위층의 쌓인 방향이 평행인 경우이다. ➡ 조륙 운동을 받아 지층이 융기한다. | 부정합면 아래 지층의 쌓인 방향과 기울어진 정도가 위에 쌓인 지층과 다른 경우이다. ➡ 조산 운동을 받아 습곡이 일어나면서 지층이 융기한다. | 퇴적암이 심성암이나 변성암 위에 쌓여 있는 경우이다. ➡ 상하 지층 사이의 시간 간격이 매우 크다. |

## 5. 관입과 포획

① 관입: 지하에서 마그마가 암석의 틈을 따라 들어가 화성암으로 굳어지는 과정이다. ➡ 마그마는 주변의 암석에 비해 온도가 매우 높으므로 관입이 일어날 때는 마그마 주변의 암석이 열을 받아 변성 작용이 일어난다.

② 포획과 포획암: 마그마가 주변의 암석을 관입할 때는 암석의 일부를 포획하여 완전히 녹이기도 하지만 포획된 암석이 일부 남기도 한다. 이러한 구조를 포획이라 하고, 포획된 암석을 포획암이라고 한다.

---

**실전 자료**    **기저 역암과 포획암**

그림 (가)와 (나)는 서로 다른 지역의 지질 단면도이다.

1. (가)의 지질 단면도 분석
• 지층 A의 하부에 기저 역암이 존재 ➡ (지층 B와 화성암)과 지층 A가 부정합 관계
• 생성 순서: B ➡ 화성암 관입 ➡ 부정합 ➡ A
2. (나)의 지질 단면도 분석
• 화성암에 지층 X의 포획암이 존재 ➡ 화성암이 지층 Y와 X를 관입
• 생성 순서: Y ➡ 부정합 ➡ X ➡ 화성암 관입



---



❖ 경사 부정합의 형성 과정

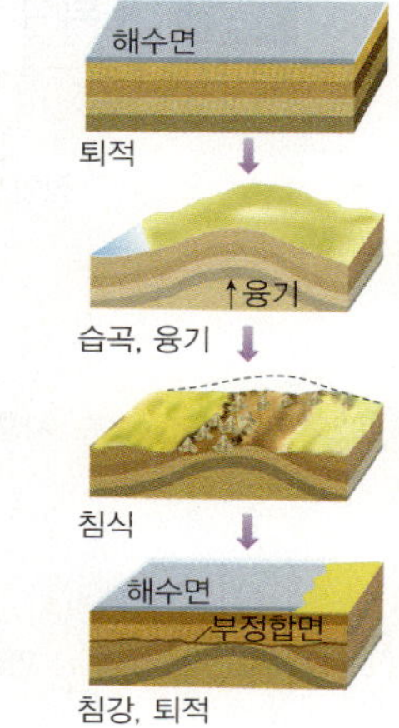


❖ 관입암과 포획암

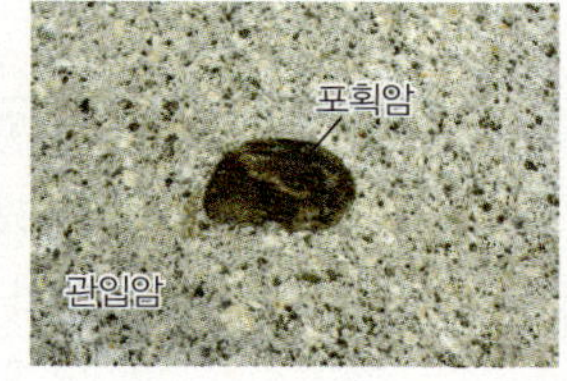


포획암은 이를 포획한 화성암(관입암)보다 먼저 생성되었다.

---



정답 및 해설 | 11쪽

**03** [　　　] 절리는 주로 용암의 급격한 냉각과 수축에 의해 생성되고, 판상 절리는 암석에 가해지는 압력의 [　　　]로 생성된다.

**04** 부정합은 퇴적 ➡ [　　　] ➡ 풍화 및 침식 ➡ [　　　] ➡ 퇴적의 과정을 거쳐 생성된다.

**03** 지질 구조에 대한 설명으로 옳은 것은 ○, 옳지 않은 것은 ×로 표시하시오.

(1) 습곡과 역단층은 지층에 횡압력이 작용하여 생긴다. ( )
(2) 정단층은 상반이 위로 올라간 단층이다. ( )
(3) 판의 발산형 경계에서 주향 이동 단층이 발달한다. ( )
(4) 관입암 속에 포함된 포획암은 관입암보다 먼저 생성되었다. ( )

**04** 어느 지역에서 부정합면이 2개가 발견되었다. 이 지역은 최소 몇 번의 융기와 침강이 있었는지 쓰시오.

## · 퇴적 구조와 퇴적 환경 ·

퇴적암에서 나타나는 퇴적 구조의 특징을 통해 퇴적 작용이 일어나는 환경을 유추할 수 있어야 100점으로 갈 수 있답니다.

### 원리1 퇴적 구조와 퇴적 환경

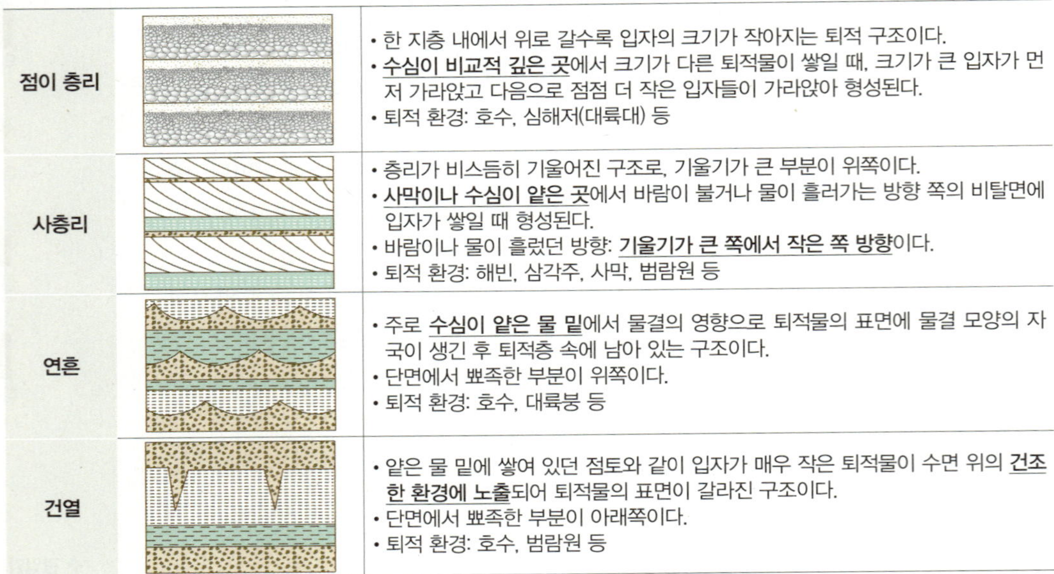

| | | |
|---|---|---|
| 점이 층리 | | · 한 지층 내에서 위로 갈수록 입자의 크기가 작아지는 퇴적 구조이다.<br>· **수심이 비교적 깊은 곳**에서 크기가 다른 퇴적물이 쌓일 때, 크기가 큰 입자가 먼저 가라앉고 다음으로 점점 더 작은 입자들이 가라앉아 형성된다.<br>· 퇴적 환경: 호수, 심해저(대륙대) 등 |
| 사층리 | | · 층리가 비스듬히 기울어진 구조로, 기울기가 큰 부분이 위쪽이다.<br>· **사막이나 수심이 얕은 곳**에서 바람이 불거나 물이 흘러가는 방향 쪽의 비탈면에 입자가 쌓일 때 형성된다.<br>· 바람이나 물이 흘렀던 방향: **기울기가 큰 쪽에서 작은 쪽 방향**이다.<br>· 퇴적 환경: 해빈, 삼각주, 사막, 범람원 등 |
| 연흔 | | · 주로 **수심이 얕은 물 밑**에서 물결의 영향으로 퇴적물의 표면에 물결 모양의 자국이 생긴 후 퇴적층 속에 남아 있는 구조이다.<br>· 단면에서 뾰족한 부분이 위쪽이다.<br>· 퇴적 환경: 호수, 대륙붕 등 |
| 건열 | | · 얕은 물 밑에 쌓여 있던 점토와 같이 입자가 매우 작은 퇴적물이 수면 위의 **건조한 환경에 노출**되어 퇴적물의 표면이 갈라진 구조이다.<br>· 단면에서 뾰족한 부분이 아래쪽이다.<br>· 퇴적 환경: 호수, 범람원 등 |

### 원리2 퇴적 구조는 지각 변동을 받은 지층의 역전 여부를 판단하는 데 기준이 된다.

1. 역전된 지층이란?

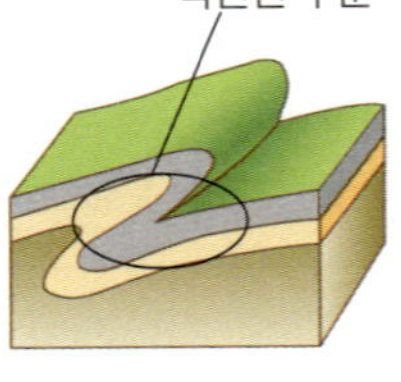


· 지각 변동으로 지층이 변형되어 역전될 수 있다. 예를 들어 횡압력에 의해 생성된 횡와 습곡이 있다.

· 역전된 지층이 지표에 노출된 경우에는 역전 여부를 어떻게 판단할 수 있을까? 퇴적 구조나 생성 시기를 알 수 있는 화석을 관찰하여 상하를 판단한다. 퇴적 구조의 정상적인 경우를 안다면, 역전된 퇴적 구조의 모습을 알 수 있다.

· 정상층          · 역전층

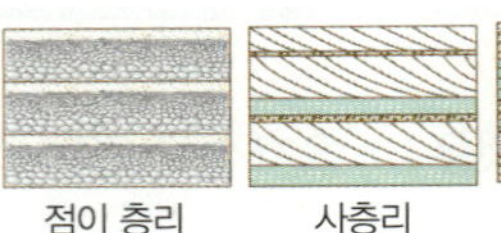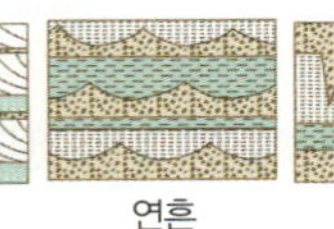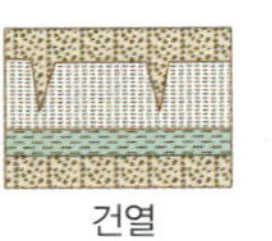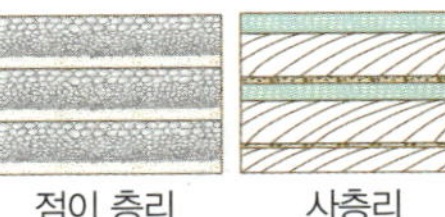


2. 지층 역전의 예

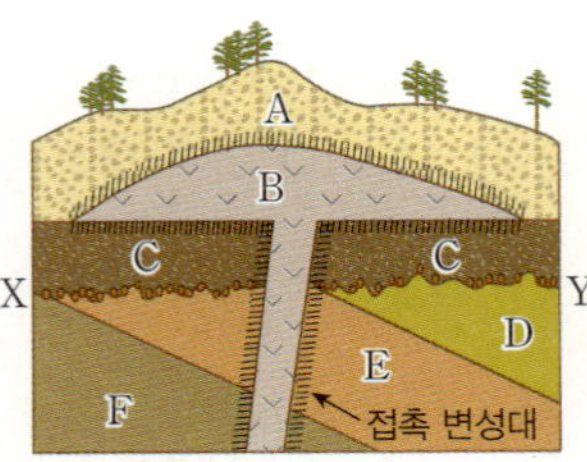


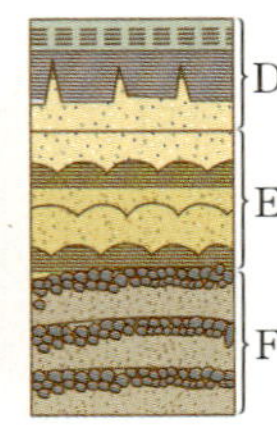


· 지층이 역전되지 않았다면 아래에 놓인 지층이 먼저 쌓인 것이고, 위에 놓인 지층이 나중에 쌓인 것이다. 따라서 지층 D~F의 생성 순서는 F ➡ E ➡ D가 된다.

· 하지만 지층 D~F의 퇴적 구조를 보면 그 모습이 뒤집어져 있는 것을 알 수 있다. 따라서 지층은 역전되었고, 지층 D~F의 생성 순서는 D ➡ E ➡ F가 되는 것이다.

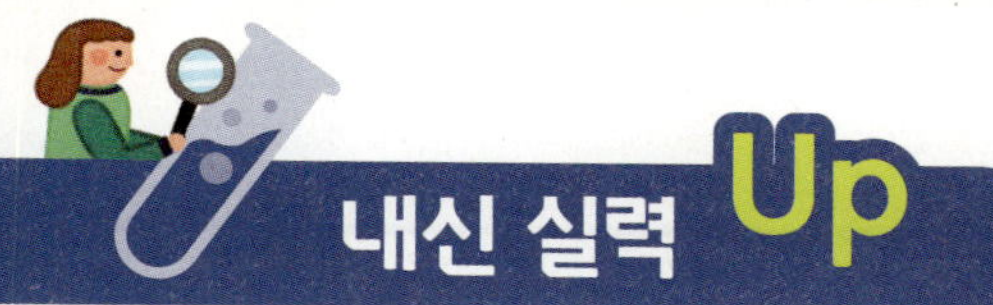

## ❶ 퇴적암

**01** 다음은 퇴적물에서 퇴적암이 형성되는 과정을 나타낸 것이다.

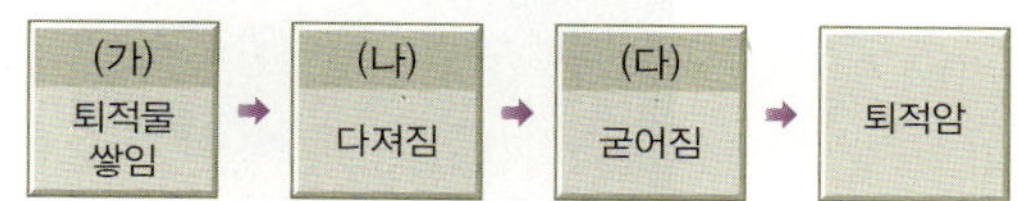

이에 대한 설명으로 옳은 것만을 〈보기〉에서 있는 대로 고른 것은?

**〈보기〉**

ㄱ. (가)는 육지와 바다에서 모두 일어날 수 있다.
ㄴ. (가) → (나)에서 퇴적물 입자 사이의 공극은 증가한다.
ㄷ. (나) → (다)의 과정을 교결 작용이라 한다.

① ㄱ　　　　② ㄴ　　　　③ ㄱ, ㄷ
④ ㄴ, ㄷ　　　⑤ ㄱ, ㄴ, ㄷ

**02** 그림은 어느 퇴적암이 만들어지는 과정을 나타낸 것이다.

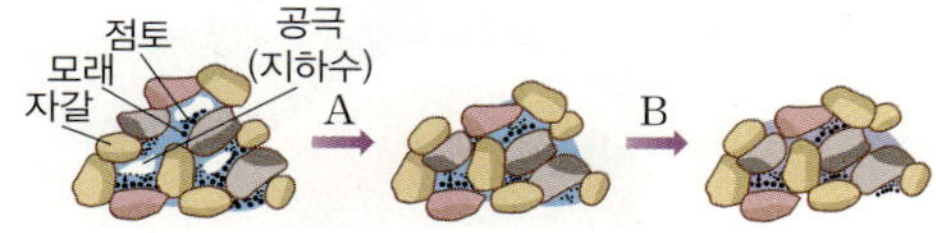

이에 대한 설명으로 옳은 것만을 〈보기〉에서 있는 대로 고른 것은?

**〈보기〉**

ㄱ. 이 퇴적암은 사암이다.
ㄴ. A 과정에서 퇴적물의 밀도는 증가한다.
ㄷ. B 과정에서 탄산 칼슘, 규산염 광물 등의 물질이 퇴적 입자 사이에 침전한다.

① ㄱ　　　　② ㄷ　　　　③ ㄱ, ㄴ
④ ㄴ, ㄷ　　　⑤ ㄱ, ㄴ, ㄷ

**03** 그림은 석탄, 셰일, 응회암을 특징에 따라 구분하는 과정이다.

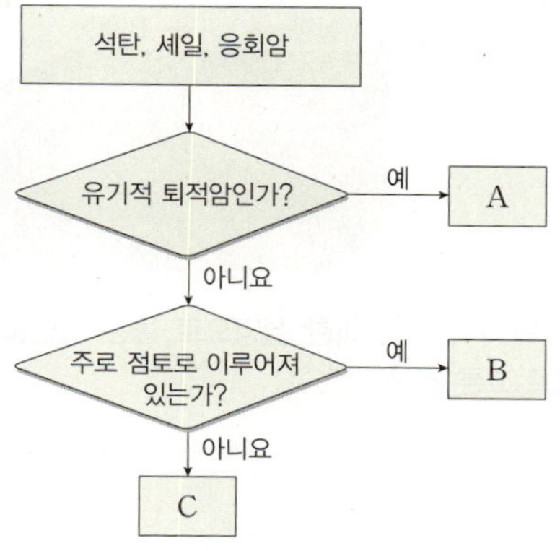

이에 대한 설명으로 옳은 것만을 〈보기〉에서 있는 대로 고른 것은?

**〈보기〉**

ㄱ. A는 석탄이다.
ㄴ. B에서는 층리가 발달하지 않는다.
ㄷ. C는 화산 활동으로 생성된 것이다.

① ㄱ　　　　② ㄴ　　　　③ ㄱ, ㄷ
④ ㄴ, ㄷ　　　⑤ ㄱ, ㄴ, ㄷ

## ❷ 퇴적 구조와 퇴적 환경

**04** 그림 (가)~(다)는 여러 퇴적 구조의 단면을 나타낸 것이다.

중요

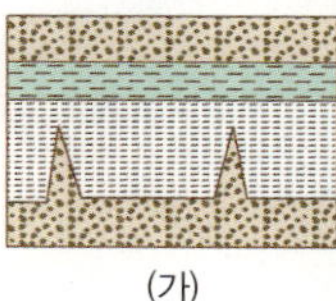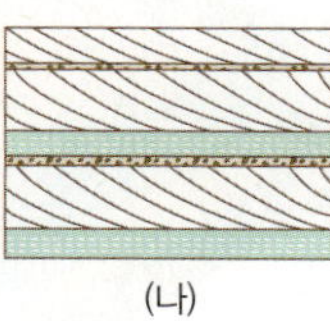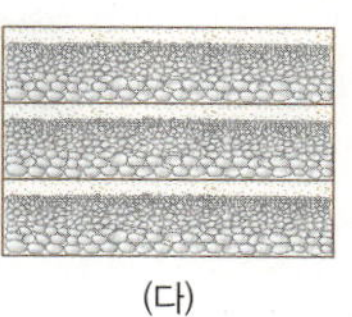

(가)　　　　(나)　　　　(다)

이에 대한 설명으로 옳은 것만을 〈보기〉에서 있는 대로 고른 것은?

**〈보기〉**

ㄱ. (가)는 건조한 환경에서 형성되었다.
ㄴ. (나)는 (다)보다 수심이 더 깊은 바다에서 퇴적되었다.
ㄷ. (가)~(다) 중 지층이 역전된 것은 (다)이다.

① ㄱ　　　　② ㄴ　　　　③ ㄱ, ㄷ
④ ㄴ, ㄷ　　　⑤ ㄱ, ㄴ, ㄷ

**05** 그림은 어느 퇴적 구조를 나타낸 것이다.

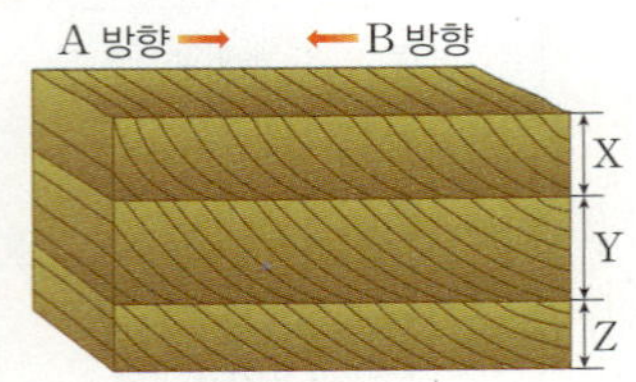



이 퇴적 구조에 대한 설명으로 옳은 것만을 〈보기〉에서 있는 대로 고른 것은?

┤ 보기 ├
ㄱ. 사층리이다.
ㄴ. X층은 Y층보다 나중에 퇴적되었다.
ㄷ. Z층 퇴적 당시 퇴적물의 이동 방향은 A 방향이다.

① ㄱ  　② ㄷ  　③ ㄱ, ㄴ
④ ㄴ, ㄷ  　⑤ ㄱ, ㄴ, ㄷ

**06** 그림은 여러 가지 퇴적 환경을 나타낸 것이다.

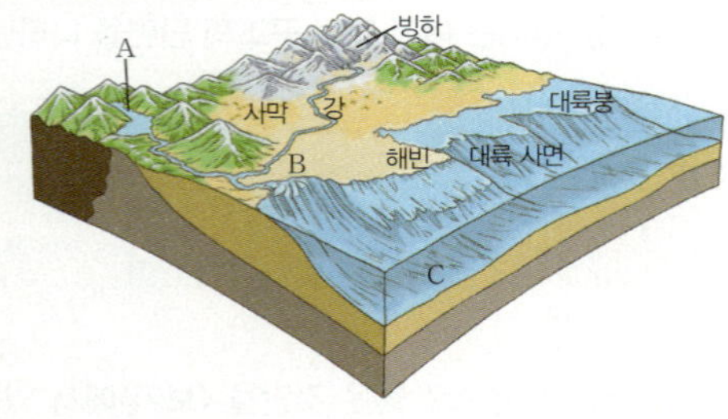



이에 대한 설명으로 옳은 것만을 〈보기〉에서 있는 대로 고른 것은?

┤ 보기 ├
ㄱ. A는 주로 쇄설성 퇴적물이 쌓이는 곳이다.
ㄴ. B는 하천과 바다가 만나는 삼각주이다.
ㄷ. C에서 퇴적물이 쌓이면, 연흔 구조가 잘 나타난다.

① ㄱ  　② ㄷ  　③ ㄱ, ㄴ
④ ㄴ, ㄷ  　⑤ ㄱ, ㄴ, ㄷ

**07** 그림은 제주도 수월봉을 나타낸 것이다.

이 지역을 이루는 암석에 대한 설명으로 옳은 것만을 〈보기〉에서 있는 대로 고른 것은?

┤ 보기 ├
ㄱ. 신생대에 형성되었다.
ㄴ. 층리가 잘 발달해 있다.
ㄷ. 주로 용암이 굳어서 형성된 화산암으로 이루어져 있다.

① ㄱ  　② ㄷ  　③ ㄱ, ㄴ
④ ㄴ, ㄷ  　⑤ ㄱ, ㄴ, ㄷ

**③ 다양한 지질 구조**

**08** 그림은 습곡 구조의 단면을 나타낸 것이다.

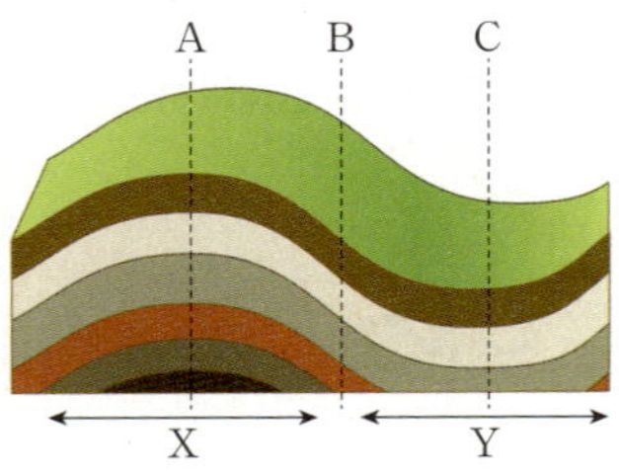



이에 대한 설명으로 옳은 것만을 〈보기〉에서 있는 대로 고른 것은?

┤ 보기 ├
ㄱ. 횡압력을 받아 형성된 구조이다.
ㄴ. A~C 중 습곡축은 B이다.
ㄷ. X는 향사, Y는 배사이다.

① ㄱ  　② ㄷ  　③ ㄱ, ㄴ
④ ㄴ, ㄷ  　⑤ ㄱ, ㄴ, ㄷ

## 09

그림 (가)~(다)는 여러 가지 단층을 나타낸 것이다.

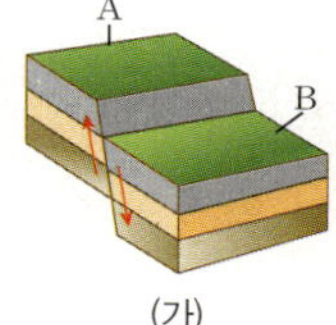
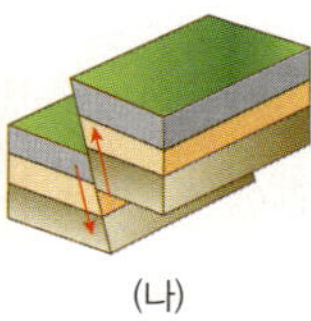
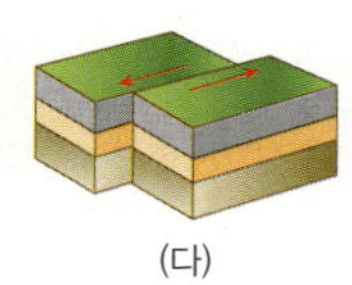


이에 대한 설명으로 옳은 것만을 〈보기〉에서 있는 대로 고른 것은?

| 보기 |

ㄱ. (가)의 A는 상반, B는 하반이다.
ㄴ. (나)는 장력이 작용하여 생긴다.
ㄷ. (다)는 주향 이동 단층이다.

① ㄱ　　　　② ㄷ　　　　③ ㄱ, ㄴ
④ ㄴ, ㄷ　　　⑤ ㄱ, ㄴ, ㄷ

## 10

그림은 화강암에 의해 포획된 암석이 산출되는 어느 노두를 찍은 사진이다.

이에 대한 설명으로 옳은 것만을 〈보기〉에서 있는 대로 고른 것은?

| 보기 |

ㄱ. A는 화강암이다.
ㄴ. B는 포획암이다.
ㄷ. A가 B보다 나중에 생성되었다.

① ㄱ　　　　② ㄷ　　　　③ ㄱ, ㄴ
④ ㄴ, ㄷ　　　⑤ ㄱ, ㄴ, ㄷ

## 서 술 형 이렇게!

## 11

그림 (가)와 (나)는 서로 다른 퇴적 구조를 나타낸 것이다.

(가)와 (나)의 구조가 생성될 당시의 퇴적 환경을 각각 설명하시오.

## 12

그림은 판 구조 운동의 일부를 모식적으로 나타낸 것이다.

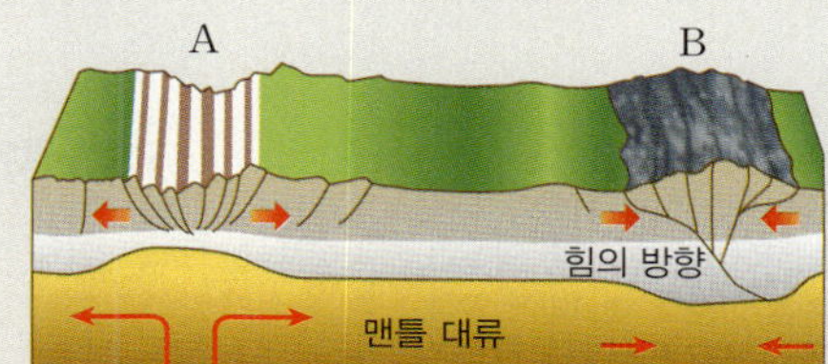


작용하는 힘과 관련지어 A와 B에서 나타나는 단층을 비교하여 설명하시오.

## 13

그림 (가)와 (나)는 서로 다른 종류의 절리를 나타낸 것이다.

(가)와 (나)의 절리의 생성 과정을 각각 설명하시오.

# 지질 시대와 환경

**02**



## 먼저 알아야 할 용어!

- **지질 시대** | 지구가 탄생한 약 46억 년 전부터 현재까지의 시기이다.
- **화석** | 지질 시대에 살았던 생물의 유해나 활동 흔적이 지층 속에 보존되어 있는 것이다.
- **지층** | 암석이나 토양이 여러 층으로 쌓여 있는 것이다.

### ❖ 표준 화석
- 지질 시대를 판단하는 데 이용되는 화석이다.
- 고생대: 삼엽충, 필석, 갑주어, 방추충 등
- 중생대: 암모나이트, 공룡 등
- 신생대: 화폐석, 매머드 등

### ❖ 관입
- 마그마가 주변 암석이나 지층의 약한 틈으로 관입하여 굳으면 주변 암석과 뚜렷한 경계를 이룬다. 마그마가 암석을 관입하면 그 열로 인해 기존 암석에 변성 작용을 받은 부분이 나타날 수 있다. 이때 변성 작용을 받은 부분은 화성암보다 먼저 생성되었다고 판단할 수 있다.

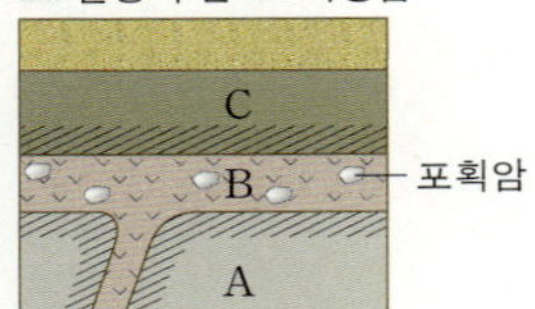


- 생성 순서: A ➡ C ➡ B

### ❖ 분출
- 마그마가 지표로 분출한 후 그 위에 새로운 지층이 쌓인 경우 화성암의 위층에는 변성 작용이 나타나지 않으며, 침식을 받은 흔적이 나타난다.

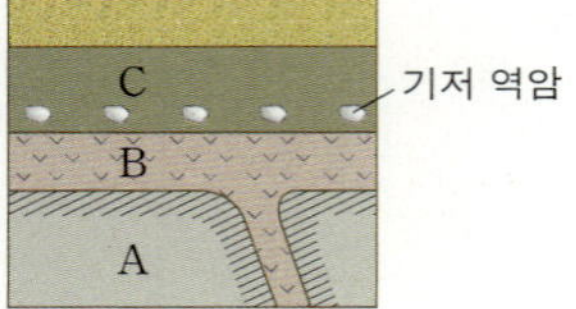


- 생성 순서: A ➡ B ➡ C

## ① 상대 연대

### 1. 상대 연대

① 상대 연대: 과거에 일어난 지질학적 사건의 발생 순서나 지층과 암석의 생성 시기를 상대적으로 나타낸 것이다.

② 지층 누중의 법칙, 관입의 법칙, 부정합의 법칙, 동물군 천이의 법칙 등 지사 연구의 여러 원리를 적용하여 판단한다.

③ 특정 지질학적 사건이 얼마나 오래전에 일어났으며, 지층이나 암석이 언제 생성되었는지는 알 수 없다.

### 2. 지사학의 법칙
지층의 생성 순서를 결정하고, 지구의 역사를 추론하는 데 필요한 법칙이다.

| | |
|---|---|
| **동일 과정설** | 현재 지구상에서 일어나고 있는 지질학적 변화 과정은 과거에도 동일하게 일어났기 때문에 현재 일어나고 있는 지질 현상을 이해하면 과거 지구에서 일어났던 일을 해석할 수 있다. |
| **수평 퇴적의 법칙** | • 물속에서 퇴적물이 퇴적될 때 중력의 영향을 받아 퇴적물은 수평면과 나란하게 쌓인다.<br>• 지층이 기울어져 있거나 휘어져 있으면 퇴적물이 쌓인 후 지각 변동을 받았다고 판단할 수 있다. |
| **지층 누중의 법칙** | • 지층이 퇴적 당시의 순서를 그대로 유지한 경우에는 아래에 놓인 지층이 먼저 쌓인 것이고, 위에 놓인 지층이 나중에 쌓인 것이다.<br>• 지층이 역전되었다면 사층리, 점이 층리, 연흔, 건열과 같은 퇴적 구조나 생성 시기를 알 수 있는 표준 화석을 관찰하여 상하를 판단한다. |
| **관입의 법칙** | • 기존의 암석에 마그마가 관입하여 암체가 생겼을 경우 관입당한 암석이 관입하여 들어간 암석보다 시간적으로 오래된 것이다.<br>• 화성암이 관입한 경우에는 지층 누중의 법칙이 적용되지 않는다. |
| **부정합의 법칙** | • 부정합면을 기준으로 상하 두 지층 사이에는 시간적으로 차이가 나며, 두 지층 사이의 암질이나 화석, 지질 구조 등이 달라진다.<br>• 부정합의 판단: 부정합면 위에는 기저 역암이 나타나기도 하며, 상하 두 지층에서 산출되는 화석군이 급격하게 달라진다. |
| **동물군 천이의 법칙** | • 연속적으로 쌓인 지층 속에서 발견되는 화석들은 오래된 지층에서 새로운 지층으로 갈수록 진화한 생물의 화석이 발견된다.<br>• 지층에서 산출되는 화석군의 변화를 이용하여 지층의 생성 순서를 밝힐 수 있다. |

### 3. 지층 대비
여러 지역에 있는 지층들이 같은 시대에 생성된 것인지 비교하여 상대적인 선후 관계를 밝히는 것이다.

| | |
|---|---|
| **암상에 의한 대비** | • 비교적 가까운 거리에 있는 지층을 대비할 때에는 암석의 특징이나 지질 구조의 연속성 등을 비교하여 지층의 선후 관계를 판단한다.<br>• 건층(열쇠층): 지층의 대비에 기준이 되는 지층으로, 건층을 이용하면 지층 대비를 쉽게 할 수 있다.<br>• 서로 멀리 떨어져 있는 지역은 암석의 종류나 특징만으로는 지층의 생성 순서를 비교하기 어렵다. |

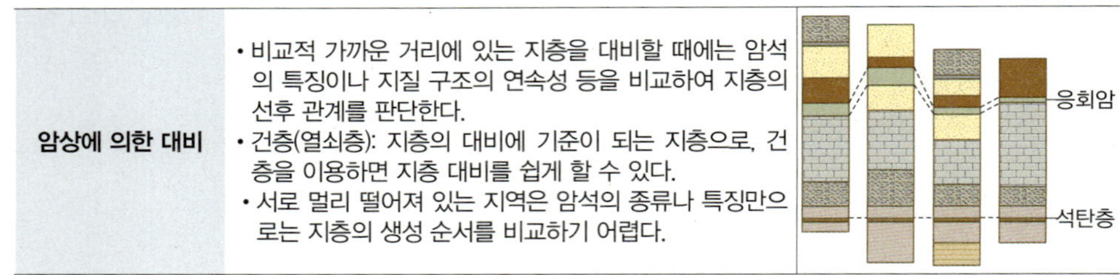

| 화석에 의한 대비 | • 같은 종류의 표준 화석이 산출되는 지층은 같은 시기에 쌓여 생성된 지층이므로, 같은 종류의 표준 화석이 산출되는 지층을 연결하여 지층의 선후 관계를 판단한다.<br>• 진화 계통이 잘 알려진 생물의 화석을 이용하여 대비한다.<br>• 가까운 거리뿐만 아니라 멀리 떨어져 있는 지층의 대비에도 이용된다. | 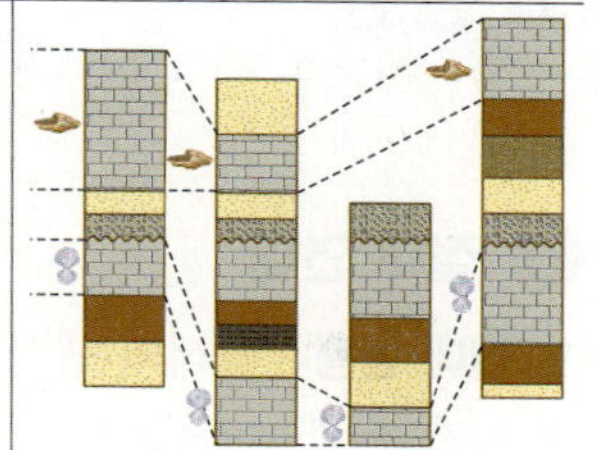 |


비교적 짧은 시기 동안 퇴적되었으면서도 넓은 지역에 걸쳐 분포하는 응회암층, 석탄층, 석회암층 등은 좋은 건층이 될 가능성이 높다.

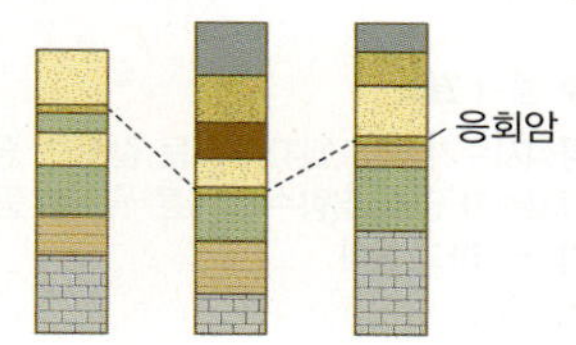


---

**실전 자료  화석에 의한 지층의 대비**

그림은 바다를 사이에 두고 멀리 떨어져 있는 두 지역의 지층에서 발견되는 화석들을 나타낸 것이다.

**1. 화석에 의한 지층 대비**

• 서로 멀리 떨어진 지역은 암석에 의한 지층 대비가 어렵다.
　➡ 화석에 의한 지층 대비를 통해 지층의 선후 관계를 파악한다.

• (가)와 a, (나)와 b, (다)와 c, (라)와 f가 같은 시기에 퇴적되었다.

**2. 지층이 빠져있는 지역과 그 이유**

• A 지역: B 지역의 d와 e에 해당하는 지층이 없다. ➡ d와 e의 지층이 퇴적되지 않았거나 퇴적된 후 침식 작용을 받아 없어졌다. ➡ (다)와 (라)의 지층은 부정합 관계이다.

• B 지역: A 지역의 (마)에 해당하는 지층이 없다. ➡ (마)의 지층이 퇴적되지 않았거나 퇴적된 후 침식 작용을 받아 없어졌다.

**3. 지층의 상대 연대 구하기**

• (가)와 a ➡ (나)와 b ➡ (다)와 c ➡ d ➡ e ➡ (라)와 f ➡ (마)

---

## 개념 바로 확인

정답 및 해설 ㅣ 13쪽

**01** ☐☐☐을 경계로 상하 지층의 생성 시기는 크게 차이가 나며, 관입당한 지층이 관입암보다 ☐☐☐ 형성되었다.

**02** 응회암층과 같이 지층을 대비할 때 기준으로 사용할 수 있는 지층을 ☐☐☐☐이라 한다.

**01** 지사학의 법칙과 지층 대비에 대한 설명으로 옳은 것은 ◯, 옳지 않은 것은 ×로 표시하시오.

(1) 아래의 지층은 항상 위의 지층보다 먼저 생성되었다. 　　　(　　　)

(2) 대부분의 지층은 생성 당시에 경사진 상태로 퇴적된다. 　　　(　　　)

(3) 나중에 퇴적된 지층일수록 더 진화된 생물 화석이 산출된다. 　　(　　　)

(4) 서로 멀리 떨어진 지층은 주로 암석에 의한 대비를 한다. 　　(　　　)

(5) 화석에 의한 대비를 할 때는 진화 계통이 잘 알려진 화석을 이용한다. 　　(　　　)

**02** 그림은 어느 지역의 지질 단면도를 나타낸 것이다. 지층과 암석 A~C의 생성 순서를 쓰시오.

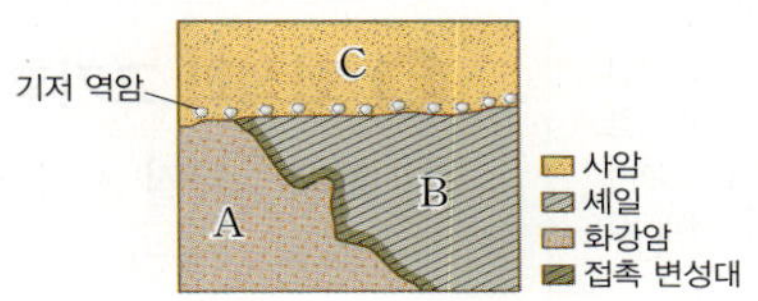

# 지질 시대와 환경

## 02

❖ **동위 원소**

양성자수가 같아 원자 번호는 같지만, 중성자수가 달라 질량수가 다른 원소를 동위 원소라고 한다.

❖ **절대 연령 측정의 일반식**

$$N = N_0 \left(\frac{1}{2}\right)^{\frac{t}{T}}$$

- N: t년 후에 남아 있는 방사성 동위 원소의 양
- $N_0$: 방사성 동위 원소의 처음 양
- T: 방사성 동위 원소의 반감기
- t: 암석의 절대 연령

❖ **암석의 절대 연령**

- 방사성 동위 원소를 이용한 절대 연령 측정은 주로 화성암이나 변성암의 절대 연령을 측정하는 데 이용된다.
- 퇴적암의 경우 구성 입자의 나이가 다양하기 때문에 방사성 동위 원소를 이용하여 절대 연령을 측정하지 않는다. ➡ 퇴적암은 주변 화성암이나 변성암의 절대 연령을 측정한 후 상대 연령을 고려하여 간접적인 방법으로 절대 연령을 알아낸다

❖ **방사성 탄소(¹⁴C)를 이용한 절대 연령 측정**

- 생물체를 구성하는 유기 화합물 속에는 광합성 작용에 의해 대기 중에서 탄소가 유입되므로 $^{14}C$와 $^{12}C$의 비율이 대기 중의 비율과 동일하게 유지된다. ➡ 생물체가 죽으면 더 이상 탄소가 유입되지 않고, 안정적인 $^{12}C$의 양은 그대로 유지되지만 방사성 동위 원소인 $^{14}C$는 시간이 지나면서 감소한다.
- 죽은 생물체 안에 남아 있는 $^{14}C$의 양을 측정하고 대기 중의 $^{14}C$와 $^{12}C$의 비율을 이용하면 생물이 죽은 지 몇 년이 지났는지 알 수 있다.
- 지층 속에 들어 있는 동물의 뼈, 조개 껍데기, 나무, 꽃가루 등 과거 생물체의 절대 연령을 측정하는 데 이용된다.

❖ **방사성 탄소(¹⁴C)의 생성 과정**

방사성 탄소인 $^{14}C$는 붕괴하여 $^{14}N$이 되지만 우주로부터 날아온 고에너지의 입자와 반응하여 $^{14}N$가 $^{14}C$로 되는 과정이 반복되므로 대기 중의 $^{14}C$ 양은 거의 일정하게 유지된다.

---

### ② 절대 연대

1. **절대 연령** 암석의 생성 시기와 지질학적 사건의 발생 시기를 수치로 나타낸 것이다.

2. 암석 속에 포함되어 있는 방사성 동위 원소의 반감기를 이용하여 구한다.

① 방사성 동위 원소: 광물이나 암석 속에 들어 있는 방사성 동위 원소는 온도나 압력 등의 외부 환경에 관계없이 일정한 속도로 붕괴하여 안정한 원소로 변한다.

- 모원소와 자원소: 모원소는 붕괴하는 원래의 방사성 원소이고, 자원소는 모원소가 붕괴하여 새로 생성된 원소이다.

- 반감기: 방사성 동위 원소가 붕괴하여 모원소의 양이 처음 양의 반으로 줄어드는 데 걸리는 시간으로, 방사성 동위 원소의 종류에 따라 반감기가 다르다.

② 절대 연령의 측정 원리

- 시간이 경과함에 따라 모원소의 양은 지속적으로 감소하고, 자원소의 양은 지속적으로 증가한다.

- 암석이나 광물 속에 포함된 방사성 동위 원소의 모원소와 자원소의 비율을 측정하면 반감기를 이용하여 절대 연령을 알아낼 수 있다.

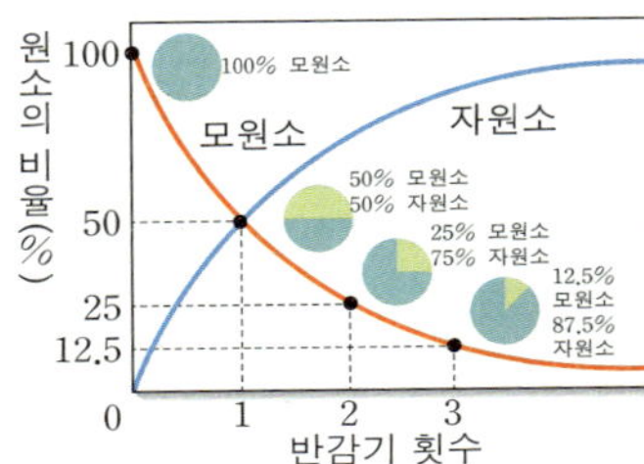


3. 절대 연령 측정에 이용되는 방사성 동위 원소 선택

① 오래된 지질 시대의 절대 연령: 암석 속의 U, Th, K, Rb은 반감기가 길어서 오래된 지질 시대를 측정하는 데 적합하다.

② 가까운 지질 시대의 절대 연령: 유기물 속의 $^{14}C$는 반감기가 짧으므로 가까운 지질 시대나 고고학 유물의 시기를 측정하는 데 적합하다.

---

**실전 자료**    **상대 연령과 절대 연령**

그림 (가)는 어느 지역의 지질 단면도를, (나)는 방사성 원소 X의 붕괴 곡선을 나타낸 것이다. (가)의 화성암 P와 Q에 포함된 방사성 원소 X의 양은 각각 암석이 생성될 당시의 25%, 50%이다.

1. **(가)를 이용하여 지층의 생성 순서 파악하기**
- 화성암 P는 C를 관입하였으므로 관입의 법칙에 따라 C ➡ P 순으로 생성되었다.
- C와 B는 부정합 관계이므로 부정합의 법칙에 따라 C ➡ B 순으로 생성되었다.
- 화성암 Q는 B와 C를 관입하였으므로 관입의 법칙에 따라 B ➡ Q 순으로 생성되었다.
- B와 A는 부정합 관계이므로 부정합의 법칙에 따라 B ➡ A 순으로 생성되었다.

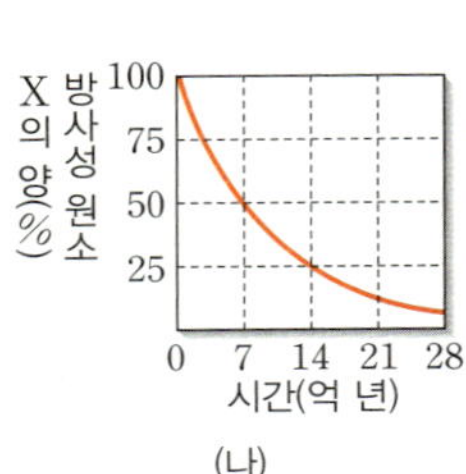


2. **(나)를 이용하여 암석의 절대 연령 구하기**
- (나)에서 방사성 동위 원소 X의 반감기는 7억 년이다.
- 화성암 P, Q의 절대 연령은 각각 14억 년, 7억 년이다.
- 지층 B의 절대 연령은 7억 년 ～ 14억 년이므로 선캄브리아 시대에 퇴적되었다.

---

### ③ 화석과 고기후 연구 방법

1. **화석** 지질 시대에 살았던 생물의 유해나 흔적이 지층 속에 남은 것으로, 주로 퇴적암에서 발견된다.

① 화석의 생성 조건

- 뼈, 줄기, 껍데기와 같은 단단한 부분이 있어야 한다.
- 생물이 죽은 후 분해되기 전에 퇴적물 속에 빨리 묻혀야 한다.
- 재결정, 치환, 탄화 작용 등의 화석화 작용을 받아야 한다.
- 퇴적암 생성 후 심한 지각 변동이나 변성 작용을 받지 않아야 한다.

② 화석의 종류

| | |
|---|---|
| 표준 화석 | • 생존 기간이 짧고, 넓은 지역에 걸쳐 분포하며, 개체 수가 많은 생물의 화석이다. ➡ 지층이 생성된 시기를 판단하는 근거로 이용된다.<br>• 삼엽충(고생대), 암모나이트와 공룡(중생대), 매머드(신생대) 등 |
| 시상 화석 | • 생존 기간이 길고, 특정 환경에 제한적으로 분포하며, 환경 변화에 민감한 생물의 화석이다. ➡ 생물이 살던 당시의 환경을 추정하는 데 이용된다.<br>• 고사리: 따뜻하고 습한 육지, 산호: 따뜻하고 수심이 얕은 바다 |

2. **고기후 연구 방법**  비교적 가까운 과거의 기후는 문헌이나 나이테 연구 등을 통해 알아낼 수 있으며, 먼 과거의 기후는 빙하나 화석, 지층의 퇴적물 연구 등을 통해 알아낼 수 있다.

| | |
|---|---|
| 나무의 나이테 | 기온이 높고 강수량이 많으면 나이테 사이의 폭이 넓고 밀도가 낮다. ➡ 나이테 사이의 폭과 밀도를 측정하여 그 지역의 과거 기온과 강수량을 알아낸다. |
| 지층의 퇴적물 분석 | 지층 속에 여러 꽃가루 및 각종 미생물이 포함되어 있으므로 퇴적물 속의 생태 환경을 통해 과거의 기후를 알 수 있다. ➡ 기후가 한랭하면 소나무와 같은 침엽수림의 꽃가루가 많아지고, 기후가 온난하면 가시나무와 같은 활엽수림의 꽃가루가 많아진다. |
| 동식물 화석 | 시상 화석의 경우 지층이 퇴적될 당시의 환경을 알려준다. |
| 빙하 시추물 연구 | 빙하 시추물의 줄무늬와 빙하에 포함된 공기 방울 속의 산소 동위 원소 비($^{18}O/^{16}O$) 및 대기 성분을 조사하여 과거의 기후를 추정한다. ➡ 온난한 시기에 형성된 빙하는 산소 동위 원소비($^{18}O/^{16}O$)가 상대적으로 높고, 한랭한 시기에 형성된 빙하는 산소 동위 원소비($^{18}O/^{16}O$)가 상대적으로 낮다. |
| 동굴 생성물 | 강수량에 따라 석회 동굴에 공급되는 지하수의 양이 달라지며, 종유석이나 석순을 이루는 화학 조성 변화로부터 기후 변화를 알아낸다. |
| 산호의 성장률 | 산호는 하루에 하나씩 성장선을 만드는데, 수온이 높을수록 산호의 성장 속도가 빠르다. ➡ 산호의 성장률을 조사하면 과거의 수온을 추정할 수 있다. |

❖ **화석화 작용**

고생물의 유체가 지층 속에 매몰되어 화석으로 보존되는 과정과 관계있는 작용이다.

❖ **표준 화석과 시상 화석의 조건**

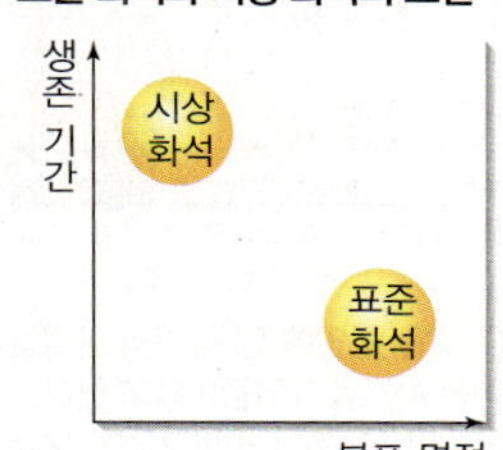


❖ **산소 동위 원소비**

- $^{18}O$은 $^{16}O$에 비해 무거우므로 $^{18}O$은 상대적으로 증발은 잘 되지 않지만 쉽게 응결되는 반면 $^{16}O$은 상대적으로 쉽게 증발되지만 응결이 되지 않는다.
- 기후가 온난하면 $^{18}O$의 증발이 활발해져 대기 중의 $^{18}O$이 상대적으로 많아지고, 한랭하면 $^{18}O$의 증발이 약해져 대기 중의 $^{18}O$이 상대적으로 적어진다.

---

## 개념 바로 확인

정답 및 해설 | 13쪽

**03** 방사성 동위 원소가 붕괴하여 모원소의 양이 처음 양의 반으로 줄어드는 데 걸리는 시간을 [          ]라고 한다.

**03** 그림은 어떤 암석 속에 들어 있는 방사성 원소 X의 붕괴 곡선을 나타낸 것이다.

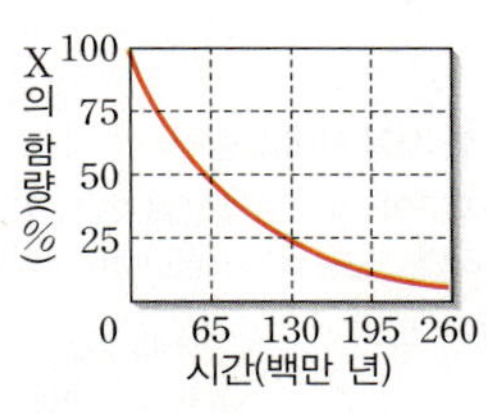


(1) 방사성 원소 X의 반감기는 몇 년인가?

(2) 현재 이 암석 속에 남아 있는 방사성 원소 X의 양이 처음 양의 25%라고 할 때, 이 암석의 절대 연령을 구하시오.

**04** 온난한 시기일수록 나이테 사이의 폭이 [          ] 밀도가 낮으며, 빙하 코어 속 산소 동위 원소비는 상대적으로 [          ].

**04** 그림은 화석을 구성하는 생물 A, B의 분포 면적과 생존 기간을 나타낸 것이다.

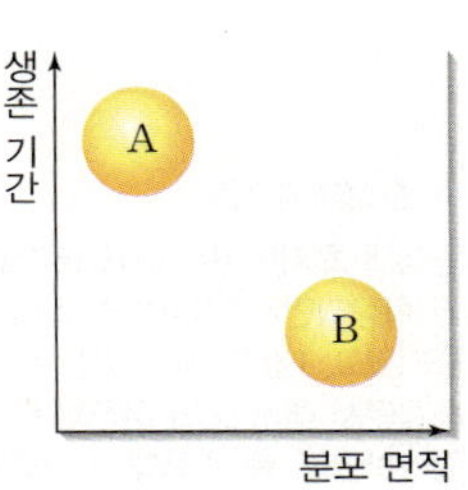


(1) A와 B 중 표준 화석과 시상 화석으로 적합한 것을 각각 쓰시오.

(2) 중생대의 화석 중 B에 해당하는 것만을 있는 대로 쓰시오.

### ❖ 생물의 대멸종

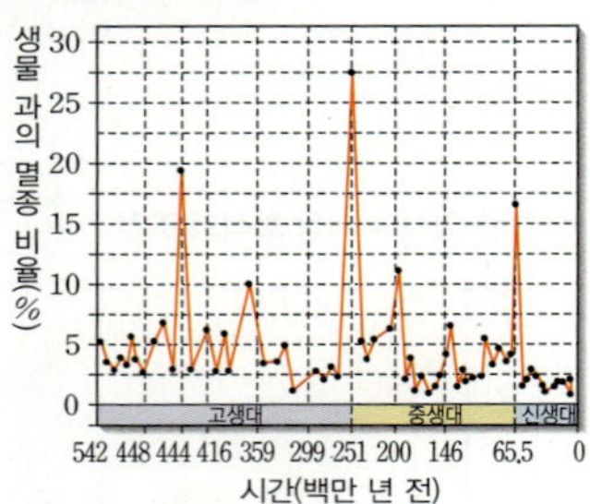

- 짧은 시간 동안에 많은 종의 생물들이 멸종한 사건을 대멸종이라고 한다.
- 지난 5억 년 동안 5번(고생대 오르도비스기 말, 데본기 말, 페름기 말, 중생대 트라이아스기 말, 백악기 말)의 대멸종이 있었다.
- 대멸종은 지역적 또는 전 지구적으로 일어난 급격한 환경 변화에 의해 일어날 수 있다.

### ❖ 지질 시대의 단위

- 누대: 시생 누대, 원생 누대, 현생 누대로 구분하며, 시생 누대와 원생 누대를 합쳐 선캄브리아 시대라고 한다.
- 대: 현생 누대에서 생물계의 큰 변화가 나타난 시기를 기준으로 고생대, 중생대, 신생대로 구분한다.
- 기: 고생대, 중생대, 신생대는 각각 기 단위로 세분하며, 대와 비교해서 생명체의 변화가 비교적 적다.

### ❖ 지질 시대의 길이

지구의 나이 46억 년을 24시간으로 간주하면, 1분은 약 319만 년에 해당한다.

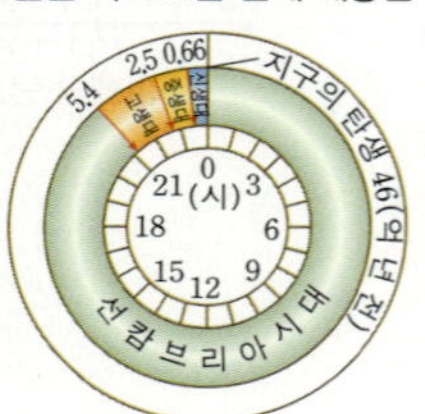

### ❖ 중생대의 기후

중생대 초기에 판게아가 분리되고, 해저가 확장되면서 막대한 양의 마그마가 분출되었고, 대륙에서는 화산 활동이 활발해지면서 대기 중의 이산화 탄소 농도가 증가하였다. ➡ 중생대의 기후는 온난하였고, 빙하기가 존재하지 않았다.

## ④ 지질 시대의 환경과 생물

### 1. 지질 시대 구분

① 지질 시대: 지구가 탄생한 약 46억 년 전부터 현재까지의 시기이다.

② 지질 시대 구분 기준: 생물계에 일어난 급격한 변화나 지각 변동, 기후 변화 등을 기준으로 구분한다.

③ 지질 시대의 단위: 누대(Eon) ➡ 대(Era) ➡ 기(Period) ➡ 세(Epoch)로 구분한다.

④ 지질 시대의 구분

| 지질 시대 누대 | 대 | 절대 연대 (백만 년 전) |
|---|---|---|
| 현생 누대 | 신생대 | 66.0 |
| | 중생대 | 252.2 |
| | 고생대 | 541.0 |
| 원생 누대 | 신원생대 | 1000 |
| | 중원생대 | 1600 |
| | 고원생대 | 2500 |
| 시생 누대 | 신시생대 | 2800 |
| | 중시생대 | 3200 |
| | 고시생대 | 3600 |
| | 초시생대 | |

| 지질 시대 대 | 기 | 절대 연대 (백만 년 전) |
|---|---|---|
| 신생대 | 제4기 | 2.58 |
| | 네오기 | 23.03 |
| | 팔레오기 | 66.0 |
| 중생대 | 백악기 | 145.0 |
| | 쥐라기 | 201.3 |
| | 트라이아스기 | 252.2 |
| 고생대 | 페름기 | 298.9 |
| | 석탄기 | 358.9 |
| | 데본기 | 419.2 |
| | 실루리아기 | 443.8 |
| | 오르도비스기 | 485.4 |
| | 캄브리아기 | 541.0 |

⑤ 지질 시대의 상대적인 길이: 선캄브리아 시대(88.2 %) > 고생대(6.3 %) > 중생대(4.1 %) > 신생대(1.4 %) 순이다.

### 2. 지질 시대의 기후 변화

| 선캄브리아 시대 | 기후 변화를 자세히 알기는 어렵지만, 전반적으로 온난한 기후였을 것으로 추정되고, 중기와 말기에 대규모의 빙하기가 존재하였다. |
|---|---|
| 고생대 | 전반적으로 온난한 기후였을 것이고, 중기와 말기에 대규모의 빙하기가 존재하였다. |
| 중생대 | 지질 시대 중 가장 온난했으며 빙하기가 없었다. |
| 신생대 | 팔레오기와 네오기는 대체로 온난했으나 제4기에는 점차 한랭해져 여러 번의 빙하기와 간빙기가 있었다. |

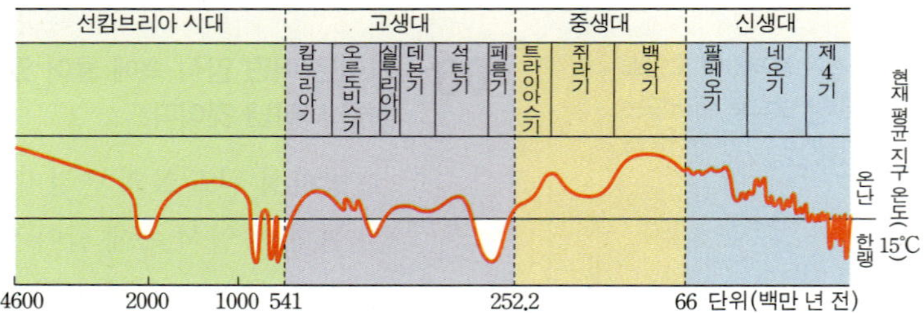

### 3. 지질 시대의 수륙 분포

| 선캄브리아 시대 | 대륙들이 하나로 모여 초대륙을 형성하였다가 분리되기를 반복하였다. |
|---|---|
| 고생대 | 말기에 초대륙 판게아를 형성하면서 대규모 조산 운동이 일어났다. |
| 중생대 | 트라이아스기 말부터 판게아가 분리되기 시작하였고, 쥐라기 초에 대서양이 형성되기 시작하였다. |
| 신생대 | 판게아에서 분리된 인도 대륙과 아프리카 대륙이 유라시아 대륙과 충돌하여 히말라야산맥과 알프스산맥이 형성되었으며, 오늘날과 비슷한 수륙 분포를 이루었다. |

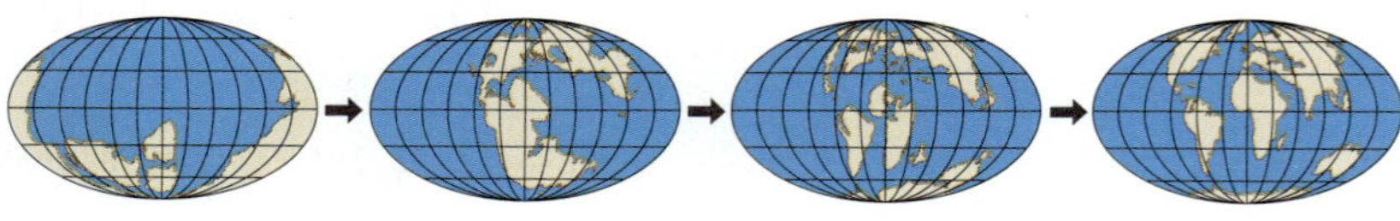

▲ 선캄브리아 시대 후기    ▲ 고생대 페름기    ▲ 중생대 백악기    ▲ 신생대 팔레오기

## 4. 지질 시대의 생물

| 시대 | 생물 |
| --- | --- |
| 선캄브리아 시대 | • 시생 누대: 대기 중에 산소가 거의 없었으며, 원핵생물인 시아노박테리아가 출현하였다. ➡ 얕은 바다에 스트로마톨라이트를 형성하였다.<br>• 원생 누대: 시아노박테리아의 광합성으로 대기 중에 산소의 양이 점차 증가하였고, 후기에 최초의 다세포 동물이 출현하였다. ➡ 일부는 에디아카라 동물군 화석으로 남아 있다. |
| 고생대 | • 캄브리아기(삼엽충의 시대): 대기 중에 산소가 증가하면서 다양한 생물이 폭발적으로 증가하였다. ➡ 삼엽충, 완족류 등 해양 무척추동물이 번성하였다.<br>• 오르도비스기(필석의 시대): 삼엽충, 완족류, 필석류가 크게 번성하였으며, 최초의 척추동물인 어류가 출현하였다.<br>• 실루리아기: 필석류, 산호, 갑주어, 바다전갈 등이 번성하였으며, 대기 중에 형성된 오존층이 자외선을 차단하면서 최초의 육상 식물이 출현하였다.<br>• 데본기(어류의 시대): 갑주어, 폐어 등의 어류가 번성하였으며, 최초의 양서류가 출현하였다.<br>• 석탄기: 방추충(푸줄리나), 산호류, 유공충이 번성하였으며, 최초의 파충류가 출현하였다. 양서류가 전성기를 이루었으며, 양치식물이 거대한 삼림을 형성하였다.<br>• 페름기: 말기에 바다전갈, 삼엽충 등 해양 생물이 멸종하였다.<br><br>▲ 삼엽충　　　　▲ 필석 |
| 중생대 | • 트라이아스기: 바다에 암모나이트가 번성하였으며, 육지에 공룡과 원시 포유류가 출현하였다. 은행류, 소철류 등의 겉씨식물이 번성하였다.<br>• 쥐라기: 공룡과 암모나이트가 크게 번성하였으며, 원시 조류인 시조새가 출현하였다. 겉씨식물이 삼림을 이루며 번성하였다.<br>• 백악기: 말기에 공룡과 암모나이트가 멸종하였으며, 속씨식물이 출현하였다.<br><br>▲ 암모나이트　　　　▲ 공룡 |
| 신생대 | • 팔레오기, 네오기: 대형 유공충인 화폐석이 번성하였다. 겉씨식물이 쇠퇴하였으며, 속씨식물이 번성하여 초원을 형성하였다.<br>• 제4기: 인류의 조상이 출현하였고, 매머드 등의 대형 포유류가 번성하였다. 단풍나무, 참나무 등의 속씨식물이 번성하였다.<br><br>▲ 화폐석　　　　▲ 매머드 |

❖ **스트로마톨라이트**

• 시아노박테리아: 광합성을 통해 이산화 탄소를 흡수하여 탄산 칼슘을 만들고 산소를 배출하는 원핵생물이다. 선캄브리아 시대 초기에 출현하여 바다에 산소를 공급하였다.
• 스트로마톨라이트: 시아노박테리아에 퇴적물 입자가 부착되어 여러 층을 이루는 화석이다.

❖ **에디아카라 동물군**

오스트레일리아 남부 에디아카라 언덕에서 산출되는 후기 원생 누대에 최초로 출현한 다세포 동물들의 화석이다.

❖ **시조새**

파충류에서 조류로 진화하는 중간 단계 생물로, 파충류의 특징과 새의 특징을 동시에 가지고 있다.

---

## 개념 바로 확인

정답 및 해설 | 13쪽

**05** 지질 시대는 누대 ➡ [　　] ➡ [　　] ➡ 세로 구분한다.

**06** 고생대에는 [　　]식물이, 중생대에는 [　　]식물이, 신생대에는 [　　]식물이 번성하였다.

**05** 그림은 각 지질 시대가 차지하는 기간을 상대적으로 나타낸 것이다.

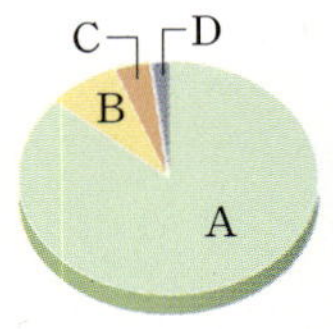

(1) A~D에 해당하는 지질 시대의 이름을 각각 쓰시오.
(2) A~D를 오래된 시대부터 순서대로 나열하시오.

**06** 지질 시대 생물계의 변화에 대한 설명으로 옳은 것은 ○, 옳지 <u>않은</u> 것은 ×로 표시하시오.

(1) 에디아카라 동물군은 시생 누대의 화석이다. 　　　　( 　 )
(2) 삼엽충은 고생대 말 페름기에 멸종하였다. 　　　　( 　 )
(3) 암모나이트는 해양 생물로, 중생대에 번성하였다. 　　　　( 　 )
(4) 인류는 신생대 제4기에 지구상에 처음으로 출현하였다. 　　　　( 　 )

## · 고기후 연구 방법 ·

고기후의 연구 방법에는 나무의 나이테 연구, 산호의 성장률 조사, 고고학적 조사, 동식물 화석, 지층의 퇴적물 연구, 꽃가루 연구, 빙하 퇴적물 및 아이스 코어 연구 등이 있다. 그 중 나무의 나이테와 산소 동위 원소비($^{18}O/^{16}O$)를 이용하여 과거의 기후를 알아내는 원리를 자세하게 알아보고자 한다.

### 원리1 나무의 나이테

기온이 높고 강수량이 많으면 나이테 사이의 폭이 넓고 밀도가 낮다. ➡ 나이테 사이의 폭과 밀도를 측정하여 그 지역의 과거 기온과 강수량을 알아낼 수 있다.

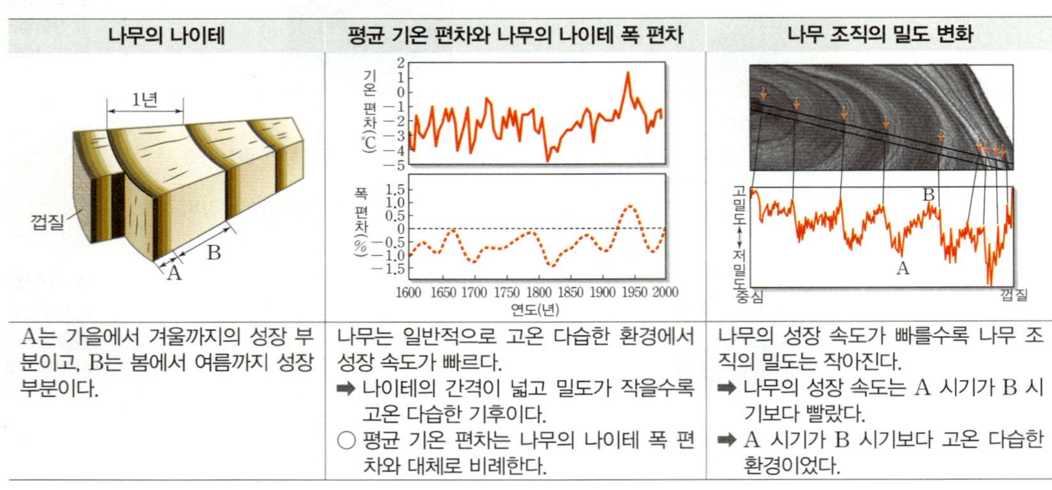

| 나무의 나이테 | 평균 기온 편차와 나무의 나이테 폭 편차 | 나무 조직의 밀도 변화 |
| --- | --- | --- |
| A는 가을에서 겨울까지의 성장 부분이고, B는 봄에서 여름까지 성장 부분이다. | 나무는 일반적으로 고온 다습한 환경에서 성장 속도가 빠르다.<br>➡ 나이테의 간격이 넓고 밀도가 작을수록 고온 다습한 기후이다.<br>○ 평균 기온 편차는 나무의 나이테 폭 편차와 대체로 비례한다. | 나무의 성장 속도가 빠를수록 나무 조직의 밀도는 작아진다.<br>➡ 나무의 성장 속도는 A 시기가 B 시기보다 빨랐다.<br>➡ A 시기가 B 시기보다 고온 다습한 환경이었다. |

### 원리2 산소 동위 원소비($^{18}O/^{16}O$)와 지구의 평균 기온

| | |
| --- | --- |
| 빙하 코어 속의 산소 동위 원소비 ($^{18}O/^{16}O$) | • 산소 동위 원소 중 $^{18}O$는 $^{16}O$보다 무겁다. 따라서 무거운 산소 동위 원소인 $^{18}O$를 포함한 물 분자는 가벼운 산소 동위 원소인 $^{16}O$를 포함한 물 분자보다 증발이 잘 되지 않는다.<br>• 반면 기온이 높아지면 $^{18}O$를 포함한 물 분자도 활발하게 증발하므로 대기(구름) 중에도 $^{18}O$를 포함한 물 분자가 증가하며, 빙하에도 $^{18}O$를 포함한 물 분자가 증가한다.<br>• 따라서 온난한 시기에 생성된 빙하는 산소 동위 원소비($^{18}O/^{16}O$)가 높다.<br>➡ 기온이 높을수록 빙하 코어 속의 산소 동위 원소비($^{18}O/^{16}O$)는 커진다. |
| 해양 생물 화석 속의 산소 동위 원소비 ($^{18}O/^{16}O$) | • 유공충은 석회질($CaCO_3$)의 각질을 가지고 있고, 이 각질은 유공충이 자라면서 새로운 부분이 만들어지는데, 이때 각질의 산소 원소 자리에는 질량이 $^{16}O$과 $^{18}O$인 산소 동위 원소가 들어갈 수 있다.<br>• 온난한 시기에 $^{18}O$를 포함한 물 분자도 활발하게 증발하므로 표층 해수는 산소 동위 원소비($^{18}O/^{16}O$)가 낮다.<br>• 그 결과 유공충 등의 해양 생물은 상대적으로 적은 양의 $^{18}O$를 흡수하므로, 그 당시 해수와 비슷한 산소 동위 원소비($^{18}O/^{16}O$)를 갖게 된다.<br>➡ 수온이 높을수록 해양 생물 화석 속의 산소 동위 원소비($^{18}O/^{16}O$)는 작아진다. |

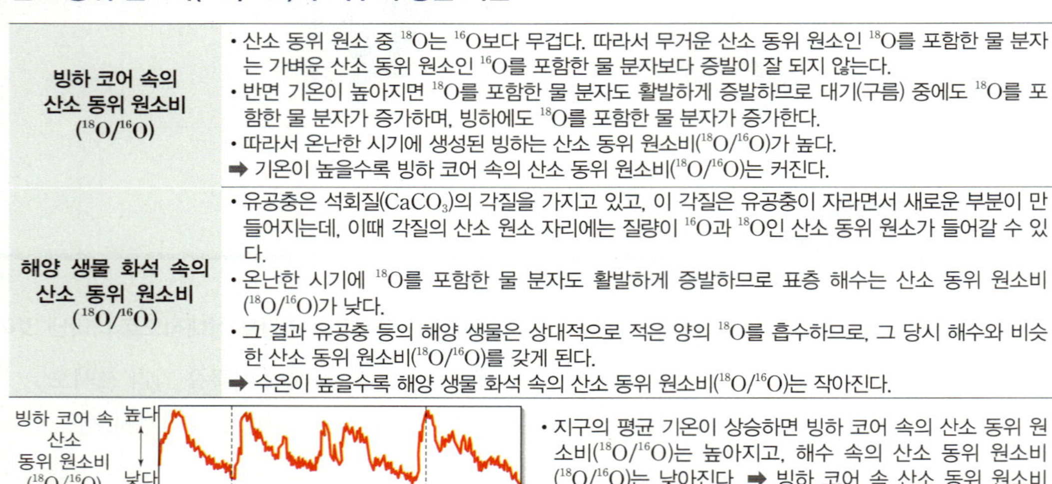

• 지구의 평균 기온이 상승하면 빙하 코어 속의 산소 동위 원소비($^{18}O/^{16}O$)는 높아지고, 해수 속의 산소 동위 원소비($^{18}O/^{16}O$)는 낮아진다. ➡ 빙하 코어 속 산소 동위 원소비($^{18}O/^{16}O$)와 해양 생물 화석 속 산소 동위 원소비($^{18}O/^{16}O$)는 대체로 반비례한다.

• 빙하 코어 속 산소 동위 원소비($^{18}O/^{16}O$)는 A 시기보다 B 시기에 높다. ➡ 지구의 평균 기온은 A 시기보다 B 시기에 높다.

## ❶ 상대 연대

**01** 그림은 어느 지역에 분포하는 지층의 단면을 나타낸 것이다.

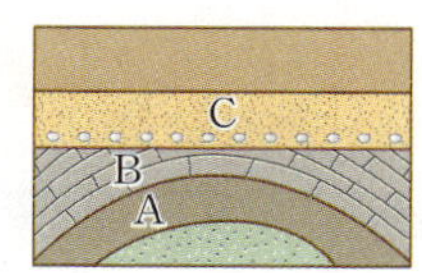

이에 대한 설명으로 옳은 것만을 〈보기〉에서 있는 대로 고른 것은? (단, 지층은 역전되지 않았다.)

┤ 보기 ├
ㄱ. A층과 B층의 퇴적 순서는 지층 누중의 법칙을 적용하여 판단할 수 있다.
ㄴ. 수평 퇴적의 법칙에 의하면 B층은 생성된 후 지각 변동을 받았다.
ㄷ. B층과 C층의 선후 관계는 부정합의 법칙을 적용한다.

① ㄱ     ② ㄴ     ③ ㄱ, ㄷ
④ ㄴ, ㄷ     ⑤ ㄱ, ㄴ, ㄷ

**02** 그림 (가)와 (나)는 서로 다른 두 지역의 지질 단면을 나타낸 것이다.

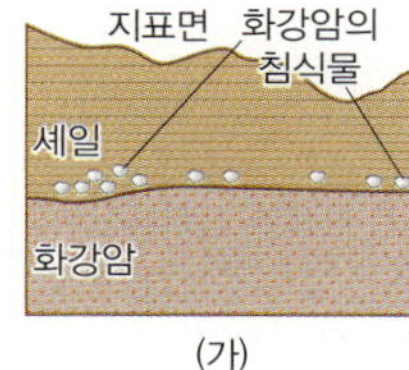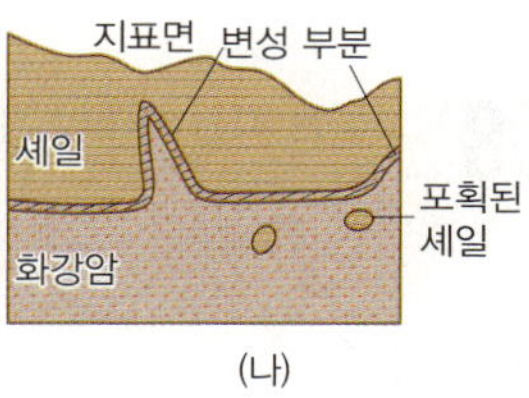


이에 대한 설명으로 옳은 것만을 〈보기〉에서 있는 대로 고른 것은?

┤ 보기 ├
ㄱ. (가)에서 셰일과 화강암의 선후 관계는 관입의 법칙을 적용한다.
ㄴ. (나)에서 화강암은 포획된 셰일보다 나중에 생성되었다.
ㄷ. (가)와 (나)에는 셰일층과 화강암 사이에 부정합면이 모두 존재한다.

① ㄱ     ② ㄴ     ③ ㄷ
④ ㄱ, ㄴ     ⑤ ㄴ, ㄷ

**03** 그림은 인접한 세 지역 A, B, C의 지층을 나타낸 것이다.

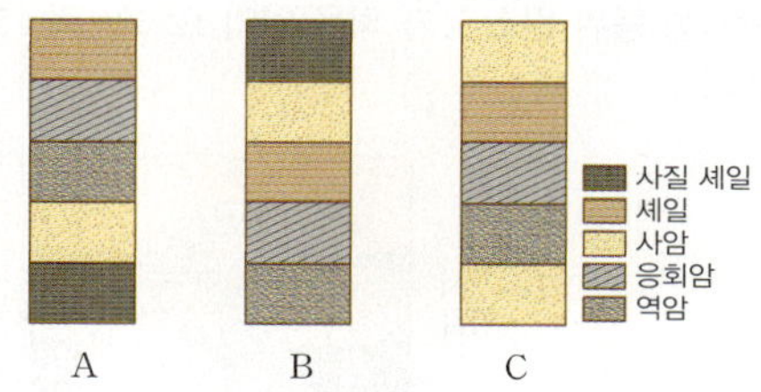


이에 대한 설명으로 옳은 것만을 〈보기〉에서 있는 대로 고른 것은? (단, 지층의 역전은 없었다.)

┤ 보기 ├
ㄱ. 가장 오래된 지층은 A 지역에 분포한다.
ㄴ. A와 B 지역의 사암은 생성 시기가 같다.
ㄷ. 역암층을 건층으로 대비하는 것이 가장 적절하다.

① ㄱ     ② ㄴ     ③ ㄱ, ㄷ
④ ㄴ, ㄷ     ⑤ ㄱ, ㄴ, ㄷ

## ❷ 절대 연대

**04**  그림은 어느 방사성 동위 원소가 붕괴할 때 시간에 따른 모원소와 자원소의 함량 변화를 나타낸 것이다.

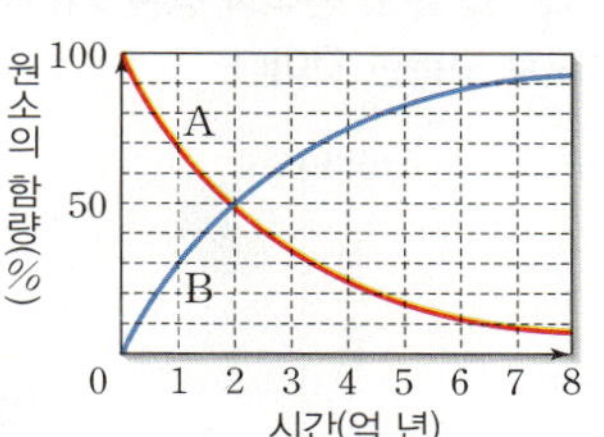


이에 대한 설명으로 옳은 것만을 〈보기〉에서 있는 대로 고른 것은?

┤ 보기 ├
ㄱ. A는 모원소, B는 자원소이다.
ㄴ. 방사성 원소의 반감기는 2억 년이다.
ㄷ. 암석 속의 A와 B의 함량비가 A:B=1:7이면 암석의 절대 연령은 6억 년이다.

① ㄱ     ② ㄷ     ③ ㄱ, ㄴ
④ ㄴ, ㄷ     ⑤ ㄱ, ㄴ, ㄷ

**05** 그림은 어느 지역의 지질 단면도이다. 암석 A와 B에는 각각 방사성 동위 원소 X가 처음 양의 12.5 %와 25 %가 남아 있었다.

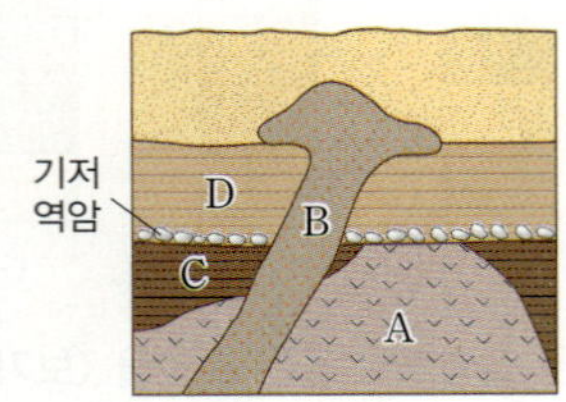


이에 대한 설명으로 옳은 것만을 〈보기〉에서 있는 대로 고른 것은? (단, 방사성 원소의 반감기는 1억 년이다.)

┤ 보기 ├

ㄱ. 가장 오래된 암석은 A이다.
ㄴ. C와 D 사이에 퇴적이 중단된 시기가 있었다.
ㄷ. 지층 D의 절대 연령은 2억~3억 년이다.

① ㄱ  　② ㄷ  　③ ㄱ, ㄴ
④ ㄴ, ㄷ  　⑤ ㄱ, ㄴ, ㄷ

---

## ❸ 화석과 고기후 연구 방법

**06** 그림은 화석을 분포 면적과 생존 기간에 따라 표준 화석과 시상 화석으로 구분한 것이다.

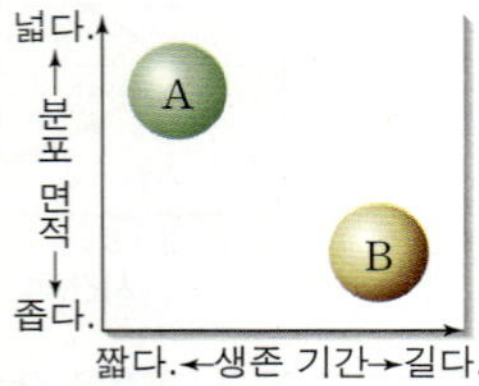


이에 대한 설명으로 옳은 것만을 〈보기〉에서 있는 대로 고른 것은?

┤ 보기 ├

ㄱ. A는 시상 화석으로 적합하다.
ㄴ. 지층의 대비에는 A보다 B 화석이 적합하다.
ㄷ. A보다 B가 여러 시대의 지층에 걸쳐 산출된다.

① ㄱ  　② ㄷ  　③ ㄱ, ㄴ
④ ㄴ, ㄷ  　⑤ ㄱ, ㄴ, ㄷ

---

**07** 그림은 최근 12만 년 동안 그린란드의 빙하 속 공기 방울에서 측정된 산소 동위 원소의 비($^{18}O/^{16}O$)를 나타낸 것이다.

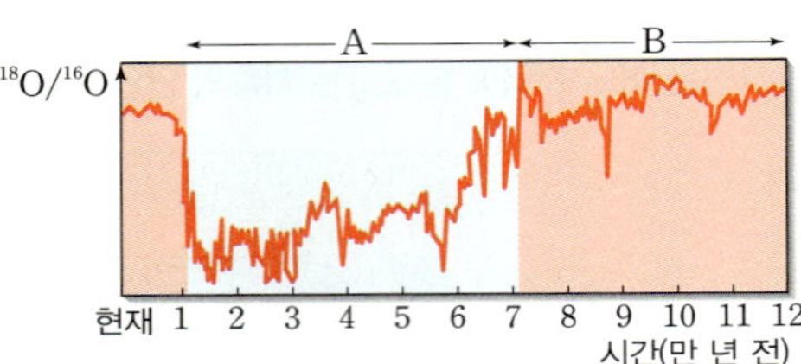


이에 대한 설명으로 옳은 것만을 〈보기〉에서 있는 대로 고른 것은?

┤ 보기 ├

ㄱ. 해수 속의 $^{18}O$는 $^{16}O$보다 증발이 잘 된다.
ㄴ. 대륙 빙하의 면적은 A 시기가 B 시기보다 넓었다.
ㄷ. 기온이 높을수록 빙하 속 산소 동위 원소의 비는 대체로 커진다.

① ㄱ  　② ㄷ  　③ ㄱ, ㄴ
④ ㄴ, ㄷ  　⑤ ㄱ, ㄴ, ㄷ

---

## ❹ 지질 시대의 환경과 생물

**08** 그림은 지질 시대의 기온 변화를 나타낸 것이다.

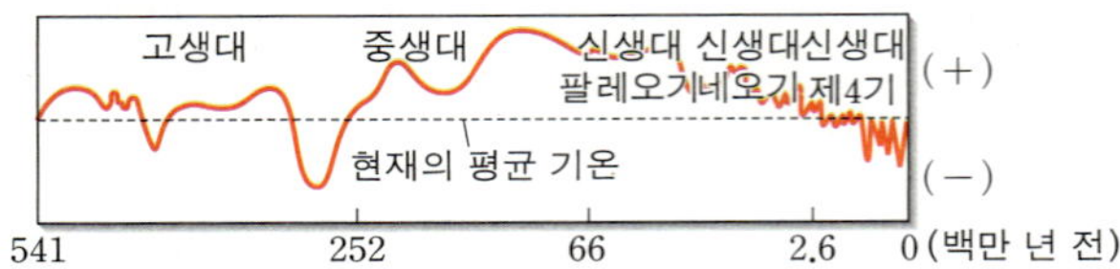


이에 대한 설명으로 옳은 것만을 〈보기〉에서 있는 대로 고른 것은?

┤ 보기 ├

ㄱ. 중생대는 전반적으로 현재보다 기온이 높았다.
ㄴ. 고생대 말기와 중생대 중기에는 각각 빙하기가 있었다.
ㄷ. 신생대 제4기는 네오기에 비하여 산호가 고위도까지 분포하였다.

① ㄱ  　② ㄴ  　③ ㄱ, ㄷ
④ ㄴ, ㄷ  　⑤ ㄱ, ㄴ, ㄷ

**09** 그림은 어느 지질 시대의 환경을 복원한 상상도이다.

이 지질 시대에 대한 설명으로 옳은 것만을 〈보기〉에서 있는 대로 고른 것은?

| 보기 |
ㄱ. 겉씨식물이 번성하였다.
ㄴ. 원시 포유류가 출현하였다.
ㄷ. 신생대의 환경을 나타낸 것이다.

① ㄱ      ② ㄷ      ③ ㄱ, ㄴ
④ ㄴ, ㄷ      ⑤ ㄱ, ㄴ, ㄷ

**10** 그림 (가)와 (나)는 서로 다른 지질 시대에 현재의 대륙이 분포했던 위치를 나타낸 것이다.

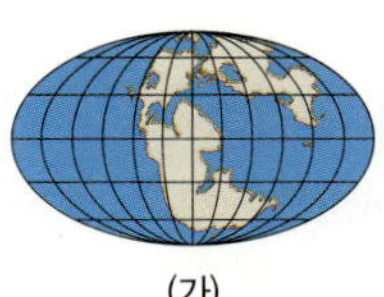

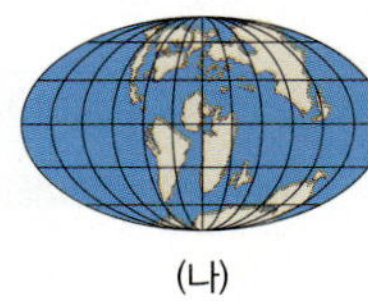

(가)        (나)

이에 대한 설명으로 옳은 것만을 〈보기〉에서 있는 대로 고른 것은?

| 보기 |
ㄱ. 수륙 분포는 (가)에서 (나)로 변하였다.
ㄴ. (가) 시기는 육상 생물이 출현하기 이전이다.
ㄷ. (나) 시기에 양서류가 전성기를 이루었다.

① ㄱ      ② ㄴ      ③ ㄱ, ㄷ
④ ㄴ, ㄷ      ⑤ ㄱ, ㄴ, ㄷ



**11** 그림은 어느 지역의 지층 단면을 나타낸 것이다.

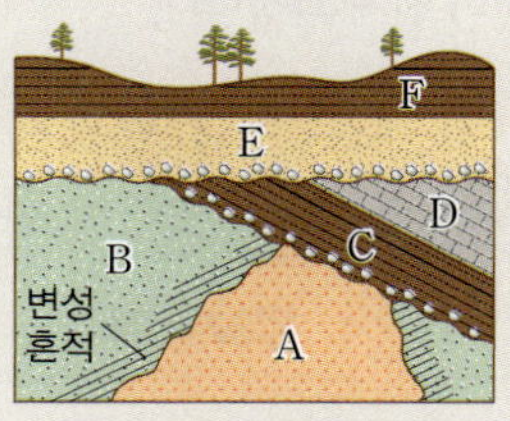


지층과 암석 A~F의 생성 순서를 지질학적 사건과 함께 설명하시오.

**12** 다음은 방사성 동위 원소의 붕괴 과정과 반감기를 나타낸 것이다.

| 방법 | 붕괴 과정 | 반감기 |
| --- | --- | --- |
| 탄소법 | $^{14}C \rightarrow {}^{14}N + \beta$ | 약 5,700년 |
| U–Pb법 | $^{235}U \rightarrow {}^{207}Pb + \beta$ | 약 7.1억 년 |
| K–Ar법 | $^{40}K \rightarrow {}^{40}Ar + \beta$ | 약 13억 년 |
| U–Pb법 | $^{238}U \rightarrow {}^{206}Pb + \beta$ | 약 45억 년 |
| Th–Pb법 | $^{232}Th \rightarrow {}^{208}Pb + \beta$ | 약 139억 년 |
| Rb–Sr법 | $^{87}Rb \rightarrow {}^{87}Sr + \beta$ | 약 500억 년 |

방사성 동위 원소를 이용하여 절대 연령을 구할 때 지질학자들은 U, Rb, K 등을 사용하고, 고고학자들은 주로 C를 사용한다. 그 이유를 설명하시오.

**13** 그림은 약 5억 년간 해양 생물군 수의 변화를 나타낸 것이다. (단, 생물군의 수는 과의 수를 의미한다.)

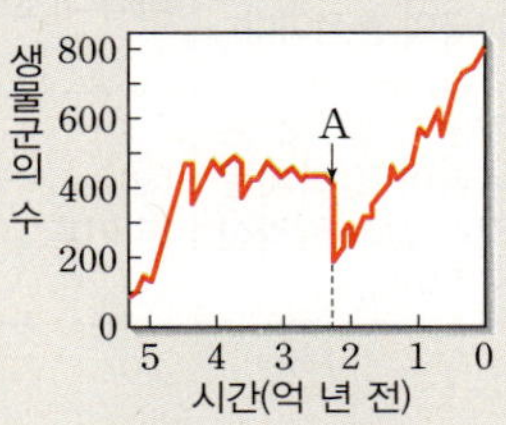


A 시기에 멸종한 생물을 쓰고, 그 이유를 설명하시오.

## 01 지질 구조와 퇴적 환경 ➡ 42~49쪽

**1. (㉠          ) 작용** 퇴적물이 쌓인 후 다져지고 굳어지면서 퇴적암이 되기까지의 전체 과정이다.

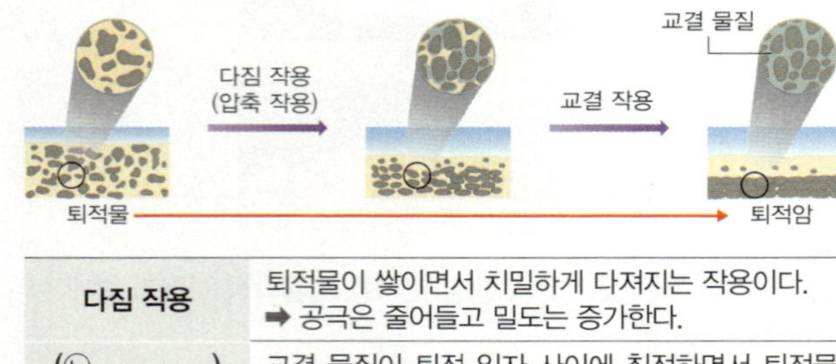


| 다짐 작용 | 퇴적물이 쌓이면서 치밀하게 다져지는 작용이다. ➡ 공극은 줄어들고 밀도는 증가한다. |
|---|---|
| (㉡          ) 작용 | 교결 물질이 퇴적 입자 사이에 침전하면서 퇴적물 알갱이들을 단단하게 연결시키는 작용이다. |

### 2. 퇴적암의 분류

| 쇄설성 퇴적암 | 풍화와 침식을 받아 생성된 쇄설물이나 화산 활동으로 분출된 화산 쇄설물이 쌓여 생성된 암석이다. 예 역암, 사암, 이암(셰일), 응회암 등 |
|---|---|
| 화학적 퇴적암 | 물에 녹아 있던 물질이 화학적으로 침전거나 물이 증발하면서 침전하여 생성된 암석이다. 예 석회암, 암염 등 |
| 유기적 퇴적암 | 동식물이나 미생물의 유해가 쌓여 생성된 암석이다. 예 석탄, 석회암, 처트 등 |

### 3. 퇴적 구조

퇴적 당시의 자연 환경을 알려주며, 지각 변동을 받은 지층의 역전 여부를 판단하는 데 기준이 된다.

| 구분 | 특징 | 생성 환경 | 모습 |
|---|---|---|---|
| 점이 층리 | 한 지층 내에서 위로 갈수록 입자의 크기가 점점 작아진다. | 수심이 깊은 바다(대륙대)나 호수 | 위 / 아래 |
| 사층리 | 층리가 나란하지 않고 엇갈린 구조이다. | 수심이 얕은 바다나 호수 | 위 돌이 흐르거나 바람이 분 방향 / 아래 |
| (㉢          ) | 퇴적물의 표면에 생긴 물결 모양 자국의 흔적이다. | 수심이 얕은 바다나 호수 | 위 / 아래 |
| 건열 | 가뭄이 들 때 논바닥이 갈라지는 것과 같이 갈라진 구조이다. | (㉣          ) 한 기후 | 위 / 아래 |

### 4. 퇴적 환경

| 육상 환경 | 육지 내에 주로 쇄설성 퇴적물이 쌓이는 곳으로, 선상지, 하천, 호수, 사막 등이 있다. |
|---|---|
| 연안 환경 | 육상 환경과 해양 환경 사이에 형성되는 곳으로, 삼각주, 조간대, 해빈, 사주, 강 하구, 석호 등이 있다. |
| 해양 환경 | 가장 넓은 면적을 차지하는 퇴적 환경으로, 대륙붕, 대륙사면, 대륙대, 심해저 등이 있다. |

### 5. 다양한 지질 구조

**(1) 습곡** 수평으로 퇴적된 지층이 암석 양쪽에서 미는 (㉤          )에 의해 휘어진 지질 구조이다.

| 구분 | 정습곡 | 경사 습곡 | 횡와 습곡 |
|---|---|---|---|
| 모습 | | | |
| 정의 | 습곡축면이 수평면에 대해 거의 수직인 습곡 | 습곡축면이 수평면에 대해 기울어진 습곡 | 습곡축면이 거의 수평으로 누운 습곡 |

**(2) 단층** 암석에 힘이 작용하여 암석이 끊어지면서 생긴 면을 경계로 양쪽의 암석이 상대적으로 이동하여 어긋난 지질 구조이다.

| 구분 | 정단층 | 역단층 | 주향 이동 단층 |
|---|---|---|---|
| 모습 | | | |
| 정의 | 장력이 작용하여 상반이 아래로 내려간 단층 | 횡압력이 작용하여 상반이 위로 밀려 올라간 단층 | 단층면을 따라 지층이 수평 방향으로 이동한 단층 |

**(3) 절리** 암석에 생긴 틈이나 균열로, 갈라진 틈을 따라 암석의 상대적인 이동이 없다.

| 주상 절리 | 오각형, 육각형의 기둥 모양을 이루는 절리로, 용암이 급격히 냉각되면 수축하여 기둥 모양으로 절리가 만들어진다. |
|---|---|
| 판상 절리 | 얇은 판 모양으로 갈라진 절리로, 지하 깊은 곳에 있던 암석이 지표로 드러나면 외부 압력의 감소로 팽창하여 판 모양으로 절리가 만들어진다. |

**(4) 부정합**

- 부정합: 시간적으로 불연속적인 상하 두 지층 사이의 지질 구조이다.
- 형성 과정: 퇴적 ➡ 융기 ➡ 풍화 및 침식 ➡ 침강 ➡ 퇴적의 과정을 거쳐 형성된다.

| 구분 | 평행 부정합 | 경사 부정합 | 난정합 |
|---|---|---|---|
| 모습 | | | |
| 정의 | 부정합의 아래층과 위층의 쌓인 방향이 평행인 경우 | 부정합면 아래 지층의 쌓인 방향과 기울어진 정도가 위에 쌓인 지층과 다른 경우 | 퇴적암이 심성암이나 변성암 위에 쌓여 있는 경우 |

**(5) 관입과 포획**

| 관입 | 지하에서 마그마가 암석의 틈을 따라 들어가 화성암으로 굳어지는 과정이다. |
|---|---|
| 포획 | • 주변 암석의 일부가 관입암 속에 포함된 것이다. • 포획암은 이를 포획한 화성암보다 (㉥          ) 생성되었다. |

## 02 지질 시대와 환경   ➡ 50~59쪽

**1. 지사학의 법칙**   지층의 생성 순서를 결정하고, 지구의 역사를 추론하는 데 필요한 법칙이다.

| | |
|---|---|
| **동일 과정설** | 현재 지구상에서 일어나고 있는 지질학적 변화 과정은 과거에도 동일하게 일어났다. |
| **수평 퇴적의 법칙** | 물속에서 퇴적물이 퇴적될 때 중력의 영향을 받아 퇴적물은 수평면과 나란하게 쌓인다. |
| **지층 누중의 법칙** | 지층이 퇴적 당시의 순서를 그대로 유지한 경우에는 아래에 놓인 지층이 먼저 쌓인 것이고, 위에 놓인 지층이 나중에 쌓인 것이다. |
| **관입의 법칙** | 기존의 암석에 마그마가 관입하여 암체가 생겼을 경우 관입당한 암석이 관입하여 들어간 암석보다 시간적으로 오래된 것이다. |
| **부정합의 법칙** | 부정합면을 기준으로 상하 두 지층 사이에는 시간적으로 차이가 나며, 두 지층 사이의 암질이나 화석, 지질 구조 등이 달라진다. |
| **동물군 천이의 법칙** | 연속적으로 쌓인 지층 속에서 발견되는 화석들은 오래된 지층에서 새로운 지층으로 갈수록 진화한 생물의 화석이 발견된다. |

**2. 지층의 대비**

| 암상에 의한 대비 | 화석에 의한 대비 |
|---|---|
| • 암석의 특징이나 지질 구조의 연속성 등을 비교하여 지층의 선후 관계를 판단한다.<br>• (Ⓐ         )을 이용한다. | • 같은 종류의 표준 화석이 산출되는 지층을 연결하여 지층의 선후 관계를 판단한다.<br>• 표준 화석을 이용한다. |

**3. 절대 연령**   암석의 생성 시기와 지질학적 사건의 발생 시기를 수치로 나타낸 것이다.

**4. 절대 연령 측정**   암석 속에 포함되어 있는 방사성 동위 원소의 반감기를 이용하여 구한다.
- (◎         ): 방사성 동위 원소가 붕괴하여 모원소의 양이 처음 양의 반으로 줄어드는 데 걸리는 시간이다.
- 방사성 동위 원소의 모원소와 자원소의 비율을 측정하면 반감기를 이용하여 절대 연령을 알아낼 수 있다.

**5. 화석**   지질 시대에 살았던 생물의 유해나 흔적이 지층 속에 남은 것으로, 주로 퇴적암에서 발견된다.

| | |
|---|---|
| (ⓧ       ) **화석** | • 생존 기간이 짧고, 넓은 지역에 걸쳐 분포하며, 개체 수가 많은 생물의 화석이다. ➡ 지층이 생성된 시기를 판단하는 근거로 이용된다.<br>• 삼엽충(고생대), 암모나이트와 공룡(중생대), 매머드(신생대) 등 |
| **시상 화석** | • 생존 기간이 길고, 특정 환경에 제한적으로 분포하며, 환경 변화에 민감한 생물의 화석이다. ➡ 생물이 살던 당시의 환경을 추정하는 데 이용된다.<br>• 고사리: 따뜻하고 습한 육지<br>• (ⓧ         ): 따뜻하고 수심이 얕은 바다 |

**6. 고기후 연구 방법**

| | |
|---|---|
| **나무의 나이테** | 기온이 높고 강수량이 많으면 나이테 사이의 폭이 넓고 밀도가 낮다. |
| **지층의 퇴적물 분석** | 기후가 한랭하면 침엽수림의 꽃가루가 많아지고, 기후가 온난하면 활엽수림의 꽃가루가 많아진다. |
| **빙하 시추물 연구** | 온난한 시기에 형성된 빙하는 산소 동위 원소비($^{18}O/^{16}O$)가 상대적으로 (ⓒ         ), 한랭한 시기에 형성된 빙하는 산소 동위 원소비($^{18}O/^{16}O$)가 상대적으로 (ⓔ         ). |

**7. 지질 시대**

(1) **지질 시대 구분**   누대 ➡ 대 ➡ 기 ➡ 세로 구분한다.

(2) **지질 시대의 기후 변화**

| | |
|---|---|
| **선캄브리아 시대** | 전반적으로 온난한 기후였을 것으로 추정되고, 중기와 말기에 대규모의 빙하기가 존재하였다. |
| **고생대** | 전반적으로 온난한 기후였을 것이고, 중기와 말기에 대규모의 빙하기가 존재하였다. |
| **중생대** | 지질 시대 중 가장 온난했으며 빙하기가 없었다. |
| **신생대** | 팔레오기와 네오기는 대체로 온난했으나 제4기에는 점차 한랭해져 여러 번의 빙하기와 간빙기가 있었다. |

(3) **지질 시대의 수륙 분포**

| | |
|---|---|
| **선캄브리아 시대** | 대륙들이 하나로 모여 초대륙을 형성하였다가 분리되기를 반복하였다. |
| **고생대** | 말기에 초대륙 판게아를 형성하면서 대규모 조산 운동이 일어났다. |
| **중생대** | 트라이아스기 말부터 판게아가 분리되기 시작하였고, 쥐라기 초에 대서양이 형성되기 시작하였다. |
| **신생대** | 판게아에서 분리된 인도 대륙과 아프리카 대륙이 유라시아 대륙과 충돌하여 히말라야산맥과 알프스산맥이 형성되었다. |

(4) **지질 시대의 생물**

| | |
|---|---|
| **선캄브리아 시대** | • 시생 누대: 원핵생물 출현, 스트로마톨라이트<br>• 원생 누대: 다세포 생물 출현, 에디아카라 동물군 |
| **고생대** | • 캄브리아기: 삼엽충, 완족류 등 해양 무척추동물이 번성<br>• 오르도비스기: 삼엽충, 완족류, 필석류가 크게 번성, 최초의 척추동물인 어류가 출현<br>• 실루리아기: 필석류, 산호, 갑주어가 번성, 대기 중에 형성된 (Ⓓ         )이 자외선을 차단하면서 최초의 육상 식물이 출현<br>• 데본기: 갑주어 등의 어류가 번성, 최초의 양서류가 출현<br>• 석탄기: 방추충, 산호류, 유공충이 번성, 양서류와 양치식물이 번성, 최초의 파충류가 출현<br>• 페름기: 삼엽충 등 해양 생물이 멸종 |
| **중생대** | • 트라이아스기: 바다에 암모나이트가 번성, 육지에 공룡과 원시 포유류가 출현, (Ⓕ         )식물이 번성<br>• 쥐라기: 공룡과 암모나이트가 번성, 원시 조류인 시조새가 출현, 겉씨식물이 삼림을 이루며 번성<br>• 백악기: 말기에 공룡과 암모나이트가 멸종 |
| **신생대** | • 팔레오기, 네오기: 화폐석이 번성, 속씨식물이 번성하여 초원을 형성<br>• 제4기: 인류의 조상이 출현, 매머드 등의 대형 포유류가 번성, 속씨식물이 번성 |

**01** 그림은 퇴적암이 형성되는 과정의 일부를 나타낸 것이다.

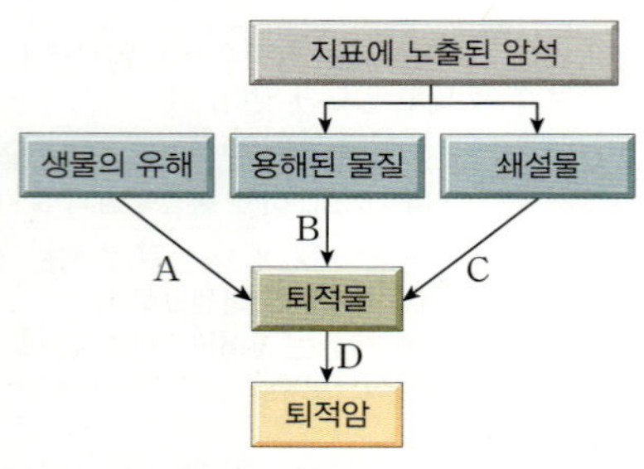


이에 대한 설명으로 옳은 것만을 〈보기〉에서 있는 대로 고른 것은?

| 보기 |
ㄱ. 화학적 퇴적암은 A 과정을 거쳐 생성된다.
ㄴ. 석회암은 B보다 C 과정을 통해 주로 생성된다.
ㄷ. D 과정에서 퇴적물의 공극은 감소하고 밀도는 증가한다.

① ㄱ     ② ㄷ     ③ ㄱ, ㄴ
④ ㄴ, ㄷ     ⑤ ㄱ, ㄴ, ㄷ

**02** 그림 (가)와 (나)는 두 종류의 퇴적암을 나타낸 것이다.

(가) 석회암      (나) 암염

이에 대한 설명으로 옳은 것만을 〈보기〉에서 있는 대로 고른 것은?

| 보기 |
ㄱ. (가)는 쇄설성 퇴적암에 속한다.
ㄴ. (나)는 다습한 환경에서 생성된다.
ㄷ. (가)와 (나)는 모두 속성 작용을 거쳐 생성된다.

① ㄱ     ② ㄷ     ③ ㄱ, ㄴ
④ ㄴ, ㄷ     ⑤ ㄱ, ㄴ, ㄷ

**03** 그림은 사층리와 건열이 나타나는 지층의 단면이다.

이에 대한 설명으로 옳은 것만을 〈보기〉에서 있는 대로 고른 것은?

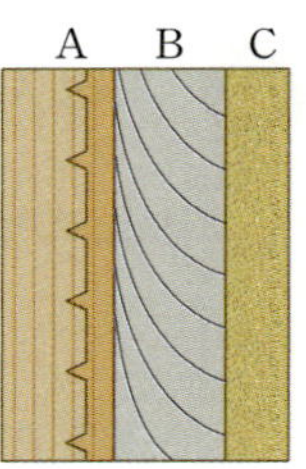


| 보기 |
ㄱ. A층은 생성 당시 대기에 노출된 적이 있었다.
ㄴ. B층으로 물이 흘렀거나 바람이 불었던 방향을 추정할 수 있다.
ㄷ. B층은 C층보다 먼저 생성되었다.

① ㄱ     ② ㄷ     ③ ㄱ, ㄴ
④ ㄴ, ㄷ     ⑤ ㄱ, ㄴ, ㄷ

**04** 그림 (가)는 퇴적 환경의 일부를, (나)와 (다)는 지층의 퇴적 구조를 나타낸 것이다.

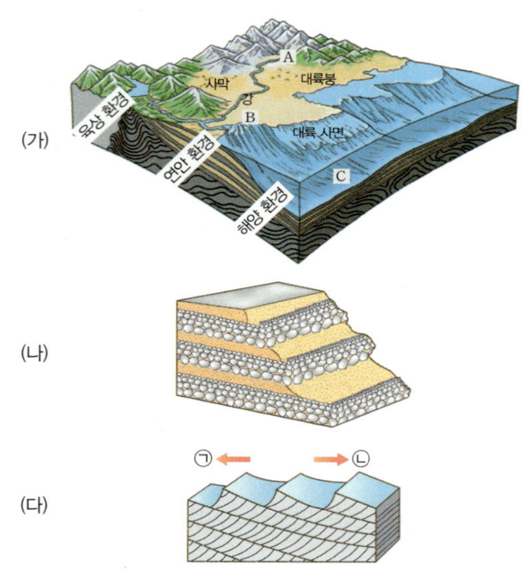


이에 대한 설명으로 옳은 것만을 〈보기〉에서 있는 대로 고른 것은?

| 보기 |
ㄱ. 퇴적물 입자의 평균 크기는 A보다 B에서 크다.
ㄴ. (나)의 퇴적 구조는 B보다 C에서 주로 발견된다.
ㄷ. (다)에서 퇴적물이 이동한 방향은 ㄴ이다.

① ㄱ     ② ㄴ     ③ ㄱ, ㄷ
④ ㄴ, ㄷ     ⑤ ㄱ, ㄴ, ㄷ

**05** 다음은 우리나라 두 지역의 모습과 지질학적 특징을 정리한 것이다.

| (가) 전라북도 채석강 | (나) 제주도 서귀포 |
| --- | --- |
|  |  |
| 역암층, 셰일층 등이 쌓여 있으며, 연흔이 관찰된다. | 현무암으로 이루어진 주상 절리가 발달되어 있다. |

이에 대한 설명으로 옳은 것만을 〈보기〉에서 있는 대로 고른 것은?

보기
ㄱ. (가)의 지층은 대륙대에서 생성되었다.
ㄴ. (나)의 절리는 횡압력을 받아 형성되었다.
ㄷ. (가)의 암석은 (나)보다 먼저 생성되었다.

① ㄱ      ② ㄷ      ③ ㄱ, ㄴ
④ ㄴ, ㄷ      ⑤ ㄱ, ㄴ, ㄷ

**06** 그림 (가)~(다)는 원유가 매장되어 있는 여러 형태의 지질 구조를 나타낸 것이다.

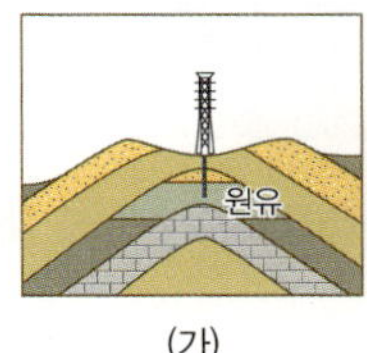 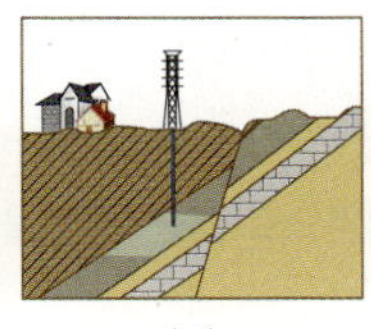 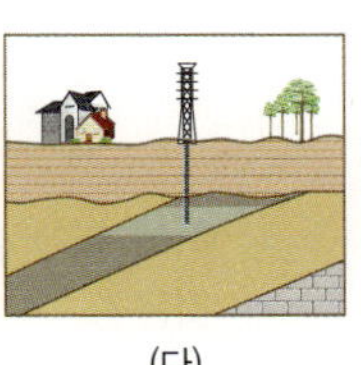


(가)      (나)      (다)

이에 대한 설명으로 옳은 것만을 〈보기〉에서 있는 대로 고른 것은?

보기
ㄱ. (가)에서 원유는 습곡의 향사 부분에 위치한다.
ㄴ. (나)의 단층은 장력을 받아 생성되었다.
ㄷ. (다)의 지역은 적어도 2회 이상 융기한 적이 있다.

① ㄱ      ② ㄴ      ③ ㄱ, ㄷ
④ ㄴ, ㄷ      ⑤ ㄱ, ㄴ, ㄷ

**07** 그림은 지각 변동의 기록이 나타난 어느 지역의 지질 단면도이다.

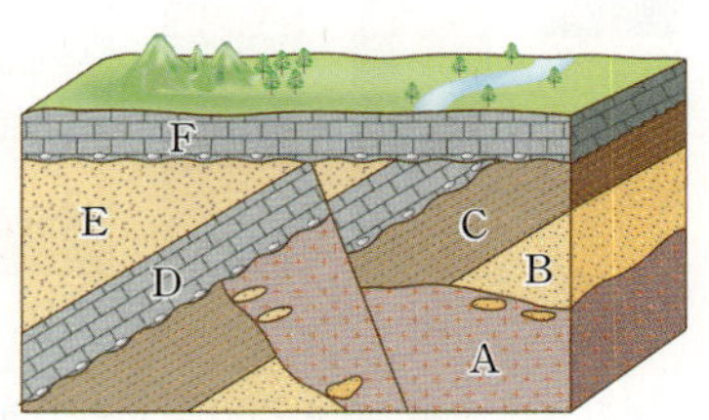


이에 대한 설명으로 옳은 것만을 〈보기〉에서 있는 대로 고른 것은?

보기
ㄱ. 화성암 A는 지층 B와 C를 관입하였다.
ㄴ. 지층 C와 D 사이에는 퇴적 중단의 시기가 있었다.
ㄷ. 지층 E와 F 사이에 평행 부정합이 있다.

① ㄱ      ② ㄷ      ③ ㄱ, ㄴ
④ ㄴ, ㄷ      ⑤ ㄱ, ㄴ, ㄷ

**08** 그림은 어느 지역의 지질 단면도이다.

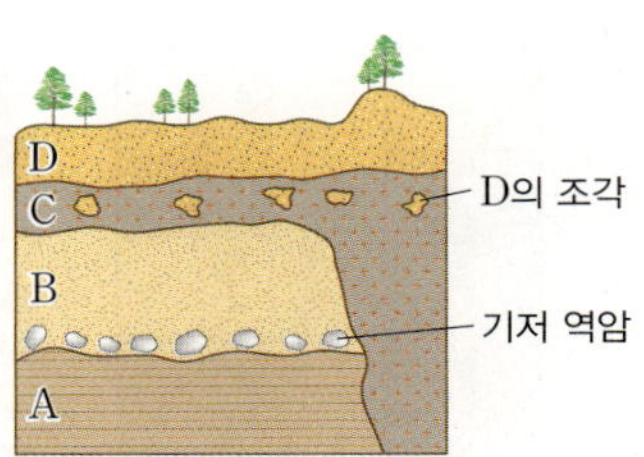


이 지역에서 일어난 지질학적 사건의 순서를 파악하기 위해 적용해야 할 지사학의 법칙만을 〈보기〉에서 있는 대로 고른 것은?

보기
ㄱ. 관입의 법칙
ㄴ. 부정합의 법칙
ㄷ. 지층 누중의 법칙

① ㄱ      ② ㄴ      ③ ㄱ, ㄷ
④ ㄴ, ㄷ      ⑤ ㄱ, ㄴ, ㄷ

**09** 그림은 인접한 네 지역 A~D의 지층을 나타낸 것이다.

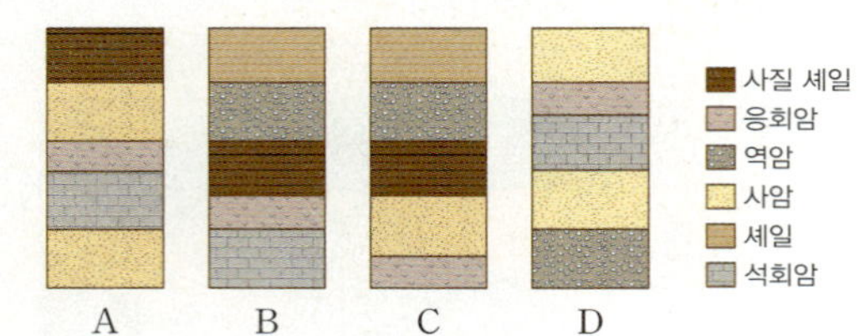


이에 대한 설명으로 옳은 것만을 〈보기〉에서 있는 대로 고른 것은?

| 보기 |
| --- |
| ㄱ. 건층으로 가장 적합한 층은 응회암층이다. |
| ㄴ. B에서는 부정합이 나타날 가능성이 있다. |
| ㄷ. C의 역암층은 D의 역암층보다 나중에 형성되었다. |

① ㄱ     ② ㄴ     ③ ㄱ, ㄷ
④ ㄴ, ㄷ     ⑤ ㄱ, ㄴ, ㄷ

**10** 그림 (가)와 (나)는 인접한 두 지역의 지층 단면 모습과 각 지층에서 산출되는 화석을 나타낸 것이다.

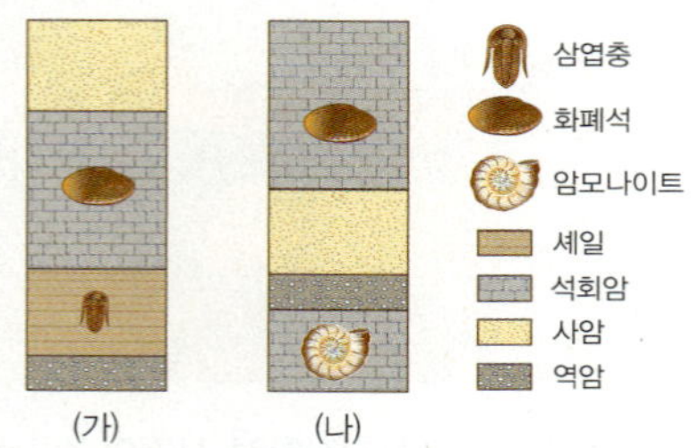


이에 대한 설명으로 옳은 것만을 〈보기〉에서 있는 대로 고른 것은?

| 보기 |
| --- |
| ㄱ. (가) 지역은 해수면 위로 융기한 적이 있었다. |
| ㄴ. 가장 나중에 형성된 지층은 (가)의 사암층이다. |
| ㄷ. (가)와 (나)의 석회암층은 바다에서 퇴적되었다. |

① ㄱ     ② ㄷ     ③ ㄱ, ㄴ
④ ㄴ, ㄷ     ⑤ ㄱ, ㄴ, ㄷ

**11** 그림 (가)는 어느 지역의 지층 단면도이고, (나)는 방사성 원소 A와 B의 시간에 따른 함량 변화를 나타낸 것이다. 화성암 P에 포함된 방사성 원소 A의 양은 처음 양의 25 %, 화성암 Q에 포함된 방사성 원소 B의 양은 처음 양의 12.5 %이다.

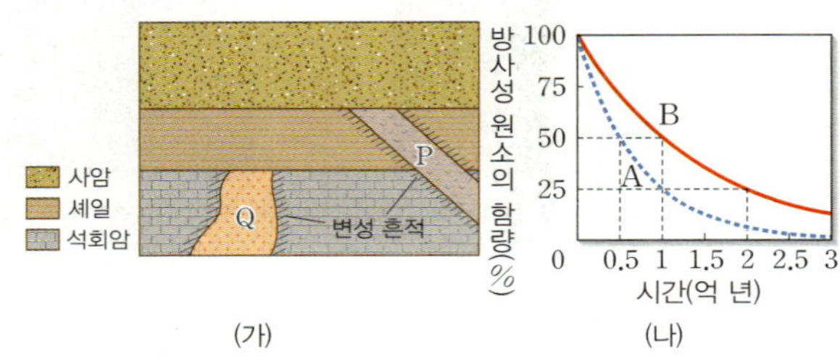


이에 대한 설명으로 옳은 것만을 〈보기〉에서 있는 대로 고른 것은?

| 보기 |
| --- |
| ㄱ. 반감기는 A가 B보다 짧다. |
| ㄴ. 셰일층에서는 화폐석 화석이 발견될 수 있다. |
| ㄷ. 석회암 → 화성암 Q → 셰일 → 화성암 P → 사암 순으로 생성되었다. |

① ㄱ     ② ㄴ     ③ ㄱ, ㄷ
④ ㄴ, ㄷ     ⑤ ㄱ, ㄴ, ㄷ

**12** 그림은 빙하기일 때 해수와 빙하에 포함된 산소 동위 원소 $^{16}O$의 비율에 대한 설명이다.

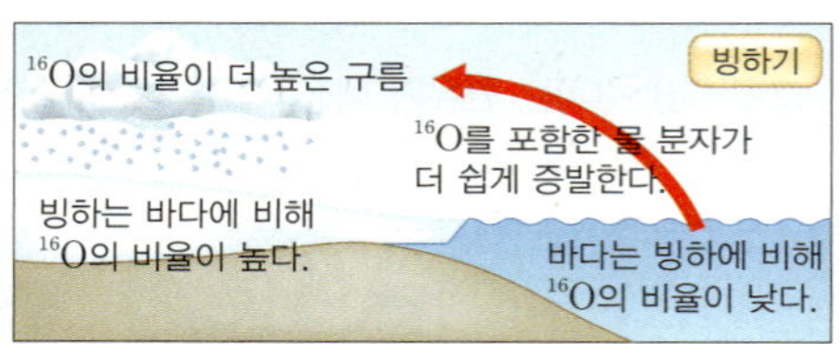


이에 대한 설명으로 옳은 것만을 〈보기〉에서 있는 대로 고른 것은?

| 보기 |
| --- |
| ㄱ. 눈 입자는 해수에 비해 산소 동위 원소비($^{18}O/^{16}O$)가 낮다. |
| ㄴ. 빙하가 녹으면 해수의 산소 동위 원소비($^{18}O/^{16}O$)는 낮아진다. |
| ㄷ. 해양 생물 화석의 산소 동위 원소비($^{18}O/^{16}O$)는 빙하기보다 간빙기에 낮다. |

① ㄱ     ② ㄷ     ③ ㄱ, ㄴ
④ ㄴ, ㄷ     ⑤ ㄱ, ㄴ, ㄷ

**13** 그림은 지질 시대의 평균 기온 변화와 생물계의 번성 순서를 나타낸 것이다.



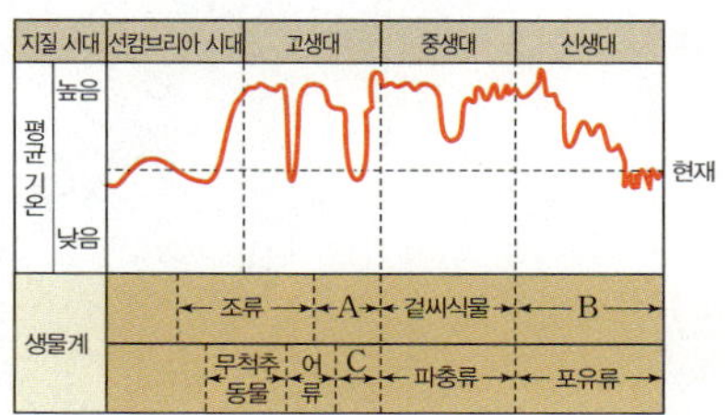

이에 대한 설명으로 옳은 것만을 〈보기〉에서 있는 대로 고른 것은?

| 보기 |
ㄱ. A는 양치식물, B는 속씨식물이다.
ㄴ. C가 번성한 시기에 오존층이 형성되기 시작했다.
ㄷ. 신생대에는 초기 이후로 평균 해수면이 계속 높아졌을 것이다.

① ㄱ  　　② ㄷ  　　③ ㄱ, ㄴ
④ ㄴ, ㄷ  　　⑤ ㄱ, ㄴ, ㄷ

**14** 그림 (가)는 어느 지질 시대의 화석을, (나)는 시생 누대, 원생 누대, 고생대, 중생대, 신생대를 상대적인 길이에 따라 A~E로 순서 없이 나타낸 것이다.

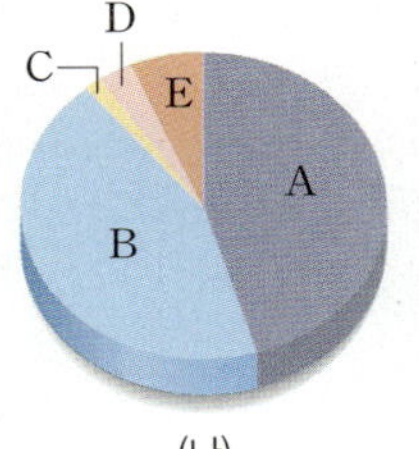

(가)　　　　　　(나)

이에 대한 설명으로 옳은 것만을 〈보기〉에서 있는 대로 고른 것은?

| 보기 |
ㄱ. (가)의 화석은 A 시기의 지층에서 산출되었다.
ㄴ. 생물종의 수는 C 시기가 D 시기보다 많았다.
ㄷ. E 시기 말에 판게아가 형성되었다.

① ㄱ  　　② ㄷ  　　③ ㄱ, ㄴ
④ ㄴ, ㄷ  　　⑤ ㄱ, ㄴ, ㄷ

**15** 그림 (가)~(다)는 지질 시대 생물을 순서 없이 나타낸 것이다.

(가)　　　　　　(나)　　　　　　(다)

이에 대한 설명으로 옳은 것만을 〈보기〉에서 있는 대로 고른 것은?

| 보기 |
ㄱ. 지질 시대의 환경 변화는 (다) → (나) → (가) 순이다.
ㄴ. (나)가 번성했던 시기에는 빙하기가 없었다.
ㄷ. (다)는 대서양이 형성되는 시기에 출현하였다.

① ㄱ  　　② ㄷ  　　③ ㄱ, ㄴ
④ ㄴ, ㄷ  　　⑤ ㄱ, ㄴ, ㄷ

**16** 그림 (가)는 현생 누대 동안 완족류와 삼엽충의 과의 수 변화를, (나)는 현생 누대 동안 생물 과의 멸종 비율을 나타낸 것이다. A와 B는 각각 완족류와 삼엽충 중 하나이다.

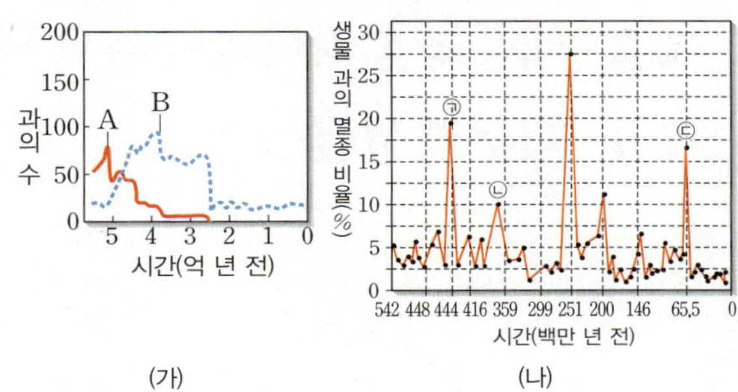

(가)　　　　　　(나)

이에 대한 설명으로 옳은 것만을 〈보기〉에서 있는 대로 고른 것은?

| 보기 |
ㄱ. (가)에서 A는 삼엽충, B는 완족류이다.
ㄴ. 최초의 육상 식물은 ⊙과 ⓒ 시기 사이에 등장하였다.
ㄷ. ⓒ 시기에 공룡과 암모나이트가 멸종하였다.

① ㄱ  　　② ㄴ  　　③ ㄱ, ㄷ
④ ㄴ, ㄷ  　　⑤ ㄱ, ㄴ, ㄷ

# 01

## 대기와 해양의 변화

# 01 기압과 날씨 변화



## ⊗ 먼저 알아야 할 내용

### 1. 단열 변화와 구름의 생성

(1) **단열 팽창**: 공기의 상승 ➡ 단열 팽창 ➡ 온도 하강 ➡ 상대 습도 증가

(2) **단열 압축**: 공기의 하강 ➡ 단열 압축 ➡ 온도 상승 ➡ 상대 습도 감소

(3) **구름의 생성 과정**: 공기의 ⊙ [　　　] ➡ 단열 팽창 ➡ 온도 하강 ➡ 상대 습도 증가 ➡ 상승 응결 고도에서 수증기의 ⊙ [　　　] ➡ 구름의 생성

답 ⊙ 상승 ⓒ 응결

---

**먼저 알아야 할 용어!**

* **단열 변화** | 공기가 외부로부터 열을 얻거나 빼앗기지 않고 부피 변화에 따라 온도가 변하는 것

* **상대 습도** | 현재 수증기량과 공기가 최대로 포함할 수 있는 수증기량(포화 수증기량)의 비를 퍼센트(%)로 나타낸 것

* **기압** | 단위 면적당 공기가 누르는 힘(단위: hPa)으로, 지구 평균 대기압은 1013 hPa로 물기둥 약 10.33 m의 압력에 해당

---

## ① 기압과 날씨

### 1. 고기압과 저기압

| 구분 | 고기압 | 저기압 |
|---|---|---|
| 정의 | 주변보다 기압이 높은 곳 | 주변보다 기압이 낮은 곳 |
| 풍향(북반구) | 시계 방향으로 불어 나간다. | 시계 반대 방향으로 불어 들어온다. |
| 날씨 | 지상 공기의 발산 ➡ 상층 공기의 하강 ➡ 단열 압축 ➡ 온도 상승 ➡ 상대 습도 감소 ➡ 구름의 소멸 ➡ 날씨 맑음 | 지상 공기의 수렴 ➡ 공기의 상승 ➡ 단열 팽창 ➡ 온도 하강 ➡ 상대 습도 증가 ➡ 수증기 응결 ➡ 구름의 생성 ➡ 날씨 흐림(비 또는 눈) |

• 기압차로 인하여 공기가 이동하여 바람이 발생한다.
• 바람은 고기압에서 저기압으로 분다.
• 바람의 세기는 등압선의 간격이 좁을수록 강하다.

---

**❖ 전향력과 풍향**

지구 자전에 의해 생기는 겉보기 힘으로, 북반구에서는 운동 방향의 오른쪽 직각으로 힘이 작용한다. 이로 인해 북반구의 고기압에서는 공기가 시계 방향으로 불어 나가며, 저기압에서는 공기가 시계 반대 방향으로 불어 들어오게 된다. 남반구는 북반구와 반대이다.

▲ 고기압과 저기압에서 바람(북반구)

---

### 실전 자료　　고기압과 저기압

그림 (가)와 (나)는 북반구 지상에서 형성된 고기압과 저기압을 순서 없이 모식적으로 나타낸 것이다.

❶ **고기압과 저기압**
(가)에서는 중심으로 갈수록 기압이 높아지므로 A는 고기압이다.
(나)에서는 중심으로 갈수록 기압이 낮아지므로 B는 저기압이다.

❷ **고기압과 저기압에서의 날씨**
• A(고기압): 바람은 시계 방향으로 불어 나간다. 하강 기류가 형성되어 날씨가 맑다.
• B(저기압): 바람은 시계 반대 방향으로 불어 들어온다. 상승 기류가 형성되어 날씨가 흐리거나 비가 온다.

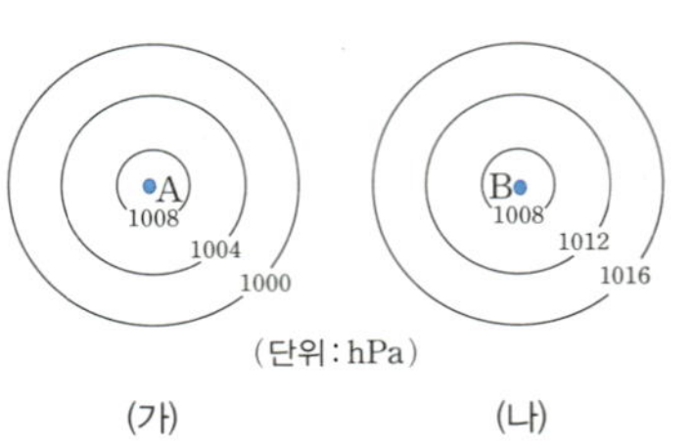


---

**❖ 편서풍**

대기 대순환에 의해 지상에 부는 바람의 일종으로, 우리나라가 해당되는 중위도 지역에서 서에서 동으로 부는 띠 모양의 바람이다. 이동성 고기압과 저기압은 편서풍에 의해 동쪽으로 이동하면서 우리나라의 날씨에 영향을 미치게 된다.

---

### 2. 고기압의 종류　　고기압의 이동성에 따라 정체성 고기압과 이동성 고기압으로 나눈다.

| 구분 | 정체성 고기압 | 이동성 저기압 |
|---|---|---|
| 정의 | 수평 규모가 매우 크고 한 곳에 오래 머무는 특성이 있다. | 정체성 고기압에서 분리되어 나온 것으로 규모가 작으며 빠른 속도로 이동한다. |
| 날씨 | 세력의 확장과 수축을 반복하면서 주변 지역에 영향을 미친다. | 편서풍의 영향으로 서쪽에서 동쪽으로 이동해 가며 우리나라에 영향을 미친다. |
| 예 | 시베리아 고기압, 북태평양 고기압 | 양쯔 강 기단에서 분리된 고기압 |

## ❷ 기단과 날씨

**1. 우리나라에 영향을 주는 기단과 날씨**   우리나라는 계절에 따라 각기 다른 기단의 영향을 받아 계절별로 특징적인 날씨가 나타난다.

| 기단 | 성질 | 계절(특징) |
| --- | --- | --- |
| 시베리아 기단 | 한랭 건조 | 겨울(한파) |
| 양쯔 강 기단 | 온난 건조 | 봄, 가을<br>(이동성 고기압) |
| 북태평양 기단 | 고온 다습 | 초여름(장마)<br>여름(무더위) |
| 오호츠크 해 기단 | 한랭 다습 | 초여름<br>(높새바람, 장마) |

**2. 기단의 변질**   기단이 발원지를 떠나 다른 지역으로 이동해 가면 그 지역의 지표면의 영향을 받아 성질이 변하면서 날씨에 영향을 미친다.

| 한랭 기단의 변질 | 온난 기단의 변질 |
| --- | --- |
| 한랭한 기단 → 적란운<br>비 또는 눈<br>한랭한 대륙 / 따뜻한 바다 / 따뜻한 대륙 | 온난한 기단<br>층운 또는 안개<br>따뜻한 대륙 / 찬 바다 / 한랭한 대륙 |
| 기단의 하층 가열 ➡ 온도 상승<br>➡ 기층 불안정 ➡ 상승 기류 발달<br>➡ 적운형 구름 발생 ➡ 비 또는 눈 | 기단의 하층 냉각 ➡ 온도 하강<br>➡ 기층 안정 ➡ 안개, 층운형 구름 발생 |
| 예 시베리아 기단이 우리나라로 이동해 올 때(시베리아 기단의 남하) | 예 북태평양 기단이 우리나라로 이동해 올 때(북태평양 기단의 북상) |

<br>(한랭 기단 변질 그래프) 온도(℃)·수증기압(hPa) 그래프: 기온, 수증기압 — 발생 위치, 이동한 후

<br>(온난 기단 변질 그래프) 온도(℃)·수증기압(hPa) 그래프: 기온, 수증기압 — 발생 위치, 이동한 후

---



---

## 개념 바로 확인

정답 및 해설 | 19쪽

**01** 우리나라 부근에 위치한 저기압 중심에서는 바람이 [      ] 방향으로 불어 들어와서 [      ] 기류가 발달하여 날씨가 [      ].

**01** 고기압에 대한 설명으로 옳은 것은 ○, 옳지 않은 것은 ×로 표시하시오.

(1) 중심부의 기압이 1000 hPa보다 크면 고기압이다. (      )

(2) 고기압 중심부에는 상승 기류가 존재한다. (      )

(3) 북태평양 고기압은 편서풍의 영향으로 서쪽에서 동쪽으로 이동해가며 우리나라 날씨에 영향을 미친다. (      )

**02** 한랭한 기단이 따뜻한 바다 위를 통과하게 되면 기층이 [      ]해져 [      ]형 구름이 잘 발달한다.

**02** 다음은 기단에 대한 설명이다. (      ) 안에 알맞은 말을 쓰시오.

(1) 대륙에서 형성된 기단은 해양에서 형성된 기단보다 습도가 (      ).

(2) 우리나라 여름철에 주로 영향을 주는 기단은 (      ) 기단이다.

(3) 우리나라에 영향을 미치는 시베리아 기단은 (      )한 특성을 가진다.

# 기압과 날씨 변화

## ❸ 온대 저기압과 날씨

### 1. 전선과 날씨

① 전선과 날씨: 전선면을 따라 공기가 상승하므로 구름이 생성되고 강수 현상이 나타난다. 전선을 경계로 기온, 습도, 기압, 풍향 등의 기상 요소가 급변하므로 전선이 지나가는 지역에서는 날씨 변화가 심하다.

② 전선의 종류와 날씨

| 구분 | | 한랭 전선 | 온난 전선 |
|---|---|---|---|
| 생성 과정 | | 찬 기단이 따뜻한 기단 아래로 파고 들어가며 따뜻한 기단을 밀어 올리면서 형성 | 따뜻한 기단이 찬 기단을 밀며 타고 올라가면서 형성 |
| 단면도 | | 상층 바람 적란운 / 따뜻한 공기 / 찬 공기 / 소나기 / 한랭 전선 | 권층운 권운 / 고층운 / 난층운 / 따뜻한 공기 / 비 / 찬 공기 / 온난 전선 |
| 전선 이동 속도 | | 빠름 | 느림 |
| 전선면의 경사 | | 급함 | 완만함 |
| 강수 위치 | | 전선 뒤쪽 | 전선 앞쪽 |
| 강수 범위 | | 좁은 구역 | 넓은 구역 |
| 구름 형태 | | 적운형 | 층운형 |
| 강수 형태 | | 소나기 | 지속적인 비 |
| 전선 통과 후의 변화 | 기온 | 하강 | 상승 |
| | 기압 | 상승 | 하강 |
| | 풍향 | 남서풍 ➡ 북서풍 | 남동풍 ➡ 남서풍 |

| 구분 | 폐색 전선 | 정체 전선 |
|---|---|---|
| 생성 과정 | 이동 속도가 빠른 한랭 전선이 온난 전선을 따라잡아 겹치면서 생성 | 두 기단의 세력이 비슷하여 한 곳에 오래 머물러 있을 때 생성 |
| 강수 구역 및 형태 | 넓은 지역에 걸쳐 구름이 생성되므로 강수 구역이 넓고 지속 시간은 짧음 | 일반적으로 동서 방향으로 긴 구름띠를 형성하면서 많은 비를 내림 |
| 특징 | 한랭 전선과 온난 전선이 겹쳐진 형태에 따라 한랭형 폐색 전선과 온난형 폐색 전선으로 구분 | 우리나라 초여름의 장마 전선은 북태평양 기단과 오호츠크 해 기단이 만나서 생성된 정체 전선 |

### 2. 온대 저기압과 날씨

① 온대 저기압 주변의 날씨

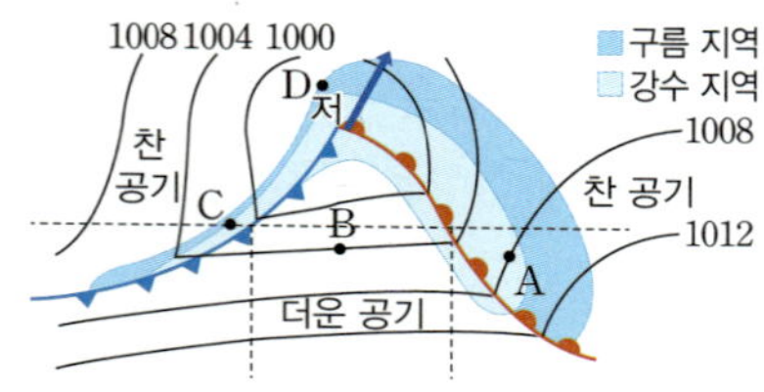




| 지역 | 위치 | 풍향 | 특징 |
|---|---|---|---|
| A | 온난 전선 앞쪽 | 남동풍 | 넓은 지역에 걸쳐 층운형 구름과 지속적인 비가 내림 |
| B | 온난 전선과 한랭 전선 사이 | 남서풍 | 대체로 맑고 A~D 중 기온이 가장 높음 |
| C | 한랭 전선 뒤쪽 | 북서풍 | 좁은 지역에 소나기가 내림 |
| D | 저기압 중심 부근 | 북동풍 | 상승 기류가 발달하며 날씨가 흐림 |

---

❖ **전선면과 전선**

• 전선면: 성질이 다른 두 기단이 만나서 생기는 면

• 전선: 전선면과 지표면이 만나서 생기는 선

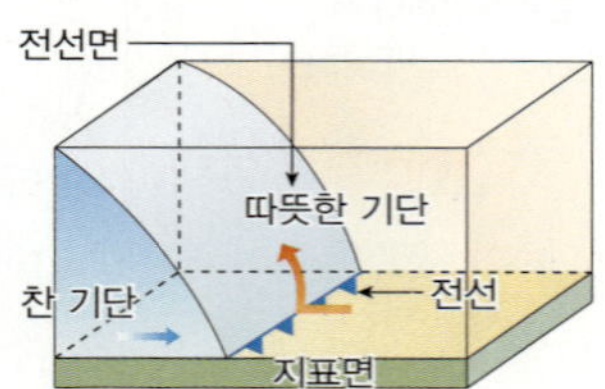


❖ **폐색 전선**

• 한랭형 폐색 전선: 온난 전선을 형성한 찬 공기보다 한랭 전선을 형성한 찬 공기의 온도가 더 낮을 때 나타난다.

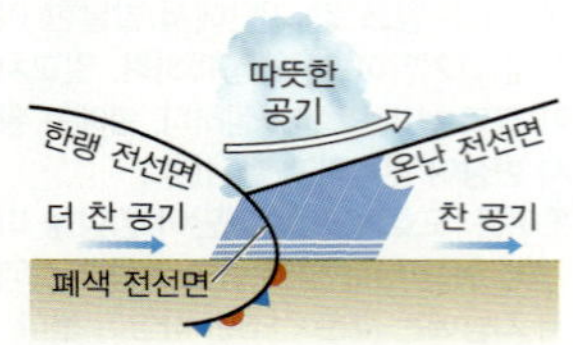


• 온난형 폐색 전선: 한랭 전선을 형성한 찬 공기보다 온난 전선을 형성한 찬 공기의 온도가 더 낮을 때 나타난다.

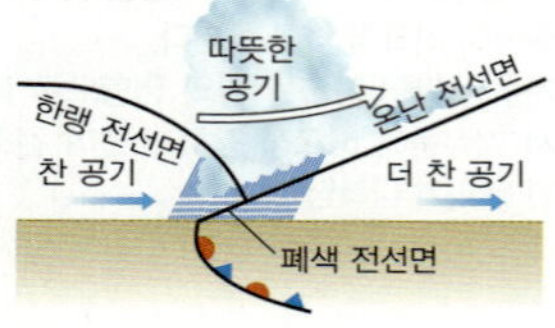


❖ **전선의 표시와 강수 구역**

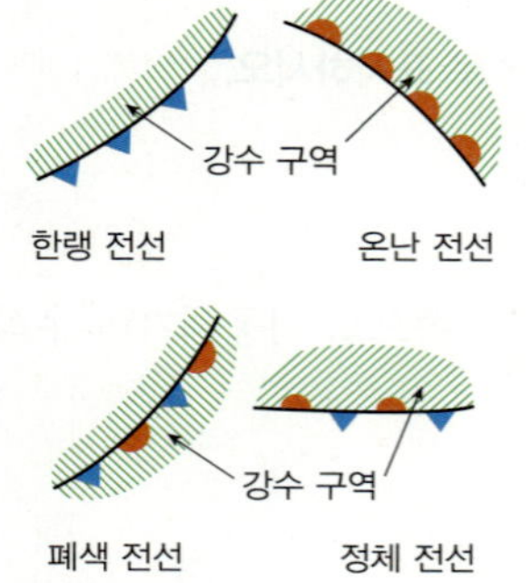


❖ **온대 저기압의 에너지원과 역할**

• 에너지원: 기층의 위치 에너지 감소

• 역할: 일생에 걸쳐 남북 간의 열 교환이 일어나며, 위도별 에너지 불균형을 해소한다.

# ④ 일기 예보와 일기 영상

## 1. 일기 예보 과정

기상 관측 (관측소) → 기상 정보 수집 (기상청) → 분석 → 예보 협의 → 예보 및 통보

## 2. 일기 기호와 일기도 분석

### ① 일기 기호

| 일기<br>현상 | ● 비 | ✶ 진눈깨비 | ≡ 안개 | ▽ 소나기 |
| --- | --- | --- | --- | --- |
| | ✳ 눈 | ⌐ 뇌우 | ● 가랑비 | ▽ 소낙눈 |
| 운량 | ○ 맑음 | ◑ 갬 | ● 흐림 | |
| 풍향<br>풍속 | ◎ 0  2  5  7  12  25 (m/s) | | | |
| 전선 | 온난 전선  한랭 전선 | | 고기압 Ⓗ고<br>저기압 Ⓛ저 | |
| | 폐색 전선  정체 전선 | | 태풍 ● | |

(일기도 기호 설명: 풍향, 풍속, 기온, 현재 일기, 이슬점, 082-기압, 운량, 18 / 10)

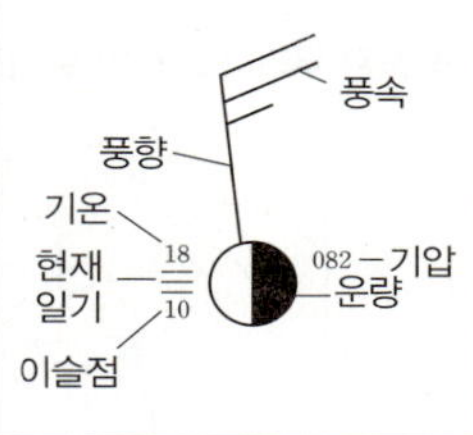

### ② 일기도 분석

- 바람은 등압선과 10°~30°의 각을 이루면서 기압이 높은 곳에서 낮은 곳으로 불며, 등압선의 간격이 좁을수록 바람이 강하다.
- 전선 부근에서는 풍향, 풍속, 기온, 기압 등의 일기 요소가 급변한다.
- 저기압이나 전선 부근에서는 날씨가 흐리고, 고기압에서는 날씨가 맑다.
- 고기압과 고기압 사이인 기압골에는 약간의 비가 오는 경우가 많다.
- 중위도 지방의 기압 분포는 편서풍의 영향으로 서쪽에서 동쪽으로 이동한다.

## 3. 기상 위성 영상

① 가시광선 영상: 두꺼운 구름일수록 햇빛이 많이 반사되므로 밝게 보이며, 햇빛이 있을 때만 영상이 확인되므로 밤에는 이용할 수 없다.

② 적외선 영상: 온도가 높은 구름(최상부의 고도가 낮음)은 어둡게, 온도가 낮은 구름(최상부의 고도가 높음)은 밝게 보이며, 가시 영상과는 다르게 밤에도 이용할 수 있다.

③ 합성 영상: 가시광선 영상을 붉은색으로, 적외선 영상을 푸른색으로 처리해 합성한 영상이다. 상층운은 푸른색, 하층운은 붉은색, 연직 발달 구름은 밝은 흰색으로 보인다.

---

❖ **예보 협의**

연속된 일기도 분석, 예상 일기도 분석, 예보 협의

❖ **일기 예보의 종류**

- 단기 예보: 약 3일 정도의 기상 상태를 예보
- 장기 예보: 주간 예보나 월간의 기상 상태를 예보
- 경보: 태풍, 홍수, 집중 호우 등 피해가 크게 예상되는 기상 재해를 미리 예보하는 것

❖ **일기도**

같은 시각에 관측된 기상 요소(기압, 기온, 이슬점, 풍향, 풍속, 운량 등)의 값을 지도 위에 표시하고 그 위에 등압선을 그려 넣어 기압과 전선의 배치를 나타낸 그림이다.

❖ **기상 위성 영상의 원리**

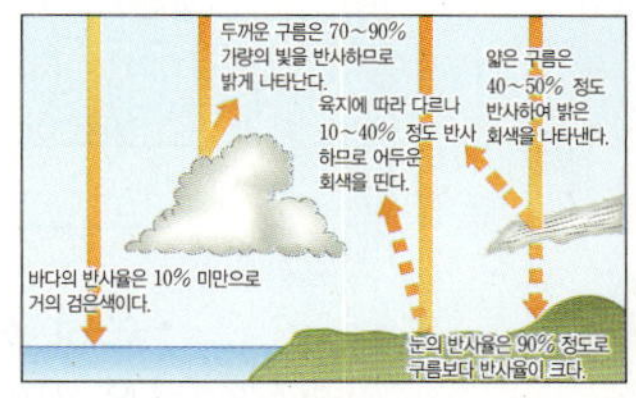

▲ 가시광선 영상

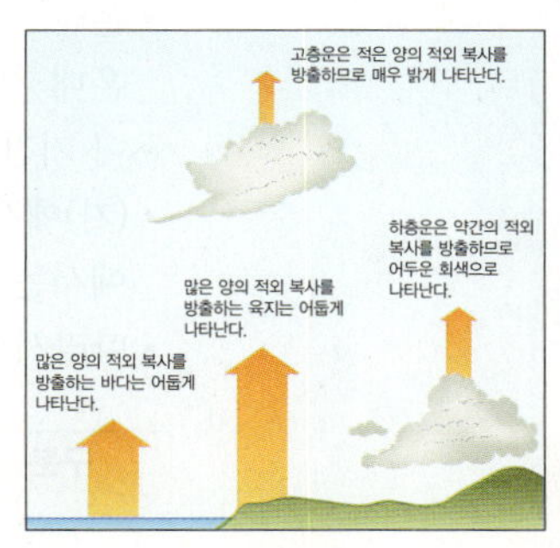

▲ 적외선 영상

---

## 개념 바로 확인

정답 및 해설 | 19쪽

**03** 어느 지역에 온난 전선과 한랭 전선이 차례로 통과하면서 풍향은 남동풍 ➡ [　　　]풍 ➡ [　　　]풍으로 변한다.

**04** 편서풍대에 속한 우리나라에서는 온대 저기압이 [　　　]풍의 영향을 받아 서쪽에서 동쪽으로 이동한다.

**03** 전선에 대한 설명으로 옳은 것은 ○, 옳지 않은 것은 ×로 표시하시오.

(1) 온난 전선면을 따라 적운형 구름이 잘 발달한다. (　　　)

(2) 한랭 전선은 온난 전선보다 이동 속도가 빠르다. (　　　)

(3) 온난 전선이 통과하고 나면 기온과 기압이 내려간다. (　　　)

**04** 일기도와 일기 영상에 대한 설명으로 옳은 것은 ○, 옳지 않은 것은 ×로 표시하시오.

(1) 일기도에서 등압선 간격이 좁을수록 바람이 강하게 분다. (　　　)

(2) 전선 부근에서는 풍향, 기온, 기압 등의 일기 요소가 급변한다. (　　　)

(3) 가시광선 영상을 통해 한밤중의 기상 상태를 확인할 수 있다. (　　　)

(4) 적외선 영상을 통해 구름의 두께를 확인할 수 있다. (　　　)

## · 온대 저기압의 이동과 날씨 변화 ·

온대 저기압이 통과하는 지역에서 기온, 기압, 풍향 등의 일기 요소가 어떻게 변화되는지 그 원리를 확실하게 이해해야 100점으로 갈 수 있답니다.

**원리1** 온대 저기압의 이동과 날씨 변화

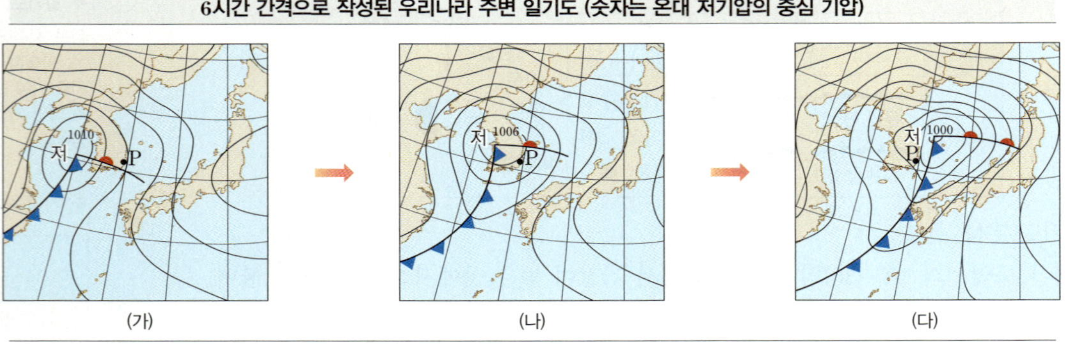



- 온대 저기압의 중심은 편서풍의 영향을 받아 서쪽에서 동쪽으로 이동하며, 우리나라의 날씨에 영향을 미친다.
- 온대 저기압의 중심 기압은 1010 hPa ➡ 1006 hPa ➡ 1000 hPa로 낮아지고 있으며, 이 기간 동안 온대 저기압의 세력은 강해지고 있다.
- 이 기간 동안 P 지역의 날씨 변화는 전선의 통과를 보아야 한다.
- (가)에서는 온난 전선이 통과하기 직전이며, (나)에서는 온난 전선과 한랭 전선 사이에 위치하며, (다)에서는 한랭 전선 통과 직후이다.
- 따라서 아래와 같이 날씨의 변화가 나타날 것이다.

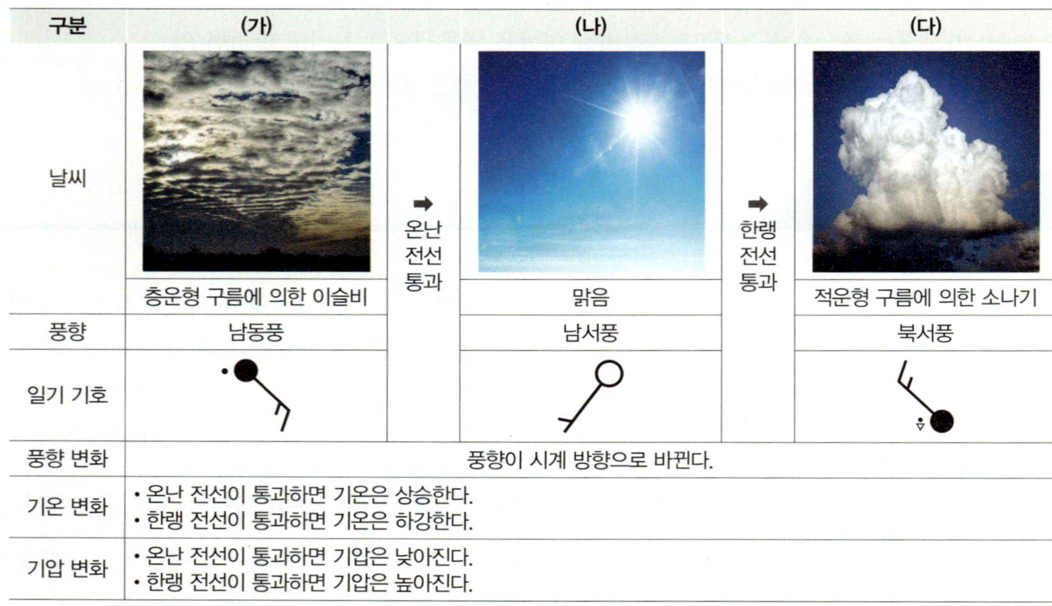

| 구분 | (가) | | (나) | | (다) |
|---|---|---|---|---|---|
| 날씨 | 층운형 구름에 의한 이슬비 | 온난 전선 통과 | 맑음 | 한랭 전선 통과 | 적운형 구름에 의한 소나기 |
| 풍향 | 남동풍 | | 남서풍 | | 북서풍 |
| 일기 기호 | | | | | |
| 풍향 변화 | 풍향이 시계 방향으로 바뀐다. | | | | |
| 기온 변화 | • 온난 전선이 통과하면 기온은 상승한다.<br>• 한랭 전선이 통과하면 기온은 하강한다. | | | | |
| 기압 변화 | • 온난 전선이 통과하면 기압은 낮아진다.<br>• 한랭 전선이 통과하면 기압은 높아진다. | | | | |

## 1 기압과 날씨

**01** 고기압과 저기압에 대한 설명으로 옳지 <u>않은</u> 것은?

① 고기압 중심부에 하강 기류가 발달한다.
② 저기압 중심부에 상승 기류가 발달한다.
③ 고기압의 영향을 받을 때는 흐리거나 비가 내린다.
④ 북반구에서 바람이 시계 반대 방향으로 불어 들어오는 곳은 저기압이다.
⑤ 고기압의 중심부가 거의 이동하지 않고 한곳에 머무르는 규모가 큰 고기압을 정체성 고기압이라고 한다.

**02** 그림은 우리나라 주변의 지상 일기도를 나타낸 것이다.

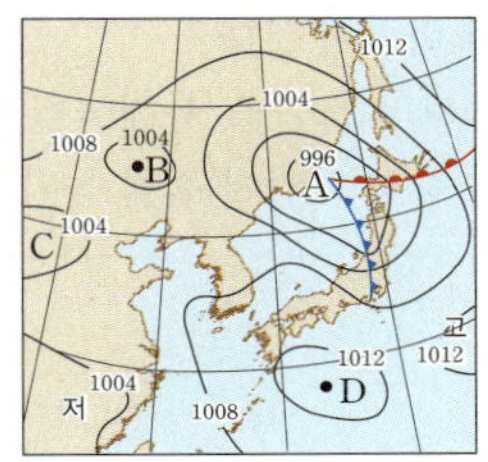

일기도의 A~D 지점 중 저기압인 지역만을 있는 대로 고른 것은?

① A　　　② A, B　　　③ A, B, C
④ B, C, D　　　⑤ A, B, C, D

**03** 그림은 어느 지역에서 나타나는 공기의 운동을 나타낸 것이다.

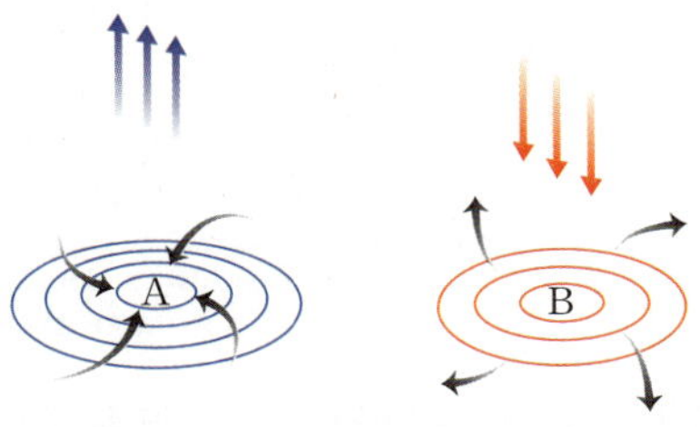

이에 대한 설명으로 옳은 것만을 〈보기〉에서 있는 대로 고른 것은?

┌─ 보기 ─┐
ㄱ. A의 상공에서 구름이 생성될 수 있다.
ㄴ. B는 주위보다 기압이 높은 곳이다.
ㄷ. 이 지역은 북반구에 위치한다.

① ㄱ　　　② ㄷ　　　③ ㄱ, ㄴ
④ ㄴ, ㄷ　　　⑤ ㄱ, ㄴ, ㄷ

## 2 기단과 날씨

**04** 기단에 대한 설명으로 옳지 <u>않은</u> 것은?

① 기단은 기온과 습도가 균일한 큰 공기 덩어리이다.
② 대륙에서 형성된 기단은 해양에서 형성된 기단보다 건조하다.
③ 기단은 발원지를 떠나 다른 지역으로 이동해 가더라도 일정한 성질을 유지한다.
④ 우리나라는 계절에 따라 각기 다른 기단의 영향을 받아 계절별로 특징적인 날씨가 나타난다.
⑤ 넓은 지역에 걸쳐 성질이 균일한 지표면이나 바다 위에 공기가 오랫동안 머물러 있을 때 만들어진다.

**05** 그림은 우리나라에 영향을 주는 기단을 나타낸 것이다.

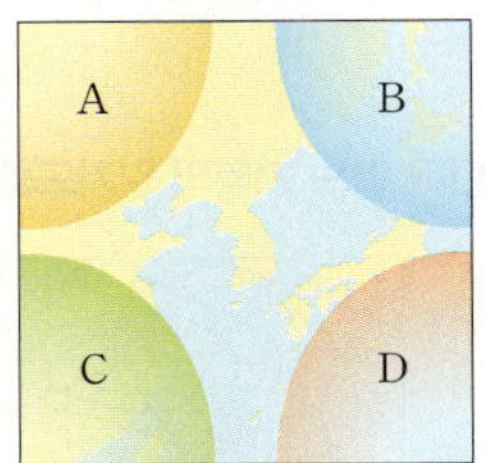


기단 A~D에 대한 설명으로 옳지 <u>않은</u> 것은?

① A는 기온이 낮은 대륙성 기단이다.
② B는 한랭한 기단으로, 초여름에 영향을 준다.
③ C는 봄, 가을에 자주 통과하는 이동성 고기압과 관련이 있다.
④ 지구 온난화로 인해 D의 영향력이 커지고 있다.
⑤ A와 C는 초여름에 장마 전선을 형성한다.

### 3 온대 저기압과 날씨

**06** 한랭 전선과 온난 전선을 비교한 것으로 옳은 것은?

|  | 한랭 전선 | 온난 전선 |
|---|---|---|
| ① 강수 형태 | 소나기 | 이슬비 |
| ② 구름의 종류 | 층운형 | 적운형 |
| ③ 전선 이동 속도 | 느리다 | 빠르다 |
| ④ 전선면의 기울기 | 완만하다 | 급하다 |
| ⑤ 통과 후 기온 변화 | 상승 | 하강 |

**07** 그림 (가)와 (나)는 성질이 다른 두 기단이 만나서 생기는 전선을 나타낸 것이다.

중요

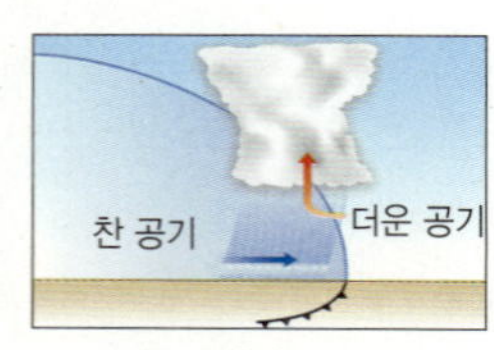
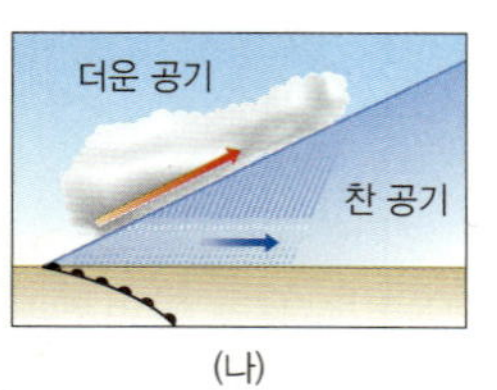


이에 대한 설명으로 옳은 것만을 〈보기〉에서 있는 대로 고른 것은?

┤ 보기 ├
ㄱ. (가)는 (나)보다 전선의 이동 속도가 빠르다.
ㄴ. (가)는 전선 뒤쪽에 이슬비, (나)는 전선 앞쪽에 소나기가 내린다.
ㄷ. 우리나라에서 온대 저기압이 지나갈 때, (가)가 (나)보다 먼저 통과한다.

① ㄱ     ② ㄴ     ③ ㄱ, ㄷ
④ ㄴ, ㄷ     ⑤ ㄱ, ㄴ, ㄷ

**08** 그림은 북반구 어느 지역의 일기도를 나타낸 것이다.

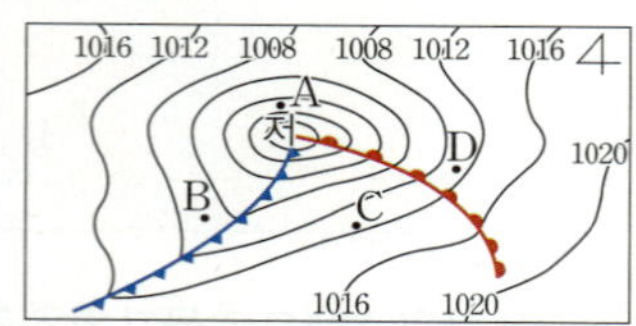


지역 A~D에 대한 설명으로 옳은 것은?

① 기온이 가장 높은 지역은 A이다.
② A 지역에서는 하강 기류가 발달한다.
③ B 지역의 기압은 점점 낮아질 것이다.
④ C 지역에서는 남서풍이 불고 있다.
⑤ D 지역은 흐리며 소나기가 내리고 있다.

**09** 그림은 온대 저기압의 이동 모습을 나타낸 것이다.

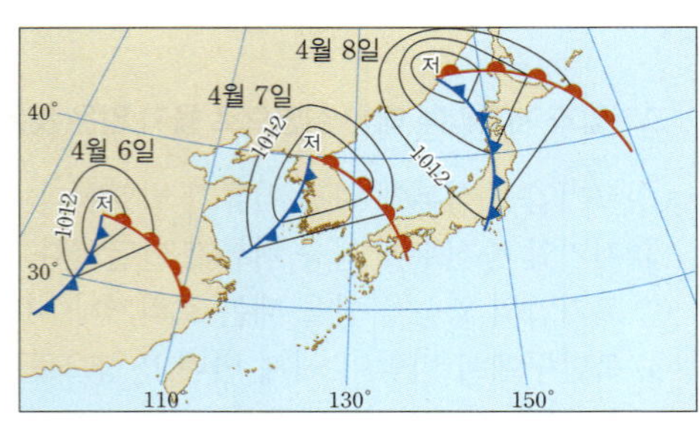


이에 대한 설명으로 옳은 것만을 〈보기〉에서 있는 대로 고른 것은? (단, 등압선 간격은 4 hPa이다.)

┤ 보기 ├
ㄱ. 온대 저기압의 이동은 편서풍의 영향을 받았다.
ㄴ. 4월 7일 서울 지방의 날씨는 기온이 높고 남풍 계열의 바람이 분다.
ㄷ. 등압선의 모습을 통해 4월 8일 이후에는 온대 저기압 중심 기압이 점점 높아진다고 예측할 수 있다.

① ㄱ     ② ㄷ     ③ ㄱ, ㄴ
④ ㄴ, ㄷ     ⑤ ㄱ, ㄴ, ㄷ

**10** 그림은 북반구 어느 지역에서 온대 저기압의 전선이 통과하는 동안 관측한 기압과 기온을 시간에 따라 나타낸 것이다.

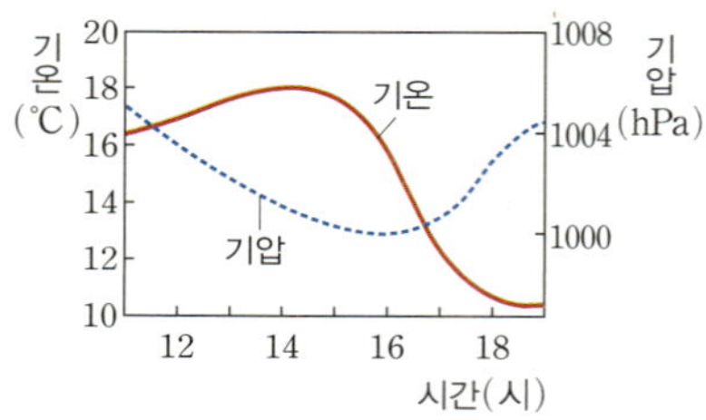


이 지역에 대한 설명으로 옳은 것만을 〈보기〉에서 있는 대로 고른 것은?

┤ 보기 ├
ㄱ. 14시 경에 지속적인 비가 내렸다.
ㄴ. 14~17시 사이에 한랭 전선이 통과하였다.
ㄷ. 17시 이후에는 온대 저기압의 중심에서 멀어지고 있다.

① ㄱ     ② ㄴ     ③ ㄱ, ㄷ
④ ㄴ, ㄷ     ⑤ ㄱ, ㄴ, ㄷ

## 4 일기 예보와 일기 영상

**11** 그림은 어느 지역의 대기 상태를 기호로 나타낸 것이다.

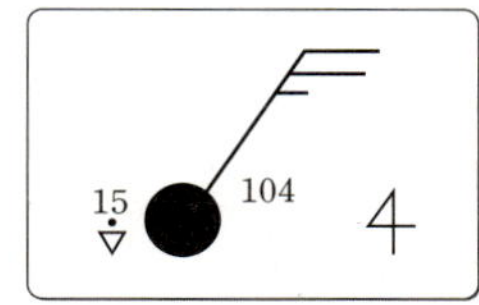

이 일기 기호를 해석한 것으로 옳지 <u>않은</u> 것은?

① 풍향: 북동풍
② 풍속: 12 m/s
③ 날씨: 소나기
④ 기온: 15℃
⑤ 기압: 1104 hPa

**12** 그림 (가), (나), (다)는 우리나라의 어느 지역에서 온대 저기압이 통과하는 동안 관측한 기상 요소를 시간 순으로 나타낸 것이다.

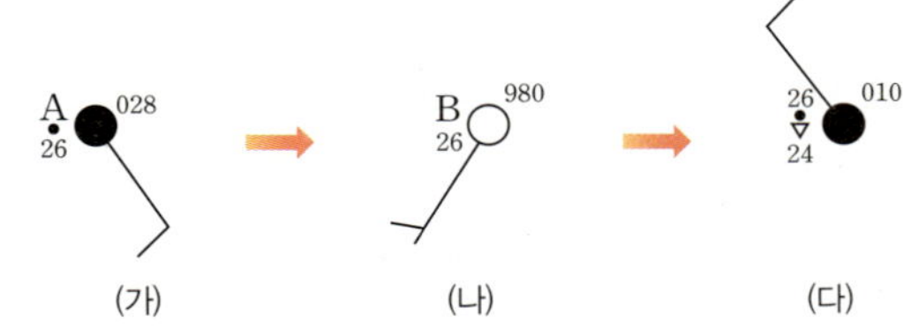


이에 대한 설명으로 옳은 것만을 〈보기〉에서 있는 대로 고른 것은?

| 보기 |

ㄱ. A는 B보다 작다.
ㄴ. 이 지역의 풍향은 시계 반대 방향으로 바뀌고 있다.
ㄷ. 저기압의 중심은 이 지역보다 북쪽에 있는 지역을 통과한다.

① ㄱ　　　　② ㄴ　　　　③ ㄱ, ㄷ
④ ㄴ, ㄷ　　　⑤ ㄱ, ㄴ, ㄷ

 **이렇게!**

**13** 그림은 어느 기단이 이동하는 동안 시간에 따른 기온과 수증기압의 변화를 나타낸 것이다.

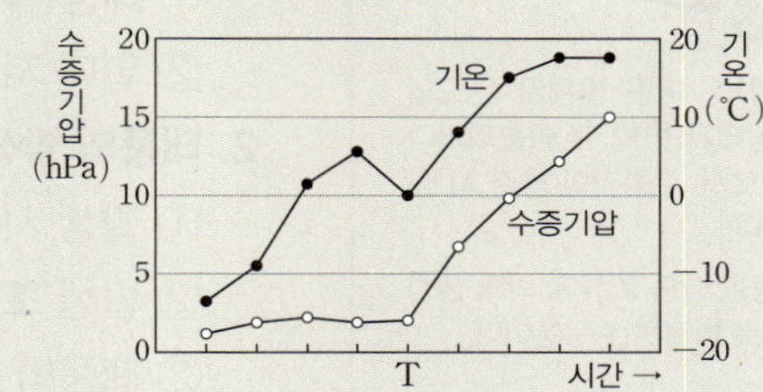


이 기단이 T 시각 이후 이동한 곳으로 추정되는 지역에 대해 설명하시오.

**14** 그림은 어느 날 우리나라 주변의 일기도를 나타낸 것이다.

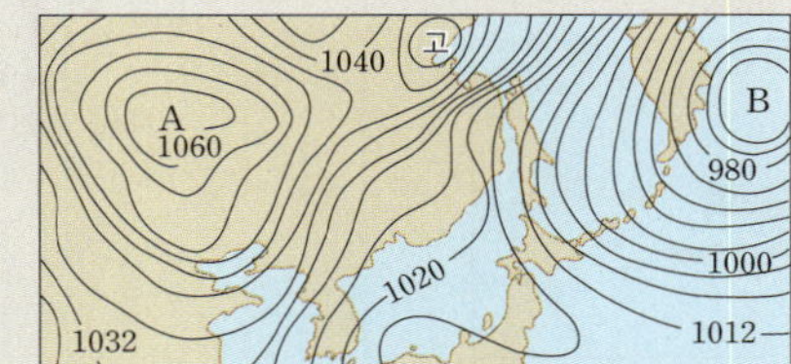


A와 B 지역 중 날씨가 흐린 곳을 고르고, 그 이유를 설명하시오.

**15** 그림은 우리나라를 통과하는 온대 저기압의 모습을 나타낸 것이다.

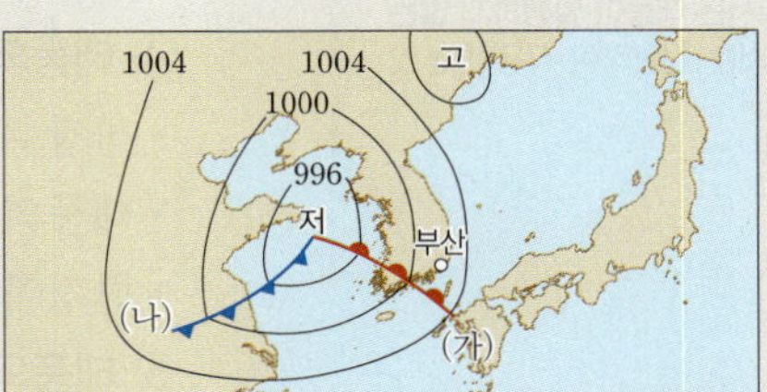


이 저기압이 통과하는 동안 부산 지역의 날씨의 변화를 『현재 → 전선 (가) 통과 후 → 전선 (나) 통과 후』의 세 시점으로 나누어 설명하시오.

(1) 강수 형태의 변화

(2) 풍향의 변화

# 02 태풍과 우리나라의 주요 악기상



* **잠열(숨은열)** | 어떤 물체가 온도의 변화 없이 상태가 변할 때 방출되거나 흡수되는 열로서, 수증기의 응결 시 잠열을 방출한다.

* **적란운** | 강한 상승 기류에 의해 생성되는 수직으로 발달하는 구름이다.

❖ **열대 저기압의 발생 지역**

북서 태평양에서 발생한 것은 태풍, 북미 연안에서 발생한 것은 허리케인, 인도양, 호주 북부 해상에서 발생한 것은 사이클론이라고 부른다.

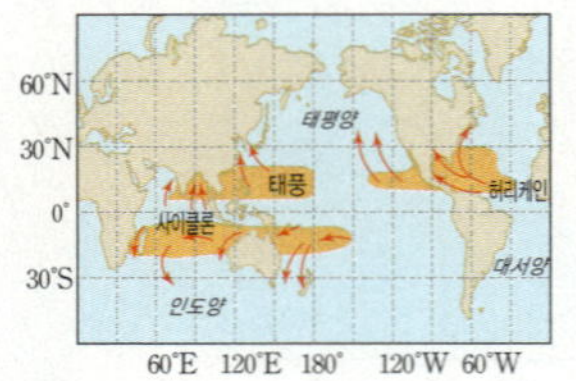


❖ **태풍의 발생 조건과 장소**
• 열대 해상: 수온과 기온이 높아 수증기가 많은 공기가 상승한다.
• 위도 5°~25°: 전향력이 작용하여 소용돌이의 공기 흐름이 발생한다.
• 적도 해상에서는 태풍이 발생하지 않는다. (적도에서는 전향력이 작용하지 않는다.)

❖ **태풍**

• 구름이 시계 반대 방향으로 휘감긴 모습을 볼 수 있다.
• 태풍의 중심부에는 구름이 없는 태풍의 눈의 모습이 뚜렷하게 나타난다.
• 태풍의 중심 부근에는 강한 상승 기류에 의해 생긴 높은 적란운이 둘러싸고 있다.

---

## 1 태풍의 발생과 영향

### 1. 태풍과 열대 저기압

① 태풍: 북태평양에서 발생한 중심 부근의 최대 풍속이 17 m/s 이상인 열대 저기압

② 열대 저기압: 위도 5°~25°, 수온 27℃ 이상인 열대 해상에서 발생하는 저기압

### 2. 태풍의 발생

① 발생 시기: 연중 발생하며 6월~10월에 많이 발생한다.

② 발생 조건과 장소: 위도 5°~25°, 수온 27℃ 이상인 열대 해상

③ 태풍의 에너지원: 수증기 응결 시 방출되는 잠열(숨은열)

④ 지구 온난화의 영향: 태풍의 발생 지역이 보다 고위도 지역으로까지 확대되고 있으며, 그 위력이 커지면서 피해 또한 증가하고 있는 추세이다.

### 3. 태풍의 구조

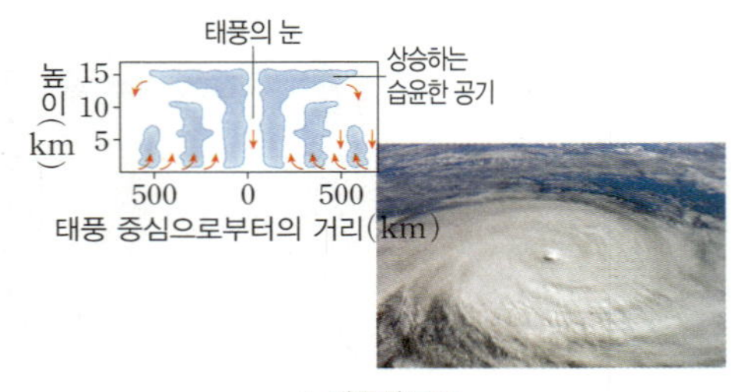


▲ 태풍의 구조

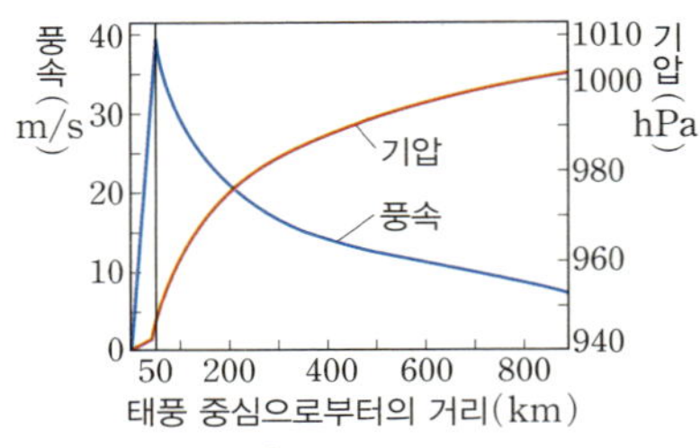


▲ 태풍의 기압과 풍속 분포

① 태풍의 크기: 강풍의 영향을 받는 영역은 평균적으로 300~600 km이며, 높이는 대류권 계면의 높이인 11 km 정도까지 발달한다.

② 기압 분포: 등압선이 원형에 가까우며, 등압선의 간격은 매우 좁으며 중심부에 가까울수록 더 좁아진다.

③ 바람 분포: 지상에서 수평 방향의 바람은 시계 반대 방향으로 수렴하는 저기압성 바람으로, 풍속은 태풍의 중심 부근에서 가장 강하며, 태풍의 눈에서는 바람이 약하다.

④ 태풍의 눈
• 하강 기류가 있고, 바람이 약하며 낮은 구름만 약간 분포한다.
• 태풍의 중심부에 맑게 개어 있는 곳으로 높은 구름 벽으로 둘러싸여 있다.
• 반경이 30~50 km 정도로 태풍 전체의 반경에 비해 매우 작다.

⑤ 태풍의 구름과 강수 구역
• 수직으로 잘 발달된 적란운 또는 적운이며 태풍 주변에 나선형으로 분포한다.
• 태풍의 중심부일수록 구름이 두껍게 발달한다.
• 태풍의 눈 주변: 강한 상승 기류 ➡ 거대한 적란운 발달 ➡ 풍속이 최대이고 지상에 많은 비가 내린다.

### 4. 태풍의 진로와 피해

① 태풍의 진로: 우리나라에 접근하는 태풍은 대기 대순환에 의한 무역풍과 편서풍의 영향 및 북태평양 고기압의 영향 범위에 따른 바람의 영향을 받아 포물선을 그리며 북쪽 방향으로 이동한다.

② 태풍의 이동 속도: 30°N 남쪽에서는 약 20 km/h로 움직이지만 전향점 부근에서 느려

졌다가 편서풍대에 들어오면 60 km/h 이상의 빠른 속도로 진행한다. (전향점: 태풍이 진로를 바꾸는 위치)

③ 위험 반원과 안전 반원

- 위험 반원: 태풍 진행 방향의 오른쪽 ➡ 풍속 강함 (태풍의 진행 방향과 태풍의 풍향 일치)
- 안전 반원(가항 반원): 태풍 진행 방향의 왼쪽 ➡ 풍속 약함 (태풍의 진행 방향과 태풍의 풍향 반대)
- 태풍이 지나감에 따라 태풍 진행 방향의 오른쪽 지역에서는 풍향이 시계 방향으로 변하고, 왼쪽 지역에서는 시계 반대 방향으로 변한다.

④ 태풍의 피해

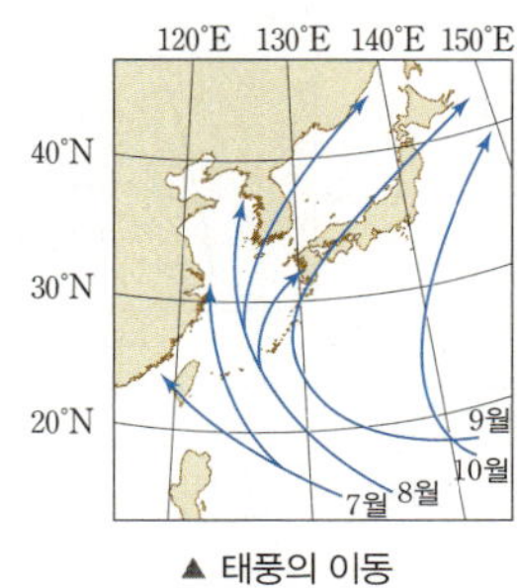

▲ 태풍의 이동

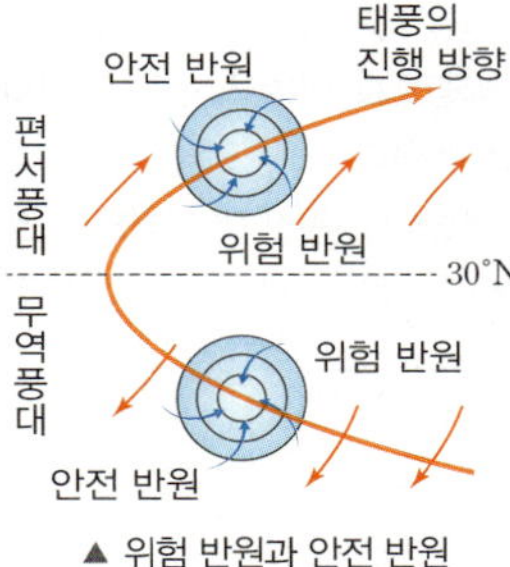

▲ 위험 반원과 안전 반원

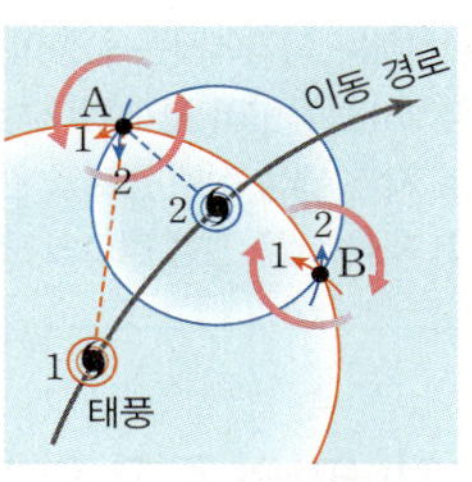

▲ 풍향의 변화

- 강한 바람과 많은 비를 동반한 태풍은 농경지의 침수 및 가옥 붕괴, 산사태, 어선과 양식 어장의 파손 등의 피해를 가져온다.
- 태풍의 낮은 기압과 강한 바람에 의해 발생한 폭풍 해일이 해안가의 만조와 겹치면 해안 지역의 침수 피해가 커진다.

## 5. 태풍의 소멸

- 육지에 상륙하면 지면과의 마찰력이 증가하여 풍속이 약해지고, 해수에서 공급받는 수증기와 열이 감소되면서 그 세력을 점점 잃고 소멸한다.
- 수온이 낮은 고위도 해상으로 진행하면 해수면으로부터 수증기 증발량이 감소하여 태풍의 세력이 약화되어 소멸된다.
- 태풍은 세력을 점점 잃고 열대성 저기압이나 온대 저기압으로 변질되면서 소멸된다.

❖ **태풍의 이동**
- 5~30°N에서는 무역풍의 영향으로 북서진한다.
- 30°N를 넘어서면 편서풍의 영향으로 북동진한다.
- 태풍의 진행은 주변 기압 배치에 큰 영향을 받는다. 예 10월로 갈수록 북태평양 고기압의 세력이 약해지면서 태풍의 진행은 오른쪽으로 치우친다.

❖ **태풍의 이동 속도**

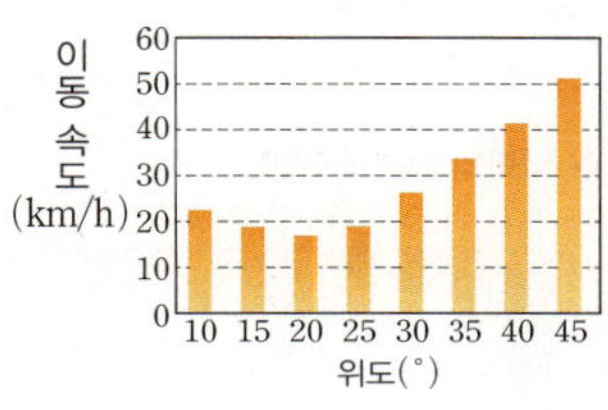


❖ **태풍의 역할**
- 태풍의 발생과 이동 그리고 소멸 과정에서 에너지와 물의 순환이 일어난다.
- 대기와 해양의 상호 작용 속에서 발생한 태풍은 짧은 기간 동안에 대규모의 에너지 순환을 일으키고, 다시 수권과 지권에 비를 뿌리고, 생물권에 영향을 미친다.
- 저위도 지역에서 남는 에너지를 고위도 지역으로 이동시켜 지구 에너지를 재분배한다.
- 한여름의 태풍은 가뭄이나 더위를 해소한다.
- 깊은 곳까지 해수를 혼합시켜, 바다 생태계를 정화한다.(적조 현상 해소)

---

## 개념 바로 확인

정답 및 해설 | 20쪽

**01** 태풍은 수증기가 응결할 때 방출되는 [　　　]을 에너지원으로 하여 발달한다.

**02** 우리나라에 접근하는 태풍은 전향점을 지나면 [　　　]풍의 영향을 받아 북동진한다.

**03** 태풍이 육지에 상륙하거나 찬 해상을 통과하게 되면 세력이 [　　　]진다.

**01** 태풍에 대한 설명으로 옳은 것은 ○, 옳지 않은 것은 ×로 표시하시오.

(1) 태풍의 중심부로 갈수록 기압은 계속 낮아진다. 　　　(　　　)
(2) 태풍의 중심부로 갈수록 풍속은 계속 빨라진다. 　　　(　　　)
(3) 태풍의 중심부에는 약한 상승 기류가 나타난다. 　　　(　　　)
(4) 우리나라에는 주로 7~9월에 영향을 준다. 　　　(　　　)

**02** 오른쪽 그림은 태풍의 이동 경로를 나타낸 것이다. A~D 중 위험 반원에 해당하는 곳만을 모두 고르시오.

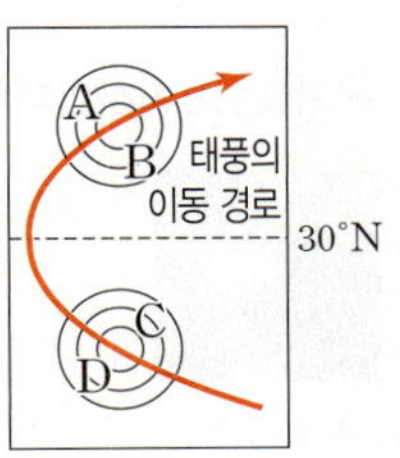

- 일반적으로 대기의 불안정이 심해질 때 발생한다.
- 여름철 강한 일사에 의한 국지적 가열로 강한 상승 기류가 형성될 때
- 한랭 전선에서 따뜻한 공기가 상승하면서 적란운이 형성될 때
- 온대 저기압이나 태풍에 의해 강한 상승 기류가 발달할 때

❖ 낙뢰의 발생과 예방

- 낙뢰(벼락): 번개와 천둥을 동반하는 급격한 방전 현상
- 발생 원리: 적란운 내에서 분리된 양전하와 음전하가 구름 속에 쌓이면 구름과 구름 사이, 구름과 지표면 사이의 전압이 높아짐에 따라 방전이 일어나 번개가 발생하고, 그로 인한 갑작스런 온도 상승으로 주위 공기의 부피가 팽창하면서 천둥이 친다.
- 예방: 피뢰침을 설치해야 하며, 야외에서 낙뢰가 치면 낮은 장소로 대피하고, 키가 큰 나무나 전봇대 등에는 접근을 피한다.

❖ 우박

- 우박: 눈의 결정 주위에 차가운 물방울이 얼어붙어 땅 위로 떨어지는 얼음 덩어리
- 우박의 발생: 주로 적란운에서 강한 상승 기류를 타고 발생하며, 겨울과 한여름에는 거의 발생하지 않는다.

❖ 기상 위성 사진(집중 호우와 폭설)

▲ 집중 호우    ▲ 폭설

---



그림은 어느 태풍의 위치를 시간 간격으로 나타낸 것이다.

**❶ 태풍의 이동 속도**

태풍이 11일 9시부터 12일 9시까지 이동한 거리보다 12일 9시부터 13일 9시까지 이동한 거리가 더 길다. ➡ 태풍의 이동 속도가 빨라지고 있다.

**❷ 태풍의 이동 경로에 따른 풍향 변화**

북반구에서 저기압이 통과하는 동안 저기압 중심의 이동 방향의 오른쪽에 위치하는 지역에서는 풍향이 시계 방향으로 변하고, 왼쪽에 위치하는 지역에서는 풍향이 시계 반대 방향으로 변한다.

- a 지역: 태풍 진행 경로의 왼쪽 ➡ 풍향이 시계 반대 방향으로 변한다.
- b 지역: 태풍 진행 경로의 오른쪽 ➡ 풍향이 시계 방향으로 변한다.

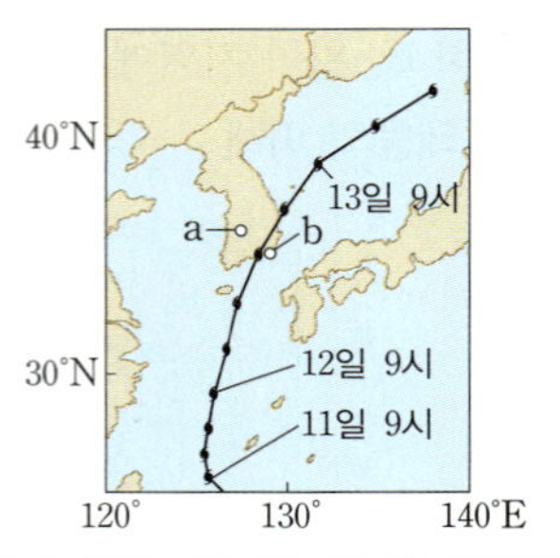


## ❷ 우리나라의 주요 악기상

**1. 뇌우**  강한 상승 기류에 의해 적란운이 발달하면서 천둥, 번개와 함께 소나기가 내리는 현상

① 발달 단계: 적운 단계 ➡ 성숙 단계 ➡ 소멸 단계

- 적운 단계: 강한 상승 기류에 의해 적운이 탑 모양으로 발달한다.
- 성숙 단계: 상승 기류와 하강 기류가 함께 나타나며, 천둥, 번개, 소나기, 우박 등이 나타난다.
- 소멸 단계: 하강 기류가 우세하고 비가 약해진다.

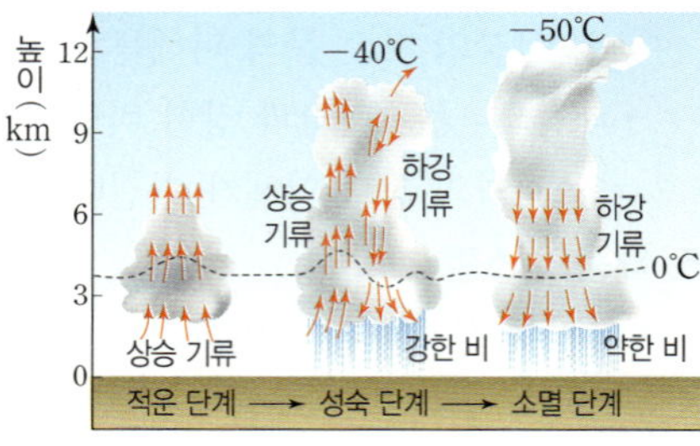


▲ 뇌우의 발달 단계

② 피해 및 예보

- 피해: 집중 호우, 우박, 돌풍, 번개 등을 동반하기 때문에 경우에 따라서는 순식간에 인명 피해를 내거나 농작물 파손, 가옥 파괴 등의 막대한 재산 피해를 초래한다.
- 예보: 규모가 작아 일기도 상에 나타나지 않는 현상이기 때문에 예측하기가 쉽지 않다.

**2. 집중 호우**  국지적으로 단시간 내에 많은 양의 강한 비가 집중하여 내리는 현상

① 보통 한 시간에 30 mm 이상이나 하루에 80 mm 이상의 비가 내릴 때, 또는 연 강수량의 10 % 정도의 비가 하루에 내리는 정도를 말하며, 비교적 좁은 지역(반경 10~20 km 정도)에 집중적으로 내리기 때문에 국지성 호우라고도 한다.

② 원인

- 주로 강한 상승 기류에 의해 형성되는 적란운에서 발생하고, 천둥과 번개를 동반하기도 하며, 이 구름이 한 곳에 정체하여 계속 비가 내릴 때 집중 호우가 된다.
- 장마 전선이나 태풍, 저기압과 고기압 가장자리에서 대기가 불안정할 때, 태풍이 밀고 온 따뜻한 공기가 북쪽의 찬 공기를 만나 태풍의 앞쪽에서 집중 호우가 내리기도 한다.

③ 피해와 예보: 예보가 어려우며, 홍수나 산사태 등을 일으켜 많은 피해를 수반한다.

**3. 폭설**  짧은 시간에 많은 양의 눈이 오는 기상 현상

① 원인: 겨울철에 저기압이 통과할 때 또는 시베리아 기단이 남하하면서 변질되어 상승 기류가 발달할 때 잘 발생한다.

② 피해: 도로 교통의 마비와 교통 사고, 시설물 붕괴, 눈사태 등의 피해가 발생한다.

**4. 강풍**    10분 동안의 평균 풍속이 14 m/s 이상인 바람
① 발생: 겨울철에 발달한 시베리아 고기압의 영향을 받을 때, 여름철에 태풍의 영향을 받을 때 주로 발생한다.
② 피해: 여러 가지 시설물이 파손되고, 바다에서는 높은 파도로 인해 선박이 파괴되거나 좌초되기도 하며 해안 양식장이 많은 피해를 입기도 한다.

**5. 황사**    작은 모래나 황토 또는 먼지가 하늘에 떠다니다가 상층 바람을 타고 멀리까지 날아가 떨어지는 현상
① 발원지: 우리나라에 영향을 미치는 황사의 주요 발원지는 중국과 몽골의 사막 지대와 황하강 중류의 황토 지대이다.
② 발생 시기
- 주로 봄철에 많이 발생하며, 상공의 강한 편서풍을 타고 우리나라를 거쳐 일본, 태평양, 북아메리카 대륙까지 날아가기도 한다.
- 중국 내륙의 삼림 파괴와 사막화가 가속화되고 있고, 이 지역의 고온 건조한 상태가 지속되고 있기 때문에 우리나라의 연간 황사 발생량과 발생 빈도는 증가하고 있다.
③ 피해
- 황사는 일사량을 감소시키며, 폐호흡기 환자의 조기 사망을 늘리고, 항공, 운수, 정밀 산업 등에 손실을 준다.
- 황사가 발생하면 시정 거리가 짧아지며, 기관지 자극이나 천식 등 건강에 위협을 준다.
④ 예방: 황사를 줄이기 위해서는 발원지에서의 먼지 발생을 최소화하는 것이 중요하다.
⑤ 장점: 황사 속에 섞여 있는 석회 등의 알칼리 성분이 산성비를 중화시킴으로써 토양과 호수의 산성화를 방지하고, 식물과 바다의 플랑크톤에 유기 염류를 제공한다.

**6. 그 밖의 우리나라의 악기상**    한파, 폭염과 열대야, 건조(가뭄)



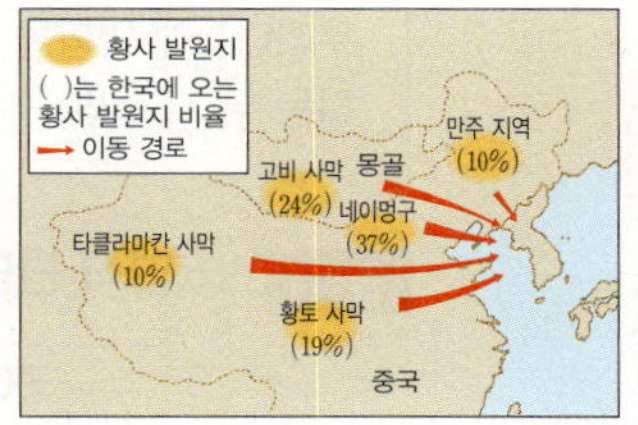


❖ 한파
- 한파: 한랭한 공기가 유입되어 기온이 급격하게 낮아지는 현상이다.
- 겨울철에 나타나는 이례적인 저온 현상으로 시베리아 기단의 영향이 크다.
- 우리나라의 겨울철 삼한사온일 때의 주기적인 추위는 한파 내습 때문이다.

❖ 폭염과 열대야
- 폭염: 매우 심한 더위로 낮 최고 기온이 33℃ 이상인 날이 2일 이상 지속될 경우에 폭염 주의보가 발령된다.
- 열대야: 밤의 최저 기온이 25℃ 이상인 경우에 발생한다.
- 우리나라 6월~9월에는 북태평양 기단의 영향을 주로 받아 폭염이나 열대야가 발생한다.

---

## 개념 바로 확인

정답 및 해설 | 20쪽

**04** 뇌우의 일생은 적운 단계 ➡ ☐☐☐☐ 단계 ➡ ☐☐☐☐ 단계를 거친다.

**05** 열대야는 ☐☐☐☐ 기단의 영향을 받아 주로 나타나며, 밤의 최저 기온이 ☐☐ ℃ 이상인 경우이다.

**06** 우리나라의 황사는 주로 ☐☐☐에 많이 발생한다.

**03** 뇌우에 대한 설명으로 옳은 것은 ○, 옳지 않은 것은 ×로 표시하시오.
(1) 강한 상승 기류에 의해 적란운이 발달하면서 나타난다. (    )
(2) 성숙 단계에서는 상승 기류와 하강 기류가 공존한다. (    )
(3) 일기도 상에 나타나는 현상으로 예측하기가 쉽다. (    )

**04** (가)~(라)는 우리나라의 주요 악기상을 나타낸 것이다. 각 설명에 해당하는 것을 (가)~(라) 중 골라 쓰시오.

> ┤ 보기 ├
>
> (가) 황사    (나) 집중 호우    (다) 강풍    (라) 폭염

(1) 짧은 시간 동안에 좁은 지역에 많은 비가 내리는 현상이다. (    )
(2) 건조한 사막 지대에서 바람에 날려 올라간 미세한 토양 입자가 상층의 편서풍을 타고 이동하다가 낙하하는 현상이다. (    )
(3) 10분 간 평균 풍속이 14 m/s 이상으로 부는 바람이다. (    )

## · 온대 저기압과 열대 저기압(태풍) ·

우리나라에 영향을 주는 저기압에는 온대 저기압과 열대 저기압이 있습니다. 시계 반대 방향으로 회전하면서 공기가 수렴하는 두 저기압이 서로 어떻게 다른지를 확실하게 이해하는 것이 중요합니다.

### 원리1 연직 단면도 비교와 각각의 특징

| 구분 | 온대 저기압 | 열대 저기압 |
|---|---|---|
| 연직 단면 | | |
| 발생 장소 | 온대 지방 또는 위도 60° 부근 한대 전선대 | 위도 5°~25° 사이 열대 해상 |
| 에너지원 | 기층의 위치 에너지 감소 | 수증기의 잠열 |
| 이동 경로 | 편서풍의 영향으로 서에서 동으로 | 무역풍과 편서풍의 영향으로 저위도 ➡ 고위도(포물선 경로) |
| 소멸 | 폐색 전선 생성 이후 | 육지 상륙, 찬 바다에 위치 |
| 날씨 특징 | 전선 부근에서 이슬비, 소나기 | 강풍과 폭우 |
| 저기압 중심 | 상승 기류 | 하강 기류 |

### 원리2 일기도의 비교와 해석

| 구분 | 온대 저기압(A) | 열대 저기압(B) |
|---|---|---|
| 일기도 | | |
| 크기 | 약 1000 ~ 2000 km | 약 500 ~ 1000 km |
| 전선 유무 | 있음 | 없음 |
| 등압선 모양 | • 간격 넓은 타원형<br>• 중심부 기압이 주위보다 낮음 | • 간격 조밀한 원형<br>• 중심부 기압이 매우 낮음 |
| 제주도 지역의 날씨 | 두 전선 사이에 위치하므로 남서풍이 불고 따뜻한 날씨를 보인다. | 저기압 중심으로 바람이 시계 반대 방향으로 불어 들어가므로 남동풍 계열의 바람이 불고 있다. |

### 원리3 위성 영상 해석

| 구분 | 온대 저기압 | 열대 저기압 |
|---|---|---|
| 위성 영상 | | |
| 구름의 분포 | 구름이 온대 저기압 중심에 휘감긴 모습을 보이며, 온대 저기압에 동반된 전선면을 따라 구름이 분포한다. | 태풍 중심 주변으로 구름이 원형으로 휘감긴 모습을 보이며, 중심에는 구름이 없는 태풍의 눈이 뚜렷하게 나타난다. |

## 1 태풍의 발생과 영향

**01** 태풍에 대한 설명으로 옳은 것은?

① 적도 해상에서 주로 발생한다.
② 온대 저기압이 발달하여 발생한다.
③ 수증기의 응결열을 에너지원으로 하여 성장한다.
④ 태풍의 눈 지역은 고기압이 형성되어 날씨가 맑다.
⑤ 한랭 전선을 동반하여 적란운에 의한 소나기가 발생한다.

**02**  그림은 어느 태풍의 모습을 나타낸 것이다.

이에 대한 설명으로 옳은 것만을 〈보기〉에서 있는 대로 고른 것은?

┤ 보기 ├
ㄱ. 태풍이 육지에 상륙하면 태풍의 세력은 약해진다.
ㄴ. 구름 A는 전선면에서 상승한 공기에 의해 형성되었다.
ㄷ. 태풍이 해안에 도착하는 시각이 만조 시각과 겹치면 해일에 의한 피해가 더욱 커질 것이다.

① ㄱ        ② ㄴ        ③ ㄱ, ㄷ
④ ㄴ, ㄷ        ⑤ ㄱ, ㄴ, ㄷ

**03** 그림은 태풍의 단면을 나타낸 것이다.

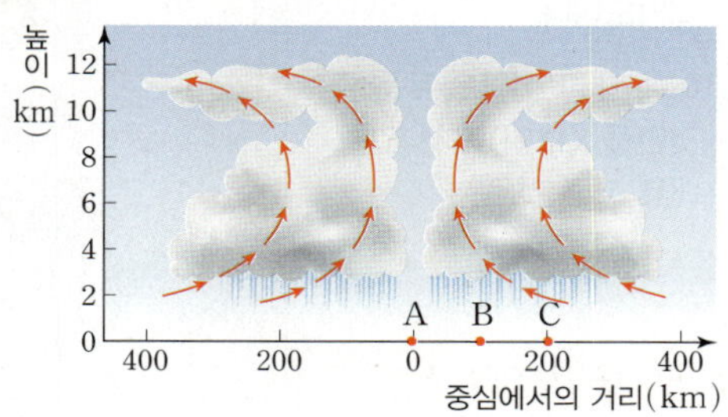


A~C 중 (가) 풍속이 가장 빠른 지점과 (나) 기압이 가장 낮은 지점을 옳게 짝 지은 것은?

|  | (가) | (나) |
|---|---|---|
| ① | A | A |
| ② | A | B |
| ③ | A | C |
| ④ | B | A |
| ⑤ | B | C |

**04** 그림 (가)와 (나)는 2007년 9월에 발생한 태풍 '나리'의 위치 변화를 나타낸 일기도이다.

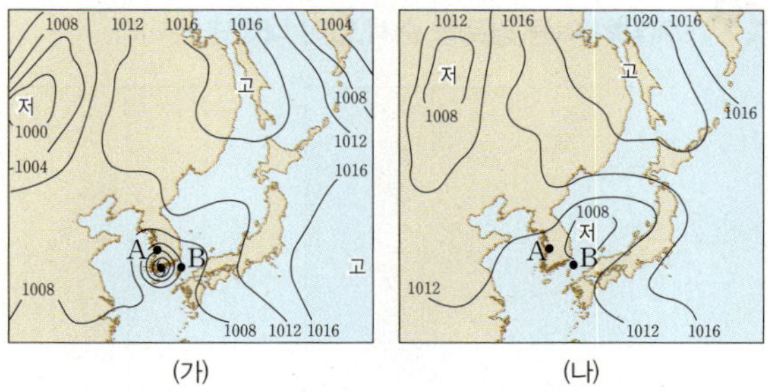


이에 대한 설명으로 옳은 것만을 〈보기〉에서 있는 대로 고른 것은? (단, (가)에서 A와 B는 태풍 중심까지의 거리가 동일하다.)

┤ 보기 ├
ㄱ. (가)에서 풍속은 A 지역보다 B 지역이 빠르게 측정된다.
ㄴ. A 지역의 풍향은 태풍이 통과하는 동안 시계 방향으로 변했다.
ㄷ. 태풍의 세력이 약해진 이유는 해수면의 온도가 높기 때문이다.

① ㄱ        ② ㄷ        ③ ㄱ, ㄴ
④ ㄴ, ㄷ        ⑤ ㄱ, ㄴ, ㄷ

**05** 그림은 우리나라 부근의 일기도이다.

이에 대한 설명으로 옳은 것만을 〈보기〉에서 있는 대로 고른 것은?

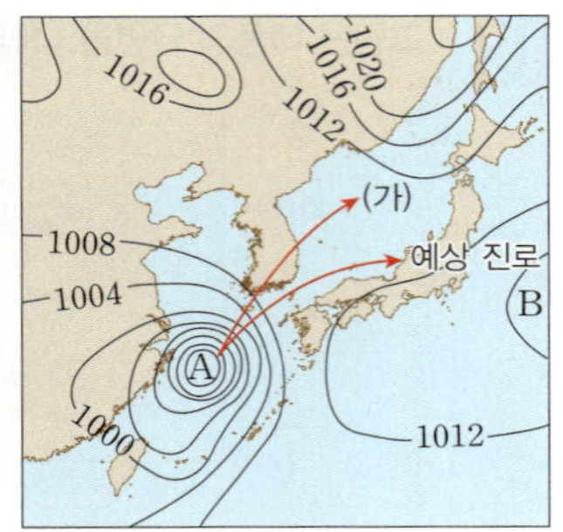


┤ 보기 ├
ㄱ. 제주도에서의 풍향은 서풍 계열이다.
ㄴ. 남해 해역의 수온이 낮으면 A의 중심 기압은 높아질 것이다.
ㄷ. B의 세력이 강해지면 A의 진로는 (가)로 바뀔 가능성이 크다.

① ㄱ
② ㄷ
③ ㄱ, ㄴ
④ ㄴ, ㄷ
⑤ ㄱ, ㄴ, ㄷ

**06** 그림 (가)와 (나)는 우리나라를 통과한 온대 저기압과 열대 저기압의 이동 경로를 순서 없이 나타낸 것이다.

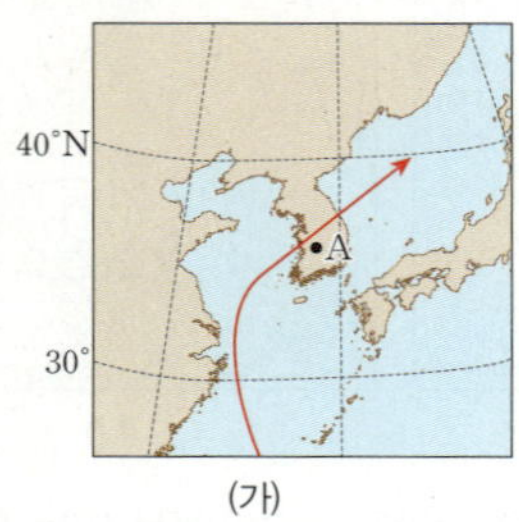


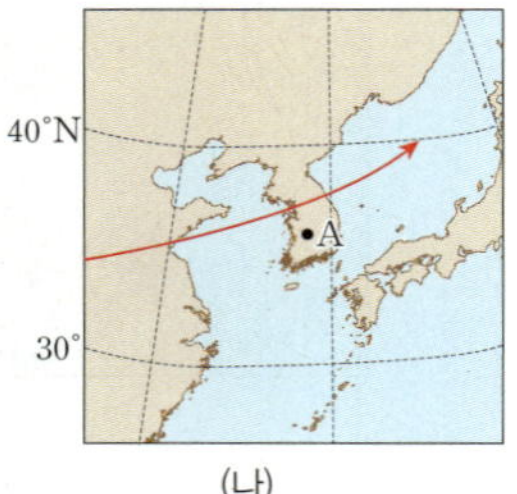


이에 대한 설명으로 옳은 것만을 〈보기〉에서 있는 대로 고른 것은?

┤ 보기 ├
ㄱ. (가)의 저기압은 우리나라를 통과하는 동안 편서풍의 영향을 받았다.
ㄴ. 우리나라를 지나는 (나)의 저기압은 봄철이 여름철보다 형성되기 쉽다.
ㄷ. (가)와 (나)의 저기압이 우리나라를 통과하는 동안 A 지방의 풍향은 모두 시계 방향으로 변하였다.

① ㄱ
② ㄴ
③ ㄱ, ㄷ
④ ㄴ, ㄷ
⑤ ㄱ, ㄴ, ㄷ

## ❷ 우리나라의 주요 악기상

**07** 우리나라 주요 악기상에 대한 설명으로 옳지 <u>않은</u> 것은?

① 집중 호우는 예측이 가능하므로 피해가 상대적으로 적은 편이다.
② 국지적으로 가열된 공기가 빠르게 상승할 때 뇌우가 나타나기도 한다.
③ 겨울철에 발달한 시베리아 고기압의 영향으로 강풍 주의보가 발령될 수 있다.
④ 시베리아 고기압이 남하하면서 대기가 불안정해지면 폭설이 발생할 수 있다.
⑤ 짧은 시간 동안 좁은 영역에 비가 일정량 이상 많이 내리는 현상을 집중 호우라고 한다.

**08** 그림은 어떤 기상 현상에 의해 도로가 침수된 모습이다.

이 기상 현상에 대한 설명으로 옳은 것만을 〈보기〉에서 있는 대로 고른 것은?

┤ 보기 ├
ㄱ. 겨울철보다 여름철에 많이 발생한다.
ㄴ. 주로 반지름 수백 km의 넓은 지역에서 일어난다.
ㄷ. 강한 상승 기류에 의해 적란운이 형성될 때 잘 발생한다.

① ㄱ
② ㄴ
③ ㄱ, ㄷ
④ ㄴ, ㄷ
⑤ ㄱ, ㄴ, ㄷ

**09** 그림 (가), (나), (다)는 뇌우가 발생하여 소멸하는 단계를 순서 대로 나타낸 것이다.

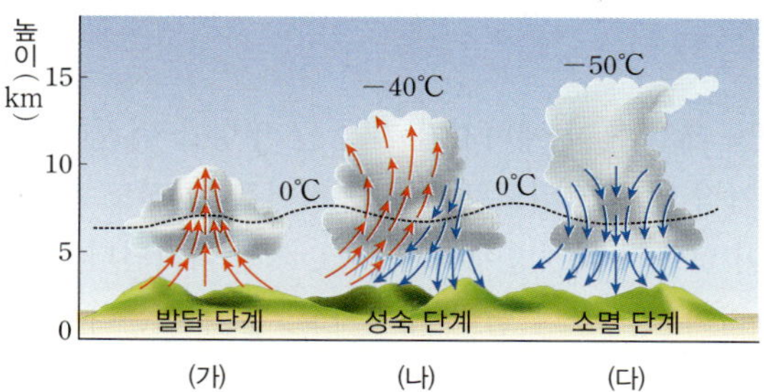


이에 대한 설명으로 옳은 것만을 〈보기〉에서 있는 대로 고른 것은?

| 보기 |

ㄱ. (가)에서 강한 상승 기류가 발생한다.
ㄴ. 천둥과 번개는 주로 (나) 단계에서 나타난다.
ㄷ. (나)에서 (다)로 갈수록 강수 현상은 더욱 강해진다.

① ㄱ　　　　② ㄷ　　　　③ ㄱ, ㄴ
④ ㄴ, ㄷ　　　⑤ ㄱ, ㄴ, ㄷ

**10** 그림은 우리나라에 영향을 미치는 황사의 발원지별 비율을 나타낸 것이다.

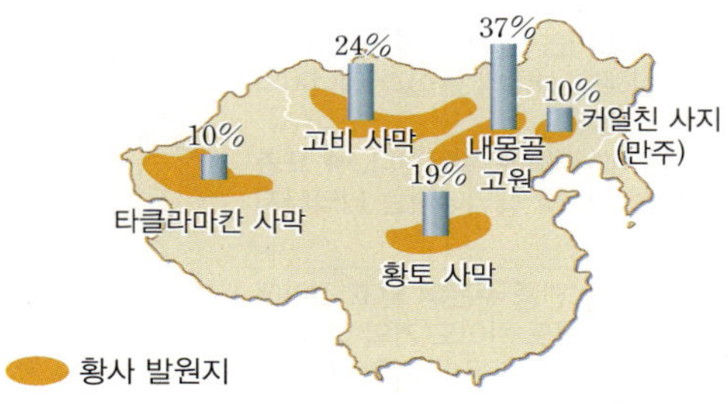


이에 대한 설명으로 옳은 것만을 〈보기〉에서 있는 대로 고른 것은?

| 보기 |

ㄱ. 황사는 우리나라가 북태평양 기단의 영향을 받을 때 잘 발생한다.
ㄴ. 우리나라에 영향을 미치는 황사의 발생 비율은 발원지가 우리나라와 가까울수록 높다.
ㄷ. 황사 발원지에서 강한 상승 기류가 나타날 때 우리나라는 황사에 의한 피해가 심해질 수 있다.

① ㄱ　　　　② ㄷ　　　　③ ㄱ, ㄴ
④ ㄴ, ㄷ　　　⑤ ㄱ, ㄴ, ㄷ

 **이렇게!**

**11** 그림 (가)는 우리나라 남해안으로 북상하는 어느 태풍의 풍속과 기압 분포를, (나)는 (가)의 영향으로 발생하는 해일을 나타낸 것이다. (단, (가)에서의 X와 Y는 각각 태풍의 동쪽과 서쪽 중 하나이다.)

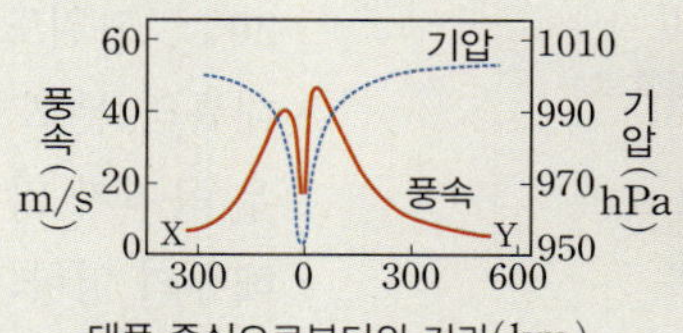

(나)

(1) (가)의 X와 Y는 각각 태풍의 어느 쪽인지 쓰고, 그 이유를 설명하시오.

(2) (가)에서 중심 기압이 낮을수록 (나)의 피해는 어떻게 변할지 쓰고, 그 이유를 설명하시오.

**12** 그림 (가)는 어느 태풍의 예상 이동 경로를, (나)는 이 태풍이 이동하는 동안 P 지역에서 관측한 풍속과 풍향을 나타낸 것이다.

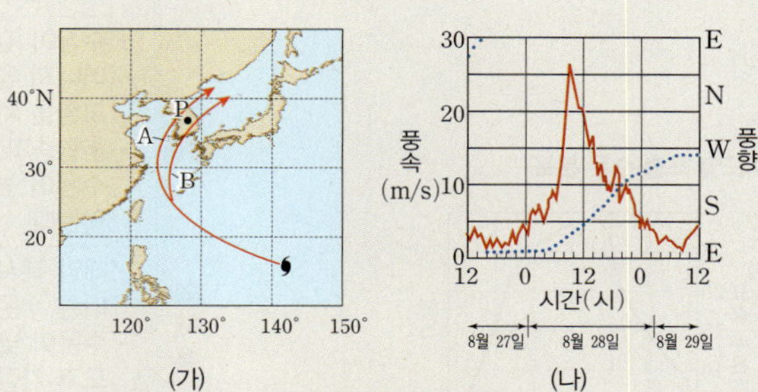


(가)에서 태풍의 이동 경로를 A와 B 중 고르고, 그 이유를 설명하시오.

**13** 황사 현상이 잘 나타날 수 있는 발원지의 조건을 2가지만 설명하시오.

# 03 해수의 성질

## ❶ 해수의 온도

### 1. 표층 수온의 분포

① 표층 수온에 영향을 주는 요인: 태양 복사 에너지가 가장 큰 영향을 미친다.

- 태양 복사 에너지: 적도에서 가장 많고 고위도로 갈수록 적어진다. 적도 지방에서는 약 30℃, 고위도로 갈수록 수온이 낮아져 극지방에서는 −2℃까지 나타난다.
- 대륙의 분포: 대륙은 비열이 작아 해양보다 빨리 데워지고, 빨리 식는다. 여름철의 경우 육지가 많은 북반구의 표층 수온이 육지가 비교적 적은 남반구보다 높다.
- 해류의 영향: 난류가 흐르는 해역의 수온은 높고, 한류가 흐르는 해역의 수온은 낮다.

② 표층 수온의 위도별 분포

- 등수온선은 위도와 거의 나란하다.
- 등수온선이 위도와 나란하지 않은 곳은 해류나 용승의 영향을 받는 곳이다.
- 아열대 해양에서는 해류의 영향으로 동쪽 연안보다 서쪽 연안에서 수온이 높다.

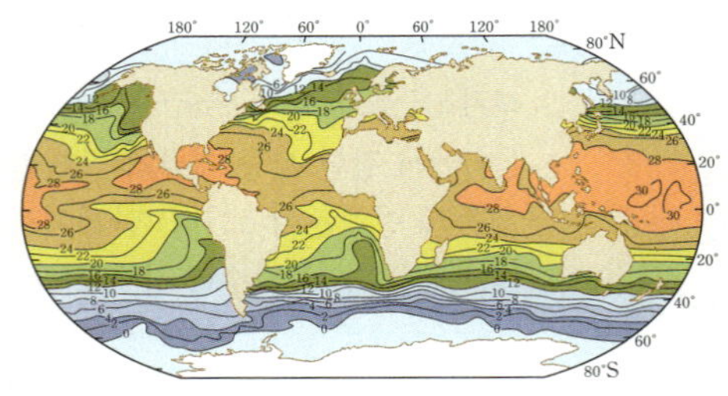

▲ 전 세계 해양의 표층 수온 분포

### 2. 해수의 연직 수온 분포

① 해수의 연직 수온 분포: 저위도나 중위도 지방의 해수는 수온의 연직 분포에 따라 구분한다.

| | |
|---|---|
| 혼합층 | • 태양 복사 에너지에 의한 가열과 바람에 의한 혼합 작용 ➡ 깊이에 관계없이 수온이 일정한 층<br>• 고위도로 갈수록 혼합층의 온도는 대체적으로 낮아진다.<br>• 바람이 강할수록 혼합층의 두께는 두꺼워진다. ➡ 바람이 강한 중위도 해역에서 두껍고, 바람이 약한 적도 해역에서 얇다. |
| 수온 약층 | • 수심이 깊어짐에 따라 수온이 급격히 낮아지는 층 ➡ 대류 운동이 일어나지 않는 안정한 층 ➡ 혼합층과 심해층 사이의 물질과 에너지의 교환을 차단한다.<br>• 혼합층과 심해층의 온도 차이가 클수록 대체적으로 발달한다. ➡ 표층 수온이 높은 적도 부근 해역에서 뚜렷하고, 극 해역에서는 나타나지 않는다. |
| 심해층 | • 태양 복사 에너지의 영향을 받지 않는다. ➡ 연중 수온이 낮고 깊이에 따른 수온 변화가 거의 없으며, 위도에 따른 온도 차이도 거의 없다.<br>• 수온이 낮은 극 해역의 해수가 침강하여 생성 ➡ 수온이 매우 낮고, 밀도가 가장 큰 층 |

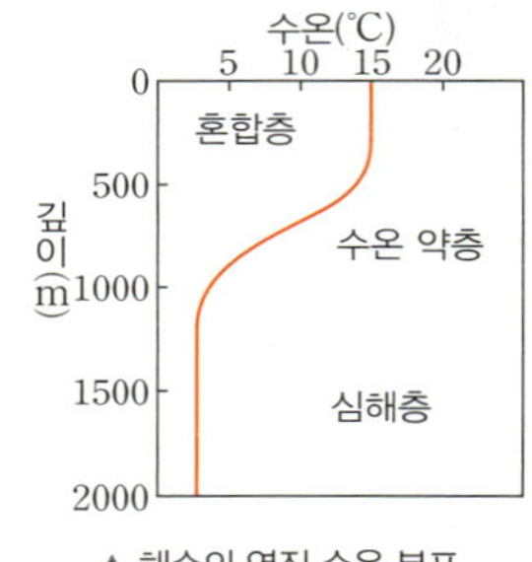

▲ 해수의 연직 수온 분포

② 위도별 해양의 층상 구조

- 혼합층의 두께는 바람이 약한 저위도 지방보다 바람이 강한 중위도 지방에서 두껍다.
- 수온 약층의 깊이는 중위도 지방에서 가장 깊게 나타난다.
- 위도 60° 이상의 고위도 지방에서는 혼합층과 수온 약층이 나타나지 않는다.

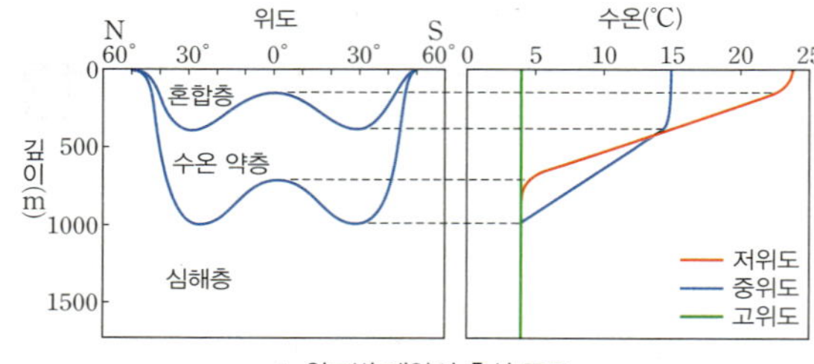

▲ 위도별 해양의 층상 구조

---

먼저 알아야 할 용어!

* **비열** | 질량이 1g인 물체의 온도를 1℃ 높이는 데 필요한 열량(cal)
* **난류** | 저위도에서 고위도로 흐르는 따뜻한 해수의 흐름
* **한류** | 고위도에서 저위도로 흐르는 찬 해수의 흐름

❖ **위도에 따른 태양 복사 에너지양**
위도가 높아질수록 해수면에 도달하는 태양 복사 에너지양은 감소한다.

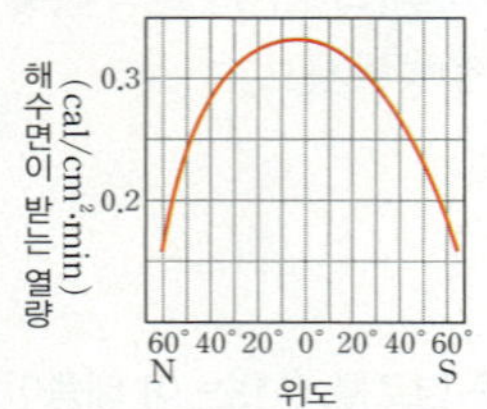

▲ 위도별 해수면이 받는 열량

❖ **위도별 표층 수온 분포**

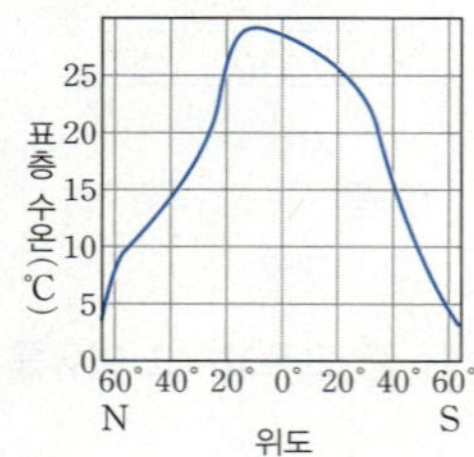

❖ **심해층의 수온이 연중 일정한 까닭**
해수면에 도달하는 태양 복사 에너지의 대부분이 수심 100 m 이내에서 흡수된다. 즉, 수심 200 m 이상의 깊은 바다의 해수는 태양 복사 에너지를 거의 흡수할 수가 없다. 심해층은 태양 복사 에너지의 영향을 받지 않으므로, 심해층의 수온은 연중 일정하게 나타난다.

## ② 해수의 용존 기체

### 1. 용존 산소량

① 용존 산소량: 물속에 녹아 있는 산소의 양으로, 수온이 낮을수록 용존 산소량이 많다.

- 난류: 수온이 높아 용존 산소량이 적다.
- 한류: 수온이 낮아 용존 산소량이 많다.

② 위도별 용존 산소량: 적도에서 고위도로 갈수록 수온이 낮아지므로 해수의 용존 산소량이 증가하는 경향을 보인다.

③ 수심에 따른 용존 산소량

| 표층(수심 약 100 m까지) | 대기 중의 산소가 해수 표층으로 녹아 들어오거나 식물성 플랑크톤의 광합성이 활발하게 일어나기 때문에 용존 산소량이 가장 많다. ➡ 빛이 도달할 수 있는 최고 깊이인 100 m 정도까지 용존 산소량이 많게 나타난다. |
| --- | --- |
| 중층(수심 약 150 m~800 m) | 광합성에 의해 공급되는 산소가 거의 없고, 동·식물의 호흡이나 유기물의 분해 등으로 용존 산소는 급격하게 감소한다. |
| 심층(수심 약 1000 m 이상) | 극지방의 표층에서 침강한 용존 산소가 풍부한 차가운 해수가 유입되어 용존 산소량이 많다. 플랑크톤의 먹이가 되는 영양 염류도 풍부하기 때문에 용승류 등에 의해 이 지역의 물이 상승하게 되면 용존 산소와 영양 염류가 풍부한 좋은 어장을 형성한다. |

### 2. 용존 이산화 탄소량

① 이산화 탄소는 산소보다 기체의 용해도가 크므로 용존 이산화 탄소량은 용존 산소량보다 전체적으로 많다.

② 수심에 따른 용존 이산화 탄소량

- 해수 표층에서는 해양 생물의 광합성에 의해 소비되기 때문에 용존 이산화 탄소량이 적다.
- 수심이 깊어질수록 광합성에 의한 이산화 탄소의 소비가 줄어들고, 수온 감소와 수압 증가로 기체의 용해도가 커지기 때문에 수심이 깊어질수록 용존 이산화 탄소량은 증가한다.



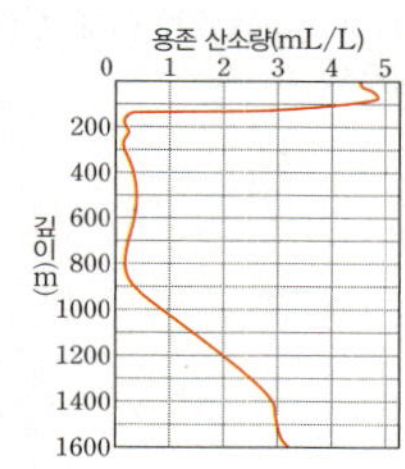

▲ 용존 산소량

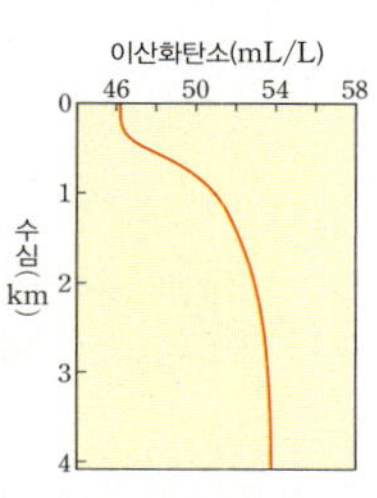

▲ 용존 이산화 탄소량

## 개념 바로 확인

정답 및 해설 | 22쪽

**01** 해수의 표층 수온을 결정하는 가장 중요한 요인은 [　　　] 에너지이다.

**02** 해수의 용존 산소량이 표층에서 높게 나타나는 까닭은 [　　　]로부터의 산소 공급과 식물성 플랑크톤의 [　　　] 때문이다.

**01** 그림은 해수의 깊이에 따른 수온 분포를 나타낸 것이다. 각 설명에 해당하는 층의 기호와 명칭을 쓰시오.

(1) 가장 안정한 층　　　　　　　　（　　　　）

(2) 바람이 강하게 불수록 두께가 두꺼워지는 층

　　　　　　　　　　　　　　　　（　　　　）

(3) 계절에 따른 수온 변화가 가장 작은 층　（　　　　）

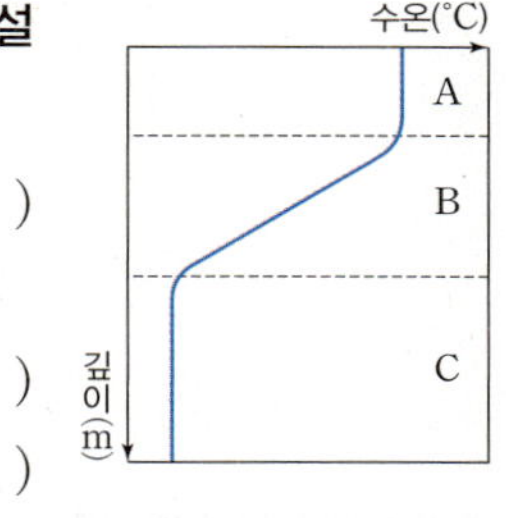


**02** 해수의 용존 기체에 대한 설명이다. （　） 안에 알맞은 말을 쓰시오.

(1) 일반적으로 적도에서 고위도로 갈수록 해수의 용존 산소량은 （　　　）하는 경향이 나타난다.

(2) 수심 약 150~800 m 깊이에서 용존 산소량이 급격하게 감소하는 이유는 동·식물의 （　　　）이나 유기물의 분해 등으로 산소가 소모되기 때문이다.

(3) 심해층에서 용존 산소량이 증가하는 것은 극지방에서 （　　　）한 차가운 심층수 때문이다.

# 해수의 성질

## 03





### 3 해수의 염분

1. **염분**   해수 1 kg 속에 녹아 있는 염류의 양을 g 수로 나타낸 것으로, 단위는 psu를 사용한다. 전 세계 해수의 평균 염류는 약 35 psu이지만, 여러 요인에 의해 해역별로 해수의 염분은 다르게 나타나며 주로 33~37 psu 사이에 분포한다.

2. **염분비 일정 법칙**   염분은 장소나 계절에 따라 다르지만 염류들 상호 간의 비율은 항상 일정하다. ➡ 염류 중 한 가지 성분의 양만 알면 염분을 구할 수 있다.

| 염류 | 바닷물 1 kg에 들어있는 양(g) | 바닷물 1 kg에 들어있는 양(g) | 염류의 총량에 대한 비율(%) |
|---|---|---|---|
| 염화 나트륨 | 27.21 | 23.32 | 77.74 |
| 염화 마그네슘 | 3.81 | 3.27 | 10.89 |
| 황산 마그네슘 | 1.66 | 1.42 | 4.74 |
| 황산 칼륨 | 1.27 | 1.09 | 3.63 |
| 기타 | 1.05 | 0.9 | 3.0 |
| 계 | 35.0 | 30.0 | 100.0 |

▲ 염분이 35 psu인 해수와 30 psu인 해수의 염류와 구성 비율

### 3. 표층 염분 변화의 요인

① 증발량과 강수량: 표층 염분에 가장 큰 영향을 주는 요인으로 (증발량 – 강수량) 값이 클수록 표층 염분이 높다.

② 하천수의 유입량: 강물의 유입량이 많을수록 표층 염분이 낮다.

③ 해수의 결빙과 빙하의 해빙: 결빙이 일어나는 바다는 염분이 높아지고, 해빙이 일어나는 바다는 염분이 낮아진다.



### 4. 표층 염분의 위도별 분포
위도별 표층 염분 분포는 위도별 (증발량−강수량) 값과 유사한 양상을 나타낸다.

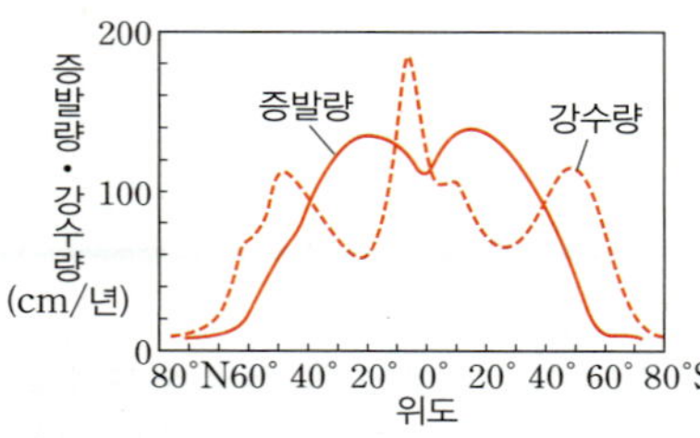


▲ 위도별 강수량과 증발량

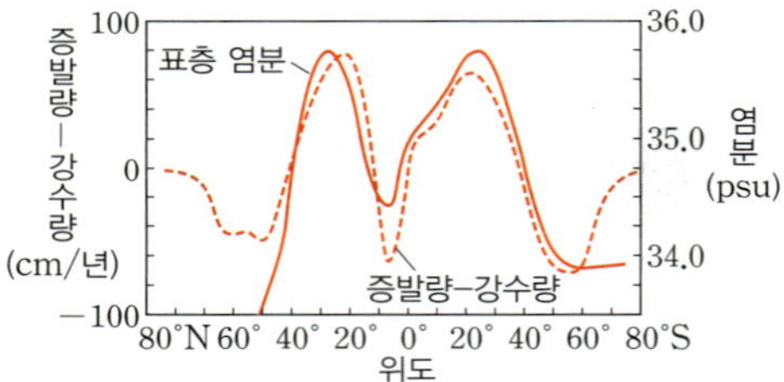


▲ 표층 염분의 분포

| 적도 지방 | 대기 대순환에서 저기압대가 위치하므로 강수량이 많아 표층 염분이 중위도 지방보다 낮다. |
|---|---|
| 중위도 고압대 | 대기 대순환에서 고기압대가 위치하므로 증발량이 많고 강수량이 적어 표층 염분이 가장 높게 나타난다. |
| 극지방 | 기온이 낮아 증발량이 적고 빙해가 융해되어 표층 염분이 낮다. 하지만 결빙이 일어나는 지역에서는 표층 염분이 높게 나타난다. |
| 기타 | 육지에서 담수가 흘러나오는 연안 해역은 육지에서 먼 해역보다 표층 염분이 낮다. 대서양이 태평양보다 대체적으로 표층 염분이 높다. |



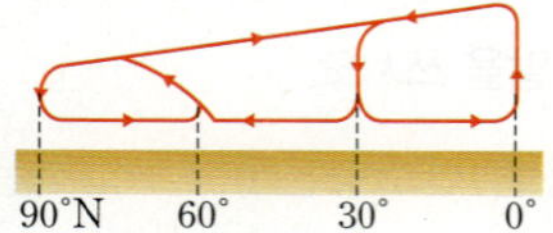




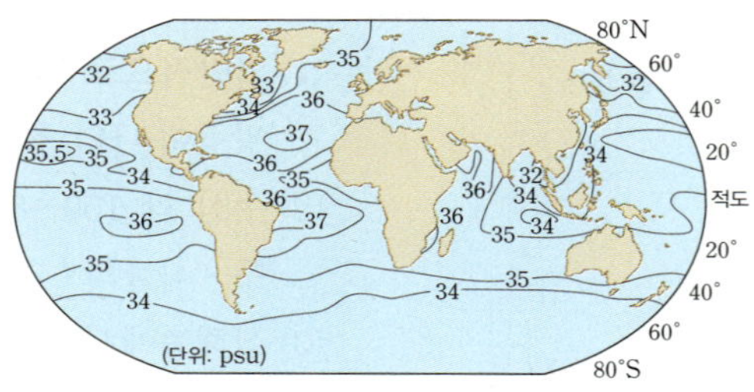


▲ 전 세계 해양의 표층 염분 분포

# ④ 해수의 밀도

## 1. 해수의 밀도

① 해수의 밀도

- 해수의 밀도는 약 $1.020 \, g/cm^3 \sim 1.030 \, g/cm^3$ 로 순수한 물보다 약간 높다.
- 수온이 낮을수록, 염분이 높을수록, 수압이 높을수록 해수의 밀도는 커진다. 일반적으로 해수의 밀도에 가장 큰 영향을 미치는 요인은 수온이다.

② 해수 밀도의 수평 분포

- 적도 지역: 수온이 높고, 염분이 낮아 밀도가 가장 작은 곳이다.
- 적도에서 고위도로 갈수록 수온이 낮아지므로 밀도가 커지는 경향을 나타낸다. 북반구에서는 위도 $50°\sim60°$에서 최댓값을 보이다가 한대 전선대 부근부터 북극으로 접근할수록 밀도가 작아지는 경향을 보인다.
- 북극 부근: 염분이 낮은 해수가 분포하기 때문에 남극 부근의 해수보다 밀도가 작다.

③ 해수 밀도의 연직 분포: 수심이 깊어질수록 온도가 낮아지므로 아래로 갈수록 밀도가 큰 해수들이 분포한다.

## 2. 수온–염분도(T–S 도)

해수의 수온과 염분을 축으로 하여 밀도를 함께 그래프로 나타낸 도표이다. 같은 등밀도선 위에 놓인 두 점은 수온과 염분이 다르더라도 밀도가 같다.

---

### 실전 자료  수온–염분도의 해석

그림은 수온−염분도를 나타낸 것이다.

❶ 해수의 밀도
수온이 낮을수록, 염분이 높을수록 해수의 밀도는 커진다.

❷ 수온−염분도의 해석
- 왼쪽 상단으로 갈수록 수온이 높고 염분이 낮다. ➡ 밀도가 작은 해수
- 오른쪽 하단으로 갈수록 수온이 낮고 염분이 높다. ➡ 밀도가 큰 해수
- 해수 A와 B는 수온과 염분이 다르지만 밀도는 $1.025 \, g/cm^3$로 같다.
  ➡ 등밀도선에 있다.
- 해수의 수온과 염분으로부터 밀도를 구할 수 있다. ➡ 수온이 $10℃$이고 염분이 $33.8 \, psu$인 해수의 밀도는 그래프로부터 약 $1.026 \, g/cm^3$임을 알 수 있다.

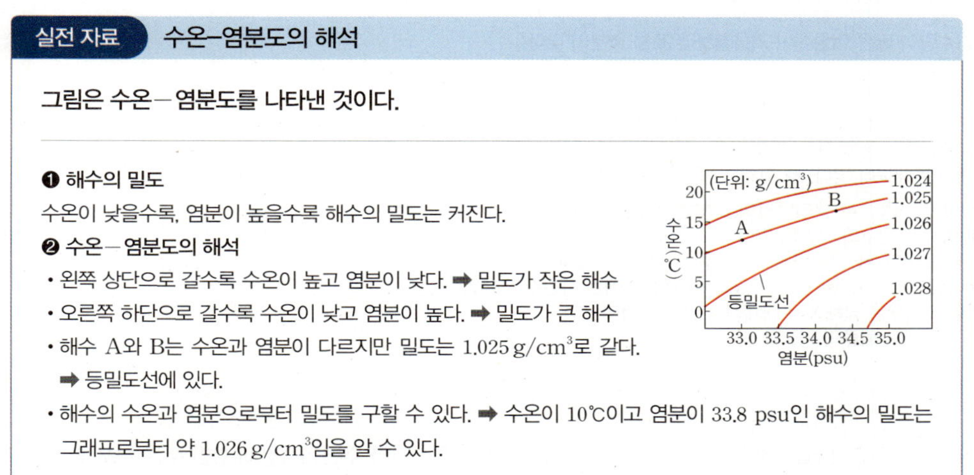

---

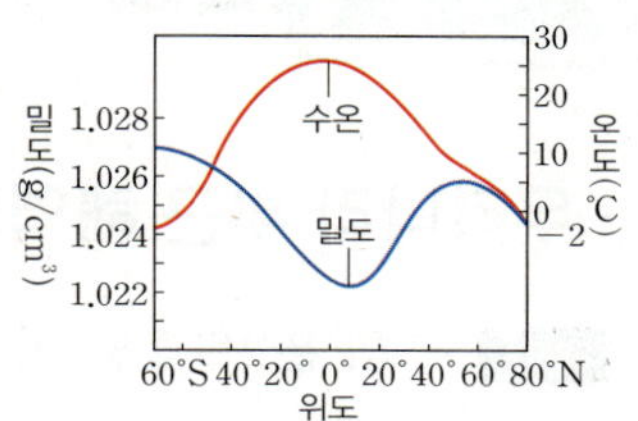



▲ 위도별 표층 해수의 온도와 밀도

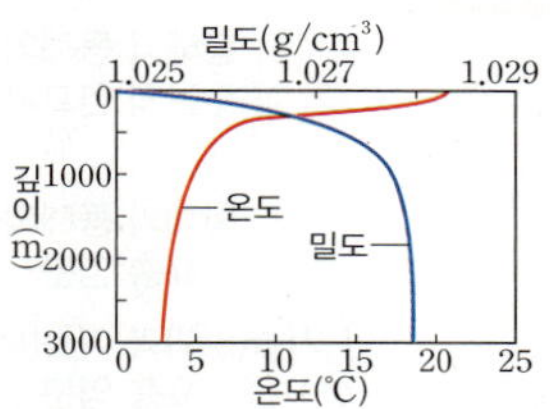



▲ 해수 밀도의 연직 분포

- 밀도 약층: 깊이에 따라 밀도가 급격히 증가하는 층이다.
- 주로 수온이 급격하게 낮아지기 때문에 밀도 약층이 나타나며 밀도 약층은 대체로 수온 약층과 일치한다.
- 밀도 약층이 발달하면 하층으로 갈수록 밀도가 급격히 증가하므로 표층과 심층의 해수가 잘 섞이지 않게 된다.

---

## 개념 바로 확인

정답 및 해설 | 22쪽

**03** 중위도 지역은 증발량이 [ ], 강수량이 [ ]서 표층 염분이 [ ] 나타난다.

**04** 해수의 밀도는 수온이 [ ]을수록, 염분이 [ ] 을수록, 수압이 [ ]을수록 크다.

**03** 표층 해수의 염분을 증가시키는 요인만을 〈보기〉에서 있는 대로 고르시오. (     )

| 보기 |
- ㄱ. 증발량 증가
- ㄴ. 강수량 증가
- ㄷ. 하천수의 유입
- ㄹ. 해수의 결빙
- ㅁ. 빙하의 해빙

**04** 해수의 밀도에 대한 설명으로 옳은 것은 ○, 옳지 <u>않은</u> 것은 ×로 표시하시오.

(1) 염분이 같은 표층의 한류는 난류보다 밀도가 크다. (     )

(2) 수온이 같은 표층의 해수는 염분이 높을수록 밀도가 크다. (     )

(3) 혼합층, 수온 약층, 심해층 중 수심에 따른 밀도 변화가 가장 심한 해수층은 수온 약층이다. (     )

# 탐구 활동

## · 우리나라 부근 해역의 해수의 성질 ·

**과정** 그림은 2월과 8월에 우리나라 근해의 해수면 온도와 염분 분포를 나타낸 것이다.

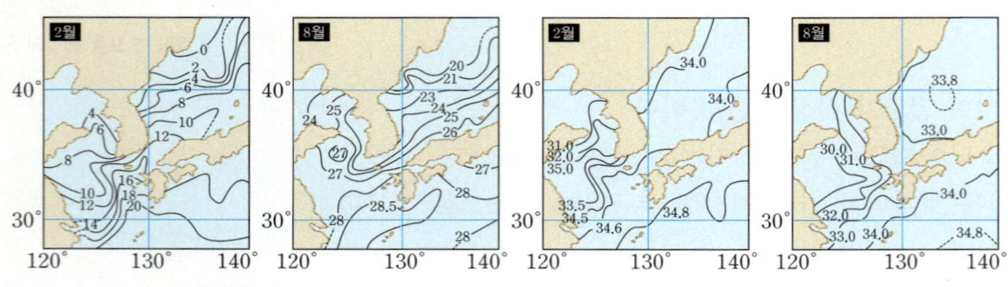

▲ 우리나라 주변 해면 온도(℃)의 계절 변화　　　　▲ 우리나라 주변 해수 염분(psu)의 계절 변화

**결과**

| | |
|---|---|
| **황해와 동해의 수온의 연교차** | • 수온의 연교차는 황해가 약 20℃, 동해는 약 15℃으로 황해가 동해보다 크다.<br>• 황해는 수심이 얕고 대륙의 영향 때문에 동해보다 수온의 연교차가 더 크다. |
| **황해와 동해의 표층 염분** | • 표층 평균 염분은 황해가 약 32psu, 동해가 약 33psu이다.<br>• 황해는 동해에 비해 하천수의 유입이 많기 때문에 표층 염분이 낮다. |
| **겨울(2월)과 여름(8월)의 표층 염분** | • 강수량이 많은 여름철이 겨울철보다 표층 염분이 낮다. |

**정리**

| | |
|---|---|
| **우리나라 근해의 수온 분포** | • 수온은 고위도로 갈수록 대체로 낮아지며, 8월이 2월에 비해 수온이 높게 나타난다. ➡ 태양 복사 에너지가 표층 수온에 가장 큰 영향을 미친다.<br>• 2월의 수온은 황해가 동해보다 낮다. ➡ 황해는 동해보다 수온이 비교적 쉽게 변한다. |
| **우리나라 근해의 염분 분포** | • 황해의 염분이 동해보다 낮다. ➡ 우리나라의 하천은 대부분 황해로 흘러 들어가기 때문에 황해는 동해에 비해 하천수의 유입이 많다.<br>• 염분은 2월보다 8월에 낮다. ➡ 우리나라의 강수량은 8월에 집중된다.<br>• 8월의 등염분선은 해안선과 나란한 경향이 있다. ➡ 여름철에는 하천수의 유입이 많다.<br>• 우리나라 주변 해수의 염분은 남해에서 대체적으로 높게 나타난다.<br>　➡ 남해는 난류인 쿠로시오 해류의 영향을 받는다. |

정답 및 해설 | 23쪽

**목표**

우리나라 근해의 관측 자료로부터 수온, 염분 등 해수의 성질을 설명할 수 있어야 한다.

---

**01** 위 탐구 활동에 대한 설명으로 옳은 것은 ○, 옳지 <u>않은</u> 것은 × 로 표시하시오.

(1) 황해는 동해보다 수심이 얕고 좁은 해역이기 때문에 겨울철 황해의 수온은 동해보다 낮다.　　　　　( 　 )

(2) 표층 염분의 남북 간 차이는 동해가 황해보다 크다.
　　　　　　　　　　　　　　　　　　　　　　( 　 )

(3) 황해는 동해보다 강수량이 많기 때문에 황해의 염분은 동해보다 낮다.　　　　　　　　　　　　　　( 　 )

**02** 그림 (가)는 우리나라 주변의 2월 해수면 수온 분포를, (나)는 수심 분포를 나타낸 것이다.

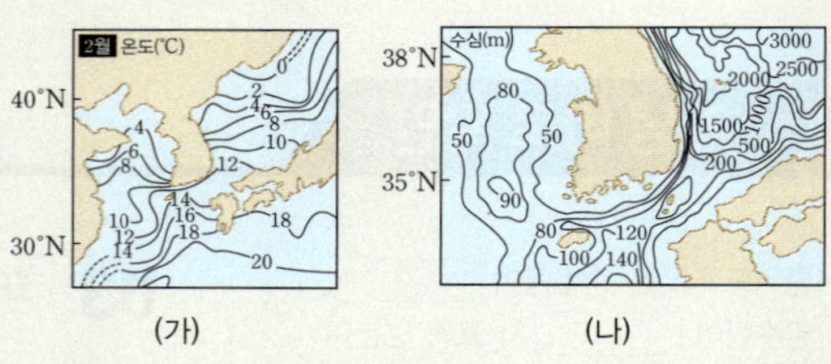

(가)　　　　　　　　　　　　(나)

이에 대한 설명으로 옳은 것을 〈보기〉에서 모두 고른 것은?

| 보기 |

ㄱ. 수온은 고위도로 갈수록 대체로 낮아진다.

ㄴ. 동해는 황해에 비해 등수온선이 해안선과 나란하다.

ㄷ. 황해는 수심이 얕고 대륙의 영향을 더 많이 받아 동해보다 낮은 수온 분포를 보인다.

① ㄱ　　　　　　② ㄴ　　　　　　③ ㄱ, ㄷ
④ ㄴ, ㄷ　　　　⑤ ㄱ, ㄴ, ㄷ

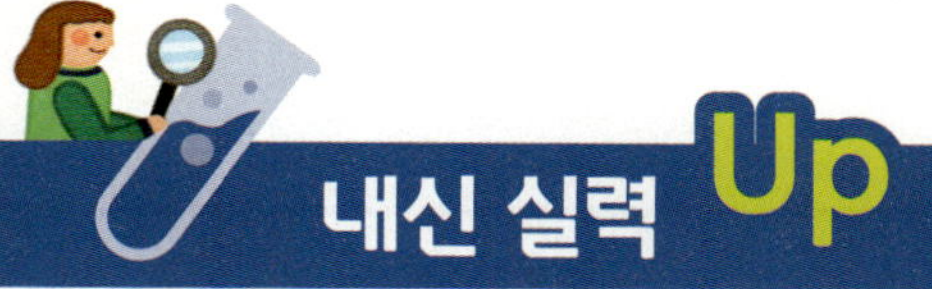



## ❶ 해수의 온도

**01** 해수의 온도 및 층상 구조에 대한 설명으로 옳지 <u>않은</u> 것은?

① 바람이 강할수록 혼합층의 두께는 두꺼워진다.
② 고위도로 갈수록 표층 수온은 대체로 낮아진다.
③ 심해층의 수온은 위도에 관계없이 거의 일정하다.
④ 수온 약층은 대류 운동이 활발하게 일어나는 불안정한 층이다.
⑤ 난류가 흐르는 해역의 표층 수온은 한류가 흐르는 해역의 수온보다 높다.

**02** 그림은 어느 해양의 표층 수온 분포를 나타낸 것이다.

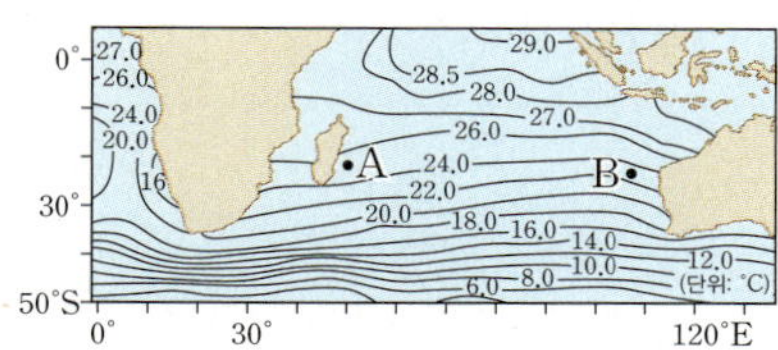

이에 대한 설명으로 옳은 것만을 〈보기〉에서 있는 대로 고른 것은?

┤ 보기 ├
ㄱ. 등수온선은 대체로 위도와 나란하다.
ㄴ. 표층 수온은 A 해역이 B 해역보다 높다.
ㄷ. 표층 수온 분포에 가장 큰 영향을 미치는 것은 태양 복사 에너지이다.

① ㄱ  　　② ㄴ  　　③ ㄱ, ㄷ
④ ㄴ, ㄷ  　　⑤ ㄱ, ㄴ, ㄷ

**03** 그림은 A, B 두 해역에서 측정한 수온의 연직 분포를 나타낸 것이다.

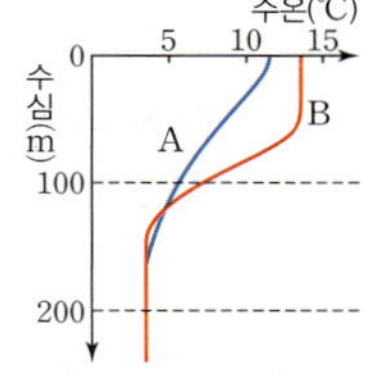

이에 대한 설명으로 옳은 것만을 〈보기〉에서 있는 대로 고른 것은?

┤ 보기 ├
ㄱ. 바람은 A 해역보다 B 해역이 강하다.
ㄴ. 수온 약층은 A 해역보다 B 해역에서 잘 발달한다.
ㄷ. 태양 복사 에너지의 입사량은 A 해역보다 B 해역이 많다.

① ㄱ  　　② ㄴ  　　③ ㄱ, ㄷ
④ ㄴ, ㄷ  　　⑤ ㄱ, ㄴ, ㄷ

## ❷ 해수의 용존 기체

**04** 그림은 수심에 따른 용존 산소량을 나타낸 것이다.

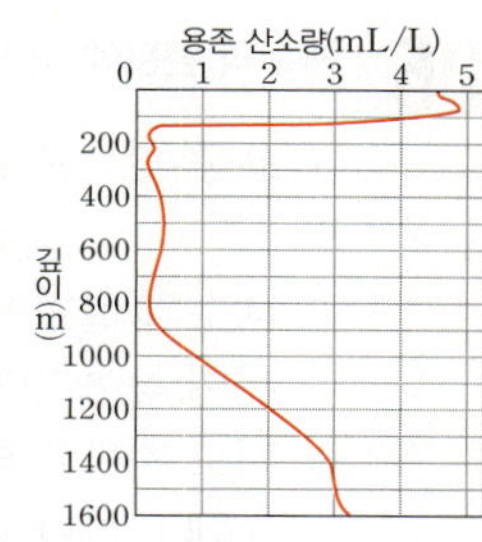

이에 대한 설명으로 옳은 것만을 〈보기〉에서 있는 대로 고른 것은?

┤ 보기 ├
ㄱ. 수심이 깊어질수록 용존 산소량은 계속 감소한다.
ㄴ. 광합성은 표층보다 600 m 깊이에서 더 활발하게 일어난다.
ㄷ. 1000 m 이상의 깊이에서 용존 산소량이 증가하는 것은 극지방에서 침강한 차가운 심층수 때문이다.

① ㄱ  　　② ㄷ  　　③ ㄱ, ㄴ
④ ㄴ, ㄷ  　　⑤ ㄱ, ㄴ, ㄷ

**05** 그림은 수심에 따른 온도와 용존 이산화 탄소량을 나타낸 것이다.

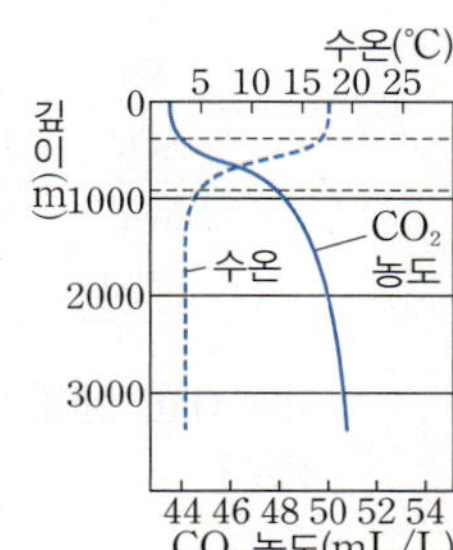

이에 대한 설명으로 옳은 것만을 〈보기〉에서 있는 대로 고른 것은?

┤ 보기 ├
ㄱ. 용존 이산화 탄소량은 용존 산소량보다 높다.
ㄴ. 수온과 용존 이산화 탄소량은 비례하는 관계이다.
ㄷ. 표층 이산화 탄소 농도가 낮은 것은 생물의 호흡 작용이 활발하기 때문이다.

① ㄱ  　　② ㄴ  　　③ ㄱ, ㄷ
④ ㄴ, ㄷ  　　⑤ ㄱ, ㄴ, ㄷ

### ❸ 해수의 염분

**06** 해수의 염분에 대한 설명으로 옳은 것은?

① 표층 염분은 (강수량−증발량) 값이 큰 해역에서 높다.
② 해수의 결빙이 일어나는 고위도 지역에서는 표층 염분이 높아진다.
③ 적도 지방은 태양의 일사량이 많아 표층 염분이 매우 높게 나타난다.
④ 염분이 높을수록 염류의 총량에 대한 염화 나트륨($NaCl$)의 비율은 증가한다.
⑤ 연안 해역이 육지에서 먼 해역보다 표층 염분이 대체적으로 높게 나타난다.

**07** 표는 서로 다른 두 해수 A, B에 포함된 염류를 나타낸 것이다.

(단위: psu)

| 구분 | 해수 A | 해수 B |
|---|---|---|
| $Cl^-$ | 18.99 | 18.44 |
| $Na^+$ | 10.56 | 10.25 |
| $SO_4^{2-}$ | 2.65 | 2.57 |
| $Mg^{2+}$ | 1.27 | 1.24 |
| 기타 | 1.03 | 1.00 |

이에 대한 설명으로 옳은 것만을 〈보기〉에서 있는 대로 고른 것은?

─┤ 보기 ├─

ㄱ. 염분은 B보다 A가 높다.
ㄴ. A와 B 해수를 혼합해도 이온 상호 간의 비율은 변하지 않는다.
ㄷ. 해수 속에 녹아 있는 염류 중 염화 이온($Cl^-$)이 차지하는 비율은 B보다 A가 높다.

① ㄱ        ② ㄴ        ③ ㄷ
④ ㄱ, ㄴ     ⑤ ㄱ, ㄷ

**08** 그림은 북태평양의 연간 (증발량−강수량) 값의 분포를 나타낸 것이다.

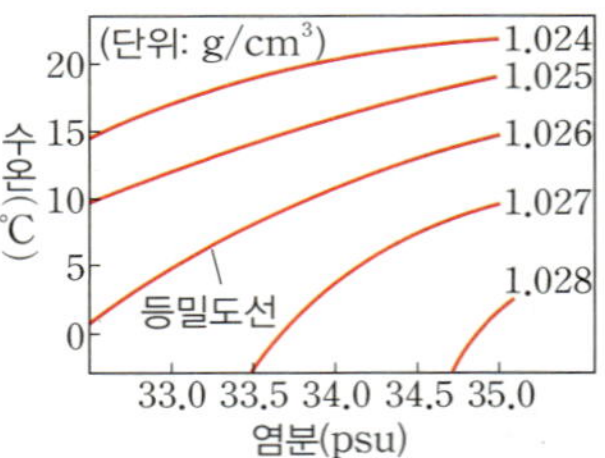


이에 대한 설명으로 옳은 것만을 〈보기〉에서 있는 대로 고른 것은?

─┤ 보기 ├─

ㄱ. (증발량−강수량) 값이 가장 큰 곳은 적도 해역이다.
ㄴ. 20°N 부근 해역이 적도 해역보다 표층 염분이 높을 것이다.
ㄷ. 20°N~30°N 부근의 대륙에서는 건조한 기후대가 나타날 것이다.

① ㄱ        ② ㄴ        ③ ㄱ, ㄷ
④ ㄴ, ㄷ     ⑤ ㄱ, ㄴ, ㄷ

### ❹ 해수의 밀도

**09** 표는 어느 해 4월 동해의 서로 다른 두 지점 A와 B에서 측정한 표층 수온과 염분을, 그림은 수온−염분도를 나타낸 것이다.

| 지점 | 수온<br>(℃) | 염분<br>(psu) |
|---|---|---|
| A | 15 | 34.5 |
| B | 10 | 34.1 |



이에 대한 설명으로 옳은 것만을 〈보기〉에서 있는 대로 고른 것은?

─┤ 보기 ├─

ㄱ. 해수의 수온이 낮을수록, 염분이 높을수록 해수의 밀도는 커진다.
ㄴ. A 지점에서 측정한 해수의 밀도는 $1.025\,\mathrm{g/cm^3}$보다 크다.
ㄷ. 수온이 5℃, 염분이 33.0 psu인 해수는 B의 해수보다 밀도가 크다.

① ㄱ        ② ㄷ        ③ ㄱ, ㄴ
④ ㄴ, ㄷ     ⑤ ㄱ, ㄴ, ㄷ

**10** 그림은 네 해역의 표층 수온과 염분, 밀도 분포를 나타낸 것이다.

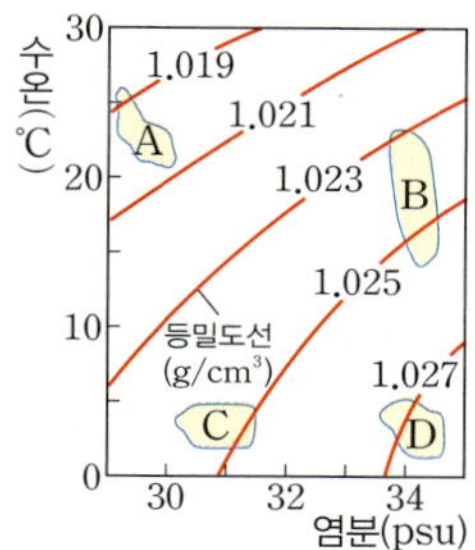



해역 A~D에 대한 설명으로 옳은 것만을 〈보기〉에서 있는 대로 고른 것은?

| 보기 |

ㄱ. A가 수온과 염분이 가장 높다.
ㄴ. 밀도가 가장 큰 해역은 B이다.
ㄷ. D가 C보다 밀도가 큰 이유는 염분이 높기 때문이다.

① ㄱ    ② ㄷ    ③ ㄱ, ㄴ
④ ㄴ, ㄷ    ⑤ ㄱ, ㄴ, ㄷ

**11** 그림은 대서양에서 관측된 해수의 수온과 염분을 그래프 상에 나타낸 것이다. 그림에서 굵은 곡선은 수심을 달리하여 측정한 수온과 염분 값을 연결한 것이며, 숫자는 수심을 나타낸다.

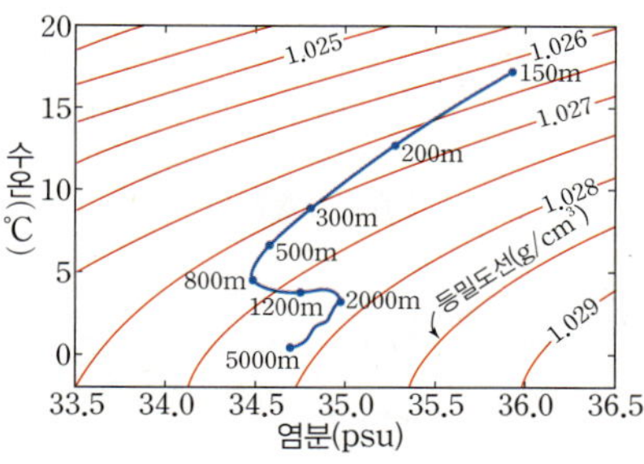



이에 대한 설명으로 옳은 것만을 〈보기〉에서 있는 대로 고른 것은?

| 보기 |

ㄱ. 혼합층의 두께는 약 800 m이다.
ㄴ. 수심 800~2000 m에서는 수심이 깊어질수록 염분이 높아진다.
ㄷ. 수심 2000~5000 m에서는 밀도가 거의 일정하다.

① ㄱ    ② ㄷ    ③ ㄱ, ㄴ
④ ㄴ, ㄷ    ⑤ ㄱ, ㄴ, ㄷ

 이렇게!

**12** 그림 (가)는 해양의 층상 구조를 나타낸 모식도이고, 그림 (나)와 (다)는 어느 계절의 전형적인 지상 일기도이다.

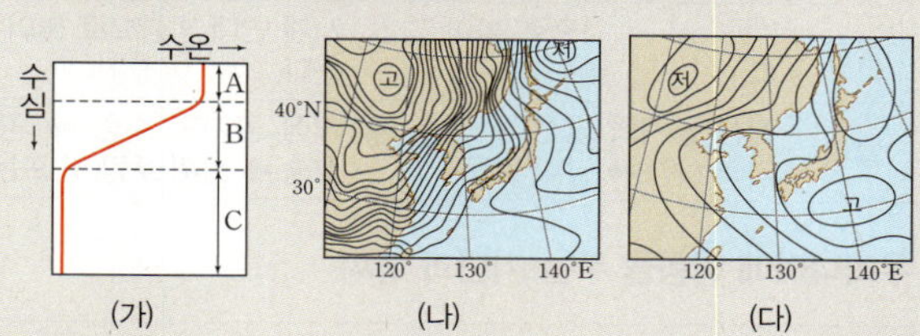



(1) (나)의 고기압의 세력이 강해지면 A층의 두께는 어떻게 변화할지 설명하시오.

(2) (나)와 (다) 중 B층이 뚜렷하게 나타나는 계절은 어디인지 고르고, 그 이유를 설명하시오.

(3) (다)의 고기압의 세력이 강해지면 C층의 수온은 어떻게 변화할지 설명하시오.

**13** 그림은 수심에 따른 수온과 밀도 분포를 나타낸 것이다.

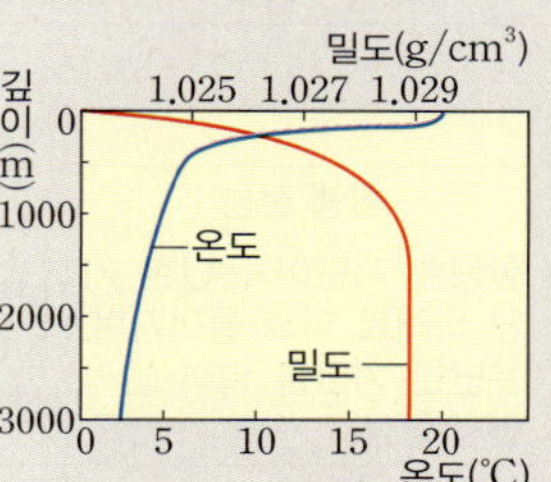



수심에 따른 해수의 연직 밀도 분포를 연직 수온 분포와 관련지어 설명하시오.

## 01 기압과 날씨 변화  → 68~75쪽

| 구분 | 고기압 | 저기압 |
| --- | --- | --- |
| 정의 | 주변보다 기압이 높은 곳 | 주변보다 기압이 낮은 곳 |
| 풍향 | (㉠　　　　)으로 불어 나간다. | 시계 반대 방향으로 불어 들어온다. |
| 날씨 | 지상 공기의 발산 ➡ 상층 공기의 하강 ➡ 날씨 맑음 | 지상 공기의 수렴 ➡ 공기의 상승 ➡ 날씨 흐림(비 또는 눈) |

### 1. 우리나라에 영향을 주는 기단과 날씨

| 기단 | 성질 | 계절(특징) |
| --- | --- | --- |
| 시베리아 기단 | 한랭 건조 | 겨울(폭설, 한파) |
| 양쯔 강 기단 | 온난 건조 | 봄(황사), 가을 |
| 북태평양 기단 | (㉡　　　　) | 초여름(장마), 여름(무더위) |
| 오호츠크 해 기단 | 한랭 다습 | 초여름(높새바람, 장마) |

### 2. 기단의 변질

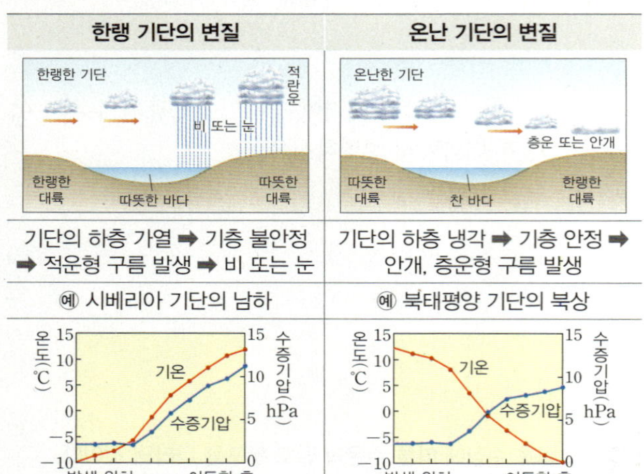

| 한랭 기단의 변질 | 온난 기단의 변질 |
| --- | --- |
| 기단의 하층 가열 ➡ 기층 불안정 ➡ 적운형 구름 발생 ➡ 비 또는 눈 | 기단의 하층 냉각 ➡ 기층 안정 ➡ 안개, 층운형 구름 발생 |
| ⓓ 시베리아 기단의 남하 | ⓓ 북태평양 기단의 북상 |

### 3. 전선과 날씨

| 구분 | 한랭 전선 | 온난 전선 |
| --- | --- | --- |
| 생성 과정 | 한랭한 기단이 온난한 기단 아래로 파고 들어가며, 온난한 기단을 밀어 올리면서 형성 | 따뜻한 기단이 찬 기단을 밀며 타고 올라가면서 형성 |
| 단면도 | | |
| 이동 속도 | 빠름 | 느림 |
| 전선면의 경사 | 급함 | 완만함 |
| 강수 위치 | 전선 뒤쪽 | 전선 앞쪽 |
| 강수 범위 | 좁은 구역 | 넓은 구역 |
| 구름 형태 | (㉢　　　　) | 층운형 |
| 강수 형태 | 소나기 | 지속적인 비 |

| 구분 | 폐색 전선 | 정체 전선 |
| --- | --- | --- |
| 생성 과정 | 이동 속도가 빠른 한랭 전선이 온난 전선을 따라잡아 겹치면서 생성 | 두 기단의 세력이 비슷하여 한 곳에 오래 머물러 있을 때 생성 |
| 강수 구역 및 형태 | 강수 구역이 넓고 지속 시간은 짧음 | 일반적으로 동서 방향으로 긴 구름띠를 형성하면서 많은 비를 내림 |
| 특징 | 한랭형 폐색 전선과 온난형 폐색 전선으로 구분 | 우리나라 초여름의 장마는 북태평양 기단과 오호츠크 해 기단이 만나서 생성된 정체 전선 |

### 4. 온대 저기압과 날씨

(1) 온대 저기압 주변의 날씨 변화

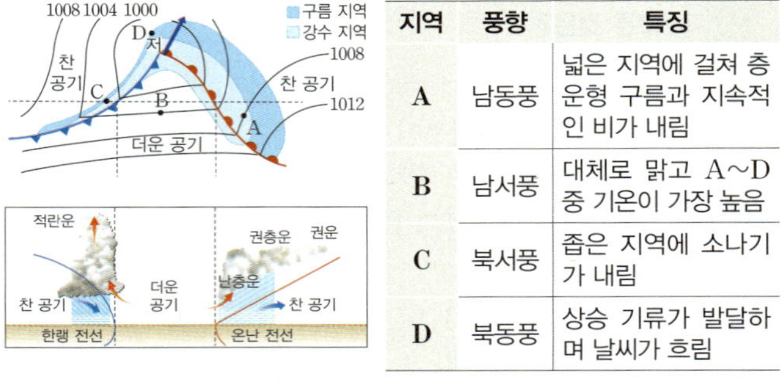

| 지역 | 풍향 | 특징 |
| --- | --- | --- |
| A | 남동풍 | 넓은 지역에 걸쳐 층운형 구름과 지속적인 비가 내림 |
| B | 남서풍 | 대체로 맑고 A~D 중 기온이 가장 높음 |
| C | 북서풍 | 좁은 지역에 소나기가 내림 |
| D | 북동풍 | 상승 기류가 발달하며 날씨가 흐림 |

| 날씨 변화 | 지속적인 비(A) ➡ 맑음(B) ➡ 소나기(C) |
| --- | --- |
| 기압 변화 | 온난 전선 통과 후 하강, 한랭 전선 통과 후 상승 |
| 기온 변화 | 온난 전선 통과 후 상승, 한랭 전선 통과 후 하강 |
| 풍향 변화 | 남동풍(A) ➡ 남서풍(B) ➡ 북서풍(C) |

### 5. 일기 예보: 기상 관측 ➡ (㉣　　　　) ➡ 분석 ➡ 예보 협회 ➡ 예보 및 통보

### 6. 일기 기호

| 일기 현상 | ● 비 |  | ⁑ 진눈깨비 |  | ☰ 안개 |  | ◇ 소나기 |
| --- | --- | --- | --- | --- | --- | --- | --- |
| | ✳ 눈 | | ⚡ 뇌우 | | ● 가랑비 | | ◇ 소낙눈 |
| 운량 | ○ 맑음 | | ◑ 갬 | | ● 흐림 | | |

| 풍향 풍속 | 0 | 2 | 5 | 7 | 12 | 25 (m/s) |

| 전선 | 온난 전선 | 한랭 전선 | 고기압 Ⓗ고 | 저기압 Ⓛ저 |
| --- | --- | --- | --- | --- |
| | 폐색 전선 | 정체 전선 | 태풍 | |

## 02 태풍과 우리나라의 주요 악기상  → 76~83쪽

### 1. 태풍: 북태평양에서 발생한 중심 부근의 최대 풍속이 (㉤　　　　) 이상인 열대 저기압

(1) 발생 조건과 장소: 위도 5°~ 25°, 수온 27℃ 이상, 열대 해상

(2) 태풍의 에너지원: 수증기 응결 시 방출되는 (㉥　　　　)

(3) 소멸: 찬 해상이나 육지에 상륙하면 소멸

### 2. 태풍의 구조와 날씨

(1) 태풍의 크기: 반지름이 약 500 km이고, 상승 기류가 강하여

중심부로 갈수록 두꺼운 적운형 구름이 발달

(2) 기압은 중심부로 갈수록 계속 낮아지고, 바람은 (ⓐ             ) 주변에서 가장 강함

(3) **태풍의 눈**: 태풍 중심으로부터 반지름이 약 50 km에 이르는 지역으로, 약한 하강 기류가 나타나 구름이 없고 바람이 약 하다.

### 3. 태풍의 진로와 피해

(1) **태풍의 진로**: 우리나라에 접근하는 태풍은 대기 대순환에 의 한 무역풍과 편서풍의 영향 및 북태평양 고기압의 영향 범위 에 따른 바람의 영향을 받아 포물선을 그리며 북쪽 방향으로 이동한다.

- 5~30°N에서는 무역풍의 영향으로 북서진한다.
- 30°N를 넘어서면 (ⓑ             )의 영향으로 북동진한다.
- 태풍의 진행은 주변 기압 배치에 큰 영향을 받는다.

(2) **위험 반원과 안전 반원**

- 위험 반원: 태풍 진행 방향의 오른쪽 ➡ 풍속 강함
- 안전 반원: 태풍 진행 방향의 왼쪽 ➡ 풍속 약함
- 태풍이 지나감에 따라 태풍 진행 방향의 오른쪽 지역에서는 풍향이 시계 방향으로 변하고, 왼쪽 지역에서는 시계 반대 방 향으로 변한다.

### 4. 우리나라의 주요 악기상

(1) **뇌우**: 강한 상승 기류에 의해 적란운이 발달하면서 천둥, 번개 와 함께 소나기가 내리는 현상

| 적운 단계 | 강한 상승 기류에 의해 적운이 탑 모양으로 발달한다. |
|---|---|
| (ⓒ       ) | 상승 기류와 하강 기류가 함께 나타나며, 천둥, 번개, 소나기, 우박 등이 나타난다. |
| 소멸 단계 | 하강 기류가 우세하고 비가 약해진다. |

(2) **집중 호우**: 국지적으로 단시간 내에 많은 양의 강한 비가 집중하 여 내리는 현상 ➡ 강한 상승 기류에 의해 형성된 적란운에서 발생한다.

(3) **황사**: 작은 모래나 황토 또는 먼지 가 하늘에 떠다니다가 상층 바람 을 타고 멀리까지 날아가 떨어지 는 현상

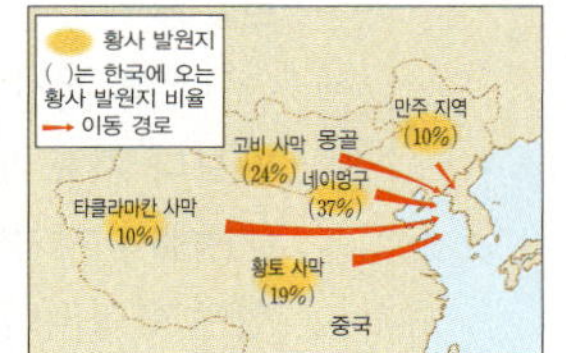


- 발생 조건: 강한 바람과 함께 (ⓓ             )가 나타나고, 지표면의 토양은 건조해야 하며, 토양의 구성 입자는 미세해야 한다.
- 발생 시기: 주로 봄철에 많이 발생하며, 상공의 강한 편서풍을 타고 우리나라를 거쳐 나타난다.

- 중국 내륙의 삼림 파괴와 사막화가 가속화되고 있고, 이 지역 의 고온 건조한 상태가 지속되고 있기 때문에 우리나라의 연 간 황사 발생량과 발생 빈도는 증가하고 있다.

➡ 84~91쪽

## 03 해수의 성질

### 1. 위도별 표층 수온 분포
적도 부근에서 높고, 극으로 갈수록 낮 아진다.

### 2. 수온의 연직 분포

| 혼합층 | • 태양 복사 에너지에 의한 가열과 바람에 의한 혼합 작용 ➡ 깊이에 관계없이 수온이 일정한 층<br>• 바람이 강할수록 혼합층의 두께는 두꺼워짐 |
|---|---|
| 수온 약층 | • 수심이 깊어짐에 따라 수온이 급격히 낮아지는 층 ➡ 안정 한 층으로 혼합층과 심해층 사이의 물질과 에너지의 교환 을 차단 |
| 심해층 | • 연중 수온이 낮고 깊이에 따른 수온 변화가 거의 없는 층<br>• 수온이 낮은 극 해역의 해수가 침강하여 생성 |

### 3. 해수의 용존 기체

(1) **용존 산소량**: 수온이 낮을수록 용존 산소량이 많다. 대기 중의 산소가 직 접 녹아 들어가고, 식물성 플랑크톤 의 광합성 작용으로 (ⓔ             )에 용존 산소량이 가장 많다.

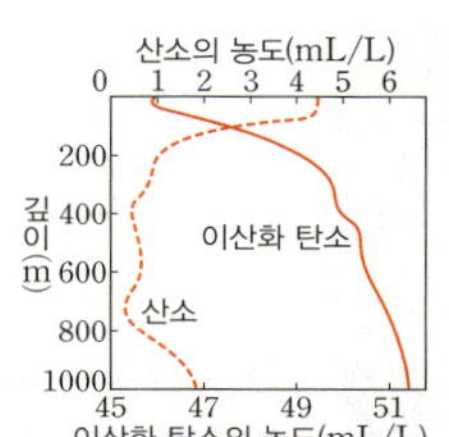


(2) **용존 이산화 탄소량**: 해수 표층에서 는 해양 생물의 광합성에 의해 소비되기 때문에 용존 이산화 탄소량이 적다.

### 4. 해수의 염분

(1) **염분비 일정 법칙**: 염분은 장소나 계절에 따라 다르지만 염류 들 상호 간의 (ⓕ             )은 항상 일정하다.

(2) **표층 염분**: (ⓖ             ) 값에 대체로 비례하며, 위도 30° 부근의 중위도 해역에서 최대이다.

- 증가 요인: 증발, 해수의 결빙 등
- 감소 요인: 강수, 빙하의 해빙, 육수의 유입 등

### 5. 해수의 밀도
수온이 낮을수록, 염분이 높을수록, 수압이 높을 수록 해수의 밀도는 커진다.

### 6. 수온–염분도(T–S 도)
해수의 수온과 염분을 축으로 하여 밀도를 함께 그 래프로 나타낸 도표이다. 같은 등밀 도선 위에 놓인 두 점은 수온과 염분 이 다르더라도 밀도가 같은 해수를 의미한다.

**01** 그림 (가)는 우리나라에 영향을 주는 기단을, (나)는 이 중 어느 기단이 우리나라로 이동하는 동안 기단 하부의 기온과 수증기압의 변화를 나타낸 것이다.

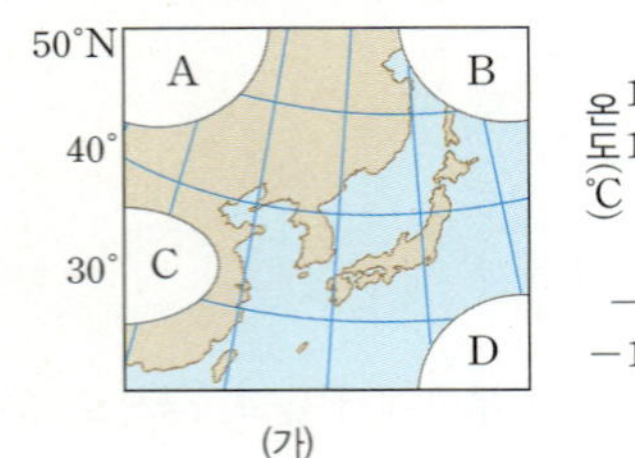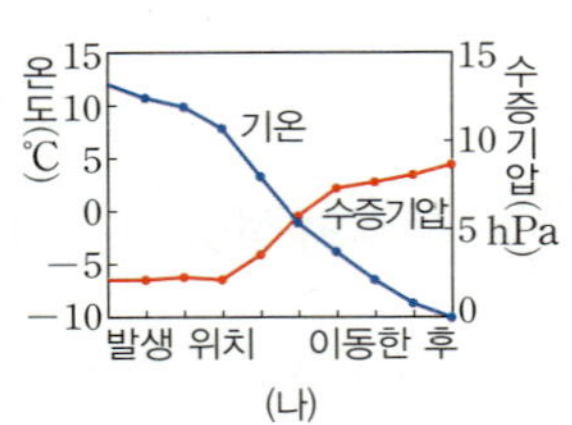

(가)　　　(나)

이에 대한 설명으로 옳지 <u>않은</u> 것은?

① A 기단이 겨울철 우리나라의 서해 바다를 지나갈 때, 폭설이 내리기도 한다.
② B 기단과 D 기단의 영향으로 장마 전선이 형성된다.
③ C 기단의 세력이 커지면 우리나라에 황사가 자주 발생한다.
④ (나)의 변화가 잘 일어나는 기단은 D이다.
⑤ (나)의 기단은 이동하는 동안 점점 불안정해진다.

**02** 그림 (가)는 어느 해 6월 초에 관측된 서울과 강릉의 일 최고 기온을 나타낸 것이고, 그림 (나)는 이 시기에 전형적으로 나타나는 지상 일기도이다.

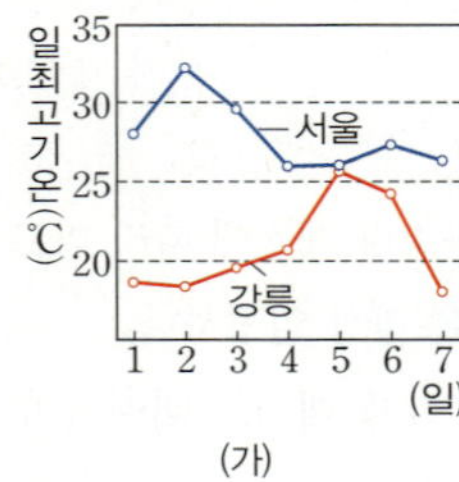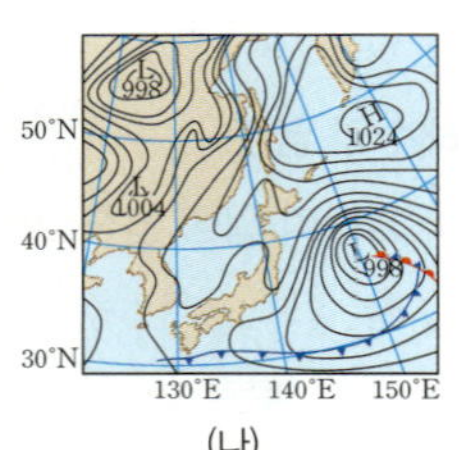

(가)　　　(나)

이에 대한 설명으로 옳은 것만을 〈보기〉에서 있는 대로 고른 것은?

┤ 보기 ├
ㄱ. 동해안에는 동풍 계열의 바람이 분다.
ㄴ. 우리나라는 한랭 습윤한 기단의 영향을 받고 있다.
ㄷ. 6월 2일의 서울은 강릉에 비해 고온 건조한 날씨가 나타났다.

① ㄱ　　　② ㄷ　　　③ ㄱ, ㄴ
④ ㄴ, ㄷ　　　⑤ ㄱ, ㄴ, ㄷ

**03** 그림 (가)와 (나)는 우리나라 부근의 일기도이다.

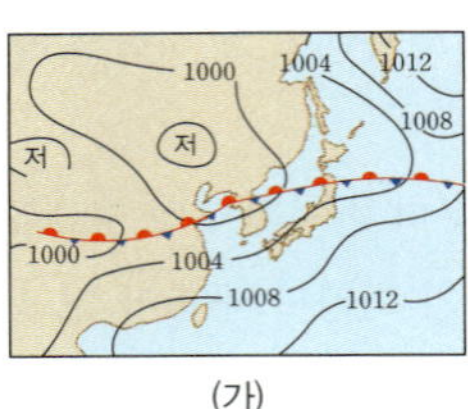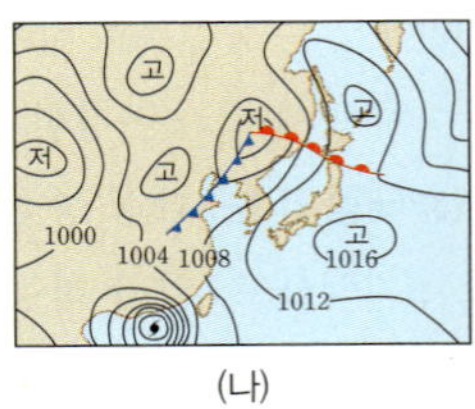

(가)　　　(나)

이에 대한 설명으로 옳은 것만을 〈보기〉에서 있는 대로 고른 것은?

┤ 보기 ├
ㄱ. (가)에서 강수량은 전선의 남쪽보다 북쪽에서 많다.
ㄴ. (나)에서 우리나라는 고온 다습한 기단의 영향을 받고 있다.
ㄷ. 우리나라 남부 지방의 풍속은 (가)가 (나)보다 빠르다.

① ㄱ　　　② ㄷ　　　③ ㄱ, ㄴ
④ ㄴ, ㄷ　　　⑤ ㄱ, ㄴ, ㄷ

**04** 그림 (가)는 어느 날 우리나라 주변의 일기도이고, (나)는 (가)의 일기도에서 어느 전선 부근의 동서 단면 모습을 나타낸 모식도이다.

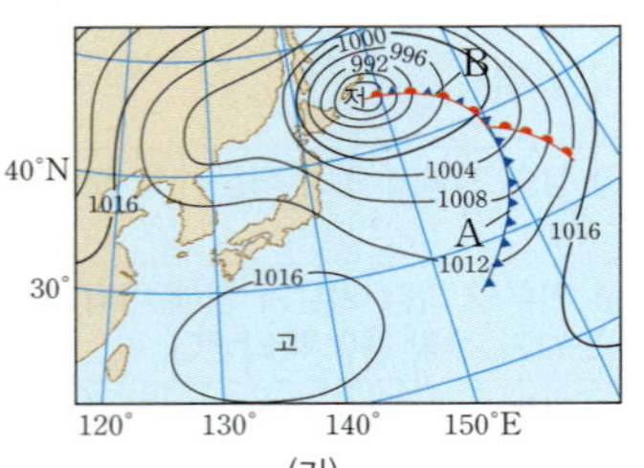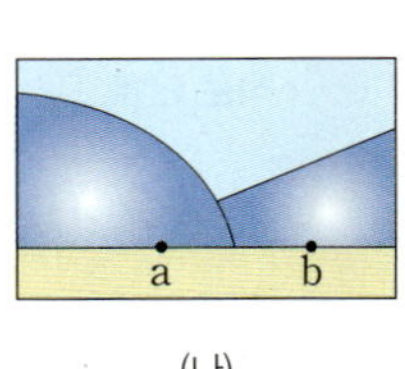

(가)　　　(나)

이에 대한 설명으로 옳은 것만을 〈보기〉에서 있는 대로 고른 것은?

┤ 보기 ├
ㄱ. (가)에서 전선 A가 통과할 때는 전선 B가 통과할 때보다 지표 부근의 기온 변화가 크게 나타난다.
ㄴ. (가)에서 저기압의 중심 부근에는 한랭형 폐색 전선이 형성되어 있다.
ㄷ. (나)에서 지표 부근의 기온은 a 지점보다 b 지점이 높다.

① ㄱ　　　② ㄴ　　　③ ㄱ, ㄷ
④ ㄴ, ㄷ　　　⑤ ㄱ, ㄴ, ㄷ

**05** 그림은 어느 해 어느 하루 동안 전선을 동반한 온대 저기압이 우리나라의 어느 지역을 통과할 때 관측한 기온과 기압의 변화를 나타낸 것이다. A와 B는 각각 기온과 기압 중 하나이다.

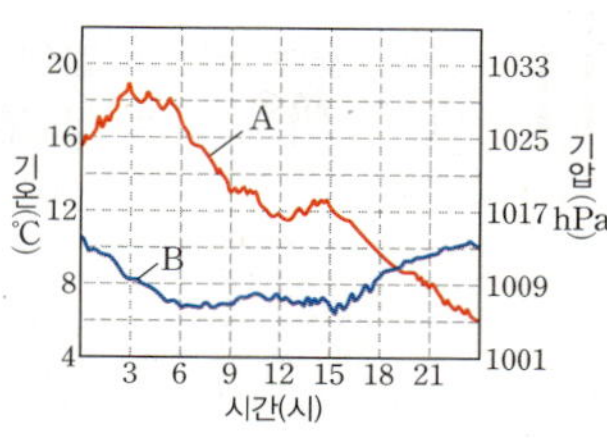


이 지역에 대한 설명으로 옳은 것만을 〈보기〉에서 있는 대로 고른 것은?

┤ 보기 ├
ㄱ. 15시 경 한랭 전선이 통과하였다.
ㄴ. 19시 이후 온대 저기압의 중심이 가까워졌다.
ㄷ. 전선이 통과하는 동안 풍향은 시계 반대 방향으로 변했다.

① ㄱ　　　② ㄴ　　　③ ㄷ
④ ㄱ, ㄴ　　　⑤ ㄱ, ㄷ

**06** 그림 (가)는 태풍의 단면도이고, (나)는 태풍의 중심으로부터 거리에 따른 해면 기압과 풍속의 변화를 나타낸 것이다.

(가)
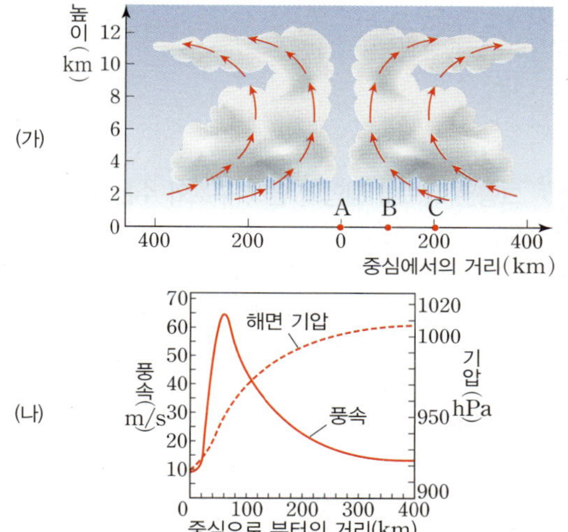


(나)


이에 대한 설명으로 옳은 것만을 〈보기〉에서 있는 대로 고른 것은?

┤ 보기 ├
ㄱ. 태풍의 중심은 날씨가 맑다.
ㄴ. 풍속은 A에서 가장 빠르다.
ㄷ. A→B→C로 갈수록 기압이 감소한다.

① ㄱ　　　② ㄴ　　　③ ㄱ, ㄷ
④ ㄴ, ㄷ　　　⑤ ㄱ, ㄴ, ㄷ

**07** 그림은 어느 해 발생한 태풍 나비의 이동 경로를 일정한 시간 간격으로 나타낸 것이다.

이에 대한 설명으로 옳은 것만을 〈보기〉에서 있는 대로 고른 것은?

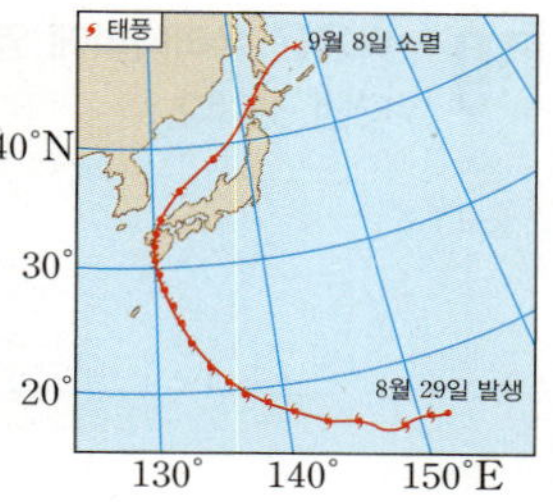


┤ 보기 ├
ㄱ. 태풍은 무역풍과 편서풍의 영향을 받아 포물선에 가까운 경로를 그리며 이동하였다.
ㄴ. 태풍이 우리나라 부근을 지나가는 동안 부산 지방의 풍향은 시계 반대 방향으로 변했다.
ㄷ. 태풍의 이동 속도는 30°N 부근에서 가장 빨랐다.

① ㄱ　　　② ㄷ　　　③ ㄱ, ㄴ
④ ㄴ, ㄷ　　　⑤ ㄱ, ㄴ, ㄷ

**08** 그림은 (가)는 태풍이 우리나라를 통과하는 동안 남해안 어느 지역에서의 풍향 변화를 나타낸 것이고, (나)와 (다)는 시간에 따라 측정한 기압과 풍속의 자료이다.

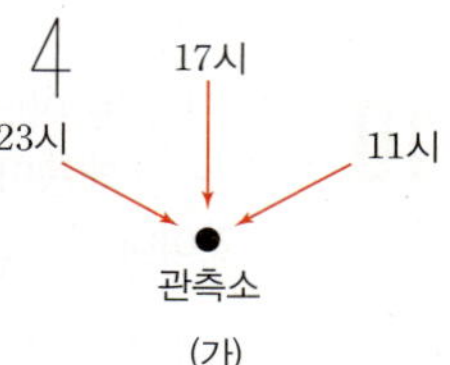


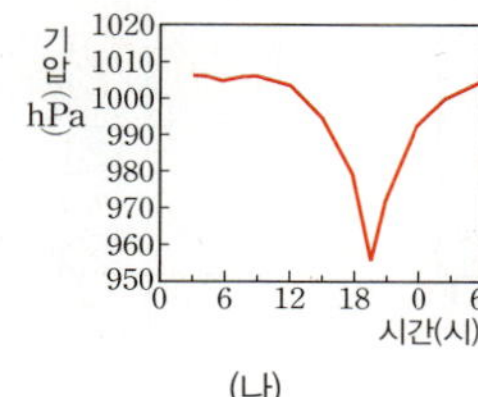


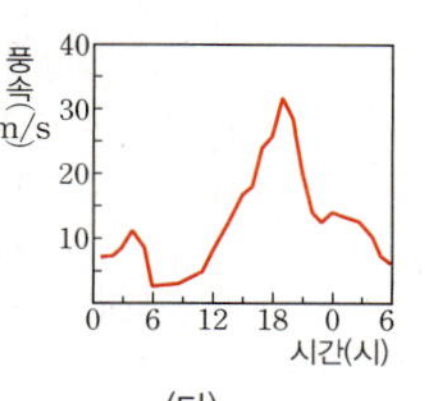


이에 대한 설명으로 옳은 것만을 〈보기〉에서 있는 대로 고른 것은?

┤ 보기 ├
ㄱ. 이 지역은 태풍의 위험 반원에 있었다.
ㄴ. 19시 경에 태풍의 중심이 이 지역을 통과하였다.
ㄷ. 태풍이 접근해 오면서 기압은 낮아지고 풍속은 커졌다.

① ㄱ　　　② ㄷ　　　③ ㄱ, ㄴ
④ ㄴ, ㄷ　　　⑤ ㄱ, ㄴ, ㄷ

**09** 다음은 우리나라에 영향을 주는 두 저기압의 연직 단면을 나타낸 것이다.

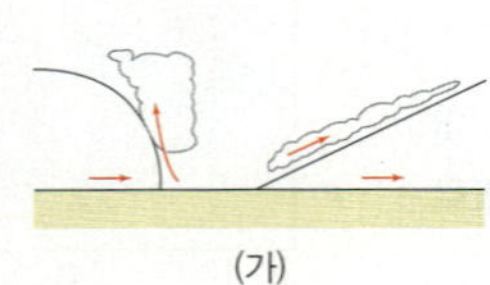
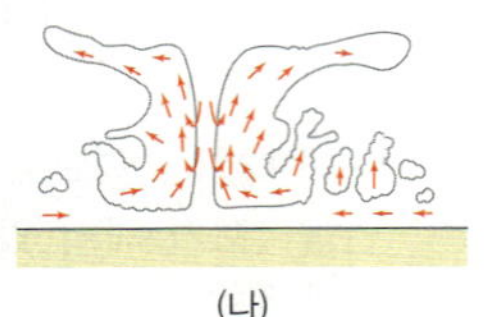

(가)　　　　　　　(나)

이에 대한 설명으로 옳은 것만을 〈보기〉에서 있는 대로 고른 것은?

보기
ㄱ. (가)는 저위도 지역의 남는 에너지를 고위도 지역으로 운송함으로써 지구 에너지를 재분배한다.
ㄴ. (나)의 에너지원은 수증기의 잠열이다.
ㄷ. (가)와 (나) 모두 성질이 다른 두 기단이 만나서 발생한 저기압이다.

① ㄱ　　　　② ㄴ　　　　③ ㄱ, ㄷ
④ ㄴ, ㄷ　　　⑤ ㄱ, ㄴ, ㄷ

**10** 그림 (가)는 어느 해 9월에 발생한 태풍 위파의 이동 경로를, (나)는 이 태풍이 소멸한 9월 20일 12시의 지상 일기도를 나타낸 것이다.

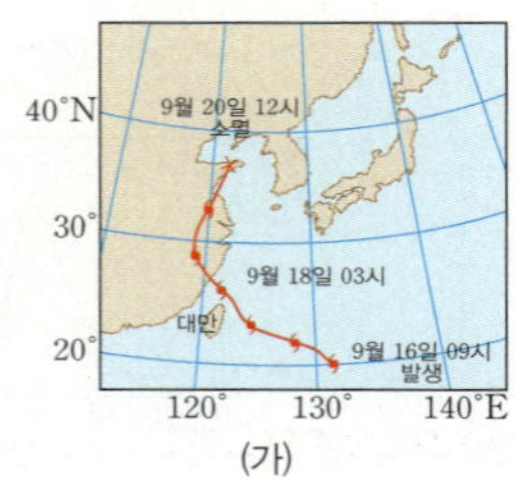
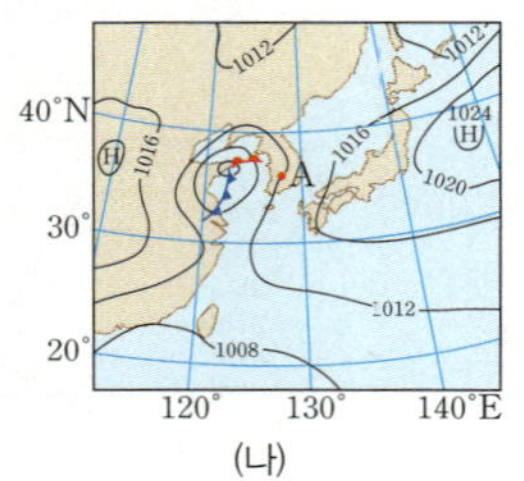

(가)　　　　　　　(나)

이에 대한 설명으로 옳은 것만을 〈보기〉에서 있는 대로 고른 것은?

보기
ㄱ. 태풍 위파는 온대 저기압으로 변하면서 소멸하였다.
ㄴ. 9월 20일 12시 경 A 지역은 동풍 계열의 바람이 불었을 것이다.
ㄷ. 9월 20일 12시 경 태풍에 수반되었던 수증기가 북한 지역에 많은 강수로 내렸을 것이다.

① ㄱ　　　　② ㄷ　　　　③ ㄱ, ㄴ
④ ㄴ, ㄷ　　　⑤ ㄱ, ㄴ, ㄷ

**11** 그림 (가)는 뇌우의 발생과 소멸 과정의 일부를 순서 없이 나타낸 것이고, (나)는 낙뢰를 나타낸 것이다.

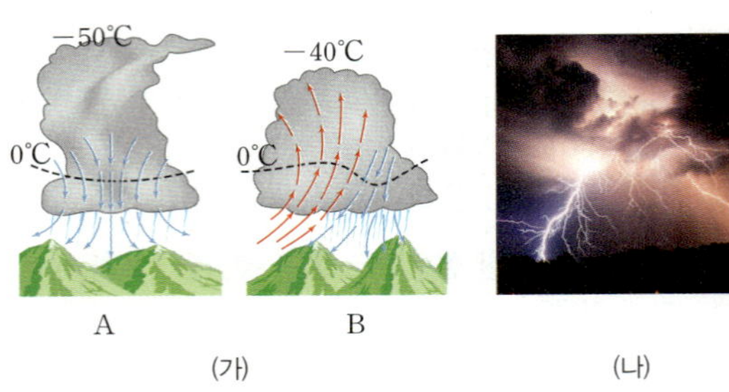

(가)　　　　　　　(나)

이에 대한 설명으로 옳은 것만을 〈보기〉에서 있는 대로 고른 것은?

보기
ㄱ. 뇌우는 지상 일기도에 잘 나타난다.
ㄴ. (가)에서 A가 B보다 나중에 나타난다.
ㄷ. (나) 현상은 A보다 B에서 자주 발생한다.

① ㄱ　　　　② ㄴ　　　　③ ㄷ
④ ㄱ, ㄷ　　　⑤ ㄴ, ㄷ

**12** 그림은 위도별 해양의 연직 구조와 수온 분포를 나타낸 것이다.

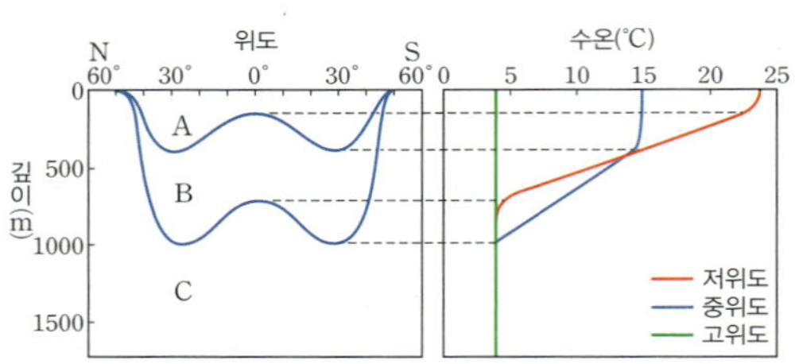

이에 대한 설명으로 옳은 것만을 〈보기〉에서 있는 대로 고른 것은?

보기
ㄱ. A층은 안정한 층이고, B층은 불안정한 층이다.
ㄴ. 풍속은 적도 해역보다 위도 30° 해역에서 더 크다.
ㄷ. 심해층이 시작되는 깊이는 위도에 관계없이 일정하다.

① ㄱ　　　　② ㄴ　　　　③ ㄷ
④ ㄱ, ㄴ　　　⑤ ㄴ, ㄷ

**13** 그림 (가)는 어느 해 5월 대한해협 어느 지역의 해수 중에 녹아 있는 산소의 양(DO)을, (나)는 식물성 플랑크톤의 농도를 수심에 따라 나타낸 것이다.

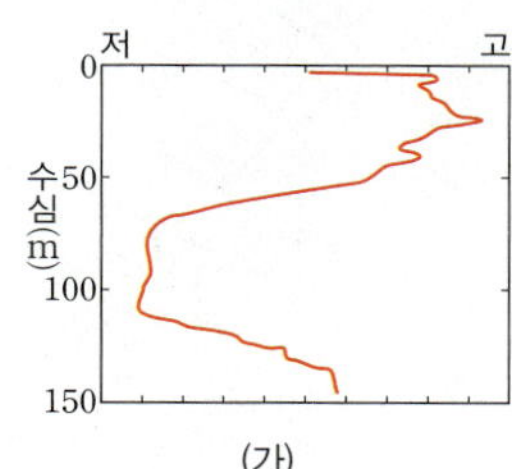
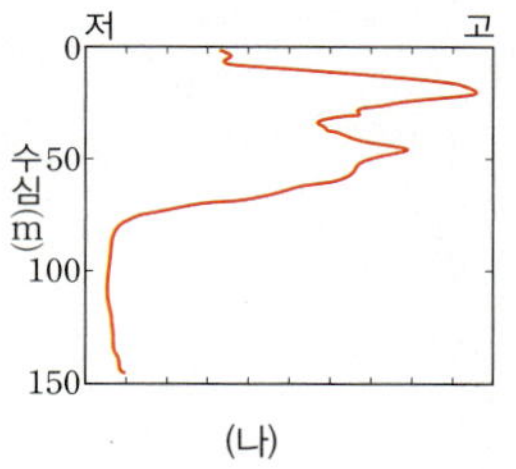



이에 대한 설명으로 옳은 것만을 〈보기〉에서 있는 대로 고른 것은?

| 보기 |

ㄱ. 표층에서는 식물성 플랑크톤의 농도가 높을수록 대체적으로 DO의 값이 증가한다.

ㄴ. 수심 30~70 m에서 DO의 값이 감소하는 것은 생물의 호흡과 유기물의 분해와 관련이 있다.

ㄷ. 수심 100~150 m에서 DO의 값이 증가하는 것은 수온이 낮은 심층수의 유입과 관련이 있다.

① ㄱ　　　　② ㄴ　　　　③ ㄱ, ㄷ
④ ㄴ, ㄷ　　　⑤ ㄱ, ㄴ, ㄷ

**14** 그림은 여름과 겨울에 동해의 한 지점에서 수심에 따라 측정된 수온과 염분을 수온－염분도에 나타낸 것이다.

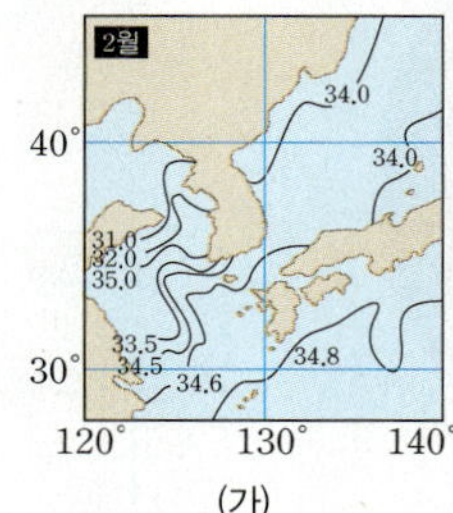


이에 대한 설명으로 옳은 것만을 〈보기〉에서 있는 대로 고른 것은?

| 보기 |

ㄱ. 수온 약층은 겨울이 여름보다 뚜렷하다.

ㄴ. 수심 500 m에서는 밀도의 계절 변화가 거의 없다.

ㄷ. 겨울에 수심 300 m 부근에서는 해수의 연직 운동이 활발하다.

① ㄱ　　　　② ㄴ　　　　③ ㄱ, ㄷ
④ ㄴ, ㄷ　　　⑤ ㄱ, ㄴ, ㄷ

**15** 표는 두 해역 A, B의 해수에 녹아 있는 염류의 함량을 나타낸 것이며, 그림은 우리나라 주변 해양의 2월과 8월의 표층 염분 분포도이다.

| 염류 | A | B |
|---|---|---|
| 염화 나트륨 | $x$ | 25.3 |
| 염화 마그네슘 | 3.3 | 3.5 |
| 황화 마그네슘 | ( ) | 1.6 |
| 기 타 | ( ) | 2.2 |
| 합 계 | 30.6 | 32.6 |

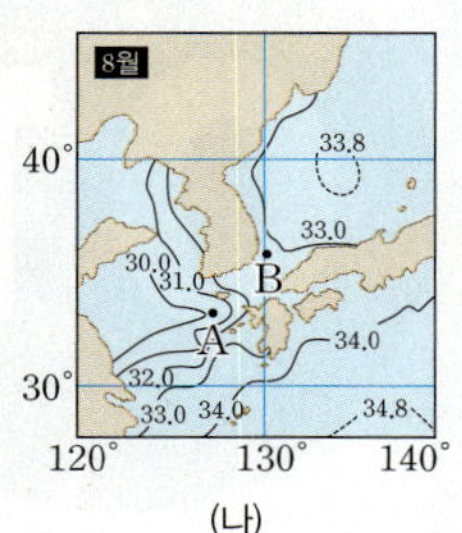



이에 대한 설명으로 옳은 것만을 〈보기〉에서 있는 대로 고른 것은?

| 보기 |

ㄱ. 위 표에서 $x$의 값은 27.2 이다.

ㄴ. 8월의 A 해역에는 중국 연안으로부터 염분이 낮은 해수가 유입되고 있다.

ㄷ. 우리나라 주변의 해양에서는 8월에 비해 2월의 표층 염분이 높은 값을 나타낸다.

① ㄱ　　　　② ㄷ　　　　③ ㄱ, ㄴ
④ ㄴ, ㄷ　　　⑤ ㄱ, ㄴ, ㄷ

# 01

# 대기와 해양의 상호 작용

# 대기 대순환과 해양의 표층 순환

## **①** 대기 대순환

### 1. 복사 에너지의 위도별 분포

① **지구의 복사 평형**: 지구는 흡수한 만큼의 태양 복사 에너지를 우주 공간으로 방출하므로 지구의 평균 기온은 거의 일정하게 유지한다.

② 고위도로 갈수록 태양의 남중 고도가 낮아지므로 태양 복사량이 적어지고, 지표면의 온도가 낮아지므로 지구 복사량도 적어진다.

③ 위도 약 38°를 경계로 저위도 지역은 에너지 과잉 현상이, 고위도 지역은 에너지 부족 현상이 나타난다.

· 저위도 지방(적도 ~ 위도 약 38°): 흡수 에너지 > 방출 에너지 ➡ 에너지 과잉
· 고위도 지방(위도 약 38° ~ 극): 방출 에너지 > 흡수 에너지 ➡ 에너지 부족

④ **위도별 에너지 불균형의 해소**: 대기와 해수의 순환에 의해 저위도의 과잉 에너지가 고위도로 이동하여 지구는 위도별로 일정한 온도를 유지한다.

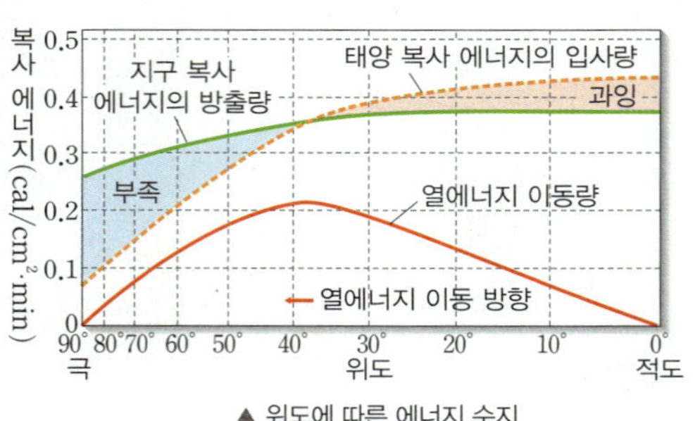


▲ 위도에 따른 에너지 수지

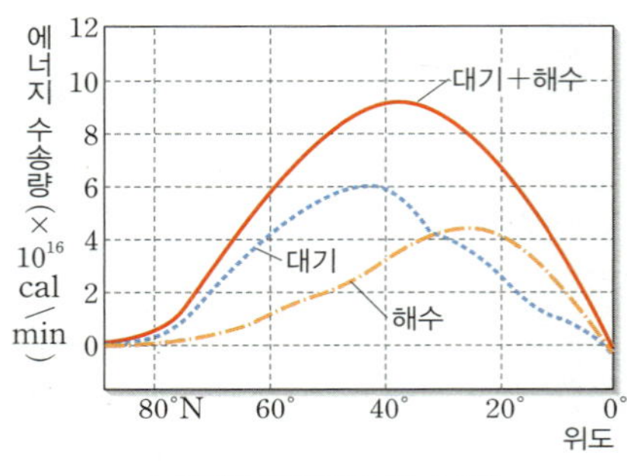


▲ 대기와 해양의 에너지 수송량

### 2. 대기 대순환

① **원인**: 위도별 태양 복사 에너지의 차이와 지구 자전에 의한 전향력 때문에 매우 복잡한 순환이 일어난다.

② **역할**

· 지구 상의 여러 가지 기후를 만들어 내고, 해수의 순환에 영향을 준다.
· 저위도 지방의 과잉 에너지를 고위도 지방으로 운반한다. ➡ 지구는 위도별로 일정한 온도를 유지한다.

③ **대기 대순환의 모형**

· **단일 세포 순환 모형**: 지표면이 균질하고, 지구가 자전하지 않는다면 적도에서 가열되어 상승한 공기는 극으로, 극에서 냉각되어 하강한 공기는 적도로 이동한다. ➡ 북반구 지상에서는 북풍, 남반구 지상에서는 남풍이 분다.

· **3개 세포 순환 모형**: 위도에 따른 에너지 불균형과 지구 자전의 영향으로 실제 대기 대순환은 3개의 순환으로 이루어진다.

---



* **복사** | 열이 전자기파의 형태로 전환되어 매질을 통하지 않고 고온의 물체에서 저온의 물체로 전달되는 현상이다.

* **해류** | 바다에서 일정한 속력과 방향을 갖는 해수의 흐름이다.

❖ **위도에 따른 태양 복사 에너지양**

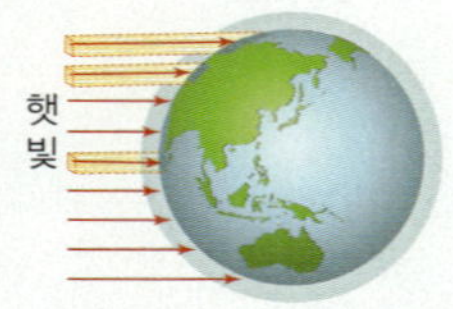


지구는 구형이기 때문에 단위 면적당 단위 시간에 지구에 입사하는 태양 복사 에너지의 양은 저위도에서 고위도로 갈수록 감소한다.

❖ **지구 자전의 영향(전향력)**

전향력은 지구가 자전하기 때문에 생기는 가상적인 힘으로 북반구에서는 운동 방향의 오른쪽 직각 방향, 남반구에서는 왼쪽 직각 방향으로 작용한다. 단위 질량당 작용하는 전향력의 크기는 속력이 빠를수록, 위도가 높아질수록 커진다.



❖ **대기 대순환의 모형**

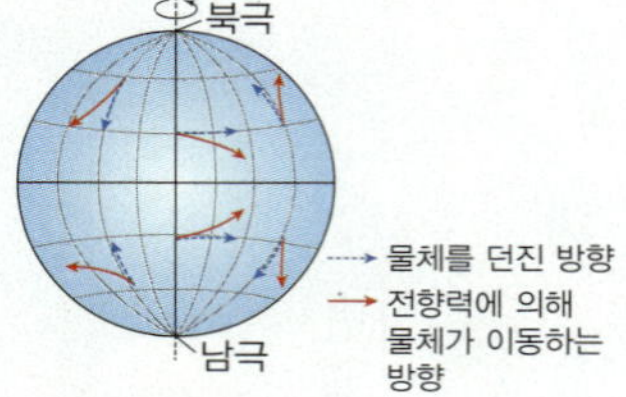


▲ 단일 세포 순환 모형

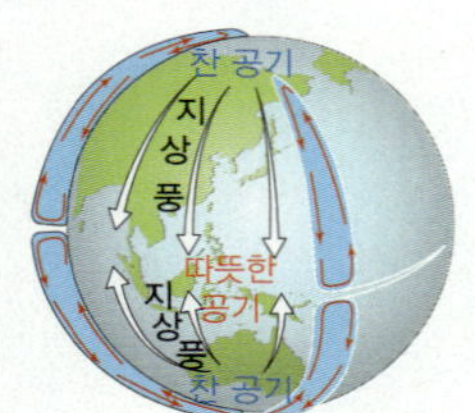

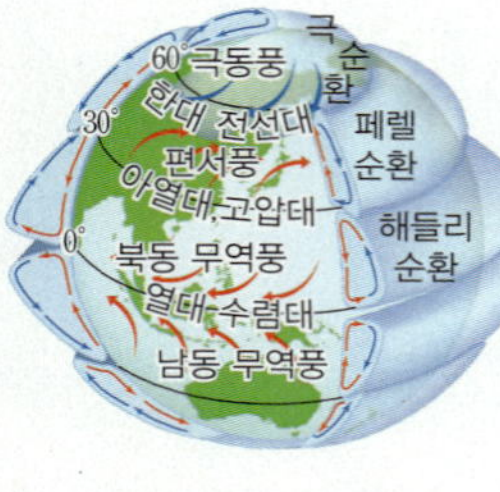

▲ 3개 세포 순환 모형

## 3. 대기 대순환 모형(3개 세포 순환 모형)

① 순환 세포

- 해들리 순환: 적도에서 상승하고, 위도 30°에서 하강하여 다시 적도로 되돌아오는 순환이다. ➡ 지표면에서는 무역풍을 형성한다.
- 페렐 순환: 위도 30°에서 하강하여 고위도로 이동한 다음 위도 60°에서 상승하는 순환이다. ➡ 지표면에서는 편서풍을 형성한다.
- 극 순환: 극에서 하강하여 저위도로 이동한 다음 위도 60°에서 상승하여 극으로 이동하는 순환이다. ➡ 지표면에서는 극동풍을 형성한다.

② 형성되는 기압대

- 적도 수렴대(저압대): 적도 부근의 가열된 공기가 모여 들어 상승하면서 적도 수렴대가 형성된다. ➡ 상승 기류가 발달한다. ➡ 강수량이 많다.
- 중위도 고압대(위도 30° 부근): 적도 부근에서 상승한 공기가 고위도로 이동하다가 하강하여 중위도 고압대가 형성된다. ➡ 하강 기류가 발달한다. ➡ 증발량이 강수량보다 많다. ➡ 육지에는 사막이 발달하고, 해수의 염분이 높다.
- 한대 전선대(위도 60° 부근): 한랭한 극동풍과 따뜻한 편서풍이 만나 한대 전선대가 형성된다. ➡ 강수량이 많다.
- 극고압대: 극지방에서 공기가 냉각된다. ➡ 하강 기류가 발달한다.

③ 직접 순환과 간접 순환

| 구분 | 형성 원리 | 예 |
| --- | --- | --- |
| 직접 순환 | 지표면의 가열과 냉각에 따른 공기의 열적 대류 현상에 의해 형성된다. | 해들리 순환, 극 순환 |
| 간접 순환 | 직접 순환 세포 사이에서 공기의 상승과 하강에 의해 역학적으로 형성된 순환이다. | 페렐 순환 |

④ 실제 대기 대순환: 지구의 실제 대기 대순환은 대륙과 해양이 분포하고, 대륙과 해양의 비열 차이에 의해 계절별로 기압 배치가 다르게 형성되는 등 이론적인 대기 대순환보다 훨씬 복잡한 형태로 나타난다.

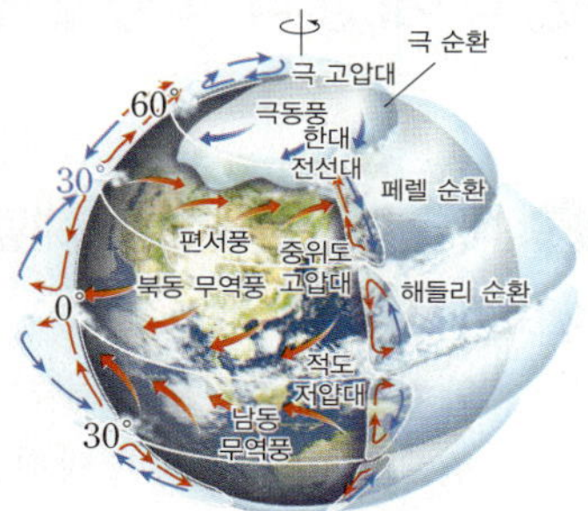
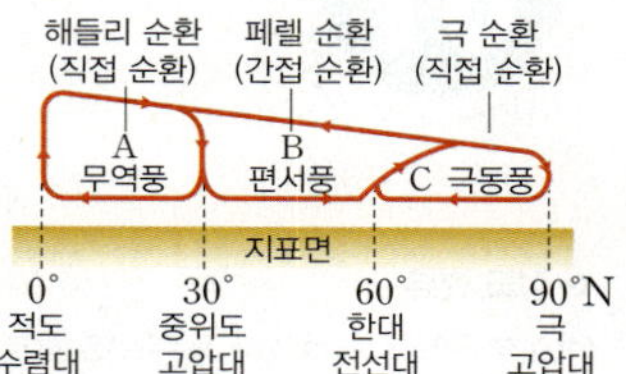


❖ **대류권 계면**



- 지구 대기권에서 대류권과 성층권의 경계 영역을 나타낸다.
- 계절, 위도, 기온 및 기압에 따라 변한다. 지표 기온이 높을수록 대류권 계면이 대체로 높아지는 경향이 있다.
- 극지방으로 갈수록 대류권 계면의 높이는 낮아진다.

❖ **중위도 고압대(위도 30° 부근)**

- 하강 기류가 나타나는 고압대로 증발량이 강수량보다 많다.
- 내륙에서는 사막이 넓게 분포하고, 바다에서는 표층 염분이 높게 나타난다.

❖ **한대 전선대(위도 60° 부근)**

- 성질이 다른 두 공기인 편서풍과 극동풍 만나서 전선이 잘 생성되는 지역이다.
- 우리나라에 영향을 미치는 온대 저기압이 주로 생성되는 지역이다.

---

## 개념 바로 확인

정답 및 해설 | 28쪽

**01** 지구는 위도별로는 에너지 불균형 상태이지만, ☐와 ☐의 순환에 의해 저위도의 과잉 에너지가 고위도로 이동하여 지구는 위도별로 일정한 온도를 유지한다.

**02** 중위도 고압대에서는 ☐ 기류가 발달하여, 육지에는 ☐이 발달하고, 해수의 염분이 ☐.

**01** 그림은 지구에서 단위 면적당 연평균 복사 에너지양을 위도에 따라 나타낸 것이다. 이에 대한 설명으로 옳은 것은 ○, 옳지 <u>않은</u> 것은 ×로 표시하시오.

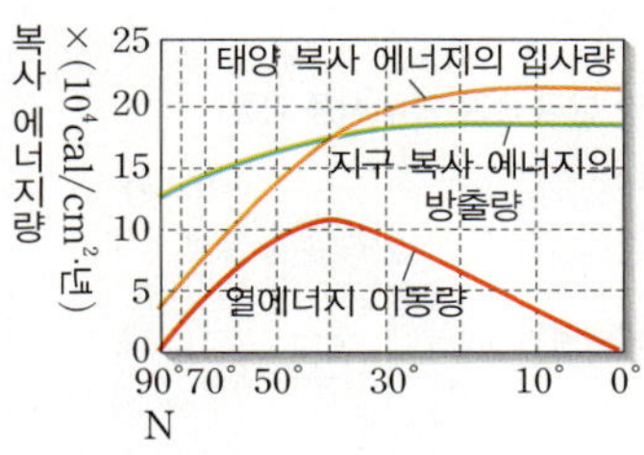


(1) 지표가 받는 태양 복사 에너지량은 고위도로 갈수록 대체적으로 줄어든다. (　　)

(2) 적도 지방은 에너지 과잉 상태로, 에너지 수송량이 가장 많다. (　　)

(3) 극지방은 에너지 부족 상태로, 기온은 계속 하강한다. (　　)

**② 대기 대순환과 표층 해류**

**1. 표층 순환**

① **대기 대순환과 표층 해류**: 대기 대순환에 의한 바람은 지구 전체적인 규모에서 부는 바람으로 연중 일정한 방향으로 불기 때문에 표층 해류를 발생시킨다.

• 적도와 위도 30° 사이의 저위도에서는 동풍 계열의 무역풍이 분다.
  ➡ 북적도 해류는 북동 무역풍에 의해 동에서 서로 흐른다.
  ➡ 남적도 해류는 남동 무역풍에 의해 동에서 서로 흐른다.
• 위도 30°와 60° 사이의 중위도에서는 서풍 계열의 편서풍이 분다.
  ➡ 북태평양 해류, 북대서양 해류, 남극 순환 해류는 편서풍에 의해 서에서 동으로 흐른다.
• 위도 60° 이상의 고위도에서는 동풍 계열의 극동풍이 분다.

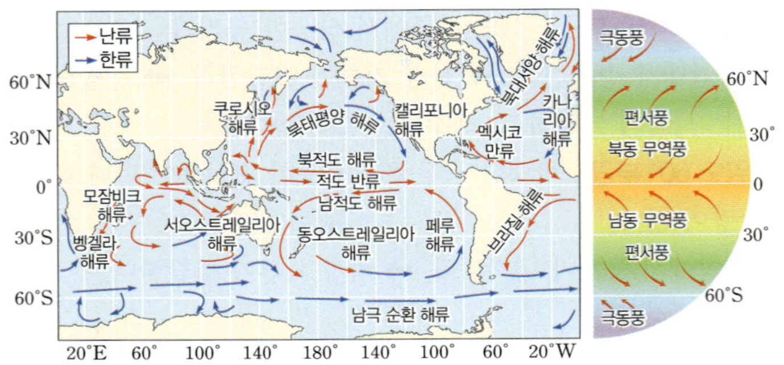


② **표층 해류**: 해수 표층에서 흐르는 해류로, 대기 대순환에 의해 일정한 방향으로 부는 바람과 해수면의 마찰력에 의해 발생한다.

• 바람과 비슷한 방향으로 흐르며, 수륙 분포에 의해 여러 개로 나뉜다.
• 대기 대순환에 의해 형성된 해류는 동서로 흐르다가 대륙에 부딪치면 남북 방향으로 갈라져 경계류가 생성된다.

③ **표층 순환**: 표층 해류는 육지로 가로막힌 대양 안에서 몇 개의 거대한 순환을 이루고 있으며, 적도를 경계로 북반구와 남반구가 대체로 대칭적인 분포를 보인다.



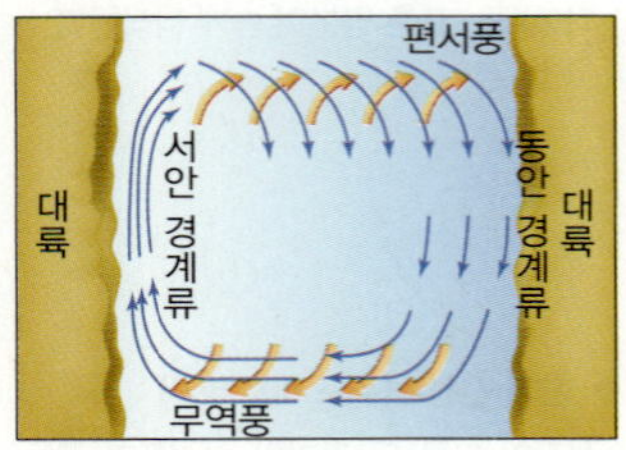


㉠ **열대 순환**: 무역풍에 의한 적도 해류와 적도 반류로 이루어진 순환이다.

㉡ **아열대 순환**: 무역풍대의 해류와 편서풍대의 해류로 이루어진 순환으로 북반구에서는 시계 방향, 남반구에서는 시계 반대 방향으로 흐른다.

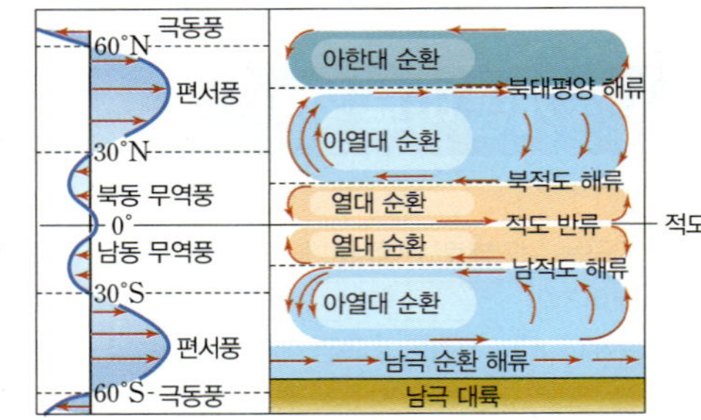


• 북태평양: 북적도 해류, 쿠로시오 해류, 북태평양 해류, 캘리포니아 해류로 이루어져 있으며, 시계 방향으로 순환한다.
• 남태평양: 남적도 해류, 동오스트레일리아 해류, 남극 순환 해류, 페루 해류로 이루어져 있으며, 시계 반대 방향으로 순환한다.
• 북대서양: 북적도 해류, 멕시코 만류, 북대서양 해류, 카나리아 해류로 이루어져 있으며, 시계 방향으로 순환한다.

㉢ **아한대 순환**: 편서풍대의 해류와 극동풍에 의한 해류가 이루는 순환으로, 대양이 육지로 막혀 있는 북반구에서만 나타난다.



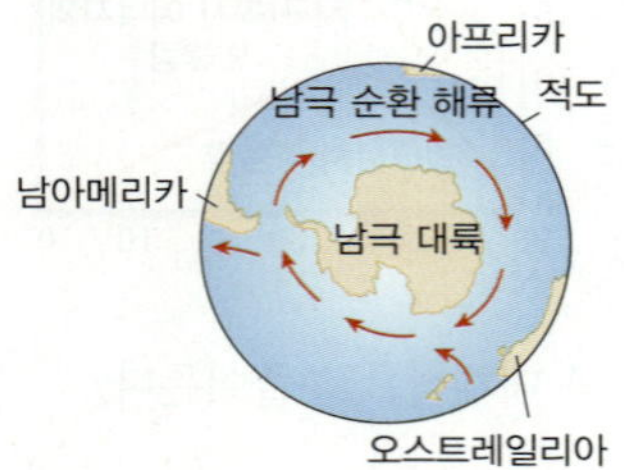

그림은 태평양의 연평균 표층 해류를 나타낸 것이다.

**❶ 난류와 한류**
- A는 저위도에서 고위도로 흐르는 난류로, 쿠로시오 해류이다. B는 고위도에서 저위도로 흐르는 한류로, 캘리포니아 해류이다.
- 난류인 A가 한류인 B보다 표층 염분이 높고, 표층 수온이 높다. 또한 A는 B보다 용존 산소량이 적고, 영양 염류도 적다.

**❷ 대기 대순환과 표층 해류**
대기 대순환에 의한 바람은 표층 해류를 발생시킨다.
- C는 남동 무역풍에 의해 발생한 남적도 해류이다.
- D는 편서풍에 의해 발생한 남극 순환류이다.

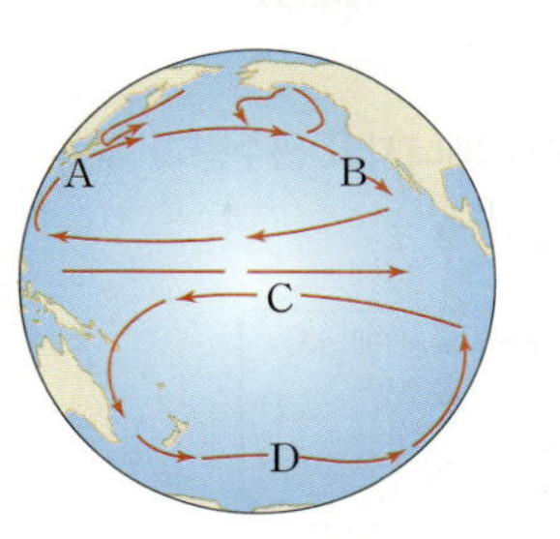

## 3. 우리나라 주변의 해류

**① 난류**
- 우리나라 주변 난류의 근원은 쿠로시오 해류이다.
- 쿠로시오 해류의 지류가 동중국해에서 분리된 후 북상하여 황해 난류, 쓰시마 난류, 동한 난류를 형성한다.

**② 한류**
- 우리나라 주변 한류의 근원은 오호츠크 해에서 연해주를 따라서 남하하는 리만 해류이다.
- 북한 한류는 리만 해류의 지류로 동해안을 따라 남하한다.

**③ 조경 수역**
- 북상하는 동한 난류와 남하하는 북한 한류가 동해에 만나 조경 수역을 형성한다.
- 계절별로 난류와 한류의 세력 변화에 따라 여름철에는 함경남도 먼 바다에서, 겨울철에는 죽변－울릉도로부터 주문진 먼 바다에서 형성된다.
- 지구 온난화의 영향으로 수온이 점점 상승하면서 조경 수역도 점점 북상한다.



## 4. 표층 순환의 역할과 영향

- 해수는 비열과 열용량이 크므로 지구가 일정한 온도를 유지하는데 큰 역할을 하며, 해류는 저위도의 남는 에너지를 고위도로 수송하는데 큰 역할을 하고 있다.
- 해수의 순환은 주변 지역의 기후에도 영향을 주어 난류가 흐르는 지역은 같은 위도의 다른 지역에 비해 겨울철 기온이 더 높으며, 해수면의 온도 변화는 태풍의 강도 변화나 대기 순환에서 기압 분포의 변화를 일으키는 원인이 된다.

---

**❖ 조경 수역**
- 난류와 한류가 만나는 곳으로 영양 염류, 플랑크톤, 용존 산소량이 풍부하며, 한류성 어종과 난류성 어종이 공존하여 수산 자원이 풍부하고 좋은 어장이 형성된다.
- 조경 수역에서는 수온 변화가 크므로 등수온선의 간격이 조밀하게 나타난다.

**❖ 영양 염류**
식물성 플랑크톤의 활동에 영향을 주는 인산염과 질산염 등과 같은 물질로, 영양 염류가 많은 해역은 플랑크톤이 풍부해져서 좋은 어장이 형성된다.

**❖ 난류와 한류**

| 구분 | 난류 | 한류 |
|---|---|---|
| 이동 방향 | 저위도 → 고위도 | 고위도 → 저위도 |
| 수온 | 높다 | 낮다 |
| 염분 | 높다 | 낮다 |
| 용존 산소 | 적다 | 많다 |
| 영양 염류 | 적다 | 많다 |
| 예 | 쿠로시오 해류, 멕시코 만류 등 | 캘리포니아 해류, 카나리아 해류 등 |

**❖ 해류와 기후(우리나라)**
- 난류의 영향을 받는 동해안 지역이 같은 위도의 서해안 지역보다 겨울철에 더 따뜻하다.
- 남해안은 연중 난류의 영향을 받아 기후가 온난하고, 수온 변화가 적어서 양식장 설치에 적합하다.

---

정답 및 해설 | 28쪽

**03** 북태평양에서 아열대 순환을 형성하는 해류는 북적도 해류 ➡ [           ] 해류 ➡ 북태평양 해류 ➡ [           ] 해류이다.

**04** 우리나라의 동해에는 난류와 한류가 만나 [           ]을 형성한다.

**02** 전 세계 주요 표층 해류에 관련된 알맞은 말을 쓰시오.

A는 B보다 염분이 (           ), B는 C보다 용존 산소량이 (           ). 해류 D의 명칭은 (           )이며, E는 대기 대순환의 (           )에 의해 형성된다.

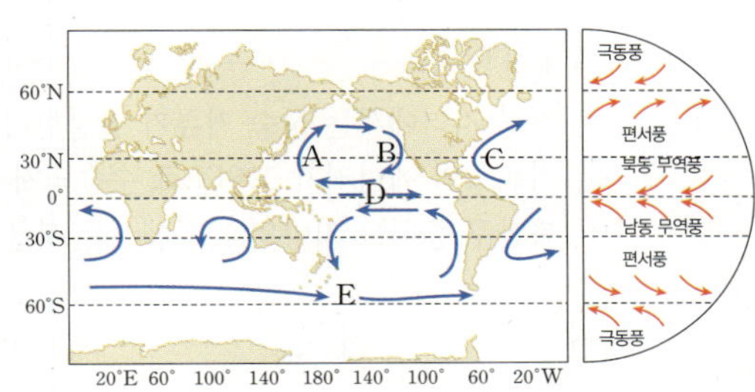

## ❶ 대기 대순환

**01** 그림은 위도에 따른 연평균 태양 복사 에너지의 흡수량과 지구 복사 에너지의 방출량을 나타낸 것이다.

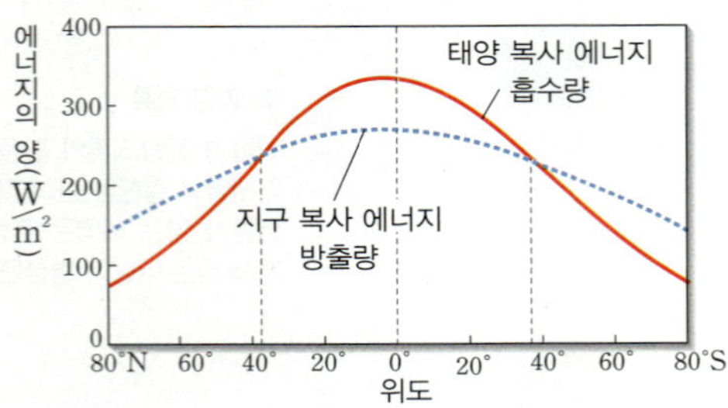

이에 대한 설명으로 옳은 것만을 〈보기〉에서 있는 대로 고른 것은?

| 보기 |
ㄱ. 적도 지방은 에너지 과잉 상태이고, 극지방은 에너지 부족 상태이다.
ㄴ. 대기와 해수는 저위도의 열을 고위도로 수송한다.
ㄷ. 위도 38° 부근에서는 에너지 수송량이 0이다.

① ㄱ  　② ㄷ  　③ ㄱ, ㄴ
④ ㄴ, ㄷ  　⑤ ㄱ, ㄴ, ㄷ

**02** 그림은 지구가 자전하지 않는다고 가정할 때 대기 대순환을 나타낸 것이다.

이에 대한 설명으로 옳은 것만을 〈보기〉에서 있는 대로 고른 것은?

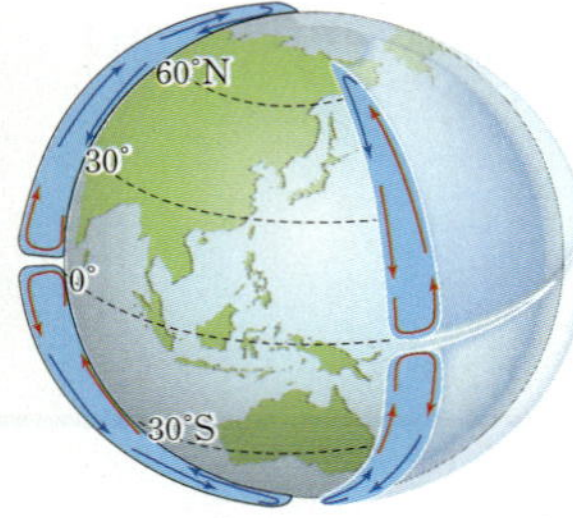

| 보기 |
ㄱ. 적도 지역에서는 상승 기류가 발달한다.
ㄴ. 저위도의 에너지가 고위도로 수송되지 못한다.
ㄷ. 북반구 중위도 지방의 지상에서는 북풍이 분다.

① ㄱ  　② ㄴ  　③ ㄱ, ㄷ
④ ㄴ, ㄷ  　⑤ ㄱ, ㄴ, ㄷ

**03**  그림은 북반구에서 형성되는 대기 대순환을 모식적으로 나타낸 것이다.

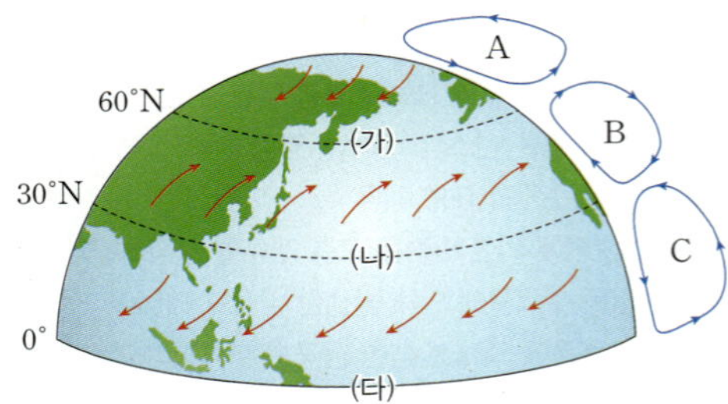

이에 대한 설명으로 옳지 <u>않은</u> 것은?

① A는 극 순환이며 지표면의 냉각에 따른 열대류로 형성된 순환이다.
② B는 간접 순환이다.
③ A, B, C 순환 세포는 위도에 따른 에너지 불균형과 지구 자전의 영향으로 형성되었다.
④ (가) 지역은 (나) 지역보다 대체로 기압이 높다.
⑤ (다) 지역은 (나) 지역보다 연평균 강수량이 많다.

## ❷ 대기 대순환과 표층 해류

**04** 그림은 대기 대순환에 의해 지표 부근에서 부는 바람과 이론적인 해수의 표층 순환 모형을 나타낸 것이다.

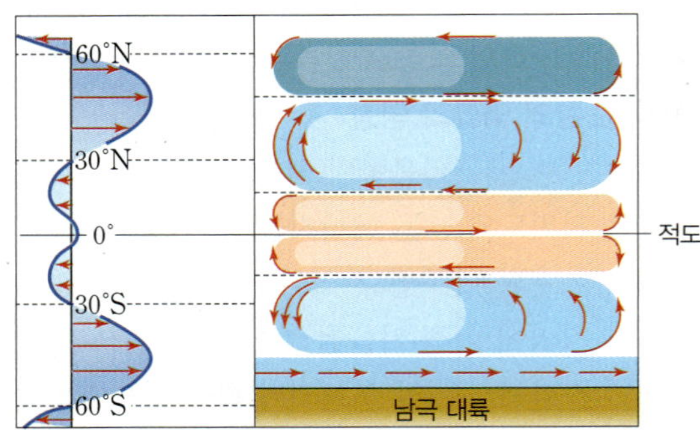


이에 대한 설명으로 옳은 것만을 〈보기〉에서 있는 대로 고른 것은?

| 보기 |
ㄱ. 남반구와 북반구에서 표층 순환의 방향은 서로 같다.
ㄴ. 동서 방향의 표층 해류는 대기 대순환에 의한 바람의 방향과 대체로 일치한다.
ㄷ. 아열대 순환의 동쪽 해역에서는 표층 해류에 의해 저위도의 에너지가 고위도로 수송된다.

① ㄱ  　② ㄴ  　③ ㄱ, ㄷ
④ ㄴ, ㄷ  　⑤ ㄱ, ㄴ, ㄷ

**05** 그림은 북대서양 표층 해수의 용존 산소량을 나타낸 것이다.

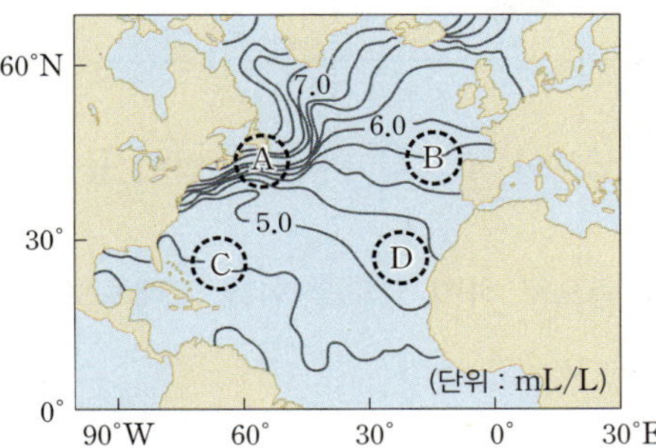


이에 대한 설명으로 옳은 것만을 〈보기〉에서 있는 대로 고른 것은?

| 보기 |

ㄱ. 남북 방향의 표층 수온 변화는 A 해역이 B 해역보다 크다.
ㄴ. C 해역에는 난류가, D 해역에는 한류가 흐른다.
ㄷ. 범선을 이용하여 C에서 D로 갈 때 무역풍보다 편서풍을 이용하는 것이 좋다.

① ㄱ     ② ㄷ     ③ ㄱ, ㄴ
④ ㄴ, ㄷ     ⑤ ㄱ, ㄴ, ㄷ

**06**  그림 (가)와 (나)는 우리나라 주변에서 여름철과 겨울철에 나타나는 해류 분포를 순서 없이 나타낸 것이다.

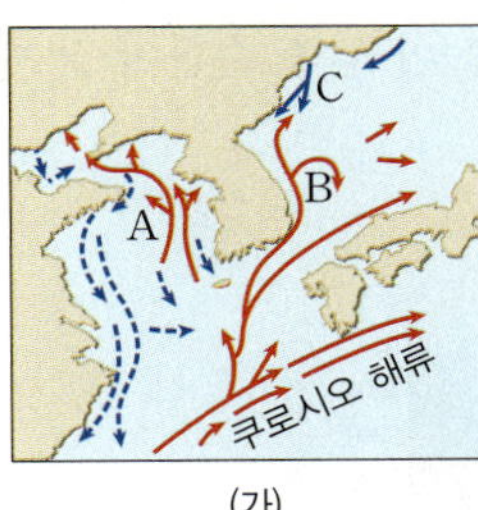

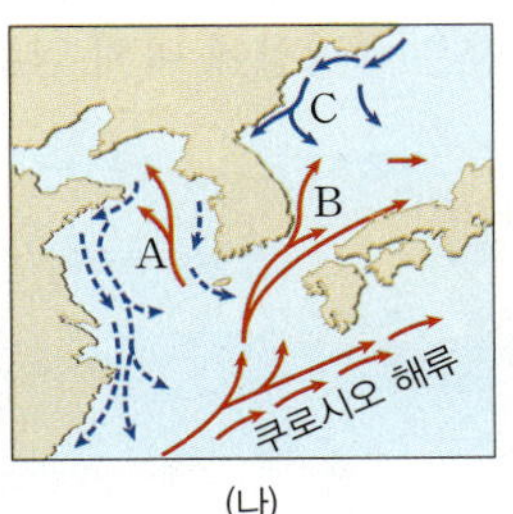


이에 대한 설명으로 옳은 것만을 〈보기〉에서 있는 대로 고른 것은?

| 보기 |

ㄱ. (가)는 겨울철의 해류 분포이다.
ㄴ. 동해에는 조경 수역이 형성된다.
ㄷ. 해류 A와 B의 근원은 쿠로시오 해류이다.
ㄹ. 해류 B는 C보다 영양 염류가 많다.

① ㄱ, ㄴ     ② ㄱ, ㄹ     ③ ㄴ, ㄷ
④ ㄱ, ㄷ, ㄹ     ⑤ ㄴ, ㄷ, ㄹ

**서 술 형** 이렇게!

**07** 중요 그림은 태양 복사 에너지가 구름과 지표면에 흡수되거나 반사되는 양을 위도에 따라 나타낸 것이다.

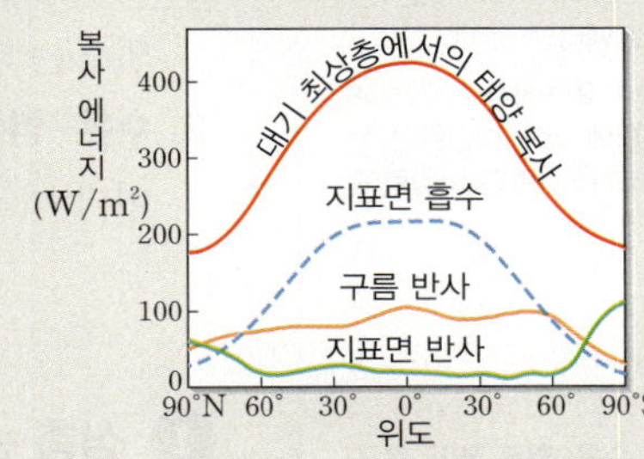


적도 지방은 태양 복사 에너지가 구름에 반사되는 양이 많다. 그 이유를 대기 대순환과 관련지어 설명하시오.

**08** 그림 (가), (나)는 각각 약 5000만 년 전과 현재의 남극 대륙 주변의 수륙 분포와 표층 해류를 나타낸 것이다.

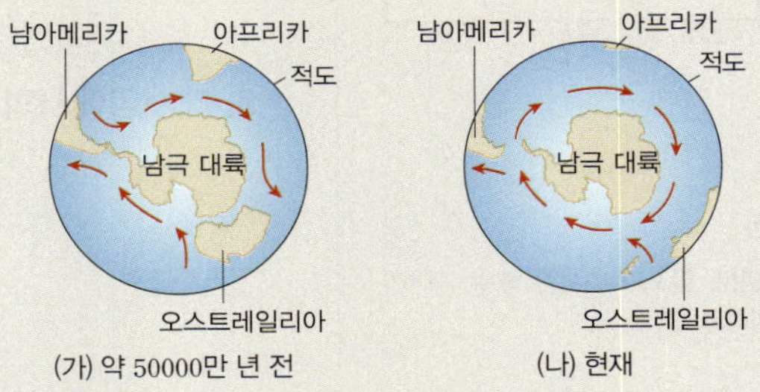


(가)와 (나) 중 남극 대륙 주변의 표층 수온이 높은 곳을 고르고, 그 이유를 설명하시오.

# 02 해양의 심층 순환



- 심층 순환의 발생 원리와 분포를 설명할 수 있어야 한다.
- 심층 순환을 표층 순환과 기후 변화와 관련지어 설명할 수 있어야 한다.

---

## 먼저 알아야 할 "용어!"

- **염분** | 해수 1 kg 속에 녹아 있는 염류의 양을 g 수로 나타낸 것이다.
- **표층 해류** | 해수 표층에서 흐르는 해류로, 대기 대순환에 의해 일정한 방향으로 부는 바람과 해수면의 마찰력에 의해 발생한다.

---

### ❖ 위도별 해수의 수온, 염분, 밀도 분포

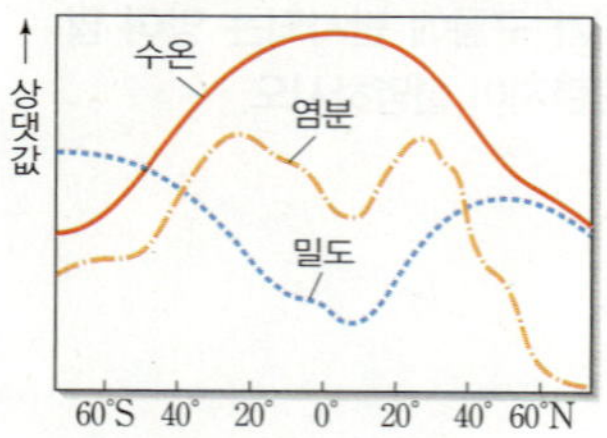

### ❖ 수온−염분도

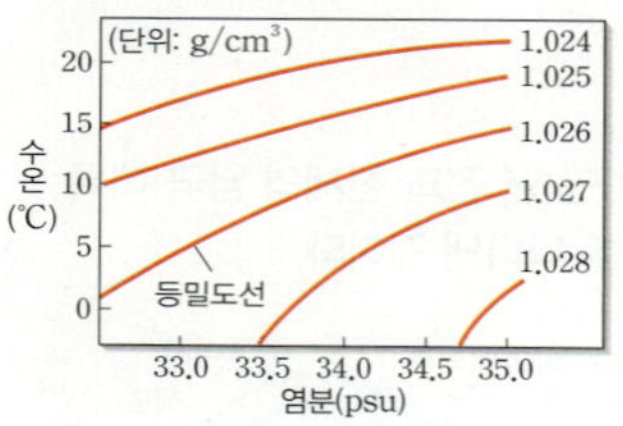

### ❖ 수괴

수온, 염분, 밀도가 비슷한 해수 덩어리를 수괴라고 한다.

### ❖ 해수의 보존성

해수가 침강하면 대기와 상호 작용이 일어나지 않고 성질이 다른 수괴는 잘 섞이지 않으므로 수괴의 수온과 염분이 거의 변하지 않는다.

### ❖ 밀도류

밀도류는 해수의 수온과 염분 변화로 인한 밀도 차이로 발생된다. 밀도가 서로 다른 해수가 만나면 밀도가 큰 수괴가 밀도가 작은 수괴를 밀어 올리면서 해수의 흐름이 생긴다.

---

## ⊗ 먼저 알아야 할 내용

1. **해수의 밀도**: 수온이 ⑦ [      ]수록, 염분이 ⓒ [      ]수록, 수압이 높을수록 해수의 밀도는 커진다.
2. **수온−염분도**: 해수의 수온과 염분을 축으로 하여 밀도를 함께 그래프로 나타낸 도표이다.

답 ⑦ 낮을 ⓒ 높을

---

## ❶ 심층 순환의 발생 원리

### 1. 해수의 밀도 변화

① 해수의 밀도는 수온과 염분에 따라 달라진다.

② 수괴 분석: 성질이 다른 수괴끼리는 서로 잘 섞이지 않으므로 해수의 수온과 염분은 거의 변하지 않는다. ➡ 수괴의 성질을 조사해 수온−염분도에 나타내면 수괴의 기원과 이동 경로를 추정할 수 있다.

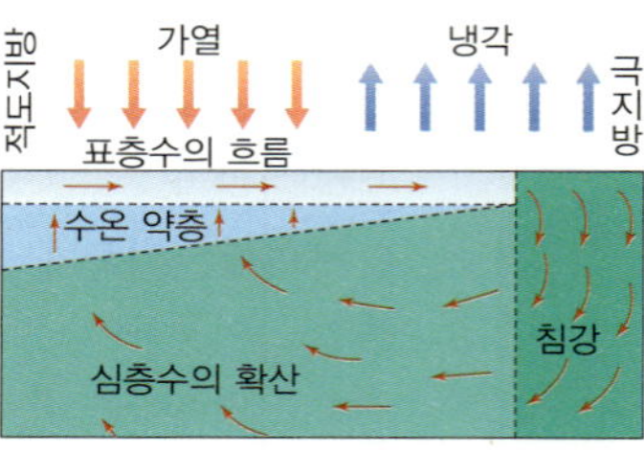

▲ 심층 순환의 발생 모형

### 2. 해수의 심층 순환

① 심층 순환: 해수의 심층 순환은 수온 약층 아래에서 수온과 염분 변화에 따른 해수의 밀도 차이에 의해 일어나므로 열염 순환이라고도 한다.

② 발생: 표층 해수의 수온이 낮아지거나 염분이 증가하여 밀도가 커지면 침강하여 해수의 심층 순환이 일어난다.

③ 특징: 심층 순환은 표층 순환에 비해 유속이 매우 느리므로 직접 관측하기가 어렵고, 수온과 염분 및 밀도를 조사하여 간접적으로 흐름을 알아낸다.

### 3. 대서양에서의 심층 순환   대서양은 태평양에 비해 염분이 높아 심층 순환이 잘 형성된다.

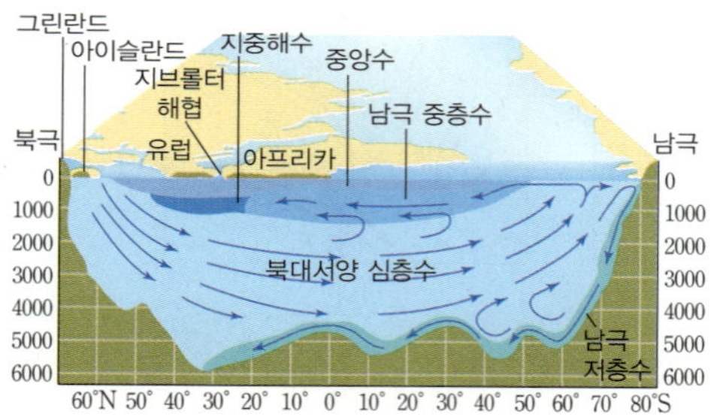

| | |
|---|---|
| **남극 중층수** | • 남위 60° 부근의 해역에서 냉각되어 가라앉아 형성된 심층수이다.<br>• 수심 1000 m 부근에서 북쪽으로 이동한다. |
| **북대서양 심층수** | • 그린란드 주변 해역에서 겨울철에 염분이 높은 해수가 냉각되면서 밀도가 증가하여 심층으로 가라앉아 형성된다.<br>• 북대서양으로 유입되어 남극 저층수와 만난다.<br>• 남극 저층수보다 밀도가 작기 때문에 수심 1500~4000 m 범위에서 넓게 퍼진다. |
| **남극 저층수** | • 남극 주변의 웨델해에서 수온이 낮은 해수가 결빙되면서 염분이 높아지고 밀도가 커지면서 가라앉아 형성된 심층수이다.<br>• 전 세계 해수 중에서 수온이 가장 낮고 밀도가 가장 크다.<br>• 대서양, 태평양, 인도양에서 수심이 4000 m보다 깊은 곳을 채우며 해저 지형을 따라 북쪽으로 이동하여 30°N까지 흐른다. |

## ❷ 세계 해수의 순환

### 1. 해수의 심층 순환과 표층 순환과의 관계

① 북대서양 그린란드 주변 해역에서 침강한 해수는 대서양의 서해안을 따라 남쪽으로 흐르다가 남극 주변의 웨델해에서 침강한 해수와 함께 인도양과 태평양으로 퍼져 나간다.

② 인도양과 태평양으로 퍼진 물은 매우 느린 속도로 용승하게 되고, 상승한 물은 표층 해류를 따라 웨델해로 다시 유입되거나 대서양을 거쳐 그린란드 주변 해역으로 유입된다.

③ 표층 순환과 심층 순환이 연결된 큰 순환은 거대한 컨베이어 벨트와 같이 흐르게 된다. ➡ 심층 순환이 약화되면 표층 순환도 약화되면서 열에너지 수송에 변화가 생겨 지구의 기후 변화를 초래할 수 있다.

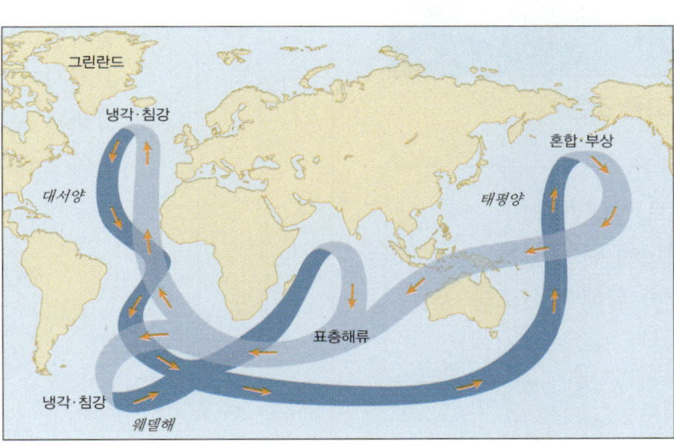


▲ 세계 해수의 순환

### 2. 심층 순환의 역할

① 거의 전 수심에 걸쳐서 일어나면서 해수를 전체적으로 순환시키는 데 큰 역할을 한다.

② 용존 산소가 풍부한 표층 해수를 심해로 운반하여 깊은 바다 속에도 산소를 공급하여 생물이 살 수 있는 환경을 만들어준다.

③ 표층 순환과 연결되어 저위도의 과잉 에너지를 고위도로 운반하여 위도별 에너지 불균형을 해소시켜 준다.

④ 심층수에 많이 포함되어 있는 영양 염류 등을 표층으로 운반해 준다.



---

## 개념 바로 확인

정답 및 해설 | 29쪽

**01** 해수의 심층 순환은 해수의 수온과 염분 변화에 의한 [　　　] 차이에 의해 발생한다.

**02** 남극 저층수는 북대서양 심층수보다 수온이 [　　] 고, 밀도가 [　　] 기 때문에 북대서양 심층수보다 아래로 침강한다.

**01** 해수의 심층 순환에 대한 설명으로 옳은 것은 ○, 옳지 않은 것은 ×로 표시하시오.

(1) 심층 순환이 약해지면 표층 순환도 약해진다. (　　　)

(2) 심층 순환은 주로 대기 대순환에 의해 일어난다. (　　　)

(3) 심층 순환은 적도에서 표층 해수가 가라앉으면서 시작된다. (　　　)

(4) 저위도의 과잉 에너지를 고위도로 운반하여 위도별 에너지 불균형을 해소시켜 준다. (　　　)

**02** 그림은 대서양에서 해수 순환의 연직 단면을 나타낸 것이다.

(1) A, B, C에 해당하는 심층수의 이름을 각각 쓰시오.

(2) A, B, C 중 상대적으로 밀도가 가장 큰 것은 어느 것인지 쓰시오.

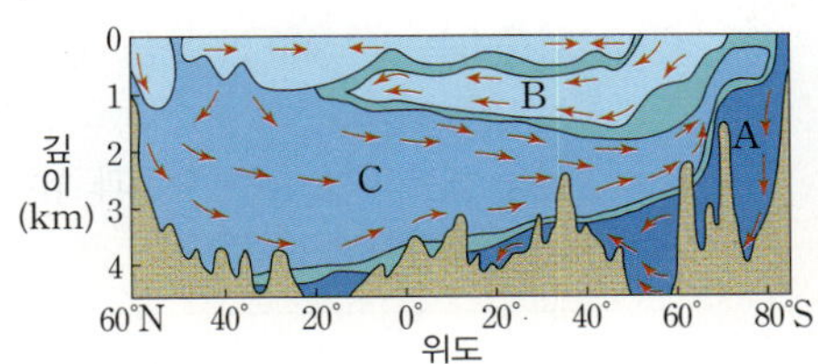

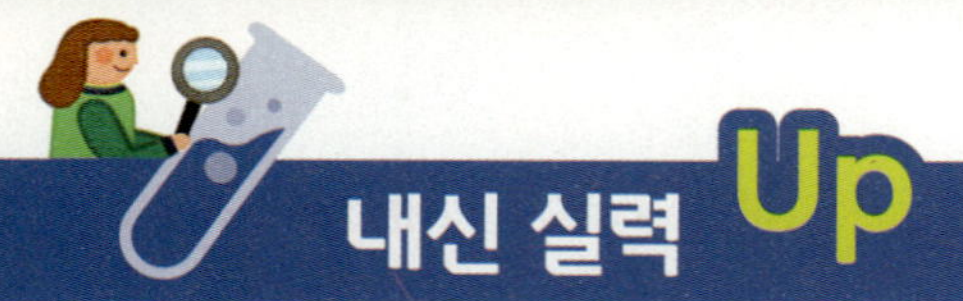

## 1 심층 순환의 발생 원리

**01** 그림은 바다에서 형성되는 심층 순환을 모식적으로 나타낸 것이다.

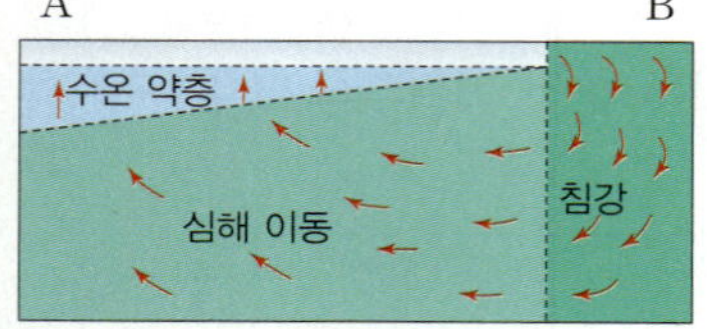


이에 대한 설명으로 옳은 것만을 〈보기〉에서 있는 대로 고른 것은?

┤ 보기 ├

ㄱ. 심층 순환은 바람의 영향으로 발생한다.
ㄴ. A 해역은 B 해역보다 고위도에 위치한다.
ㄷ. B 해역의 표층수가 침강하여 심해에 산소를 공급한다.

① ㄱ     ② ㄷ     ③ ㄱ, ㄴ
④ ㄴ, ㄷ     ⑤ ㄱ, ㄴ, ㄷ

**02** 그림은 대서양에서 일어나는 심층 순환의 단면을 나타낸 것이다.

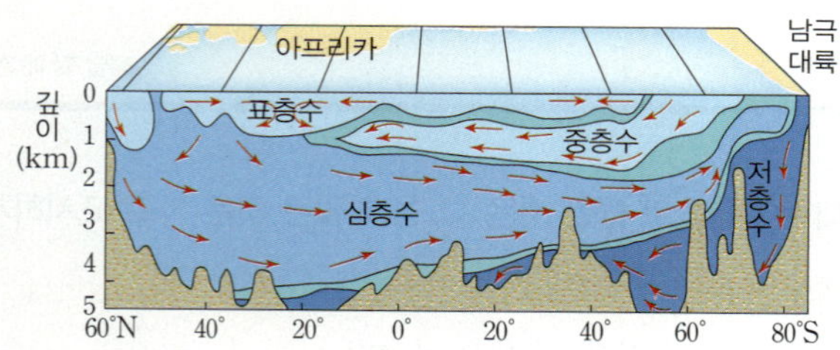


이에 대한 설명으로 옳은 것만을 〈보기〉에서 있는 대로 고른 것은?

┤ 보기 ├

ㄱ. 중층수를 이루는 물은 저층수를 이루는 물보다 밀도가 크다.
ㄴ. 심층수는 50°~60°N 부근 해역에서 표층의 냉각으로 만들어진다.
ㄷ. 심층 해류의 흐름은 수온과 염분을 조사하여 간접적으로 알아낼 수 있다.

① ㄱ     ② ㄴ     ③ ㄱ, ㄷ
④ ㄴ, ㄷ     ⑤ ㄱ, ㄴ, ㄷ

**03** 다음은 해류의 발생 원리를 알아보기 위한 실험 과정이다.

**중요**

[실험 과정]
(가) 수조 바닥에 온도계 A, B, C를 설치하고 50℃ 정도의 물을 담은 후 몇 개의 스타이로폼 조각을 띄운다.
(나) 종이컵 바닥에 작은 구멍을 뚫어 수조의 한쪽에 고정시키고 얼음을 채운다.
(다) 착색된 물을 종이컵에 천천히 부으면서 온도 변화와 스타이로폼 조각의 움직임을 관찰한다.

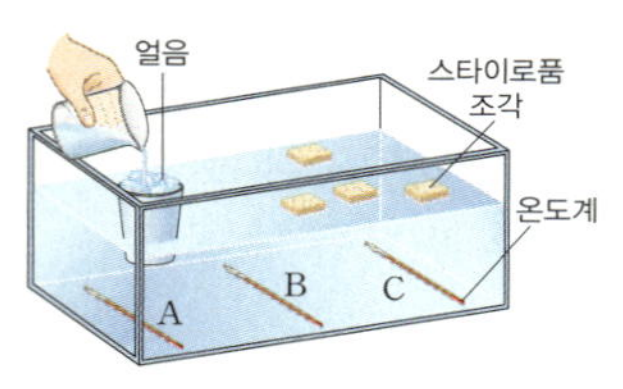


이에 대한 설명으로 옳은 것만을 〈보기〉에서 있는 대로 고른 것은?

┤ 보기 ├

ㄱ. 심층 순환의 발생 원리를 알아보기 위한 실험이다.
ㄴ. A 위에서 찬물이 가라 앉아 C 쪽으로 퍼져 나간다.
ㄷ. 스타이로폼 조각은 얼음을 채운 종이컵에서 멀어지는 쪽으로 움직인다.

① ㄱ     ② ㄷ     ③ ㄱ, ㄴ
④ ㄴ, ㄷ     ⑤ ㄱ, ㄴ, ㄷ

**04** 표는 서로 인접한 A~E 해역의 수온과 염분 분포를, 그림은 수온－염분도를 나타낸 것이다.

**중요**

| 해역 | 수온(℃) | 염분(psu) |
|---|---|---|
| A | 0 | 34.5 |
| B | 0 | 35.0 |
| C | 3 | 34.5 |
| D | 3 | 35.0 |
| E | 5 | 34.5 |

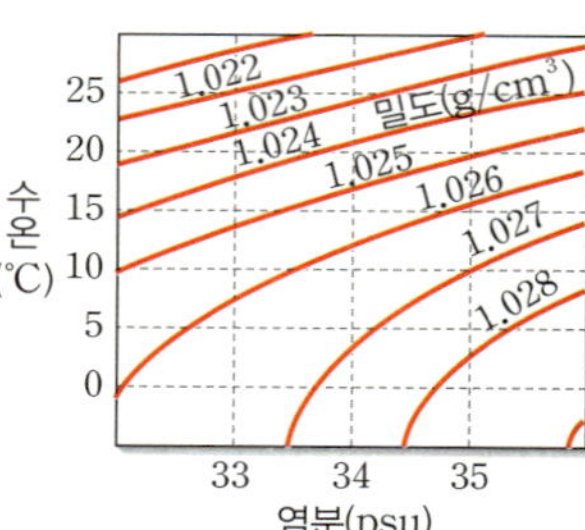


A~E 해역 중 표층 해수가 침강하여 심층 해류가 발생할 가능성이 가장 큰 해역은?

① A     ② B     ③ C
④ D     ⑤ E

**05** 그림 (가)와 (나)는 대서양의 연직 염분 분포와 용존 산소량의 분포를 각각 나타낸 것이다.

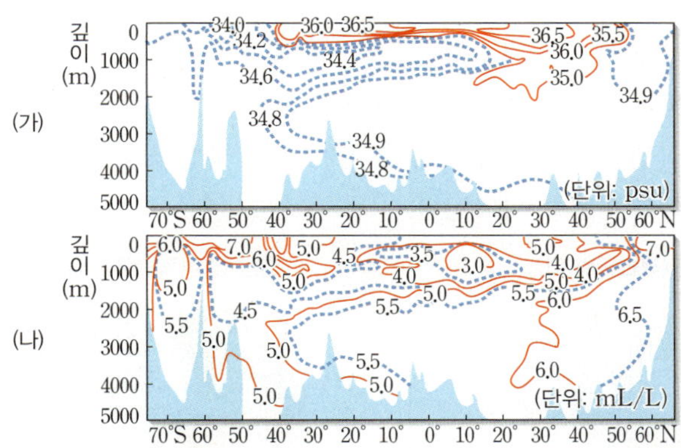

이에 대한 설명으로 옳은 것만을 〈보기〉에서 있는 대로 고른 것은?

―| 보기 |―
ㄱ. 수심이 깊어질수록 해수의 염분이 높아진다.
ㄴ. 북대서양 60°N 부근에서 해수의 침강이 일어난다.
ㄷ. 대체로 용존 산소량은 남극 저층수보다 북대서양 심층수가 많다.

① ㄱ   ② ㄴ   ③ ㄱ, ㄷ
④ ㄴ, ㄷ   ⑤ ㄱ, ㄴ, ㄷ

**06** 그림은 북대서양의 해수 A~D를 수온-염분도에 나타낸 것이다. A는 표층수, B는 남극 중층수, C는 북대서양 심층수, D는 남극 저층수이다.

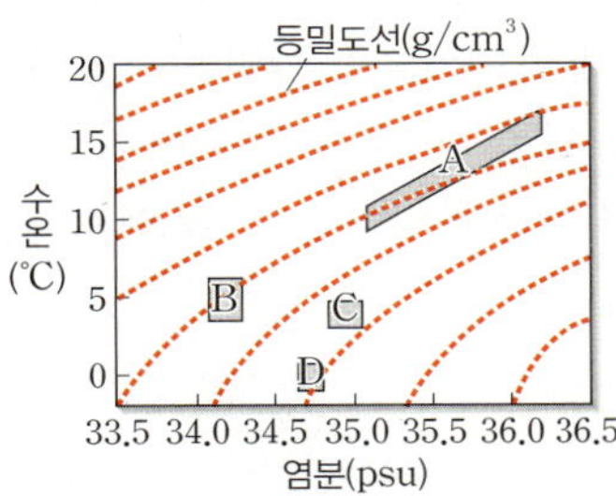

이에 대한 설명으로 옳은 것만을 〈보기〉에서 있는 대로 고른 것은?

―| 보기 |―
ㄱ. 평균 밀도는 북대서양 심층수가 남극 중층수보다 크다.
ㄴ. 표층수와 남극 저층수가 만나 북대서양 심층수를 형성한다.
ㄷ. 북대서양 심층수에 비해 남극 저층수의 밀도는 수온의 영향을 크게 받는다.

① ㄱ   ② ㄴ   ③ ㄱ, ㄷ
④ ㄴ, ㄷ   ⑤ ㄱ, ㄴ, ㄷ

**2** 세계 해수의 순환

**07** 그림은 전 지구적으로 나타나는 해수 순환의 형태를 나타낸 모식도이다.

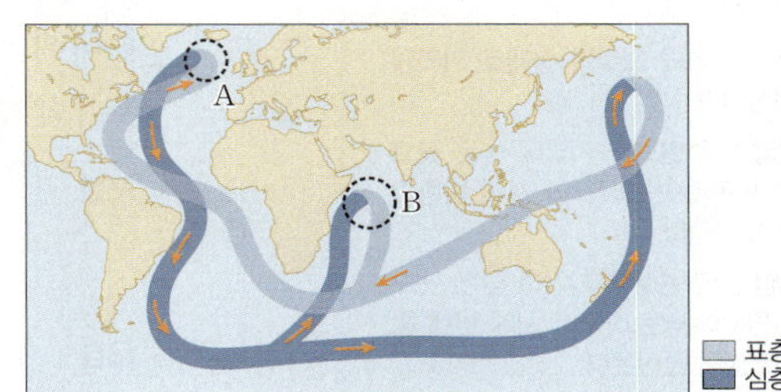


이에 대한 설명으로 옳은 것만을 〈보기〉에서 있는 대로 고른 것은?

―| 보기 |―
ㄱ. A 해역에서는 용승 현상이 활발하다.
ㄴ. B 해역에 흐르는 표층류는 난류의 성질을 갖는다.
ㄷ. 심층 순환은 표층 순환과 연결되어 있어 전체 해양에서 큰 순환을 이룬다.

① ㄱ   ② ㄷ   ③ ㄱ, ㄴ
④ ㄴ, ㄷ   ⑤ ㄱ, ㄴ, ㄷ

**서술형** 이렇게!

**08** 그림은 대서양에서 남북 방향으로 일어나는 해수의 연직 순환을 나타낸 모식도이다.

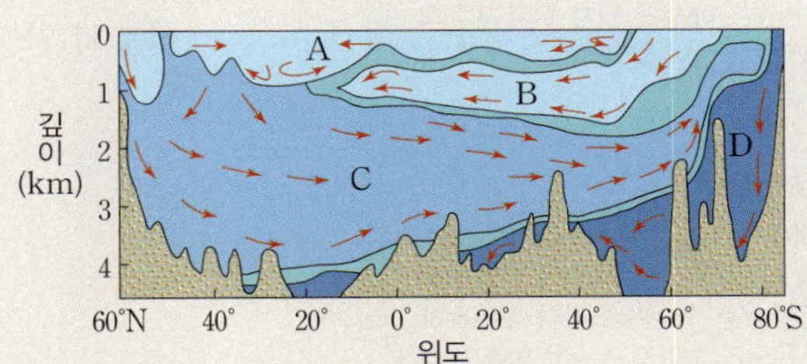


해수 A~D 중 가장 밀도가 큰 해수의 흐름을 나타내는 것의 기호와 명칭을 쓰고, 형성되는 과정을 설명하시오.

**09** 극 해역의 표층 염분이 낮아질 경우, 표층 해수의 침강과 표층 순환의 세기가 어떻게 변화할지 설명하시오.

# 03 대기와 해양의 상호 작용


- 대기와 해수의 상호 작용 사례로서 용승, 침강, 엘니뇨와 남방 진동을 설명할 수 있어야 한다.
- 해양의 변화가 초래할 수 있는 기후 변화를 설명할 수 있어야 한다.

---



* **용승** | 심층의 해수가 표층으로 솟아 오르는 현상이다.
* **침강** | 표층의 해수가 아래로 가라앉는 현상이다.
* **고기압** | 주변보다 기압이 높은 곳으로 북반구에서는 바람이 시계 방향으로 불어 나간다.
* **저기압** | 주변보다 기압이 낮은 곳으로 북반구에서는 바람이 시계 반대 방향으로 불어 들어온다.

#### ❖ 에크만 나선과 에크만 수송 (북반구)

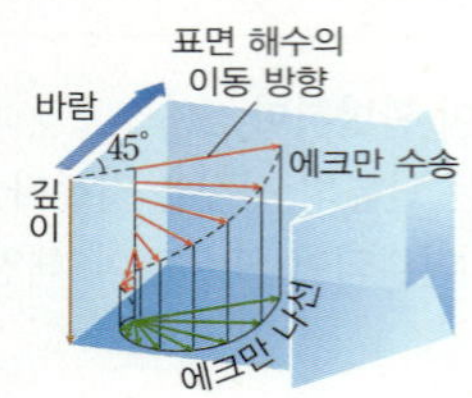



- **에크만 나선**: 해수면 위에 바람이 일정하게 불면 표면 해수는 전향력의 영향으로 풍향의 오른쪽 45°방향으로 이동하고 수심이 깊어질수록 유속이 느려지면서 오른쪽으로 더 편향된다.
- **에크만 수송**: 해수 표면에서부터 해수의 이동 방향이 표면 해수의 이동 방향과 반대가 되는 깊이까지의 층을 에크만층이라고 하는데, 에크만층 내에서의 해수의 평균적인 이동을 에크만 수송이라 한다.
- 북반구에서는 풍향에 대해 오른쪽 직각 방향, 남반구에서는 왼쪽 직각 방향으로 에크만 수송이 일어난다.

#### ❖ 침강의 영향

표층 해수가 수렴하는 지역에서는 표층의 물이 침강하는 형상이 나타난다. 이때는 따뜻한 표층 해수가 모이기 때문에 해수면의 온도가 높아지고 수온 약층이 나타나는 깊이가 깊어진다.

#### ❖ 전 세계 주요 용승 해역

적도 해역, 페루–칠레 연안, 캘리포니아 연안 등에서 용승이 활발하게 일어난다.

---

## ① 용승과 침강

### 1. 용승과 침강의 종류

① **연안 용승과 침강**: 해안가에서 일정한 방향으로 바람이 지속적으로 불면 에크만 수송에 의해 표층 해수가 이동하면서 용승이나 침강이 일어난다. 북반구에서 에크만 수송은 바람 방향의 오른쪽 직각 방향으로 나타난다.

| 구분 | 연안 용승(북반구일 때) | 연안 침강(북반구일 때) |
|---|---|---|
| 모습 |  |  |
| 발생 과정 | 북반구 동쪽 해안에서 남풍이 지속적으로 분다. ➡ 에크만 수송에 의해 해수가 먼 바다(동쪽)로 이동한다. ➡ 이를 보충하기 위해 심층의 찬 해수가 상승한다. | 북반구 동쪽 해안에서 북풍이 지속적으로 분다. ➡ 에크만 수송에 의해 해수가 육지 쪽(서쪽)으로 이동한다. ➡ 육지 쪽에 해수가 쌓여 표층의 해수가 심층으로 침강한다. |

② **저기압과 고기압에서의 용승과 침강**

- **저기압에서의 용승**: 북반구의 저기압에서는 시계 반대 방향으로 바람이 분다. ➡ 에크만 수송에 의해 표층 해수가 저기압의 주변부로 이동한다. ➡ 저기압의 중심 해역에서는 용승이 일어난다.
- **고기압에서의 침강**: 북반구의 고기압에서는 시계 방향으로 바람이 분다. ➡ 에크만 수송에 의해 표층 해수가 고기압의 중심부로 모여든다. ➡ 고기압의 중심 해역에서는 침강이 일어난다.



③ **적도 용승**: 적도 부근 해역에서 무역풍이 불면 에크만 수송에 의해 북반구에서는 표층 해수가 북쪽으로 이동하고, 남반구에서는 표층 해수가 남쪽으로 이동한다. ➡ 적도 부근 해역에서는 표층 해수의 발산이 일어난다. ➡ 빠져나간 표층 해수를 보충하기 위해 심층의 찬 해수가 상승한다.

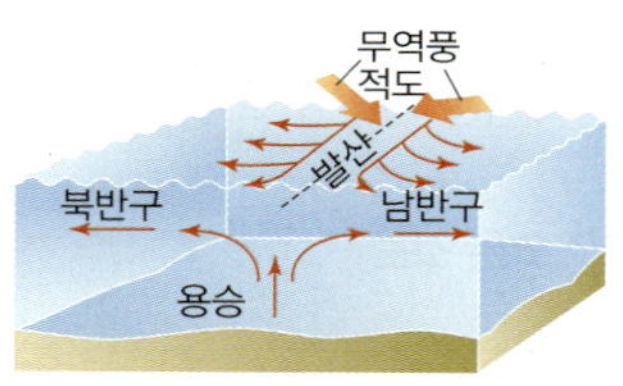


▲ 무역풍에 의한 적도 용승

### 2. 용승의 영향

① **기후**: 해안 지역에서는 용승한 찬물의 영향으로 안개가 자주 발생하고 대기가 안정하여 강수량이 적어 건조 지대가 형성된다.

② **어장 형성**: 용승에 의해 심층수에 녹아 있던 영양 염류가 표층으로 운반되므로, 용승이 일어나는 해역에는 어류 등 해양 생물들이 풍부해지고 좋은 어장이 형성된다.

**1. 평상시 적도 부근 태평양의 수온 분포**: 태평양의 적도 부근 해역은 동쪽에서 서쪽으로 부는 무역풍에 의해 따뜻한 해수가 서쪽으로 이동한다.

**2. 엘니뇨와 라니냐**

① 엘니뇨: 태평양의 적도 부근에서 부는 무역풍이 약해지면서 태평양 적도 부근의 남아메리카 해안에서 태평양 중앙부에 이르는 넓은 범위에서 표층 수온이 평상시보다 높아지는 현상이다.

② 라니냐: 태평양의 적도 부근에서 부는 무역풍이 강해지면서 동태평양 해역에서 평상시보다 용승이 강해지면서 동태평양 해역의 표층 수온이 평상시보다 낮아지는 현상이다.

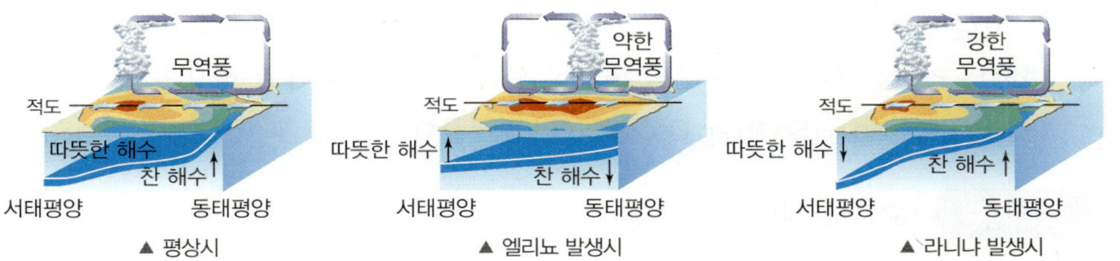


② 엘니뇨와 라니냐의 주기: 매우 불규칙적이지만 2~6년 주기로 발생한다.

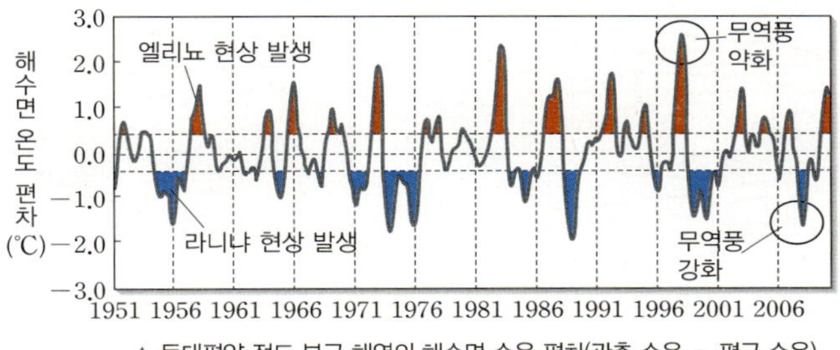

▲ 동태평양 적도 부근 해역의 해수면 수온 편차(관측 수온 − 평균 수온)

**❖ 워커 순환**

수온이 높은 서태평양 해역에서는 상승 기류가 생기고, 수온이 낮은 동태평양 해역에서는 하강 기류가 생기면서 태평양 지역에서 동서 방향으로 나타나는 대기의 순환을 워커 순환이라고 한다.

**❖ 평상 시 적도 부근 태평양의 연직 수온 분포**

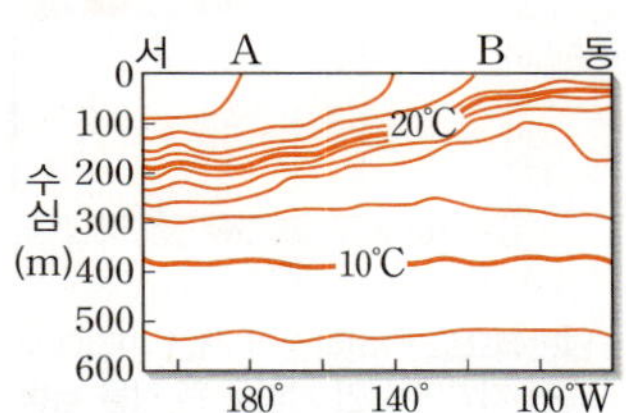


· 표층 수온이 높은 서태평양(A)은 따뜻한 해수 층의 두께가 두껍고 수온 약층이 형성되는 수심이 깊다.
· 용승이 활발하게 일어나는 동태평양(B)은 표층 수온이 낮고 수온 약층이 형성되는 깊이가 얕다.
· 수온 약층이 동서 방향으로 기울어져 있다.
· 엘니뇨 시기에는 용승이 약화되어 수온 약층의 기울기가 감소한다.

**❖ 용승 약화와 어장 변화**

동태평양의 페루 연안에는 평상시 연안 용승에 의해 영양 염류가 공급되면서 좋은 어장이 형성되지만, 엘니뇨가 발생하면 용승이 약화되고 수온이 상승하면서 어획량이 급감하게 된다.

---

## 개념 바로 확인

정답 및 해설 | 30쪽

**01** 저기압 중심 해역에서는 [　　]이 일어나고, 고기압의 중심 해역에서는 [　　]이 일어난다.

**01** 그림은 북반구 어느 해안 지방에서 남풍이 지속적으로 부는 모습을 나타낸 것이다. A~E 중 표층 해수의 이동 방향으로 옳은 것은?

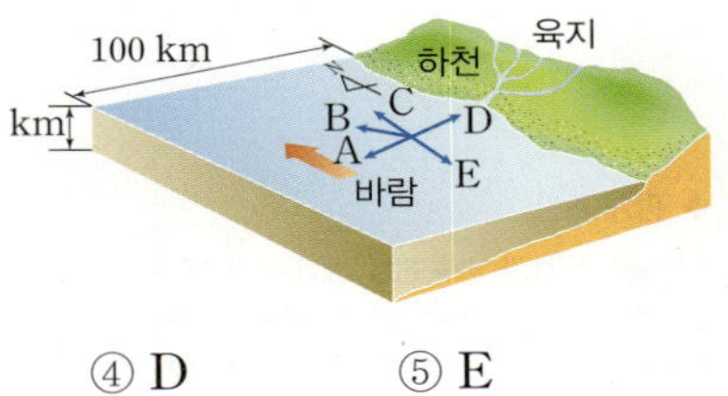


① A　　② B　　③ C　　④ D　　⑤ E

**02** 엘니뇨가 발생하면 평상시에 비해 서태평양 해역의 수온은 [　　]하고, 동태평양 해역의 수온은 [　　]한다.

**02** 엘니뇨와 라니냐에 대한 설명이다. (　) 안에 알맞은 말을 쓰시오.

(1) 무역풍이 (　　)해질 때 엘니뇨가 발생하고, 무역풍이 (　　)해질 때 라니냐가 발생한다.

(2) 엘니뇨가 발생하면 태평양의 서쪽 해역에는 (　　) 기류가 발달한다.

(3) 라니냐가 발생하면 동태평양 적도 부근의 표층 수온은 평상시보다 (　　)진다.

## 3. 남방 진동과 엔소(ENSO)

① 남방 진동: 서태평양에 위치한 다윈 지역의 해면 기압과 중앙 태평양의 타히티섬의 해면 기압이 마치 시소처럼 서로 반대로 진동하며 변화하는 현상을 남방 진동이라고 한다.

② 엔소(ENSO): 엘니뇨는 해수의 표층 수온 변화와 관련된 현상이고, 남방 진동은 적도 부근 태평양 해역에서 대기 순환의 변화이다. 즉, 대기와 해양의 변화가 서로 영향을 주고받으면서 나타나는 현상이기 때문에 이 두 가지 현상을 묶어서 엔소(ENSO：El Niño － Southern Oscillation)라고 부른다.

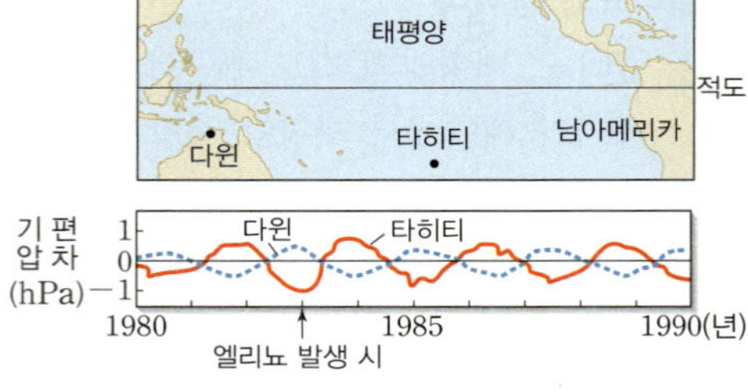

▲ 다윈 지역과 타히티섬의 기압 변동으로 본 남방 진동

❖ **남방 진동 지수**

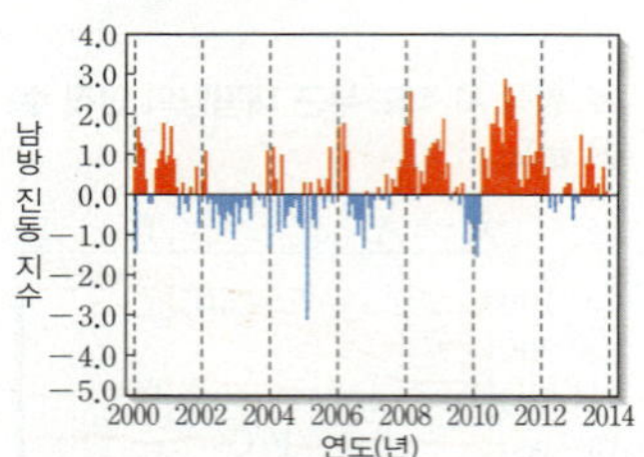

- 일반적으로 타히티섬의 해면 기압에서 다윈 지역의 해면 기압을 뺀 값을 남방 진동 지수로 사용한다. 이 값이 클수록 무역풍의 세기가 강하다.
- 엘니뇨 시기에는 (−)값으로 나타나고, 평상시에는 (＋)값, 라니냐 시기에는 큰 (＋)값으로 나타난다.

---

**실전 자료** **엘니뇨와 라니냐**

그림 (가)와 (나)는 엘니뇨와 라니냐 발생 시 태평양의 표층 수온 분포를 순서 없이 나타낸 것이다.

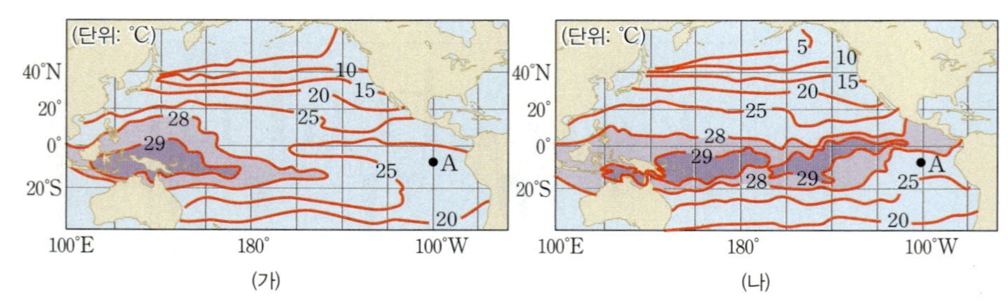

❶ **동태평양 해역(A)에서의 표층 수온**
- 엘니뇨 발생 시: 평상시보다 무역풍이 약해져서 A에서의 용승 현상이 약해지면, 서쪽에서 동쪽으로 따뜻한 해수가 이동하여 A 해역의 표층 수온이 상승한다. → (나)
- 라니냐 발생 시: 평상시보다 무역풍이 강해져서 A에서의 용승 현상이 강해지면, A 해역의 표층 수온이 하강한다. → (가)

❷ **동태평양 해역(A)에서의 변화**
- 무역풍의 세기 및 남적도 해류: 엘니뇨 발생 시 약해지고, 라니냐 발생 시 강해진다.
- 평균 해수면의 높이: 엘니뇨 발생 시 높아지고, 라니냐 발생 시 낮아진다.
- 표층 수온 및 강수량: 엘니뇨 발생 시 증가하고, 라니냐 발생 시 감소한다.
- 용승 현상 및 영양 염류의 양: 엘니뇨 발생 시 감소하고, 라니냐 발생 시 증가한다.

---

### ❸ 해양의 변화와 기후 변화

#### 1. 수륙 분포의 변화에 의한 해양과 기후 변화

① 판게아의 형성과 분리에 따른 기후 변화

| 판게아 형성 시기 | 판게아 분리 이후 |
| --- | --- |
| 고생대 말에 대륙이 판게아로 합쳐져 있어서 적도 지방의 해류가 고위도까지 흐른다. ➡ 저위도와 고위도의 온도 차이가 작아 현재보다 기후대가 단순했을 것이다.  | 중생대 중반에 판게아가 분리된 이후 적도 지방의 해류가 고위도에 도달하지 못한다. ➡ 저위도와 고위도의 온도 차이가 커져서 다양한 기후대가 형성되었다. 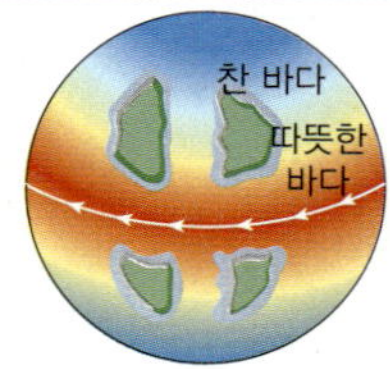 |

❖ **판게아**

1915년 독일의 알프레트 베게너가 제안한 이름이다. 3억 년 전에 대륙이 뭉쳐 판게아 대륙이 만들어지면서, 애팔래치아 산맥, 아틀라스 산맥, 우랄 산맥 등이 생겨났다. 1억 8천만 년 전인 쥐라기에 판게아는 남쪽의 곤드와나와 북쪽의 로라시아로 나뉘었다. 판게아는 오랜 시간이 흐르면서 점차 분리되어 현재와 같은 7개의 대륙으로 나뉘게 되었다.

② 북아메리카 대륙과 남아메리카 대륙의 연결에 따른 기후 변화

| 연결 이전 | 연결 이후 |
| --- | --- |
| 저위도에서 올라오는 대서양의 따뜻한 표층 해류가 북극해로 흘러들어갈 수 있었다. 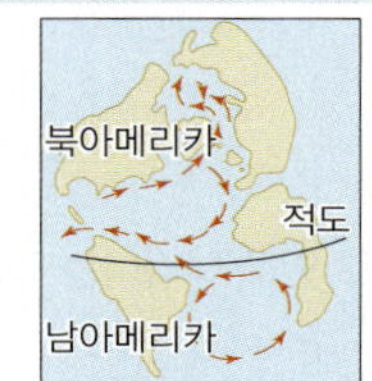 |  신생대 후반에 북아메리카 대륙과 남아메리카 대륙이 연결되면서 북극해로 유입되는 따뜻한 표층 해류의 양이 감소하였다. ➡ 기온이 낮아져서 북극해 주변에 빙하가 형성되었다. |

## 2. 심층 순환 변동에 의한 기후 변화

① 심층 순환과 기후: 북대서양 그린란드 주변 해역의 밀도가 큰 표층 해수는 침강하여 깊은 바다를 따라 인도양 및 태평양까지 이동한다. 이 과정에서 침강이 일어나는 북대서양 해역까지 이동하는 멕시코 만류(또는 북대서양 해류)에 의해 저위도의 따뜻한 표층 해수가 유입되면서 유럽의 기후를 온난하게 유지시키는 열이 공급된다.

② 심층 순환 변동에 의한 기후 변화의 예: 영거 드라이아스기

| 영거<br>드라이아스기 | 약 2만 년 전에 있었던 마지막 빙하기가 끝날 무렵에 갑자기 기온이 낮아지고 강설량이 감소한 시기이다. |
| --- | --- |
| 발생 과정 | 지구가 따뜻해짐에 따라 북아메리카 대륙의 빙하가 녹기 시작하였다. ➡ 빙하가 녹은 물이 호수를 채우고 넘쳐 북대서양으로 유입되었다. ➡ 거대한 양의 담수와 섞인 북대서양 해수는 염분이 낮아져 해수의 침강이 약해졌다. ➡ 저위도에서 올라오는 난류의 세력이 약해지면서 고위도로 수송되는 열이 감소하였다. ➡ 유럽은 다시 빙하기처럼 추워졌다. |

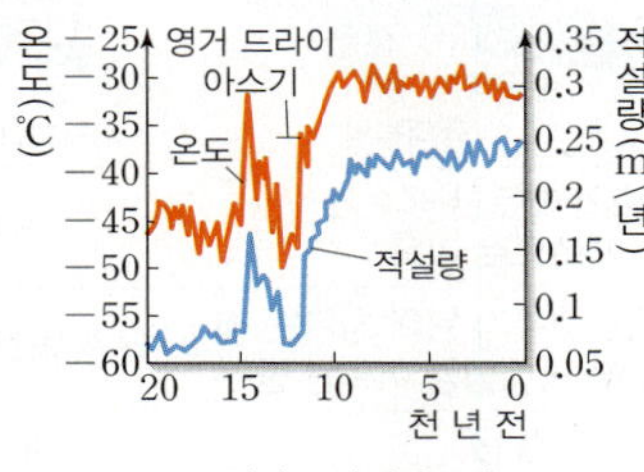


▲ 영거 드라이아스기

## 3. 엘니뇨와 라니냐에 따른 기후 변화

① 엘니뇨와 기후 변화: 엘니뇨가 발생하게 되면 워커 순환이 동쪽으로 이동하면서 적도 지역의 기온과 강수량 분포가 달라지며, 동시에 고위도의 대기 순환에도 영향을 미쳐 전 지구적인 기후 변화가 나타난다.

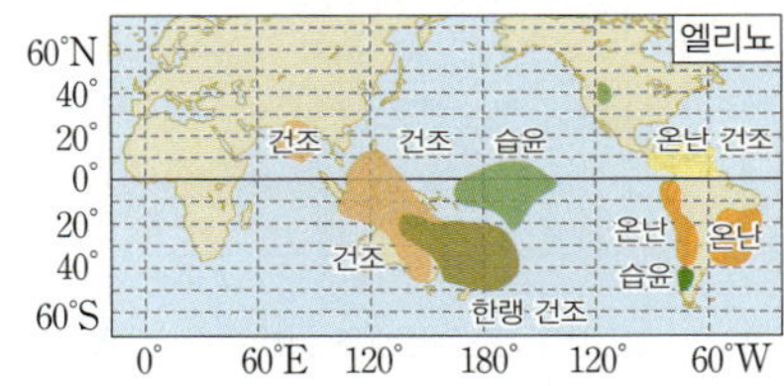


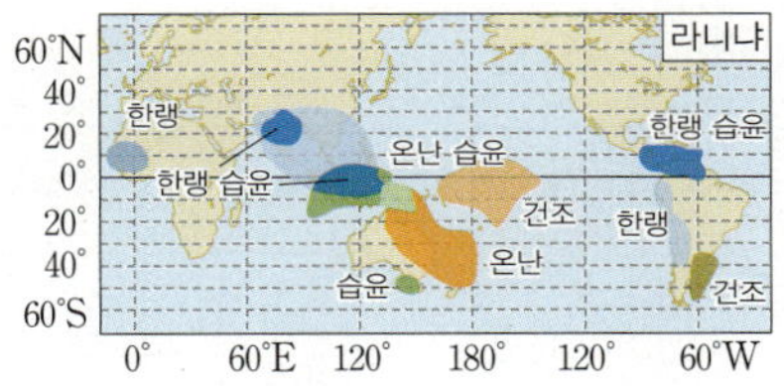


▲ 엘니뇨와 라니냐 시기에 나타나는 전 지구적인 기후 변화



지구 온난화에 의해 기온이 상승한다

북극의 빙하가 대량으로 녹아 해수로 유입된다.

해수의 염분이 낮아지고, 밀도가 감소하여 침강이 잘 일어나지 않는다.

심층 순환이 약해지고, 이와 연결된 표층 순환도 약해진다.

저위도에서 고위도로 이동하는 표층 해류가 약해지면서 열 공급이 줄어든다.

북유럽이 추워지면서 빙하가 증가한다.

태양 복사 에너지의 반사율이 증가한다.

지구의 기온은 더욱 낮아져 빙하기가 도래한다.

❖ 엘니뇨가 발생한 해(위)와 라니냐가 발생한 해(아래)의 태풍 이동 경로

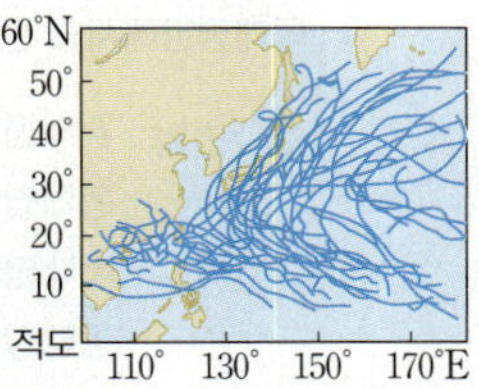


태풍은 대부분 한반도에 가까이 다가왔다가 일본이나 일본 동쪽 해상을 거쳐 북상한다.

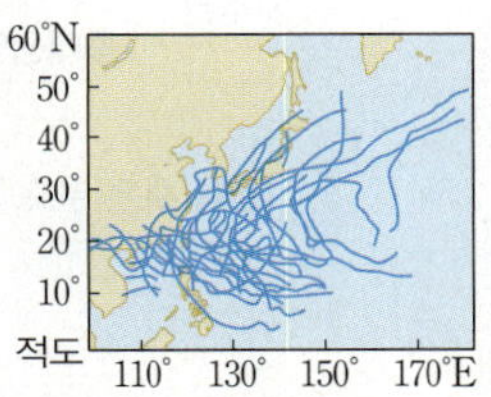


주로 9월과 10월에 태풍이 발생하여 한반도로 향한다.

---

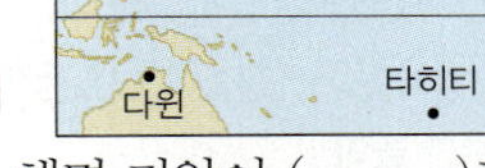

**개념 바로 확인**

정답 및 해설 | 30쪽

**03** 북아메리카 대륙과 남아메리카 대륙의 연결 이후 북극 부근에는 따뜻한 표층 해류의 양이 [ ]하면서 [ ]가 발달하였다.

**04** 심층 순환이 약화되면 고위도와 저위도 간의 기온 차이는 [ ].

**03** 남방 진동과 엔소(ENSO)에 대한 설명이다. ( ) 안에 알맞은 말을 쓰시오.



(1) 엘니뇨 발생 시에는 다윈 지역의 해면 기압이 ( )지고 타히티섬의 해면 기압이 ( )진다.

(2) 라니냐 발생 시에는 다윈 지역의 해면 기압이 ( )지고 타히티섬의 해면 기압이 ( )진다.

(3) 엘니뇨와 남방 진동이 서로 영향을 주고받아 나타나는 하나의 현상이라는 것이 밝혀지면서 이들을 합쳐 ( )라고 부른다.

## 원리 이해하기

# · 엘니뇨와 라니냐 ·

평상시, 엘니뇨와 라니냐 발생 시가 어떻게 다른지를 비교할 줄 알고 그 이유와 그로 인해 나타나는 적도 부근 태평양에서의 변화를 확실하게 이해해야 100점으로 갈 수 있답니다.

### 원리1 엘니뇨와 라니냐 발생 시의 비교

<table>
<tr><th colspan="2">구분</th><th>평상시</th><th colspan="2">엘니뇨 발생 시</th><th colspan="2">라니냐 발생 시</th></tr>
<tr><td colspan="2">원인</td><td>-</td><td colspan="2">무역풍의 약화</td><td colspan="2">무역풍의 강화</td></tr>
<tr><td colspan="2">모식도</td><td>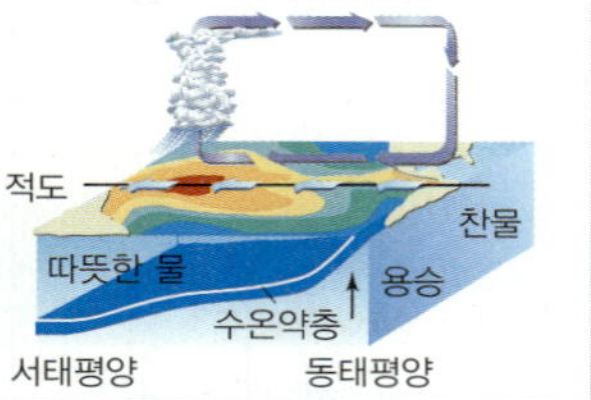
</td><td colspan="2">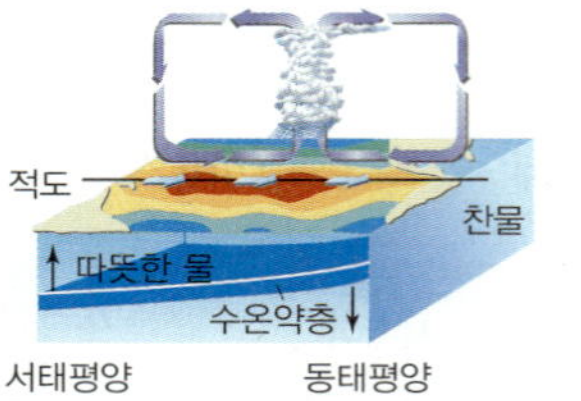
</td><td colspan="2">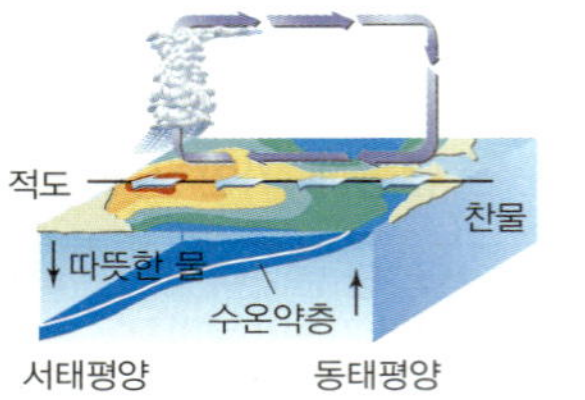
</td></tr>
<tr><td colspan="2">해수의 이동</td><td>적도의 따뜻한 해수가 서쪽으로 이동</td><td colspan="2">해수의 이동 약화</td><td colspan="2">해수의 이동 강화</td></tr>
<tr><td colspan="2">동태평양에서의 용승</td><td>동쪽 해역을 채우기 위해 차가운 해수가 용승 ➡ 동태평양 어획량 풍부</td><td colspan="2">용승 약화 ➡ 동태평양 어획량 감소</td><td colspan="2">용승 강화</td></tr>
<tr><td rowspan="2">해수면의 높이</td><td>서태평양</td><td>높음</td><td>하강</td><td rowspan="2">차이가 줄어든다.</td><td>더 상승</td><td rowspan="2">차이가 커진다.</td></tr>
<tr><td>동태평양</td><td>낮음</td><td>상승</td><td>더 하강</td></tr>
<tr><td rowspan="2">표층 수온</td><td>서태평양</td><td>높음</td><td>하강</td><td rowspan="2">차이가 줄어든다.</td><td>더 상승</td><td rowspan="2">차이가 커진다.</td></tr>
<tr><td>동태평양</td><td>낮음</td><td>상승</td><td>더 하강</td></tr>
<tr><td rowspan="2">기압 분포</td><td>서태평양</td><td>저기압</td><td colspan="2">증가</td><td colspan="2">더 감소</td></tr>
<tr><td>동태평양</td><td>고기압</td><td colspan="2">감소</td><td colspan="2">더 증가</td></tr>
<tr><td rowspan="2">강수량</td><td>서태평양</td><td>많음</td><td colspan="2">감소</td><td colspan="2">더 증가</td></tr>
<tr><td>동태평양</td><td>적음</td><td colspan="2">증가</td><td colspan="2">더 감소</td></tr>
<tr><td colspan="2">표층 수온 분포</td><td>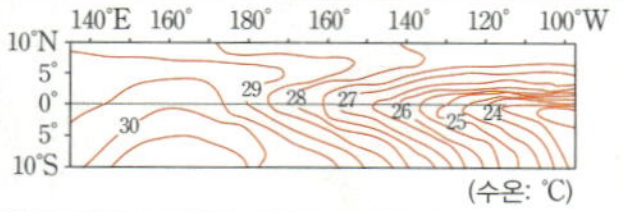
</td><td colspan="2">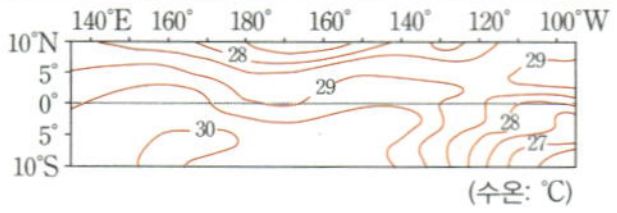
</td><td colspan="2">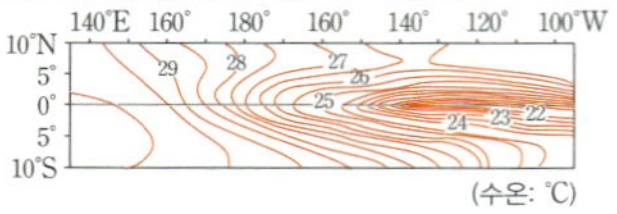
</td></tr>
<tr><td colspan="2">수온 편차<br>(관측값 - 평년값)</td><td>-</td><td colspan="2">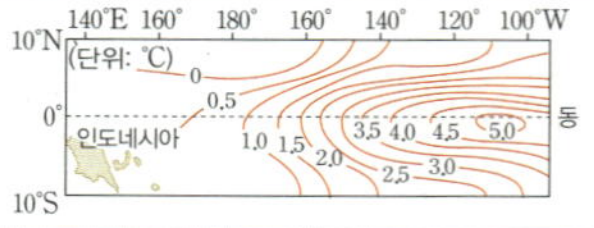

동태평양의 표층 수온이 평상시보다 높아졌다.</td><td colspan="2">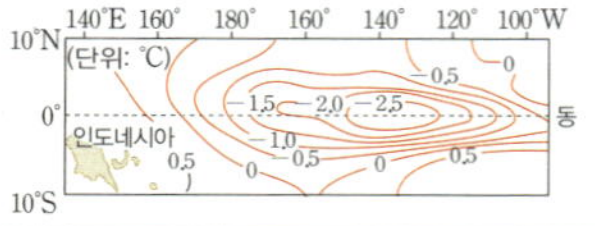

동태평양의 표층 수온이 평상시보다 낮아졌다.</td></tr>
<tr><td colspan="2">표층 부근에서의 바람의 분포((+)는 서풍, (-)는 동풍)</td><td>-</td><td colspan="2">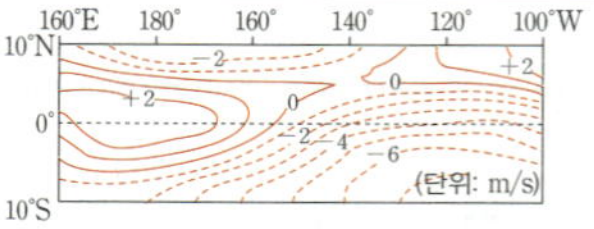

동풍과 서풍이 만나 상승 기류가 나타나는 곳이 평상시(서태평양 부근)보다 동쪽으로 이동하였다.</td><td colspan="2">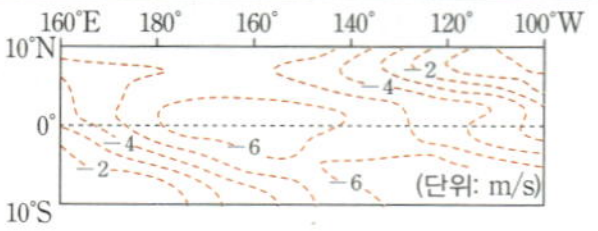

적도 주변에서는 동풍이 우세하므로 상승 기류가 발달하는 곳은 보다 더 서쪽으로 이동하였다.</td></tr>
<tr><td colspan="2">해수면 높이<br>(점선은 평상시의 해수면의 높이)</td><td>-</td><td colspan="2">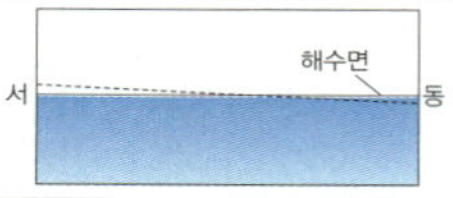
</td><td colspan="2">
</td></tr>
<tr><td colspan="2">수온 약층의 기울기</td><td>-</td><td colspan="2">따뜻한 서태평양의 해수가 동태평양까지 이동하여 수온 약층의 경사가 완만해진다.</td><td colspan="2">표층 해수가 평상시보다 많이 서태평양으로 이동하므로 수온 약층의 경사가 급해진다.</td></tr>
</table>

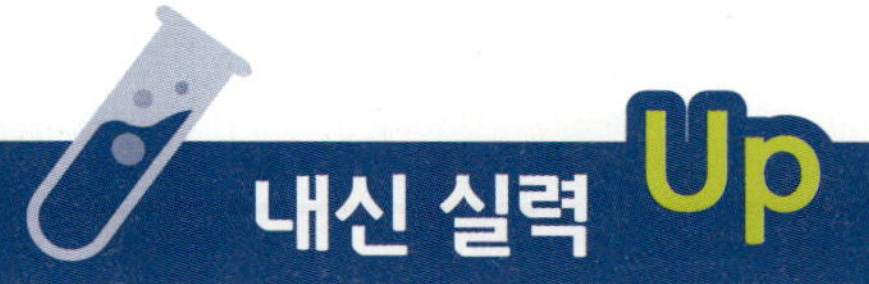

## 1 용승과 침강

**01** 용승과 침강 현상에 대한 설명으로 옳지 **않은** 것은?

① 용승은 심층의 찬물이 위로 올라오는 현상이다.
② 침강은 표층의 물이 심층으로 하강하는 현상이다.
③ 표층 해수가 모이는 해역에서 침강 현상이 잘 일어난다.
④ 태풍의 중심이 지나가는 해역에서는 용승 현상이 일어날 수 있다.
⑤ 침강이 일어나는 해역이 용승이 일어나는 해역보다 좋은 어장이 형성되는 경우가 많다.

**02** 그림은 북반구의 동해안에서 남풍이 지속적으로 부는 모습을 나타낸 것이다.

이에 대한 설명으로 옳은 것만을 〈보기〉에서 있는 대로 고른 것은?

> **보기**
> ㄱ. 연안 용승이 일어난다.
> ㄴ. 해안 지역은 서늘해지고 안개가 자주 발생한다.
> ㄷ. 육지에서 먼 바다로 가면서 표층 수온이 하강할 것이다.

① ㄱ      ② ㄷ      ③ ㄱ, ㄴ
④ ㄴ, ㄷ      ⑤ ㄱ, ㄴ, ㄷ

**03** ★ 중요 그림은 어느 해 여름철에 울산 연안의 표면 수온 분포를 나타낸 것이다.

울산 연안에서 일어나는 현상에 대한 설명으로 옳은 것만을 〈보기〉에서 있는 대로 고른 것은?

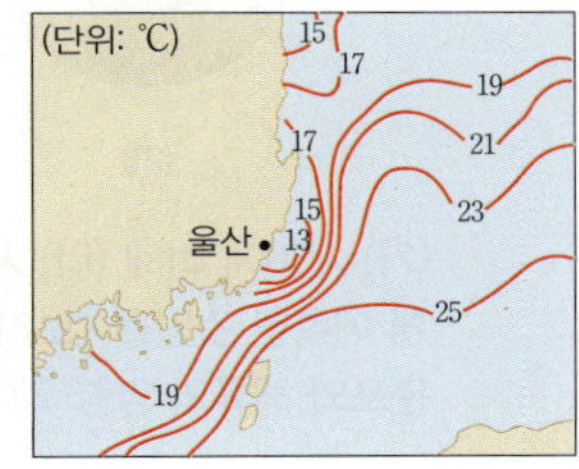


> **보기**
> ㄱ. 해수의 용승이 일어난다.
> ㄴ. 풍속이 강해질수록 영양 염류는 감소할 것이다.
> ㄷ. 주로 북풍 계열의 바람이 지속적으로 불고 있다.

① ㄱ      ② ㄷ      ③ ㄱ, ㄴ
④ ㄴ, ㄷ      ⑤ ㄱ, ㄴ, ㄷ

**04** 그림은 북반구 중위도의 고기압과 저기압 중심에서 일어나는 해수의 이동을 순서 없이 나타낸 것이다.

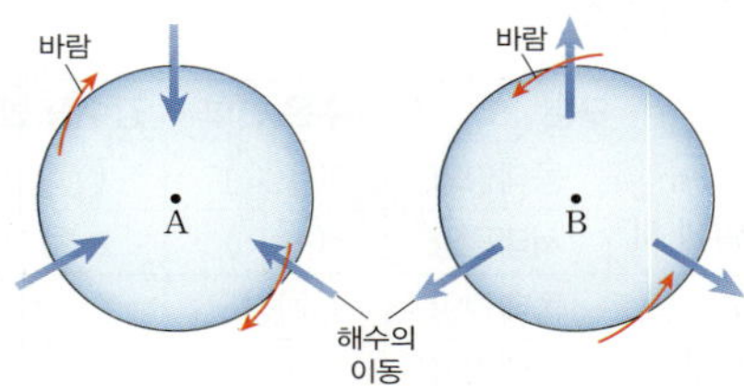


이에 대한 설명으로 옳은 것만을 〈보기〉에서 있는 대로 고른 것은?

> **보기**
> ㄱ. A는 저기압, B는 고기압의 중심이다.
> ㄴ. A의 표층 수온은 주변보다 높다.
> ㄷ. B에서 용승이 일어난다.

① ㄱ      ② ㄴ      ③ ㄱ, ㄷ
④ ㄴ, ㄷ      ⑤ ㄱ, ㄴ, ㄷ

## 2 엘니뇨와 라니냐

**05** 그림 (가)~(다)는 평상시, 엘니뇨 시기, 라니냐 시기의 열대 태평양의 표층 수온 분포를 순서 없이 나타낸 것이다.

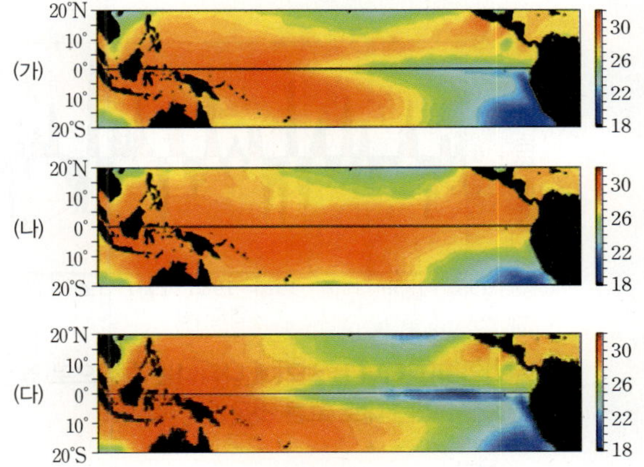

그림 (가)~(다)에 해당하는 시기를 옳게 짝 지은 것은?

| | 평상시 | 엘니뇨 시기 | 라니냐 시기 |
|---|---|---|---|
| ① | (가) | (나) | (다) |
| ② | (가) | (다) | (나) |
| ③ | (나) | (가) | (다) |
| ④ | (나) | (다) | (가) |
| ⑤ | (다) | (나) | (가) |

**06** 표는 태평양 적도 부근 해역에서 엘니뇨와 라니냐가 발생하였을 때, 대기와 해수의 변화를 평상시와 비교하여 순서 없이 나타낸 것이다.

| 구분 | | 수온 변화 | 강수량 변화 | 기압 분포 |
|---|---|---|---|---|
| ( ㉠ ) 발생 시 | 동태평양 | ( ㉡ ) | ( ) | 저기압 |
| | 서태평양 | ( ) | ( ㉢ ) | 고기압 |
| ( ) 발생 시 | 동태평양 | 하강 | ( ) | ( ㉣ ) |
| | 서태평양 | 상승 | ( ) | ( ) |

| | ㉠ | ㉡ | ㉢ | ㉣ |
|---|---|---|---|---|
| ① | 엘니뇨 | 상승 | 증가 | 고기압 |
| ② | 엘니뇨 | 상승 | 감소 | 고기압 |
| ③ | 엘니뇨 | 하강 | 증가 | 저기압 |
| ④ | 라니냐 | 상승 | 감소 | 고기압 |
| ⑤ | 라니냐 | 하강 | 증가 | 저기압 |

**07** 그림은 1951년부터 2016년까지 적도 부근 동태평양의 어느 해역에서 측정한 해수면의 수온 편차(관측 수온−평균 수온)를 나타낸 것이다.

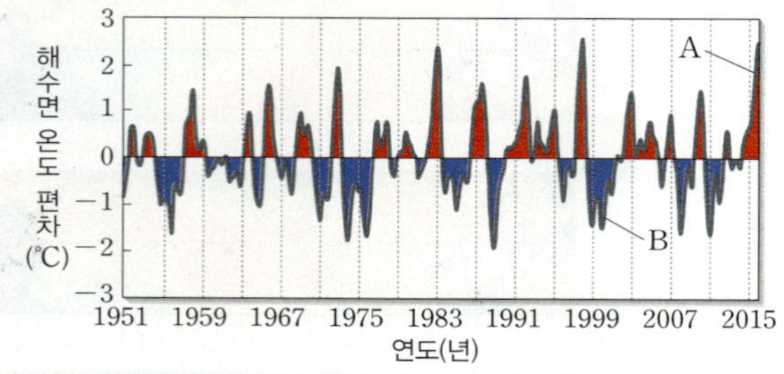


A 시기와 비교하여 B 시기에 나타나는 현상으로 옳은 것만을 〈보기〉에서 있는 대로 고른 것은?

| 보기 |
ㄱ. 남적도 해류가 강해진다.
ㄴ. 서태평양 적도 부근 해역의 상승 기류가 강해진다.
ㄷ. 동태평양 적도 부근 해역의 따뜻한 해수층이 두껍다.

① ㄱ  ② ㄷ  ③ ㄱ, ㄴ
④ ㄴ, ㄷ  ⑤ ㄱ, ㄴ, ㄷ

**08** 그림 (가)는 태평양에서 다윈과 타히티의 위치를, (나)는 두 지역에서 측정한 기압 편차(관측된 기압 − 평상시 기압)를 나타낸 것이다.

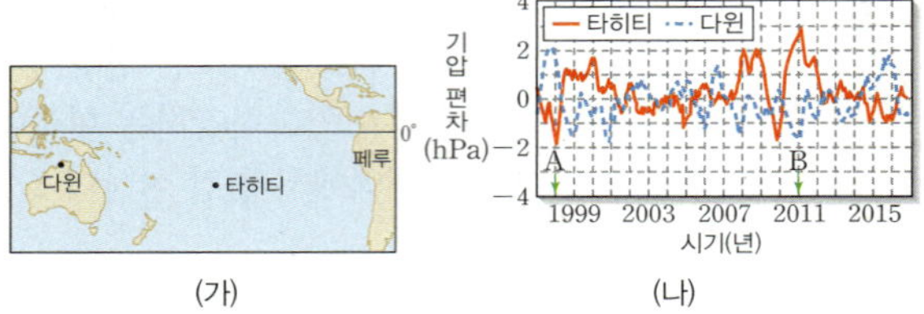


이에 대한 설명으로 옳은 것만을 〈보기〉에서 있는 대로 고른 것은?

| 보기 |
ㄱ. (나)의 A는 라니냐가 발생한 시기이다.
ㄴ. 다윈과 타히티의 기압 변화 경향은 대체로 반대이다.
ㄷ. 페루 연안에서의 용승 현상은 A 시기보다 B 시기에 활발하였다.

① ㄱ  ② ㄴ  ③ ㄱ, ㄷ
④ ㄴ, ㄷ  ⑤ ㄱ, ㄴ, ㄷ

### ❷ 해양의 변화와 기후 변화

**09** 그림 (가)와 (나)는 수륙 분포에 따른 A 해류의 경로 변화를 나타낸 모식도이다.

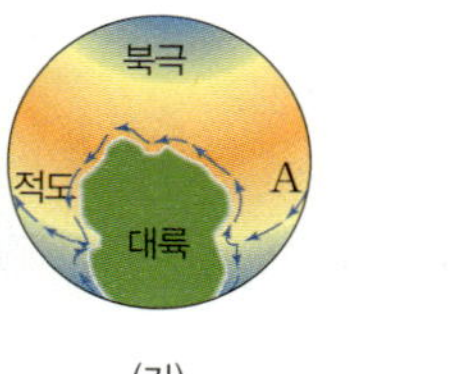

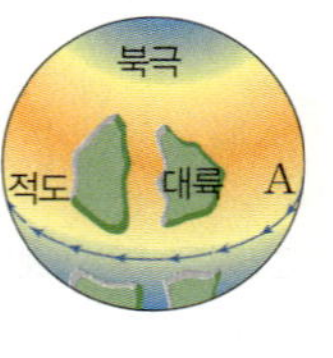


(가) 시기에 비해 (나) 시기에 북반구에서 나타나는 변화를 옳게 예측한 것만을 〈보기〉에서 있는 대로 고른 것은? (단, 수륙 분포와 해류의 영향 외에 다른 요인은 고려하지 않는다.)

| 보기 |
ㄱ. A 해류가 고위도로 수송하는 열에너지의 양이 감소할 것이다.
ㄴ. 저위도와 고위도의 기온 차가 작아질 것이다.
ㄷ. 기후대가 단순해질 것이다.

① ㄱ  ② ㄷ  ③ ㄱ, ㄴ
④ ㄴ, ㄷ  ⑤ ㄱ, ㄴ, ㄷ

**10** 다음은 기후 변화와 해수 순환의 관련 사례인 영거 드라이아스기의 원인에 대한 설명의 일부를 나타낸 것이다.

> 12,800년 전에 지구가 따뜻해짐에 따라 북아메리카의 빙하가 녹은 물이 호수에 갇히다가 한 순간에 넘치면서 북대서양으로 흘러 들어갔다.

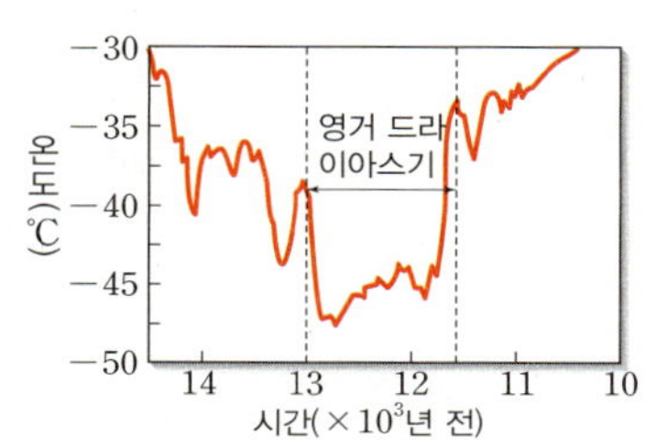


영거 드라이아스기에 대한 설명으로 옳은 것만을 〈보기〉에서 있는 대로 고른 것은?

> **보기**
> ㄱ. 빙하기로 되돌아갔다.
> ㄴ. 북대서양의 표층 해수 염분이 낮아졌다.
> ㄷ. 극지방에 멕시코 만류의 유입량이 감소하였다.

① ㄱ  ② ㄴ  ③ ㄱ, ㄷ
④ ㄴ, ㄷ  ⑤ ㄱ, ㄴ, ㄷ

**11** 그림은 엘니뇨에 의해 발생한 세계 각국의 기상 이변을 나타낸 것이다.

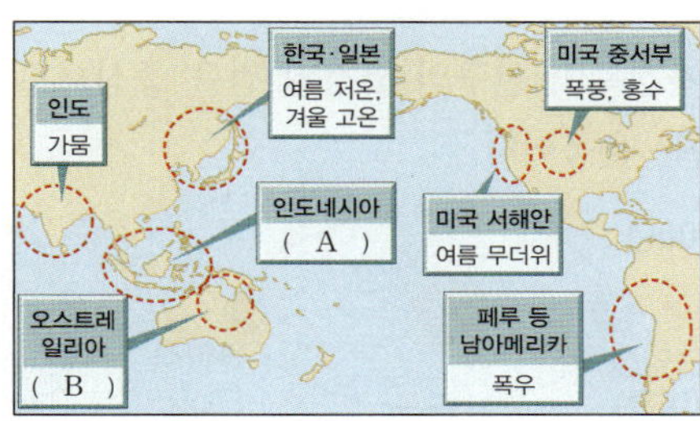


이에 대한 설명으로 옳은 것만을 〈보기〉에서 있는 대로 고른 것은?

> **보기**
> ㄱ. 엘니뇨는 기권과 수권의 상호 작용의 예이다.
> ㄴ. 엘니뇨는 우리나라의 기후 변화를 가져올 수 있다.
> ㄷ. A와 B에 공통으로 들어갈 수 있는 기상 이변은 이상 고온이다.

① ㄱ  ② ㄷ  ③ ㄱ, ㄴ
④ ㄴ, ㄷ  ⑤ ㄱ, ㄴ, ㄷ



**12** **중요** 그림은 동태평양의 적도 해역에서 무역풍이 불고 있는 모습을 나타낸 것이다.

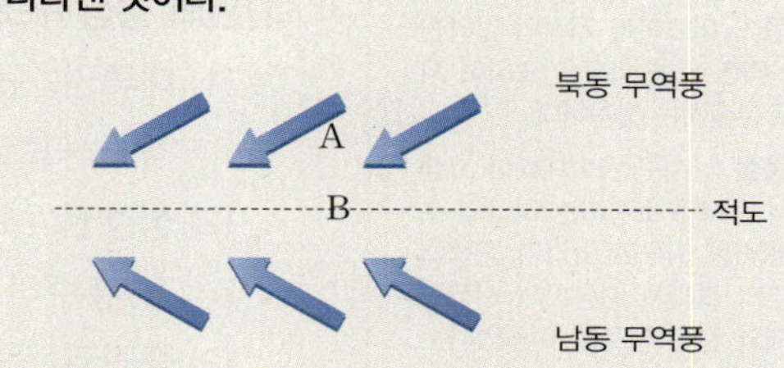


표층 해수 A와 B 중 수온이 낮은 곳을 고르고, 그 이유를 해수의 연직 운동과 관련지어 설명하시오.

**13** 그림은 태평양 적도 부근에서 평상시 볼 수 있는 대기와 해양의 순환을 나타낸 모식도이다.

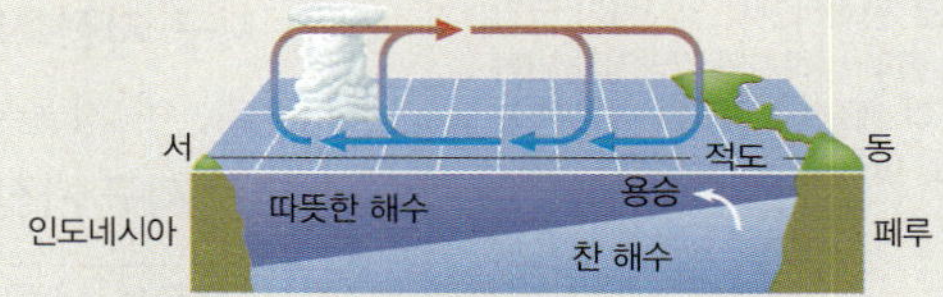


무역풍이 평상시보다 약해질 때 동태평양 적도 해역에서의 용승 현상, 표층 수온, 강수량은 어떻게 변할지 각각 설명하시오.

**14** 그림 (가)와 (나)는 북아메리카와 남아메리카 대륙의 연결 전후 해류의 변화를 각각 나타낸 것이다.

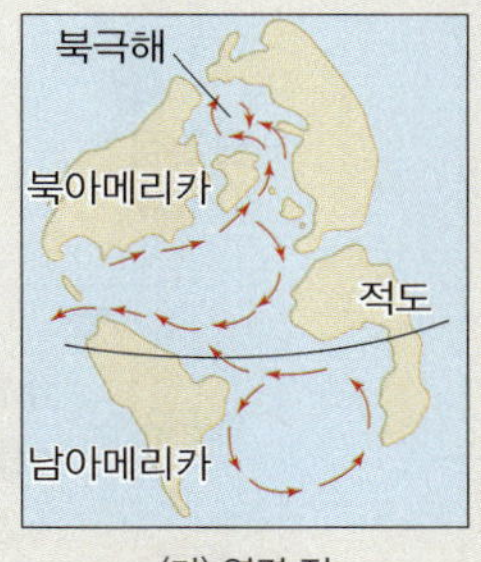


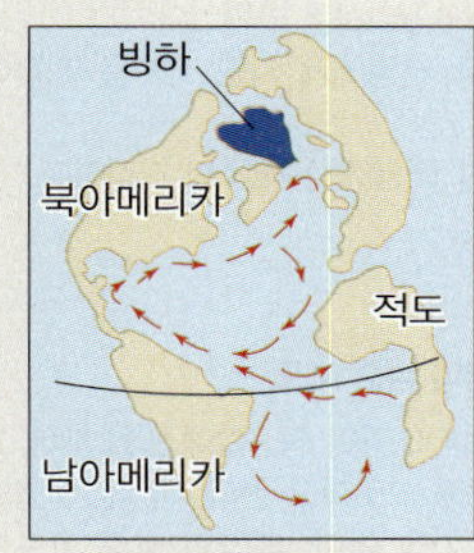


(가) 연결 전    (나) 연결 후

대륙이 연결된 후 북극해 주변에 빙하가 생성되었다. 그 이유를 해류의 변화와 관련지어 설명하시오.

# 지구 기후 변화


• 기후 변화의 자연적 요인을 지구 외적 요인과 지구 내적 요인으로 구분하여 설명할 수 있어야 한다.
• 인간 활동에 의한 기후 변화를 지구 온난화를 중심으로 설명할 수 있어야 한다.

## 먼저 알아야 할 내용

**기권의 층상 구조**: 높이에 따른 온도 분포에 따라 구분

(1) **대류권**: 높이 올라갈수록 ㉠ 복사 에너지가 감소하므로 기온이 약 6.5 ℃/km씩 낮아진다.

(2) **성층권**: 오존층에서 태양 복사 에너지 중 ㉡ 을 흡수하므로 높이 올라갈수록 기온이 높아진다.

(3) **중간권**: 높이 올라갈수록 기온이 낮아지므로 대류 현상이 일어난다.

(4) **열권**: 높이 올라갈수록 태양 복사 에너지를 많이 흡수하여 기온이 높아진다.

답 ㉠ 지구(지표) ㉡ 자외선

---



* **화산 활동** | 마그마가 지각의 갈라진 부분이나 약한 틈을 타고 상승하여 지표 밖으로 분출하는 활동이다.

* **대륙 이동설** | 지구상의 대륙이 고생대 말에서 중생대 초까지는 하나의 초대륙(판게아)를 이루고 있다가 중생대 초 이후부터 갈라져 이동하기 시작하면서 현재와 같은 분포를 이루었다는 학설이다.

❖ **밀란코비치 주기**

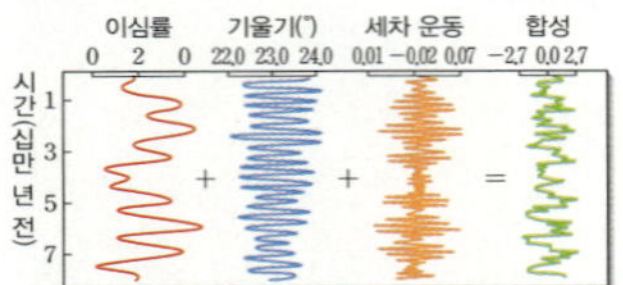

밀란코비치는 지구 자전축의 경사, 세차 운동, 지구 공전 궤도의 이심률이 서로 다른 주기로 변화하면서 일사량이 달라지고, 그에 따라 빙하기와 간빙기가 반복되고, 지구의 계절별·위도별 에너지 분포에 영향을 미친다고 주장하였다.

❖ **지구의 공전 궤도**

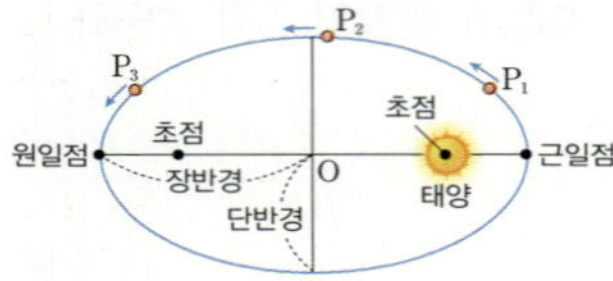

• 타원: 평면 위의 두 정점으로부터의 거리의 합이 일정한 점의 집합으로 만들어지는 곡선이다.
• 지구의 공전 궤도가 태양을 두 초점 가운데 하나로 하는 타원이다.
• 근일점: 태양에서 가장 가까운 지점이다.
• 원일점: 태양에서 가장 먼 지점이다.

❖ **태양의 남중 고도**

하루 중에 태양이 정남쪽에 있을 때에 고도를 남중 고도라고 한다. 이 때, 태양의 고도가 가장 높다. 태양의 남중 고도가 높을수록 일사량이 많아진다.

❖ **세차 운동의 방향**

황도의 북극에서 지구를 바라볼 때 자전 방향은 시계 반대 방향이고, 세차 운동은 시계 방향이다. 즉, 세차 운동의 방향은 지구 자전의 반대 방향이다.

---

## ① 기후 변화의 자연적 요인 1 – 지구 외적 요인(천문학적 요인)

**1. 지구 자전축의 기울기 변화** 현재 지구의 자전축은 23.5° 기울어져 있는데, 이 기울기는 약 41,000년을 주기로 21.5°~24.5°사이에서 변화한다.

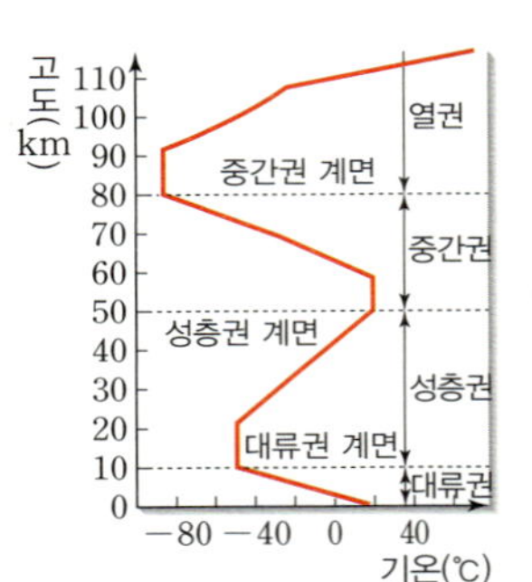

① 지구 자전축의 기울기가 커질 때

| 여름철 | 태양의 남중 고도 증가 → 기온 상승 | 기온의 연교차 증가 (북반구, 남반구 동일) |
|---|---|---|
| 겨울철 | 태양의 남중 고도 감소 → 기온 하강 | |

② 지구 자전축의 기울기가 작아질 때

| 여름철 | 태양의 남중 고도 감소 → 기온 하강 | 기온의 연교차 감소 (북반구, 남반구 동일) |
|---|---|---|
| 겨울철 | 태양의 남중 고도 증가 → 기온 상승 | |

**2. 세차 운동(자전축 방향 변화)** 지구 자전축이 천구의 고정된 점을 중심으로 약 26,000년을 주기로 팽이처럼 흔들리며 회전하는 운동이다.

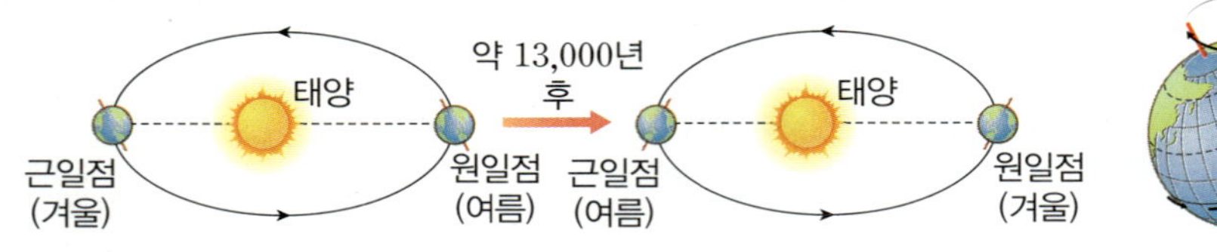


| 구분 | | 현재 | 13,000년 후 | 기온 변화 | 기온의 연교차 |
|---|---|---|---|---|---|
| 북반구 | 여름철 | 원일점 | 근일점 | 태양과 가까워짐 → 기온 상승 | 증가 |
| | 겨울철 | 근일점 | 원일점 | 태양에서 멀어짐 → 기온 하강 | |
| 남반구 | 여름철 | 근일점 | 원일점 | 태양에서 멀어짐 → 기온 하강 | 감소 |
| | 겨울철 | 원일점 | 근일점 | 태양과 가까워짐 → 기온 상승 | |

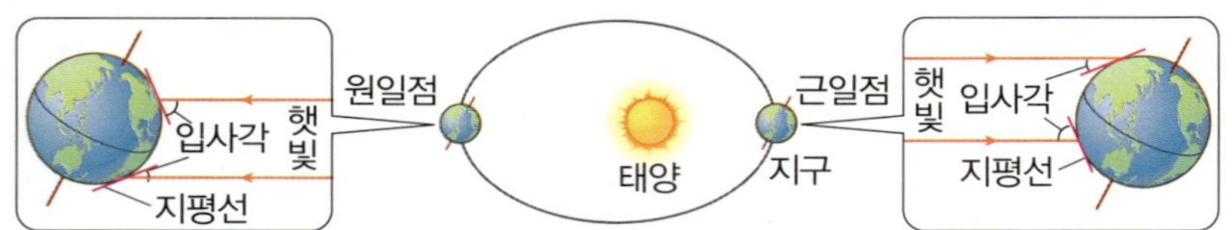

3. **지구 공전 궤도 이심률 변화** 지구 공전 궤도 이심률은 0.005~0.058 사이에서 약 10만 년을 주기로 변화한다. 현재 이심률은 0.017이다.

① 이심률이 커질 때: 원일점은 태양에서 멀어지고, 근일점은 태양과 가까워진다. 지구가 근일점과 원일점에 위치하여 받게 되는 일사량의 차이가 커진다.

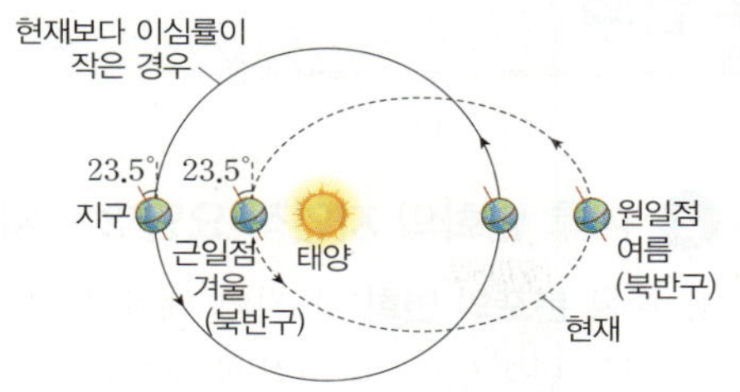


| 구분 | | 현재 | 기온 변화 | 기온의 연교차 |
|---|---|---|---|---|
| 북반구 | 여름철 | 원일점 | 태양에서 멀어짐 → 기온 하강 | 감소 |
| | 겨울철 | 근일점 | 태양과 가까워짐 → 기온 상승 | |
| 남반구 | 여름철 | 근일점 | 태양과 가까워짐 → 기온 상승 | 증가 |
| | 겨울철 | 원일점 | 태양에서 멀어짐 → 기온 하강 | |

② 이심률이 작아질 때: 원일점은 태양과 가까워지고, 근일점은 태양에서 멀어진다. 지구가 근일점과 원일점에 위치하여 받게 되는 일사량의 차이가 작아진다.

| 구분 | | 현재 | 기온 변화 | 기온의 연교차 |
|---|---|---|---|---|
| 북반구 | 여름철 | 원일점 | 태양과 가까워짐 → 기온 상승 | 증가 |
| | 겨울철 | 근일점 | 태양에서 멀어짐 → 기온 하강 | |
| 남반구 | 여름철 | 근일점 | 태양에서 멀어짐 → 기온 하강 | 감소 |
| | 겨울철 | 원일점 | 태양과 가까워짐 → 기온 상승 | |

4. **태양 활동 변화** 흑점수의 증감 주기를 통해 태양 활동의 주기를 알 수 있다. 태양 흑점 수가 적은 시기에는 태양 활동이 약해 태양으로부터 방출되는 복사 에너지양도 적어진다.

---

**실전 자료  세차 운동과 지구 자전축의 경사 변화**

그림 (가)와 (나)는 현재와 미래 어느 시점의 지구 자전축의 변화를 나타낸 것이다.

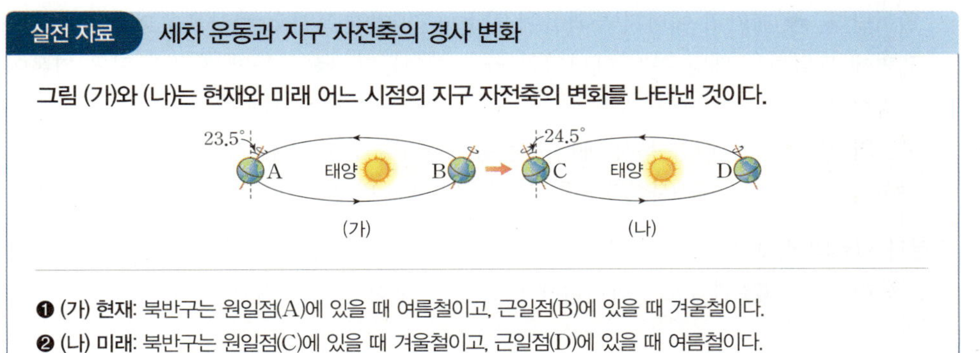


❶ (가) 현재: 북반구는 원일점(A)에 있을 때 여름철이고, 근일점(B)에 있을 때 겨울철이다.
❷ (나) 미래: 북반구는 원일점(C)에 있을 때 겨울철이고, 근일점(D)에 있을 때 여름철이다.
❸ (가) → (나)로 바뀔 때: 우리나라 기온의 연교차가 커진다.

---

❖ **이심률**

타원의 찌그러진 정도를 나타내며, 이심률이 0에 가까울수록 원에 가까운 모양, 1에 가까울수록 납작한 타원 모양이 된다.

❖ **궤도 이심률 변화와 궤도 장반경**

• 현재 근일점과 원일점에 위치할 때 일사량의 차이가 약 7%이지만, 이심률이 최대로 커지면 근일점과 원일점에 위치할 때 일사량의 차이가 20~25%로 커진다.
• 지구의 공전 궤도 이심률이 변하더라도 궤도 장반경은 일정하다. 만약 궤도 장반경이 달라지면 지구의 공전 주기도 달라진다.

❖ **우리나라에 미치는 세차 운동과 지구 자전축 경사 변화의 영향**

• 우리나라 여름철의 경우에 태양까지의 거리가 가까워지고, 태양의 남중 고도가 높아진다. ➡ 여름철의 기온이 높아진다.
• 우리나라 겨울철의 경우에 태양까지의 거리가 멀어지고, 태양의 남중 고도가 낮아진다. ➡ 겨울철의 기온이 낮아진다.

---

## 개념 바로 확인

정답 및 해설 | 33쪽

**01** 우리나라의 경우 지구 자전축의 기울기가 증가하면 태양의 남중 고도가 여름철에는 ☐☐☐하고 겨울철에는 ☐☐☐하여, 기온의 연교차는 ☐☐☐한다.

**02** 지구의 공전 궤도의 이심률이 지금보다 커지면 우리나라의 기온의 연교차는 현재에 비해 ☐☐☐한다.

**01** 그림은 지구 자전축 경사 방향의 변화를 나타낸 것이다.

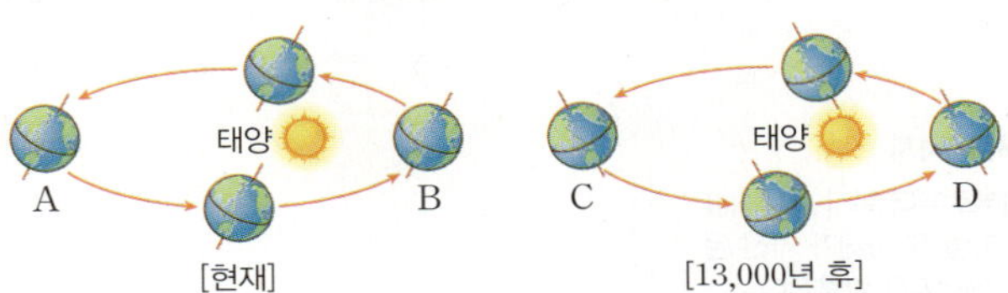


13,000년 후에 우리나라의 기온의 연교차가 현재에 비해 어떻게 달라질지 쓰시오. (단, 자전축 경사 방향 이외의 요인은 변화 없다.)

## ❖ 판게아 형성과 분리에 따른 기후 변화

- 고생대 말에 형성되었던 판게아는 대륙 내에 건조한 대륙성 기후 지역을 발달시켰다.
- 판게아가 분리되면서 해양성 기후 지역이 늘어났고, 겨울에 온난하고 여름에 시원한 지역이 증가하였다. 또한, 판게아의 분리로 해류의 방향이 다양해지면서 전 지구적으로 고른 에너지 분배가 이루어질 수 있었다.

## ❖ 인간 활동에 의한 사막화 과정

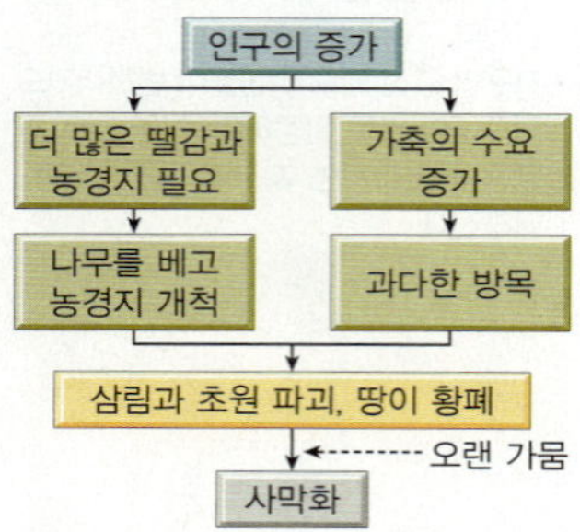


## ❖ 전자기파

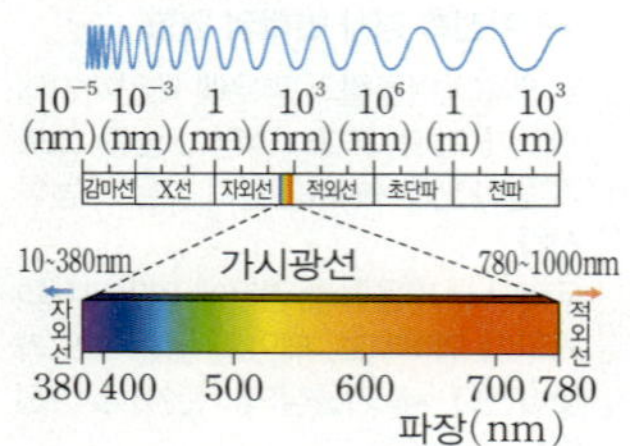


- 파장이 짧은 것부터 긴 순으로 감마선, X선, 자외선, 가시광선, 적외선, 초단파, 전파로 나뉘며, 파장이 짧을수록 에너지가 높다.
- 가시광선 영역에서 파장이 긴 쪽이 붉은색, 짧은 쪽이 보라색이다.

## ❖ 방출하는 복사 에너지

- 모든 물체는 외부로부터 복사 에너지를 흡수하기도 하고, 물체 자체가 가진 온도에 따라 복사 에너지를 방출한다.
- 표면 온도가 높을수록 방출하는 복사 에너지양이 많아지고, 에너지 밀도가 최대인 파장이 짧아진다.

---

## ❷ 기후 변화의 자연적 요인 2 – 지구 내적 요인

1. **수륙 분포의 변화**: 육지와 해양은 비열이 다르고 반사율이 다르므로 같은 태양 복사 에너지를 받아도 기온 변화에 차이가 있다. 판의 운동에 의한 수륙 분포의 변화로 인해 대기와 해류의 순환이 바뀌면서 기후 변화를 초래한다.

2. **지표면의 상태에 따른 반사율 변화**: 극지방의 빙하 면적의 변화, 인간 활동에 의한 삼림 파괴와 댐 건설 등에 의해 지표면이 달라지면, 지표면의 반사율이 변하여 기후 변화가 일어난다.

| 구분 | 아스팔트 | 침엽수림 | 토양 | 녹색 잔디 | 사막 모래 | 콘크리트 | 빙하 | 눈 |
|---|---|---|---|---|---|---|---|---|
| 반사율(%) | 4~12 | 8~15 | 17 | 25 | 40 | 55 | 50~70 | 80~90 |

지표면의 반사율이 증가하면 지구의 평균 기온이 하강하고, 반사율이 감소하면 지구의 평균 기온이 상승한다.

3. **대기의 에너지 투과율 변화**

① **화산 활동**: 화산이 폭발할 때 분출된 화산재가 성층권에 퍼지면 태양빛의 산란이 많이 일어난다. ➡ 대기의 에너지 투과율이 감소하고, 태양 복사의 반사율은 커진다. ➡ 지표면에 도달하는 태양 복사 에너지의 양이 줄어든다. ➡ 한동안 지구의 평균 기온이 하강한다.

② **구름의 양**: 구름은 태양 복사 에너지를 흡수하거나 반사하며, 지구 복사 에너지를 흡수하여 지표면으로 재복사한다. 따라서 구름의 양이 변하면 기후 변화가 나타날 수 있다.

4. **수권과 기권의 상호 작용**: 수권과 기권은 물을 매개로 하여 상호 작용하면서 기후 변화에 영향을 미친다. 예 엘니뇨와 라니냐에 의한 전 지구적인 기후 변화

## ❸ 지구의 복사 평형과 온실 효과

### 1. 태양 복사 에너지와 지구 복사 에너지

① **태양 복사 에너지**: 태양에서 방출되는 복사 에너지로, 감마선, X선, 자외선, 가시광선, 적외선, 전파 등으로 구성된 전자기파이다. 가시광선은 파장 영역이 0.4~0.7 um이며, 전체 태양 복사 에너지의 약 40%를 차지한다. ➡ 단파 복사

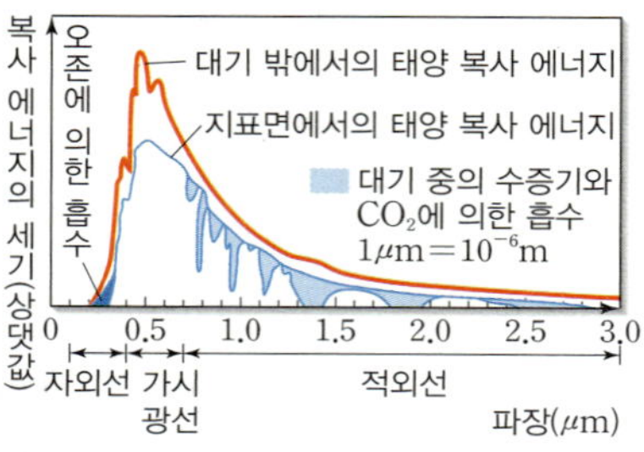


▲ 대기에 의한 태양 복사 에너지의 흡수

- 대기의 선택적 흡수: 자외선은 주로 성층권의 오존층에, 적외선은 이산화 탄소와 수증기에 대부분 흡수된다.
- 가시광선은 대부분 대기에 흡수되지 않고 지표에 도달한다.
- 반사율(알베도): 지구에 입사된 태양 복사 에너지 중 지구 대기나 지표에서 반사 또는 산란에 의해 곧바로 우주 공간으로 되돌아가는 에너지의 비율로, 약 30%이다.

② 지구 복사 에너지: 지구 대기와 지표에서 방출되는 복사 에너지로, 파장 2.5~25 $\mu$m인 적외선 영역에 집중되어 있다. ➡ 장파 복사

- 수증기, 이산화 탄소, 메테인 등의 온실 기체가 지구 복사 에너지를 대부분 흡수하여 적외선의 형태로 지표로 재복사한다.
- 파장 8~13 $\mu$m 사이의 지구 복사는 흡수가 잘 일어나지 않고 대부분 우주 공간으로 빠져나가는데, 이 파장 영역을 '대기의 창'이라고 한다.

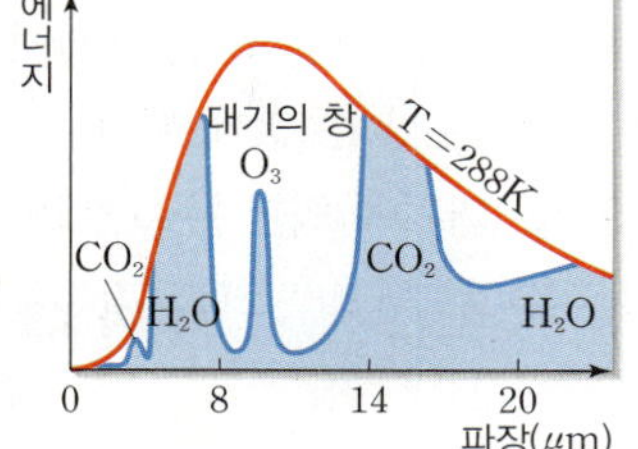

▲ 대기에 의한 지구 복사 에너지의 흡수

| 구분 | 복사 | 최대 세기 파장 | 대기 흡수 |
| --- | --- | --- | --- |
| 태양 복사 | 단파 복사 | 가시광선 영역 | 잘 흡수되지 않음 |
| 지구 복사 | 장파 복사 | 적외선 영역 | 잘 흡수됨 |

## 2. 지구의 복사 평형

① 복사 평형: 물체가 받아들이는 에너지양과 방출하는 에너지양이 같아 온도가 일정하게 유지되는 상태이다.

② 지구의 복사 평형: 지구는 흡수하는 복사 에너지양과 방출하는 지구 복사 에너지양이 같아 복사 평형을 이룬다. ➡ 지구의 온도는 크게 변하지 않고 거의 일정하게 유지한다.

- 지구는 전체적으로 복사 평형을 이루고 있지만, 위도에 따라 에너지 불균형이 나타난다. ➡ 저위도 지역은 에너지 과잉, 고위도 지역은 에너지 부족 상태이다. ➡ 대기와 해수의 순환을 통해 저위도의 남는 에너지가 고위도로 수송한다.

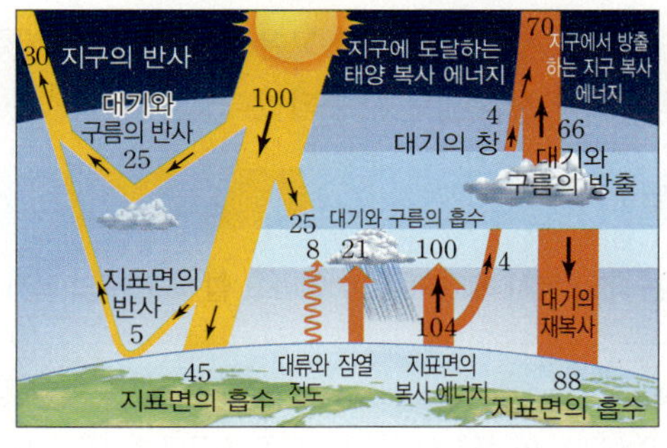



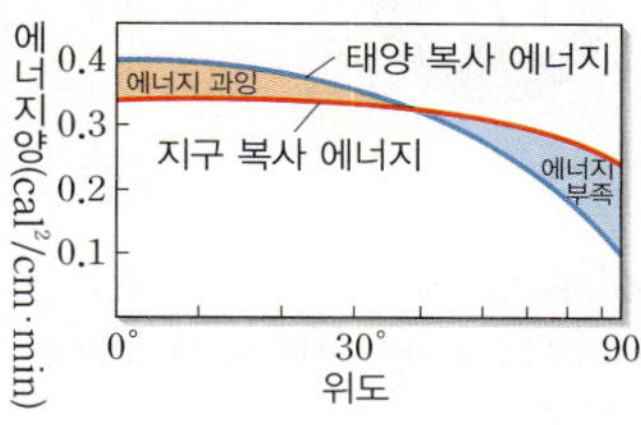
❖ 위도별 열수지

❖ 대기의 창과 적외선 영상
- 적외선 영역의 대기의 창을 이용하여 인공위성에서 지구에서 방출하는 지구 복사 에너지를 촬영하면 햇빛이 비치지 않는 밤에도 지구의 영상을 얻을 수 있다.
- 적외선 영상은 해수의 온도와 구름의 온도를 알 수 있게 해주며, 중위도에서 해수의 흐름·전선·권운의 범위를 찾는 데도 이용된다.

---

**개념 바로 확인**

정답 및 해설 | 33쪽

**03** 빙하의 면적이 감소하면 지표면의 반사율이 [          ]하여 지표면이 흡수하는 태양 복사 에너지의 양이 [          ]한다.

**02** 기후 변화의 자연적 요인에 대한 설명으로 옳은 것은 ○, 옳지 <u>않은</u> 것은 ×로 표시하시오.

(1) 사막의 면적이 증가하면 지표면의 태양 에너지 반사율이 증가한다. (          )

(2) 판게아가 분리되면서 해양성 기후가 나타나는 지역이 좁아졌다. (          )

(3) 화산 활동에 의해 기후가 변화하는 것은 지구 외적 요인이다. (          )

## 3. 온실 효과

① **온실 효과**: 지구의 대기는 짧은 파장의 태양 복사 에너지는 잘 통과시키지만, 긴 파장의 지구 복사 에너지는 대부분 흡수한 후 지표로 재복사하여 지표면의 온도를 높이는 현상이다. 온실 효과가 없다면 지구의 평균 기온은 −18℃까지 내려가 생명체 대부분은 살 수 없게 된다.

② **대기에 의한 온실 효과**

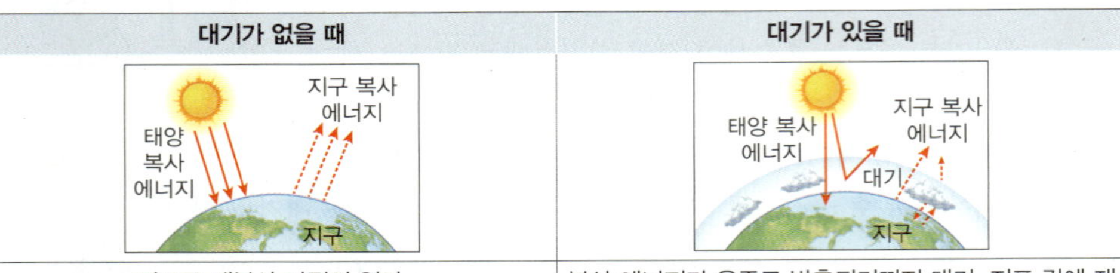

| 대기가 없을 때 | 대기가 있을 때 |
| --- | --- |
| 지표로 재복사 과정이 없다. | 복사 에너지가 우주로 방출되기까지 대기−지표 간에 재복사 과정을 통해 오래 머무른다. ➡ 지구의 기온은 대기가 없을 때보다 더 높은 온도로 일정하게 유지한다. |

- 온실 효과의 크기는 재복사량의 크기에 비례한다.
- 온실 기체가 많을수록 온실 효과가 커지고 대기에 의한 재복사량이 커지므로 지표의 온도가 높아진다. ➡ 지구 온난화의 원인으로 작용한다.
- **온실 기체**: 온실 효과를 잘 일으키는 기체로 적외선을 잘 흡수하는 성질이 있다. 이산화 탄소, 수증기, 메테인, 일산화 이질소, 프레온 가스 등이 있다.

③ **지구 온난화에 주된 원인이 되는 온실 기체**

- **이산화 탄소**: 전체 온실 기체 배출량 중 약 80 % 이상을 차지하는 가장 중요한 온실 기체이다. 화석 연료의 연소 시 주로 발생한다.
- **메테인**: 음식물 쓰레기가 부패할 때와 소나 닭과 같은 가축의 배설물에서도 발생한다.
- **일산화 이질소**: 주로 석탄을 캘 때, 연료가 고온으로 탈 때 발생한다.
- **프레온 가스**: 주로 냉매제나 세정제로 사용되었다.

---

**실전 자료**  **지구의 열수지**

**그림은 지구에 도달하는 태양 복사 에너지를 100이라고 할 때 지구의 복사 평형을 나타낸 것이다.**

❶ **지구의 반사율**: 지구에 입사된 태양 복사 에너지(100) 중 지구 대기나 지표에서 반사 또는 산란에 의해 곧바로 우주 공간으로 되돌아가는 에너지(30)의 비율이므로, 지구의 반사율은 30%이다.

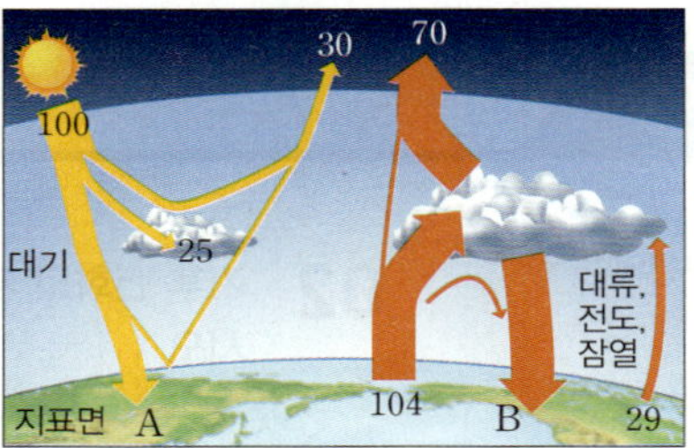


❷ **A와 B의 값 비교하기**: 흡수하는 에너지양과 방출하는 에너지양은 같다.
- 지구 전체: 흡수량＝25＋A, 방출량＝70 이므로, 25＋A＝70 이 된다. 따라서 A의 값은 45이다.
- 대기: 흡수량＝25＋(지표에서 방출되는 복사 에너지 중 대기에 흡수되는 양)＋29, 방출량＝(대기에서 우주 공간으로 방출되는 복사 에너지양)＋B

---

❖ **지구 열수지**

- 대기가 없을 때(단, 지표 반사는 고려하지 않는다.)

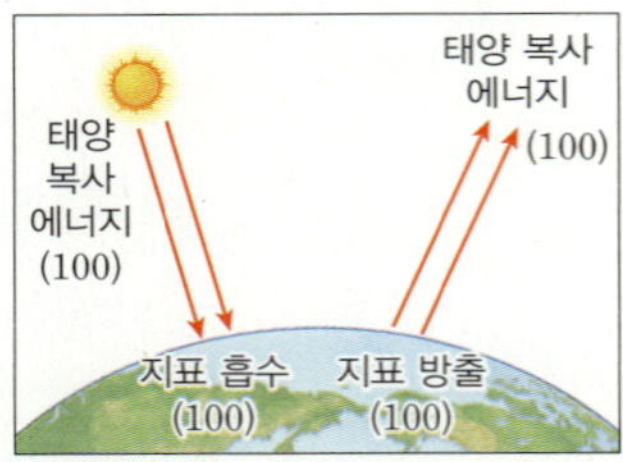

- 대기가 있을 때

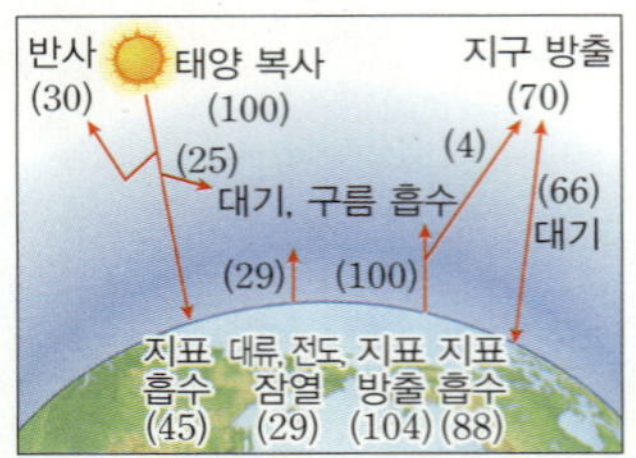

- 대기 효과: 대기가 없을 때보다 대기가 있을 때 일교차가 작고, 지표면의 온도가 높다.

❖ **지구와 달의 비교**

- 평균 온도: 지구 > 달
 ➡ 온실 효과에 의해 지구는 대기가 없는 달보다 평균 온도가 높다.
- 일교차: 지구 < 달
 ➡ 온실 효과에 의해 지구는 밤과 낮의 기온 차이가 작다.

• **지표면**: 흡수량＝A＋B, 방출량＝104＋29 이므로, A＋B＝104＋29 가 된다. A의 값이 45이므로 B의 값은 88이다.

## ④ 지구 온난화와 기후 변화

### 1. 지구 온난화

① **지구 온난화**: 대기 중 온실 기체의 증가로 온실 효과가 증대되어 평균 기온이 상승하는 현상이다.

② **지구 온난화의 원인**: 화석 연료의 사용량 증가와 삼림 훼손 등으로 대기 중의 온실 기체 농도가 증가한다.

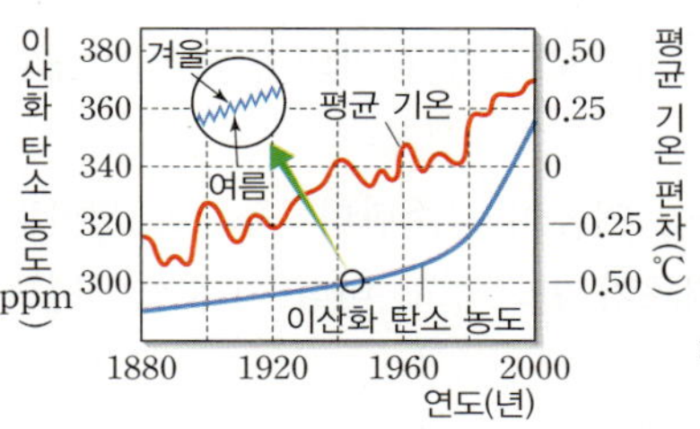


▲ 지구의 평균 기온 변화와 이산화 탄소 농도 변화

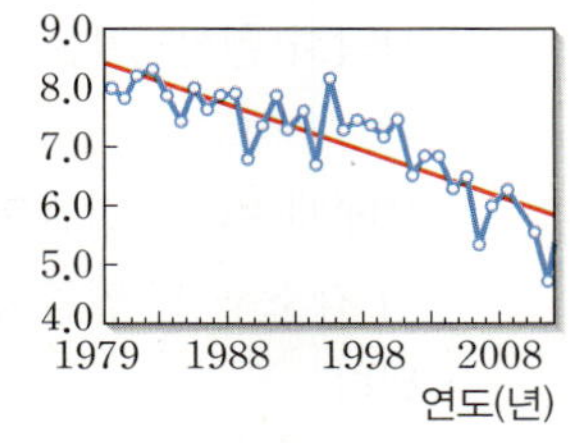


▲ 해수면의 높이 변화(2000년 기준)

▲ 북극해 얼음 면적 변화

## 개념 바로 확인

정답 및 해설 | 33쪽

**04** 지표면에 도달하는 태양 복사 에너지는 주로 [　　　　]이고, 지표면에서 방출되는 지구 복사 에너지는 대부분 [　　　　]으로 이루어져 있다.

**05** 지구 온난화의 가장 큰 원인으로 추정되는 기체는 [　　　　]이다.

**03** 온실 효과에 대한 설명으로 옳은 것은 ○, 옳지 <u>않은</u> 것은 ×로 표시하시오.

(1) 태양 복사 에너지가 지구 복사 에너지보다 대기에 의한 흡수율이 더 높다. (　　　)

(2) 대기에 의한 온실 효과가 나타나지 않는다면 지구의 평균 기온은 높아질 것이다. (　　　)

(3) 태양 복사 에너지와 지구 복사 에너지 중 대기를 가열시키는 데 더 큰 역할을 하는 것은 지구 복사 에너지이다. (　　　)

**04** 그림 (가)와 (나)는 지구 표면과 달 표면에서 복사 에너지 출입의 모식도를 순서 없이 나타낸 것이다.

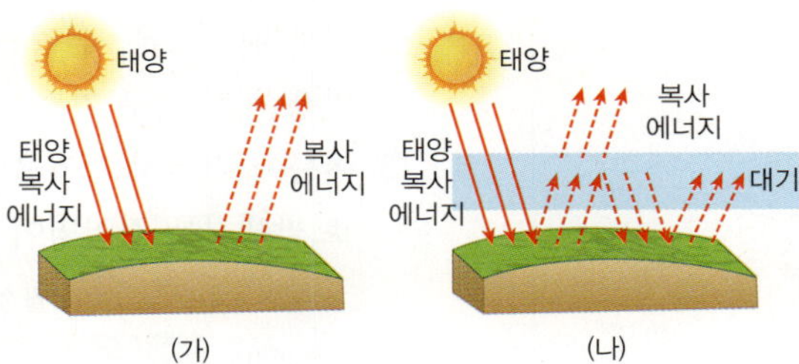


이에 대한 설명으로 옳은 것만을 〈보기〉에서 있는 대로 고른 것은?

---
| 보기 |

ㄱ. (가)는 달, (나)는 지구에 해당한다.

ㄴ. 일교차는 (가)가 (나)보다 크다.

ㄷ. 지표면이 방출하는 복사 에너지의 양은 (가)가 (나)보다 많다.

---

① ㄱ　　② ㄷ　　③ ㄱ, ㄴ　　④ ㄴ, ㄷ　　⑤ ㄱ, ㄴ, ㄷ

❖ **기후 변화 협약**

· 유엔기후변화협약: 이산화 탄소 등 화석 연료 사용에 따른 지구 온난화 현상을 방지하기 위한 협약으로, '대기의 온실 가스 농도가 기후계를 인위적으로 간섭하지 못할 수준으로 안정화시키는 것'이 목적이며, 이를 위해 모든 당사국에 의무를 부과하였다.

· 교토 의정서: 지구 온난화의 규제 및 방지를 위한 기후 변화 협약의 수정안으로, 이 의정서를 인준한 국가는 이산화 탄소를 포함한 여섯 종류의 온실 기체의 배출량을 감축하며, 배출량을 줄이지 않는 국가에 대해서는 비관세 장벽을 적용하였다.

· 파리기후협정: 2020년으로 효력이 끝나는 교토 의정서를 대체하기 위해 채택된 새로운 기후 변화 체제로 선진국과 개발도상국 모두 자국의 상황에 맞는 감축 목표량을 스스로 설정하여 준수하도록 하였다.



❖ **열팽창**

물질이 열을 받았을 때 그 부피가 커지는 현상으로, 물질을 이루는 입자들이 열을 받음으로 인해 운동 에너지가 커져 입자 운동이 활발해지기 때문에 일어난다.


③ **지구 온난화의 영향**: 단순한 기온의 상승이 아니라 지구 기후 시스템 전체의 변화를 초래한다.

· **해수면 상승**: 해수의 열팽창과 대륙 빙하의 융해로 해수의 부피가 증가하여 해수면의 높이가 상승한다. 이로 인해 해안 저지대가 침수되고, 육지 면적이 감소한다.

· **기상 이변**: 증발량과 강수량의 지역적 편중으로 호우 발생 빈도가 증가하고, 물 부족 지역이 증가한다. 위도별 에너지의 불균형이 심화되며 엘니뇨, 가뭄, 홍수, 한파, 혹서 등의 이상 기후 현상이 나타난다.

· **사막화 현상**: 기온 상승에 의한 증발량 증가와 삼림 파괴로 인해 사막의 면적이 확대된다.

· **생태계 변화**: 전반적으로 식생대가 북상하고, 한류성 어종이 감소한다. 농작물 생산량이 감소하고, 멸종 생물이 증가한다. 어류의 이동 경로가 변화하고, 바다 생태계가 변화된다.

· 지구 온난화는 지구계의 기권뿐만 아니라 지권과 수권, 생물권에 모두 영향을 미치며, 특정한 지역뿐만 아니라 지구 전체에 영향을 미친다. 지구 온난화는 지구계 각 권 사이의 상호 작용 때문에 더욱 심해지는 경향이 있다.

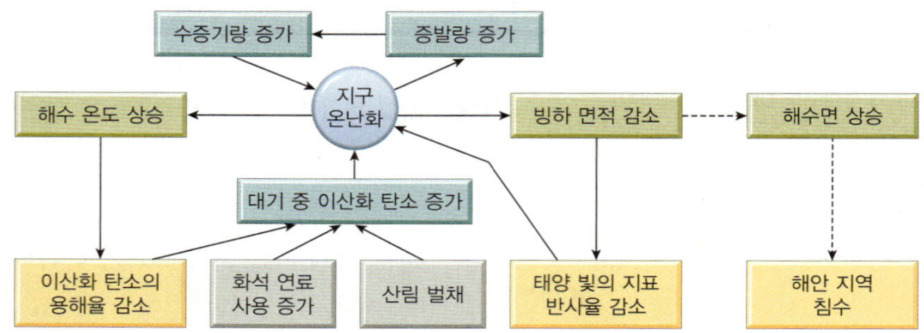


### 2. 지구 온난화로 인한 한반도의 기후 변화

① 지난 100년 동안 기온은 1.5℃ 정도 상승하였는데, 이는 지구 평균 상승률보다 빠르다. 강수량은 지난 30년 동안 78 mm 정도 증가하였다.

② 기록적인 호우, 위력적인 태풍 피해, 잦은 폭설과 한파, 강풍 등은 온실 기체 증가로 발생한 전 지구 기후 변화가 그 원인이다.

③ 여름이 길어지고 겨울이 짧아지면서 봄꽃 개화 시기가 빨라지고 있으며, 여름철에 주로 발생하는 전염병이 봄철에도 자주 나타난다.

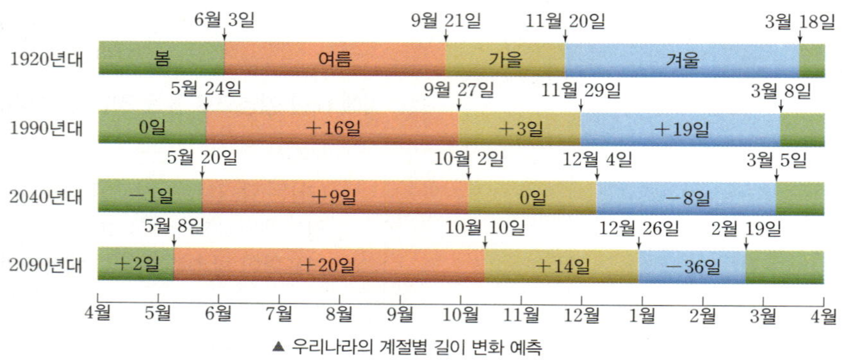


▲ 우리나라의 계절별 길이 변화 예측

## 3. 지구 온난화와 기후 변화 방지 대책

① 지구 온난화 방지를 위한 노력의 필요성: 현재의 지구 기온 상승은 인위적인 인간 활동에 의한 지구 온난화가 가장 주된 요인인 것으로 여겨지며, 이는 지구 생태계와 인류의 생활에 크게 영향을 준다. ➡ 지구 온난화 방지를 위해 우리들의 노력이 필요하다.

② 지구 온난화에 대한 대책: 화석 연료의 소비를 줄이는 것이 가장 중요하며, 이를 위해 친환경적인 신재생 에너지의 개발과 사용을 확대해야 한다. 또한, 삼림 벌채를 줄여서 숲을 보호하여 대기 중 온실 기체 방출량을 줄인다.

③ 기후 변화 방지를 위한 국제 사회의 노력: 유엔기후변화협약(1992년, 브라질 리우데자네이루), 교토의정서(1996년, 일본 교토), 파리기후협정(2015년, 프랑스 파리) 등이 있다.

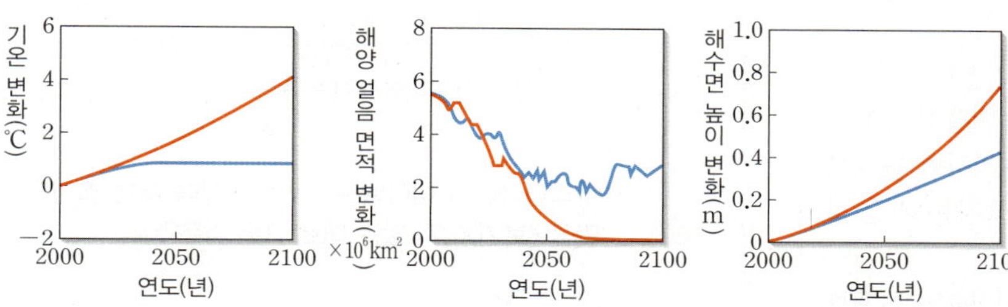

▲ 현재와 같은 추세로 온실 기체가 증가하는 경우(─)와 온실 기체의 감축 노력이 어느 정도 성공한 경우(─)

정답 및 해설 | 33쪽

**06** 현재 진행되고 있는 지구 온난화의 주된 원인은 [　　　　　　]의 증가이다.

**05** 그림은 지구 온난화의 원인과 영향을 나타낸 것이다.

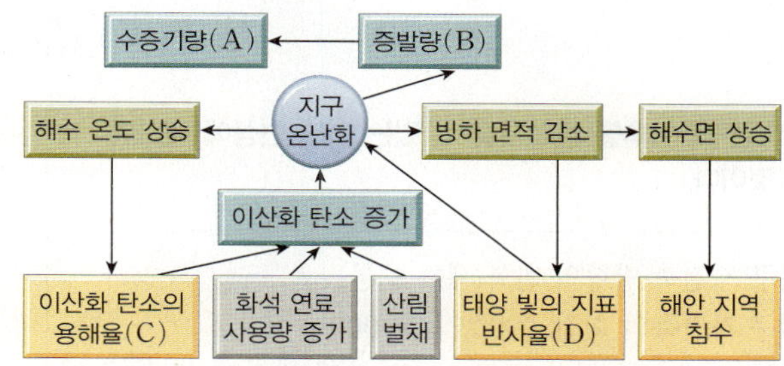


A, B, C, D 중 값이 증가하는 것을 있는 대로 고르시오.

**07** 해수의 [　　　　]과 대륙 빙하의 융해로 해수의 부피가 증가하여 해수면의 높이가 [　　　]한다.

**06** 지구 온난화로 인한 한반도의 기후 변화에 대한 설명으로 옳지 <u>않은</u> 것은?

① 연평균 기온이 높아진다.

② 연평균 강수량이 증가한다.

③ 해수면의 높이가 높아진다.

④ 봄꽃의 개화 시기가 늦어진다.

⑤ 여름의 열대야 일수가 증가한다.

### 1  기후 변화의 자연적 요인 1 – 지구 외적 요인

**01** 그림은 현재 지구가 태양 주위를 공전하는 모습을 나타낸 것이다.

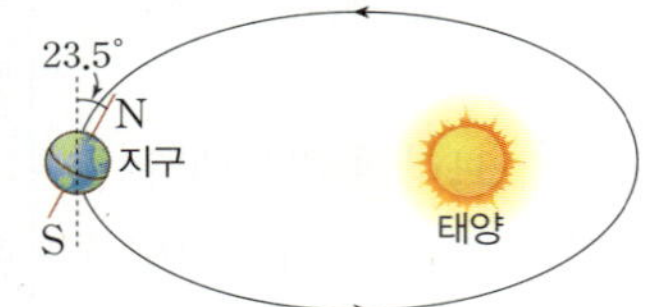


이에 대한 설명으로 옳은 것만을 〈보기〉에서 있는 대로 고른 것은?

| 보기 |

ㄱ. 지구가 A에 위치할 때, 우리나라는 겨울철이다.
ㄴ. 다른 요인의 변화 없이 자전축의 경사각만 현재보다 커지면 우리나라에서 기온의 연교차는 커질 것이다.
ㄷ. 다른 요인의 변화 없이 공전 궤도 이심률만 현재보다 커지면 우리나라에서 기온의 연교차는 커질 것이다.

① ㄱ　　　② ㄴ　　　③ ㄱ, ㄷ
④ ㄴ, ㄷ　　　⑤ ㄱ, ㄴ, ㄷ

**02**  다음은 지구의 기후를 변화시킬 수 있는 어느 현상에 대하여 정리한 것이다.

- 지구 자전축 방향의 변화(세차 운동)
- 지구 자전축의 회전 주기: 약 26,000년
- 지구 자전축의 회전 방향: 지구 자전 방향과 반대 방향

이에 대한 설명으로 옳은 것만을 〈보기〉에서 있는 대로 고른 것은? (단, 현재 우리나라는 근일점에서 겨울이며, 세차 운동 이외의 요인은 변하지 않는다고 가정한다.)

| 보기 |

ㄱ. 약 13,000년 전에 근일점에서 지구 전체에 도달하는 태양 복사 에너지의 양은 현재보다 컸을 것이다.
ㄴ. 약 6,500년 후에 우리나라는 근일점에서 봄일 것이다.
ㄷ. 약 13,000년 후에 우리나라의 기온의 연교차는 현재보다 커질 것이다.

① ㄱ　　　② ㄷ　　　③ ㄱ, ㄴ
④ ㄴ, ㄷ　　　⑤ ㄱ, ㄴ, ㄷ

**03** 그림 (가)는 현재를 기준으로 5만 년 전~5만 년 후의 북반구 여름철의 태양과 지구 사이의 거리 변화를, (나)는 지구 자전축의 기울기 변화를 나타낸 것이다.

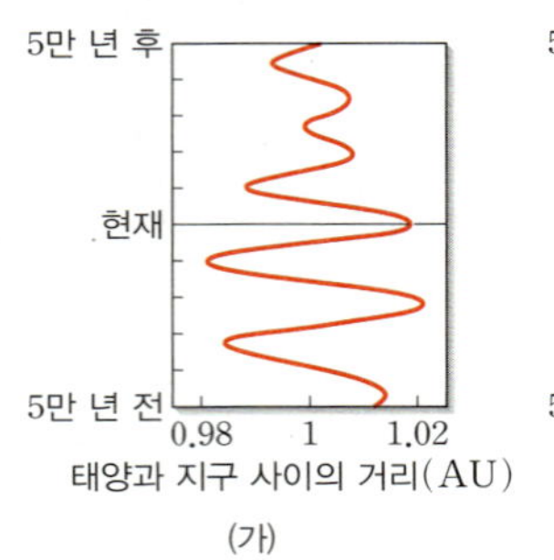


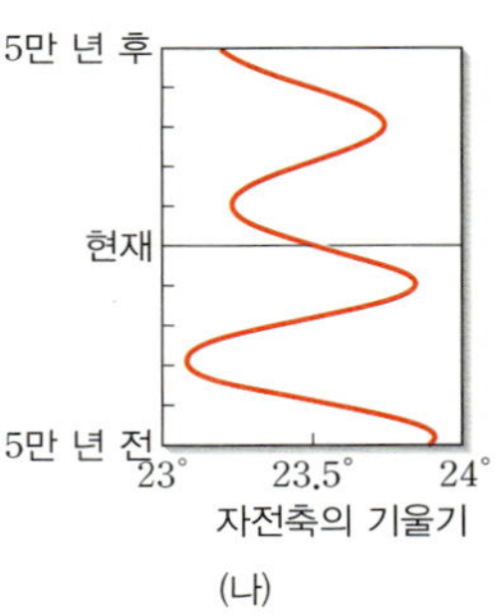


우리나라에서 나타날 수 있는 현상에 대한 설명으로 옳은 것만을 〈보기〉에서 있는 대로 고른 것은?

| 보기 |

ㄱ. (가)만을 고려할 때, 1만 년 전의 여름 기온은 현재보다 높았을 것이다.
ㄴ. (나)만을 고려할 때, 1만 년 후의 기온의 연교차는 현재보다 커질 것이다.
ㄷ. (가)와 (나)를 모두 고려할 때, 3만 년 후의 계절 변화는 현재보다 뚜렷해질 것이다.

① ㄱ　　　② ㄴ　　　③ ㄱ, ㄷ
④ ㄴ, ㄷ　　　⑤ ㄱ, ㄴ, ㄷ

### 2  기후 변화의 자연적 요인 2 – 지구 내적 요인

**04** 기후 변화의 자연적 요인 중 지구 내적 요인과 외적 요인을 〈보기〉에서 골라 옳게 짝 지은 것은?

| 보기 |

ㄱ. 극지방의 빙하 면적이 좁아진다.
ㄴ. 화산 활동에 의해 다량의 화산재가 대기로 방출된다.
ㄷ. 태양의 흑점 수가 증가하고, 태양의 활동이 활발해진다.
ㄹ. 지구의 자전축이 약 26,000년을 주기로 회전한다.

| | 내적 요인 | 외적 요인 |
|---|---|---|
| ① | ㄱ, ㄴ | ㄷ, ㄹ |
| ② | ㄱ, ㄷ | ㄴ, ㄹ |
| ③ | ㄴ, ㄷ | ㄱ, ㄹ |
| ④ | ㄴ, ㄹ | ㄱ, ㄷ |
| ⑤ | ㄷ, ㄹ | ㄱ, ㄴ |

**05** 표는 지표면의 상태에 따른 태양 복사 에너지의 반사율을 나타낸 것이다.

| 구분 | 새 아스팔트 | 침엽수림 | 토양 | 사막모래 | 콘크리트 | 빙하 |
|---|---|---|---|---|---|---|
| 반사율(%) | 4 | 8~15 | 17 | 40 | 55 | 55~70 |

이에 대한 설명으로 옳은 것만을 〈보기〉에서 있는 대로 고른 것은?

┤ 보기 ├

ㄱ. 사막화가 진행될수록 지구의 반사율은 감소한다.
ㄴ. 지구의 반사율이 증가하면 지구 평균 기온은 낮아진다.
ㄷ. 적도 지방보다 극지방에서의 지표 반사율이 더 클 것이다.

① ㄱ  ② ㄷ  ③ ㄱ, ㄴ
④ ㄴ, ㄷ  ⑤ ㄱ, ㄴ, ㄷ

**06** 다음은 지구 내적 요인 또는 외적 요인에 의해 발생하는 지구 환경 변화에 대한 내용이다.

(가) 지구의 자전축의 경사각이 변하여 위도별 일사량이 변한다.
(나) 판의 운동에 의한 수륙 분포의 변화로 지구의 반사율이 달라진다.
(다) 과도한 온실 기체의 증가에 의한 지구 온난화가 가중되고 그에 따라 지구 기온도 급격하게 상승하고 있다.

이에 대한 설명으로 옳은 것만을 〈보기〉에서 있는 대로 고른 것은?

┤ 보기 ├

ㄱ. (가)는 지구 외적 요인 중 하나이다.
ㄴ. (나)는 대기와 해수의 순환에 영향을 준다.
ㄷ. (다)가 활발해질수록 해수면의 높이는 상승할 것이다.

① ㄱ  ② ㄷ  ③ ㄱ, ㄴ
④ ㄴ, ㄷ  ⑤ ㄱ, ㄴ, ㄷ

**③ 지구의 복사 평형과 온실 효과**

**07** 다음은 복사 평형을 알아보기 위한 실험이다.

[실험 과정]

(가) 그림과 같이 설치한 후 컵 속의 온도를 측정한다.

(나) 전등을 켜고 컵 속의 온도를 2분 간격으로 측정한다.

(다) 전등에서 30 cm 떨어진 곳에 컵을 설치하고 컵 속의 온도를 측정한 후, (나)의 과정을 반복한다.

[실험 결과]

| 전등으로부터의 거리 \ 시간 | 0 | … | 8 | 10 | 12 |
|---|---|---|---|---|---|
| 15 cm | 20 ℃ | … | 30.9 ℃ | 31 ℃ | A |
| 30 cm | 20 ℃ | … | 29 ℃ | 29.3 ℃ | 29.3 ℃ |

이에 대한 설명으로 옳은 것만을 〈보기〉에서 있는 대로 고른 것은? (단, 전등과 알루미늄 컵의 거리 변화 이외에는 모두 일정하다고 가정한다.)

┤ 보기 ├

ㄱ. A는 약 31 ℃이다.
ㄴ. 전등에서 30 cm 떨어진 알루미늄 컵에서 방출하는 에너지의 양은 계속해서 증가할 것이다.
ㄷ. 전등에서 45 cm 떨어진 곳에서 똑같은 실험을 하는 경우에, 복사 평형에 도달하는 온도는 29.3℃보다 낮을 것이다.

① ㄱ  ② ㄴ  ③ ㄱ, ㄷ
④ ㄴ, ㄷ  ⑤ ㄱ, ㄴ, ㄷ

**08** 그림은 지구에 입사되는 태양 복사 에너지의 세기를 파장에 따라 나타낸 것이다.

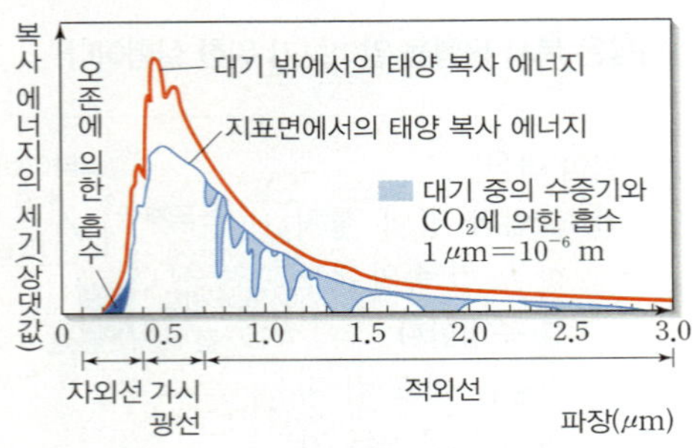


이에 대한 설명으로 옳은 것만을 〈보기〉에서 있는 대로 고른 것은?

| 보기 |

ㄱ. 자외선은 대기에 의해 대부분 흡수된다.
ㄴ. 대기에 의한 흡수가 가장 적게 일어나는 영역은 가시광선이다.
ㄷ. 적외선은 대기 중의 수증기와 이산화 탄소에 의해서 선택적으로 흡수된다.

① ㄱ　　　　② ㄴ　　　　③ ㄱ, ㄷ
④ ㄴ, ㄷ　　　⑤ ㄱ, ㄴ, ㄷ

**④ 지구 온난화와 기후 변화**

**09** 그림은 태양 복사와 지구 복사의 관계를 나타낸 것이다.

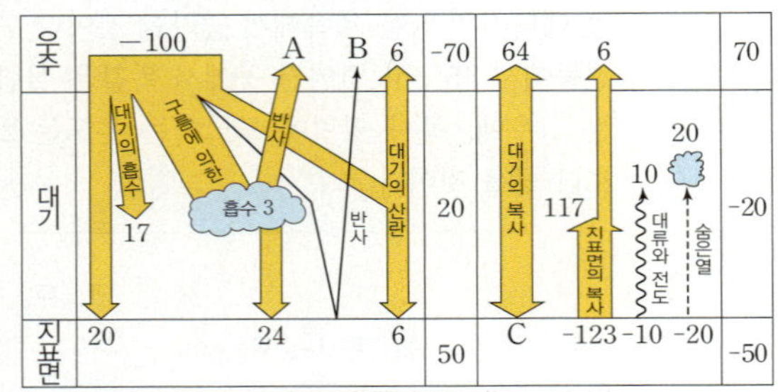


이에 대한 설명으로 옳은 것만을 〈보기〉에서 있는 대로 고른 것은?

| 보기 |

ㄱ. 대기에서의 (총 에너지 흡수량 − 총 에너지 방출량)은 0이다.
ㄴ. (A+B)의 값이 지구의 반사율(%)에 해당한다.
ㄷ. 온실 기체가 증가하면 C가 증가한다.

① ㄱ　　　　② ㄴ　　　　③ ㄱ, ㄷ
④ ㄴ, ㄷ　　　⑤ ㄱ, ㄴ, ㄷ

**10** 그림은 최근 약 30년 동안의 위도별 이산화 탄소 농도 변화를 나타낸 것이다.

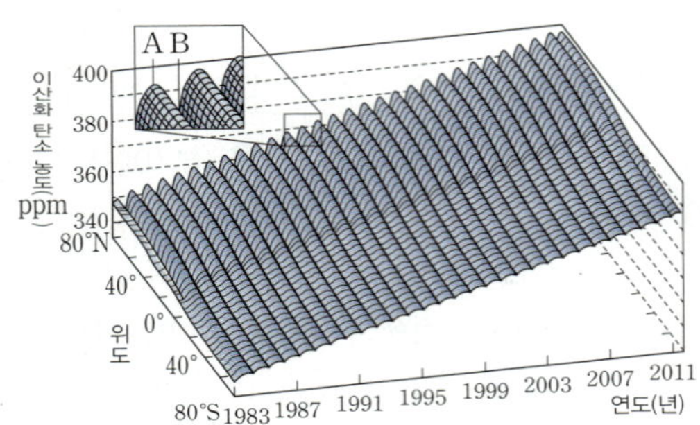


이에 대한 설명으로 옳은 것만을 〈보기〉에서 있는 대로 고른 것은?

| 보기 |

ㄱ. 연평균 이산화 탄소의 농도는 증가하는 추세이다.
ㄴ. A는 북반구의 겨울철이다.
ㄷ. B에서 이산화 탄소 농도가 낮게 나타나는 이유 중 하나는 식물에 의한 것이다.

① ㄱ　　　　② ㄷ　　　　③ ㄱ, ㄴ
④ ㄴ, ㄷ　　　⑤ ㄱ, ㄴ, ㄷ

**11** 그림은 1900년을 기준으로 지구의 평균 해수면 변화를, 표는 지난 30여 년 동안 우리나라 근해의 연평균 해수면 상승 정도를 나타낸 것이다.

[단위: cm]

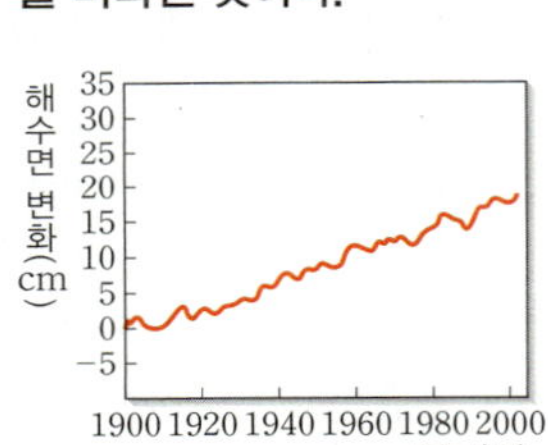


| 서해안 | | 남해안 | | 동해안 | |
|---|---|---|---|---|---|
| 안흥 | 0.16 | 완도 | 0.34 | 포항 | 0.14 |
| 군산 | 0.03 | 여수 | 0.32 | 울릉도 | 0.12 |
| 목포 | 0.12 | 부산 | 0.35 | 속초 | 0.15 |
| ⋮ | ⋮ | ⋮ | ⋮ | ⋮ | ⋮ |
| 평균 | 0.10 | 평균 | 0.34 | 평균 | 0.14 |

이에 대한 설명으로 옳은 것만을 〈보기〉에서 있는 대로 고른 것은?

| 보기 |

ㄱ. 우리나라의 평균 기온은 상승하는 추세이다.
ㄴ. 남해안의 해수면 상승률은 지구의 평균 해수면 상승률보다 작다.
ㄷ. 화석 연료 사용량이 증가할수록 평균 해수면은 더 높아질 것이다.

① ㄱ　　　　② ㄴ　　　　③ ㄱ, ㄷ
④ ㄴ, ㄷ　　　⑤ ㄱ, ㄴ, ㄷ

**12** 다음은 지구 온난화와 관련된 기사의 일부와 우리나라 남부 지방의 과거 기상 관측 자료를 이용하여 예측한 계절의 길이 변화를 나타낸 것이다.

> 2013년 9월 27일 스웨덴 스톡홀름에서 기후 변화에 관한 정부 간 협의체가 발표한 5차 보고서에 따르면, 현재 추세로 온실 기체를 배출한다면, 21세기 말 지구 평균 기온은 최근 30년에 비해 3.7 ℃ 오를 것이라고 전망됐다.

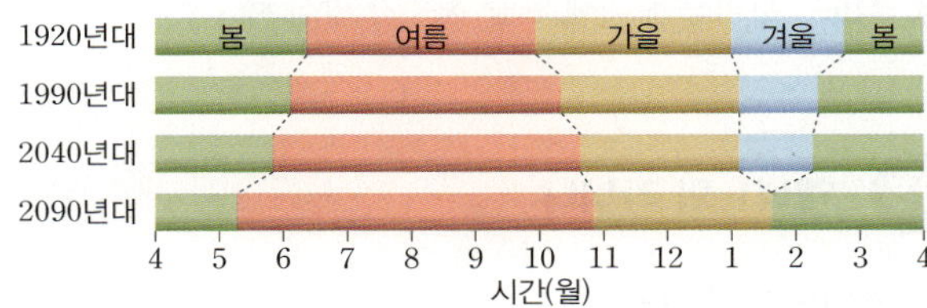


이에 대한 설명으로 옳은 것만을 〈보기〉에서 있는 대로 고른 것은?

| 보기 |
ㄱ. 육지의 면적이 증가할 것이다.
ㄴ. 전반적으로 식생대가 북상할 것이다.
ㄷ. 우리나라 봄철의 개화 시기가 빨라질 것이다.

① ㄱ     ② ㄷ     ③ ㄱ, ㄴ
④ ㄴ, ㄷ     ⑤ ㄱ, ㄴ, ㄷ

**서술형** 이렇게!

**13** 그림은 지구에 도달하는 태양 복사 에너지의 양을 100이라고 할 때, 복사 평형 상태의 지구 열수지를 나타낸 것이다.

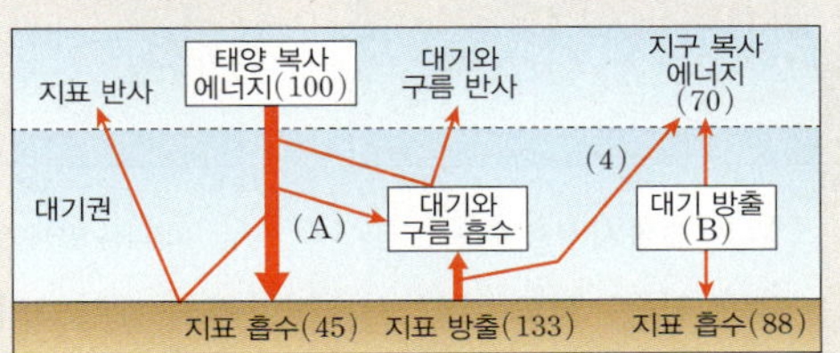


(1) A와 B의 값을 각각 구하시오.

(2) 가시광선 영역과 적외선 영역 중 지표에 흡수되는 값이 큰 것을 고르고, 그 이유를 설명하시오.

**14** 그림 (가)는 13,000년 전과 현재의 지구 자전축의 경사 방향을, (나)는 공전 궤도 이심률의 변화를 나타낸 것이다. (단, 자전축 경사 방향과 공전 궤도 이심률 변화 이외의 요인은 변하지 않는다고 가정한다.)

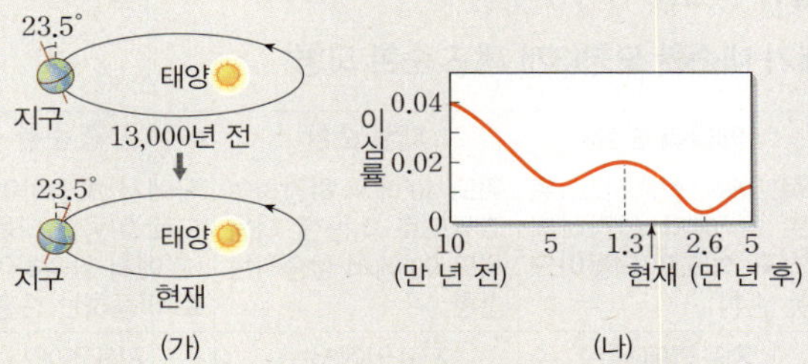


26,000년 후 우리나라 기온의 연교차는 어떻게 변할지 쓰고, 그 이유를 설명하시오.

**15** 다음은 필리핀 피나투보 화산 분출에 대한 설명이고, 그림은 화산 분출 전후의 지구 평균 기온 변화를 나타낸 것이다.

**중요**

> • 1991년 6월 12일에 피나투보 화산은 화산 분출물을 격렬하게 뿜어내기 시작했다.
> • 많은 양의 화산재가 성층권까지 도달하여 지구 전체로 확산되었다.

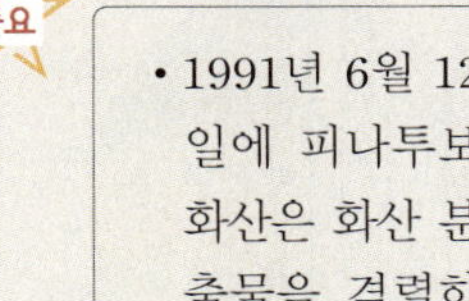
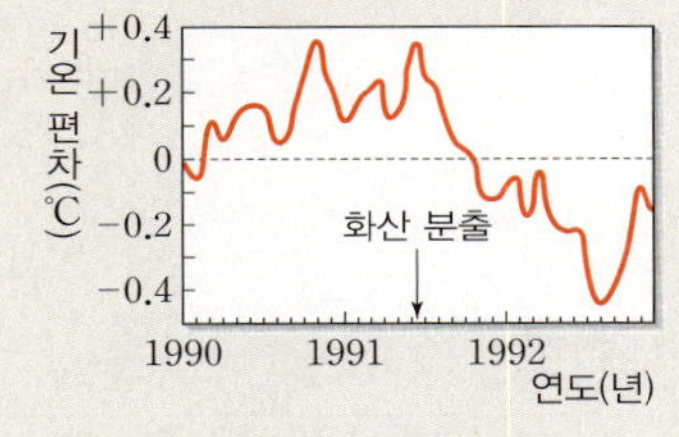


화산 분출 이후 기온의 변화를 쓰고, 그 이유를 설명하시오.

**16** 그림은 1979년부터 2011년까지 관측된 북극해 얼음 면적의 변화를 나타낸 것이다.

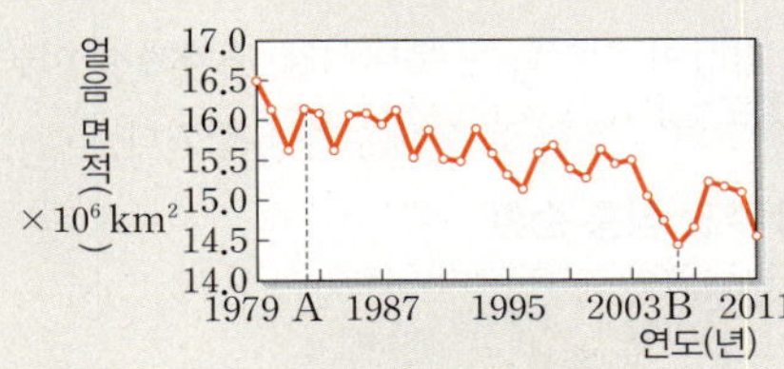


A 시기와 B 시기 중 관측 지역 지표면에서 방출하는 복사 에너지양이 더 큰 곳을 고르고, 그 이유를 서술하시오.

## 01 대기 대순환
→ 100~101쪽

1. **위도별 에너지 불균형의 해소**  대기와 해수의 순환에 의해 저위도의 과잉 에너지가 고위도로 이동하여 지구는 위도별로 일정한 온도를 유지한다.

2. **대기 대순환 모형(3개 세포 순환 모형)**

| 해들리 순환 | 페렐 순환 | 극 순환 |
|---|---|---|
| 적도에서 상승하고, 위도 30°에서 하강하여 다시 적도로 되돌아오는 순환 | 위도 30°에서 하강하여 고위도로 이동한 다음 위도 60°에서 상승하는 순환 | 극에서 하강하여 저위도로 이동한 다음 위도 60°에서 상승하여 극으로 이동하는 순환 |
| 지표면에서는 무역풍을 형성 | 지표면에서는 (㉠        )을 형성 | 지표면에서는 극동풍을 형성 |
| 직접 순환 | 간접 순환 | 직접 순환 |

## 02 대기 대순환과 표층 해류
→ 102~105쪽

1. **대기 대순환과 표층 해류**  표층 해류는 대기 대순환에 의한 바람에 의해 발생한다.

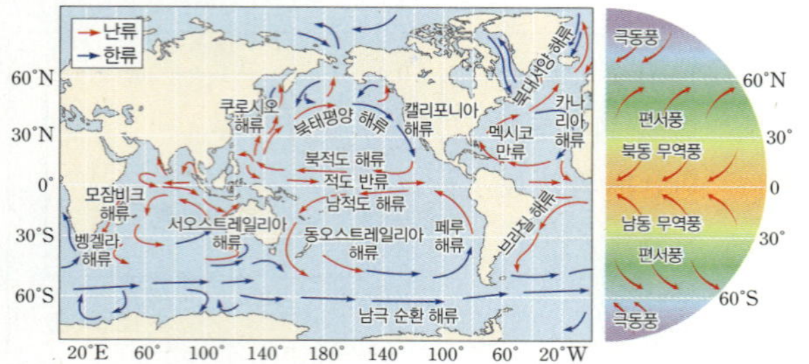


2. **난류와 한류**

| 구분 | 이동방향 | 수온 | 염분 | 용존 산소량 | 영양염류 |
|---|---|---|---|---|---|
| 난류 | 저 → 고위도 | 높다 | 높다 | 적다 | 적다 |
| 한류 | 고 → 저위도 | 낮다 | 낮다 | (㉡        ) | 많다 |

## 03 심층 순환
→ 106~109쪽

1. **심층 순환의 과정**  북대서양 그린란드 주변 해역의 밀도가 큰 표층 해수는 침강하여 깊은 바다를 따라 인도양 및 태평양까지 이동 ➡ 침강이 일어나는 북대서양 해역까지 이동하는 난류에 의해 저위도의 따뜻한 표층 해수가 유입된다.

2. **대서양의 주요 심층 순환**

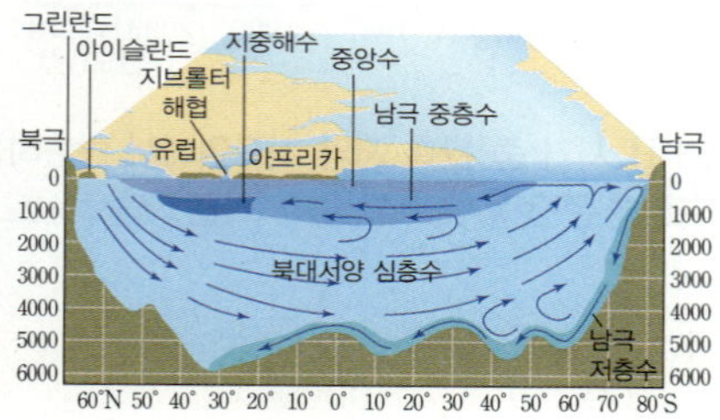


## 04 용승과 침강
→ 110쪽

1. **연안 용승과 침강**  해안가에서 일정한 방향으로 바람이 지속적으로 불면 표층 해수가 이동하면서 용승이나 침강이 발생한다.

2. **저기압과 고기압에서 용승과 침강(북반구)**

| 구분 | 바람 방향 | 표층 해수 | 중심 |
|---|---|---|---|
| 저기압 | 시계 반대 | 발산 | 용승 |
| 고기압 | 시계 | 수렴 | 침강 |

3. **적도**  무역풍에 의해 표층 해수가 발산 ➡ (㉢        )

## 05 엘니뇨와 라니냐
→ 111~117쪽

1. **엘니뇨와 라니냐**

| 구분 | | 평상시 | 엘니뇨 시기 | 라니냐 시기 |
|---|---|---|---|---|
| 원인 | | 무역풍 | 무역풍의 약화 | 무역풍의 강화 |
| 해수의 이동 | | 따뜻한 해수가 서쪽으로 이동 | 해수의 이동 약화 | 해수의 이동 강화 |
| 동태평양에서의 용승 | | – | 약화 | 강화 |
| 해수면의 높이 | 서태평양 | 높음 | 하강 | 더 상승 |
| | 동태평양 | 낮음 | 상승 | 더 하강 |
| 표층 수온 | 서태평양 | 높음 | 하강 | 더 상승 |
| | 동태평양 | 낮음 | 상승 | 더 하강 |
| 기압 분포 | 서태평양 | 저기압 | 증가 | 더 감소 |
| | 동태평양 | 고기압 | 감소 | 더 증가 |
| 강수량 | 서태평양 | 많음 | 감소 | 더 증가 |
| | 동태평양 | 적음 | 증가 | 더 감소 |

2. **남반 진동과 엔소(ENSO)**

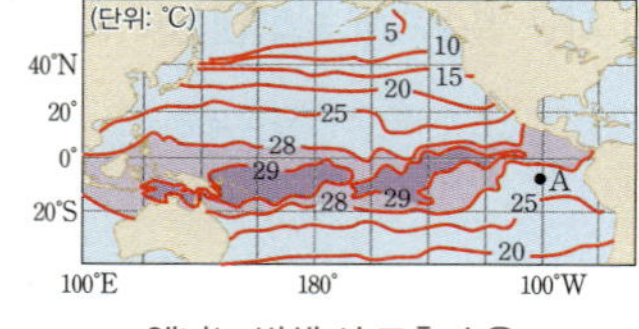


엘니뇨 발생 시 표층 수온

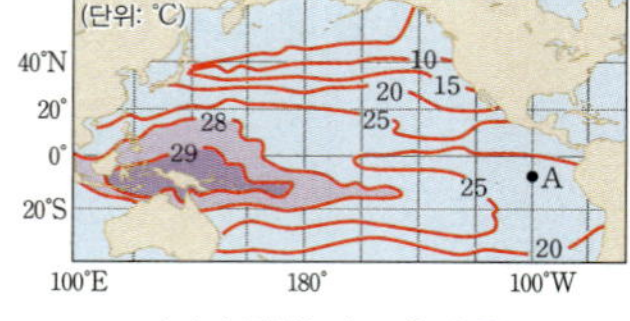


라니냐 발생 시 표층 수온

- 남방 진동: 적도 부근 서태평양과 동태평양의 두 지역의 기압이 마치 시소처럼 서로 반대로 진동하며 변화하는 현상
- 엔소: 엘니뇨는 해수의 표층 수온 변화와 관련된 현상이고, (㉣        )은 적도 부근 태평양 해역에서 대기 순환의 변화로, 두 가지 현상을 묶어서 엔소라고 부른다.

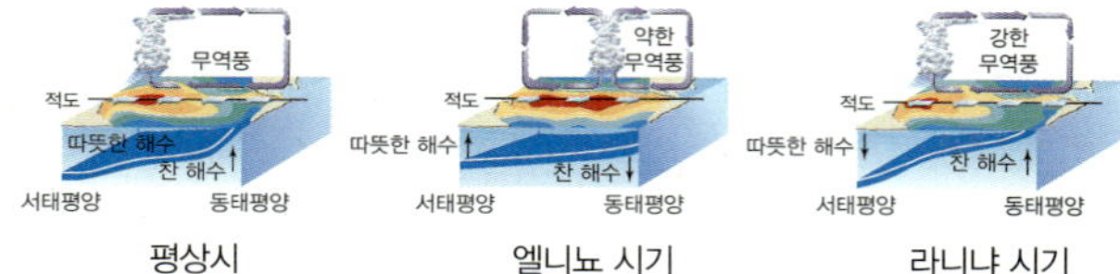


평상시          엘니뇨 시기          라니냐 시기

## 06 해양의 변화와 기후 변화 → 113쪽

### 1. 수륙 분포와 해류 변화

- 판게아가 분리된 이후 저위도와 고위도의 온도 차이가 커졌고, 다양한 기후대가 형성되었다
- 북아메리카 대륙과 남아메리카 대륙이 연결되면서 북극해로 유입되는 따뜻한 표층 해류의 양이 감소하여, 기온이 낮아져서 북극해 주변에 빙하가 형성되었다.

### 2. 심층 순환 변동에 의한 기후 변화

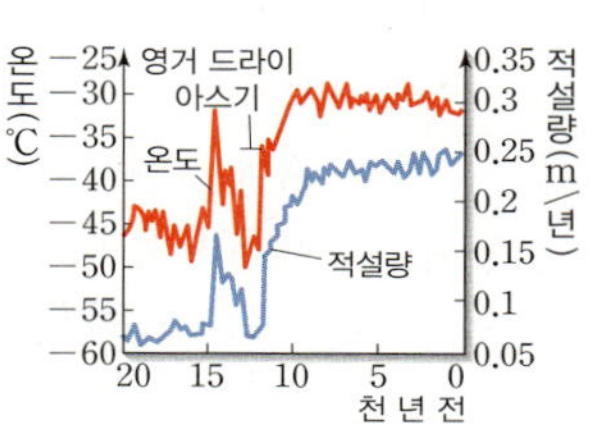

- 영거 드라이아스기의 발생 과정: 빙하가 녹은 물이 호수를 채우고 넘쳐 북대서양으로 유입 ➡ 북대서양 해수는 염분이 낮아지고 해수의 침강이 (ⓒ  )짐 ➡ 저위도에서 올라오는 난류의 세력이 약해짐 ➡ 유럽은 다시 빙하기처럼 추워짐

## 07 기후 변화의 자연적 요인 → 118~120쪽

### 1. 지구 외적 요인(천문학적 요인)

- 지구 자전축의 기울기 변화: 약 41,000년을 주기로 약 $21.5°$~$24.5°$ 사이에서 변화한다. (현재 약 $23.5°$)

| 자전축의 기울기가 커질 때 | | | |
|---|---|---|---|
| 우리나라 | 태양의 남중 고도 | 기온 | 연교차 |
| 여름철 | 증가 | 증가 | 증가 |
| 겨울철 | 감소 | 감소 | |

- 세차 운동(자전축 방향 변화): 지구 자전축이 천구의 고정된 점을 중심으로 약 26,000년을 주기로 회전한다.

| 우리나라 | 현재 | 13,000년 후 | 연교차 |
|---|---|---|---|
| 여름철 | 원일점 | 근일점 | (ⓔ  ) |
| 겨울철 | 근일점 | 원일점 | |

- 지구 공전 궤도 이심률 변화: 지구 공전 궤도 이심률은 약 $0.005$~$0.058$ 사이에서 약 10만 년을 주기로 변화한다. (현재 약 $0.017$)

| 이심률이 커질 때 | | | |
|---|---|---|---|
| 우리나라 | 현재 | 태양까지의 거리 | 연교차 |
| 여름철 | 원일점 | 멀어짐 | 감소 |
| 겨울철 | 근일점 | 가까워짐 | |

### 2. 지구 내적 요인

- 판의 운동에 의한 수륙 분포의 변화로 인해 대기와 해류의 순환이 바뀌면서 기후 변화를 초래한다.
- 지표면의 반사율이 증가하면 지구의 평균 기온이 하강하고, 반사율이 감소하면 지구의 평균 기온이 상승한다.
- 화산 활동으로 분출된 화산재가 성층권에 퍼지면 대기의 에너지 투과율이 감소 ➡ 태양 복사의 반사율은 증가 ➡ 지표면에 도달하는 태양 복사 에너지의 양이 감소 ➡ 지구의 평균 기온이 (ⓐ  )

## 08 온실 효과와 지구 온난화 → 120~129쪽

### 1. 태양 복사 에너지와 지구 복사 에너지

| 구분 | 복사 | 최대 세기 파장 | 대기 흡수 |
|---|---|---|---|
| 태양 복사 | 단파 복사 | 가시광선 | 잘 흡수되지 않음 |
| 지구 복사 | 장파 복사 | 적외선 | 잘 흡수됨 |

### 2. 지구의 복사 평형
지구는 흡수하는 복사 에너지양과 방출하는 지구 복사 에너지양이 같아 복사 평형을 이룬다.

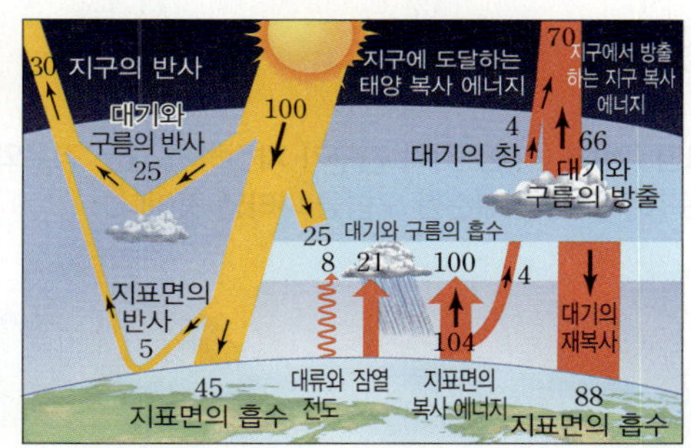


### 3. (◎  ) 효과
지구의 대기는 짧은 파장의 태양 복사 에너지는 잘 통과시키지만, 긴 파장의 지구 복사 에너지는 대부분 흡수한 후 지표로 재복사하여 지표면의 온도를 높이는 현상

### 4. 지구 온난화
대기 중 이산화 탄소 등의 온실 기체 증가로 온실 효과가 증대되어 평균 기온이 상승하는 현상

- 지구 온난화는 지구계 각 권 사이의 상호 작용 때문에 더욱 심해지는 경향이 있다.

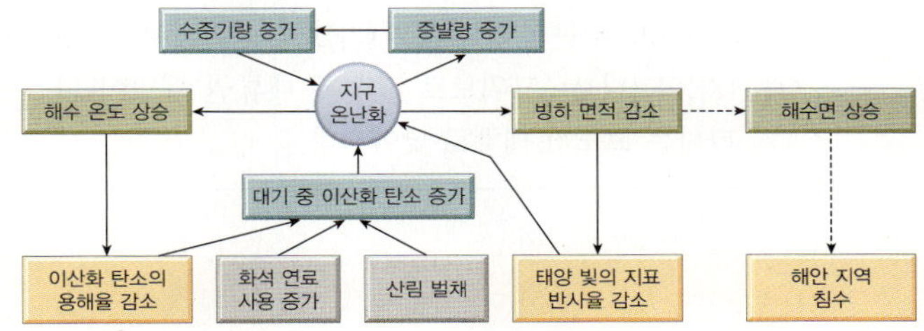

01 대기 대순환과 표층 순환

**01** 그림은 지구의 단위 면적당 어느 달의 평균적인 복사 에너지 양을 위도별로 나타낸 것이다. A, B는 각각 태양 복사 에너지의 흡수량과 지구 복사 에너지의 방출량 중 하나이다.

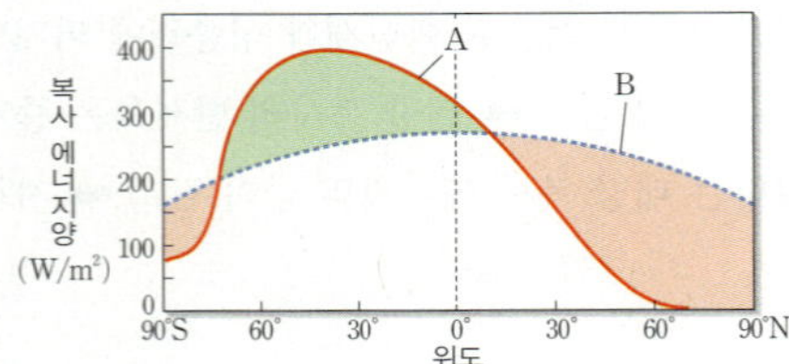

이에 대한 설명으로 옳은 것만을 〈보기〉에서 있는 대로 고른 것은?

| 보기 |

ㄱ. 북반구는 겨울철이다.
ㄴ. A와 B의 차이가 큰 위도일수록 남북 방향의 에너지 수송량이 많다.
ㄷ. A의 밑면적은 지구 대기권 밖에 도달하는 총 태양 복사 에너지양이다.

① ㄱ      ② ㄴ      ③ ㄷ
④ ㄱ, ㄴ      ⑤ ㄱ, ㄷ

**02** 그림 (가)와 (나)는 각각 지구가 자전하지 않는 경우와 자전하는 경우의 대기 대순환 모형을 나타낸 것이다.

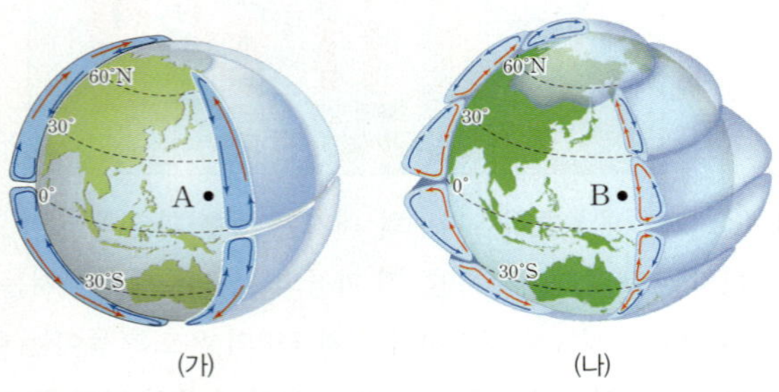



이에 대한 설명으로 옳은 것만을 〈보기〉에서 있는 대로 고른 것은?

| 보기 |

ㄱ. A와 B에서 대기 대순환에 의한 풍향은 서로 같다.
ㄴ. 위도 60° 부근의 강수량은 (가)보다 (나)에서 많다.
ㄷ. (가)와 (나)는 고위도로 갈수록 대류권 계면이 나타나는 고도가 대체로 낮아진다.

① ㄱ      ② ㄴ      ③ ㄱ, ㄷ
④ ㄴ, ㄷ      ⑤ ㄱ, ㄴ, ㄷ

**03** 표는 북태평양 주요 해류의 경로 상에 위치한 세 지점 A, B, C에서 8월에 측정한 표층 해수의 수온과 염분이고, 그림은 조사 지점 세 곳을 지도에 표시한 것이다. 중요

| 조사<br>지점 | 수온<br>(℃) | 염분<br>(psu) |
|---|---|---|
| A | 19 | 32.5 |
| B | 24 | 34.0 |
| C | 28 | 35.2 |

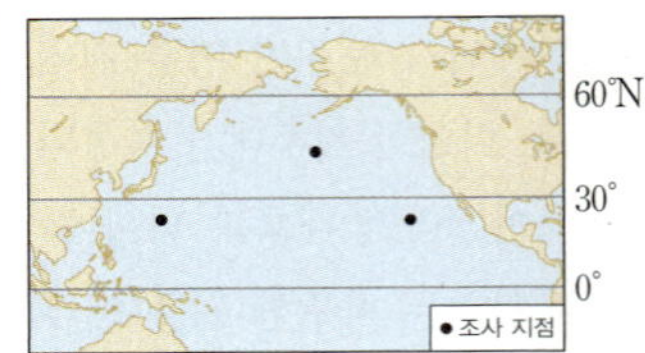



A, B, C 각 지점에 대한 설명으로 옳은 것만을 〈보기〉에서 있는 대로 고른 것은?

| 보기 |

ㄱ. A에는 편서풍에 의한 해류가 흐른다.
ㄴ. 해류의 유속은 B보다 C에서 빠르다.
ㄷ. 쿠로시오 해류의 세력이 강해지면 C 해역의 용존 산소량은 감소할 것이다.

① ㄱ      ② ㄷ      ③ ㄱ, ㄴ
④ ㄴ, ㄷ      ⑤ ㄱ, ㄴ, ㄷ

**04** 그림은 동해에서 1993년~2014년까지 매년 7월에 측정한 해류의 평균 이동 방향(→)과 유속의 크기를 나타낸 것이다.

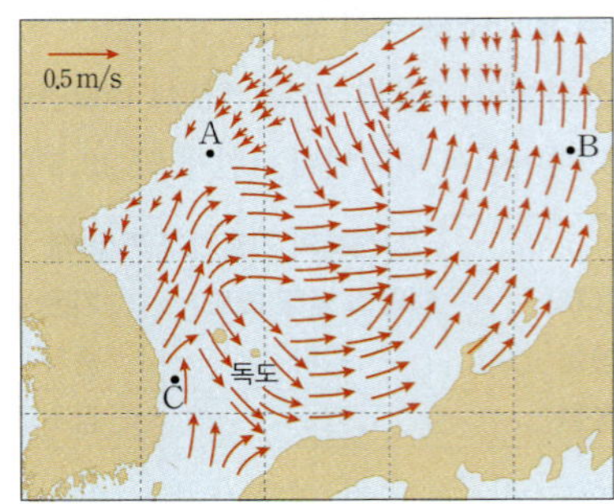



이에 대한 설명으로 옳은 것만을 〈보기〉에서 있는 대로 고른 것은?

| 보기 |

ㄱ. 표층 해수의 용존 산소량은 A 해역이 B 해역보다 높다.
ㄴ. 1월이 되면 동한 난류가 북상할 수 있는 위도는 낮아질 것이다.
ㄷ. C 해역에 흐르는 해류는 겨울철에 주변 지역의 대기에 열에너지를 공급한다.

① ㄱ      ② ㄴ      ③ ㄱ, ㄷ
④ ㄴ, ㄷ      ⑤ ㄱ, ㄴ, ㄷ

## 02 해양의 심층 순환

**05** 그림은 북대서양의 인접 해역에서 표층 해수에 유입된 삼중수소의 상대적인 양을 측정한 것이다.

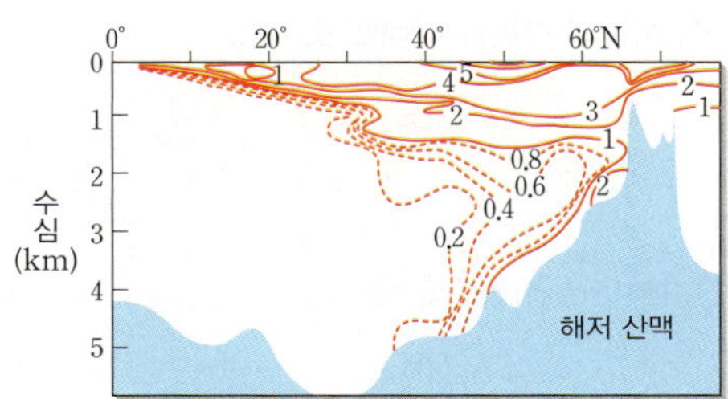

이에 대한 설명으로 옳은 것만을 〈보기〉에서 있는 대로 고른 것은?

| 보기 |

ㄱ. $60°$~$70°N$ 해역은 적도 해역보다 침강이 잘 일어난다.
ㄴ. 침강한 해수는 저위도 방향으로 이동한다.
ㄷ. 해수의 연직 운동은 저위도에서 활발하다.

① ㄱ  ② ㄷ  ③ ㄱ, ㄴ
④ ㄴ, ㄷ  ⑤ ㄱ, ㄴ, ㄷ

**06** 다음은 대서양의 심층 순환을 알아보기 위한 실험 과정이다. A~D는 표층수, 남극 중층수, 북대서양 심층수, 남극 저층수 중 하나이다.

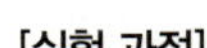

[실험 과정]
(가) 얼음과 소금으로 밀도가 서로 다른 4 종류의 물을 만든다.
(나) 각각의 물에 서로 다른 색깔의 색소를 넣는다.
(다) 각 칸에 밀도가 큰 물을 먼저 넣은 후, 밀도가 작은 물을 넣어 2개의 밀도층이 되게 만든다.
(라) 칸막이를 천천히 열어 나타나는 변화를 본다.

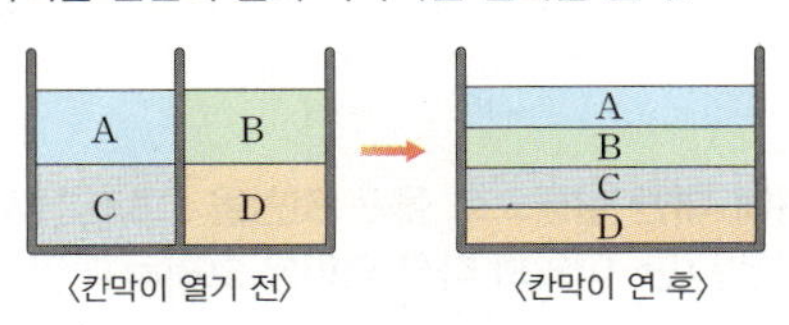



이에 대한 설명으로 옳은 것만을 〈보기〉에서 있는 대로 고른 것은?

| 보기 |

ㄱ. 밀도는 A가 B보다 작다.
ㄴ. C는 북극을 향해 흐른다.
ㄷ. D는 남극 저층수이다.

① ㄱ  ② ㄴ  ③ ㄱ, ㄷ
④ ㄴ, ㄷ  ⑤ ㄱ, ㄴ, ㄷ

## 03 대기와 해양의 상호 작용

**07** 그림은 북반구의 어느 해양에 위치한 태풍과 태풍의 중심을 지나가는 선 $X-Y$를 따라 해수면의 단면을 나타낸 것이다.

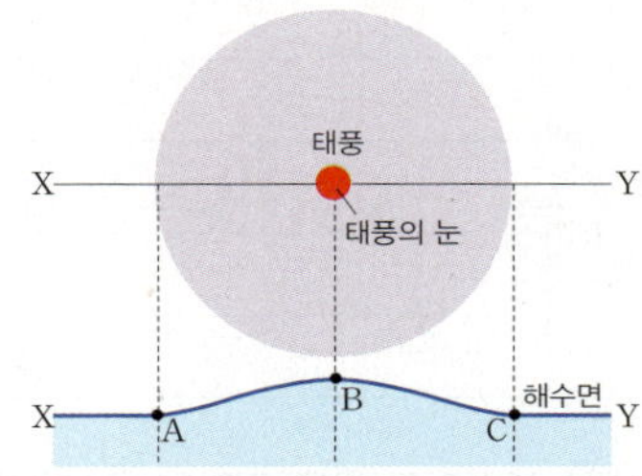



이에 대한 설명으로 옳은 것만을 〈보기〉에서 있는 대로 고른 것은?

| 보기 |

ㄱ. 표층 해수는 A에서 B 방향으로 이동한다.
ㄴ. B에서는 표층 해수의 침강이 일어난다.
ㄷ. 표층 수온은 B보다 C에서 높다.

① ㄱ  ② ㄷ  ③ ㄱ, ㄴ
④ ㄴ, ㄷ  ⑤ ㄱ, ㄴ, ㄷ

**08** (중요) 그림 (가)와 (나)는 엘니뇨 발생 시와 라니냐 발생 시에 각각 적도 태평양 부근 해역의 연직 수온 분포를 순서 없이 나타낸 것이다.

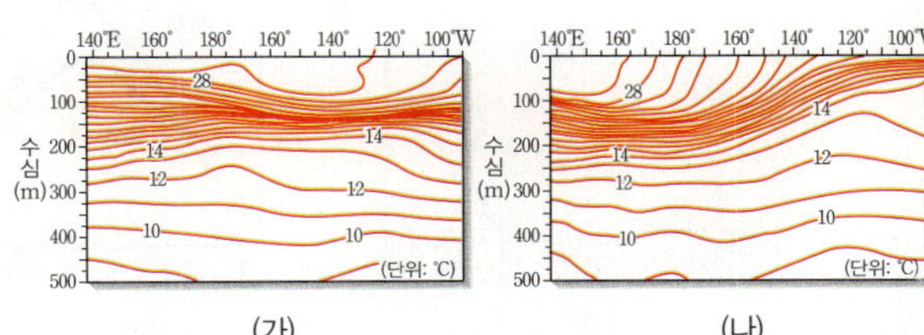



적도 부근 태평양에서 나타나는 현상에 대한 설명으로 옳은 것만을 〈보기〉에서 있는 대로 고른 것은?

| 보기 |

ㄱ. (가) 시기에 동태평양의 해수면 높이 편차는 (−) 값이다.
ㄴ. (나) 시기에 서태평양은 동태평양보다 저기압이 빈번히 나타난다.
ㄷ. $120°W$에서 수온 약층이 형성되는 깊이는 (가)가 (나)보다 깊다.

① ㄱ  ② ㄷ  ③ ㄱ, ㄴ
④ ㄴ, ㄷ  ⑤ ㄱ, ㄴ, ㄷ

**09** 그림은 서로 다른 시기에 태평양 적도 부근 해역에서 관측된 바람의 동서 방향 풍속을 나타낸 것이고, (+)는 서풍, (−)는 동풍에 해당한다. (가)와 (나)는 각각 엘니뇨와 라니냐 시기 중 하나이다.

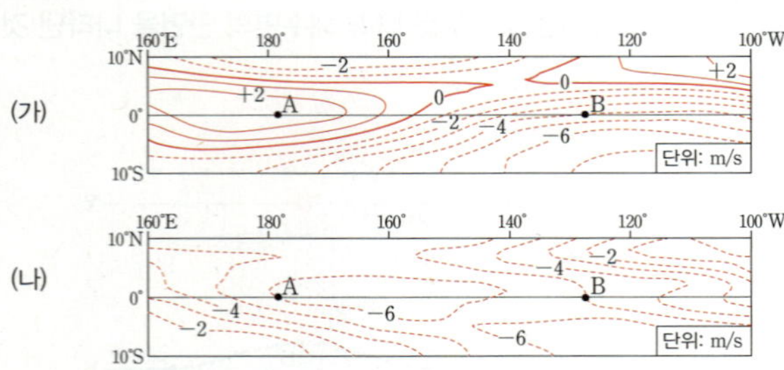

이에 대한 설명으로 옳은 것만을 〈보기〉에서 있는 대로 고른 것은?

| 보기 |

ㄱ. A와 B의 해수면 높이 차는 (가)＜(나)이다.
ㄴ. 동태평양 적도 부근 해역의 용승은 (가)보다 (나)일 때 활발하다.
ㄷ. 무역풍으로 인해 발생하는 상승 기류는 (가)보다 (나)일 때 더 동쪽에 위치한다.

① ㄱ　　　　② ㄷ　　　　③ ㄱ, ㄴ
④ ㄴ, ㄷ　　　⑤ ㄱ, ㄴ, ㄷ

**10**  그림 (가)는 지구 규모의 해수 순환 형태를, (나)는 서울과 런던의 월평균 기온을 비교한 것이다.

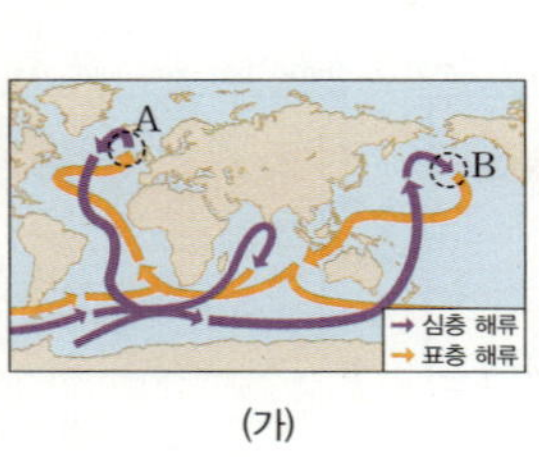
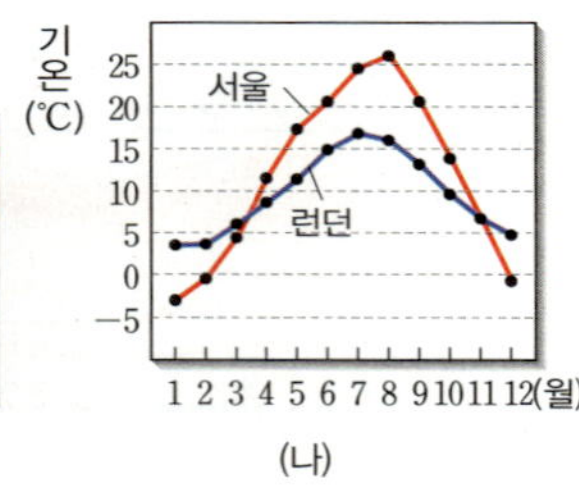


(가)　　　　　　(나)

이에 대한 설명으로 옳은 것만을 〈보기〉에서 있는 대로 고른 것은?

| 보기 |

ㄱ. A 해역에서는 해수의 침강이, B 해역에서는 해수의 용승이 일어난다.
ㄴ. A 해역까지 이동하는 표층 해류의 영향으로 런던은 서울보다 겨울철 월평균 기온이 높다.
ㄷ. 빙하가 녹아 A 해역으로 흘러들면 북대서양의 해수 순환은 약해질 것이다.

① ㄱ　　　　② ㄴ　　　　③ ㄱ, ㄷ
④ ㄴ, ㄷ　　　⑤ ㄱ, ㄴ, ㄷ

## 04 지구 기후 변화

**11** 그림 (가)는 대규모 화산 분출 시기와 지표면에 도달하는 태양 복사 에너지양의 변화를, (나)는 아마존 유역의 연도별 삼림 면적 비율의 변화를 나타낸 것이다.

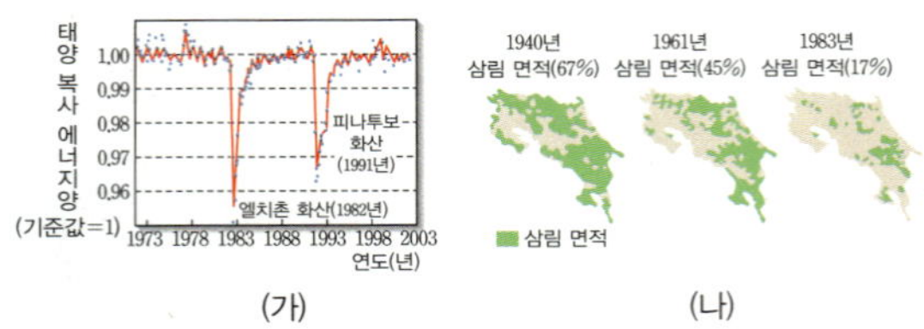


(가)　　　　　　(나)

이에 대한 설명으로 옳은 것만을 〈보기〉에서 있는 대로 고른 것은?

| 보기 |

ㄱ. (가)의 대규모 화산 분출은 지구의 평균 기온을 낮추는 역할을 한다.
ㄴ. (나)에서 지표면의 반사율은 증가하고 있다.
ㄷ. (가)와 (나)는 모두 기후 변화를 일으키는 내적 요인이다.

① ㄱ　　　　② ㄴ　　　　③ ㄱ, ㄷ
④ ㄴ, ㄷ　　　⑤ ㄱ, ㄴ, ㄷ

**12** 그림 (가)는 현재 지구의 공전 궤도를, (나)는 지구의 자전축 경사와 공전 궤도 이심률 변화를 나타낸 것이다.

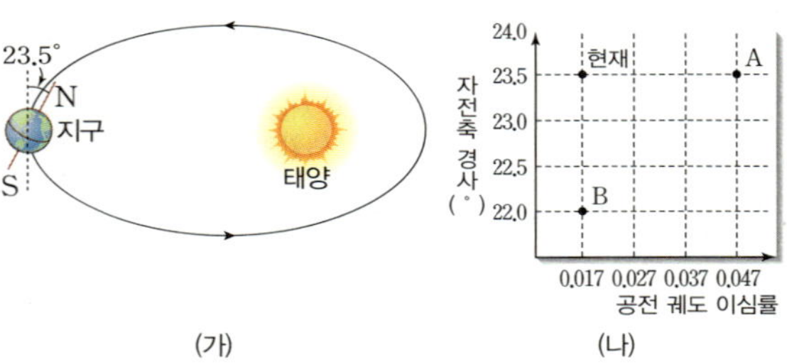


(가)　　　　　　(나)

이에 대한 설명으로 옳은 것만을 〈보기〉에서 있는 대로 고른 것은? (단, 이외의 다른 요인은 고려하지 않는다.)

| 보기 |

ㄱ. 현재에서 A로 변하면 우리나라의 계절 변화는 현재보다 뚜렷해질 것이다.
ㄴ. 현재에서 B로 변하면 우리나라에서 겨울철 태양의 남중 고도가 높아진다.
ㄷ. 원일점에서 지구 전체가 받는 일사량은 A보다 B가 많다.

① ㄱ　　　　② ㄴ　　　　③ ㄱ, ㄷ
④ ㄴ, ㄷ　　　⑤ ㄱ, ㄴ, ㄷ

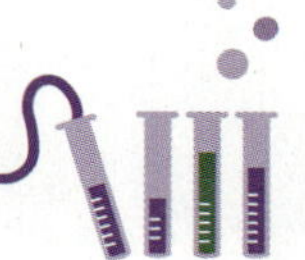

**13** 그림 (가)는 현재 지구의 공전 궤도를, (나)는 세차 운동만을 고려했을 때 약 13,000년 전에 지구에 도달하는 태양 복사 에너지양의 편차(약 13,000년 전 − 현재)를 위도에 따라 나타낸 것이다. 세차 운동의 주기는 약 26,000년이다.

(가)

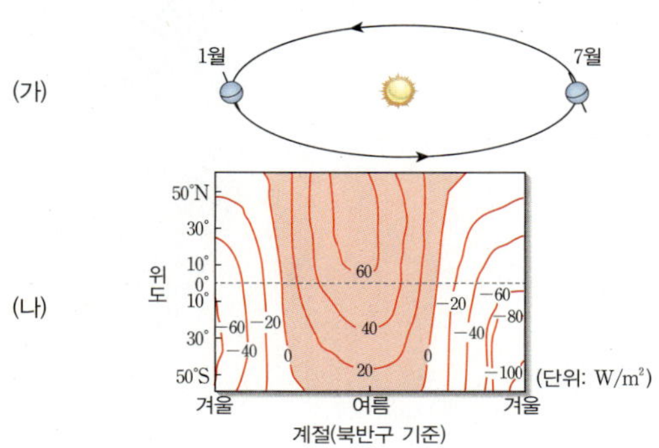

(나)

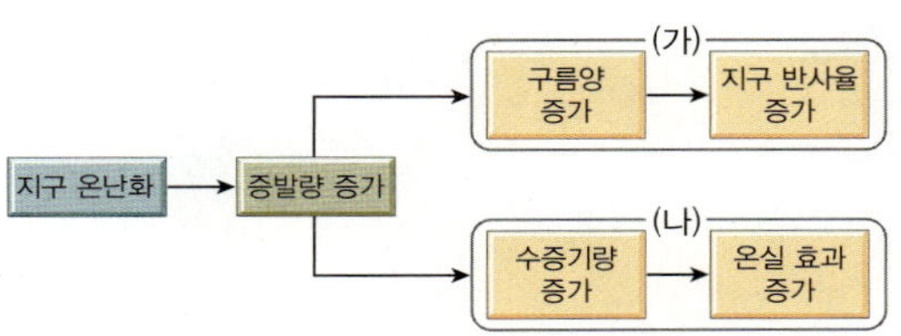

약 13,000년 전에 대한 설명으로 옳은 것만을 〈보기〉에서 있는 대로 고른 것은? (단, 이외의 다른 요인은 고려하지 않는다.)

| 보기 |
ㄱ. 1월에 지구는 근일점에 위치한다.
ㄴ. 30°S에서 기온의 연교차는 현재보다 크다.
ㄷ. 여름의 30°N에 도달하는 태양 복사 에너지양은 현재보다 적다.

① ㄱ      ② ㄴ      ③ ㄷ
④ ㄱ, ㄴ      ⑤ ㄴ, ㄷ

**14** 그림은 지구 온난화로 발생한 증발량 증가의 되먹임(피드백) 작용을 나타낸 것이다.

이에 대한 설명으로 옳은 것만을 〈보기〉에서 있는 대로 고른 것은?

| 보기 |
ㄱ. (가)는 지구의 온도를 더욱 상승시키는 효과가 있다.
ㄴ. (가)는 주로 태양 복사, (나)는 주로 지구 복사와 관련 있다.
ㄷ. 지구 온난화는 지구 기후 시스템의 변화를 초래할 수 있다.

① ㄱ      ② ㄴ      ③ ㄱ, ㄷ
④ ㄴ, ㄷ      ⑤ ㄱ, ㄴ, ㄷ

**15** 그림 (가)는 지구에 입사되는 태양 복사 에너지의 세기를, (나)는 지구 복사 에너지가 대기에 의해 흡수되는 정도를 파장에 따라 나타낸 것이다.

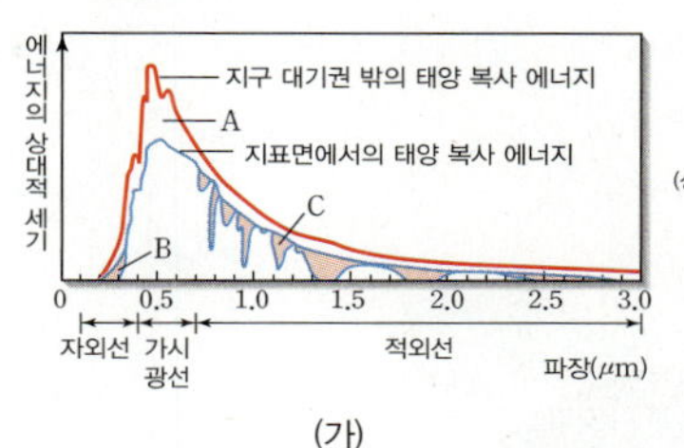

(가)

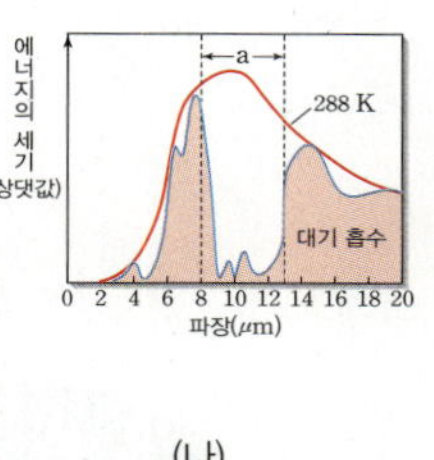

(나)

이에 대한 설명으로 옳은 것만을 〈보기〉에서 있는 대로 고른 것은?

| 보기 |
ㄱ. 대기 중의 화산재가 많아지면 A가 증가한다.
ㄴ. B는 주로 성층권에서, C는 주로 대류권에서 흡수된다.
ㄷ. a 파장대는 대체로 대기에 흡수되지 않고 우주 공간으로 빠져나간다.

① ㄱ      ② ㄷ      ③ ㄱ, ㄴ
④ ㄴ, ㄷ      ⑤ ㄱ, ㄴ, ㄷ

**16** 그림은 지구에 도달하는 태양 복사 에너지의 양을 100이라고 할 때 복사 평형 상태의 지구 열수지를 나타낸 것이다.

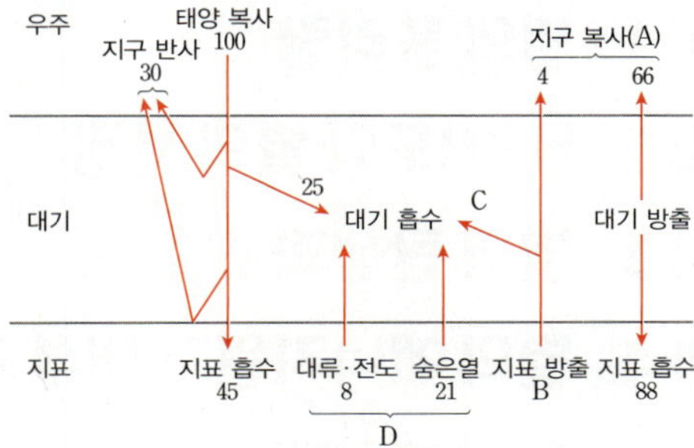

이에 대한 설명으로 옳은 것만을 〈보기〉에서 있는 대로 고른 것은?

| 보기 |
ㄱ. 지구에 대기가 없다면 A는 증가한다.
ㄴ. $\dfrac{C}{B}$ 는 태양 복사 에너지가 대기에 흡수되는 비율보다 크다.
ㄷ. D가 일정할 때, 사막의 면적이 넓어지면 대류 및 전도에 의한 열전달이 증가한다.

① ㄱ      ② ㄴ      ③ ㄱ, ㄷ
④ ㄴ, ㄷ      ⑤ ㄱ, ㄴ, ㄷ

# 01

# 별과 외계 행성계

# 01 별의 물리량



## 먼저 알아야 할 용어!

* **스펙트럼** | 빛을 분광기에 통과시켰을 때 빛이 파장에 따라 나누어져 생기는 띠

### ❖ 스펙트럼의 종류

• 방출 스펙트럼: 온도가 높은 기체가 특정한 파장의 빛을 방출할 때 생성 (예) 형광등)
• 흡수 스펙트럼: 연속 스펙트럼이 나타나는 빛을 온도가 낮은 기체에 통과시킬 때 관측되는 스펙트럼 (예: 태양의 흡수선)

### ❖ 흑체

'흑체'라는 개념은 1862년에 독일의 물리학자 키르히호프가 처음 사용했다. 그는 흑체 복사가 오직 온도와 관계된다는 것을 밝혀냈다. 흑체와 가장 유사한 성질을 갖는 물체는 별이며, 별을 흑체로 취급할 수 있다.

### ❖ 등급

별의 밝기를 나타낸 숫자로 밝은 별일수록 등급이 작다.

### ❖ 색지수와 별의 표면 온도

표면 온도가 10000 K인 별의 (B−V) 색지수는 0이다. 표면 온도가 이보다 높은 별의 색지수는 음(−)의 값을, 표면 온도가 이보다 낮은 별의 색지수는 양(+)의 값을 갖는다. 주로 (B−V)는 주계열성, (U−V)는 고온의 천체의 온도를 나타낼 때 이용된다.

---

## ⊗ 먼저 알아야 할 내용

### 1. 스펙트럼의 종류

① ⓐ[　ㄱ　] 스펙트럼: 모든 파장 영역에서 빛이 연속적인 띠로 나타나는 스펙트럼(예) 백열등)

② ⓑ[　ㄴ　] 스펙트럼: 특정한 파장의 스펙트럼만 나타나는 것으로 방출 스펙트럼과 흡수 스펙트럼이 있다.

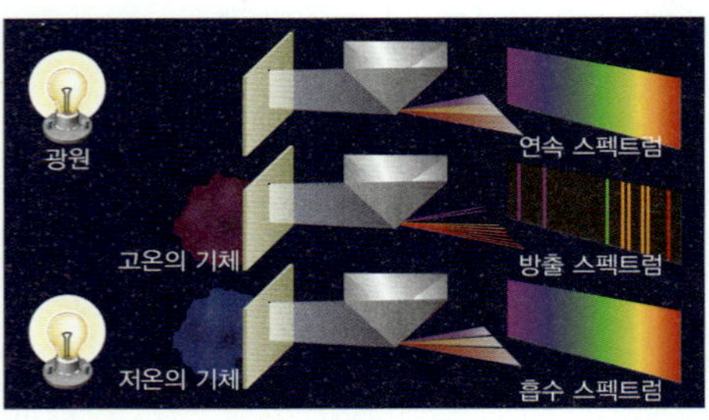


▲ 스펙트럼의 종류

답 ㉠ 연속 ㉡ 선

### ① 흑체 복사와 색지수

#### 1. 흑체 복사

① 흑체: 입사한 모든 에너지를 완전히 흡수하고 흡수한 모든 에너지를 완전히 방출하는 이상적인 물체

• 흑체 복사는 연속 스펙트럼으로 나타난다.
• 흑체 복사는 구성 물질의 종류, 모양 등과는 상관없다. 오로지 온도에 의해서만 결정된다.

② 흑체 복사 법칙

• 흑체 복사 에너지의 파장에 따른 분포를 나타낸 곡선을 플랑크 곡선이라고 한다.
• 흑체는 표면 온도($T$)가 높을수록 최대 에너지를 방출하는 파장($\lambda_{max}$)이 짧아진다. 이를 빈의 법칙이라고 한다.

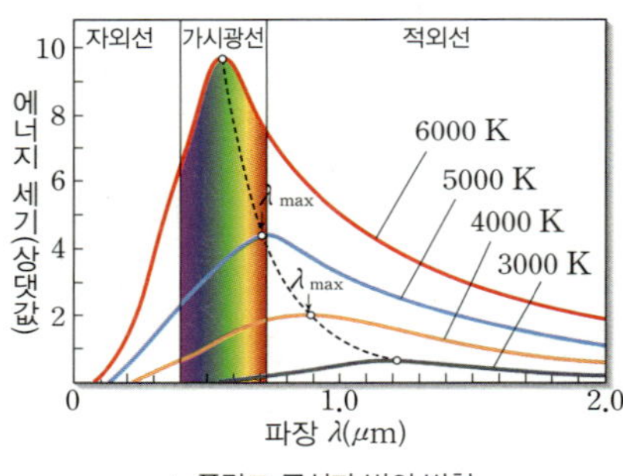


▲ 플랑크 곡선과 빈의 법칙

$$\text{빈의 법칙: } \lambda_{max} = \frac{a}{T} \ (a = 2.898 \times 10^3 \ \mu m \cdot K)$$

#### 2. 별의 색지수: 서로 다른 파장 영역에서 측정한 등급의 차를 색지수라고 한다.

① 특정한 파장의 빛만을 통과시키는 필터(U 필터, B 필터, V 필터 등)를 사용하여, 각 필터를 통과한 별빛의 세기로부터 구한 별의 등급을 각각 U, B, V라고 한다.

② 색지수는 주로 (B−V) 또는 (U−B)를 사용한다.

• U 필터는 자외선, B 필터는 파란색, V 필터는 노란색 영역의 빛만 통과시킨다.

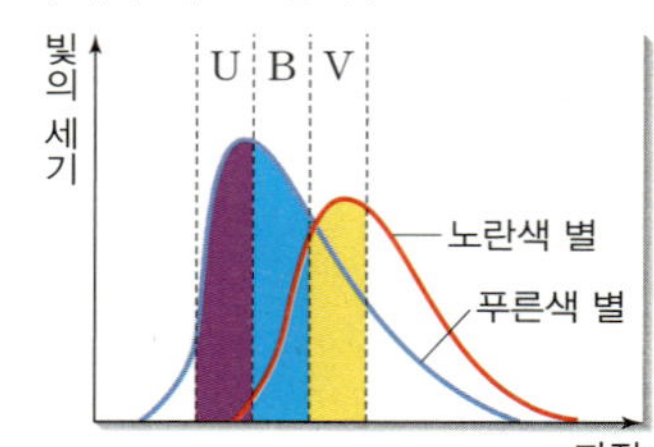


• U, B, V 필터를 통과한 빛의 세기가 강할수록 등급 U, B, V가 작다.
• (B−V) 또는 (U−B) 값이 작을수록 온도가 높다.

## ❷ 별의 분광형과 표면 온도

### 1. 천체 분광학의 역사

- 뉴턴: 17세기 후반 태양의 연속 스펙트럼을 관측
- 프라운호퍼: 19세기 초 태양 스펙트럼에서 수많은 흡수선을 발견

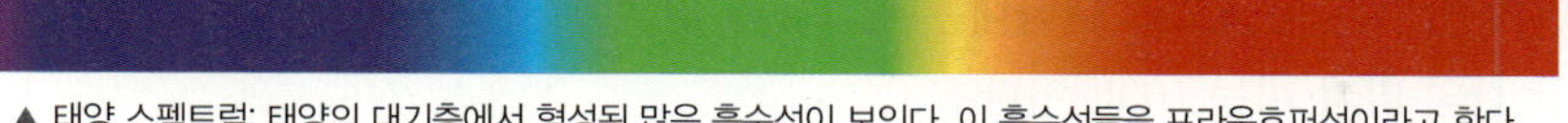

▲ 태양 스펙트럼: 태양의 대기층에서 형성된 많은 흡수선이 보인다. 이 흡수선들을 프라운호퍼선이라고 한다.

- 피커링과 캐넌: 20세기 초 별의 흡수선을 기준으로 별들을 분류(이를 하버드 분광 분류 법이라고 한다.)

### 2. 하버드 분광 분류법

① 분광형: 별의 표면 온도에 따라 스펙트럼에 나타나는 흡수선의 종류와 세기가 다르다. 이를 기준으로 별을 분류하는 것을 분광형이라고 한다.

② 피커링과 캐넌은 별의 분광형을 O, B, A, F, G, K, M형의 7 가지로 분류하였다.

- 피커링은 수소 흡수선을 기준으로 별을 A형부터 P형까지 알파벳 순서로 분류하였으나, 나중에 캐넌에 의해 별의 표면 온도 순서로 다시 분류하였다. ➡ O형과 M형을 제외한 각 분광형은 각각 0에서 9까지 10 단계로 세분하였다.
- 별의 표면 온도는 O형에서 M형으로 갈수록 낮아진다.
- 태양의 분광형은 G2형에 해당한다.

| 분광형 | 색깔 | 표면 온도(K) | 스펙트럼의 모습 |
|---|---|---|---|
| O | 파란색 | 28000 이상 | 30000 K |
| B | 청백색 | 1000 ～ 28000 | 20000 K |
| A | 흰색 | 7500 ～ 10000 | 10000 K |
| F | 황백색 | 6000 ～ 7500 | 7000 K |
| G | 노란색 | 5000 ～ 6000 | 6000 K |
| K | 주황색 | 3500 ～ 5000 | 4000 K |
| M | 붉은색 | 3500 이하 | 3000 K |

▲ 별의 분광형에 따른 표면 온도와 스펙트럼

---

### ❖ 분광학

파장에 따른 빛과 물질의 상호 작용을 연구하는 학문을 분광학이라고 한다. 분광학은 각종 물질에 포함되어 있는 성분을 찾아내는 데에 많이 사용한다.

### ❖ 흡수선을 기준으로 별들을 분류하는 이유

별의 표면에서 빠져 나온 빛은 별의 대기층을 통과하면서 특정한 파장의 빛이 흡수되어 다양한 흡수선이 만들어진다. 이 때 별의 표면 온도에 따라 대기를 구성하는 원소들의 들뜬 상태와 이온화 정도가 다르기 때문에 고유한 흡수선들이 만들어진다. 따라서 흡수선을 기준으로 별을 분류하면 별의 표면 온도를 알아낼 수 있다.

### ❖ 분광형과 흡수선의 종류

처음에는 별의 스펙트럼에서 나타나는 흡수선의 차이가 별의 화학 조성이 다르기 때문이라고 생각하였다. 하지만 대부분의 별들은 화학 조성이 거의 같다는 사실이 알려졌고, 이후에 별의 흡수선이 차이나는 가장 중요한 요인이 표면 온도라는 사실이 알려졌다.

---

## 개념 바로 확인

정답 및 해설 | 39쪽

**01** 흑체가 방출하는 복사 에너지의 파장에 따른 세기는 구성 물질의 종류, 모양 등과는 상관없고, 오로지 ☐☐☐에 의해서 결정된다.

**02** 피커링과 캐넌은 별들을 ☐☐☐의 종류와 세기에 따라 O, B, A, F, G, K, M형으로 분류하였다.

**03** 태양의 분광형은 ☐☐형이다.

**01** (　) 안에 알맞은 말을 쓰시오.

(1) 입사한 에너지를 완전히 흡수하고 다시 방출하는 물체를 (　　) 라고 한다.

(2) (　　) 곡선은 흑체가 방출하는 복사 에너지의 파장에 따른 분포 곡선이다.

**02** 별의 색지수에 대한 설명으로 옳은 것은 ○, 옳지 않은 것은 ×로 표시하시오.

(1) 서로 다른 파장 영역에서 측정한 등급의 차를 색지수라고 한다.　(　　)

(2) (B−V)값이 작을수록 별의 색은 붉은색에 가깝다.　(　　)

**03** 별의 분광형을 결정하는 물리량으로 옳은 것은?

① 질량　　② 크기　　③ 수명　　④ 등급　　⑤ 표면 온도

# 별의 물리량



## ③ 별의 광도와 크기

### 1. 별의 밝기와 등급 관계

① 별의 밝기는 등급으로 나타내는데, 1등급 간의 밝기 비는 $100^{\frac{1}{5}}$배($\fallingdotseq 2.5$배)이고, 5등급 간의 밝기 비는 100배이다.

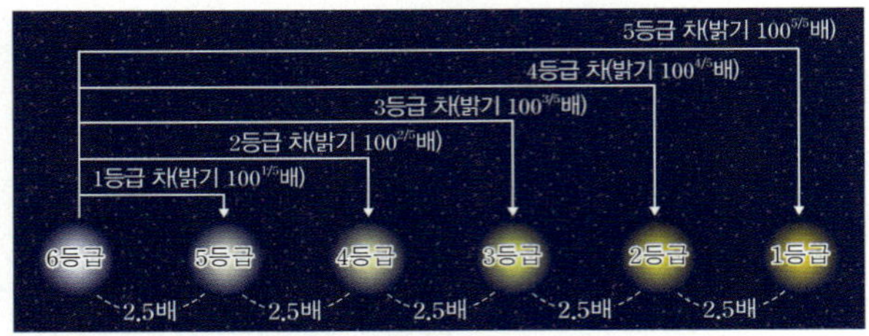


② 포그슨 공식: 겉보기 등급이 각각 $m_1$, $m_2$인 두 별의 겉보기 밝기를 각각 $l_1$, $l_2$라고 하면,

$$100^{\frac{1}{5}(m_2 - m_1)} = 10^{\frac{2}{5}(m_2 - m_1)} = \frac{l_1}{l_2}$$

$$\therefore m_2 - m_1 = -2.5 \log \frac{l_2}{l_1} \cdots\cdots\cdots ㉠$$

등급과 밝기의 관계를 나타낸 식 ㉠을 포그슨 공식이라고 한다.

### 2. 별의 등급과 광도 관계

① 광도: 별이 단위 시간 동안 전체 표면에서 방출하는 총 에너지이다.

② 두 별의 절대 등급이 각각 $M_1$, $M_2$ 이고 별의 광도(절대 밝기)가 각각 $L_1$, $L_2$ 라면, 포그슨 공식 ㉠을 다음과 같이 나타낼 수 있다.

$$M_2 - M_1 = -2.5 \log \frac{L_2}{L_1} \cdots\cdots\cdots ㉡$$

• 태양의 절대 등급($M_\odot$)과 광도($L_\odot$)를 알고 있으므로, 식 ㉡을 이용하여 어떤 별의 절대 등급($M$)과 광도($L$) 사이의 관계를 알아낼 수 있다.

$$M - M_\odot = -2.5 \log \frac{L}{L_\odot}$$

### 3. 별의 광도와 크기 관계

① 슈테판–볼츠만 법칙: 흑체가 단위 시간 동안 단위 면적에서 방출하는 복사 에너지양 $E$는 표면 온도 $T$의 4제곱에 비례한다.

$$E = \sigma T^4 \text{ (볼츠만 상수 } \sigma = 5.669 \times 10^{-8} \text{ Wm}^{-2}\text{K}^{-4}, \ T\text{는 절대 온도 )}$$

② 광도($L$)는 별이 단위 시간 동안 방출하는 총 복사 에너지의 양이므로, 별이 단위 시간 동안 단위 면적에서 방출하는 에너지양($E$)에 별의 전체 표면적에 곱한 값과 같다.

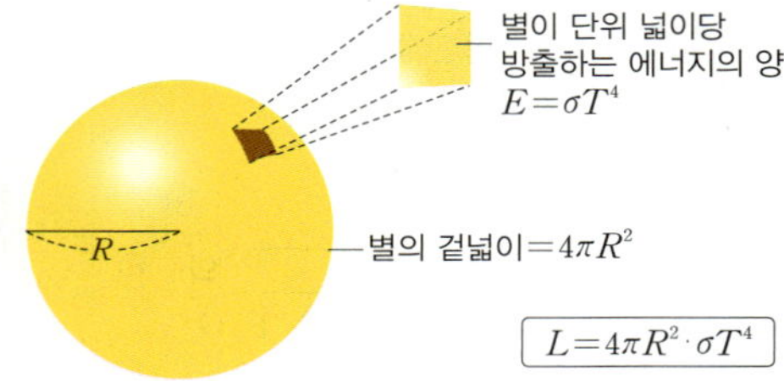


$$L = \text{별의 표면적} \times E \ (R\text{은 별의 반지름})$$

③ 별의 반지름: 별의 광도 $L$과 별의 표면 온도 $T$를 알면, 다음과 같이 별의 반지름 $R$를 구할 수 있다. ➡ 광도가 크고, 표면 온도가 낮을수록 반지름이 큰 별이다.

$$L = 4\pi R^2 \cdot \sigma T^4 \implies R = \frac{\sqrt{L}}{\sqrt{4\pi\sigma} \cdot T^2}$$

---

**실전 자료** | **별의 반지름 구하기**

1. **별의 반지름을 구하는 과정은 다음과 같다.**
① 별의 반지름을 구하려면 표면 온도와 광도를 측정해야 한다.
② 표면 온도는 별의 분광형(또는 색지수)으로부터 알아낸다. → 스펙트럼을 분석한다.
③ 광도는 별의 절대 등급으로부터 알아낸다. → 포그슨 공식을 이용한다.
2. **공식을 이용하여 태양의 반지름 구하기**
① 태양의 분광형은 G2형이고, 표면 온도는 약 5800 K이다.
② 태양의 절대 등급은 약 +4.8등급이고, 광도는 약 $4\times10^{26}$W이다.
③ 광도와 크기 관계식을 이용하여 다음과 같이 태양의 반지름($R$)을 구할 수 있다.

$$R = \frac{\sqrt{L}}{\sqrt{4\pi\sigma} \cdot T^2} = \frac{\sqrt{3.9\times10^{26}}}{\sqrt{4\pi\times5.67\times10^{-8}\times5800^2}}$$
$$\fallingdotseq 7\times10^5 \text{km}$$

④ 지구 반지름이 약 6400km이므로 태양의 크기는 지구 크기의 약 110배이다.

---

## 개념 바로 확인



**04** 별이 10pc 거리에 위치했을 때의 밝기를 나타낸 등급을 [     ] 등급이라고 한다.

**05** 별의 등급과 밝기의 관계를 나타낸 공식을 [     ] 공식이라고 한다.

**06** [     ]는 별의 절대 밝기를 나타내는 것으로, 별의 전 표면적을 통해 방출하는 복사 에너지의 양을 의미한다.

---

**04** 다음 물음에 답하시오.

(1) 1등급 별은 6등급 별보다 몇 배 밝은가?

(2) 1등급 간의 밝기 비는 약 몇 배인가?

(3) 시리우스는 −1.5등급이고, 북극성은 +2.5등급이다. 시리우스는 북극성보다 약 몇 배 밝은가?

**05** 별의 밝기에 대한 설명으로 옳은 것은 ○, 옳지 않은 것은 ×로 표시하시오.

(1) 슈테판–볼츠만 법칙으로부터 별의 등급과 밝기의 관계를 알 수 있다. (     )

(2) 별의 겉보기 등급으로부터 광도를 알아낼 수 있다. (     )

(3) 광도는 별이 단위 시간 동안 단위 면적에서 방출하는 에너지이다. (     )

**06** 별의 반지름을 구하기 위해 필요한 물리량을 〈보기〉에서 두 가지 고르시오.

| 보기 |
ㄱ. 질량    ㄴ. 광도    ㄷ. 표면 온도    ㅁ. 겉보기 등급

**07** 세 별 A, B, C를 반지름이 큰 것부터 순서대로 나열하시오.

| 구분 | A | B | C |
| --- | --- | --- | --- |
| 광도(태양=1) | 1 | 1 | 10 |
| 표면 온도(K) | 5000 | 10000 | 5000 |

## · 별의 색지수와 분광형 ·

흑체 복사의 특성은 온도에 의해 결정됩니다. 별은 흑체의 특성을 따르고 있으므로 별의 표면 온도는 매우 중요한 물리량입니다. 따라서 별의 표면 온도를 나타내는 색지수와 분광형에 대해서 정확하게 이해하고 있어야 합니다.

### 원리1 색지수와 표면 온도의 관계

- U 필터, B 필터, V 필터는 각각 자외선(Ultra-violet), 파란색(Blue), 노란색(Visible, 사람 눈에 민감한 영역) 빛을 통과시킨다.
- U, B, V는 각 필터를 통과한 빛의 세기로부터 구한 등급으로 세기가 강할수록 U, B, V 등급이 작다.
- 표면 온도가 높은 별일수록 짧은 파장의 빛이 긴 파장의 빛보다 강하다. 따라서 고온의 별일수록 (U−B), (B−V)가 작다.
- O형, B형의 경우 (B−V) < 0, A형의 경우 (B−V) = 0, F형~M형의 경우 (B−V) > 0이다. 태양의 (B−V)는 0.656이다.

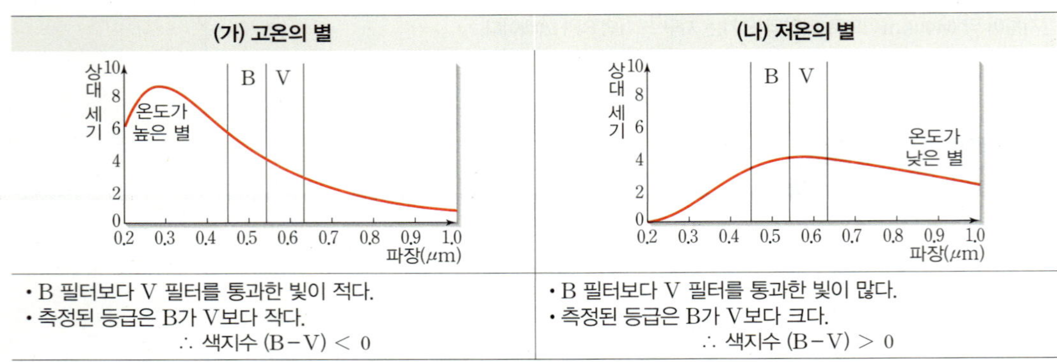


| (가) 고온의 별 | (나) 저온의 별 |
|---|---|
| • B 필터보다 V 필터를 통과한 빛이 적다.<br>• 측정된 등급은 B가 V보다 작다.<br>∴ 색지수 (B−V) < 0 | • B 필터보다 V 필터를 통과한 빛이 많다.<br>• 측정된 등급은 B가 V보다 크다.<br>∴ 색지수 (B−V) > 0 |

### 원리2 분광형(표면 온도)에 따른 흡수선의 종류

별의 표면 온도가 다르기 때문에 스펙트럼에서 관측되는 흡수선의 종류가 서로 다르다. 따라서 별의 흡수선을 기준으로 구분한 스펙트럼형으로부터 별의 표면 온도를 알아낼 수 있다.

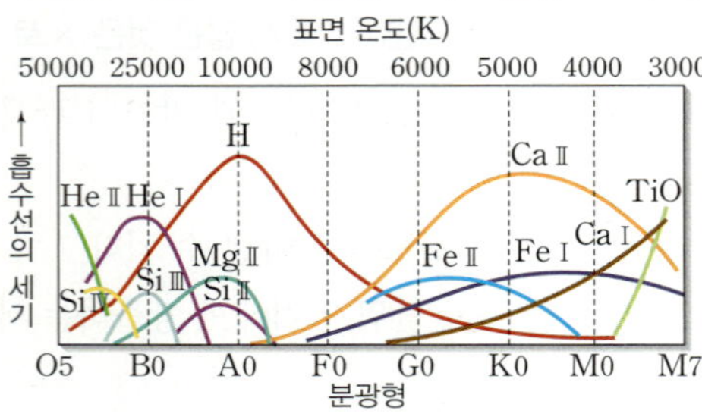


▲ 별의 분광형에 따른 흡수선의 종류 및 세기

- 로마 숫자 'Ⅰ'은 중성 상태를, 'Ⅱ'는 +1가의 이온화된 상태를, 'Ⅲ'은 +2가의 이온화된 상태를 나타낸다.
- He Ⅰ은 중성 헬륨(He), H Ⅱ는 이온화된 수소 이온($H^+$), Si Ⅲ은 +2가의 규소 이온($Si^{2+}$)를 나타낸다.

| 분광형 | 흡수선의 특징 | 예 |
|---|---|---|
| O | He Ⅱ(+1가의 헬륨 이온) 흡수선이 가장 뚜렷하다. | 오리온자리 제타 |
| B | He Ⅰ(중성 헬륨) 흡수선과 Si Ⅲ(+2가의 규소 이온) 흡수선이 강하다. | 스피카, 리겔 |
| A | H Ⅰ(중성 수소) 흡수선이 가장 강하게 나타난다. | 시리우스, 직녀성 |
| F | 약한 H Ⅰ 흡수선 및 Ca Ⅱ(+1가의 칼슘 이온) 흡수선이 나타난다. | 프로키온, 북극성 |
| G | F형보다 H Ⅰ 흡수선의 강도가 약하고, Ca Ⅱ, Fe Ⅱ, Fe Ⅰ 등이 나타난다. | 태양 |
| K | 매우 약한 H Ⅰ, 매우 강한 중성 금속(Fe, Mn 등) 흡수선이 나타난다. | 아크투루스 |
| M | 분자(TiO) 흡수선이 강하다. 수소 흡수선은 거의 나타나지 않는다. | 베텔게우스 |

## 1 흑체 복사와 색지수

**01** 그림 (가)와 (나)는 서로 다른 스펙트럼이 나타나는 두 가지 경우를 나타낸 것이다.

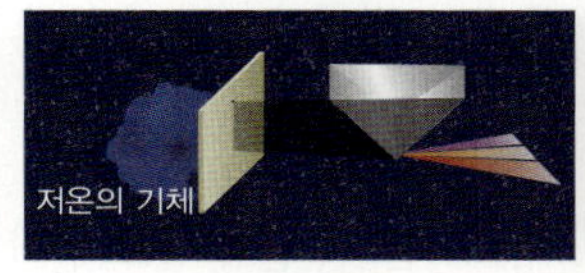

(가)          (나)

이에 대한 설명으로 옳은 것만을 〈보기〉에서 있는 대로 고른 것은?

┤ 보기 ├

ㄱ. (가)에서 방출 스펙트럼이 만들어진다.
ㄴ. (나)에서 연속 스펙트럼이 만들어진다.
ㄷ. (가)와 (나)의 기체가 동일하다면, 같은 파장의 선 스펙트럼이 만들어진다.

① ㄱ      ② ㄴ      ③ ㄷ
④ ㄱ, ㄷ      ⑤ ㄴ, ㄷ

**02** 그림은 흑체 A~D에서 방출되는 파장에 따른 복사 에너지의 분포를 나타낸 것이다.

★중요★

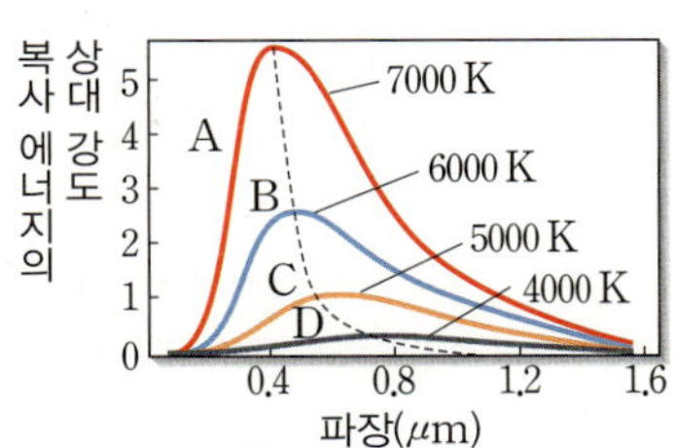


이에 대한 설명으로 옳은 것만을 〈보기〉에서 있는 대로 고른 것은?

┤ 보기 ├

ㄱ. 이 곡선을 플랑크 곡선이라고 한다.
ㄴ. A에서 D로 갈수록 점점 파란색으로 보인다.
ㄷ. 표면 온도가 높은 별일수록 최대 복사 에너지를 방출하는 파장이 길다.

① ㄱ      ② ㄴ      ③ ㄷ
④ ㄱ, ㄴ      ⑤ ㄴ, ㄷ

**03** 그림은 어느 별의 파장에 따른 복사 에너지의 상대적 세기 분포와 B, V 필터의 영역을 나타낸 것이다.

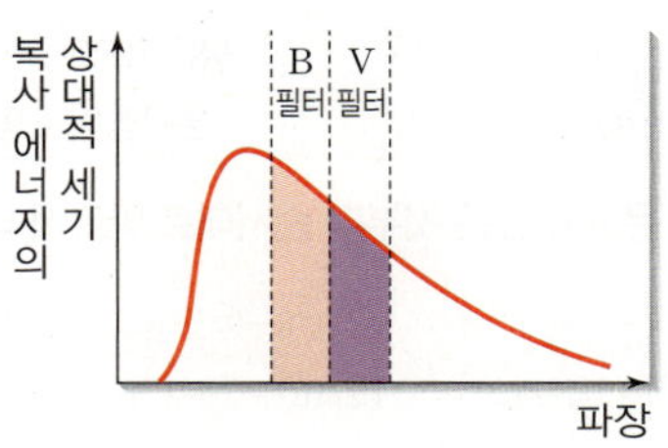


이에 대한 설명으로 옳은 것만을 〈보기〉에서 있는 대로 고른 것은?

┤ 보기 ├

ㄱ. 이 별은 파란색으로 보인다.
ㄴ. B 필터를 통과한 빛의 양이 V 필터를 통과한 빛의 양보다 많다.
ㄷ. B 등급이 V 등급보다 작다.

① ㄱ      ② ㄴ      ③ ㄱ, ㄷ
④ ㄴ, ㄷ      ⑤ ㄱ, ㄴ, ㄷ

## 2 별의 분광형과 표면 온도

**04** 표는 별의 분광형에 따른 표면 온도와 색을 나타낸 것이다.

| 분광형 | 표면 온도(K) | 색 |
|---|---|---|
| A0 | 10000 | ( ) |
| B5 | ( ) | 청백색 |
| G2 | 5800 | 노란색 |
| K5 | 4200 | ( ) |

이에 대한 설명으로 옳은 것만을 〈보기〉에서 있는 대로 고른 것은?

┤ 보기 ├

ㄱ. A0형 별의 색은 흰색이다.
ㄴ. B5형 별은 A0형 별보다 표면 온도가 낮다.
ㄷ. K5형 별은 G2형 별보다 붉게 보인다.

① ㄱ      ② ㄴ      ③ ㄷ
④ ㄱ, ㄷ      ⑤ ㄴ, ㄷ

## 05

표는 세 별 ㉠, ㉡, ㉢의 특징을 설명한 것이다.

| | |
|---|---|
| ㉠ | 색지수 (B−V)는 0이다. |
| ㉡ | 붉은색으로 관측된다. |
| ㉢ | 분광형이 F형이다. |

표면 온도가 높은 것부터 순서대로 바르게 나열한 것은?

① ㉠－㉡－㉢　　② ㉠－㉢－㉡　　③ ㉡－㉢－㉠
④ ㉢－㉠－㉡　　⑤ ㉢－㉡－㉠

## 06

표는 세 별의 분광형과 겉보기 등급을 나타낸 것이다.

| 천체 | 베가 | 알데바란 | 태양 |
|---|---|---|---|
| 분광형 | A0 | K5 | ( ) |
| 겉보기 등급 | 0.0 | +0.8 | −24.8 |

이에 대한 설명으로 옳은 것만을 〈보기〉에서 있는 대로 고른 것은?

| 보기 |
ㄱ. 베가는 알데바란보다 밝게 보인다.
ㄴ. 단위 시간 동안 단위 면적에서 방출하는 에너지양 은 태양이 가장 많다.
ㄷ. 알데바란은 태양보다 붉게 보인다.

① ㄱ　　② ㄴ　　③ ㄱ, ㄷ
④ ㄴ, ㄷ　　⑤ ㄱ, ㄴ, ㄷ

## 07

그림은 별의 분광형에 따른 흡수선의 종류와 세기를 나타낸 것이다.

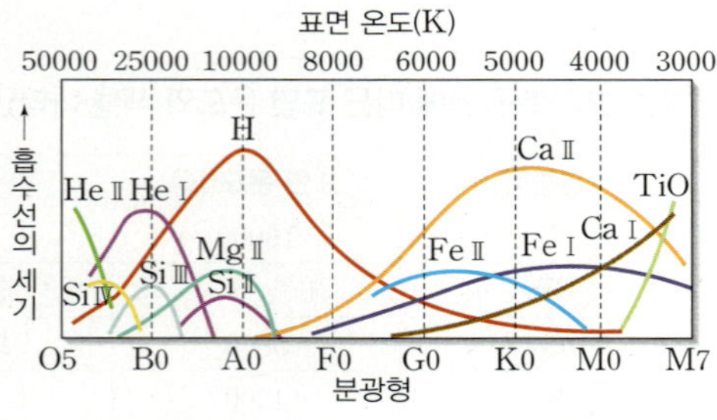


이에 대한 설명으로 옳은 것을 〈보기〉에서 고른 것은?

| 보기 |
ㄱ. 별들은 주요 대기 성분이 매우 다양하다.
ㄴ. 태양 스펙트럼에서 칼슘 흡수선이 잘 관측된다.
ㄷ. 분자 흡수선은 파란색 별보다 붉은색 별에서 잘 나 타난다.

① ㄱ　　② ㄴ　　③ ㄷ
④ ㄱ, ㄴ　　⑤ ㄴ, ㄷ

### ③ 별의 광도와 크기

## 08

다음은 별의 등급과 밝기 관계에 대한 설명이다.

(가) 1등급의 별은 6등급의 별보다 100배 밝으므로 1등급 차이나는 두 별의 겉보기 밝기 비는 ( ㉠ ) 이다.

(나) 겉보기 등급이 $m_1$, $m_2$인 두 별의 겉보기 밝기를 각각 $l_1$, $l_2$라 하면, $\dfrac{l_1}{l_2}=100^{\frac{1}{5}(\,㉡\,)}$이 성립한다.

㉠, ㉡에 들어갈 알맞은 값을 옳게 나열한 것은?

| | ㉠ | ㉡ | | ㉠ | ㉡ |
|---|---|---|---|---|---|
| ① | $\dfrac{1}{20}$ | $m_1-m_2$ | ② | $\dfrac{1}{20}$ | $m_2-m_1$ |
| ③ | $100^{\frac{1}{5}}$ | $m_2\times m_1$ | ④ | $100^{\frac{1}{5}}$ | $m_1-m_2$ |
| ⑤ | $100^{\frac{1}{5}}$ | $m_2-m_1$ | | | |

## 09

그림은 주계열성의 색지수와 절대 등급의 관계를 나타낸 것이다.

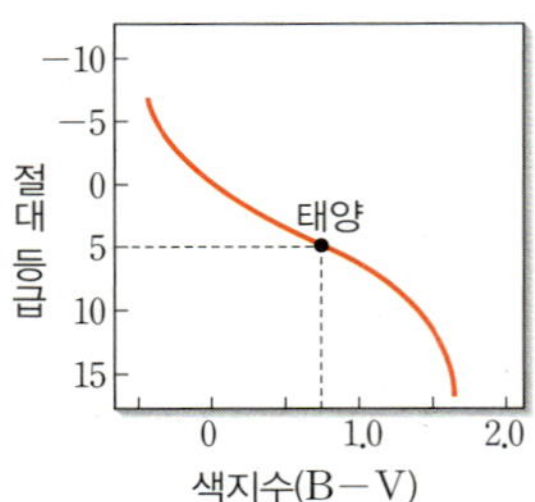


주계열성의 특징에 대한 설명으로 옳은 것만을 〈보기〉에서 있는 대로 고른 것은?

| 보기 |
ㄱ. 표면 온도가 높을수록 절대 등급이 작다.
ㄴ. 색지수가 작을수록 별이 방출하는 에너지양이 많 다.
ㄷ. 광도가 큰 별일수록 최대 복사 에너지 세기를 갖는 파장이 길다.

① ㄱ　　② ㄷ　　③ ㄱ, ㄴ
④ ㄴ, ㄷ　　⑤ ㄱ, ㄴ, ㄷ

**10** 표는 세 별 ㉠, ㉡, ㉢의 광도와 표면 온도를 나타낸 것이다.

| 별 | ㉠ | ㉡ | ㉢ |
|---|---|---|---|
| 광도(태양=1) | 1 | 10 | 100 |
| 표면 온도(K) | 5000 | 20000 | 10000 |

세 별의 반지름을 옳게 비교한 것은?

① ㉠ > ㉡ > ㉢  　　② ㉠ > ㉢ > ㉡
③ ㉡ > ㉠ > ㉢  　　④ ㉢ > ㉠ > ㉡
⑤ ㉢ > ㉡ > ㉠

**11** 표는 세 별 (가), (나), (다)의 분광형과 상대적 크기를 나타낸 것이다.

| 별 | (가) | (나) | (다) |
|---|---|---|---|
| 분광형 | M5 | B5 | G5 |
| 상대적 크기 | 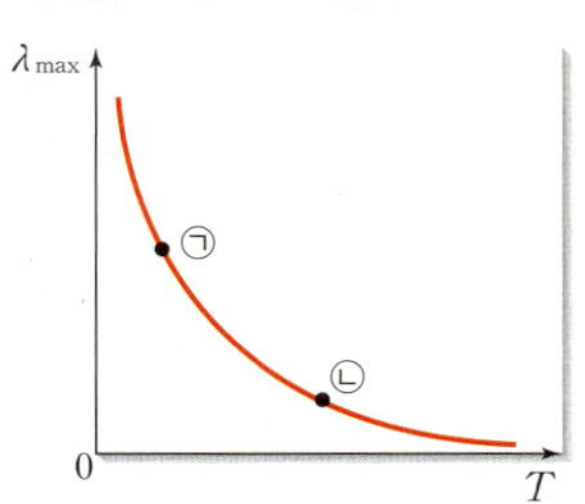 | | |

세 별에 대한 설명으로 옳은 것은?

① (가)는 파란색으로 보인다.
② (나)는 (다)보다 붉은색 별이다.
③ (다)는 태양보다 색지수가 작다.
④ 광도는 (나)가 (다)보다 크다.
⑤ 단위 면적에서 방출하는 에너지양은 (가)가 가장 많다.

**12** 그림은 별의 표면 온도($T$)에 따른 최대 복사 에너지 파장($\lambda_{max}$)을 나타낸 것이다.

절대 등급이 같은 두 별 ㉠과 ㉡에 대한 설명으로 옳은 것만을 〈보기〉에서 있는 대로 고른 것은?

| 보기 |
| --- |
| ㄱ. 광도는 ㉠이 ㉡보다 크다. |
| ㄴ. 색지수 (B−V)는 ㉠이 ㉡보다 크다. |
| ㄷ. 별의 반지름은 ㉡이 ㉠보다 크다. |

① ㄱ　　② ㄴ　　③ ㄷ
④ ㄱ, ㄴ　　⑤ ㄴ, ㄷ


**이렇게!**

**13** 그림은 두 별 A와 B에서 파장에 따른 복사 에너지의 세기를 나타낸 것이다.

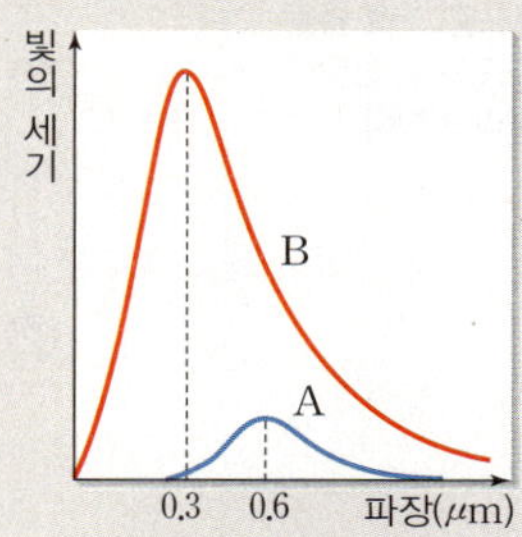


두 별 A, B의 단위 면적에서 단위 시간 동안 방출하는 에너지의 양에 대해 설명하시오.

**14** 그림은 두 별 (가)와 (나)의 스펙트럼에서 관측된 흡수선의 종류를 나타낸 것이다.

| 별 | 스펙트럼 |
|---|---|
| (가) | 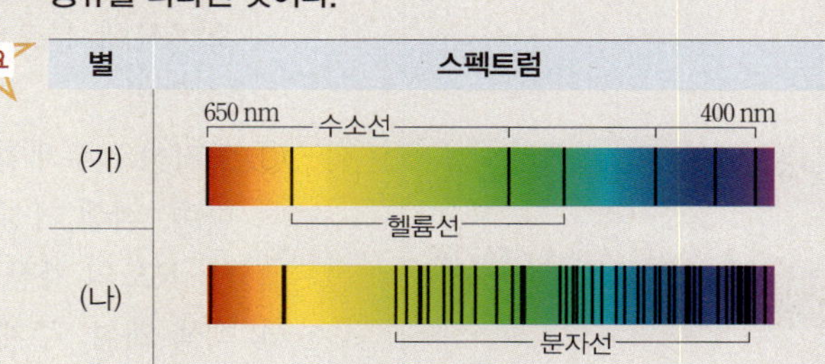 |
| (나) | |



(가)와 (나) 중 표면 온도가 더 높은 별은 무엇인지 고르고, 그 이유를 설명하시오.

**15** 표는 두 별 A, B의 절대 등급과 표면 온도를 나타낸 것이다.

| 별 | A | B |
|---|---|---|
| 절대 등급 | −5.0 | +5.0 |
| 표면 온도(K) | 10000 | 5000 |

(1) 광도는 A가 B의 몇 배인지 설명하시오.

(2) 별의 반지름은 A가 B의 몇 배인지 설명하시오.

# 02 H-R도와 별의 특징

❖ **H-R도**
1910년대 초 (Hertzsprung)과 러셀 (Russell)은 각각 별의 표면 온도와 광도의 관계를 나타낸 그래프를 그려 별을 분류하였다. 따라서 이 도표를 두 천문학자의 이름을 따서 H-R도라고 한다.

## ❶ H-R도

1. **H-R도**: 가로축을 분광형(또는 표면 온도), 세로축을 절대 등급(또는 광도)으로 나타낸 도표
   ① 가로축에는 별의 분광형을 O - B - A - F - G - K - M형 순서로 나열한다.
   ➡ 왼쪽으로 갈수록 표면 온도가 높아진다.
   ② 세로축에는 별의 밝기를 나타내는 절대 등급을 나열한다. ➡ 위로 갈수록 절대 등급이 작아진다(광도가 크다.)

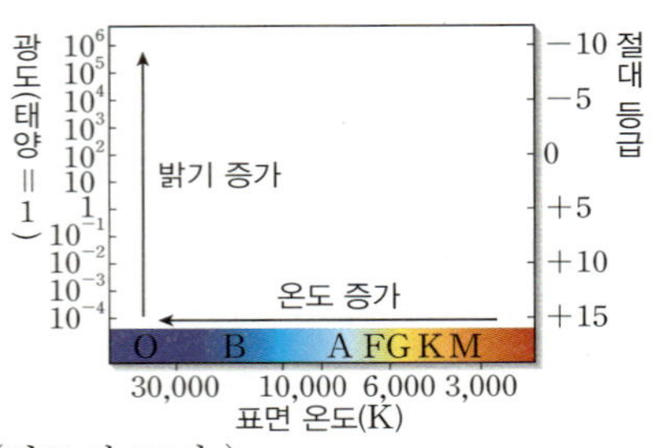


## ❷ H-R도와 별의 종류

1. **H-R도에서 별들의 분포**
   ① 주계열성: 별의 약 80~90%는 H-R도의 왼쪽 위에서 오른쪽 아래로 이어지는 대각선 띠 모양으로 분포
   ② 적색 거성: H-R도에서 주계열성의 오른쪽에 분포하는 온도가 비교적 낮은 별
   ③ 초거성: 주계열성의 오른쪽에 분포하며, 적색 거성보다 광도가 더 커서 H-R도의 가장 위쪽에 분포하는 별
   ④ 백색 왜성: 주계열성의 왼쪽 아래에 위치한 별로 온도가 비교적 높고, 광도가 매우 낮은 별
   ⑤ 별의 반지름은 광도가 클수록, 표면 온도가 낮을수록 크다. 따라서 H-R도에서 오른쪽 위에 있는 별일수록 반지름이 크다.
   ➡ 초거성 > 적색 거성 > 주계열성 > 백색 왜성

❖ **별의 반지름 비교**
별의 광도 $L = 4\pi R^2 \sigma T^4$로부터 별의 반지름($R$)은 표면 온도($T$)가 낮을수록, 광도($L$)가 클수록 크다.

❖ **주계열성이 가장 많은 이유**
별의 진화 과정 중 주계열 단계에서 머무는 기간이 가장 길다. 따라서 관측되는 별들 중에서 주계열성이 가장 흔하다.



▲ H-R도와 별의 종류

2. **별의 종류에 따른 특징**
   ① 주계열성: 가장 흔한 별
   • 에너지원: 중심부에서 일어나는 수소 핵융합 반응을 통해 에너지를 방출한다.
   • 주계열성은 질량이 클수록 중심부의 핵융합 반응이 활발하여 광도가 크고, 표면 온도가 높다.

❖ **주계열성의 질량과 수명 관계**
질량이 큰 별일수록 수소 핵융합 반응이 일어나는 중심핵의 온도가 높고 영역도 넓어 단위 시간에 많은 양의 수소를 소진하게 되므로 수소 핵융합으로 에너지원을 얻는 주계열 단계가 빨리 끝나게 된다. 따라서 질량이 큰 별일수록 주계열 단계의 수명이 짧다.

| 분광형 | O | B | A | F | G | K | M |
|---|---|---|---|---|---|---|---|
| 표면 온도(K) | 40000 | 20000 | 8500 | 6500 | 5800 | 4500 | 3200 |
| 반지름(태양=1) | 10 | 5 | 1.7 | 1.3 | 1.0 | 0.8 | 0.3 |
| 질량(태양=1) | 50 | 10 | 2.0 | 1.5 | 1.0 | 0.7 | 0.2 |
| 광도(태양=1) | $10^5$ | 1000 | 20 | 4 | 1.0 | 0.2 | 0.01 |

▲ 주계열성의 물리량

② **적색 거성**: 붉은색(적색)의 큰 별(거성)이라는 의미이다.

- 적색 거성의 분광형은 주로 K형 또는 M형이므로 표면 온도는 대략 3000~4500K이지만, 광도는 태양의 약 10~1000배이다. 태양보다 온도가 낮지만 광도가 큰 이유는 반지름이 훨씬 크기 때문이다.

③ **초거성**

- 초거성에는 분광형이 O형, B형인 청색 초거성과 K형, M형인 적색 초거성이 있다.
- 광도는 태양의 수만 배~수십만 배에 이고, 적색 초거성의 경우 반지름이 태양의 1000배가 넘는다.

④ **백색 왜성**

- 분광형은 주로 A형, F형으로 태양보다 뜨겁지만, 광도는 태양보다 훨씬 작다.
- 반지름은 지구와 비슷하여 태양 반지름의 1/100배 수준이지만 밀도는 태양보다 훨씬 높다.

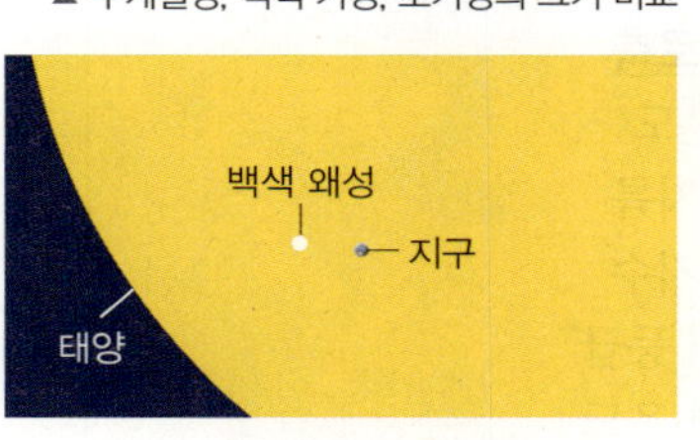

▲ 주계열성, 적색 거성, 초거성의 크기 비교


▲ 백색 왜성의 크기 비교

❖ **별의 밀도**
별의 밀도는 초거성 < 적색 거성 < 주계열성 < 백색 왜성 순으로 크다.

❖ **광도 계급**
광도 계급을 구분할 때, 계급 Ⅵ에 해당하는 별들을 준왜성(Ⅵ)과 백색 왜성(Ⅶ)으로 세분하여 7개의 계급으로 구분하기도 한다.

### ③ 별의 2차원적 분광 분류

1. 모건과 키넌은 별의 분광형을 표면 온도와 광도 계급에 따라 6개(또는 7개)의 집단으로 분류하였다. 이와 같은 2차원적 분광 분류법을 MK 분류법이라고 한다.

2. 태양을 MK 분류법에 따라 분류하면 G2V형 별이다. → 태양은 표면 온도를 기준으로 G2형에 속하고, 광도를 기준으로 V형(주계열성)에 속한다.

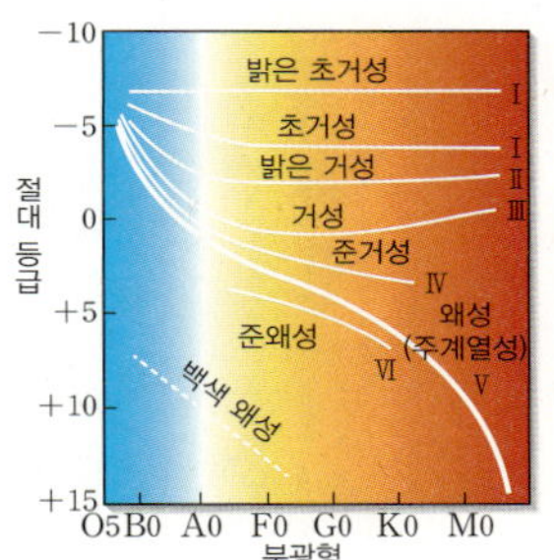

| 광도 계급 | 반지름 | 별의 종류 |
|---|---|---|
| Ⅰ | 크다 | 초거성 |
| Ⅱ | | 밝은 거성 |
| Ⅲ | | 거성 |
| Ⅳ | | 준거성 |
| Ⅴ | | 왜성(주계열성) |
| Ⅵ | 작다 | 준왜성 |

▲ 표면 온도와 광도에 따른 분광 분류법(MK 분류법)

❖ **2차원적 분광 분류를 하는 이유**
분광형이 같더라도 광도 계급에 따라 별의 광도가 다르다. 예를 들어, 분광형이 A0형으로 같은 별이라도, 백색 왜성, 주계열성, 적색 거성, 초거성 등으로 다양하다. 따라서 별들의 표면 온도와 광도를 2차원 그래프에 나타내면 별의 다양한 특성을 동시에 비교할 수 있다.



정답 및 해설 | 41쪽

**01** 가로축에 별의 분광형, 세로축에 별의 절대 등급을 나타낸 도표를 ☐☐☐라고 한다.

**02** H–R도에서 전체 별의 약 80~90 %는 왼쪽 위에서 오른쪽 아래로 이어지는 좁은 띠 영역에 분포하는데, 이 별들을 ☐☐☐이라고 한다.

**01** H–R도에 대한 설명으로 옳은 것은 ○, 옳지 <u>않은</u> 것은 ×로 표시하시오.

(1) H–R도에서 오른쪽에 위치한 별일수록 표면 온도가 높다. (　　　)

(2) H–R도에서 아래쪽에 위치한 별일수록 광도가 작은 별이다. (　　　)

**02** 다음은 별의 종류를 나타낸 쓰시오. 물음에 답하시오.

> A. 주계열성　　B. 백색 왜성　　C. 적색 거성　　D. 초거성

(1) A~D 중 태양이 속한 별의 종류는 무엇인가?

(2) A~D 중 반지름이 가장 큰 것과 가장 작은 것은 무엇인가?

(3) A~D를 별의 밀도가 큰 것부터 작은 것 순으로 나열하시오.

### 1 H–R도

**01** H–R도에서 가로축 물리량과 세로축 물리량에 해당하는 것을 옳게 나타낸 것은?

| | 가로축 | 세로축 |
|---|---|---|
| ① | 광도 | 온도 |
| ② | 표면 온도 | 반지름 |
| ③ | 절대 등급 | 색지수 |
| ④ | 색지수 | 절대 등급 |
| ⑤ | 스펙트럼형 | 표면 온도 |

### 2 H–R도와 별의 종류

**02** 그림은 H–R도에 주계열성과 태양의 위치를 나타낸 것이다.

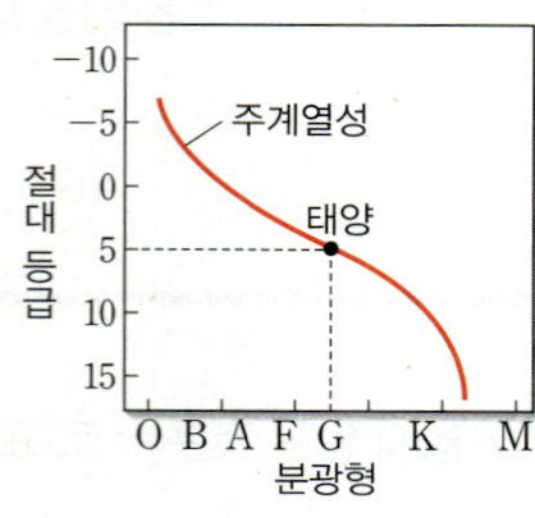


주계열성에 대한 설명으로 옳은 것만을 〈보기〉에서 있는 대로 고른 것은?

┤ 보기 ├
ㄱ. 표면 온도가 높을수록 절대 등급이 작다.
ㄴ. 색지수가 클수록 반지름이 크다.
ㄷ. H–R도의 왼쪽 상단에 위치할수록 질량이 크다.

① ㄱ　　　　② ㄴ　　　　③ ㄱ, ㄷ
④ ㄴ, ㄷ　　　⑤ ㄱ, ㄴ, ㄷ

**03** 그림은 어느 별 X를 태양과 지구의 크기와 비교하여 나타낸 것이다.

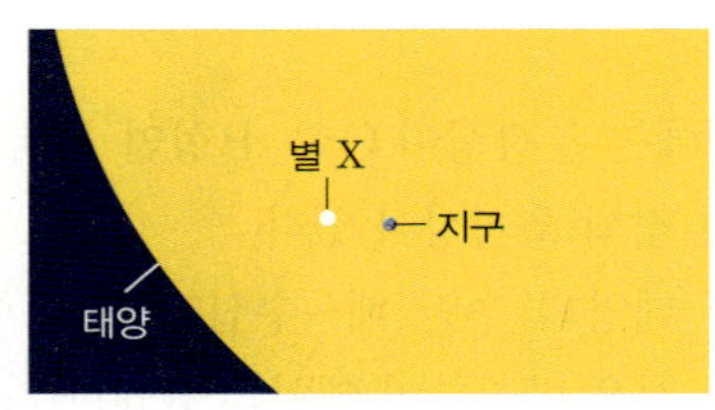


별 X에 대한 설명으로 옳은 것만을 〈보기〉에서 있는 대로 고른 것은?

┤ 보기 ├
ㄱ. 적색 거성이다.
ㄴ. 태양보다 표면 온도가 높다.
ㄷ. H–R도에서 주계열성의 오른쪽에 위치한다.

① ㄱ　　　　② ㄴ　　　　③ ㄱ, ㄷ
④ ㄴ, ㄷ　　　⑤ ㄱ, ㄴ, ㄷ

**04** 표는 두 별 (가), (나)와 태양의 물리량을 나타낸 것이다.

| 별 | 절대 등급 | 분광형 |
|---|---|---|
| (가) | −5.0 | K5 |
| (나) | +10.0 | A0 |
| 태양 | +5.0 | G2 |

(가), (나)에 대한 설명으로 옳은 것만을 〈보기〉에서 있는 대로 고른 것은?

┤ 보기 ├
ㄱ. (가)는 주계열성이다.
ㄴ. (나)는 태양보다 반지름이 작다.
ㄷ. 단위 면적에서 단위 시간 동안 방출하는 에너지양은 (가)가 (나)보다 많다.

① ㄱ　　　　② ㄴ　　　　③ ㄱ, ㄷ
④ ㄴ, ㄷ　　　⑤ ㄱ, ㄴ, ㄷ

**05** 그림은 H-R도에 별 A~D의 위치를 나타낸 것이다.

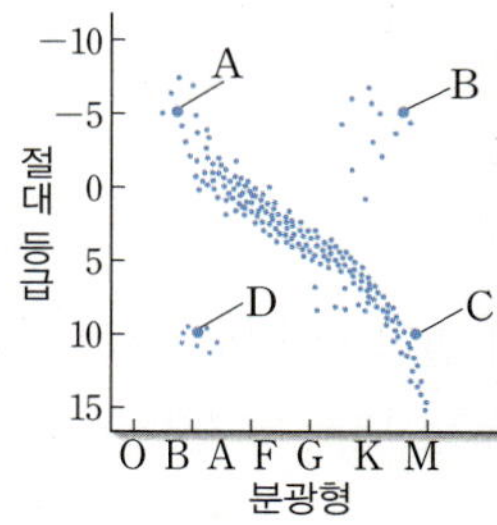

별 A~D에 대한 설명으로 옳은 것만을 〈보기〉에서 있는 대로 고른 것은?

| 보기 |

ㄱ. A는 B보다 붉은색으로 보인다.
ㄴ. 질량은 A가 C보다 크다.
ㄷ. 평균 밀도는 D가 B보다 크다.

① ㄱ　　　　　② ㄷ　　　　　③ ㄱ, ㄴ
④ ㄴ, ㄷ　　　　⑤ ㄱ, ㄴ, ㄷ

**③ 별의 2차원적 분광 분류**

**06** 다음은 MK 분광 분류법에 대한 설명이다.

> MK 분류법은 2차원적 분광 분류법으로 1940년대 모건과 키넌이 별의 분광형을 표면 온도와 (　) 계급에 따라 별들을 6개의 집단으로 분류한 것이다.

빈 칸에 들어갈 별의 물리량으로 옳은 것은?

① 질량　　　　② 광도　　　　③ 거리
④ 색지수　　　⑤ 반지름

**07** 그림은 H-R도의 별들을 6개의 광도 계급으로 구분하여 나타낸 것이다.

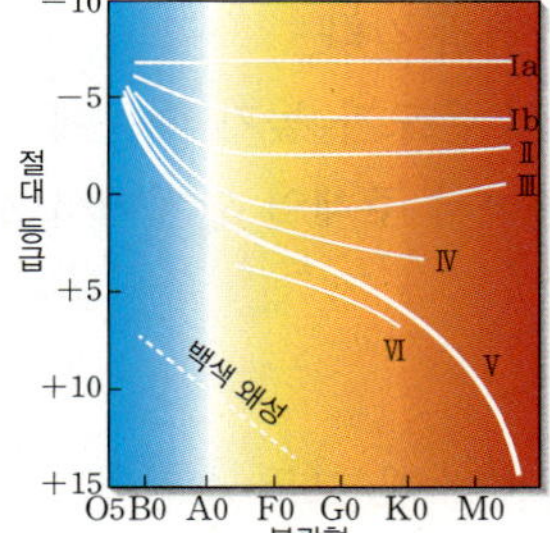

이에 대한 설명으로 옳은 것만을 〈보기〉에서 있는 대로 고른 것은?

| 보기 |

ㄱ. 광도 계급에 따라 스펙트럼의 특징이 차이난다.
ㄴ. Ⅰ에서 Ⅵ으로 갈수록 별의 광도가 높아진다.
ㄷ. 태양의 광도 계급은 Ⅴ이다.

① ㄱ　　　　　② ㄴ　　　　　③ ㄱ, ㄷ
④ ㄴ, ㄷ　　　　⑤ ㄱ, ㄴ, ㄷ

---



**08** 표는 별의 색지수와 광도를 나타낸 것이다. 별 A~D는 각각 주계열성, 적색 거성, 초거성, 백색 왜성 중 하나이다.

| 별 | 색지수 | 광도(태양=1) |
|---|---|---|
| A | +0.7 | 1 |
| B | 0.0 | 0.01 |
| C | +0.7 | 1000 |
| D | +1.0 | 10000 |

(1) 별 A~D가 속한 별의 집단을 쓰시오.

(2) 별 A~D 중 반지름이 가장 큰 별은 무엇인지 고르고, 그렇게 판단한 이유를 설명하시오.

**09** 그림은 별들을 스펙트럼형과 광도에 따라 4개의 집단 (가)~(라)로 나타낸 것이다.

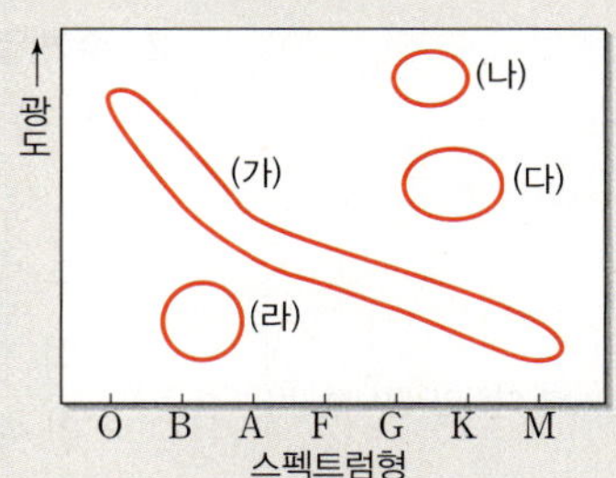


(가)~(라) 중 가장 많은 별들이 분포하는 영역은 어디인가? 그 이유에 대해 설명하시오.

**10** 표는 태양과 별 X의 MK 분광 분류(광도 계급과 표면 온도를 고려한 분광형)를 나타낸 것이다.

| 별 | 태양 | X |
|---|---|---|
| MK 분광 분류 | G2V | K5Ⅰ |

(1) X의 표면 온도와 절대 등급을 태양과 비교하여 설명하시오.

(2) X의 반지름을 태양과 비교하여 설명하시오.

# 별의 탄생과 진화


- 질량에 따른 별의 진화 과정을 비교할 수 있어야 한다.
- 질량에 따른 별의 종말의 차이를 설명할 수 있어야 한다.

**❖ 원시별의 탄생 조건**

성운 중에서 저온 고밀도의 암흑 성운은 성간 물질이 중력 수축하여 원시성이 만들어지기에 좋은 조건을 갖추고 있다.

**❖ 원시별 단계의 물리적 성질**

- 원시별의 질량이 클수록 중력 수축이 빠르게 일어나 주계열에 도달하는 시간이 짧다.
- 원시별의 질량이 클수록 주계열의 왼쪽 상단으로 진화한다. → 표면 온도가 높고, 광도가 큰 주계열성이 된다.

**❖ 태양 질량의 0.08배 이하인 원시별의 진화**

모든 원시별이 주계열에 이르는 것은 아니다. 태양 질량의 0.08배보다 작은 원시별들은 중심부의 온도가 핵반응을 일으킬 수 있는 1000만 K만큼 높아지지 않는다. 이런 원시별들은 오랫동안 수축을 계속하여 결국은 밀도가 극히 높아져서 갈색 왜성이 되고, 점차 식어가면서 수명을 마친다.

**❖ 질량이 큰 주계열성일수록 수소 핵융합 반응의 효율이 높은 이유**

질량이 클수록 중심부에서 수소 핵융합 반응이 일어날 수 있는 영역이 넓다. 또한 핵융합 반응의 효율도 높아진다. 따라서 질량이 클수록 단위 시간 당 소모하는 수소 연료의 양이 급격하게 증가한다.

## 1 별의 탄생과 진화

### 1. 원시별 단계

① 원시별의 탄생: 성간 물질이 밀집되어 있는 성운 내부에서 원시별이 탄생한다.

② 원시별 단계에서는 중력 수축하면서 크기가 줄어들면서 내부 온도가 상승한다.

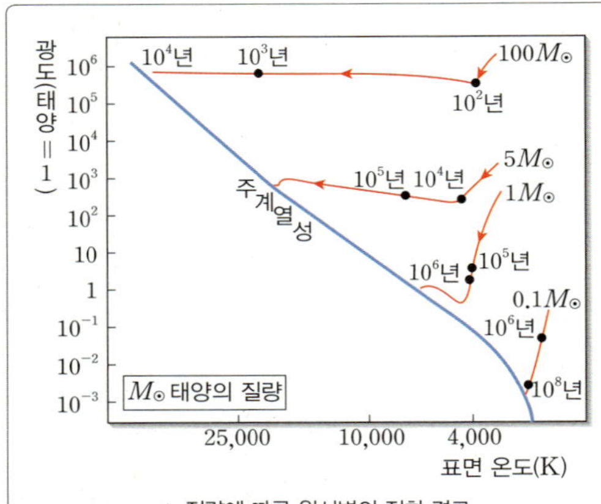

▲ 질량에 따른 원시별의 진화 경로

① **질량이 태양보다 큰 원시별**: 광도는 거의 변하지 않지만 표면 온도가 크게 상승하여 주계열의 왼쪽 상단에 도달한다.

② **질량이 태양 정도인 원시별**: 처음에는 광도가 크게 감소하고, 이후 표면 온도가 상승하여 주계열에 도달한다.

③ **질량이 태양보다 작은 원시별**: 광도는 크게 감소하지만, 표면 온도는 약간 상승하여 주계열의 오른쪽 하단에 도달한다.

### 2. 주계열 단계

① 중력 수축에 의해 중심부의 온도가 약 1000만 K에 도달하면 수소 핵융합 반응이 시작되는데 이런 별을 주계열성이라고 한다.

- 수소 핵융합 반응이 시작되면 중력 수축이 멈추고, 별의 크기가 일정하게 유지된다.
- 원시별이 진화하여 수소 핵융합 반응이 시작되는 H−R도상의 위치를 영년 주계열이라고 한다.

② 별은 일생의 약 90%를 주계열 단계에서 머문다. 별이 주계열 단계에서 보내는 기간은 중심핵에서 수소 핵융합 반응이 일어나는 기간과 같다.

- 질량이 큰 별일수록 중심부의 온도가 높기 때문에 수소 핵융합 반응의 효율이 높아서 주계열 단계에서 보내는 기간이 짧다.

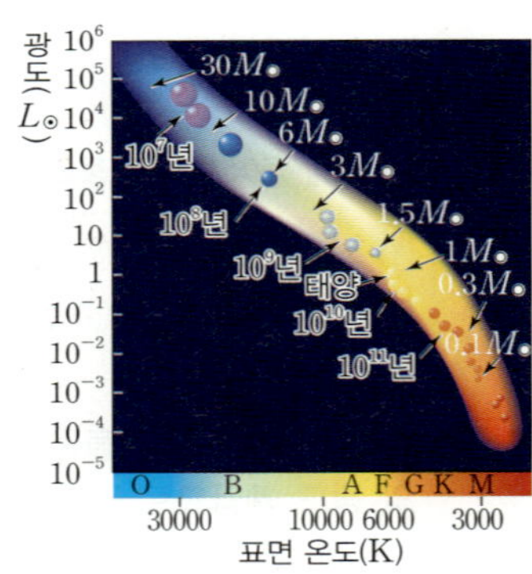

▲ 주계열성의 질량과 수명

### 3. 주계열 이후의 단계

① 주계열성의 중심부에 있는 수소가 모두 소진되고 거성 단계로 진화한다.

- 중심부에 헬륨핵 형성 → 핵융합 반응이 멈추고 중력에 의해 헬륨핵이 수축 → 중력 수축으로 인해 발생한 열이 핵을 둘러싼 영역으로 전달

② 중심핵을 둘러싼 영역의 온도가 상승하고, 이곳에는 수소가 남아 있기 때문에 수소 핵융합이 일어난다. 이를 수소각 연소 또는 수소 껍질 연소라고 한다.

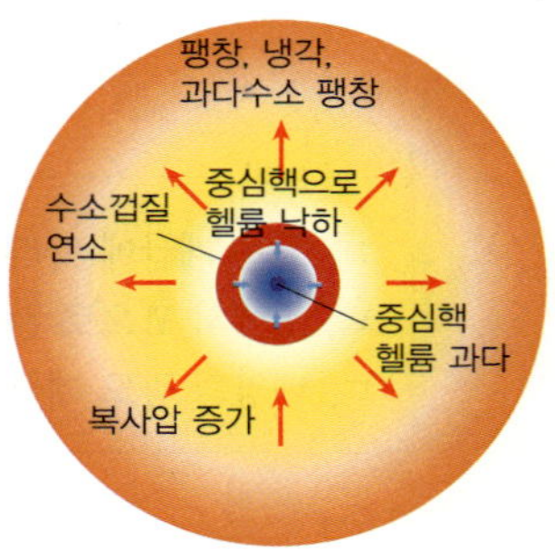


▲ 중심핵의 수축과 바깥층 팽창

③ 수소각 연소에 의해 수소각 바깥층의 온도가 급격하게 상승하여 팽창한다.

➡ 적색 거성 또는 초거성이 된다.

| 구분 | 주계열 이후의 물리량 변화 | 중심핵 변화 | H–R도의 위치 변화 |
|---|---|---|---|
| 태양과 질량이 비슷한 별 | 표면 온도: 감소<br>반지름: 증가<br>광도: 증가 | 헬륨핵 수축 후 헬륨 핵융합 반응으로 탄소핵이 형성됨 | H–R도의 오른쪽 상단으로 이동(적색 거성) |
| 태양보다 질량이 훨씬 큰 별 | 표면 온도: 감소<br>반지름: 증가<br>광도: 약간 증가 | 헬륨핵 수축 후 연속적인 핵융합 반응으로 철핵까지 형성됨 | H–R도 오른쪽 맨 위로 이동(초거성) |

## ❷ 별의 최후

적색 거성과 초거성이 진화의 마지막 단계에 다다르면 매우 불안정한 상태가 되며, 별의 최종 모습은 질량에 따라 달라진다.

① 태양과 질량이 비슷한 별: 별이 팽창과 수축을 반복하면서 별의 외곽층 물질이 우주 공간으로 방출되어 행성상 성운을 만들고, 별의 중심부는 수축하여 백색 왜성이 된다.

② 태양보다 질량이 훨씬 큰 별: 질량이 매우 큰 별에서는 중심부의 온도가 매우 높아 계속적인 핵융합 반응이 일어나 최종적으로 철이 생성된다. 철로 이루어진 핵은 더 이상 핵융합 반응이 일어나지 못하여 빠르게 수축하다가 폭발하는데 이를 초신성 폭발이라고 한다. 초신성 폭발 후 중심부에는 중성자별 또는 블랙홀이 남는다.

| 구분 | 최종 모습 | 특징 |
|---|---|---|
| 태양과 질량이 비슷한 별 | | • 밝게 빛나는 부분은 별의 표층 물질이 우주 공간으로 방출하여 형성된 행성상 성운의 모습이다.<br>• 행성상 성운의 중심부에는 백색 왜성이 존재한다. 백색 왜성은 점점 식어서 갈색 왜성을 거쳐 흑색 왜성이 된다. |
| 태양보다 질량이 훨씬 큰 별 | | • 초신성 폭발로 형성된 초신성 잔해의 모습이다.<br>• 잔해의 중심부에는 중성자별(또는 블랙홀)이 존재한다.<br>• 초신성 잔해는 우주 공간으로 점점 흩어져 성간 물질이 된다. |

## 개념 바로 확인

정답 및 해설 | 42쪽

**01** 원시별 단계에서는 ☐ 수축하면서 크기가 작아지고, 중심부의 온도가 상승한다.

**02** 태양보다 질량이 훨씬 큰 별은 진화의 마지막 단계에서 ☐ 폭발을 일으킨다.

**01** 성운 내부에서 원시별이 탄생하기 가장 적절한 영역은 어디인가?

① 밀도가 낮은 곳
② 온도가 높은 곳
③ 온도가 높고 밀도가 낮은 곳
④ 온도가 낮고 밀도가 높은 곳
⑤ 온도와 밀도가 모두 높은 곳

**02** 별의 진화에 대한 설명으로 옳은 것은 ○, 옳지 않은 것은 ×로 표시하시오.

(1) 원시별의 중심부에서는 수소 핵융합 반응이 일어난다. (　　)

(2) 별은 일생의 대부분을 주계열 단계에서 보낸다. (　　)

(3) 주계열성이 거성으로 진화할 때, 표면 온도는 증가하고, 반지름은 감소한다. (　　)

(4) 중성자별은 백색 왜성보다 밀도가 크다. (　　)

---

**❖ 초신성**

폭발 후 일정 기간 동안 상당히 밝게 빛나는 천체를 말한다. 초신성은 은하 전체의 밝기와 비슷한 정도로 빛난다. 초신성 폭발 과정에서 철보다 무거운 원소들이 생성되어 성간 물질에 공급되며, 근처에 있는 분자 구름을 압축시켜 새로운 별의 탄생을 촉진시킨다.

▲ 폭발 전과 후의 모습

**❖ 중성자별**

질량은 태양의 약 1.4배~3배이고 반지름은 30 km 정도로, 밀도가 매우 크다. 구성 물질이 극심하게 압축되어 중성자(전자와 양성자가 결합하여 형성)로만 이루어진 별이다.

**❖ 블랙홀**

질량은 태양의 약 3배 이상이지만 중성자별보다 더 심하게 압축되어 크기는 더 작다. 별의 표면 중력이 너무 커서 빛조차도 빠져 나오지 못한다.

## · 별의 질량에 따른 진화 경로 ·

별의 진화를 결정하는 물리량은 질량입니다. 따라서 별의 질량에 따라 진화 과정이 어떻게 다른지 확실하게 이해해야 합니다. 또한 태양의 예상 진화 경로를 H−R도 상에 나타낼 수 있어야 합니다.

### 원리1  질량에 따른 별의 진화 경로

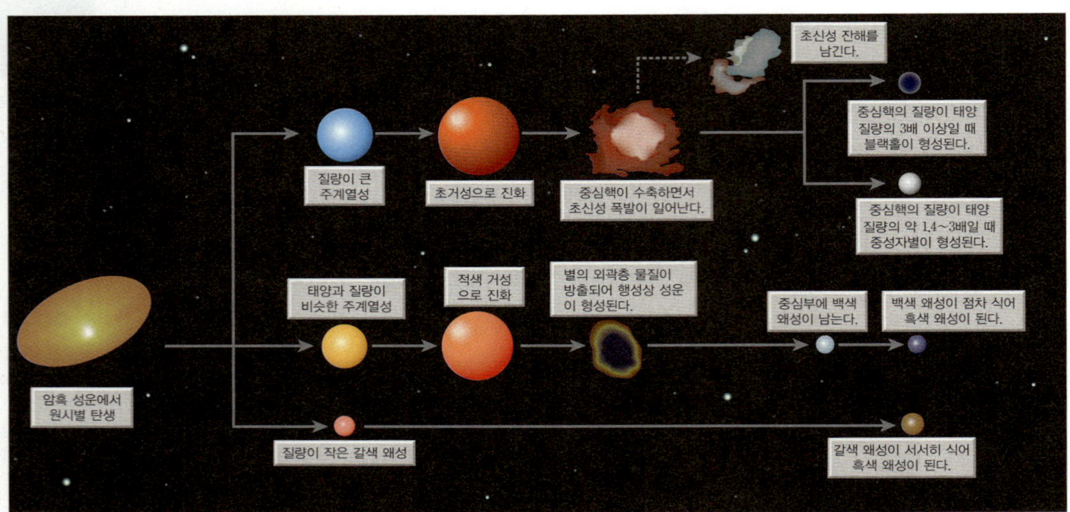


- **질량이 태양보다 훨씬 큰 별:** 원시별 → 주계열성 → 초거성 → 초신성 폭발 → 중성자별(또는 블랙홀)
- **질량이 태양과 비슷한 별:** 원시별 → 주계열성 → 적색 거성 → 초신성 폭발 → 중성자별(또는 블랙홀)
- **질량이 태양의 0.08배 이하인 별:** 원시별 → 갈색 왜성 → 흑색 왜성

### 원리2  H−R도상에서 태양의 진화 경로

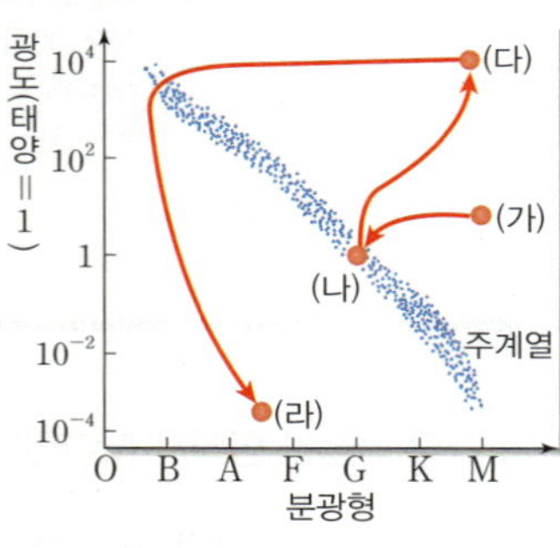


태양이 주계열 단계에 머무르는 기간은 약 100억 년으로 예상한다. 현재 태양계가 형성된 지 대략 50억 년이 지났으므로 앞으로 50억 년 후에 태양은 중심핵의 수소를 모두 소비하고 적색 거성으로 진화한다. 그 후 행성상 성운을 형성하고 백색 왜성으로 일생을 마감할 것으로 예상한다.

| | |
|---|---|
| (가) → (나) | 원시별이 진화하여 주계열성이 되는 경로이다. 중력 수축에 의해 표면 온도가 상승하고, 광도는 감소한다. |
| (나) → (다) | 주계열성에서 적색 거성으로 진화하는 단계이다. 팽창하면서 표면 온도는 감소하고, 광도는 증가한다. |
| (다) → (라) | 적색 거성에서 백색 왜성으로 진화하는 단계이다. 별이 불안정하여 외곽층이 우주로 분출되어 행성상 성운을 형성하고 중심부는 수축하여 백색 왜성이 형성된다. |
| (라) 이후 | 백색 왜성이 서서히 식어감에 따라 표면 온도와 광도가 계속 감소한다. |

## 1 별의 탄생과 진화

**01** 그림 (가), (나), (다)는 원시별의 형성 과정을 나타낸 것이다.

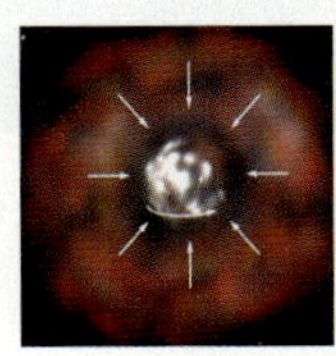

(가) 성운 수축    (나) 기체 원반 형성    (다) 원시별 형성

이에 대한 설명으로 옳은 것만을 〈보기〉에서 있는 대로 고른 것은?

| 보기 |
ㄱ. (가)는 온도가 높은 성운에서 잘 일어난다.
ㄴ. (나)에서 기체 원반의 중심부 밀도는 점점 커진다.
ㄷ. (다)에서 형성된 원시별은 크기가 일정하게 유지된다.

① ㄱ          ② ㄴ          ③ ㄷ
④ ㄱ, ㄴ      ⑤ ㄴ, ㄷ

**02** 그림은 질량에 따른 두 원시별 A, B의 진화 경로를 나타낸 것이다.

중요

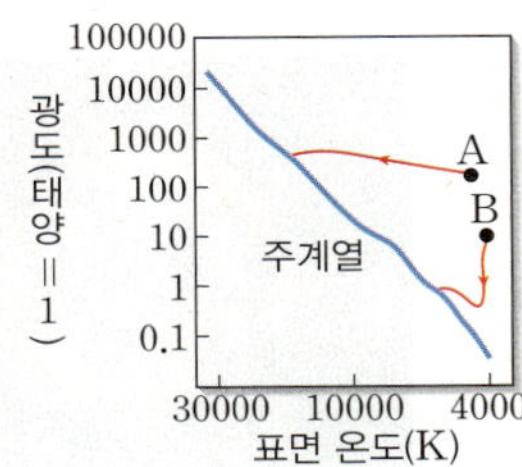

A와 B에 대한 설명으로 옳은 것만을 〈보기〉에서 있는 대로 고른 것은?

| 보기 |
ㄱ. 질량은 A가 B보다 크다.
ㄴ. 주계열에 도달하는데 걸리는 시간은 A가 B보다 길다.
ㄷ. 진화하는 동안 A와 B는 모두 반지름이 증가한다.

① ㄱ          ② ㄴ          ③ ㄷ
④ ㄱ, ㄴ      ⑤ ㄴ, ㄷ

**03** 그림은 어느 별의 진화 경로를 나타낸 것이다.

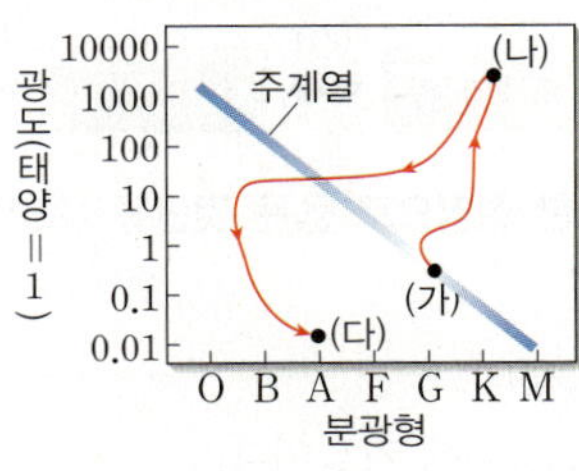

이에 대한 설명으로 옳은 것은?

① 이 별의 질량은 태양 질량의 10배 이상이다.
② (가)일 때 중력 수축이 일어난다.
③ (가)에서 (나)로 진화할 때 크기가 증가한다.
④ (다)일 때 중심부에서 수소 핵융합 반응이 일어난다.
⑤ (나)에서 (다)로 진화하는데 가장 오랜 시간이 걸린다.

**04** 그림은 태양과 질량이 비슷한 별의 진화 과정 중에 나타나는 별의 내부 구조 변화를 나타낸 것이다.

중요

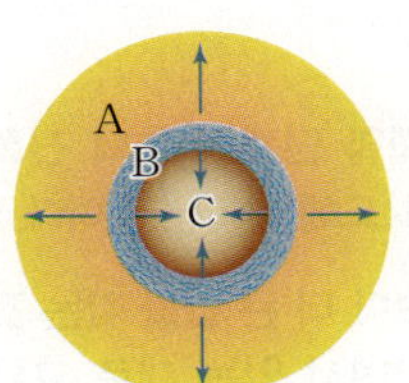

이에 대한 설명으로 옳은 것만을 〈보기〉에서 있는 대로 고른 것은?

| 보기 |
ㄱ. 이 별은 거성 단계에 해당한다.
ㄴ. 수소 핵융합 반응은 A층에서 일어난다.
ㄷ. 무거운 원소의 비율은 C층이 B층보다 크다.

① ㄱ          ② ㄴ          ③ ㄱ, ㄷ
④ ㄴ, ㄷ      ⑤ ㄱ, ㄴ, ㄷ

**05** 그림은 어떤 주계열성의 예상 진로를 나타낸 것이다.

이에 대한 설명으로 옳은 것만을 〈보기〉에서 있는 대로 고른 것은?

┤ 보기 ├
ㄱ. A는 적색 거성이다.
ㄴ. (가) 단계에서 별의 표면 온도가 감소한다.
ㄷ. (나) 단계에서 초신성 폭발이 일어난다.

① ㄱ　　　　② ㄴ　　　　③ ㄱ, ㄷ
④ ㄴ, ㄷ　　　⑤ ㄱ, ㄴ, ㄷ

**06** 표는 두 별 A, B가 진화 단계 (가), (나), (다)에서 보내는 시간을 나타낸 것이다. (단, 단위는 백만 년이다.)

| 별 | (가)<br>원시별 → 주계열성 | (나) 주계열성 | (다) 주계열성 → 거성 |
|---|---|---|---|
| A | 0.02 | 5 | ( ㉠ ) |
| B | ( ㉡ ) | 10000 | 6800 |

이에 대한 설명으로 옳지 <u>않은</u> 것은?

① 질량은 A가 B보다 크다.
② ㉠은 5백만 년보다 짧다.
③ ㉡은 2만 년보다 길다.
④ (나)일 때 별의 표면 온도는 A가 B보다 높다.
⑤ (다)일 때 별의 크기는 A가 B보다 작다.

**07** 그림은 주계열 단계 이후의 진화 경로를 H–R도에 나타낸 것이다.

별 A가 B보다 더 큰 값을 갖는 것만을 〈보기〉에서 있는 대로 고른 것은?

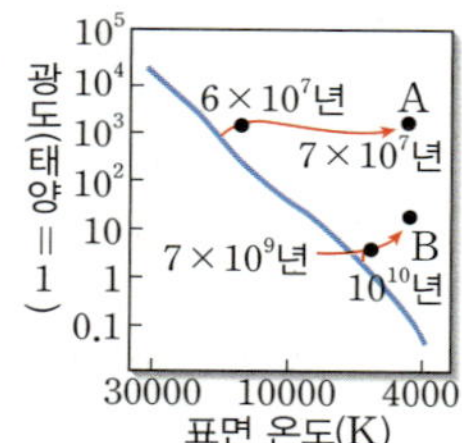


┤ 보기 ├
ㄱ. 질량
ㄴ. 중심부의 온도
ㄷ. 주계열에 머무는 시간

① ㄱ　　　　② ㄷ　　　　③ ㄱ, ㄴ
④ ㄴ, ㄷ　　　⑤ ㄱ, ㄴ, ㄷ

**08** 그림은 시간에 따른 태양의 예상 진화 과정을 나타낸 것이다.

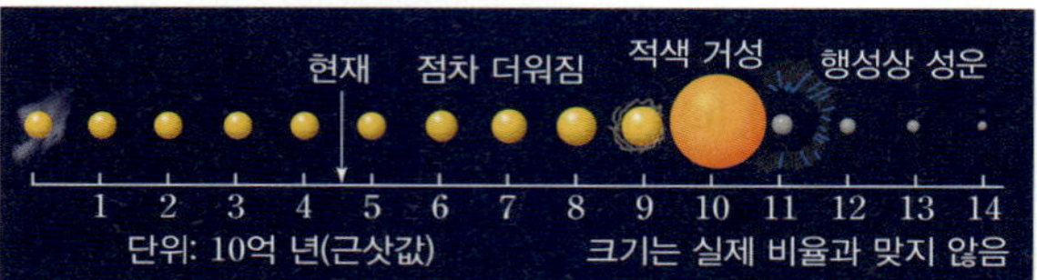


태양에 대한 설명으로 옳은 것만을 〈보기〉에서 있는 대로 고른 것은?

┤ 보기 ├
ㄱ. 중심부의 밀도는 현재보다 태양의 나이가 100억 년일 때 작을 것이다.
ㄴ. 표면 온도는 태양의 나이가 100억 년일 때보다 120억 년일 때 높을 것이다.
ㄷ. 태양의 나이가 100억 년~120억 년 사이에 초신성 폭발을 일으킬 것이다.

① ㄱ　　　　② ㄴ　　　　③ ㄱ, ㄷ
④ ㄴ, ㄷ　　　⑤ ㄱ, ㄴ, ㄷ

**2　별의 최후**

**09** 그림은 별의 진화 과정에서 형성된 어떤 천체의 모습을 나타낸 것이다.

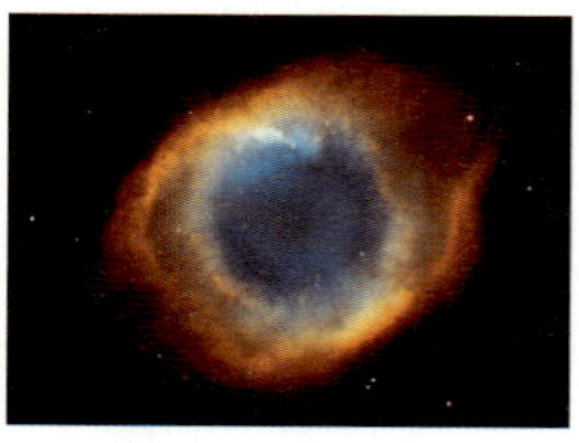

이 천체에 대한 설명으로 옳은 것만을 〈보기〉에서 있는 대로 고른 것은?

┤ 보기 ├
ㄱ. 행성상 성운이다.
ㄴ. 중심부에 원시별이 존재한다.
ㄷ. 태양과 질량이 비슷한 별의 진화 과정에서 형성되었다.

① ㄱ　　　　② ㄴ　　　　③ ㄷ
④ ㄱ, ㄷ　　　⑤ ㄴ, ㄷ

**10** 그림은 초신성 잔해의 모습을 나타낸 것이다.

이에 대한 설명으로 옳은 것만을 〈보기〉에서 있는 대로 고른 것은?

| 보기 |

ㄱ. 중심부에는 중성자별 또는 블랙홀이 있을 것이다.
ㄴ. 질량이 태양보다 작은 별이 진화하여 형성되었다.
ㄷ. 초신성 잔해는 점점 수축하여 원시별을 형성할 것이다.

① ㄱ  　　② ㄴ  　　③ ㄷ
④ ㄱ, ㄷ  　　⑤ ㄴ, ㄷ

**11** 그림 (가)와 (나)는 질량이 다른 두 주계열성의 진화 과정을 정리한 것이다.

중요

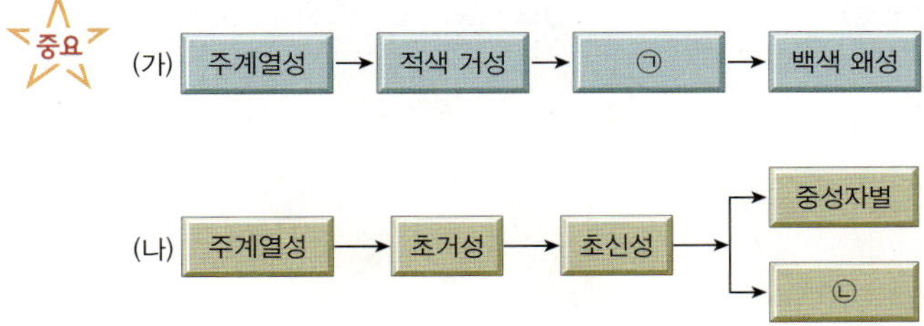

(가) 주계열성 → 적색 거성 → ㉠ → 백색 왜성

(나) 주계열성 → 초거성 → 초신성 → 중성자별 / ㉡

이에 대한 설명으로 옳은 것만을 〈보기〉에서 있는 대로 고른 것은?

| 보기 |

ㄱ. 진화 속도는 (가)가 (나)보다 빠르다.
ㄴ. ㉠ 단계에서 철보다 무거운 원소가 생성된다.
ㄷ. ㉡은 중성자별보다 반지름이 작다.

① ㄱ  　　② ㄷ  　　③ ㄱ, ㄴ
④ ㄱ, ㄷ  　　⑤ ㄴ, ㄷ


이렇게!

**12** 그림은 원시별부터 최종 단계에 이르기까지의 진화 단계를 H–R도에 순서 없이 a~d로 나타낸 것이다.

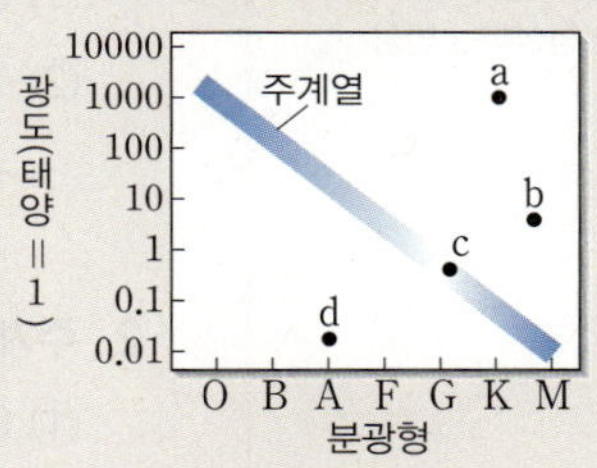


(1) a~d 단계를 진화 순서대로 나열하시오.

(2) 이 별의 질량과 수명을 태양과 비교하여 설명하시오.

**13** 그림 (가)와 (나)는 별 ㉠의 최후 단계에서 나타나는 어떤 현상을 순서대로 나타낸 것이다.

(가)　　　　　　　(나)

(1) (가)에서 별 ㉠의 중심핵에 존재하는 가장 무거운 원자핵의 종류는 무엇인지 쓰시오.

(2) (나)의 현상을 무엇이라고 하는지 쓰고, (나) 이후에 별의 중심부에 형성되는 천체에 대해 설명하시오.

# 별의 에너지원과 내부 구조

**먼저 알아야 할 용어!**

*핵융합 | 가벼운 원자핵이 서로 뭉쳐서 무거운 원자핵을 형성하는 반응

## ❶ 별의 에너지원

### 1. 원시별의 에너지원

① 에너지원: 중력에 의해 수축이 일어날 때 위치 에너지 감소로 생기는 중력 수축 에너지

② 중력 수축으로 발생된 에너지 중 일부는 복사 에너지로 방출되고, 나머지는 원시별 내부의 온도를 높이는데 사용된다. ➡ 중력 수축으로 원시별의 중심부 온도가 충분히 상승하면 수소 핵융합 반응이 시작되는데 이때부터 주계열성이라고 한다.

### 2. 주계열성의 에너지원

① 에너지원: 주계열성의 중심부에서 일어나는 수소 핵융합 반응에 의한 에너지 ➡ 수소 핵융합 반응은 온도가 1000만K 이상일 때 일어날 수 있다.

② 수소 핵융합 반응: 4개의 수소 원자핵이 융합하여 1개의 헬륨 원자핵을 생성하는데, 이 과정에서 감소된 질량만큼 에너지로 전환된다.

• 수소 원자핵 4개의 질량은 헬륨 원자핵 1개의 질량보다 약 1.007배 무겁다.

• 수소 핵융합 반응에 의해 약 0.7%의 질량($\Delta m$)이 에너지($E$)로 바뀐다. 이때 발생되는 에너지양은 질량–에너지 등가의 원리에 따라 $E = \Delta mc^2$ ($c$는 빛의 속도)이다.

❖ **수소 핵융합 반응이 1000만 K 이상일 때 일어나는 이유**

수소 핵융합 반응이 일어나려면 (+) 전하를 띠고 있는 두 원자핵이 척력을 이겨내고 융합해야 한다. 척력은 거리가 가까워질수록 강해지기 때문에 매우 빠른 속도로 움직여야 두 원자핵이 만날 수 있다. 이런 속도를 얻으려면 온도가 1000만 K 이상이 되어야 한다.

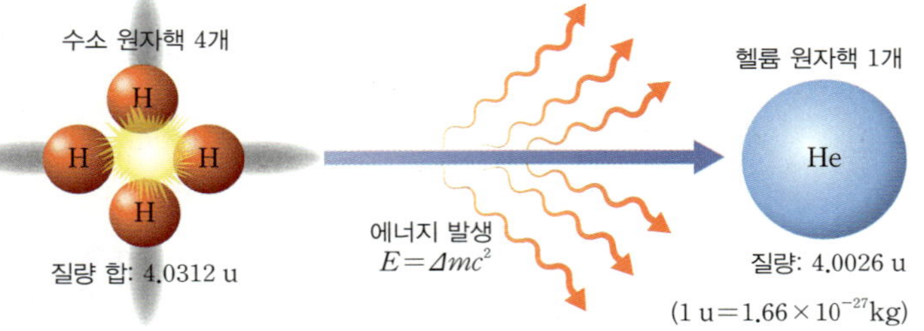


▲ 질량–에너지 등가 원리($E = \Delta mc^2$)에 따라 감소된 질량이 에너지로 전환된다.

③ 주계열성의 중심핵에서 일어나는 수소 핵융합 반응은 양성자·양성자 반응(P–P 반응)과 CNO 순환 반응이 있다.

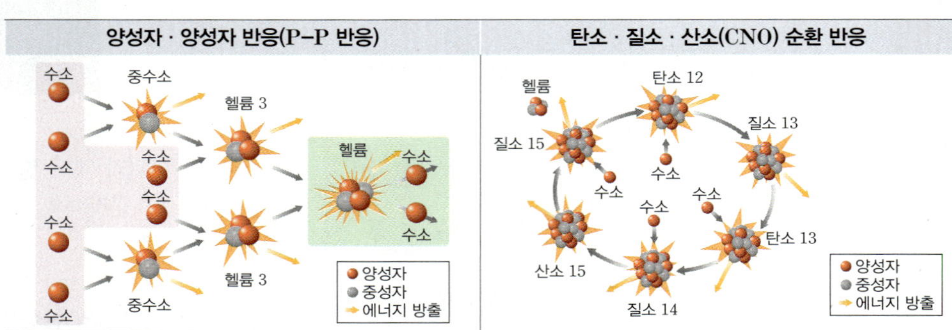


| 양성자 · 양성자 반응(P–P 반응) | 탄소 · 질소 · 산소(CNO) 순환 반응 |
|---|---|
| • 수소 원자핵(양성자) 4개가 헬륨 원자핵 1개를 형성<br>• 질량이 작은 주계열성에서는 중심부의 온도가 상대적으로 낮아 P–P 반응이 CNO 순환 반응보다 우세하다. | • 탄소, 질소, 산소 원자핵의 도움을 받아 수소 원자핵 4개가 헬륨 원자핵 1개를 형성<br>• 질량이 큰 주계열성에서는 중심부의 온도가 높아 CNO 순환 반응이 우세하다. |

❖ **질량–에너지 등가의 원리**

1905년 아인슈타인의 특수 상대성 이론에 의해 유도된 원리이다. 이 원리에 따르면 '모든 질량은 그에 상당하는 에너지를 가진다.'는 것이다. 이 개념은 질량 보존의 법칙과 에너지 보존의 법칙을 하나로 묶은 것이다.

• **공통점**: 반응의 결과물(생성된 원자핵)과 발생된 에너지양(질량 결손량)은 동일하다.

• **차이점**: CNO 순환 반응에서는 탄소, 질소, 산소 원자핵이 촉매 역할을 하기 때문에 P–P 반응에 비해 반응 속도가 빠르다. 다만, CNO 순환 반응이 더 우세하게 일어나려면 중심부의 온도가 약 1800만 K 이상이어야 한다.

④ 주계열성의 중심부에서 수소 핵융합 반응이 일어나는 기간이 주계열성에 머무는 기간에 해당하며, 이 기간이 별의 전체 수명의 대부분을 차지한다.

- 태양의 수명: 태양 중심부에서 일어나는 수소 핵융합 반응에 의해 현재의 광도를 유지할 수 있는 기간은 대략 100억 년이다. 따라서 태양의 수명은 약 100억 년이라고 할 수 있다. **원리 이해하기** 160쪽

## 3. 거성의 에너지원

① 적색 거성: 중심부에서 헬륨핵의 수축으로 온도가 상승하여 약 1억 K 이상이 되면 헬륨 핵융합 반응이 일어나 탄소핵이 형성된다. ➡ 적색 거성 내부에서는 최종적으로 탄소핵이 형성된다.

- 중심부에서는 3개의 헬륨 원자핵이 융합하여 탄소 원자핵을 형성하는 헬륨 핵융합 반응이 일어나고, 중심핵을 둘러싼 영역에서는 수소가 남아 있으므로 수소 핵융합 반응이 일어난다.

② 초거성: 태양보다 질량이 훨씬 큰 초거성은 중심부의 온도가 적색 거성보다 훨씬 더 높기 때문에 계속적인 핵융합 반응이 일어난다. ➡ 초거성 내부에서는 최종적으로 철핵이 형성된다.

- 철은 원자핵이 매우 안정하기 때문에 더 무거운 원자핵으로 핵융합하지 않는다.

| 핵융합 반응 | 연료 | 주요 생성물 | 반응 온도(K) |
|---|---|---|---|
| 수소 연소 | 수소 | 헬륨 | 1천만 이상 |
| 헬륨 연소 | 헬륨 | 탄소 | 1억 이상 |
| 탄소 연소 | 탄소 | 산소, 네온, 나트륨, 마그네슘 | 8억 이상 |
| 네온 연소 | 네온 | 산소, 마그네슘 | 15억 이상 |
| 산소 연소 | 산소 | 마그네슘, 규소, 황 | 20억 이상 |
| 규소 연소 | 마그네슘, 황 | 철 | 30억 이상 |

❖ 헬륨 핵융합 반응
두 개의 헬륨 원자핵이 융합하여 베릴륨 원자핵을 형성하고, 연속하여 베릴륨이 주변의 헬륨핵과 융합하여 탄소핵을 형성하는 반응이다.
$^4He + ^4He \rightarrow ^8Bc + 에너지$
$^8Be + ^4He \rightarrow ^{12}C + 에너지$

❖ 철 원자핵이 더 이상 핵융합하지 않는 이유
철 원자핵을 이루고 있는 핵자(양성자, 중성자)들은 다른 원자핵에 비해 훨씬 강하게 결합하고 있어 매우 안정하다. 따라서 초거성 내부에서 철보다 무거운 원자핵이 핵융합에 의해 형성되더라도 핵분열이 일어나 보다 안정한 철 원자핵이 된다.

# 개념 바로 확인

정답 및 해설 | 43쪽

**01** 수소 핵융합 반응은 중심부의 온도가 약 ☐ K 이상일 때 일어날 수 있다.

**[01~02]** 다음은 주계열성의 중심부에서 일어나는 핵융합 반응을 나타낸 것이다

$$☐ \rightarrow He + 에너지$$

**01** 빈 칸에 들어갈 원자핵의 종류와 개수를 옳게 나타낸 것은?

① H  ② 2H  ③ 4H  ④ He  ⑤ 2He

**02** 이 핵융합 반응의 종류와 반응 전후의 질량 변화에 대해 알맞은 말을 쓰시오.

$$☐ 핵융합, 질량 ☐$$

**02** 수소 핵융합 반응의 경로는 양성자 · 양성자 반응과 ☐ 순환 반응이 있다.

**03** 별의 에너지원에 대한 설명으로, 옳은 것은 ○, 옳지 않은 것은 × 로 표시하시오.

(1) 질량이 작은 주계열성에서는 P−P 반응이 CNO 순환 반응보다 우세하다. (　　)

(2) 질량이 큰 주계열성의 중심부에서는 헬륨 핵융합 반응이 일어난다. (　　)

**03** 질량이 큰 초거성은 중심부에서는 계속적인 핵융합 반응에 의해 최종적으로 ☐ 원자핵까지 만들어진다.

(3) 적색 거성은 중심부에서는 최종적으로 철핵까지 형성된다. (　　)

# 별의 에너지원과 내부 구조



### ⊗ 먼저 알아야 할 내용

**열 에너지 전달**

- ⃞ ㉠ ⃞ : 전자기파의 형태로 열이 직접 전달되는 방식
- ⃞ ㉡ ⃞ : 가열된 유체가 이동하면서 열을 전달하는 방식
- 전도: 주로 고체 상태의 물질에서 분자의 진동에 의해 열이 전달되는 방식

답 ㉠ 복사 ㉡ 대류

## 2 별의 내부 구조

### 1. 주계열성의 내부 구조

① 정역학 평형: 팽창하려는 기체 압력 차에 의한 힘과 수축하려는 별 자체의 중력이 평형을 이루어 일정한 크기를 유지하는 상태를 정역학 평형이라고 한다.

② 주계열성은 정역학 평형 상태를 유지하므로 크기가 일정하지만, 원시별이나 거성은 정역학 평형 상태가 아니므로 크기가 변한다.

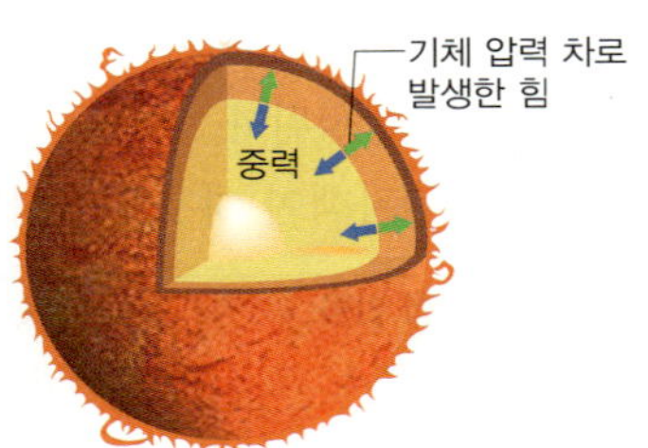


▲ 정역학 평형



| 구분 | 크기 변화 | 예 |
| --- | --- | --- |
| 중력 > 기체 압력 차에 의한 힘 | 수축 | 원시별이 수축한다. |
| 중력 = 기체 압력 차에 의한 힘 | 유지 | 주계열성의 크기가 일정하다. |
| 중력 < 기체 압력 차에 의한 힘 | 팽창 | 거성의 바깥층이 팽창한다. |

### 2. 질량에 따른 주계열성의 내부 구조

① 태양 질량의 2배 이하인 별의 내부 구조

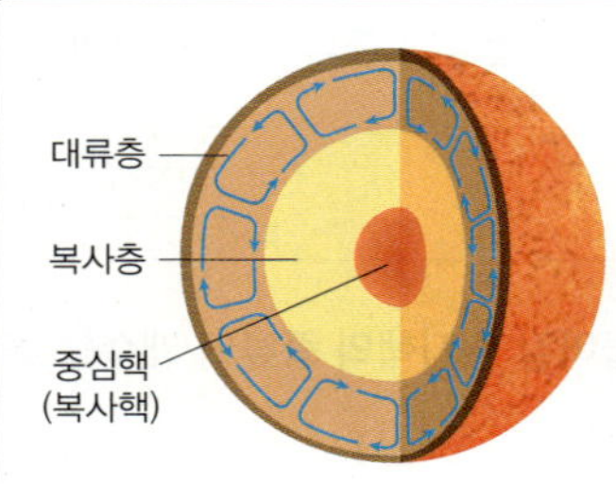


- 중심핵(복사핵): 온도가 1000만 K 이상의 영역이며, 주로 P–P 반응에 의한 수소 핵융합 반응이 우세하다. 중심핵에서 온도 차가 크지 않아 대류는 잘 일어나지 않는다.

- 복사층: 중심핵에서 생성된 에너지가 주로 복사에 의해 전달되는 영역이다.

- 대류층: 별의 표면에 가까워짐에 따라 온도가 급격하게 낮아지는 층이다. 주로 대류에 의해 에너지 전달이 일어난다.

---

**실전 자료**　　**태양의 내부 구조**

❶ 에너지 생성: 태양 중심부터 태양 반지름의 약 0.25배까지의 영역에서는 P–P 반응에 의한 수소 연소가 일어난다.

❷ 에너지 전달: 태양 반지름의 0.25배~0.75배까지는 주로 복사에 의해 열이 이동하고, 그 이후부터 태양 표면까지는 주로 대류에 의해 열이 이동한다.

❸ 태양의 표면(광구): 태양의 표면에는 쌀알무늬와 흑점이 관측된다. 쌀알무늬는 대류에 의해 형성된 밝고 어두운 무늬이며, 흑점은 태양의 강한 자기장에 의해 대류가 억제되어 표면 온도가 낮아 어둡게 보이는 영역이다.

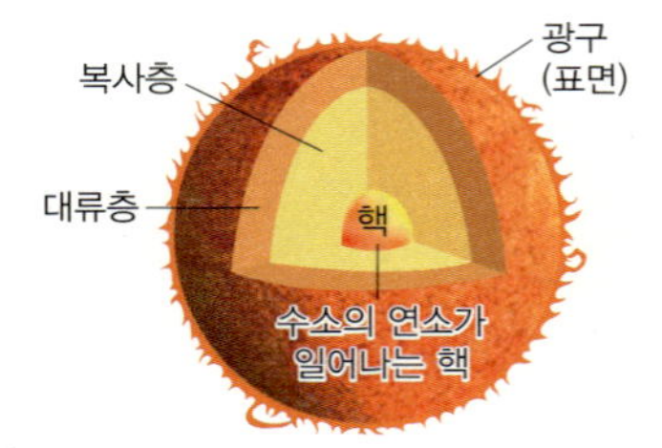

② 태양 질량의 2배 이상인 별의 내부 구조

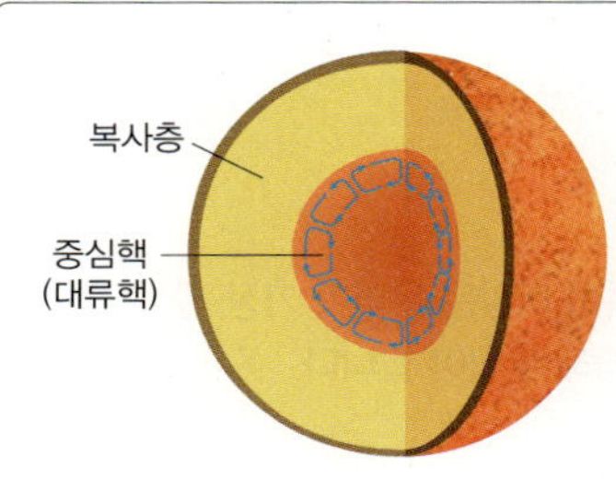

- 복사층: 별의 중심부에서 생성된 에너지가 대부분 복사에 의해 전달되는 영역이다. 질량이 작은 별에 비해 별 내부의 온도가 높아 대류층이 형성되지 않으며, 복사에 의해 에너지가 전달된다.
- 중심핵(대류핵): 주로 CNO 순환 반응에 의한 수소 핵융합 반응이 우세하게 일어나는 영역이다. 중심핵에서 깊이에 따른 온도 변화가 크기 때문에 대류가 우세하게 일어난다.





### 3. 거성의 내부 구조

① 적색 거성: 중심부에서 헬륨 핵융합 반응에 의해 탄소핵(산소 일부 포함)이 형성된다. 이때 중심부를 둘러싸고 있는 외곽 수소층(수소각)에서는 수소 핵융합 반응이 일어난다.

② 초거성: 질량이 충분히 크기 때문에 중심부의 온도가 매우 높다. 따라서 계속적인 핵융합 반응을 거쳐 최종적으로 중심부에 철로 된 핵이 만들어진다.

| 구분 | 적색 거성 | 초거성 |
|---|---|---|
| 내부 구조 | ▲ 질량이 태양과 비슷한 경우 | ▲ 질량이 태양보다 훨씬 큰 경우 |
| 특징 | 연소가 일어나지 않는 층 → H 연소층 → He 연소층 → C+O 층 | 연소가 일어나지 않는 층 → H 연소층 → He 연소층 → C+O 연소층 → O+Ne+Mg 연소층 → S+Si 연소층 → Fe 층 |

## 개념 바로 확인

정답 및 해설 | 43쪽

**04** 중력과 기체 압력 차에 의한 힘이 균형을 이루고 있는 상태를 ☐☐ 평형이라고 한다.

**04** 별의 내부 구조에 대한 설명으로 옳은 것은 ○, 옳지 않은 것은 ×로 표시하시오.

(1) 원시별의 내부에서는 중력보다 기체 압력 차에 의한 힘에 더 크다.

( )

(2) 태양보다 질량이 2배 이상인 주계열성의 내부 구조는 중심핵, 복사층, 대류층으로 이루어져 있다. ( )

(3) 별의 에너지 생성과 내부 구조를 결정하는 물리량은 별의 질량이다.

( )

(4) 초거성의 내부 구조는 계속적인 핵융합 반응이 일어나는 양파껍질 같은 구조를 가진다. ( )

**05** 태양과 질량이 비슷한 주계열성의 내부 구조는 중심핵, ☐☐☐, 대류층으로 이루어져 있다.

## · 태양의 에너지원과 수명 ·

별의 특성을 잘 이해하기 위해서는 에너지가 생성되는 과정과 그 원리를 알고 있어야 합니다. 특히 태양은 우리가 가장 깊이 있는 연구할 수 있는 대표적인 주계열성이므로 태양의 에너지원과 수명에 대해 확실하게 학습해 두어야 합니다.

### 원리1 온도에 따른 수소 핵융합 반응의 효율

주계열성의 중심부에서 일어나는 수소 핵융합 반응에는 양성자 · 양성자 반응(P–P 반응)과 탄소 · 질소 · 산소 순환 반응(CNO 순환 반응)이 있다. 두 반응 모두 핵의 온도가 높아질수록 반응 효율이 증가한다.

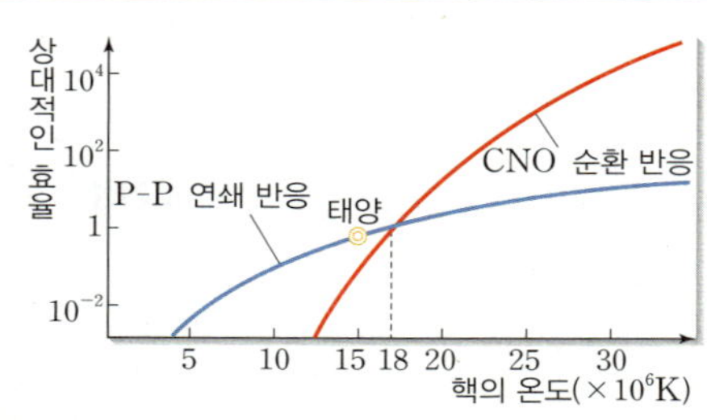


- 중심부 온도가 1,800만 K 이하인 주계열성(태양 질량의 약 2배 이하인 별)은 양성자 · 양성자 반응(P–P 반응)이 우세하고, 1,800만 K보다 높은 주계열성(태양 질량의 약 2배 이상인 별)은 CNO 순환 반응이 더 우세하다.
- 태양의 경우 중심부의 온도가 대략 1,500만 K이므로 양성자 · 양성자 반응(P–P 반응)이 더 우세하게 일어난다.
- CNO 순환 반응은 양성자 · 양성자 반응(P–P 반응)에 비해 온도에 따른 반응 효율의 변화율이 더 크다.

### P–P 반응

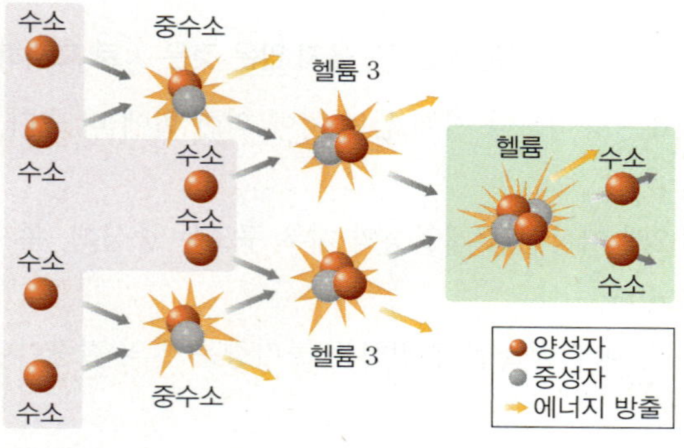


### CNO 순환 반응

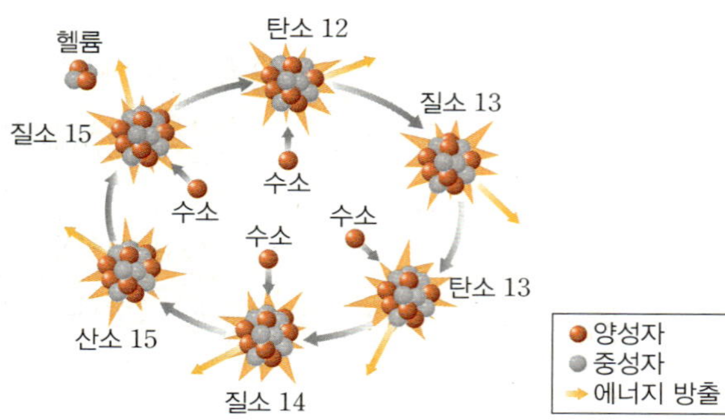

**원리2** **태양의 수명 계산**

(1) 중력 수축 에너지가 태양의 유일한 에너지원이라면, 태양이 현재의 광도를 유지할 수 있는 기간은 대략 1600만년에 불과하다. 따라서 수십 억 년 이상 태양의 광도를 유지할 수 있는 다른 에너지원이 존재한다는 것을 알 수 있다.

---

태양이 원시 성운으로부터 현재의 크기로 중력 수축을 하면서 방출할 수 있는 에너지를 계산해 보자.

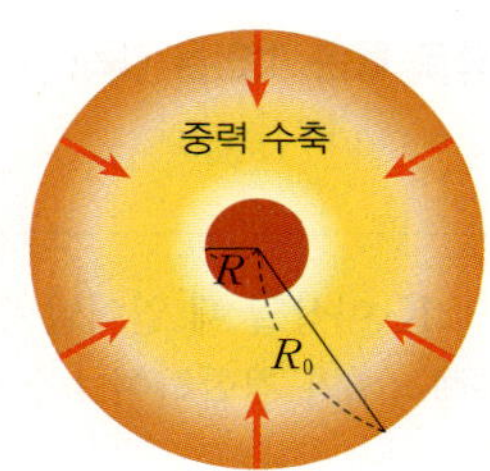


① 질량이 $M$이고, 반지름이 $R_0$인 원시 성운이 중력 수축하여 반지름이 $R$인 태양이 되었을 때, 복사 에너지로 전환되는 위치 에너지의 양($\Delta E$)은 $\frac{1}{2}GM^2\left(\frac{1}{R}-\frac{1}{R_0}\right)$ (G$=6.67 \times 10^{-11}\mathrm{Nm^2kg^{-2}}$, 만유 인력 상수)로 나타낼 수 있다.

② 원시 성운의 반지름은 태양 반지름에 비해 훨씬 크므로, 즉 $R_0 \gg R$ 이므로 $\Delta E = \frac{1}{2}\frac{GM^2}{R}$로 근사할 수 있다.

③ 성운의 질량 $M=2.0\times10^{30}\mathrm{kg}$, 태양 반지름 $R=7.0\times10^8\mathrm{m}$, 태양 광도 $L_\odot=3.9\times10^{26}\mathrm{J/s}$,이므로, 중력 수축 에너지 $\Delta E$로 태양의 광도를 유지할 수 있는 기간 t는 $t=\dfrac{\Delta E}{L_\odot}=\dfrac{1.92\times10^{41}}{3.9\times10^{26}}\approx 5.0\times10^{14}$초$=1.6\times10^7$년

---

(2) 주계열성인 태양은 수소 핵융합 반응에 의해 발생된 에너지를 이용하여 현재의 광도를 유지하고 있으며 그 기간은 총 100억 년일 것으로 추정된다. 현재 태양의 나이가 약 50억 년이므로 앞으로도 약 50억 년 동안 더 빛날 수 있다.

---

### 주계열성인 태양의 수명 계산하기

① 태양의 질량은 $2\times10^{30}\mathrm{kg}$이고, 수소 핵융합에 참여하는 중심핵의 질량은 태양 전체 질량의 약 10%이다.

② 4개의 수소 원자핵이 1개의 헬륨 원자핵으로 융합할 때, 결량 결손 비율은 약 0.7%이다.

③ 태양의 중심부에서 수소 핵융합에 의해 나타나는 총 질량 결손량 $\Delta m$은
$$\Delta m = 2\times10^{30}\times0.1\times0.007 = 1.4\times10^{27}\mathrm{kg}$$이다.

④ 태양의 중심부에서 수소 핵융합에 의해 방출할 수 있는 총 에너지량 E는
$$E=\Delta mc^2=(1.4\times10^{27})\times(3\times10^8)^2=1.26\times10^{44}\mathrm{J}$$이다.

⑤ 현재 태양의 광도가 $3.9\times10^{26}\mathrm{J/s}$이므로, 태양이 현재 광도를 유지할 수 있는 시간 t는
$$t=\frac{E}{L_\odot}=\frac{1.26\times10^{44}}{3.9\times10^{26}}=3.23\times10^{17}\text{초}\approx1.0\times10^{10}\text{년이다.}$$

---

## ❶ 별의 에너지원

**01** 그림은 태양과 질량이 비슷한 어떤 별이 A에서 A′로 진화하는 경로를 H–R도에 나타낸 것이다.

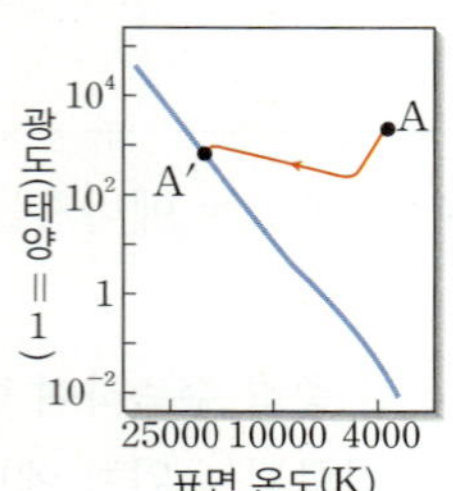

A에서 A′로 진화하는 동안 이 별의 에너지원으로 옳은 것은?

① 수소 핵융합 반응
② 헬륨 핵융합 반응
③ 중력 수축 에너지
④ 초신성 폭발로 발생된 에너지
⑤ 수소 핵융합 반응과 헬륨 핵융합 반응

**02** 그림은 별의 내부에서 일어나는 어떤 핵융합 반응을 나타낸 것이다.

$$\text{수소 원자핵 4개} \quad \Rightarrow \quad \text{헬륨 원자핵 1개}$$

이 반응에 대한 설명으로 옳은 것만을 〈보기〉에서 있는 대로 고른 것은?

| 보기 |

ㄱ. 헬륨 핵융합 반응이라고 한다.
ㄴ. 주계열성의 중심부에서 일어나는 반응이다.
ㄷ. 반응이 진행되는 동안 질량이 보존된다.

① ㄱ      ② ㄴ      ③ ㄱ, ㄷ
④ ㄴ, ㄷ      ⑤ ㄱ, ㄴ, ㄷ

**03** 그림은 양성자·양성자 반응의 진행 경로를 나타낸 것이다.

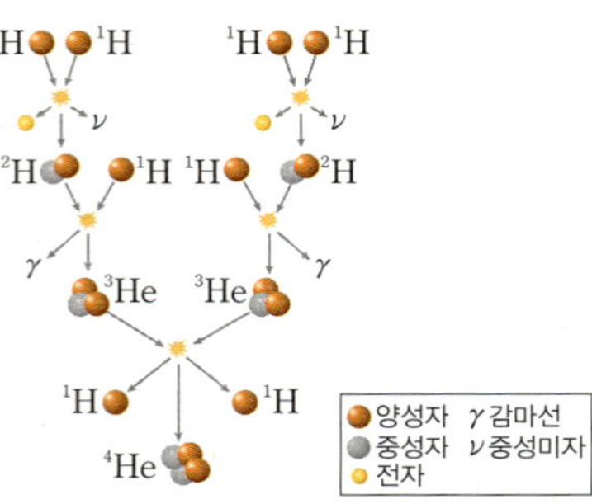


이에 대한 설명으로 옳은 것만을 〈보기〉에서 있는 대로 고른 것은?

| 보기 |

ㄱ. 온도가 1억 K 이상일 때 일어날 수 있다.
ㄴ. 수소 원자핵 4개가 결합하여 1개의 헬륨 원자핵을 생성한다.
ㄷ. 태양과 질량이 비슷한 주계열성에서 활발하게 일어난다.

① ㄱ      ② ㄴ      ③ ㄱ, ㄷ
④ ㄴ, ㄷ      ⑤ ㄱ, ㄴ, ㄷ

**04** 그림은 어떤 핵융합 반응의 진행 경로를 나타낸 것이다.

중요

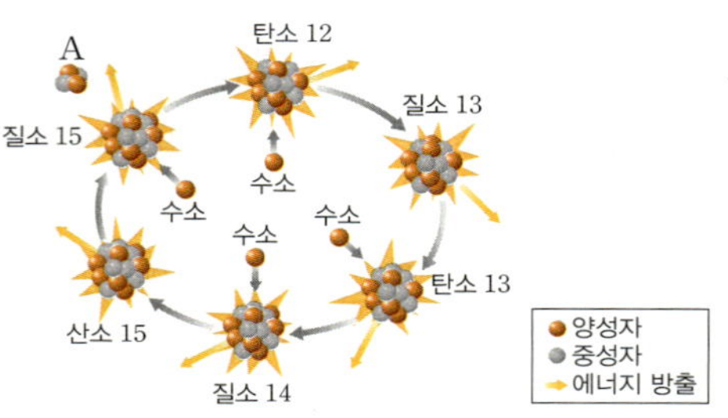


이 반응에 대한 설명으로 옳은 것만을 〈보기〉에서 있는 대로 고른 것은?

| 보기 |

ㄱ. A는 헬륨 원자핵이다.
ㄴ. 탄소, 질소, 산소 원자핵은 촉매 역할을 한다.
ㄷ. 이 반응은 주계열성의 질량이 클수록 활발하다.

① ㄱ      ② ㄷ      ③ ㄱ, ㄴ
④ ㄴ, ㄷ      ⑤ ㄱ, ㄴ, ㄷ

**05** 세 별 (가), (나), (다)의 주요 에너지원을 옳게 나타낸 것은?

| | (가) | (나) | (다) |
|---|---|---|---|
| ① | 중력 수축 에너지 | 수소 핵융합 에너지 | 헬륨 핵융합 에너지 |
| ② | 중력 수축 에너지 | 수소 핵융합 에너지 | 중력 수축 에너지 |
| ③ | 중력 수축 에너지 | 수소 핵융합 에너지 | 수소 핵융합 에너지 |
| ④ | 수소 핵융합 에너지 | 수소 핵융합 에너지 | 중력 수축 에너지 |
| ⑤ | 수소 핵융합 에너지 | 중력 수축 에너지 | 헬륨 핵융합 에너지 |

| (가) | (나) | (다) |
|---|---|---|
| 원시별 | 주계열성 | 백색 왜성 |

**06** 표는 별의 진화 단계에서 일어나는 여러 가지 핵융합 반응을 나타낸 것이다.

| 구분 | 핵융합 반응 |
|---|---|
| (가) | $3He \rightarrow (\ \bigcirc\ )$ |
| (나) | $4H \rightarrow He$ |
| (다) | $Si + He \rightarrow S$ |

이에 대한 설명으로 옳은 것만을 〈보기〉에서 있는 대로 고른 것은?

┌ 보기 ┐

ㄱ. ⊙은 C(탄소)이다.
ㄴ. (나)는 원시별의 중심부에서 활발하다.
ㄷ. 핵융합 반응이 일어나는 별 내부의 온도는 (다)>(가)>(나)이다.

① ㄱ     ② ㄴ     ③ ㄱ, ㄷ
④ ㄴ, ㄷ     ⑤ ㄱ, ㄴ, ㄷ

## ❷ 별의 내부 구조

**07** 그림은 크기가 일정하게 유지되는 어떤 별의 내부에 작용하는 두 힘을 나타낸 것이다.

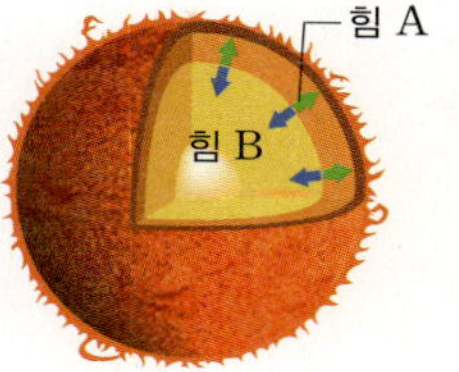


이에 대한 설명으로 옳은 것은?

① 이 별은 원시별이다.
② A는 중력이다.
③ B는 기체 압력 차로 발생한 힘이다.
④ 별의 내부에서 A와 B의 크기는 같다.
⑤ A가 B보다 커지면 중력 수축이 일어난다.

**08** 그림은 주계열성에서 거성으로 진화하는 과정에서 나타나는 별의 내부 구조 변화를 나타낸 것이다.

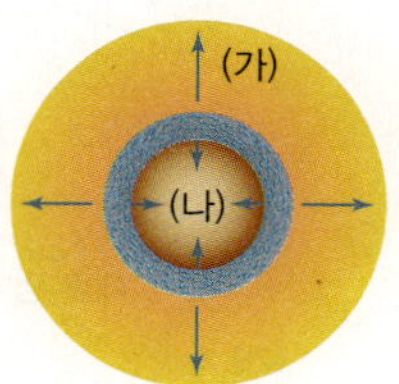


(가)와 (나) 영역에서 작용하는 두 힘 중력(A)과 기체 압력 차에 의한 힘(B)의 관계를 옳게 나타낸 것은?

| | (가) 영역 | (나) 영역 |
|---|---|---|
| ① | $A > B$ | $A > B$ |
| ② | $A > B$ | $A < B$ |
| ③ | $A > B$ | $A = B$ |
| ④ | $A < B$ | $A > B$ |
| ⑤ | $A < B$ | $A < B$ |

**09** 그림은 태양의 내부 구조를 나타낸 것이다.

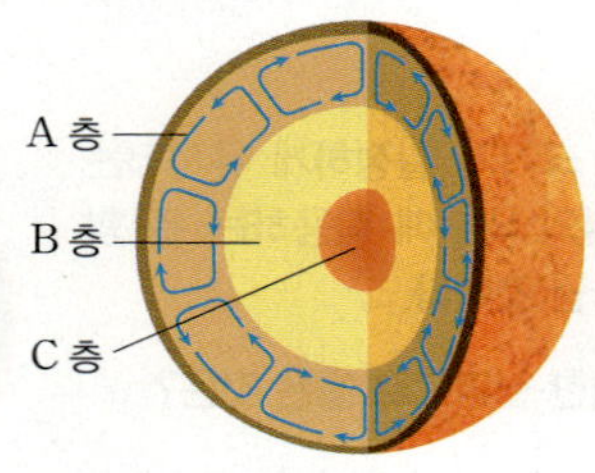



태양의 내부 구조에 대한 설명으로 옳은 것만을 〈보기〉에서 있는 대로 고른 것은?

| 보기 |

ㄱ. A 층의 표면에 쌀알무늬가 나타난다.
ㄴ. B 층에서는 주로 대류에 의해 에너지가 전달된다.
ㄷ. C 층의 온도는 1000만 K보다 낮다.

① ㄱ            ② ㄴ            ③ ㄱ, ㄷ
④ ㄴ, ㄷ        ⑤ ㄱ, ㄴ, ㄷ


**10** 그림은 질량이 다른 두 주계열성 (가), (나)의 내부 구조를 나타낸 것이다.

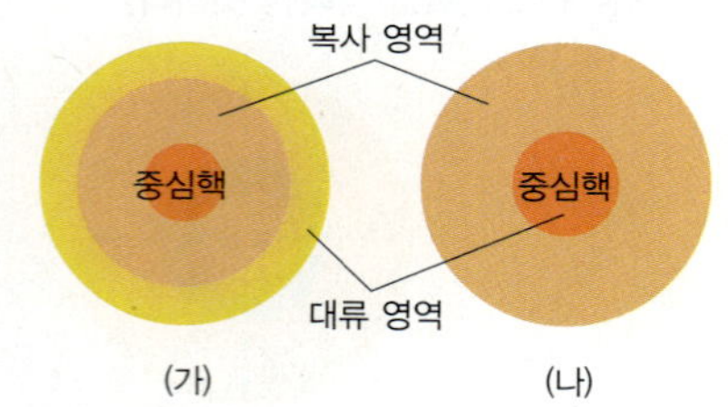



(나)가 (가)보다 큰 값을 갖는 물리량으로 옳은 것만을 〈보기〉에서 있는 대로 고른 것은?

| 보기 |

ㄱ. 질량            ㄴ. 반지름
ㄷ. 절대 등급        ㄹ. 별의 수명

① ㄱ, ㄴ        ② ㄱ, ㄹ        ③ ㄴ, ㄷ
④ ㄱ, ㄷ, ㄹ     ⑤ ㄴ, ㄷ, ㄹ


**11** 그림은 태양과 비슷한 질량을 가진 어느 별의 내부 구조를 나타낸 것이다.

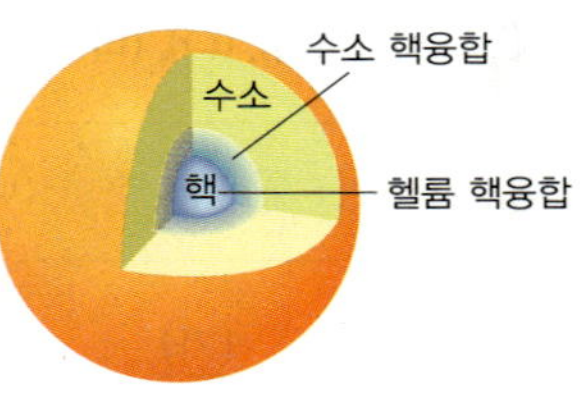



이 별에 대한 설명으로 옳은 것만을 〈보기〉에서 있는 대로 고른 것은?

| 보기 |

ㄱ. 이 별은 적색 거성이다.
ㄴ. 중심부의 평균 온도는 태양보다 낮다.
ㄷ. 핵융합 반응이 계속되면 중심부에 철이 생성된다.

① ㄱ            ② ㄴ            ③ ㄱ, ㄷ
④ ㄴ, ㄷ        ⑤ ㄱ, ㄴ, ㄷ


**12** 그림은 어느 별의 중심부 구조를 나타낸 것이다.

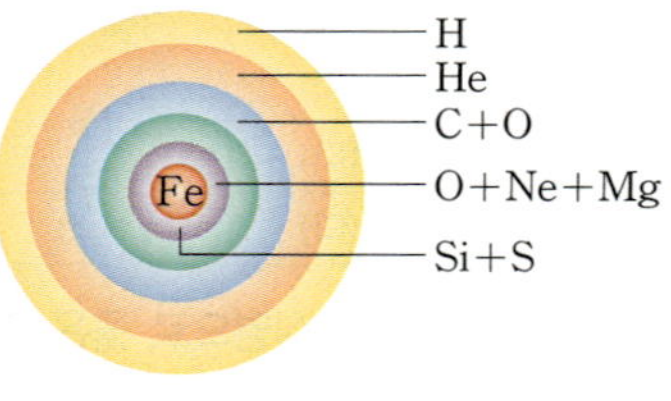



이에 대한 설명으로 옳은 것만을 〈보기〉에서 있는 대로 고른 것은?

| 보기 |

ㄱ. 이 별은 태양보다 질량이 크다.
ㄴ. 중심부로 갈수록 점점 무거운 원소들이 존재한다.
ㄷ. 핵융합 반응이 계속되면 중심부에 금, 우라늄 등이 생성된다.

① ㄱ            ② ㄷ            ③ ㄱ, ㄴ
④ ㄴ, ㄷ        ⑤ ㄱ, ㄴ, ㄷ

## 13

그림은 세 별의 위치를 H–R도에 나타낸 것이다.

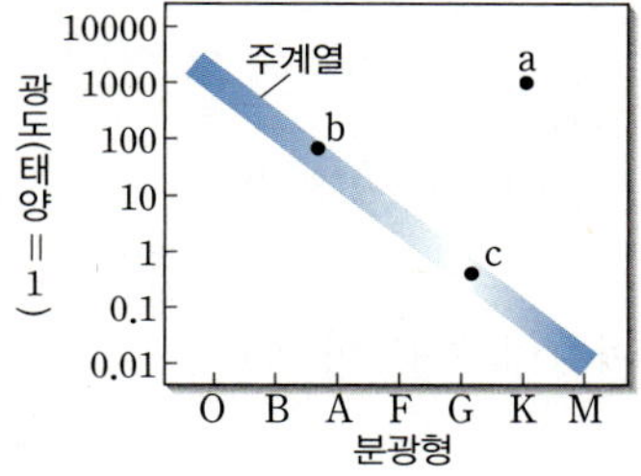


a, b, c에 대한 설명으로 옳은 것을 〈보기〉에서 모두 고른 것은?

| 보기 |

ㄱ. 중심부의 밀도는 a가 가장 작다.
ㄴ. CNO 순환 반응은 c보다 b에서 우세하다.
ㄷ. 표면과 중심부의 온도 차는 c가 가장 크다.

① ㄱ  ② ㄴ  ③ ㄱ, ㄷ
④ ㄴ, ㄷ  ⑤ ㄱ, ㄴ, ㄷ

## 서술형 이렇게!

## 14

다음은 주계열성에서 일어나는 수소 핵융합 반응에 대한 설명이다. 잘못된 부분을 모두 찾아 옳게 고쳐 쓰시오.

주계열성의 내부에서는 2개의 수소 원자핵이 융합되어 1개의 헬륨 원자핵이 생성된다. 이 때 질량이 감소하는데 질량−에너지 등가 원리에 따라 에너지로 전환된다. 이렇게 만들어진 에너지가 별의 외부로 방출되면서 별은 스스로 빛을 낸다. 이러한 반응은 온도가 2000만 K 이상인 영역에서 일어나며, 주계열성에 포함된 수소가 완전히 소진될 때까지 거의 일정하게 지속된다.

## 15

그림 (가)와 (나)는 적색 거성과 초거성의 내부 구조를 순서 없이 나타낸 것이다.

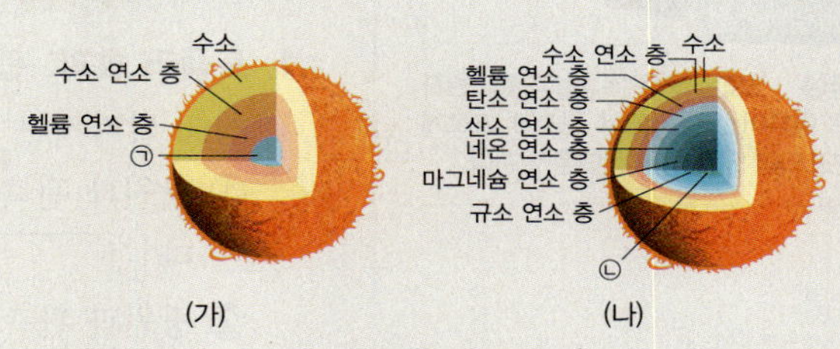


(1) ㉠과 ㉡에 존재하는 원자핵의 종류를 쓰시오.

(2) (가)가 (나)보다 큰 값을 갖는 물리량을 2가지 쓰고, 그 이유를 설명하시오.

## 16

그림은 주계열성에서 핵의 온도에 따른 수소 핵융합 반응의 상대적인 효율을 나타낸 것이다. ㉠과 ㉡은 각각 양성자·양성자 반응과 탄소·질소·산소 순환 반응 중 하나이다.

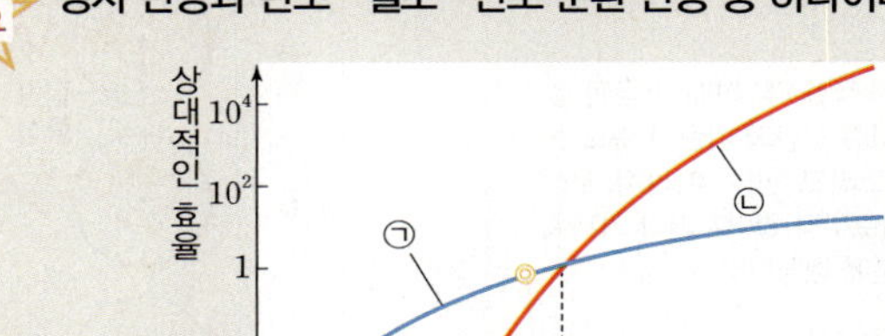


(1) ㉠과 ㉡은 각각 무엇인지 쓰시오.

(2) ㉠보다 ㉡이 우세하게 일어나는 주계열성의 내부 구조에 대해 설명하시오.

# 05 외계 행성계



**먼저 알아야 할 <sup>용어!</sup>**

* **극성** | 일반적으로 두 개 이상의 원자로 이루어진 분자에서 전자가 고르게 분포되어 있지 않은 상태를 말한다.

---

## ⊗ 먼저 알아야 할 내용

1. **도플러 효과**: 관측자와 광원의 상대적인 운동에 따라 빛의 파장이 달라지는 효과를 말한다.
   ① 광원과 관측자가 가까워질 때: 빛의 파장이 고유 파장보다 ㉠ [ ] 진다.
   ② 광원과 관측자가 멀어질 때: 빛의 파장이 고유 파장보다 ㉡ [ ] 진다.

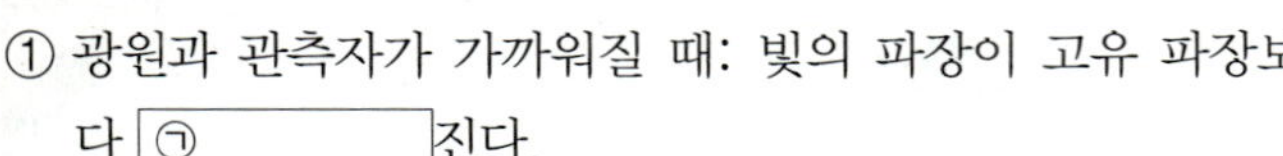


답 ㉠ 짧아 ㉡ 길어

---

### ❖ 행성계

행성계(Planetary system)는 행성, 위성, 소행성 등이 중심별 주위를 공전하는 체계를 말한다. 지구를 포함한 여러 행성들이 태양 주위를 공전하는 행성계를 태양계(solar system)라고 부른다.

## ① 외계 행성계 탐사 방법

태양이 아닌 다른 별 주위를 공전하고 있는 행성을 외계 행성이라고 한다. 외계 행성은 직접 관측이 어렵기 때문에 대부분 간접적인 방법을 통해 탐사한다.

### 1. 시선 속도 변화를 이용하는 방법

① 중심별과 행성이 공통 질량 중심을 같은 주기로 공전한다. 이때 중심별의 시선 속도가 변하면 도플러 효과에 의한 별빛의 파장 변화가 생긴다. ➡ 지구로 접근할 때 청색 편이, 멀어질 때 적색 편이가 나타난다.
② 행성의 질량이 클수록 중심별의 시선 속도 변화가 크므로 행성의 존재 여부를 확인하기 쉽다.

### ❖ 시선 속도

별이 공간을 움직일 때, 아래 그림과 같이 관측자의 시선 방향과 나란한 속도 성분을 시선 속도라고 한다. 따라서 시선 속도는 관측자로부터 멀어지거나 가까워지는 속도 성분에 해당한다.

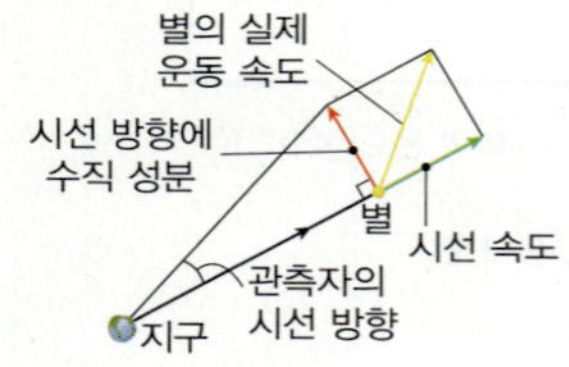


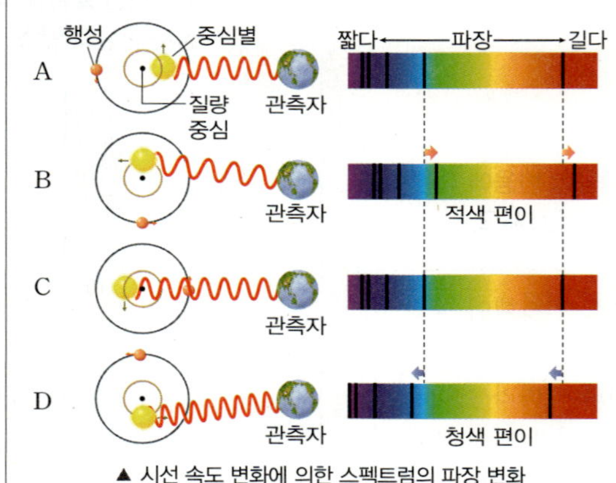


• A: 별이 시선 방향에 대해 수직하게 이동하므로 시선 속도가 0이다. ➡ 스펙트럼에서 파장 변화가 나타나지 않는다.
• B: 중심별이 지구로부터 멀어진다. ➡ 스펙트럼에서 적색 편이가 나타난다.
• C: 별의 시선 속도가 0이다. ➡ 스펙트럼에서 파장 변화가 나타나지 않는다.
• D: 중심별이 지구 방향으로 가까워진다. ➡ 스펙트럼에서 청색 편이가 나타난다.

### 2. 식 현상을 이용하는 방법

① 행성의 공전 궤도면이 관측자의 시선 방향에 거의 나란한 경우 행성이 중심별의 앞면을 지날 때, 별의 일부가 가려져 밝기가 감소한다.
② 행성의 식 현상에 의한 중심별의 밝기 변화를 관측하여 행성의 존재를 확인할 수 있다.
③ 행성의 반지름이 클수록 중심별의 밝기 변화가 크므로 행성의 존재 여부를 확인하기 쉽다.

### ❖ 식(eclipse)

한 천체가 다른 천체를 가리거나 그 그림자에 들어가는 현상을 '식'이라고 한다. 대표적인 식 현상으로 일식과 월식이 있다.

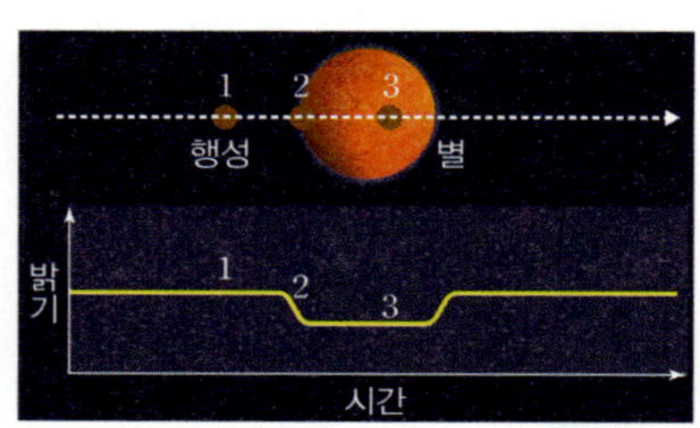

### 3. 미세 중력 렌즈를 이용하는 방법

① 미세 중력 렌즈: 두 천체가 같은 시선 방향에 있을 때 뒤쪽에 있는 천체로부터 오는 빛이 앞쪽에 있는 천체의 중력에 의해 미세하게 굴절되는 현상이다

② 거리가 다른 2개의 별이 같은 방향에 있을 경우 뒤쪽 별의 별빛이 앞쪽 별의 중력에 의해 굴절되어 밝기가 증가한다. 이때 앞쪽 별 주위에 행성이 있다면 행성의 중력에 의해 뒤쪽 별의 밝기 변화가 추가로 나타난다. 이를 통해 행성의 존재 여부를 알 수 있다.

③ 미세 중력 렌즈 현상을 이용한 외계 행성 탐사는 행성의 공전 궤도면과 관측자의 시선 방향이 나란하지 않아도 행성을 발견할 수 있다.

❖ 중력 렌즈

질량이 큰 천체(은하 또는 은하단)의 중력에 의해 멀리서 오는 빛이 휘어져 모양이 왜곡되어 관찰되는 현상을 중력 렌즈라고 한다. 미세 중력 렌즈는 주로 별 또는 행성에 의해 나타나며 멀리서 오는 빛의 밝기가 증가한다.

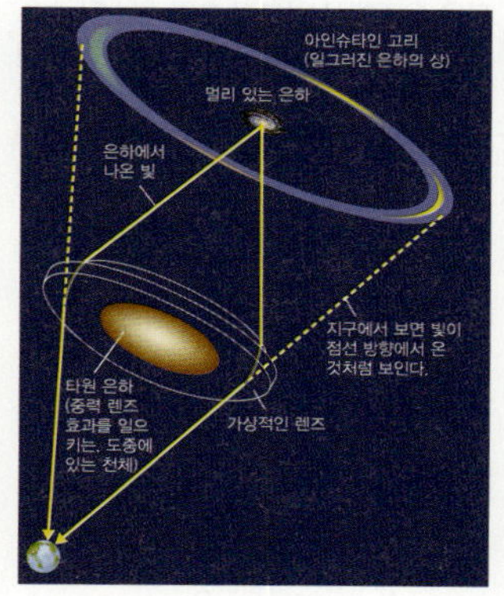


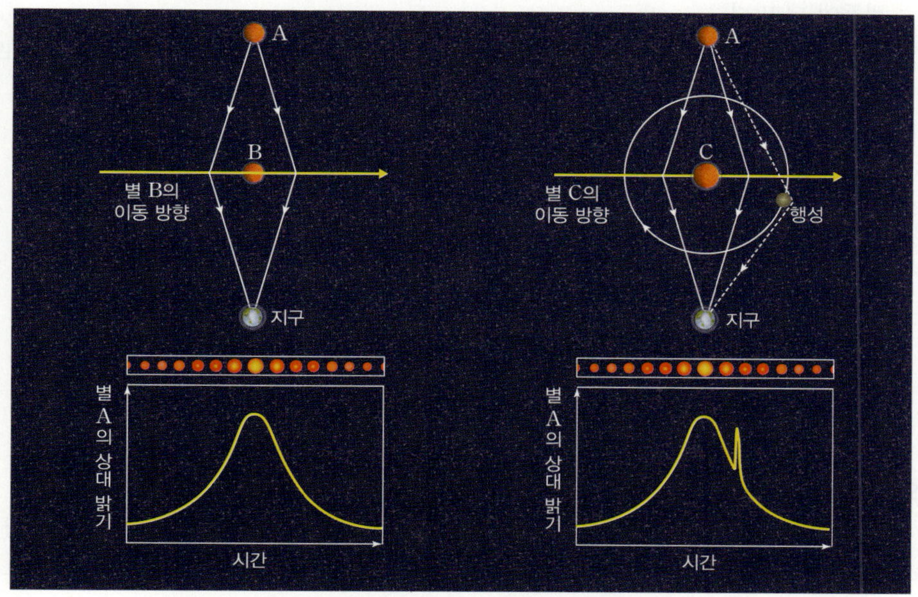


▲ 미세 중력 렌즈에 의한 뒤쪽 별 A의 밝기 변화

❖ 우주 망원경으로 관측한 외계 행성의 모습

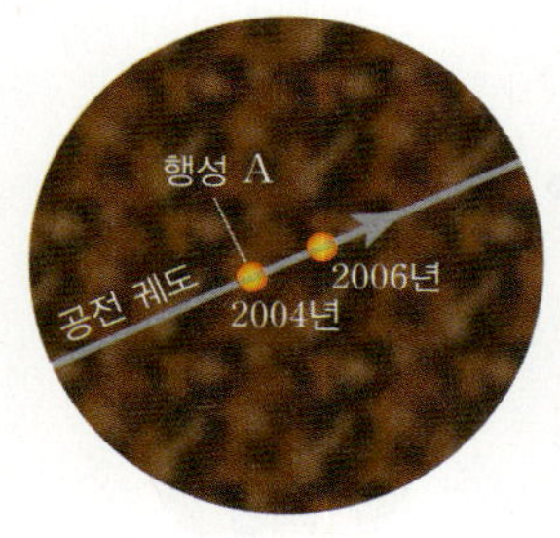


### 4. 직접 관측하는 방법

① 외계 행성계의 거리가 매우 가까운 경우에는 외계 행성이 중심별의 별빛을 반사하거나, 행성 자체의 복사 에너지를 직접 관측하여 행성의 존재 여부를 알 수 있다.

② 별까지의 거리가 멀거나, 행성이 중심별에 너무 가까우면 직접 관측하기 어렵다.

## 개념 바로 확인

정답 및 해설 | 44쪽

**01** 별과 행성이 공통 질량 중심을 회전하면, 별의 ☐☐☐ 속도가 변하여 별빛의 파장 변화가 생긴다.

**02** 행성의 공전 궤도면이 관측자의 시선 방향에 거의 나란한 경우 행성이 중심별의 앞면을 지날 때 별의 일부가 가려지는 ☐☐☐ 현상이 나타난다

**03** 두 천체가 같은 시선 방향에 있을 때 뒤쪽에 있는 천체로부터 오는 빛이 앞쪽에 있는 천체의 ☐☐☐에 의해 미세하게 굴절될 수 있다

**01** 외계 행성을 탐사하는 방법과 관측 특징을 옳게 연결하시오.

(1) 직접 관측 •　　　• ㉠ 중심별의 밝기가 감소한다.

(2) 식 현상 이용 •　　　• ㉡ 뒤쪽 별의 밝기가 증가한다.

(3) 시선 속도 이용 •　　　• ㉢ 스펙트럼의 파장 변화를 관측한다.

(4) 미세 중력 렌즈 현상 이용 •　　　• ㉣ 가까운 거리에 있을 때 이용 가능하다.

**02** 외계 행성 탐사 방법에 대한 설명으로 옳은 것은 ○, 옳지 <u>않은</u> 것은 ×로 표시하시오.

(1) 식 현상을 이용한 외계 행성 탐사 방법은 행성의 반지름이 작을수록 행성의 존재 여부를 확인하기 쉽다.　　　　　(　　　)

(2) 앞쪽 별의 미세 중력 렌즈 현상에 의해 뒤쪽 별의 밝기가 감소한다.　（　　　）

# 외계 행성계



## 좌측 여백

❖ **우주에 존재하는 물**

물은 우주에서 비교적 흔한 원소인 수소와 산소로 이루어진 물질이며, 태양계의 여러 천체에서도 쉽게 발견된다. 하지만 액체 상태의 물은 극히 제한적으로 존재한다. 현재까지 확인된 물은 대부분 고체 또는 기체 상태였다.

❖ **생명 가능 지대의 범위**

행성의 표면 온도는 대기 조건이나 반사율 등에 따라 달라질 수 있다. 따라서 생명 가능 지대의 범위는 행성의 여러 가지 조건을 어떻게 고려하였는가에 따라 달라질 수 있다.

❖ **물 분자의 극성**

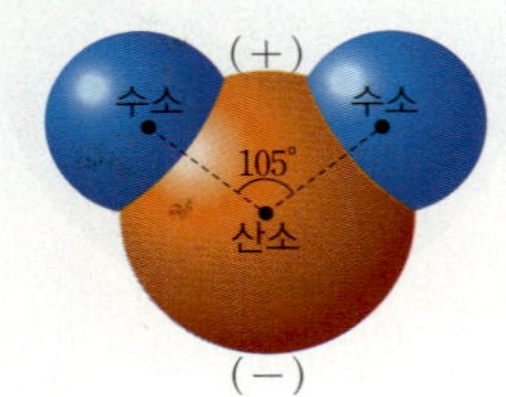


❖ **물의 특성**

물 분자는 전체적으로 볼 때 중성 상태지만 부분적으로는 산소 원자가 수소 원자보다 전자를 끌어당기는 힘이 강하여 극성을 띠고 있어 다양한 물질들을 쉽게 녹일 수 있고 물은 비열이 매우 커서 온도 변화가 쉽게 일어나지 않기 때문에 생명체의 항상성 유지에 중요한 역할을 한다. 또한, 물은 고체가 될 때 부피가 증가해 얼음이 물 위에 뜨기 때문에 겨울에 강이나 호수 표면이 얼더라도 얼음 밑에서 수중 생태계가 유지될 수 있다.

## 본문

### ❷ 외계 행성계 탐사 결과

**1. 발견된 외계 행성의 특징**

① 시선 속도 변화와 식 현상을 이용하여 발견된 외계 행성의 수가 가장 많고, 직접 관측에 의해 발견된 행성의 수가 가장 적다.

② 현재까지의 탐사 결과를 기준으로 할 때, 행성의 질량은 대부분 지구보다 크고, 공전 궤도 반지름은 0.01 AU ~ 10 AU까지로 넓게 분포하는 편이지만, 1 AU 미만인 행성들이 더 많다.

③ 행성의 크기는 대부분 지구보다 큰 편이지만, 최근 관측 기술의 발달로 지구 규모의 행성들도 자주 발견되고 있다.

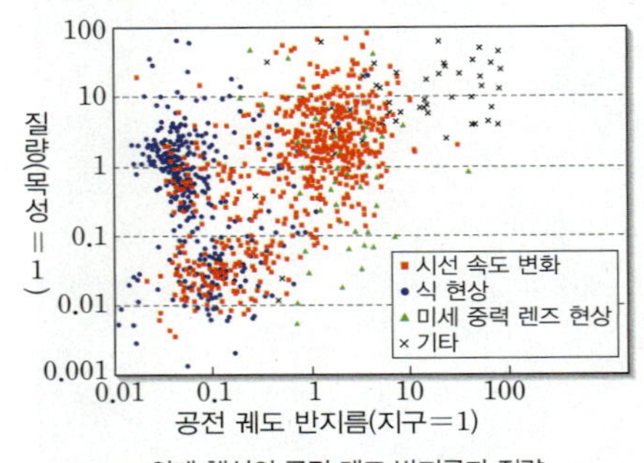


▲ 외계 행성의 공전 궤도 반지름과 질량



▲ 외계 행성의 크기별 개수

**2. 외계 행성의 통계적 한계**

지금까지 발견된 외계 행성은 주로 중심별에 가깝고, 크기가 큰 목성 규모의 행성이었다. 이는 외계 행성 탐사 방법들이 반지름이 크고 항성과 가까운 행성들을 발견하기 쉬운 방식이기 때문에 나타나는 통계적 한계이다.

### ❸ 외계 생명체 탐사

**1. 생명체가 존재하기 위한 조건**

① 행성 표면에 액체 상태의 물이 존재할 수 있어야 하며 행성이 생명 가능 지대에 위치해야 한다.

> • 생명 가능 지대(Habitable Zone)는 별 주변에 물이 액체 상태로 존재할 수 있는 영역이다.
>
> • 별의 광도가 클수록 생명 가능 지대는 별로부터 먼 곳에 형성되고, 생명 가능 지대의 폭이 넓어진다.
>
> • 태양계에서 생명 가능 지대는 금성과 화성 사이에 존재하며, 지구가 유일하게 이 영역에 존재한다.

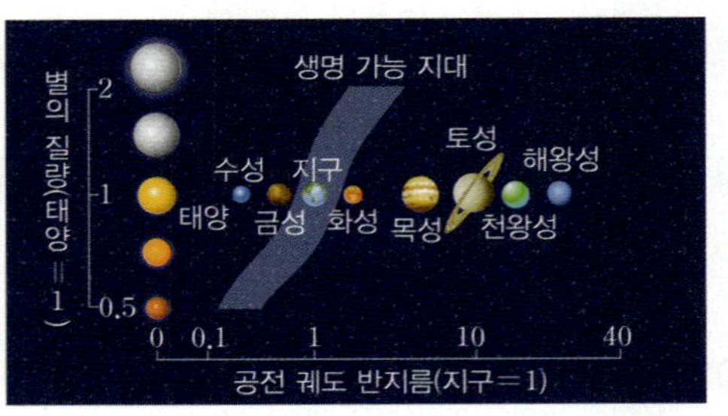


② 행성에 적절한 대기층이 존재해야 한다. ➡ 대기는 온실 효과를 일으켜 생명체가 살아가기에 적당한 온도를 유지해 주며, 유해한 자외선을 막아주는 역할을 한다.

③ 행성에 자기장이 존재해야 한다. ➡ 자기장은 지상에

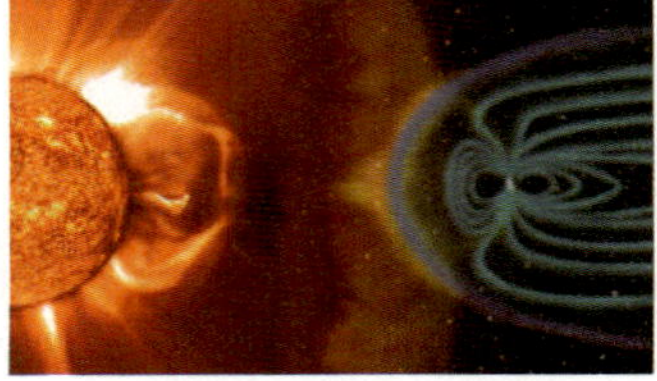

▲ 자기장은 고에너지 입자를 차단한다.

생명체가 살 수 있도록 우주에서 들어오는 고에너지 입자와 중심별에서 들어오는 항성풍을 막아주는 역할을 한다.

## 2. 생명체가 탄생하여 진화하기 위한 조건

① 행성에서 생명체가 탄생하여 진화하기 위해서는 행성의 환경이 오래 동안 안정적으로 유지되어야 한다. 이를 위해서 중심별의 질량이 너무 크거나 작지 않아야 한다.

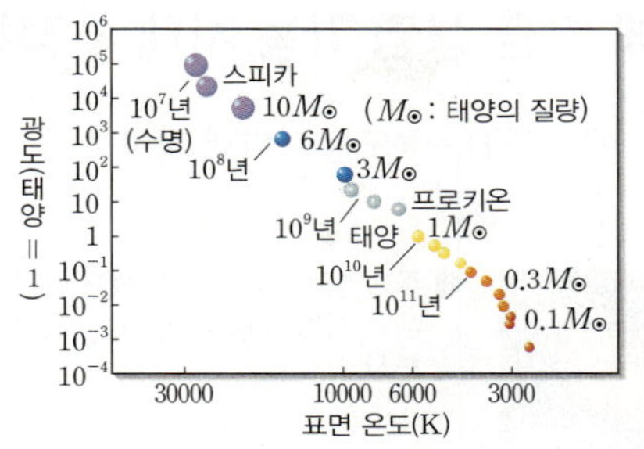


▲ 주계열성의 질량과 수명

- 중심별의 질량이 태양보다 훨씬 크면 별의 진화 속도가 빠르기 때문에 행성에서 생명체가 존재하기 어렵다. 지구에서 최초의 척추동물이 출현하는데 40억 년이 걸렸다. 만약 태양의 질량이 현재의 2배였다면 수명은 약 25억 년이며, 지구에는 고등 생명체가 존재할 수 없었다.

- 중심별의 질량이 태양보다 훨씬 작으면 별의 진화 속도는 매우 느리지만, 생명 가능 지대의 폭이 매우 좁고, 생명 가능 지대가 중심별에 가까운 곳에 위치하기 때문에 행성이 동주기 자전하여 생명체가 존재하기 어렵다.

## 3. 외계 생명체 탐사 및 의의

① 탐사: 탐사선을 이용한 태양계 천체 탐사(화성 등), 세티(SETI) 등을 통해 지구 밖의 외계 생명체에 대한 탐사가 이루어지고 있다.

▲ 로봇을 이용한 태양계 생명체 탐사(화성)  ▲ 전파 망원경을 이용한 외계 생명체 탐사

② 의의: 외계 생명체를 연구하고 탐사하는 과정을 통해 인류는 우주와 생명에 대해 이해의 폭을 더욱 넓힐 수 있다. 연구 과정에서 새로운 과학 기술의 진보로 산업 발전에 실용적인 도움을 준다.

---

❖ 항성풍

행성에서 방출되는 전자, 양성자 등의 고에너지 입자를 말한다. 태양의 경우 태양풍이라고 한다.

❖ 동주기 자전

공전 주기와 자전 주기가 같은 경우를 말한다. 동주기 자전하면 행성에서 동일한 면만 별을 향해 있기 때문에 생명체가 존재하기에 좋은 조건이 아니다.

❖ 세티(SETI)

외계 지적 생명체 탐사 프로젝트의 줄임말이다. SETI는 외계의 지적 생명체들이 지구로 전파를 보낸다는 가정 아래 우주에서 들어오는 인공적인 신호를 찾고 있다.

---

## 개념 바로 확인

정답 및 해설 | 44쪽

**04** 현재까지 발견된 외계 행성들은 대부분 지구보다 크기와 질량이 [　　　]다.

**05** 별 주변에서 물이 액체 상태로 존재할 수 있는 영역을 [　　　　]라고 한다.

**06** 별의 질량이 [　　　]수록 별의 수명이 짧기 때문에 행성에서 생명체가 탄생하여 진화할 시간이 부족하다.

**03** 외계 행성계 탐사에 대한 설명으로 옳은 것은 ○, 옳지 <u>않은</u> 것은 ×로 표시하시오.

(1) 발견된 외계 행성들의 크기는 대부분 지구와 비슷하다. (　　)

(2) 발견된 외계 행성 중 직접 관측을 통해 발견된 개수가 가장 많다. (　　)

(3) 외계 행성들은 거의 대부분 생명 가능 지대에 위치해 있다. (　　)

**04** 생명체가 살 수 있는 행성의 조건에 대한 설명이다. (　　) 안에 들어갈 알맞은 말을 쓰시오.

(1) 생명체가 살 수 있는 행성의 필수적인 조건은 (　　　) 상태의 물이다.

(2) 적절한 온실 효과를 일으키는 (　　　)가 존재해야 한다.

(3) 행성의 (　　　)은 우주에서 들어오는 고에너지 입자와 항성풍을 막아주는 역할을 한다.

**05** 생명 가능 지대에 위치한 어떤 외계 행성의 궤도 반지름이 1 AU이다. 이 외계 행성계에서 중심별의 분광형으로 가장 적절한 것은? (단, 중심별은 주계열성이다.)

① O형  ② B형  ③ A형  ④ G형  ⑤ M형

## · 별의 표면 온도 및 광도에 따른 생명 가능 지대 추정하기 ·

**과정**  그림은 별의 질량과 반지름, 수명을 H−R도에 나타낸 것이다.

**목표**
별의 표면 온도와 광도에 따라 생명 가능 지대가 어떻게 달라지는지 추정할 수 있어야 한다.

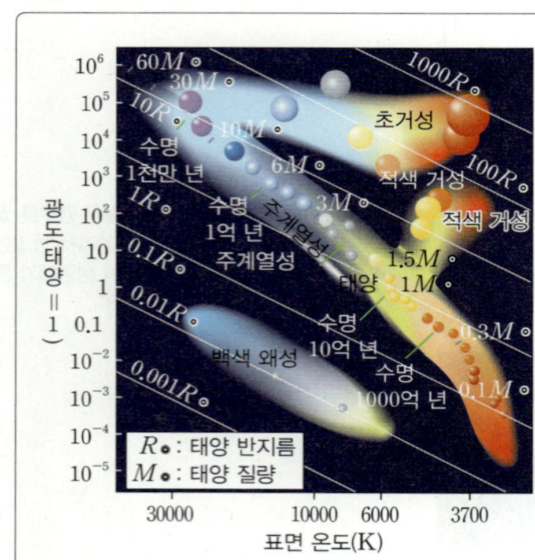

❶ 주계열성의 물리적 특성에 따라 별 주위에 형성되는 생명 가능 지대의 범위는 어떻게 달라지는지 설명해 보자.

❷ 현재 태양계에서 생명 가능 지대의 범위는 어떻게 되는가? 또 태양이 적색 거성으로 진화함에 따라 생명 가능 지대는 어떻게 달라지는지 설명해 보자.

❸ 만약 태양의 질량이 현재보다 약 3배 컸다면, 지구 생명체의 탄생과 진화에 어떤 영향을 미쳤을지 설명해 보자. (지구가 탄생한 이후 최초의 생명체가 등장하기까지 약 10억 년이 걸렸다고 가정한다.)

**결과**
1. 주계열성은 질량이 클수록 반지름과 광도가 크고, 수명이 짧으므로 생명 가능 지대는 중심별에서 멀어지며, 폭이 넓어진다.
2. 현재 태양계의 생명 가능 지대는 금성 궤도와 화성 궤도 사이에 존재하며 지구가 유일하게 이 영역에 존재한다. 태양이 적색 거성으로 진화하면 광도가 증가하므로 생명 가능 지대는 현재의 위치보다 더 멀어지고 폭도 넓어질 것이다.
3. 지구에서 생명체가 탄생하는데 10억 년이 필요하므로 별의 최소 수명이 10억 년 이상이어야 한다. 태양의 질량이 현재의 3배였다면 태양의 수명은 10억 년보다 짧았을 것이다. 따라서 지구에는 생명체가 존재할 수 없었을 것이다.

**정리**

| | |
|---|---|
| 중심별의 물리량과 생명 가능 지대의 관계 | 별의 광도가 클수록 방출하는 에너지양이 많기 때문에 생명 가능 지대의 거리가 별에서 멀어지고, 폭이 넓어진다. |
| 중심별의 질량과 생명체의 진화 관계 | 중심별의 질량이 클수록 별의 수명이 짧기 때문에 생명체의 탄생과 진화에 필요한 시간이 부족하다. |

정답 및 해설 | 45쪽

**01** 위 탐구에 대한 설명으로 옳은 것은 ○, 옳지 <u>않은</u> 것은 ×로 표시하시오.

(1) 주계열성의 광도가 작을수록 별에서 생명 가능 지대까지의 거리가 가깝다. (　　)
(2) 생명 가능 지대의 폭은 적색 거성보다 백색 왜성에서 좁다. (　　)
(3) 태양계에서 생명 가능 지대는 화성 궤도와 목성 궤도 사이에 존재한다. (　　)
(4) 생명체가 탄생하여 진화하기에 가장 적합한 별의 분광형은 O형, B형이다. (　　)

**02** 그림은 주계열성의 질량과 수명을 나타낸 것이다.

이에 대한 설명으로 옳은 것은 ○, 옳지 <u>않은</u> 것은 ×로 표시하시오.

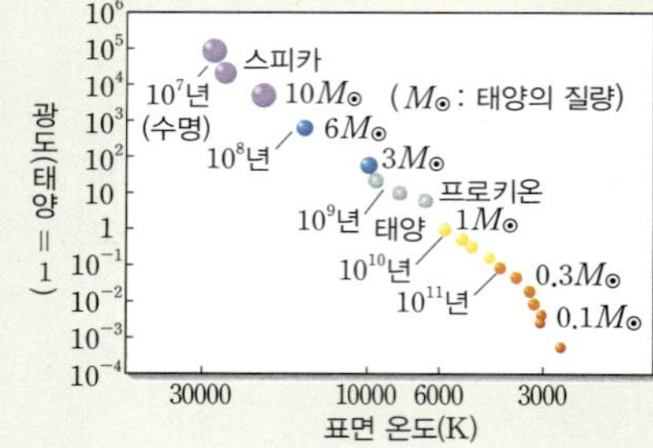

(1) 별의 수명은 태양이 프로키온보다 길다. (　　)
(2) 생명 가능 지대의 폭은 스피카가 프로키온보다 넓다. (　　)
(3) 별의 광도가 클수록 행성에서 생명체가 탄생하기에 유리하다. (　　)

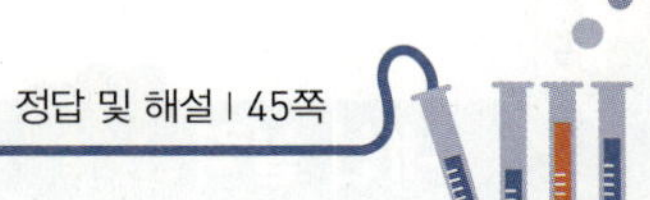

### 1 외계 행성계 탐사 방법

**01** 그림은 외계 행성을 탐사하는 어떤 방법의 원리를 나타낸 것이다.

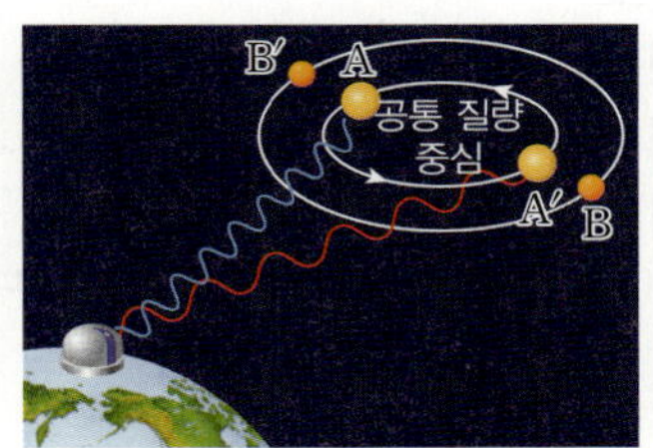

이 외계 행성계에 대한 설명으로 옳은 것만을 〈보기〉에서 있는 대로 모두 고른 것은?

> **보기**
> ㄱ. A는 별이고, B는 행성이다.
> ㄴ. A일 때 청색 편이, A′일 때 적색 편이가 나타난다.
> ㄷ. 공통 질량 중심을 도는 회전 주기는 A가 B보다 짧다.

① ㄱ      ② ㄷ      ③ ㄱ, ㄴ
④ ㄴ, ㄷ      ⑤ ㄱ, ㄴ, ㄷ

**02** 그림은 외계 행성을 탐사하는 어떤 방법을 나타낸 것이다.

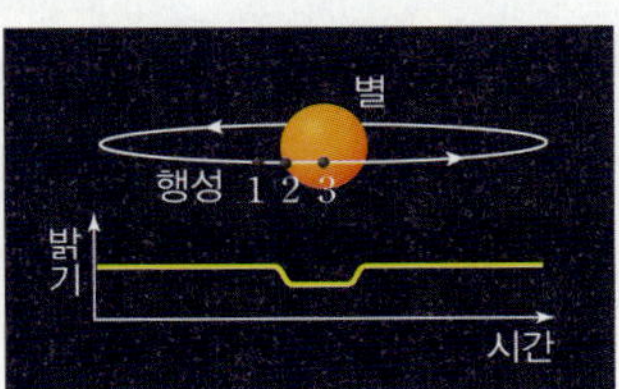

이에 대한 설명으로 옳은 것만을 보기에서 있는 대로 고른 것은?

> **보기**
> ㄱ. 식 현상을 이용한 외계 행성 탐사 방법이다.
> ㄴ. 밝기 변화 주기는 행성의 공전 주기에 해당한다.
> ㄷ. 행성의 공전 궤도면은 시선 방향에 거의 나란하다.

① ㄱ      ② ㄷ      ③ ㄱ, ㄴ
④ ㄴ, ㄷ      ⑤ ㄱ, ㄴ, ㄷ

**03** 그림은 외계 행성계의 모습과 지구 방향을 나타낸 것이다.

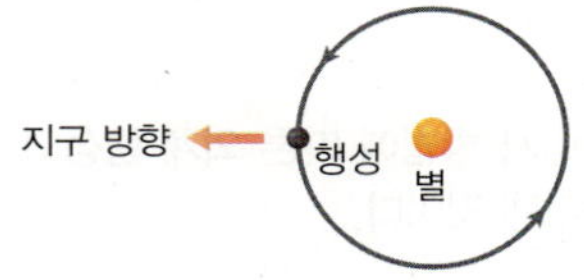


행성의 존재를 확인하기 위해 사용 가능한 방법으로 옳은 것을 〈보기〉에서 모두 고른 것은? (단 행성의 공전 궤도면은 관측자의 시선 방향에 나란하다.)

> **보기**
> ㄱ. 행성의 밝기 변화를 관측한다.
> ㄴ. 별빛 스펙트럼의 파장 변화를 관측한다.
> ㄷ. 행성의 중력에 의한 별의 밝기 변화를 관측한다.

① ㄱ      ② ㄴ      ③ ㄱ, ㄷ
④ ㄴ, ㄷ      ⑤ ㄱ, ㄴ, ㄷ

**04**  그림은 우주 망원경으로 관측한 어느 외계 행성 A의 위치 변화를 나타낸 것이다.

이에 대한 설명으로 옳은 것만을 〈보기〉에서 있는 대로 고른 것은?

> **보기**
> ㄱ. 미세 중력 렌즈 현상을 이용한 탐사 사례에 해당한다.
> ㄴ. A의 공전 궤도 반지름은 지구보다 훨씬 작을 것이다.
> ㄷ. 지구에서 A까지의 거리는 발견된 외계 행성들의 평균 거리에 비해 가까울 것이다.

① ㄱ      ② ㄷ      ③ ㄱ, ㄴ
④ ㄴ, ㄷ      ⑤ ㄱ, ㄴ, ㄷ

**2 외계 행성계 탐사 결과**

**05** 그림은 탐사 방법에 따른 외계 행성의 공전 궤도 반지름과 질량을 나타낸 것이다.

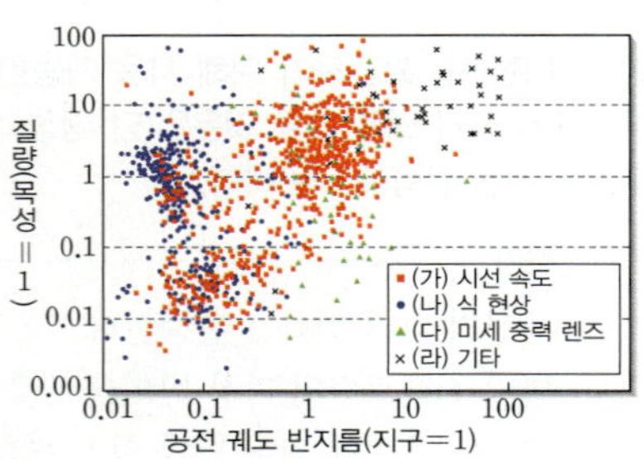


이에 대한 설명으로 옳지 <u>않은</u> 것은?

① (가)는 별빛의 파장 변화를 관측하여 발견된 행성들이다.
② (나)는 공전 궤도면이 시선 방향에 거의 나란한 행성들이다.
③ (다)는 행성의 중력에 의한 배경별의 밝기 변화를 이용하여 발견된 행성들이다.
④ 발견된 행성들은 대부분 지구보다 질량이 크다.
⑤ 발견된 행성들은 대부분 지구보다 공전 궤도 반지름이 크다.

**06** 그림은 최근까지 발견된 외계 행성의 개수를 중심에 있는 별의 질량에 따라 나타낸 것이다.

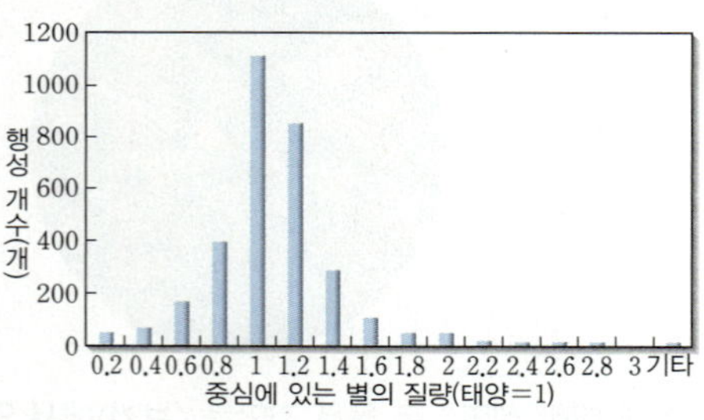


이 자료에 대한 설명으로 옳은 것만을 보기에서 있는 대로 고른 것은?

┤ 보기 ├
ㄱ. 중심별의 질량이 매우 작은 경우에는 행성이 존재하지 않는다.
ㄴ. 중심별의 질량이 클수록 행성을 발견하기 어렵다.
ㄷ. 발견된 외계 행성계는 대부분 외부 은하에 존재할 것이다.

① ㄱ　　　② ㄴ　　　③ ㄱ, ㄷ
④ ㄴ, ㄷ　　　⑤ ㄱ, ㄴ, ㄷ

**3 외계 생명체 탐사**

**07** 생명체가 존재할 수 있는 행성의 조건에 해당하지 <u>않는</u> 것은?

① 산소
② 행성 자기장
③ 액체 상태의 물
④ 적당한 두께의 행성 대기
⑤ 중심별로부터 안정적인 에너지 공급

**08** 그림은 주계열성의 질량에 따른 생명 가능 지대의 범위와 태양계 행성의 위치를 나타낸 것이다.

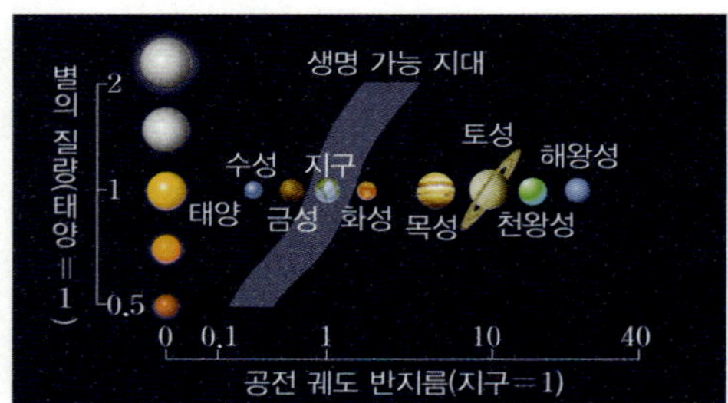


이에 대한 설명으로 옳은 것만을 보기에서 있는 대로 고른 것은?

┤ 보기 ├
ㄱ. 생명 가능 지대는 물이 존재하는 영역이다.
ㄴ. 지구는 생명 가능 지대에 위치해 있다.
ㄷ. 별의 질량에 상관없이 생명 가능 지대의 폭은 일정하다.

① ㄱ　　　② ㄴ　　　③ ㄷ
④ ㄱ, ㄴ　　　⑤ ㄴ, ㄷ

**09** 그림은 주계열성의 질량에 따른 생명 가능 지대의 범위와 질량이 서로 다른 별 주위를 돌고 있는 행성 A, B, C를 나타낸 것이다.

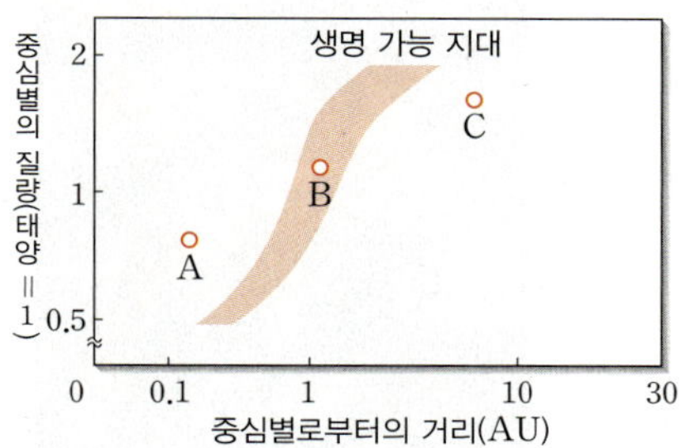


이에 대한 설명으로 옳은 것만을 〈보기〉에서 있는 대로 고른 것은?

┤ 보기 ├
ㄱ. 주계열성의 절대 등급이 클수록 생명 가능 지대는 중심별에서 먼 곳에 위치한다.
ㄴ. 분광형이 B형인 주계열성은 태양보다 생명 가능 지대의 폭이 넓다.
ㄷ. A, B, C 중 생명체가 존재할 가능성이 가장 높은 행성은 B이다.

① ㄱ  　　② ㄷ  　　③ ㄱ, ㄴ
④ ㄴ, ㄷ  　　⑤ ㄱ, ㄴ, ㄷ

**10** 그림은 태양 생성 이후 시간에 따른 생명 가능 지대의 변화를 나타낸 것이다.

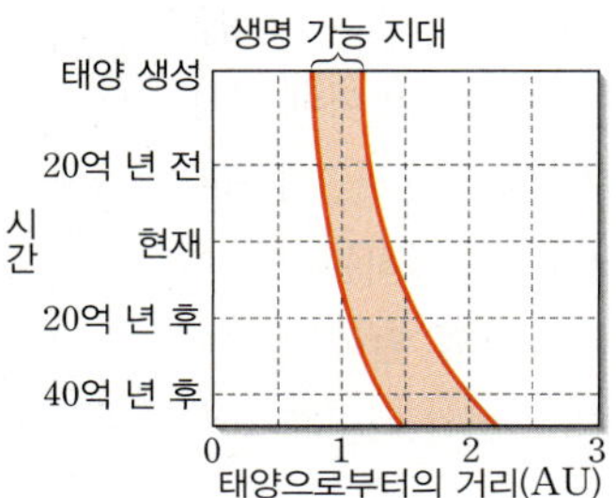


이에 대한 설명으로 옳은 것만을 〈보기〉에서 있는 대로 고른 것은?

┤ 보기 ├
ㄱ. 태양 생성 이후 현재까지 광도가 계속 증가하였다.
ㄴ. 지구는 탄생 이후 현재까지 생명 가능 지대에 위치하였다.
ㄷ. 20억 년 후 금성에 액체 상태의 물이 존재할 수 있다.

① ㄱ  　　② ㄴ  　　③ ㄷ
④ ㄱ, ㄴ  　　⑤ ㄴ, ㄷ

---

 **이렇게!**

**11** 그림은 어떤 외계 행성계에서 행성 A, B에 의해 나타난 중심별의 밝기 변화를 나타낸 것이다.

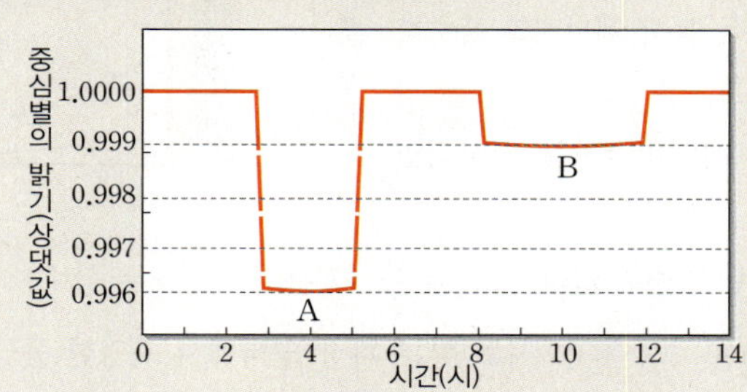


행성의 반지름은 A가 B의 몇 배인지 설명하시오.

**12** 그림은 수성과 지구의 모습을 나타낸 것이다.

수성과 달리 지구에 생명체가 존재하는 이유를 2가지 서술하시오.

**13** 표는 두 외계 행성계 (가), (나)의 특징을 나타낸 것이다. (가), (나)에서 중심별의 질량은 동일하다.

| 행성계 | 중심별의 분광형 | 생명 가능 지대 범위(AU) | 행성의 공전 궤도 반지름(AU) |
| --- | --- | --- | --- |
| (가) | G형 | 0.8~1.2 | 1.0 |
| (나) | K형 | 3.0~5.0 | 4.0 |

(1) (가)와 (나)에서 중심별의 반지름이 더 큰 경우는 어느 것인지 설명하시오.

(2) (가)와 (나)의 행성 중 생명 가능 지대에 더 오래 머무를 것으로 예상되는 행성은 어느 것인지 설명하시오.

## 01 별의 물리량

→ 138~145쪽

### 1. 흑체 복사와 색지수

(1) (㉠ ): 입사된 모든 복사 에너지를 흡수하고, 흡수한 에너지를 완전히 방출하는 이상적인 물체

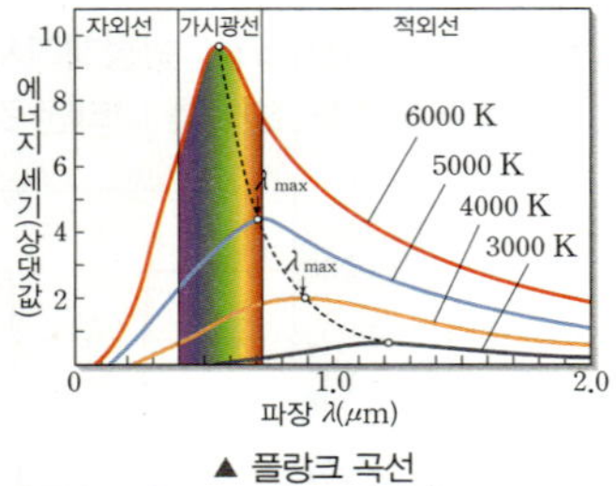

▲ 플랑크 곡선

(2) **빈의 변위 법칙**: $\lambda_{max} = \dfrac{a}{T}$ ($T$는 온도, $a$는 상수)

(3) (㉡ ): 서로 다른 파장 영역에서 측정한 등급의 차, 주로 (B−V) 또는 (U−B)를 사용한다.

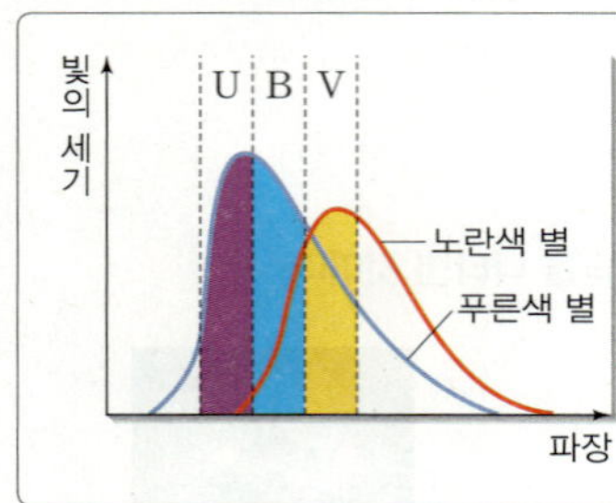


• U, B, V 필터를 통과한 빛의 세기가 강할수록 등급 U, B, V가 작다.
• (B−V) 또는 (U−B) 값이 작을수록 표면 온도가 높다.

### 2. 분광형과 표면 온도

(1) **분광형**: 별의 스펙트럼을 기준으로 분류한 것

• 별의 (㉢ )에 따라 스펙트럼에 나타난 흡수선의 위치와 세기가 다르다.

• 하버드 분광 분류법: 흡수선의 종류와 세기를 기준으로 O, B, A, F, G, K, M형으로 분류

### 3. 광도와 반지름

(1) **슈테판−볼츠만 법칙**: 흑체가 단위 시간 동안 단위 면적에서 방출하는 복사 에너지양($E$)은 표면 온도($T$)의 4제곱에 비례

$$E = \sigma T^4 (\sigma \text{는 상수})$$

(2) (㉣ ): 별이 단위 시간 동안 방출하는 에너지의 양

$$L = 4\pi R^2 \times \sigma T^4$$

(3) **별의 크기**: 별의 광도($L$)와 표면 온도($T$)를 이용하여 별의 반지름($R$)을 구할 수 있다.

$$L = 4\pi R^2 \cdot \sigma T^4 \Rightarrow R = \dfrac{\sqrt{L}}{4\pi\sigma \cdot T^2}$$

## 02 H-R도와 별의 특징

→ 146~149쪽

1. (㉤ ): 가로축을 분광형(또는 표면 온도), 세로축을 절대 등급(또는 광도)으로 나타낸 도표

### 2. H−R도와 별의 종류

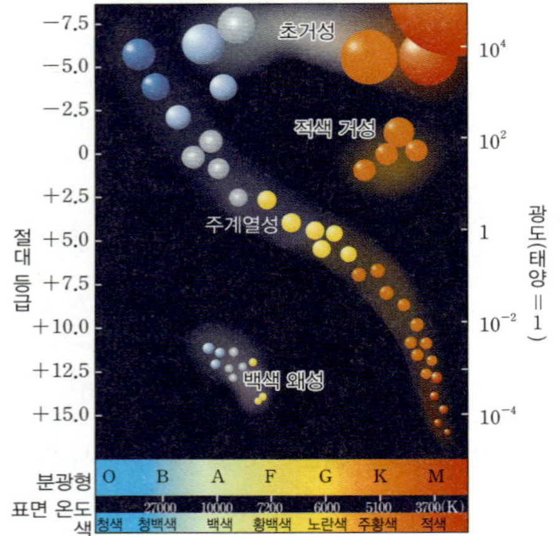


| 별의 종류 | 특징 |
|---|---|
| 주계열성 | • H−R도의 왼쪽 위에서 오른쪽 아래로 이어지는 좁은 띠 영역에 분포<br>• 전체 별의 약 90 %가 주계열성에 속함 |
| 적색 거성 | • H−R도에서 주계열의 오른쪽 위에 분포하는 별<br>• 표면 온도는 낮지만, 광도는 큰 편임 |
| 초거성 | • H−R도에서 적색 거성보다 위쪽에 분포하는 별<br>• 광도와 반지름이 적색 거성보다 큼 |
| (㉥ ) | • H−R도에서 주계열의 왼쪽 아래에 분포하는 별<br>• 표면 온도는 높은 편이지만, 광도는 매우 작음 |

## 03 별의 탄생과 진화

→ 150~155쪽

### 1. 원시별 단계

(1) 밀도가 높고 온도가 낮은 성운에서 중력 수축이 일어나 생성

(2) 원시별의 (㉦ )이 클수록 주계열에 도달하는 시간이 짧고, 주계열의 왼쪽 상단에 위치한다.

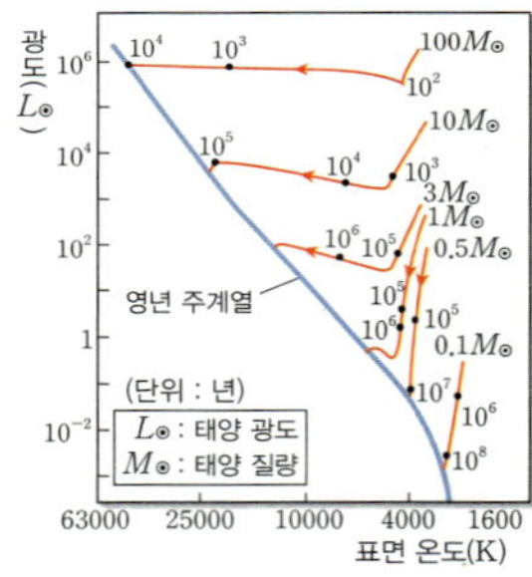


### 2. 주계열 단계

(1) 별의 중심부에서 (㉧ ) 핵융합 반응이 일어난다.

(2) 질량이 큰 주계열성일수록 수소 핵융합 반응의 연소 효율이 높아 수소를 빨리 소모하기 때문에 수명이 짧다.

### 3. 거성 단계

(1) 중심부의 수소를 모두 소진하면 표면 온도가 낮아지고 반지름이 커지면서 거성 단계로 진화한다.

• 태양과 질량이 비슷한 별: 중심부에서 헬륨 핵융합, 외곽 수소층에서 수소 핵융합 반응이 일어난다.

• 태양보다 질량이 큰 별: 연속적인 핵융합 반응이 진행되어 최종적으로 (㉨ )까지 생성된다.

## 4. 최종 단계

- 태양과 질량이 비슷한 별: 별의 외곽층 물질이 우주 공간으로 방출되어 행성상 성운이 생성되고, 중심핵은 계속 수축하여 밀도가 매우 높은 백색 왜성이 된다.
- 태양보다 질량이 큰 별: 강력한 초신성 폭발을 일으켜 별의 외곽층은 우주 공간으로 흩어지고, 중심부는 심하게 수축하여 중성자별 또는 블랙홀이 된다.

### 별의 진화 경로

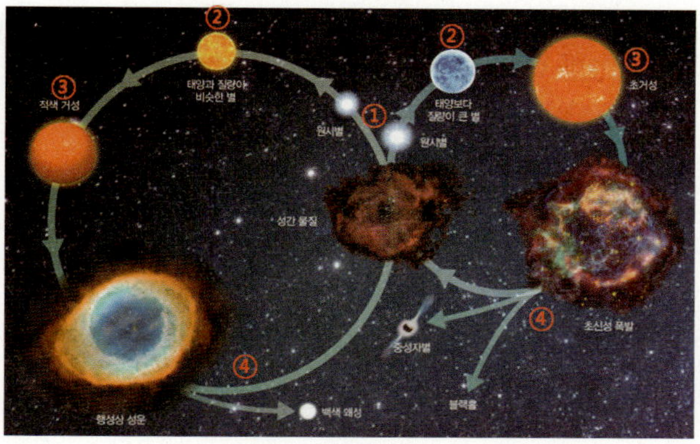

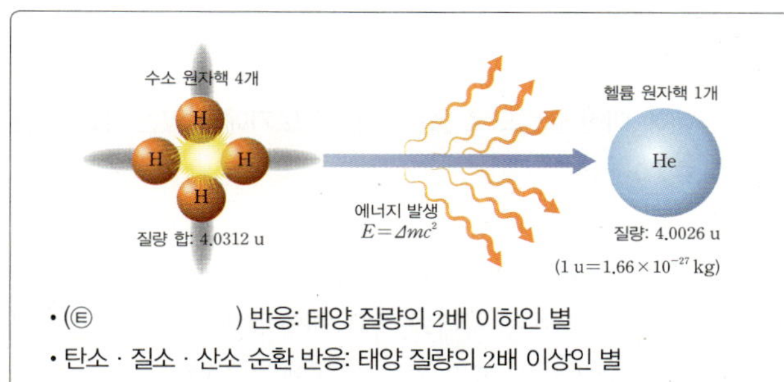

- 질량이 태양과 비슷한 별: 원시별 → 주계열성 → 적색 거성 → 행성상 성운 → 백색 왜성
- 질량이 태양보다 훨씬 큰 별: 원시별 → 주계열성 → 초거성 → (ㅊ             ) → 중성자별 또는 블랙홀

## 04 별의 에너지원과 내부 구조 ➡ 156~165쪽

### 1. 원시별의 에너지원: (ㄱ             )에너지

### 2. 주계열성의 에너지원: 수소 핵융합 반응 에너지

(1) 온도가 1000만 K 이상일 때 일어날 수 있다.

(2) 핵융합 반응시 결손된 질량이 에너지로 전환된다.

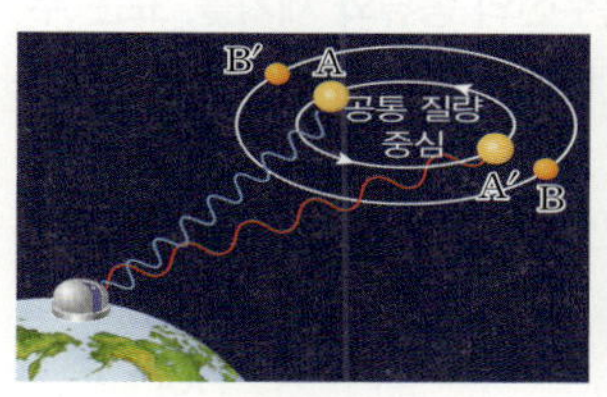


- (ㅌ             ) 반응: 태양 질량의 2배 이하인 별
- 탄소 · 질소 · 산소 순환 반응: 태양 질량의 2배 이상인 별

### 3. 별의 내부 구조

(1) (ㅌ             ) 평형: 주계열성은 기체의 압력 차로 발생한 힘과 중력이 평형을 이루어 일정한 크기를 유지한다.

(2) 주계열성의 내부 구조

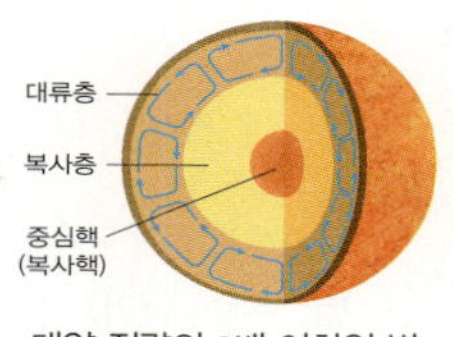
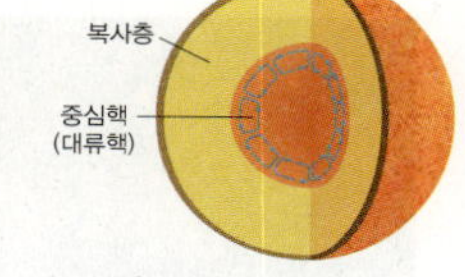


태양 질량의 2배 이하인 별     태양 질량의 2배 이상인 별

(3) 적색 거성의 내부 구조

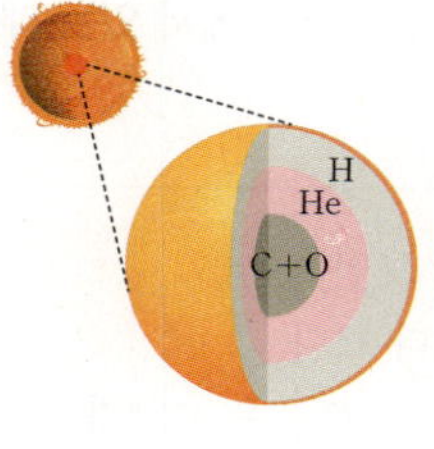
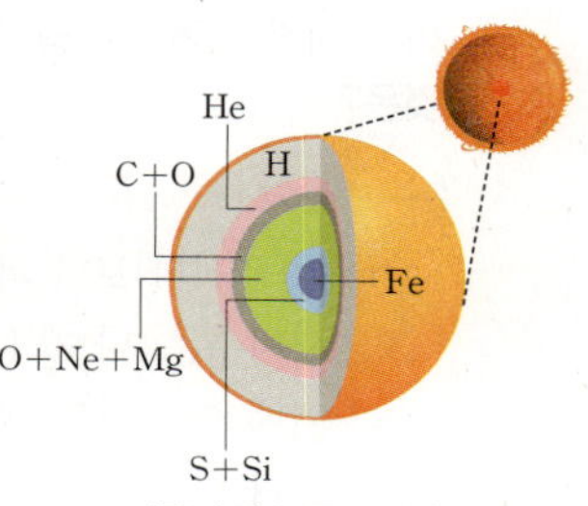


태양과 질량이 비슷한 적색 거성     질량이 매우 큰 초거성

## 05 외계 행성계 ➡ 166~173쪽

### 1. 외계 행성계 탐사 방법: 외계 행성은 직접 관측이 어렵기 때문에 주로 간접적인 방법을 통해 탐사한다.

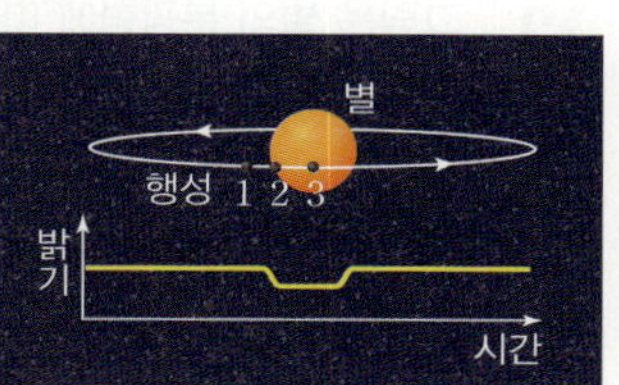


▲ (⑧             ) 이용     ▲ 식 현상 이용

▲ 미세 중력 렌즈 현상 이용

### 2. 외계 행성의 특징

(1) 시선 속도와 식 현상을 이용하여 발견된 외계 행성의 수가 가장 많고, 직접 관측에 의해 발견된 행성의 수가 가장 적다.

(2) 발견된 외계 행성은 주로 목성 규모의 행성이다.

### 3. 행성에 생명체가 존재하기 위한 조건

(1) 액체 상태의 물: 생명 가능 지대에 존재해야 한다. ➡ 중심별의 광도가 클수록 생명 가능 지대까지의 거리가 멀고, 폭이 넓다.

(2) 적당한 두께의 대기

(3) 행성 자기장

**01** 그림은 오리온자리의 모습이고, 표는 두 별 (가)와 (나)의 분광형과 색지수를 나타낸 것이다.

| 별 | (가) | (나) |
|---|---|---|
| 분광형 | M1 | B8 |
| 색지수(B−V) | +1.58 | ( ) |

이에 대한 설명으로 옳은 것만을 〈보기〉에서 있는 대로 고른 것은?

---보기---

ㄱ. (가)는 (나)보다 파랗게 보인다.

ㄴ. 색지수는 (나)가 (가)보다 크다.

ㄷ. 최대 에너지를 방출하는 파장은 (가)가 (나)보다 길다.

① ㄱ      ② ㄷ      ③ ㄱ, ㄴ
④ ㄴ, ㄷ      ⑤ ㄱ, ㄴ, ㄷ

**02** 그림은 별의 분광형에 따른 흡수선의 종류와 세기를, 표는 두 별 (가)와 (나)의 스펙트럼에서 관측된 특징을 나타낸 것이다.

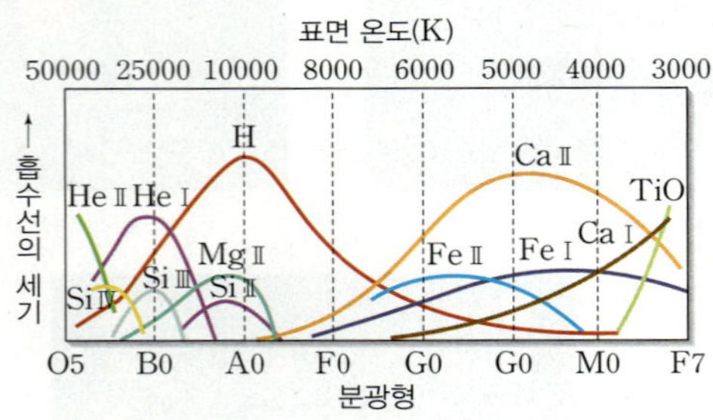


| 별 | (가) | (나) |
|---|---|---|
| 스펙트럼의 특징 | 중성 수소선이 강함 | 분자선이 뚜렷하게 나타남 |

이에 대한 설명으로 옳은 것만을 〈보기〉에서 있는 대로 고른 것은?

---보기---

ㄱ. 별들의 분광형이 차이나는 주요 원인은 대기 성분이 다르기 때문이다.

ㄴ. (가)는 (나)보다 표면 온도가 높다.

ㄷ. 칼슘(Ca Ⅰ) 흡수선은 (가)보다 (나)에서 잘 나타난다.

① ㄱ      ② ㄷ      ③ ㄱ, ㄴ
④ ㄴ, ㄷ      ⑤ ㄱ, ㄴ, ㄷ

**03** 그림 (가)는 별들의 집단 X의 분광형과 절대 등급의 분포를, (나)는 X의 질량−광도 관계를 나타낸 것이다.

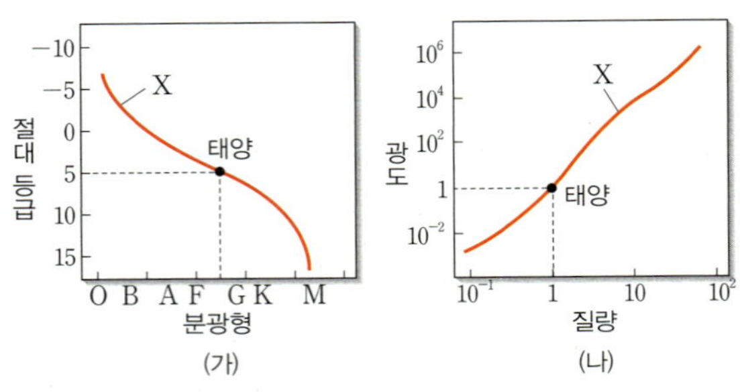


X에 속한 별들의 특징에 대한 설명으로 옳은 것만을 〈보기〉에서 있는 대로 고른 것은?

---보기---

ㄱ. 주계열성이다.

ㄴ. 표면 온도가 높을수록 절대 등급이 작다.

ㄷ. 질량이 클수록 표면 온도가 낮다.

① ㄱ      ② ㄷ      ③ ㄱ, ㄴ
④ ㄴ, ㄷ      ⑤ ㄱ, ㄴ, ㄷ

**04** 표는 태양 주변에 있는 별들의 물리량을 나타낸 것이다.

| 별＼물리량 | 표면 온도(K) | 질량(태양＝1) | 예상 수명(년) |
|---|---|---|---|
| 태양 | 6000 | 1 | $10^{10}$ |
| 바너드별 | 3000 | 0.1 | $10^{12}$ |
| 스피카 | 30000 | 11 | ( ) |

이에 대한 설명으로 옳은 것만을 보기에서 있는 대로 고른 것은?

---보기---

ㄱ. 바너드별은 주계열성이다.

ㄴ. 생명 가능 지대의 폭은 태양보다 바너드별이 좁다.

ㄷ. 스피카의 생명 가능 지대에 위치한 행성은 생명체가 탄생하고 진화하는데 필요한 시간이 충분하다.

① ㄱ      ② ㄷ      ③ ㄱ, ㄴ
④ ㄴ, ㄷ      ⑤ ㄱ, ㄴ, ㄷ

**05** 그림은 태양 부근의 별들을 H−R도에 나타낸 것이다.

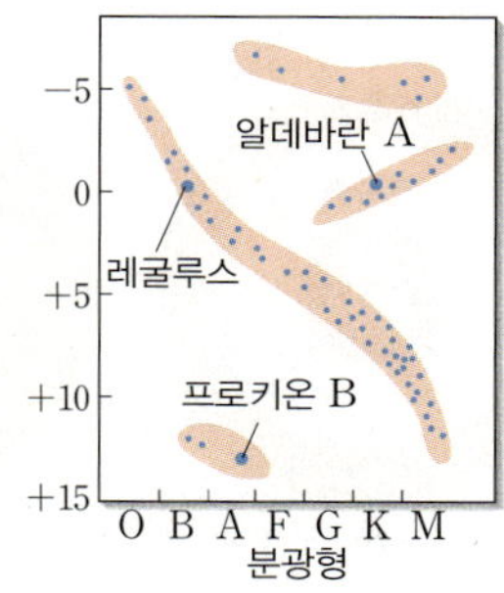


이에 대한 설명으로 옳은 것만을 보기에서 있는 대로 고른 것은?

┤ 보기 ├
ㄱ. 레굴루스는 태양보다 질량이 크다.
ㄴ. 프로키온B는 태양보다 밀도가 크다.
ㄷ. 알데바란A는 태양보다 붉게 보인다.

① ㄱ 　　② ㄴ 　　③ ㄱ, ㄷ
④ ㄴ, ㄷ 　　⑤ ㄱ, ㄴ, ㄷ

**06** 그림은 원시별 A~D가 진화하는 경로를 H−R도에 나타낸 것이다.

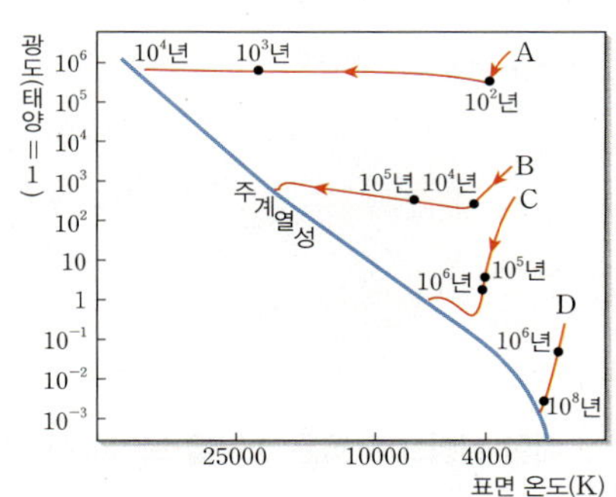


이에 대한 설명으로 옳은 것만을 보기에서 있는 대로 고른 것은?

┤ 보기 ├
ㄱ. 질량이 큰 원시별일수록 광도가 크다.
ㄴ. 표면 온도의 증가량은 A에서 D로 갈수록 크다.
ㄷ. 원시별의 진화 속도는 A에서 D로 갈수록 빠르다.

① ㄱ 　　② ㄴ 　　③ ㄱ, ㄷ
④ ㄴ, ㄷ 　　⑤ ㄱ, ㄴ, ㄷ

**07** 그림은 태양의 예상 진화 경로를 H−R도에 나타낸 것이다.

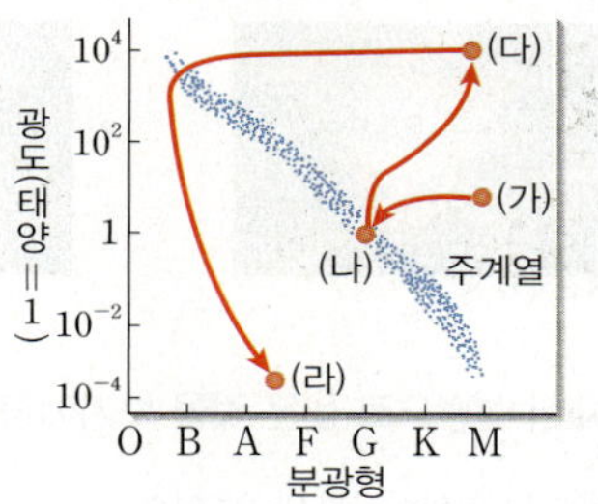


이에 대한 설명으로 옳은 것만을 보기에서 있는 대로 고른 것은?

┤ 보기 ├
ㄱ. (가)→(나) 과정에서 중심부의 온도가 상승한다.
ㄴ. (나) 단계에서 머무는 시간이 가장 짧다.
ㄷ. (다)→(라) 과정에서 초신성 폭발이 일어난다.

① ㄱ 　　② ㄴ 　　③ ㄱ, ㄷ
④ ㄴ, ㄷ 　　⑤ ㄱ, ㄴ, ㄷ

**08** 표는 태양보다 질량이 훨씬 큰 별의 진화 단계를 순서 없이 (가)~(라)로 나타낸 것이고, 그림은 어느 별 X의 내부 구조를 나타낸 것이다.

| 구분 | 진화 단계 |
|------|-----------|
| (가) | 원시별 |
| (나) | 중성자별 |
| (다) | 초거성 |
| (라) | 주계열성 |

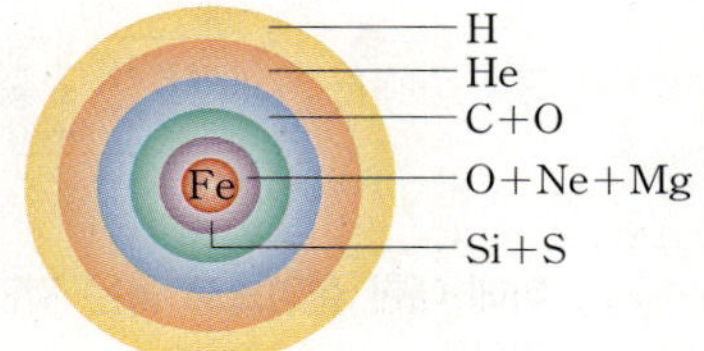


이에 대한 설명으로 옳은 것만을 〈보기〉에서 있는 대로 고른 것은?

┤ 보기 ├
ㄱ. 진화 순서는 (가)→(라)→(다)→(나)이다.
ㄴ. X의 진화 단계는 (다)에 해당한다.
ㄷ. X의 중심부에서 철 핵융합 반응이 활발하다.

① ㄱ 　　② ㄷ 　　③ ㄱ, ㄴ
④ ㄴ, ㄷ 　　⑤ ㄱ, ㄴ, ㄷ

**09** 그림은 질량이 다른 두 별이 각각 진화하여 형성된 모습이다.

(가)

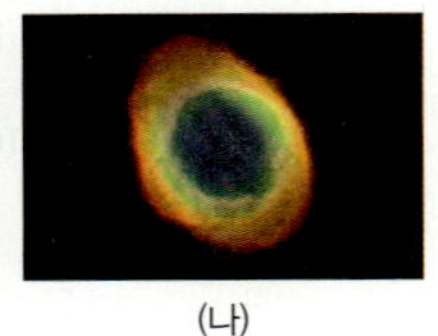
(나)

이에 대한 설명으로 옳은 것을 보기에서 고른 것은?

① (가)의 중심에 백색 왜성이 존재한다.
② (나)는 초신성 잔해이다.
③ (나)가 형성되는 동안 철보다 무거운 원소가 생성된다.
④ (가)는 (나)보다 질량이 큰 별이 진화하여 형성되었다.
⑤ (가)와 (나)는 수축하여 중심부로 모여들 것이다.

**10** 그림 (가)와 (나)는 어떤 핵융합 반응의 두 가지 경로를 나타낸 것이다.

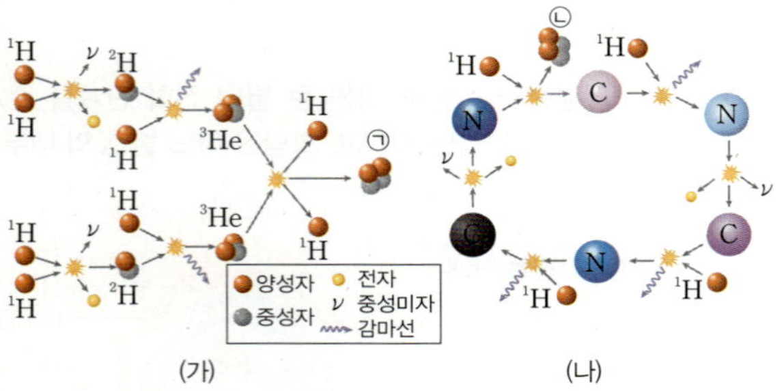


이에 대한 설명으로 옳은 것만을 〈보기〉에서 있는 대로 고른 것은?

| 보기 |

ㄱ. ⊙과 ⓒ은 모두 헬륨 원자핵이다.
ㄴ. 태양의 중심부에서는 (가)보다 (나)의 반응이 우세하다.
ㄷ. (가)와 (나)의 반응에서는 모두 감소된 질량만큼 에너지가 생성된다.

① ㄱ　　　　② ㄴ　　　　③ ㄱ, ㄷ
④ ㄴ, ㄷ　　　⑤ ㄱ, ㄴ, ㄷ



**11** 그림은 서로 다른 질량을 가진 두 주계열성의 내부 구조를 나타낸 것이다.

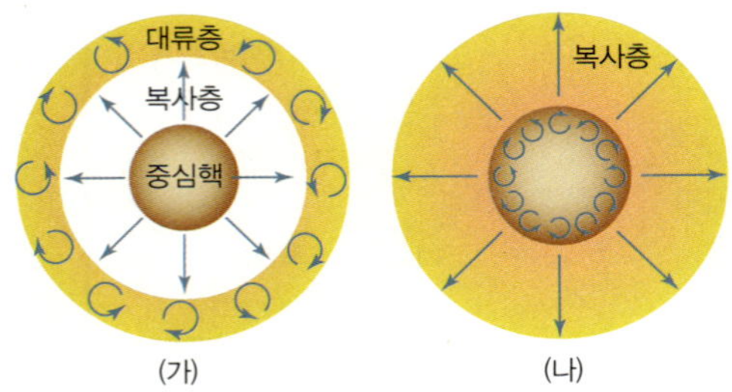


이에 대한 설명으로 옳은 것만을 보기에서 있는 대로 고른 것은?

| 보기 |

ㄱ. (가)의 표면에서는 쌀알무늬가 형성된다.
ㄴ. (나)의 중심부에서는 양성자 · 양성자 반응이 탄소 · 질소 · 산소 순환 반응보다 우세하다.
ㄷ. 핵에서 수소를 모두 소비하는데 걸리는 시간은 (가)보다 (나)가 길다.

① ㄱ　　　　② ㄴ　　　　③ ㄱ, ㄷ
④ ㄴ, ㄷ　　　⑤ ㄱ, ㄴ, ㄷ

**12** 그림 (가)와 (나)는 질량이 1(태양 질량)과 10인 두 별의 내부 구조를 순서 없이 나타낸 것이다.

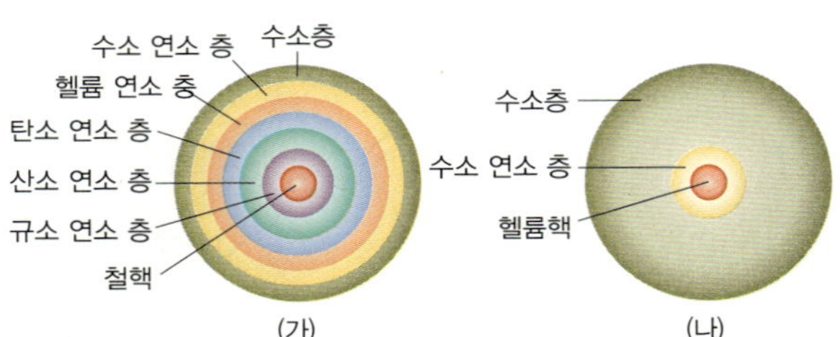


이에 대한 설명으로 옳은 것만을 보기에서 있는 대로 고른 것은?

| 보기 |

ㄱ. 별의 질량은 (가)가 (나)보다 크다.
ㄴ. (나)의 중심부에서는 최종적으로 철핵이 형성된다.
ㄷ. (가)와 (나)는 모두 중심부로 갈수록 무거운 원소로 이루어져 있다.

① ㄱ　　　　② ㄴ　　　　③ ㄱ, ㄴ
④ ㄱ, ㄷ　　　⑤ ㄴ, ㄷ

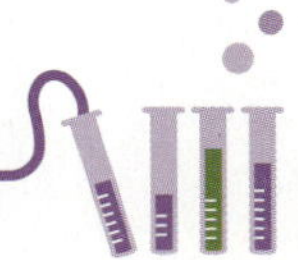

**13** 그림 (가)와 (나)는 외계 행성을 탐사하는 서로 다른 방법을 나타낸 것이다.

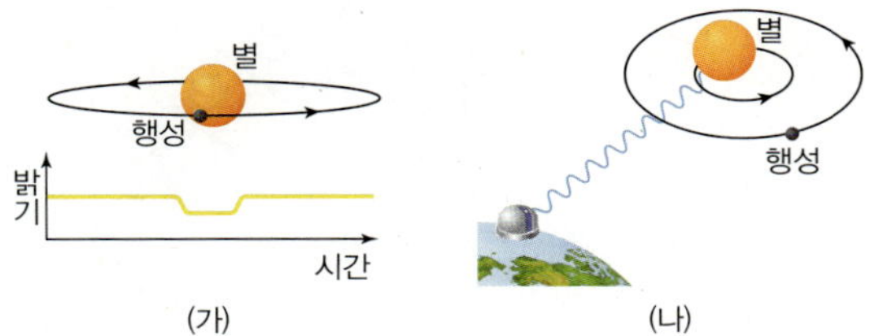

이에 대한 설명으로 옳은 것만을 〈보기〉에서 있는 대로 고른 것은?

---보기---
ㄱ. (가)는 행성의 반지름이 클수록 행성 탐사에 유리하다.
ㄴ. (나)는 별의 질량이 클수록 행성 탐사에 유리하다.
ㄷ. (가)와 (나)는 모두 별의 밝기 변화를 관측하여 행성의 존재를 확인한다.

① ㄱ　　　② ㄷ　　　③ ㄱ, ㄴ
④ ㄴ, ㄷ　　　⑤ ㄱ, ㄴ, ㄷ

**14** 그림 (가)는 두 별 A, B와 관측자 위치를, (나)는 (가)에서 미세 중력 렌즈 현상에 의해 관측된 별의 밝기 변화를 나타낸 것이다.

이에 대한 설명으로 옳은 것만을 〈보기〉에서 있는 대로 고른 것은?

---보기---
ㄱ. (나)는 B의 밝기 변화를 관측한 것이다.
ㄴ. (나)에서 최대 밝기는 A와 B가 가장 가까워졌을 때 나타난다.
ㄷ. (나)에서 ㉠일 때, 행성의 중력에 의해 밝기가 증가하였다.

① ㄱ　　　② ㄴ　　　③ ㄷ
④ ㄱ, ㄷ　　　⑤ ㄴ, ㄷ

**15** 다음은 케플러 우주 망원경에 대한 설명이다.

케플러 우주 망원경은 행성에 의한 중심별의 밝기 변화를 측정하여 외계 행성을 찾는 망원경이다. 주요 임무는 ㉠생명 가능 지대에 위치한 지구 크기의 외계 행성을 찾는 것이다. 2009년에 발사된 케플러 우주 망원경은 2014년까지 아래 그림과 같이 대략 4000개의 외계 행성을 발견하였다.

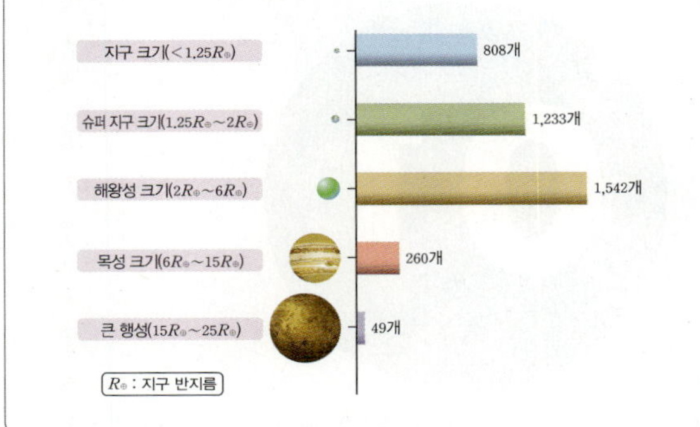


이에 대한 설명으로 옳은 것만을 보기에서 있는 대로 고른 것은?

---보기---
ㄱ. 케플러 우주 망원경은 식 현상을 이용하여 행성의 존재를 확인한다.
ㄴ. ㉠에 해당하는 행성은 대략 800여개 발견되었다.
ㄷ. 목성보다 큰 외계 행성 수가 적은 이유는 행성의 반지름이 클수록 발견하기 어렵기 때문이다.

① ㄱ　　　② ㄷ　　　③ ㄱ, ㄴ
④ ㄴ, ㄷ　　　⑤ ㄱ, ㄴ, ㄷ

**16** 표는 세 별 (가), (나), (다)의 물리량을 나타낸 것이다. (가), (나), (다)는 각각 백색 왜성, 초거성, 주계열성 중 하나이다.

| 별 | 분광형 | 절대 등급 | 질량(태양=1) |
|---|---|---|---|
| (가) | K3 | ( ) | 15.0 |
| (나) | G2 | +5.0 | 1.0 |
| (다) | A0 | +10.0 | ( ) |

(가), (나), (다)의 물리량을 옳게 비교한 것만을 〈보기〉에서 있는 대로 고른 것은?

---보기---
ㄱ. 절대 등급은 (가)가 (나)보다 작다.
ㄴ. 질량은 (다)가 가장 크다.
ㄷ. 반지름은 (가) > (나) > (다)이다.

① ㄱ　　　② ㄴ　　　③ ㄱ, ㄷ
④ ㄴ, ㄷ　　　⑤ ㄱ, ㄴ, ㄷ

# 01

# 외부 은하와 우주 팽창

# 01 외부 은하


• 허블의 은하 분류 체계를 이용하여 외부 은하를 분류할 수 있어야 한다.
• 특이 은하와 충돌 은하의 특징을 설명할 수 있어야 한다.

---



* **헤일로** | 은하의 납작한 원반을 둥글게 둘러싸고 있는 공간

❖ **우리은하**

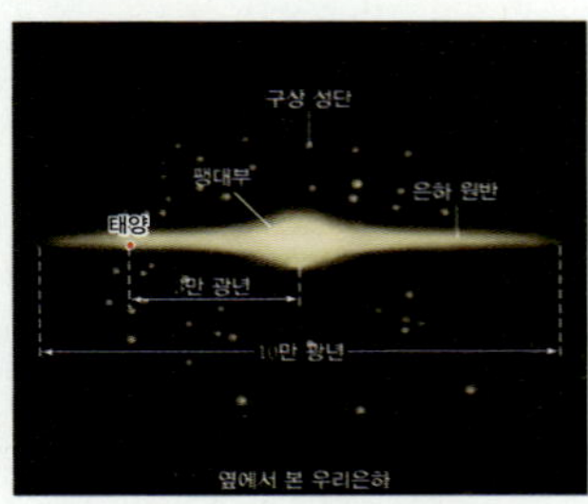

• 옆에서 본 모습: 납작한 원반 모양이며, 헤일로가 있다.

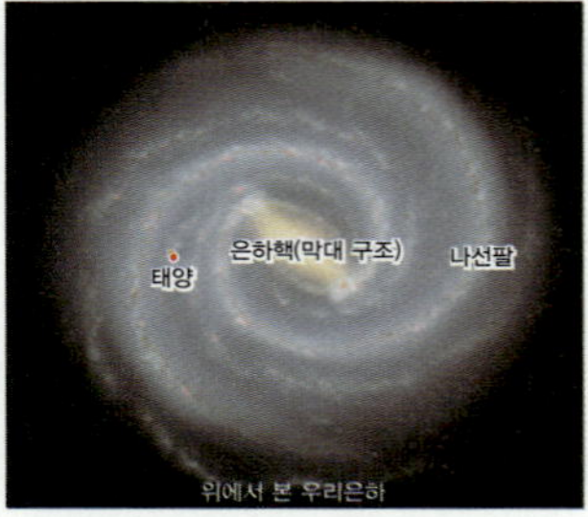

• 위에서 본 모습: 은하핵과 막대 구조, 나선팔이 있다.
• 태양의 위치: 우리은하 중심에서 약 3만 광년 떨어진 나선팔에 위치한다.

❖ **은하의 분류**
은하를 분류할 때 사용하는 약자는 타원 elliptical, 나선 spiral, 불규칙 ir-regular의 알파벳 첫 글자를 따서 사용한다.

---

## ⊗ 먼저 알아야 할 내용

### 1. 우리은하

① 수많은 별들이 모여 있는 거대한 집단을 [ ㉠ ]라고 한다.
② 우리은하: 우주에 있는 수많은 은하 중 태양계가 속해 있는 은하를 우리은하라고 한다.

답 ㉠ 은하

### 1 외부 은하의 분류

#### 1. 허블의 은하 분류

① 허블은 외부 은하를 가시광선 영역에서 관측되는 형태에 따라 타원 은하, 나선 은하, 불규칙 은하로 분류하였다.

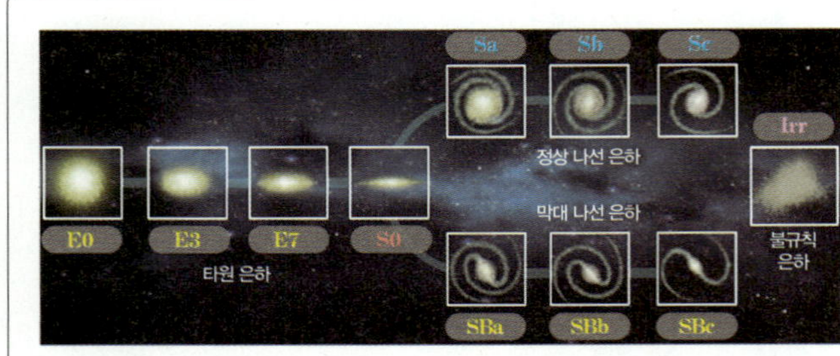


• 타원 은하: E0~E7
• 렌즈형 은하: S0
• 정상 나선 은하: Sa~Sc
• 막대 나선 은하: SBa~SBc
• 불규칙 은하: Irr

• 허블은 외부 은하의 모양이 일정한 방향으로 진화하고 있다고 생각하였으나, 나중에 은하의 진화와 모양은 아무 관련이 없음이 밝혀졌다.
• 렌즈형 은하: 나선팔이 없으나 원반이 존재하는 은하를 렌즈형 은하(S0)라고 한다.
② 관측된 은하들 중 나선 은하의 비율이 가장 높고, 그 다음으로 타원 은하, 불규칙 은하 순 이다.

#### 2. 타원 은하

① 성간 물질이 거의 없는 타원 모양의 은하이다. 새로 탄생하는 별이 적기 때문에 비교적 나이가 많은 별들로 이루어져 있다.
② 편평도에 따라 E0에서 E7까지 나누며, 크기가 매우 다양하다.
• 편평도: 타원체의 편평한 정도를 나타내는 값이다. 편평도가 0에 가까울수록 구형에 가깝다.

▲ 타원 은하 M87

#### 3. 나선 은하

① 납작한 원반 형태이며, 은하핵과 나선팔이 존재한다.
• 중앙의 팽대부: 나이가 많은 붉은색 별과 구상 성단이 분포하며, 중심부에는 거대 블랙홀이 있는 것으로 추정된다.
• 나선팔에는 성간 물질과 젊은별이 많이 분포한다.

② 막대 구조의 유무에 따라 정상 나선 은하와 막대 나선 은하로 나눈다.

- 정상 나선 은하: 나선팔이 감긴 정도와 은하핵의 크기에 따라 Sa, Sb, Sc로 나눈다. a에서 c로 갈수록 핵의 크기가 작고, 느슨하게 감긴 나선팔을 갖고 있다.

- 막대 나선 은하: 정상 나선 은하와 마찬가지로 SBa, SBb, SBc로 세분된다.

➡ 우리은하는 오랫동안 정상 나선 은하로 분류되어 왔으나 최근 중심부에 막대 구조가 발견되어 지금은 SBb형으로 분류되고 있다.

▲ 정상 나선 은하　　▲ 막대 나선 은하



### 4. 불규칙 은하

① 일정한 모양을 갖추지 않거나 비대칭적인 모양을 갖고 있는 은하를 말한다.

② 젊은 별과 나이 많은 별을 모두 포함하고 있으며 새로운 별들이 매우 활발하게 생성되고 있다.

▲ 불규칙 은하

---

**실전 자료　외부 은하의 분류**

그림은 허블의 외부 은하 분류 체계를 나타낸 것이다.

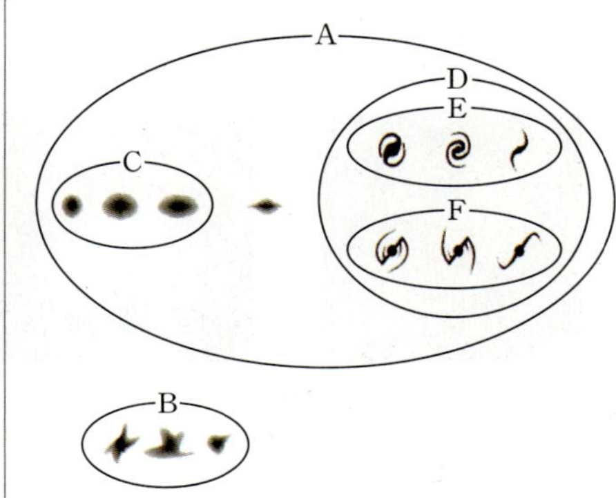

| 집단 | 특징 |
| --- | --- |
| A | 특정한 모양의 은하 |
| B | 불규칙 은하 |
| C | 타원 은하 |
| D | 나선 은하 |
| E | 정상 나선 은하 |
| F | 막대 나선 은하 |

1. A와 B의 분류 기준: 특정한 모양의 존재 유무
2. C와 D의 분류 기준: 나선팔의 존재 여부
3. E와 F의 분류 기준: 은하 팽대부에 막대 구조의 유무

---

## 개념 바로 확인

정답 및 해설 | 48쪽

**01** 허블은 외부 은하들을 크게 타원 은하, 나선 은하, [　　] 은하로 구분하였다.

**02** [　　] 은하는 편평도에 따라 E0부터 E7까지 세분한다.

**03** 우리은하를 허블의 은하 분류 기준에 따라 분류하면 [　　] 은하에 속한다.

**01** 모양에 따른 은하의 분류를 옳게 짝지으시오.

(1) 타원 은하　　　　・　　・(가) 일정한 모양이 없다.

(2) 렌즈형 은하・　　　　・(나) 성간 물질의 비율이 매우 적은 편이다.

(3) 나선 은하　　・　　　・(다) 원반 구조와 나선팔 구조가 있다.

(4) 불규칙 은하・　　　　・(라) 원반 형태이며, 나선팔 구조가 없다.

## ❷ 특이 은하와 충돌 은하

### 1. 특이 은하

허블이 제시한 기존의 은하 분류 체계에 포함되지 않는 특이 은하들이 존재한다. 은하의 중심 영역에서 보통의 광도를 넘어서는 에너지 방출이 이루어지는 은하를 활동 은하라고 한다. 활동 은하의 중심에는 거대한 질량의 블랙홀이 있을 것으로 생각된다.

### (1) 전파 은하

① 은하들 중에서 특히 강한 전파를 방출하는 은하들을 전파 은하라고 한다. 전파 은하가 방출하는 전파는 우리은하가 방출하는 에너지의 수백~수백만 배에 이른다.

② 전파 은하의 기본 구조는 중심에 핵을 가지고 양쪽에 로브라고 불리는 거대한 돌출부가 있으며, 로브와 핵은 제트로 연결되어 있다.

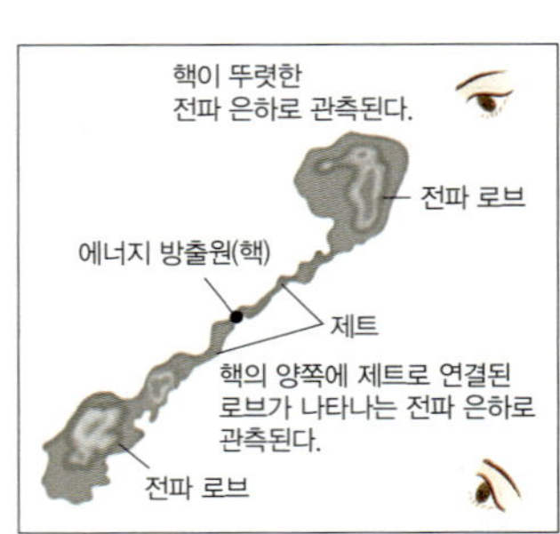


▲ 전파 은하의 구조

• 로브의 크기는 보통 눈에 보이는 은하의 수 배 정도이며, 로브 사이의 간격은 은하 크기의 수백 배에 이르기도 있다.

• 로브와 제트는 강한 X선을 방출하는데, 이는 강한 자기장이 존재한다는 것을 의미한다.

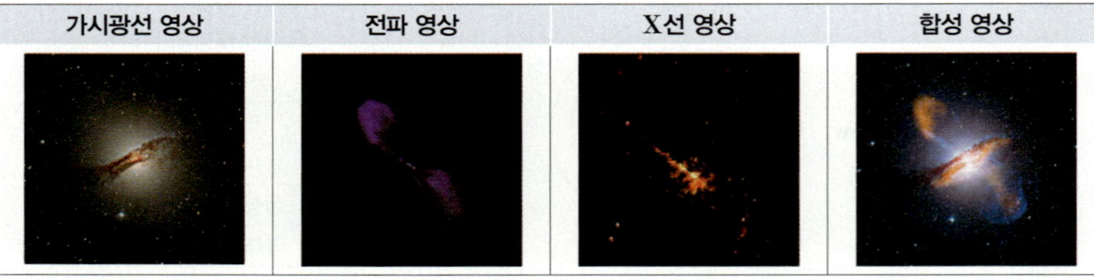


가시광선 영상에서 타원 은하처럼 보이지만 전파 영상에서 로브와 제트 구조가 뚜렷하게 나타난다.

### (2) 퀘이사

① 퀘이사는 1960년대에 전파를 발생하는 별을 찾던 도중에 발견되었다.

② 가장 멀리 있는 퀘이사는 우주 나이 10억 년 이전에 생긴 것으로 현재 우리가 관측할 수 있는 가장 먼 거리의 천체이다. ➡ 우주 탄생 초기의 천체이며, 매우 큰 적색 편이가 나타난다.

• 광도가 매우 빠르게 변할 수 있다. ➡ 퀘이사는 태양계 정도의 크기로 추정된다.

• 방출하는 에너지는 우리 은하의 수백~수천 배에 이른다. ➡ 퀘이사의 중심부에 블랙홀이 있을 것으로 추정된다.

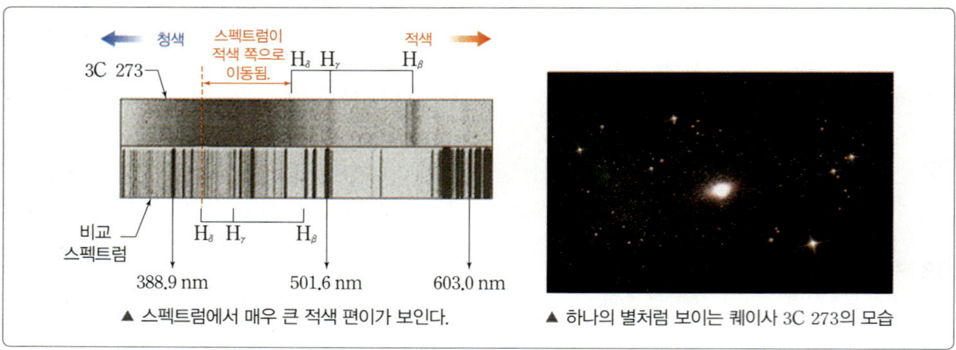


▲ 스펙트럼에서 매우 큰 적색 편이가 보인다.    ▲ 하나의 별처럼 보이는 퀘이사 3C 273의 모습

### (3) 세이퍼트은하

① 보통의 은하들에 비하여 아주 밝은 핵과 넓은 방출 스펙트럼이 관측되는 은하를 말한다.
- 스펙트럼에서 넓은 방출선을 가지고 있다 ➡ 선 스펙트럼의 폭이 넓으려면 매우 빠른 속도로 움직여야 한다. 이로부터 은하 중심부에 블랙홀이 있을 것으로 추정한다.
② 세이퍼트은하는 대부분 나선 은하이며, 전체 나선 은하 중 약 1~2 %가 세이퍼트은하이다.

▲ 세이퍼트은하



**실전 자료**　세이퍼트은하와 퀘이사의 스펙트럼 비교

다음은 특이 은하 (가)와 (나)의 스펙트럼과 특징을 나타낸 것이다.

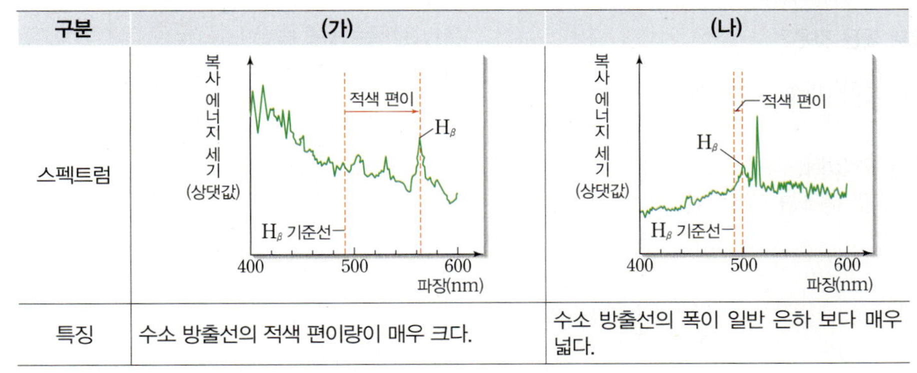

| 구분 | (가) | (나) |
|---|---|---|
| 스펙트럼 | 복사 에너지 세기 (상댓값) / 적색 편이 / H$_\beta$ / H$_\beta$ 기준선 / 400 500 600 파장(nm) | 복사 에너지 세기 (상댓값) / 적색 편이 / H$_\beta$ / H$_\beta$ 기준선 / 400 500 600 파장(nm) |
| 특징 | 수소 방출선의 적색 편이량이 매우 크다. | 수소 방출선의 폭이 일반 은하 보다 매우 넓다. |

1. (가)는 퀘이사, (나)는 세이퍼트은하이다.
2. 우리은하로부터 멀어지는 속도는 (가)가 더 크며, 거리도 (가)가 더 멀다.

### 2. 충돌 은하

① 은하와 은하의 상호 작용으로 은하가 충돌하는 과정에서 형성되는 은하를 충돌 은하라고 한다. (우리은하는 약 40억 년 후에 안드로메다은하와 충돌할 것으로 예상한다.)
② 은하가 충돌하더라도 내부의 별들이 서로 충돌할 가능성은 거의 없다. 그러나 은하 안의 거대한 분자 구름들은 서로 충돌하고 압축되면서 새로운 별들의 탄생을 촉진시킨다.

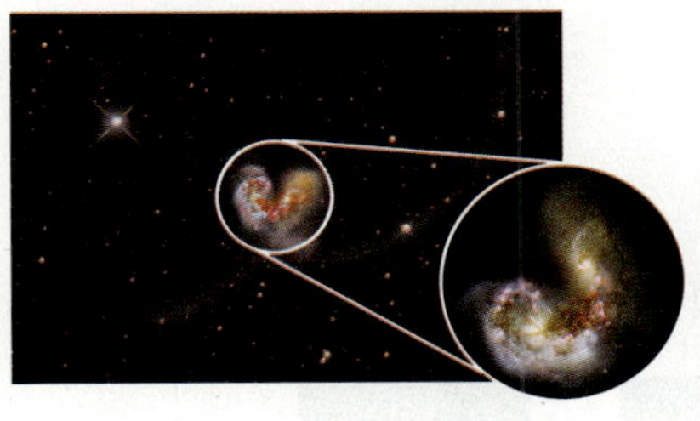

▲ 충돌 은하의 모습

**개념 바로 확인**

정답 및 해설 | 48쪽

**04** 퀘이사는 하나의 별처럼 보이지만 매우 큰 [　　　] 편이가 나타나는 특이 은하이다.

**05** [　　　]은하는 대부분 나선 은하 형태로 관측되는 특이 은하이다.

**06** 서로 다른 은하가 중력에 의해 충돌하는 과정에서 형성되는 은하를 [　　　] 은하라고 한다.

**02** 특이 은하에 대한 설명으로 옳은 것을 바르게 연결하시오.

(1) 전파 은하　　•　　• (가) 핵, 로브, 제트 구조를 갖고 있다.

(2) 퀘이사　　•　　• (나) 아주 밝은 핵과 넓은 방출선을 보인다.

(3) 세이퍼트은하　•　　• (다) 하나의 별처럼 보인다.

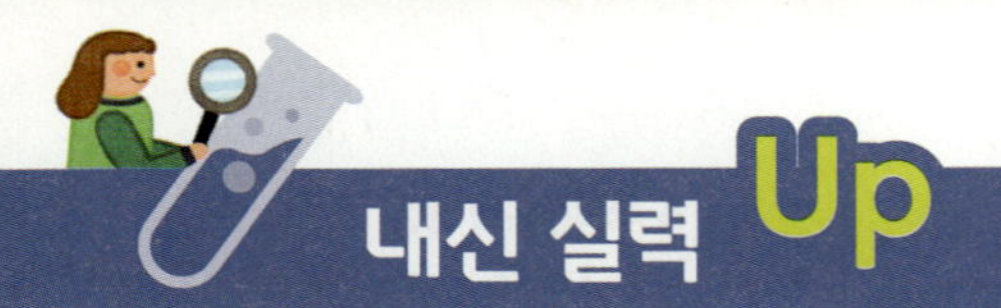

## 1 은하의 분류

**01** 그림은 허블의 은하 분류 체계를 나타낸 것이다.

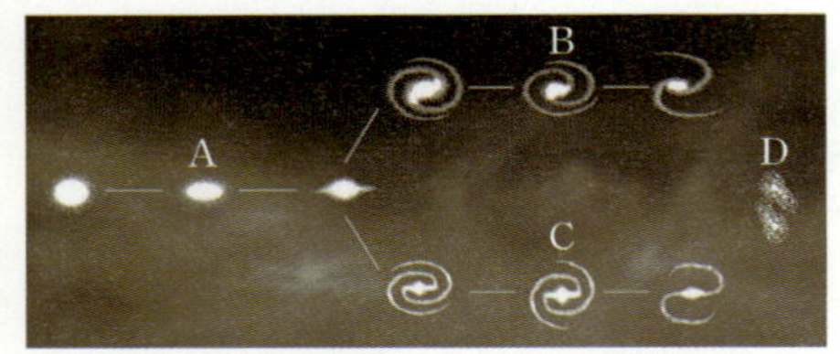

허블의 은하 분류 체계에 대한 설명으로 옳은 것은?

① 은하를 은하의 크기에 따라 나선 은하, 타원 은하, 불규칙 은하로 분류하였다.
② A는 거리에 따라 더 작게 세분할 수 있다.
③ B와 C는 모두 은하 원반과 나선팔 구조를 갖고 있다.
④ 우리은하는 D에 속한다.
⑤ A가 진화하면 B 또는 C가 된다.

**02** 그림 (가), (나), (다)는 여러 종류의 은하를 나타낸 것이다.

 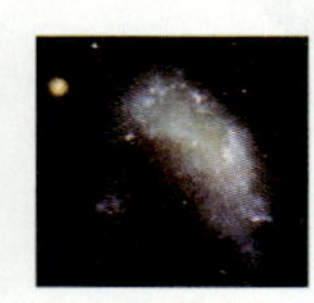 

(가)　　　　　(나)　　　　　(다)

이에 대한 설명으로 옳은 것만을 보기에서 있는 대로 고른 것은?

| 보기 |
ㄱ. (가)는 불규칙 은하이다.
ㄴ. (나)는 성간 물질의 비율이 매우 낮다.
ㄷ. 우리은하와 가장 유사한 구조를 가진 은하는 (다)이다.

① ㄱ 　　　② ㄷ 　　　③ ㄱ, ㄴ
④ ㄴ, ㄷ 　　　⑤ ㄱ, ㄴ, ㄷ

**03** 표는 은하의 종류에 따른 비율과 세부 유형을 나타낸 것이다

| 종류 | 비율(%) | 유형 |
|------|---------|------|
| A | 51 | Sa, Sb, Sc |
| B | 13 | SBa, SBb, SBc |
| C | 35 | E0, E1, … E7 |
| D | 1 | Irr−Ⅰ, Irr−Ⅱ |

이에 대한 설명으로 옳은 것만을 보기에서 있는 대로 고른 것은?

| 보기 |
ㄱ. 우리은하는 A에 속한다.
ㄴ. 젊은 별의 비율은 B가 C보다 높다.
ㄷ. 매우 큰 규모의 은하들은 대부분 D에 속한다.

① ㄱ 　　　② ㄴ 　　　③ ㄷ
④ ㄱ, ㄷ 　　　⑤ ㄴ, ㄷ

## 2 특이 은하와 충돌 은하

**04** 그림 (가)와 (나)는 어떤 특이 은하를 가시광선과 전파 영역에서 관측한 모습을 순서 없이 나타낸 것이다.

 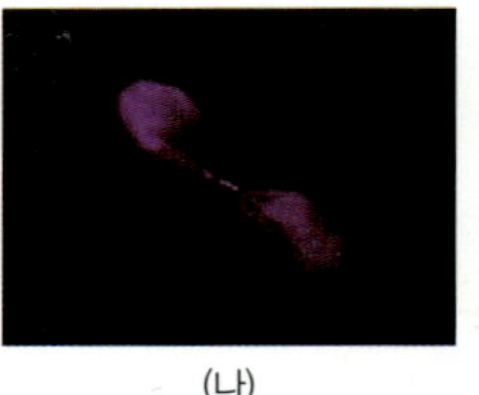

(가)　　　　　(나)

이에 대한 설명으로 옳은 것만을 보기에서 있는 대로 고른 것은?

| 보기 |
ㄱ. 가시광선 영역에서 관측한 영상은 (가)이다.
ㄴ. (나)에서 로브와 제트 구조가 나타난다.
ㄷ. 이 은하는 전파 은하이다.

① ㄱ 　　　② ㄴ 　　　③ ㄱ, ㄷ
④ ㄴ, ㄷ 　　　⑤ ㄱ, ㄴ, ㄷ

**05** 그림은 어느 퀘이사의 스펙트럼에서 관측된 수소 방출선의 파장 변화량을 나타낸 것이다.

중요

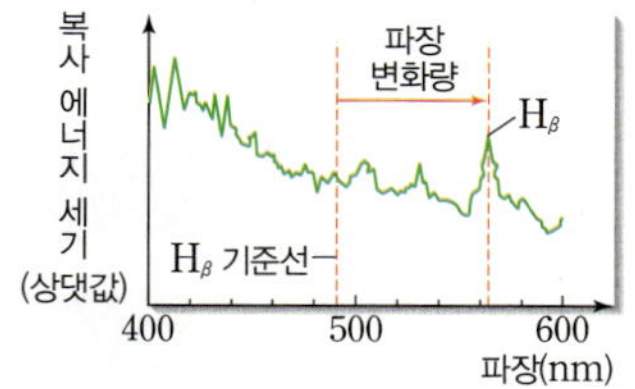


이에 대한 설명으로 옳은 것만을 보기에서 있는 대로 고른 것은?

| 보기 |

ㄱ. 퀘이사는 하나의 별처럼 보인다.
ㄴ. 수소 방출선은 청색 편이 되었다.
ㄷ. 퀘이사는 우리은하 안에 있는 천체이다.

① ㄱ　　　　② ㄴ　　　　③ ㄱ, ㄷ
④ ㄴ, ㄷ　　　⑤ ㄱ, ㄴ, ㄷ

**06** 그림은 충돌하는 두 은하의 모습을 나타낸 것이다.

은하의 충돌에 대한 설명으로 옳은 것만을 보기에서 있는 대로 고른 것은?

| 보기 |

ㄱ. 충돌 과정에서 새로운 별이 생성될 수 있다.
ㄴ. 충돌 과정에서 별들이 충돌하는 경우는 거의 일어나지 않는다.
ㄷ. 충돌을 일으키는 주요 원인은 우주가 팽창하기 때문이다.

① ㄱ　　　　② ㄷ　　　　③ ㄱ, ㄴ
④ ㄴ, ㄷ　　　⑤ ㄱ, ㄴ, ㄷ

 **이렇게!**

**07** 그림 (가)와 (나)는 서로 다른 종류의 은하를 나타낸 것이다.

중요

(가)　　　　　　(나)

(1) (가)와 (나) 은하를 허블의 은하 분류 체계에 따라 나눌 때 각각 어느 집단에 속하는지 쓰시오.

(2) (가)와 (나) 은하에 성간 물질과 젊은 별들이 어떻게 분포하는지 각각 설명하시오.

**08** 다음은 다양한 종류의 은하를 나열한 것이다.

(가) 퀘이사　　　　　(나) 세이퍼트은하
(다) 렌즈형 은하　　　(라) 타원 은하
(마) 전파 은하　　　　(바) 불규칙 은하

(1) 허블의 은하 분류 체계에 포함되지 않는 특이 은하를 모두 고르시오.

(2) (가)~(바)의 은하 중 초기 우주에 형성된 은하를 고르고, 그 은하 스펙트럼에서 관측되는 특징을 설명하시오.

# 허블 법칙과 우주론



❖ **후퇴 속도 recession velocity**
시선 방향으로 멀어지는 속도를 말한다. 광원과 관측자 사이의 거리가 멀어지면 도플러 효과에 의해 빛의 파장이 길어지는 적색 편이 현상이 나타난다.

## ❶ 허블 법칙과 우주 팽창

### 1. 허블의 외부 은하 관측 [탐구 활동 193쪽]

① 허블은 외부 은하의 스펙트럼에서 흡수선의 파장이 원래의 파장보다 붉은색 쪽으로 치우치는 적색 편이 현상을 관측하였다. 또한 거리가 먼 은하일수록 적색 편이가 크다는 사실도 알아냈다.

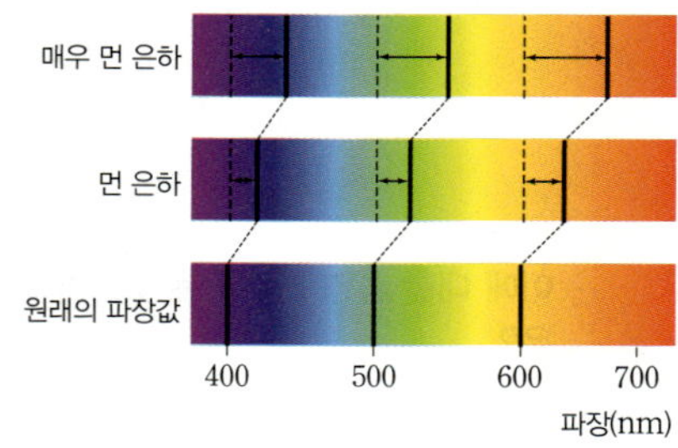


▲ 멀리 있는 외부 은하의 스펙트럼에 나타난 흡수선 파장($\lambda$) 원래의 파장($\lambda_0$)보다 길다.

② 외부 은하의 스펙트럼에서 적색 편이가 나타난다는 것은 외부 은하가 지구에서 멀어지고 있다는 것을 뜻한다. 이때 은하의 후퇴 속도 와 적색 편이량 사이에는 다음과 같은 관계식이 성립한다.

· 관측된 파장 $\lambda$, 원래의 고유 파장 $\lambda_0$ 라고 하면, 적색 편이량은 $\dfrac{\lambda-\lambda_0}{\lambda_0}=\dfrac{\varDelta\lambda}{\lambda_0}$ 이고, 빛의 속도를 $c$라고 하면, 후퇴 속도 $v=cz=c\times\dfrac{\varDelta\lambda}{\lambda_0}$ 이다.

❖ **허블 법칙을 이용한 외부 은하의 거리 구하는 과정**

❶ 외부 은하의 스펙트럼을 관측하여, 적색 편이량을 구한다.
❷ 적색 편이량으로부터 후퇴 속도를 구한다.

$$v=c\times\frac{\varDelta\lambda}{\lambda_0}$$

❸ 후퇴 속도와 허블 상수를 알고 있으므로, 허블 법칙을 이용하여 거리를 구한다.

$$v=H\times r$$
$$\Rightarrow r=\frac{v}{H}$$

$$v=c\times\frac{\varDelta\lambda}{\lambda_0}\ (c:\text{빛의 속도},\ 3\times10^6\,\text{km/s})$$

### 2. 허블 법칙

(1) 허블은 외부 은하들의 거리($r$)와 적색 편이량을 측정하여 거리와 후퇴 속도($v$)가 비례함을 알아냈다. 이를 허블 법칙(Hubble's law)이라고 하며 다음과 같이 나타낼 수 있다.

$$\text{허블 법칙: } v=H\times r\ (H:\text{허블 상수})$$

❖ **거리 단위**

· 1pc: 연주 시차가 1″인 거리, 1Mpc $=10^6$pc
· 1광년: 빛이 1년 동안 진행한 거리
· 1AU: 지구와 태양 사이의 평균 거리
· 1pc≒3.26 광년
  ≒ 206265 AU
  ≒ $3.09\times10^{13}$ km

(2) **허블 법칙의 의미**: 허블 법칙에 따르면 외부 은하들은 거리에 비례하는 속도로 멀어지고 있다. 즉, 2배 멀리 있는 은하는 2배 빠르게, 3배 멀리 있는 은하 3배 빠르게 멀어지고 있다. 실제로 은하들이 이렇게 규칙적인 값으로 멀어질 수는 없다. 관측 결과를 논리적으로 설명할 수 있는 것은 은하 자체의 운동이 아니라 공간이 팽창하여 외부 은하들이 멀어지고 있는 것처럼 관측되는 것이다.

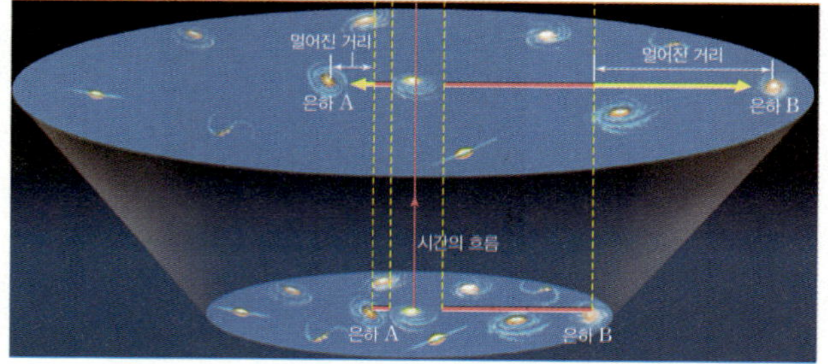


▲ 허블 법칙과 우주의 팽창

❖ **우주의 나이**

$$\frac{v}{H}=\frac{1}{68\,km/s/Mpc}$$
$$=\frac{1\,Mpc}{68\,km/s}$$
$$≒\frac{3\times10^{22}\,km}{68\,km/s}$$
$$≒4.4\times10^{20}s$$
$$≒140억 년$$

(3) **허블 상수와 우주의 나이**

① 허블이 최초로 측정한 허블 상수는 대략 500 km/s/Mpc

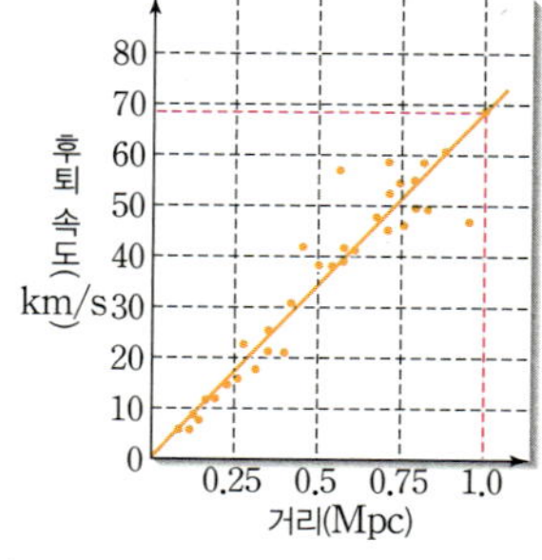


▲ 허블 법칙과 허블 상수

이었으나, 2013년 플랑크 우주 망원경의 정밀한 관측 결과를 바탕으로 구한 허블 상수는 67.8 km/s/Mpc ±0.77 km/s/Mpc이다. 이 값의 의미는 1 Mpc 만큼 떨어져 있는 두 은하 사이의 공간에서 1초마다 약 67.8 km의 새로운 공간이 생기고 있다는 뜻이다.

② 만약 우주가 현재와 동일한 속도로 계속 팽창해 왔다고 가정하고 시간을 거꾸로 되돌리면 우주는 계속 수축하다가 결국 모든 물질이 한 점에 모인다. 이 순간을 우주의 시작이라고 본다면, 우주의 나이($t$)는 허블 상수의 역수가 된다.

$$\text{우주의 나이: } t = \frac{r}{v} = \frac{1}{H}$$

(4) **우주의 크기**: 거리가 먼 은하일수록 후퇴 속도가 크다. 우리은하에서 관측 가능한 거리의 한계는 빛의 속도로 멀어지는 은하이다. 따라서 빛의 속도로 멀어지는 지점까지의 우주를 관측 가능한 우주라고 한다. 그 크기를 $R$라고 하면 다음과 같이 구할 수 있다.

$$r = \frac{v}{H} \ \blacktriangleright \ R = \frac{c}{H} \ (c\text{는 빛의 속도})$$



### 3. 우주 팽창

① 허블 법칙은 우주 공간이 모든 방향에 대하여 균일하게 팽창하고 있음을 나타낸다.

➡ 우주에서 특별한 팽창의 중심은 존재하지 않는다.

② 풍선 모형은 중심 없이 팽창하는 우주의 모습을 비유적으로 잘 나타낼 수 있는 모형이다. 풍선이 부풀어 오르면 풍선 표면에서 두 지점 사이의 거리가 멀어지듯이 우주 공간이 팽창하면 천체가 직접 움직이지 않아도 서로 멀어진다. 또, 멀리 있는 천체일수록 거리 변화가 크다.

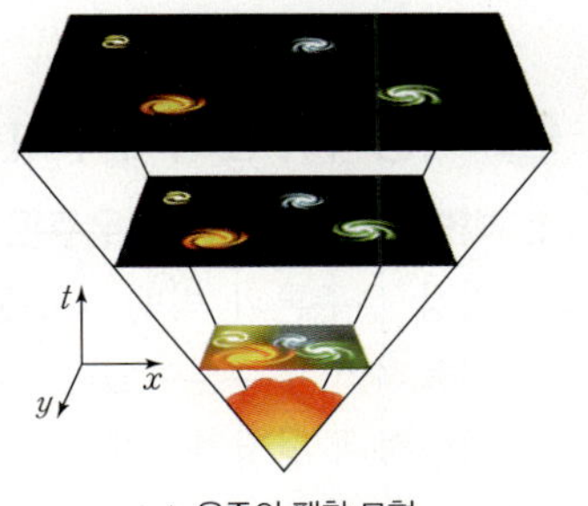
▲ 우주의 팽창 모형

## 개념 바로 확인

정답 및 해설 | 49쪽

**01** 멀리 있는 외부 은하들의 스펙트럼에서 흡수선의 파장이 원래의 파장 위치보다 길어지는 [ ] 편이 현상이 나타난다.

**02** 멀리 있는 어떤 외부 은하까지의 거리를 $r$이라고 하고, 후퇴 속도를 $v$라고 할 때 허블 상수는 [ ] 이다.

**03** 우주가 현재와 동일한 속도로 계속 팽창해 왔다고 가정하면 [ ]의 역수는 우주의 나이에 해당한다.

**01** 우주 팽창에 대한 설명으로 옳은 것만을 〈보기〉에서 있는 대로 고른 것은?

┤ 보기 ├

ㄱ. 멀리 있는 은하일수록 더 빨리 멀어진다.

ㄴ. 우주의 중심에 위치한 은하는 멀어지지 않는다.

ㄷ. 멀리 있는 외부 은하에서 우리은하를 관측하면 청색 편이가 나타난다.

**02** 허블이 외부 은하의 후퇴 속도를 알아내기 위해 관측한 내용은 무엇인가?

① 은하의 크기를 비교하였다.

② 은하를 형태에 따라 분류하였다.

③ 스펙트럼의 적색 편이량을 측정하였다.

④ 나선팔에 있는 별들의 분광형을 조사하였다.

⑤ 다양한 파장 영역에서 촬영한 은하 사진을 비교하였다.

| 실전 자료 | 풍선 모형 실험 |
| --- | --- |

풍선에 일정한 간격으로 스티커를 붙인 다음, 풍선을 불어서 팽창시킨다. 이 때 풍선 위의 스티커 간격 변화를 관찰한다.

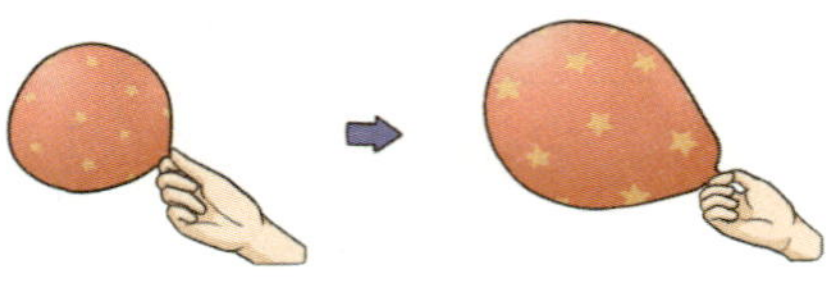

1. 스티커는 '은하'를, 풍선 표면은 '우주'을 의미한다.
   → 2차원인 풍선 표면을 3차원 우주 공간에 비유한 실험이므로 풍선 내부는 고려하지 않는다.
2. 풍선이 부풀어 오를 때 스티커 사이의 간격은 멀어진다.
   → 스티커 사이의 간격이 멀수록 더 빨리 멀어지며, 풍선 표면에서 팽창의 중심은 없다.

## ❷ 빅뱅 우주론과 우주의 급팽창

### 1. 빅뱅 우주론과 정상 우주론

정상 우주론과 빅뱅 우주론은 허블 법칙과 우주론적 원리를 합리적으로 설명할 수 있는 대표적인 우주론이었다. 두 우주론은 빅뱅 우주론이 확립되기 전인 1960년대 중반까지 치열하게 경쟁하였다.

| 구분 | 정상 우주론 | 빅뱅 우주론 |
| --- | --- | --- |
| 모형 | | |
| 핵심 주장 | • 우주는 영원하며, 시작도 끝도 없다.<br>• 우주의 크기는 무한하다.<br>• 팽창하지만, 밀도와 온도가 일정하다. | • 우주는 특정한 시점에서 시작되었다.<br>• 우주의 크기는 유한하다.<br>• 팽창함에 따라 밀도와 온도가 낮아진다. |

### 2. 빅뱅 우주론의 확립

(1) 1965년 우주 배경 복사가 발견되기 전까지는 정상 우주론과 빅뱅 우주론은 대등한 위치에서 경쟁하였다.

(2) 현재는 빅뱅 우주론이 올바른 우주론으로 인정받고 있다. 빅뱅 우주론의 증거에는 우주 배경 복사와 우주 공간에 존재하는 가벼운 원소의 비율이다.

① 우주 배경 복사

• **예측**: 1948년 가모는 대폭발로 시작된 초기 우주의 뜨거운 복사가 우주가 팽창함에 따라 현재는 온도가 낮아져 약 5 K의 복사로 남아있을 것으로 예측하였다.

• **최초의 관측**: 1964년 미국의 펜지어스와 윌슨은 통신용 전파 망원경을 이용하여 하늘의 모든 방향에서 동일한 세기로 나타나는 파장 7.35 cm의 마이크로파를 발견하였다. 그 후 이 전자기파가 약 2.7 K의 흑체에서 나오는 복사 에너지와 동일하다는 것을 알아내었다. 1978년 두 과학자는 우주 배경 복사를 발견한 공로를 인정받아 노벨 물리학상을 받았다.

- 우주 배경 복사는 빅뱅 이후 우주의 나이가 약 38만 년일 때 우주가 투명해지면서 형성된 복사 에너지이다. 당시 약 3000 K일 때 형성된 복사가 우주의 팽창으로 파장이 길어져 현재는 2.7 K 복사로 관측된다.

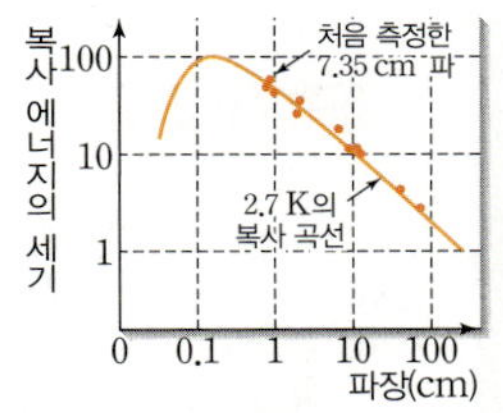
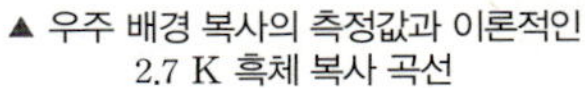


▲ 우주 배경 복사의 측정값과 이론적인 2.7 K 흑체 복사 곡선

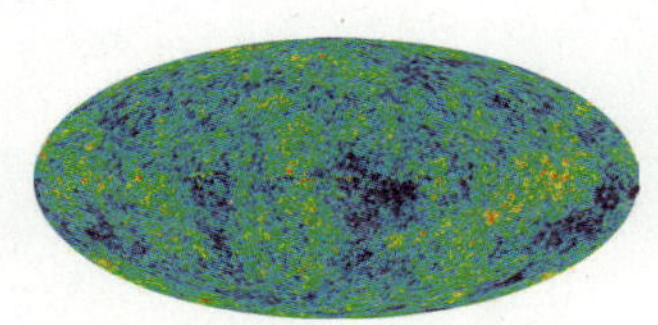

▲ 우주 배경 복사(플랑크 위성 2013년) 방향에 따라 미세한 온도 차가 있다.



### ② 가벼운 원소의 비율

빅뱅 우주론에서 계산한 우주 공간에 존재하는 수소와 헬륨의 질량비는 3:1 정도이다. 이 값은 우주 망원경으로 관측한 최신 관측 결과와 거의 일치한다. 따라서 가벼운 원소의 질량비는 빅뱅 우주론을 지지하는 강력한 증거이다.

## 3. 우주의 급팽창

1979년 미국의 천문학자 앨런 구스가 제시했다. 급팽창 이론은 빅뱅 직후 우주가 극히 짧은 시간 동안 급격히 팽창했다는 이론으로, 빅뱅 우주론이 해결하지 못한 중요한 문제들을 해결해 주었다.

### (1) 빅뱅 우주론의 문제점

| | |
|---|---|
| **편평성 문제** | 관측에 의하면 관측 가능한 우주는 거의 완벽한 0의 곡률을 가지고 있다. 우주의 곡률이 정확하게 0의 곡률을 갖는 까닭은 무엇인가? |
| **지평선 문제** | 서로 영향을 주고받을 수 없는 우주 지평선의 양 끝에서 오는 우주 배경 복사가 거의 완전히 균일한 까닭은 무엇인가? |
| **자기 홀극 문제** | 빅뱅 우주론에 따르면 초기 우주에서 형성된 자기 홀극이 무수히 많이 존재해야 하는데 지금까지 자기 홀극은 발견되지 않는 까닭은 무엇인가? |

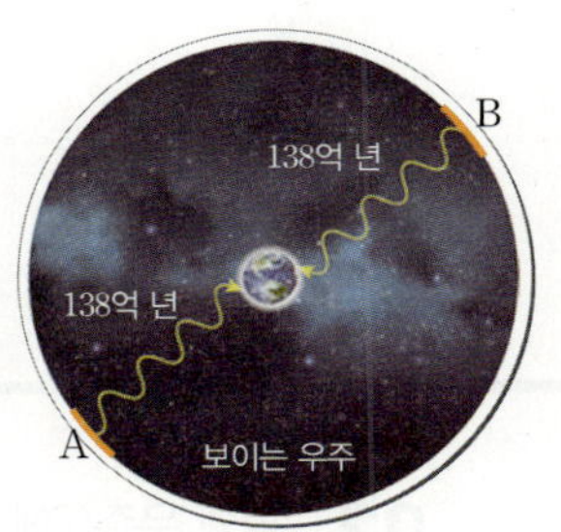


▲ A와 B는 서로 상호 작용할 수 없는 위치이지만 우주 배경 복사가 균일하다.



### (2) 급팽창 이론(인플레이션 이론)

① 급팽창 이론에 따르면 우주는 빅뱅이 일어난 지 $10^{-35} \sim 10^{-32}$ 초 사이에 빛보다 빠른 속도로 급격한 팽창을 일으킨다. 이 기간 동안 우주의 크기는 $10^{50}$배 이상 커졌다.

② 급팽창 이론을 통해 빅뱅 우주론의 문제점을 해결할 수 있었다.



▲ 우주의 급팽창 모형

- **편평성 문제**: 급팽창 이론에 따르면 우리는 전체 우주의 극히 일부분만을 보고 있다. 우주가 둥근 풍선의 표면처럼 휘어져 있더라도 관측 가능한 우주의 영역은 일부이므로 편평하게 보인다. 이것은 풍선을 매우 크게 불면 풍선 표면은 평면에 가까워지는 것과 같은 원리이다.

- **지평선 문제**: 급팽창 이론에 따르면 빅뱅 직후 급팽창이 일어나기 전까지는 크기가 작아 정보를 충분히 교환할 수 있었다. 이 시기에는 우주 전체에서 빛이 충분히 뒤섞여 에너지 밀도가 균일해질 수 있었다. 균질해진 이후 급팽창이 일어났으므로 현재 관측되는 우주 배경 복사가 방향에 상관없이 거의 같은 온도로 나타나는 까닭을 설명할 수 있다.

### ❖ 우주의 곡률과 모양

| 곡률 | 모양 |
| --- | --- |
| (−) | 열린 우주 |
| (+) | 평탄 우주 |
| 0 | 닫힌 우주 |

### ❖ 자기 홀극

자석에는 항상 N극과 S극이 동시에 존재하지만, 하나의 극만 존재하는 이론적인 입자를 자기 홀극이라고 한다.

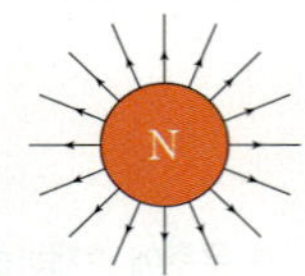

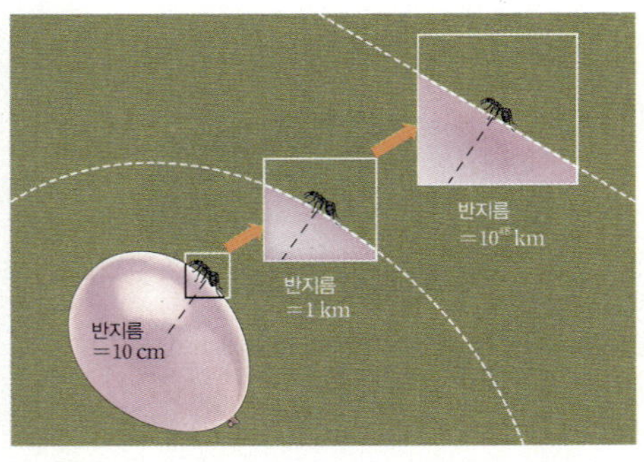


▲ 우주가 편평하지 않더라도 급팽창으로 인해 현재 관측 가능한 우주는 편평하게 관측된다.

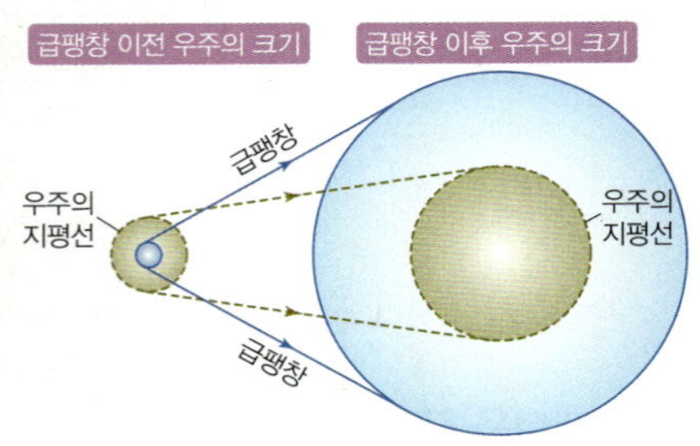


▲ 급팽창 이전의 우주에서는 정보 교환이 가능하여 충분히 균질해 질 수 있었다.

- 자기 홀극 문제: 급팽창 이론에서는 우주가 급격히 팽창하여 관측 가능한 우주 안에 자기 홀극의 밀도가 크게 감소하여 발견하기 어렵다고 설명한다. 우주가 급팽창하여 우주의 크기가 매우 커졌기 때문에 대부분의 자기 홀극이 우주 지평선 너머로 흩어진다. 그 결과, 관측 가능한 우주 공간에서 자기 홀극의 밀도가 극히 낮아진다.

## 개념 바로 확인

정답 및 해설 | 49쪽

**04** 우주가 한 점에서 시작되어 계속 팽창하여 현재의 우주가 되었다는 이론을 [　　　] 우주론 이라고 한다.

**05** 우주의 온도가 약 3000 K일 때 방출된 빛이 우주의 팽창으로 현재는 2.7 K에 해당하는 [　　　]로 관측된다.

**06** [　　　] 이론은 빅뱅 우주론이 설명하지 못하는 중요한 문제점들을 설명해 주었다.

**03** 빅뱅 우주론에서 증가한다고 주장하는 것만을 〈보기〉에서 있는 대로 고른 것은?

┤ 보기 ├
ㄱ. 우주의 밀도　　　ㄴ. 우주의 크기　　　ㄷ. 우주 배경 복사의 온도

**04** 빅뱅 우주론에 대한 설명으로 옳은 것은 ○표, 옳지 <u>않은</u> 것은 ×표 하시오.

(1) 우주는 크기는 무한하며 항상 같은 상태를 유지한다. 　　　(　　　)
(2) 우주 배경 복사는 빅뱅 우주론이 옳다는 증거이다. 　　　(　　　)
(3) 빅뱅 우주론에서 예측한 가벼운 원소의 비율과 실제 관측된 비율이 일치한다. 　　　(　　　)

**05** 빅뱅 우주론으로 설명하기 어려운 세 가지 문제점을 옳게 짝지으시오.

(1) 지평선 문제　　•　　• (가) 우주의 곡률은 거의 완벽하게 0이다.
(2) 편평성 문제　　•　　• (나) 아직까지 자기 홀극이 발견되지 않았다
(3) 자기 홀극 문제　•　　• (다) 우주 배경 복사가 모든 방향에서 거의 균일하다.

## 탐구 활동

### · 외부 은하의 후퇴 속도 계산하기 ·

**과정**  그림은 외부 은하 (가)~(라)의 거리와 스펙트럼을 나타낸 것이다.

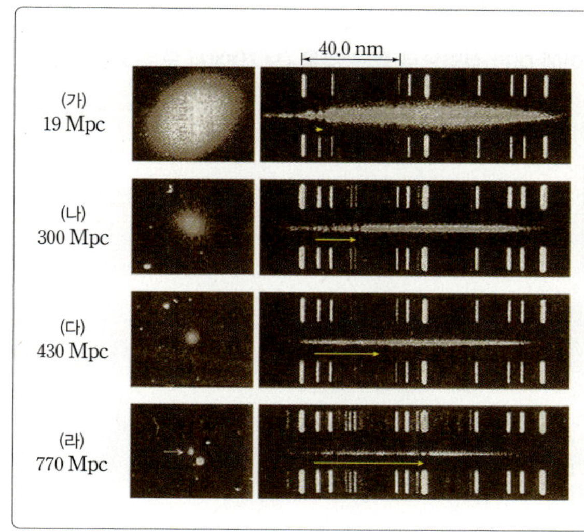

- 그림 상단에 제시된 40.0nm는 두 비교 스펙트럼의 파장 간격이며, 길이는 20mm이다.
- 그림에서 노란색 화살표는 정지 상태일 때의 칼슘 흡수선이 적색 편이된 정도를 나타낸 것이다.
- 정지 상태에서 칼슘 흡수선의 평균 파장은 395.1 nm이다.



**목표**
- 적색 편이량으로부터 외부 은하의 후퇴 속도를 계산할 수 있어야 한다.
- 외부 은하의 거리와 후퇴 속도의 관계를 설명할 수 있어야 한다.

**정리**
- 적색 편이량을 측정하여 알아낸 후퇴 속도($v$)는 외부 은하의 거리($r$)에 비례한다.
- 거리에 대한 후퇴 속도의 비를 허블 상수라고 한다.

$$v = H \times r \quad (H: 허블\ 상수)$$

1. 외부 은하 (가)~(라)의 스펙트럼 사진에서 노란색 화살표의 길이를 자로 측정한다.

2. 그림 상단에 제시된 길이와 파장의 관계(1 mm 당 2 nm에 해당)를 이용하여 흡수선의 적색 편이량($\frac{\Delta\lambda}{\lambda_0}$)을 구한다.

3. 외부 은하 (가)~(라)의 후퇴 속도를 계산한다.

**결과**  1. 은하의 후퇴 속도는 다음과 같이 구할 수 있다.

➡ (가) 은하에서 화살표의 길이는 1 mm이므로 파장 변화량 2 nm이다. 따라서 적색 편이량은 2/395.1이므로 후퇴 속도는

$$v_{(가)} = c \times \frac{\Delta\lambda}{\lambda_0} = 3 \times 10^5 \times \frac{2}{395.1} ≒ 1519\ km/s$$이다. 같은 방법으로 (나)~(라) 은하의 후퇴 속도를 구할 수 있다.

| 은하 | 거리(Mpc) | 화살표 길이(mm) | 파장 변화량 $\Delta\lambda$(nm) | 적색 편이량 $\frac{\Delta\lambda}{\lambda_0}$ | 후퇴 속도(km/s) |
|---|---|---|---|---|---|
| (가) | 19 | 1 | 2 | 2/395.1 | 1519 |
| (나) | 300 | 8 | 16 | 16/395.1 | 12149 |
| (다) | 430 | 13 | 26 | 26/395.1 | 19742 |
| (라) | 770 | 22 | 44 | 44/395.1 | 33409 |

2. 외부 은하의 거리가 멀수록 후퇴 속도가 크다는 것을 알 수 있다.

정답 및 해설 | 49쪽

---

**01** 위 탐구에 대한 설명으로 옳은 것은 ○, 옳지 않은 것은 ×로 표시하시오.

(1) 거리가 가까운 은하일수록 적색 편이량이 커진다.

(　　　)

(2) $\frac{거리}{후퇴\ 속도}$ 는 허블 상수에 해당한다.

(　　　)

(3) (가)~(라) 은하들은 서로로부터 멀어지고 있다.

(　　　)

**02** 표는 은하 A~C의 거리와 후퇴 속도를 나타낸 것이다.

| 은하 | 거리(Mpc) | 후퇴 속도(km/s) |
|---|---|---|
| A | 100 | ( ㉠ ) |
| B | 300 | 15000 |
| C | ( ㉡ ) | 20000 |

㉠, ㉡에 들어갈 알맞은 값을 순서대로 옳게 쓰시오.

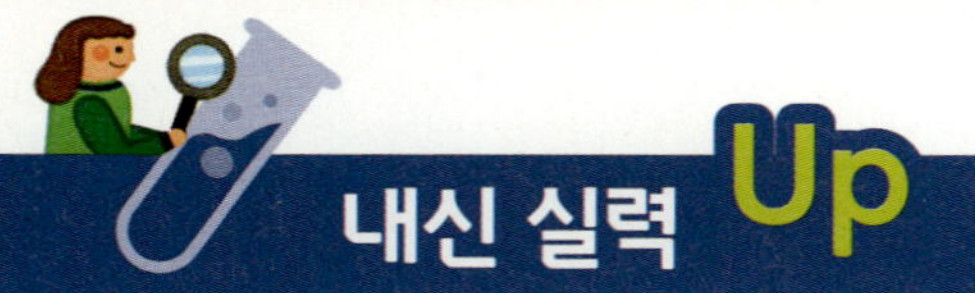

## 1  허블 법칙과 우주의 팽창

**01** 허블 법칙과 우주 팽창에 대한 설명으로 옳지 <u>않은</u> 것은?

① 은하의 후퇴 속도는 적색 편이를 측정하여 알 수 있다.
② 멀리 있는 은하일수록 더 빠른 속도로 멀어진다.
③ 허블 법칙을 이용하여 은하의 거리를 측정할 수 있다.
④ 우주의 팽창 속도는 우리은하에서 멀어질수록 빠르다.
⑤ 우주의 팽창에는 특별한 중심이 없다.

**02** 그림은 외부 은하의 거리와 후퇴 속도를 나타낸 것이다.

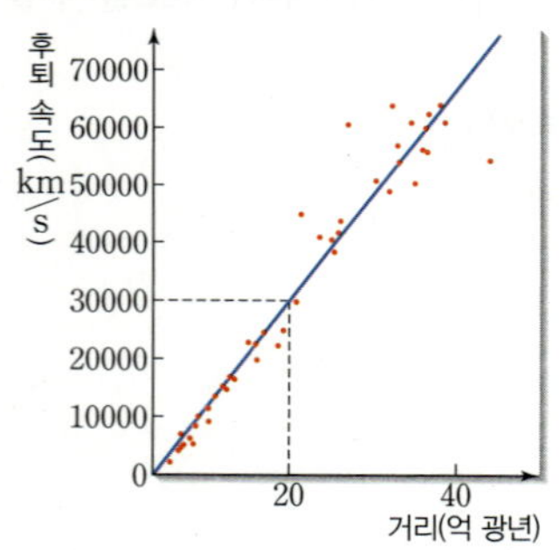

이에 대한 설명으로 옳은 것만을 보기에서 있는 대로 고른 것은?

| 보기 |

ㄱ. 거리가 먼 은하일수록 적색 편이가 크게 나타난다.
ㄴ. 허블 상수는 약 1500 km/s/억 광년이다.
ㄷ. 우리은하로부터 90000 km/s로 멀어지는 은하까지의 거리는 약 60억 광년이다.

① ㄱ          ② ㄴ          ③ ㄱ, ㄷ
④ ㄴ, ㄷ      ⑤ ㄱ, ㄴ, ㄷ

**03** 표는 외부 은하 A, B, C에서 관측된 흡수선 스펙트럼의 파장을 나타낸 것이다. 이 흡수선의 고유 파장은 440 nm이다.

| 은하 | A | B | C |
| --- | --- | --- | --- |
| 관측 파장(nm) | 460 | 480 | 520 |

이에 대한 설명으로 옳은 것을 〈보기〉에서 모두 고른 것은?

| 보기 |

ㄱ. 적색 편이량은 B가 A의 2배이다.
ㄴ. 후퇴 속도는 C가 B의 4배이다.
ㄷ. 은하까지의 거리는 C가 A의 2배이다.

① ㄱ          ② ㄴ          ③ ㄷ
④ ㄱ, ㄴ      ⑤ ㄴ, ㄷ

**04** 그림은 두 은하 A, B의 모습과 스펙트럼 사진을 타낸 것이다.

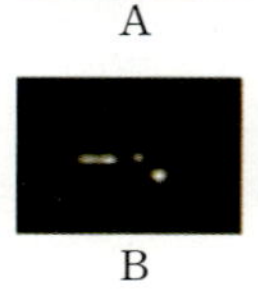


이에 대한 설명으로 옳은 것만을 〈보기〉에서 있는 대로 고른 것은? (단, 스펙트럼에서 화살표는 칼슘 흡수선의 적색 편이를 나타낸 것이다.)

| 보기 |

ㄱ. 관측된 칼슘 흡수선의 파장은 A가 B보다 길다.
ㄴ. 후퇴 속도는 A가 B보다 크다.
ㄷ. A와 B 사이의 거리는 멀어지고 있다.

① ㄱ          ② ㄴ          ③ ㄷ
④ ㄱ, ㄷ      ⑤ ㄴ, ㄷ

**05** 그림은 우주의 팽창 속도가 다른 두 경우를 가정하여 외부 은하의 거리와 후퇴 속도 관계를 나타낸 것이다.

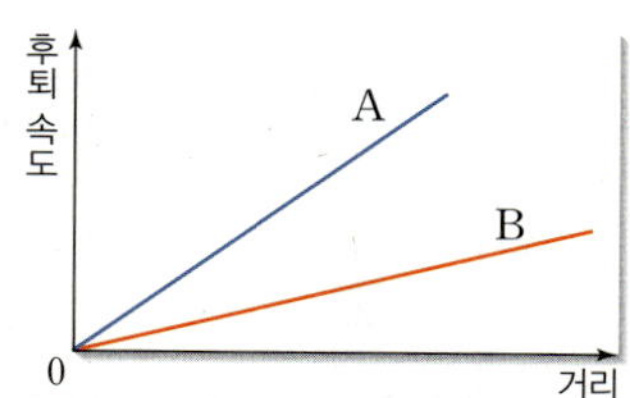


이에 대한 설명으로 옳은 것을 〈보기〉에서 모두 고른 것은?

> **보기**
> ㄱ. 우주의 팽창 속도는 A < B이다.
> ㄴ. 허블 상수는 A > B이다.
> ㄷ. 우주의 나이는 A > B이다.

① ㄱ      ② ㄴ      ③ ㄷ
④ ㄱ, ㄴ      ⑤ ㄴ, ㄷ

**06** 그림은 우주의 팽창을 풍선의 팽창에 비유하여 나타낸 것이다.

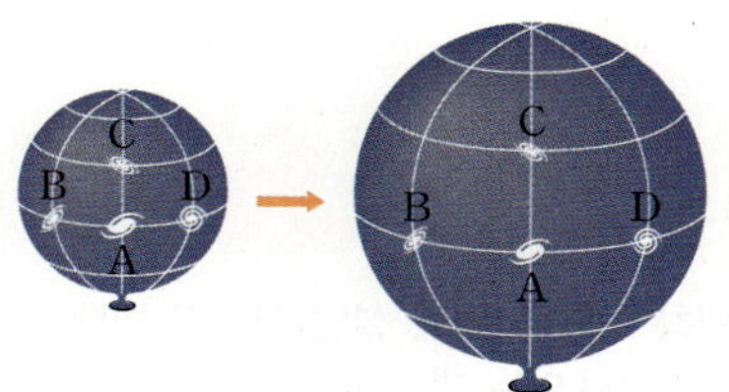


이 모형에 대한 설명으로 옳은 것만을 보기에서 있는 대로 고른 것은?

> **보기**
> ㄱ. 풍선의 내부는 우주 공간에 해당한다.
> ㄴ. 풍선 표면에서 팽창의 중심은 A이다.
> ㄷ. B로부터 멀어지는 속도는 A보다 D가 크다.

① ㄱ      ② ㄴ      ③ ㄷ
④ ㄱ, ㄴ      ⑤ ㄴ, ㄷ

## ② 빅뱅 우주론과 우주의 급팽창

**07** 그림 (가)와 (나)는 빅뱅 우주론 모형과 정상 우주론 모형을 순서 없이 나타낸 것이다.

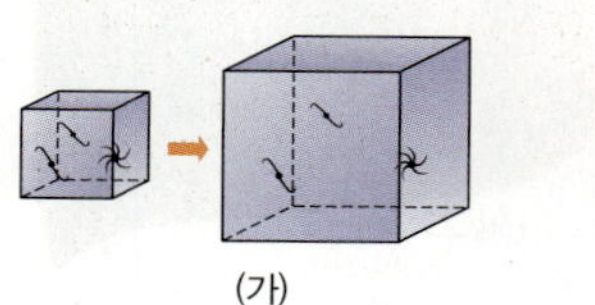

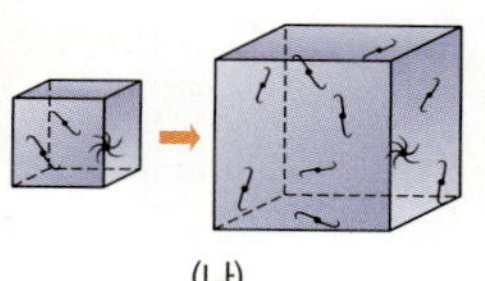

(가)            (나)

이에 대한 설명으로 옳은 것만을 보기에서 있는 대로 고른 것은?

> **보기**
> ㄱ. (가)는 빅뱅 우주론 모형이다.
> ㄴ. (나)는 허블 법칙을 설명할 수 있다.
> ㄷ. (가)와 (나)에서 모두 우주의 밀도가 일정하다.

① ㄱ      ② ㄷ      ③ ㄱ, ㄴ
④ ㄴ, ㄷ      ⑤ ㄱ, ㄴ, ㄷ

**08** 우주 배경 복사에 대한 설명으로 옳지 않은 것은?

① 1964년 윌슨과 펜지어스가 최초로 관측하였다.
② 고온의 초기 우주에서 형성된 복사 에너지이다.
③ 우주 배경 복사는 약 2.7 K 흑체 복사와 일치한다.
④ 우주 배경 복사는 방향에 따라 미세한 온도 차가 있다.
⑤ 우주 배경 복사는 우주가 가속 팽창하다는 증거가 된다.

**09** 그림은 대폭발 우주론에 근거하여 빅뱅 이후 현재에 이르는 동안 일어난 주요 사건들을 나타낸 것이다.

이에 대한 설명으로 옳은 것만을 보기에서 있는 대로 고른 것은?

┤ 보기 ├
ㄱ. 우주의 급팽창은 (가) 시기 이전에 일어났다.
ㄴ. (나) 시기에 수소와 헬륨의 질량비는 약 3:1이었다.
ㄷ. 우주 배경 복사는 (다) 시기 이후에 형성되었다.

① ㄱ  ② ㄴ  ③ ㄷ
④ ㄱ, ㄴ  ⑤ ㄴ, ㄷ

**10** 그림은 초기 우주에서 빅뱅 핵합성에 의해 헬륨 원자핵이 형성되는 과정을 나타낸 것이다.

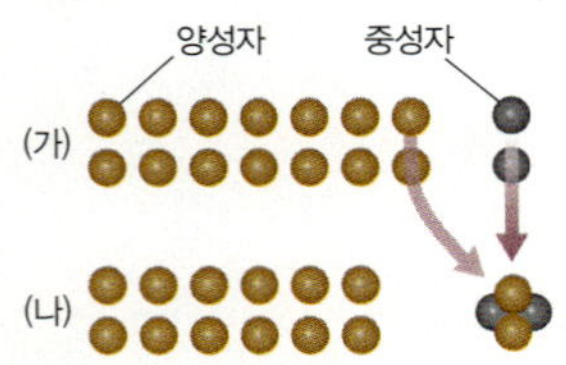


이에 대한 설명으로 옳은 것만을 보기에서 있는 대로 고른 것은?

┤ 보기 ├
ㄱ. (가) 시기에 양성자와 중성자의 개수 비는 약 7:1이었다.
ㄴ. (나)일 때 우주의 온도는 약 3000 K였다.
ㄷ. 현재 우주에 존재하는 수소와 헬륨의 개수 비율은 약 12:1이다.

① ㄱ  ② ㄴ  ③ ㄱ, ㄷ
④ ㄴ, ㄷ  ⑤ ㄱ, ㄴ, ㄷ

**11** 중요 그림은 시간에 따른 우주의 크기 변화를 나타낸 것이다.

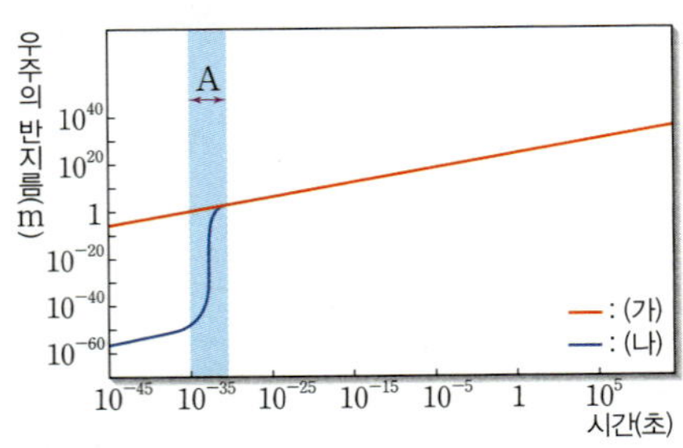


이에 대한 설명으로 옳은 것만을 보기에서 있는 대로 고른 것은?

┤ 보기 ├
ㄱ. A 시기에 우주의 급팽창이 일어났다.
ㄴ. A 시기 이전에는 우주 전체가 정보를 교환하기 어려웠다.
ㄷ. A 시기 이후에 우주의 곡률은 평탄해졌다.

① ㄱ  ② ㄴ  ③ ㄷ
④ ㄱ, ㄷ  ⑤ ㄴ, ㄷ

**12** 급팽창 이론을 통해 설명 가능한 빅뱅 우주론의 문제점만을 〈보기〉에서 있는 대로 고른 것은?

┤ 보기 ├
ㄱ. 우주는 거의 완벽하게 평탄하다.
ㄴ. 우주의 팽창 속도가 점점 빨라지고 있다.
ㄷ. 우주 배경 복사가 모든 방향에서 거의 균일하다.
ㄹ. 독립적으로 존재하는 N극이나 S극이 발견되지 않는다.

① ㄱ, ㄷ  ② ㄴ, ㄷ  ③ ㄴ, ㄹ
④ ㄱ, ㄴ, ㄹ  ⑤ ㄱ, ㄷ, ㄹ

**13** 다음은 대폭발(빅뱅) 우주론과 관련된 과학사적 발견들을 순서 없이 나타낸 것이다.

> (가) 2.7 K 우주 배경 복사를 관측하였다.
> (나) 우주의 팽창 속도가 점차 빨라지고 있다.
> (다) 은하의 거리와 후퇴 속도의 관계를 알아내었다.
> (라) 우리은하 밖에 외부 은하가 존재함을 확인하였다.

(가)~(라)의 과학적 발견들을 시간 순서대로 옳게 나열한 것은?

① (가)→(나)→(다)→(라)
② (다)→(나)→(가)→(라)
③ (다)→(나)→(라)→(가)
④ (라)→(다)→(가)→(나)
⑤ (라)→(다)→(나)→(가)

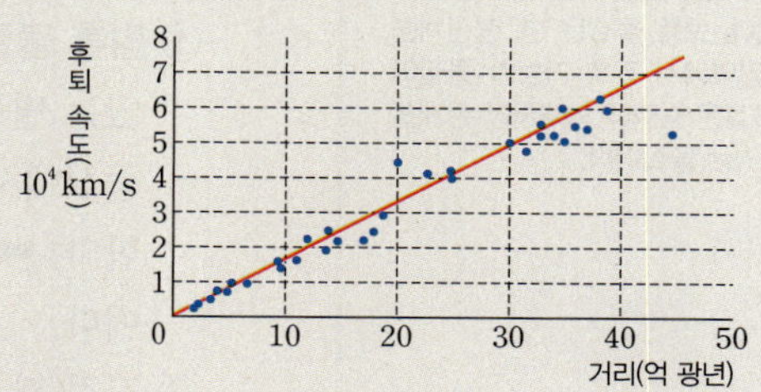


이렇게!

**14** 그림은 외부 은하의 거리와 후퇴 속도를 나타낸 것이다.

(1) 이 자료를 이용하여 허블 상수를 구하시오.

(2) 위에서 구한 허블 상수를 이용하여 우주의 나이를 구하시오. (단, 1억 광년 $=9.5\times10^{20}$ km, 1년 $=3\times10^7$초이다.)

**15** 빅뱅 우주론의 증거에 해당하는 관측 증거를 2가지 제시하시오.

중요

**16** 그림은 빅뱅 우주론의 지평선 문제를 나타낸 것이다.

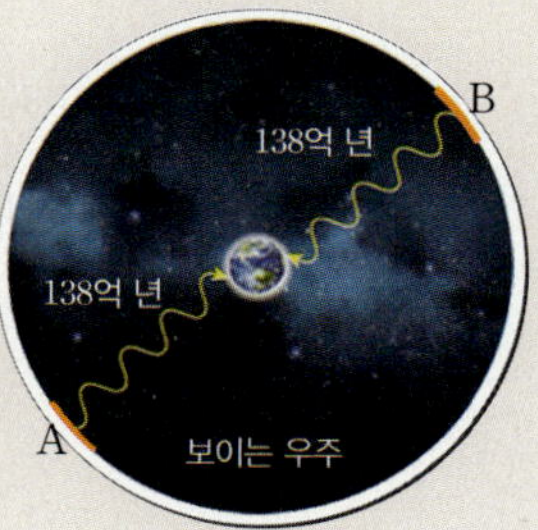


(1) 현재 A와 B는 상호 작용할 수 있는 위치에 있는지 설명하시오.

(2) A와 B 방향에서 오는 우주 배경 복사가 거의 균일하게 관측될 수 있는 까닭을 우주의 급팽창과 관련지어 설명하시오.

# 암흑 물질과 암흑 에너지



- 우주는 대부분 암흑 물질과 암흑 에너지로 이루어짐을 설명할 수 있어야 한다.
- 표준 우주 모형의 특징을 설명할 수 있어야 한다.

❖ **보통 물질과 암흑 물질**

물질은 크게 보통 물질과 암흑 물질로 구분할 수 있다. 보통 물질은 별, 행성처럼 전자기파 영역에서 관측 가능한 물질이고, 암흑 물질은 중력에 의해서만 존재를 확인할 수 있는 물질이다.

## 1. 암흑 물질과 암흑 에너지

### (1) 암흑 물질

① 암흑 물질의 존재: 나선 은하에서 은하 중심을 돌고 있는 별들의 회전 속도는 예측했던 것과 달리 은하 중심에서 멀어지더라도 거의 일정한 속도로 회전한다. ➡ 이는 보이지 않는 물질의 중력 효과 때문이다.

② 직접 관측할 수는 없지만 분명히 존재하는 이 물질을 암흑 물질이라고 한다.

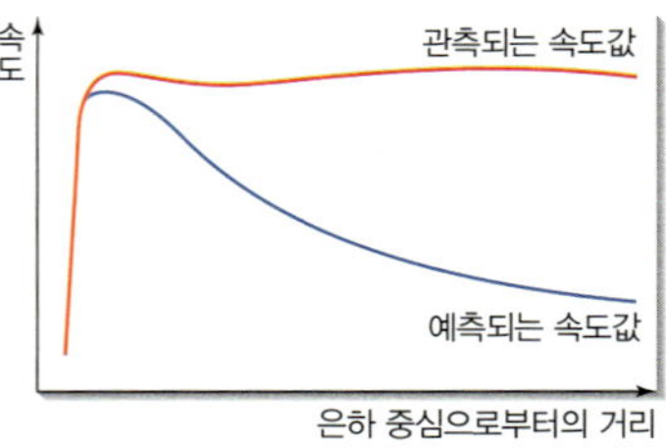

▲ 나선 은하의 회전 속도 곡선

### (2) 암흑 물질의 특성

① 암흑 물질은 질량이 있으므로 중력에 의해 상호 작용을 한다.

② 암흑 물질이 분포하는 곳에서는 중력의 효과로 빛의 경로가 휘어진다. ➡ 중력 렌즈 현상을 이용하여 암흑 물질의 존재를 알 수 있다.

- 중력 렌즈 현상이 광학적 관측으로 예측한 것보다 더 크게 나타나면 암흑 물질이 존재함을 알 수 있다.

③ 최근의 연구 결과에 따르면 암흑 물질은 우주의 전체 구성 중 대략 26.8 %(물질만 고려하면 전체 물질 중 약 85 %)를 차지한다.

❖ **중력 렌즈**

아인슈타인의 일반 상대성 이론에 따르면 중력은 공간을 휘어지게 하고, 그에 따라 빛의 경로가 휘어진다. 따라서 멀리 있는 은하에서 오는 빛이 앞쪽에 있는 천체에 의해 휘어져 상이 일그러지거나, 여러 개로 보일 수 있는데 이를 중력 렌즈라고 한다.

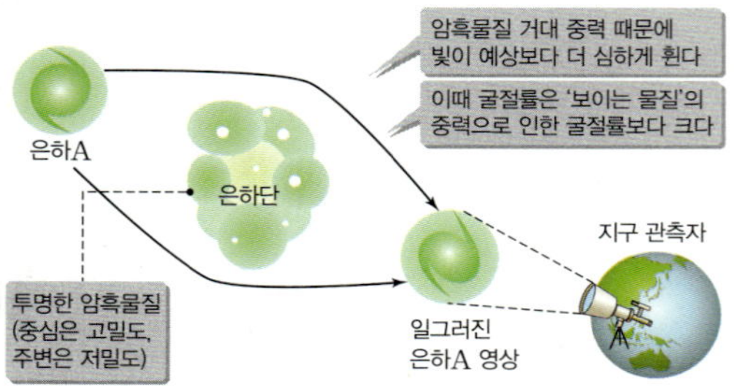

▲ 암흑 물질에 의한 중력 렌즈 현상

### (3) 우주의 가속 팽창

① 20세기 후반까지 과학자들은 우주가 꾸준히 팽창하고 있지만, 물질의 중력 때문에 팽창 속도는 줄어들고 있을 것이라고 생각하였다.

② Ia형 초신성의 적색 편이량과 겉보기 등급을 관측한 결과 현재 우주가 가속 팽창하고 있다는 사실을 확인하였다.

- Ia형 초신성의 겉보기 등급을 측정하면 거리를 알아낼 수 있고, 스펙트럼을 분석하면 적색 편이량(후퇴 속도)을 알 수 있다.

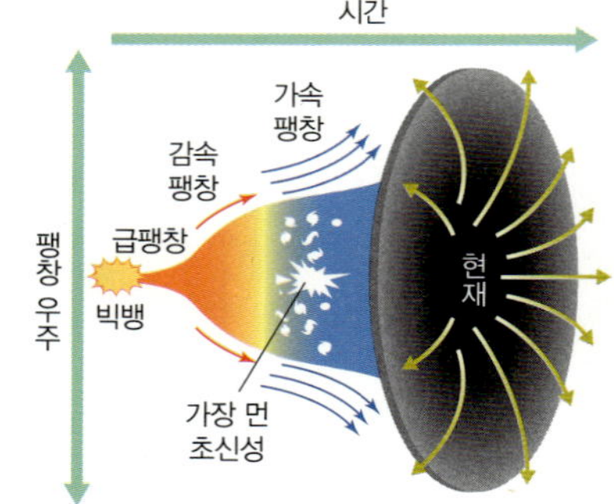

▲ 우주는 빅뱅 → 급팽창 → 감속 팽창 → 가속 팽창하고 있다.

- Ia형 초신성의 거리와 적색 편이량을 비교한 결과, 멀리 있는 Ia형 초신성일수록 관측된 적색 편이량이 예상했던 값보다 작았다. ➡ 이는 과거로 갈수록 우주 팽창 속도가 현

❖ **Ia 형 초신성**

초신성은 매우 밝게 빛나기 때문에 거리가 먼 은하의 거리를 구하는데 이용된다. 특히 Ia 형 초신성은 가장 밝아졌을 때의 최대 밝기가 항상 일정하기 때문에 겉보기 등급을 측정하여 거리를 알 수 있다.

재보다 작다는 것이고, 현재 우주가 가속 팽창하고 있음을 의미한다.

### (4) 암흑 에너지

① 우주가 가속 팽창을 하려면 팽창을 방해하는 중력과 반대 방향으로 작용하는 힘이 있어야 한다.

• 중력과 반대인 척력으로 작용하여 우주를 가속 팽창시키는 우주의 성분을 암흑 에너지라고 한다.

② 현재 우주가 가속 팽창하는 이유는 암흑 에너지가 점점 커지기 때문이 아니라 우주가 팽창할수록 물질의 중력 효과가 상대적으로 작아지기 때문이다.(상대적으로 암흑 에너지 효과가 증가한다.)

## 2. 표준 우주 모형

### (1) 우주의 구성

① 초신성 관측이나 우주 배경 복사의 관측 결과를 근거로 과학자들은 우주에 약 4.9 %의 보통 물질과 26.8 %의 암흑 물질, 68.3 %의 암흑 에너지가 우주를 구성하고 있다고 추정한다.

▲ 우주의 구성

② 평탄한 우주라도 암흑 에너지가 많은 부분을 차지하면 우주는 가속 팽창한다.

• 초기 우주에서는 중력이 우세하여 감속 팽창하였지만, 팽창함에 따라 물질의 밀도가 점점 낮아져 상대적으로 중력이 우주 팽창에 미치는 영향은 적어진다.

• 암흑 에너지의 밀도는 우주가 팽창해도 일정하므로 상대적으로 영향력이 커진다.



## 개념 바로 확인

정답 및 해설 | 51쪽

**01** [ ] 물질은 빛을 방출하지 않지만, 질량이 있으므로 중력과 상호 작용한다.

**02** Ia 형 초신성을 관측하여 현재 우주가 [ ] 팽창하고 있다는 것을 알아냈다.

**01** 암흑 물질에 대한 설명으로. 옳은 것은 ○, 옳지 <u>않은</u> 것은 ×로 표시하시오.

(1) 나선 은하의 회전 곡선으로부터 암흑 물질의 존재를 확인할 수 있다. (　　　)

(2) 암흑 물질은 전자기파와 활발하게 상호 작용한다. (　　　)

(3) 암흑 물질이 분포하는 곳에서는 중력에 의해 빛의 경로가 휘어진다. (　　　)

**02** 우주의 가속 팽창에 대한 설명이다. 옳은 설명을 모두 고르시오.

> ㄱ. 중력 렌즈 현상을 관측하여 원인 물질의 존재를 확인할 수 있다.
> ㄴ. 빅뱅 이후 우주의 팽창 속도는 계속 증가하였다.
> ㄷ. 우주가 가속 팽창하는 원인은 암흑 에너지 때문이다.

**(2) 우주의 미래**

① 우주의 팽창 속도가 서서히 감소하여 0에 수렴하는 우주의 밀도를 임계 밀도($\rho_c$)라고 한다.

② 임계 밀도 $\rho_c$에 대한 우주의 밀도 $\rho$의 비를 $\Omega$로 나타낼 수 있다.

$$\Omega = \frac{\text{우주의 밀도}}{\text{임계 밀도}} = \frac{\rho}{\rho_c}$$

③ 암흑 에너지가 없다고 가정하면, 우주의 밀도에 따라 다음의 세 가지 모형으로 나타낼 수 있다.

| 구분 | $\dfrac{\text{우주의 밀도}}{\text{임계 밀도}}(=\Omega)$ | 우주의 곡률 | 우주의 미래 |
|---|---|---|---|
| 열린 우주 | $\Omega < 1$ | $(-)$ | 계속 팽창한다. |
| 평탄 우주 | $\Omega = 1$ | 0 | 팽창 속도가 점점 0으로 수렴한다. |
| 닫힌 우주 | $\Omega > 1$ | $(+)$ | 팽창하다가 다시 수축한다. |

**실전 자료**   **우주의 밀도에 따른 다양한 우주 모형**

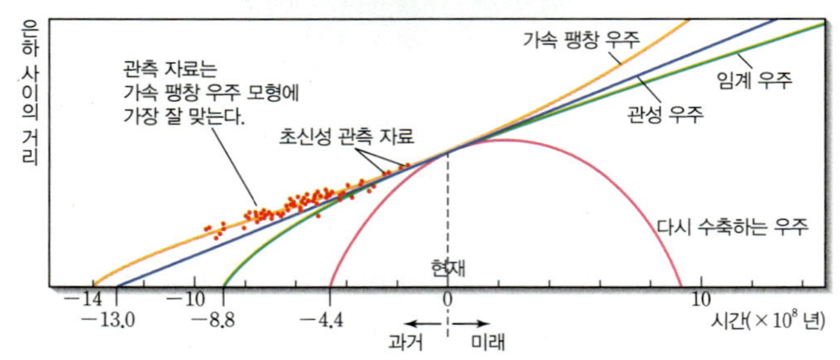


| 구분 | $\dfrac{\text{우주의 밀도}}{\text{임계 밀도}}(=\Omega)$ | 우주의 곡률 | 특징 |
|---|---|---|---|
| 가속 팽창 우주 | $\Omega = 1$ | 0 | 현재의 관측 결과에 가장 잘 부합 |
| 관성 우주 | $\Omega = 0$ | $(-)$ | 물질이나 에너지가 없는 우주<br>항상 일정한 속도로 팽창 |
| 임계 우주 | $\Omega = 1$ | 0 | 암흑 에너지가 없는 평탄 우주 |
| 다시 수축하는 우주 | $\Omega > 1$ | $(+)$ | 암흑 에너지가 없는 닫힌 우주 |

## 개념 바로 확인

정답 및 해설 ┃ 51쪽

**03** 우주의 구성 성분은 보통 물질 4.9 %, 암흑 물질 26.8 %, ☐☐☐☐☐ 68.3 %이다.

**03** 우주의 밀도와 관련된 세 가지 우주 모형을 옳게 연결하시오.

(1) 열린 우주 •　　　　　• (가) 우주의 밀도 = 임계 밀도

(2) 평탄 우주 •　　　　　• (나) 우주의 밀도 > 임계 밀도

(3) 닫힌 우주 •　　　　　• (다) 우주의 밀도 < 임계 밀도

# 내신 실력 Up

## 1 암흑 물질과 암흑 에너지

**01** 우리은하에 암흑 물질이 존재한다는 관측 근거에 해당하는 것만을 〈보기〉에서 있는 대로 고른 것은?

| 보기 |
ㄱ. 태양이 우리은하의 나선팔에 위치한다.
ㄴ. 은하 중심부에 막대 모양의 구조가 존재한다.
ㄷ. 우리은하의 외곽 지역에서 은하 중심을 회전하는 속도가 거의 일정하다.

① ㄱ ② ㄷ ③ ㄱ, ㄴ
④ ㄱ, ㄷ ⑤ ㄴ, ㄷ

**02** 그림은 은하 무리에 의해 빛이 휘어지는 모습을 나타낸 것이다.

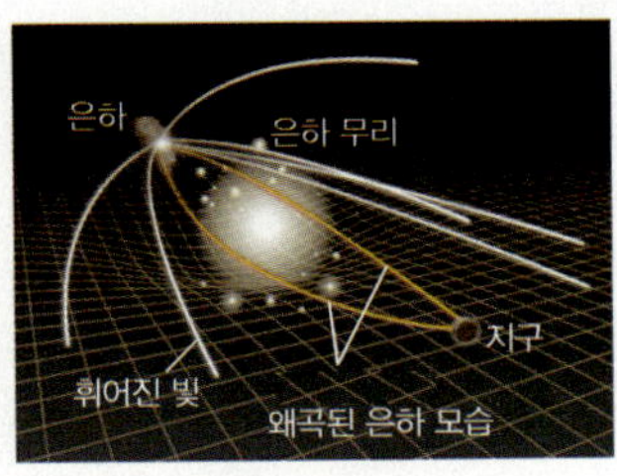


이에 대한 설명으로 옳은 것만을 보기에서 있는 대로 고른 것은?

| 보기 |
ㄱ. 은하 무리의 중력에 의해 은하의 모습이 왜곡된다.
ㄴ. 빛이 휘어진 정도는 광학적 관측으로 예측한 것보다 더 작게 나타난다.
ㄷ. 빛이 휘어지는 현상을 이용하여 암흑 물질의 존재를 확인할 수 있다.

① ㄱ ② ㄴ ③ ㄱ, ㄷ
④ ㄴ, ㄷ ⑤ ㄱ, ㄴ, ㄷ

**03**  그림은 절대 등급이 일정한 Ia형 초신성을 관측한 등급을 후퇴 속도로 예상한 등급과 비교하여 나타낸 것이다.

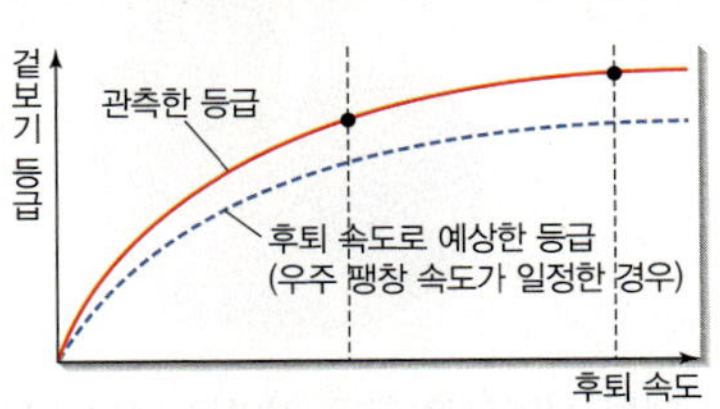


이에 대한 설명으로 옳은 것만을 보기에서 있는 대로 고른 것은?

| 보기 |
ㄱ. Ia형 초신성의 후퇴 속도가 클수록 어둡게 보인다.
ㄴ. Ia형 초신성은 예상한 거리보다 더 먼 거리에 위치한다.
ㄷ. 현재 우주는 가속 팽창하고 있다.

① ㄱ ② ㄷ ③ ㄱ, ㄴ
④ ㄴ, ㄷ ⑤ ㄱ, ㄴ, ㄷ

## 2 표준 우주 모형

**04** 그림은 여러 가지 우주 모형을 특징에 따라 구분한 것이다.

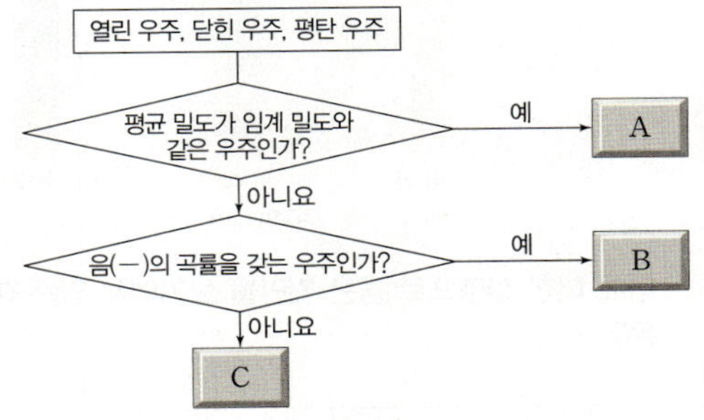


A, B, C에 들어갈 우주 모형을 옳게 나열한 것은?

| | (가) | (나) | (다) |
|---|---|---|---|
| ① | 열린 우주 | 평탄 우주 | 닫힌 우주 |
| ② | 열린 우주 | 닫힌 우주 | 평탄 우주 |
| ③ | 평탄 우주 | 열린 우주 | 닫힌 우주 |
| ④ | 평탄 우주 | 닫힌 우주 | 열린 우주 |
| ⑤ | 닫힌 우주 | 열린 우주 | 평탄 우주 |

**05** 그림은 우주의 구성을 나타낸 것이다.

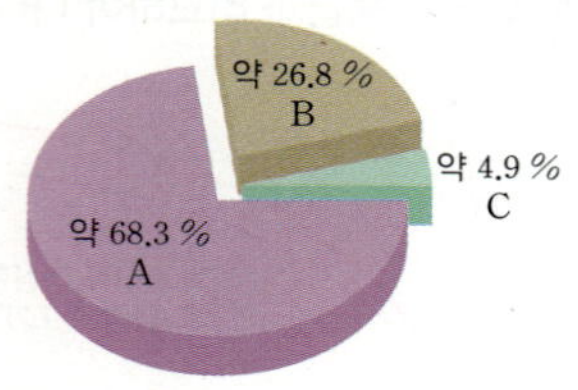


이에 대한 설명으로 옳은 것만을 보기에서 있는 대로 고른 것은?

| 보기 |

ㄱ. A는 전자기파를 방출하거나 흡수하는 물질이다.
ㄴ. B는 우주의 가속 팽창을 일으키는 원인이다.
ㄷ. C는 중력 렌즈 현상을 일으킬 수 있다.

① ㄱ    ② ㄷ    ③ ㄱ, ㄴ
④ ㄴ, ㄷ    ⑤ ㄱ, ㄴ, ㄷ

**06** 그림은 빅뱅 이후 시간에 따른 암흑 에너지와 물질의 비율 변화를 나타낸 것이다.

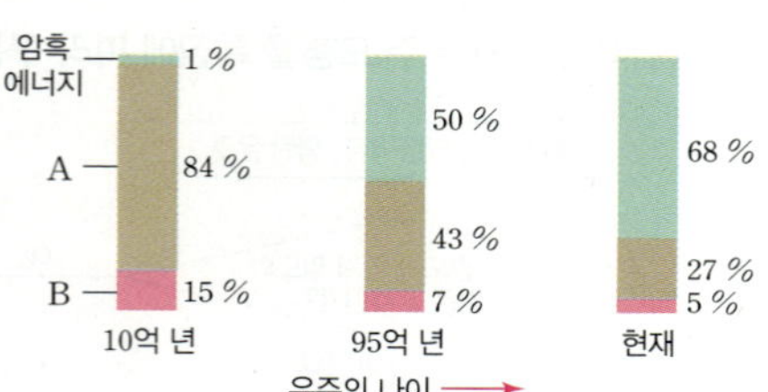


이에 대한 설명으로 옳은 것만을 보기에서 있는 대로 고른 것은?

| 보기 |

ㄱ. A는 암흑 물질, B는 보통 물질이다.
ㄴ. 시간이 지날수록 물질의 총량은 감소한다.
ㄷ. 우주가 팽창함에 따라 암흑 에너지의 비율은 증가한다.

① ㄱ    ② ㄷ    ③ ㄱ, ㄴ
④ ㄱ, ㄷ    ⑤ ㄴ, ㄷ

**서 술 형** 이렇게!

**07** 그림은 나선 은하에서 은하 중심으로부터의 거리에 따른 별의 회전 속도를 나타낸 것이다.

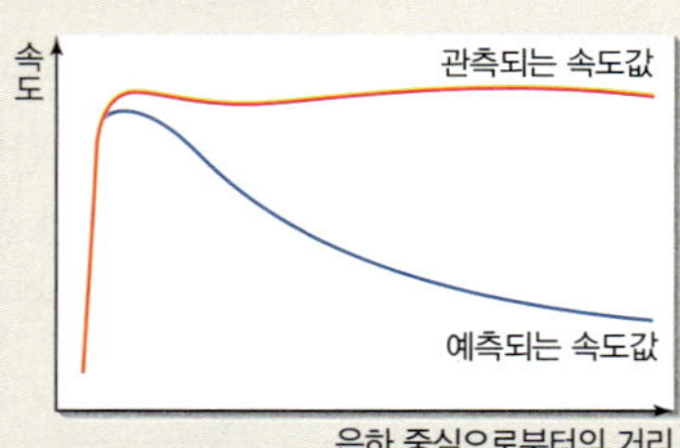


은하 중심부에서 멀어질수록 예상되는 속도값과 관측되는 속도값이 차이나는 까닭을 암흑 물질과 관련지어 설명하시오.

**08** 표는 A, B, C 세 우주 모형에서 우주의 임계 밀도에 대한 우주의 현재 밀도의 비율($=\dfrac{현재\ 밀도}{임계\ 밀도}$)를 나타낸 것이다.

| 우주 모형 | 우주의 임계 밀도에 대한 현재 밀도의 비율 | |
|---|---|---|
|  | 물질만 고려할 때 | 암흑 에너지만 고려할 때 |
| A | 0.25 | 0.75 |
| B | 0.25 | 0 |
| C | 1.00 | 0 |

(1) A, B, C는 각각 열린 우주, 평탄 우주, 닫힌 우주 중에서 어떤 우주 모형에 해당하는지 쓰시오.

(2) A와 C의 우주 모형에서 우주의 팽창 속도는 어떻게 나타날지 설명하시오.

# 정리하기

## 01 외부 은하

➡ 182~187쪽

### 1. 허블의 은하 분류

허블은 외부 은하를 가시광선 영역에서 관측되는 형태에 따라 타원 은하, 나선 은하, 불규칙 은하로 분류하였다.

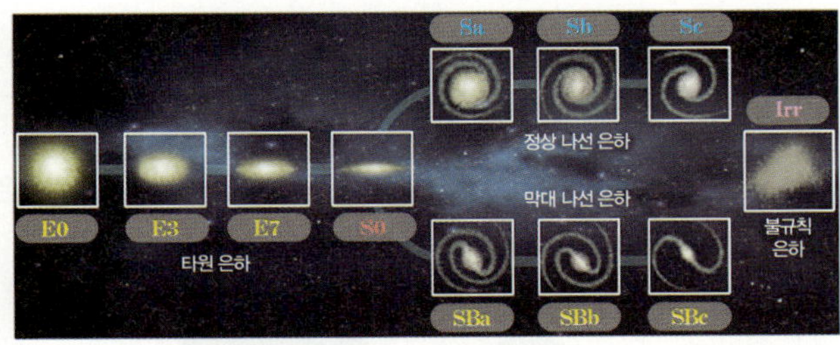

| 은하의 종류 | 특징 |
|---|---|
| (㉠          ) 은하 | • 편평도에 따라 E0~E7로 세분<br>• 성간 물질이 적고, 나이 많은 별로 구성 |
| 나선 은하 | • 핵의 크기와 나선팔이 감긴 정도에 따라 세분<br>• (㉡          )의 유무에 따라 정상 나선 은하와 막대 나선 은하로 구분 |
| 불규칙 은하 | • 특정한 구조가 없는 은하<br>• 새로운 별들이 매우 활발하게 생성 |

▲ 타원 은하

▲ 나선 은하

▲ 막대 나선 은하

▲ 불규칙 은하

### 2. 특이 은하와 충돌 은하

(1) **특이 은하**: 허블의 은하 분류 방식에 속하지 않는 은하로 대부분 중심부에 (㉢          )이 존재하는 활동적인 은하이다.

① 전파 은하

• (㉣          ) 영역에서 매우 강한 복사 에너지를 방출하는 은하

• 핵, 제트, 로브가 존재한다.

• 로브와 제트에서 X선이 방출되므로 강한 자기장이 존재함을 암시한다.

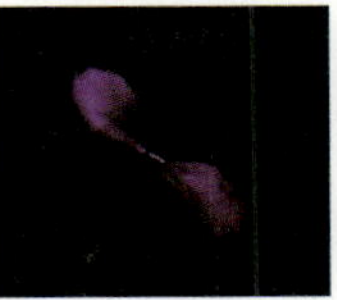

전파 영상          가시광선 영상          X선 영상

② 퀘이사

• 하나의 별처럼 보이는 은하이며, 태양계 정도의 크기로 추정된다.

• 먼 거리에 있으며 우주 초기에 형성된 은하 ➡ 매우 큰 (㉤          ) 편이가 나타난다.

▲ 퀘이사

• 방출하는 에너지양이 우리은하의 수백 ~ 수천 배 정도 ➡ 원반 물질이 중심부의 블랙홀로 끌려들어 가면서 엄청난 양의 에너지가 방출되는 것으로 추정한다.

③ 세이퍼트은하

• 대부분 나선 은하로 관측되고, 전체 나선 은하 중 약 2 %가 세이퍼트은하로 분류된다.

▲ 세이퍼트은하

• 보통의 은하들에 비하여 밝은 핵과 넓은 (㉥          )이 관측되는 은하 ➡ 매우 빠르게 회전하고 있다.

(2) **충돌 은하**

▲ 충돌 은하

① 은하들이 충돌하는 과정에서 형성되는 은하

② 은하 안의 거대한 분자 구름들이 서로 충돌면서 새로운 별들의 탄생을 일어난다.

## 02 허블 법칙과 우주론 → 188~197쪽

### 1. 허블 법칙

#### (1) 외부 은하의 관측

① 멀리 있는 외부 은하의 스펙트럼을 관측하면 흡수선들의 위치가 원래 위치보다 파장이 긴 쪽으로 적색 편이가 나타난다.

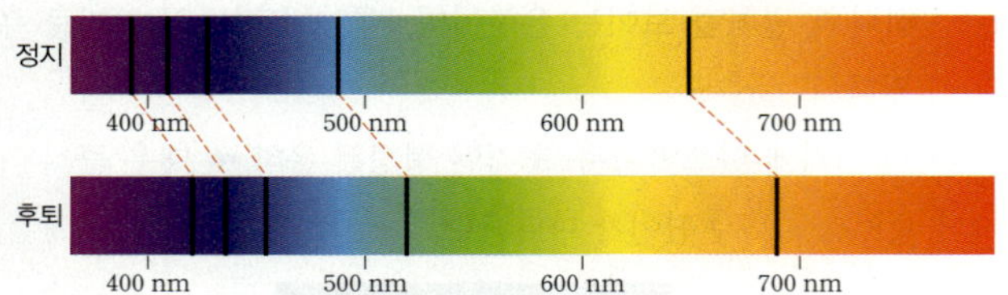

▲ 정지 상태와 후퇴할 때 스펙트럼 비교

② 외부 은하의 스펙트럼에 나타난 파장 변화량($\Delta\lambda$)으로부터 후퇴 속도를 구할 수 있다.

$$\text{후퇴 속도}(v) = c \times \frac{\Delta\lambda}{\lambda_0} \quad (c: \text{빛의 속도}, \; 3\times10^5 \, \text{km/s})$$

#### (2) 허블 법칙

① 허블은 외부 은하들의 거리와 적색 편이량을 측정하여 멀리 있는 은하가 더 빨리 멀어진다는 허블 법칙을 발표하였다.

- 멀리 있는 은하일수록 후퇴 속도가 크다.

$$v = H \times r$$

$$(H: \text{허블 상수}, \; r: \text{거리})$$

- 그래프에서 기울기는 (Ⓐ        )에 해당한다.

$$\text{기울기} = \frac{v}{r} = H$$

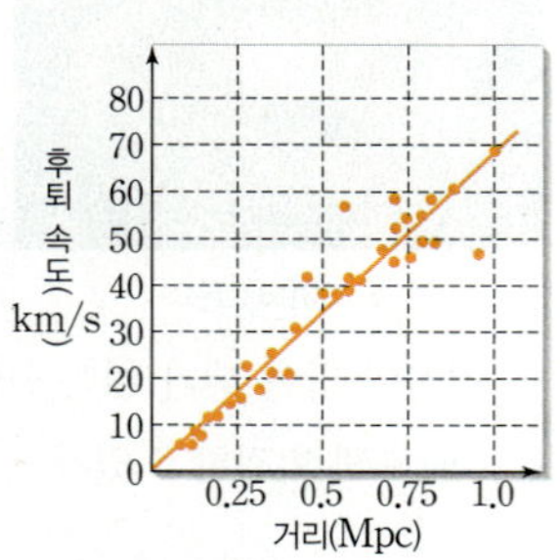
외부 은하의 거리와 후퇴 속도 관계

② 20세기 초에는 관측 오차가 커서 허블 상수를 측정한 과학자들 사이의 오차가 매우 컸으나, 최근에는 정밀한 측정이 가능해 졌다. 2013년 측정된 허블 상수 값은 약 68 km/s/Mpc이다.

#### (3) 우주 팽창: 허블 법칙은 은하들이 실제로 멀어지는 것이 아니라 우주가 모든 방향에 대하여 균일하게 팽창하고 있음을 나타낸다.

① 우주는 특별한 팽창의 중심이 없다. ➡ 모든 방향으로 균질하게 팽창한다.

② 허블 상수(68 km/s/Mpc)는 우주가 팽창하는 정도를 나타내는 값이다. ➡ 1 Mpc마다 초당 68 km씩 공간이 늘어난다는 의미

③ 우주가 일정하게 팽창했다고 가정하면 허블 상수의 역수는 우주의 (◎        )에 해당한다.

---

**〈풍선을 이용한 우주 팽창 실험〉**

실험에서 풍선 (ⓩ        )은 우주 공간을, 스티커는 은하를 나타낸다.

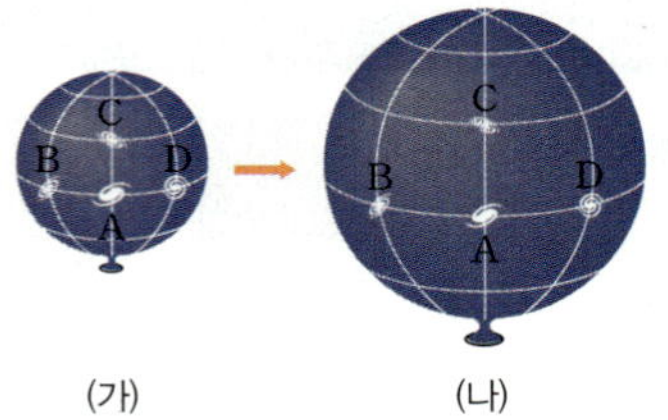


- (가)에서 (나)로 감에 따라 스티커 사이의 거리는 멀어진다. 이때 두 스티커 사이의 간격이 멀수록 더 빨리 멀어진다.
- 스티커가 서로 멀어질 때 특별한 중심이 존재하지 않는다.

---

### 2. 우주론

#### (1) 우주론적 원리: 관측자가 어느 위치에서, 우주의 어느 방향으로 보아도 동일한 특징이 관측된다.

① 우주의 어느 곳에서도 허블 법칙이 성립한다.

② 우주의 어느 곳도 특별하지 않다. ➡ 우주의 중심은 없다.

#### (2) 정상 우주론과 빅뱅 우주론: 1960년대 중반까지 허블 법칙과 우주론의 원리를 합리적으로 설명할 수 있었던 대표적인 우주론

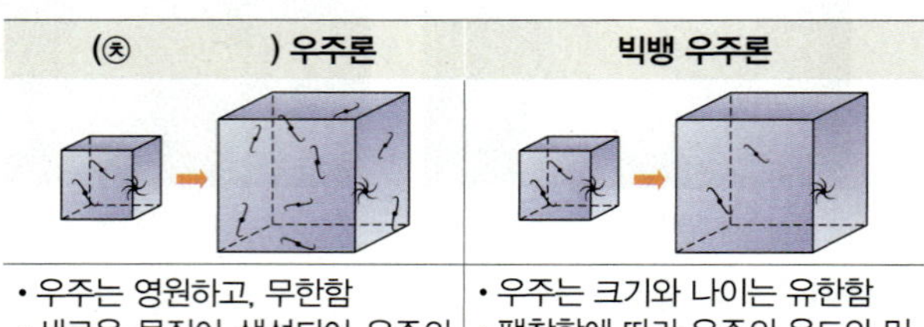

| (ⓧ        ) 우주론 | 빅뱅 우주론 |
|---|---|
| • 우주는 영원하고, 무한함<br>• 새로운 물질이 생성되어 우주의 온도와 밀도는 일정함 | • 우주는 크기와 나이는 유한함<br>• 팽창함에 따라 우주의 온도와 밀도가 계속 (㉠        )함 |

#### (3) 빅뱅 우주론의 증거

| (ⓔ        )<br>복사 | • 우주의 나이가 약 38만 년일 때 형성<br>• 약 3000 K일 때 생성된 복사가 현재 2.7 K 복사로 관측됨 |
|---|---|
| 가벼운<br>원소의<br>비율 | • 빅뱅 직후 약 3분 동안 핵융합 과정을 거쳐 형성<br>• 우주 전체에서 수소와 헬륨의 질량비는 약 3:1이며 이론적인 예측값과 일치함 |

## 3. 우주의 급팽창

(1) **급팽창 이론**: 빅뱅 직후 극히 짧은 시간 동안 우주가 급격히 팽창했다는 이론이다.

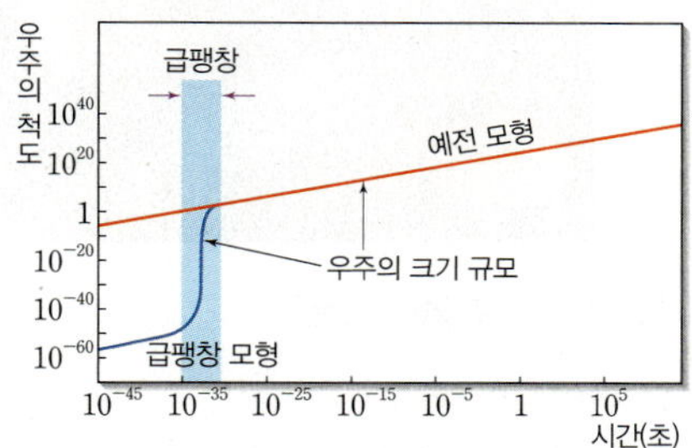


① 우주의 팽창 속도: 우주는 빅뱅 직후 급팽창 ➡ 서서히 감속하면서 팽창 ➡ 가속 팽창하고 있다.

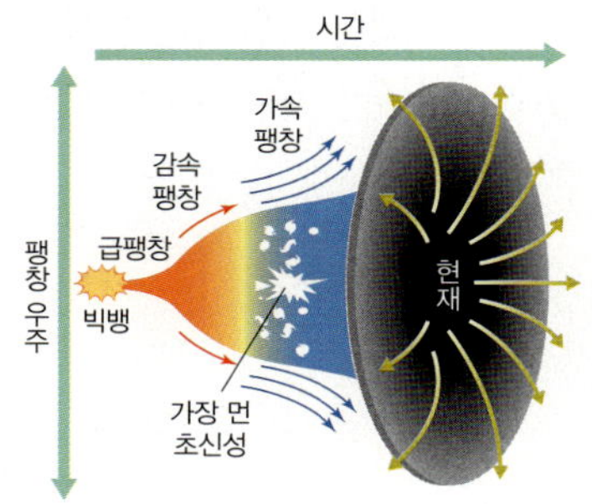


(2) (ㅁ⃝       ) 이론은 빅뱅 우주론의 중요한 문제를 성공적으로 설명할 수 있다.

| 구분 | 빅뱅 우주론의 문제점 | 급팽창 이론 |
|---|---|---|
| 편평성 문제 | 관측에 의하면 우주는 거의 완벽하게 평탄하다. | 우주가 편평하지 않더라도 급팽창으로 인해 현재 관측 가능한 우주는 편평하다. |
| (ㅂ⃝      ) 문제 | 우주의 정반대 방향에서 오는 우주 배경 복사가 거의 균일하다. | 급팽창 이전에는 크기가 작아서 서로 상호 작용하여 균질해질 수 있었다. |
| 자기 홀극 문제 | 초기 우주에서 형성된 자기 홀극이 아직까지 발견되지 않는다. | 우주가 급격히 팽창하여 자기 홀극의 밀도가 크게 감소하여 발견하기 어렵다. |

## 03 암흑 물질과 암흑 에너지 ➡ 198~202쪽

### 1. 암흑 물질

(1) 전자기파를 방출 또는 흡수하지 않기 때문에 직접 관측할 수 없다.

(2) 중력에 의한 상호 작용을 관측하여 존재를 추정할 수 있다.

## 2. 가속 팽창과 암흑 에너지

(1) **가속 팽창**: 과학자들은 Ia형 초신성의 적색 편이량과 겉보기 등급을 관측한 결과 자료를 우주의 여러 가지 팽창 모형과 비교하여 현재 우주가 가속 팽창하고 있다는 사실을 확인하였다.

(2) **암흑 에너지**: 우주가 가속 팽창을 하려면 물질에 의한 중력과는 반대 방향으로 작용하는 요소가 있어야 한다. 이를 암흑 에너지라고 한다.

## 3. 우주의 구성과 미래

(1) 우주는 약 4.9 %의 보통 물질과 26.8 %의 암흑 물질, 68.3 %의 암흑 에너지로 이루어져 있다.

(2) 우주의 팽창 속도가 점점 감소하여 0으로 수렴하게 되는 우주의 밀도를 임계 밀도라고 한다.

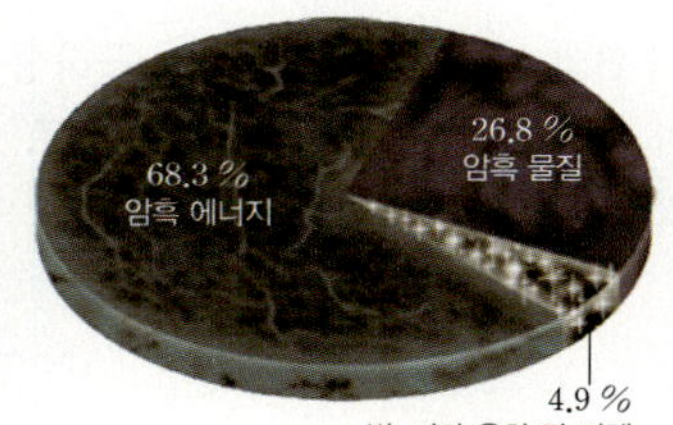


▲ 우주의 구성

• 암흑 에너지가 없다고 가정하면, 우주의 밀도에 따라 다음의 세 가지 모형으로 나타낼 수 있다.

(3) 암흑 에너지에 의한 영향이 상대적으로 점차 증가하므로 앞으로 우주는 계속 가속 팽창할 것으로 추정한다.

| 구분 | 우주의 밀도 | 우주의 곡률 |
|---|---|---|
| 열린 우주 | 우주의 밀도 < 임계 밀도 | (−) |
| 평탄 우주 | 우주의 밀도 = 임계 밀도 | 0 |
| 닫힌 우주 | 우주의 밀도 > 임계 밀도 | (+) |

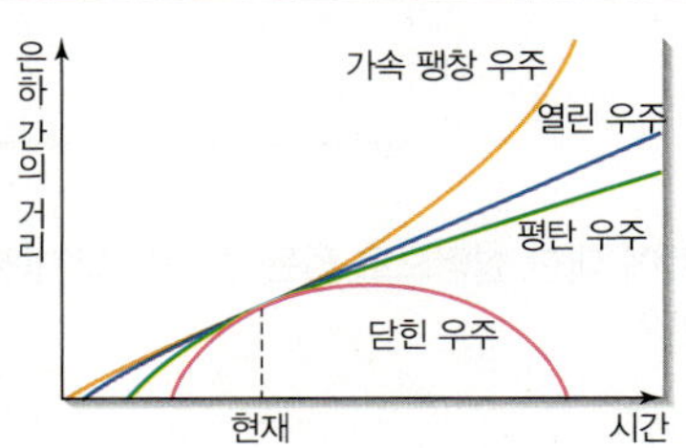


| 가속 팽창 우주 | • 암흑 에너지를 고려한 경우<br>• 우주의 밀도 = 임계 밀도 |
|---|---|
| 열린 우주 | • 암흑 에너지를 고려하지 않은 경우<br>• 우주의 밀도 < 임계 밀도 |
| 평탄 우주 | • 암흑 에너지를 고려하지 않은 경우<br>• 우주의 밀도 = 임계 밀도 |
| 닫힌 우주 | • 암흑 에너지를 고려하지 않은 경우<br>• 우주의 밀도 > 임계 밀도 |

**01** 그림은 외부 은하들을 허블의 분류 체계에 따라 구분하여 나타낸 것이다.

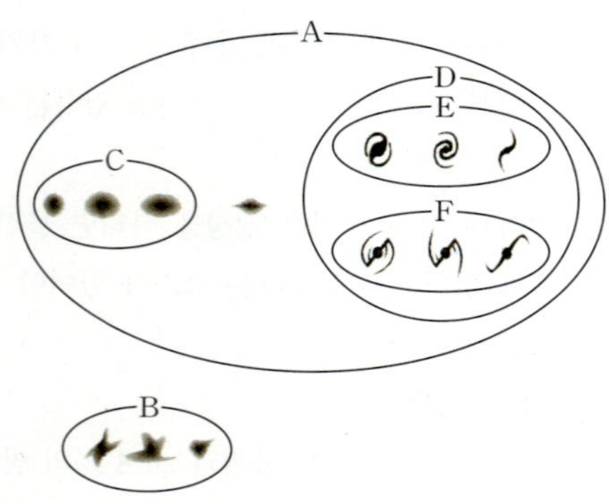

이에 대한 설명으로 옳은 것만을 보기에서 있는 대로 고른 것은?

| 보기 |

ㄱ. A와 B의 분류 기준은 모양의 규칙성 여부이다.
ㄴ. C의 은하들은 진화 정도를 기준으로 세분한다.
ㄷ. E와 F의 분류 기준은 나선팔의 유무이다.

① ㄱ     ② ㄷ     ③ ㄱ, ㄴ
④ ㄴ, ㄷ     ⑤ ㄱ, ㄴ, ㄷ

**02** 그림은 모양이 다른 은하에 속해 있는 별들의 색지수 분포를 나타낸 것이다.

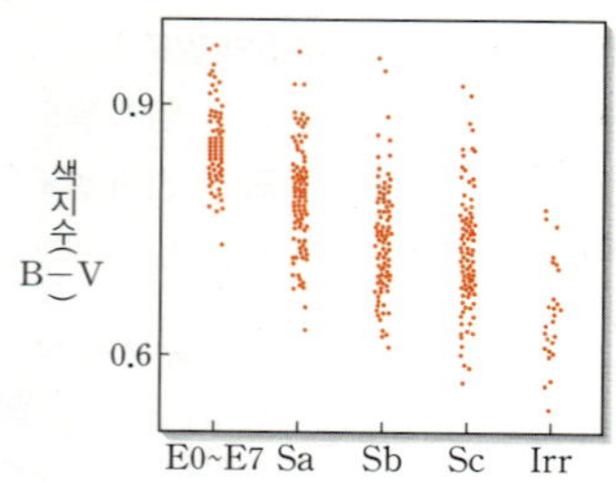


이 자료에 대한 설명으로 옳은 것만을 보기에서 있는 대로 고른 것은?

| 보기 |

ㄱ. 붉은 별의 비율은 불규칙 은하가 가장 낮다.
ㄴ. 젊은 별의 비율은 타원 은하가 가장 높다.
ㄷ. 나선 은하는 핵의 크기가 작고, 나선팔이 느슨할수록 색지수가 크다.

① ㄱ     ② ㄷ     ③ ㄱ, ㄴ
④ ㄴ, ㄷ     ⑤ ㄱ, ㄴ, ㄷ

**03** 그림은 시그너스 A 은하를 전파 영역에서 관측한 모습을 나타낸 것이다.

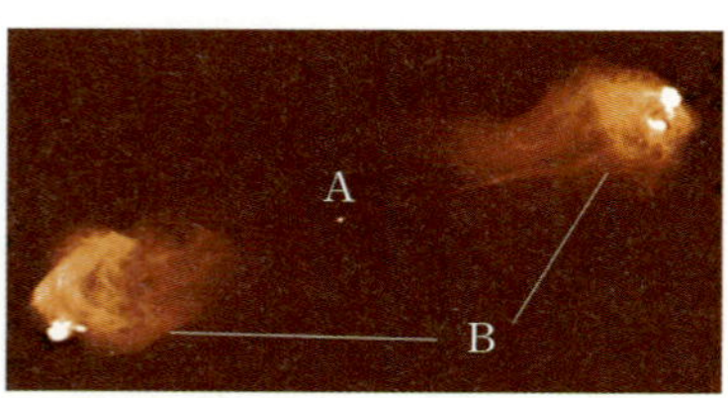


이에 대한 설명으로 옳은 것은?

① A는 퀘이사이다.
② B는 A 주위를 빠르게 회전한다.
③ A와 B는 은하 중심에서 분출된 제트에 의해 연결되어 있다.
④ 이 은하는 중심핵이 매우 밝은 세이퍼트은하이다.
⑤ 이 은하는 중심부에 얇고 긴 막대 구조가 발달해 있다.

**04** 그림은 외부 은하의 거리에 따른 후퇴 속도를 나타낸 것이다.

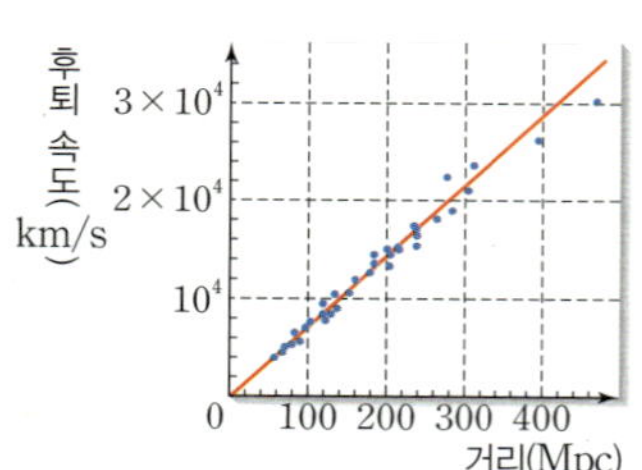


이에 대한 설명으로 옳은 것만을 보기에서 있는 대로 고른 것은?

| 보기 |

ㄱ. 그래프의 기울기는 허블 상수에 해당한다.
ㄴ. 거리가 먼 은하일수록 적색 편이량이 크게 나타난다.
ㄷ. 거리가 600 Mpc인 은하의 후퇴 속도는 $4 \times 10^4$ km/s보다 작다.

① ㄱ     ② ㄷ     ③ ㄱ, ㄴ
④ ㄴ, ㄷ     ⑤ ㄱ, ㄴ, ㄷ

**05** 그림은 우주의 팽창을 풍선 표면의 팽창에 비유하여 나타낸 것이다.

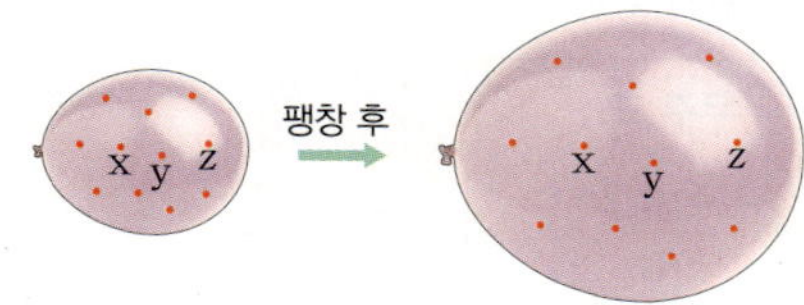


| 구분 | 팽창 전 | 팽창 후 |
|---|---|---|
| x–y 사이 거리(cm) | 2 | 4 |
| y–z 사이 거리(cm) | ( ㉠ ) | 6 |

이에 대한 설명으로 옳은 것만을 〈보기〉에서 있는 대로 고른 것은? (단, 풍선은 균일하게 팽창하는 것으로 가정한다.)

┤ 보기 ├
ㄱ. ㉠은 2이다.
ㄴ. 풍선 표면에서 팽창의 중심점은 y이다.
ㄷ. 풍선이 계속 부풀어 올라도 x–y 사이의 거리는 y–z 사이의 거리보다 항상 작다.

① ㄱ　　　　② ㄷ　　　　③ ㄱ, ㄴ
④ ㄴ, ㄷ　　　⑤ ㄱ, ㄴ, ㄷ

**06** 표는 허블 상수가 각각 100 km/s/Mpc, 70 km/s/Mpc일 때, 이를 바탕으로 구한 우주의 나이와 은하 X의 거리를 나타낸 것이다.

| 구분 | (가) 허블 상수가 100 km/s/Mpc일 때 | (나) 허블 상수가 70 km/s/Mpc일 때 |
|---|---|---|
| 우주의 나이 | $T_A$ | $T_B$ |
| 은하 X의 거리 | $r_A$ | $r_B$ |

이에 대한 설명으로 옳은 것만을 보기에서 있는 대로 고른 것은? (단, (가)와 (나)에서 은하 X의 적색 편이량은 동일하다고 가정한다.)

┤ 보기 ├
ㄱ. 우주의 팽창 속도는 (가)보다 (나)에서 빠르다.
ㄴ. 우주의 나이는 $T_A < T_B$이다.
ㄷ. 은하 X의 거리는 $r_A < r_B$이다.

① ㄱ　　　　② ㄴ　　　　③ ㄷ
④ ㄱ, ㄴ　　　⑤ ㄴ, ㄷ

**07** 그림은 빅뱅 우주론에 근거한 초기 우주의 진화 과정을 간략하게 나타낸 모식도이다.

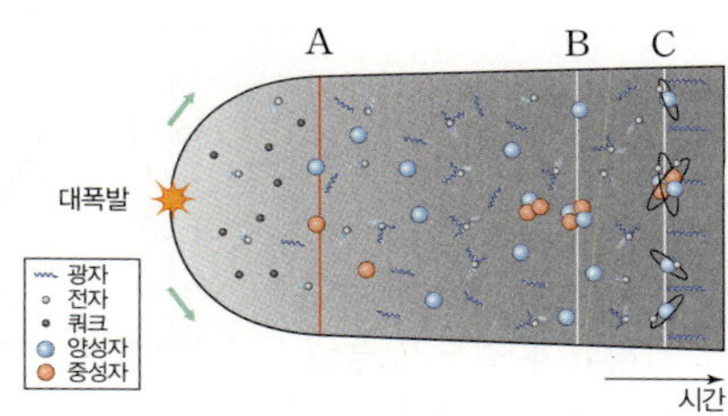


이에 대한 설명으로 옳은 것만을 보기에서 있는 대로 고른 것은?

┤ 보기 ├
ㄱ. A 시기 이전에 우주의 급팽창이 일어났다.
ㄴ. B 시기에는 빛이 우주 공간을 자유롭게 진행하였다.
ㄷ. C 시기에 수소와 헬륨의 질량비는 약 3:1이었다.

① ㄱ　　　　② ㄴ　　　　③ ㄱ, ㄴ
④ ㄱ, ㄷ　　　⑤ ㄴ, ㄷ

**08** 다음은 빅뱅 우주론의 어떤 문제점을 나타낸 것이다.

우주 지평선의 정반대 방향에 있는 두 지역은 빅뱅 이후 현재까지 빛의 속도보다 더 빠르게 서로로부터 멀어져 왔다. 따라서 두 지역은 정보를 교환할 수 없었다.

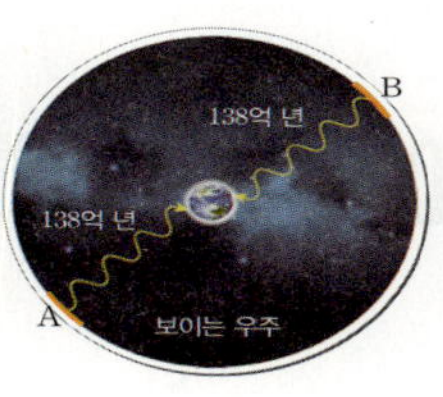


이에 대한 설명으로 옳은 것만을 보기에서 있는 대로 고른 것은?

┤ 보기 ├
ㄱ. 이 문제를 지평선 문제라고 한다.
ㄴ. 현재 A와 B는 서로 상호 작용이 가능한 위치에 있다
ㄷ. A와 B에서 지구에 도달한 우주 배경 복사의 온도가 거의 동일하다.

① ㄱ　　　　② ㄴ　　　　③ ㄷ
④ ㄱ, ㄷ　　　⑤ ㄴ, ㄷ

**09** 다음은 Ia형 초신성의 특징과 광도 변화 곡선을 나타낸 것이다.

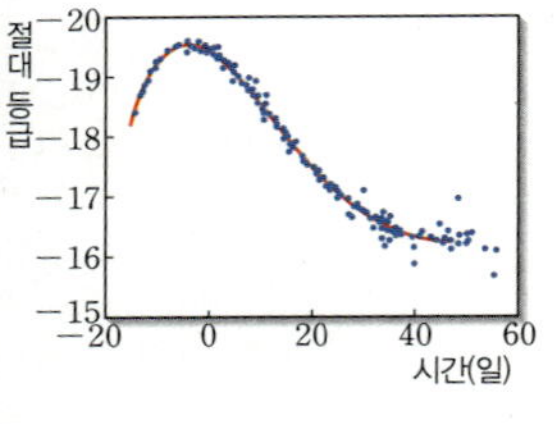

- Ia형 초신성은 최대로 밝아졌을 때 절대 밝기가 일정하다.
- ㉠후퇴 속도로 계산한 거리와 ㉡겉보기 등급 관측으로 알아낸 거리를 비교하여 우주의 팽창 속도를 알 수 있다.

이에 대한 설명으로 옳은 것만을 보기에서 있는 대로 고른 것은?

| 보기 |

ㄱ. Ia형 초신성이 최대 밝기일 때 절대 등급은 약 −19.5 등급이다.
ㄴ. Ia형 초신성이 최대 밝기일 때 겉보기 등급은 거리에 관계없이 일정하다.
ㄷ. 우주가 가속 팽창할 경우 Ia형 초신성은 ㉠이 ㉡보다 크게 나타난다.

① ㄱ  ② ㄴ  ③ ㄱ, ㄷ
④ ㄴ, ㄷ  ⑤ ㄱ, ㄴ, ㄷ

**10** 그림은 시간에 따른 우주의 크기 변화를 나타낸 것이다.

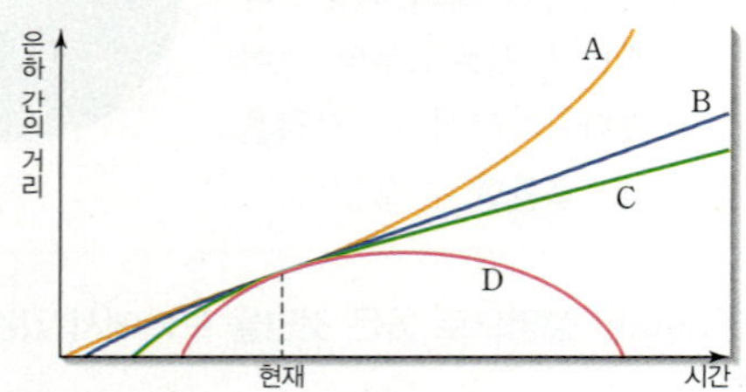

이에 대한 설명으로 옳은 것만을 보기에서 있는 대로 고른 것은?

| 보기 |

ㄱ. 우주의 미래는 A에 가장 가까울 것이다.
ㄴ. 우주의 밀도는 B보다 C가 작다.
ㄷ. 암흑 에너지 효과는 D에서 가장 크다.

① ㄱ  ② ㄷ  ③ ㄱ, ㄴ
④ ㄴ, ㄷ  ⑤ ㄱ, ㄴ, ㄷ

**11** 표는 우주 모형 A, B, C에서 임계 밀도($\rho_c$)에 대한 물질 밀도($\rho_m$)와 암흑 에너지 밀도($\rho_\lambda$)의 비를 나타낸 것이다. 물질은 암흑 물질과 보통 물질을 모두 포함한다.

| 우주 모형 | $\dfrac{\rho_m}{\rho_c}$ | $\dfrac{\rho_\lambda}{\rho_c}$ |
|---|---|---|
| A | 0.3 | 0 |
| B | 0.3 | 0.7 |
| C | 1.0 | 0 |

이에 대한 설명으로 옳은 것만을 보기에서 있는 대로 고른 것은?

| 보기 |

ㄱ. A는 열린 우주에 해당한다.
ㄴ. B는 음(−)의 곡률을 갖는다.
ㄷ. 우주의 온도는 B보다 C에서 빠르게 감소한다.

① ㄱ  ② ㄷ  ③ ㄱ, ㄴ
④ ㄴ, ㄷ  ⑤ ㄱ, ㄴ, ㄷ

**12** 그림은 시간에 따른 우주 구성 성분의 상대적 비율(%) 변화를 나타낸 것이다.

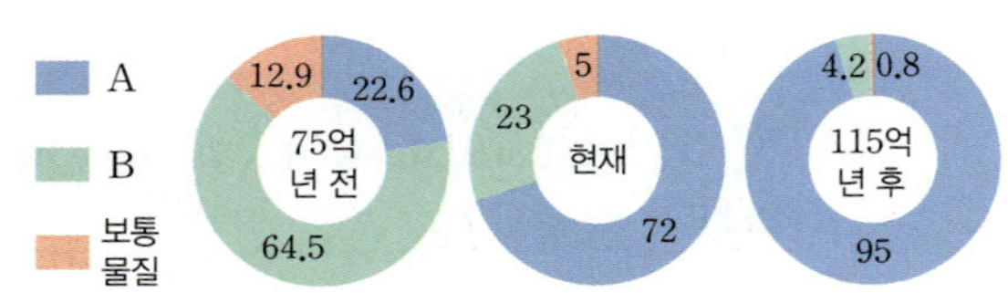


이에 대한 설명으로 옳은 것만을 〈보기〉에서 있는 대로 고른 것은?

| 보기 |

ㄱ. A는 중력 렌즈 현상을 일으킨다.
ㄴ. B는 시간에 흐를수록 총량이 점점 감소한다.
ㄷ. 우주의 팽창 속도는 현재보다 115억 년 후에 빠르다.

① ㄱ  ② ㄴ  ③ ㄷ
④ ㄱ, ㄷ  ⑤ ㄴ, ㄷ

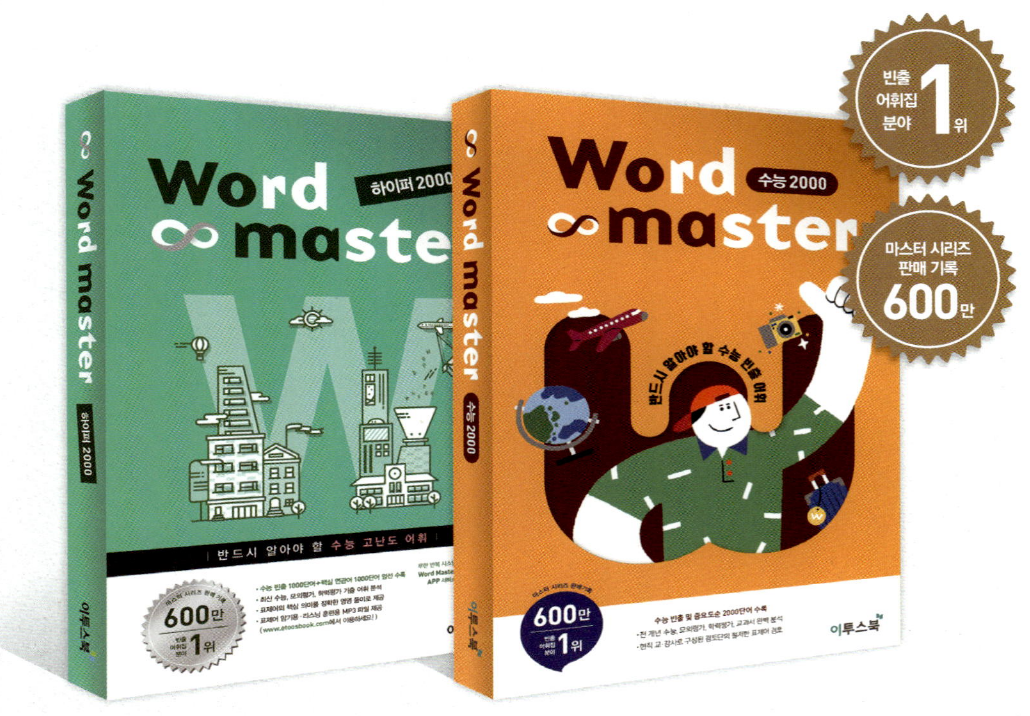

절대평가 1등급을 원한다면
수능 빈출 어휘 학습은 기본!
반드시 알아야 할 수능 빈출 어휘만 수록하였습니다.
워드마스터
Word master 하이퍼 2000
Word master 수능 2000
빈출 어휘집 분야 1위
마스터 시리즈 판매 기록 600만
600만 빈출 어휘집 분야 1위
이투스북

# BON 본
# EARTH SCIENCE I

## 본 지구 과학 I

시험 대비 워크북

이투스북

BON. 본

# BON 본

# EARTH SCIENCE I

## 시험 대비 워크북

**01** 다음은 판 구조론이 정립되는 과정이다. A∼C에 들어갈 학설을 쓰시오. (단, A∼C는 맨틀 대류설, 대륙 이동설, 해양저 확장설 중 하나이다.)

<table>
<tr><td align="center">A</td><td></td><td align="center">B</td><td></td><td align="center">C</td><td></td><td></td></tr>
<tr><td></td><td>→</td><td></td><td>→</td><td></td><td>→</td><td>판 구조론</td></tr>
</table>

**02** 고생대 말∼중생대 초에는 모든 대륙들이 한 덩어리로 모여 초대륙인 (            )를 형성하였다.

**03** 홈스는 (            )가 대륙 이동의 원동력이라고 주장하였다.

**04** 어느 해역에서 음파를 해저에 발사한 후 해저에 반사되어 되돌아오는 시간이 8초일 때, 이 해역의 수심을 구하시오. (단, 해수에서 음파의 속력은 $1{,}500$ m/s 이다.)

**05** 퇴적물 속의 자성 물질은 지구 자기장의 방향이나 세기가 변해도 (            ) 자기의 방향이 변하지 않는다.

**06** 해령에서 맨틀 물질이 상승하고, 해령을 중심으로 양쪽으로 멀어짐에 따라 해저가 확장된다는 이론을 (            ) 이라고 한다.

**07** 발산형 경계에서는 주로 (            ) 지진이 발생하고, 지형은 (            )과 (            )이 발달한다.

**08** 서로 다른 두 해양판의 수렴 경계에서는 (            )가 형성되고, 이와 나란하게 화산 활동에 의해 생성된 섬들이 나열된 (            )가 형성된다.

**09** 보존형 경계에서는 해령을 가로질러 (            )이 발달하고, (            ) 지진이 자주 발생한다.

**01** 암석의 나이와 암석이 생성될 때의 (　　　　　　)을 구하면 암석이 생성될 때의 위도를 구할 수 있다.

**02** 지구 표면의 한 지점에서 진북과 자북 사이의 각을 (　　　　　　)이라 하고, 자기장의 방향이나 자침이 수평면과 이루는 각을 (　　　　　)이라 한다.

**03** 인도 대륙이 적도 부근에서 현재 위치까지 이동하는 동안 북반구에서의 복각은 대체로 (　　　　　)하였다.

**04** 다음은 암석에 남아있는 복각을 이용하여 지질 시대 동안 인도 대륙의 위도를 복원한 것이다. 7,100만 년 동안 인도 대륙이 이동한 평균 속력(cm/년)을 구하시오. (단, 인도 대륙은 남북 방향으로만 이동하였고, $18°S$와 $33°N$ 사이의 거리는 6300 km라고 가정한다. 소수점 아래 둘째 자리에서 반올림한다.)

| 시기(만 년 전) | 7100 | 5500 | 3800 | 1000 | 0 |
|---|---|---|---|---|---|
| 대략적인 당시 위치 | $18°S$ | $3°S$ | $19°N$ | $30°N$ | $33°N$ |

**05** 지질 시대 동안 여러 차례 초대륙이 만들어지고 분리되었다. 약 11억 년 전에 존재한 초대륙의 명칭은 (　　　　　　)이고, 가장 최근에 형성된 초대륙의 명칭은 (　　　　　)이다.

**06** 지질학적 사건과 그 시기를 바르게 연결하시오.

| 지질학적 사건 |
|---|
| A. 판게아가 분리되기 시작하였다. |
| B. 로디니아 초대륙은 몇 개의 대륙으로 분리되고 이동하다가 대륙이 다시 모여 판게아가 형성되었다. |
| C. 북쪽으로 이동하던 인도 대륙은 유라시아판과 충돌하여 현재와 비슷한 수륙 분포를 이루게 되었다. |

| 시기 |
|---|
| a. 고생대 말기 |
| b. 중생대 초기 |
| c. 신생대 |

**07** 대륙의 분포 모습과 그 시기를 바르게 연결하시오.

| 대륙의 분포 모습 |
|---|

A.


B.


C.


| 시기 |
|---|
| a. 중생대 초기 |
| b. 중생대 후기 |
| c. 신생대 |

# 쪽지 시험

I-01. 지권의 변동

**03 맨틀 대류와 플룸 구조론**

**01** 맨틀 대류의 상승부에서는 (              )이 만들어지고, 맨틀 대류의 하강부에서는 (              )가 형성된다.

**02** 해령에서는 판을 (              ) 힘이 작용하고, 해구에서는 판을 (              ) 힘이 작용한다.

**03** 판의 내부에 위치하는 하와이에서의 화산 활동은 (              )으로 설명하기 어렵다.

**04** 그림은 플룸 구조론을 모식적으로 나타낸 것이다. A와 B 중 (가) 뜨거운 플룸이 형성되는 위치와 (나) 차가운 플룸이 형성되는 위치를 각각 고르시오.

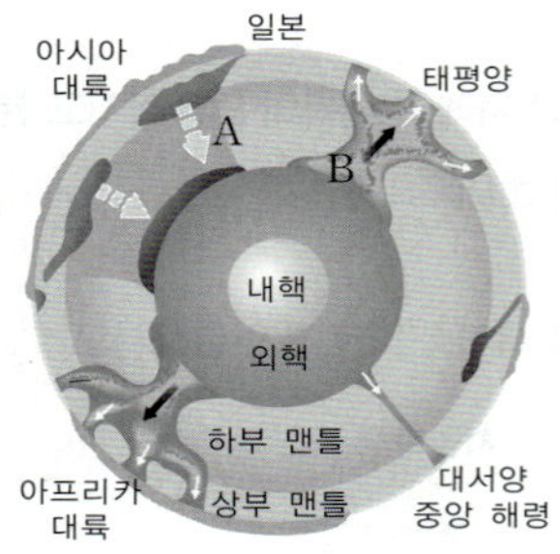


**05** 플룸의 상승과 하강은 맨틀 (              )에서 일어난다.

**06** 뜨거운 플룸이 있는 지역은 주변보다 온도가 (              )므로 지진파의 속도가 (              )게 나타난다.

**07** (              )은 뜨거운 플룸이 지표면과 만나는 지점 아래 마그마가 생성되는 곳이다.

**08** 그림은 하와이섬들의 분포를 나타낸 것이다. 화산섬 A~C의 생성 순서를 나열하시오.

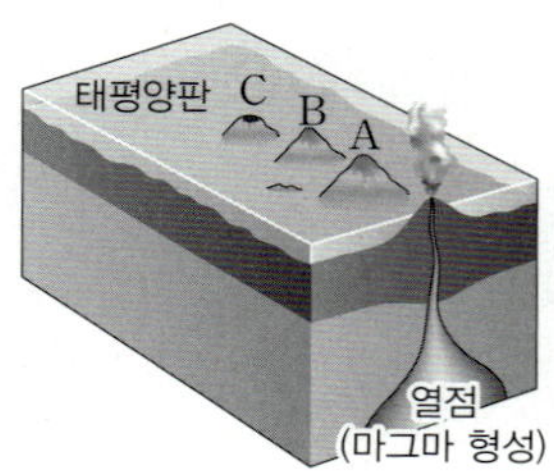

# 쪽지 시험



**01**　$SiO_2$ 함량이 많은 마그마일수록 온도가 (　　　　　), 화산 가스의 함량이 (　　　　　).

**02**　유문암질 마그마는 현무암질 마그마보다 점성이 (　　　　　), 유동성이 (　　　　　) 경사가 (　　　　　) 화산체를 형성한다.

**03**　그림은 암석의 용융 곡선 및 지하의 온도 분포를 나타낸 것이고, A, B, C는 마그마가 생성되는 과정이다. A, B, C에서 마그마가 만들어지는 원인을 각각 쓰시오.

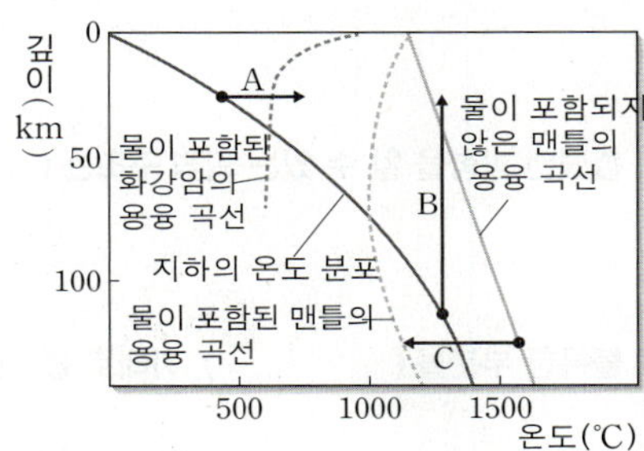


**04**　새로운 판이 형성되는 해령 부근에서는 (　　　　　) 마그마가 주로 생성된다.

**05**　섭입대 부근에서는 화강암질 마그마와 (　　　　　) 마그마가 혼합되어 (　　　　　) 마그마가 생성된다.

**06**　그림은 여섯 종류의 화성암을 분류하는 과정을 나타낸 것이다. 분류 기준 A와 B, 암석 ㉠과 ㉡을 각각 쓰시오.

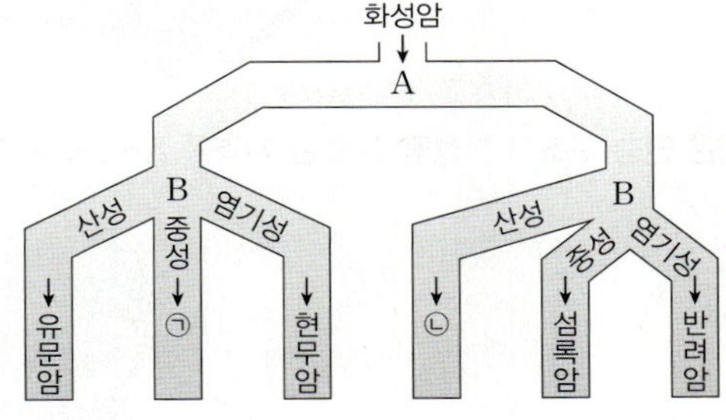


**07**　염기성암은 Ca, Fe, Mg이 상대적으로 많고 $SiO_2$ 함량이 (　　　　　)% 이하인 암석이고, 산성암은 Na, K, Si가 상대적으로 많고 $SiO_2$ 함량이 (　　　　　)% 이상인 암석이다.

**08**　심성암은 마그마가 (　　　　　) 냉각되어 만들어진 암석으로 (　　　　　) 조직을 갖는다.

**09**　(　　　　　)는 우리나라의 대표적인 화산암 지형으로, 용암 동굴과 주상 절리가 관찰된다.

**10**　북한산을 이루고 있는 화성암은 주로 (　　　　　)이고, 강원도 철원 지역과 한탄강 일대에 주로 분포하는 화성암은 (　　　　　)이다.

**01** 퇴적물이 퇴적암이 되는 모든 과정을 (　　　　　) 작용이라고 한다.

**02** 풍화·침식에 의해 생성된 퇴적물이 쌓여 만들어진 퇴적암은 (　　　　　) 퇴적암이고, 물에 녹아 있던 광물질이 침전되어 형성된 퇴적암은 (　　　　) 퇴적암이다.

**03** 잔물결이나 파도에 의해 퇴적물에 물결 자국이 남은 퇴적 구조를 (　　　　)이라고 한다.

**04** 바람이나 물이 흘렀던 방향을 알 수 있는 퇴적 구조는 (　　　　)이다.

**05** 습곡에서 위로 볼록한 부분을 (　　　　), 아래로 볼록한 부분을 (　　　　)라고 한다.

**06** 히말라야산맥과 같은 습곡 산맥에서 발견되는 단층은 주로 (　　　　)이다.

**07** 그림은 판의 경계를 나타낸 모식도이다.

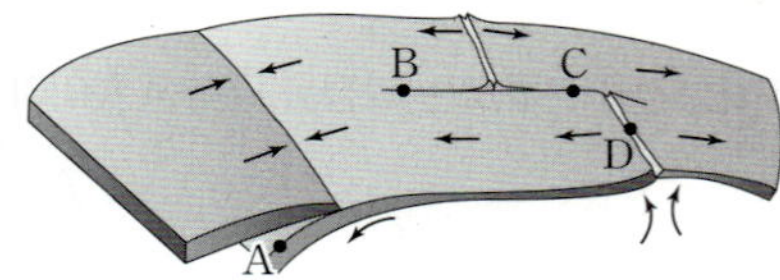


다음과 같은 단층 구조가 형성될 수 있는 지역을 A~D에서 있는 대로 고르시오.

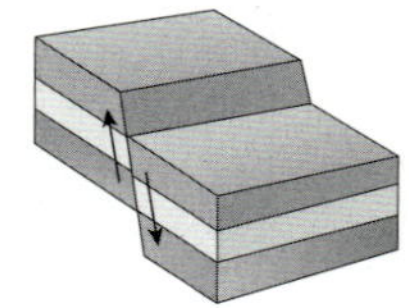

**08** 지각 변동에 의한 압력 변화와 화성암의 냉각 및 수축 등에 의해 암석에 생긴 균열을 (　　　　)라고 한다.

**09** 그림 (가)~(다)에 해당하는 부정합의 명칭을 각각 쓰시오.

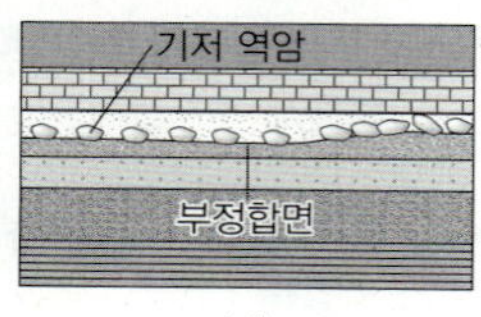


(가)

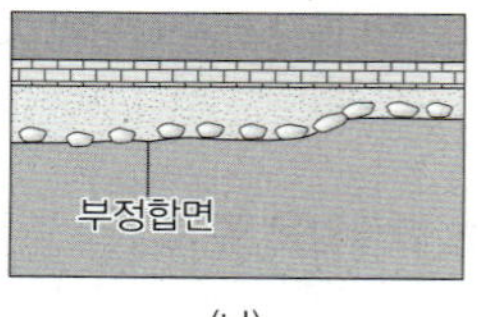


(나)

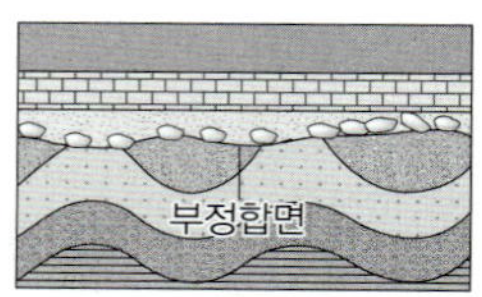


(다)

**01** 하부 지층이 상부 지층보다 먼저 퇴적되었음을 나타내는 지사 법칙은 ( ) 법칙이다.

**02** 암상에 의한 지층 대비에서 기준이 되는 지층을 ( )이라고 하며, 화석에 의한 지층 대비에서는 ( ) 화석을 이용할 수 있다.

**03** 석회암층 내에서 산출된 유공충에 포함된 탄소($^{14}C$)의 양을 측정한 결과, 그 양이 처음의 $\dfrac{1}{16}$로 줄었다는 것을 알았다. 유공충이 포함된 석회암층의 절대 연령을 구하시오. (단, $^{14}C$의 반감기는 5,700년으로 계산한다.)

**04** 기온이 ( ), 강수량이 ( ) 해에는 나무들의 성장이 빨라서 나이테의 간격이 ( ).

**05** 그림은 어느 지역의 지층 A~E에서 발견된 주요 화석 (가)~(바)의 산출 범위를 나타낸 것이다. 지층 A~E를 화석을 기준으로 세 지질 시대로 구분하고자 할 때, 그 경계로 가장 타당한 곳을 쓰시오.

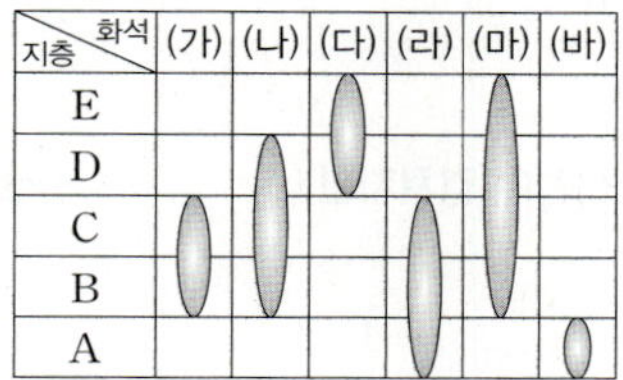

| 지층＼화석 | (가) | (나) | (다) | (라) | (마) | (바) |
|---|---|---|---|---|---|---|
| E |  |  |  |  |  |  |
| D |  |  |  |  |  |  |
| C |  |  |  |  |  |  |
| B |  |  |  |  |  |  |
| A |  |  |  |  |  |  |

**06** 시아노박테리아는 ( ) 누대에 출현하였고, 에디아카라 동물군에 속하는 동물은 ( ) 누대에 생존했던 다세포 동물이다.

**07** 육상 식물이 출현한 시기는 고생대 ( )기이고, 공룡은 중생대 ( )기에 출현하였다.

**08** 삼엽충은 ( )대의 표준 화석이고, 화폐석은 ( )대의 표준 화석이다.

**09** 지질 시대의 수륙 분포와 지질 시대 환경을 복원한 모식도를 바르게 연결하시오.

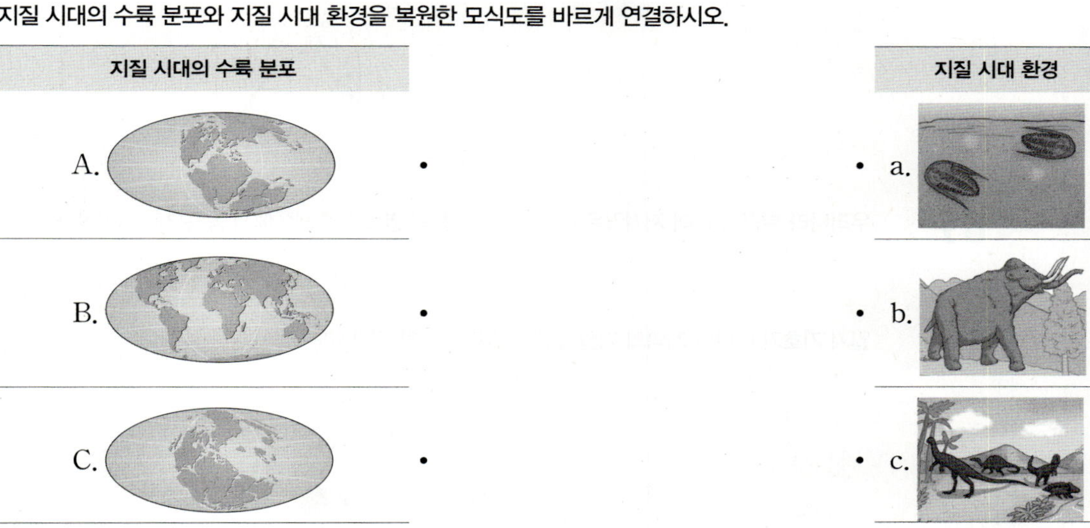

| 지질 시대의 수륙 분포 | | 지질 시대 환경 |
|---|---|---|
| A. | • ＿＿＿＿＿＿ • | a. |
| B. | • ＿＿＿＿＿＿ • | b. |
| C. | • ＿＿＿＿＿＿ • | c. |

# 쪽지 시험

Ⅲ-01. 대기와 해양의 변화　　　**01** 기압과 날씨의 변화

**01** 북반구 지상의 저기압에서는 바람이 (　　　　) 방향으로 불어 (　　　　).

**02** 북반구 지상의 고기압에서는 (　　　　) 기류가 발달하고, 그 중심에서는 날씨가 대체로 (　　　　).

**03** 우리나라의 여름철에는 (　　　　) 기단의 영향을 받아 (　　　　)한 날씨가 나타난다.

**04** 한랭한 기단이 따뜻한 바다 위로 이동하면 기층이 불안정해지므로 (　　　　)형 구름이 생성된다.

**05** 온난 전선 전면에는 (　　　　)형 구름이 생성되고, 한랭 전선이 통과하면 기온은 (　　　　)하고 기압은 (　　　　) 한다.

**06** 한랭 전선과 온난 전선이 겹쳐지면 (　　　　) 전선이 형성된다.

**07** 온대 저기압의 발생과 소멸까지의 과정을 순서대로 나열하시오.

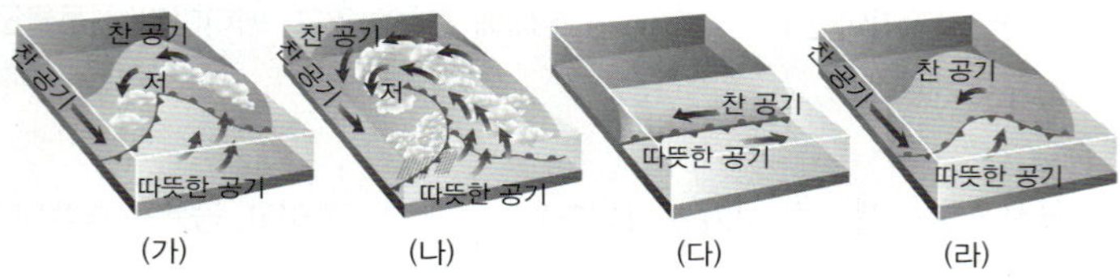


**08** A 지역의 풍향과 날씨를 적으시오.

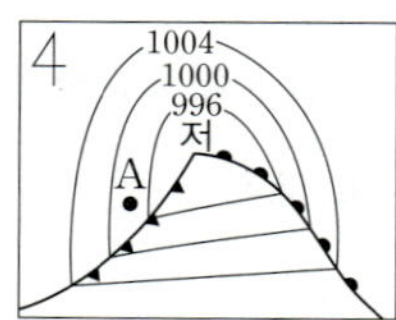


**09** 우리나라 부근의 온대 저기압은 (　　　　)풍의 영향으로 서쪽에서 동쪽으로 이동한다.

**10** 일기 기호가 나타난 지역의 기압, 풍속, 날씨, 기온을 적으시오.

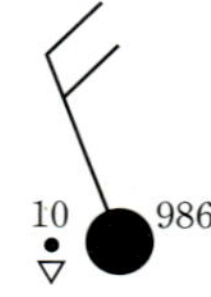

**01** 태풍의 중심으로 갈수록 기압은 계속 (　　　　　) 진다.

**02** 태풍의 눈에서는 약한 (　　　　　) 기류가 나타나 날씨가 맑고 바람이 약하다.

**03** 태풍 진행 방향의 오른쪽 지역은 시간에 따라 풍향이 (　　　　　) 방향으로 변한다.

**04** 태풍 진행 방향의 오른쪽은 (　　　　　) 반원, 왼쪽은 (　　　　　) 반원이라고 한다.

**05** 태풍의 에너지원은 수증기가 응결하면서 방출하는 (　　　　　) 이다.

**06** 태풍이 육지에 상륙하면 (　　　　　)의 공급이 줄어들어 세력이 약해진다.

**07** 뇌우의 발달 단계를 순서대로 나열하시오.

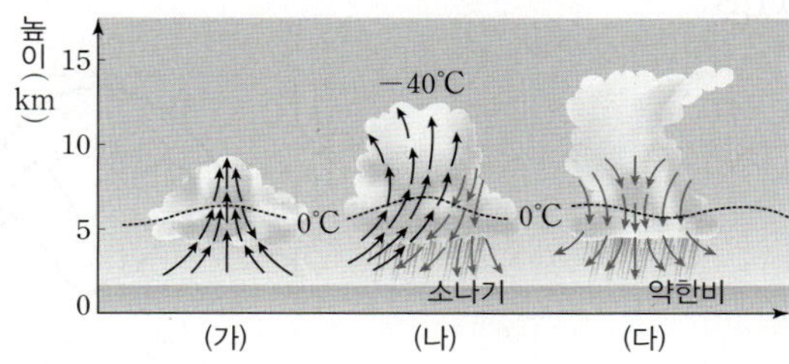


**08** (　　　　　)은 얼음의 결정 주위에 차가운 물방울이 얼어붙어 형성된 얼음 덩어리이다.

**09** (　　　　　)는 국지적으로 단시간 내에 많은 양의 강한 비가 집중적으로 내리는 현상으로, 강한 상승 기류에 의해 (　　　　　)이 발달하면서 일어난다.

**10** 황사가 발생하려면 발원지에서 강한 바람과 함께 (　　　　　) 기류가 나타나고, 지표면의 토양은 (　　　　　)해야 한다.

# 쪽지 시험

**03 해수의 성질**

**01** 표층 해수의 수온 분포에 가장 큰 영향을 미치는 요인은 (                )이다.

**02** 혼합층의 두께는 바람이 강할수록 (                )지고, 표층 수온이 (                ) 해역일수록 수온 약층이 뚜렷하게 발달한다.

**03** 중위도 해역에서 흐르고 있는 한류의 수온은 난류의 수온보다 (                ), 한류의 용존 산소량은 난류의 용존 산소량보다 (                ).

**04** 해수에 녹아 있는 기체는 질소, 산소, 이산화 탄소 등이 있다. 용존 기체의 농도는 수압이 (                )수록, 수온이 (                )수록 높게 나타난다.

**05** 해수의 표층에서 용존 산소량이 가장 높게 나타나는 까닭은 대기 중의 산소가 녹아 들어오고 해양 생물이 (                )을 하기 때문이다.

**06** 해수 5 kg에 녹아 있는 염류의 총량이 170 g일 때, 이 해수의 염분(psu)을 구하시오. (                )

**07** 육지에서 하천수가 흘러나오는 연안은 대양의 중심부보다 표층 염분이 (                ), 극지방에서 결빙이 일어나면 표층 해수의 염분은 (                ).

**08** 그림은 표층 해수에서 측정한 수온, 밀도, 염분을 A, B, C로 순서 없이 나타낸 것이다. A, B, C가 나타내는 값이 무엇인지 각각 쓰시오.

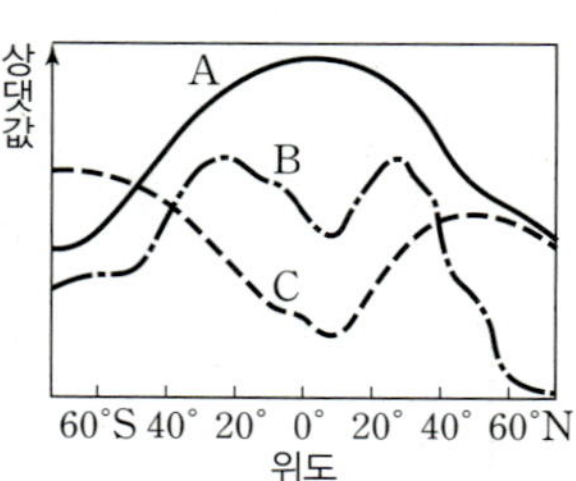


**09** 해수의 밀도는 주로 수온이 (                )수록, 염분이 (                )수록 증가한다.

**10** 그림은 수온-염분도를 나타낸 것이다. 수온 17℃, 염분 34.5 psu인 해수의 밀도를 구하시오.

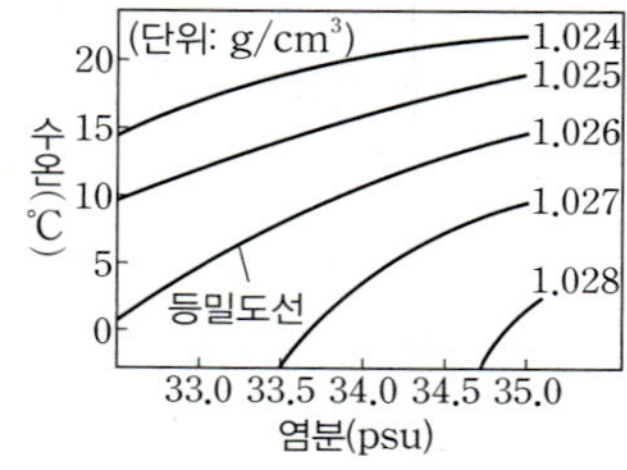

# 쪽지 시험

Ⅳ-01. 대기와 해양의 상호 작용     **01 대기 대순환과 해양의 표층 순환**

**01** 지구가 자전하지 않는다면 북반구에는 (　　　　　)개의 순환 세포가 형성되며, 지상에는 (　　　　　)풍이 분다.

**02** 그림은 북반구에서의 대기 대순환의 단면을 대략적으로 나타낸 것이다. (가)～(다) 순환의 명칭과 바람 A～C의 명칭을 쓰시오.

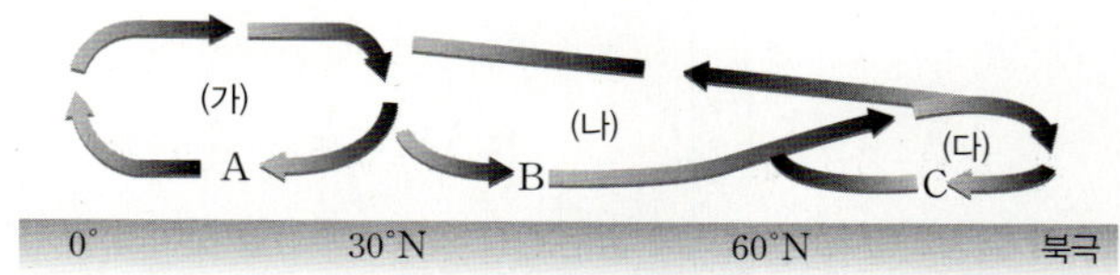


**03** 해들리 순환과 극 순환은 (　　　　　) 순환이고, 페렐 순환은 (　　　　　) 순환이다.

**04** 위도 60° 부근에는 한랭한 극동풍과 따뜻한 편서풍이 만나 (　　　　　)가 형성되어, 강수량이 증발량보다 (　　　　　).

**05** 북적도 해류와 남적도 해류는 (　　　　　)에 의해, 북태평양 해류와 남극 순환류는 (　　　　　)에 의해 형성된다.

**06** 그림은 북태평양에서 발생하는 해류를 모식적으로 나타낸 것이다. 이 해류의 순환을 일으키는 대기 대순환에 의한 바람을 있는 대로 쓰시오.

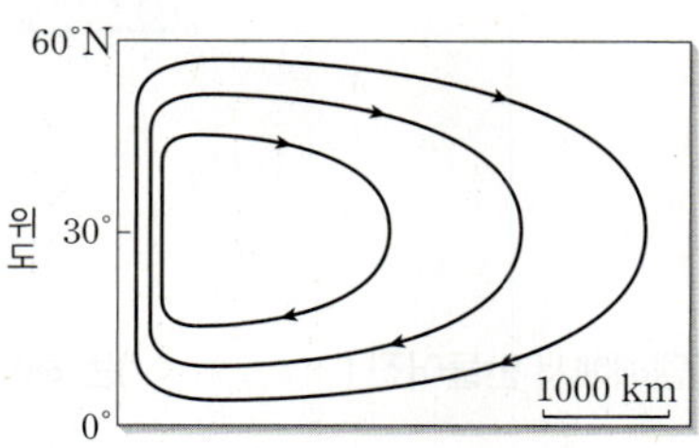


**07** 난류는 한류에 비해 수온이 (　　　　　)고, 염분이 (　　　　　)다.

**08** 한류는 난류에 비해 용존 산소량이 (　　　　　)고, 영양 염류가 (　　　　　)다.

**09** 우리나라 주변 난류의 근원은 수온과 염분이 높은 (　　　　　) 해류이다.

**10** 동해에서는 (　　　　　) 난류와 (　　　　　) 한류가 만나 조경 수역이 형성된다.

# 쪽지 시험

Ⅳ-01. 대기와 해양의 상호 작용 | **02 해양의 심층 순환**

**01** 심층 순환은 해수의 밀도 차이에 의해 일어나는 순환으로 (　　　　　) 순환이라고도 한다.

**02** 밀도가 큰 심층수는 (　　　　　)위도보다 (　　　　　)위도 지역에서 잘 형성된다.

**03** 해수가 결빙되면 주변 해역의 염분은 (　　　　　)할 것이다.

**04** 심층 순환의 경우, 수괴의 성질을 조사하여 (　　　　　)에 나타내면 그 기원과 이동 경로를 추정할 수 있다.

**05** 그림은 대서양의 심층 순환을 나타낸 것이다. 남극 중층수, 북대서양 심층수, 남극 저층수의 밀도를 비교하시오.

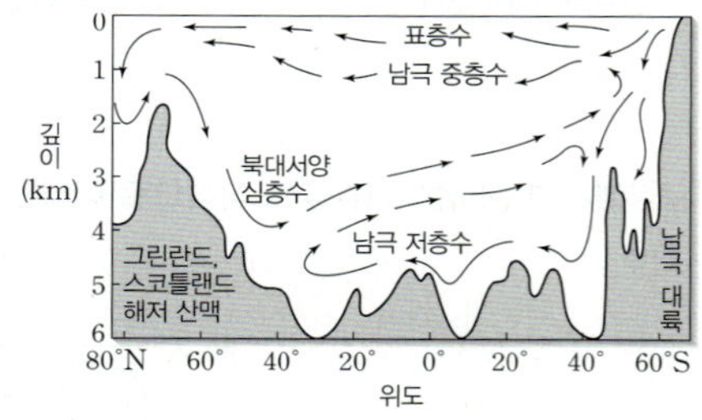


**06** 남극 대륙의 웨델해에서 만들어진 (　　　　　)는 해저를 따라 북쪽으로 이동하여 북반구 중위도 지역까지 흐른다.

**07** 그린란드 해역에서 만들어진 (　　　　　)는 수심 $1500 \sim 4000\,\mathrm{m}$ 사이에서 남위 $60°$까지 이동한다.

**08** 해수의 심층 순환은 (　　　　　)과 연결되어 (　　　　　)위도에서 (　　　　　)위도로 열에너지를 수송한다.

**09** 심층 순환은 용존 산소가 풍부한 표층 해수를 심해로 운반하여 심해층에 (　　　　　)를 공급한다.

# 쪽지 시험

**01** 용승 현상은 심층수에 녹아 있던 많은 양의 (　　　　　)를 표층으로 운반하여 좋은 어장을 형성한다.

**02** 회전하는 고기압성 바람에 의해서는 해수의 (　　　　　)이 일어나고, 저기압성 바람에 의해서는 해수의 (　　　　)이 일어난다.

**03** 그림은 해양에서 용승 또는 침강이 활발하게 발생하는 해역을 나타낸 것이다. A~D 중 용승이 일어나는 해역을 있는 대로 고르시오.

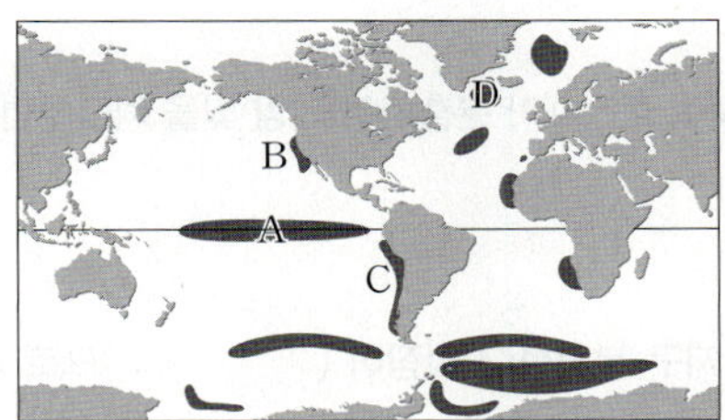

**04** 엘니뇨 현상은 태평양의 적도 부근을 따라 동쪽의 넓은 범위에서 해수면 온도가 (　　　　)지는 현상으로, 적도 부근에서 부는 (　　　　)이 약해질 때 발생한다.

**05** 엘니뇨와 라니냐 현상의 발생으로 인한 열대 태평양의 기압 분포 변화를 (　　　　)이라고 한다.

**06** 엘니뇨가 발생할 때 태평양의 서쪽 연안에는 (　　　　)의 피해가 발생하고, 동쪽 연안에는 (　　　　)의 피해가 발생한다.

**07** 북아메리카와 남아메리카 대륙이 연결되면서 북극 부근에 (　　　　)가 발달하였다.

**08** 마지막 빙하기가 끝나가는 과정에서 기온이 갑자기 낮아진 시기를 (　　　　)라고 한다.

**09** 그림은 북대서양의 표층 해류를 나타낸 것이다.

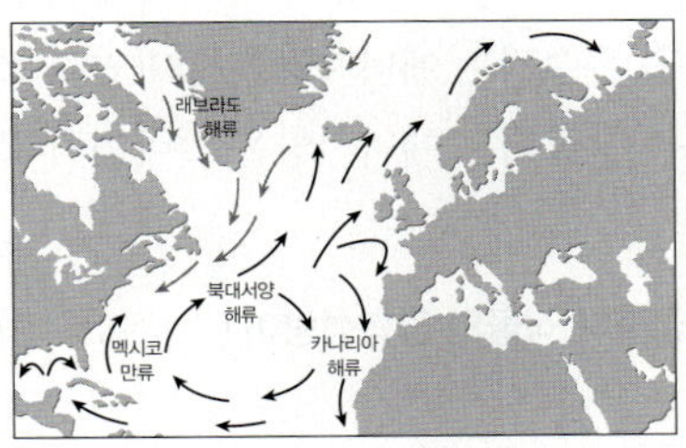


지구 온난화로 극지방의 빙하가 녹아 유입될 때, 그 영향을 받는 북대서양 표층수의 염분은 (　　　　)지고, 침강 운동은 (　　　　)지며, 멕시코 만류의 흐름은 (　　　　)진다.

**10** 9월과 10월에 발생하여 한반도로 향한 태풍들은 주로 (　　　　) 시기에 나타났다.

# 쪽지 시험

IV-01. 대기와 해양의 상호 작용     **04** 지구 기후 변화

**01** 지구의 자전축이 기울어진 팽이처럼 약 26,000년을 주기로 한 바퀴씩 도는 운동을 (　　　　)이라고 한다.

**02** 지구 자전축의 경사각이 커지면 여름과 겨울의 태양의 남중 고도 차이가 (　　　　)진다.

**03** 다른 조건이 일정할 상태에서 지구 공전 궤도의 이심률이 커지면 북반구의 여름과 겨울의 기온 차이는 현재보다 (　　　　)진다.

**04** 화산이 폭발하여 화산재가 분출하여 태양 빛을 차단하면 지구의 반사율이 (　　　　)하고, 평균 기온은 (　　　　)한다.

**05** 태양 복사는 지구 복사보다 파장이 (　　　　)므로 지구 대기에 의한 태양 복사의 흡수율은 지구 복사의 흡수율보다 (　　　　)다.

**06** 지구 대기에 의한 지구 복사 에너지의 흡수가 가장 작은 파장 $8 \sim 13 \, \mu m$ 영역을 (　　　　)이라고 한다.

**07** 그림은 지구로 입사되는 태양 복사 에너지를 100이라고 할 때 지구의 열수지를 나타낸 것이다.



(1) 지구에 입사하는 태양 복사 에너지 중에서 우주 공간으로 반사되는 양은 (　　　　)%이고, 대기에서 흡수되는 양은 (　　　　)%, 지표에서 흡수되는 양은 (　　　　)%이다.

(2) 대기에서 총 흡수되는 에너지양은 얼마인지 쓰시오. (　　　　)

(3) 지표에서 총 방출되는 에너지양은 얼마인지 쓰시오. (　　　　)

**08** 여름철은 겨울철보다 식물의 광합성량이 (　　　　) 때문에 대기 중의 이산화 탄소 농도가 (　　　　)다.

**09** 해수의 온도가 상승하여 이산화 탄소의 용해도가 (　　　　)하면 지구의 온도는 (　　　　)진다.

**10** 지구의 평균 기온이 높아지면 고위도 지역의 (　　　　)가 융해되므로 해수면이 (　　　　)진다.

# 쪽지 시험

V-01. 별과 외계 행성계

**01 별의 물리량**

**01** 흑체가 단위 시간 동안 단위 면적에서 방출하는 복사 에너지량은 (　　　　　)의 4제곱에 비례한다.

**02** 흑체는 표면 온도가 높을수록 최대 에너지를 방출하는 파장이 (　　　　　)진다. 이를 빈의 법칙이라고 한다.

**03** 서로 다른 파장 영역에서 측정한 등급의 차를 (　　　　　)라고 하는데 이 값이 작을수록 표면 온도가 높은 별이다.

**04** 별의 표면 온도에 의해 결정되는 물리량을 〈보기〉에서 2가지 고르시오.

| ┤ 보기 ├ | | | |
|---|---|---|---|
| ㄱ. 거리 | ㄴ. 색지수 | ㄷ. 분광형 | ㄹ. 절대 등급 |

**05** 별의 스펙트럼을 표면 온도를 기준으로 분류한 것을 분광형이라고 하는데, 태양의 분광형은 (　　　　　)형이다.

**06** 별의 분광형을 표면 온도에 높은 것부터 순서대로 나열하면 (　　　　　), B, (　　　　　), F, G, K, (　　　　　)형이다.

**07** 별들은 화학 조성이 거의 같지만 (　　　　　)가 다르기 때문에 흡수 스펙트럼에서 차이가 나타난다.

**08** 별의 밝기는 등급으로 나타내는데, 5등급 간의 밝기 비는 100배이므로 1등급 간의 밝기 비는 (　　　　　)배이다.

**09** 별의 광도와 별의 표면 온도를 알면 스테판–볼츠만 법칙을 이용하여 별의 (　　　　　)을 구할 수 있다.

**10** 별의 표면 온도를 $T$, 별의 반지름을 $R$라고 할 때, 별의 광도 $L$을 옳게 나타낸 것은? (단, $\sigma$는 상수이다.)

① $4\pi R \times \sigma T^2$　　　② $4\pi R^2 \times \sigma T^2$　　　③ $4\pi R^2 \times \sigma T^4$

④ $\dfrac{4\pi R^2}{\sigma T^2}$　　　⑤ $\dfrac{4\pi R^2}{\sigma T^4}$

**01**    가로축을 분광형, 세로축을 절대 등급으로 나타낸 도표를 (       )라고 한다.

**02**    그림은 별들을 분광형과 절대 등급에 따라 A∼D 4개의 집단으로 구분한 것이다. A∼D는 각각 무엇인지 쓰시오

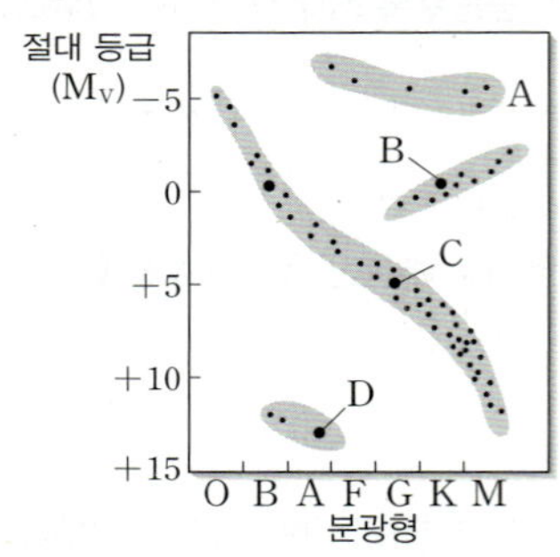


**03**    별의 종류와 특징을 옳게 연결하시오.

(1) 주계열성   •
(2) 적색 거성   •
(3) 초거성   •
(4) 백색 왜성   •

    • ㉠ 크기는 작지만 밀도가 매우 큰 별
    • ㉡ 대부분의 별들이 속한 집단
    • ㉢ H−R도에서 광도가 가장 큰 별
    • ㉣ 표면 온도는 낮지만 광도는 비교적 큰 별

**04**    별의 종류 ㄱ∼ㄹ을 반지름이 큰 것부터 순서대로 나열하시오.

> ㄱ. 주계열성      ㄴ. 백색 왜성      ㄷ. 적색 거성      ㄹ. 초거성

**05**    원시별은 밀도가 (      )고 온도가 (      )은 성운에서 중력 수축이 일어나 만들어진다.

**06**    별은 일생의 대부분을 주계열 단계에서 보내는데, (      )이 클수록 주계열 단계에서 머무는 시간이 짧다.

**07**    다음은 질량에 따른 별의 진화 과정을 나타낸 것이다. 빈칸에 알맞은 말을 쓰시오.

(1) 태양과 질량이 비슷한 별: 원시별 ⇨ 주계열성 ⇨ (      ) ⇨ 행성상 성운 ⇨ 백색 왜성
(2) 태양보다 질량이 큰 별: 원시별 ⇨ 주계열성 ⇨ (      ) ⇨ 초신성 폭발 ⇨ 중성자별 또는 블랙홀

**08**    다음은 별의 최종 단계에서 형성되는 천체를 나열한 것이다. 평균 밀도가 높은 것부터 순서대로 나열하시오.

> (가) 블랙홀      (나) 백색 왜성      (다) 중성자별

**01** 원시별의 에너지원은 성간 물질이 수축될 때 발생하는 (　　　　) 에너지이다.

**02** 원시별의 중심부에서 온도가 상승하여 약 (　　　　) K 이상이 되면 (　　　　) 핵융합 반응이 시작되는 주계열성이 된다.

**03** 수소 원자핵 (　　　　)개가 융합하여 헬륨 원자핵 1개를 생성할 때 질량이 감소한다. 이때 감소한 질량이 (　　　　)로 전환된다.

**04** 수소 핵융합 반응이 일어나는 경로는 크게 (　　　　) 반응과 탄소·질소·산소 순환 반응이 있다.

**05** 태양 질량의 약 2배 이상인 주계열성의 중심부에서는 (　　　　) 순환 반응에 의한 에너지 생성이 활발하다.

**06** 그림은 정역학 평형 상태에 있는 어떤 별에 작용하는 힘 A와 B를 나타낸 것이다. A와 B에 해당하는 힘을 쓰시오.

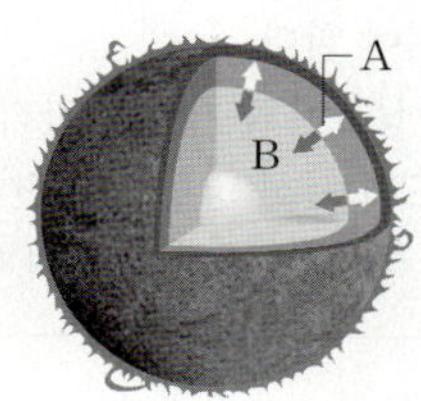


**07** 태양의 내부 구조는 중심에서 바깥쪽으로 감에 따라 중심핵, (　　　　), (　　　　)으로 이루어져 있다.

**08** 태양 질량의 약 2배 이상인 주계열성의 중심에서는 CNO 순환 반응이 우세하게 일어나는 (　　　　)이 존재한다.

**09** 적색 거성은 중심부에 탄소 핵이 존재하며, 바로 위쪽에 (　　　　) 연소층, 그 위쪽에 (　　　　) 연소층이 존재한다.

**10** 질량이 매우 큰 초거성은 중심부의 온도가 높기 때문에 계속적인 핵융합 반응이 일어나 양파껍질 같은 구조가 형성되며, 최종적으로 중심부에 (　　　　)로 된 핵이 만들어진다.

[1~5] 다음은 외계 행성을 탐사하는 방법에 대한 설명이다. (　) 안에 들어갈 알맞은 말을 쓰시오.

**01** 중심별과 행성이 공통 질량 중심을 중심으로 공전할 때 중심별의 (　　　　) 속도 변화를 측정하여 행성의 존재를 확인한다.

**02** 행성이 중심별의 앞면을 지날 때 행성에 의해 별의 일부가 가려지는 (　　　　) 현상을 이용하여 행성의 존재를 확인한다.

**03** 뒤쪽에 있는 별의 별빛이 앞쪽에 있는 별과 행성의 (　　　　)에 의해 굴절되는 현상을 이용하여 행성의 존재를 확인한다.

**04** 외계 행성의 (　　　　)이 클수록 중심별의 스펙트럼에 나타나는 파장 변화가 커져 행성의 존재를 확인하기 쉽다.

**05** 행성의 (　　　　)이 클수록 행성에 의한 중심별의 밝기 변화가 커져 행성의 존재를 확인하기 쉽다.

**06** 우주 망원경을 이용하여 외계 행성의 존재를 직접 관측하기 위한 조건 2가지를 〈보기〉에서 고르시오.

| 보기 |
| --- |
| ㄱ. 행성의 질량이 커야 한다. |
| ㄴ. 지구로부터의 행성까지의 거리가 가까워야 한다. |
| ㄷ. 행성의 공전 궤도면 시선 방향에 나란해야 한다. |
| ㄹ. 행성이 중심별로부터 너무 가깝게 위치하지 않아야 한다. |

**07** 현재까지의 외계 행성 탐사 결과를 볼 때, 발견된 행성들은 대부분 지구보다 크기가 (　　　　)다.

**08** 별 주변에서 액체 상태의 물이 존재할 수 있는 영역을 (　　　　)라고 한다.

**09** 중심별의 광도가 클수록 중심별에서 생명 가능 지대까지의 거리가 (　　　　)고, 폭이 (　　　　)다.

**10** 행성의 (　　　　)는 적절한 온실 효과를 일으켜 평균 온도가 일정하게 유지될 수 있도록 해주며, 행성 (　　　　)은 고에너지 입자와 항성풍이 지표면으로 유입되는 것을 막아준다.

**11** 주계열성의 질량이 (　　　　)수록 수명이 짧기 때문에 태양보다 질량이 (　　　　) 별 주변의 행성에서는 생명체가 탄생하고 진화하는데 필요한 시간을 확보하기 어렵다.

**01** 허블은 외부 은하를 형태에 따라 다음과 같이 분류하였다. A ~ D에 들어갈 알맞은 말을 쓰시오.

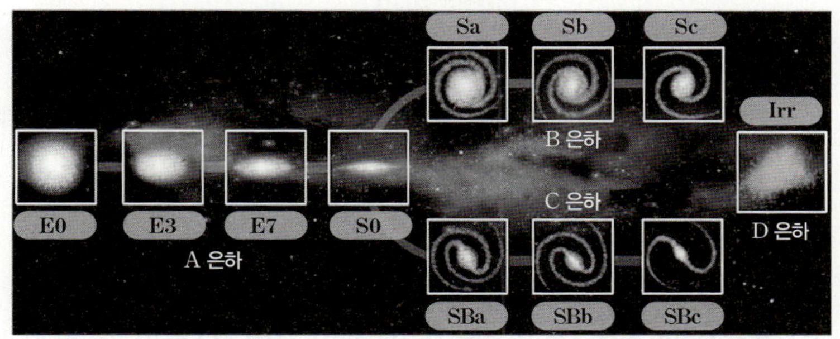


**02** 은하 (가)~(라)는 허블의 은하 분류 체계에서 각각 어떤 은하에 해당하는지 쓰시오.

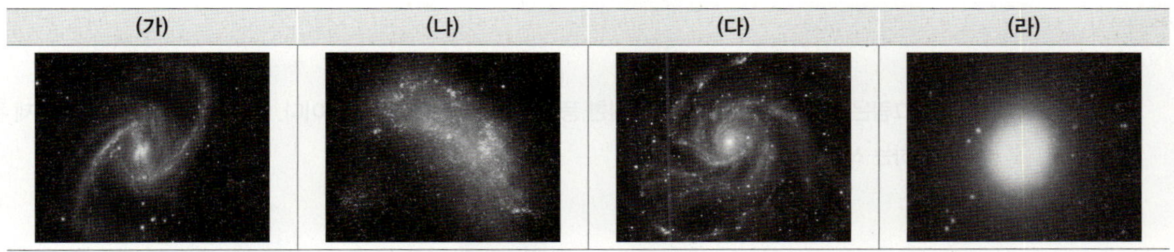


**03** 다음 중 성간 물질의 양이 적고, 나이 많은 별들의 비율이 가장 높은 은하는?

① 타원 은하　　　② 렌즈형 은하　　　③ 불규칙 은하　　　④ 정상 나선 은하　　　⑤ 막대 나선 은하

**04** (　　　　　) 은하는 중심에 핵을 가지고 양쪽에 로브라고 불리는 거대한 돌출부가 있으며, 로브와 핵이 제트로 연결되어 있다.

**05** (　　　　)는 우주 초기에 형성된 천체로, 하나의 별처럼 보이며 매우 큰 적색 편이가 나타난다.

**06** (　　　　)은하는 보통의 은하들에 비하여 아주 밝은 은하핵과 넓은 스펙트럼을 보이는 은하이다.

**07** 은하와 은하의 상호 작용으로 두 은하가 충돌하면 은하 안의 거대한 분자 구름들이 서로 압축되면서 새로운 (　　　　　　) 이 활발하게 생성된다.

**08** (가)~(라)에 해당하는 은하를 옳게 연결하시오.

　　　(가) 전파 은하　　　　(나) 퀘이사　　　　(다) 세이퍼트은하　　　　(라) 충돌 은하

　　　ㄱ　　　　　　ㄴ　　　　　　ㄷ　　　　　　ㄹ

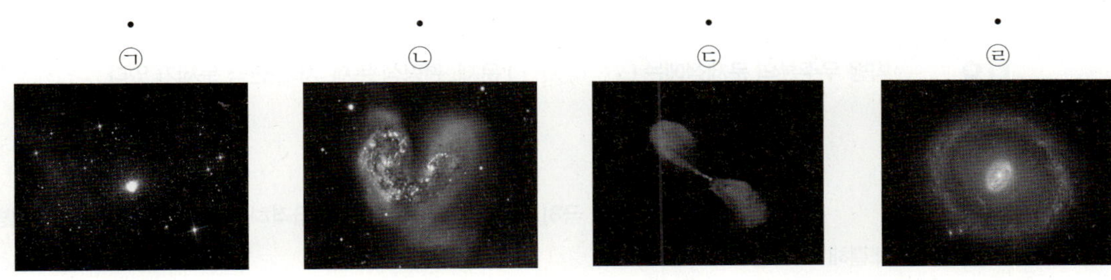

# 쪽지 시험

Ⅵ-01. 외부 은하와 우주 팽창

**02** 허블 법칙과 우주론

**01** 외부 은하의 스펙트럼에 나타난 파장 변화량을 측정하면 은하의 (　　　　　)를 구할 수 있다.

**02** 외부 은하의 스펙트럼에서 관측된 파장을 $\lambda$, 고유 파장을 $\lambda_0$라고 할 때, 후퇴 속도 $V$로 옳은 것은? (단, $c$는 빛의 속도이다.)

① $(\lambda - \lambda_0) \times c$　　　② $(\dfrac{\lambda_0}{\lambda - \lambda_0}) \times c$　　　③ $(\dfrac{\lambda}{\lambda - \lambda_0}) \times c$　　　④ $(\dfrac{\lambda - \lambda_0}{\lambda_0}) \times c$　　　⑤ $(\dfrac{\lambda - \lambda_0}{\lambda_0}) \times c^2$

**03** 외부 은하의 후퇴 속도 $V$, 외부 은하의 거리 r, 허블 상수를 $H$라고 할 때, 허블 법칙을 옳게 나타낸 것은?

① $r = H \times V$　　　② $H = V \times r$　　　③ $V = H \times r$　　　④ $r = H \times V^2$　　　⑤ $V = H \times r^2$

**04** 그림은 우주 팽창을 이해하기 위한 풍선 모형실험을 나타낸 것이다. 풍선 표면과 스티커는 실제 우주에서 각각 무엇에 해당하는 쓰시오.

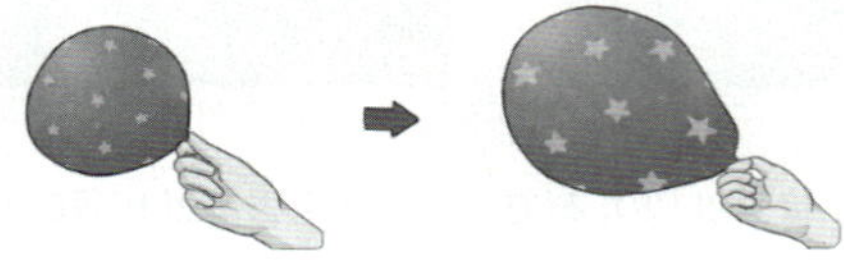

**05** 우주가 일정하게 팽창했다고 가정하면 허블 상수의 역수는 우주의 (　　　　　)에 해당한다.

**06** 그림 (가)와 (나)는 빅뱅 우주론 모형과 정상 우주론 모형 중 어느 것에 해당하는지 쓰시오.

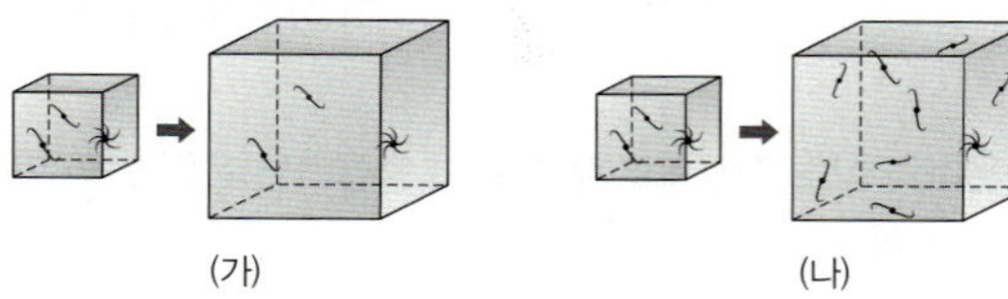

**07** 빅뱅 우주론의 핵심적인 증거에는 (　　　　　)와 수소와 헬륨의 질량비가 있다.

**08** 빅뱅 우주론의 문제점에는 (　　　　　) 문제, 편평성 문제, 자기 단극 문제가 있다.

**09** (　　　　　) 이론은 빅뱅 직후 극히 짧은 시간 동안 우주가 급격히 팽창했다는 이론으로, 빅뱅 우주론의 여러 문제점들을 해결해 주었다.

**01** 그림은 우리은하의 중심을 회전하는 별들의 회전 속도를 나타낸 것이다. 두 곡선 중 (　　　　)는 예측값이고, (　　　　)는 실제 관측값이다.

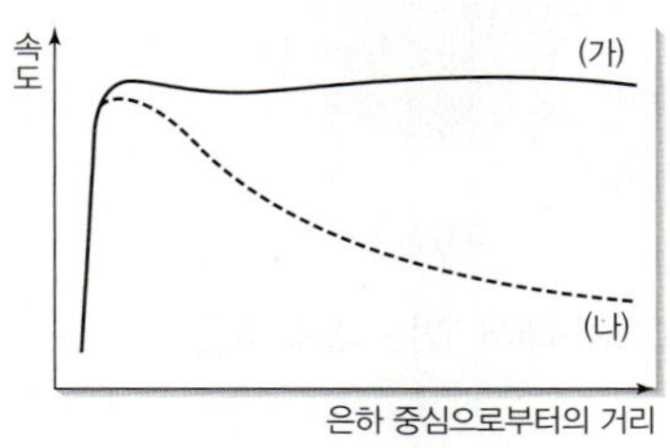


**02** (　　　　)은 전자기파를 방출하거나 흡수하지 않지만, 중력에 의한 상호 작용을 통해 그 존재를 추정할 수 있다.

**03** 과학자들은 (　　　　)의 적색 편이량과 겉보기 등급을 관측하여 우주가 (　　　　) 팽창하고 있다는 사실을 확인하였다.

**04** 빅뱅 이후 현재까지 우주의 팽창 속도는 다음과 같이 변하였다. 빈 칸에 알맞은 말을 쓰시오.

> 빅뱅 → 급격한 팽창 → 팽창 속도 (　　　　) → 팽창 속도 (　　　　)

**05** 과학자들은 중력과 반대인 척력으로 작용하면서 우주의 팽창을 가속하는 우주의 성분을 (　　　　)라고 한다.

**06** 우주는 현재 약 $4.9\%$의 (　　　　)과 $26.8\%$의 (　　　　), $68.3\%$의 (　　　　)로 이루어져 있다.

**07** 표는 우주의 밀도에 따른 곡률을 나타낸 것이다. 빈 칸에 들어갈 알맞은 말을 쓰시오.

| 구분 | 우주의 곡률 | 밀도 비교 |
| --- | --- | --- |
| (　　　) 우주 | $(-)$ | 우주의 밀도 < 임계 밀도 |
| (　　　) 우주 | $0$ | 우주의 밀도 = 임계 밀도 |
| (　　　) 우주 | $(+)$ | 우주의 밀도 > 임계 밀도 |

**08** 그림은 시간에 따른 우주의 크기 변화를 나타내는 여러 가지 모형을 나타낸 것이다. 모형 ㉠~㉣ 중 가속 팽창 우주 모형은 (　　　　)이고, 우주의 밀도가 가장 큰 모형은 (　　　　)이다.

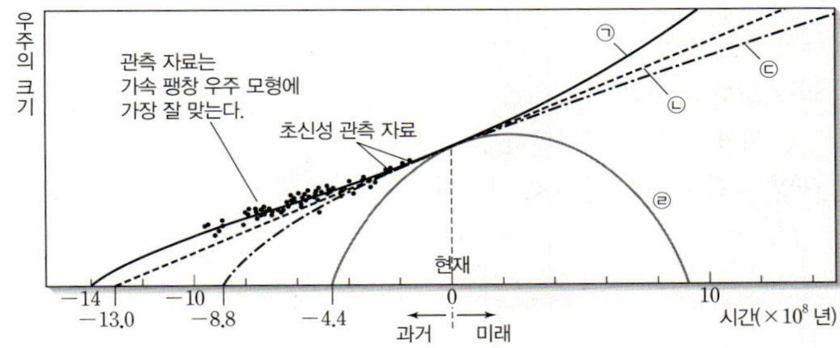

**01** 그림 (가)는 고생대 말의 빙하 흔적을 현재의 수륙 분포에 나타낸 것이고, (나)는 고생대 말의 수륙 분포이다.

이에 대한 설명으로 옳은 것만을 〈보기〉에서 있는 대로 고른 것은?

| 보기 |

ㄱ. 고생대 말 적도 지방에는 빙하가 넓게 분포하였다.
ㄴ. 대서양 해저 지층에서는 삼엽충의 화석이 발견되지 않는다.
ㄷ. 남아메리카와 아프리카에 같은 종의 고생대 생물 화석이 발견될 수 있다.

① ㄱ　　　② ㄷ　　　③ ㄱ, ㄴ
④ ㄴ, ㄷ　　　⑤ ㄱ, ㄴ, ㄷ

**02** 그림은 해양 탐사선에서 발사한 초음파가 해저에서 반사되어 되돌아오는 데 걸리는 시간을 연속적으로 측정하여 얻은 자료이다.

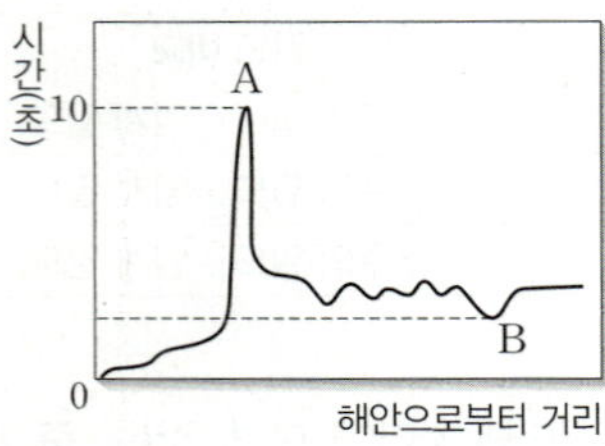


이에 대한 설명으로 옳은 것만을 〈보기〉에서 있는 대로 고른 것은? (단, 해수에서 초음파의 속도는 1,500 m/s이다.)

| 보기 |

ㄱ. A의 수심은 약 7,500 m이다.
ㄴ. A에서는 새로운 해양 지각이 생성된다.
ㄷ. 이 지역에서 해양 지각은 A에서 B로 이동한다.

① ㄱ　　　② ㄴ　　　③ ㄱ, ㄷ
④ ㄴ, ㄷ　　　⑤ ㄱ, ㄴ, ㄷ

**03** 그림은 서로 다른 두 해양 지각에서 해령으로부터의 거리에 따른 고지자기 분포를 나타내고, 연령이 같은 지점을 연결한 것이다.

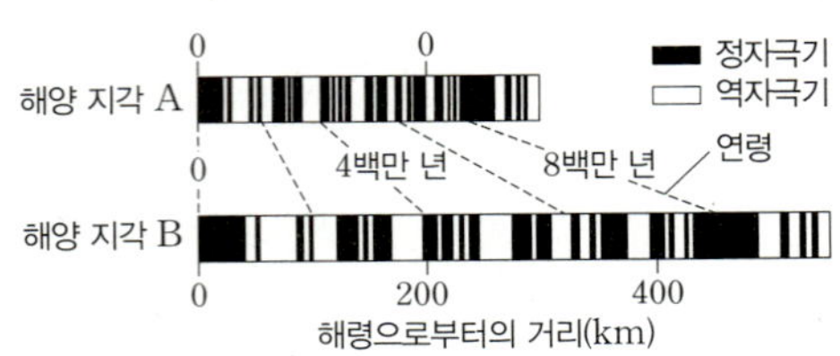


이에 대한 설명으로 옳은 것만을 〈보기〉에서 있는 대로 고른 것은?

| 보기 |

ㄱ. 지구 자기장은 일정한 주기로 역전된다.
ㄴ. 해저가 확장하는 속도는 A보다 B가 빠르다.
ㄷ. 4백만 년 전의 지구 자기장의 방향은 현재와 같았다.

① ㄱ　　　② ㄷ　　　③ ㄱ, ㄴ
④ ㄴ, ㄷ　　　⑤ ㄱ, ㄴ, ㄷ

**04** 그림은 암석권과 연약권에서 P파의 속도 분포를 나타낸 것이다.

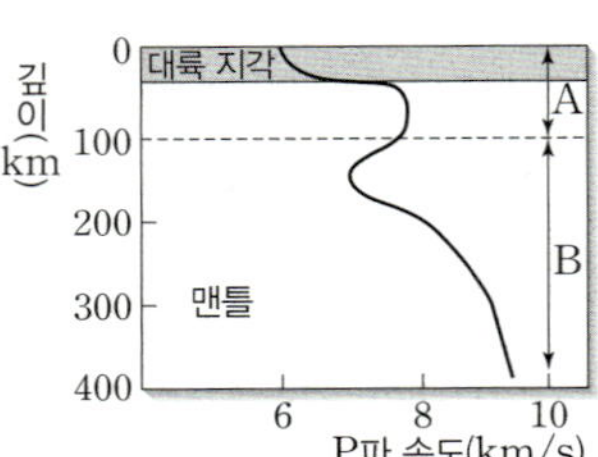


이에 대한 설명으로 옳은 것만을 〈보기〉에서 있는 대로 고른 것은?

| 보기 |

ㄱ. A는 암석권이다.
ㄴ. B는 부분 용융되어 있을 것이다.
ㄷ. B에서 일어나는 대류에 의해 A가 움직인다.

① ㄱ　　　② ㄴ　　　③ ㄱ, ㄷ
④ ㄴ, ㄷ　　　⑤ ㄱ, ㄴ, ㄷ

**05** 다음은 판 구조론이 정립되기까지 제시된 여러 이론의 주장 또는 증거이다. (가), (나), (다)는 베게너의 대륙 이동설, 헤스의 해양저 확장설, 홈스의 맨틀 대류설 중 하나이다.

| 이론 | 주장 또는 증거 |
| --- | --- |
| (가) | 고생대 말에 판게아를 이루고 있었다. |
| (나) | 지구 내부 맨틀의 열대류에 의해 대륙이 이동한다. |
| (다) | 해령에서 멀어질수록 해양 지각의 연령이 증가한다. |

이에 대한 설명으로 옳은 것만을 〈보기〉에서 있는 대로 고른 것은?

| 보기 |

ㄱ. (가)로 남아메리카 대륙 동쪽 해안선과 아프리카 대륙 서쪽 해안선 모양의 유사성을 설명할 수 있다.
ㄴ. (나)는 홈스가 제시한 맨틀 대류설이다.
ㄷ. (다)의 이론은 (나)의 이론보다 나중에 등장하였다.

① ㄱ  　② ㄷ  　③ ㄱ, ㄴ
④ ㄴ, ㄷ  　⑤ ㄱ, ㄴ, ㄷ

**06** 그림은 판의 경계와 이동 방향을 나타낸 것이다.

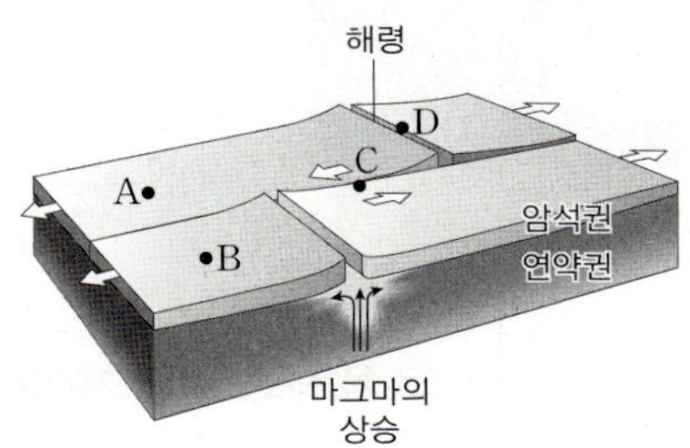


이에 대한 설명으로 옳은 것만을 〈보기〉에서 있는 대로 고른 것은?

| 보기 |

ㄱ. 해양 지각의 나이는 A가 B보다 많다.
ㄴ. C에는 변환 단층이 발달한다.
ㄷ. D에서는 화산 활동이 활발하게 일어난다.

① ㄱ  　② ㄷ  　③ ㄱ, ㄴ
④ ㄴ, ㄷ  　⑤ ㄱ, ㄴ, ㄷ

**07** 그림 (가)와 (나)는 서로 다른 지역에서 판이 수렴하는 모습을 나타낸 것이다.

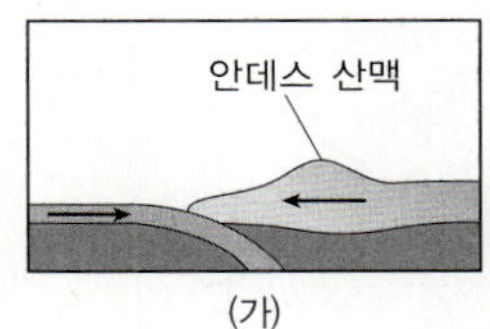

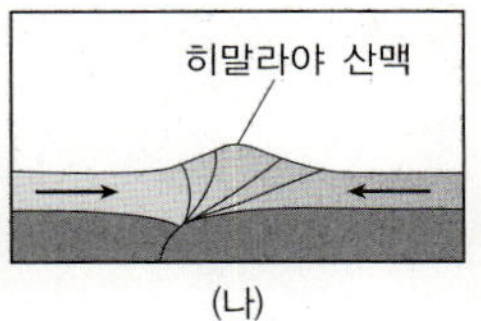


이에 대한 설명으로 옳은 것만을 〈보기〉에서 있는 대로 고른 것은?

| 보기 |

ㄱ. (가)와 (나) 모두 화산 활동이 활발하다.
ㄴ. 지진이 발생할 수 있는 최대 깊이는 (가)가 (나)보다 깊다.
ㄷ. (가)와 (나)에서는 횡압력이 작용하여 역단층이 나타난다.

① ㄱ  　② ㄴ  　③ ㄱ, ㄷ
④ ㄴ, ㄷ  　⑤ ㄱ, ㄴ, ㄷ

**08** 그림은 판의 경계를 개략적으로 나타낸 것이다.

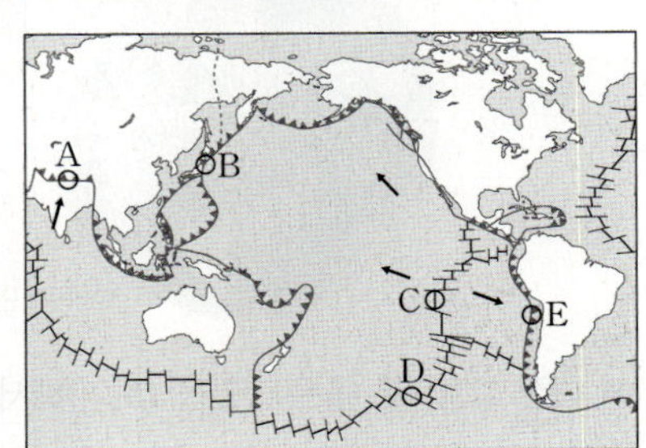


이에 대한 설명으로 옳은 것만을 〈보기〉에서 있는 대로 고른 것은?

| 보기 |

ㄱ. A와 B는 수렴형 경계이다.
ㄴ. C와 D에서는 천발 지진이 자주 발생한다.
ㄷ. E는 맨틀 대류의 하강부에 위치한다.

① ㄱ  　② ㄴ  　③ ㄱ, ㄷ
④ ㄴ, ㄷ  　⑤ ㄱ, ㄴ, ㄷ

**01** 그림은 동일 경도 상에 위치한 주요 지점에서 전자기력의 크기와 방향을 화살표로 나타낸 것이다.

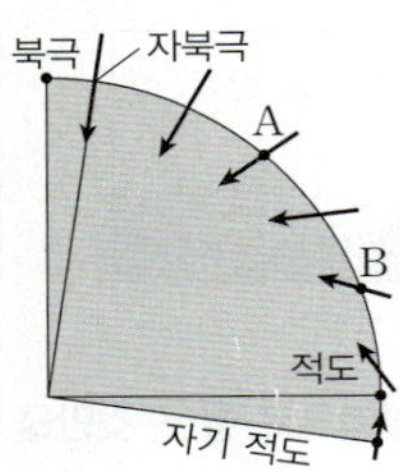


이에 대한 설명으로 옳은 것만을 〈보기〉에서 있는 대로 고른 것은?

| 보기 |

ㄱ. 복각은 지구 표면의 한 지점에서 진북과 자북 사이의 각이다.
ㄴ. 자기 적도에서 복각은 0°이다.
ㄷ. 복각은 A가 B보다 크다.

① ㄱ  ② ㄴ  ③ ㄱ, ㄷ
④ ㄴ, ㄷ  ⑤ ㄱ, ㄴ, ㄷ

**02** 그림은 북아메리카 대륙과 유럽 대륙에서 구한 5억 년 전부터 현재까지 자북극의 이동 경로를 나타낸 것이다.

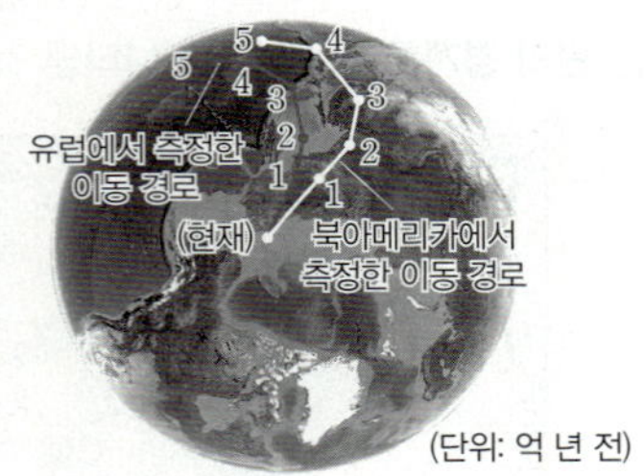


이에 대한 설명으로 옳은 것만을 〈보기〉에서 있는 대로 고른 것은?

| 보기 |

ㄱ. 5억 년 전에는 자북극이 두 곳에 위치했다.
ㄴ. 자북극의 이동 경로는 두 대륙에서 동일하게 나타난다.
ㄷ. 자북극의 이동 경로를 일치시키면 두 대륙이 붙어 있었음을 알 수 있다.

① ㄱ  ② ㄷ  ③ ㄱ, ㄴ
④ ㄴ, ㄷ  ⑤ ㄱ, ㄴ, ㄷ

**03** 그림은 남반구에 위치한 어느 해령 주변의 고지자기 분포를 나타낸 모식도이다.

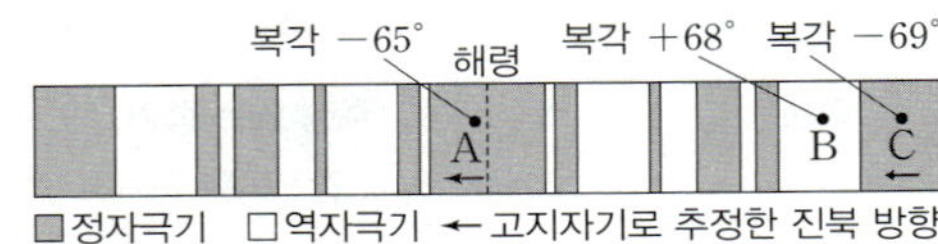


지점 A, B, C에 대한 설명으로 옳은 것만을 〈보기〉에서 있는 대로 고른 것은? (단, 진북의 위치는 변하지 않았다.)

| 보기 |

ㄱ. A의 해양 지각은 생성된 후 저위도로 이동하였다.
ㄴ. 해저 퇴적물의 두께는 B보다 C에서 두껍다.
ㄷ. C가 생성된 이후에 해령은 남쪽으로 이동하였다.

① ㄱ  ② ㄷ  ③ ㄱ, ㄴ
④ ㄴ, ㄷ  ⑤ ㄱ, ㄴ, ㄷ

**04** 그림 (가)는 히말라야산맥의 해발 고도 3,000 m 이상인 곳에서 발견된 암모나이트 화석을 나타낸 것이고, 그림 (나)는 지질 시대 동안 인도 판의 위도 변화를 나타낸 것이다.

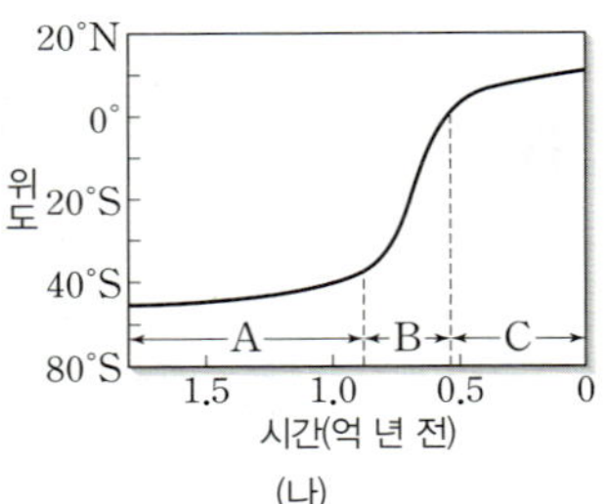


(가)  (나)

이에 대한 설명으로 옳은 것만을 〈보기〉에서 있는 대로 고른 것은?

| 보기 |

ㄱ. 암모나이트는 육지에 서식하였다.
ㄴ. 고지자기 복각의 크기는 A 시기보다 B 시기에 크다.
ㄷ. 인도 판의 평균 이동 속도는 B 시기보다 C 시기에 느렸다.

① ㄱ  ② ㄷ  ③ ㄱ, ㄴ
④ ㄴ, ㄷ  ⑤ ㄱ, ㄴ, ㄷ

**05** 그림은 고생대 후기부터 현재까지의 수륙 분포 변화를 나타낸 것이다.

(가) 고생대 후기

(나) 중생대

(다) 현재

이에 대한 설명으로 옳은 것만을 〈보기〉에서 있는 대로 고른 것은?

| 보기 |
ㄱ. (가)에서 초대륙이 형성되면서 습곡 산맥이 형성되기도 한다.
ㄴ. 북반구 해양의 면적은 (가)보다 (다)가 넓다.
ㄷ. (나)에서 (다)로 가면서 생물의 서식 환경이 다양해졌다.

① ㄱ　　　　② ㄴ　　　　③ ㄱ, ㄷ
④ ㄴ, ㄷ　　　⑤ ㄱ, ㄴ, ㄷ

**06** 그림 (가)는 과거 어느 시점에 대륙 A, B의 위치와 대륙 A의 이동 방향을, (나)는 현재 대륙 A, B의 위치를 나타낸 것이다.

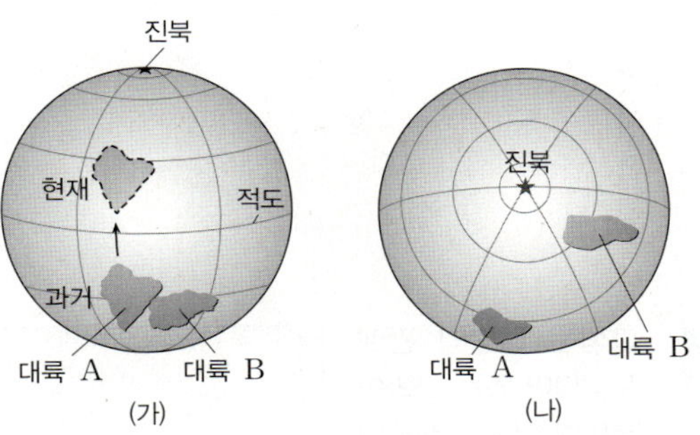


이에 대한 설명으로 옳은 것만을 〈보기〉에서 있는 대로 고른 것은?

| 보기 |
ㄱ. 대륙 이동의 원동력은 지구 자전에 의한 원심력이다.
ㄴ. 이 기간 동안 대륙의 평균 이동 속도는 A보다 B가 빨랐다.
ㄷ. 이 기간 동안 대륙 B의 기후는 계속해서 온난해졌을 것이다.

① ㄱ　　　　② ㄴ　　　　③ ㄱ, ㄷ
④ ㄴ, ㄷ　　　⑤ ㄱ, ㄴ, ㄷ

**[07~08]** 그림은 최근 GPS 위성에서 관측한 판의 운동 방향과 속도를 나타낸 것이다.

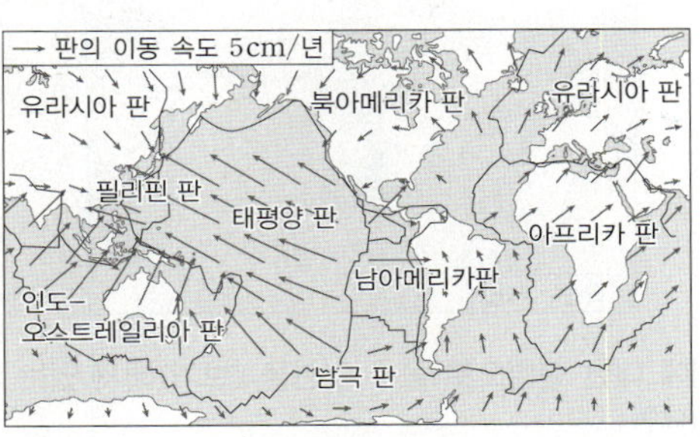


**07** 그림에 대한 설명으로 옳은 것만을 〈보기〉에서 있는 대로 고른 것은?

| 보기 |
ㄱ. 현재 대서양은 넓어지고 있다.
ㄴ. 판의 이동 방향과 속력은 어느 판이나 같다.
ㄷ. 현재 인도-오스트레일리아 판과 태평양 판 사이에는 해령이 발달한다.

① ㄱ　　　　② ㄴ　　　　③ ㄱ, ㄷ
④ ㄴ, ㄷ　　　⑤ ㄱ, ㄴ, ㄷ

**08** 위 자료로 판단할 때, 5천만 년 후의 수륙 분포로 가장 적절한 것은?

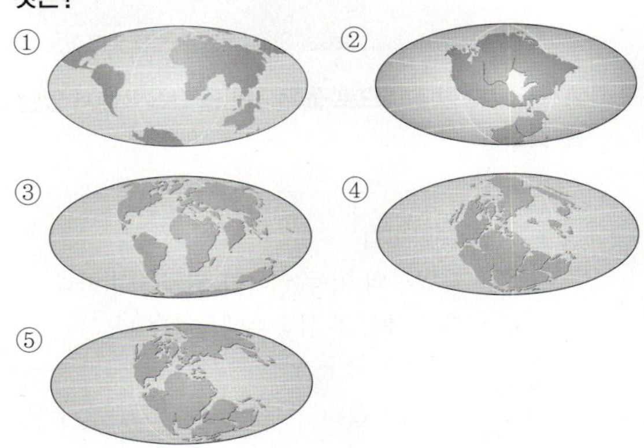

**01** 그림은 전 세계의 화산대와 지진대를 나타낸 것이다.

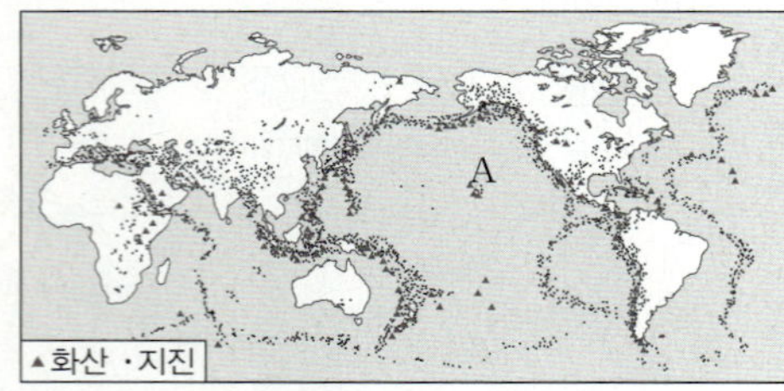


이에 대한 설명으로 옳은 것만을 〈보기〉에서 있는 대로 고른 것은?

┤ 보기 ├
ㄱ. A 화산은 맨틀 대류의 상승부에 위치한다.
ㄴ. 대서양의 지진은 주로 수렴형 경계에서 발생한다.
ㄷ. 태평양 주변부는 대서양 주변부보다 판의 경계가 잘 발달되어 있다.

① ㄱ　　　　② ㄴ　　　　③ ㄷ
④ ㄱ, ㄷ　　　⑤ ㄴ, ㄷ

**02** 그림은 판의 경계와 지형을 나타낸 것이다.

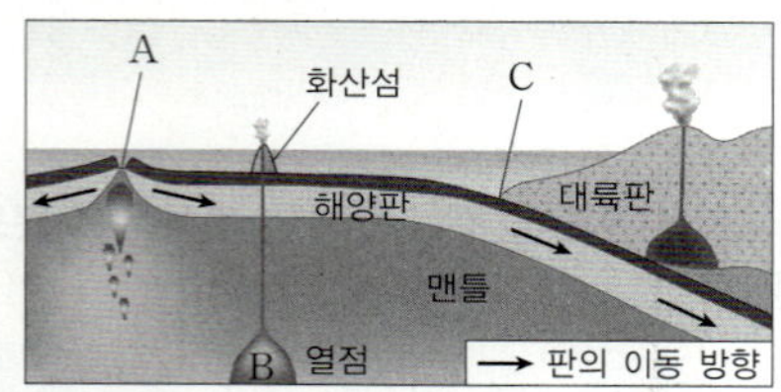


A~C에 대한 설명으로 옳은 것만을 〈보기〉에서 있는 대로 고른 것은?

┤ 보기 ├
ㄱ. A는 해령이다.
ㄴ. B는 해양판의 이동에 따라 위치가 변한다.
ㄷ. C는 맨틀 대류의 상승부에 위치한다.

① ㄱ　　　　② ㄴ　　　　③ ㄱ, ㄷ
④ ㄴ, ㄷ　　　⑤ ㄱ, ㄴ, ㄷ

**03** 다음은 판 구조론 이후 새롭게 등장한 플룸 구조론에 대한 설명이다.

　지구 내부에는 두 개의 거대한 상승류와 한 개의 거대한 하강류가 있는데 이를 플룸이라고 한다.
　뜨거운 플룸은 동일한 깊이에서 주변보다 온도가 높기 때문에 나타나는 상승류이고, 차가운 플룸은 냉각된 판이 섭입되면서 형성되는 하강류이다. 이러한 대류는 두께가 수 천 km에 이르며 순환 주기는 약 4억 년 정도로 추정된다.
　이와 같은 사실은 의학용 단층 촬영법을 지구 내부 구조를 연구하는 데 응용함으로써 밝혀지게 되었다.

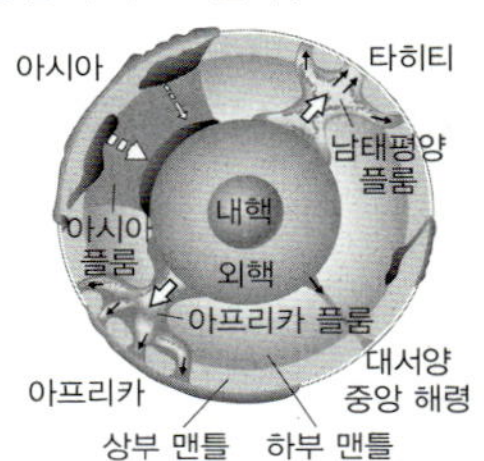


이에 대한 설명으로 옳은 것만을 〈보기〉에서 있는 대로 고른 것은?

┤ 보기 ├
ㄱ. 아시아 대륙에서 거대한 차가운 플룸이 하강한다.
ㄴ. 맨틀 내부의 온도는 비교적 일정한 분포를 보인다.
ㄷ. 주로 지진파의 속도가 빠른 곳에서 플룸 상승류가 나타난다.

① ㄱ　　　　② ㄴ　　　　③ ㄱ, ㄷ
④ ㄴ, ㄷ　　　⑤ ㄱ, ㄴ, ㄷ

**04** 그림은 태평양 판에 포함되어 있는 하와이 열도를 이루는 섬들의 위치와 암석의 나이를 나타낸 것이다.

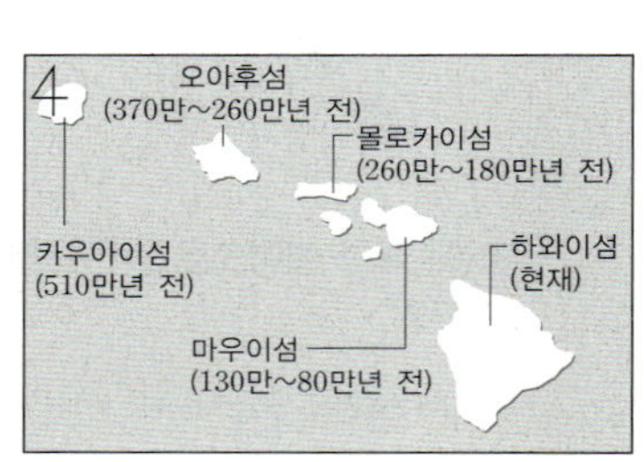


이에 대한 설명으로 옳은 것만을 〈보기〉에서 있는 대로 고른 것은?

┤ 보기 ├
ㄱ. 태평양 판의 이동 방향은 남동쪽이다.
ㄴ. 하와이 열도는 해구와 나란하게 형성되었다.
ㄷ. 현재 화산 활동은 주로 하와이섬에서 일어난다.

① ㄱ　　　　② ㄷ　　　　③ ㄱ, ㄴ
④ ㄴ, ㄷ　　　⑤ ㄱ, ㄴ, ㄷ

**05** 그림은 플룸 구조론의 모식도를 나타낸 것이다. A와 B는 각각 뜨거운 플룸과 차가운 플룸 중 하나이다.

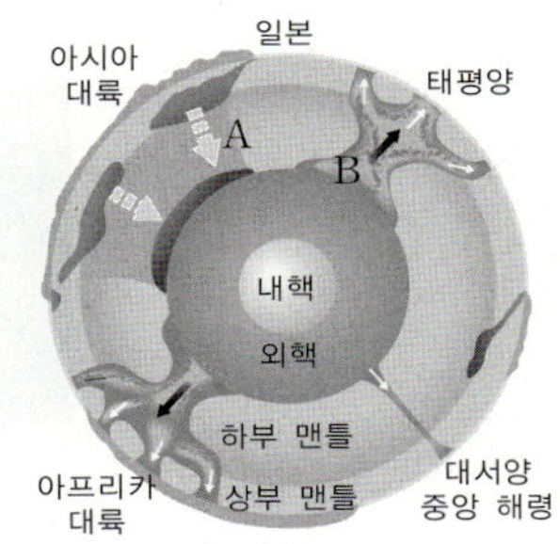


이에 대한 설명으로 옳은 것만을 〈보기〉에서 있는 대로 고른 것은?

┤ 보기 ├

ㄱ. A는 주변보다 밀도가 크다.
ㄴ. 해구에서 섭입하는 물질에 의해 생성되는 플룸은 B이다.
ㄷ. 하와이의 화산 활동은 A보다 B를 통해 설명할 수 있다.

① ㄱ
② ㄴ
③ ㄱ, ㄷ
④ ㄴ, ㄷ
⑤ ㄱ, ㄴ, ㄷ

**06** 그림은 핵으로부터 높이에 따른 등온선의 분포를 나타낸 것이다.

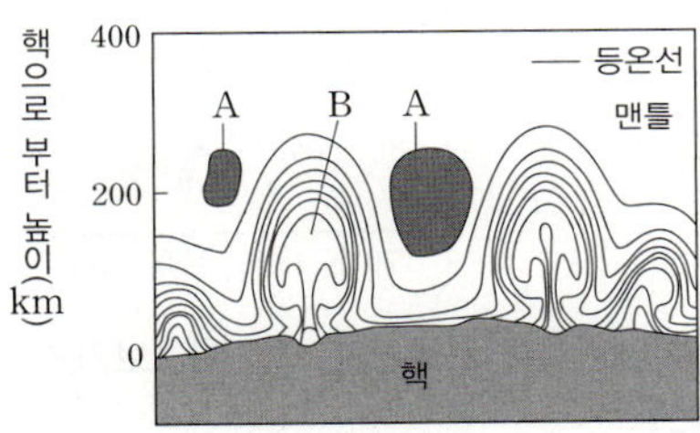


이에 대한 설명으로 옳은 것만을 〈보기〉에서 있는 대로 고른 것은?

┤ 보기 ├

ㄱ. A는 B보다 온도가 높다.
ㄴ. B의 상승으로 열점이 만들어진다.
ㄷ. A가 맨틀과 외핵의 경계까지 하강하면 B가 생성된다.

① ㄱ
② ㄷ
③ ㄱ, ㄴ
④ ㄴ, ㄷ
⑤ ㄱ, ㄴ, ㄷ

**07** 그림 (가)는 상부 맨틀의 운동을, (나)는 지구 내부의 플룸 운동을 나타낸 것이다.

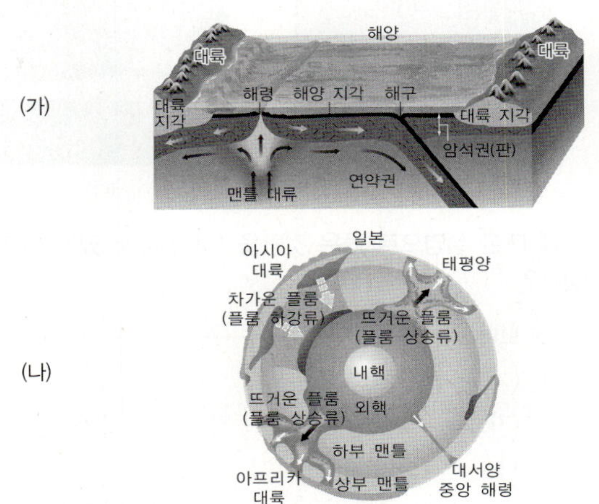


이에 대한 설명으로 옳은 것만을 〈보기〉에서 있는 대로 고른 것은?

┤ 보기 ├

ㄱ. (가)를 통해 해령 주변의 고지자기 줄무늬 분포를 설명할 수 있다.
ㄴ. 판 내부의 화산 활동을 설명할 수 있는 것은 (나)이다.
ㄷ. (가)와 (나)의 운동은 맨틀 상부에서만 일어난다.

① ㄱ
② ㄷ
③ ㄱ, ㄴ
④ ㄴ, ㄷ
⑤ ㄱ, ㄴ, ㄷ

**01** 그림은 성질이 서로 다른 두 마그마에 의해서 만들어진 화산체의 모습을 나타낸 것이다.

(가)　　　　　　(나)

이에 대한 설명으로 옳은 것만을 〈보기〉에서 있는 대로 고른 것은?

| 보기 |
ㄱ. (가)는 순상 화산이다.
ㄴ. (가)는 (나)보다 유동성이 작은 마그마가 분출하였다.
ㄷ. (가)는 (나)보다 $SiO_2$ 함량이 많은 마그마가 분출하였다.

① ㄱ　　　　② ㄴ　　　　③ ㄱ, ㄷ
④ ㄴ, ㄷ　　　⑤ ㄱ, ㄴ, ㄷ

**02** 그림은 지구 내부에서 마그마가 생성되는 과정을 나타낸 것이다.

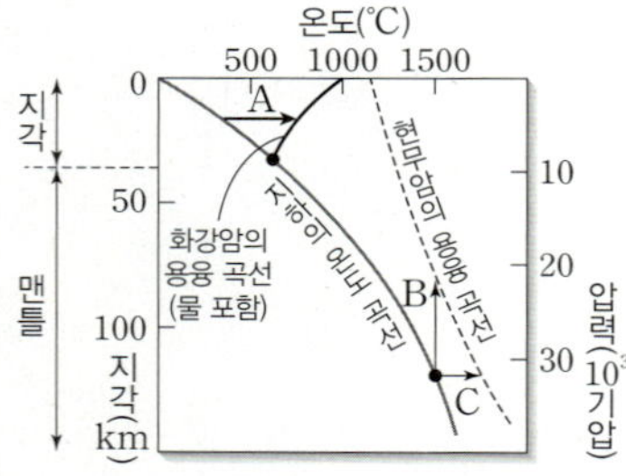

이에 대한 설명으로 옳은 것만을 〈보기〉에서 있는 대로 고른 것은?

| 보기 |
ㄱ. 압력이 증가하면 물이 포함된 화강암의 용융점은 낮아진다.
ㄴ. 열점에서는 B 과정을 거쳐 안산암질 마그마가 생성된다.
ㄷ. 해령에서는 C 과정을 거쳐 현무암질 마그마가 생성된다.

① ㄱ　　　　② ㄷ　　　　③ ㄱ, ㄴ
④ ㄴ, ㄷ　　　⑤ ㄱ, ㄴ, ㄷ

**03** 그림 (가)는 현무암질 마그마와 유문암질 마그마의 온도에 따른 점성 변화를, (나)는 어느 화산이 분출하는 모습을 나타낸 것이다.

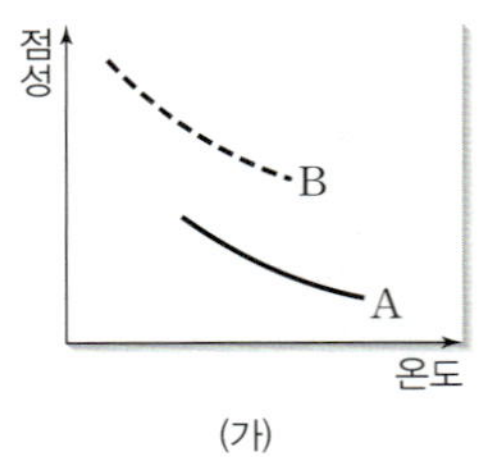

(가)　　　　　　(나)

이에 대한 설명으로 옳은 것만을 〈보기〉에서 있는 대로 고른 것은?

| 보기 |
ㄱ. A는 현무암질 마그마이다.
ㄴ. 화구에서 멀어질수록 마그마의 점성은 커진다.
ㄷ. (나)의 화산에서 분출되는 마그마는 (가)의 A보다 B에 가깝다.

① ㄱ　　　　② ㄷ　　　　③ ㄱ, ㄴ
④ ㄴ, ㄷ　　　⑤ ㄱ, ㄴ, ㄷ

**04** 그림 (가)는 화산 활동으로 형성된 하와이 열도의 위치와 절대 연령을 나타낸 것이다.

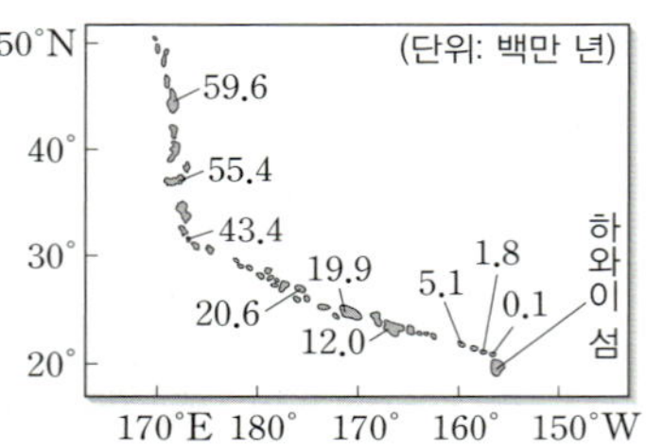

이에 대한 설명으로 옳은 것만을 〈보기〉에서 있는 대로 고른 것은?

| 보기 |
ㄱ. 하와이 열도의 섬들은 대부분 현무암으로 이루어져 있다.
ㄴ. 하와이 섬에서는 주로 해양 지각이 용융되어 생성된 마그마가 분출된다.
ㄷ. 하와이 열도가 속한 판의 이동 방향은 약 4,300만 년 전에 북북서쪽에서 북서쪽으로 바뀌었다.

① ㄱ　　　　② ㄴ　　　　③ ㄱ, ㄷ
④ ㄴ, ㄷ　　　⑤ ㄱ, ㄴ, ㄷ

**05** 그림은 판의 경계와 대륙의 분포를 나타낸 것이다.

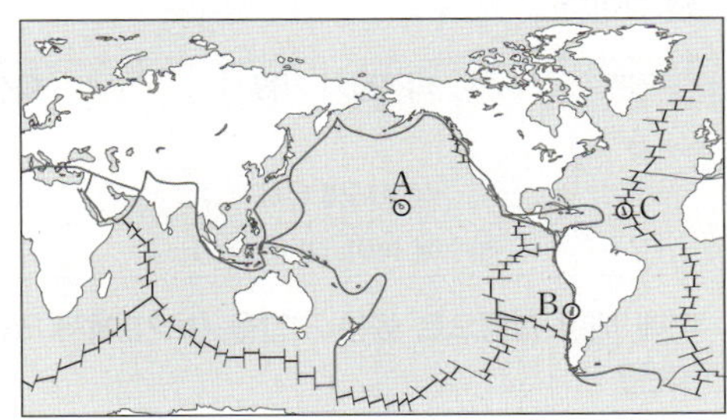

이에 대한 설명으로 옳은 것만을 〈보기〉에서 있는 대로 고른 것은?

| 보기 |

ㄱ. 분출되는 마그마의 $SiO_2$ 함량은 A가 B보다 낮다.
ㄴ. B의 하부에서 마그마가 생성될 때 물은 암석의 용융점을 높인다.
ㄷ. C의 하부에서는 압력의 감소로 마그마가 생성된다.

① ㄱ         ② ㄴ         ③ ㄷ
④ ㄱ, ㄷ      ⑤ ㄴ, ㄷ

**06** 그림은 동일한 마그마로부터 생성된 화성암 A, B의 산출 상태를 나타낸 것이다.

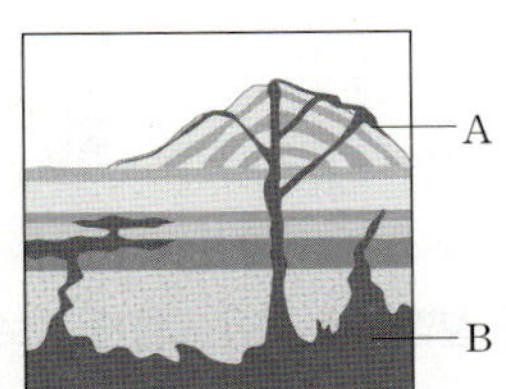

이에 대한 설명으로 옳은 것만을 〈보기〉에서 있는 대로 고른 것은?

| 보기 |

ㄱ. A는 세립질 조직을 보인다.
ㄴ. 반려암은 B에 속한다.
ㄷ. A는 B보다 마그마가 빠르게 식어서 생성된다.

① ㄱ         ② ㄴ         ③ ㄱ, ㄷ
④ ㄴ, ㄷ      ⑤ ㄱ, ㄴ, ㄷ

**07** 그림은 제주도의 서귀포 해안에 발달한 주상 절리의 암석을 확대한 것이다.

이 암석에 대한 설명으로 옳은 것만을 〈보기〉에서 있는 대로 고른 것은?

| 보기 |

ㄱ. 신생대에 형성되었다.
ㄴ. 용암이 빠른 속도로 냉각되어 만들어졌다.
ㄷ. 어두운색 광물의 함량이 밝은색 광물의 함량보다 많다.

① ㄱ         ② ㄷ         ③ ㄱ, ㄴ
④ ㄴ, ㄷ      ⑤ ㄱ, ㄴ, ㄷ

**08** 그림 (가)와 (나)는 우리나라의 화성암 지형을 나타낸 것이다.

(가)          (나)

두 지역을 이루고 있는 주요 암석에 대한 설명으로 옳은 것만을 〈보기〉에서 있는 대로 고른 것은?

| 보기 |

ㄱ. (가)는 (나)보다 먼저 생성되었다.
ㄴ. 생성 당시 마그마의 냉각 속도는 (가)가 (나)보다 빨랐다.
ㄷ. (가)는 유문암질 마그마의 관입으로, (나)는 현무암질 마그마의 분출로 형성되었다.

① ㄱ         ② ㄴ         ③ ㄱ, ㄷ
④ ㄴ, ㄷ      ⑤ ㄱ, ㄴ, ㄷ

**01** 그림은 퇴적물이 퇴적암으로 되는 과정을 나타낸 것이다.

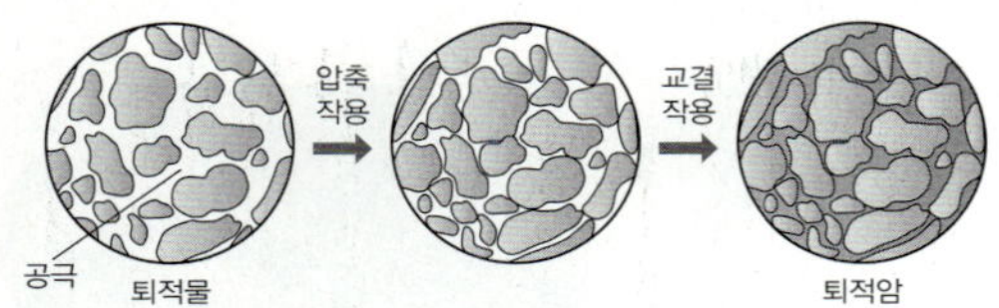


이에 대한 설명으로 옳은 것만을 〈보기〉에서 있는 대로 고른 것은?

| 보기 |

ㄱ. 압축 작용의 주된 원인은 퇴적물의 무게 때문이다.
ㄴ. 교결 작용에서 공극은 입자가 작은 점토 광물로 채워진다.
ㄷ. 퇴적물이 퇴적암으로 되는 과정에서 퇴적물의 밀도는 증가한다.

① ㄱ      ② ㄴ      ③ ㄱ, ㄷ
④ ㄴ, ㄷ      ⑤ ㄱ, ㄴ, ㄷ

**02** 그림은 지층들에 나타난 여러 가지 퇴적 구조를 나타낸 것이다.

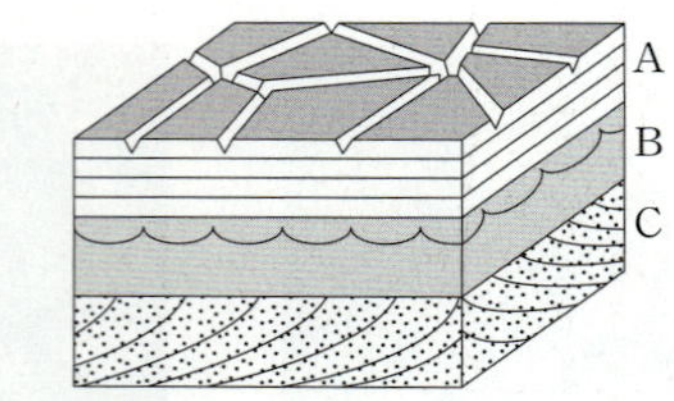


이에 대한 설명으로 옳은 것만을 〈보기〉에서 있는 대로 고른 것은?

| 보기 |

ㄱ. A는 지진과 같은 지각 변동에 의해 지층이 갈라진 퇴적 구조이다.
ㄴ. B를 통해 퇴적 당시 퇴적물이 공급된 방향을 알 수 있다.
ㄷ. A, B, C를 해석하여 지층의 역전 여부를 판단할 수 있다.

① ㄱ      ② ㄴ      ③ ㄷ
④ ㄱ, ㄷ      ⑤ ㄴ, ㄷ

**03** 표는 퇴적암을 퇴적물의 기원에 따라 분류하고 그 예를 나타낸 것이다.

| 구분 | 퇴적물의 기원 | 퇴적암의 예 |
|---|---|---|
| A | ? | 응회암 |
| ? | 생물체의 유해 | B |
| ? | 해수에 녹아 있던 NaCl | C |

이에 대한 설명으로 옳은 것만을 〈보기〉에서 있는 대로 고른 것은?

| 보기 |

ㄱ. A는 쇄설성 퇴적암이다.
ㄴ. 석탄은 B에 해당한다.
ㄷ. C는 속성 작용을 거치지 않고 생성된다.

① ㄱ      ② ㄷ      ③ ㄱ, ㄴ
④ ㄴ, ㄷ      ⑤ ㄱ, ㄴ, ㄷ

**04** 다음은 어떤 퇴적 구조의 형성 과정을 설명하기 위한 실험이다.

**[실험 과정]**
(가) 긴 원통에 물을 채우고, 다양한 크기의 입자로 구성된 흙을 원통에 부은 후 모두 가라앉을 때까지 기다린다.
(나) 원통의 입구를 마개로 막고 원통의 상하를 빠르게 뒤집은 후 흙이 쌓인 모습을 관찰한다.

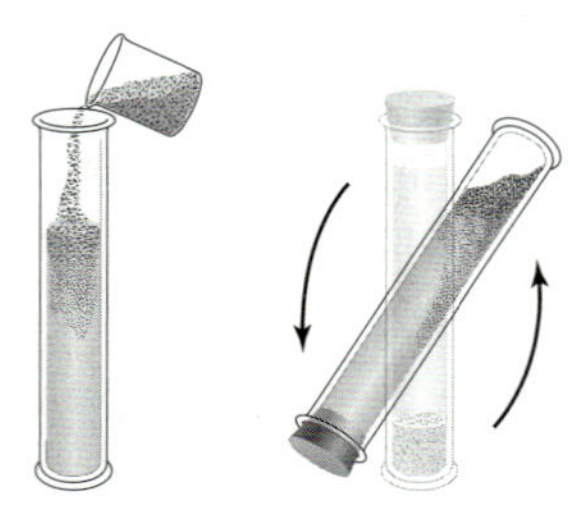

이에 대한 설명으로 옳은 것만을 〈보기〉에서 있는 대로 고른 것은?

| 보기 |

ㄱ. 점이 층리의 발생 원리를 알아보기 위한 실험이다.
ㄴ. (나)에서 입자의 크기가 작을수록 나중에 가라앉는다.
ㄷ. 삼각주나 해빈과 같은 연안 환경에서 잘 만들어지는 퇴적 구조이다.

① ㄱ      ② ㄷ      ③ ㄱ, ㄴ
④ ㄴ, ㄷ      ⑤ ㄱ, ㄴ, ㄷ

**05** 다음은 우리나라 두 지역의 모습과 지질학적 특징을 정리한 것이다.

| (가) 경상남도 고성군 | (나) 제주도 수월봉 |
| --- | --- |
|  | |
| 셰일층 등이 쌓여 있으며, 공룡의 발자국 화석과 연흔이 발견된다. | 응회암이 두껍게 쌓여 지층을 형성하고 있다. |

이에 대한 설명으로 옳은 것만을 〈보기〉에서 있는 대로 고른 것은?

┤ 보기 ├
ㄱ. (가)는 바다에서 퇴적된 지층이다.
ㄴ. (나)는 화산 활동에 의해 형성된 지형이다.
ㄷ. (가)는 (나)의 지층보다 먼저 생성되었다.

① ㄱ　　　　② ㄴ　　　　③ ㄱ, ㄷ
④ ㄴ, ㄷ　　　⑤ ㄱ, ㄴ, ㄷ

**06** 그림은 어느 지역의 단층 구조를 모식적으로 나타낸 것이다.

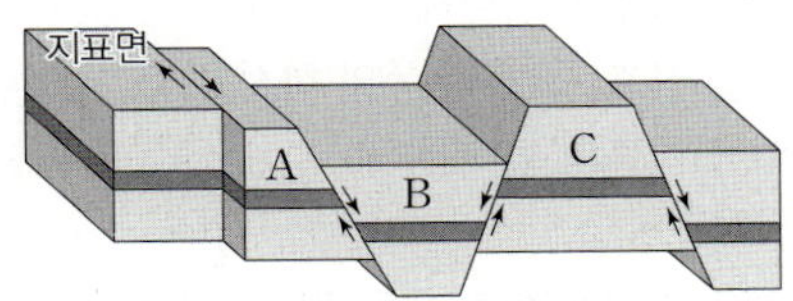


이에 대한 설명으로 옳은 것만을 〈보기〉에서 있는 대로 고른 것은?

┤ 보기 ├
ㄱ. A는 상반이다.
ㄴ. B와 C 사이의 단층은 판의 발산형 경계에서 나타날 수 있다.
ㄷ. 이 지역에서는 정단층, 역단층, 주향 이동 단층이 모두 나타난다.

① ㄱ　　　　② ㄴ　　　　③ ㄱ, ㄷ
④ ㄴ, ㄷ　　　⑤ ㄱ, ㄴ, ㄷ

**07** 그림은 마그마가 관입한 어느 지역에 분포하는 지층을 나타낸 것이다.

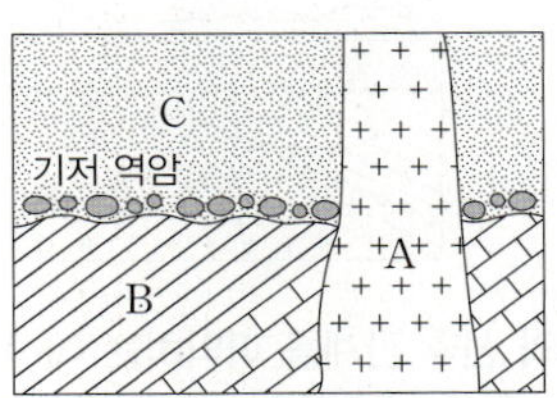


이에 대한 설명으로 옳은 것만을 〈보기〉에서 있는 대로 고른 것은?

┤ 보기 ├
ㄱ. A는 관입암이다.
ㄴ. B와 C는 부정합 관계이다.
ㄷ. 기저 역암은 C와 동일한 암석이다.

① ㄱ　　　　② ㄷ　　　　③ ㄱ, ㄴ
④ ㄴ, ㄷ　　　⑤ ㄱ, ㄴ, ㄷ

**08** 그림 (가)와 (나)는 생성 원인이 다른 지질 구조를 나타낸 것이다.

(가) 제주도 주상 절리　　　　(나) 설악산 판상 절리

이에 대한 설명으로 옳은 것만을 〈보기〉에서 있는 대로 고른 것은?

┤ 보기 ├
ㄱ. (가)의 암석은 (나)의 암석보다 나중에 생성되었다.
ㄴ. (가)의 암석은 (나)의 암석보다 깊은 곳에서 생성되었다.
ㄷ. (가)의 절리는 압력의 증가에 의해, (나)의 절리는 압력의 감소에 의해 만들어졌다.

① ㄱ　　　　② ㄴ　　　　③ ㄱ, ㄷ
④ ㄴ, ㄷ　　　⑤ ㄱ, ㄴ, ㄷ

**01** 그림은 어느 지역의 지질 단면도이다.

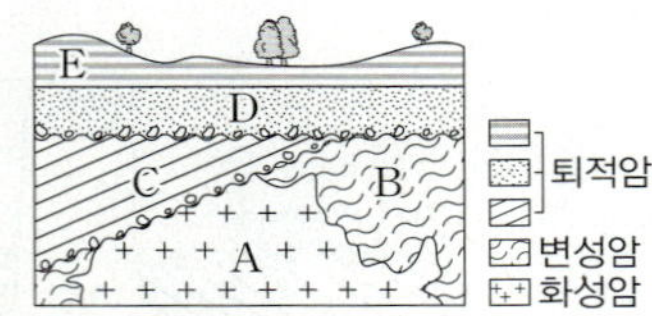


두 지층의 선후 관계를 파악하는 데 이용할 수 있는 지사학의 법칙으로 옳은 것만을 〈보기〉에서 있는 대로 고른 것은?

┤ 보기 ├
ㄱ. A와 C : 관입의 법칙
ㄴ. C와 D : 부정합의 법칙
ㄷ. D와 E : 지층 누중의 법칙

① ㄱ　　　② ㄴ　　　③ ㄱ, ㄷ
④ ㄴ, ㄷ　　　⑤ ㄱ, ㄴ, ㄷ

**02** 표는 화석 A, B, C의 특징을 조사한 것이다.

| 화석 | 생존 기간 | 지리적 분포 | 화석의 수 |
|---|---|---|---|
| A | 길다 | 넓은 지역 | 적다 |
| B | 길다 | 좁은 지역 | 많다 |
| C | 짧다 | 넓은 지역 | 많다 |

화석 A~C에 대한 설명으로 옳은 것만을 〈보기〉에서 있는 대로 고른 것은?

┤ 보기 ├
ㄱ. 필석 화석은 A에 해당한다.
ㄴ. 시상 화석으로 가장 적합한 것은 B이다.
ㄷ. C는 지층이 생성된 시기를 판단하는데 용이하다.

① ㄱ　　　② ㄴ　　　③ ㄱ, ㄷ
④ ㄴ, ㄷ　　　⑤ ㄱ, ㄴ, ㄷ

**03** 그림은 어느 지역의 지질 단면도이며 지층 B에서는 삼엽충 화석이, 지층 D에서는 공룡 발자국 화석이 산출되었다.

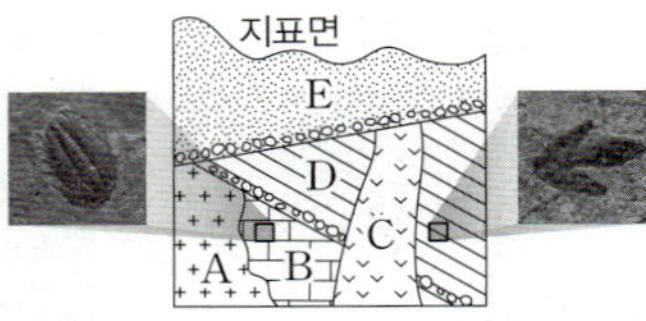


이에 대한 설명으로 옳은 것만을 〈보기〉에서 있는 대로 고른 것은?

┤ 보기 ├
ㄱ. 지층 B가 가장 먼저 생성되었다.
ㄴ. C가 관입한 시기는 고생대 말이다.
ㄷ. 지층 D는 융기 후 침식 작용을 받았다.

① ㄱ　　　② ㄴ　　　③ ㄱ, ㄷ
④ ㄴ, ㄷ　　　⑤ ㄱ, ㄴ, ㄷ

**04** 다음은 과거의 기후를 추정하는 데 사용하는 자료이다.

(가) 나무의 나이테
(나) 산호, 고사리 등의 화석
(다) 지층의 퇴적물

이에 대한 설명으로 옳은 것만을 〈보기〉에서 있는 대로 고른 것은?

┤ 보기 ├
ㄱ. (가)로부터 과거의 기온과 강수량을 추정할 수 있다.
ㄴ. (나)가 산출되는 지역은 과거에 한랭한 기후이었음을 알 수 있다.
ㄷ. (다)에서 침엽수의 꽃가루가 널리 발견된다면 과거에 기후가 온난한 지역이었음을 추정할 수 있다.

① ㄱ　　　② ㄴ　　　③ ㄱ, ㄷ
④ ㄴ, ㄷ　　　⑤ ㄱ, ㄴ, ㄷ

**05** 그림은 지질 시대의 평균 강수량과 평균 기온 변화를 나타낸 것이다.

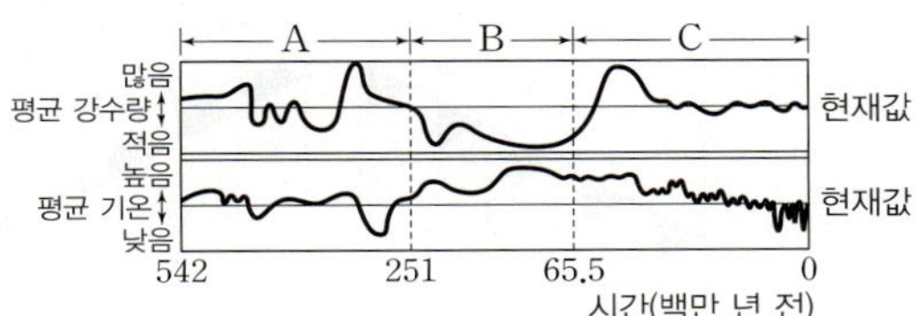


이에 대한 설명으로 옳은 것만을 〈보기〉에서 있는 대로 고른 것은?

┤ 보기 ├

ㄱ. A와 B, B와 C의 경계마다 빙하기가 나타났다.

ㄴ. B 시기는 전기보다 후기에 평균 해수면이 높았을 것이다.

ㄷ. C 시기에 형성된 빙하의 물 분자 산소 동위 원소 비($^{18}O/^{16}O$)는 전기보다 후기에 높다.

① ㄱ      ② ㄴ      ③ ㄱ, ㄷ

④ ㄴ, ㄷ      ⑤ ㄱ, ㄴ, ㄷ

**06** 그림은 현생 누대 동안 해양 동물과 육상 식물의 생물군 수의 변화를 개략적으로 나타낸 것이다.

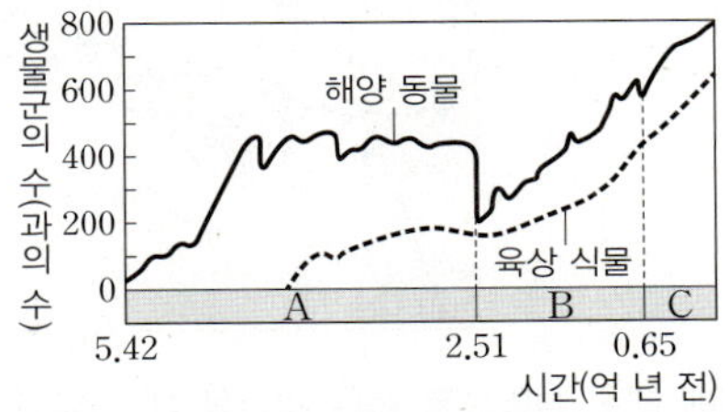


이에 대한 설명으로 옳은 것만을 〈보기〉에서 있는 대로 고른 것은?

┤ 보기 ├

ㄱ. 해양 동물은 육상 식물보다 A와 B 시기의 구분에 더 유용하다.

ㄴ. 히말라야산맥은 B 시기에 형성되었다.

ㄷ. C 시기 표준 화석으로 화폐석과 매머드가 있다.

① ㄱ      ② ㄴ      ③ ㄱ, ㄷ

④ ㄴ, ㄷ      ⑤ ㄱ, ㄴ, ㄷ

**07** 다음은 현생 누대에 속하는 서로 다른 시기의 특징을 정리한 것이다.

(가) 대기 중의 산소의 증가로 인하여 오존층이 형성되었다.

(나) 육지에 원시 포유류가 출현하였고, 겉씨식물이 번성하였다.

(다) 최초의 파충류가 출현하였고, 양치식물이 거대한 삼림을 형성하였다.

(가), (나), (다)를 시간 순으로 옳게 나열한 것은?

① (가) → (나) → (다)      ② (가) → (다) → (나)

③ (나) → (가) → (다)      ④ (다) → (가) → (나)

⑤ (다) → (나) → (가)

**08** 그림은 지구의 나이인 46억 년을 24시간의 지질 시계로 대비하고, 지질 시계에 원생 누대, 고생대, 중생대, 신생대의 시작을 나타낸 것이다.

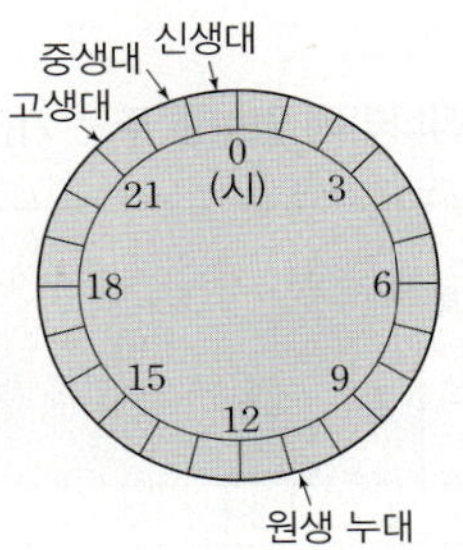


지질학적 사건을 지질 시계에 나타낼 때 옳은 것만을 〈보기〉에서 있는 대로 고른 것은?

┤ 보기 ├

ㄱ. 12시 이전에는 생물이 존재하지 않았다.

ㄴ. 삼엽충이 생존하였던 시간은 약 1.6 시간이다.

ㄷ. 암모나이트가 멸종한 시기는 23시~24시 사이이다.

① ㄱ      ② ㄴ      ③ ㄱ, ㄷ

④ ㄴ, ㄷ      ⑤ ㄱ, ㄴ, ㄷ

**01** 그림은 어느 계절의 우리나라 주변의 일기도이다.

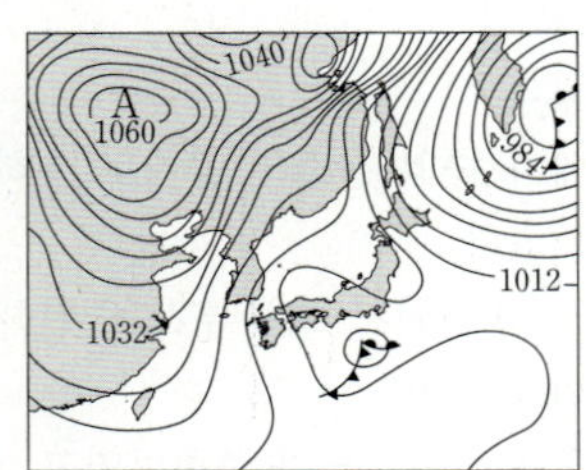

이에 대한 설명으로 옳은 것만을 〈보기〉에서 있는 대로 고른 것은?

| 보기 |

ㄱ. 겨울철이다.
ㄴ. A에서 바람은 시계 방향으로 불어 나간다.
ㄷ. 이 일기도는 서고동저형의 기압 배치를 나타낸다.

① ㄱ　　　　② ㄴ　　　　③ ㄱ, ㄷ
④ ㄴ, ㄷ　　　⑤ ㄱ, ㄴ, ㄷ

**02** 그림은 우리나라에 영향을 주는 기단을 나타낸 것이다.

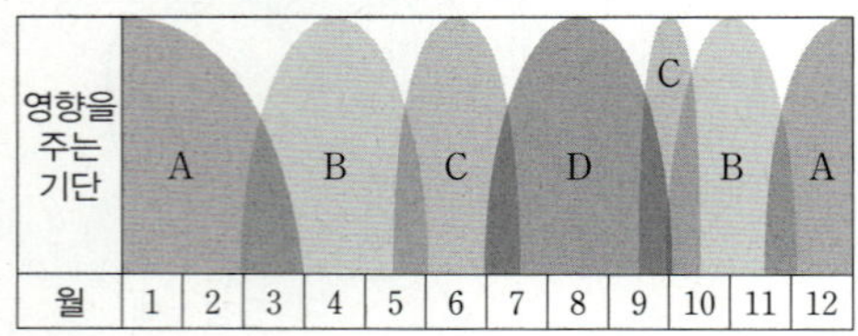

이에 대한 설명으로 옳은 것만을 〈보기〉에서 있는 대로 고른 것은?

| 보기 |

ㄱ. 기온과 습도가 모두 낮은 기단은 A이다.
ㄴ. 장마는 B와 C 기단에 의해 발생한다.
ㄷ. D에서 발생한 고기압은 서에서 동으로 이동하여 우리나라에 영향을 미친다.

① ㄱ　　　　② ㄴ　　　　③ ㄱ, ㄷ
④ ㄴ, ㄷ　　　⑤ ㄱ, ㄴ, ㄷ

**03** 그림은 성질이 다른 기단이 만나 생기는 두 전선을 나타낸 것이다.

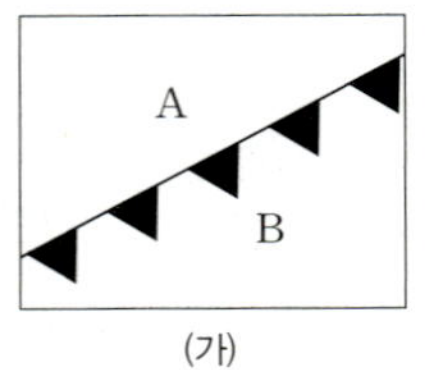
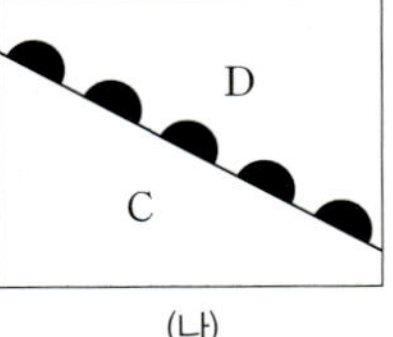


이에 대한 설명으로 옳은 것만을 〈보기〉에서 있는 대로 고른 것은?

| 보기 |

ㄱ. A와 D 지역에 강수 현상이 나타날 수 있다.
ㄴ. B와 C 지역에는 따뜻한 기단이 위치한다.
ㄷ. 전선 주변에서 생성되는 구름의 평균 두께는 (가) 보다 (나)에서 두껍다.

① ㄱ　　　　② ㄷ　　　　③ ㄱ, ㄴ
④ ㄴ, ㄷ　　　⑤ ㄱ, ㄴ, ㄷ

**04** 그림은 어느 날 우리 나라 주변의 일기도이다.

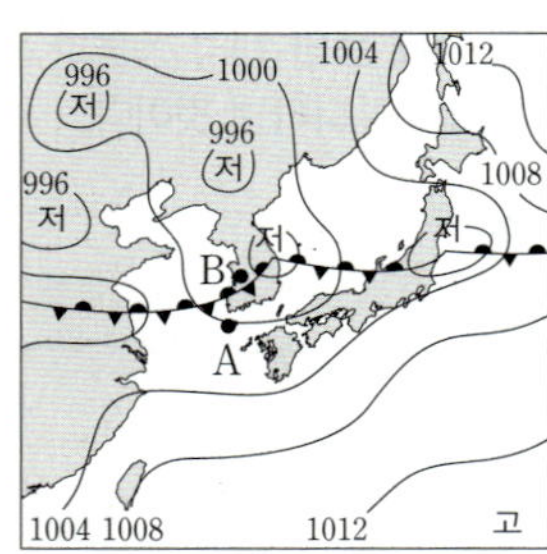

이에 대한 설명으로 옳은 것만을 〈보기〉에서 있는 대로 고른 것은?

| 보기 |

ㄱ. 이날 A 지역보다 B 지역에서 강수량이 더 많다.
ㄴ. 우리나라의 남부 지방에는 폐색 전선이 형성되어 있다.
ㄷ. 북태평양 기단의 세력이 강해지면 전선은 북상할 것이다.

① ㄱ　　　　② ㄴ　　　　③ ㄱ, ㄷ
④ ㄴ, ㄷ　　　⑤ ㄱ, ㄴ, ㄷ

**05** 그림 (가)는 어느 날 우리나라 주변의 지상 일기도이고, (나)는 이때 A, B, C 중 어느 한 곳의 날씨를 일기 기호로 나타낸 것이다.

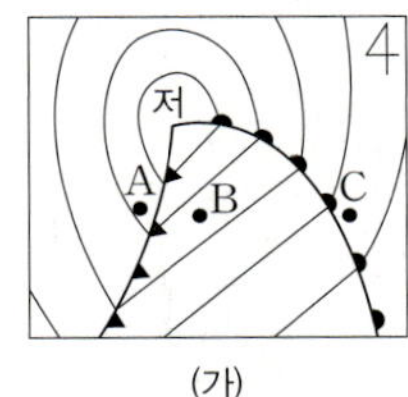
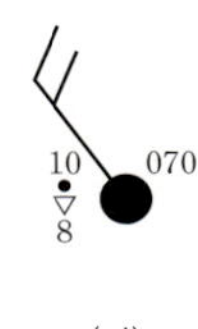

(가)  (나)

이에 대한 설명으로 옳은 것만을 〈보기〉에서 있는 대로 고른 것은?

┤ 보기 ├
ㄱ. 기압은 A가 C보다 높다.
ㄴ. B의 기온은 10℃보다 높을 것이다.
ㄷ. C의 풍속은 10 m/s보다 빠를 것이다.

① ㄱ  ② ㄴ  ③ ㄷ
④ ㄱ, ㄴ  ⑤ ㄴ, ㄷ

**06** 그림은 성질이 다른 두 기단이 만나서 형성된 전선을 나타낸 것이다.

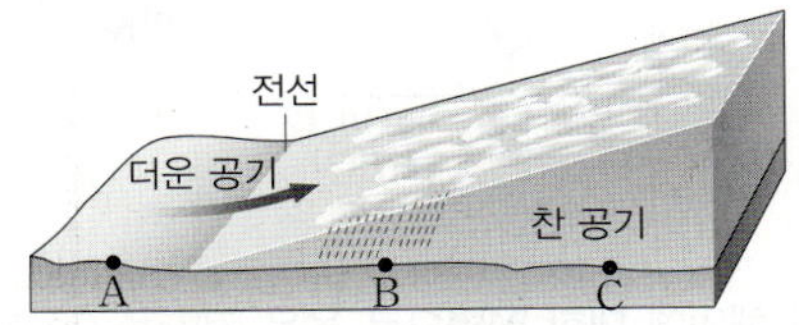


이에 대한 설명으로 옳은 것만을 〈보기〉에서 있는 대로 고른 것은?

┤ 보기 ├
ㄱ. 전선은 A 방향으로 이동할 것이다.
ㄴ. B 지점의 상공에는 층운형 구름이 발달한다.
ㄷ. C 지점에서 구름 밑면까지의 높이는 시간이 지남에 따라 높아진다.

① ㄱ  ② ㄴ  ③ ㄱ, ㄷ
④ ㄴ, ㄷ  ⑤ ㄱ, ㄴ, ㄷ

**07** 그림은 온대 저기압의 발생에서 소멸까지의 과정을 순서 없이 나타낸 것이다.

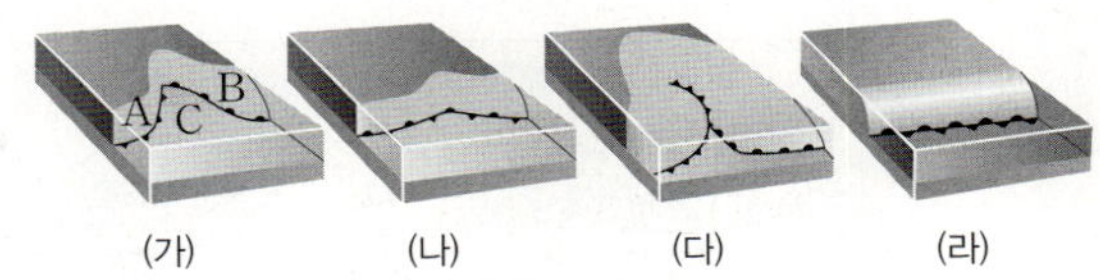


이에 대한 설명으로 옳지 않은 것은?

① 온대 저기압의 일생은 (라) → (나) → (가) → (다)이다.
② 전선의 속도는 A 지역이 B 지역에 비해 빠르다.
③ 강수 구역은 A보다 B 부근에서 넓게 나타난다.
④ 전선면의 경사는 A 지역이 B 지역보다 급하다.
⑤ A ~ C 중 찬 기단이 있는 곳은 C이다.

**08** 그림은 하루 간격으로 작성된 우리나라 주변의 지상 일기도이다.

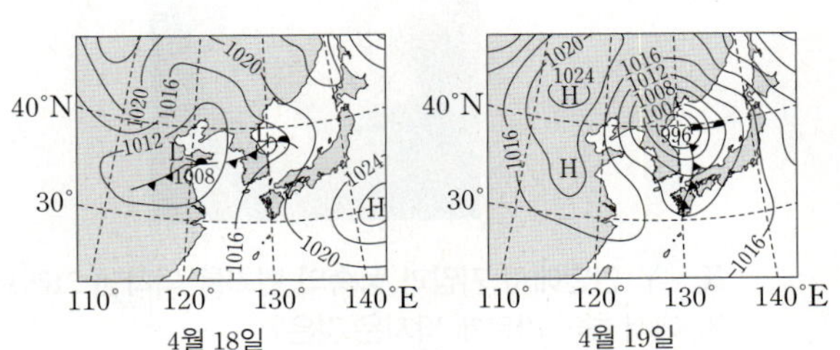


이에 대한 설명으로 옳은 것만을 〈보기〉에서 있는 대로 고른 것은?

┤ 보기 ├
ㄱ. 하루 동안 저기압의 세력은 강해졌다.
ㄴ. 20일 제주도 지역의 날씨는 맑아질 것이다.
ㄷ. 이 기간 동안 부산 지역의 바람은 북풍에서 남풍 계열로 바뀌었다.

① ㄱ  ② ㄷ  ③ ㄱ, ㄴ
④ ㄴ, ㄷ  ⑤ ㄱ, ㄴ, ㄷ

**01** 그림은 전 세계 열대 저기압의 발생 지역과 이동 경로를 나타낸 것이다. 그림에서 굵은 실선은 26℃ 등수온선을 나타낸다.

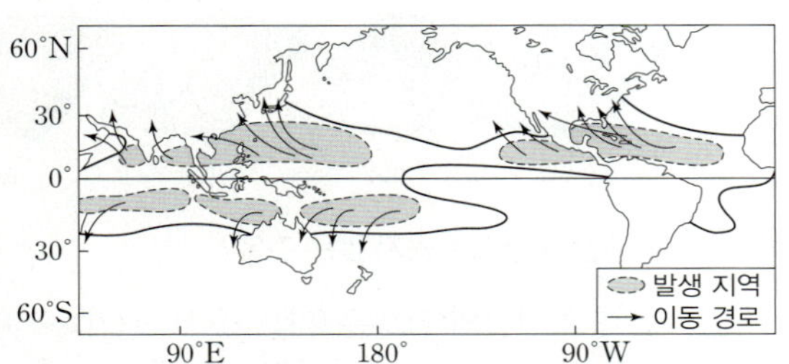


열대 저기압에 대한 설명으로 옳은 것만을 〈보기〉에서 있는 대로 고른 것은?

┤ 보기 ├

ㄱ. 저위도의 에너지를 고위도로 운반한다.

ㄴ. 적도 해역에서 발생하지 않는 이유는 수온이 매우 높기 때문이다.

ㄷ. 지구 온난화가 지속되면 발생 지역은 고위도 쪽으로 확장될 것이다.

① ㄱ      ② ㄴ      ③ ㄱ, ㄷ

④ ㄴ, ㄷ      ⑤ ㄱ, ㄴ, ㄷ

**02** 그림은 인공 위성에서 찍은 태풍의 구름 사진이다.

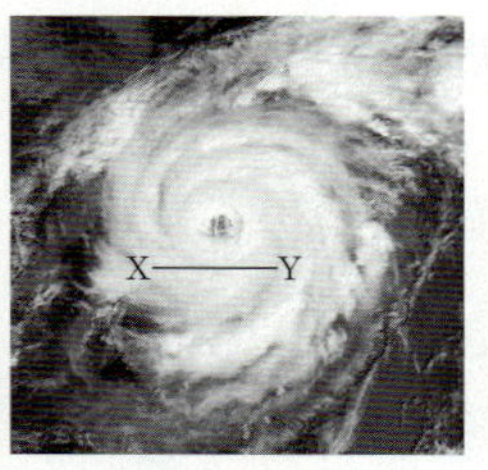


X–Y 단면에서 기압과 풍속의 변화를 나타낸 그래프를 〈보기〉에서 찾아 바르게 짝지은 것은?

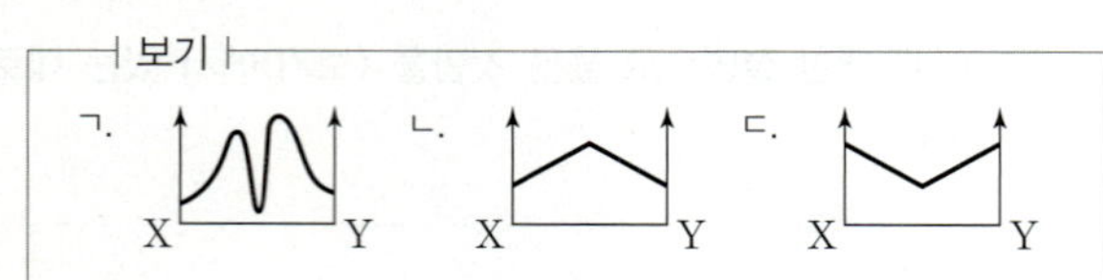


| | 기압 | 풍속 |
|---|---|---|
| ① | ㄱ | ㄴ |
| ② | ㄱ | ㄷ |
| ③ | ㄴ | ㄷ |
| ④ | ㄷ | ㄱ |
| ⑤ | ㄷ | ㄴ |

**03** 그림은 우리나라 주변을 지나는 태풍의 월별 이동 경로를 나타낸 것이다.

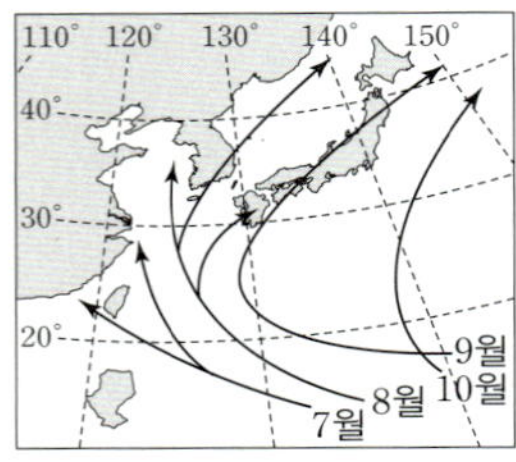


이에 대한 설명으로 옳은 것만을 〈보기〉에서 있는 대로 고른 것은?

┤ 보기 ├

ㄱ. 태풍은 무역풍대에서 발생하여 편서풍대로 이동한다.

ㄴ. 태풍은 일반적으로 전향점을 지나면 이동 속도가 빨라질 것이다.

ㄷ. 태풍의 이동 경로를 볼 때 북태평양 고기압의 세력은 7월보다 10월에 더 강할 것이다.

① ㄱ      ② ㄷ      ③ ㄱ, ㄴ

④ ㄴ, ㄷ      ⑤ ㄱ, ㄴ, ㄷ

**04** 그림 (가)와 (나)는 태풍이 우리나라를 지나는 동안 어느 해역에서 관측한 기압, 풍속, 풍향을 나타낸 것이다.

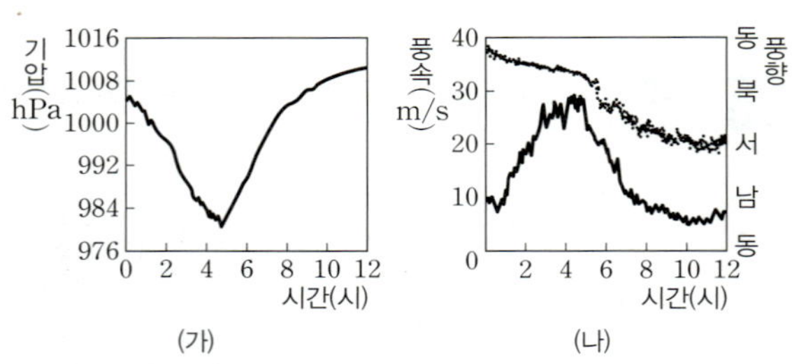


이 해역에 대한 설명으로 옳은 것만을 〈보기〉에서 있는 대로 고른 것은?

┤ 보기 ├

ㄱ. 안전 반원에 위치하였다.

ㄴ. 4시와 6시 사이에 태풍의 중심 부근이 통과하였다.

ㄷ. 기압의 영향만을 고려할 때 해수면의 높이는 6시 경이 8시 경보다 높았다.

① ㄱ      ② ㄷ      ③ ㄱ, ㄴ

④ ㄴ, ㄷ      ⑤ ㄱ, ㄴ, ㄷ

**05** 표는 어느 해 5월에 발생한 태풍 위투에 관한 자료이다.

| 일시 | 태풍 중심의 위치 | 중심기압 (hPa) | 최대풍속 (km/h) | 이동 방향 | 이동속도 (km/h) |
|---|---|---|---|---|---|
| 17일 21시 | 9.8° N, 137.9° E | 1000 | 76 | 서북서 | 20 |
| 18일 21시 | 12.6° N, 133.8° E | 985 | 112 | 북서 | 26 |
| 19일 21시 | 17.1° N, 132.3° E | 950 | 158 | 북 | 19 |
| 20일 21시 | 19.8° N, 135.3° E | 940 | 176 | 북동 | 22 |
| 21일 21시 | 24.0° N, 140.7° E | 945 | 162 | 북동 | 30 |
| 22일 21시 | 28.8° N, 149.0° E | 985 | 90 | 동북동 | 47 |

이 태풍에 대한 설명으로 옳은 것만을 〈보기〉에서 있는 대로 고른 것은?

┤ 보기 ├
ㄱ. 세력이 강할수록 이동 속도가 빨랐다.
ㄴ. 이동 방향은 점차 시계 반대 방향으로 변했다.
ㄷ. 중심 기압이 가장 낮을 때 최대 풍속이 가장 컸다.

① ㄱ  ② ㄷ  ③ ㄱ, ㄴ
④ ㄴ, ㄷ  ⑤ ㄱ, ㄴ, ㄷ

**06** 그림은 어느 날 우리나라 주변의 일기도에 고기압과 저기압을 기호로 나타낸 것이다.

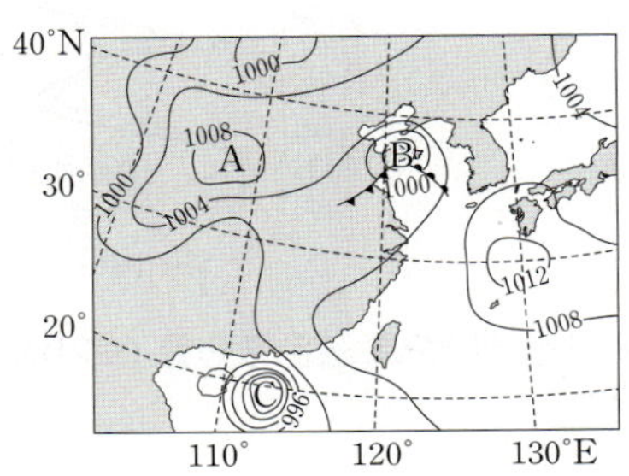


이에 대한 설명으로 옳은 것만을 〈보기〉에서 있는 대로 고른 것은?

┤ 보기 ├
ㄱ. A에서 바람은 시계 반대 방향으로 불어나간다.
ㄴ. B에서는 공기의 수렴이 일어난다.
ㄷ. C는 성질이 서로 다른 두 기단이 만나 발생한다.

① ㄱ  ② ㄴ  ③ ㄷ
④ ㄱ, ㄴ  ⑤ ㄴ, ㄷ

**07** 그림 (가)는 지난 40년 동안 서울과 부산에서 관측된 월별 황사 일수를, (나)는 황사의 발원지와 이동을 나타낸 것이다.

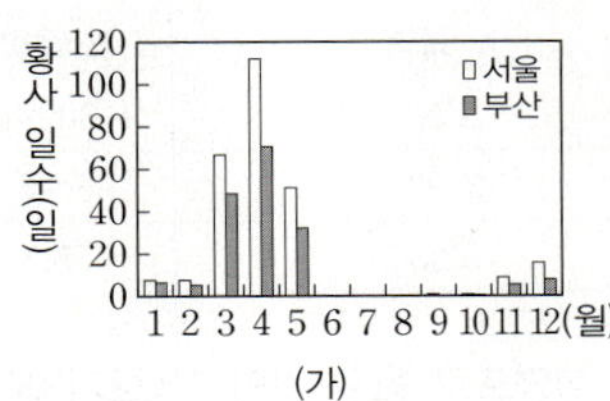

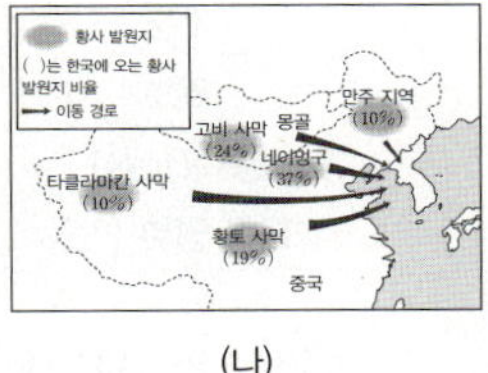


이에 대한 설명으로 옳은 것만을 〈보기〉에서 있는 대로 고른 것은?

┤ 보기 ├
ㄱ. 봄철 황사 일수는 서울보다 부산이 많다.
ㄴ. 우리나라에 상승 기류가 발달하면 황사 피해가 증가한다.
ㄷ. 중국과 몽골의 사막화가 진행될수록 우리나라에 황사가 자주 나타날 것이다.

① ㄱ  ② ㄷ  ③ ㄱ, ㄴ
④ ㄴ, ㄷ  ⑤ ㄱ, ㄴ, ㄷ

**08** 그림 (가)는 어느 해 8월 13일~15일 동안 우리나라의 두 도시 A, B에서의 일 기온 변화를, (나)는 같은 해 8월 14일 13시의 우리나라 주변의 일기도를 나타낸 것이다.

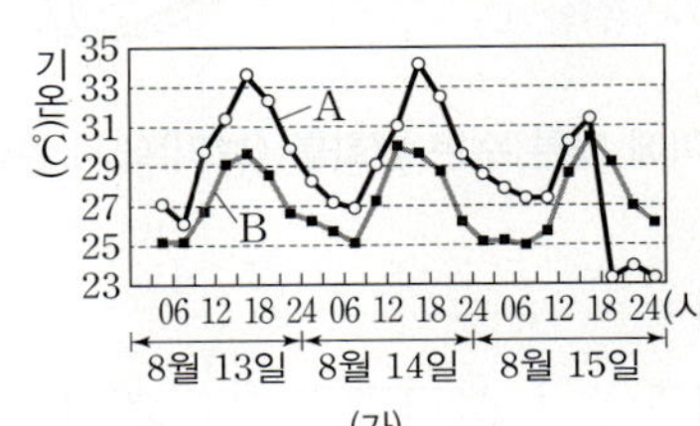

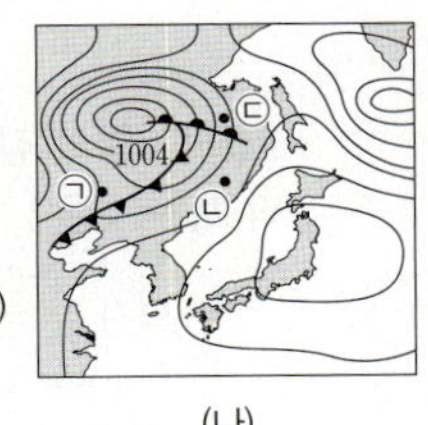


이에 대한 설명으로 옳지 않은 것은? (단, 등압선 간격은 4 hPa이다.)

① 이 기간 동안 폭염 주의보가 발령될 가능성은 A 도시가 B 도시보다 높다.
② A 도시에서는 8월 15일 밤에 열대야 현상이 나타났다.
③ (나)에서 우리나라는 고온 다습한 기단의 영향을 받고 있다.
④ ㉠ 지점의 기압은 1012 hPa이다.
⑤ 풍속은 ㉡ 지점이 ㉢ 지점보다 빠르다.

**01** 표는 태평양 중앙부의 위도가 다른 두 해역 A, B에서의 풍속과 표층 염분을 나타낸 것이다.

| 구분 | A 해역 | B 해역 |
| --- | --- | --- |
| 위도 | 5°N | 30°N |
| 풍속(m/s) | 2~3 | 5~6 |
| 표층 염분 (‰) | 33.5 | 35.5 |

해역 A와 B에 대한 설명으로 옳은 것만을 〈보기〉에서 있는 대로 고른 것은?

| 보기 |

ㄱ. 혼합층의 두께는 A보다 B가 두껍다.
ㄴ. 표층 해수의 밀도는 A보다 B가 크다.
ㄷ. 수온 약층은 A보다 B에서 잘 발달한다.

① ㄱ          ② ㄷ          ③ ㄱ, ㄴ
④ ㄴ, ㄷ        ⑤ ㄱ, ㄴ, ㄷ

**02** 그림은 북반구 중위도 해역에서 1년 동안 매월 깊이에 따른 수온을 측정하여 등수온선으로 나타낸 것이다.

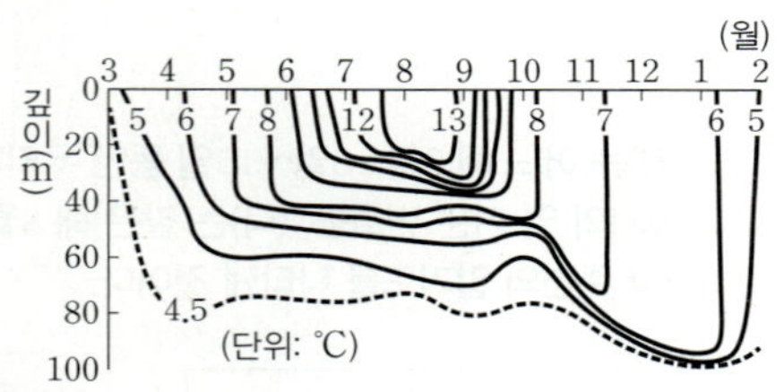


1월과 7월의 깊이에 따른 수온 변화를 〈보기〉에서 골라 옳게 짝 지은 것은?

| 보기 |

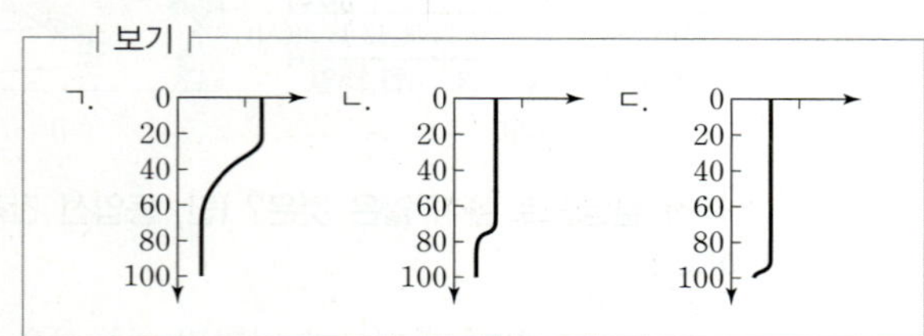


|  | <u>1월</u> | <u>7월</u> |
| --- | --- | --- |
| ① | ㄱ | ㄴ |
| ② | ㄱ | ㄷ |
| ③ | ㄴ | ㄱ |
| ④ | ㄷ | ㄱ |
| ⑤ | ㄷ | ㄴ |

**03** 그림은 해수에 포함된 용존 산소와 용존 이산화 탄소의 농도를 순서 없이 나타낸 것이다.

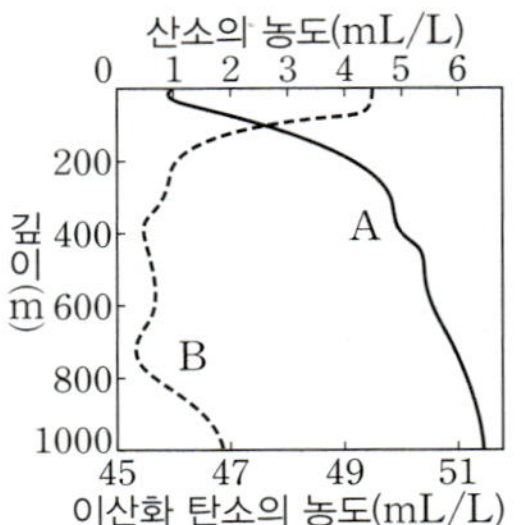


이에 대한 설명으로 옳은 것만을 〈보기〉에서 있는 대로 고른 것은?

| 보기 |

ㄱ. 표층에서 용존 이산화 탄소보다 용존 산소의 농도가 낮다.
ㄴ. 표층에서 A의 농도가 낮은 것은 해양 생물의 광합성이 활발하기 때문이다.
ㄷ. 수심 800 m 이상에서 B의 농도가 증가하는 이유는 해저 화산 활동과 관련이 있다.

① ㄱ          ② ㄴ          ③ ㄷ
④ ㄱ, ㄴ        ⑤ ㄴ, ㄷ

**04** 그래프는 해수의 위도별 표층 염분 분포와 (증발량−강수량)을 나타낸 것이다.

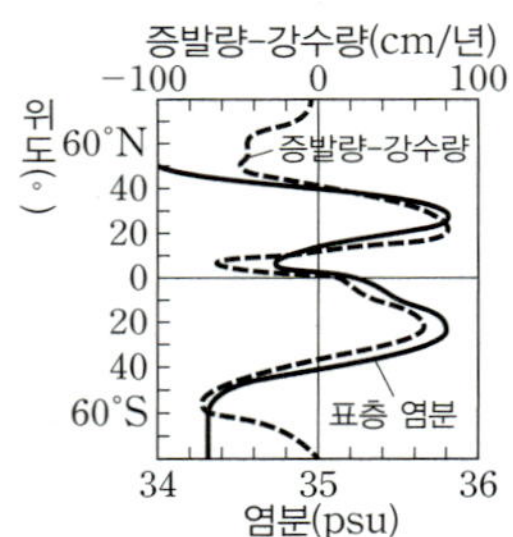


이에 대한 설명으로 옳은 것만을 〈보기〉에서 있는 대로 고른 것은?

| 보기 |

ㄱ. 적도 부근에서는 증발량이 강수량보다 적기 때문에 표층 염분이 낮다.
ㄴ. 중위도 부근에는 고기압대가 위치하므로 증발량이 강수량보다 많다.
ㄷ. 고위도 해역에서 염분이 낮은 것은 해수의 결빙 때문이다.

① ㄱ          ② ㄷ          ③ ㄱ, ㄴ
④ ㄴ, ㄷ        ⑤ ㄱ, ㄴ, ㄷ

**05** 그래프는 중위도 바다의 수심에 따른 수온, 염분, 밀도 분포를 나타낸 것이다.

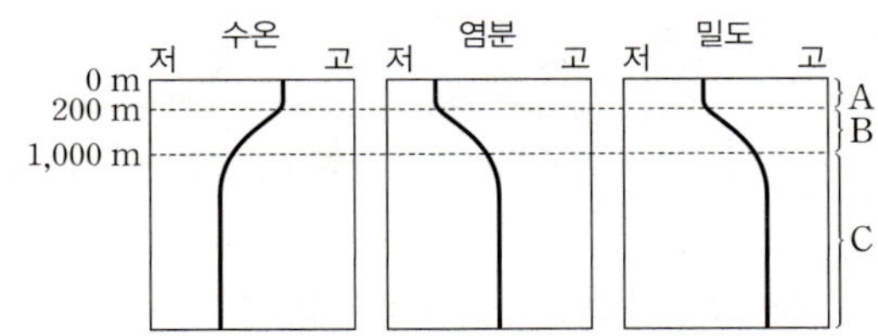


이에 대한 설명으로 옳은 것만을 〈보기〉에서 있는 대로 고른 것은?

| 보기 |

ㄱ. A 층의 수온이 일정한 것은 바람의 영향 때문이다.
ㄴ. B 층에서는 해수의 연직 운동이 활발하다.
ㄷ. C 층은 수온이 낮고 염분이 높아 밀도가 크다.

① ㄱ  ② ㄴ  ③ ㄱ, ㄷ
④ ㄴ, ㄷ  ⑤ ㄱ, ㄴ, ㄷ

**06** 표는 2월과 8월에 황해에서 측정한 수온과 염분이다.

| 2월 | | | 8월 | | |
|---|---|---|---|---|---|
| 깊이(m) | 수온(℃) | 염분(psu) | 깊이(m) | 수온(℃) | 염분(psu) |
| 0 | 4.68 | 32.282 | 0 | 24.00 | 31.890 |
| 10 | 4.68 | 32.321 | 10 | 23.84 | 31.950 |
| 20 | 4.70 | 32.278 | 20 | 8.87 | 32.530 |
| 30 | 4.78 | 32.251 | 30 | 8.19 | 32.520 |
| 50 | 4.84 | 32.367 | 50 | 8.16 | 32.524 |

이 해역의 관측 자료에 대한 설명으로 옳은 것만을 〈보기〉에서 있는 대로 고른 것은?

| 보기 |

ㄱ. 수온 약층은 8월이 2월보다 더 뚜렷하게 나타난다.
ㄴ. 8월에는 강수량의 증가로 표층 해수의 염분이 낮아진다.
ㄷ. 계절에 따른 해수의 염분 변화 정도는 수심이 깊을수록 커진다.

① ㄱ  ② ㄴ  ③ ㄷ
④ ㄱ, ㄴ  ⑤ ㄴ, ㄷ

**07** 그림 (가)는 우리나라 주변 해양에서 A, B 지점의 위치를, (나)는 A, B에서 2월에 측정한 표층 수온과 표층 염분을 수온−염분도에 나타낸 것이다.

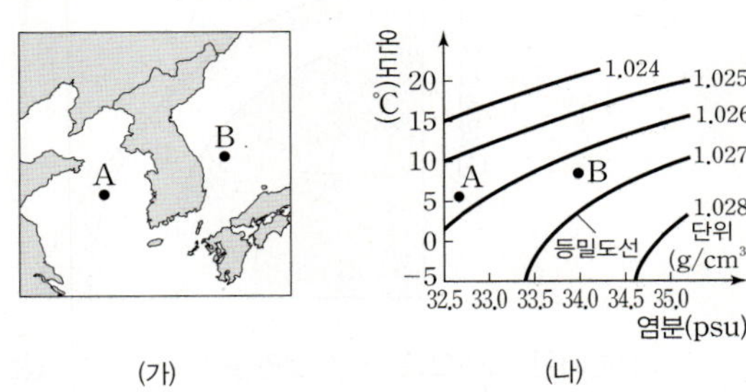


이에 대한 설명으로 옳은 것만을 〈보기〉에서 있는 대로 고른 것은?

| 보기 |

ㄱ. 여름철에 A 지점 해수의 밀도는 겨울철보다 낮을 것이다.
ㄴ. B보다 A 지점의 해수의 수온이 낮은 이유는 위도가 낮기 때문이다.
ㄷ. A보다 B 지점의 해수의 밀도가 더 큰 이유는 염분이 높기 때문이다.

① ㄱ  ② ㄴ  ③ ㄱ, ㄷ
④ ㄴ, ㄷ  ⑤ ㄱ, ㄴ, ㄷ

**08** 그림은 북반구 어느 해역에서 3월부터 1년간 표층 해수의 염분과 수온을 측정하여 작성한 월평균 수온−염분도이다.

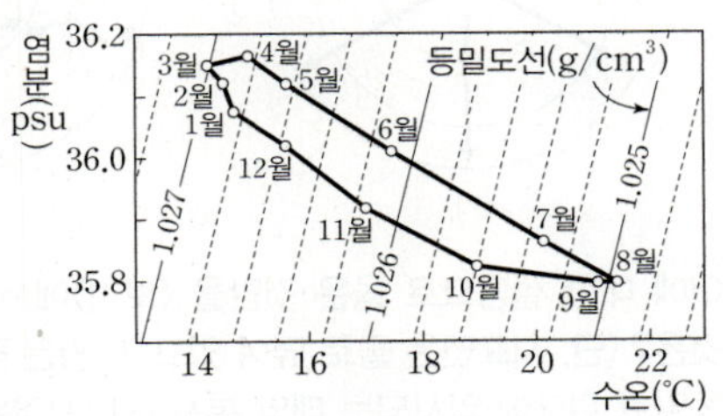


이 해역에 대한 설명으로 옳은 것만을 〈보기〉에서 있는 대로 고른 것은?

| 보기 |

ㄱ. 위도 60° 이상의 고위도 지방이다.
ㄴ. 표층 염분은 겨울철보다 여름철에 높게 나타난다.
ㄷ. 8월부터 10월까지의 밀도 증가는 염분보다 수온의 영향이 더 크다.

① ㄱ  ② ㄷ  ③ ㄱ, ㄴ
④ ㄴ, ㄷ  ⑤ ㄱ, ㄴ, ㄷ

**01** 그림은 북반구에서 위도에 따른 연간 지구 복사 에너지 방출량과 연간 태양 복사 에너지 흡수량을 나타낸 것이다.

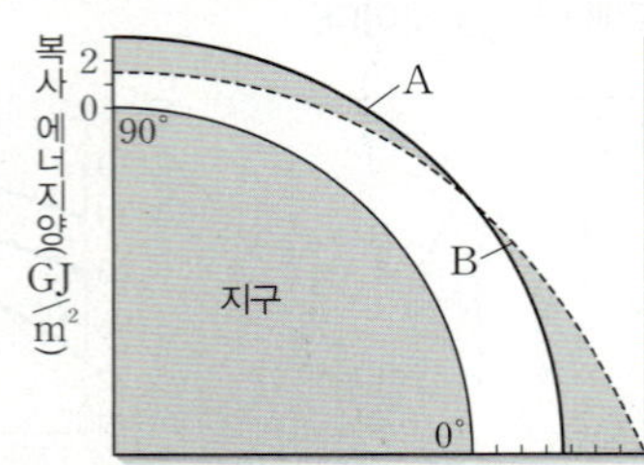


이에 대한 설명으로 옳은 것만을 〈보기〉에서 있는 대로 고른 것은?

| 보기 |

ㄱ. A는 연간 태양 복사 에너지 흡수량, B는 연간 지구 복사 에너지 방출량이다.
ㄴ. 태풍은 저위도의 에너지를 고위도로 수송한다.
ㄷ. 남북 방향의 열 수송량은 적도에서 최대이다.

① ㄱ  ② ㄴ  ③ ㄷ
④ ㄱ, ㄴ  ⑤ ㄴ, ㄷ


**02** 그림 (가)와 (나)는 북반구에서 지구가 자전하지 않을 경우와 자전할 경우의 평균 지상 풍계를 각각 나타낸 모식도이다.

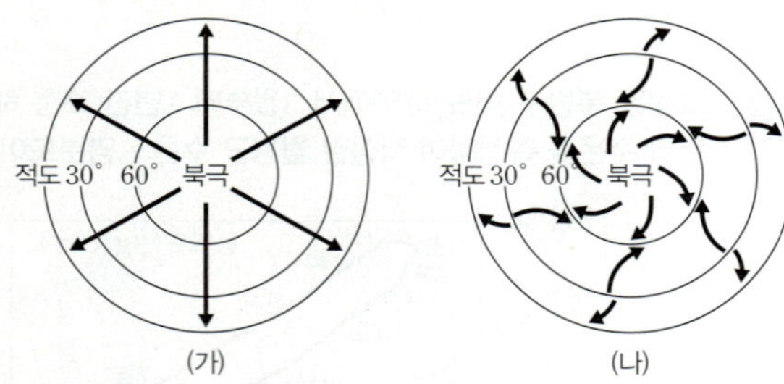


이에 대한 설명으로 옳은 것만을 〈보기〉에서 있는 대로 고른 것은? (단, 지표면은 물로 덮여 있고, 태양은 적도 상에 있으며 동일한 위도에 입사되는 태양 복사 에너지양은 같다고 가정한다.)

| 보기 |

ㄱ. (가)의 지상에는 북풍 계열의 바람이 분다.
ㄴ. (나)의 대기 대순환은 세 개의 직접 순환으로 나뉜다.
ㄷ. (가)와 (나)에서 위도 30°N 부근에는 모두 고압대가 형성되어 있다.

① ㄱ  ② ㄷ  ③ ㄱ, ㄴ
④ ㄴ, ㄷ  ⑤ ㄱ, ㄴ, ㄷ


**03** 그림은 북반구 대기 대순환의 단면을 나타낸 모식도이다.

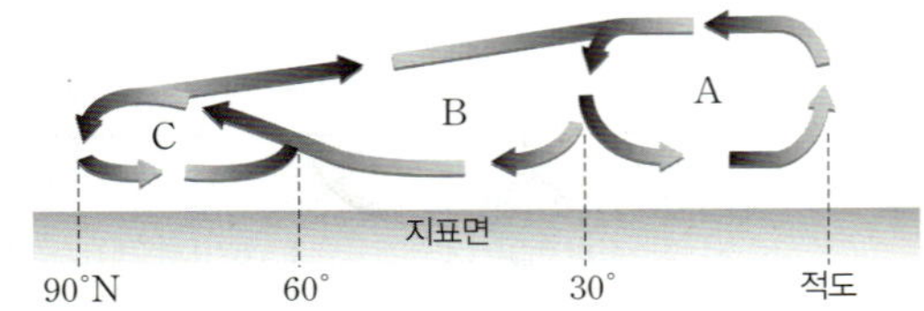


이에 대한 설명으로 옳지 않은 것은?

① 북태평양 기단은 A와 B의 경계 부근에서 발생한다.
② 지구가 자전하지 않는다면 B 순환은 일어나지 않을 것이다.
③ 전선을 동반한 저기압은 주로 B와 C의 경계 부근 지상에서 발생한다.
④ 극지방으로 갈수록 대류권 계면의 높이는 대체로 낮아진다.
⑤ 지상에서 남북 간 온도 차이는 30°N 부근이 60°N 부근보다 크다.


**04** 대기 대순환의 바람과 이로 인해 형성되는 표층 해류를 옳게 짝 지은 것은?

| | 대기 대순환에 의한 바람 | 표층 해류 |
| --- | --- | --- |
| ① | 무역풍 | 적도 반류 |
| ② | 무역풍 | 북적도 해류 |
| ③ | 편서풍 | 남적도 해류 |
| ④ | 편서풍 | 쿠로시오 해류 |
| ⑤ | 극동풍 | 남극 순환류 |


**05** 중위도 해역에서 흐르는 난류와 한류의 비교로 옳지 않은 것은?

| | | 난류 | 한류 |
| --- | --- | --- | --- |
| ① | 수온 | 높다 | 낮다 |
| ② | 유속 | 빠르다 | 느리다 |
| ③ | 염분 | 크다 | 작다 |
| ④ | 영양 염류 | 많다 | 적다 |
| ⑤ | 용존 산소량 | 적다 | 많다 |

**06** 그림은 북태평양의 표층 해류 A, B, C를 나타낸 것이다.

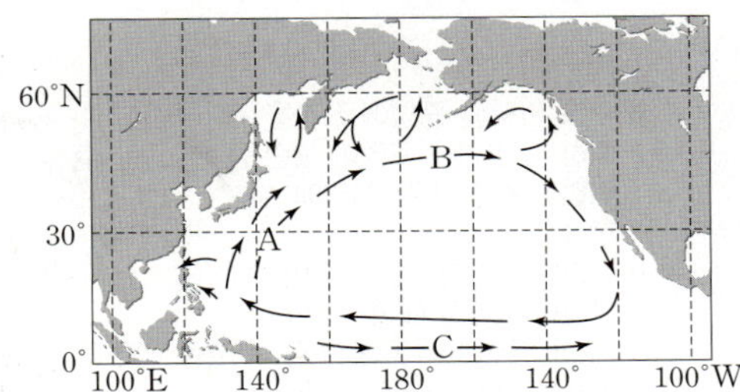

해류 A, B, C에 대한 설명으로 옳은 것만을 〈보기〉에서 있는 대로 고른 것은?

| 보기 |
ㄱ. A가 약해지면 북태평양 서쪽에서 열대 저기압이 자주 발생한다.
ㄴ. B는 편서풍에 의해 형성된다.
ㄷ. C는 남적도 해류이다.

① ㄱ  ② ㄴ  ③ ㄷ
④ ㄱ, ㄴ  ⑤ ㄴ, ㄷ

**07** 그림은 북태평양의 표층 해수의 평균 수온 분포를 나타낸 것이다.

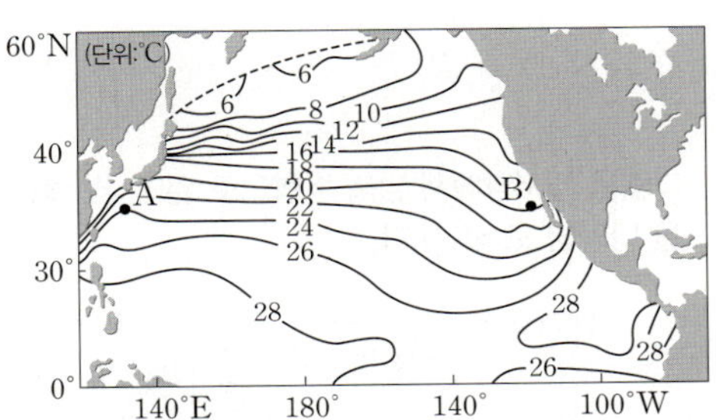

이에 대한 설명으로 옳은 것만을 〈보기〉에서 있는 대로 고른 것은?

| 보기 |
ㄱ. 영양 염류는 A 해역이 B 해역보다 적다.
ㄴ. 표층 수온은 태양 복사 에너지의 영향을 많이 받는다.
ㄷ. 서태평양의 20°N 해역에서 40°N 해역으로 갈수록 위도에 따른 수온 변화율이 작아진다.

① ㄱ  ② ㄴ  ③ ㄷ
④ ㄱ, ㄴ  ⑤ ㄴ, ㄷ

**08** 그림 (가)는 남반구의 중위도 상공에 수평 탐측 기구를 띄워 그 이동 경로를 추적한 것이고, (나)는 1995년 3월부터 2000년 3월까지 약 60개월 동안 남극 대륙 주위를 표류한 부표의 위치를 약 30일 간격으로 나타낸 것이다.

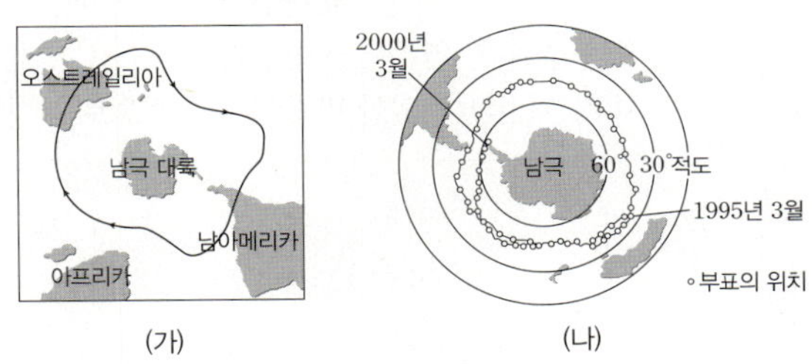

이에 대한 설명으로 옳은 것만을 〈보기〉에서 있는 대로 고른 것은?

| 보기 |
ㄱ. 남반구 중위도 상공에는 서쪽에서 동쪽으로 부는 바람이 있다.
ㄴ. 부표를 이동시키는 해류는 극동풍에 의해 형성된 것이다.
ㄷ. 40°N 해역에서 해류는 대체로 (나)에서 부표가 이동하는 방향과 반대로 흐른다.

① ㄱ  ② ㄴ  ③ ㄱ, ㄷ
④ ㄴ, ㄷ  ⑤ ㄱ, ㄴ, ㄷ

**09** 그림은 우리나라 주변 바다의 여름과 겨울의 표층 수온(℃) 분포를 나타낸 것이다.

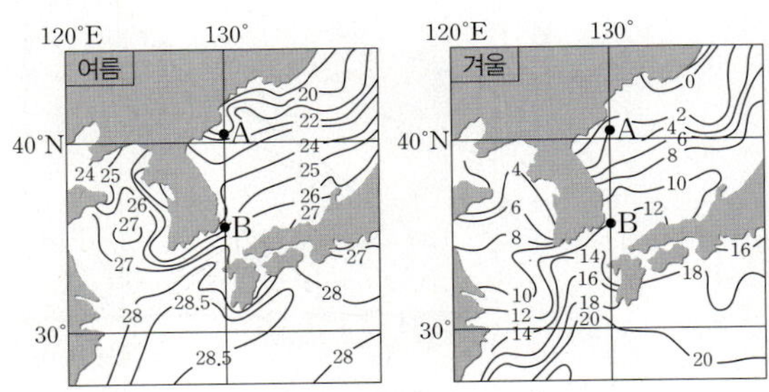

이에 대한 설명으로 옳은 것만을 〈보기〉에서 있는 대로 고른 것은?

| 보기 |
ㄱ. 황해는 동해보다 수온의 연교차가 크다.
ㄴ. A보다 B가 동한 난류의 영향을 크게 받는다.
ㄷ. 남해는 난류의 영향을 많이 받아 겨울철에도 수온이 높다.

① ㄱ  ② ㄷ  ③ ㄱ, ㄴ
④ ㄴ, ㄷ  ⑤ ㄱ, ㄴ, ㄷ

**01** 심층 해류를 일으키는 요인에 해당하는 것만을 〈보기〉에서 있는 대로 고른 것은?

┤ 보기 ├
ㄱ. 표층 해수의 수온이 낮아진다.
ㄴ. 표층 해수의 염분이 높아진다.
ㄷ. 대기 대순환에 의한 바람이 지속적으로 분다.

① ㄱ
② ㄷ
③ ㄱ, ㄴ
④ ㄴ, ㄷ
⑤ ㄱ, ㄴ, ㄷ

**02** 표층 해수가 가라앉아 심층 해류가 형성되기 가장 좋은 해역은?

① 태양 복사 에너지 흡수량이 많은 저위도 해역
② 증발량이 많은 중위도 해역
③ 바람이 강한 중위도 해역
④ 결빙이 일어나는 고위도 해역
⑤ 빙하의 융해가 일어나는 극 해역

**03** 그림은 북대서양 중앙부의 해역 A와 남대서양 중앙부의 해역 B에서 깊이에 따른 수온과 염분 분포를 수온－염분도에 나타낸 것이다.

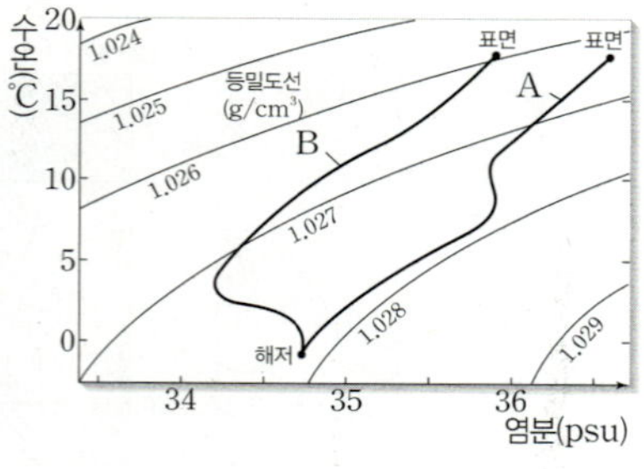


A, B 두 해역에 대한 설명으로 옳은 것만을 〈보기〉에서 있는 대로 고른 것은?

┤ 보기 ├
ㄱ. 표면에서의 밀도 차이는 수온보다 염분의 영향이 더 크다.
ㄴ. 표면에서 해저까지의 밀도 변화는 A가 B보다 크다.
ㄷ. 해저에서는 서로 다른 심층수가 흐를 것이다.

① ㄱ
② ㄴ
③ ㄱ, ㄷ
④ ㄴ, ㄷ
⑤ ㄱ, ㄴ, ㄷ

**04** 다음은 해수의 심층 순환의 원리를 알아보기 위한 실험이다.

[실험 과정]
(가) 수조 바닥의 중앙에 P점을 표시하고, 밑면에 구멍이 뚫린 종이컵을 수조 가장 자리에 부착한다.
(나) 수조에 상온의 물을 종이컵에 아랫면이 잠길 때까지 채운다.
(다) 4℃의 물 100 mL에 소금 3.0 g을 완전히 녹인 후 붉은색 잉크를 몇 방울 떨어뜨린다.
(라) (다)의 소금물을 수조의 종이컵에 천천히 부으면서 소금물이 P점에 도달하는 시간을 측정한다.

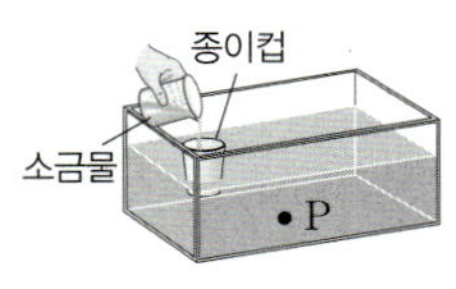


[실험 결과]
• P점에 소금물이 도달하는 시간은 8초이다.

이에 대한 설명으로 옳은 것만을 〈보기〉에서 있는 대로 고른 것은?

┤ 보기 ├
ㄱ. 소금물은 극지방의 침강하는 표층 해수에 해당한다.
ㄴ. (나)에서 수조에 상온의 물 대신 더운 물을 채운다면, 실험 결과는 8초보다 짧을 것이다.
ㄷ. (다)에서 소금 5.0 g을 녹인다면, 실험 결과는 8초보다 짧을 것이다.

① ㄱ
② ㄴ
③ ㄱ, ㄷ
④ ㄴ, ㄷ
⑤ ㄱ, ㄴ, ㄷ

**05** 그림은 대서양에서 남북 방향으로 일어나는 해수의 연직 순환을 나타낸 모식도이다.

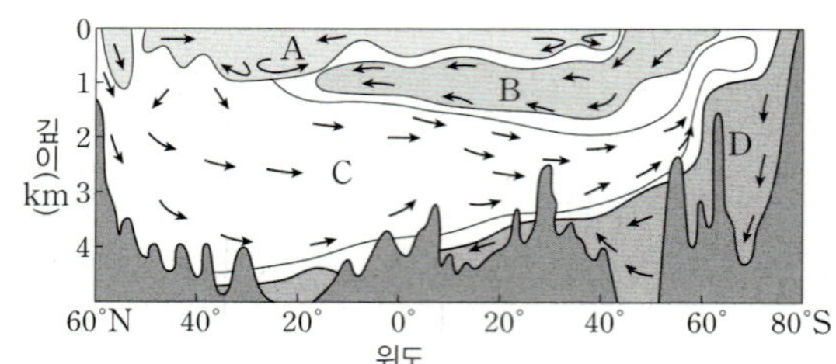


이에 대한 설명으로 옳지 <u>않은</u> 것은?

① A는 밀도 차에 의해 발생한다.
② 평균 밀도는 B가 C보다 작다.
③ C는 염분이 높은 해수가 냉각되면서 생성된다.
④ D는 북반구 중위도 부근까지 이동한다.
⑤ 심층 순환은 위도별 에너지 불균형을 해소하는 역할을 한다.

**06** 그림 (가)와 (나)는 각각 대서양의 수온과 염분의 연직 분포와 해수의 이동 방향(→)을 나타낸 것이다.

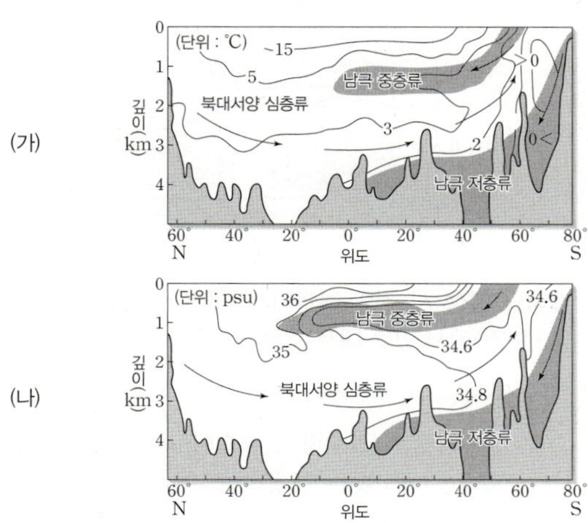


이에 대한 설명으로 옳은 것만을 〈보기〉에서 있는 대로 고른 것은?

| 보기 |
ㄱ. 남극 중층수는 북쪽으로 이동한다.
ㄴ. 남극 저층수는 북대서양 심층수보다 염분이 높다.
ㄷ. 심층수는 저위도보다 고위도 해역에서 잘 형성된다.

① ㄱ　　　　② ㄴ　　　　③ ㄱ, ㄷ
④ ㄴ, ㄷ　　　⑤ ㄱ, ㄴ, ㄷ

**07** 그림은 심층 순환과 표층 해류의 일부를 모식적으로 나타낸 것이다.

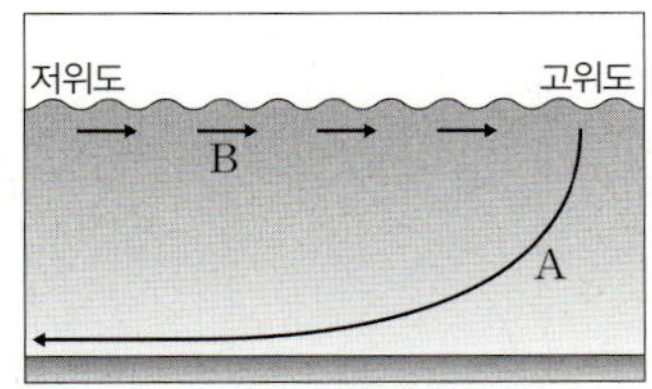


이에 대한 설명으로 옳은 것만을 〈보기〉에서 있는 대로 고른 것은?

| 보기 |
ㄱ. A는 대체로 B보다 유속이 빠르다.
ㄴ. 고위도에서 빙하의 융해는 B를 약화시킨다.
ㄷ. 고위도에서 해수의 침강 현상은 태평양보다 대서양에서 활발하다.

① ㄱ　　　　② ㄴ　　　　③ ㄱ, ㄷ
④ ㄴ, ㄷ　　　⑤ ㄱ, ㄴ, ㄷ

**08** 그림 (가)는 대서양의 심층 순환을 모식적으로 나타낸 것이고, (나)는 대서양 적도 부근 어느 해역의 용존 산소량 연직 분포를 나타낸 것이다.

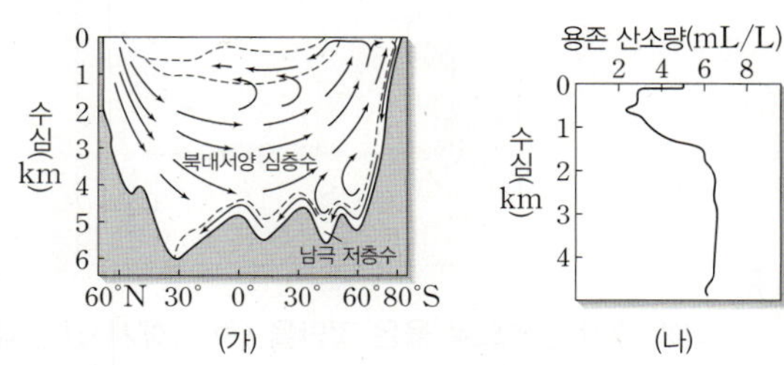


이에 대한 설명으로 옳은 것만을 〈보기〉에서 있는 대로 고른 것은?

| 보기 |
ㄱ. 남위 65° 부근 해역에서 용승 현상이 나타난다.
ㄴ. 남극 저층수는 북대서양 심층수보다 밀도가 크다.
ㄷ. 대서양 적도 해수면 아래 2000~3000 m의 산소는 북반구 고위도에서 공급된다.

① ㄱ　　　　② ㄷ　　　　③ ㄱ, ㄴ
④ ㄴ, ㄷ　　　⑤ ㄱ, ㄴ, ㄷ

**09** 그림은 전 세계의 해수 순환의 모습을 표층 염분의 분포와 함께 나타낸 것이다.

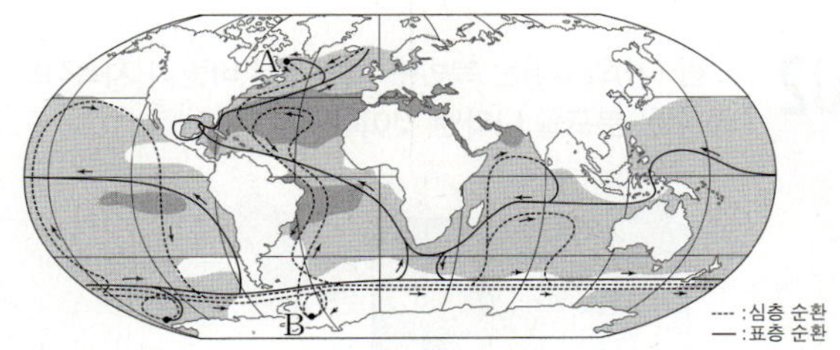


두 해역 A, B에 대한 설명으로 옳은 것만을 〈보기〉에서 있는 대로 고른 것은? (단, 그림에서 음영이 어두운 곳일수록 표층 염분이 높다.)

| 보기 |
ㄱ. A에서의 침강은 저위도의 표층 해수를 고위도로 수송시키는 원동력이 된다.
ㄴ. B에서 표층 해수의 산소가 심해로 공급된다.
ㄷ. A의 해수는 B의 해수보다 표층 염분이 높다.

① ㄱ　　　　② ㄴ　　　　③ ㄱ, ㄷ
④ ㄴ, ㄷ　　　⑤ ㄱ, ㄴ, ㄷ

**01** 그림은 태평양에서 용승이 활발하게 발생하는 해역 A, B, C 를 나타낸 것이다.

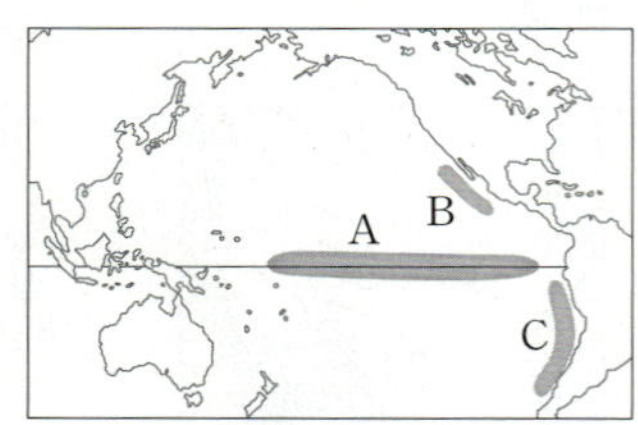


이에 대한 설명으로 옳은 것만을 〈보기〉에서 있는 대로 고른 것은?

┤ 보기 ├
ㄱ. A에서는 표층 해수가 에크만 수송에 의해 적도 쪽으로 수렴하고 있다.
ㄴ. B에서는 남풍, C에서는 북풍 계열의 바람이 분다.
ㄷ. A, B, C는 주변 해역에 비해 표층 수온이 낮을 것이다.

① ㄱ　　　　② ㄷ　　　　③ ㄱ, ㄴ
④ ㄴ, ㄷ　　　⑤ ㄱ, ㄴ, ㄷ

**02** 그림 (가)와 (나)는 북반구 해안에서 바람이 지속적으로 불 때의 수온 분포를 나타낸 것이다.

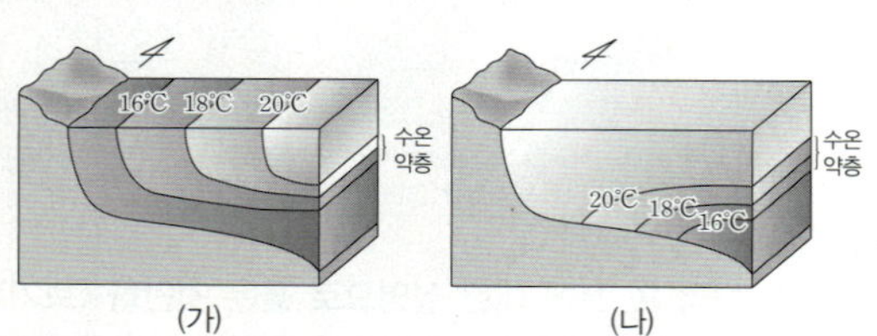


이에 대한 설명으로 옳은 것만을 〈보기〉에서 있는 대로 고른 것은?

┤ 보기 ├
ㄱ. (가)에서 남풍이 불고 있다.
ㄴ. (나)의 연안에서는 침강이 일어난다.
ㄷ. 어장은 (가)보다 (나)에서 잘 발달한다.

① ㄱ　　　　② ㄷ　　　　③ ㄱ, ㄴ
④ ㄴ, ㄷ　　　⑤ ㄱ, ㄴ, ㄷ

**03** 그림은 태평양에서 엘니뇨 발생 시의 표면 수온 분포를 나타낸 것이다.

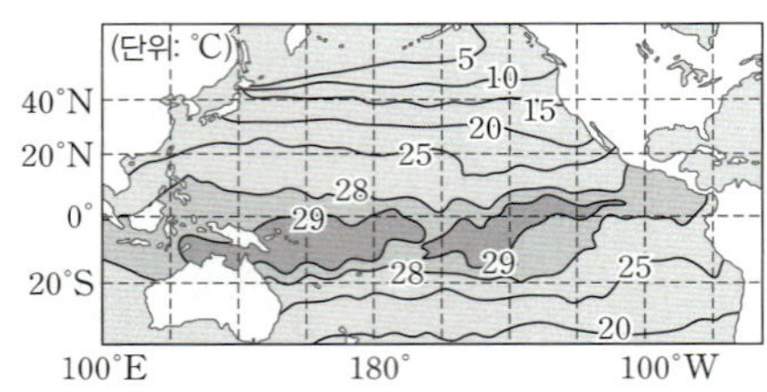


엘니뇨 발생 시 적도 해역에서 나타나는 현상으로 옳은 것만을 〈보기〉에서 있는 대로 고른 것은?

┤ 보기 ├
ㄱ. 서태평양의 강수량이 감소한다.
ㄴ. 동태평양의 용승 현상이 강해진다.
ㄷ. 서태평양의 저기압이 동쪽으로 이동한다.

① ㄱ　　　　② ㄴ　　　　③ ㄱ, ㄷ
④ ㄴ, ㄷ　　　⑤ ㄱ, ㄴ, ㄷ

**04** 그림은 (가)와 (나)는 각각 평상시와 엘니뇨 시기 중 하나로, 동태평양 페루 연안 해역에서 플랑크톤 양과 수온의 변화를 나타낸 것이다.

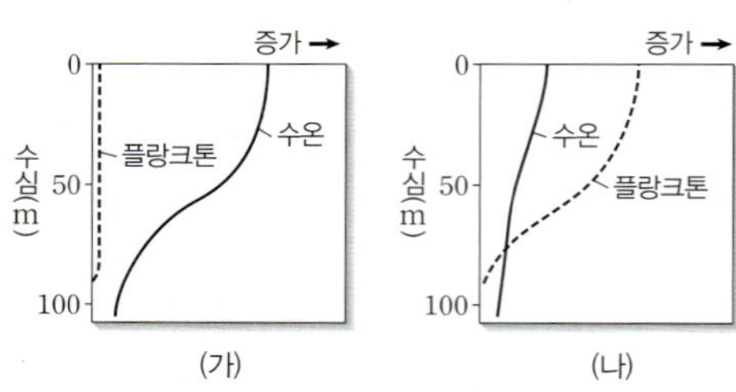


이 해역에서 (가) 시기와 비교한 (나) 시기의 특징으로 옳은 것만을 〈보기〉에서 있는 대로 고른 것은?

┤ 보기 ├
ㄱ. 무역풍이 더 강하다.
ㄴ. 상승 기류가 더 강하다.
ㄷ. 영양 염류의 양이 더 많다.

① ㄱ　　　　② ㄴ　　　　③ ㄱ, ㄷ
④ ㄴ, ㄷ　　　⑤ ㄱ, ㄴ, ㄷ

**05** 그림은 태평양 적도 부근 해수의 연직 구조와 바람을 나타낸 모식도이다.

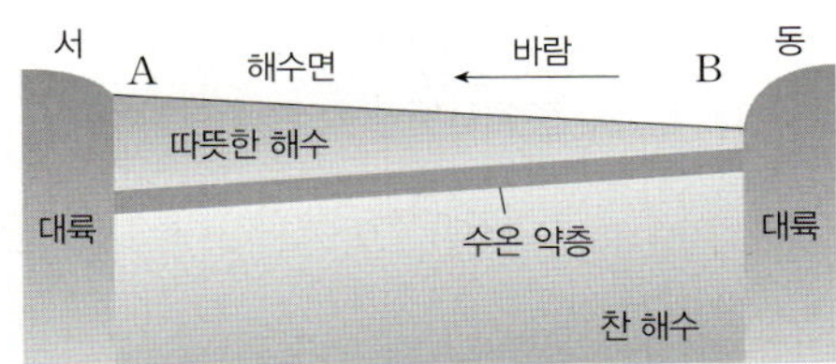


이에 대한 설명으로 옳은 것만을 〈보기〉에서 있는 대로 고른 것은?

┤ 보기 ├

ㄱ. A 해역보다 B 해역의 수온이 낮다.

ㄴ. 바람이 약해지면 수온 약층의 경사는 감소한다.

ㄷ. 바람이 강해지면 동태평양 적도 부근 해역의 표층 수온이 낮아진다.

① ㄱ  　② ㄴ  　③ ㄱ, ㄷ
④ ㄴ, ㄷ  　⑤ ㄱ, ㄴ, ㄷ

**06** 그림은 엘니뇨 또는 라니냐 중 어느 한 시기의 강수량 편차(관측값－평년값)를 나타낸 것이다.

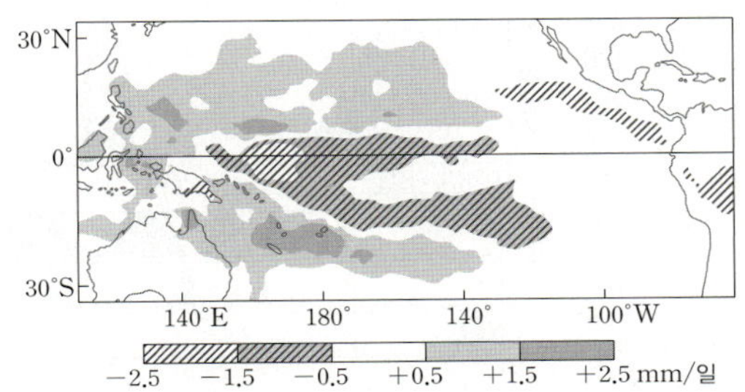


이 자료를 근거해서 평년과 비교할 때, 이 시기에 대한 설명으로 옳은 것만을 〈보기〉에서 있는 대로 고른 것은?

┤ 보기 ├

ㄱ. 남동 무역풍이 강하다.

ㄴ. 동태평양 적도 해역의 따뜻한 해수층의 두께가 두껍다.

ㄷ. 서태평양 적도 해역과 동태평양 적도 해역 사이의 기압 차가 크다.

① ㄱ  　② ㄴ  　③ ㄱ, ㄷ
④ ㄴ, ㄷ  　⑤ ㄱ, ㄴ, ㄷ

**07** 다음은 '지구 온난화, 빙하기 재촉 한다'에 관한 글의 일부이다.

북극 빙하가 녹는 원인은 지구 온난화에 있지만 역설적으로 온난화는 북반구에 빙하기를 불러올 수도 있다. 2004년 개봉된 롤랜드 에머리히 감독의 영화 '투마로우'는 온난화가 불러온 빙하기를 주제로 다루었다. 흥미를 주기 위해 영화적 상상과 빠른 전개를 보이지만 열염 순환이라는 과학적 논리를 기반으로 하고 있다.

열염 순환을 설명하면 다음과 같다. (중략) 이 순환은 대서양 북쪽 지역에 엄청난 열기를 가져다주는데 현재의 기후를 유지하는 큰 요인이다.

그런데 지구 온난화로 빙하가 녹아 북대서양으로 흘러들면 어떻게 될까. 설상가상으로 시베리아 툰드라 지역이 녹으면서 예니세이, 오비, 레나 강의 북대서양 유입량이 더욱 늘어난다면 어떻게 될까.

이에 대한 설명으로 옳은 것만을 〈보기〉에서 있는 대로 고른 것은?

┤ 보기 ├

ㄱ. 열염 순환은 해수의 밀도 분포와 관련이 있다.

ㄴ. 열염 순환은 저위도와 고위도 사이의 열에너지 수송의 역할을 한다.

ㄷ. 지구 온난화로 빙하가 녹으면 북대서양 표층수의 침강 운동은 강해진다.

① ㄱ  　② ㄷ  　③ ㄱ, ㄴ
④ ㄴ, ㄷ  　⑤ ㄱ, ㄴ, ㄷ

**01** 그림은 현재를 기준으로 5만 년 전 ~ 5만 년 후의 지구 자전축 기울기 변화를 나타낸 것이다.

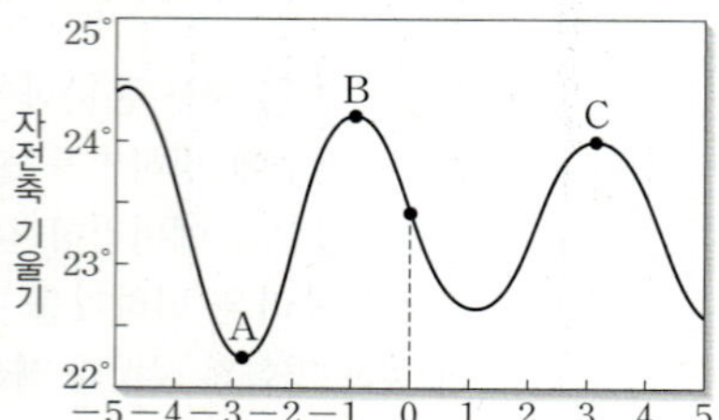

이에 대한 설명으로 옳은 것만을 〈보기〉에서 있는 대로 고른 것은? (단, 기후 변화에 영향을 미치는 다른 요인은 고려하지 않는다.)

┤ 보기 ├
ㄱ. A 시기에 우리나라 기온의 연교차는 현재보다 작았을 것이다.
ㄴ. B 시기에 지구 전체가 받는 일사량은 현재보다 컸을 것이다.
ㄷ. C 시기에 우리나라는 근일점에서 여름이 될 것이다.

① ㄱ      ② ㄴ      ③ ㄷ
④ ㄱ, ㄴ      ⑤ ㄱ, ㄷ

**02** 그림 (가)는 1970년부터 2012년까지 지구의 평균 기온 편차(관측값−평균값)를, (나)는 1979년부터 2012년까지 북극해의 얼음 면적의 변화를 나타낸 것이다.

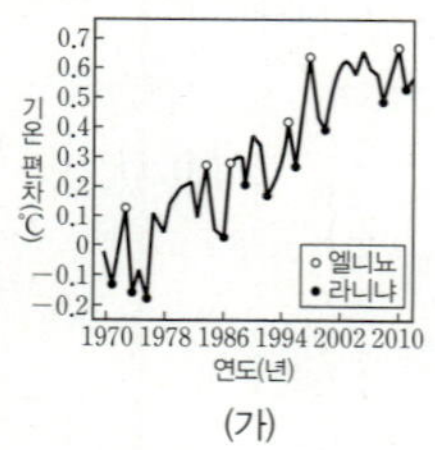 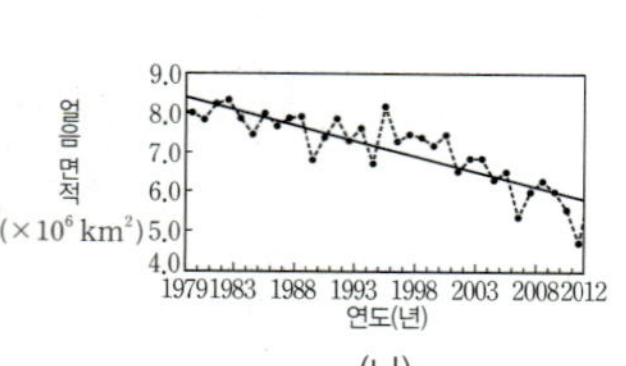

(가)        (나)

이에 대한 설명으로 옳은 것만을 〈보기〉에서 있는 대로 고른 것은?

┤ 보기 ├
ㄱ. 무역풍이 약해진 시기에는 대체로 전년에 비해 기온 편차가 낮아졌다.
ㄴ. 이 기간 동안 우리나라의 조경 수역이 남하하여 어종이 풍부해졌을 것이다.
ㄷ. 2012년에 북극해 주변의 태양 복사 에너지의 반사율은 1979년보다 낮았을 것이다.

① ㄱ      ② ㄴ      ③ ㄷ
④ ㄱ, ㄴ      ⑤ ㄱ, ㄷ

**03** 다음은 기후 변화 요인을 특징에 따라 구분하는 과정을 나타낸 것이다.

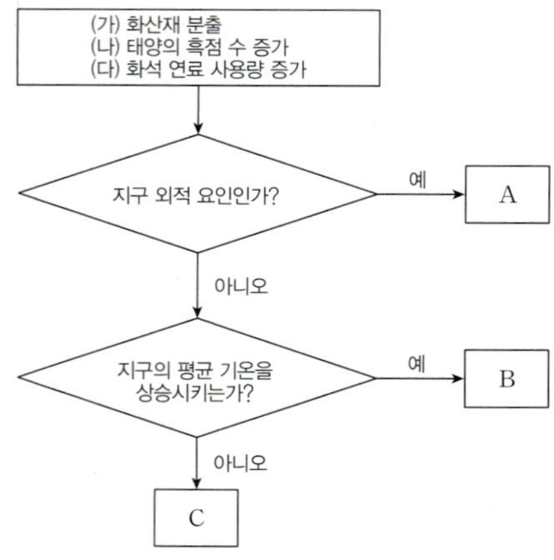


A, B, C에 해당하는 기후 변화 요인을 (가)~(다)에서 옳게 고르시오.

**04** 그림 (가)는 파장에 따른 지표면에서의 태양 복사 에너지와 대기 밖에서의 지구 복사 에너지의 세기를, (나)는 전자기파의 흡수율을 기체별로 나타낸 것이다.

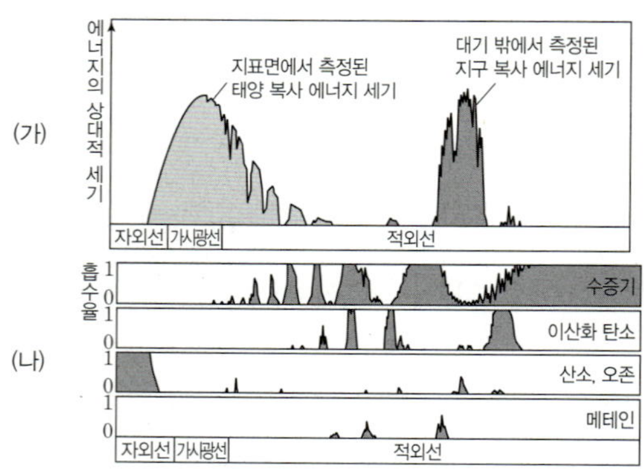


이에 대한 설명으로 옳은 것만을 〈보기〉에서 있는 대로 고른 것은?

┤ 보기 ├
ㄱ. 수증기는 온실 효과를 유발하는 기체이다.
ㄴ. 가시광선 영역은 대기에 의해 거의 흡수되지 않는다.
ㄷ. 지구에서 방출되는 전자기파를 가장 많이 흡수하는 기체는 오존이다.

① ㄱ      ② ㄴ      ③ ㄷ
④ ㄱ, ㄴ      ⑤ ㄴ, ㄷ

**05** 그림 (가)는 남극에서 시추한 얼음을 분석하여 얻은 과거 대기 중의 이산화 탄소 농도와 지구의 평균 온도 변화를 나타낸 그래프이고, (나)는 지구에서 일어나는 탄소의 순환을 간략히 나타낸 모식도이다.

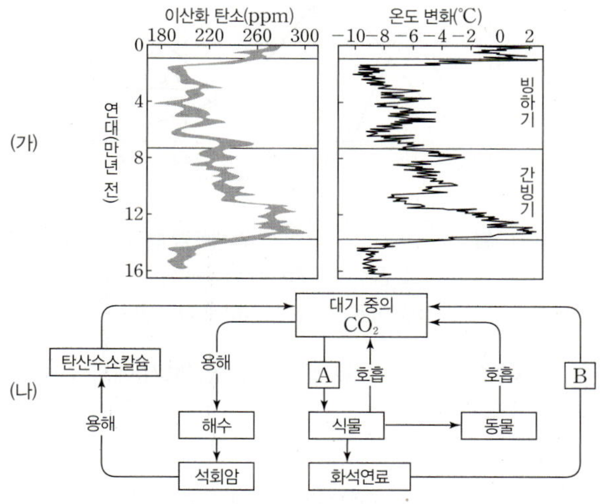


이에 대한 설명으로 옳은 것만을 〈보기〉에서 있는 대로 고른 것은?

┤ 보기 ├
ㄱ. 지구의 기온이 높을 때 대체로 이산화 탄소 농도가 높게 나타난다.
ㄴ. (나)의 A 과정은 지구의 평균 기온을 상승시키는 역할을 한다.
ㄷ. (나)의 B 과정이 증대되면 지구 전체의 증발량이 증가한다.

① ㄱ  ② ㄴ  ③ ㄱ, ㄷ
④ ㄴ, ㄷ  ⑤ ㄱ, ㄴ, ㄷ

**06** 그림 (가)는 공전 궤도 모양이 변한 경우를, (나)는 자전축의 방향이 바뀐 경우를 나타낸 것이다.

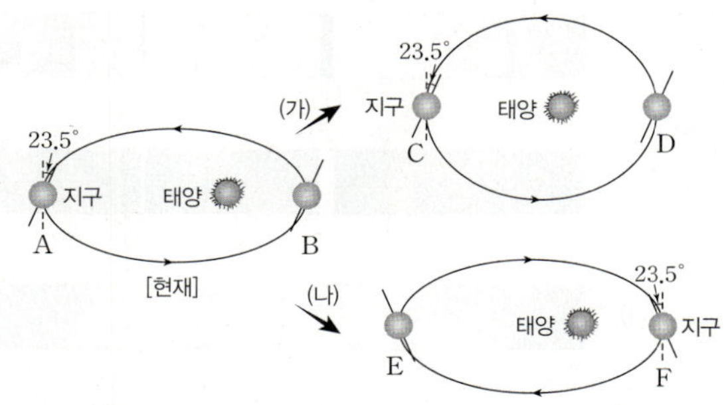


이에 대한 설명으로 옳은 것만을 〈보기〉에서 있는 대로 고른 것은? (단, 기후 변화에 영향을 미치는 다른 요인은 고려하지 않는다.)

┤ 보기 ├
ㄱ. A~F 중 우리나라에서 하루 동안 태양 복사 에너지를 가장 많이 받는 위치는 F이다.
ㄴ. (가)의 경우 우리나라의 계절 변화는 현재보다 뚜렷해질 것이다.
ㄷ. (나)의 경우 남반구는 현재보다 기온의 연교차가 작아질 것이다.

① ㄱ  ② ㄴ  ③ ㄱ, ㄷ
④ ㄴ, ㄷ  ⑤ ㄱ, ㄴ, ㄷ

**07** 그림은 2000년부터 2100년까지 해수의 열팽창에 의한 평균 해수면 높이 변화를 두 가지 시나리오(A, B)로 추정하여 나타낸 것이다.

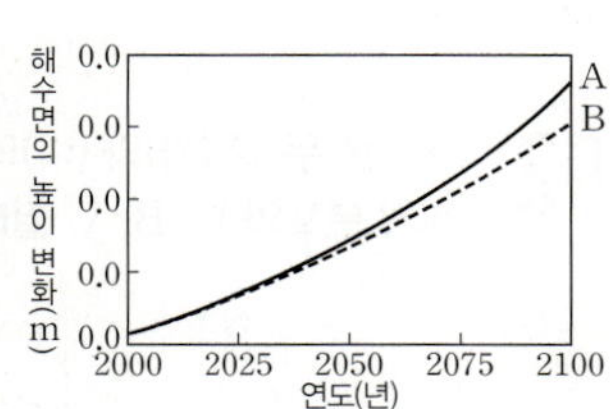


이에 대한 설명으로 옳은 것만을 〈보기〉에서 있는 대로 고른 것은?

┤ 보기 ├
ㄱ. 21세기 후반에 해양의 면적은 A가 B보다 넓을 것이다.
ㄴ. 두 가지 시나리오에 관계없이 현재의 해수면 상승은 지속될 것으로 예상된다.
ㄷ. 지구 온난화를 억제하기 위해 노력할 경우 해수면 변화는 B보다 A의 경향을 따를 것이다.

① ㄱ  ② ㄷ  ③ ㄱ, ㄴ
④ ㄴ, ㄷ  ⑤ ㄱ, ㄴ, ㄷ

**01** 그림 (가)~(다)는 방출, 흡수, 연속 스펙트럼을 순서 없이 나타낸 것이다.

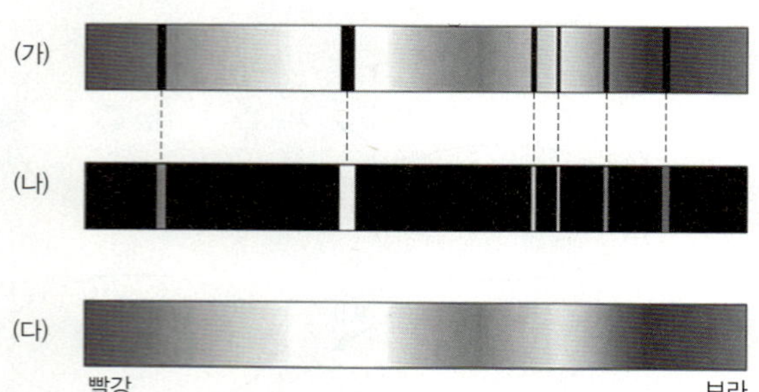



이에 대한 설명으로 옳은 것만을 〈보기〉에서 있는 대로 고른 것은?

| 보기 |

ㄱ. (가)는 방출 스펙트럼, (나)는 흡수 스펙트럼이다.
ㄴ. 백열등의 스펙트럼은 (다)에 해당한다.
ㄷ. (가)와 (나)는 동일한 기체에서 나온 스펙트럼이다.

① ㄱ     ② ㄴ     ③ ㄱ, ㄷ
④ ㄴ, ㄷ     ⑤ ㄱ, ㄴ, ㄷ

**02** 그림은 두 별 (가)와 (나)의 파장에 따른 복사 에너지의 상대적 세기 분포와 U, B, V 필터의 영역을 나타낸 것이다.

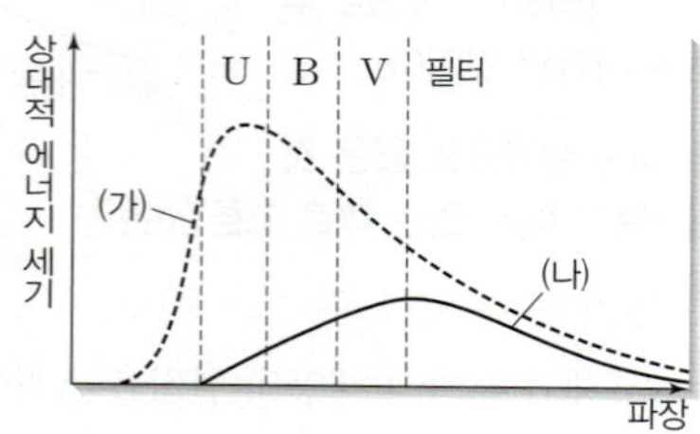



이에 대한 설명으로 옳은 것은?

① 표면 온도는 (가)가 (나)보다 낮다.
② (가)는 (나)보다 더 붉게 보인다.
③ (나)는 U 등급이 B 등급보다 크다.
④ 색지수 (B−V)는 (가)가 (나)보다 크다.
⑤ 최대 에너지를 방출하는 파장은 (가)가 (나)보다 길다.

**03** 그림은 별의 분광형에 따른 흡수선의 종류와 세기를, 표는 두 별 (가)와 (나)의 스펙트럼 특징을 나타낸 것이다.

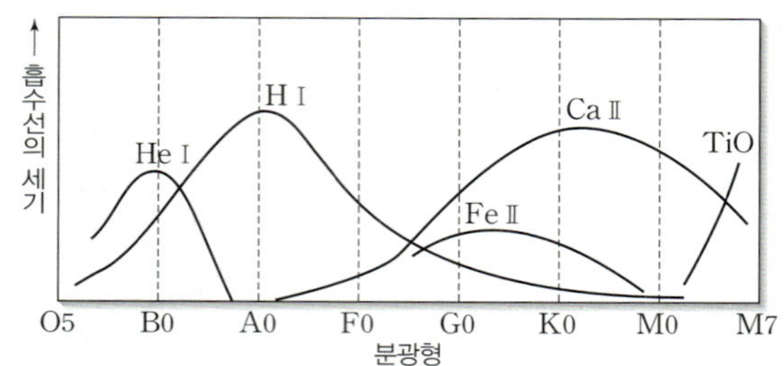



| 별 | 스펙트럼 특징 |
|---|---|
| (가) | 수소 흡수선이 강하게 나타난다. |
| (나) | 칼슘 이온 흡수선이 강하게 나타난다. |

이에 대한 설명으로 옳은 것만을 〈보기〉에서 있는 대로 고른 것은?

| 보기 |

ㄱ. (가)의 스펙트럼에 분자 흡수선이 잘 나타난다.
ㄴ. (나)의 헬륨 흡수선이 잘 나타난다.
ㄷ. 표면 온도는 (가)가 (나)보다 높다.

① ㄱ     ② ㄷ     ③ ㄱ, ㄴ
④ ㄴ, ㄷ     ⑤ ㄱ, ㄴ, ㄷ

**04** 표는 세 별 (가), (나), (다)의 물리량을 나타낸 것이다.

| 별 | 절대 등급 | 분광형 | 질량(태양=1) |
|---|---|---|---|
| (가) | ( ) | B3 | 15.0 |
| (나) | +5.0 | G2 | 1.0 |
| (다) | +10.0 | A0 | ( ) |

(가), (나), (다)에 대한 설명으로 옳은 것만을 〈보기〉에서 있는 대로 고른 것은?

| 보기 |

ㄱ. 절대 등급은 (가)가 (나)보다 작다.
ㄴ. 단위 면적에서 단위 시간 동안 방출하는 에너지양은 (나)가 (다)보다 많다.
ㄷ. 반지름은 (다)가 (가)보다 크다.

① ㄱ     ② ㄷ     ③ ㄱ, ㄴ
④ ㄴ, ㄷ     ⑤ ㄱ, ㄴ, ㄷ

**05** 그림은 주계열성의 질량−광도 관계를, 표는 주계열성 A, B, C의 절대 등급과 색지수를 나타낸 것이다.

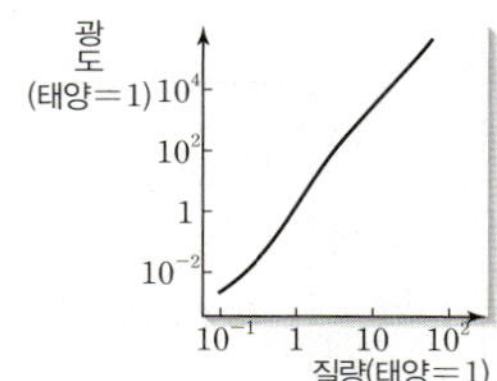

| 주계열성 | 절대 등급 | 색지수 |
|---|---|---|
| A | −6.0 | −0.32 |
| B | +0.6 | 0.00 |
| C | +4.4 | +0.60 |

A, B, C를 비교한 설명으로 옳은 것만을 〈보기〉에서 있는 대로 고른 것은?

┤ 보기 ├
ㄱ. 질량은 A가 가장 크다.
ㄴ. B는 흰색 별이다.
ㄷ. 별의 수명은 C가 가장 길다.

① ㄱ     ② ㄴ     ③ ㄱ, ㄷ
④ ㄴ, ㄷ     ⑤ ㄱ, ㄴ, ㄷ

**06** 표는 태양 주변에 있는 세 주계열성의 물리량을 나타낸 것이다.

| 별 | 직녀성 | 프로시온 | 스피카 |
|---|---|---|---|
| 분광형 | A | F | O |
| 색지수 (B−V) | 0.0 | 0.2 | ( ) |
| 절대 등급 | +0.5 | +2.8 | −3.1 |

이에 대한 설명으로 옳은 것만을 〈보기〉에서 있는 대로 고른 것은?

┤ 보기 ├
ㄱ. 직녀성은 B 등급과 V 등급이 같다.
ㄴ. 스피카의 색지수는 양(+)의 값을 갖는다.
ㄷ. 태양의 절대 등급은 +2.8보다 작다.

① ㄱ     ② ㄴ     ③ ㄱ, ㄴ
④ ㄱ, ㄷ     ⑤ ㄱ, ㄴ, ㄷ

**07** 별의 표면 온도를 알아낼 수 있는 방법에 해당하는 것만을 〈보기〉에서 있는 대로 고른 것은?

┤ 보기 ├
ㄱ. 분광형을 확인한다.
ㄴ. 절대 등급을 조사한다.
ㄷ. 광도와 반지름을 이용하여 표면 온도를 구한다.

① ㄱ     ② ㄴ     ③ ㄱ, ㄷ
④ ㄴ, ㄷ     ⑤ ㄱ, ㄴ, ㄷ

**08** 그림은 겉보기 등급이 같은 두 별 A와 B를 H−R도에 나타낸 것이다.

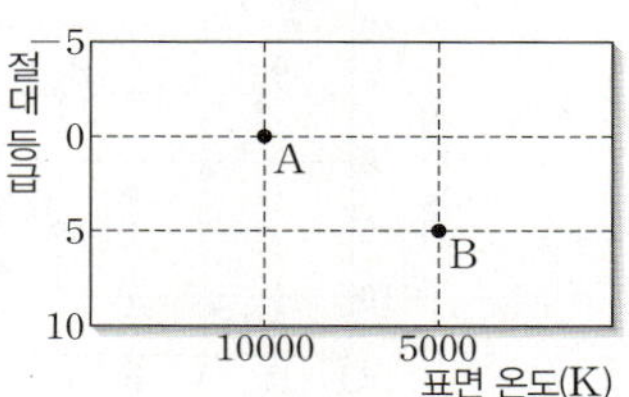

이에 대한 설명으로 옳은 것만을 〈보기〉에서 있는 대로 고른 것은?

┤ 보기 ├
ㄱ. 거리는 A가 B보다 멀다.
ㄴ. A의 광도는 B의 100배이다.
ㄷ. A의 반지름은 B의 50배이다.

① ㄱ     ② ㄴ     ③ ㄷ
④ ㄱ, ㄴ     ⑤ ㄴ, ㄷ

**09** 그림은 오리온자리의 모습을, 표는 오리온자리를 구성하는 별 A~D의 특징을 나타낸 것이다.

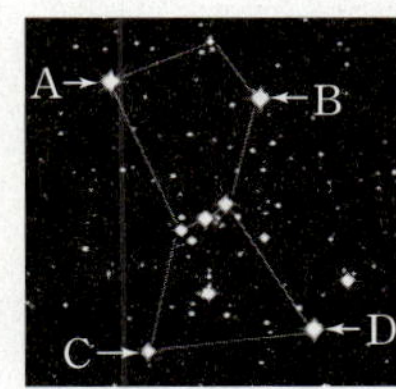

| 별 | 절대 등급 | 분광형 |
|---|---|---|
| A | −5.1 | M2 |
| B | −2.7 | B2 |
| C | −4.7 | B0 |
| D | −6.7 | B8 |

별 A~D에 대한 설명으로 옳은 것만을 〈보기〉에서 있는 대로 고른 것은?

┤ 보기 ├
ㄱ. 단위 시간 당 방출하는 에너지양은 A가 B보다 적다.
ㄴ. 최대 에너지를 방출하는 파장은 B가 C보다 길다.
ㄷ. 별의 반지름은 C가 D보다 크다.

① ㄱ     ② ㄴ     ③ ㄱ, ㄷ
④ ㄴ, ㄷ     ⑤ ㄱ, ㄴ, ㄷ

**01** 그림은 여러 별들을 H-R도에 나타낸 것이다.

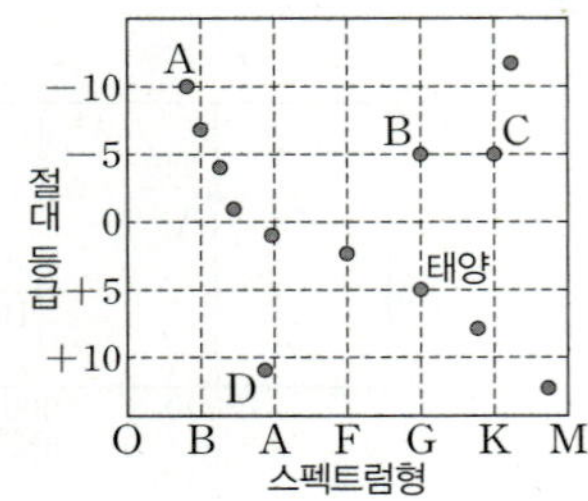


이에 대한 설명으로 옳은 것만을 〈보기〉에서 있는 대로 고른 것은?

| 보기 |

ㄱ. A는 태양보다 질량이 크다.
ㄴ. B와 C는 주계열성이다.
ㄷ. A~D 중 밀도가 가장 큰 별은 D이다.

① ㄱ　　　　② ㄴ　　　　③ ㄱ, ㄴ
④ ㄱ, ㄷ　　　⑤ ㄴ, ㄷ

**02** 그림은 태양 근처의 별 100개와 밝게 보이는 별 100개의 절대 등급과 색지수를 나타낸 것이다.

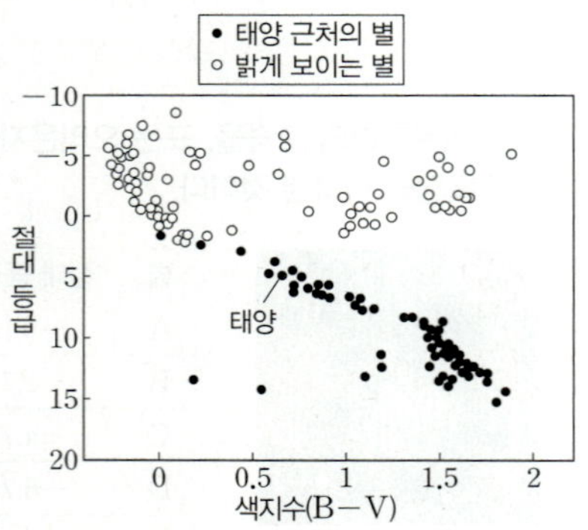


이에 대한 설명으로 옳은 것만을 〈보기〉에서 있는 대로 고른 것은?

| 보기 |

ㄱ. 태양 근처의 별들은 상대적으로 저온의 별이 많다.
ㄴ. 밝게 보이는 별들은 태양보다 광도가 크다.
ㄷ. 주계열성의 비율은 태양 근처의 별이 밝게 보이는 별보다 높다.

① ㄱ　　　　② ㄴ　　　　③ ㄱ, ㄷ
④ ㄴ, ㄷ　　　⑤ ㄱ, ㄴ, ㄷ

**03** 그림 (가)와 (나)는 질량이 다른 두 별 A와 B의 진화 경로 일부를 주계열 이전과 주계열 이후로 나누어 H−R 도에 각각 나타낸 것이다.

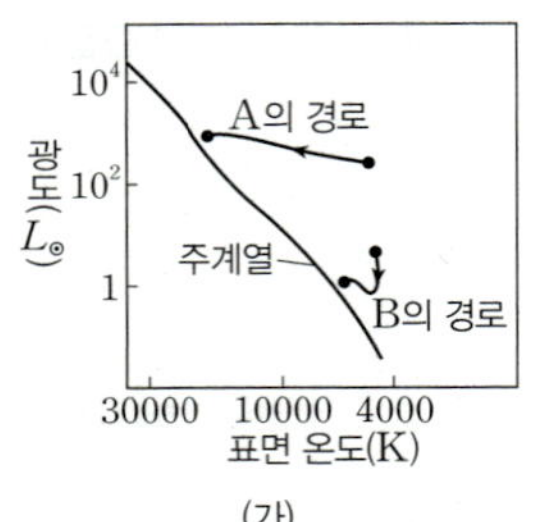

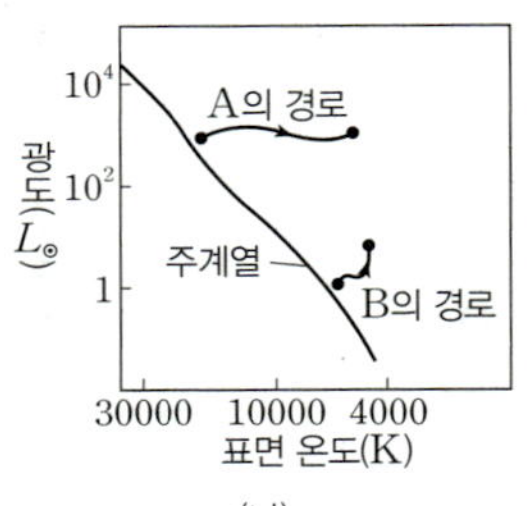


이에 대한 설명으로 옳은 것만을 〈보기〉에서 있는 대로 고른 것은?

| 보기 |

ㄱ. (가)에서 A는 B보다 주계열에 먼저 도달한다.
ㄴ. (나)에서 A와 B는 모두 반지름이 증가한다.
ㄷ. 주계열에 머무르는 시간은 A가 B보다 길다.

① ㄱ　　　　② ㄴ　　　　③ ㄱ, ㄴ
④ ㄱ, ㄷ　　　⑤ ㄴ, ㄷ

**04** 그림 (가)와 (나)는 질량이 다른 별의 진화 과정을 나타낸 것이다.

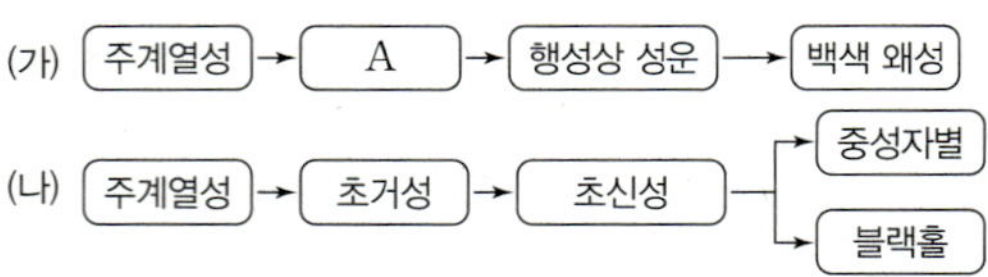


이에 대한 설명으로 옳은 것만을 〈보기〉에서 있는 대로 고른 것은?

| 보기 |

ㄱ. 주계열성의 광도는 (가)가 (나)보다 크다.
ㄴ. A의 중심에서 핵융합 반응에 의해 철이 생성된다.
ㄷ. 진화 속도는 (나)가 (가)보다 빠르다.

① ㄱ　　　　② ㄷ　　　　③ ㄱ, ㄴ
④ ㄴ, ㄷ　　　⑤ ㄱ, ㄴ, ㄷ

**05** 그림 (가)는 태양 정도의 질량을 가진 별의 진화 과정에서 관측된 모습을, (나)는 어느 별의 내부 구조를 나타낸 것이다.

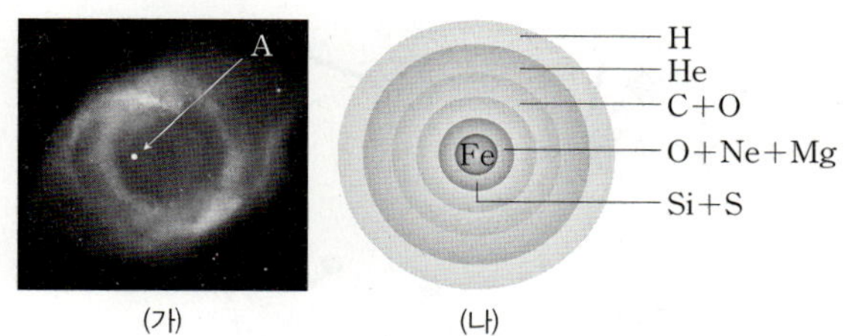


이에 대한 설명으로 옳은 것만을 〈보기〉에서 있는 대로 고른 것은?

| 보기 |

ㄱ. (가)의 별 A는 백색 왜성이다.
ㄴ. (나)의 별은 태양과 질량이 비슷하다.
ㄷ. (나)의 별이 진화하면 (가)와 같이 될 것이다.

① ㄱ      ② ㄴ      ③ ㄱ, ㄷ
④ ㄴ, ㄷ      ⑤ ㄱ, ㄴ, ㄷ

**06** 그림 (가)와 (나)는 형성된 시기가 다른 두 성단의 H−R도이다.

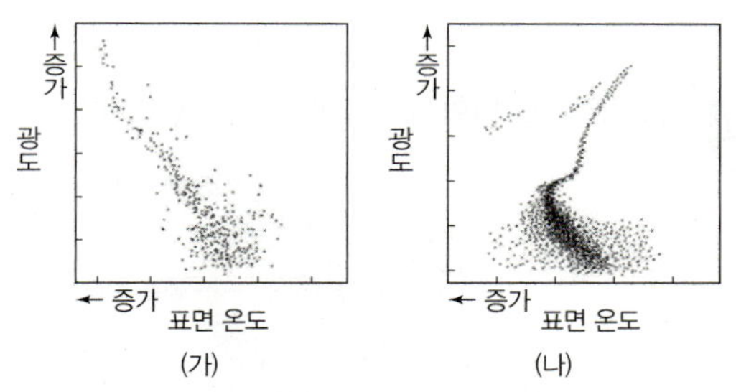


이에 대한 설명으로 옳은 것만을 〈보기〉에서 있는 대로 고른 것은?

| 보기 |

ㄱ. 성단을 이루는 별들의 평균 색지수는 (가)가 (나)보다 작다.
ㄴ. 주계열성의 비율은 (가)가 (나)보다 높다.
ㄷ. 성단의 생성 시기는 (가)가 (나)보다 오래되었다.

① ㄱ      ② ㄷ      ③ ㄱ, ㄴ
④ ㄴ, ㄷ      ⑤ ㄱ, ㄴ, ㄷ

**07** 표는 주계열성 (가), (나), (다)의 질량과 최종 진화 단계를 나타낸 것이다.

| 주계열성 | 질량(태양=1) | 최종 진화 단계 |
|---|---|---|
| (가) | 1.2 | ( ㉠ ) |
| (나) | ( ) | 블랙홀 |
| (다) | 10 | 중성자별 |

이에 대한 설명으로 옳은 것만을 〈보기〉에서 있는 대로 고른 것은?

| 보기 |

ㄱ. ㉠은 백색 왜성이다.
ㄴ. 별의 질량은 (나)가 (다)보다 크다.
ㄷ. (나)와 (다)는 모두 초신성 폭발을 일으킨다.

① ㄱ      ② ㄴ      ③ ㄱ, ㄷ
④ ㄴ, ㄷ      ⑤ ㄱ, ㄴ, ㄷ

**08** 그림은 질량이 서로 다른 두 별의 진화 과정을 나타낸 것이다.

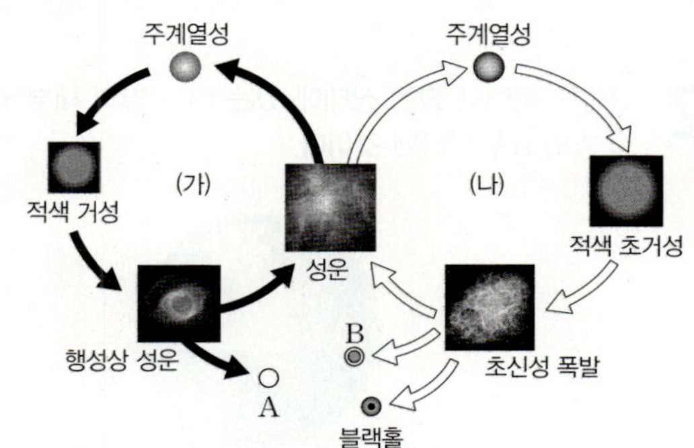


이에 대한 설명으로 옳은 것만을 〈보기〉에서 있는 대로 고른 것은?

| 보기 |

ㄱ. A는 B보다 반지름이 작다.
ㄴ. (나) 과정에서 철보다 무거운 원소가 만들어진다.
ㄷ. (가) 과정은 (나) 과정보다 시간이 오래 걸린다.

① ㄱ      ② ㄷ      ③ ㄱ, ㄴ
④ ㄴ, ㄷ      ⑤ ㄱ, ㄴ, ㄷ

**01** 그림은 어떤 별의 중심부에서 일어나는 반응을 나타낸 것이다.

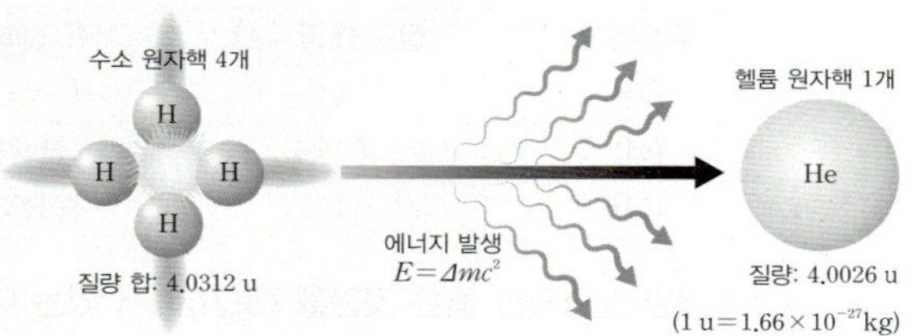


이에 대한 설명으로 옳은 것만을 〈보기〉에서 있는 대로 고른 것은?

| 보기 |

ㄱ. 온도가 1억 K 이상일 때 일어난다.
ㄴ. 이 반응에서 약 0.7 %의 질량 결손이 생긴다.
ㄷ. 에너지 발생량 E는 결손된 질량에 비례한다.

① ㄱ  ② ㄷ  ③ ㄱ, ㄴ
④ ㄴ, ㄷ  ⑤ ㄱ, ㄴ, ㄷ

**02** 그림은 정역학 평형 상태에 있는 어느 별의 내부에 작용하는 힘 A와 B를 나타낸 것이다.

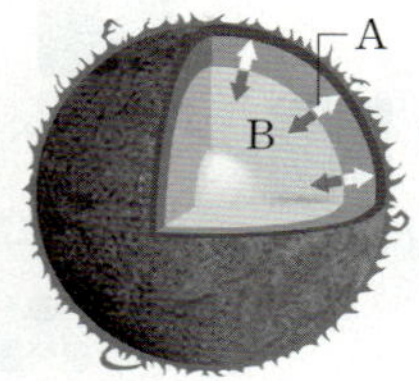


이에 대한 설명으로 옳은 것만을 〈보기〉에서 있는 대로 고른 것은?

| 보기 |

ㄱ. A는 중력이다.
ㄴ. A가 B보다 크다.
ㄷ. 이 별은 크기가 일정하게 유지된다.

① ㄱ  ② ㄷ  ③ ㄱ, ㄴ
④ ㄴ, ㄷ  ⑤ ㄱ, ㄴ, ㄷ

**03** 그림은 어느 별의 내부에서 일어나는 핵융합 반응의 경로를 나타낸 것이다.

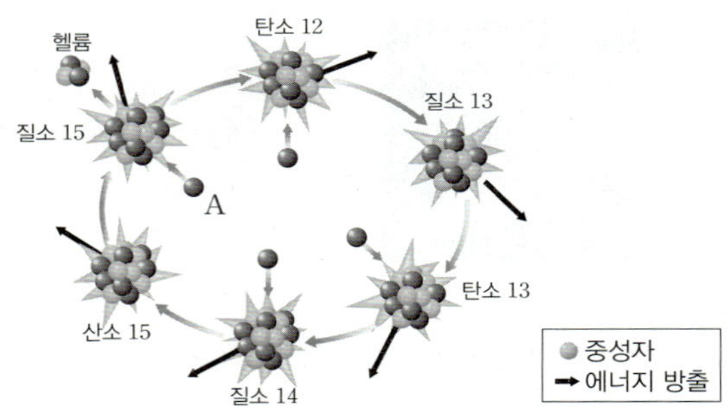


이에 대한 설명으로 옳은 것만을 〈보기〉에서 있는 대로 고른 것은?

| 보기 |

ㄱ. A는 수소 원자핵이다.
ㄴ. 반응이 계속 일어날수록 탄소, 질소, 산소 원자핵의 수가 많아진다.
ㄷ. 이 반응은 분광형이 A형인 주계열성보다 G형인 주계열성에서 더 활발하다.

① ㄱ  ② ㄷ  ③ ㄱ, ㄴ
④ ㄴ, ㄷ  ⑤ ㄱ, ㄴ, ㄷ

**04** 그림은 어느 별의 내부 구조를 나타낸 것이다.

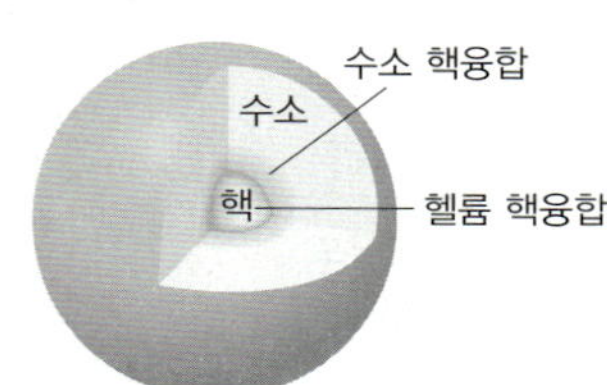


이에 대한 설명으로 옳은 것만을 〈보기〉에서 있는 대로 고른 것은?

| 보기 |

ㄱ. 핵융합에 의해 중심부에 탄소핵이 형성되고 있다.
ㄴ. 중심부로 갈수록 가벼운 원소로 이루어져 있다.
ㄷ. 이 별의 중심부의 온도는 태양보다 높다.

① ㄱ  ② ㄴ  ③ ㄱ, ㄷ
④ ㄴ, ㄷ  ⑤ ㄱ, ㄴ, ㄷ

**05** 그림은 어느 별의 내부 구조와 주요 성분을 나타낸 것이다.

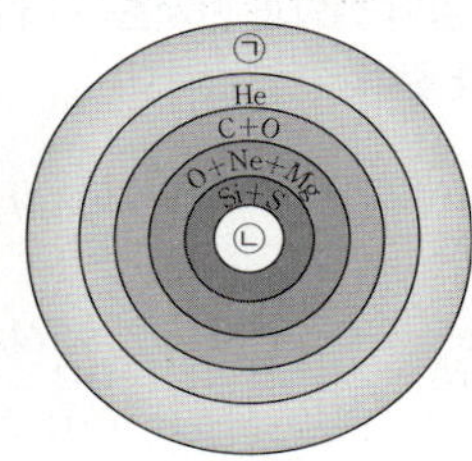


이에 대한 설명으로 옳은 것만을 〈보기〉에서 있는 대로 고른 것은?

| 보기 |

ㄱ. ㉠은 우주에서 가장 풍부한 원소이다.
ㄴ. 중심부의 온도가 높아지면 ㉡보다 무거운 원자핵이 형성된다.
ㄷ. 이 별은 행성상 성운을 형성할 것이다.

① ㄱ  　　② ㄷ  　　③ ㄱ, ㄴ
④ ㄴ, ㄷ  　　⑤ ㄱ, ㄴ, ㄷ

**06** 그림 (가)는 H−R도에서 별들을 특성에 따라 세 집단 A, B, C로 묶은 것이고, (나)는 어느 별의 내부 구조를 나타낸 것이다.

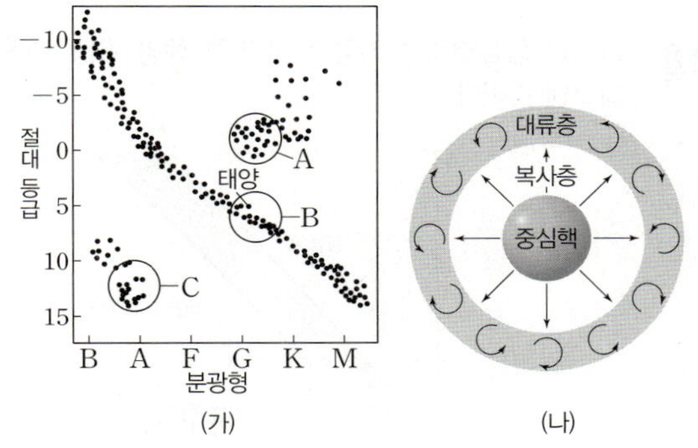


A~C에 대한 설명으로 옳은 것만을 〈보기〉에서 있는 대로 고른 것은?

| 보기 |

ㄱ. 별의 반지름은 A 집단이 B 집단보다 작다.
ㄴ. 별의 나이는 A 집단이 C 집단보다 많다.
ㄷ. (나)의 내부 구조를 갖는 별은 B 집단에 속한다.

① ㄱ  　　② ㄴ  　　③ ㄷ
④ ㄱ, ㄷ  　　⑤ ㄴ, ㄷ

**07** 그림 (가)는 질량이 다른 두 주계열성 A, B가 원시별에서 주계열성이 되기까지의 경로를, (나)는 A와 B 중 어느 한 별의 내부 구조를 나타낸 것이다.

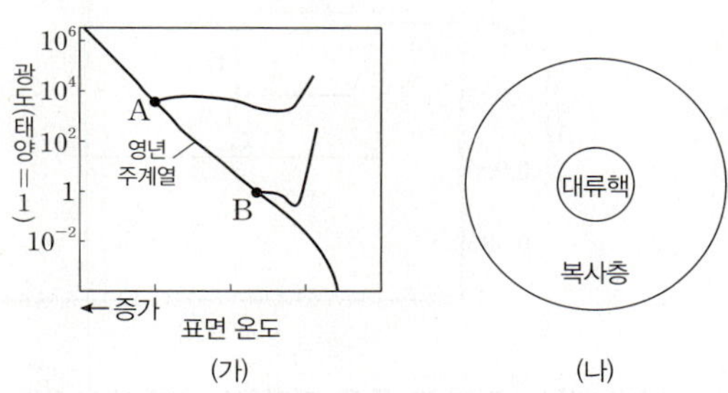


이에 대한 설명으로 옳은 것만을 〈보기〉에서 있는 대로 고른 것은?

| 보기 |

ㄱ. 원시별에서 주계열성이 되기까지 걸린 시간은 A가 B보다 짧다.
ㄴ. CNO 순환 반응은 A보다 B에서 우세하게 일어난다.
ㄷ. (나)는 A의 내부 구조이다.

① ㄱ  　　② ㄴ  　　③ ㄷ
④ ㄱ, ㄷ  　　⑤ ㄴ, ㄷ

**08** 그림 (가), (나), (다)는 질량이 같은 세 별의 내부 구조를 나타낸 것이다.

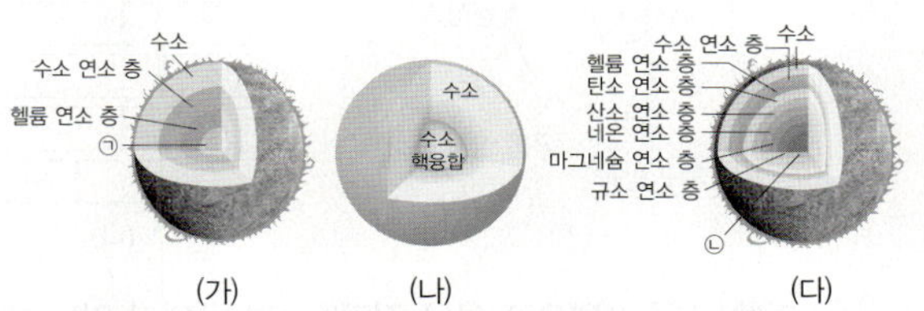


이에 대한 설명으로 옳은 것만을 〈보기〉에서 있는 대로 고른 것은?

| 보기 |

ㄱ. 별의 나이는 (나)<(가)<(다)이다.
ㄴ. 별의 반지름은 (나)가 가장 작다.
ㄷ. 중심부의 온도는 (다)가 가장 높다.

① ㄱ  　　② ㄷ  　　③ ㄱ, ㄴ
④ ㄴ, ㄷ  　　⑤ ㄱ, ㄴ, ㄷ

**01** 그림은 외계 행성에 의한 식 현상으로 나타난 중심별의 밝기 변화이다.

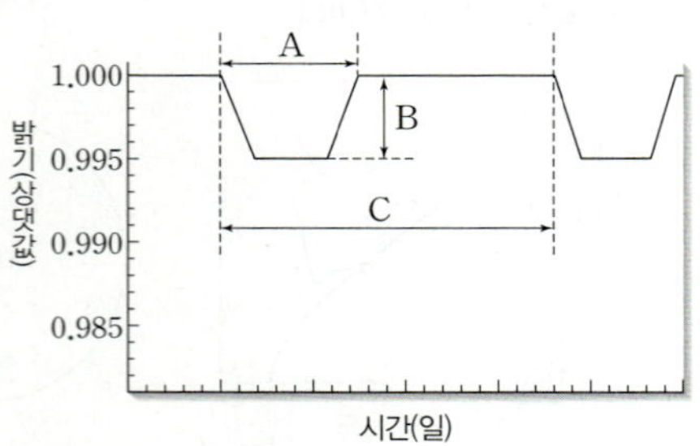

이에 대한 설명으로 옳은 것만을 〈보기〉에서 있는 대로 고른 것은?

| 보기 |

ㄱ. A는 중심별의 크기가 작을수록 길어진다.
ㄴ. B는 행성의 반지름이 클수록 증가한다.
ㄷ. C는 행성의 공전 궤도 반지름이 작을수록 길어진다.

① ㄱ      ② ㄴ      ③ ㄷ
④ ㄱ, ㄷ      ⑤ ㄱ, ㄴ, ㄷ


**02** 그림 (가)는 외계 행성 탐사 방법 중 한 가지를, (나)는 중심별이 A에 위치할 때부터 공통 질량 중심을 1회 공전하는 동안 관측한 스펙트럼을 나타낸 것이다.

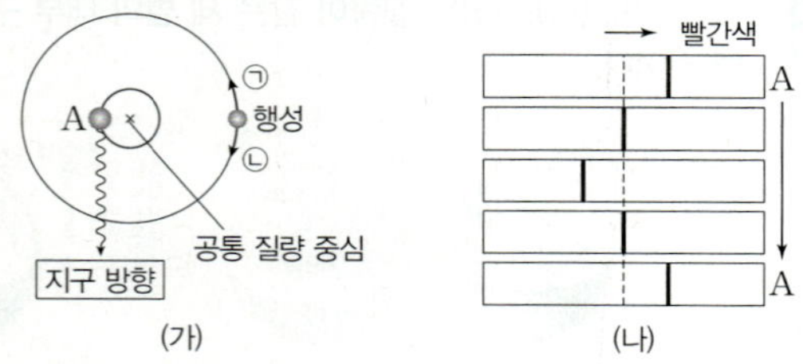


이에 대한 설명으로 옳은 것만을 〈보기〉에서 있는 대로 고른 것은?

| 보기 |

ㄱ. 이 탐사 방법은 별의 시선 속도 변화을 이용하여 행성의 존재를 확인하는 방법이다.
ㄴ. A일 때 별빛의 파장이 길게 관측되었다.
ㄷ. 행성은 ⊙ 방향으로 공전하고 있다.

① ㄱ      ② ㄷ      ③ ㄱ, ㄴ
④ ㄴ, ㄷ      ⑤ ㄱ, ㄴ, ㄷ


**03** 그림 (가), (나), (다)는 서로 다른 외계 행성계를 나타낸 것이다. 세 중심별의 질량과 반지름은 태양과 같고, 세 행성의 반지름은 지구와 같다.

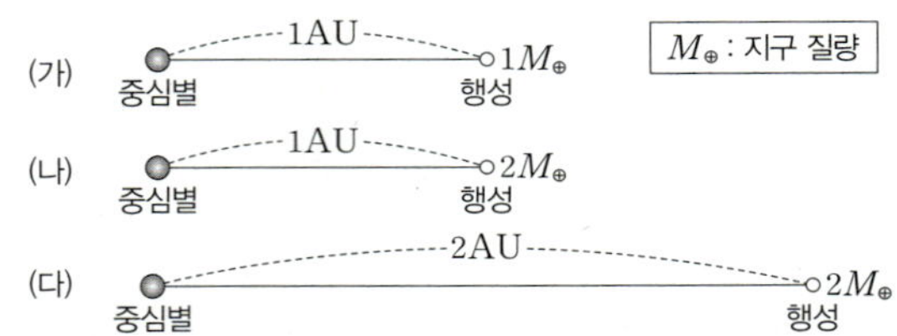


이에 대한 설명으로 옳은 것만을 〈보기〉에서 있는 대로 고른 것은? (단, 행성은 원 궤도를 따라 공전하며, 공전 궤도면은 관측자의 시선 방향과 나란하다.)

| 보기 |

ㄱ. (가)에서 중심별과 행성은 공통 질량 중심을 같은 주기로 회전한다.
ㄴ. 도플러 효과에 의한 별빛의 최대 편이량은 (가)가 (나)보다 크다.
ㄷ. 행성에 의한 식이 진행되는 시간은 (나)가 (다)보다 짧다.

① ㄱ      ② ㄴ      ③ ㄷ
④ ㄱ, ㄷ      ⑤ ㄱ, ㄴ, ㄷ


**04** 그림은 중심별의 물리량 X에 따른 생명 가능 지대의 범위를 나타낸 것이다.

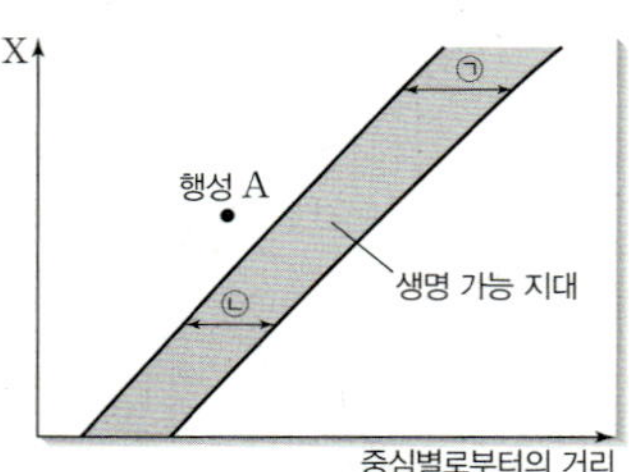


이에 대한 설명으로 옳은 것만을 〈보기〉에서 있는 대로 고른 것은? (단, 중심별은 모두 주계열성이다.)

| 보기 |

ㄱ. 중심별의 질량은 물리량 X에 적절하다.
ㄴ. 생명 가능 지대의 폭은 ⊙이 ⓛ보다 좁다.
ㄷ. 행성 A에서는 물이 고체 상태로 존재할 것이다.

① ㄱ      ② ㄷ      ③ ㄱ, ㄴ
④ ㄴ, ㄷ      ⑤ ㄱ, ㄴ, ㄷ

**05** 그림은 중심별의 밝기 변화를 이용하여 발견한 외계 행성들의 공전 궤도 반지름과 질량을 나타낸 것이다.

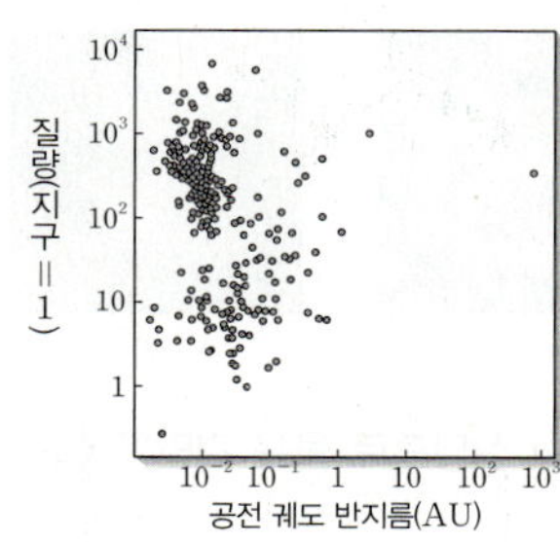


발견된 외계 행성들에 대한 설명으로 옳은 것만을 〈보기〉에서 있는 대로 고른 것은?

┤ 보기 ├
ㄱ. 크기는 대부분 지구보다 작을 것이다.
ㄴ. 행성의 공전 궤도 반지름은 지구보다 대부분 작다.
ㄷ. 행성의 공전 궤도면은 관측자의 시선 방향에 거의 나란하다.

① ㄱ  　② ㄷ  　③ ㄱ, ㄴ
④ ㄴ, ㄷ  　⑤ ㄱ, ㄴ, ㄷ

**06** 그림은 별의 탄생 시점 $t_0$와 어느 정도 시간이 지난 시점 $t_1$일 때 별 주변의 생명 가능 지대를 나타낸 것이다.

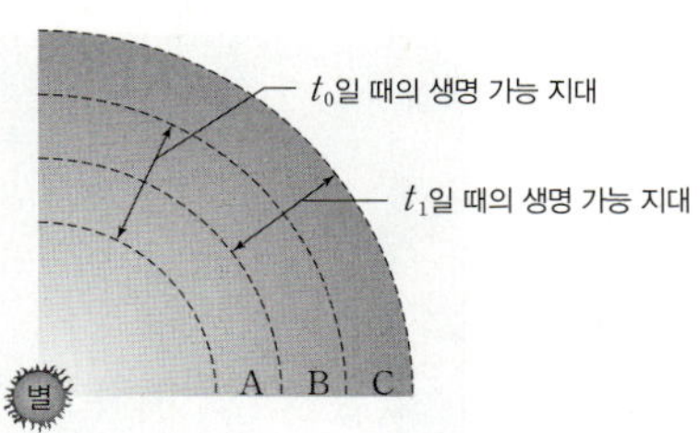


이에 대한 설명으로 옳은 것만을 〈보기〉에서 있는 대로 고른 것은?

┤ 보기 ├
ㄱ. 별의 광도는 $t_0$일 때보다 $t_1$일 때 크다.
ㄴ. 생명 가능 지대의 폭은 $t_0$일 때보다 $t_1$일 때 넓다.
ㄷ. A, B, C 중 생명 가능 지대에 가장 오랫동안 머물 수 있는 행성은 B이다.

① ㄱ  　② ㄷ  　③ ㄱ, ㄴ
④ ㄴ, ㄷ  　⑤ ㄱ, ㄴ, ㄷ

**07** 그림 (가)와 (나)는 외계 행성을 탐사하는 서로 다른 방법을 나타낸 것이다.

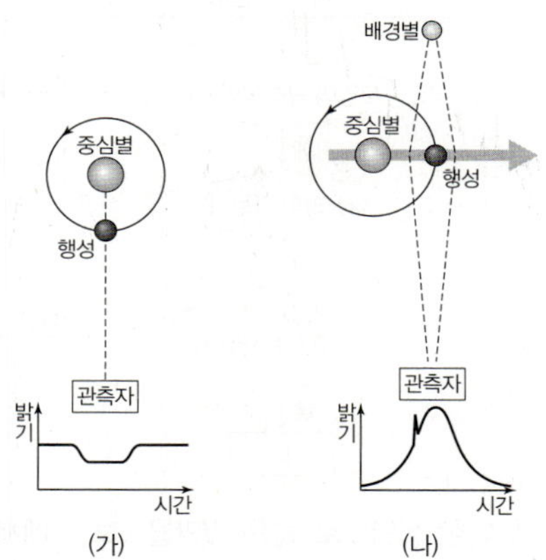


이에 대한 설명으로 옳은 것만을 〈보기〉에서 있는 대로 고른 것은?

┤ 보기 ├
ㄱ. (가)의 방법은 중심별의 반지름이 클수록 행성을 발견하기 쉽다.
ㄴ. (나)에서는 배경별의 밝기 변화를 관측한다.
ㄷ. (가)와 (나)는 행성의 공전 궤도면이 시선 방향에 나란한 경우에만 이용할 수 있다.

① ㄱ  　② ㄴ  　③ ㄱ, ㄷ
④ ㄴ, ㄷ  　⑤ ㄱ, ㄴ, ㄷ

**08** 표는 세 별 ㉠, ㉡, ㉢의 분광형과 광도를 나타낸 것이다.

| 구분 | ㉠ | ㉡ | ㉢ |
|---|---|---|---|
| 분광형 | A0 | M2 | G0 |
| 질량 | 0.8 | 15 | 1.1 |

이에 대한 설명으로 옳은 것만을 〈보기〉에서 있는 대로 고른 것은?

┤ 보기 ├
ㄱ. 중심별에서 생명 가능 지대의 거리는 ㉠이 가장 멀다.
ㄴ. 생명 가능 지대의 폭은 ㉡이 가장 넓다.
ㄷ. 생명 가능 지대에 위치한 행성에서 생명체가 출현하고 진화할 가능성은 ㉡보다 ㉢이 크다.

① ㄱ  　② ㄷ  　③ ㄱ, ㄴ
④ ㄴ, ㄷ  　⑤ ㄱ, ㄴ, ㄷ

**01** 그림은 은하를 형태에 따라 분류하는 과정을 나타낸 것이다.

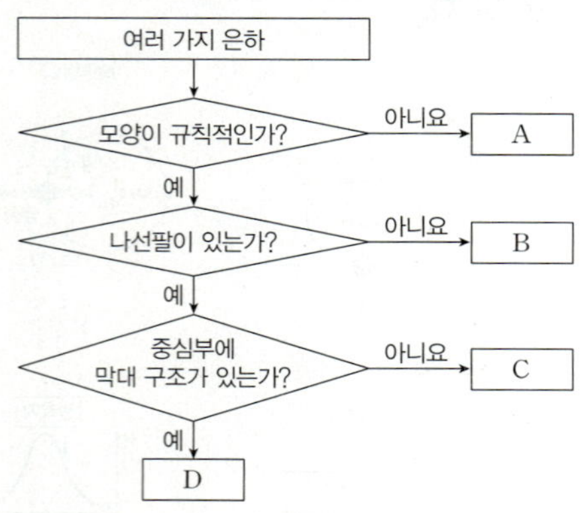


이에 대한 설명으로 옳은 것만을 〈보기〉에서 있는 대로 고른 것은?

| 보기 |
ㄱ. A는 불규칙 은하이다.
ㄴ. B는 편평도에 따라 세분할 수 있다.
ㄷ. C와 D는 모두 은하 원반이 존재한다.

① ㄱ      ② ㄷ      ③ ㄱ, ㄴ
④ ㄴ, ㄷ      ⑤ ㄱ, ㄴ, ㄷ

**02** 표는 은하의 형태에 따른 특징을 요약한 것이다.

| 구분 | ( ) | 나선 은하 | 불규칙 은하 |
|---|---|---|---|
| 질량 (태양=1) | $10^5 \sim 10^{13}$ | $10^9 \sim 4 \times 10^{11}$ | $10^8 \sim 3 \times 10^{10}$ |
| 절대 등급 | $-9 \sim -23$ | $-15 \sim -21$ | $-13 \sim -18$ |
| 지름(kpc) | $1 \sim 200$ | $2 \sim 20$ | ( ) |
| 구성별 | 늙은 별이 많음 | 젊은 별과 늙은 별 | 젊은 별과 늙은 별 |

이 자료에 대한 설명으로 옳은 것만을 〈보기〉에서 있는 대로 고른 것은?

| 보기 |
ㄱ. 규모가 매우 큰 은하는 대부분 모양이 불규칙하다.
ㄴ. 우리은하는 대부분 늙은 별들로 이루어져 있다.
ㄷ. 타원 은하는 성간 물질이 다른 은하에 비해 적다.

① ㄱ      ② ㄷ      ③ ㄱ, ㄴ
④ ㄴ, ㄷ      ⑤ ㄱ, ㄴ, ㄷ

**03** 그림 (가), (나), (다)는 형태가 서로 다른 외부 은하의 모습이다.

(가)      (나)      (다)

이에 대한 설명으로 옳은 것만을 〈보기〉에서 있는 대로 고른 것은?

| 보기 |
ㄱ. (가)에서 나이가 많은 별은 대부분 나선팔에 분포한다.
ㄴ. (나)에서 나선팔은 막대 구조와 연결되어 있다.
ㄷ. (다)가 진화하면 나선팔이 형성된다.

① ㄱ      ② ㄴ      ③ ㄱ, ㄷ
④ ㄴ, ㄷ      ⑤ ㄱ, ㄴ, ㄷ

**04** 그림은 퀘이사와 별의 모습을 관측한 자료이다.

이에 대한 설명으로 옳은 것만을 〈보기〉에서 있는 대로 고른 것은?

| 보기 |
ㄱ. 광도는 별이 퀘이사 크다.
ㄴ. 거리는 퀘이사가 별보다 멀다.
ㄷ. 퀘이사는 별보다 적색 편이량이 크다.

① ㄱ      ② ㄴ      ③ ㄱ, ㄷ
④ ㄴ, ㄷ      ⑤ ㄱ, ㄴ, ㄷ

**05** 그림 (가), (나), (다)는 세 종류의 특이 은하를 나타낸 것이다.

(가) 퀘이사

(나) 세이퍼트은하

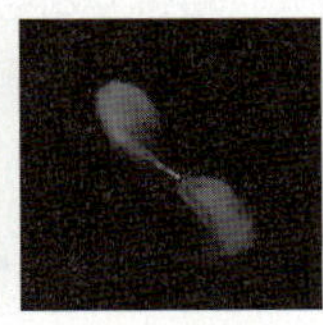
(다) 전파 은하

(가), (나), (다)의 공통점으로 옳은 것만을 〈보기〉에서 있는 대로 고른 것은?

| 보기 |

ㄱ. 초기 우주에 형성된 은하이다.

ㄴ. 중심부에 블랙홀이 있을 것으로 추정

ㄷ. 보통의 은하보다 훨씬 많은 양의 에너지를 방출한다.

① ㄱ　　　　　② ㄷ　　　　　③ ㄱ, ㄴ
④ ㄴ, ㄷ　　　　⑤ ㄱ, ㄴ, ㄷ

**06** 다음은 어떤 특이 은하에 대한 설명이다.

- 전파 영역에서 매우 강한 복사를 방출한다.
- 중심핵의 양쪽에 로브라고 불리는 돌출부가 있다.
- 중심핵과 로브는 제트로 연결되어 있다.

전파 영역에서 관측한 이 천체의 모습으로 가장 적절한 것은?

① 　② 　③ 

④ 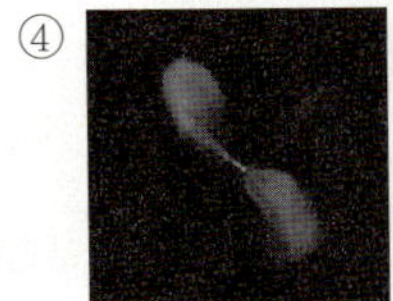　⑤ 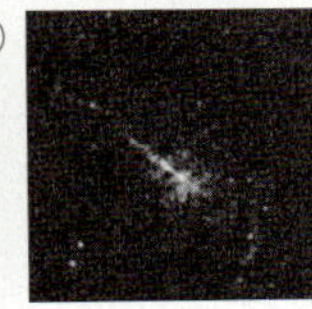

**07** 다음은 특이 은하 (가)와 (나)의 스펙트럼과 특징을 나타낸 것이다. (가)와 (나) 중 하나는 퀘이사이고 다른 하나는 세이퍼트 은하이다.

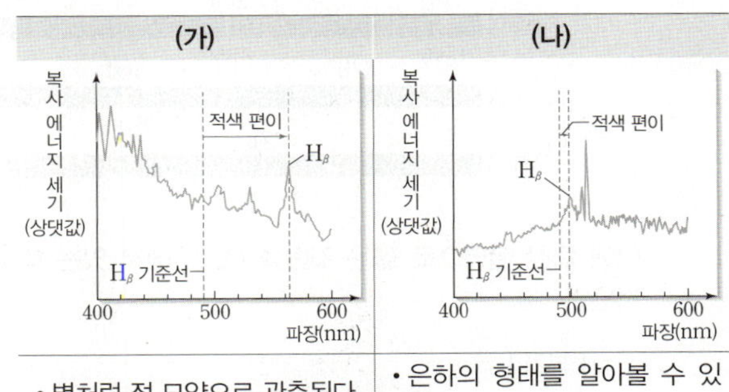


| (가) | (나) |
|---|---|
| • 별처럼 점 모양으로 관측된다.<br>• 수소 방출선의 적색 편이량이 매우 크다. | • 은하의 형태를 알아볼 수 있다.<br>• 수소 방출선의 폭이 일반 은하보다 매우 넓다. |

이에 대한 설명으로 옳은 것만을 〈보기〉에서 있는 대로 고른 것은?

| 보기 |

ㄱ. (가)는 퀘이사이다.

ㄴ. (나)는 나선 은하로 관측될 것이다.

ㄷ. 우리은하로부터의 거리는 (가)보다 (나)가 멀다.

① ㄱ　　　　　② ㄷ　　　　　③ ㄱ, ㄴ
④ ㄴ, ㄷ　　　　⑤ ㄱ, ㄴ, ㄷ

**08** 그림은 허블 우주 망원경을 이용하여 관측한 모습이다.

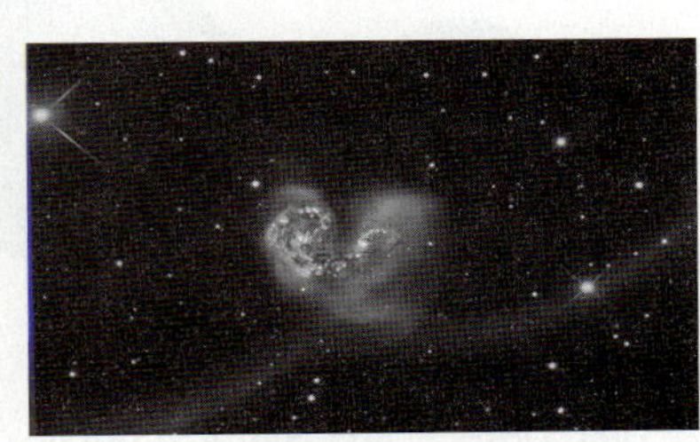

이에 대한 설명으로 옳은 것만을 〈보기〉에서 있는 대로 고른 것은?

| 보기 |

ㄱ. 두 나선 은하가 충돌하는 모습이다.

ㄴ. 많은 별들이 충돌 과정에서 파괴된다.

ㄷ. 성간 물질의 압축되면서 새로운 별들이 생성될 수 있다.

① ㄱ　　　　　② ㄷ　　　　　③ ㄱ, ㄴ
④ ㄴ, ㄷ　　　　⑤ ㄱ, ㄴ, ㄷ

**01** 그림은 은하 A와 B에서 관측된 방출선 (가)와 (나)를 비교 스펙트럼과 함께 나타낸 것이다.

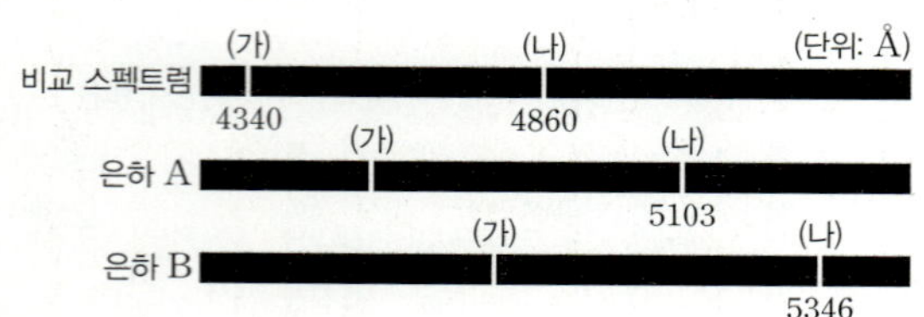


이에 대한 설명으로 옳은 것만을 〈보기〉에서 있는 대로 고른 것은?

┤ 보기 ├
ㄱ. 적색 편이량은 A가 B의 1/2배이다.
ㄴ. 우리은하로부터의 거리는 B가 A의 2배이다.
ㄷ. 은하 B에서 A를 관측한다면, 방출선 (가)의 파장은 4340Å보다 작다.

① ㄱ          ② ㄷ          ③ ㄱ, ㄴ
④ ㄴ, ㄷ       ⑤ ㄱ, ㄴ, ㄷ

**02** 다음은 허블 법칙을 알아보기 위한 실험 과정이다.

(가) 풍선을 약간 불어 표면을 팽팽하게 만든다.
(나) 풍선의 표면에 은하 모양의 스티커 A를 붙인다.
(다) A로부터 같은 거리에 위치한 곳에 은하 모양의 스티커 B~D를 붙인다.
(라) 풍선을 불어 부풀린 후, 풍선 표면을 따라 각 스티커들 사이의 거리를 측정한다.

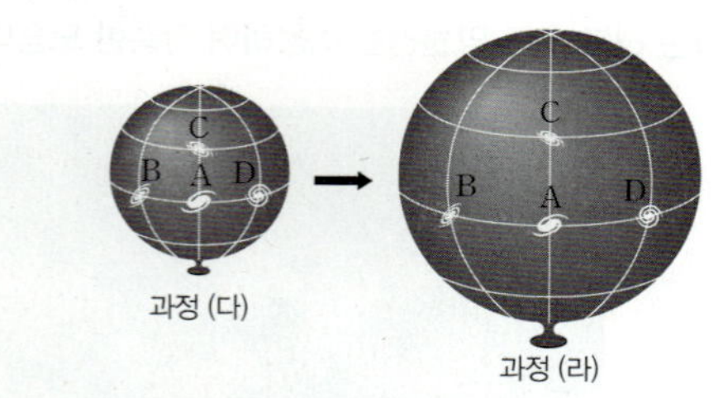


이에 대한 설명으로 옳은 것만을 〈보기〉에서 있는 대로 고른 것은?

┤ 보기 ├
ㄱ. 각 스티커들 사이의 거리는 (다)보다 (라)에서 멀다.
ㄴ. D를 기준으로 쟀을 때 A~C의 거리 변화량은 같다.
ㄷ. 이 실험을 통해 은하의 거리와 후퇴 속도가 비례함을 설명할 수 있다.

① ㄱ          ② ㄴ          ③ ㄱ, ㄷ
④ ㄴ, ㄷ       ⑤ ㄱ, ㄴ, ㄷ

**03** 그림은 허블의 법칙에 따라 팽창하고 있는 우주의 모습을 나타낸 모식도이다.

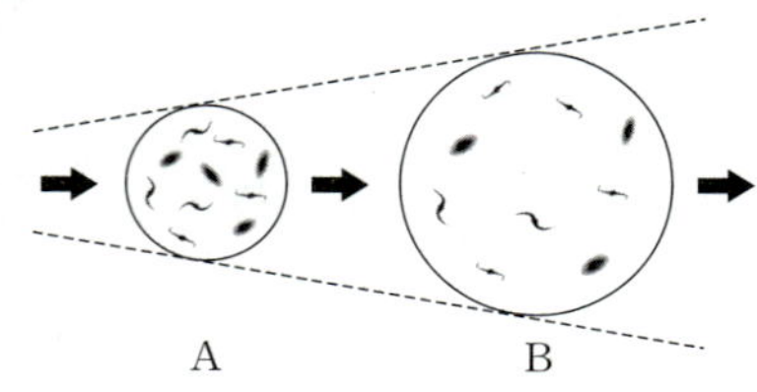


A, B 두 시기의 우주를 비교한 설명으로 옳은 것을 〈보기〉에서 모두 고른 것은?

┤ 보기 ├
ㄱ. 우주의 질량은 A가 크다.
ㄴ. 우주의 평균 밀도는 A가 크다.
ㄷ. 우주 배경 복사의 온도는 A가 높다.

① ㄱ          ② ㄷ          ③ ㄱ, ㄴ
④ ㄴ, ㄷ       ⑤ ㄱ, ㄴ, ㄷ

**04** 그림 (가)는 우주 배경 복사의 관측값과 2.7K 흑체 복사 곡선을, (나)는 우주 배경 복사의 분포를 나타낸 것이다.

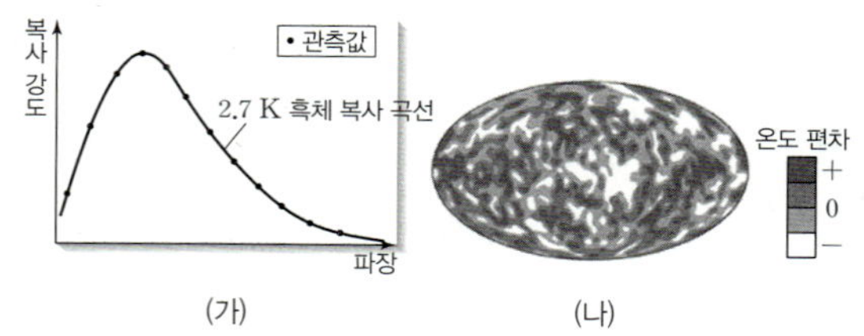


이에 대한 설명으로 옳은 것만을 〈보기〉에서 있는 대로 고른 것은?

┤ 보기 ├
ㄱ. 우주 배경 복사는 2.7K 흑체 복사에 해당된다.
ㄴ. 우주 배경 복사는 공간 분포에 미세한 차이가 있다.
ㄷ. 우주가 팽창할수록 우주 배경 복사의 파장은 길어진다.

① ㄱ          ② ㄷ          ③ ㄱ, ㄴ
④ ㄴ, ㄷ       ⑤ ㄱ, ㄴ, ㄷ

**05** 그림은 절대 등급이 같은 외부 은하 A, B, C의 거리에 따른 후퇴 속도를 나타낸 것이다.

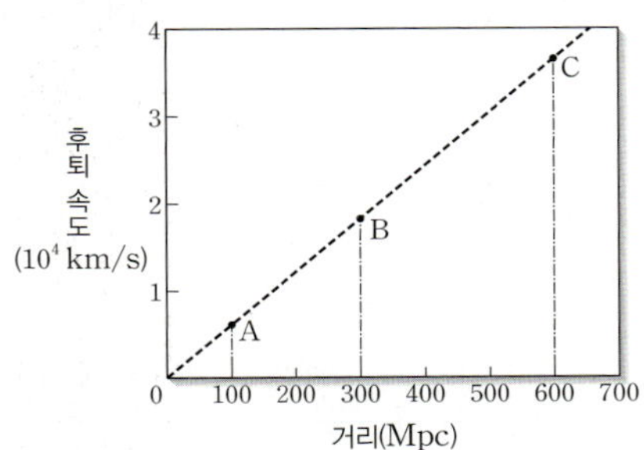


이에 대한 설명으로 옳은 것만을 〈보기〉에서 있는 대로 고른 것은? (단, 시간에 따른 우주의 팽창 속도는 일정하다.)

| 보기 |

ㄱ. 겉보기 밝기는 A가 B보다 약 9배 밝다.
ㄴ. B에서 관측하면 A와 C는 모두 후퇴한다.
ㄷ. 10억 년 전 C가 우리은하로부터 멀어지는 속도는 현재와 동일하다.

① ㄱ ② ㄷ ③ ㄱ, ㄴ
④ ㄴ, ㄷ ⑤ ㄱ, ㄴ, ㄷ

**06** 그림은 Ia형 초신성의 적색 편이량과 겉보기 등급을 나타낸 것이다.

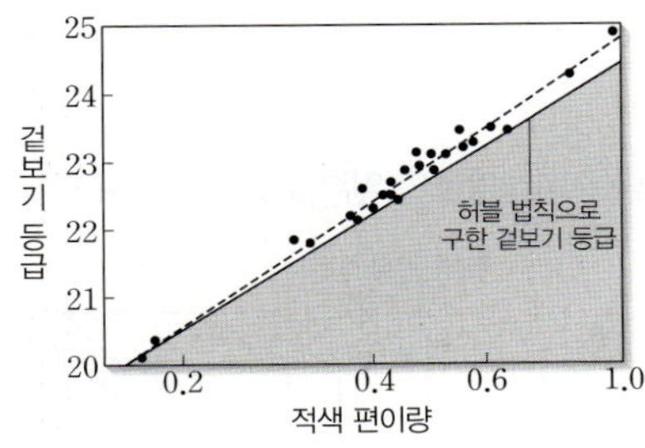


이에 대한 설명으로 옳은 것만을 〈보기〉에서 있는 대로 고른 것은?

| 보기 |

ㄱ. 멀리 있는 Ia형 초신성일수록 절대 등급이 크다.
ㄴ. 멀리 있는 Ia형 초신성은 허블 법칙으로 구한 밝기보다 더 어둡게 보이는 경향이 있다.
ㄷ. Ia형 초신성의 관측 결과는 우주의 팽창 속도가 점점 빨라지고 있음을 의미한다.

① ㄱ ② ㄷ ③ ㄱ, ㄴ
④ ㄴ, ㄷ ⑤ ㄱ, ㄴ, ㄷ

**07** 그림은 어느 가속 팽창 우주 모형에서 시간에 따른 우주 구성 요소 A, B, C의 밀도를 나타낸 것이다. A, B, C는 각각 보통 물질, 암흑 물질, 암흑 에너지 중 하나이다.

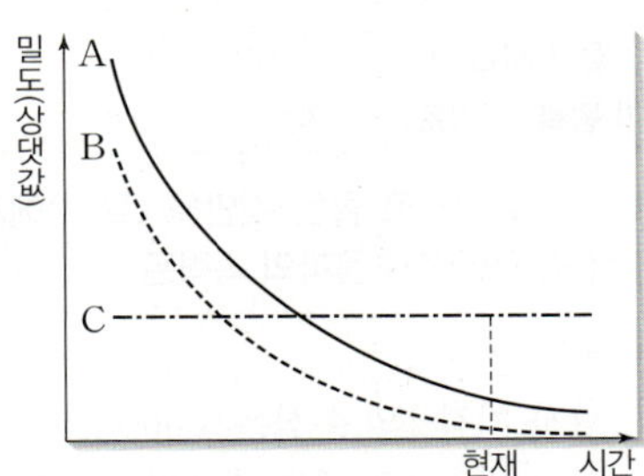


이에 대한 설명으로 옳은 것만을 〈보기〉에서 있는 대로 고른 것은?

| 보기 |

ㄱ. A는 보통 물질이다.
ㄴ. B는 우주의 팽창 속도를 가속시키는 역할을 한다.
ㄷ. 우주 팽창에 암흑 에너지가 미치는 영향은 시간에 따라 계속 증가한다.

① ㄱ ② ㄷ ③ ㄱ, ㄴ
④ ㄴ, ㄷ ⑤ ㄱ, ㄴ, ㄷ

**08** 그림은 어느 팽창 우주 모형에서 시간에 따른 우주의 크기와 우주를 구성하는 요소의 상대량을 나타낸 것이다.

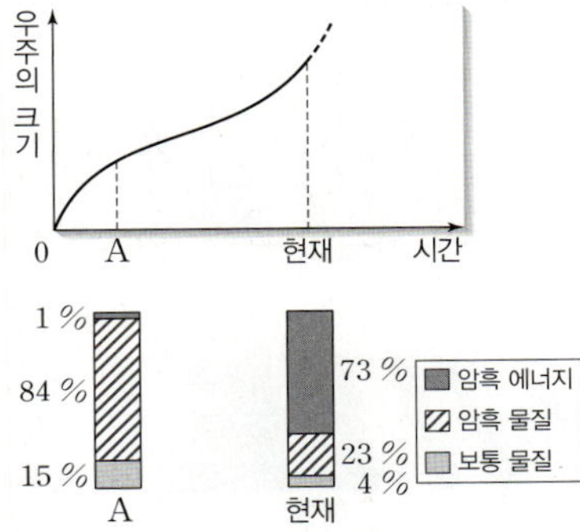


이에 대한 설명으로 옳은 것만을 〈보기〉에서 있는 대로 고른 것은?

| 보기 |

ㄱ. 현재 시점에서 우주의 팽창 속도는 증가하고 있다.
ㄴ. 암흑 에너지의 비율은 A 시점보다 현재가 크다.
ㄷ. 우주의 평균 밀도는 A 시점보다 현재가 크다.

① ㄱ ② ㄷ ③ ㄱ, ㄴ
④ ㄴ, ㄷ ⑤ ㄱ, ㄴ, ㄷ

# 고난도 문제

**01** 표는 어느 해역에서 직선 구간을 따라 일정한 간격으로 해저에 발사한 음파가 가장 빨리 되돌아오는 데 걸리는 시간을 측정한 자료이다.

| 탐사 지점 | 1 | 2 | 3 | 4 |
|---|---|---|---|---|
| 음파 왕복 시간(초) | 6.8 | 8.2 | 9.4 | 6.0 |

이에 대한 설명으로 옳은 것만을 〈보기〉에서 있는 대로 고른 것은? (단, 해양에서 음파의 속력은 1,500 m/s 이다.)

| 보기 |

ㄱ. 탐사 지점 1의 수심은 5,000 m보다 깊다.
ㄴ. 탐사 지점 3은 맨틀 대류의 상승부에 위치한다.
ㄷ. 2~3 구간은 3~4 구간보다 해저면의 평균 기울기가 급하다.

① ㄱ　　　　② ㄴ　　　　③ ㄷ
④ ㄱ, ㄴ　　　⑤ ㄱ, ㄷ

**02** 그림 (가)와 (나)는 서로 다른 두 해령 부근의 고지자기 분포를 나타낸 모식도이다.

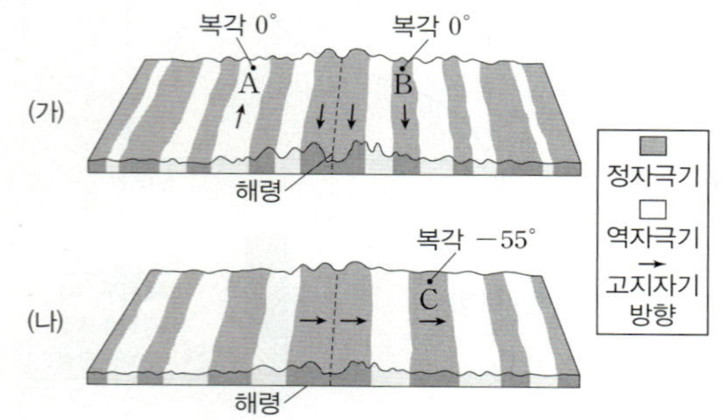


이에 대한 설명으로 옳은 것만을 〈보기〉에서 있는 대로 고른 것은?

| 보기 |

ㄱ. (가)의 해령은 남북 방향으로 발달해 있다.
ㄴ. B는 A보다 나중에 생성되었다.
ㄷ. C의 해양 지각은 생성된 후 고위도로 이동하였다.

① ㄱ　　　　② ㄷ　　　　③ ㄱ, ㄴ
④ ㄴ, ㄷ　　　⑤ ㄱ, ㄴ, ㄷ

**03** 그림 (가)는 태평양 주변에서 최근 1 만 년 이내에 분출한 적이 있는 화산의 분포를, (나)는 B의 어느 지점(P)에서 생성된 화산섬들의 연령과 P로부터의 수평 거리를 나타낸 것이다.

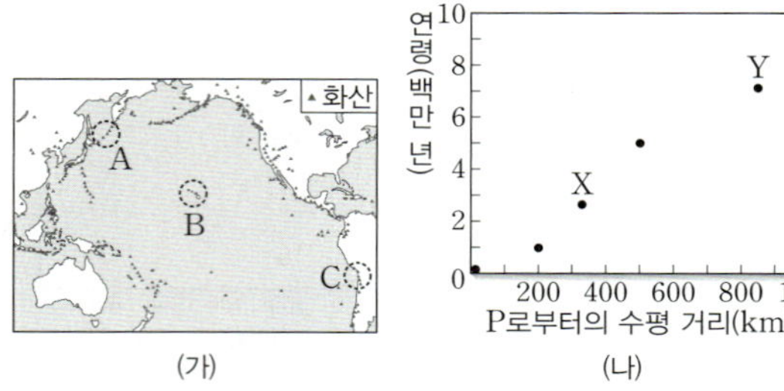


이에 대한 설명으로 옳은 것만을 〈보기〉에서 있는 대로 고른 것은?

| 보기 |

ㄱ. 태평양 판의 평균 확장 속도는 최근 백만 년 동안이 최근 5백만 년 동안보다 빨랐다.
ㄴ. 화산에서 분출된 마그마의 $SiO_2$ 평균 함량은 A가 B보다 높다.
ㄷ. 해구에서 섭입하는 해양 지각 나이는 A가 C보다 많다.
ㄹ. X 화산섬은 Y 화산섬보다 서쪽에 위치한다.

① ㄱ, ㄹ　　　② ㄴ, ㄷ　　　③ ㄷ, ㄹ
④ ㄱ, ㄴ, ㄷ　　⑤ ㄱ, ㄴ, ㄹ

**04** 그림은 화성암들의 일부를 분류하여 표시한 것이다.

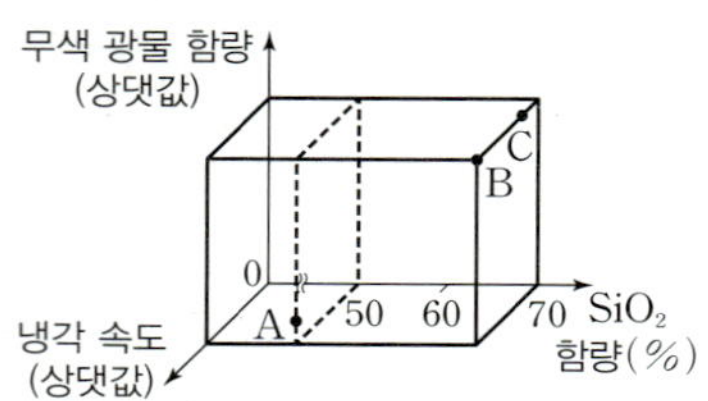


이에 대한 설명으로 옳은 것만을 〈보기〉에서 있는 대로 고른 것은?

| 보기 |

ㄱ. 암석의 밀도는 A가 C보다 크다.
ㄴ. 광물 결정의 크기는 B가 C보다 크다.
ㄷ. A는 B보다 고온의 마그마가 굳어서 생성되었다.

① ㄱ　　　　② ㄴ　　　　③ ㄱ, ㄷ
④ ㄴ, ㄷ　　　⑤ ㄱ, ㄴ, ㄷ

**05** 그림은 히말라야산맥의 형성 과정을 나타낸 것이다.

이에 대한 설명으로 옳은 것만을 〈보기〉에서 있는 대로 고른 것은?

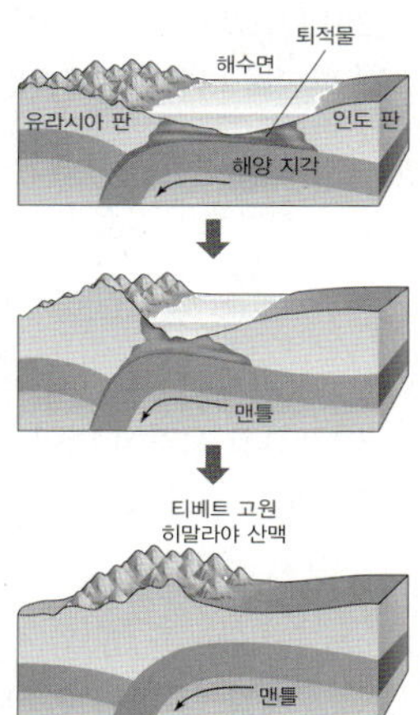


| 보기 |

ㄱ. 히말라야산맥 지역은 습곡과 역단층이 발달할 것이다.
ㄴ. 히말라야산맥에서 해양 생물의 화석이 발견될 수 있다.
ㄷ. 히말라야산맥의 높이는 화산 분출로 인해 서서히 높아질 것이다.

① ㄱ      ② ㄷ      ③ ㄱ, ㄴ
④ ㄴ, ㄷ      ⑤ ㄱ, ㄴ, ㄷ

**06** 다음은 제주도의 한라산에 대한 설명이다.

- 한라산은 전체적으로 순상 화산의 형태를 띠고 있으나 산 정상부는 종상 화산의 모습을 지니고 있다.
- 한라산 주변으로 370여 개의 작은 화산과 ㉠ 용암 동굴이 분포하고 있다.

이에 대한 설명으로 옳은 것만을 〈보기〉에서 있는 대로 고른 것은?

| 보기 |

ㄱ. 한라산은 신생대에 형성되었다.
ㄴ. ㉠을 구성하는 주요 암석은 현무암이다.
ㄷ. 한라산 정상부를 형성한 마그마는 산의 하부를 형성한 마그마보다 점성이 컸다.

① ㄱ      ② ㄴ      ③ ㄱ, ㄷ
④ ㄴ, ㄷ      ⑤ ㄱ, ㄴ, ㄷ

 **문제**

**07** 그림은 초대륙인 판게아가 분리되면서 형성된 태평양, 대서양, 인도양에 분포하는 해양 지각의 나이 분포를 나타낸 것이다.

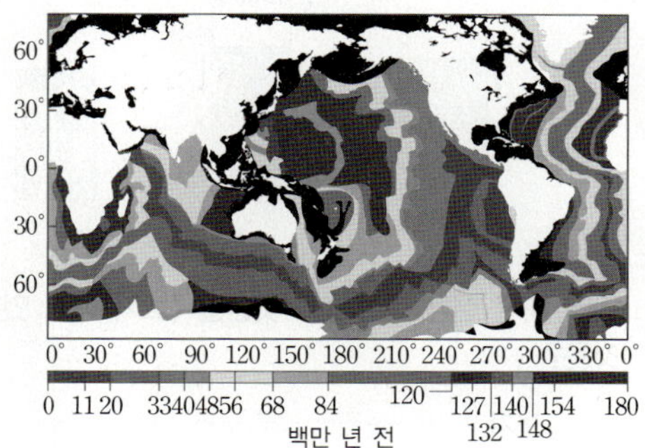


다음의 두 사건 중 먼저 일어난 것을 고르고, 그 이유를 지각의 나이 분포와 관련지어 설명하시오.

| 보기 |

A: 남아메리카 대륙과 아프리카 대륙의 분리
B: 오스트레일리아 대륙과 남극 대륙의 분리

**08** 그림은 태평양과 대서양 일대에 분포하는 판의 단면과 이동 방향을 모식적으로 나타낸 것이다.

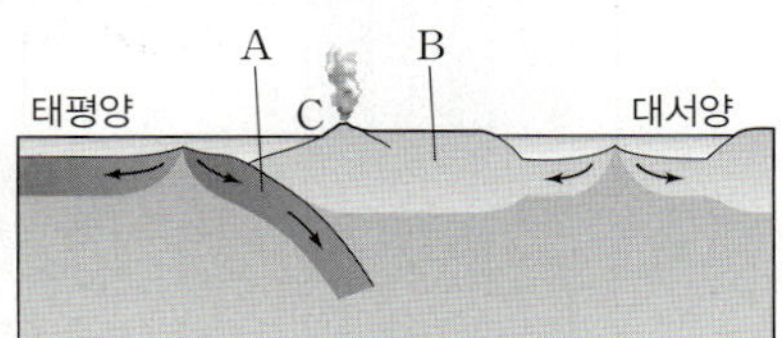


(1) 판 A와 B 중 이동 속도가 더 빠른 것을 고르고, 그 이유를 판을 이동시키는 힘과 관련지어 설명하시오.

(2) C에서 분출되는 마그마의 명칭을 쓰고, 마그마의 생성 과정을 설명하시오.

# 고난도 문제

**01** 그림 (가), (나), (다)는 암염이 만들어지는 과정을 나타낸 것이다.

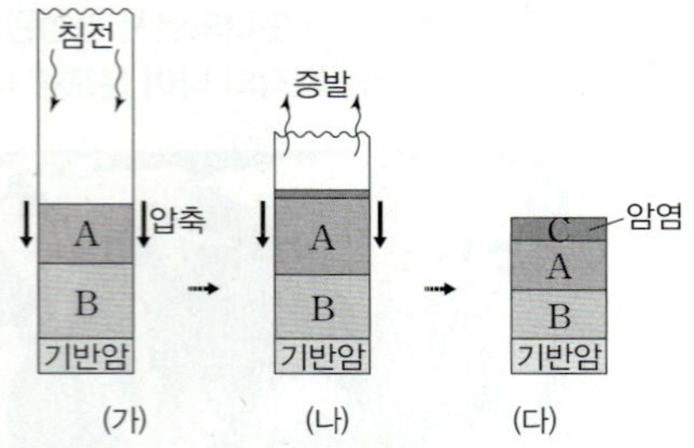


이에 대한 설명으로 옳은 것만을 〈보기〉에서 있는 대로 고른 것은?

| 보기 |

ㄱ. 화학적 퇴적암이 만들어지는 과정이다.
ㄴ. B의 퇴적물 입자 사이의 공극은 (가)에서 (다)로 갈수록 감소한다.
ㄷ. C는 주로 고온 다습한 바다에서 생성된다.

① ㄱ      ② ㄷ      ③ ㄱ, ㄴ
④ ㄴ, ㄷ      ⑤ ㄱ, ㄴ, ㄷ

**02** 그림은 철수가 어느 지역을 지질 조사한 후 작성한 보고서의 일부이다.

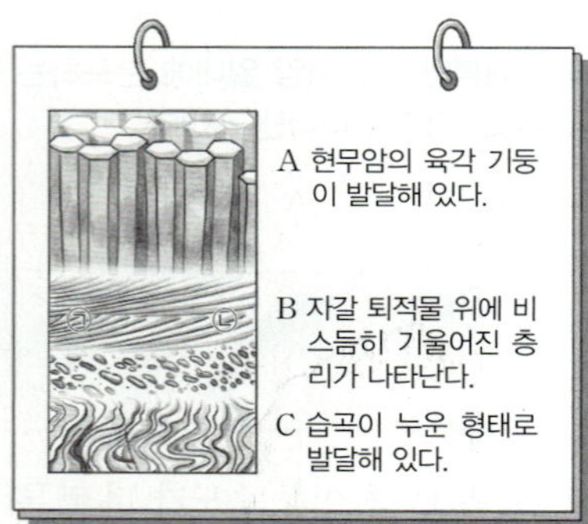


이에 대한 설명으로 옳은 것만을 〈보기〉에서 있는 대로 고른 것은?

| 보기 |

ㄱ. A 암석은 화산 활동에 의해서 만들어졌다.
ㄴ. B층이 퇴적될 당시 퇴적물이 공급된 방향은 ⓛ→ㄱ이다.
ㄷ. B와 C 사이에는 긴 시간 간격이 있다.

① ㄱ      ② ㄴ      ③ ㄱ, ㄷ
④ ㄴ, ㄷ      ⑤ ㄱ, ㄴ, ㄷ

**03** 그림 (가)와 (나)는 두 지역의 지질 단면도와 각 지층에서 산출된 화석을 나타낸 것이다.

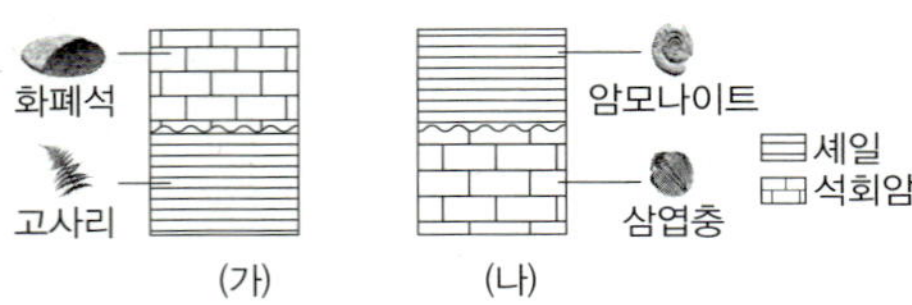


(가)와 (나) 지역에 대한 설명으로 옳은 것만을 〈보기〉에서 있는 대로 고른 것은?

| 보기 |

ㄱ. (가)는 한 때 온난 습윤한 기후였다.
ㄴ. 가장 나중에 퇴적된 지층은 (나)에 있다.
ㄷ. 두 지역의 지층은 모두 바다에서 형성되었다.

① ㄱ      ② ㄴ      ③ ㄱ, ㄷ
④ ㄴ, ㄷ      ⑤ ㄱ, ㄴ, ㄷ

**04** 그림은 (가)~(라) 지역에 분포하는 지층의 단면과 각 지층에서 산출되는 표준 화석의 종류를 기호로 나타낸 것이다.

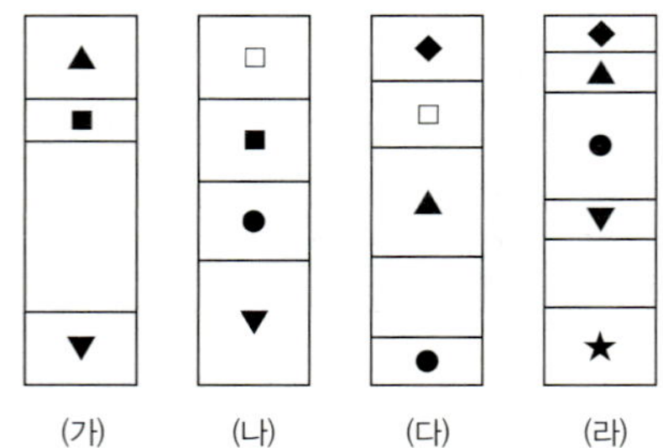


이에 대한 설명으로 옳은 것만을 〈보기〉에서 있는 대로 고른 것은? (단, 퇴적 이후 지층의 역전은 없었다.)

| 보기 |

ㄱ. (가)가 (나)보다 오랜 기간에 걸쳐 지층이 형성되었다.
ㄴ. 가장 젊은 지층에서 산출되는 표준 화석은 ◆이다.
ㄷ. (라) 지층에서 부정합면은 1개만 존재한다.

① ㄱ      ② ㄴ      ③ ㄱ, ㄷ
④ ㄴ, ㄷ      ⑤ ㄱ, ㄴ, ㄷ

**05** 그림은 현생 누대에 생존했던 생물 종류의 수와 육상 식물의 생존 시기를 나타낸 것이다.

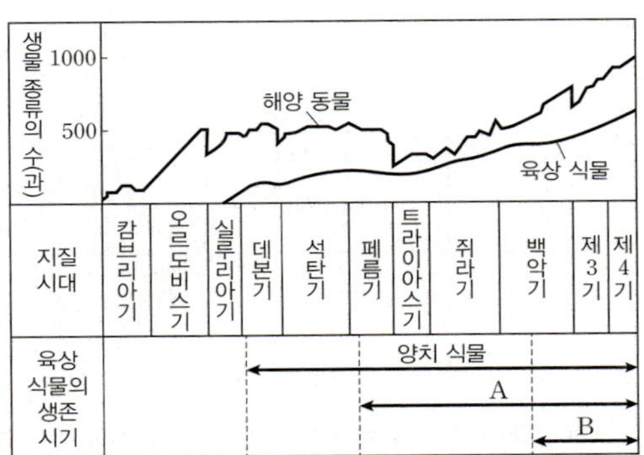

이에 대한 설명으로 옳은 것만을 〈보기〉에서 있는 대로 고른 것은?

---
| 보기 |

ㄱ. A는 속씨식물, B는 겉씨식물이다.
ㄴ. 페름기 말 해양 동물 종류의 수의 급격한 감소는 초대륙 형성과 관련이 있다.
ㄷ. 지질 시대의 구분 기준으로는 육상 식물보다 해양 동물 종류의 수 변화가 더 적합하다.

---

① ㄱ　　　② ㄴ　　　③ ㄱ, ㄷ
④ ㄴ, ㄷ　　　⑤ ㄱ, ㄴ, ㄷ

**06** 그림 (가)는 어느 지역의 지질 단면도를, (나)는 방사성 원소 X의 붕괴 곡선을 나타낸 것이다. (가)의 화성암 A와 B에 포함된 방사성 원소 X의 양은 각각 암석이 생성될 당시의 12.5 %, 50 %이다.

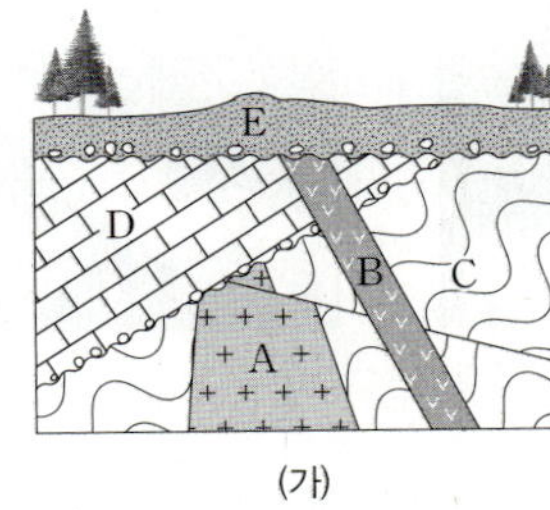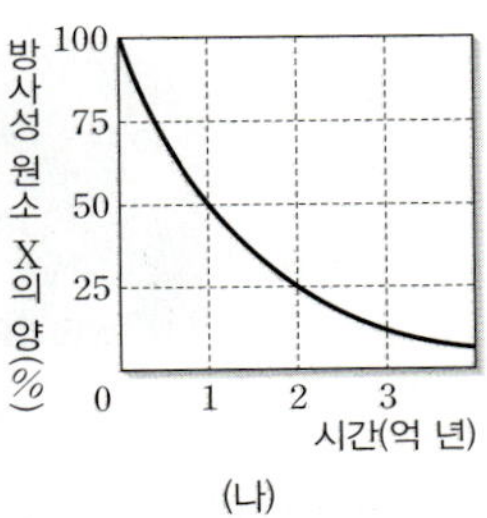

(가)　　　　　(나)

이 지역의 지질에 대한 설명으로 옳은 것만을 〈보기〉에서 있는 대로 고른 것은?

---
| 보기 |

ㄱ. 최소한 3회 이상 융기했다.
ㄴ. 습곡은 단층보다 먼저 형성되었다.
ㄷ. E에서는 방추충 화석이 발견될 수 있다.

---

① ㄱ　　　② ㄷ　　　③ ㄱ, ㄴ
④ ㄴ, ㄷ　　　⑤ ㄱ, ㄴ, ㄷ

 **문제**

**07** 그림은 어느 지역의 지질 단면도이다.

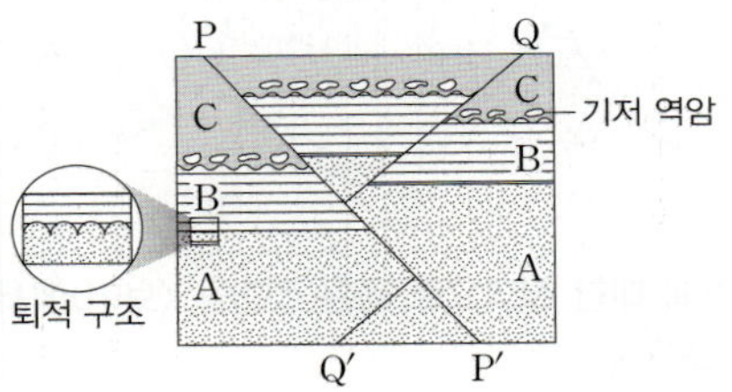

(1) 지층 A, B, C의 퇴적 순서를 판단 근거와 함께 설명하시오.

(2) 단층 P–P′과 단층 Q–Q′의 명칭을 각각 쓰고, 그 이유를 설명하시오.

**08** 다음은 석회 동굴에서 생성되는 석순의 무늬를 이용하여 과거의 기후를 추정하는 원리와 이로부터 추정한 과거의 기후 자료이다.

| 석순의 무늬 | 원리 |
| --- | --- |
| 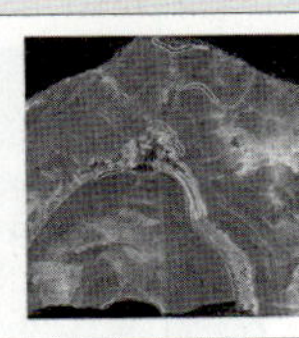 | 석회암 지대에서 이산화 탄소가 지하수에 녹아서 형성된 탄산 수소 이온에서 이산화 탄소 일부가 증발하고 탄산 칼슘이 침전되어 석순이 생성된다. 석순이 생성되는 속도가 달라 무늬가 생긴다. |

**과거의 기후 자료**

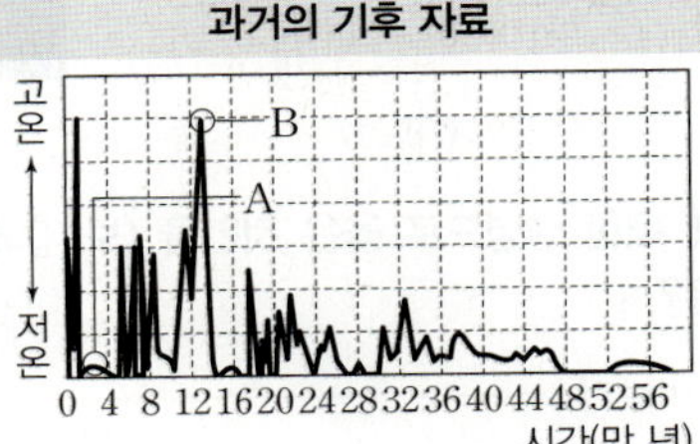

A와 B 중 석순의 무늬 간격이 넓은 시기를 고르고, 그 이유를 설명하시오.

## 고난도 문제

**01** 그림 (가), (나), (다)는 북반구에서 발생하는 온대 저기압의 일생 중 일부를 순서 없이 나타낸 것이다.

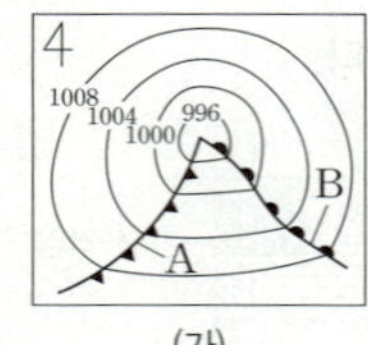
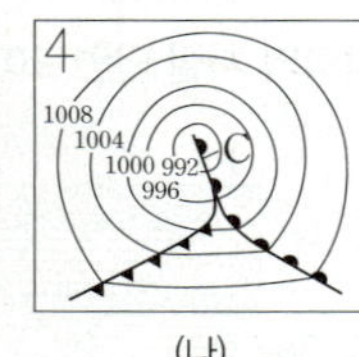
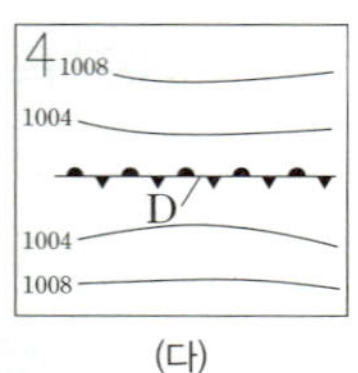

(가)        (나)        (다)

이에 대한 설명으로 옳은 것만을 〈보기〉에서 있는 대로 고른 것은?

| 보기 |

ㄱ. 주변에 생성되는 구름의 평균 두께는 A가 B보다 두껍다.
ㄴ. C는 한랭 전선이 온난 전선보다 빠르기 때문에 형성된다.
ㄷ. 형성되는 순서는 D가 가장 늦다.

① ㄱ  　　② ㄷ  　　③ ㄱ, ㄴ
④ ㄴ, ㄷ  　　⑤ ㄱ, ㄴ, ㄷ

**02** 그림 (가)는 북반구 어느 지역에서 온대 저기압의 전선이 통과하는 동안 관측한 기온과 기압을 시간에 따라 나타낸 것이고, (나)는 이 날 이 지역에 11시경에 나타난 뇌우에 의한 현상이다.

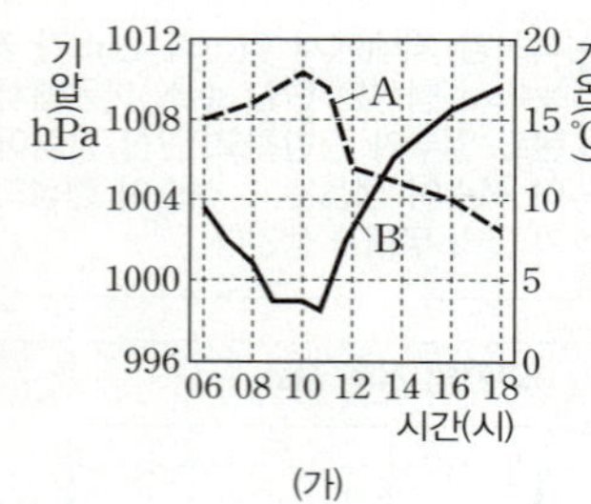

(가)        (나)

이에 대한 설명으로 옳은 것만을 〈보기〉에서 있는 대로 고른 것은?

| 보기 |

ㄱ. A는 기온을 나타낸다.
ㄴ. (나)는 뇌우의 발달 단계 중 성숙 단계에서 발생한다.
ㄷ. 12시 이후에 이 지역은 온대 저기압의 중심에 가까워졌다.

① ㄱ  　　② ㄷ  　　③ ㄱ, ㄴ
④ ㄴ, ㄷ  　　⑤ ㄱ, ㄴ, ㄷ

**03** 그림 (가)는 북반구 중위도에서 북상하는 어느 태풍의 단면을, (나)는 이 태풍의 풍속과 기압 분포를 나타낸 것이다.

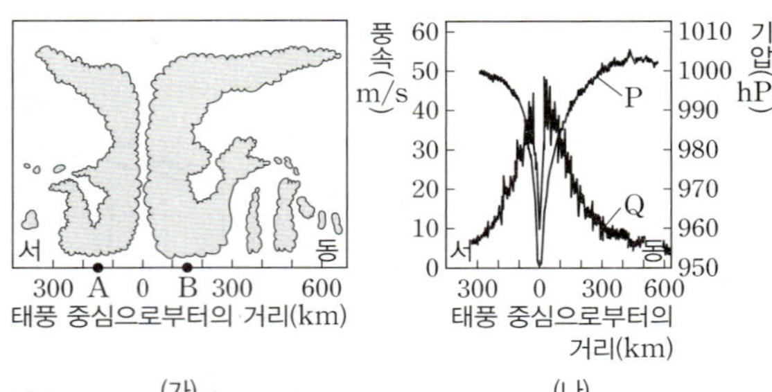

(가)        (나)

이에 대한 설명으로 옳은 것만을 〈보기〉에서 있는 대로 고른 것은?

| 보기 |

ㄱ. (나)에서 P는 기압 분포이다.
ㄴ. A 지점과 B 지점의 풍속 차이는 태풍의 이동 속도가 빠를수록 크다.
ㄷ. 태풍이 이동함에 따라 풍향은 A에서 시계 반대 방향으로, B에서 시계 방향으로 바뀐다.

① ㄱ  　　② ㄴ  　　③ ㄱ, ㄷ
④ ㄴ, ㄷ  　　⑤ ㄱ, ㄴ, ㄷ

**04** 그림 (가)는 어느 태풍이 우리나라로 접근하고 있을 때, (나)는 우리나라 주변에 장마 전선이 형성되어 있을 때 우리나라 주변 지역을 촬영한 구름 영상을 나타낸 것이다.

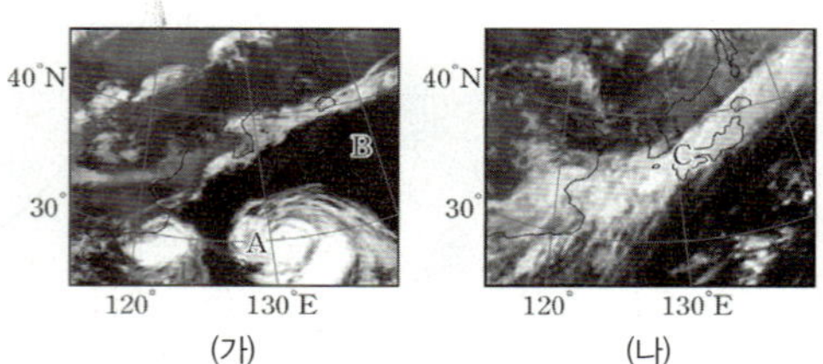

(가)        (나)

이에 대한 설명으로 옳은 것만을 〈보기〉에서 있는 대로 고른 것은?

| 보기 |

ㄱ. (가)의 A 지역에서 부는 바람은 남동풍 계열이다.
ㄴ. (가)의 B 지역에는 북태평양 기단이 발달해 있다.
ㄷ. (나)에서 장마 전선은 C 지역 구름의 남쪽 경계선에 위치한다.

① ㄱ  　　② ㄴ  　　③ ㄱ, ㄷ
④ ㄴ, ㄷ  　　⑤ ㄱ, ㄴ, ㄷ

**05** 그림은 어느 해 울릉도 남서쪽 해역에서 관측한 해수의 평균 온도와 평균 염분 자료이다.

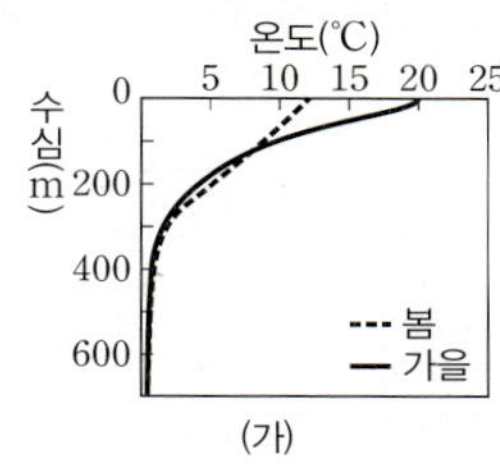
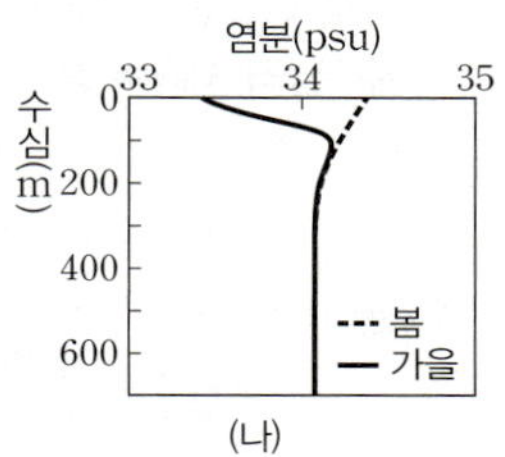

이 해역의 관측 자료에 대한 설명으로 옳은 것만을 〈보기〉에서 있는 대로 고른 것은?

┤ 보기 ├
ㄱ. 육지에서 유입된 물의 영향은 봄보다 가을이 더 크다.
ㄴ. 수온 약층은 봄보다 가을에 뚜렷하게 나타난다.
ㄹ. 계절에 따른 밀도 변화는 표층에서 가장 작다.

① ㄱ  ② ㄷ  ③ ㄱ, ㄴ
④ ㄴ, ㄷ  ⑤ ㄱ, ㄴ, ㄷ

**06** 그림은 어느 해역에서 수심에 따라 수온과 염분을 측정하여 수온─염분도에 나타낸 것이다.

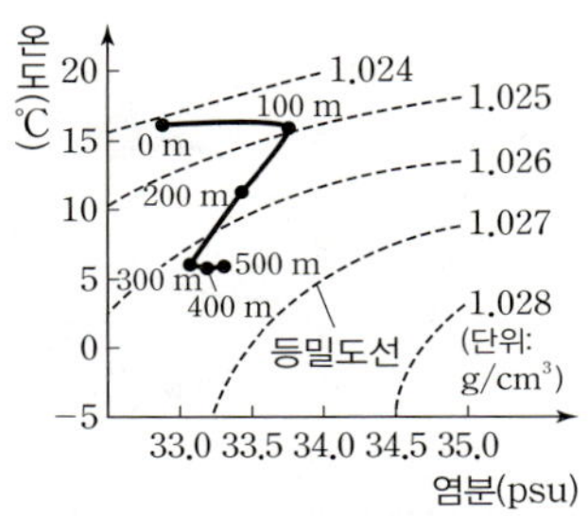

이 해역에 대한 설명으로 옳은 것만을 〈보기〉에서 있는 대로 고른 것은?

┤ 보기 ├
ㄱ. 혼합층보다 수온 약층이 두껍다.
ㄴ. 수심 200 m 부근에서는 해수의 연직 운동이 활발하다.
ㄹ. 수심 100~300 m 구간보다 300~500 m 구간에서 깊이에 따른 밀도의 증가율이 크다.

① ㄱ  ② ㄴ  ③ ㄱ, ㄷ
④ ㄴ, ㄷ  ⑤ ㄱ, ㄴ, ㄷ


**문제**

**07** 그림 (가)와 (나)는 12시간 간격으로 작성된 우리나라 주변의 지상 일기도이다.

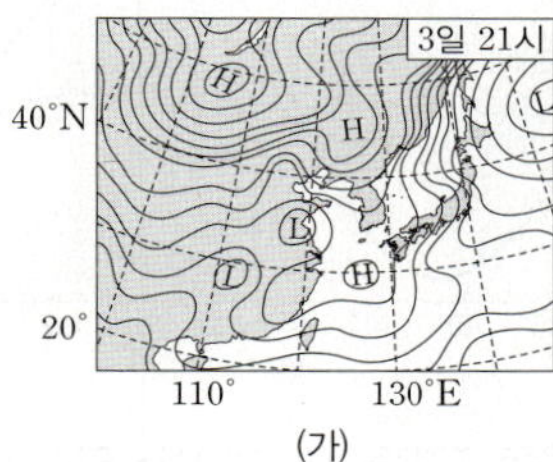
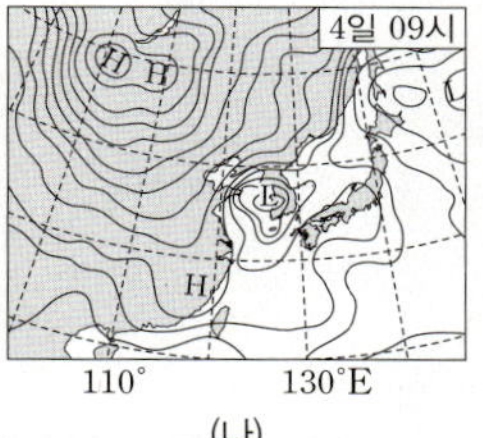

5일 09시의 기온은 전날과 비교하여 어떻게 변할지 쓰고, 그 이유를 설명하시오.

**08** 그림 (가)는 어느 태풍이 발생 지점부터 X 지점까지 이동한 경로와 이후 예상 경로를 12시간 간격으로 나타낸 것이고, (나)는 태풍의 월별 평균 이동 경로를, (다)는 어느 태풍의 이동 경로를 나타낸 것이다.

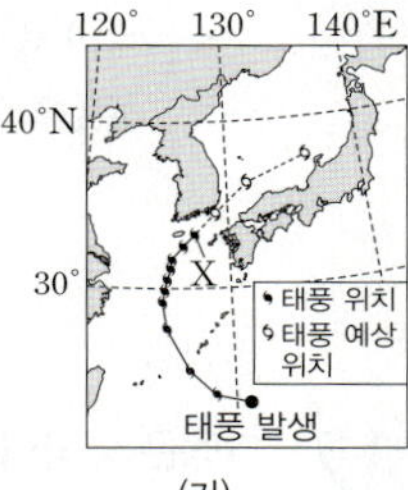

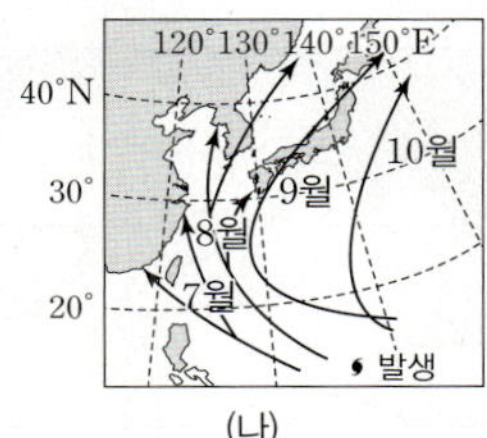
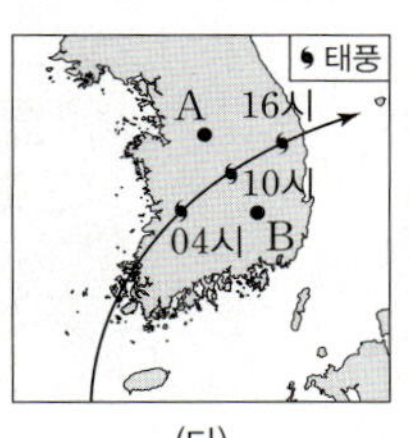

(1) (가)에서 X 지점을 통과한 이후의 태풍의 이동 속도가 어떻게 변할지 쓰고, 그 이유를 대기 대순환에 의한 바람과 관련지어 설명하시오.

(2) (나)에서 태풍의 이동 경로가 7월에서 10월로 갈수록 오른쪽으로 치우치는 이유를 설명하시오.

(3) (다)에서 10시에 A와 B 중 풍속이 더 큰 곳을 고르고, 그 이유를 설명하시오. (단, A와 B는 10시에 태풍 중심으로부터의 거리가 같은 지점이다.)

**01** 그림은 대기와 해양에서 남북 방향으로의 에너지 수송량을 비교하여 나타낸 것이다. 에너지 수송량에서 (+) 값은 북쪽 방향, (−) 값은 남쪽 방향으로의 수송을 의미한다.

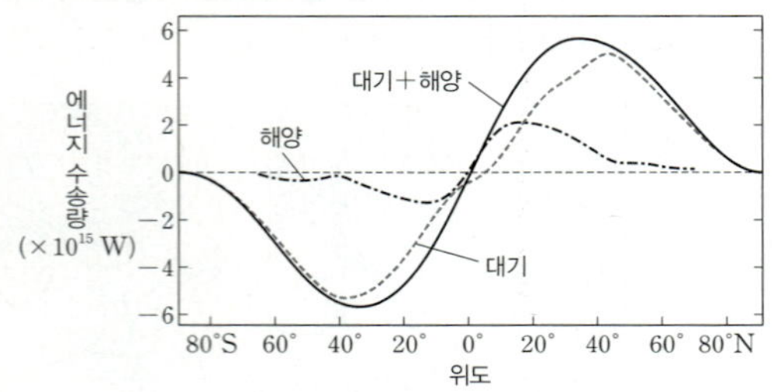

이에 대한 설명으로 옳은 것만을 〈보기〉에서 있는 대로 고른 것은?

┤ 보기 ├

ㄱ. (흡수하는 태양 복사 에너지양−방출하는 지구 복사 에너지양)은 38°N 지역이 적도 지역보다 크다.

ㄴ. 위도 20°에서 $\dfrac{해양에 의한 에너지 수송량}{대기에 의한 에너지 수송량}$ 은 북반구가 남반구보다 크다.

ㄷ. 에너지 수송을 통해 위도에 따른 에너지 불균형을 해소할 수 있다.

① ㄱ  ② ㄷ  ③ ㄱ, ㄴ
④ ㄴ, ㄷ  ⑤ ㄱ, ㄴ, ㄷ

**02** 그림은 영국의 해양 탐사선 챌린저호가 1872년부터 4년간 항해한 탐사 경로를 나타낸 것이다.

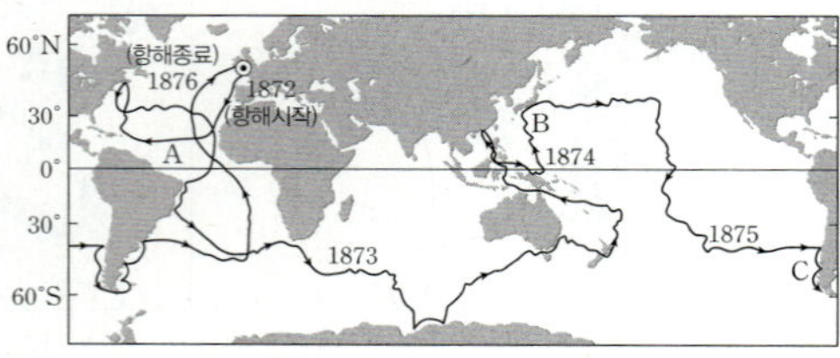

이에 대한 설명으로 옳은 것만을 〈보기〉에서 있는 대로 고른 것은?

┤ 보기 ├

ㄱ. A에서 챌린저호는 북적도 해류의 도움을 받아 항해하였다.

ㄴ. B에 흐르는 해류는 캘리포니아 해류에 비해 유속이 빠르고 용존 산소량이 많다.

ㄷ. C에서 챌린저호의 항해 방향은 해류의 방향과 대체로 일치한다.

① ㄱ  ② ㄷ  ③ ㄱ, ㄴ
④ ㄴ, ㄷ  ⑤ ㄱ, ㄴ, ㄷ

**03** 그림 (가)는 대서양 심층 수온을, (나)는 심층 순환을 이루는 주요 심층 해류의 수온과 염분의 범위를 수온−염분도에 A, B, C로 나타낸 것이다. A, B, C는 남극 중층수, 북대서양 심층수, 남극 저층수 중 하나이다.

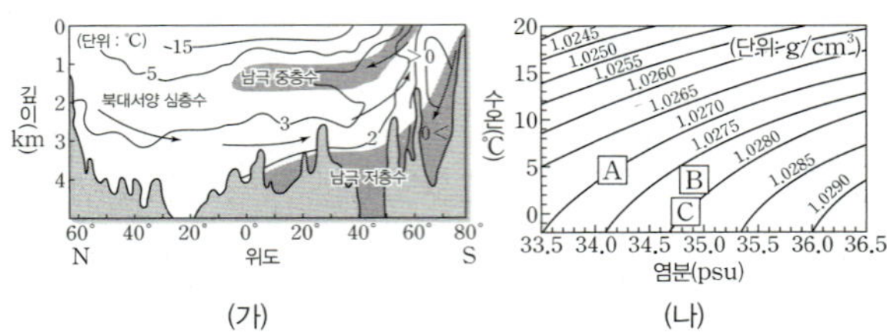

(가)  (나)

이에 대한 설명으로 옳은 것만을 〈보기〉에서 있는 대로 고른 것은?

┤ 보기 ├

ㄱ. A는 남극 중층수이다.

ㄴ. 그린란드 빙하의 융해가 활발해지면 B의 흐름이 강해진다.

ㄷ. C의 밀도는 염분보다는 수온의 영향을 더 크게 받는다.

① ㄱ  ② ㄴ  ③ ㄱ, ㄷ
④ ㄴ, ㄷ  ⑤ ㄱ, ㄴ, ㄷ

**04** 그림은 기후 변동을 유발할 수 있는 지구 운동의 변화를 나타낸 모식도이다. (가)는 공전 궤도 모양이 변한 경우를, (나)는 자전축의 방향과 기울기가 변한 경우를 나타낸 것이다.

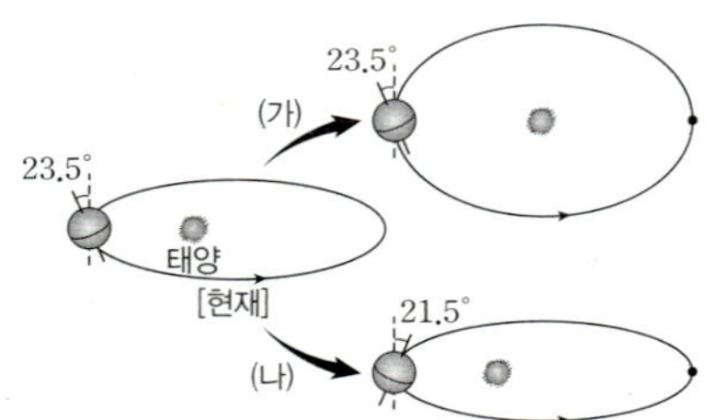

이에 대한 설명으로 옳은 것만을 〈보기〉에서 있는 대로 고른 것은? (단, 기후 변화에 영향을 미치는 다른 요인은 고려하지 않는다.)

┤ 보기 ├

ㄱ. (가)의 경우 우리나라 기온의 연교차는 증가한다.

ㄴ. (나)의 경우 남반구 중위도 지역 기온의 연교차는 증가한다.

ㄷ. (나)의 경우 1년 동안 지구에 도달하는 태양 복사 에너지양은 증가한다.

① ㄱ  ② ㄴ  ③ ㄱ, ㄷ
④ ㄴ, ㄷ  ⑤ ㄱ, ㄴ, ㄷ

**05** 그림 (가)는 저위도 해역에서, (나)는 북반구의 해수면 위에서 부는 바람의 방향을 각각 나타낸 것이다.

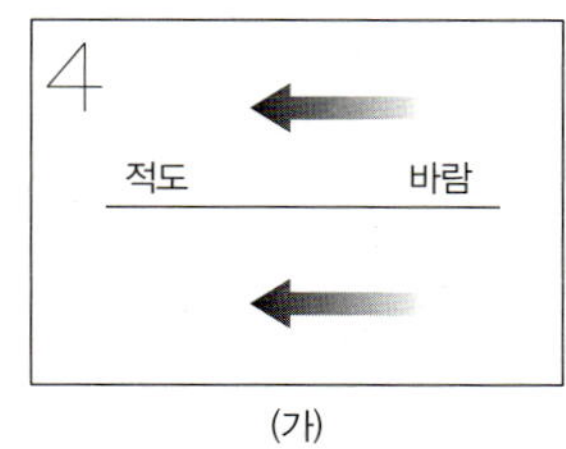


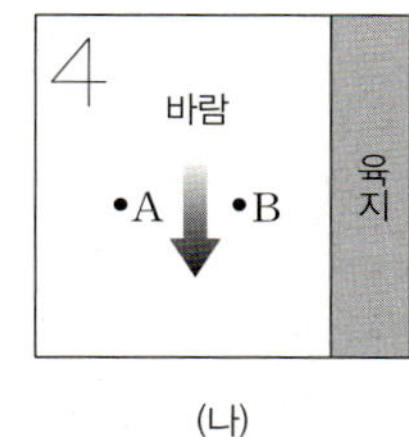


이에 대한 설명으로 옳은 것만을 〈보기〉에서 있는 대로 고른 것은?

---

**보기**

ㄱ. (가)에서 동풍 계열의 바람에 의해 해수가 발산한다.

ㄴ. (나)에서 표층 해수는 B에서 A로 이동한다.

ㄷ. (가)와 (나)에서 용승 현상이 나타난다.

---

① ㄱ  　② ㄷ  　③ ㄱ, ㄴ

④ ㄴ, ㄷ  　⑤ ㄱ, ㄴ, ㄷ

**06** 그림은 대기 중 이산화 탄소 농도가 현재의 2배로 증가할 경우에 예상되는 지표 기온 변화량(예측 기온—현재 기온)을 나타낸 것이다. (가)는 12~2월, (나)는 6~8월에 예상되는 변화량이다.

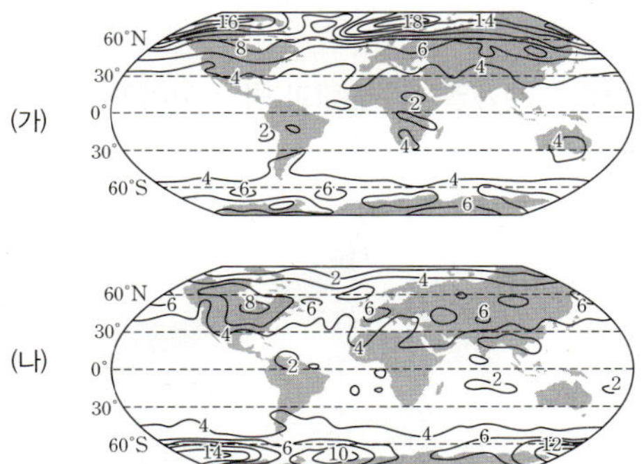

이에 대한 설명으로 옳은 것만을 〈보기〉에서 있는 대로 고른 것은?

---

**보기**

ㄱ. (가)에서 온난화 정도는 고위도 지역이 저위도 지역보다 크게 나타난다.

ㄴ. (나)에서 지표 기온 변화량은 남반구가 북반구보다 크다.

ㄷ. 남반구의 지표 기온의 연교차는 증가한다.

---

① ㄱ  　② ㄷ  　③ ㄱ, ㄴ

④ ㄴ, ㄷ  　⑤ ㄱ, ㄴ, ㄷ

 **문제**

**07** 그림은 남아메리카 대륙의 페루 부근 해역에서 1968년부터 1985년까지 관측한 기압과 수온의 평균값에 대한 편차를 나타낸 것이다.

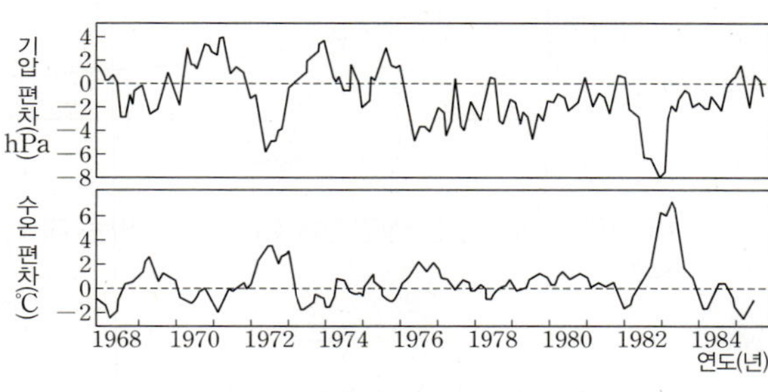


수온과 기압과의 관계를 대기와 해양의 상호 작용과 관련지어 설명하시오.

**08** 그림 (가)는 인공위성을 이용하여 측정한 해수면의 13℃ 등온선을 나타낸 모식도이고, (나)는 대기에 의한 지구 복사 에너지의 흡수를 파장에 따라 나타낸 것이다.

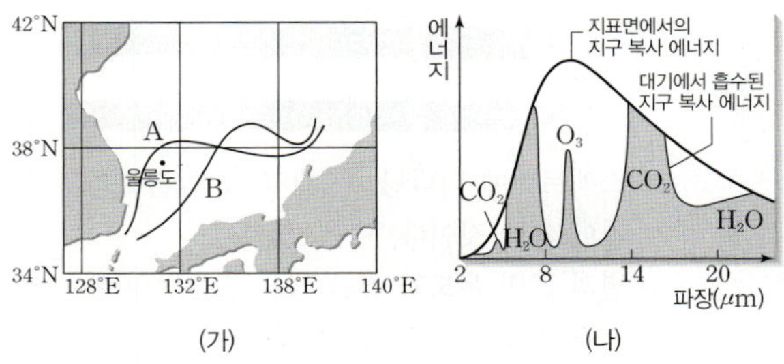


(1) (가)의 자료를 얻을 때, 인공위성에서 (2~7 µm, 8~13 µm, 14~20 µm) 중 어느 영역의 파장을 이용하는 것이 좋은지 고르고, 그 이유를 (나)와 관련지어 설명하시오.

(2) (가)의 그림에서 등온선이 A에서 B로 변할 때, 3월의 울릉도의 기온이 평년에 비해 어떻게 변할지 쓰고, 그 이유를 동한 난류와 관련지어 설명하시오. (단, 3월의 동한 난류의 주된 흐름 방향은 해수면의 13℃로 나타낼 수 있으며, A는 평년의, B는 어느 해의 13℃ 등온선이다.)

**01** 그림은 주계열성의 색지수($B-V$)와 표면 온도의 관계를 나타낸 것이다.

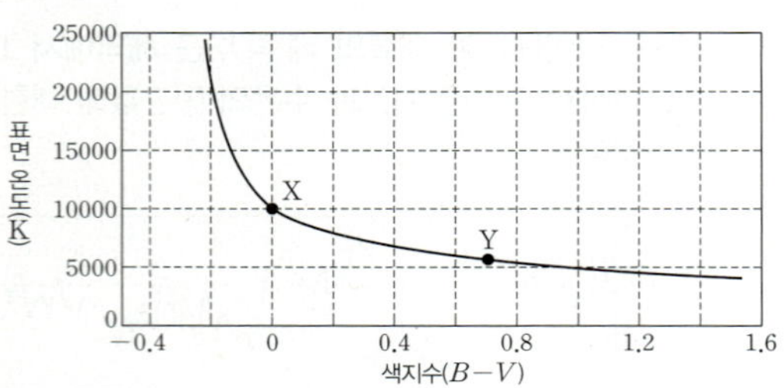

이 자료에 대한 옳은 설명만을 〈보기〉에서 있는 대로 고른 것은?

┤ 보기 ├

ㄱ. 별의 질량은 X가 Y보다 크다.
ㄴ. Y는 B 필터를 통과한 에너지양이 V 필터를 통과한 에너지양보다 많다.
ㄷ. 스펙트럼에 나타나는 수소 흡수선의 세기는 X가 Y보다 강하다.

① ㄱ      ② ㄴ      ③ ㄱ, ㄷ
④ ㄴ, ㄷ      ⑤ ㄱ, ㄴ, ㄷ

**02** 다음은 표면 온도가 같은 세 별 A, B, C의 스펙트럼과 그 특징을 나타낸 것이다.

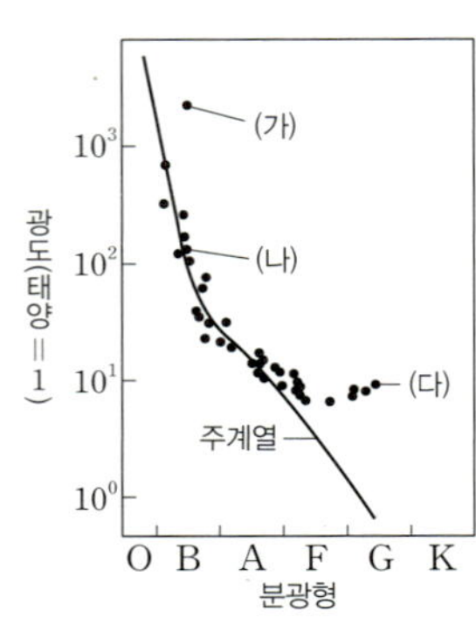

- 스펙트럼에 나타난 두 개의 강한 흡수선은 수소 원자에 의한 것이다.
- 별의 표면 온도가 같을 경우 흡수선의 폭은 대기 입자들의 충돌이 많을수록 넓어진다.
- 세 별 A, B, C는 각각 주계열성, 적색 거성, 초거성 중 하나이다.

이에 대한 설명으로 옳은 것만을 〈보기〉에서 있는 대로 고른 것은?

┤ 보기 ├

ㄱ. 세 별의 분광형은 모두 동일하다.
ㄴ. 별의 대기 밀도는 A가 가장 크다.
ㄷ. 별의 반지름은 C가 가장 크다.

① ㄱ      ② ㄴ      ③ ㄱ, ㄷ
④ ㄴ, ㄷ      ⑤ ㄱ, ㄴ, ㄷ

**03** 그림은 어느 성단의 H−R도를 나타낸 것이다.

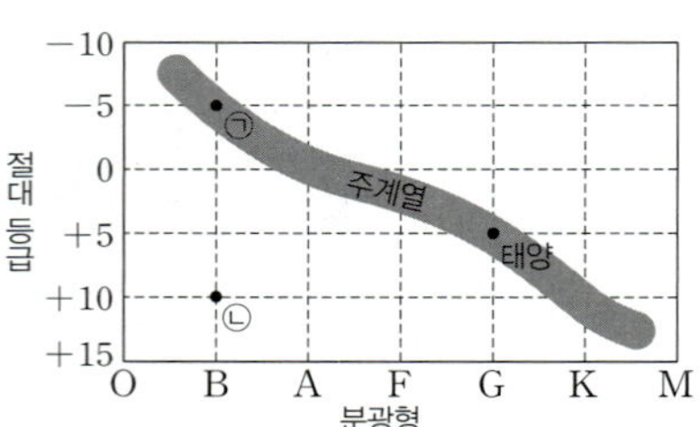

별 (가), (나), (다)에 대한 설명으로 옳은 것만을 〈보기〉에서 있는 대로 고른 것은?

┤ 보기 ├

ㄱ. (가)의 중심핵에서는 수소 핵융합 반응이 활발하다.
ㄴ. (나)는 정역학 평형 상태에 있다.
ㄷ. 중심부의 온도는 (나)가 (다)보다 높다.

① ㄱ      ② ㄴ      ③ ㄱ, ㄷ
④ ㄴ, ㄷ      ⑤ ㄱ, ㄴ, ㄷ

**04** 그림은 주계열성의 질량과 광도 사이의 관계를 나타낸 것이다.

이에 대한 설명으로 옳은 것만을 〈보기〉에서 있는 대로 고른 것은?

┤ 보기 ├

ㄱ. 별이 단위 시간 동안 방출하는 에너지양은 ㉠이 태양의 약 $10^4$배이다.
ㄴ. 별의 나이는 ㉡이 태양보다 많다.
ㄷ. 시간이 흐르면 ㉠과 ㉡은 모두 색지수가 증가한다.

① ㄱ      ② ㄴ      ③ ㄱ, ㄷ
④ ㄴ, ㄷ      ⑤ ㄱ, ㄴ, ㄷ

**05** 그림 (가)는 중심핵의 온도에 따른 $P-P$ 연쇄 반응과 CNO 순환 반응에 의한 에너지 생성량을 순서 없이 A, B로 나타낸 것이고, (나)는 별 X의 내부 구조를 나타낸 것이다.

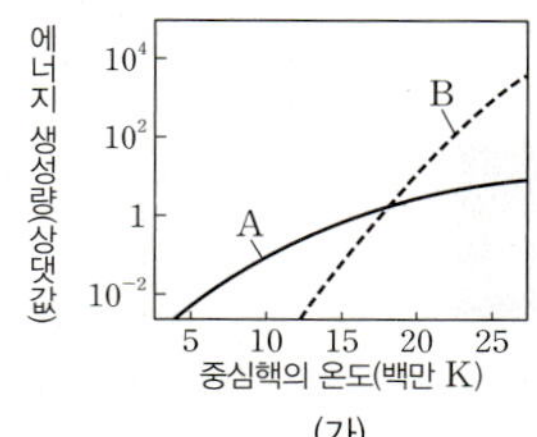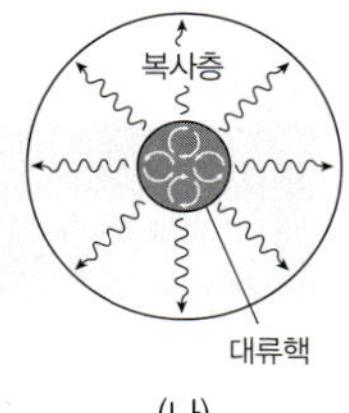


(가)      (나)

이에 대한 설명으로 옳은 것만을 〈보기〉에서 있는 대로 고른 것은?

| 보기 |

ㄱ. 온도에 따른 에너지 생성량의 변화율은 $P-P$ 연쇄 반응이 CNO 순환 반응보다 크다.
ㄴ. 태양의 중심부 온도는 1800만 K 이상이다.
ㄷ. 별 X에서는 A 반응보다 B 반응이 우세하다.

① ㄱ      ② ㄴ      ③ ㄷ
④ ㄱ, ㄷ      ⑤ ㄴ, ㄷ

**06** 그림은 어떤 외계 행성계에서 별이 공통 질량 중심을 회전하는 방향과 행성의 위치를 나타낸 것이다.

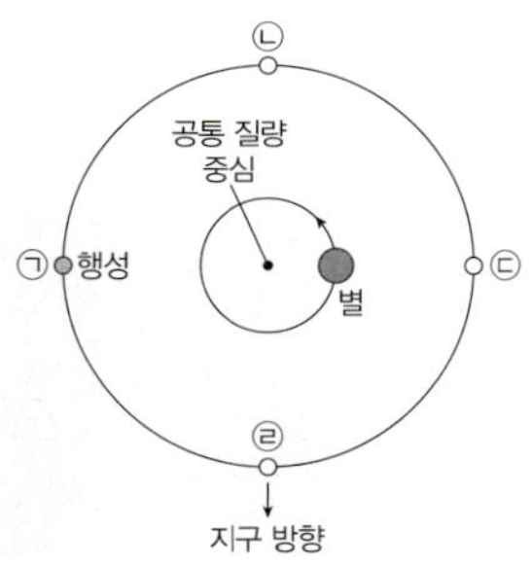


이에 대한 설명으로 옳은 것만을 〈보기〉에서 있는 대로 고른 것은? (단, 외계 행성의 공전 궤도는 원 궤도이며, 공전 궤도면은 시선 방향에 나란하다.)

| 보기 |

ㄱ. ⓐ~ⓓ 중 행성이 ⓐ에 위치할 때 스펙트럼에 나타난 흡수선의 파장이 가장 길다.
ㄴ. 별의 시선 속도는 행성이 ⓓ에 위치할 때 최대가 된다.
ㄷ. 별의 질량이 더 크다면 별빛 스펙트럼의 파장 변화 주기는 짧아진다.

① ㄱ      ② ㄴ      ③ ㄷ
④ ㄱ, ㄷ      ⑤ ㄴ, ㄷ

---

 **문제**

**07** 그림 (가)는 흑체의 표면 온도에 따른 플랑크 곡선을, (나)는 등급 측정에 이용하는 B, V 필터의 투과 영역을 나타낸 것이다.

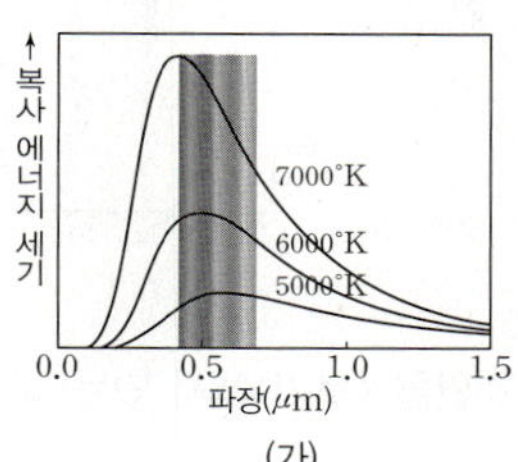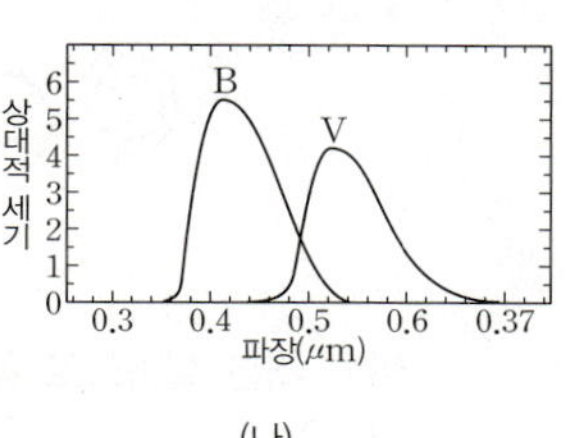


(가)      (나)

(가)와 (나)의 자료에 근거하여 태양의 $(B-V)$ 색지수가 양 $(+)$의 값을 갖는 까닭을 설명하시오.

**08** 표는 주계열성 A와 태양의 절대 등급을, 그림은 주계열성의 질량－광도 관계를 나타낸 것이다.

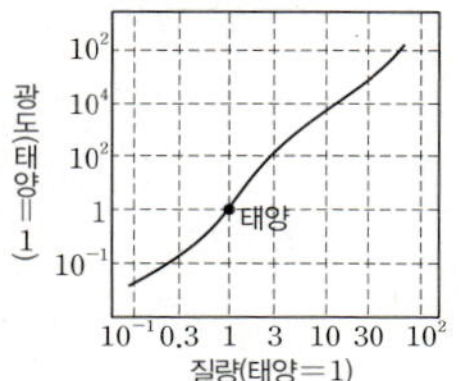


| 별 | 절대 등급 |
|---|---|
| A | 0.0 |
| 태양 | +5.0 |

(1) A의 광도와 질량은 얼마인지 설명하시오.

(2) A의 내부 구조를 태양과 비교하여 설명하시오.

**09** 그림은 어떤 외계 행성계와 태양계의 생명 가능 지대를 나타낸 것이다. 중심별 케플러 186은 주계열성이다.

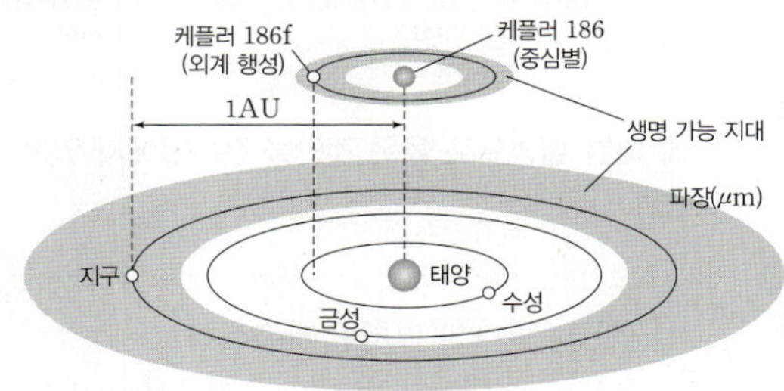


(1) 중심별 케플러 186과 태양의 광도를 비교하시오.

(2) 케플러 186f와 지구 중에서 생명 가능 지대에 더 오래 머물 수 있는 행성은 무엇인지 설명하시오.

**01** 그림 (가)는 은하의 형태에 따른 분류를, (나)는 각 은하에 속한 별들의 색지수 분포를 나타낸 것이다.

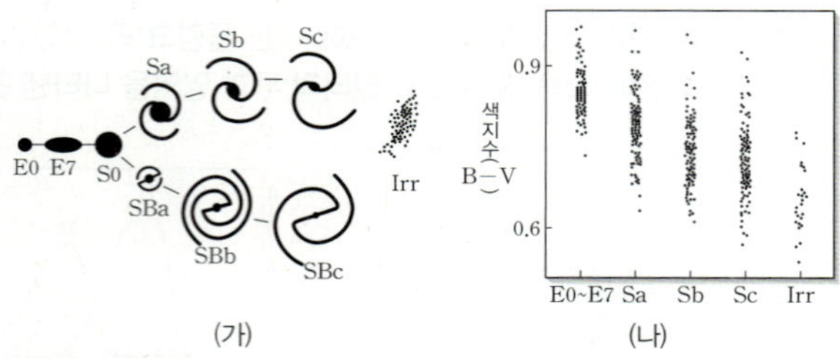

(가)　　　　　(나)

이에 대한 설명으로 옳은 것만을 〈보기〉에서 있는 대로 고른 것은?

| 보기 |

ㄱ. E0~E7형 은하는 시간이 흐르면 나선팔이 형성된다.
ㄴ. 정상 나선 은하는 핵의 크기가 클수록 붉은색 별의 비율이 높다.
ㄷ. 은하를 구성하는 별들의 평균 온도는 Irr형이 가장 높다.

① ㄱ　　　　② ㄴ　　　　③ ㄱ, ㄷ
④ ㄴ, ㄷ　　　⑤ ㄱ, ㄴ, ㄷ

**02** 그림 (가)와 (나)는 각각 퀘이사와 세이퍼트은하에서 관측된 스펙트럼을 순서 없이 나타낸 것이다.

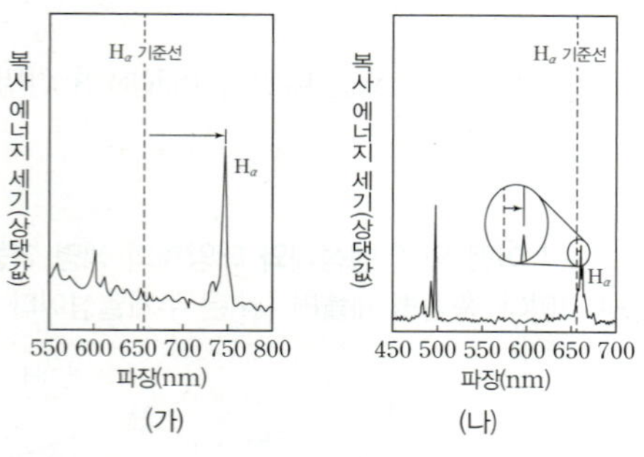

(가)　　　　　(나)

이에 대한 설명으로 옳은 것만을 〈보기〉에서 있는 대로 고른 것은?

| 보기 |

ㄱ. (가)는 하나의 별처럼 관측된다.
ㄴ. (나)는 중심핵의 밝기가 우리은하에 비해 훨씬 밝다.
ㄷ. (가)와 (나)는 모두 중심부에 블랙홀이 존재한다.

① ㄱ　　　　② ㄴ　　　　③ ㄱ, ㄷ
④ ㄴ, ㄷ　　　⑤ ㄱ, ㄴ, ㄷ

**03** 그림 (가)는 은하 X의 스펙트럼을 비교 스펙트럼의 흡수선 파장과 함께 나타낸 것이고, (나)는 외부 은하의 거리에 따른 후퇴 속도를 나타낸 것이다.

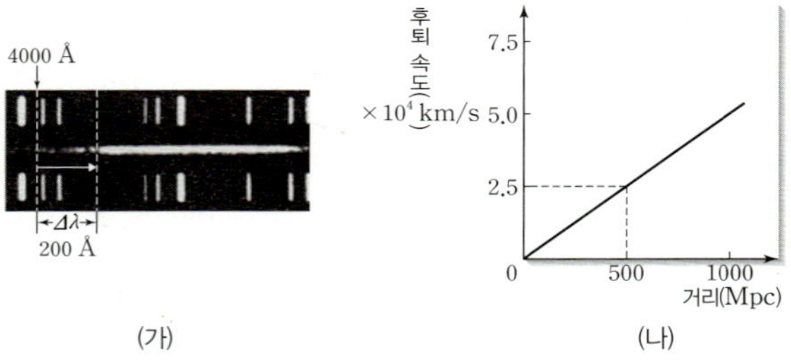

(가)　　　　　(나)

이에 대한 설명으로 옳은 것만을 〈보기〉에서 있는 대로 고른 것은? (단, 빛의 속도는 30만 km/s이다.)

| 보기 |

ㄱ. X의 후퇴 속도는 15000 km/s이다.
ㄴ. X의 거리는 200 Mpc이다.
ㄷ. X보다 3배 멀리 있는 은하의 흡수선 파장은 4600Å으로 관측된다.

① ㄱ　　　　② ㄴ　　　　③ ㄱ, ㄷ
④ ㄴ, ㄷ　　　⑤ ㄱ, ㄴ, ㄷ

**04** 그림은 대폭발 이후 시간에 따라 우주가 진화하는 모습을 나타낸 것이다.

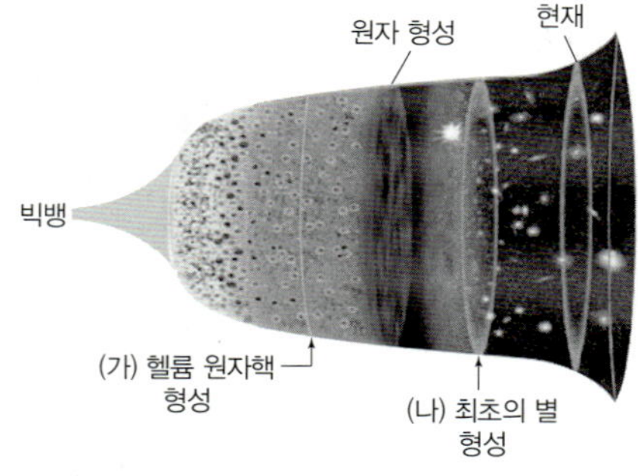


이에 대한 설명으로 옳은 것만을 〈보기〉에서 있는 대로 고른 것은?

| 보기 |

ㄱ. (가) 시기에 우주의 온도는 약 3000K였다.
ㄴ. (나) 시기 이후부터 빛은 자유롭게 공간을 진행할 수 있었다.
ㄷ. 우주 배경 복사의 적색 편이량은 (나) 시기보다 현재가 크다.

① ㄱ　　　　② ㄴ　　　　③ ㄱ, ㄷ
④ ㄴ, ㄷ　　　⑤ ㄱ, ㄴ, ㄷ

**05** 그림은 외부 은하에서 발견된 Ia형 초신성의 관측 자료와 우주 팽창을 설명하기 위한 두 모델 A와 B를 나타낸 것이다.

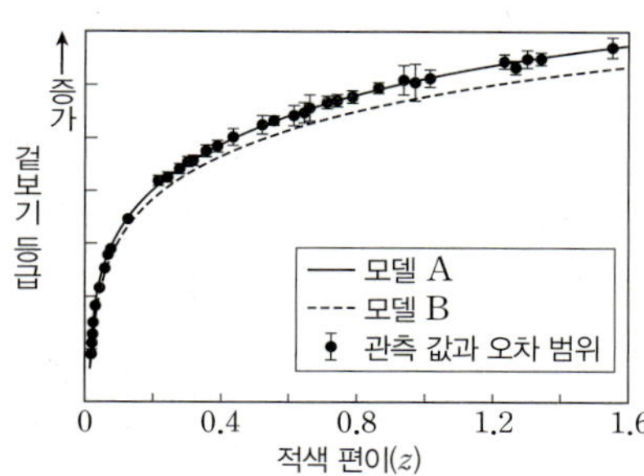


이에 대한 설명으로 옳은 것만을 〈보기〉에서 있는 대로 고른 것은?

| 보기 |

ㄱ. Ia형 초신성의 최대 광도는 거리에 관계없이 일정하다.
ㄴ. A는 암흑 에너지의 존재를 고려한 모형이다.
ㄷ. 거리가 먼 Ia형 초신성일수록 A와 B에서 예측한 겉보기 등급의 차가 커진다.

① ㄱ    ② ㄴ    ③ ㄱ, ㄷ
④ ㄴ, ㄷ    ⑤ ㄱ, ㄴ, ㄷ

**06** 그림은 대폭발 우주론에서 우주 구성 요소인 복사 에너지, 물질, 암흑 에너지의 시간에 따른 밀도 변화를 나타낸 것이다.

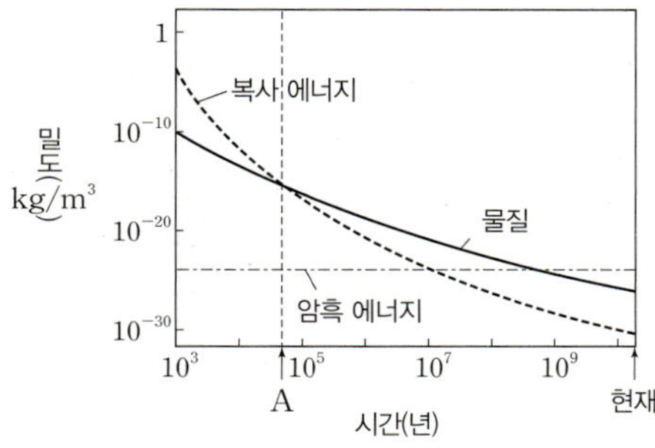


이에 대한 설명으로 옳은 것만을 〈보기〉에서 있는 대로 고른 것은?

| 보기 |

ㄱ. 우주가 팽창하는 동안 복사 에너지 밀도는 물질 밀도보다 빠르게 감소하였다.
ㄴ. 빅뱅 이후 현재까지 우주의 밀도에서 암흑 에너지가 차지하는 비율은 거의 일정하였다.
ㄷ. 팽창 속도의 증가율은 A시기보다 현재가 크다.

① ㄱ    ② ㄴ    ③ ㄱ, ㄷ
④ ㄴ, ㄷ    ⑤ ㄱ, ㄴ, ㄷ



**07** 우리은하로부터의 거리가 $r$이고, 적색 편이량이 $z$인 어떤 은하가 있다. 우주가 일정한 속도로 팽창해 왔다고 가정할 때, 우주의 나이를 $r$과 $z$로 나타내시오. (단, 빛의 속도는 $c$이다.)

**08** 다음은 빅뱅 우주론에서 설명하기 어려운 어떤 문제점에 대한 질문이다.

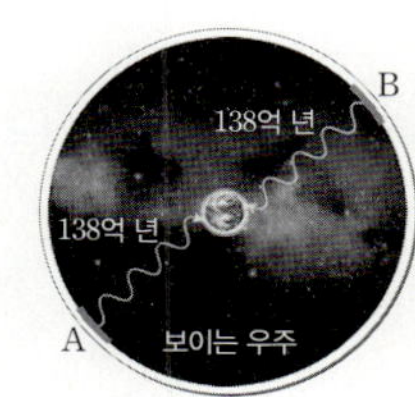


A와 B 방향에서 지구에 도달한 우주 배경 복사를 관측하며, 온도가 거의 같다. 그런데 두 지점은 서로 영향을 주고받을 수 없는 우주의 정반대 방향에 위치한다. ⓐ 지평선 너머의 두 지점에서 오는 우주 배경 복사가 균일한 까닭은 무엇인가?

우주의 급팽창 이론을 적용하여 ⓐ에 대해 설명하시오.

**09** 그림은 우주의 곡률을 구분하는 과정을 나타낸 것이다.

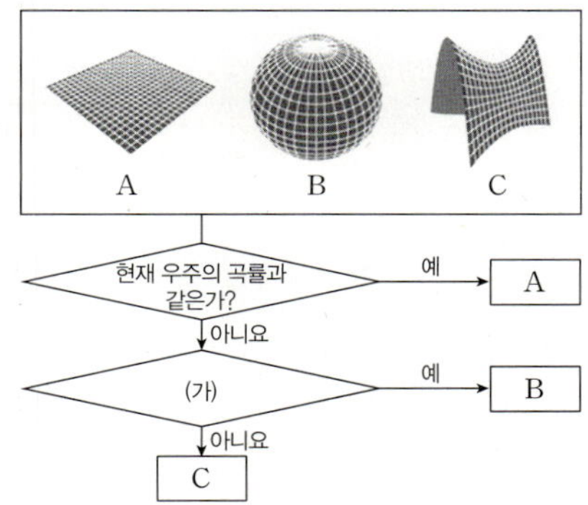


(1) A, B, C에서 우주의 평균 밀도가 큰 것부터 순서대로 나열하시오.

(2) (가)에 들어갈 적절한 질문을 쓰시오.

# MEMO

BON. 본

# BON 본
# EARTH SCIENCE I

수능 영어 1등급을 위한 전략적 학습법

89점이 놓친 문제들!

수능 최고 오답률 유형으로 구성하여 효율적인 학습이 가능합니다.

Killer 유형 15분 모의고사

이투스북

최근 수능
3개년 평가원
통계자료 분석

최고 오답률
문제 유형만
선별

1회 8문항
15분 모의고사

수학의 개념과 원리를 꿰뚫는 유형 훈련서

# 수학, 고득점 쟁취를 이루자!

# BON 본
# EARTH SCIENCE I
## 본 지구 과학 I

**모든 교과서 철저 분석**

교과서 내용을 체계적으로 분석하여

핵심 개념을 완벽하게 설명

**필수 자료 완벽 분석**

시험에 자주 출제되는 필수 자료를

완벽하게 분석

# BON 본

# EARTH SCIENCE I

본 지구 과학 I

정답 및 해설

이투스북

BON.본

# BON 본
# EARTH SCIENCE I

본 지구 과학 I

정답 및 해설

# Ⅰ. 지권의 변동

## 01 지권의 변동

### 01 판 구조론의 정립



**개념 바로 확인**

**01** 길다  **02** 많아지고, 두꺼워진다  **03** 암석권, 연약권
**04** 열곡대, 호상 열도

**01** (1) ○ (2) ○ (3) ×  **02** (1) ○ (2) ×  **03** (1) ○ (2) × (3) ○
**04** (1) ○ (2) ○ (3) ○ (4) ×

**내신 실력 Up**



**01** ②  **02** ①  **03** ⑤  **04** ③  **05** ②  **06** ④  **07** ①  **08** ③
**09** ①  **10** ①  **11** ⑤  **12** 해설 참조  **13** 해설 참조
**14** 해설 참조

**01** 베게너는 1912년 오늘날 서로 떨어져 있는 대륙들이 과거에는 하나의 땅덩어리인 판게아로 붙어 있었으며, 이 판게아는 약 2억 년 전부터 여러 대륙으로 분열되어 현재의 대륙 모양을 이루게 되었다고 주장하였다.
② 지구 자기장의 정상 부분과 역전된 부분의 줄무늬가 해령을 축으로 대칭적으로 나타나는 것은 해양저 확장설의 증거이다. 해양저 확장설은 베게너가 제시한 대륙 이동설 이후에 발표되었다.

오답 피하기 ① 생물학적으로 생물이 기후나 환경이 다른 지역에서 동일한 모습으로 생존하기 어렵다. 따라서 서로 다른 대륙에서 메소사우루스의 화석이 발견되는 것은 과거 대륙이 하나로 뭉쳐 있었을 때 넓은 지역에 걸쳐 분포하던 생물의 화석이 대륙이 분리되어 이동한 결과라고 볼 수 있다.
③ 현재 열대 또는 아열대의 기후를 나타내는 인도, 오스트레일리아, 아프리카, 남아메리카에는 고생대 말기에 쌓인 빙하 퇴적물과 빙하의 이동 흔적이 발견된다. 이는 남극을 중심으로 뭉쳐 있던 대륙들이 분리되어 이동하여 현재와 같은 분포를 이룬 것이라 해석할 수 있다.
④ 베게너는 남아메리카 서해안과 아프리카 동해안의 해안선을 끌어와서 서로 잘 맞춰지는 것에 착안하여 대륙이 움직인다고 생각하였다.
⑤ 현재 대서양을 사이에 두고 멀리 떨어져 있는 북아메리카 대륙의 애팔래치아산맥과 북유럽의 칼레도니아산맥의 지질 구조와 구성 암석을 조사해 보면 서로 유사하다. 이는 원래 하나의 산맥이었던 곳이 대륙 이동에 의해 분리되었기 때문으로 해석할 수 있다.

**02** 1929년 영국의 지질학자 홈스는 베게너가 설명하지 못했던 대륙 이동의 원동력을 맨틀 대류설로 설명하였다.

ㄱ. 홈스는 맨틀 대류가 상승하는 곳에서는 대륙이 갈라져 이동하고, 마그마가 분출하여 새로운 지각이 생성되고, 맨틀 대류가 하강하는 곳에서는 지각이 맨틀 속으로 들어간다고 설명하였다.

오답 피하기 ㄴ. 홈스는 지각 아래에는 고체이지만 유동성을 띠는 맨틀이 상하부의 온도 차이에 의해 느리게 열대류가 일어난다고 주장하였다.
ㄷ. 홈스의 생각은 오늘날에도 인정되고 있는 해저 확장 모델과도 매우 유사하지만, 뒷받침할 만한 증거가 없어 당시에는 받아들여지지 않았다.

**03** 1960년대 초 헤스와 디츠는 해령 아래에서 뜨거운 맨틀 물질이 상승하여 새로운 해양 지각을 생성한다는 해양저 확장설을 제안하였다.

ㄱ. 해양 지각의 나이를 측정한 결과, 해양 지각의 나이는 해령에서 멀어질수록 증가하며, 해저에는 약 1억 8천만 년 이상인 암석이 거의 없음이 밝혀졌다. 이러한 사실은 해령에서 생성된 해양 지각이 양쪽으로 이동한 후 해구에서 침강하여 맨틀로 들어간다는 해양저 확장설로 설명할 수 있다.
ㄴ. 해령을 중심으로 양쪽으로 갈수록 해저 지각의 수심이 깊어지고, 해양 퇴적물의 두께가 두꺼워진다.
ㄷ. 해양저 확장설에 따르면 해령에서 생성된 해양 지각은 맨틀 대류를 따라 이동한 뒤 해구에서 침강하여 맨틀로 들어간다.

**04** 해저 탐사 기술이 발달함에 따라 해양저 확장설을 뒷받침하는 증거들이 등장하였다.

ㄱ. 음향 측심법을 활용하여 해령과 해구 등의 해저 지형을 알 수 있었다. 음향 측심법이란 해수면에서 발사한 초음파가 해저면에 반사하여 되돌아오기까지 걸리는 시간을 재어 수심을 측정하는 방법이다. 음파가 반사되어 가장 빨리 되돌아오는 데 걸리는 시간을 $t$, 음파의 속도를 $v$라고 하면 수심 $d$는 $d = \frac{1}{2}vt$이므로, 음파가 반사되어 되돌아오는 데 걸리는 시간이 길수록 수심은 깊다.
ㄷ. 해저에 기록된 고지자기가 띠 모양의 줄무늬를 이룰 뿐만 아니라 해령을 가운데 두고 좌우 대칭으로 분포한다. 이는 해령에서 새로운 해양 지각이 생성되고, 해령을 중심으로 해양 지각이 양쪽으로 이동한다는 해양저 확장설을 뒷받침하는 증거가 되었다.

오답 피하기 ㄴ. 해령의 축이 연속되지 않고 끊어져 있어서, 해령을 중심으로 해양 지각이 서로 반대 방향으로 이동하면서 나타나는 단층을 변환 단층이라고 한다. 변환 단층에서는 천발 지진이 발생하지만, 화산 활동은 거의 나타나지 않는다.

**05** 해령의 열곡에서 새로운 해양 지각이 생성되면서 확장되고 지구 자기의 역전 현상이 반복되므로 해양 지각의 고지자기 줄무늬는 해령의 열곡과 나란하며 해령의 열곡을 축으로 대칭을 이룬다. 따라서 A는 고지자기 줄무늬의 축이 되는 해령(열곡대)이다.
ㄷ. 해령(열곡대)을 중심으로 양쪽으로 갈수록 해저 퇴적물의 두께가 두꺼워진다. 따라서 A에서 C로 갈수록 해저 퇴적물의 두께가 두꺼워진다고 볼 수 있다.

오답 피하기 ㄱ. P 지역은 서로 다른 두 판이 멀어지는 육지에서의 발산형 경계로, 열곡(열곡대)이 발달한다. 습곡 산맥이 발달하는 지역은 수렴형 경계이다.
ㄴ. 발산형 경계에서의 지각 변동은 주로 판의 경계인 해령(열곡대)을 따라서 나타난다. A에서 B로 갈수록 판의 경계인 해령(열곡대)과 멀어

지므로, 지진의 발생은 감소하게 된다.

**06** 암석권은 지각과 상부 맨틀의 일부를 포함하는 두께 약 100 km의 단단한 암석으로 이루어진 부분이다. 연약권은 깊이 약 100~400 km의 구간으로 암석권 아래에 위치하며, 부분 용융 상태이다.

ㄴ. 암석권은 연약권 위에 위치하므로, 암석권은 연약권보다 밀도가 작다. 지구 내부로 갈수록 온도, 압력, 밀도는 대체로 증가한다.

ㄷ. 판(암석권)은 단단한 암석으로 이루어진 부분으로 유동성이 없어 대류가 일어나지 않지만, 부분 용융된 연약권에서의 맨틀 대류로 인해 판은 이동하게 된다.

오답 피하기 ㄱ. 판은 암석권의 조각으로 지각과 상부 맨틀의 일부를 포함한다.

**07** (가)는 두 대륙판이 서로 충돌하는 수렴형(충돌형) 경계, (나)는 두 판이 접하면서 서로 반대 방향으로 어긋나게 이동하는 보존형 경계, (다)는 해양판이 대륙판 아래로 섭입하는 수렴형(섭입형) 경계, (라)는 두 해양판이 서로 멀어지는 발산형 경계이다.

ㄱ. 히말라야산맥은 두 대륙판이 충돌하는 수렴형(충돌형) 경계에서 형성되었다.

ㄷ. (다)는 해양판이 대륙판 아래로 섭입하면서 소멸되는 경계인 해구이다.

오답 피하기 ㄴ. 보존형 경계에서는 판(지각)이 생성되거나 소멸되지 않는다. 맨틀 물질이 상승하여 새로운 해양 지각이 만들어지는 곳은 (라)인 발산형 경계이다.

ㄹ. (라)는 두 해양판이 서로 멀어지는 발산형 경계인 해령이고, 해령에서는 장력에 의한 정단층이 발달한다. 보존형 경계로 변환 단층이 발달하는 곳은 (나)이다.

**08** 판의 경계는 판과 판의 상대적인 이동 방향에 따라 발산형 경계, 수렴형 경계, 보존형 경계로 구분한다. A, B, C는 모두 두 판이 서로 가까워져 부딪히는 수렴형 경계이다.

ㄱ. A는 대륙판과 대륙판이 부딪히는 수렴형(충돌형) 경계로, 횡압력에 의한 습곡 산맥이 발달한다.

ㄴ. B와 C는 해양판이 밀도가 작은 판 아래로 섭입하는 수렴형(섭입형) 경계로 천발~심발 지진이 발생한다.

오답 피하기 ㄷ. A는 대륙판과 대륙판이, B는 해양판과 해양판이, C는 해양판과 대륙판이 서로 가까워진다. 따라서 성질이 다른 해양판과 대륙판이 수렴하는 C에서 인접한 두 판의 밀도 차가 가장 크다.

**09** 해령의 열곡에서 새로운 해양 지각이 생성되면서 확장되고 지구 자기의 역전 현상이 반복되므로 해양 지각의 고지자기 줄무늬는 해령의 열곡과 나란하며 해령의 열곡을 축으로 대칭을 이룬다. 지구 자기장의 방향이 현재와 같이 북쪽을 향하는 시기를 정자극기(정상기), 현재와 반대로 남쪽을 향하는 시기를 역자극기(역전기)라 한다.

ㄱ. 해령(열곡대)을 중심으로 양쪽으로 갈수록 해양 지각의 나이가 많아지고, 해저 퇴적물의 두께가 두꺼워진다. 해령까지의 거리와 고지자기 분포를 통해 A가 C보다 오래된 해양 지각이 존재하는 것을 알 수 있다. 따라서 해저 퇴적물의 두께는 A가 C보다 두껍다.

오답 피하기 ㄴ. B 지점의 지각에 존재하는 잔류 자기를 통해, B 지점의 지각이 생성될 당시 지구 자기장의 방향은 현재와 반대로 남쪽을 향하는 시기인 역자극기(역전기)임을 알 수 있다.

ㄷ. 해령에서 생성된 해양 지각은 양쪽으로 이동한다. 따라서 B가 위치한 판은 오른쪽으로, C가 위치한 판은 왼쪽으로 이동하게 되므로, 두 판의 이동 방향은 서로 반대이다.

**10** A는 해양판이 서로 멀어지는 발산형 경계인 해령의 한 지점이다. B는 판이 서로 어긋나는 보존형 경계인 변환 단층의 한 지점이다. C는 해양판과 대륙판이 서로 가까워지는 수렴형 경계인 해구의 한 지점이다.

ㄱ. A는 발산형 경계인 해령으로 맨틀 대류의 상승부에 위치한다.

오답 피하기 ㄴ. A는 발산형 경계인 해령으로 화산 활동이 활발하게 일어나지만, B는 보존형 경계인 변환 단층으로 화산 활동이 거의 일어나지 않는다.

ㄷ. B는 보존형 경계인 변환 단층으로 주로 천발 지진만 일어나고, C는 수렴형 경계인 해구로 밀도가 작은 대륙판 쪽에서 천발~심발 지진이 발생한다.

정리하기

**판의 이동과 판의 경계**

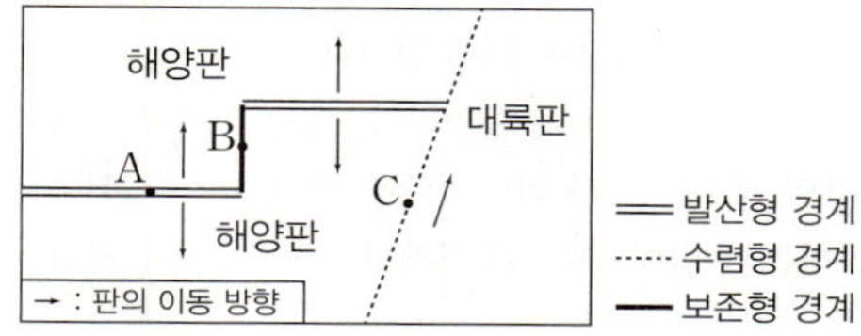


- 판의 상대적인 이동 방향에 따라 발산형 경계, 수렴형 경계, 보존형 경계로 구분한다.
- A: 해양판이 서로 멀어지고 있다. → 발산형 경계 → 해령과 열곡이 발달한다. → 판의 경계를 따라 천발 지진과 화산 활동이 활발하게 일어난다.
- B: 해양판이 서로 어긋나고 있다. → 보존형 경계 → 변환 단층이 발달한다. → 판의 경계를 따라 주로 천발 지진이 발생하며, 화산 활동은 거의 일어나지 않는다.
- C: 해양판과 대륙판이 서로 가까워지고 있다. → 수렴형 경계 → 해구가 발달한다. → 밀도가 작은 대륙판 쪽에서 천발~심발 지진과 화산 활동이 활발하게 일어난다.

**11** B는 변환 단층이 발달한 보존형 경계, C는 해령이 발달한 발산형 경계, D는 섭입대가 발달한 수렴형 경계이다.

ㄱ. 이 지역은 그림과 같이 X, Y, Z의 서로 다른 3개의 판으로 이루어져 있다.

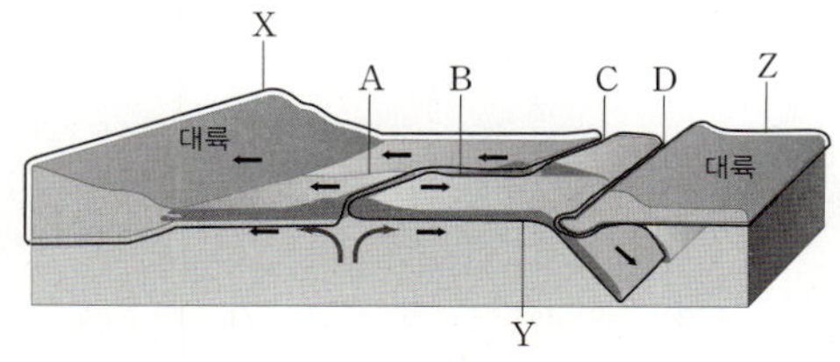


ㄴ. A는 판의 내부에 위치한 단층선으로 지각 변동이 활발하지 않은 곳이다. B는 판이 서로 어긋나는 경계에 해당하는 변환 단층으로, 천발 지진이 자주 발생하는 지역이다. 따라서 지진은 A보다 B에서 자주 발생한다.

ㄷ. 해령의 열곡에서는 해양 지각이 생성되고 확장되므로 해령에서 멀어질수록 해양 지각의 연령이 증가한다. 따라서 C에서 D로 갈수록 해

양 지각의 나이는 많아진다.

**12** 현재 열대 또는 아열대의 기후를 나타내는 인도, 오스트레일리아, 아프리카, 남아메리카에는 고생대 말기에 쌓인 빙하 퇴적물과 빙하의 이동 흔적이 발견된다. 이는 남극을 중심으로 뭉쳐 있던 대륙들이 분리되어 이동하여 현재와 같은 분포를 이룬 것이라 해석할 수 있다.

**모범 답안** 나미비아를 포함하는 아프리카 대륙이 과거에는 남극 주변에 있었지만, 대륙 분리로 인해 현재의 위치로 이동하였기 때문이다.

| 채점 기준 | 배점 |
|---|---|
| 과거 아프리카 대륙의 위치와 대륙의 이동을 설명한 경우 | 100% |
| 아프리카 대륙이 이동하였다고만 설명한 경우 | 50% |

**13** 판의 경계는 판과 판의 상대적인 이동 방향에 따라 발산형 경계, 수렴형 경계, 보존형 경계로 구분한다. A는 판이 서로 멀어지는 발산형 경계이고, B는 판이 서로 가까워지는 수렴형(충돌형) 경계이다. 발산형 경계에서는 판의 경계인 해령(열곡대)을 따라 천발 지진과 화산 활동이 활발하다. 대륙판과 대륙판이 충돌하는 수렴형 경계에서는 천발~중발 지진이 발생하지만, 화산 활동이 거의 일어나지 않는다.

**모범 답안** A가 화산 활동이 활발하다. A는 판이 서로 멀어지는 발산형 경계로 판의 경계를 따라 화산 활동이 활발하지만, B는 대륙판과 대륙판이 충돌하는 수렴형(충돌형) 경계로 화산 활동이 거의 일어나지 않기 때문이다.

| 채점 기준 | 배점 |
|---|---|
| A를 고르고, 그 이유를 판의 경계와 관련지어 설명한 경우 | 100% |
| A만 고른 경우 | 50% |

**14** 밀도가 다른 두 판이 수렴할 때 밀도가 큰 판이 밀도가 작은 판 아래로 비스듬히 섭입한다. 이 때, A에서 B로 갈수록 진원의 깊이가 얕아진다는 것은 B가 속한 판이 A가 속한 판 아래로 섭입하고 있다는 것이다. B 부근에 판의 경계인 해구가 형성되고, B가 속한 판이 A가 속한 판보다 밀도가 크다.

**모범 답안** A에서 B로 갈수록 진원의 깊이는 얕아진다. 그 이유는 B가 속한 판이 A가 속한 판 아래로 섭입하고 있기 때문이다.

| 채점 기준 | 배점 |
|---|---|
| 진원의 깊이 변화를 적고, 그 이유를 판의 섭입을 포함하여 설명한 경우 | 100% |
| 진원의 깊이 변화만 적은 경우 | 50% |

## 02 대륙의 분포 변화

### 개념 바로 확인
본교재 019쪽

**01** +90°, 0°, -90°　**02** 인도, 유라시아

**01** (1) ×　(2) ×　(3) ○　**02** (1) 판게아　(2) 넓어　(3) 신생대

---

### 내신 실력 Up
본교재 020~021쪽

**01** ④　**02** ②　**03** ①　**04** ④　**05** ⑤　**06** ③　**07** ⑤
**08** 해설 참조　**09** 해설 참조

**01** 지구 자기장은 지구의 자기력이 미치는 공간이다.
ㄴ. 현재 지리상의 북극(진북)과 지자기 북극(자북)은 일치하지 않으며, 자북은 해마다 조금씩 변한다.
ㄷ. 지질 시대에 생성된 암석에는 지구 자기장의 기록이 남아 있으므로, 암석에 기록되어 있는 복각을 이용하면 암석이 생성될 당시의 위도를 알 수 있다.

**오답 피하기** ㄱ. 복각은 자기장의 방향이나 자침이 수평면과 이루는 각으로, 자기 적도에서 0°이고 자극으로 갈수록 커진다. A는 B보다 자북극에 가까운 지점이므로, 복각의 크기는 B에서 A로 갈수록 커진다.

**02** 과거 대륙의 이동 모습은 마그마가 식어서 굳을 때나 퇴적물이 쌓일 때 기록된 과거 지구 자기장 방향의 변화, 즉 고지자기를 연구하면 알아낼 수 있다.
ㄴ. 인도 대륙은 7100만 년 전에 남반구에 위치하였지만 점차 북상하여 유라시아 판과 충돌하면서 히말라야산맥을 형성하였다. 따라서 히말라야산맥은 두 대륙판이 수렴하는 경계에서 생성되었다.

**오답 피하기** ㄱ. 7100만 년 전→5500만 년 전→3800만 년 전→1000만 년 전의 인도 대륙의 이동 모습을 보면, 비슷한 시간 간격 동안 이동한 거리가 점차 줄어들고 있는 것을 알 수 있다. 따라서 인도 대륙의 이동 속력은 대체적으로 느려지고 있다.
ㄷ. 복각은 자기장의 방향이나 자침이 수평면과 이루는 각으로 자기 적도에서 0°이고 자극으로 갈수록 커지므로, 암석에서 측정되는 고지자기의 복각의 크기는 고위도에서 생성된 암석일수록 크게 측정된다. 5500만 년 전보다 7100만 년 전에 P 지역은 고위도에 위치하므로, P 지점의 5500만 년 전 암석에서 측정한 복각보다 7100만 년 전 암석에서 측정한 복각이 더 크다.

**03** 복각은 자기장의 방향이나 자침이 수평면과 이루는 각으로, 자기 적도에서 0°이고 자극으로 갈수록 커진다.
ㄱ. (가)에서 지구 자기장의 방향과 지표면이 나란하므로, 복각이 0°이다. 복각이 0°인 지역은 자기 적도이다.

**오답 피하기** ㄴ. 복각은 지구 자기장의 방향이 지표면과 이루는 각이므로, (나)에서의 복각은 +50°이다.
ㄷ. 복각은 고위도일수록 크므로, 복각이 큰 (나) 지역이 (가)보다 고위도에 위치한다.

**04** 지구의 대륙들은 과거 지질 시대 동안 끊임없이 이동하였고 지금도 움직이고 있다. 판의 이동으로 크고 작은 여러 대륙들이 충돌하여 초대륙을 형성하고 분리되는 과정이 반복된다.
ㄴ. 초대륙이 분리가 되는 과정에서 대륙판과 대륙판이 서로 멀어지게 되는데, a는 그 경계에 해당한다. 따라서 a는 발산형 경계이므로 맨틀 대류의 상승부에 위치한다.
ㄷ. B는 대륙 주변부에서 해구와 섭입대가 형성되어, 해양 지각인 b가 소멸되면서 새로운 초대륙이 형성되는 과정이다.

**오답 피하기** ㄱ. A는 초대륙에서 맨틀의 대류로 대륙이 분리되기 시작하는 과정이다. 초대륙이 형성되는 과정은 B이다.

**05** 초대륙 판게아는 약 2억 5천만 년 전 이후에 열곡들이 열리면서 서서히 분리되기 시작하였고, 그 이후 대서양의 북쪽 부분이 열리고 테티스해의 면적이 줄어들었다. (다)

약 1억 5천만 년 전에 대서양이 부분적으로 열리면서 아프리카 대륙과 남아메리카 대륙이 분리되기 시작하였다. (나)

약 9천만 년 전에는 남대서양이 확장되고, 마다가스카르가 아프리카 대륙에서 분리되고, 오스트레일리아는 남극 대륙에서 분리되었다. (가)

시간이 지남에 따라 대서양은 계속해서 확장되었고, 이후 인도 대륙은 북쪽으로 이동하여 유라시아 대륙과 충돌하였고, 오늘날 세계에서 가장 높은 산맥인 히말라야산맥을 형성하였다. (라)

**06** 오늘날 지구에 있는 여섯 개의 대륙은 약 2억 5천만 년 전에 있었던 초대륙 판게아가 분리된 후 이동하여 형성되었다.

ㄱ. 초대륙 판게아는 약 2억 5천만 년 전 이후에 열곡들이 열리면서 서서히 분리되기 시작하였고, 그 이후 시간이 지남에 따라 대서양은 계속해서 확장되었다.

ㄴ. 현재 열대 또는 아열대의 기후를 나타내는 아프리카 대륙의 남부 지역은 판게아가 형성되었을 당시에는 남극 부근에 위치하였다. 이후 남극을 중심으로 뭉쳐 있던 대륙들이 분리되어 이동하여 현재와 같은 분포를 이루었으므로, 아프리카 대륙의 남부 지역에서는 고생대 말기에 쌓인 빙하 퇴적물과 빙하의 이동 흔적이 발견된다.

오답 피하기 ㄷ. 초대륙인 판게아가 분리되어 여섯 개의 대륙으로 나뉘게 되면서 지구 전체의 해안선 길이는 길어졌다.

**07** 현대의 많은 지질학자들은 판 구조론을 기반으로 하여 대륙의 움직임을 관측하고 있으며, 이를 바탕으로 미래 대륙의 모습을 그려내고 있다.

ㄱ. 맨틀 하부의 온도와 맨틀 상부의 온도 차이 때문에 맨틀이 대류하면서 대륙 이동의 원동력으로 작용한다.

ㄴ. 약 2억 5천만 년 후의 수륙 분포는 현재의 대서양이 대부분 사라진 모습이다. 이는 (가)와 (나) 사이에 대서양 해안을 따라 수렴형 경계인 해구가 생성되어 대서양이 섭입하기 시작하였기 때문이다.

ㄷ. 현재에도 대륙은 느리지만 끊임없이 이동하고 있으며, 현재 판의 경계에서의 대륙 이동 속도와 방향을 분석하면 미래의 대륙과 해양의 모습을 어느 정도 예측할 수 있다.

**08** 고지자기를 측정하여 과거 5억 년 동안 지구 자기장의 북극인 자북극이 이동한 경로를 보면, 유럽 대륙과 북아메리카 대륙에서 측정한 자북극은 과거에 두 개였던 것처럼 보인다. 하지만 자북극은 현재와 마찬가지로 지질 시대 동안에도 하나여야만 한다. 자북극의 이동 경로가 두 개로 나타나는 것은 대륙이 이동하였음을 뜻하고, 이를 거꾸로 추적하면 과거 대륙의 이동 모습도 알아낼 수 있다.

모범 답안 지질 시대의 같은 시기에 자북극은 두 개일 수 없으므로, 유럽과 북아메리카 대륙에서 측정한 자북극의 위치가 서로 다른 이유는 과거에 하나였던 대륙이 이동하였기 때문이다.

| 채점 기준 | 배점 |
|---|---|
| 자북극이 두 개일 수 없음을 포함하여 대륙의 이동을 설명한 경우 | 100% |
| 대륙의 이동만 설명한 경우 | 50% |

**09** 남북 방향으로 이동한 대륙에서 생성된 암석은 생성된 위도에 따라

복각의 크기가 다르므로, 암석에 기록되어 있는 복각을 이용하면 암석이 생성될 당시의 위도를 알 수 있다. 쥐라기에 고지자기 복각은 +25°, 백악기에 고지자기 복각은 +39°, 제4기에 고지자기 복각은 +52°로 복각은 점점 증가하였고, 이를 통해 이 기간 동안 이 지괴는 고위도(북쪽 방향)로 이동하였음을 알 수 있다.

모범 답안 이 기간 동안 고지자기 복각은 증가하였으므로, 이 지괴는 고위도(북쪽 방향)로 이동하였다.

| 채점 기준 | 배점 |
|---|---|
| 복각의 크기 변화를 통해 이동 방향을 설명한 경우 | 100% |
| 방향만 올바르게 적은 경우 | 50% |

## 03 맨틀 대류와 플룸 구조론



**01** 플룸    **02** 낮으, 빠르

**01** (1) × (2) ○    **02** (1) × (2) × (3) ×



**01** ⑤   **02** ③   **03** ⑤   **04** ④   **05** ③   **06** ⑤   **07** 해설 참조
**08** 해설 참조

**01** 맨틀은 고체이지만 온도가 높아 유동성을 띠고 있으며, 지구 중심으로 갈수록 온도가 높아져 대류 현상이 일어난다.

ㄱ. 맨틀 대류가 상승하는 해령(A)에서는 뜨거운 마그마가 분출하여 새로운 해양 지각이 만들어진다.

ㄴ. 해양 지각은 식으면서 양옆으로 이동하고, 시간이 흘러 오래된 해양 지각은 해구(B)에서 섭입되어 침강한다.

ㄷ. 해령의 열곡에서는 해양 지각이 생성되고 확장되므로 해령(A)에서 해구(B)로 갈수록 해양 지각의 나이가 많아진다.

**02** 판은 맨틀 대류로 판 자체에서 만들어지는 물리적인 힘에 의해서도 이동하는데, 해령에서 판을 밀어내는 힘(B), 해구에서 섭입하는 판이 잡아당기는 힘(C)이 그것이다.

ㄱ. A는 깊이에 따른 온도 차이로 발생한 연약권에서의 대류로 형성된 힘이다.

ㄷ. C는 침강하는 판 자체의 무게가 판 전체를 끌어당기는 힘이다.

오답 피하기 ㄴ. B는 해령에서 멀어지는 방향으로 판을 밀어내는 힘이다.

**03** 플룸 구조론은 플룸의 하강과 상승에 의해 지구 내부의 변동이 일어난다는 이론이다. 플룸은 지구 내부에서 상승하거나 하강하는 맨틀 물질 덩어리로, 온도가 낮은 차가운 플룸과 온도가 높은 뜨거운 플룸으로 구분한다.

⑤ 열점은 뜨거운 플룸이 지표면과 만나는 지점 아래 마그마가 생성되는 곳이다.

 ① 현재 아시아 대륙에서는 거대한 차가운 플룸이 하강하고, 남태평양과 아프리카 대륙에서는 뜨거운 플룸이 상승하고 있다.

② 지진파를 이용하여 지구 내부를 시각화하는 것을 지진파 단층 촬영이라고 한다. 지구 내부에 존재하는 플룸은 지진파 단층 촬영을 통해 알려지게 되었다.

③ 열점에서 분출하는 마그마는 외핵과 맨틀의 경계 부근에서 생성된 것이기 때문에 상부 맨틀이 대류하여 판이 이동해도 열점의 위치는 변하지 않는다.

④ 하와이섬, 동아프리카 지역 등 판의 내부에서 일어나는 화산 활동은 상부 맨틀이 대류하면서 일어나는 판의 운동으로 설명하기 어렵다. 이러한 한계를 설명하기 위해 제시된 이론이 플룸 구조론이다. 플룸 구조론을 통해 판의 내부에서 일어나는 화산 활동을 설명할 수 있다.

**04** 열점은 맨틀에 위치하는 고정된 마그마의 생성 지점이다. 화산체의 연령이 북동쪽으로 갈수록 감소하는 경향을 보이는 것은 마그마의 기원이 되는 열점에서 분출된 마그마에 의해 형성된 화산암체가 북아메리카 판에 실려 이동하여 남서쪽 방향으로 이동하였기 때문이다.

ㄴ. 열점은 지구 내부에 고정되어 있고, 화산암체는 판의 움직임에 의해 이동하게 되므로 열점에서 멀어질수록 화산섬의 연령은 많다. 따라서 현재 열점은 A 부근에 위치하며, 화산 활동 역시 주로 A 부근에서 나타난다.

ㄷ. A와 B의 화산암체는 동일한 열점에서 분출한 마그마에 의해 생성되었으므로, A와 B를 구성하는 암석의 화학 조성은 비슷하다.

 ㄱ. 이곳에서 형성된 화산암체는 북아메리카 판에 실려 남서쪽 방향으로 이동하였기 때문에 남서쪽 방향으로 갈수록 화산암체의 연령이 증가하는 경향을 보인다. 따라서 현재 북아메리카 판의 이동 방향은 남서쪽 방향이다.

**05** 차가운 플룸은 하강하는 저온의 맨틀 물질로, 주로 수렴형 경계에서 섭입된 판의 물질이 상부 맨틀과 하부 맨틀의 경계 부근에 쌓여 있다가 가라앉아 생성된다.

ㄱ. 차가운 플룸은 섭입된 판의 물질이 상부 맨틀과 하부 맨틀의 경계 부근에 쌓여 있다가 가라앉아 생성되므로, (가)가 (나)보다 먼저 나타난다.

ㄷ. 차가운 플룸이 핵과 맨틀의 경계에 도달하면 핵은 차가운 플룸에 대해 열적 반응을 일으키고, 핵과 맨틀 경계면의 온도 구조가 교란되어 뜨거운 플룸이 생성된다.

 ㄴ. 차가운 플룸이 생성되는 과정은 주로 수렴형 경계에서 잘 나타난다.

**06** 플룸 상승류가 있는 곳은 주변의 맨틀보다 온도가 높고, 플룸 하강류가 있는 곳은 주변의 맨틀보다 온도가 낮다. 지진파 속도의 분석을 통해 플룸의 상승과 하강을 알아낼 수 있다.

ㄱ. 지진파 속도가 느려지는 곳(붉은색)은 주변의 맨틀보다 온도가 높고, 지진파 속도가 빨라지는 곳(파란색)은 주변의 맨틀보다 온도가 낮다. A는 지진파 속도가 느려지는 곳이고, B는 지진파 속도가 빨라지는 곳이므로 온도는 A가 B보다 높다.

ㄴ. 하와이섬 아래에는 플룸 상승류에 의해 만들어진 열점이 있다.

ㄷ. A는 붉은색 지역으로, 지진파의 속도가 느리고 온도가 높은 곳이므로 뜨거운 플룸이 존재하여 플룸 상승류가 나타난다.



### 지진파의 속도와 플룸

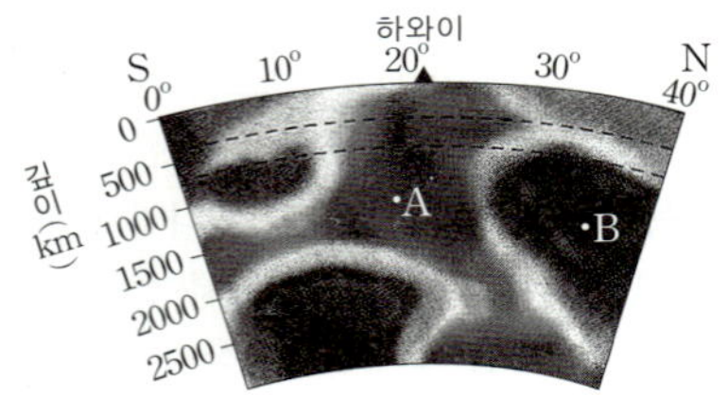


- A는 지진파 속도가 느려지는 곳(붉은색)이다. → 주변의 맨틀보다 밀도가 작고 온도가 높다. → 뜨거운 플룸이다. → 플룸 상승류가 나타난다.
- B는 지진파 속도가 빨라지는 곳(파란색)이다. → 주변의 맨틀보다 밀도가 크고 온도가 낮다. → 차가운 플룸이다.

**07** 변동대는 지진, 화산 활동, 조산 운동과 같은 지각 변동이 활발하게 일어나는 지역이다. 화산대와 지진대가 분포하는 지역인 변동대는 판의 경계와 거의 일치한다. 그 이유는 판의 경계에서 지진과 화산 활동을 비롯한 지각 변동이 활발하게 일어나기 때문이다.

 맨틀 상부의 연약권의 대류로 인해 판들은 이동하고, 판의 경계에서 판들의 상호 작용으로 지진과 화산 활동이 활발하다.

| 채점 기준 | 배점 |
|---|---|
| 변동대와 판의 경계와의 관계를 올바르게 적고, 그 이유를 상부 맨틀의 운동을 통해 설명한 경우 | 100% |
| 변동대와 판의 경계와의 관계만 올바르게 적은 경우 | 50% |

**08** 하와이 열도를 이루는 화산섬은 뜨거운 플룸의 상승으로 만들어진 열점에서의 마그마 분출로 만들어졌다. 열점은 지구 내부에 고정되어 있고, 화산섬은 판의 움직임에 의해 이동하게 되므로 열점에서 멀어질수록 화산섬의 연령은 많다.

(1)  뜨거운 플룸의 상승으로 만들어진 열점에서의 마그마 분출로 만들어졌다.

| 채점 기준 | 배점 |
|---|---|
| 열점과 플룸 운동을 이용하여 올바르게 설명한 경우 | 100% |
| 열점으로 생성되었다고만 설명한 경우 | 50% |

(2)  열점에서의 마그마 분출로 화산섬이 만들어지고 판의 이동에 의해 화산섬은 이동하므로, 열점에서 멀어질수록 화선섬의 연령이 많다. 따라서 카우아이섬이 하와이섬보다 연령이 많다.

| 채점 기준 | 배점 |
|---|---|
| 카우아이섬을 고르고, 그 이유를 열점까지의 거리를 이용하여 설명한 경우 | 100% |
| 카우아이섬만 고른 경우 | 50% |

## 04 변동대의 마그마 활동 및 화성암



**01** 순상, 종상　**02** 상승, 감소, 물　**03** 화산암, 심성암
**04** 현무암, 화강암

**01** (1) × (2) ○ (3) ○ (4) ×　**02** (1) ㉠ (2) ㉠ (3) ㉡
**03** (1) ○ (2) × (3) ○ (4) ○ (5) × (6) × (7) × (8) ○



**01** ①　**02** ④　**03** ④　**04** ③　**05** ④　**06** ①　**07** ②　**08** ③
**09** ④　**10** ④　**11** ④　**12** 해설 참조　**13** 해설 참조

**01** 마그마는 화학 조성($SiO_2$ 함량)에 따라 현무암질, 안산암질, 유문암질 마그마로 구분한다.

ㄱ. A는 $SiO_2$ 함량이 52 % 이하인 현무암질 마그마이고, B는 $SiO_2$ 함량이 66 % 이상인 유문암질 마그마이다.

오답 피하기 ㄴ. 마그마의 점성은 온도가 낮을수록, $SiO_2$ 함량이 클수록 커진다. 따라서 마그마의 온도가 낮고 $SiO_2$ 함량이 큰 B가 A보다 점성이 크다.

ㄷ. 마그마의 온도가 낮고, 점성이 클수록 화산 가스의 함량이 더 많으므로, 마그마의 온도가 낮고 점성이 큰 B가 A보다 화산 가스의 함량이 많아 더 격렬하게 분출한다. 따라서 화산재의 분출량은 B가 A보다 많다.

**02** $SiO_2$ 함량이 많은 마그마일수록 화산 가스의 함량이 많아 폭발적으로 분출하고, 점성이 커서 경사가 급한 화산체를 형성한다.

ㄴ. 화산체의 경사는 마그마의 점성이 클수록 급하다. (가)는 (나)에 비해 폭발적으로 마그마가 분출하므로 온도가 낮다. 따라서 (가)는 (나)보다 온도가 낮고 점성이 크므로, 화산체의 경사는 (가)가 (나)보다 급하다.

ㄷ. 마그마의 $SiO_2$ 함량이 많은 마그마일수록 화산 가스의 함량이 많아 폭발적으로 분출한다. (가)는 (나)에 비해 폭발적으로 마그마가 분출하므로, 마그마의 $SiO_2$ 함량은 (가)가 (나)보다 많다.

오답 피하기 ㄱ. 마그마의 온도가 낮을수록 화산 가스의 함량이 많아 폭발적으로 분출한다. (가)는 (나)에 비해 폭발적으로 마그마가 분출하므로, (가)는 (나)보다 마그마의 온도가 낮고 화산 가스의 함량이 많다.

**03** 고체 상태인 지각이나 맨틀 물질은 온도가 올라가거나, 압력이 내려가거나, 물이 첨가되어 용융점이 떨어지면 액체 상태로 변하여 마그마가 될 수 있다. 부분 용융으로 만들어진 마그마는 주위 암석보다 밀도가 낮기 때문에 위로 상승한다.

ㄴ. 깊이가 깊어질수록 온도와 압력이 높아지고, 맨틀의 용융점도 높아진다. 맨틀의 용융점은 같은 깊이에서 지구 내부의 온도보다 높기 때문에 마그마는 자연적으로 생성되기 어렵다.

ㄷ. 뜨거운 맨틀 물질이 지표 가까이 상승하면 압력은 빠르게 감소하지만 온도는 서서히 낮아지게 되어 부분 용융이 발생하여 현무암질 마그마가 생성된다. 맨틀 대류의 상승부인 해령에서는 A→B와 같은 압력 감소로 인하여 현무암질 마그마가 생성된다.

오답 피하기 ㄱ. 동일한 깊이에서 물이 포함된 현무암의 용융점은 물이 포함되지 않은 현무암의 용융점보다 낮다. 따라서 현무암에 물이 포함되면 용융점이 낮아진다.

**04** A는 섭입하는 해양 지각의 영향으로, B는 열점에서, C는 맨틀 대류의 상승부인 해령 하부에서 마그마가 생성된다.

ㄱ. A는 섭입대 부근에서 마그마가 생성되는 장소이다. 판이 섭입하면서 온도와 압력이 상승하여 해양 지각에서 물이 빠져나오며, 빠져 나온 물에 의해 연약권을 구성하는 암석의 용융점이 낮아지게 되어 마그마가 생성된다.

ㄷ. C인 열점에서는 맨틀을 이루는 물질이 상승하면서 압력이 감소하여 부분 용융이 일어나 현무암질 마그마가 생성된다.

오답 피하기 ㄴ. A에서는 주로 안산암질 마그마가 생성되고 B에서는 주로 현무암질 마그마가 생성되므로, A와 B에서 생성된 마그마의 성분은 서로 다르다.

**05** 마그마의 종류는 생성 위치와 조성에 따라 현무암질 마그마, 안산암질 마그마, 유문암질 마그마로 구분되며, 이들 마그마가 식어서 굳어진 암석을 화성암이라고 한다.

ㄴ. 마그마가 지표 부근으로 분출하여 용암이 빠르게 냉각되면서 굳어지는 화산암은 구성 광물의 입자 크기가 작다. 지하 깊은 곳에서 마그마의 관입으로 서서히 냉각되면서 굳어져 만들어지는 심성암은 구성 광물의 입자 크기가 크다. 따라서 마그마의 냉각 속도가 빠른 A는 D보다 구성 광물의 결정 크기가 작다.

ㄷ. 마그마의 $SiO_2$ 함량이 많을수록 대체적으로 마그마의 온도가 낮다. 따라서 $SiO_2$ 함량이 많고, 지표 부근에서 생성된 B는 C보다 저온의 마그마가 굳어서 생성되었다.

오답 피하기 ㄱ. 마그마의 $SiO_2$ 함량이 적을수록 감람석, 휘석, 각섬석과 같은 어두운색 광물이 많아 어두운색을 띠며, 마그마의 $SiO_2$ 함량이 많을수록 사장석, 정장석, 석영 등의 밝은색 광물의 함량이 많아 밝은색을 띤다. 따라서 $SiO_2$ 함량이 적은 A가 B보다 어두운색을 띤다.

**06** 화산암은 마그마가 지표로 분출하여 급격히 냉각되어 만들어진 암석으로, 마그마가 급격히 냉각되므로 결정이 성장하지 못하여 결정의 크기가 작은 세립질 조직을 이룬다. 심성암은 마그마가 지하 깊은 곳에서 천천히 냉각되어 만들어진 암석으로 마그마가 천천히 냉각되므로 결정이 크게 성장하여 조립질 조직을 이룬다.

ㄱ. A와 B는 각각 현무암이나 안산암이 된다. 현무암과 안산암 중 염기성암은 현무암이므로, A는 현무암, B는 안산암이다.

오답 피하기 ㄴ. A(현무암)는 B(안산암)에 비해 $SiO_2$ 함량이 적으므로, A는 B보다 규소와 산소의 함량이 적다.

ㄷ. 현무암과 안산암은 화산암에 속하고, 화강암은 심성암에 속한다. 따라서 (가)에 들어갈 수 있는 분류 기준에는 '조립질 암석인가?', '심성암인가?', '지하 깊은 곳에서 생성되었는가?' 등이 들어갈 수 있다.

**07** 마그마가 굳어져서 생성된 암석이므로 화성암이고, 전체적으로 밝은색을 띠고 있으므로 $SiO_2$ 함량이 66 %보다 큰 산성암이라고 볼 수 있다. 또한, 마그마가 천천히 굳어져 생성된 심성암으로 조립질 조직으로 이루어진 암석이다. 따라서 이 암석은 화강암이라 볼 수 있다.

ㄷ. 마그마가 천천히 굳어서 생성되었으므로 조립질 조직이 잘 나타난다.

 ㄱ. 전체적으로 밝은색을 띠고 있으므로 산성암이다.

ㄴ. 마그마가 굳어져서 생성된 화성암은 화석이 산출되기 어렵다. 화석이 산출되는 암석은 주로 퇴적암이다.

**08** 화성암은 화학 조성($SiO_2$ 함량)에 따라 염기성암, 중성암, 산성암으로 구분하고, 생성 장소에 따라 화산암과 심성암으로 구분한다.

ㄱ. A(염기성암) → B(중성암) → C(산성암)로 갈수록 석영, 정장석과 같은 밝은색 광물의 함량이 많아지므로, A → B → C로 갈수록 $SiO_2$ 함량은 많아진다.

ㄴ. A와 D는 모두 염기성암으로 화학 조성이 비슷하므로, 구성 광물의 종류가 비슷하다.

 ㄷ. 심성암은 지하 깊은 곳에서 천천히 냉각되어 생성되므로 화산암보다 광물 결정의 크기가 크다. C는 화산암이고 F는 심성암이므로, C보다 F가 광물 결정의 크기가 크다.

**09** 제주도는 신생대인 180만 년 전부터 수천 년 전까지 여러 차례에 걸쳐 일어난 화산 활동으로 형성된 화산섬으로, 현무암 절벽과 폭포 등이 발달하였으며, 육각기둥 모양의 주상 절리가 나타난다. 제주도의 한라산은 화산체의 경사가 완만한 순상 화산의 형태를 이루고 있다. 또한 해안가를 따라 유동성이 큰 용암이 흐를 때 발생한 용암이 빠져나가서 생성된 용암 동굴이 있다.

 ①, ② 북한산과 설악산 등에서 볼 수 있는 화강암은 중생대에 지각을 뚫고 관입한 화강암질 마그마가 굳어 형성되었다.

③ 울릉도는 종상 화산체이다.

⑤ 한탄강 일대에는 현무암의 주상 절리가 나타나지만, 용암 동굴이나 순상 화산체가 존재하지 않는다.

**10** 북한산은 주로 약 1억 8천만 년 전 ~ 1억 6천만 년 전 중생대에 지하 깊은 곳에서 형성된 화강암으로 이루어져 있다.

ㄴ. 화강암은 현무암에 비해 $SiO_2$ 함량이 많아서 밝은색을 띤다.

ㄷ. 표면의 절리는 판상 절리이다. 지하 깊은 곳에서 형성된 암석이 지표로 노출되면 암석을 누르고 있던 압력이 낮아지면서 판상 절리가 형성된다.

 ㄱ. 북한산의 화강암은 중생대에 만들어졌다.

**11** 강원도 철원 지역과 한탄강 일대는 신생대 제4기에 현무암질 용암이 분출하여 만들어진 용암 대지가 발달한다.

ㄴ. 이 지역은 현무암질 용암이 분출하여 만들어진 현무암이 발견되므로, 과거에 화산 활동이 있었다고 볼 수 있다.

ㄷ. 육각기둥 모양의 절리는 주상 절리이다. 화산 폭발 시 용암의 표면이 먼저 냉각되면서 수축되면 표면에서 아래쪽으로 갈라지면서 수축이 일어나 주상 절리가 형성된다.

 ㄱ. 현무암은 신생대에 생성되었다.

**12** 현무암질 마그마는 온도가 높고 $SiO_2$ 함량이 낮으므로 점성이 작고 유동성이 크다. 따라서 현무암질 마그마는 조용히 분출하여 경사가 완만한 순상 화산이나 용암 대지를 만든다. 유문암질 마그마는 온도가 낮고 $SiO_2$ 함량이 많으므로 점성이 크고 유동성이 작다. 따라서 폭발적으로 분출하여 경사가 급한 종상 화산을 만든다.

 (가)의 화산체를 이루는 마그마는 (나)에 비해 온도가 낮고 점성이 크기 때문에 화산체의 경사가 크다.

| 채점 기준 | 배점 |
| --- | --- |
| 화산체의 모습이 다른 이유를 마그마의 성질과 관련지어 설명한 경우 | 100% |
| 화산체의 모습만 비교한 경우 | 50% |

**13** ① (가)의 설악산에서 나타나는 판상 절리는 지하 깊은 곳에서 마그마가 식어서 만들어진 화강암이 지상으로 노출되어 압력의 감소로 만들어졌다. (나)의 한라산에서 나타나는 현무암의 주상 절리는 마그마가 급격히 식으면서 만들어졌다.

 (가)는 압력의 감소로 만들어진 판상 절리, (나)는 마그마가 급격히 식어서 만들어진 주상 절리이므로, (가)의 암석은 (나)의 암석보다 지하 깊은 곳에서 생성되었다. 따라서 광물 결정의 크기는 (가)가 (나)보다 크다.

| 채점 기준 | 배점 |
| --- | --- |
| 광물의 크기를 올바르게 비교하고, 이유를 생성 장소(냉각 속도)를 통해 설명한 경우 | 100% |
| 광물의 크기만 올바르게 비교한 경우 | 50% |

② (가)의 화강암은 $SiO_2$ 함량이 66 % 이상인 산성암으로 밝은색 광물의 함량이 많아 밝은색을 띤다. (나)의 현무암은 $SiO_2$ 함량이 52 % 이하인 염기성암으로 어두운색 광물이 많아 어두운 색을 띤다.

 마그마의 $SiO_2$ 함량이 많을수록 암석의 색이 밝으므로, 암석의 색이 밝은 (가)가 (나)보다 $SiO_2$ 함량이 많다.

| 채점 기준 | 배점 |
| --- | --- |
| $SiO_2$ 함량을 올바르게 비교하고, 그 이유를 암석의 색(밝은색 광물의 함량)을 통해 설명한 경우 | 100% |
| $SiO_2$ 함량만 올바르게 비교한 경우 | 50% |

 본교재 034~035쪽

㉠ 판게아  ㉡ 연약권  ㉢ 천발  ㉣ 깊어진다.  ㉤ +90°  ㉥ 해령
㉦ 해구  ㉧ 열점  ㉨ 현무암질  ㉩ 세립질  ㉪ 조립질
㉫ 염기성  ㉬ 주상  ㉭ 중생대

 본교재 036~039쪽

**01** ②  **02** ④  **03** ③  **04** ①  **05** ②  **06** ⑤  **07** ③  **08** ⑤
**09** ④  **10** ⑤  **11** ③  **12** ④  **13** ②  **14** ④

**01** 대륙 이동설 → 맨틀 대류설 → 해양저 확장설을 거치면서 판 구조론이 정립되었다.

ㄷ. 생물학적으로 생물이 기후나 환경이 다른 지역에서 동일한 모습으로 생존하기 어렵다. 따라서 서로 다른 대륙에서 메소사우루스의 화석이 발견되는 것은 과거 대륙이 하나로 뭉쳐 있었을 때 넓은 지역에 걸쳐 분포하던 생물의 화석이 대륙이 분리되어 이동한 결과라고 볼 수 있다.

 ㄱ. 이론의 등장 시기는 대륙 이동설(다) → 맨틀 대류설(나) → 해저 확장설(가) 순이다.

ㄴ. 해저에 기록된 고지자기가 띠 모양의 줄무늬를 이룰 뿐만 아니라 해령을 가운데 두고 좌우 대칭으로 분포한다. 이는 해령에서 새로운 해양

지각이 생성되고, 해령을 중심으로 해양 지각이 양쪽으로 이동한다는 해양저 확장설을 뒷받침하는 증거가 된다.

**02** 구간 A−B는 해저 산맥인 해령과 열곡이 나타나 있고, 구간 C−D는 깊은 협곡인 해구가 나타나 있다.

ㄴ. 구간 A−B의 120 km 부근에서 해령과 열곡이, 구간 C−D의 200 km 부근에서 해구가 나타난다.

ㄷ. 해령에서 새로운 해양 지각이 만들어지고, 해령을 축으로 이동한 해양 지각이 해구에서 맨틀로 침강하는 것은 해양저 확장설의 바탕이 되었다.

[오답 피하기] ㄱ. A−B 구간의 120 km 부근에서 열곡이 나타나 있으므로, A와 B 사이인 120 km 부근에서 화산 활동이 활발하다. C−D 구간에서는 D가 포함된 판이 C가 포함된 판 아래로 섭입하면서, 200 km 부근에서 해구가 나타난다. 섭입대 부근에서는 판의 밀도가 작은 판에서 화산 활동이 활발하므로, 밀도가 작은 판에 위치한 C에서 화산 활동이 활발하다. 따라서 A~D 중 화산 활동은 C에서 가장 활발하다.

**03** 해령에서 새로운 해양 지각이 생성되므로 해령에서 멀어질수록 지각의 나이는 증가한다. 해양 지각이 생성될 때, 암석 속 자성 광물에 기록된 잔류 자기를 토대로 지구 자기장의 역전 현상을 살펴볼 수 있다.

ㄱ. 지각의 확장 속도가 빠른 곳은 같은 시간 동안 해령으로부터 멀어진 거리가 가장 큰 곳이다. 최근 300만 년 동안 해령 C에서 형성된 지각이 가장 멀리 이동하였으므로 지각의 확장 속도는 A보다 C가 빠르다.

ㄷ. 해령 B는 최근 300만 년 동안 약 90 km를 이동하였다. 이를 통해 확장 속도를 계산해 보면 판의 평균 확장 속도는 $\dfrac{9000000 \text{ cm}}{3000000 \text{ 년}}$으로, 3.0 cm/년이다.

[오답 피하기] ㄴ. 150만 년 전에는 지구 자기장이 역자극기일 때로 지각에 남겨진 고지자기 방향은 남쪽을 가리켰다.

**04** 해양판과 대륙판의 수렴형(섭입형) 경계에서는 해양판이 대륙판 아래로 비스듬히 섭입하면서 베니오프대를 따라 지진이 발생한다.

ㄱ. A′에서 A로 갈수록 진원의 깊이가 깊어지므로 A′이 속한 판이 A가 속한 판 아래로 섭입하고 있으며, A′이 속한 판은 A가 속한 판보다 밀도가 크다.

[오답 피하기] ㄴ. 섭입하는 판의 동일한 깊이에 대하여 판의 경계까지의 거리가 짧을수록 섭입하는 판의 기울기는 급하다. B와 B′에서의 섭입하는 판의 깊이는 동일하지만, 판의 경계까지의 거리는 B보다 B′이 더 가까우므로, 섭입하는 판의 기울기는 B′ 주변에서 급하다.

ㄷ. 판의 경계에서 한쪽으로 갈수록 진원이 깊어지고 있으므로, (가)의 판의 경계는 해구이다. 따라서 (가)의 판의 경계는 맨틀 대류가 하강하는 지역에서 나타난다.

**05** 산안드레아스 단층은 보존형 경계로 천발 지진이 주로 발생한다.

ㄷ. D는 판과 판이 어긋나는 보존형 경계로, 변환 단층이 발달한다. 변환 단층에서는 주로 천발 지진이 발생한다.

[오답 피하기] ㄱ. 해령에서 멀어질수록 해양 지각의 연령은 많아지고 해저 퇴적물의 두께는 두꺼워진다. A보다 B가 해령에서 먼 곳에 위치하므로, A보다 B에서 해양 퇴적물의 두께가 두껍다.

ㄴ. B가 속해 있는 판은 해양판이고, C가 속해 있는 판은 대륙판이다. 따라서 판의 두께는 대륙판인 C가 해양판인 B보다 두껍다.



### 산안드레아스 단층의 형성 과정

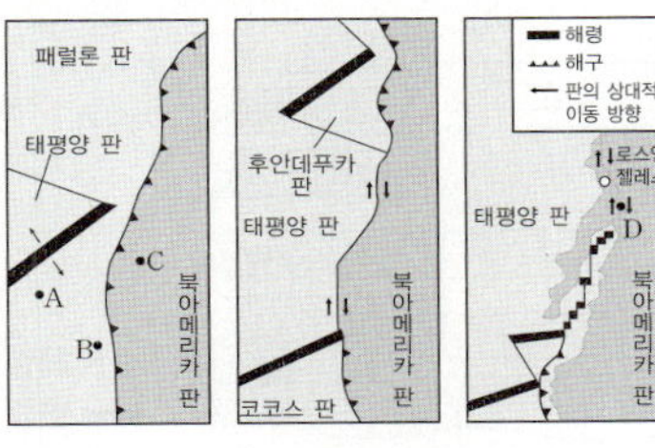


• 산안드레아스 단층은 약 3000만 년 전인 신생대 중반에 형성되기 시작하였다. 이때 태평양 판과 패럴론 판 사이의 해령이 북아메리카 서부 해안에서 떨어진 섭입대에 도달하기 시작하였다.

• 태평양 판과 패럴론 판 사이의 해령이 섭입대를 만나면 패럴론 판은 후안데푸카 판과 코코스 판으로 분리되고, 태평양 판과 북아메리카 판은 상대적인 이동 방향이 서로 어긋나 산안드레아스 단층을 형성하였다.

**06** 과거에 붙어있었던 A 대륙과 B 대륙이 분리되었기 때문에, 현재 A 대륙에서 측정한 과거의 어느 시점의 고지자기 방향과 현재 B 대륙에서 측정한 과거의 어느 시점의 고지자기 방향은 서로 다른 지점으로 수렴한다.

ㄱ. 과거에 붙어있었던 A 대륙과 B 대륙이 현재는 분리된 것으로 보아, 한때 A 대륙과 B 대륙 사이에 판의 발산형 경계가 있었음을 알 수 있다.

ㄴ. 과거에 A 대륙과 B 대륙이 붙어있었고 그 당시에 습곡 산맥이 형성되었다면, 원래 하나의 산맥이었던 곳이 대륙 이동에 의해 분리될 수 있다. 따라서 A 대륙에서 발견되는 습곡 산맥이 B 대륙에 연속적으로 분포할 수 있다.

ㄷ. 지질 시대 동안 자북극은 하나뿐이었으므로, 같은 시기에 하나의 대륙에서 형성된 잔류 자기의 방향은 한 지점으로 수렴한다.

**07** 해령의 열곡에서는 새로운 해양 지각이 생성되고, 해령을 중심으로 해저가 확장되는데, 이 때 생성되는 해양 지각의 암석 속 자성 광물이 지구 자기장에 의해 자화되어 고지자기를 남긴다.

ㄱ. A는 정자극기에 형성되었고, 암석에 남아있는 고지자기의 복각의 부호는 (+)이다. 따라서 A는 생성 당시 북반구에 위치하였다.

ㄷ. C와 D는 해령에서 떨어진 거리가 같다. 따라서 C와 D는 동일한 시기에 생성되었고, C는 생성된 이후에 북쪽으로, D는 생성된 이후에 남쪽으로 이동하였다.

[오답 피하기] ㄴ. 진앙과 고지자기의 줄무늬 분포를 통해 해령은 동서 방향으로 발달되어 있음을 알 수 있다. 해령에서 멀리 떨어진 해양 지각일수록 해양 지각의 나이가 많아지고, 고지자기 복각이 클수록 고위도에서 생성되었다. 해령에서 암석이 생성된 순서는 A → B → C가 되고, 복각의 크기는 $+53° → +50° → +45°$로 감소하였으므로, B가 생성된 이후에 해령은 저위도로 이동하였다.

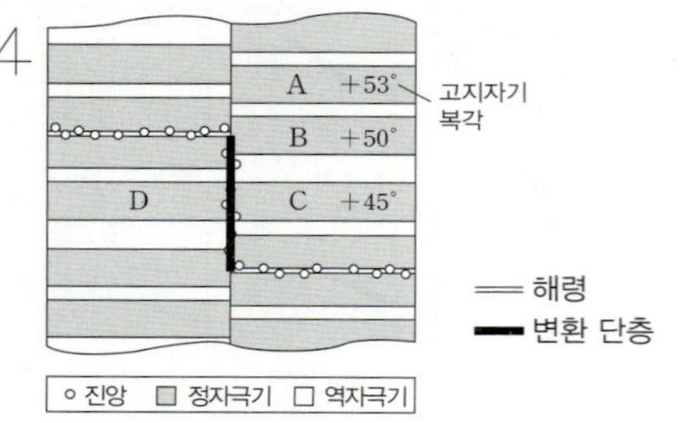



- 해령과 변환 단층에서는 주로 천발 지진이 발생한다. → 진앙이 나타나는 곳이 해령과 변환 단층이고, 변환 단층은 해령과 수직인 방향으로 나타난다.
- 고지자기 줄무늬는 해령과 거의 나란하며, 해령을 축으로 대칭을 이룬다. → 해령은 동서 방향으로 발달한다.
- 해령에서 멀어질수록 해양 지각은 오래되었다. → 해양 지각의 생성 순서는 A → B → → C 순이다.
- 해양 지각에 남아있는 고지자기 복각은 $+53°$ → $+50°$ → $+45°$로 변하였다. → 고위도에서 생성된 암석일수록 고지자기 복각이 크므로, 해령은 이 기간 동안 저위도로 이동하였다.

**08** 약 2억 7천만 년 전에 대륙이 모여 판게아가 형성되었다.(나) → 약 2억 년 전부터 판게아가 분리되기 시작하였고, 약 1억 5천만 년 전에 대서양이 부분적으로 열리면서 아프리카 대륙과 남아메리카 대륙이 분리되기 시작하였다.(다) → 다른 대륙들이 남극 대륙에서 분리되어 북쪽으로 이동하였고, 약 9천만 년 전에는 남대서양이 확장되고, 마다가스카르가 아프리카 대륙에서 분리되고, 오스트레일리아는 남극 대륙에서 분리되었다.(가) 이후 북쪽으로 이동하던 인도 대륙은 유라시아 판과 충돌하여 현재와 비슷한 수륙 분포를 이루게 되었다.(라)

ㄱ. 약 2억 7천만 년 전에 초대륙을 형성한 판게아는 그 이후 분리되어 현재의 모습이 되었다. 대륙의 분포 변화를 오래된 것부터 순서대로 나열하면 (나) → (다) → (가) → (라) 순이다.

ㄴ. 오스트레일리아 대륙은 고생대 말에 남극 근처에 위치했으므로, 고생대 말의 빙하의 흔적이 발견될 수 있다.

ㄷ. 고생대 말에는 대륙과 대륙 주변부가 남반구에 주로 위치하였다. 대륙이 분리되면서 대륙들의 위도별 분포가 다양해지고 해안선이 길어지면서, 생물의 서식 환경이 다양해졌다.

**09** 지진파 속도의 분석을 통해 플룸의 상승과 하강을 알아낼 수 있다. 지진파 속도가 느려지는 곳은 주변의 맨틀보다 온도가 높고, 지진파 속도가 빨라지는 곳은 주변의 맨틀보다 온도가 낮다.

ㄴ. B는 섭입하는 태평양 판을 나타낸 것이다. B에서 지진파의 속도는 빨라지므로 B는 주변부보다 밀도가 크고 온도가 낮은 영역으로, 해구에서 섭입하는 물질에 의해 생성되는 차가운 플룸이다.

ㄷ. B는 지진파의 속도가 빨라지는 곳으로 주변보다 온도가 낮으며, C는 지진파의 속도가 느려지는 곳으로 주변보다 온도가 높다. 또한 C는 B보다 지하 깊은 곳에 위치하므로, C는 B보다 온도가 높다.

오답 피하기  ㄱ. A는 호상 열도와 대륙 사이에 위치한 동해이다. A에서 지진파의 속도는 느려지므로, A는 주변부보다 밀도가 작고 온도가 높은 영역이다.

**10** A, B, C, D 화산섬 모두 열점에서 형성된 것으로, 열점에서 멀리 떨어진 화산섬일수록 먼저 형성된 것이다.

ㄱ. 형성된 화산섬에 남겨진 고지자기의 복각의 부호는 (+)이다. 화산섬이 형성되는 동안 지구의 자기장은 고지자기 방향이 북쪽을 가리키므로 정자극기임을 알 수 있다. 따라서 화산섬을 형성한 열점과 화산섬은 북반구에 위치한다.

ㄴ. 판에 열점이 있을 경우, 열점으로부터 형성된 화산섬들의 위치를 통해 판의 이동 방향을 알 수 있다. 그림을 통해 형성된 화산섬은 A의 위치에서 형성된 후 북쪽 방향으로 이동하고 있다고 판단할 수 있다. 따라서 화산섬이 위치한 판은 A → D 방향으로 이동하고 있다.

ㄷ. 용암이 식어 굳거나 퇴적물이 퇴적될 때 자성을 띠는 광물은 당시의 지구 자기장의 방향으로 자화되고, 그 후 지구 자기장의 방향이나 세기가 변해도 처음의 자화 방향은 그대로 보존된다. 따라서 화산암 생성 당시 고지자기 방향은 자성 광물을 이용하여 추정할 수 있다.

**11** 플룸 구조론은 플룸의 하강과 상승에 의해 지구 내부의 변동이 일어난다는 이론이다. 플룸은 지구 내부에서 상승하거나 하강하는 맨틀 물질 덩어리로, 온도가 낮은 차가운 플룸과 온도가 높은 뜨거운 플룸으로 구분한다. A는 차가운 플룸, B는 뜨거운 플룸이다.

ㄱ. 차가운 플룸은 맨틀과 핵의 경계까지 하강하며, 뜨거운 플룸은 맨틀과 핵의 경계에서 맨틀 상부까지 상승한다. 따라서 플룸 구조론에서의 플룸의 상승과 하강은 맨틀 전체에서 발생한다.

ㄷ. B는 뜨거운 플룸으로, 뜨거운 플룸의 상승으로 인해 지질 시대에 있었던 초대륙이 분리되었을 것이라 추정하고 있다.

오답 피하기  ㄴ. A는 차가운 플룸으로, 차가운 플룸이 맨틀과 핵의 경계까지 하강하게 되면 핵은 차가운 플룸에 대해 열적 반응을 일으키고, 핵과 맨틀 경계면의 온도가 교란되어 뜨거운 플룸이 생성된다. 하지만, A가 뜨거운 플룸으로 변하는 것은 아니다.

**12** $SiO_2$ 함량이 높은 마그마일수록 점성이 크고 유동성이 작아 경사가 급한 화산체를 형성한다. 등고선 분포로 보아 (가)보다 (나)가 화산체의 경사가 급하므로, (나)는 $SiO_2$ 함량이 높고 유동성이 작은 마그마가 분출하여 형성되었다. 따라서 (가)는 현무암질 마그마, (나)는 유문암질 마그마가 분출하여 형성된 화산체이다.

ㄴ. 화산 활동이 격렬하게 일어날수록 화산 분출물에서 화산 쇄설물이 차지하는 비율이 높다. (가)보다 (나)를 형성한 마그마는 온도가 낮고 화산 가스의 함량이 많으므로, 화산 분출물에서 화산 쇄설물이 차지하는 비율은 (나)가 (가)보다 높다.

ㄷ. (나)는 (가)보다 유동성이 작고 점성이 큰 마그마가 분출하였으므로, (나)는 (가)보다 $SiO_2$ 함량이 높은 마그마가 분출하였다.

오답 피하기  ㄱ. 제주도의 한라산을 형성한 마그마는 주로 현무암질 마그마이므로, (가)를 형성한 마그마와 유사하다.

**13** 판이 섭입하면서 온도와 압력이 상승하여 해양 지각에서 물이 빠져나오고, 빠져 나온 물에 의해 연약권을 구성하는 암석의 용융점이 낮아진다. 이로 인해 연약권의 암석이 부분 용융되고, 용융된 물질로 인해 현무암질 마그마가 생성된다. 현무암질 마그마가 상승하면서 지각 하부를 용융시켜 화강암질 마그마가 생성되고, 화강암질 마그마와 현무암질 마그마가 혼합되어 안산암질 마그마가 생성된다. 따라서 A는 안산암질 마그마, B는 현무암질 마그마이다.

ㄷ. A는 안산암질 마그마, B는 현무암질 마그마이므로 마그마의 온도

는 A보다 B가 높다.

**오답 피하기** ㄱ. A는 화강암질 마그마와 현무암질 마그마가 혼합되어 생성된 안산암질 마그마이다.

ㄴ. B는 현무암질 마그마로 물에 의해 암석의 용융점이 낮아져 생성된다.

---

**정리하기**

**섭입대에서의 마그마 생성 과정**

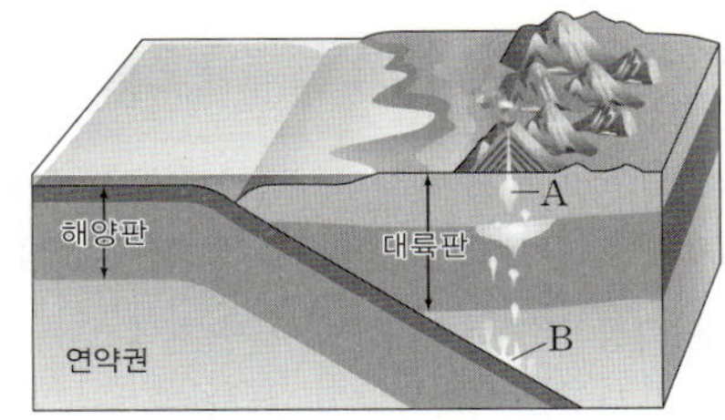


① B의 마그마가 생성되는 과정
- 섭입대에서 섭입되는 퇴적물과 해양 지각으로부터 공급된 물에 의해 맨틀 물질의 용융 온도가 낮아진다.
- 해양판이 맨틀로 침강하면 온도와 압력이 상승한다. → 해양판에 포함된 물이 빠져나와 섭입하는 판 바로 위에 있는 연약권에 유입된다. → 연약권과 해양 지각이 부분 용융되어 현무암질 마그마(B)가 생성된다.
② A의 마그마가 생성되는 과정
- 섭입대에서 만들어진 현무암질 마그마는 주변의 암석보다 가벼우므로 상승한다. → 상승한 마그마의 일부는 대륙 지각의 하부를 용융시켜 화강암질 마그마를 생성한다. → 화강암질 마그마와 현무암질 마그마가 혼합되면서 안산암질 마그마(A)가 생성된다.

**14** 태평양에서 마그마가 분출하는 두 지역이므로, 발산형 경계 또는 열점에서의 마그마 분출이라고 볼 수 있다.

ㄴ. $b_1$–$b_2$ 구간은 1000 km까지 수심이 얕아지다가 다시 수심이 깊어진다. 해령에서 멀어질수록 수심이 깊어지므로, B 구간은 발산형 경계인 해령이라고 판단할 수 있다. 해령에서 분출되는 마그마는 주로 현무암질 마그마이므로, 마그마의 평균 $SiO_2$ 함량은 52 %보다 적다.

ㄷ. A는 열점, B는 해령 하부에서 생성된 마그마가 분출하는 지역이다. 열점과 해령 하부에서는 뜨거운 물질이 상승하여 압력이 감소하여 용융 온도에 도달하여 현무암질 마그마가 생성된다.

**오답 피하기** ㄱ. $a_1$–$a_2$ 구간의 800 km에서 수심이 갑자기 121 m까지 얕아지는 지역이 나타나며, 이는 열점에서의 마그마 분출로 만들어진 화산암체라고 판단할 수 있다. 따라서 A는 열점에 의해 마그마가 분출하는 지역이므로, 판의 경계에 위치한다고 볼 수 없다.

---



## 01 지구의 역사

### 01 지질 구조와 퇴적 환경

**개념 바로 확인**  본교재 043, 045쪽

**01** 다짐(압축), 교결  **02** 점이 층리  **03** 주상, 감소  **04** 융기, 침강

**01** (1) ○ (2) × (3) ○   **02** (1) 호수 (2) 삼각주 (3) 심해저(대륙대)
**03** (1) ○ (2) × (3) × (4) ○   **04** 3번의 융기와 2번의 침강

**04** 부정합의 형성은 다음과 같은 과정에 의해 일어난다.

| 지층의 퇴적 → 융기 → 침식 → 침강 → 퇴적 |
| --- |
| 1번        1번 |

어느 지역에 부정합면이 2개가 발견되었다면, 각 부정합면 사이에 각각 융기가 1번씩, 침강이 1번씩 일어났다. 또한, 마지막 지층이 퇴적 후 현재 지표면으로 나타나기 위해서는 융기가 1번 더 일어났다고 볼 수 있다. 따라서 이 지역은 최소 3번의 융기와 2번의 침강이 일어났다.

**내신 실력 Up**  본교재 047~049쪽

**01** ③  **02** ④  **03** ③  **04** ①  **05** ⑤  **06** ③  **07** ③  **08** ①  **09** ②
**10** ⑤  **11** 해설 참조  **12** 해설 참조  **13** 해설 참조

**01** 퇴적물이 쌓인 후 다져지고 굳어져 퇴적암이 만들어지기까지의 전 과정을 속성 작용이라고 한다.

ㄱ. 퇴적물이 쌓이는 곳은 대부분 해저이며, 호수와 같은 육상 환경에서 퇴적되기도 한다.

ㄷ. (나)→(다)의 과정은 교결 작용이다. 이 과정에 의해 지하수에 녹아 있던 규질이나 석회 물질, 그리고 산화 철 등이 퇴적물 사이에 침전되면 입자 사이의 간격을 메우며 입자들이 서로 붙게 하여 굳어진다.

**오답 피하기** ㄴ. (가)→(나)의 과정은 다짐 작용이다. 이 과정에 의해 퇴적물이 오랫동안 계속 쌓이면 아랫부분의 퇴적물은 위에 쌓인 퇴적물에 눌리면서 입자 사이의 간격이 좁아져 치밀해지므로, (가)→(나)에서 공극은 감소하게 된다.

**02** 퇴적물이 굳어져 만들어진 암석을 퇴적암이라 하고 퇴적암은 여러 과정을 거쳐 만들어진다.

ㄴ. A 과정은 다짐 작용으로, 퇴적물이 오랫동안 계속 쌓이면 아랫부분의 퇴적물은 위에 쌓인 퇴적물에 눌리면서 입자 사이의 간격이 좁아져 치밀해지기 때문에 퇴적물의 밀도는 증가한다.

ㄷ. B 과정은 교결 작용으로, 지하수에 녹아 있던 탄산 칼슘, 규산염 광물 등이 퇴적물 사이에 침전되면 입자 사이의 간격을 메우며 입자들이 서로 붙게 하여 굳어진다.

**오답 피하기** ㄱ. 자갈, 모래, 점토 등의 퇴적물이 속성 과정을 거쳐 퇴적암이 만들어지는 과정이므로, 이 퇴적암은 역암이다. 사암은 주로 모래, 점토 등의 퇴적물이 속성 과정을 거쳐 만들어진 퇴적암이다.

**03** 석탄, 셰일, 응회암에서 셰일과 응회암은 쇄설성 퇴적암, 석탄은 유기적 퇴적암에 해당한다.

ㄱ. 석탄, 셰일, 응회암 중 유기적 퇴적암에 해당하는 것은 석탄이므로, A는 석탄이다.

ㄷ. C는 응회암으로 화산재가 퇴적되어 형성된 암석이므로, 화산 활동으로 생성된 것이다.

오답 피하기 ㄴ. 셰일은 점토가 퇴적되어 형성된 암석이므로, B는 셰일이다. 셰일은 이암과 달리 층리가 발달하는 암석이다.

> 정리하기
>
> **셰일과 이암**
> - 셰일과 이암은 모두 입자가 매우 작은 점토질 물질이 쌓여 형성된다.
> - 셰일은 층리가 발달하지만 이암은 층리가 잘 나타나지 않는다.
> - 층리: 퇴적 환경과 퇴적물의 종류에 따라 입자의 크기, 색깔, 성분 등이 다른 퇴적물이 쌓여 형성된 지층에 나타나는 줄무늬 구조이다.

**04** 퇴적물은 호수, 사막, 하천, 해저 등 여러 곳에서 퇴적되는데, 이때 퇴적이 일어나는 장소와 퇴적 당시의 환경에 따라 다양한 퇴적 구조가 만들어진다. (가)는 건열, (나)는 사층리, (다)는 점이 층리이다.

ㄱ. 건열은 퇴적층의 표면이 대기에 노출되어 건조해지면서 갈라질 때 생성되므로, (가)는 건조한 환경에서 형성되었다고 볼 수 있다.

오답 피하기 ㄴ. 사층리는 수심이 얕은 곳이나 바람의 방향이 자주 변하는 사막에서, 점이 층리는 수심이 깊은 바다나 호수에서 만들어진다. 따라서 (다)가 (나)보다 수심이 더 깊은 바다에서 퇴적되었다는 것을 알 수 있다.

ㄷ. 퇴적 구조를 분석하면 지층의 역전 여부를 알 수 있다. 정상적인 지층이라면 건열의 단면에서 뾰족한 부분이 아래쪽, 사층리의 단면에서 기울기가 큰 부분이 위쪽, 점이 층리의 단면에서 위로 갈수록 입자의 크기가 작아진다. 따라서 지층이 역전된 것은 뾰족한 부분이 위쪽을 향하는 건열의 단면인 (가)이다.

> 정리하기
>
> **퇴적 구조와 지층의 역전 여부**
> - 퇴적 구조의 정상적인 경우를 안다면, 역전된 퇴적 구조의 모습을 알 수 있다.
> - 사층리: 기울기가 큰 부분이 위쪽이다.
> - 점이 층리: 한 지층 내에서 위로 갈수록 입자의 크기가 작아지는 퇴적 구조이다.
> - 연흔: 단면에서 뾰족한 부분이 위쪽이다.
> - 건열: 단면에서 뾰족한 부분이 아래쪽이다.

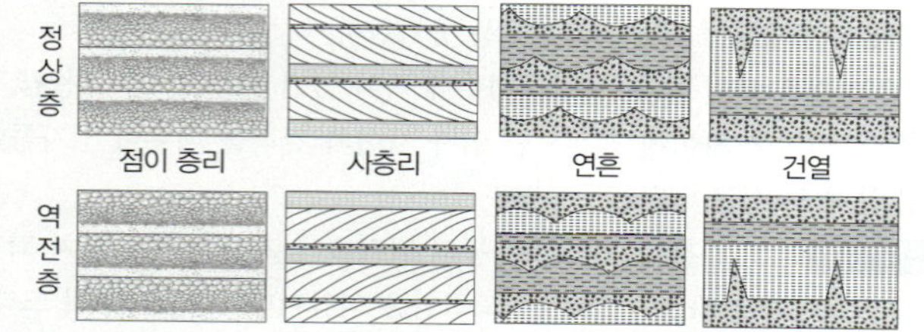


**05** 수심이 얕은 곳이나 바람의 방향이 자주 변하는 사막에서 형성된 층리는 평행하지 않고 비스듬히 기울어진 구조를 보이는데, 이를 사층리라고 한다. 사층리를 관찰하면 과거에 물이 흘렀던 방향이나 바람이 불었던 방향을 알 수 있다.

ㄱ. 층리가 평행하지 않고 비스듬히 기울어져 있으므로, 이 퇴적 구조는 사층리이다.

ㄴ. 역전되지 않은 지층의 사층리 단면에서 기울기가 큰 부분이 위쪽이므로, 이 퇴적 구조는 역전되지 않았다. 따라서 아래쪽에 퇴적된 지층이 먼저 퇴적된 것이므로, X, Y, Z층은 Z층→Y층→X층 순으로 퇴적되었다.

ㄷ. 사층리에서 퇴적물의 이동 방향은 기울기가 큰 쪽에서 작은 쪽 방향이다. 따라서 Z층 퇴적 당시 퇴적물의 이동 방향은 A 방향이다.

**06** 퇴적 환경은 육상 환경, 연안 환경, 해양 환경으로 구분하며, 퇴적 환경의 특성에 따라 다양한 퇴적 구조가 나타난다.

ㄱ. A는 육상 환경에 해당하는 호수로, 주로 쇄설성 퇴적물이 쌓이며, 주로 점이 층리, 건열, 연흔 등의 퇴적 구조가 나타난다.

ㄴ. B는 연안 환경에 해당하는 삼각주이다. 삼각주는 하천과 바다가 만나는 곳으로, 주로 사층리가 형성된다.

오답 피하기 ㄷ. C는 해양 환경에 해당하는 심해저(대륙대)이다. 대륙붕과 대륙 사면의 퇴적물이 다시 이동하여 쌓이는 수심이 깊은 곳으로, 주로 점이 층리가 나타난다.

**07** 제주도 수월봉 지역에서 나타나는 지층은 신생대 화산 활동으로 형성된 응회암층으로, 겹겹이 쌓인 층리가 나타난다.

ㄱ. 제주도는 신생대 제4기에 화산 활동에 의해 생성된 화산섬으로, 수월봉의 응회암 지층 역시 신생대 화산 활동에 의해 형성되었다.

ㄴ. 층리는 크기, 모양, 색깔 등이 서로 다른 퇴적물이 겹겹이 쌓여 만들어진 층상 구조로, 보통 수평으로 나란하게 형성된다. 제주도 수월봉 지층은 화산재가 쌓인 쇄설성 퇴적암인 응회암으로 이루어져 있어, 그림과 같이 층리가 뚜렷하게 나타난다.

오답 피하기 ㄷ. 용암이 굳어서 형성된 화산암으로는 현무암, 안산암, 유문암이 있다. 수월봉을 이루는 지층은 화산재가 퇴적되어 만들어진 응회암 지층이다.

**08** 습곡은 수평으로 퇴적된 지층이 암석 양쪽에서 미는 횡압력에 의해 휘어진 지질 구조이다.

ㄱ. 습곡은 횡압력을 받아 형성된다.

오답 피하기 ㄴ. 습곡에서 가장 많이 휘어진 부분을 습곡축이라 한다. A와 C는 지층이 많이 휘어졌지만, B는 주변보다 지층이 많이 휘어지지 않았다. 따라서 A~C 중 습곡축은 A와 C라고 볼 수 있다.

ㄷ. 습곡축 양쪽의 경사면을 날개, 위로 볼록한 부분을 배사, 아래로 볼록한 부분을 향사라고 한다. 따라서 X는 배사, Y는 향사이다.

**09** 단층은 암석에 힘이 작용하여 암석이 끊어지면서 생긴 면을 경계로 양쪽의 암석이 상대적으로 이동하여 어긋난 지질 구조이다.

ㄷ. (다)는 단층면을 따라 지층이 수평 방향으로 이동한 단층으로, 주향 이동 단층이다.

오답 피하기 ㄱ. 단층면이 경사져 있을 때 그 윗부분을 상반, 아랫부분을 하반이라고 한다. A는 단층면의 아랫부분에 위치하는 하반이고, B는 단층면의 윗부분에 위치하는 상반이다.

ㄴ. 단층은 단층면을 기준으로 상반과 하반의 상대적인 이동에 따라 구

분한다. (가)는 장력이 작용하여 상반이 아래로 내려간 정단층이고, (나)
는 횡압력이 작용하여 상반이 위로 올라간 역단층이다.

**10** 포획암은 마그마가 관입할 때 주위의 암석이 마그마에 의해 포획된
암석이다. 어떤 화성암 내에 포획되어 있는 암석 파편인 포획암은 이를
둘러싸고 있는 화성암보다 먼저 생성되었다.

ㄱ. A는 관입암인 화강암으로 B를 포획하였다.

ㄴ. B는 화강암인 A에 의해 포획된 포획암이다.

ㄷ. 포획암은 이를 포획한 화성암보다 먼저 생성되었으므로, B는 A보
다 먼저 생성되었다.

**11** 퇴적 구조는 퇴적 당시의 자연 환경을 알려준다. (가)는 수심이 얕은
물 밑에서 물결의 영향으로 퇴적물의 표면에 물결 모양의 자국이 생긴
후 퇴적층 속에 남아 있는 구조인 연흔이다. (나)는 한 지층 내에서 위로
갈수록 입자의 크기가 작아지는 퇴적 구조인 점이 층리이다. 점이 층리
는 저탁류와 같이 다양한 크기의 쇄설성 입자들이 깊은 바다나 호수에
가라앉을 때 크고 무거운 입자가 먼저 가라앉고 작고 가벼운 입자가 나
중에 쌓이면서 생성된다.

[모범 답안] (가)는 연흔으로 수심이 얕은 바다나 호수에서 퇴적되었고,
(나)는 점이 층리로 수심이 깊은 바다(대륙대)나 호수에서 퇴적되었다.

| 채점 기준 | 배점 |
| --- | --- |
| (가)와 (나)의 퇴적 환경을 모두 올바르게 설명한 경우 | 100% |
| (가)와 (나)의 퇴적 환경 중 하나만 올바르게 설명한 경우 | 50% |

**12** 발산형 경계의 지층에서는 장력이 작용하여 정단층이 발달한다. 수
렴형 경계의 지층에서는 횡압력이 작용하여 습곡과 역단층이 발달한다.
보존형 경계의 지층에서는 어긋나는 힘이 작용하여 주향 이동 단층이
발달한다.

[모범 답안] A는 맨틀 대류가 상승하는 발산형 경계로 장력이 작용하여
정단층이 발달하고, B는 맨틀 대류가 하강하는 수렴형 경계로 횡압력이
작용하여 역단층이 발달한다.

| 채점 기준 | 배점 |
| --- | --- |
| A와 B에서 나타나는 단층을 작용하는 힘과 관련지어 모두 올바르게 설명한 경우 | 100% |
| A와 B에서 나타나는 단층을 작용하는 힘과 관련지어 하나만 올바르게 설명한 경우 | 50% |

[정리하기]

**판의 경계와 지질 구조**

- 판의 운동으로 지층에 힘이 작용하여 지질 구조가 형성될 수
있다.
- 발산형 경계에서는 양쪽에서 잡아당기는 힘인 장력이 작용하
여 정단층이 주로 형성된다. 대표적인 예로 동아프리카 열곡
대가 있다.
- 수렴형 경계에서는 양쪽에서 미는 힘인 횡압력이 작용하여 습
곡과 역단층이 형성된다. 히말라야산맥이나 알프스산맥처럼
두 판이 부딪쳐 만들어진 습곡 산맥에서는 습곡과 역단층이
흔히 관찰된다.
- 보존형 경계에서는 지각을 비트는 힘이 작용하여 주변의 암석
이 융기하거나 습곡과 주향 이동 단층이 형성된다. 산안드레
아스 단층과 그 단층을 따라 형성된 습곡 구조가 대표적인 예
이다.

**13** 절리는 암석에 생긴 틈이나 균열로, 갈라진 틈을 따라 암석의 상대
적인 이동이 없다. 지각 변동에 의해 암석에 가해지는 압력이 변하거나
화성암의 냉각 및 수축 등에 의해 암석에 틈이나 균열이 생겨 절리가 형
성된다. (가)는 기둥 모양의 절리인 주상 절리로, 주로 용암이 급격히 냉
각되면서 수축하여 만들어진다. (나)는 얇은 판 모양의 절리인 판상 절
리로, 주로 지하 깊은 곳에 있던 암석이 지표로 드러나면 압력의 감소로
팽창하면서 만들어진다.

[모범 답안] (가)는 주상 절리로, 주로 용암이 급격히 냉각되면서 수축
하여 만들어진다. (나)는 판상 절리로, 지하 깊은 곳에 있던 암석이 지표
로 드러나면서 압력의 감소로 만들어진다.

| 채점 기준 | 배점 |
| --- | --- |
| (가)와 (나)의 절리의 생성 과정을 모두 올바르게 설명한 경우 | 100% |
| (가)와 (나)의 절리의 생성 과정 중 하나만 올바르게 설명한 경우 | 50% |

## 02 지질 시대와 환경

[개념 바로 확인] 본교재 051, 053, 055쪽

**01** 부정합면, 먼저  **02** 건층(열쇠층)  **03** 반감기  **04** 넓고, 높다

**05** 대, 기  **06** 양치, 겉씨, 속씨

**01** (1) × (2) × (3) ○ (4) × (5) ○　**02** B→A→C

**03** (1) 6500만 년 (2) 1억 3천만 년

**04** (1) A: 시상 화석, B: 표준 화석 (2) 공룡, 암모나이트

**05** (1) A: 선캄브리아 시대, B: 고생대, C: 중생대, D: 신생대

　　(2) A→B→C→D

**06** (1) × (2) ○ (3) ○ (4) ○

**01** (1) 지층이 퇴적 당시의 순서를 그대로 유지한 때에는 아래에 놓인
지층이 먼저 쌓인 것이지만, 지층이 역전되었다면 아래에 놓인 지층이
나중에 쌓인 것이다.

(4) 서로 멀리 떨어져 있는 지역은 암석의 종류나 특징만으로는 지층의
생성 순서를 비교하기 어렵다.

**02** 관입한 A가 관입당한 B보다 나중에 생성되었다. C층 아래에는 기
저 역암이 존재하므로, 지층 C는 A와 B가 생성된 후 긴 시간 간격을 두
고 생성되었다. 따라서 지층과 암석 A~C의 생성 순서는 B→A→C
이다.

[내신 실력 Up] 본교재 057~059쪽

**01** ⑤　**02** ②　**03** ①　**04** ⑤　**05** ④　**06** ②　**07** ④　**08** ①

**09** ②　**10** ①　**11** 해설 참조　**12** 해설 참조　**13** 해설 참조

**01** 상대 연대는 과거에 일어난 지질학적 사건의 발생 순서나 지층과 암석의 생성 시기를 상대적으로 나타낸 것으로, 지층 누중의 법칙, 관입의 법칙, 부정합의 법칙, 동물군 천이의 법칙 등 지사 연구의 여러 원리를 적용하여 판단한다.

ㄱ. 지층이 역전되지 않았으므로 아래에 놓인 지층이 먼저 쌓인 것이고, 위에 놓인 지층이 나중에 쌓인 것이다.(지층 누중의 법칙) 지층 누중의 법칙을 적용하여 A층이 B층보다 먼저 퇴적되었다는 것을 알 수 있다.

ㄴ. 일반적으로 퇴적물은 중력의 영향을 받아 쌓이기 때문에 퇴적층은 거의 수평층을 이루고 있다.(수평 퇴적의 법칙) B층은 휘어져 있으므로, 수평 퇴적의 법칙에 따라 B층은 생성된 후 지각 변동을 받았다고 볼 수 있다.

ㄷ. 부정합면을 경계로 상하 지층 사이에는 긴 시간 간격이 있다.(부정합의 법칙) B층과 C층은 부정합의 관계이므로, 부정합의 법칙에 따라 B층이 생성되고 긴 시간이 있은 이후에 C층이 생성되었다는 것을 알 수 있다.

**02** 관입의 법칙에 따르면 기존의 암석에 마그마가 관입하여 암체가 생겼을 경우 관입당한 암석이 관입하여 들어간 암석보다 시간적으로 오래된 것이다. 부정합의 법칙에 따르면 부정합면을 기준으로 상하 두 지층 사이에는 시간적으로 차이가 나며, 두 지층 사이의 암질이나 화석, 지질 구조 등이 달라진다.

ㄴ. (나)에서 화강암 내부에 포획된 셰일이 보이고, 셰일층의 가장자리에 변성 작용을 받은 부분이 나타나 있다. 이는 셰일층이 먼저 생성되고 화강암이 관입을 하였기 때문이다. 관입의 법칙에 따라 화강암은 포획된 셰일보다 나중에 생성되었다.

[오답 피하기] ㄱ. (가)에서 화강암층과 셰일층의 경계면에 화강암의 침식물이 나타나 있다. 이는 화강암층과 셰일층 사이에 부정합면이 나타나고, 화강암층의 침식물이 부정합면 위에 기저 역암으로 나타나 있는 것이다. 따라서 부정합의 법칙에 따라 화강암층이 생성되고 긴 시간이 있은 후에 셰일층이 형성되었음을 알 수 있다.

ㄷ. (가)에서는 셰일층과 화강암층 사이에 기저 역암이 나타나지만, (나)에서는 셰일층과 화강암층 사이에 기저 역암이 나타나지 않는다. 따라서 두 층 사이에 부정합면은 (가)만 존재한다.

**03** 비교적 서로 가까운 거리에 있는 두 지역은 지층의 생성 순서나 암석의 종류가 비슷한 경우가 많기 때문에, 지층을 구성하는 암석의 종류나 특징을 이용하여 지층을 대비한다.

ㄱ. 가장 오래된 지층은 A의 가장 아래에 위치하는 사질 셰일층이다.

[오답 피하기] ㄴ. A의 사암은 응회암이 생성되기 이전에 생성되었고 B의 사암은 응회암이 생성된 후에 생성되었으므로, A와 B 지역의 사암은 생성 시기가 다르다.

ㄷ. 암석에 의한 지층 대비에서는 응회암층이나 석탄층과 같이 비교적 짧은 시간에 퇴적되었으면서도 넓은 지역에 분포하는 지층인 건층(열쇠층)을 이용하면 지층 대비를 쉽게 할 수 있다. 따라서 응회암층을 건층으로 대비하는 것이 가장 적절하다.



### 암상에 의한 지층 대비
응회암층을 건층으로 하여 A, B, C 지역의 지층을 대비하면 그림과 같다.

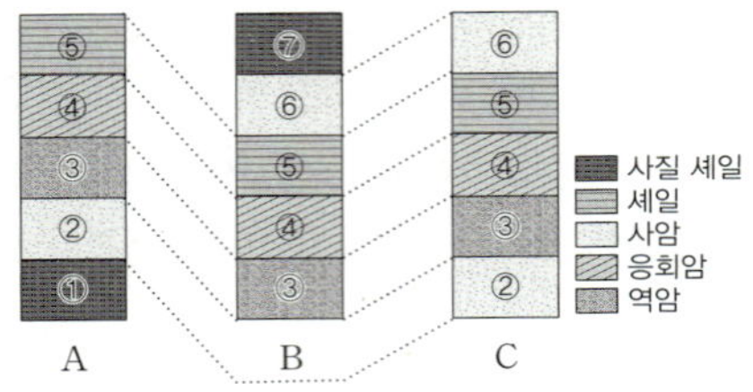


- A 지역에서 가장 오래된 지층이 존재한다.
- B 지역에서 가장 새로운 지층이 존재한다.
- 인접한 세 지역 A, B, C의 지층은 ① (사질 셰일) → ② (사암) → ③ (역암) → ④ (응회암) → ⑤ (셰일) → ⑥ (사암) → ⑦ (사질 셰일) 순으로 생성되었다.

**04** 암석의 생성 시기나 지질학적 사건의 발생 시기를 수치로 나타낸 것을 절대 연령이라고 하고, 절대 연령은 방사성 동위 원소를 이용하여 구할 수 있다.

ㄱ. 방사성 원소는 시간이 경과하면서 붕괴되므로 모원소의 양은 감소하고, 자원소의 양은 증가한다. 따라서 A는 모원소, B는 자원소이다.

ㄴ. 반감기는 모원소의 양이 처음 양의 절반으로 줄어드는 데 걸리는 시간이므로 방사성 원소의 반감기는 2억 년이다.

ㄷ. 암석 속의 A와 B의 함량비가 1:7이면 A의 양이 처음 양의 $\frac{1}{8}$로 감소하였으며, 3회의 반감기를 거쳤다. A의 반감기가 2억 년이므로 암석의 절대 연령은 6억 년이다.

**05** 화성암 A와 B에 포함된 방사성 원소의 양을 측정하여 절대 연령을 알아내면 지층 D의 생성 시기를 추정할 수 있다. 화성암 A는 방사성 원소의 양이 처음 양의 12.5 %이므로 반감기를 3회 거쳤고, 화성암 B는 방사성 원소의 양이 처음 양의 25 %이므로 반감기를 2회 거쳤다. 방사성 원소 X의 반감기가 1억 년이므로 화성암 A의 절대 연령은 3억 년, 화성암 B의 절대 연령은 2억 년이다.

ㄴ. 지층 C와 D 사이에 기저 역암이 존재하는 것으로 보아 지층 C와 D는 부정합 관계이다. 따라서 지층 C와 D 사이에 퇴적이 중단된 시기가 있었다.

ㄷ. 퇴적암은 주변 화성암이나 변성암의 절대 연령을 측정한 후 상대 연령을 고려하여 간접적인 방법으로 절대 연령을 알아낸다. 화성암 A가 관입하고 지층 D가 생성된 이후에 화성암 B가 관입하였다. 따라서 지층 D의 절대 연령은 화성암 A의 절대 연령인 3억 년과 화성암 B의 절대 연령인 2억 년 사이이다.

[오답 피하기] ㄱ. 기존의 암석에 마그마가 관입하여 암체가 생겼을 경우 관입당한 암석이 관입하여 들어간 암석보다 시간적으로 오래되었다. 화성암 A가 지층 C를 관입하였으므로 화성암 A보다 지층 C가 먼저 생성되었다.



### 지층과 암석의 생성 순서
이 지역에서는 C 퇴적 → 화성암 A(절대 연령 3억 년) 관입 → 부정합 → D 퇴적 → D 위의 지층 퇴적 → 화성암 B(절대 연령 2억 년) 관입 순으로 지질학적 사건이 있었다.

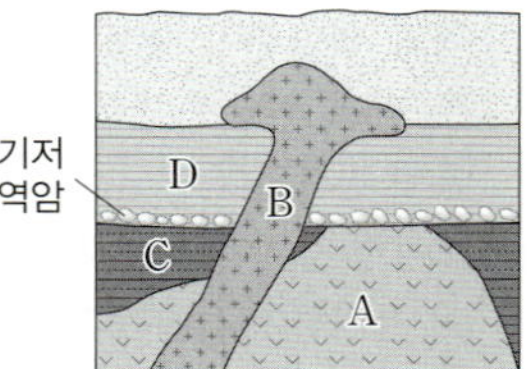

**06** 화석은 지질 시대에 살았던 유해나 흔적이 지층 속에 남은 것으로, 주로 퇴적암에서 발견된다. 표준 화석은 생존 기간이 짧고, 넓은 지역에 걸쳐 분포하며, 개체 수가 많은 생물의 화석이다. 시상 화석은 생존 기간이 길고, 특정 환경에 제한적으로 분포하며, 환경 변화에 민감한 생물의 화석이다.

ㄷ. A보다 B는 생존 기간이 길기 때문에, 여러 시대의 지층에 걸쳐 산출될 수 있다.

오답 피하기 ㄱ. A는 생존 기간이 짧고 분포 면적이 넓은 화석이므로 표준 화석으로 적합하다. B는 생존 기간이 길고 분포 면적이 좁은 화석이므로 시상 화석으로 적합하다.

ㄴ. 화석에 의한 지층의 대비는 지층이 생성된 시기를 판단하는 근거로 이용되는 표준 화석(A)을 이용하는 것이 적합하다.

**07** 지구의 평균 기온이 상승하면 빙하 코어 속의 산소 동위 원소비($^{18}O/^{16}O$)는 높아진다. A 시기는 B 시기에 비해 빙하 코어 속의 산소 동위 원소비($^{18}O/^{16}O$)가 낮으므로 평균 기온은 A 시기가 B 시기보다 낮았다.

ㄴ. A 시기가 B 시기보다 평균 기온이 낮으므로 대륙 빙하의 면적은 A 시기가 B 시기보다 넓었다.

ㄷ. 기후가 온난하면 $^{18}O$의 증발이 활발해져 대기 중의 $^{18}O$이 상대적으로 많아지고, 한랭하면 $^{18}O$의 증발이 약해져 대기 중의 $^{18}O$이 상대적으로 적어진다. 따라서 기온이 높을수록 빙하 속 산소 동위 원소비($^{18}O/^{16}O$)는 대체로 커지게 된다.

오답 피하기 ㄱ. 해수 속의 $^{18}O$은 $^{16}O$에 비해 무거우므로 $^{18}O$은 상대적으로 증발은 잘 되지 않지만, $^{16}O$은 상대적으로 쉽게 증발된다.

정리하기

**산소 동위 원소비($^{18}O/^{16}O$)를 통한 과거의 기후 연구 방법**

- 빙하의 얼음을 구성하는 물 분자들 속에는 $^{16}O$을 포함하는 가벼운 물 분자와 $^{18}O$을 포함하는 무거운 물 분자 등의 동위 원소가 있다. 기온이 높을 때는 바다에서 $^{16}O$을 포함하는 가벼운 물 분자와 $^{18}O$을 포함하는 무거운 물 분자 모두 증발이 잘 일어난다. 한편 기온이 낮아지면 $^{16}O$을 포함하는 가벼운 물 분자와 $^{18}O$을 포함하는 무거운 물 분자의 증발량이 모두 감소하지만 $^{18}O$을 포함하는 무거운 물 분자의 증발량이 $^{16}O$을 포함하는 가벼운 물 분자의 증발량보다 더 많이 감소한다. 따라서 대기 중에는 $^{16}O$을 포함하는 가벼운 물 분자에 비해 $^{18}O$을 포함하는 무거운 물 분자가 더 많이 감소하게 되어 눈을 통해 지표에 쌓이는 빙하에서도 산소 동위 원소비($^{18}O/^{16}O$)는 감소하게 된다.
- 해양 생물 화석의 산소 동위 원소비($^{18}O/^{16}O$)는 생물이 살아 있을 당시 해수 속의 산소 동위 원소비($^{18}O/^{16}O$)와 거의 같다. 따라서 기온이 낮아지고 빙하가 확장되면 해양 생물 화석 속의 산소 동위 원소비($^{18}O/^{16}O$)는 증가한다.
- 빙하기에는 빙하 속의 산소 동위 원소비($^{18}O/^{16}O$)는 감소하고, 해양 생물 화석 속의 산소 동위 원소비($^{18}O/^{16}O$)는 증가한다.

**08** 지질 시대 동안 지구는 온난한 기후와 한랭한 기후가 반복되었다.

ㄱ. 중생대에는 비교적 온난한 기후가 지속되었으며, 전반적으로 현재보다 기온이 높아 거대한 식물과 파충류가 살기에 적합한 환경을 제공하였다.

오답 피하기 ㄴ. 고생대 말기에는 빙하기가 있었지만, 중생대에는 빙하기가 존재하지 않았다.

ㄷ. 산호는 따뜻한 바다에서 서식하는 생물이다. 신생대 네오기는 제4기에 비해 기온이 높았으므로, 네오기가 제4기에 비해 산호가 고위도까지 분포하였다.

**09** 신생대 제4기에 매머드 등의 대형 포유류와 단풍나무, 참나무 등의 속씨식물이 번성하였다.

ㄷ. 복원도에 매머드가 등장하므로, 신생대 제4기의 환경을 나타내었다고 볼 수 있다.

오답 피하기 ㄱ. 겉씨식물은 중생대 트라이아스기와 쥐라기에 번성하였다.

ㄴ. 원시 포유류는 중생대 트라이아스기에 출현하였다.

**10** 고생대 전기에는 대륙들이 여러 개로 흩어져 있었지만, 말기에는 대륙들이 모두 합쳐져 판게아를 형성하였다. 중생대 트라이아스기 말기에 판게아가 분리되는 과정에서 대서양과 인도양이 형성되었다.

ㄱ. (가)는 판게아가 형성될 당시인 고생대 페름기의 수륙 분포이다. (나)는 판게아가 분리되고 있는 당시인 중생대 백악기의 수륙 분포이다. 따라서 수륙 분포는 (가)에서 (나)로 변하였다.

오답 피하기 ㄴ. 최초의 육상 생물은 오존층이 형성된 이후인 고생대 실루리아기에 출현하였다. (가)는 고생대 페름기에 해당하므로, 육상 생물은 (가) 시기 이전에 출현하였다.

ㄷ. 양서류는 고생대 석탄기에 전성기를 이루었다. (나)는 중생대 백악기로, 파충류가 전성기를 이루던 시기이다.

**11** 관입의 법칙에 따르면 관입한 암석은 관입당한 암석보다 나중에 생성되었으므로 암석 A가 암석 B보다 나중에 생성되었다. 지층 C의 아래쪽에는 기저 역암이 나타나므로, 부정합면이 존재한다고 볼 수 있다. 따라서 암석 A가 생성된 이후에 융기 → 침식 → 침강의 과정을 거친 후 지층 C와 D가 퇴적되었다. 지층 E의 아래쪽에는 기저 역암이 나타나므로, 부정합면이 존재한다고 볼 수 있다. 따라서 지층 D가 퇴적된 이후에 습곡 → 융기 → 침식 → 침강의 과정을 거친 후 지층 E와 F가 퇴적되었다. 그리고 이 지역의 지층이 육지로 드러나 있으므로 융기의 과정을 한 번 더 거쳤을 것이다.

모범 답안 이 지역에서는 암석 B 생성 → 화성암 A 관입 → 부정합 → 지층 C 퇴적 → 지층 D 퇴적 → 경사 부정합 → 지층 E 퇴적 → 지층 F 퇴적 → 융기 순으로 지질학적 사건이 있었다.

| 채점 기준 | 배점 |
|---|---|
| 지층과 암석의 생성 순서와 지질학적 사건을 모두 올바르게 설명한 경우 | 100% |
| 지층과 암석의 생성 순서와 지질학적 사건 중 일부 내용만 올바르게 설명한 경우 | 50% |

**12** 과학자들은 방사성 동위 원소를 이용하는 절대 연령 측정 방법으로 지구의 탄생 시기나 공룡의 멸종 시기와 같은 과거 지질학적 사건이 발생한 시기를 알아낸다. 반감기가 비교적 짧은 방사성 동위 원소는 가까운 지질 시대의 연령 측정과 고고학 분야에 이용되고, 반감기가 긴 방사성 동위 원소는 오래된 지질 시대를 측정하는 데 이용된다.

모범 답안 오래된 지질 시대를 측정하는 데는 반감기가 긴 U, Rb, K 등의 동위 원소를 사용하고, 가까운 지질 시대나 고고학 분야에서는 반감기가 짧은 C 등의 동위 원소를 사용하는 것이 적합하기 때문이다.

| 채점 기준 | 배점 |
| --- | --- |
| 방사성 동위 원소의 반감기를 지질 시대의 시간과 관련지어 설명한 경우 | 100% |
| 반감기만 이용하여 설명한 경우 | 50% |

**13** 짧은 시간 동안에 많은 종의 생물들이 멸종한 사건을 대멸종이라고 한다. 대멸종은 지역적 또는 전 지구적으로 일어난 급격한 환경 변화에 의해 일어날 수 있다. A는 고생대 페름기 말에 해당하며, 빙하기가 나타나고 판게아가 형성되면서 해양 서식 환경이 감소한 시기이다. 이로 인해 A 시기에는 삼엽충과 같은 해양 생물이 멸종하였다.

**모범 답안** A 시기에는 빙하기가 나타나고 판게아가 형성되면서 해양 서식 환경이 감소하였다. 이와 같은 급격한 환경 변화에 의해 삼엽충과 같은 해양 생물이 멸종하였다.

| 채점 기준 | 배점 |
| --- | --- |
| 멸종한 생물을 쓰고, 그 이유를 기후 변화 또는 수륙 분포의 변화를 통해 올바르게 설명한 경우 | 100% |
| 멸종한 생물만 올바르게 적은 경우 | 50% |

---

**한눈에  정리하기**  본교재 060~061쪽

㉠ 속성  ㉡ 교결  ㉢ 연흔  ㉣ 건조  ㉤ 횡압력  ㉥ 먼저
㉦ 건층  ㉧ 반감기  ㉨ 표준  ㉩ 산호  ㉪ 높고  ㉫ 낮다
㉬ 오존층  ㉭ 겉씨

---

**수능 1등급**  본교재 062~065쪽

**01** ②  **02** ②  **03** ⑤  **04** ②  **05** ②  **06** ④  **07** ③  **08** ⑤
**09** ⑤  **10** ⑤  **11** ③  **12** ⑤  **13** ①  **14** ④  **15** ③  **16** ⑤

**01** 퇴적암은 퇴적물의 기원에 따라 쇄설성 퇴적암, 화학적 퇴적암, 유기적 퇴적암으로 구분된다. A는 생물의 유해가 쌓여서 유기적 퇴적암이 만들어지는 과정이다. B는 호수나 바다 등에서 물에 녹아 있던 물질이 화학적으로 침전하거나 물이 증발하면서 침전하여 생성되는 화학적 퇴적암이 만들어지는 과정이다. C는 기존의 암석이 풍화와 침식을 받아 생성된 점토나 모래, 자갈 등의 쇄설물이 퇴적되어 쇄설성 퇴적암이 만들어지는 과정이다.

ㄷ. D는 퇴적물이 쌓인 후 다져지고 굳어져 퇴적암이 만들어지는 속성 작용에 해당한다. 속성 작용을 거치면서 퇴적물 입자 사이의 간격이 좁아지고 치밀해지므로, D 과정에서 퇴적물의 공극은 감소하고 밀도는 증가하게 된다.

**오답 피하기** ㄱ. 화학적 퇴적암은 B 과정을 거쳐 생성된다.
ㄴ. 석회암은 해수 중에 녹아 있던 탄산 칼슘의 침전물이나 산호, 유공충 등 해양 생물의 석회질 유해가 쌓여서 만들어진다. 따라서 석회암은 A 또는 B 과정을 거쳐 생성된다.

**02** 퇴적암은 구성 물질 및 구성 물질의 기원, 입자 크기, 화학 성분 등에 따라 구분한다.

ㄷ. 퇴적물이 쌓인 후 다져지고 굳어져 퇴적암이 만들어지기까지의 전 과정을 속성 작용이라고 하며, 모든 퇴적암은 속성 작용을 거쳐 생성된다.

---

**오답 피하기** ㄱ. 석회암은 해수 중에 녹아 있던 탄산 칼슘의 침전물이나 산호, 유공충 등 해양 생물의 석회질 유해가 쌓여서 만들어진다. 따라서 (가)는 화학적 퇴적암이나 유기적 퇴적암이다.

ㄴ. 암염은 바닷물이 증발하여 소금이 광물로 남아 있는 것으로 염화 나트륨으로 이루어져 있다. 따라서 (나)는 증발이 활발하게 일어나는 환경에서 생성된다.

**03** 퇴적 구조는 퇴적 당시의 자연 환경을 알려주며, 지각 변동을 받은 지층의 역전 여부를 판단하는 데 기준이 된다.

ㄱ. 건열은 얕은 물밑에 점토질 물질이 쌓인 후 퇴적물의 표면이 대기에 노출되어 건조해지면 퇴적물이 수축하여 갈라져 생성된다. A층은 건열이 나타나므로, A층은 생성 당시에 건조한 대기에 노출된 적이 있다.

ㄴ. B층에 나타나는 퇴적 구조는 사층리이다. 사층리는 물이 흐르거나 바람이 부는 방향으로 퇴적물이 운반되어 경사면을 따라 쌓여 생성되므로, 사층리를 통해 퇴적물이 공급된 방향을 알 수 있다.

ㄷ. 정상적인 지층에서 건열은 뾰족한 부분이 위쪽이며, 사층리는 기울기가 큰 부분이 위쪽이다. 따라서 그림에서의 왼쪽이 아래쪽이고, 오른쪽이 위쪽이라고 볼 수 있다. 따라서 B층은 C층보다 아래쪽에 위치하므로, B층은 C층보다 먼저 생성되었다.

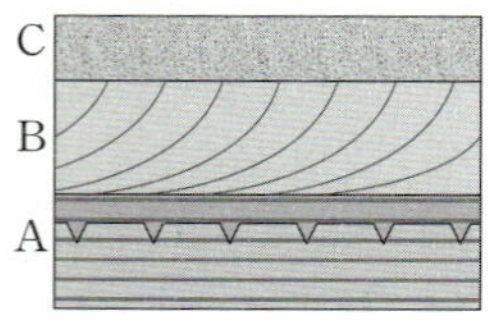

**04** (가)에서 A는 경사가 급한 계곡의 끝에서 퇴적이 일어나 형성된 부채꼴 모양의 지형인 선상지이고, B는 하천과 바다가 만나는 삼각주이며, C는 대륙붕과 대륙 사면의 퇴적물이 다시 이동하여 쌓이는 심해저(대륙대)이다.

ㄴ. (나)에서 나타나는 퇴적 구조는 한 지층 내에서 위로 갈수록 입자의 크기가 점점 작아지는 점이 층리이다. 점이 층리는 퇴적물이 빠르게 흐르다가 속도가 느려져 퇴적될 때 큰 입자가 먼저 쌓이고, 그 이후 작은 입자가 서서히 가라앉아 생기므로, 수심이 깊은 바다(대륙대)나 호수에서 주로 생성된다. 따라서 (나)의 퇴적 구조는 연안 환경인 B보다 수심이 깊은 심해저(대륙대)인 C에서 주로 발견된다.

**오답 피하기** ㄱ. 강을 따라 이동하는 퇴적물 입자의 크기는 풍화 및 침식 작용에 의해 상류에서 하류로 갈수록 대체로 작아진다. 따라서 입자의 평균 크기는 강의 상류에 해당하는 A가 하류에 해당하는 B보다 크다.

ㄷ. (다)에서 나타나는 퇴적 구조는 층리가 나란하지 않고 엇갈린 구조인 사층리이다. 사층리에서 퇴적물의 이동 방향은 기울기가 큰 쪽에서 작은 쪽 방향이다. 따라서 (다)에서 퇴적물이 이동한 방향은 ㉠ 방향이다.

**05** 전라북도 채석강 지역은 중생대 후기에 호수 밑바닥에서 생성된 퇴적층이 시루떡처럼 차곡차곡 쌓여 있는 지역이다. 제주도는 신생대 제4기에 화산 활동에 의해 형성된 화산섬이다.

ㄷ. (가)의 암석은 중생대에 생성되었고, (나)의 암석은 신생대에 생성되었으므로, (가)의 암석은 (나)보다 먼저 생성되었다.

**오답 피하기** ㄱ. (가)의 지층에서 연흔이 관찰되므로, 수심이 얕은 물 밑에서 퇴적되었다고 볼 수 있다. 따라서 (가)의 지층은 깊은 바다인 대륙

대에서 생성되지 않았다.

ㄴ. (나)에서 나타나는 주상 절리는 용암이 급격히 냉각되는 과정에서 만들어졌다. 횡압력에 의해 나타나는 지질 구조는 습곡과 역단층이다.

**06** 원유는 지질 시대에 살았던 미생물의 유해가 매몰된 후 열과 압력에 의해 분해되어 생성된 것으로, 습곡의 배사 구조나 단층 구조, 부정합 구조에 저장되기 쉽다.

ㄴ. (나)의 단층은 상반이 아래로 내려간 정단층으로 장력이 작용하여 생성되었다.

ㄷ. (다)에서 부정합면이 1개가 발견된다. 따라서 부정합면을 기준으로 아래의 지층이나 암석이 생성된 이후에 융기 → 침식 → 침강의 과정을 거친 후 부정합면 위의 지층이나 암석이 생성되었다. 그리고 이 지역의 지층이 육지로 드러나 있으므로 융기의 과정을 한 번 더 거쳤다고 볼 수 있다. 즉, (다)의 지역은 적어도 2회 이상 융기한 적이 있다고 판단할 수 있다.

**오답 피하기** ㄱ. 습곡에서 위로 볼록한 부분을 배사, 아래로 볼록한 부분을 향사라고 한다. (가)에서 원유는 지층이 위로 볼록한 부분에 매장되어 있으므로, 원유는 습곡의 배사 부분에 위치한다.

**07** 퇴적이 오랫동안 중단된 후 다시 퇴적이 일어나면 지층 사이에 퇴적 시간의 공백이 생기는데, 이처럼 시간적으로 불연속적인 상하 두 지층 사이의 지질 구조를 부정합이라 하고, 그 경계면을 부정합면이라고 한다.

ㄱ. 관입이란 지하에서 마그마가 암석의 틈을 따라 들어가 화성암으로 굳어지는 과정이다. A는 화성암이고, B와 C는 퇴적암이며, 그림을 통해 화성암 A가 지층 B와 C를 관입하였다고 판단할 수 있다.

ㄴ. 지층 D의 아래쪽에 위치하는 기저 역암을 통해 지층 C와 D 사이에 부정합면이 존재한다고 판단할 수 있다. 부정합면을 기준으로 상하 두 지층 사이에 오랜 시간 간격이 있으므로, 지층 C와 D 사이에는 퇴적 중단의 시기가 있었다.

**오답 피하기** ㄷ. 지층 F의 아래쪽에 위치하는 기저 역암을 통해 지층 E와 F 사이에 부정합면이 존재한다고 판단할 수 있다. 부정합면 아래의 E층의 쌓인 방향이 부정합 위에 쌓인 F층과 다르므로, 지층 E와 F는 경사 부정합 관계이다.

**08** 이 지역에서는 지층 A 퇴적 → 부정합 → 지층 B 퇴적 → 지층 D 퇴적 → 화성암 C 관입 순으로 지질학적 사건이 있었다.

ㄱ. 화성암 C에 포획된 D의 조각이 보인다. 이는 지층 D가 먼저 퇴적되고 화성암 C가 관입하였기 때문이다. 관입의 법칙에 따르면 기존의 암석에 마그마가 관입하여 암체가 생겼을 경우 관입당한 암석이 관입하여 들어간 암석보다 시간적으로 오래된 것이므로 지층 D보다 화성암 C가 나중에 생성되었다.

ㄴ. 지층 A와 B의 경계면에 지층 A의 침식물이 나타나 있다. 이는 지층 A와 B 사이에 부정합면이 나타나고, 지층 A의 침식물이 부정합면 위에 기저 역암으로 나타나 있는 것이다. 따라서 부정합의 법칙에 따라 지층 A가 퇴적되고 긴 시간이 있은 후에 지층 B가 퇴적되었음을 알 수 있다.

ㄷ. 지층 B는 지층 D보다 아래에 놓여 있다. 지층 누중의 법칙에 따라 지층 B는 지층 D보다 먼저 쌓인 것이다.

**09** 인접한 지역은 지층의 생성 순서나 암석의 종류가 비슷한 경우가 많

기 때문에, 지층을 구성하는 암석의 종류나 특징을 이용하여 지층을 대비한다.

ㄱ. 암석에 의한 지층 대비에서는 응회암층과 같이 비교적 짧은 시간에 퇴적되었으면서도 넓은 지역에 분포하는 지층인 건층을 이용하는 것이 좋다. 따라서 건층으로 가장 적합한 층은 응회암층이고, 응회암층을 건층으로 하여 A~D의 지층을 대비하면 그림과 같다.

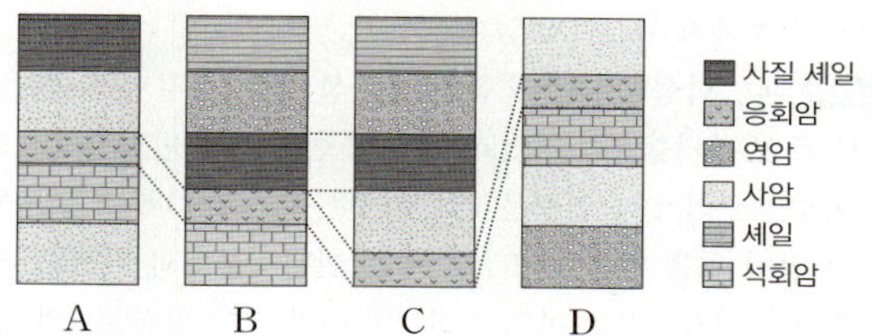


ㄴ. 지층 B와 C를 비교하면 지층 B의 응회암층 바로 위에는 사질 셰일층이 있지만, 지층 C의 응회암층 바로 위에는 사암층이 있고 그 위에 사질 셰일층이 있다. 즉, 지층 B에는 응회암층과 사질 셰일층 사이에 존재하는 사암층이 없다고 볼 수 있다. 이를 통해 지층 B의 응회암층과 사질 셰일층 사이에 긴 시간 간격이 있었다고 판단할 수 있으므로, B에서는 부정합이 나타날 가능성이 있다.

ㄷ. C의 역암층은 응회암층이 생성된 이후에 퇴적되었고, D의 역암층은 응회암층이 생성되기 전에 퇴적되었다. 따라서 C의 역암층은 D의 역암층보다 나중에 형성된 것이다.

**10** 인접한 두 지역에서 같은 종류의 표준 화석이 산출되는 지층을 연결하면, 지층의 선후 관계를 판단할 수 있다. 같은 화석이 산출되는 지층을 대비하면 그림과 같다.

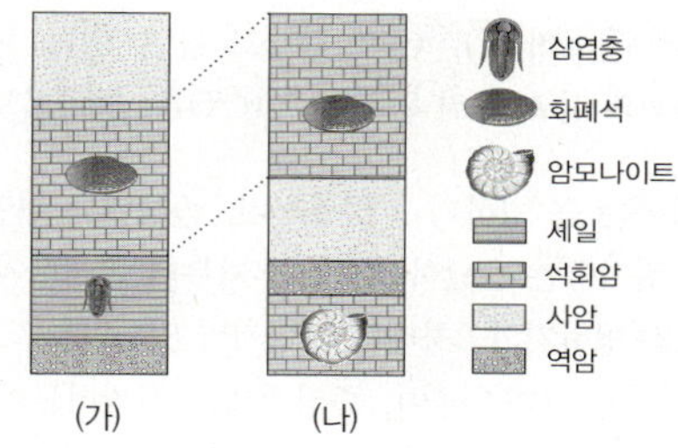


ㄱ. 삼엽충은 고생대의 대표적인 표준 화석이고, 화폐석은 신생대의 대표적인 표준 화석이다. (가) 지역의 삼엽충 화석이 발견되는 지층은 고생대 바다에서 퇴적된 지층이고, 화폐석이 발견되는 지층은 신생대 바다에서 퇴적된 지층이다. 고생대 지층 바로 위에 신생대 지층이 놓여 있다는 것은, 두 지층이 부정합 관계이기 때문이다. 즉, 고생대 지층이 퇴적된 이후에 융기 → 침식 → 침강의 과정을 거쳤다고 볼 수 있으므로, (가) 지역은 해수면 위로 융기한 적이 있다고 판단할 수 있다.

ㄴ. 가장 나중에 퇴적된 지층은 화폐석 화석이 발견되는 지층 위에 놓여 있는 (가)의 사암층이다.

ㄷ. 삼엽충, 화폐석, 암모나이트는 모두 바다에서 살았던 생물들이다. (가)와 (나)의 석회암 지층에는 화폐석, 암모나이트의 화석이 발견되므로, 석회암 지층은 바다에서 퇴적되었다고 볼 수 있다.

**11** 마그마가 주변 암석이나 지층의 약한 틈으로 관입하여 굳으면 주변 암석과 뚜렷한 경계를 이룬다. 마그마가 암석을 관입하면 그 열로 인해 기존 암석에 변성 작용을 받은 부분이 나타날 수 있다. 이때 변성 작용을 받은 부분은 화성암보다 먼저 생성되었다고 판단할 수 있다.

ㄱ. 반감기는 모원소의 양이 처음 양의 절반으로 줄어드는 데 걸리는 시

간이므로 방사성 원소 A의 반감기는 0.5억 년이고, 방사성 원소 B의 반
감기는 1억 년이다. 따라서 반감기는 A가 B보다 짧다.

ㄷ. 화성암 P 주변에 셰일과 석회암의 변성 흔적이 나타나므로 화성암
P는 셰일과 석회암을 관입하였다. 화성암 Q 주변에 석회암의 변성 흔적
이 나타나므로 화성암 Q는 석회암을 관입하였다. 따라서 이 지역에서는
석회암 퇴적 → 화성암 Q 관입 → 셰일 퇴적 → 화성암 P 관입 → 사암 퇴
적 순으로 지질학적 사건이 있었다.

 ㄴ. 화성암 P에 포함된 방사성 원소 A의 양이 처음 양의
25 %이므로 반감기를 2회 거쳤고, 방사성 원소 A의 반감기가 0.5억 년
이므로 화성암 P의 절대 연령은 1억 년이다. 화성암 Q에 포함된 방사성
원소 B의 양이 처음 양의 12.5 %이므로 반감기를 3회 거쳤고, 방사성
원소 B의 반감기가 1억 년이므로 화성암 Q의 절대 연령은 3억 년이다.
셰일층은 화성암 Q보다 나중에 생성되었고 화성암 P보다 먼저 생성되
었으므로, 셰일층의 절대 연령은 1억 ~ 3억 년이다. 따라서 화폐석 화
석은 신생대의 대표적인 표준 화석이므로 셰일층에서 발견될 수 없다.

**12** 지구의 평균 기온이 상승하면 빙하 코어 속의 산소 동위 원소비
($^{18}O/^{16}O$)는 높아지고, 해수 속의 산소 동위 원소비($^{18}O/^{16}O$)는 낮아진
다.

ㄱ. 가벼운 산소 동위 원소인 $^{16}O$를 포함한 물 분자가 무거운 $^{18}O$를 포
함하는 물 분자보다 잘 증발된다. 따라서 빙하를 형성하는 눈에 포함된
산소 동위 원소비($^{18}O/^{16}O$)는 해수에 비해 낮다.

ㄴ. 빙하는 바다에 비해 $^{16}O$의 비율이 높다. 빙하가 녹아 해수로 유입되
면 해수의 산소 동위 원소비($^{18}O/^{16}O$)는 낮아진다.

ㄷ. 해양 생물의 몸체를 구성하는 물질의 산소 동위 원소비($^{18}O/^{16}O$)는
해수의 산소 동위 원소비($^{18}O/^{16}O$)와 같다고 볼 수 있다. 따라서 간빙기
에 해양 생물 화석의 산소 동위 원소비($^{18}O/^{16}O$)는 빙하기보다 낮다.

**13** 고생대 후기에는 큰 빙하기가 있었으며, 중생대는 전반적으로 온난
하였다. 신생대 전기에는 온난하였다가 후기부터 한랭해지기 시작하여,
후기에는 4차례의 빙하기와 3차례의 간빙기가 있었다.

ㄱ. 고생대 후기에는 양치식물이, 중생대에는 겉씨식물이, 신생대에는
속씨식물이 번성하였다. 따라서 A는 양치식물, B는 속씨식물이다.

 ㄴ. C는 고생대 말기에 번성한 양서류이다. 오존층은 고생
대 중기인 실루리아기 무렵에 형성되었으므로, C가 번성한 시기는 오존
층이 형성된 이후이다.

ㄷ. 지구의 기온이 상승하면 대륙 빙하의 융해와 해수의 열팽창으로 인
해 평균 해수면은 대체로 상승하게 된다. 신생대에는 초기 이후에 평균
기온이 대체로 낮아지고 있으므로, 평균 해수면 역시 대체로 낮아졌을
것이다.

**14** 지구가 탄생한 약 46억 년 전부터 약 25억 년 전까지의 지질 시대를
시생 누대라 하고, 약 25억 년 전부터 현생 누대가 시작한 약 5.4억 년
전까지의 지질 시대를 원생 누대라고 한다. 현생 누대는 고생대(약 5.4
억 년 전~약 2.5억 년 전), 중생대(약 2.5억 년 전~약 0.66억 년 전), 신
생대(약 0.66억 년 전~)로 구분할 수 있다. 따라서 지질 시대의 상대적
길이는 시생 누대 > 원생 누대 > 고생대 > 중생대 > 신생대 순이 된
다. 그러므로 A는 시생 누대, B는 원생 누대, C는 신생대, D는 중생대,
E는 고생대이다.

ㄴ. 생물종의 수는 지질 시대 동안 증가하는 경향이 나타난다. 따라서

신생대인 C 시기가 중생대인 D 시기보다 생물종의 수는 많았다.

ㄷ. E 시기는 고생대로, 고생대 말기에 초대륙인 판게아가 형성되었다.

 ㄱ. 에디아카라 동물군은 오스트레일리아 남부 에디아카라
언덕에서 산출되는 후기 원생 누대에 최초로 출현한 다세포 동물들의
화석이다. 따라서 (가)의 화석은 B 시기의 지층에서 산출되었다.

**15** (가)는 매머드로 신생대 제4기에 번성하였다. (나)는 공룡으로 중생
대 쥐라기와 백악기에 번성하였다. (다)는 삼엽충으로 고생대의 대표적
인 표준 화석이다.

ㄱ. (가)는 신생대, (나)는 중생대, (다)는 고생대의 환경을 나타내므로,
지질 시대의 환경 변화는 (다) → (나) → (가) 순이다.

ㄴ. (나)가 번성한 시기는 중생대로, 지질 시대 중 가장 온난했으며 빙하
기가 없었다.

 ㄷ. 중생대 트라이아스기 말부터 판게아가 분리되기 시작
하였고, 쥐라기 초에 대서양이 형성되기 시작하였다. 따라서 고생대 바
다에서 서식하였던 삼엽충은 대서양에 존재할 수가 없었다.

**16** 고생대는 약 5.4억 년 전부터 약 2.5억 년 전까지, 중생대는 약 2.5
억 년 전부터 약 0.66억 년 전 까지, 신생대는 약 0.66억 년 전부터이다.

ㄱ. 삼엽충은 고생대 말기에 멸종하였으나, 완족류는 아직까지 현존하
는 생물이다. 따라서 A는 삼엽충, B는 완족류이다.

ㄴ. (나)의 ㉠은 고생대 오르도비스기 말의 대멸종, ㉡은 고생대 데본기
말의 대멸종 시기이다. 최초의 육상 식물은 오존층이 형성된 이후인 고
생대 실루리아기에 출현하였으므로, ㉠과 ㉡ 시기 사이에 등장하였다고
볼 수 있다.

ㄷ. (나)의 ㉢은 중생대 백악기 말의 대멸종 시기이다. 이 시기에 공룡과
암모나이트가 멸종하였다.

## 01 대기와 해양의 변화

### 01 기압과 날씨 변화

**개념 바로 확인**  본교재 069, 071쪽

**01** 시계 반대, 상승, 흐리거나 비가 온다  **02** 불안정, 적운
**03** 남서, 북서  **04** 편서

**01** (1) × (2) × (3) ×  **02** (1) 낮다 (2) 북태평양 (3) 한랭 건조
**03** (1) × (2) ○ (3) ×  **04** (1) ○ (2) ○ (3) × (4) ×

**01** (3) 북태평양 고기압은 규모가 큰 정체성 고기압으로 확장과 수축을 반복하면서 우리나라의 날씨에 영향을 미친다.

**04** (3) (4) 가시광선 영상은 햇빛에 의해 반사되는 구름의 성질을 이용하므로 햇빛이 없는 한밤중의 기상 상태를 확인할 수 없다. 두꺼운 구름일수록 햇빛이 많이 반사되므로 구름의 두께를 확인할 수 있는 영상은 가시광선 영상이다.

**내신 실력 Up**  본교재 073~075쪽

**01** ③  **02** ③  **03** ⑤  **04** ③  **05** ⑤  **06** ①  **07** ①  **08** ④
**09** ③  **10** ④  **11** ⑤  **12** ③  **13** 해설 참조  **14** 해설 참조
**15** 해설 참조

**01** 주변보다 기압이 높은 곳을 고기압, 주변보다 기압이 낮은 곳을 저기압이라고 한다.
③ 고기압에서는 하강 기류로 인해 상대 습도가 감소하여 날씨가 대체로 맑다.
오답 피하기  ① 고기압에서는 지상 공기의 발산으로 인해 상층 공기의 하강이 일어나므로 하강 기류가 발달한다.
② 저기압에서는 지상 공기의 수렴으로 인해 공기의 상승이 일어나므로 상승 기류가 발달한다.
④ 북반구 고기압에서는 바람이 시계 방향으로 불어 나가고, 저기압에서는 바람이 시계 반대 방향으로 불어 들어온다.
⑤ 고기압의 이동성에 따라 정체성 고기압과 이동성 고기압으로 나눈다. 정체성 고기압은 수평 규모가 매우 크고 한 곳에 오래 머무르며, 이동성 고기압은 규모가 작아 빠른 속도로 이동하는 특성을 가진다.

**02** 주변보다 기압이 높은 곳을 고기압, 주변보다 기압이 낮은 곳을 저기압이라고 한다. 일기도 상에 고기압과 저기압은 등압선 중 폐곡선 내부에 위치한다. A, B, C, D 모두 폐곡선 내부에 위치하며 A, B, C는 주변보다 기압이 낮으므로 저기압이고, D는 주변보다 기압이 높으므로 고기압이다.

**03** ㄱ. A에서는 지상 공기가 중심부로 수렴하고 상승 기류가 발달한다. 따라서 A는 주위보다 기압이 낮은 저기압으로, 중심부에서 공기가 상승하므로 구름이 생성되고 날씨는 흐리거나 비가 온다.

ㄴ. B에서는 지상 공기가 발산하고 하강 기류가 발달한다. 따라서 B는 주위보다 기압이 높은 고기압이다.
ㄷ. 고기압 중심에서 주변부로 바람이 시계 방향으로 불어 나가는 것으로 보아 이 지역은 북반구이다.

**04** ③ 기단이 발원지를 떠나 다른 지역으로 이동해 가면 그 지역의 지표면의 영향을 받아 성질이 변하면서 날씨에 영향을 미친다.
오답 피하기  ①, ⑤ 기단은 기온, 습도가 비슷한 거대한 공기 덩어리로, 넓고 평탄한 지역에 공기가 오래 머무를 경우 접하고 있는 지표면과 열과 수증기를 교환하며 기온과 습도가 그 지표면과 비슷해지면서 만들어진다.
② 기단은 수증기 함량에 따라 대륙성 기단과 해양성 기단으로 분류한다. 대륙에서 만들어진 기단은 해양에서 형성된 기단보다 수증기 함량이 적어 건조하다.

**05** A는 시베리아 기단, B는 오호츠크 해 기단, C는 양쯔 강 기단, D는 북태평양 기단이다.
⑤ 우리나라 초여름의 장마 전선은 주로 북태평양 기단(D)과 오호츠크 해 기단(B)이 만나서 생성된다.
오답 피하기  ① 시베리아 기단(A)은 한랭 건조한 기단이다.
② 오호츠크 해 기단(B)은 한랭 습윤한 기단으로, 주로 초여름에 우리라에 영향을 미친다.
③ 양쯔 강 기단(C)은 온난 건조한 기단으로, 이 기단에서 분리되어 나온 이동성 고기압이 편서풍을 타고 서에서 동으로 이동해가며 우리나라의 봄과 가을의 날씨에 영향을 준다.
④ 북태평양 기단(D)은 고온 다습한 기단으로, 지구 온난화로 인해 우리나라의 날씨에 영향력이 커지고 있다.

**06** 한랭 전선은 한랭한 기단이 온난한 기단 아래로 파고 들어가며 온난한 기단을 밀어 올리면서 형성된다. 온난 전선은 따뜻한 기단이 찬 기단을 밀며 타고 올라가면서 형성된다.
① 한랭 전선은 전선 뒤쪽 좁은 구역에서 적운형의 구름으로부터 소나기가 내린다. 온난 전선은 전선 앞쪽 넓은 구역에서 층운형 구름으로부터 지속적인 비가 내린다.
오답 피하기  한랭 전선은 전선면의 기울기가 급하고, 이동 속도가 빠르며, 전선 통과 후 기온이 하강한다. 온난 전선은 전선면의 기울기가 완만하고, 이동 속도가 느리며, 전선 통과 후 기온이 상승한다.

**07** (가)는 찬 기단이 따뜻한 기단 아래로 파고 들어가며 따뜻한 기단을 밀어 올리며 형성된 한랭 전선이고, (나)는 따뜻한 기단이 찬 기단을 밀며 타고 올라가면서 형성된 온난 전선이다.
ㄱ. 한랭 전선인 (가)는 온난 전선인 (나)보다 이동 속도가 빠르다.
오답 피하기  ㄴ. 한랭 전선인 (가)는 전선 뒤쪽 좁은 구역에서 적운형의 구름으로부터 소나기가 내리며, 온난 전선인 (나)는 전선 앞쪽 넓은 구역에서 층운형의 구름으로부터 지속적인 비가 내린다.
ㄷ. 우리나라에서 온대 저기압이 지나갈 때, 온난 전선인 (나)가 한랭 전선인 (가)보다 먼저 통과한다.

**08** ④ 온난 전선과 한랭 전선 사이에 위치한 C 지역은 남서풍이 불며, 대체로 맑은 날씨가 나타난다.
오답 피하기  ① 기온이 가장 높은 지역은 따뜻한 기단의 영향을 받는 C 지역이다.

② A는 저기압 중심 부근으로 상승 기류로 인해 형성된 구름의 영향을 받는 지역이다.

③ 시간이 지남에 따라 온대 저기압 중심은 동쪽으로 이동해간다. 한랭 전선 뒤쪽에 위치하고 있는 B 지역은 시간이 지남에 따라 저기압 중심에서 멀어지므로 기압은 점점 높아질 것이다.

⑤ 온난 전선 앞쪽에 위치한 D 지역은 남동풍이 불며, 층운형 구름에 의한 지속적인 비가 내린다.

**09** ㄱ. 온대 저기압은 편서풍의 영향을 받아 서쪽에서 동쪽으로 이동하였다.

ㄴ. 4월 7일 서울 지방은 온난 전선과 한랭 전선 사이에 위치하므로 따뜻한 기단의 영향을 받아 기온이 높으며, 남풍 계열의 바람이 분다.

오답 피하기 ㄷ. 시간이 지남에 따라 온대 저기압의 중심 기압이 낮아지는 것을 알 수 있다. 따라서 4월 8일 이후에는 온대 저기압 중심 기압이 점점 낮아진다고 예측할 수 있다.

**10** 전선을 경계로 기온, 습도, 기압, 풍향 등의 기상 요소가 급변하므로 전선이 지나가는 지역에서는 날씨 변화가 심하다.

ㄴ. 15시 경부터 기온이 급격히 하강하고, 16시 경부터 기압이 상승하는 것으로 보아 15~16시 경에 한랭 전선이 이 지역을 통과하였다.

ㄷ. 17시 이후에는 기압이 계속 상승하는 것으로 보아 온대 저기압의 중심이 이 지역에서 멀어지고 있다는 것을 알 수 있다.

오답 피하기 ㄱ. 14시 경에는 아직 한랭 전선이 통과하기 이전이므로 기온이 높고 맑은 날씨를 나타낸다.

**11** 어느 지점의 현재 일기 상태 및 변화 경향을 알 수 있도록 일기 요소를 기호로 표시한 것을 일기 기호라 한다.

⑤ 원의 오른쪽에는 기압을 나타내는 숫자를 표시하는데, 숫자의 앞자리가 0~5이면 앞에 10을 붙이고, 6~9이면 앞에 9를 붙인다. 또 마지막 숫자는 소수점으로 읽는다. 따라서 기압은 1010.4 hPa이다.

**12** 일기 기호에서 원의 왼쪽 위 숫자는 기온이고, 왼쪽 아래 숫자는 이슬점, 오른쪽 위 숫자는 기압을 나타낸다. A와 B는 각각 (가)와 (나)에서의 기온을 나타낸다.

ㄱ. (가)는 온난 전선이 통과하기 이전의, (나)는 온난 전선이 통과하고 한랭 전선이 통과하기 이전의 일기 기호이다. 온난 전선이 통과하면 기온이 상승하므로 A보다 B가 크다.

ㄷ. 온대 저기압 진행 방향의 오른쪽에서는 풍향이 시계 방향으로, 저기압 진행 방향의 왼쪽에서는 풍향이 시계 반대 방향으로 변한다. 따라서 이 지역은 저기압 중심의 이동 방향의 오른쪽(남쪽)에 위치하였다.

오답 피하기 ㄴ. 이 지역의 풍향은 남동풍 → 남서풍 → 북서풍으로 시계 방향으로 바뀌었다.



**온대 저기압**
- 온대 저기압 중심으로 공기가 시계 반대 방향으로 수렴한다.
- 온대 저기압의 남서쪽에는 한랭 전선이, 남동쪽에는 온난 전선이 위치한다.
- 한랭 전선 뒤쪽의 좁은 구역에 적운형 구름이, 온난 전선 앞쪽의 넓은 구역에 층운형 구름이 위치한다.

**13** 시각 T 이후에 기단의 기온과 수증기압이 모두 상승한 것으로 보아 기단은 따뜻한 바다로 이동한 것으로 볼 수 있다.

모범 답안 이 기단은 따뜻한 바다로 이동하였을 것이다.

| 채점 기준 | 배점 |
|---|---|
| 따뜻한 바다라고 설명한 경우 | 100% |
| 따뜻한 지역 또는 바다라고만 설명한 경우 | 50% |

**14** A는 주변보다 기압이 높은 고기압이고, B는 주변보다 기압이 낮은 저기압이다. 고기압에서는 하강 기류가 발달하여 날씨가 맑으며, 저기압에서는 상승 기류가 발달하여 흐리거나 비가 온다.

모범 답안 B는 주변보다 기압이 낮은 저기압으로 상승 기류가 발달하기 때문에 날씨가 흐리거나 비가 온다.

| 채점 기준 | 배점 |
|---|---|
| B를 고르고, 저기압 또는 상승 기류를 포함하여 설명한 경우 | 100% |
| B만 고른 경우 | 50% |

**15** (가)는 온난 전선이고, (나)는 한랭 전선이다. 현재 부산은 온난 전선이 통과하기 이전이므로 지속적인 비가 내리고 있으며, 남동풍 계열의 바람이 분다. 온난 전선이 통과하면 날씨가 맑아지고 기온이 상승하고 기압은 내려가며, 풍향은 남서풍으로 바뀌게 된다. 한랭 전선이 통과하면 소나기가 일시적으로 내리고 기온이 하강하고 기압은 상승하며, 풍향은 북서풍으로 바뀌게 된다.

모범 답안 (1) 현재 부산 지역은 지속적인 비가 내리고 있으며, 전선 (가)가 통과하면 맑아지고, 전선 (나)가 통과하면 소나기가 일시적으로 내리게 된다.

| 채점 기준 | 배점 |
|---|---|
| 현재, 전선 (가) 통과 후, 전선 (나) 통과 후를 모두 올바르게 설명한 경우 | 100% |
| 현재, 전선 (가) 통과 후, 전선 (나) 통과 후 중 2가지만 올바르게 설명한 경우 | 50% |

모범 답안 (2) 현재 부산 지역은 남동풍이 불고 있으며, 전선 (가)가 통과하면 남서풍으로, 전선 (나)가 통과하면 북서풍으로 풍향이 바뀐다.

| 채점 기준 | 배점 |
|---|---|
| 현재, 전선 (가) 통과 후, 전선 (나) 통과 후를 모두 올바르게 설명한 경우 | 100% |
| 현재, 전선 (가) 통과 후, 전선 (나) 통과 후 중 2가지만 올바르게 설명한 경우 | 50% |

## 02 태풍과 우리나라의 주요 악기상

**개념 바로 확인** 본교재 077, 079쪽

**01** 잠열(숨은열) **02** 편서 **03** 악해 **04** 성숙, 소멸 **05** 북태평양, 25 **06** 봄철

**01** (1) ○ (2) × (3) × (4) ○ **02** B, C
**03** (1) ○ (2) ○ (3) × **04** (1) (나) (2) (가) (3) (다)

| **01** ③ | **02** ③ | **03** ④ | **04** ① | **05** ④ | **06** ⑤ | **07** ① | **08** ③ |
| **09** ③ | **10** ② | **11** 해설 참조 | **12** 해설 참조 | **13** 해설 참조 | | | |

**01** 태풍은 북태평양에서 발생한 중심 부근의 최대 풍속이 17 m/s 이상인 열대 저기압이다.

③ 태풍의 에너지원은 수증기 응결 시 방출되는 잠열(숨은열)이다.

 ① 적도 해상에서는 전향력이 작용하지 않아 태풍이 발생하지 않는다.

② 태풍은 열대 해상에서 수온과 기온이 높아 수증기가 많은 공기가 상승하면서 성장한다.

④ 태풍의 눈은 저기압의 중심이지만, 약한 하강 기류에 의해 바람이 약하며 낮은 구름만 약간 분포하는 지역이다.

⑤ 태풍은 무역풍이 만나는 열대 해역 일부에서 공기가 수렴하면서 만들어지므로 전선을 동반하지 않는다. 한랭 전선을 동반하여 적란운에 의한 소나기가 발생하는 것은 온대 저기압이다.

**02** ㄱ. 태풍이 육지에 상륙하면 지표면과의 마찰이 증가하고 수증기의 공급이 줄어들어서 세력이 급격히 약해진다.

ㄷ. 태풍의 중심 부근에서 형성된 강한 바람과 낮은 기압으로 인해 태풍이 해안가에 접근하면 해수면의 높이가 상승하여 폭풍 해일을 발생시키기도 한다. 밀물에 의해 해수면이 가장 높아진 만조 시각일 때, 태풍이 해안가에 상륙한다면 폭풍 해일에 의한 피해는 커질 것이다.

 ㄴ. 태풍은 전선을 동반하지 않으며, 구름은 주로 해수면 위의 공기가 상승하면서 많은 양의 수증기가 응결되면서 만들어진다.

**정리하기**

**폭풍 해일**
- 해일: 바닷물이 비정상적으로 높아져 육지로 넘쳐 들어오는 현상이다.
- 폭풍 해일: 태풍 중심 접근과 같은 기압 하강에 따른 수면 상승 또는 바람에 의해 해수면의 흔들림이 일어나 발생한다.

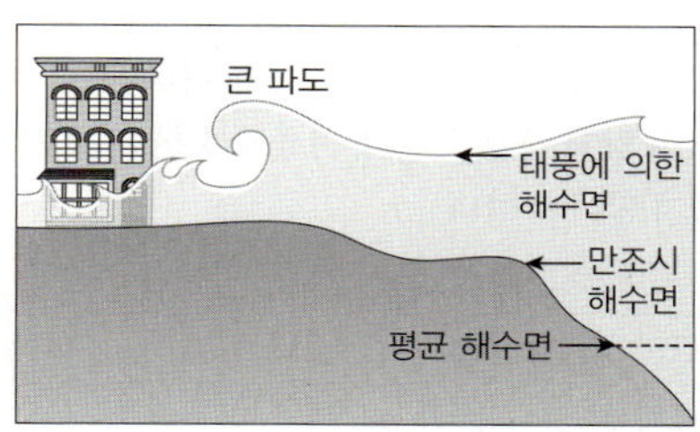


**03** 태풍의 눈을 둘러싼 구름의 벽 부근인 B에서 풍속이 가장 빠르고, 태풍의 눈인 A에서는 바람이 약하다. 태풍의 눈인 A가 저기압의 중심이므로 A에서 기압이 가장 낮다.

**04** 태풍이 지나감에 따라 태풍 진행 방향의 오른쪽 지역에서는 풍향이 시계 방향으로 변하고, 왼쪽 지역에서는 시계 반대 방향으로 변한다.

ㄱ. (가)에서 A는 태풍 진행 방향의 왼쪽인 안전 반원(가항 반원)에 위치하고, B는 태풍 진행 방향의 오른쪽인 위험 반원에 위치한다. 태풍 중심까지의 거리가 동일하므로, 안전 반원에 위치한 A보다 위험 반원에 있는 B에서의 풍속이 더 빠르다.

 ㄴ. A 지역은 태풍 진행 방향의 왼쪽 지역에 위치하므로 풍향은 시계 반대 방향으로 변한다.

ㄷ. 태풍이 육지에 상륙하면 지표면과의 마찰이 증가하고 수증기의 공급이 줄어들어서 세력이 급격히 약해진다. 태풍이 해수면의 온도가 높은 지역을 통과하는 경우에는 해수면에서의 열과 수증기 공급이 활발하기 때문에 태풍의 세력은 오히려 강해진다.

**05** A는 등압선의 간격이 조밀하고 원형인 열대 저기압(태풍)이다. B는 북태평양 고기압이다.

ㄴ. 남해 해역의 수온이 낮으면 A(태풍)가 남해안을 통과할 때 해수면으로부터 열과 수증기의 공급이 줄어들어, A의 세력은 약해지고 중심 기압은 높아지게 된다.

ㄷ. 태풍의 진로는 북태평양 고기압의 세기에 영향을 받는다. B(북태평양 고기압)의 세력이 강해지면 A(태풍)의 진로는 서쪽으로 치우치게 되고, (가)로 진로가 바뀔 가능성이 크다.

 ㄱ. 태풍은 열대 저기압으로, 태풍의 중심으로 공기가 시계 반대 방향으로 수렴한다. 제주도는 태풍 중심의 북동쪽에 위치하므로 동풍 계열의 바람이 분다.

**06** (가)는 저위도에서 발생하여 포물선 경로로 이동하여 우리나라를 통과하는 태풍이다. (나)는 편서풍의 영향으로 서에서 동으로 이동하면서 우리나라를 통과하는 온대 저기압이다.

ㄱ. (가)의 저기압인 태풍은 우리나라를 통과하는 동안 편서풍의 영향으로 북동쪽으로 이동한다.

ㄴ. 온대 저기압은 주로 찬 기단과 따뜻한 기단이 만나는 한대 전선대에서 생성된다. 여름철에 비해 봄철에는 상대적으로 찬 기단의 세력이 강하고, 따뜻한 기단의 세력은 약하므로 두 기단이 만나는 전선대가 중위도 부근에 형성되어 우리나라를 지나는 온대 저기압이 형성되기 쉽다.

ㄷ. 북반구의 저기압에서는 시계 반대 방향으로 회전하면서 공기가 수렴한다. 저기압이 어느 지역을 통과하는 동안 풍향은 저기압 진행 방향의 오른쪽 지역에서는 시계 방향으로 변하고, 왼쪽 지역에서는 시계 반대 방향으로 변한다. (가)와 (나)는 모두 저기압이고, (가)와 (나)의 저기압이 통과하는 동안 A 지방은 모두 진행 방향의 오른쪽에 위치한다. 따라서 (가)와 (나)의 저기압이 우리나라를 통과하는 동안 A 지방의 풍향은 모두 시계 방향으로 변하였다.

**정리하기**

**온대 저기압의 에너지원**
찬 공기는 따뜻한 공기보다 밀도가 크므로 두 공기가 접해있으면 따뜻한 공기는 위로 올라가고 찬 공기는 아래로 내려온다. 이때 전체 공기의 무게 중심이 아래쪽으로 이동하게 되고 위치 에너지가 감소하게 된다. 이때 감소된 위치 에너지가 운동 에너지로 전환되면서 온대 저기압이 발달한다.

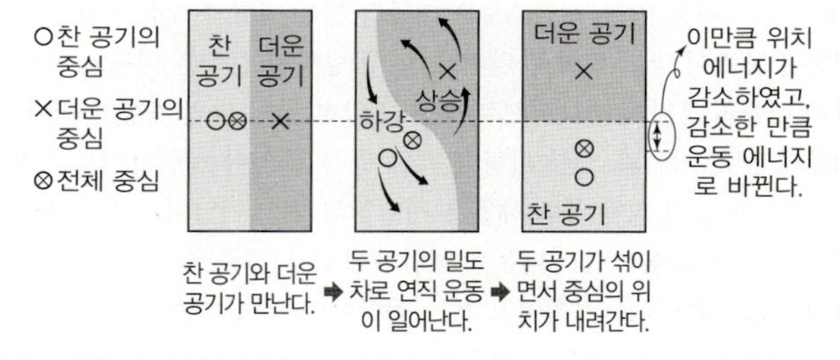

**07** 우리나라의 주요 악기상에는 뇌우, 집중 호우, 폭설, 강풍, 우박, 황사 등이 있다. 이들은 규모가 작고 짧은 시간 동안 발생하기 때문에 정확한 예보가 어렵다.

① 집중 호우는 규모가 작아 일기도 상에 나타나지 않는 현상이기 때문에 예보가 어렵다.

**오답 피하기** ② 뇌우는 강한 상승 기류에 의해 적란운이 발달하면서 천둥, 번개와 함께 소나기가 내리는 현상이다. 여름철 강한 일사에 의한 국지적 가열로 강한 상승 기류가 형성될 때 뇌우가 발생할 수 있다.

③ 겨울철에 발달한 시베리아 고기압의 영향을 받을 때, 여름철에 태풍의 영향을 받을 때 강풍 주의보가 발령될 수 있다.

④ 폭설은 겨울철에 저기압이 통과할 때 또는 시베리아 기단이 남하하면서 변질되어 상승 기류가 발달할 때 잘 발생한다.

⑤ 집중 호우는 국지적으로 단시간 내에 많은 양의 강한 비가 집중하여 내리는 현상이다.

**08** 집중 호우에 의해 도로가 침수된 모습이다.

ㄱ. 우리나라의 집중 호우는 여름철에 잘 발생한다. 장마 전선이나 태풍에 의해 주로 발생하고, 태풍이 밀고 온 따뜻한 공기가 북쪽의 찬 공기를 만나면서 태풍의 앞쪽에서 집중 호우가 내리기도 한다.

ㄷ. 집중 호우는 주로 강한 상승 기류에 의해 형성된 적란운에 의해 발생하고, 이 구름이 한 곳에 정체하여 계속 내릴 때 집중 호우가 나타난다.

**오답 피하기** ㄴ. 집중 호우는 비교적 좁은 지역(반경 10~20 km 정도)에 집중적으로 내리기 때문에 국지성 호우라고도 한다.

**09** 뇌우는 천둥과 번개를 동반한 폭풍우를 말하며 종종 돌풍, 호우, 우박, 폭설 등이 함께 나타난다.

ㄱ. (가)는 발달 단계로 강한 상승 기류에 의해 적운이 탑 모양으로 발달한다.

ㄴ. (나)는 성숙 단계로 상승 기류와 하강 기류가 함께 나타난다. 천둥, 번개, 소나기, 우박 등이 (나) 단계에서 나타난다.

**오답 피하기** ㄷ. (다)는 하강 기류가 우세하고 비가 약해지는 소멸 단계이다.

**10** 황사는 중국이나 몽골의 건조 지역에서 발생한 작은 모래나 황토 먼지가 상층 바람을 타고 멀리까지 이동하여 하강하는 현상이다.

ㄷ. 황사 발원지에서 강한 상승 기류가 발달한다면 토양의 일부가 더 많이 떠오르기 때문에 우리나라의 황사에 의한 피해는 심해질 수 있다.

**오답 피하기** ㄱ. 황사는 주로 봄철에 잘 나타난다. 우리나라가 북태평양 기단의 영향을 받을 때는 여름철이다.

ㄴ. 우리나라에 영향을 미치는 황사의 발원지는 가장 가까이 위치한 커얼친 사지보다 내몽골 고원에서 비율이 더 높다. 따라서 우리나라에 영향을 미치는 황사의 발생 비율은 발원지가 우리나라와 가까울수록 높다고는 볼 수 없다.

**11** 태풍의 진행 방향의 오른쪽은 태풍의 진행 방향과 태풍의 풍향이 일치하여 풍속이 강한 위험 반원이고, 진행 방향의 왼쪽은 태풍의 진행 방향과 태풍의 풍향이 반대이므로 풍속이 약한 안전 반원(가항 반원)이다. 태풍의 낮은 기압과 강한 바람에 의해 폭풍 해일이 해안가에서 발생할 수 있다. 태풍에 의한 폭풍 해일은 저기압의 중심 기압이 낮을수록 해수면의 높이가 더 높아지기 때문에 해안가에 큰 피해를 줄 수 있다.

**모범 답안** (1) X는 서쪽이고 Y는 동쪽이다. 북상하는 태풍의 오른쪽에 해당하는 동쪽이 위험 반원으로 풍속이 더 강하기 때문이다.

| 채점 기준 | 배점 |
|---|---|
| X와 Y의 방향을 적고, 그 이유를 위험 반원을 포함하여 올바르게 설명한 경우 | 100% |
| X와 Y의 방향만 적은 경우 | 50% |

**모범 답안** (2) (가)의 중심 기압이 낮을수록 해수면의 높이가 더 높아지기 때문에 (나)의 피해가 더 커질 것이다.

| 채점 기준 | 배점 |
|---|---|
| (나)의 피해 변화를 적고, 그 이유를 해수면의 높이 변화를 포함하여 올바르게 설명한 경우 | 100% |
| (나)의 피해 변화만 적은 경우 | 50% |

**12** 북반구에서 태풍에 의한 바람은 시계 반대 방향으로 불면서 수렴한다. 이로 인해 태풍이 지나갈 때 태풍 이동 경로의 오른쪽 지역은 풍향이 시계 방향으로 바뀌고, 왼쪽 지역은 시계 반대 방향으로 바뀐다. (나)의 그림을 보면 P 지역의 풍향은 동풍→남풍→서풍으로 시계 방향으로 바뀌었다. 따라서 P 지역은 태풍 이동 경로의 오른쪽에 위치하므로, (가)에서 태풍은 A와 같이 이동하였다.

**모범 답안** 태풍이 통과할 때 P 지역의 풍향은 시계 방향으로 바뀌었다. P 지역은 태풍 이동 경로의 오른쪽에 위치하므로, (가)에서 태풍은 A와 같이 이동하였다.

| 채점 기준 | 배점 |
|---|---|
| A를 고르고, 그 이유를 풍향 변화를 포함하여 올바르게 설명한 경우 | 100% |
| A만 고른 경우 | 50% |

**13** 황사는 작은 모래나 황토 또는 먼지가 하늘에 떠다니다가 상층 바람을 타고 멀리까지 날아가 떨어지는 현상이다. 발원지에서 강한 바람과 함께 상승 기류가 나타나고, 지표면의 토양은 건조해야 하며, 토양의 구성 입자는 미세할 경우에 황사가 잘 발생한다. 또한 지표면에 식물 군락이 형성되어 있지 않아서 토양의 일부가 쉽게 공중으로 떠오를 수 있는 경우에 황사가 잘 발생한다. 반면에, 모래 먼지는 건조한 토양에서 잘 발생하므로 발원지에 눈이 많이 쌓였거나 비가 자주 왔다면 황사가 발생하기 어렵다.

**모범 답안** 강한 바람과 함께 상승 기류가 나타난다. 지표면의 토양이 건조해야 한다. 토양의 구성 입자가 미세해야 한다. 지표면에 식물 군락이 형성되어 있지 않아야 한다.

| 채점 기준 | 배점 |
|---|---|
| 2가지를 올바르게 설명한 경우 | 100% |
| 1가지만 올바르게 설명한 경우 | 50% |

## 03 해수의 성질



본교재 085, 087쪽

**01** 태양 복사  **02** 대기, 광합성  **03** 많고, 적어, 높게  **04** 낮, 높, 높

**01** (1) B, 수온 약층 (2) A, 혼합층 (3) C, 심해층  **02** (1) 증가 (2) 호흡 (3) 침강  **03** ㄱ, ㄹ  **04** (1) ◯ (2) ◯ (3) ◯

**01** (1) ○ (2) × (3) ×    **02** ③

**01** (3) 우리나라의 하천은 대부분 황해로 흘러 들어가기 때문에 황해는 동해에 비해 하천수의 유입이 많다. 따라서 황해의 염분이 동해보다 낮다.

**02** 해수면 온도는 주로 태양 복사 에너지의 가열에 의해 결정되지만, 해류나 지역적 날씨에 의해서 달라지기도 한다.

ㄱ. 표층 수온은 태양 복사 에너지의 영향을 가장 많이 받으며, 고위도로 갈수록 대체로 낮아진다.

ㄷ. 황해는 수심이 얕고 대륙의 영향을 많이 받기 때문에 겨울철의 수온은 동해보다 낮다.

**오답 피하기** ㄴ. 동해는 등수온선이 위도와 나란한 경향이 나타나고, 황해는 등수온선이 해안선과 나란한 경향이 나타난다.



**01** ④   **02** ⑤   **03** ⑤   **04** ②   **05** ①   **06** ②   **07** ④   **08** ④
**09** ③   **10** ②   **11** ④   **12** 해설 참조   **13** 해설 참조

**01** ④ 수온 약층은 수온의 변화가 가장 급격하게 나타나는 안정한 층으로, 혼합층과 심해층 사이의 물질과 에너지 전달을 억제하는 역할을 한다.

**오답 피하기** ① 혼합층은 태양 복사 에너지의 대부분을 흡수하고, 바람에 의한 혼합이 잘 일어나기 때문에 깊이에 따른 온도 변화가 작다. 바람이 두꺼울수록 혼합 작용이 활발하므로 혼합층의 두께는 두꺼워진다.
② 지구는 둥글기 때문에 고위도로 갈수록 태양의 고도가 낮아지므로 해수면에 입사하는 단위 면적당 태양 복사 에너지양이 감소한다. 따라서 해수면 온도는 고위도로 갈수록 낮아진다.
③ 심해층은 태양 복사 에너지의 영향을 받지 않는 층으로, 수온이 낮고 연중 온도 변화가 거의 없으며, 위도에 따른 온도 차이도 거의 없다.
⑤ 같은 위도라도 난류가 흐르는 곳은 한류가 흐르는 곳보다 수온이 높다.

**02** 표층 해수의 수온 분포에 가장 큰 영향을 미치는 요인은 태양 복사 에너지이다. 그러므로 수온은 위도와 계절에 따라 달라진다.

ㄱ. 위도에 따른 태양 복사 에너지의 차이로 등수온선은 대체로 위도와 나란하게 나타난다.

ㄴ. A 해역은 등수온선 24.0 ℃~26.0 ℃ 사이에 위치하고, B 해역은 등수온선 22.0 ℃~24.0 ℃ 사이에 위치한다. 따라서 표층 수온은 A 해역이 B 해역보다 높다.

ㄷ. 태양 복사 에너지가 표층 수온에 가장 큰 영향을 미친다.

**03** 깊이에 따른 수온 변화에 따라 해양은 혼합층, 수온 약층, 심해층으로 나뉜다.

ㄱ. 혼합층은 태양 복사 에너지에 의한 가열과 바람의 혼합 작용으로 수온이 일정하게 높은 층으로, 바람이 강한 지역일수록 두껍다. B 해역이 A 해역보다 혼합층의 두께가 두껍기 때문에 바람은 B 해역이 A 해역보다 강하다.

ㄴ. 수온 약층은 혼합층 아래에서 깊이에 따라 수온이 급격히 낮아지는 층으로, 혼합층과 심해층의 온도 차이가 클수록 발달한다. 혼합층과 심해층의 온도 차이는 B 해역이 A 해역보다 크기 때문에 수온 약층은 B 해역이 A 해역보다 발달한다.

ㄷ. 태양 복사 에너지의 입사량이 클수록 혼합층의 온도는 대체로 증가한다. 따라서 혼합층의 온도가 높은 B 해역이 A 해역보다 태양 복사 에너지의 입사량이 많다.

**04** 용존 산소의 분포는 해수 중에 존재하는 생물 활동에 의해 크게 영향을 받는다.

ㄷ. 수심 1000 m 이상이 되는 심층에서는 극지방의 표층에서 침강한 용존 산소가 풍부한 해수가 유입되어 용존 산소량이 증가한다.

**오답 피하기** ㄱ. 1000 m 깊이부터는 수심이 깊어질수록 용존 산소량은 증가하는 경향이 나타난다.

ㄴ. 표층에서는 대기 중의 산소가 해수 표층으로 녹아 들어오거나 식물성 플랑크톤의 광합성이 활발하게 일어나기 때문에 용존 산소량이 가장 많다. 따라서 빛이 도달할 수 있는 최고 깊이인 100 m 정도까지 용존 산소량이 많게 나타나며, 수심 150 m 깊이부터는 광합성에 의해 공급되는 산소가 거의 없다.

**05** 용존 이산화 탄소의 분포는 해수 중에 존재하는 생물 활동에 의해 크게 영향을 받는다.

ㄱ. 이산화 탄소는 산소보다 기체의 용해도가 크므로 용존 이산화 탄소량은 용존 산소량보다 전체적으로 많다.

**오답 피하기** ㄴ. 수온이 높을수록 기체 용해도가 감소하므로, 수온과 용존 이산화 탄소량은 대체적으로 반비례하는 관계이다.

ㄷ. 해수 표층에서는 해양 생물의 광합성에 의해 이산화 탄소가 소비되기 때문에 용존 이산화 탄소량이 적다.

**06** 표층 염분은 강수량과 증발량, 결빙과 해빙, 담수의 유입 등에 달라진다.

② 해수가 얼 때는 순수한 물만 얼기 때문에 결빙이 일어나는 바다는 표층 염분이 높아진다.

**오답 피하기** ① 증발량과 강수량은 표층 염분에 가장 큰 영향을 주는 요인으로 (증발량 − 강수량) 값이 클수록 표층 염분이 높다.
③ 대기 대순환에서 저압대인 적도 해역은 강수량이 많아 해수의 염분이 낮다.
④ 염분은 장소나 계절에 따라 다르지만 염류들 상호 간의 비율은 항상 일정하다. 따라서 염분이 높아지더라도 염류의 총량에 대한 염화 나트륨의 비율은 일정하게 유지된다.
⑤ 연안 해역은 강물의 유입량이 많아 육지에서 먼 해역보다 표층 염분이 대체적으로 낮게 나타난다.

**07** 염분은 해수 1 kg 속에 있는 염류의 총량을 g 수로 나타낸 값으로, 단위는 psu 또는 ‰ 등을 쓴다.

ㄱ. 해수에 포함된 용존 물질의 합을 계산하면 염분을 구할 수 있다. 해수 A는 염분이 34.5 psu, B는 33.5 psu이다. 따라서 염분은 A가 B다 높다.

ㄴ. 해수에 녹아 있는 염류들 사이의 비율은 각각 일정하다. 이를 염분비 일정의 법칙이라 한다. 따라서 A와 B 해수를 혼합해도 이온 상호 간의 비율은 변하지 않는다.

**오답 피하기** ㄷ. 염분이 다르더라도 염류들 상호 간의 비율은 항상 일정하다. 해수 A와 B에 녹아 있는 염화 이온($Cl^-$)의 질량비는 약 55.04 %로 거의 같다.

**08** 증발량과 강수량은 표층 염분에 가장 큰 영향을 주는 요인으로 (증발량 – 강수량) 값이 클수록 표층 염분이 높다.

ㄴ. (증발량 – 강수량) 값이 클수록 표층 염분이 높으므로 (증발량 – 강수량) 값이 큰 20°N 부근 해역이 적도 해역보다 표층 염분이 높다.

ㄷ. 대기 대순환에서 고압대인 위도 20°~30°N 부근은 대부분 날씨가 맑아 증발량은 많고 강수량이 적다. 따라서 위도 20°~30°N 부근의 해역에서는 표층 염분이 높게 나타나고 대륙에서는 건조한 기후대가 나타나 사막이 많이 분포하게 된다.

오답 피하기 ㄱ. 대기 대순환에서 저압대인 적도 해역은 강수량이 많아 강수량이 증발량보다 많으므로 (증발량 – 강수량)의 값이 낮게 나타난다.

**09** 해수의 밀도는 수온, 염분, 수압에 따라 달라지는데, 수온이 낮을수록, 염분이 높을수록 밀도가 높다.

ㄱ. 수온–염분도에서 오른쪽 하단으로 갈수록 수온이 낮고 염분이 높은 해수이므로 밀도가 크게 나타난다.

ㄴ. 해수의 밀도는 수온–염분도를 작성하여 비교할 수 있다. A 지점에서 측정한 해수 밀도는 $1.025$ g/cm³보다 크다.

오답 피하기 ㄷ. 수온 5 ℃, 염분 33.0 psu를 수온–염분도에 표시하면 이 해수의 밀도는 약 $1.026$ g/cm³가 된다. B 지점에서 측정한 해수 밀도는 $1.026$ g/cm³보다 크다. 따라서 수온 5 ℃, 염분 33.0 psu인 해수의 밀도가 B보다 작다.

정리하기

**수온–염분도의 해석**

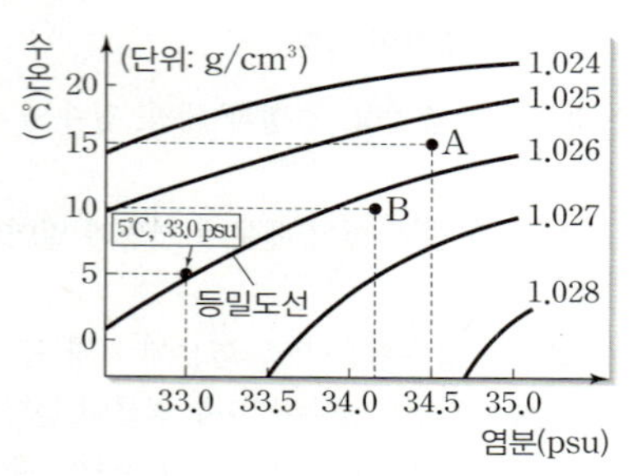


• 왼쪽 상단으로 갈수록 해수의 수온이 높고 염분이 낮아서 밀도가 낮은 값을 나타낸다.
• 오른쪽 하단으로 갈수록 해수의 수온이 낮고 염분이 높아서 밀도가 높은 값을 나타낸다.
• 수온이 15 ℃, 염분이 34.5 psu인 A 지점에서의 밀도는 $1.025$ g/cm³ 보다 크고 $1.026$ g/cm³ 보다 작다.
• 수온이 10 ℃, 염분이 34.1 psu인 B 지점에서의 밀도는 $1.026$ g/cm³ 보다 크고 $1.027$ g/cm³ 보다 작다.
• 수온이 5 ℃, 염분이 33.0 psu 인 해수의 밀도는 약 $1.026$ g/cm³ 이다.

**10** 해수의 밀도는 수온–염분도를 작성하여 비교할 수 있다. 해수의 밀도는 수온이 낮을수록, 염분이 높을수록 밀도가 크다.

ㄷ. C와 D 해역의 수온은 비슷하나, 염분이 C 해역보다 D 해역이 큰 값을 가지므로 밀도는 C 해역보다 D 해역이 크다.

오답 피하기 ㄱ. A 해역은 수온이 20~25 ℃로 가장 높고, 염분은 29~30 psu로 가장 낮다.

ㄴ. B 해역의 밀도는 약 $1.023$~$1.025$ g/cm³의 값을 가진다. D 해역의 밀도가 약 $1.027$ g/cm³으로 가장 큰 값을 가진다.

**11** 수온–염분도를 이용하여 수심에 따른 수온과 염분 및 밀도의 변화 양상을 알 수 있다.

ㄴ. 수심 800~2000 m에서는 수온은 거의 비슷하나 수심이 깊어질수록 염분이 높아져 밀도가 커진다.

ㄷ. 수심 2000~5000 m에서의 밀도 분포가 등밀도선과 나란하게 나타나는 것을 통해 밀도의 거의 일정하다는 것을 알 수 있다.

오답 피하기 ㄱ. 혼합층은 태양 복사 에너지에 의한 가열과 바람의 혼합 작용으로 수온이 일정하게 높은 층이다. 수심 150~800 m은 수심이 깊어짐에 따라 수온이 내려가고 있으므로, 혼합층이 아니라 수온 약층에 해당한다.

**12** 그림 (가)의 A는 혼합층, B는 수온 약층, C는 심해층이다. 혼합층은 바람에 의한 혼합 작용으로 수심에 따라 수온이 일정한 층으로, 바람의 세기가 강할수록 두껍다. 수온 약층은 혼합층 아래에서 깊이에 따라 수온이 급격히 낮아지는 층으로, 혼합층과 심해층의 온도 차이가 클수록 발달한다. 심해층은 태양 복사 에너지의 영향을 받지 않는 층으로, 수온이 낮고 연중 온도 변화가 거의 없다. 그림 (나)는 서고동저형의 기압 배치가 나타나 시베리아 고기압의 영향을 받는 겨울철의 일기도이다. 그림 (다)는 남고북저형의 기압 배치가 나타나 북태평양 고기압의 영향을 받는 여름철의 일기도이다.

모범 답안 (1) (나)의 고기압의 세력이 강해지면 우리나라의 바람의 세기가 강해지므로 혼합층인 A층의 두께는 두꺼워진다.

| 채점 기준 | 배점 |
| --- | --- |
| 두께 변화를 적고, 그 이유를 바람의 세기를 포함하여 올바르게 설명한 경우 | 100% |
| 두께 변화를 적은 경우 | 50% |

모범 답안 (2) (나)는 겨울철, (다)는 여름철이므로 혼합층의 온도가 (다)가 더 높기 때문에 수온 약층인 B층은 (다)에서 뚜렷하게 나타난다.

| 채점 기준 | 배점 |
| --- | --- |
| (다)를 고르고, 그 이유를 수온 약층을 포함하여 올바르게 설명한 경우 | 100% |
| (다)를 고른 경우 | 50% |

모범 답안 (3) C층은 심해층으로 위도나 계절에 관계없이 일정하므로, (다)의 고기압의 세력이 강해지더라도 C층의 수온은 변화 없다.

| 채점 기준 | 배점 |
| --- | --- |
| 수온 변화를 적고, 그 이유를 심해층을 포함하여 올바르게 설명한 경우 | 100% |
| 수온 변화를 적은 경우 | 50% |

**13** 해수의 밀도는 수온, 염분, 수압에 따라 달라지는데, 수온이 낮을수록, 염분이 높을수록 밀도가 높다.

모범 답안 밀도는 수온에 반비례하므로, 수심이 깊어짐에 따라 수온은 내려가서 해수의 밀도는 커진다.

| 채점 기준 | 배점 |
| --- | --- |
| 해수의 연직 밀도 분포를 수온 분포와 관련지어 올바르게 설명한 경우 | 100% |
| 해수의 연직 밀도 분포만 설명한 경우 | 50% |

㉠ 시계 방향  ㉡ 고온 다습  ㉢ 적운형  ㉣ 기상 정보 수집
㉤ 17m/s  ㉥ 잠열(숨은열)  ㉦ 태풍의 눈  ㉧ 편서풍  ㉨ 성숙 단계
㉩ 상승 기류  ㉪ 해수 표층  ㉫ 비율  ㉬ 증발량–강수량



**01** ⑤  **02** ⑤  **03** ③  **04** ⑤  **05** ①  **06** ①  **07** ③  **08** ②
**09** ②  **10** ⑤  **11** ⑤  **12** ②  **13** ⑤  **14** ②  **15** ④

**01** A는 한랭 건조한 시베리아 기단, B는 한랭 습윤한 오호츠크 해 기단, C는 온난 건조한 양쯔 강 기단, D는 고온 다습한 북태평양 기단이다.
⑤ (나)의 기단은 이동하는 동안 하층이 냉각되므로 기층이 안정되어 층운형 구름이나 안개가 발생할 수 있다.

**오답 피하기** ① 시베리아 기단이 겨울철 우리나라의 서해 바다를 지나갈 때, 기단의 하층이 가열되어 기층이 불안정해지고 상승 기류가 발달하여 폭설이 내리기도 한다.
② 우리나라 초여름 장마철에는 오호츠크 해 기단과 북태평양 기단 사이에 동서로 길게 장마 전선이 형성된다.
③ 황사는 주로 대륙에 위치하는 건조한 기단인 시베리아 기단이나 양쯔 강 기단에 의해 우리나라에 영향을 미친다. 따라서 양쯔 강 기단의 세력이 커지면 우리나라에 황사가 자주 발생한다.
④ (나)에서 기단이 이동하는 동안 기단 하부의 기온은 하강하고 수증기압은 증가한다. 따라서 기단은 발생한 위치에서 고위도로 이동하면서 바다를 통과하므로, (나)의 변화가 잘 일어나는 기단은 D이다.

**02** 산맥을 경계로 정상으로 향하는 동안 공기는 단열 팽창하여 많은 비나 눈을 내리고 건조하게 되고, 산의 정상을 지나 경사면을 타고 내려오면서 공기는 단열 압축되어 다시 온도가 올라가게 된다. 이 결과로 높은 산을 넘어온 고온 건조한 바람이 불게 되고, 이를 푄 현상이라 한다.
ㄱ. 동해안의 북동쪽에 고기압의 중심이 위치하고 있으므로, 동해안에는 동풍 계열의 바람이 분다.
ㄴ. 우리나라는 한랭 습윤한 오호츠크 해 기단(고기압)의 영향을 받고 있다.
ㄷ. 동해안에 위치한 강릉은 한랭 습윤한 기단의 영향으로 기온이 낮고, 태백산맥을 타고 넘어온 고온 건조한 바람이 서울에 영향을 미칠 것이다. 따라서 서울은 강릉에 비해 고온 건조한 날씨가 나타났을 것이다.



**높새바람(푄 현상)**

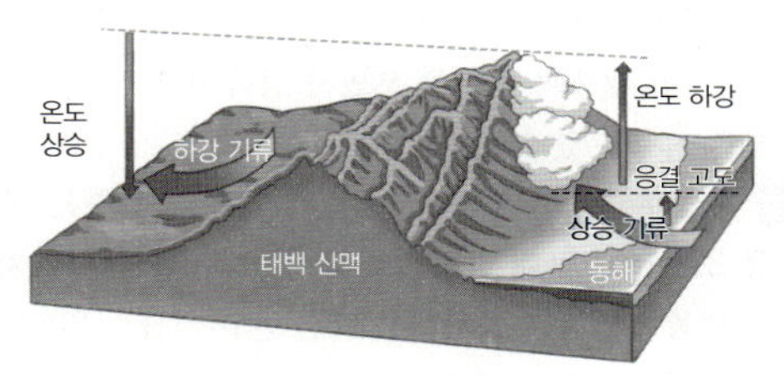


• 푄 현상: 상승하는 공기는 단열 팽창으로 상승 응결 고도 이상에서 구름을 만들어 비를 내리고, 산의 정상을 지나 하강할 때는 단열 압축으로 고온 건조해진다. 이와 같이 공기가 높은 산을 넘어갈 때 나타나는 기온 변화를 푄 현상이라고 한다.
• 우리나라 초여름에는 오호츠크 해 기단의 영향으로 높새바람(북동풍)이 분다. 이 때 태백산맥을 타고 넘어간 공기의 영향으로 영서 지방은 고온 건조한 날씨가 나타난다.

**03** 정체 전선(장마 전선)은 찬 기단과 따뜻한 기단의 세력이 비슷하여 전선이 거의 이동하지 않고 한 곳에 오랫동안 머무르는 전선이다. 우리나라는 주로 초여름에 고온 다습한 북태평양 기단과 한랭 다습한 오호츠크 해 기단에 의해 장마 전선이 형성된다.
ㄱ. 따뜻한 공기가 찬 공기 위로 올라가면서 구름을 만들기 때문에, 정체 전선에서는 찬 공기 쪽으로 강수대가 형성된다. 따라서 강수량은 전선의 남쪽보다 북쪽에서 많다.
ㄴ. (나)에서 우리나라의 남동쪽에 북태평양 고기압이 자리 잡고 있으므로, 우리나라는 고온 다습한 기단의 영향을 받고 있다.

**오답 피하기** ㄷ. 일기도에서 등압선 간격이 조밀할수록 풍속이 빠르다. 우리나라 남부 지방의 등압선 간격은 (가)보다 (나)에서 조밀하므로, 풍속은 (가)보다 (나)에서 빠르다.



**정체 전선**

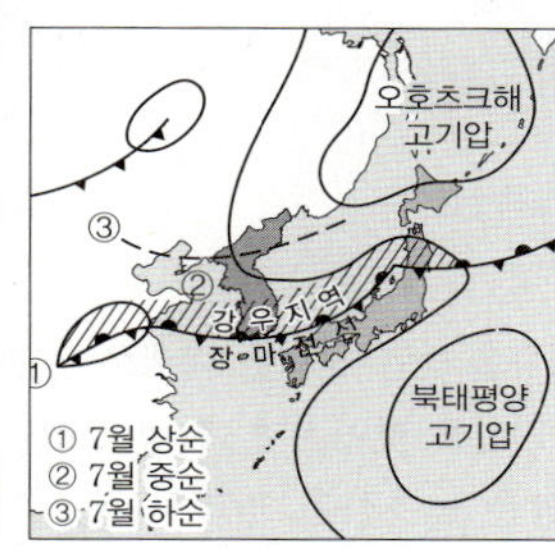


• 정체 전선: 두 기단의 세력이 비슷하여 한 곳에 오래 머물러 있을 때 생성된다.
• 전선의 북쪽으로 동서 방향으로 긴 구름 띠를 형성하면서 많은 비를 내린다.
• 우리나라 초여름의 장마 전선은 북태평양 기단과 오호츠크 해 기단이 만나서 생성된 정체 전선이다.
• 북태평양 기단의 세력이 커지면 장마 전선은 북상하고, 오호츠크 해 기단의 세력이 커지면 장마 전선은 남하한다.

**04** 폐색 전선은 이동 속도가 빠른 한랭 전선이 온난 전선을 따라잡아 겹치면서 생성된다. 한랭 전선과 온난 전선이 겹쳐진 형태에 따라 한랭형 폐색 전선과 온난형 폐색 전선으로 구분한다.
ㄱ. 전선 A는 한랭 전선으로 전선을 경계로 앞쪽에는 따뜻한 공기가, 뒤쪽에는 찬 공기가 위치한다. 전선 B는 폐색 전선으로 전선을 경계로 앞 뒤 쪽에 모두 찬 공기가 위치한다. 따라서 전선 A가 통과할 때가 전선 B가 통과할 때보다 지표 부근의 기온 변화가 크게 나타난다.
ㄴ. 전선 B의 단면도를 보면 폐색 전선이 형성되기 이전에 한랭 전선의

후면에 위치한 찬 공기가 온난 전선의 전면에 위치한 찬 공기보다 온도가 더 낮음을 알 수 있다. 따라서 (가)의 폐색 전선은 한랭형 폐색 전선이다.

ㄷ. (나)에서 a를 포함한 공기 덩어리가 b를 포함한 공기 덩어리보다 밀도가 크므로, 지표 부근의 기온은 a 지점보다 b 지점이 높다.



**폐색 전선**

- 폐색 전선: 한랭 전선의 이동 속도가 온난 전선의 이동 속도보다 상대적으로 빨라 두 전선이 겹쳐지면 폐색 전선이 형성된다.
- 넓은 지역에 걸쳐 구름이 생성되므로 강수 구역이 넓고 지속 시간은 짧다.
- 한랭 전선과 온난 전선이 겹쳐진 형태에 따라 한랭형 폐색 전선과 온난형 폐색 전선으로 구분한다.
- 한랭형 폐색 전선: 온난 전선을 형성한 찬 공기보다 한랭 전선을 형성한 찬 공기의 온도가 더 낮을 때 나타난다.
- 온난형 폐색 전선: 한랭 전선을 형성한 찬 공기보다 온난 전선을 형성한 찬 공기의 온도가 더 낮을 때 나타난다.

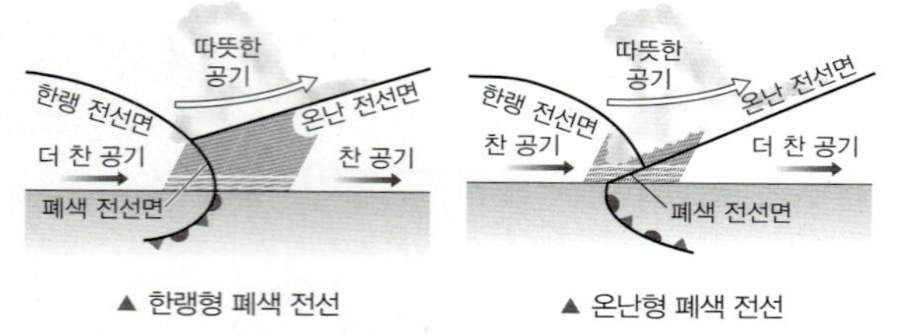


**05** 온대 저기압의 영향을 받는 지역은 대체로 온난 전선이 통과하는 동안 기온이 높아지고 기압은 낮아지며, 한랭 전선이 통과하는 동안에는 기온이 낮아지고 기압은 높아진다. 따라서 A는 기온이고 B는 기압이다.

ㄱ. 15시 경부터 기온은 하강하고 기압은 높아진다. 따라서 한랭 전선은 15시 경에 이 지역을 통과하였다.

오답 피하기 ㄴ. 19시 이후에는 기압이 상승하므로 온대 저기압의 중심으로부터 멀어진다는 것을 알 수 있다.

ㄷ. 온대 저기압이 동반한 한랭 전선이 통과하면 이 지역의 풍향은 남서풍에서 북서풍으로 시계 방향으로 변한다.



**구름의 분류**

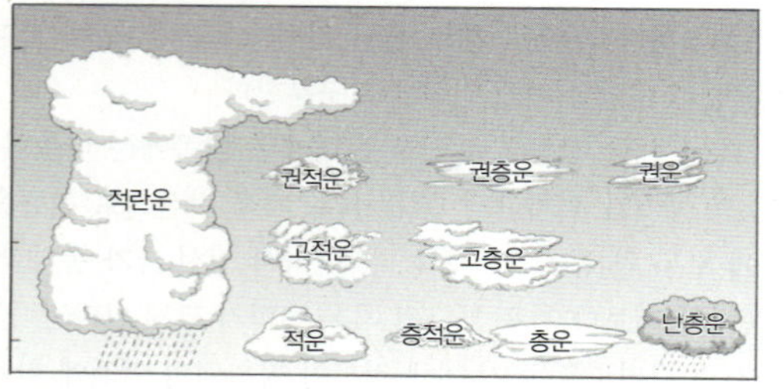


- 적운형 구름: 기층이 불안정한 지역에서 공기의 연직 운동이 활발할 때 생성되는 수직으로 높게 발달한 구름으로 강한 소나기를 동반한다.
- 층운형 구름: 기층이 안정한 지역에서 공기의 연직 운동이 약할 때 생성되는 수평 방향으로 넓게 펴진 구름으로 이슬비와 같은 약한 비를 동반한다.
- 권층운: 권층운은 보통 5~13 km의 고도에서 나타나고 빙정으로 이루어져 있으며, 햇무리나 달무리를 나타내는 것이 특징이다. 주로 온난 전선의 전면에 나타나 비가 올 전조일 경우가 많다.
- 난층운: 보통 2~7 ㎞의 고도에서 나타나고, 구름의 밑은 거의 암흑색으로 보이며, 대개 하늘 전체에 퍼진다. 저기압의 중심 부근이나 온난 전선 부근 등에 널리 발달하며 비나 눈이 내릴 때가 많다.
- 적란운: 수직으로 발달하는 구름으로 적운과 비슷하지만, 적운보다 수직으로 더 치솟아 있어 산이나 큰 탑처럼 보이며, 구름 밑면은 매우 어둡고 높이는 땅에서 2 km 이하이나, 꼭대기의 높이는 12 km에 이를 때도 있다. 흔히 소나기를 동반하고, 종종 우박과 뇌우, 매우 드물게 용오름(토네이도)을 동반한다. 일반적으로 한랭 전선에서 발생하고, 여름철에 장마 전선이나 태풍, 고기압의 가장자리의 대기 불안정으로도 발생한다.

**06** ㄱ. 태풍의 중심부에 맑게 개어 있는 곳은 태풍의 눈으로 높은 구름 벽으로 둘러싸여 있다.

오답 피하기 ㄴ. 태풍의 중심부인 A는 바람이 약하고 하강 기류가 있어 낮은 구름만 약간 분포한다. 따라서 태풍의 눈을 둘러싼 구름의 벽 부근인 B에서 풍속이 가장 빠르고, 태풍의 눈인 A에서는 바람이 약하다.

ㄷ. 태풍은 열대 저기압으로 중심인 A에서 기압이 가장 낮다. 따라서 A → B → C로 갈수록 기압은 높아진다.

**07** 태풍이 지나감에 따라 태풍 진행 방향의 오른쪽 지역에서는 풍향이 시계 방향으로 변하고, 왼쪽 지역에서는 시계 반대 방향으로 변한다.

ㄱ. 태풍은 발생 후 무역풍 지대에서는 북서쪽으로 이동하다가 중위도에 이르러 편서풍 및 북태평양 고기압의 영향을 받아 북동쪽으로 이동하는 포물선 경로를 보인다.

ㄴ. 부산 지방은 태풍 진행 방향의 왼쪽에 위치하므로 태풍이 우리나라 부근을 지나가는 동안 풍향은 시계 반대 방향으로 변했다.

오답 피하기 ㄷ. 태풍의 위치는 일정한 시간 간격으로 나타내었으므로, 태풍 사이의 거리를 이용하여 태풍의 이동 속도를 비교할 수 있다. 태풍은 30°N에서 일정한 시간 동안 이동한 거리가 짧으므로, 이동 속도가 느리다고 볼 수 있다.

**08** 태풍의 진행 방향의 오른쪽은 태풍의 진행 방향과 태풍의 풍향이 일치하여 풍속이 강한 위험 반원이고, 진행 방향의 왼쪽은 태풍의 진행 방향과 태풍의 풍향이 반대라서 풍속이 약한 안전 반원(가항 반원)이다.

ㄷ. 열대 저기압인 태풍이 접근해 오면서 관측 지역의 기압은 낮아지고 풍속은 대체로 커지고 있다.

오답 피하기 ㄱ. 태풍이 통과하는 동안 이 지역의 풍향은 북동풍 → 북풍 → 북서풍으로 시계 반대 방향으로 바뀌었다. 따라서 이 지역은 태풍 진행 방향의 왼쪽 지역에 위치하므로 안전 반원(가항 반원)에 있었다.

ㄴ. 19시 경에 기압이 낮고 풍속이 강한 것으로 보아 태풍의 세력이 강

한 시간대로 상승 기류가 우세하였다. 태풍의 중심이 관측 지점을 통과하면 풍속이 급격히 줄어들고 맑은 날씨가 나타난다. 기압이 가장 낮을 때 풍속이 가장 크게 관측되었으므로 태풍의 중심은 이 지역을 통과하지 않았다고 볼 수 있다.

**09** (가)는 온대 저기압, (나)는 열대 저기압의 단면이다.

ㄴ. (나)는 열대 저기압으로 에너지원은 수증기 응결 시 방출되는 잠열(숨은열)이다.

오답 피하기 ㄱ. (가)는 온대 저기압으로 일생에 걸쳐 남북 간의 열 교환이 일어나며, 중위도 지방에서 위도별 에너지 불균형을 해소하는 역할을 한다. 저위도 지역의 남는 에너지를 고위도 지역으로 운송하는 역할을 하는 것은 (나)인 열대 저기압이다.

ㄷ. 온대 저기압은 성질이 다른 두 기단이 만나서 생성되어 한랭 전선과 온난 전선을 동반한다. 열대 저기압은 무역풍이 만나는 열대 해역 일부에서 공기가 수렴하면서 만들어지므로 전선을 동반하지 않는다.

**10** 태풍이 육지에 상륙하면 지면과의 마찰력이 증가하여 풍속이 약해지고, 해수에서 공급받는 수증기와 열이 감소되면서 그 세력을 점점 잃고 열대성 저기압이나 온대 저기압으로 변질되면서 소멸된다.

ㄱ. 태풍 위파는 중국 대륙과 수온이 낮은 황해를 통과하면서 세력이 약화되어 온대 저기압으로 변하면서 소멸하였다.

ㄴ. (나)에서 A 지역의 서쪽에는 온대 저기압이 위치하고, 동쪽에는 고기압이 위치하므로 9월 20일 12시 경 A 지역은 동풍 계열의 바람이 불었을 것이다.

ㄷ. 태풍이 밀고 온 따뜻하고 습한 공기가 북쪽의 찬 공기를 만나 상승하게 되면서 태풍의 앞쪽에서 집중 호우가 내리기도 한다.

**11** 뇌우는 강한 상승 기류에 의해 적란운이 발달하면서 천둥, 번개와 함께 소나기가 내리는 현상이다. A는 하강 기류와 약한 비가 나타나는 소멸 단계이고, B는 상승 기류와 하강 기류가 함께 나타나며 강한 비가 내리는 성숙 단계이다.

ㄴ. 뇌우의 일생은 적운 단계 → 성숙 단계 → 소멸 단계 순이다. 따라서 소멸 단계인 A가 성숙 단계인 B보다 나중에 나타난다.

ㄷ. (나)는 번개와 천둥을 동반하는 급격한 방전 현상인 낙뢰로 하강 기류가 나타나는 A보다 상승 기류와 하강 기류가 함께 나타나는 B일 때 잘 나타난다.

오답 피하기 ㄱ. 뇌우는 규모가 작아 지상 일기도에 나타나지 않아 일기 예보가 어렵다.

**12** 깊이에 따른 수온 변화에 따라 해양은 혼합층, 수온 약층, 심해층으로 나뉜다. A는 혼합층, B는 수온 약층, C는 심해층이다.

ㄴ. 바람이 강한 지역일수록 A(혼합층)의 두께는 두꺼워진다. 저위도 해역보다 중위도 해역의 혼합층의 두께가 두꺼우므로, 풍속은 적도 해역보다 위도 30° 해역에서 더 크다.

오답 피하기 ㄱ. A는 태양 복사 에너지에 의한 가열과 바람의 혼합 작용으로 수온이 일정하게 높은 혼합층이다. B는 A의 아래에서 깊이에 따라 수온이 급격히 낮아지는 수온 약층으로 매우 안정한 층이다.

ㄷ. 심해층(C)이 시작되는 깊이는 위도 30° 부근에서 수심 약 1000 m로 가장 깊게 나타나고, 적도에서는 수심 약 700 m로 나타난다. 또한 고위도 지역에서는 깊이에 따른 수온의 변화가 없으며, 고위도의 해수는 심해층으로만 이루어져 있다.

**13** 용존 산소의 분포는 해수 중에 존재하는 생물 활동에 의해 크게 영향을 받는다.

ㄱ. 식물성 플랑크톤이 많을수록 광합성이 활발하게 일어나므로, 표층에서 식물성 플랑크톤의 농도와 용존 산소량(DO)의 값은 대체로 비례한다.

ㄴ. 수심 30~70 m에서는 수심이 깊어짐에 따라 식물성 플랑크톤의 농도가 감소하므로 광합성에 의한 산소 공급도 줄어든다. 또한 동·식물의 호흡이나 유기물의 분해 등으로 용존 산소량(DO)의 값은 감소하게 된다.

ㄷ. 수심 100~150 m에서는 수온이 낮고 용존 산소량이 풍부한 심층수의 유입으로 용존 산소량(DO)의 값은 증가한다.

**14** 수온-염분도를 이용하여 수심에 따른 수온과 염분 및 밀도의 변화 양상을 알 수 있다.

ㄴ. 수심 500 m에서 밀도는 여름철과 겨울철에 비슷하게 나타나므로, 계절 변화가 거의 없다고 볼 수 있다.

오답 피하기 ㄱ. 수온 약층은 혼합층 아래에서 깊이에 따라 수온이 급격히 낮아지는 층으로, 혼합층과 심해층의 온도 차이가 클수록 발달한다. 혼합층의 온도는 여름철에는 약 25 ℃, 겨울철에는 약 10 ℃이며, 심해층의 온도는 계절에 관계없이 거의 비슷하다. 따라서 수온 약층은 여름이 겨울보다 발달한다.

ㄷ. 겨울에 수심 300 m 부근에서는 깊이에 따라 수온이 내려가는 수온 약층이 나타난다. 수온 약층은 매우 안정한 층으로 해수의 연직 운동이 활발하지 않아 혼합층과 심해층 사이의 물질과 에너지 교환을 차단한다.

**15** 해수에 녹아 있는 염류들 사이의 비율은 각각 일정하다. 이를 염분비 일정의 법칙이라 한다.

ㄴ. 황해는 우리나라와 중국의 내륙에서 들어오는 하천수의 영향으로 표층 염분이 낮게 나타난다. 8월의 표층 염분의 분포를 보면 등염분선이 중국 연안에서 A 쪽으로 기울어져 있는 것을 볼 수 있는데, 이를 통해 8월에 중국 연안으로부터 염분이 낮은 해수가 A 해역으로 유입된다는 것을 알 수 있다.

ㄷ. 우리나라의 강수량은 8월에 집중되므로 표층 염분은 2월보다 8월에 낮다.

오답 피하기 ㄱ. 염분이 다르더라도 염류들 상호 간의 비율은 항상 일정하다. 염분이 32.6 psu 인 B 해역에서 염화 나트륨이 25.3 psu 이므로, 염분이 30.6 psu 인 A 해역에서 염화 나트륨은 25.3 psu 보다 작다.

## 01 대기와 해양의 상호 작용

### 01 대기 대순환과 해양의 표층 순환



**01** 대기, 해수 **02** 하강, 사막, 높다 **03** 쿠로시오, 캘리포니아 **04** 조경 수역

**01** (1) ○ (2) × (3) ×
**02** 높고, 많다, 적도 반류, 편서풍

**01** (2) 에너지 수송량은 적도에서 위도 38° 부근까지 증가하여 최대치를 나타내고, 이후에는 감소하는 경향이 나타난다.
(3) 극지방은 에너지가 부족한 상태이지만, 대기와 해수의 순환에 의해 저위도의 과잉 에너지가 고위도로 이동하기 때문에 일정한 온도를 유지한다.



**01** ③ **02** ③ **03** ④ **04** ② **05** ⑤ **06** ③ **07** 해설 참조
**08** 해설 참조

**01** 지구는 전체적으로 복사 에너지의 흡수량과 방출량이 같은 복사 평형 상태를 이루나, 적도 지방은 에너지 과잉, 극지방은 에너지 부족의 상태로서 열평형이 이루어지지 않으므로 대기와 해수를 통한 에너지의 이동이 발생한다.
ㄱ. 적도 지방은 흡수량이 방출량보다 많으므로 에너지가 과잉된 상태이며, 극지방은 방출량이 흡수량보다 많으므로 에너지가 부족한 상태이다.
ㄴ. 위도별 에너지 불균형에 의해 대기와 해수의 순환이 일어난다. 저위도의 과잉된 에너지가 대기와 해수의 순환에 의해 고위도로 수송되면서 에너지 불균형이 해소된다.
오답 피하기 ㄷ. 남북 방향의 열수송이 가장 큰 지역은 에너지 과잉과 에너지 부족 지역의 경계로 위도 약 38° 부근이다.

**02** 지구가 자전하지 않는다면 적도에서 가열되어 상승한 공기는 대류권 계면을 따라 극으로, 극에서 냉각되어 하강한 공기는 지표면을 따라 적도로 이동한다.
ㄱ. 적도 지역에서는 공기가 가열되어 상승 기류가 발달한다.
ㄷ. 단일 세포 순환 모형에서 북반구 지상에서는 북풍, 남반구 지상에서는 남풍이 분다.
오답 피하기 ㄴ. 적도에서 상승한 공기가 극으로 이동하여 하강한다. 이러한 대기의 순환은 저위도의 에너지를 고위도로 수송하는 역할을 한다.

**03** A는 극에서 하강하여 저위도로 이동한 다음 위도 60°에서 상승하여 극으로 이동하는 극 순환이다. B는 위도 30°에서 하강하여 고위도로 이

동한 다음 위도 60°에서 상승하는 페렐 순환이다. C는 적도에서 상승하고, 위도 30°에서 하강하여 다시 적도로 되돌아오는 해들리 순환이다.
④ (가)는 한대 전선대로 극동풍과 편서풍이 수렴하는 수렴대가 발달하여 상승 기류가 우세한 저압대이다. (나)는 대기 대순환의 하강 기류로 인해 형성되는 고압대이다. 따라서 (가) 지역은 (나) 지역보다 대체로 기압이 낮다.
오답 피하기 ① A는 극 순환으로, 온도가 낮은 극지방에서 지표면의 냉각으로 인해 발생하는 열적 순환이다.
② B는 페렐 순환으로 A 순환과 C 순환에 의해 역학적으로 일어나는 간접 순환이다. 온도가 높은 저위도에서는 하강하고, 온도가 낮은 고위도에서는 상승하는 순환으로, 해들리 순환과 극 순환에 의해 간접적으로 일어나는 순환이다.
③ 위도에 따른 에너지 불균형과 지구 자전의 영향으로 실제 대기 대순환은 3개의 순환 세포인 A, B, C로 이루어진다.
⑤ (다)는 상승 기류가 발달하는 적도 저압대이므로 하강 기류가 발달하는 고압대인 (나) 지역보다 연평균 강수량이 많다.



#### 대기 대순환

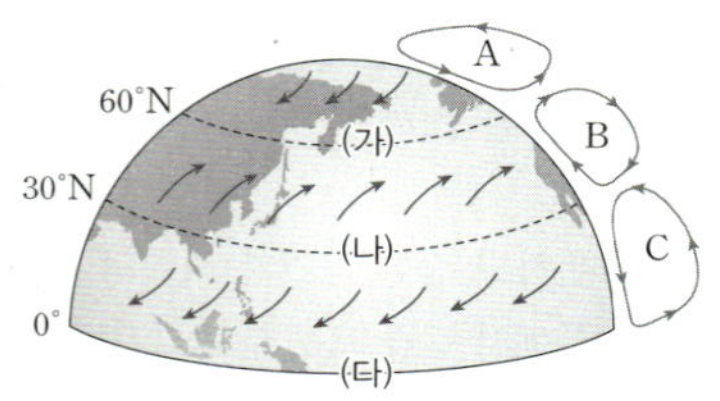


- 한대 전선대(가): 한랭한 극동풍과 온난한 편서풍이 만나서 형성되며, 상승 기류에 의해 구름이 잘 발생하고 많은 양의 비가 내린다.
- 중위도 고압대(나): 적도 부근에서 상승한 공기가 고위도로 이동하다 하강하여 형성되며 하강 기류가 강하다. ➡ 해양에는 해수의 표층 염분이 높고, 대륙에는 사막 및 사막화가 나타난다.
- 적도 수렴대(다): 적도 부근의 가열된 공기가 수렴하여 상승하면서 형성되며 상승 기류가 강하다.
- 극 순환(A): 극에서 하강하여 저위도로 이동한 다음 위도 60°에서 상승하여 극으로 이동하는 순환 ➡ 직접 순환
- 페렐 순환(B): 위도 30°에서 하강하여 고위도로 이동한 다음 위도 60°에서 상승하는 순환 ➡ 간접 순환
- 해들리 순환(C): 적도에서 상승하고, 위도 30°에서 하강하여 다시 적도로 되돌아오는 순환 ➡ 직접 순환

**04** 대기 대순환에 의해 형성된 해류는 동서 방향으로 흐르다가 대륙의 영향에 의해 남북 방향으로 갈라져 이동하면서 표층 순환을 형성한다.
ㄴ. 표층 해류는 대기 대순환에 의해 일정한 방향으로 부는 바람과 해수면의 마찰에 의해 발생하며, 동서 방향의 표층 해류는 대기 대순환에 의한 바람과 비슷한 방향으로 흐른다.
오답 피하기 ㄱ. 표층 순환은 적도를 경계로 북반구와 남반구가 대체로 대칭적인 분포를 나타내므로 위도대별 표층 해류의 방향은 동서 방향으

로는 대체로 같지만, 남북 방향으로는 서로 다르다.

ㄷ. 아열대 순환의 동쪽 해역에서는 고위도에서 저위도로 차가운 한류가 흐른다. 난류에 의해 저위도의 에너지가 고위도로 수송된다.

**05** 표층 해수의 용존 산소량은 표층 수온에 반비례한다. 고위도로 갈수록 표층 수온이 낮아지므로 용존 산소량은 많아진다. 표층 해수의 용존 산소량 등치선은 대체로 위도와 나란해야 하지만, 해류의 영향으로 조금씩 달라진다. 난류가 흐르는 해역은 주변보다 수온이 높고 용존 산소량이 적어 등치선이 약간 고위도로 치우쳐 있으며, 반대로 한류가 흐르는 해역은 등치선이 상대적으로 저위도로 치우치게 된다. 난류와 한류가 만나는 조경 수역에서는 수온 변화가 크므로 용존 산소량의 변화 역시 크다. 따라서 조경 수역에서 용존 산소량의 등치선 간격은 조밀하게 나타난다.

ㄱ. 용존 산소량 등치선의 간격이 조밀하다는 것은 남북 방향의 표층 용존 산소량의 변화가 크다는 것을 의미한다. 표층 해수의 용존 산소량은 표층 수온에 반비례하므로, 등치선 간격이 조밀한 A 해역이 B 해역보다 남북 방향의 표층 수온 변화가 더 크다는 것을 알 수 있다.

ㄴ. C 해역에는 난류인 멕시코 만류가, D 해역은 한류인 카나리아 해류가 흐르고 있다.

ㄷ. 북대서양 해류는 위도 $30°{\sim}60°N$ 사이에서 흐르는 해류로 편서풍에 의해 서에서 동으로 흐른다. 북적도 해류는 위도 $0°{\sim}30°N$ 사이에서 흐르는 해류로 무역풍에 의해 동에서 서로 흐른다. 따라서 C에서 D로 갈 때는 편서풍과 서에서 동으로 흐르는 북대서양 해류를 이용하여 항해하는 것이 유리하다.

**06** A와 B는 저위도에서 고위도로 흐르는 난류이고, C는 고위도에서 저위도로 흐르는 한류이다. A는 황해 난류, B는 동한 난류, C는 북한 한류이다.

ㄴ. 조경 수역은 난류와 한류가 만나는 곳이다. 동해에서는 난류인 동한 난류(B)와 한류인 북한 한류(C)가 만나 조경 수역을 형성한다.

ㄷ. 우리나라 주변 난류의 근원은 쿠로시오 해류이다. 쿠로시오 해류의 지류가 동중국해에서 분리된 후 북상하여 황해 난류(A), 쓰시마 난류, 동한 난류(B)를 형성한다.

오답 피하기 ㄱ. 여름철에는 난류인 A와 B의 세력이 강해지고, 겨울철에는 한류인 C의 세력이 강해진다. 난류인 A와 B의 세력이 (나)보다 (가)에서 강한 것으로 보아, (가)는 여름철의 해류 분포를 나타낸 것이다.

ㄹ. 영양 염류는 난류보다 한류에서 많다. 따라서 용존 산소량은 한류인 C가 난류인 B보다 많다.

**07** 적도 부근에서는 가열된 공기가 모여 들어 상승하면서 적도 수렴대가 형성되어, 상승 기류가 발달하여 강수량이 많다.

모범 답안 적도 지방에서는 지표면의 가열로 인하여 대기 대순환의 상승 기류가 발달하여 구름이 많이 생성되기 때문이다.

| 채점 기준 | 배점 |
|---|---|
| 대기 대순환에 의한 상승 기류를 포함하여 설명한 경우 | 100% |
| 구름이 만들어지는 조건만 설명한 경우 | 50% |

**08** 해수의 순환은 주변 지역의 기후에도 영향을 주어 난류가 흐르는 지역은 같은 위도의 다른 지역에 비해 겨울철 기온이 더 높다. 남극 순환류는 따뜻한 바닷물이 남극해로 접근하지 못하게 하여 남극이 거대한

얼음을 유지할 수 있게 한다.

모범 답안 (가)일 때 남극 대륙 주변의 표층 수온이 높다. 남극 대륙은 (가)에서는 저위도에서 이동해오는 난류의 영향을 받고 있고, (나)에서는 난류의 영향을 받고 있지 않기 때문이다.

| 채점 기준 | 배점 |
|---|---|
| (가)를 고르고, 난류의 영향을 포함하여 설명한 경우 | 100% |
| (가)만 고른 경우 | 50% |

## 02 해양의 심층 순환



**01** 밀도　**02** 낮, 크

**01** (1) ○ (2) × (3) × (4) ○
**02** (1) A: 남극 저층수, B: 남극 중층수, C: 북대서양 심층수
　　(2) A

**01** (1) 표층 순환과 심층 순환은 연결되어 순환하므로 심층 순환이 약해지면 표층 순환도 약해진다.



**01** ② 　**02** ④ 　**03** ③ 　**04** ② 　**05** ④ 　**06** ③ 　**07** ④
**08** 해설 참조 　**09** 해설 참조

**01** 염분이 높아지거나 수온이 낮아지면 해수의 밀도가 커지면서 가라앉아 침강이 잘 일어난다.

ㄷ. B 해역에서 용존 산소가 풍부한 표층수가 침강하면서 대기에서 표층수에 녹아든 산소를 깊은 바다 속까지 운반하여 생물이 살 수 있도록 해 준다.

오답 피하기 ㄱ. 심층 순환은 주로 해수의 밀도 차에 의해 발생한다. 바람은 표층 해류를 일으키는 주 원인이다.

ㄴ. 침강이 일어나는 해역은 수온이 낮은 곳이므로 B 해역이 A 해역보다 더 고위도에 위치한다.

**02** 성질이 다른 수괴끼리는 서로 잘 섞이지 않으므로 해수의 수온과 염분은 거의 변하지 않으므로, 수괴의 성질을 조사해 수온−염분도에 나타내면 수괴의 기원과 이동 경로를 추정할 수 있다.

ㄴ. 심층수는 그린란드 주변 해역($50°{\sim}60°N$ 부근)에서 겨울철에 염분이 높은 해수가 냉각되면서 밀도가 증가하여 심층으로 가라앉아 형성된 북대서양 심층수이다.

ㄷ. 심층 순환은 속도가 매우 느리기 때문에 직접 관측하기가 어렵다. 따라서 수온, 염분, 밀도, 용존 산소량 등을 관측하여 간접적으로 알아낸다.

오답 피하기 ㄱ. 심층수는 저층수와 중층수 사이를 흘러가고 있으므로, 심층수를 이루는 물은 저층수를 이루는 물보다 밀도가 작고, 중층수를 이루는 물보다 밀도가 크다. 따라서 중층수를 이루는 물은 저층수를 이루는 물보다 밀도가 작다.

**03** 심층 순환은 수온 약층 아래에서 수온과 염분 변화에 따른 해수의 밀도 차이에 일어나는 순환이다.

ㄱ. 밀도 차이에 의한 해수의 이동을 알아보는 실험으로 심층 순환의 발생 원리를 알아보기 위한 실험이다.

ㄴ. 종이컵 속의 얼음물의 온도가 수조 속의 물의 온도보다 낮으므로 밀도가 커서 수조 바닥으로 가라앉는다. 이 때 차가워진 물은 얼음물에 가까이 있는 A 위에서 가라앉아 C 쪽으로 퍼져 나간다.

 ㄷ. 수조의 바닥에서 물은 A에서 C 쪽으로 퍼져 나가므로 표면의 물은 종이컵에 먼 곳에서 가까운 쪽으로 이동하게 된다. 따라서 스타이로폼 조각도 종이컵에 가까워지는 쪽으로 움직인다.

**04** 심층 순환은 표층 해수가 가라앉는 침강으로 형성된다. 표층 해수의 침강이 일어나려면 밀도가 커져야 한다. 수온-염분도에서 해수의 밀도는 수온이 낮을수록, 염분이 높을수록 크다. 따라서 A~E 해역 중 수온이 가장 낮고, 염분이 가장 높은 B 해역에서 표층 해수가 침강할 가능성이 가장 크다.

**05** 심층 순환은 수온, 염분, 밀도, 용존 산소량 등을 관측하여 간접적으로 알아낸다. 염분 분포와 용존 산소량의 등치선이 꺾이는 방향이 심층수가 이동하는 방향이라 볼 수 있다.

ㄴ. 염분과 용존 산소량의 분포를 살펴보면 60°N 부근에서 해수의 침강이 일어나고 있는 것을 알 수 있다.

ㄷ. 평균 용존 산소량은 북대서양 심층수에서 5.0~6.5 mL/L이고, 남극 저층수에서 5.0~5.5 mL/L이다. 따라서 북대서양 심층수가 남극 저층수보다 용존 산소량이 더 많다.

 ㄱ. 표면에서는 증발이 일어나 해수의 염분이 높다. 동일한 위도에서 수심이 깊어질수록 해수의 염분은 대체로 낮아지는 경향이 나타난다.



### 대서양의 심층 순환

- 남극 중층수: 60°S 부근에서 형성된 중층수로 수심 1000 m 부근에서 20°N까지 이동한다.
- 북대서양 심층수: 그린란드 해역에서 만들어진 심층수로 수심 약 1500~4000 m 사이에서 60°S까지 이동한다.
- 남극 저층수: 남극 대륙 주변 웨델해에서 만들어진 해수로 30°N까지 이동한다.

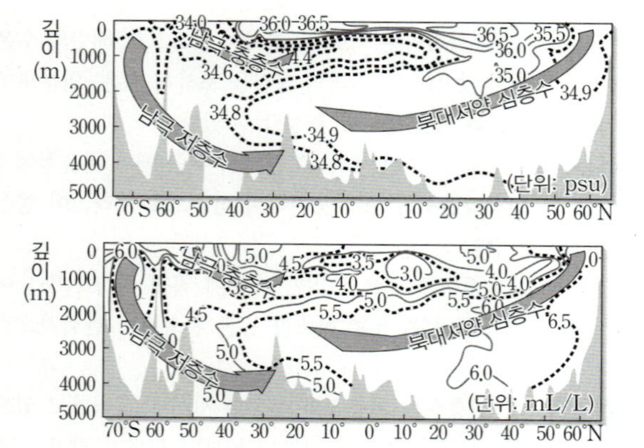

**06** 심층 순환을 이루는 수괴들은 저마다 특유의 수온과 염분을 가지고 있으며, 서로 잘 섞이지 않아 수온과 염분은 거의 변하지 않는다.

ㄱ. 밀도는 수온-염분도에서 오른쪽 아래로 갈수록 커진다. 따라서 북대서양 심층수인 C가 남극 중층수인 B보다 밀도가 크다.

ㄷ. 남극 저층수인 D가 북대서양 심층수인 C보다 염분은 낮지만 밀도는 더 크다. 그 이유는 수온이 더 낮기 때문이다. 즉, 남극 저층수의 밀도는 수온의 영향을 크게 받고 있음을 알 수 있다.

 ㄴ. 수괴들은 서로 수온, 염분, 밀도가 달라서 심해에서 만나도 섞이지 않고 층을 이루게 된다.

**07** 고위도에서 열을 빼앗겨 냉각된 표층 해수는 밀도가 커져 침강하여 저위도로 이동하면서 표층 해수가 고위도로 움직이게 하고, 해수의 표층 순환 때문에 저위도의 따뜻한 해수는 고위도로 이동하면서 저위도의 열을 고위도로 운반한다.

ㄴ. B 해역에서 형성되는 표층류는 고위도 해역으로 이동하면서 저위도의 남는 열에너지를 운반하는 난류의 성질을 갖는다.

ㄷ. 표층 순환과 심층 순환은 발생 원인은 달라도 서로 컨베이어 벨트처럼 연결되어 있어 전체 해양에서 큰 순환을 이룬다.

 ㄱ. A 해역은 북대서양의 그린란드 주변 해역으로 심층 순환을 형성하는 침강이 일어난다.

**08** 해수 A~D 중 밀도가 가장 큰 것은 가장 깊은 곳을 흐르고 있는 D이다. D는 남극 저층수로 남극 주변의 웨델해에서 수온이 낮은 해수가 결빙되면서 염분이 높아지고 밀도가 커지면서 가라앉아 형성된다.

 밀도가 가장 큰 해수는 D로 남극 저층수이다. 남극 저층수는 남극 주변의 해역에서 밀도가 커진 표층수가 침강하여 형성된다.

| 채점 기준 | 배점 |
|---|---|
| 기호와 명칭을 적고, 형성 과정을 올바르게 설명한 경우 | 100% |
| 기호와 명칭만 적은 경우 | 50% |
| 형성 과정만 올바르게 설명한 경우 | 50% |

**09** 극 해역의 표층 염분이 낮아지게 되면 표층 해수의 밀도가 감소하여 표층 해수의 침강이 약해지고, 심층 순환의 세기도 약해진다. 표층 순환과 심층 순환은 연결되어 순환하므로 심층 순환이 약해지면 표층 순환도 약해진다.

 표층 해수의 침강이 약해지고, 심층 순환의 세기가 약해지므로 표층 순환의 세기 또한 약해진다.

| 채점 기준 | 배점 |
|---|---|
| 표층 해수의 침강과 표층 순환의 세기 변화를 둘 다 올바르게 설명한 경우 | 100% |
| 표층 해수의 침강과 표층 순환의 세기 변화 중 1가지만 올바르게 설명한 경우 | 50% |

 **03 대기와 해양의 상호 작용**

　　　　　　본교재 111, 113쪽

**01** 용승, 침강　**02** 하강, 상승　**03** 감소, 빙하　**04** 커진다.

**01** ④　**02** (1) 약, 강 (2) 하강 (3) 낮아　**03** (1) 높아, 낮아 (2) 낮아, 높아 (3) 엔소(ENSO)

**03** (1) (2) 무역풍 약화로 인한 엘니뇨 발생 시에 따뜻한 해수 층이 동쪽으로 이동하게 된다. 이로 인해 서태평양 해역에서는 표층 수온이 낮아지고 상승 기류가 억제되어 기압이 높아지게 되고, 동태평양 해역에서는 표층 수온이 상승하고 상승 기류가 발달하며 기압이 낮아지게 된다. 무역풍 강화로 인한 라니냐 발생 시에는 엘니뇨 발생 시와 반대로 나타난다.

**내신 실력 Up** 본교재 115~117쪽

**01** ⑤  **02** ③  **03** ①  **04** ④  **05** ①  **06** ②  **07** ③  **08** ④
**09** ①  **10** ⑤  **11** ③  **12** 해설 참조  **13** 해설 참조  **14** 해설 참조

**01** ⑤ 용승에 의해 심층수에 녹아 있던 영양 염류가 표층으로 운반되므로, 용승이 일어나는 해역에는 어류 등 해양 생물들이 풍부해지고 좋은 어장이 형성된다.

오답 피하기 ① 용승은 심층의 찬 해수가 표층으로 상승하는 현상이다.
② 침강은 표층의 해수가 심층으로 하강하는 현상이다.
③ 어느 해역에서 표층 해수가 빠져나가면 이를 보충하기 위해서 용승이 나타나고, 어느 해역에서 표층 해수가 모이면 침강이 나타난다.
④ 북반구의 저기압에서는 시계 반대 방향으로 바람이 불어 나가고, 에크만 수송에 의해 표층 해수가 저기압의 주변부로 이동하면서 저기압의 중심 해역에서는 용승이 일어난다. 태풍도 저기압의 일종이므로 태풍의 중심이 지나가는 해역에서 용승 현상이 일어날 수 있다.

**02** 북반구 대륙의 동쪽 연안에서 지속적으로 남풍이 부는 경우 에크만 수송은 먼 바다 쪽으로 나타나 심층의 찬 해수가 상승하는 용승이 나타난다.
ㄱ. 이 해역에서는 심층의 찬 해수가 상승하는 용승 현상이 나타난다.
ㄴ. 해안 지역에서는 심층에서 올라오는 찬 해수의 영향을 받으므로 서늘한 기후가 나타나며 안개도 자주 발생한다.
오답 피하기 ㄷ. 표면 해수가 외해로 이동하고, 연안에서는 용승이 일어나기 때문에 해안의 수온은 먼 바다에 비해 낮다.

**03** 북반구에서 에크만 수송은 바람 방향의 오른쪽 직각 방향으로 나타난다.
ㄱ. 울산 연안의 수온은 주변 해역에 비해 낮으므로 심층에서 찬물이 솟아오르는 용승 해역이다.
오답 피하기 ㄴ. 용승 해역은 차가운 심층수가 솟아 올라오므로 영양 염류가 풍부하여 좋은 어장이 형성된다. 풍속이 강해질수록 연안 용승이 활발하게 일어나므로 영양 염류의 양은 감소하지 않을 것이다.
ㄷ. 해안에서 용승이 일어나려면 표층의 해수가 먼 바다 쪽, 즉 동쪽으로 이동해야 하므로 바람은 대체로 남풍 계열이 지속적으로 불고 있다.

**04** 해수가 모여들어 수렴하면 침강이 일어나고, 해수가 흩어져 발산하면 용승이 일어난다.
ㄴ. A 주변에서 바람은 시계 방향으로 불며 표층 해수는 에크만 수송에 의해 A 쪽으로 수렴한다. 표층 해수가 모이기 때문에 A는 주변보다 해수면의 온도가 높다.
ㄷ. B 주변에서 바람은 시계 반대 방향으로 불며 표층 해수는 에크만 수송에 의해 바깥쪽으로 흩어져 발산한다. 따라서 B에서는 심층의 찬물이 상승하는 용승이 일어난다.

오답 피하기 ㄱ. 북반구에서 고기압 주변부에서 바람은 시계 방향으로 불며, 저기압 주변부에서 바람은 시계 반대 방향으로 분다. 따라서 A는 고기압, B는 저기압의 중심이다.

정리하기

### 고기압과 저기압에 의한 해수의 침강과 용승

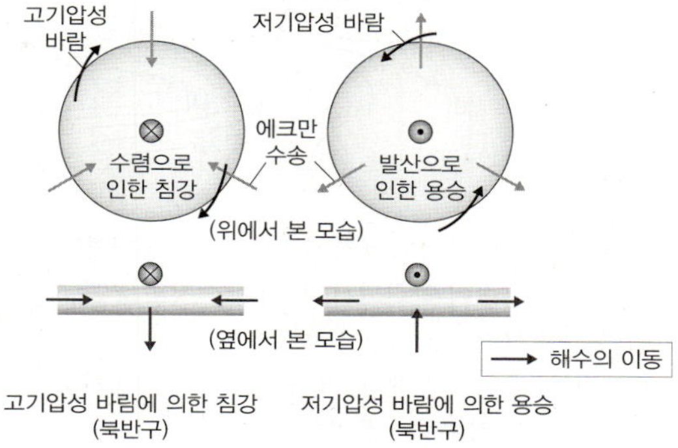

• 고기압에서는 바람에 의해 생성된 에크만 수송으로 표층 해수가 수렴하고, 이로 인해 해수의 침강이 일어난다.
• 저기압에서는 바람에 의해 생성된 에크만 수송으로 표층 해수가 발산하고, 이로 인해 해수의 용승이 일어난다.

**05** 동태평양의 적도 해역 수온이 평년보다 높아지는 현상을 엘니뇨, 낮아지는 현상을 라니냐라고 한다. 그림 (가)~(다)에서 동태평양의 적도 해역 수온을 비교해보면 (나)에서 가장 높게 나타나고, (다)에서 가장 낮게 나타난다. 따라서 (가)일 때가 평상시, (나)일 때가 엘니뇨 시기, (다)일 때가 라니냐 시기라 볼 수 있다.

**06** 엘니뇨(㉠)는 적도 부근에서 부는 무역풍이 평소보다 약해지면서 일어난다. 무역풍이 약해지면 무역풍에 의해 흐르는 적도 해류가 약해지면서 동태평양 연안의 용승이 약해지고, 이에 따라 동태평양 적도 부근 해수의 표층 수온이 높아진다(㉡). 또, 엘니뇨에 의해 동태평양에 저기압, 서태평양에 고기압이 분포하여 서태평양에서는 강수량이 평상시보다 감소하여(㉢) 가뭄의 피해가 생긴다.
라니냐는 적도 부근에서 부는 무역풍이 평소보다 강해지면서 일어난다. 무역풍이 강해지면 무역풍에 의해 흐르는 적도 해류가 강해지면서 동태평양 연안의 용승이 강해지고, 이에 따라 동태평양 적도 부근 해수의 표층 수온이 낮아진다. 또, 라니냐에 의해 동태평양에는 하강 기류가 평상시보다 강하게 발달하여 고기압(㉣)이 분포하고, 서태평양에는 상승 기류가 평상시보다 강하게 발달하여 저기압이 분포한다.

**07** 엘니뇨는 무역풍이 약해져 동태평양 적도 부근 해역의 표층 수온이 평상시보다 높아지는 현상이고, 라니냐는 무역풍이 강해져 동태평양 적도 부근 해역의 표층 수온이 평상시보다 낮아지는 현상이다. 해수면 온도 편차가 (＋)인 A는 평상시보다 수온이 높은 경우이므로 엘니뇨 시기에 해당하고, 편차가 (－)인 B는 라니냐 시기에 해당한다.
ㄱ. 라니냐 시기에는 무역풍이 강해지므로 남적도 해류가 강해진다.
ㄴ. 라니냐 시기에 서태평양 적도 부근 해역에서는 동쪽에서 이동해 온 따뜻한 해수에 의해 상승 기류가 강해진다.
오답 피하기 ㄷ. 라니냐 시기에는 평상시에 비해 태평양의 동쪽 해역에서 서쪽 해역으로 따뜻한 해수가 더 많이 이동한다. 따라서 태평양의 동

정답 및 해설 | **31**

쪽 해역에서는 용승이 강해지므로 따뜻한 해수층이 얇아진다.



**엘니뇨와 라니냐**

**1. 엘니뇨 시기의 수온 편차(관측 수온 – 평년 수온)**

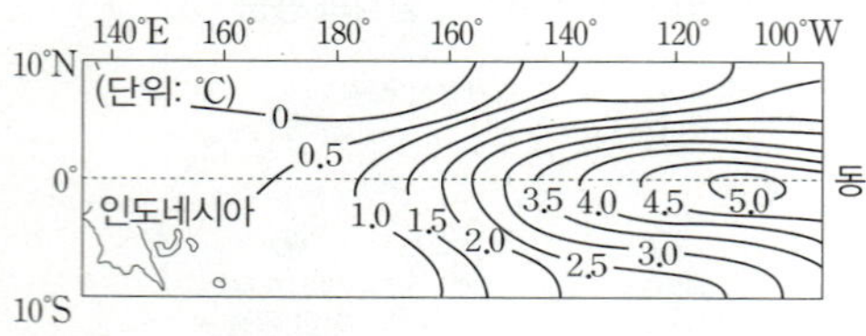


- 무역풍 약화로 남적도 해류가 약해지고, 동태평양 적도 부근 해역에 용승이 약화되어, 동태평양 적도 부근 해역의 표층 수온이 상승한다.
- 동태평양 적도 부근 해역: 평균 해수면이 상승하고, 저기압이 분포하며, 강수량이 증가한다.
- 서태평양 적도 부근 해역: 고기압이 분포하며, 가뭄이 발생한다.

**2. 라니냐 시기의 수온 편차(관측 수온 – 평년 수온)**

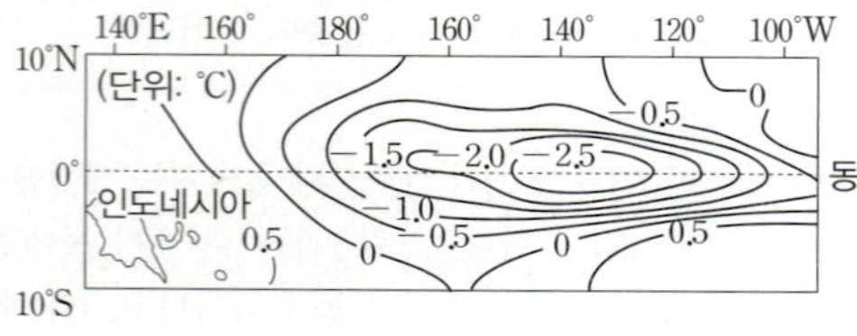


- 무역풍 강화로 남적도 해류가 강해지고, 동태평양 적도 부근 해역에 용승이 강화되어, 동태평양 적도 부근 해역의 표층 수온이 하강한다.
- 동태평양 적도 부근 해역: 평균 해수면이 하강하고, 고기압이 분포하며, 강수량이 감소한다.
- 서태평양 적도 부근 해역: 저기압이 분포하며, 홍수가 발생한다.

**08** 서태평양에 위치한 다윈의 해면 기압과 중앙 태평양의 타히티의 해면 기압을 관측하면, 엘니뇨 발생 시에는 다윈의 기압이 높아지고 타히티의 기압은 낮아진다. 반면, 라니냐 발생 시에는 다윈의 기압이 낮아지고 타히티의 기압은 높아진다. 이처럼 두 지역의 기압이 마치 시소처럼 서로 반대로 진동하며 변화하는 현상을 남방 진동이라고 한다.

ㄴ. 다윈에서 기압 편차가 (+)일 때, 타히티에서 기압 편차는 (−)이다. 즉, 두 지역의 기압 변화 경향은 대체로 반대이다.

ㄷ. B 시기는 타히티에서는 기압 편차가 (+)인 것으로 보아 고기압이 강하고, 다윈에서는 기압 편차가 (−)인 것으로 보아 저기압이 강한 라니냐 시기이다. 라니냐 시기에 페루 연안에서의 용승 현상은 엘니뇨 시기보다 강하게 나타난다.

 ㄱ. A 시기는 타히티에서는 기압 편차가 (−)인 것으로 보아 저기압이 강하고, 다윈에서는 기압 편차가 (+)인 것으로 보아 고기압이 강한 엘니뇨 시기이다.

**09** 판의 운동에 의한 수륙 분포의 변화가 대기와 해류의 순환을 변화시키고, 기후 변화를 초래할 수 있다.

ㄱ. (가) 시기에 대륙이 판게아로 합쳐져 있어서 A 해류는 대륙 주변을 따라 고위도 해역까지 이동하지만, (나) 시기에 A 해류는 적도를 따라서만 흐른다. 따라서 (가) 시기에 비해 (나) 시기에 A 해류가 고위도로 수송하는 열에너지의 양이 감소할 것이다.

 ㄴ. (가) 시기에는 적도 지방의 해류가 고위도까지 흐르기 때문에 저위도와 고위도의 기온 차이가 작지만, (나) 시기에는 적도 지방의 해류가 고위도에 도달하지 못하므로 저위도와 고위도의 기온 차이가 클 것이다.

ㄷ. (나) 시기에 판게아가 분리된 이후 대륙 이동에 따라 해류의 흐름이 바뀌고 대륙의 분포 범위가 넓어지면서 다양한 기후대가 형성되었다.

**10** 영거 드라이아스기는 마지막 빙하기가 끝나가는 과정에서 갑자기 기온이 낮아진 시기이다.

ㄱ. 난류가 고위도 해역으로 이동하지 못하면 고위도 지방의 기온이 계속 하강하여 빙하기로 되돌아가게 된다.

ㄴ. 이 시기에 거대한 양의 담수가 북대서양으로 흘러들어가 북대서양의 표층 해수 염분이 낮아졌다.

ㄷ. 이 시기에 북대서양의 표층 해수 염분이 낮아지고, 이에 따라 밀도가 감소하면서 해수의 침강이 약화되었다. 극지방 해수의 침강이 약화되면서 따뜻한 멕시코 만류의 북상이 저지되고, 난류의 영향을 받지 못한 극지방의 평균 기온이 낮아졌다.



**영거 드라이아스기**

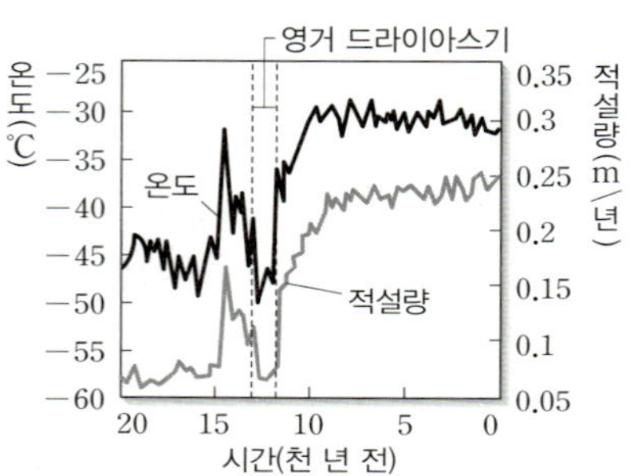


약 12,800년 전 지구가 따뜻해짐에 따라 북아메리카 대륙의 빙하가 녹은 물이 북대서양으로 유입되었다. ➡ 북대서양 해수는 염분이 낮아져 해수의 침강이 약해졌다. ➡ 저위도에서 올라오는 난류의 세력이 약해지면서 고위도로 수송되는 열이 감소하였다. ➡ 유럽은 겨울철 평균 기온이 −25 ℃인 빙하기로 되돌아갔다.

**11** 엘니뇨가 발생하게 되면 워커 순환이 동쪽으로 이동하면서 적도 지역의 기온과 강수량 분포가 달라지며, 동시에 고위도의 대기 순환에도 영향을 미쳐 전 지구적인 기후 변화가 나타난다.

ㄱ. 엘니뇨의 발생 과정에서 대기의 순환이 해류의 순환에 변화를 일으키고, 해류의 변화가 다시 대기 순환에 영향을 미친다. 따라서 엘니뇨는 기권과 수권의 상호 작용의 예라고 볼 수 있다.

ㄴ. 엘니뇨 발생 시 우리나라는 여름에는 저온, 겨울에는 고온 현상이 나타난다.

 ㄷ. 엘니뇨 발생 시 적도 부근 서태평양 해역에서는 기온이 낮아지고 상승 기류가 억제된다. 그로인해 기압이 높아지고 강수량이

줄어들어, 심한 가뭄이나 대규모 산불 등의 기상 이변이 나타난다.

**12** 적도 지역은 북동 무역풍에 의해 해수는 북쪽으로 에크만 수송이 일어나고, 남동 무역풍에 의해 해수는 남쪽으로 에크만 수송이 일어나 적도 해역인 B에서 표층 해수는 발산한다. 따라서 적도 해역인 B에서 심층의 해수가 표층으로 올라오는 용승이 일어나므로 수온은 A보다 B 해역에서 낮다.

모범 답안 ｜ 무역풍에 의해 B 해역에서는 표층 해수가 발산하여, 심층의 해수가 표층으로 올라오는 용승이 일어나므로 수온은 A보다 B 해역에서 낮다.

| 채점 기준 | 배점 |
| --- | --- |
| B를 고르고, 그 이유를 용승과 관련지어 올바르게 설명한 경우 | 100% |
| B만 고른 경우 | 50% |

**13** 엘니뇨는 태평양의 적도 부근에서 부는 무역풍이 약해지면서 태평양 적도 부근의 남아메리카 해안에서 태평양 중앙부에 이르는 넓은 범위에서 표층 수온이 평상시보다 높아지는 현상이다. 엘니뇨 시기에 태평양의 동쪽 해역에서는 용승이 약화되고 따뜻한 해수 층은 보통 때보다 두꺼워지며, 해수면이 높아진다. 또한 표층 수온이 높아지고 상승 기류가 발달하여, 기압이 낮아지고 강수량이 증가한다.

모범 답안 ｜ 무역풍이 평상시보다 약해지면 동태평양 적도 해역에서의 용승 현상은 약화되고, 표층 수온은 높아지며, 강수량은 증가한다.

| 채점 기준 | 배점 |
| --- | --- |
| 용승 현상, 표층 수온, 강수량의 변화를 모두 올바르게 설명한 경우 | 100% |
| 용승 현상, 표층 수온, 강수량의 변화 중 2가지만 올바르게 설명한 경우 | 50% |

**14** 북아메리카 대륙과 남아메리카 대륙의 연결 이전에는 저위도에서 올라오는 대서양의 따뜻한 표층 해류가 북극해로 흘러들어갈 수 있었다. 하지만 두 대륙이 연결된 이후에는 북극해로 유입되는 따뜻한 표층 해류의 양이 감소하였고, 그로인해 북극해 주변의 기온은 낮아져서 빙하가 형성되었다.

모범 답안 ｜ 대륙이 연결된 후에 저위도에서 북극해로 유입되는 따뜻한 표층 해류의 양이 감소하였기 때문이다.

| 채점 기준 | 배점 |
| --- | --- |
| 따뜻한 표층 해류를 이용하여 올바르게 설명한 경우 | 100% |
| 기온이 낮아졌다고만 설명한 경우 | 50% |

## 04 지구 기후 변화

개념 바로 확인 본교재 119, 121, 123, 125쪽

**01** 증가, 감소, 증가　**02** 감소　**03** 감소, 증가　**04** 가시광선, 적외선　**05** 이산화탄소　**06** 화석연료사용량　**07** 열팽창, 상승

**01** 증가한다.　**02** (1) ○ (2) × (3) ×　**03** (1) × (2) × (3) ○

**04** ③　**05** A, B　**06** ④

**01** 현재 지구의 북반구에 해당하는 우리나라는 여름철에는 원일점에, 겨울철에는 근일점에 위치한다. 지구의 세차 운동으로 약 13,000년 후에 우리나라는 여름철에는 근일점에, 겨울철에는 원일점에 위치하게 된다. 따라서 태양과의 거리 변화에 의해 우리나라의 여름은 더 더워지고, 겨울은 더 추워지게 되어 연교차는 증가하게 된다.

**02** (2) 판게아가 분리되면서 대륙이 분포하는 범위가 넓어지고 해양의 영향을 받는 기후가 나타나는 지역이 많아졌다.

**03** (1) (3) 태양 복사 에너지에서 약 40 %를 차지하는 가시광선은 대부분 대기에 흡수되지 않고 지표에 도달하는 반면, 적외선에 집중되어 있는 지구 복사 에너지는 대부분 온실 기체에 의해 흡수된다. 따라서 대기를 가열시키는 데 더 큰 역할을 하는 것은 지구 복사 에너지이다.

**04** 지구는 대기 중 온실 기체의 존재에 의해 방출되었던 지구 복사 에너지가 지표로 재방출되는 과정을 겪지만, 달은 대기가 없어 대기에 의한 온실 효과가 나타나지 않는다.

내신 실력 Up 본교재 126~129쪽

**01** ②　**02** ④　**03** ③　**04** ①　**05** ④　**06** ⑤　**07** ③　**08** ⑤
**09** ③　**10** ⑤　**11** ③　**12** ④　**13** 해설 참조　**14** 해설 참조
**15** 해설 참조　**16** 해설 참조

**01** 현재 우리나라는 원일점에 있을 때 여름이고, 근일점에 있을 때 겨울이다.
ㄴ. 자전축의 경사각이 커지면 태양의 고도가 여름철에는 높아지고 겨울철에는 낮아지므로 우리나라에서 기온의 연교차는 커진다.
오답 피하기 ｜ ㄱ. 지구가 A에 위치할 때, 우리나라는 공전 궤도상에서 태양의 남중 고도가 높은 곳에 있으므로 여름철이다.
ㄷ. 공전 궤도 이심률이 커지면 근일점은 더 가까워지고 원일점은 더 멀어진다. 현재 우리나라는 원일점에 있을 때 여름이므로 여름은 태양에서 멀어져 여름의 기온은 하강하고, 근일점에 있을 때 겨울이므로 겨울은 태양에 가까워져 겨울의 기온은 상승한다. 따라서 우리나라에서 기온의 연교차는 작아진다.

**02** 현재 근일점에서 북반구가 겨울철이 되도록 지구의 자전축의 방향이 배열되어 있다. 세차 운동에 의해 자전축이 서서히 지구의 공전 방향과 반대 방향으로 회전하므로 약 13,000년 후에는 현재와 반대 방향으로 자전축이 배열되면서 근일점에서 북반구가 여름철이 된다.
ㄴ. 약 6,500년 후에 지구 자전축은 세차 운동 주기의 $\frac{1}{4}$을 지나게 된다. 현재 우리나라는 근일점에서 겨울이고, 세차 운동의 방향이 지구의 공전 방향과 반대이므로 약 6,500년 후에 우리나라는 그림과 같이 근일점에서 봄이 된다.

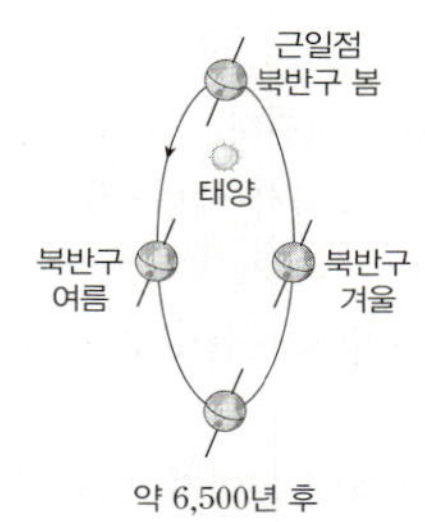


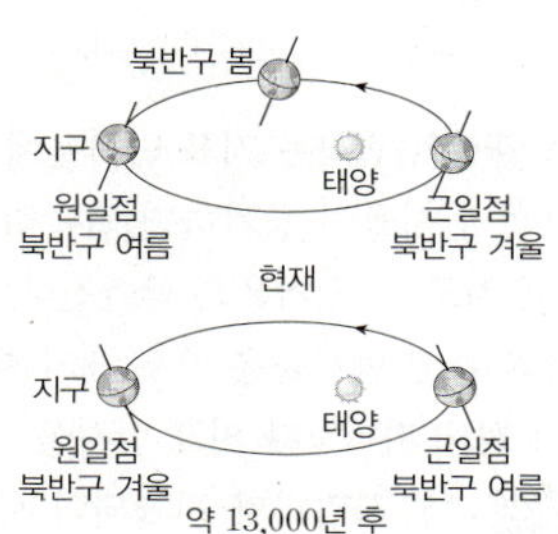

ㄷ. 우리나라는 현재 여름철에는 원일점에, 겨울철에는 근일점에 위치하고, 약 13,000년 후에 우리나라는 여름철에는 근일점, 겨울철에는 원일점에 위치하게 된다. 따라서 태양과의 거리 변화에 의해 우리나라의 여름은 더 더워지고, 겨울은 더 추워지게 되어 기온의 연교차는 커진다.

 ㄱ. 세차 운동 이외의 요인은 변하지 않는다고 가정하였으므로, 근일점에서 지구와 태양 사이의 거리는 변화가 없다. 따라서 근일점에서 지구 전체에 도달하는 태양 복사 에너지의 양은 달라지지 않으므로 약 13,000년 전과 현재는 동일하다.

**03** 지구의 자전축의 기울기가 변화하면, 여름철과 겨울철의 태양의 남중 고도가 달라진다. 세차 운동과 지구 공전 궤도의 이심률의 변화로 인해 여름철과 겨울철의 태양과 지구 사이의 거리가 변화한다.

ㄱ. (가)에서 1만 년 전의 여름철의 태양과 지구 사이의 거리는 현재보다 가까우므로, 여름 기온은 현재보다 높았을 것이다.

ㄷ. (가)와 (나)에서 3만 년 후의 여름철의 태양과 지구 사이의 거리는 현재와 비슷하고, 자전축의 기울기는 현재보다 크므로 여름철의 태양의 남중 고도는 현재보다 높아질 것이다. 따라서 우리나라의 여름은 현재보다 더워질 것이고, 겨울은 현재보다 추워질 것이다. 즉, 3만 년 후의 우리나라의 계절 변화는 현재보다 뚜렷해질 것이다.

 ㄴ. (나)에서 1만 년 후의 자전축의 기울기는 현재보다 작으므로, 태양의 남중 고도가 여름철에는 낮아지고 겨울철에는 높아진다. 따라서 우리나라에서 기온의 연교차는 현재보다 작아질 것이다.

**04** 지구의 기후 변화의 자연적 요인은 크게 지구 내적 요인과 지구 외적 요인으로 구분할 수 있다. 빙하 면적의 변화와 화산 분출은 지구의 기후 변화를 일으키는 지구 내적 요인이고, 태양 활동의 변화와 지구 자전축의 경사 방향의 변화(세차 운동)는 지구의 기후 변화를 일으키는 지구 외적 요인이다.



**지구 기후 변화의 자연적 요인**

**1. 지구 내적 요인**
- 수륙 분포의 변화: 육지와 바다의 비열과 반사율이 다르므로 에너지 출입량이 달라진다.
- 지표면의 상태 변화: 반사율이 변한다.
- 대규모 화산 폭발: 햇빛의 투과율이 변한다.

**2. 지구 외적 요인(천문학적 요인)**
- 자전축 기울기의 변화: 자전축의 기울기가 약 21.5°~24.5° 사이에 변한다.
- 세차 운동: 자전축의 경사 방향이 달라진다.
- 공전 궤도 이심률의 변화: 지구의 공전 궤도의 모양이 원형과 타원형 사이에서 변한다.
- 태양 활동의 변화: 지구에 도달하는 태양 복사 에너지양이 달라진다.

**05** 지표 환경의 변화는 지표 반사율에 영향을 미친다.

ㄴ. 지구의 반사율이 증가하면 흡수하는 태양 복사 에너지양이 줄어들기 때문에 지구 평균 기온은 낮아진다.

ㄷ. 빙하와 눈의 반사율은 매우 크기 때문에 빙하와 눈이 많이 분포하는 극지방이 적도 지방보다 지표 반사율이 더 크다.

 ㄱ. 사막화가 진행되면 사막 지역이 넓어져 지표 반사율이

증가한다.

**06** 기후 변화에는 지구 내적 요인과 지구 외적 요인이 있다. 내적 요인에는 수륙 분포의 변화, 지표면 상태 변화 등이 있고, 외적 요인에는 세차 운동, 지구 공전 궤도의 이심률 변화 등이 있다.

ㄱ. 지구 자전축의 경사각 변화는 지구의 기후 변화를 일으키는 지구 외적 요인이다.

ㄴ. 판의 운동으로 수륙 분포가 변화하면 대기와 해수의 순환에 변화가 나타나 기후 변화에 영향을 준다.

ㄷ. 지구 온난화에 의해 해수의 열팽창과 대륙 빙하의 융해로 인해 해수면의 높이는 상승하게 된다.

**07** 물체가 흡수하는 에너지양과 방출하는 에너지양이 같아 온도가 일정하게 유지되는 상태를 복사 평형이라고 한다.

ㄱ. 전등에서 15 cm 떨어진 알루미늄 컵은 약 10분이 경과한 이후에 복사 평형 상태에 도달하므로, A는 약 31 ℃이다.

ㄷ. 전등으로부터 거리가 멀어질수록 컵에 도달하는 에너지가 감소하므로, 복사 평형에 도달하는 온도가 낮아진다.

 ㄴ. 전등에서 30 cm 떨어진 알루미늄 컵의 온도는 시간이 지날수록 증가하다가 약 10분이 경과한 이후에 복사 평형에 도달하여 온도가 29.3 ℃로 유지된다. 알루미늄 컵은 온도가 높을수록 방출하는 복사 에너지양이 많아지므로, 방출하는 에너지양은 점차 증가하다가 약 10분 후부터는 일정하게 유지된다.

**08** 태양 복사 에너지는 태양에서 방출되는 복사 에너지로, 감마선, X선, 자외선, 가시광선, 적외선, 전파 등으로 구성된 전자기파이다.

ㄱ. 자외선은 주로 성층권의 오존층에서 대부분 흡수된다.

ㄴ. 태양 복사 에너지 중 가시광선 영역은 대기에 거의 흡수되지 않고 지표면에 도달하므로, 대기에 의한 흡수가 가장 적게 일어나는 영역은 가시광선이다.

ㄷ. 적외선은 이산화 탄소와 수증기에 의해 대부분 흡수된다.

**09** 지구는 태양 복사 에너지 흡수량과 지구 복사 에너지 방출량이 같아서 복사 평형을 이루고 있다.

ㄱ. 지구 대기는 에너지 흡수량과 에너지 방출량이 같은 복사 평형 상태이다. 따라서 대기에서의 (총 에너지 흡수량 − 총 에너지 방출량)의 값은 0이다.

ㄷ. C는 지구 대기에 의해 지표로 재방출되는 에너지를 나타낸 것으로 온실 기체가 증가하면 온실 기체에 의한 복사 에너지의 흡수량이 증가하면서 C도 증가하게 된다.

 ㄴ. 지구의 반사량은 (구름에 의한 반사 A + 지표면에 의한 반사 B + 대기의 산란 6)이다. 따라서 지구의 반사율은 (A+B+6)%가 된다.

**10** 대기 중 이산화 탄소량은 화석 연료 사용으로 인해 증가하는 추세이며, 식물의 광합성 등의 영향을 받아 계절적 변동이 나타난다.

ㄱ. 산업 혁명 이후 화석 연료의 사용 증가로 대기 중 이산화 탄소의 농도가 지속적으로 증가하고 있다.

ㄴ. 이산화 탄소 농도는 1년을 주기로 A 시기에 최댓값을, B 시기에 최솟값을 가진다. 대기 중의 이산화 탄소량은 광합성이 활발한 여름철에 감소하고 겨울철에 증가한다. 따라서 최댓값이 나타나는 A 시기는 북반구의 겨울철에 해당한다.

ㄷ. 식물의 생장이 활발하여 광합성도 활발히 일어나는 여름철에는 대기 중 이산화 탄소의 농도가 낮게 나타나며, 식물의 생장이 멈추는 겨울철에는 광합성이 둔화되고, 한 해의 생장을 마친 식물이 쌓여 분해되는 과정에서 이산화 탄소가 방출되어 이산화 탄소 농도가 높게 나타난다. 따라서 B 시기에 이산화 탄소의 농도가 낮게 나타나는 것은 식물의 광합성과 관련이 있다.

> **정리하기**
>
> **지구 온난화와 탄소 순환의 변화**
> 1. **지구 온난화**: 대기 중 이산화 탄소, 수증기 등 온실 기체의 농도가 증가하여 지구 평균 기온이 상승하는 현상이다.
>    - 화석 연료 사용 증가, 삼림 벌채 등 ➡ 대기 중 이산화 탄소 등 온실 기체의 농도 증가 ➡ 온실 효과 증대 ➡ 지구 온난화
> 2. **대기 중 이산화 탄소 농도의 증가로 인한 탄소 순환의 변화의 예**
>    - 지구 온난화 ➡ 해수 온도 상승 ➡ 이산화 탄소의 용해율 감소 ➡ 대기 중 이산화 탄소 증가 ➡ 온실 효과 증대 ➡ 지구 온난화 가속
>    - 지구 온난화 ➡ 지권의 영구 동토층이 녹음 ➡ 대기로 메테인 방출 ➡ 대기 중 메테인 증가 ➡ 온실 효과 증대 ➡ 지구 온난화 가속

**11** 해수면 상승률은 남해안이 크고, 서해안과 동해안이 상대적으로 작다.

ㄱ. 최근 약 30년 동안 우리나라의 평균 기온이 상승하면서, 우리나라 근해의 해수면 높이도 상승하였다.

ㄷ. 화석 연료 사용량이 증가하면 대기 중의 이산화 탄소의 농도가 증가하고 온실 효과가 증대되어 지구의 평균 기온이 더욱 상승한다. 이로 인해 해수의 열팽창 및 대륙 빙하의 융해로 평균 해수면은 더 높아진다.

**오답 피하기** ㄴ. 지난 100년 동안 지구의 평균 해수면은 약 18 cm 상승하였으므로, 해수면 상승률은 약 1.8 mm/년이다. 남해안의 해수면 상승률은 0.34 cm/년 = 3.4 mm/년이므로, 남해안의 해수면 상승률은 지구의 평균 해수면 상승률보다 크다.

**12** 지난 100년 동안 한반도의 기온은 1.5 ℃ 정도 상승하였는데, 이는 지구 평균 상승률보다 빠르다.

ㄴ. 여름이 길어지고 겨울이 짧아지는 것으로 보아 기온이 점점 높아지고 있으며, 이는 식생대를 북쪽으로 이동시킬 것이다.

ㄷ. 겨울은 짧아지고 있으므로 봄의 시작 시기는 빨라질 것이므로, 우리나라 봄철의 개화 시기 역시 빨라질 것이다.

**오답 피하기** ㄱ. 기온이 상승하면 해수의 열팽창 및 대륙 빙하의 융해로 평균 해수면이 높아질 것이다. 이로 인해 해안 저지대가 침수되고, 육지의 면적은 감소할 것이다.

**13** 지구는 태양 복사 에너지 흡수량과 지구 복사 에너지 방출량이 같아서 복사 평형을 이루고 있다.

⑴ 지구가 흡수하는 에너지와 지구가 방출하는 에너지는 같다. 지구가 우주 공간으로 방출하는 에너지가 70이므로, 지구가 흡수하는 에너지 역시 70이다. 지구가 흡수하는 에너지는 대기와 구름에 흡수되는 에너지(A)와 지표에 흡수되는 에너지(45)의 합이므로 70 = A + 45 가 된다. 따라서 A의 값은 25이다.

대기가 흡수하는 에너지와 대기가 방출하는 에너지(B)는 같다. 대기가 흡수하는 에너지는 태양 복사 에너지 중 대기에 흡수되는 에너지(A)와 지표에서 방출되는 에너지 중 대기에 흡수되는 에너지(133−4＝129)의 합이므로, B = A + 129 가 된다. 따라서 B의 값은 154이다.

**모범 답안** A의 값은 25이고, B의 값은 154이다.

| 채점 기준 | 배점 |
| --- | --- |
| A와 B의 값을 모두 올바르게 구한 경우 | 100% |
| A와 B의 값 중 한 가지만 올바르게 구한 경우 | 50% |

⑵ 지구에 도달하는 태양 복사 에너지에서 자외선과 적외선은 대부분 대기에 흡수되는 반면에, 가시광선 영역은 대부분 대기에 흡수되지 않고 지표에 도달한다. 따라서 지표에 흡수되는 태양 복사 에너지는 주로 가시광선 영역이다. 대기에서 방출되는 복사 에너지는 대부분 적외선 영역으로 우주 공간으로 66을, 지표로 88을 방출한다.

**모범 답안** 지표에 흡수되는 태양 복사 에너지(45)는 주로 가시광선 영역으로 이루어져 있고, 대기에서 방출되는 에너지 중 지표에 흡수되는 에너지(88)는 주로 적외선 영역으로 이루어져 있기 때문에 지표에 흡수되는 값은 적외선 영역이 더 크다.

**14** (가)에서 현재 지구는 원일점 부근에서 북반구는 여름철, 남반구는 겨울철이고, 13,000년 전에는 자전축 경사 방향이 현재와 반대이기 때문에 원일점 부근에서 북반구는 겨울철, 남반구는 여름철이다. (나)는 지구 공전 궤도 이심률의 변화를 나타내는 그래프로서 현재 지구의 공전 궤도 이심률은 약 0.015이고, 13,000년 전에는 현재보다 이심률이 크고 26,000년 후에는 현재보다 이심률이 작다.

26,000년 후에는 자전축의 경사 방향은 현재와 같게 나타나고, 공전 궤도 이심률이 현재보다 줄어들기 때문에 우리나라의 여름철인 원일점은 현재보다 태양과 가까워지게 되고, 겨울철인 근일점은 현재보다 태양에서 멀어지게 된다. 따라서 기온의 연교차는 현재보다 커질 것이다.

**모범 답안** 현재보다 공전 궤도 이심률이 작아지게 되므로 여름철인 원일점은 태양과 가까워지고, 겨울철인 근일점은 태양에서 멀어지므로 기온의 연교차는 현재보다 커질 것이다.

| 채점 기준 | 배점 |
| --- | --- |
| 연교차의 변화를 적고, 그 이유를 이심률을 포함하여 올바르게 설명한 경우 | 100% |
| 연교차의 변화만 적은 경우 | 50% |

**15** 화산이 분출한 직후인 1991년 6월 이후부터 약 1년 간 지구의 평균 기온이 낮아졌다. 화산 폭발 시 분출한 화산재가 햇빛을 차단하여 지표에 도달하는 태양 복사 에너지양을 감소시켜 지구의 평균 기온을 낮아지게 하였다.

**모범 답안** 화산 폭발 시 분출한 화산재가 대기의 에너지 투과율을 감소시켜, 지표에 도달하는 태양 복사 에너지양이 줄어들어 지구의 평균 기온이 낮아졌다.

| 채점 기준 | 배점 |
| --- | --- |
| 기온 변화를 적고, 그 이유를 대기의 투과율을 포함하여 올바르게 설명한 경우 | 100% |
| 기온 변화만 적은 경우 | 50% |

**16** 지구 온난화의 영향으로 북극해 얼음 면적이 감소하면 지표면의 반사율이 감소하여 흡수하는 태양 복사 에너지양이 증가한다. 따라서 복

사 평형에 의해 지표면에서 방출하는 복사 에너지양도 증가할 것이다.

[모범 답안] 얼음 면적이 작은 B 시기가 지표면에서 방출하는 복사 에너지양이 더 크다. 그 이유는 B 시기에 지표면의 반사율이 작아, 흡수하는 태양 복사 에너지양이 많기 때문이다.

| 채점 기준 | 배점 |
|---|---|
| B 시기를 고르고, 그 이유를 복사 평형과 관련지어 올바르게 설명한 경우 | 100% |
| B 시기만 고른 경우 | 50% |



㉠ 편서풍 ㉡ 많다 ㉢ 용승 ㉣ 남방 진동 ㉤ 약해 ㉥ 증가
㉦ 감소 ◎ 온실



01 ①   02 ④   03 ⑤   04 ⑤   05 ③   06 ③   07 ②   08 ④
09 ③   10 ⑤   11 ⑤   12 ④   13 ①   14 ④   15 ⑤   16 ⑤

**01** 저위도 지방은 에너지 과잉, 고위도 지방은 에너지 부족 상태로, 대기와 해수의 순환을 통해 위도별 복사 에너지의 불균형이 해소된다.

ㄱ. 북반구는 일부 지역을 제외하고는 대부분 에너지 부족 상태이므로, 태양의 남중 고도가 낮은 겨울철이다.

[오답 피하기] ㄴ. A는 태양 복사 에너지의 흡수량, B는 지구 복사 에너지의 방출량이다. A와 B의 값이 동일한 위도에서 남북 방향의 에너지 수송량이 많다.

ㄷ. 지구 대기권 밖에 도달하는 태양 복사 에너지 중 일부는 지구 대기나 지표에서 반사 또는 산란에 의해 곧바로 우주 공간으로 되돌아간다. A의 밑면적은 태양 복사 에너지의 총 흡수량을 나타낸다.

**02** 지구가 자전하지 않는 경우에는 북반구와 남반구에 각각 1개의 순환 세포가 형성되고, 지구가 자전하는 경우에는 북반구와 남반구에 각각 3개의 순환 세포가 형성된다.

ㄴ. (가)에서 위도 60° 부근은 상승 기류가 형성되지 않지만, (나)에서 위도 60° 부근은 한랭한 극동풍과 따뜻한 편서풍이 만나 한대 전선대가 형성되어 강수량이 많다.

ㄷ. 대류권은 고도가 높아질수록 지표면에서 방출하는 복사 에너지가 감소하므로 기온이 낮아진다. 지표면의 기온이 높을수록 대체로 대류권 계면의 높이는 높아지므로, 저위도에서 고위도로 갈수록 대류권 계면이 나타나는 고도는 대체로 낮아진다.

[오답 피하기] ㄱ. A에서의 풍향은 (가)에서는 북풍이고, (나)에서는 지구 자전의 영향으로 북동풍이다. 따라서 풍향은 일치하지 않는다.

**03** 고위도로 갈수록 표층 수온이 낮아지므로 수온이 가장 낮은 A는 위도 30°~60°N 지점이다. 북태평양의 아열대 순환에서 서쪽 연안에는 고온 고염분의 난류인 쿠로시오 해류가 흐르고, 동쪽 연안에는 저온 저염분의 한류인 캘리포니아 해류가 흐른다. B와 C는 위도 30°N 부근의 지점으로 수온이 높은 C가 쿠로시오 해류가 흐르는 해역이고, 수온이 낮은 B가 캘리포니아 해류가 흐르는 해역이다.

ㄱ. A는 수온이 가장 낮아 위도가 가장 높은 곳으로 편서풍에 의한 북태평양 해류가 서에서 동으로 흐르는 지점이다.

ㄴ. 아열대 순환의 서쪽 연안에 흐르는 해류가 동쪽 연안에 흐르는 해류보다 폭이 좁고 유속이 빠르다. 따라서 쿠로시오 해류가 흐르는 C 지점이 캘리포니아 해류가 흐르는 B 지점보다 해류의 유속이 빠르다.

ㄷ. 쿠로시오 해류의 세력이 강해지면 C 해역의 수온이 높아진다. 용존 산소량은 수온에 반비례하므로, C 해역의 수온이 높아지면 용존 산소량은 감소한다.



**북태평양의 표층 해류**





- 수온은 대체로 위도에 반비례하므로 수온이 가장 낮은 A가 가장 고위도에 위치한다.
- 위도가 같은 경우에 난류가 흐르는 해역은 한류가 흐르는 해역보다 수온이 높다. 따라서 동일한 위도에서 수온이 높은 C가 난류가 흐르는 해역으로 서안에 위치하고, 수온이 낮은 B가 한류가 흐르는 해역으로 동안에 위치한다.
- A에는 북태평양 해류가, B에는 캘리포니아 해류가, C에는 쿠로시오 해류가 흐른다.
- 난류는 저위도에서 고위도로 흐르는 해류이고, 한류는 고위도에서 저위도로 흐르는 해류이다. 난류는 한류에 비해 수온과 염분이 높고, 용존 산소량과 영양 염류가 적다.

**04** 해수의 순환은 주변 지역의 기후에도 영향을 주어 난류가 흐르는 지역은 같은 위도의 다른 지역에 비해 겨울철 기온이 더 높다.

ㄱ. 기체의 용해도는 수온에 반비례하므로, 수온이 높을수록 용존 산소량은 감소한다. A와 B 해역은 위도가 같고, A는 한류가 흐르는 해역이고 B는 난류가 흐르는 해역이다. 따라서 A 해역은 B 해역에 비해 수온이 낮으므로 용존 산소량이 많다.

ㄴ. 계절별로 난류와 한류의 세력이 변화한다. 난류인 동한 난류는 여름철에 함경남도 먼 바다까지 북상하고, 겨울철에 주문진 먼 바다까지 남하하게 된다. 따라서 1월은 7월에 비해 동한 난류가 북상할 수 있는 위도는 낮아진다.

ㄷ. C 해역에는 난류인 동한 난류가 흐르고 있다. 겨울철에 동한 난류는

주변 지역의 대기에 열에너지를 공급하므로, 동해안 지역이 같은 위도의 서해안 지역보다 겨울철에 더 따뜻하다.

**05** 삼중수소는 표층 해수에 유입된 후 표층 해수와 같이 이동하였을 것이다. 삼중수소의 분포를 통해 심층 순환을 간접적으로 알아낼 수 있다. 삼중수소의 상대적인 양의 등치선이 꺾이는 방향이 심층수가 이동하는 방향이라 볼 수 있다.

ㄱ. 60°~70°N에서 삼중수소가 해저 산맥까지 관측된다. 이는 표층 해수가 해저 산맥까지 이동하였기 때문이고, 이를 통해 해수가 침강하고 있는 것을 알 수 있다. 적도 부근에서는 삼중수소가 주로 표층에만 머물고 있으므로 침강이 약하게 일어나고 있다.

ㄴ. 삼중수소의 분포가 북반구 해저를 따라 남쪽으로 확장되고 있으므로, 북반구 고위도에서 침강한 해수는 해저를 따라 저위도로 이동함을 알 수 있다.

**오답 피하기** ㄷ. 저위도에서는 해수의 침강으로 인한 삼중수소의 분포가 거의 나타나지 않으며, 고위도에서 침강한 해수의 유입도 나타나지 않는다. 이를 통해 저위도에서는 해수의 연직 운동이 활발하지 않음을 알 수 있다.

**06** 밀도가 서로 다른 4 종류의 해수가 만나면, 서로 섞이지 않고 밀도 차이에 의한 층이 나타난다.

ㄱ. 칸막이를 열었을 때, A가 B보다 위에 있으므로 밀도는 A가 B보다 작다.

ㄷ. 가장 밑에 있는 D가 밀도가 가장 크므로, D는 남극 저층수에 해당한다.

**오답 피하기** ㄴ. 밀도가 가장 작은 A는 표층수이고, 표층수 아래에 있는 B는 남극 중층수, 남극 중층수 아래에 있는 C는 북대서양 심층수이다. C는 북반구 고위도 해역에서 침강한 후 저위도로 이동하므로 남극을 향해 흐른다.

**07** 북반구의 저기압에서는 시계 반대 방향으로 바람이 불어 들어가므로, 에크만 수송에 의해 표층 해수가 저기압의 주변부로 이동하여 저기압의 중심 해역에서는 용승이 일어난다.

ㄷ. 저기압 중심인 B에서 심층의 해수가 상승하는 용승이 나타나므로 표층 수온은 B가 주위 해역보다 낮다.

**오답 피하기** ㄱ. 태풍의 시계 반대 방향의 회전에 의해 표층 해수는 A에서 태풍 바깥쪽 방향으로 이동한다.

ㄴ. 북반구에서 저기압 주변의 바람은 시계 반대 방향으로 회전하므로 태풍의 바람에 의한 에크만 수송에 의해 표층 해수는 태풍의 중심에서 발산한다. 따라서 태풍의 중심인 B에서는 용승이 나타난다.

**08** 무역풍이 약하게 불어 동태평양의 표층 수온이 높은 (가)는 엘니뇨 발생 시이고, 무역풍이 강하게 불어 용승으로 인해 동태평양의 표층 수온이 낮은 (나)는 라니냐 발생 시이다.

ㄴ. (나) 시기에는 평상시보다 많은 양의 동태평양의 따뜻한 표층 해수가 서태평양으로 이동하므로, 서태평양의 표층 수온은 더 높아져서 상승 기류가 발달하여 저기압이 빈번하게 발생한다. 동태평양은 용승이 활발해져 표층 수온이 더 낮아지므로 하강 기류가 발달하여 고기압이 빈번하게 발생한다.

ㄷ. 동태평양에 해당하는 120°W에서 수온 약층이 형성되는 깊이는 용승 현상과 관련이 있다. 용승 현상으로 인해 심층의 찬 해수가 표층까지

이동하므로, 용승 현상이 활발할수록 수온 약층이 형성되는 깊이는 얕아진다. 따라서 용승 현상이 활발하게 일어나는 (나) 시기에 수온 약층이 형성되는 깊이가 얕다.

**오답 피하기** ㄱ. (가) 시기에는 서태평양의 따뜻한 표층 해수가 동태평양으로 이동하므로, 동태평양의 해수면 높이 편차는 (+) 값을 가진다.

**09** (가)보다 (나)일 때 태평양 적도 부근 해역 전체에 걸쳐 동풍이 강하다. 무역풍은 동풍 계열의 바람이므로, (가)는 엘니뇨, (나)는 라니냐 시기이다.

ㄱ. 무역풍이 강한 라니냐 시기에는 동태평양의 따뜻한 표층 해수가 서태평양으로 많이 이동하므로 해역 A와 B의 해수면 높이 차는 평상시보다 커지고, 무역풍이 약한 엘니뇨 시기에는 서태평양의 따뜻한 표층 해수가 동태평양으로 이동하므로 해역 A와 B의 해수면 높이 차가 평상시보다 작아진다. 따라서 해역 A와 B의 해수면 높이 차는 라니냐 시기인 (나)일 때 크다.

ㄴ. 동태평양 적도 부근 해역의 용승 현상은 무역풍이 강한 라니냐 시기에는 강화되고, 무역풍이 약한 엘니뇨 시기에는 약화된다. 따라서 동태평양 적도 부근 해역의 용승은 라니냐 시기인 (나)일 때 활발하다.

**오답 피하기** ㄷ. 무역풍이 약한 엘니뇨 시기에는 태평양 적도 부근의 따뜻한 해수가 평소에 비해 상대적으로 동쪽으로 이동하게 되어 상승 기류가 나타나는 지역도 동쪽으로 이동하게 된다. 따라서 무역풍으로 인해 발생하는 상승 기류는 엘니뇨 시기인 (가)일 때 더 동쪽에 위치한다.

**10** 해수의 심층 순환은 수온과 염분 변화에 따른 해수의 밀도 차이에 의해 발생한다.

ㄱ. A 해역에서는 표층 순환이 심층 순환으로 바뀌는 곳이므로 해수의 침강이 일어난다. B 해역에서는 심층 순환이 표층 순환으로 바뀌는 곳이므로 해수의 용승이 일어난다.

ㄴ. A 해역에서 침강한 해수는 깊은 바다를 따라 인도양 및 태평양까지 이동한다. 이 과정에서 침강이 일어나는 A 해역까지 멕시코 만류(또는 북대서양 해류)가 이동한다. 이를 통해 유럽 지역은 저위도의 따뜻한 표층 해수가 유입되므로, 런던의 겨울철 월평균 기온은 서울보다 높게 나타난다.

ㄷ. 빙하가 녹아 A 해역으로 흘러들면 해수의 표층 염분이 감소하여 해수의 밀도 역시 감소하게 된다. 해수의 밀도가 감소하면 A 해역에서 해수의 침강이 약해지게 되고, 그 결과 북대서양 해수 순환이 약해지게 된다.

**11** 화산 폭발로 분출된 화산재는 대기의 에너지 투과율을 감소시켜 지구의 평균 기온을 낮추고, 삼림 면적의 감소는 지표의 반사율을 증가시켜 지구의 평균 기온을 낮추는 역할을 한다.

ㄱ. 대규모 화산 활동으로 분출된 화산재는 햇빛을 차단하여 지구의 평균 기온을 낮추는 역할을 한다.

ㄴ. 삼림 면적의 감소로 사막화가 일어나서 사막의 면적이 증가하면, 지표의 반사율이 증가한다.

ㄷ. (가)와 (나)는 모두 지구 내부에서 일어난 변화로 인해 지구 기후가 달라지는 것이므로, 모두 내적 요인이다.

**12** 공전 궤도의 이심률이 클수록 궤도는 타원에 가까워지며, 원일점과 근일점간의 거리차가 증가한다. 자전축의 경사는 21.5°~24.5° 사이에서 변화하며, 경사각이 커질수록 여름과 겨울간의 태양의 남중 고도차가

증가한다.

ㄴ. 자전축의 경사각이 작아지면 우리나라에서 태양의 남중 고도는 여름철에 낮아지고, 겨울철에 높아진다.

ㄷ. A는 B보다 이심률이 크므로 공전 궤도가 더 찌그러진 타원이 되어, 원일점과 근일점간의 거리차가 증가한다. 따라서 태양과 원일점까지의 거리는 이심률이 큰 A가 멀기 때문에, 원일점에서 지구 전체가 받는 일사량은 A가 B보다 적다.

오답 피하기 ㄱ. 현재 우리나라는 원일점에 있을 때 여름이고, 근일점에 있을 때 겨울이다. 공전 궤도 이심률이 커지면 근일점은 더 가까워지고 원일점은 더 멀어지므로, 우리나라 여름은 태양에서 멀어져 기온은 하강하고, 겨울은 태양에 가까워져 기온은 상승한다. 따라서 우리나라에서 기온의 연교차는 작아지므로 계절 변화는 현재보다 뚜렷해지지 않는다.

**13** 현재 근일점에서 북반구가 겨울철이 되도록 지구의 자전축의 방향이 배열되어 있다. 세차 운동에 의해 자전축이 서서히 지구의 공전 방향과 반대 방향으로 회전하므로 약 13,000년 전에는 현재와 반대 방향으로 자전축이 배열되면서 근일점에서 북반구가 여름철이 된다.

ㄱ. 현재 1월에 지구는 근일점에, 7월에 지구는 원일점에 위치한다. 지구 자전축의 경사 방향 이외의 요인은 달라지지 않으므로, 지구의 공전 주기는 달라지지 않는다. 따라서 13,000년 전에도 1월에 지구는 근일점에, 7월에 지구는 원일점에 위치한다.

오답 피하기 ㄴ. (나)의 그림은 북반구 기준으로의 계절이 나타나 있고, 남반구는 북반구와 계절이 반대이다. 13,000년 전의 30°S에서 여름(북반구 기준 겨울)에 도달하는 태양 복사 에너지양은 감소하고, 겨울(북반구 기준 여름)에 도달하는 태양 복사 에너지양은 증가한다. 따라서 13,000년 전의 30°S에서 기온의 연교차는 현재보다 작다.

ㄷ. (나)의 그림에서 30°N에서 여름에 도달하는 태양 복사 에너지양은 현재보다 많다.



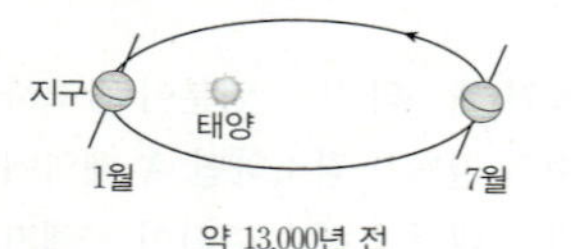

**14** 지구 온난화는 지구 시스템의 각 권 사이의 상호 작용 때문에 더욱 심해지는 경향이 나타난다.

ㄴ. (가)에서 지구 반사율은 주로 가시광선에 해당하므로 태양 복사와 관련이 있다. (나)에서 온실 효과는 적외선에 해당하므로 주로 지구 복사와 관련이 있다.

ㄷ. 지구 온난화는 지구 시스템의 기권뿐만 아니라 지권과 수권, 생물권에 모두 영향을 미쳐, 지구 기후 시스템의 변화를 초래할 수 있다.

오답 피하기 ㄱ. (가)에서 지구 반사율이 증가하면, 지표에 흡수되는 태양 복사 에너지의 양이 감소하므로 지구의 온도 상승을 억제하는 효과가 있다.



**15** 지구의 반사율은 지구에 입사하는 태양 복사 에너지 중에서 지표면과 대기에 흡수되는 양을 뺀 비율이다. 지구에서 방출되는 에너지 영역 중 지구 대기에 흡수되지 않는 영역을 대기의 창이라고 한다.

ㄱ. 태양 복사 에너지 중에서 A에 해당하는 부분은 지구에 흡수되지 않고 반사된다. 대기 중의 화산재가 많아지면 태양 복사 에너지 중에서 반사되는 영역인 A가 증가한다.

ㄴ. B는 자외선 영역으로 주로 성층권의 오존층에서 흡수된다. C는 적외선 영역으로 온실 기체인 수증기, 이산화 탄소 등에 의해 주로 흡수되며, 온실 기체는 주로 대류권에 분포한다.

ㄷ. a에 해당하는 파장 $8 \sim 13 \, \mu m$ 사이의 지구 복사는 대기에 의한 흡수가 잘 일어나지 않고 대부분 우주 공간으로 빠져나가는데, 이 파장 영역을 대기의 창이라고 한다.

**16** 지구는 태양 복사 에너지의 흡수량과 지구 복사 에너지 방출량이 같은 복사 평형 상태이다.

ㄱ. A는 지구 복사 에너지 방출량으로, 태양 복사 에너지 흡수량과 같다. 태양 복사 에너지 흡수량은 지구에 도달하는 태양 복사 에너지 중 반사된 에너지를 뺀 것이다. 지구에 대기가 없다면 지구의 반사율은 감소하므로 태양 복사 에너지 흡수량이 증가하게 된다. 따라서 지구 복사 에너지 방출량인 A도 증가한다.

ㄴ. 태양은 가시광선에 해당하는 파장 영역에서 최대 세기를 방출하는

단파 복사를 하고, 지구는 적외선 영역에서 최대 세기를 방출하는 장파 복사를 한다. 지구 대기 내 온실 기체의 영향으로 주로 적외선으로 이루어진 지구 복사 에너지는, 가시광선 영역을 많이 차지하는 태양 복사 에너지에 비해 대기에 의한 흡수율이 크다. B는 지표에서 방출되는 지구 복사 에너지이고, C는 지표에서 방출되는 지구 복사 에너지(B) 중에서 대기에 흡수되는 에너지이므로, $\dfrac{C}{B}$는 지표에서 방출되는 지구 복사 에너지가 대기에 흡수되는 비율이다. 따라서 $\dfrac{C}{B}$는 태양 복사 에너지가 대기에 흡수되는 비율보다 크다.

ㄷ. D가 일정할 때, 사막의 면적이 넓어지면 지표에 물의 양이 적어지면서 증발에 의한 열전달은 줄어들기 때문에 대류 및 전도에 의한 열전달은 증가하게 된다.

# Ⅴ. 별과 외계 행성계

## 01 별과 외계 행성계

### 01 별의 물리량



**01** 온도　**02** 흡수선　**03** G2　**04** 절대　**05** 포그슨　**06** 광도

**01** (1) 흑체　(2) 플랑크　**02** (1) ○ (2) ×　**03** ⑤
**04** (1) 100배　(2) 약 2.5배　(3) 약 40배　**05** (1) × (2) × (3) ×
**06** ㄴ, ㄷ　**07** C>A>B

**01** 입사한 모든 에너지를 완전히 흡수하고 흡수한 모든 에너지를 완전히 방출하는 이상적인 물체를 흑체라고 한다. 흑체 복사의 파장에 따른 에너지 세기는 흑체를 구성하는 물질의 종류나 모양 등과는 상관없이 표면 온도에 의해서만 결정된다.

**02** 색지수는 서로 다른 파장 영역에서 측정한 등급의 차로, 보통 (B−V) 또는 (U−B)를 주로 사용한다. 색지수가 작을수록 표면 온도가 높은 별이다.

**03** 별의 표면 온도에 따라 흡수선의 종류와 세기가 달라지며, 이를 기준으로 별을 분류하는 것을 분광형이라고 한다.

**04** (1) 두 별이 5등급 차이가 날 때 밝기 비는 100배이다.
(2) 5등급 간의 밝기 비가 100배이므로 1등급 간의 밝기 비는 $100^{1/5} ≒$ 2.5배이다.
(3) 두 별의 등급 차가 4등급이므로 밝기 비는 100배/2.5=40배이다.

**05** (1) 포그슨 공식으로부터 별의 등급과 밝기의 관계를 알 수 있다.
(2) 별의 절대 등급으로부터 광도를 알아낼 수 있다.
(3) 광도는 별이 단위 시간 동안 전체 면적에서 방출하는 에너지이다.

**06** 별의 광도와 별의 표면 온도를 알면, 슈테판−볼츠만 법칙으로부터 별의 반지름을 구할 수 있다.

**07** 별의 반지름은 광도가 클수록, 표면 온도가 낮을수록 크다.



**01** ③　**02** ①　**03** ⑤　**04** ④　**05** ②　**06** ③　**07** ⑤　**08** ⑤
**09** ③　**10** ④　**11** ④　**12** ②　**13** 해설 참조　**14** 해설 참조
**15** 해설 참조

**01** ㄷ. (가)와 (나)의 기체가 동일한 경우 같은 파장의 빛을 흡수하거나 방출하므로 동일한 선 스펙트럼이 나타난다.
**오답 피하기** ㄱ, ㄴ. (가)에서는 저온의 기체에 의해 흡수 스펙트럼이 나타나고, (나)에서는 고온의 기체에 의해 방출 스펙트럼이 나타난다.

**스펙트럼의 종류**
(1) 연속 스펙트럼: 백열등처럼 모든 파장 영역에서 빛이 연속적인 띠로 나타나는 스펙트럼
(2) 방출 스펙트럼: 고온, 저밀도의 기체가 방출하는 선 스펙트럼
(3) 흡수 스펙트럼: 연속 스펙트럼이 나타나는 빛을 저온, 저밀도의 기체에 통과시킬 때 나타나는 선 스펙트럼

**02** ㄱ. 흑체 복사 에너지의 파장에 따른 분포를 나타낸 곡선을 플랑크 곡선이라고 한다.

오답 피하기 ㄴ, ㄷ. A에서 D로 갈수록 표면 온도가 낮아져 점점 붉은색으로 보이며, 빈의 법칙에 의해 최대 복사 에너지를 방출하는 파장 $\lambda_{max}$이 길어진다.

$$\lambda_{max}=\frac{a}{T}\,(a\text{는 상수}, T\text{는 온도})$$

**03** ㄱ. 이 별은 B(파란색) 영역의 빛이 V(노란색) 영역의 빛보다 강하므로 파란색으로 보인다.

ㄴ. 파장에 따른 복사 에너지의 세기로부터 B 필터를 통과한 빛의 양(그래프 아래의 면적에 해당함)이 V 필터를 통과한 빛의 양보다 많다.

ㄷ. 필터를 통과한 빛의 양이 많을수록 밝게 보이고 등급이 작다. 따라서 이 별은 B 등급이 V 등급보다 작다.



**색지수**
서로 다른 파장 영역에서 측정한 등급의 차를 색지수라고 하며 주로 (B−V) 또는 (U−B)를 사용한다.

| 온도가 높은 별 | 온도가 낮은 별 |
|---|---|
| • B 필터보다 V 필터를 통과한 빛이 적다. | • B 필터보다 V 필터를 통과한 빛이 많다. |
| • B 등급<V 등급 | • B 등급>V 등급 |
| • 색지수 (B−V)<0 | • 색지수 (B−V)>0 |

**04** ㄱ. A0형 별은 표면 온도가 약 1만 K이고, 색은 흰색이다.
ㄷ. K형 별은 G형 별보다 표면 온도가 낮으므로 더 붉게 보인다.

오답 피하기 ㄴ. 별의 스펙트럼형을 표면 온도가 높은 것부터 나열하면 O−B−A−F−G−K−M이다. 따라서 B5형 별은 A0형 별보다 표면 온도가 높다.

**05** ② ㉠은 색지수 (B−V)가 0이므로 흰색으로 보이는 A형 별이다. ㉡은 붉은색으로 보이므로 분광형이 K형 또는 M형이다. 따라서 표면 온도는 ㉠ A형>㉢ F형>㉡ K형(또는 M형)이다.

**06** ㄱ. 베가는 알데바란보다 겉보기 등급이 작으므로 밝게 보인다.
ㄷ. 알데바란의 분광형은 K5형이므로 분광형이 G2형인 태양보다 붉게 보인다.

오답 피하기 ㄴ. 단위 시간 동안 단위 면적에서 방출하는 에너지양은 표면 온도의 4제곱에 비례하므로 분광형이 A0형인 베가가 가장 많다.

**07** ㄴ. 태양의 분광형은 G2형이므로 태양 스펙트럼에서 칼슘과 철 흡수선이 잘 관측된다.
ㄷ. 분자 흡수선은 M형 별에서 나타나므로 주로 붉은색 별에서 관측된다.

오답 피하기 ㄱ. 별은 주요 대기 성분은 수소와 헬륨으로 거의 동일하지만 표면 온도가 다르기 때문에 흡수선의 종류와 세기가 달라진다.

**08** ⑤ 두 별이 1등급 차이날 때, 두 별의 밝기 비는 $100^{1/5}$배($≒2.5$배)이고, 겉보기 등급이 각각 $m_1$, $m_2$인 두 별의 겉보기 밝기를 각각 $l_1$, $l_2$라고 하면, 밝기와 등급 사이에 다음과 같은 관계(포그슨 공식)가 성립한다.

$$100^{\frac{1}{5}(m_2-m_1)}=10^{\frac{2}{5}(m_2-m_1)}=\frac{l_1}{l_2}$$

**09** ㄱ, ㄴ. 색지수가 작을수록 표면 온도가 높다. 주계열성은 색지수가 작을수록 절대 등급이 작으므로 광도가 커서 방출하는 에너지양이 많다는 것을 알 수 있다.

오답 피하기 ㄷ. 광도가 작은 주계열성일수록 표면 온도가 낮으므로 최대 복사 에너지 세기를 갖는 파장이 길다.

**10** ④ 광도를 $L$, 표면 온도를 $T$, 별의 반지름을 $R$이라고 하면, 슈테판−볼츠만 법칙에 의해 $L=4\pi R^2\cdot\sigma T^4$ ➡ $R\propto\frac{\sqrt{L}}{T^2}$이다. 따라서 세 별의 반지름의 크기는 ㉢>㉠>㉡ 이다.



**광도와 크기**
(1) 광도: 별이 단위 시간 동안 방출하는 에너지의 양
$$L=4\pi R^2\cdot\sigma T^4$$
(2) 별의 광도($L$), 표면 온도($T$), 반지름($R$) 관계
$$L=4\pi R^2\cdot\sigma T^4 \;\blacktriangleright\; R=\frac{\sqrt{L}}{4\pi\sigma\cdot T^2}$$

**11** ④ 광도는 표면 온도가 높고, 반지름이 클수록 크므로 (나)가 (다)보다 크다.

오답 피하기 ① (가)는 분광형이 M5형이므로 붉은색으로 보인다.
② (나)는 B5형, (다)는 G5형이므로 (다)가 더 밝게 보인다.
③ 태양의 분광형은 G2형이다. 따라서 (다)는 태양보다 표면 온도가 낮아서 색지수가 크다.
⑤ 단위 면적에서 방출하는 에너지양은 표면 온도가 높을수록 많다. 따라서 세 별 중 (나)가 가장 많다.

**12** ㄴ. 표면 온도는 ㉠이 ㉡보다 낮으므로 색지수 (B−V)는 ㉠이 ㉡보다 크다.

오답 피하기 ㄱ. ㉠과 ㉡은 절대 등급이 같으므로 광도가 같다.
ㄷ. 별의 반지름은 광도가 클수록, 표면 온도가 낮을수록 크다. ㉠과 ㉡의 광도가 같으므로 표면 온도가 낮은 ㉠이 ㉡보다 반지름이 크다.

**13** 빈의 법칙에 의해 최대 에너지 세기를 갖는 파장은 별의 표면 온도에 반비례하며, 슈테판−볼츠만 법칙에 의해 별의 단위 면적에서 단위 시간 동안 방출하는 에너지양은 표면 온도의 4제곱에 비례한다.

모범 답안 최대 에너지 세기를 갖는 파장은 표면 온도에 반비례하므로 표면 온도는 B가 A보다 2배 높다. 별의 단위 면적에서 단위 시간 동안 방출하는 에너지의 양은 표면 온도의 4제곱에 비례하므로 B가 A의 16배이다.

| 채점 기준 | 배점 |
|---|---|
| 표면 온도와 단위 면적에서 단위 시간 동안 방출하는 에너지양을 정량적으로 옳게 설명한 경우 | 100% |
| 표면 온도와 방출하는 에너지양을 정성적으로 비교하여 설명한 경우 | 50% |

**14** 고온의 O, B형 별에서는 헬륨 흡수선이 나타나며, 저온의 M형 별에서는 분자 흡수선이 나타난다.

모범 답안 (가)에서는 수소와 헬륨에 의한 흡수선이 뚜렷하므로 분광형이 O형 또는 B형이다. (나)는 분자선이 뚜렷하므로 M형이다. 따라서 별의 표면 온도는 (가)가 (나)보다 높다.

| 채점 기준 | 배점 |
| --- | --- |
| 두 별의 표면 온도를 스펙트럼에 나타난 흡수선의 종류와 비교하여 옳게 설명한 경우 | 100% |
| 두 별의 표면 온도만 옳게 비교한 경우 | 50% |

**15** 절대 등급을 비교하여 광도를 알아낼 수 있으며, 광도와 표면 온도로부터 별의 반지름을 알아낼 수 있다.

모범 답안 (1) 절대 등급은 A가 B보다 10등급 작다. 5등급 차이날 때 밝기 비는 100배이므로 광도는 A가 B의 10000배이다.

(2) 광도를 $L$, 표면 온도를 $T$, 별의 반지름을 $R$이라고 하면, $L = 4\pi R^2 \cdot \sigma T^4$ ➡ $R \propto \dfrac{\sqrt{L}}{T^2}$ 이다. 따라서 반지름은 A가 B의 $\dfrac{\sqrt{10000}}{2^2} = \dfrac{100}{4} = 25$ 배이다.

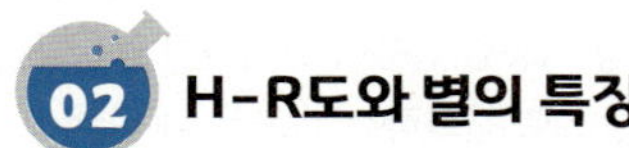

## 02 H-R도와 별의 특징



본교재 147쪽

**01** H-R도  **02** 주계열성

**01** (1) × (2) ○  **02** (1) A (2) D, B (3) B > A > C > D

**01** H-R도에서 오른쪽에 위치한 별일수록 표면 온도가 낮은 별이고, 위쪽에 위치한 별일수록 광도가 큰 별이다. 백색 왜성은 적색 거성보다 H-R도의 왼쪽에 위치하므로 표면 온도가 더 높다.

**02** (1) 태양은 주계열성 A에 속한다.
(2) 반지름이 가장 큰 별은 초거성 D이며, 가장 작은 별은 백색 왜성 B이다.
(3) 별의 밀도는 백색 왜성 B > 주계열성 A > 적색 거성 C > 초거성 D이다.

내신 실력 **Up**

본교재 148~149쪽

**01** ④  **02** ③  **03** ②  **04** ②  **05** ④  **06** ②  **07** ③
**08** 해설 참조  **09** 해설 참조  **10** 해설 참조

**01** ④ H-R도에서 가로축은 온도를 나타내는 물리량으로 표면 온도 또는 색지수나 분광형이 올 수 있다. 세로축은 별의 실제 밝기와 관련된 물리량으로 절대 등급이나 광도가 올 수 있다.

**02** ㄱ. 주계열성은 표면 온도가 높을수록 광도가 크므로 절대 등급이 작다.

ㄷ. 질량이 큰 주계열성일수록 표면 온도가 높고, 광도가 크므로 H-R도의 왼쪽 상단에 위치한다.

오답 피하기 ㄴ. 색지수가 큰 주계열성일수록 표면 온도가 낮아 오른쪽 하단에 위치하며, 반지름과 질량이 작다.

정리하기

### H-R도와 별의 종류

| | |
| --- | --- |
| 주계열성 | • H-R도의 왼쪽 위에서 오른쪽 아래로 이어지는 좁은 띠 영역에 분포 |
| 적색 거성 | • H-R도에서 주계열의 오른쪽 위에 분포하는 별<br>• 표면 온도가 낮고 광도는 큰 편 |
| 초거성 | • H-R도에서 적색 거성보다 위쪽에 분포하는 별<br>• 광도와 반지름이 가장 큰 별들 |
| 백색 왜성 | • H-R도에서 주계열의 왼쪽 아래에 분포하는 별<br>• 표면 온도는 높은 편이지만 광도는 매우 작음 |

**03** ㄴ. 별 X는 백색 왜성으로 태양보다 표면 온도가 높아 흰색으로 보인다.

오답 피하기 ㄱ, ㄷ. 별 X는 크기가 지구와 비슷한 백색 왜성으로 H-R도에서 주계열성의 왼쪽 하단에 위치한다.

**04** ㄴ. (나)는 H-R도에서 태양보다 왼쪽 아래에 위치한 백색 왜성이므로 태양보다 반지름이 작다.

오답 피하기 ㄱ. (가)는 태양보다 표면 온도가 낮고 반지름이 크므로 적색 거성이다.

ㄷ. 단위 면적에서 단위 시간 동안 방출하는 에너지양은 표면 온도의 4제곱에 비례하므로 표면 온도가 높은 (나)가 (가)보다 많다.

**05** A와 C는 주계열성, B은 적색 거성, D는 백색 왜성이다.

ㄴ. 질량은 왼쪽 상단에 위치한 A가 C보다 크다.

ㄷ. 평균 밀도는 백색 왜성 D가 거성 B보다 크다.

오답 피하기 ㄱ. A는 B보다 표면 온도가 높아 더 파랗게 보인다.

**06** ② MK 분류법은 별의 분광형을 표면 온도와 광도 계급에 따라 구분한 2차원적 분광 분류 방식이다.

**07** ㄱ. 별의 광도 계급에 따라 스펙트럼의 특징이 달라지므로 표면 온도와 광도에 따라 2차원적 분광 분류를 할 수 있다.

ㄷ. 태양은 주계열성에 속하므로 광도 계급은 V이다.

오답 피하기 ㄴ. I에서 VI으로 갈수록 H-R도의 하단에 위치하므로 별의 광도가 낮아진다.

**08** 별의 색지수가 클수록 표면 온도가 낮아서 H-R도의 오른쪽에 위치하며, 광도가 클수록 H-R도의 위쪽에 위치한다.

모범 답안 (1) A는 주계열성, B은 백색 왜성, C는 적색 거성, D는 초거성이다.

(2) D는 표면 온도가 가장 낮지만, 광도가 가장 큰 초거성이다. 따라서 별의 반지름은 D가 가장 크다.

| 채점 기준 | 배점 |
| --- | --- |
| 반지름이 가장 큰 별을 옳게 고르고, 그 이유를 옳게 설명한 경우 | 100% |
| 반지름이 가장 큰 별만 옳게 고른 경우 | 50% |

**09** (가)는 주계열성, (나) 초거성, (다)는 적색 거성, (라)는 백색 왜성이다.

  전체 별의 약 80~90 %는 주계열성 (가)에 분포한다. 그 이유는 별들은 일생의 대부분을 주계열 단계에서 보내기 때문이다.

| 채점 기준 | 배점 |
| --- | --- |
| 별이 가장 많이 분포하는 영역을 옳게 고르고, 그 이유를 옳게 설명한 경우 | 100% |
| 별이 가장 많이 분포하는 영역만 옳게 고른 경우 | 50% |

**10** 모범 답안  (1) 분광형은 X가 K5, 태양이 G2이므로 표면 온도는 X가 태양보다 낮다. 광도 계급은 X가 Ⅰ, 태양이 Ⅴ이므로 X가 태양보다 밝다. 따라서 절대 등급은 X가 태양보다 작다.

| 채점 기준 | 배점 |
| --- | --- |
| 표면 온도와 절대 등급을 모두 옳게 비교한 경우 | 100% |
| 표면 온도와 절대 등급 중 한 가지만 옳게 비교한 경우 | 50% |

(2) 슈테판–볼츠만 법칙으로부터 별의 반지름은 광도가 클수록, 표면 온도가 낮을수록 크다. X는 태양보다 광도가 크고, 표면 온도가 낮으므로 반지름이 태양보다 크다.

| 채점 기준 | 배점 |
| --- | --- |
| 반지름의 크기를 옳게 비교하고, 그 이유를 옳게 설명한 경우 | 100% |
| 반지름의 크기만 옳게 비교한 경우 | 50% |

## 03 별의 탄생과 진화

### 개념 바로 확인
본교재 151쪽

**01** 중력  **02** 초신성

**01** ④  **02** (1) × (2) ○ (3) × (4) ○

**01** 성운 내부에서 원시별이 탄생하기 가장 적절한 영역은 온도가 낮고 밀도가 높아서 자체 중력에 의해 수축이 잘 일어나는 곳이다.

**02** (1) 원시별에서는 중력 수축에 의해 중심부의 온도가 계속 높아진다. 수소 핵융합 반응은 주계열성의 중심부에서 일어난다.
(2) 별은 일생의 90 % 가량을 주계열 단계에서 보낸다.
(3) 주계열성이 거성으로 진화할 때, 표면 온도는 감소하고, 반지름은 증가한다.
(4) 중성자별은 백색 왜성보다 심하게 수축하여 밀도가 매우 크다.

### 내신 실력 Up
본교재 153~155쪽

**01** ②  **02** ①  **03** ③  **04** ③  **05** ④  **06** ⑤  **07** ③  **08** ②
**09** ④  **10** ①  **11** ②  **12** 해설 참조  **13** 해설 참조

**01** ㄴ. (나) 과정에서 중력 수축이 일어나 기체 원반의 중심부 밀도는 점점 커진다.
오답 피하기  ㄱ. (가) 과정에서 성운의 온도가 낮을수록 중력 수축이 잘 일어난다.

ㄷ. (다) 과정에서 원시별은 크기가 점점 작아지면서 중심부의 온도가 상승한다.

**02** ㄱ. 질량이 큰 주계열성일수록 H–R도의 왼쪽 상단에 위치한다. 따라서 질량은 A가 B보다 크다.
오답 피하기  ㄴ. 원시별의 질량이 클수록 주계열에 도달하는데 걸리는 시간이 짧다. 따라서 A가 B보다 주계열에 먼저 도달한다.
ㄷ. 원시별은 진화하는 동안 중력 수축에 의해 반지름이 계속 감소한다.

정리하기

**원시별의 진화**
(1) 원시별의 탄생 : 성운 내부에서 저온, 고밀도 영역에서 탄생
(2) 주요 에너지원 : 중력 수축 에너지
(3) 진화 : 질량이 클수록 주계열에 도달하는데 걸리는 시간이 짧으며, 표면 온도와 광도가 큰 주계열성이 됨

**03** ③ (가)에서 (나)로 진화할 때 별의 크기가 커지면서 표면 온도가 낮아져 붉은색으로 보이는 적색 거성이 된다.
오답 피하기  ① 이 별은 진화의 마지막 단계에서 백색 왜성이 되므로 질량은 태양 질량과 비슷하다.
② (가)일 때 주계열 단계에 위치하므로 크기가 일정하게 유지된다.
④ (다)는 백색 왜성으로, 이 별은 더 이상 핵융합 반응이 일어나지 않는다.
⑤ (나) 적색 거성에서 (다)의 백색 왜성으로 진화하는 속도는 매우 빠르다. 별은 일생의 대부분을 (가) 단계에서 보낸다.

**04** ㄱ. 이 별은 크기가 증가하면서 표면 온도가 낮아지는 거성 단계에 있다.
ㄷ. C층에서는 헬륨으로 이루어진 중심핵이 수축하고, 핵을 둘러싼 B층에서는 수소각 연소가 일어난다. 따라서 무거운 원소의 비율은 C층이 B층보다 높다.
오답 피하기  ㄴ. 수소 핵융합 반응은 중심부를 둘러싼 B층에서 일어난다.

**05** ㄴ. (가) 단계에서 별은 표면 온도가 감소하고 반지름이 증가한다.
ㄷ. (나) 단계에서 초신성 폭발이 일어나고 중심부가 수축하여 중성자별이 형성된다.
오답 피하기  ㄱ. 이 별은 태양보다 질량이 훨씬 큰 별이므로 A는 초거성이다.

**06** 두 별이 주계열 단계에서 보내는 시간은 A가 5백 만 년, B가 100억 년이다. 따라서 A는 태양보다 질량이 훨씬 크고, B는 태양과 질량이 거의 비슷하다.
⑤ (다)일 때 별 A는 초거성, B는 적색 거성이다. 따라서 별의 크기는 A가 B보다 크다.
오답 피하기  ① 주계열성에 머무는 시간은 A가 B보다 훨씬 짧으므로 질량은 A가 B보다 크다.
② ㉠은 별 A가 주계열 단계에서 머무는 시간보다 짧다. 따라서 5백만 년보다 짧다.
③ 원시별의 진화 속도는 질량이 클수록 빠르므로 ㉡은 A가 진화하는데 걸리는 기간(2만년)보다 길다.
④ (나)일 때 별의 표면 온도는 질량이 큰 A가 질량이 작은 B보다 높다.

**07** ㄱ, ㄴ. 주계열성의 진화 속도는 질량이 클수록 빠르므로, A는 B보다 질량이 크고, 중심부의 온도가 높다.

오답 피하기 ㄷ. A는 B보다 중심부의 온도가 높으므로 수소 핵융합 반응의 효율이 크다. 따라서 주계열에 머무는 시간은 A가 B보다 짧다.

**08** ㄴ. 태양의 나이가 100억 년일 때 적색 거성으로 진화하고, 120억 년일 때 백색 왜성으로 진화하므로 표면 온도는 100억 년일 때보다 120억 년일 때 높을 것이다.

오답 피하기 ㄱ. 현재 태양의 중심부에서는 수소 핵융합 반응이 진행되고 있지만, 태양의 나이가 100억 년일 때 태양의 중심부에는 수소가 모두 소진되어 헬륨으로 이루어진 핵이 존재한다. 따라서 중심부의 밀도는 현재보다 태양의 나이가 100억 년일 때 크다.

ㄷ. 태양의 나이가 100억 년~120억 년 사이에 행성상 성운이 형성되면서 백색 왜성이 만들어진다. 초신성 폭발은 태양보다 질량이 훨씬 큰 별에서 일어난다.

**09** ㄱ, ㄷ. 이 천체는 태양과 질량이 비슷한 별이 진화하여 형성된 행성상 성운이다.

오답 피하기 ㄴ. 행성상 성운의 중심부에는 백색 왜성이 존재한다.

**10** ㄱ. 초신성 잔해의 중심부에는 중성자별 또는 블랙홀이 존재한다.

오답 피하기 ㄴ, ㄷ. 초신성 잔해는 질량이 태양보다 훨씬 큰 별이 초신성 폭발을 일으켜 생성된다. 초신성 잔해는 우주 공간으로 점점 흩어져 성간 물질로 되돌아간다.

**11** (가)는 질량이 태양과 비슷한 별의 진화 과정이고, (나)는 질량이 태양보다 훨씬 큰 별의 진화 과정이다.

ㄷ. ㉡은 중성자별보다 크기가 작고, 밀도가 큰 블랙홀이다.

오답 피하기 ㄱ. 주계열성의 질량이 클수록 진화 속도가 빠르므로, 진화 속도는 (나)가 (가)보다 빠르다.

ㄴ. (가)의 ㉠ 단계에서 행성상 성운이 형성된다. 철보다 무거운 원소는 초신성 폭발이 일어나는 (나)에서 형성된다.

**12** a는 적색 거성, b는 원시별, c는 주계열성, d는 백색 왜성이다. 따라서 진화 경로는 b→c→a→d 이다.

모범 답안 (1) b→c→a→d
(2) 이 별은 주계열 단계일 때 분광형이 G형이므로 태양과 질량이 거의 비슷하다. 별의 수명은 질량에 의해 결정되므로 이 별의 수명은 태양과 거의 같다.

| 채점 기준 | 배점 |
| --- | --- |
| 별의 질량과 수명에 대해 근거를 포함하여 옳게 설명한 경우 | 100% |
| 별의 질량과 수명이 태양과 비슷하다고만 설명한 경우 | 50% |

**13** 철보다 무거운 원자핵은 별의 내부에서 형성될 수 없으며, 초신성 폭발 과정을 거쳐 형성된다.

모범 답안 (1) 철
(2) 초신성 폭발, 별의 중심핵이 심하게 수축하여 중성자별 또는 블랙홀이 형성된다.

| 채점 기준 | 배점 |
| --- | --- |
| ‘초신성 폭발’과 중심부에 형성되는 천체를 옳게 제시한 경우 | 100% |
| ‘초신성 폭발’ 또는 중심부에 형성되는 천체만 옳게 제시한 경우 | 50% |

# 04 별의 에너지원과 내부 구조

### 개념 바로 확인
본교재 157, 159쪽

**01** 1000만  **02** 탄소–질소–산소  **03** 철  **04** 정역학  **05** 복사층

**01** ③  **02** 수소, 감소  **03** (1) ○ (2) × (3) ×
**04** (1) × (2) × (3) ○ (4) ○

**01** 주계열성의 중심부에서는 수소(H) 원자핵 4개가 핵융합하여 1개의 헬륨(He) 원자핵을 형성한다.

**02** 수소 핵융합 반응이 일어날 때 질량이 감소하며, 이때 결손된 질량만큼 에너지로 전환된다.

**03** (2) 별의 질량에 관계없이 주계열성의 중심부에서는 수소 핵융합 반응만 일어난다.
(3) 적색 거성은 중심부에서는 최종적으로 탄소핵이 형성되며, 초거성의 중심부에서 철핵까지 형성된다.

**04** (1) 원시별의 내부에서는 중력이 기체 압력 차에 의한 힘보다 우세하여 수축이 일어난다.
(2) 태양보다 질량이 2배 이상인 주계열성의 내부 구조는 대류핵, 복사층으로 이루어져 있다.

### 내신 실력 Up
본교재 162~165쪽

**01** ③  **02** ②  **03** ④  **04** ⑤  **05** ②  **06** ③  **07** ④  **08** ④
**09** ①  **10** ①  **11** ①  **12** ③  **13** ②  **14** 해설 참조
**15** 해설 참조  **16** 해설 참조

**01** ③ 이 별은 원시별에서 주계열성으로 진화하는 중이다. 따라서 A에서 A′로 진화하는 동안 주요 에너지원은 중력 수축 에너지이다.

**02** ㄴ. 이 반응은 주계열성의 중심부에서 일어나는 수소 핵융합 반응이다.

오답 피하기 ㄱ. 헬륨 핵융합 반응은 3개의 헬륨 원자핵이 1개의 탄소 원자핵으로 융합되는 반응이다.

ㄷ. 반응이 진행되는 동안 질량 감소가 일어나며, 감소된 질량이 에너지로 전환된다.

**03** ㄴ. 이 반응에서는 결과적으로 수소 원자핵 4개가 결합하여 1개의 헬륨 원자핵을 생성한다.

ㄷ. 태양과 질량이 비슷한 주계열성에서 양성자·양성자 반응이 더 우세하고, 질량이 태양의 2배 이상인 별에서는 CNO 순환 반응이 우세하다.

오답 피하기 ㄱ. 이 반응은 온도가 약 1800만 K 이하일 때 일어날 수 있는 양성자·양성자 반응이다.

**04** ㄱ. A는 양성자 2개와 중성자 2개로 이루어진 헬륨 원자핵이다.

ㄴ, ㄷ. 이 반응은 탄소, 질소, 산소 원자핵이 촉매 역할을 하는 CNO 순환 반응으로 질량이 큰 주계열성에서 우세하게 일어난다.

**05** 원시별은 자체 중력에 의해 수축하면서 위치 에너지가 열에너지로 전환된다. 주계열성은 중심부에서 수소 핵융합 반응이 안정적으로 일어난다. 백색 왜성은 더 이상 핵융합이 일어나지 않고, 중력 수축에 의해 형성된 열에너지를 서서히 방출하면서 식어간다.

**06** ㄱ. (가)는 3개의 헬륨 원자핵이 1개의 탄소 원자핵을 형성하는 헬륨 핵융합 반응이다. 따라서 ㉠은 C(탄소)이다.
ㄷ. 핵융합 반응이 일어나기 위한 온도는 원자핵의 질량이 클수록 높아진다. 따라서 별 내부의 온도는 (다)>(가)>(나)이다.
오답 피하기 ㄴ. (나)의 수소 핵융합 반응은 주계열성의 중심부에서 활발하다.

**07** ④ 별의 크기가 일정하게 유지되려면 바깥쪽으로 밀어내는 힘 A와 안쪽으로 잡아당기는 힘 B가 서로 균형을 이루어야 한다. 이런 상태를 정역학 평형이라고 한다.
오답 피하기 ①, ②, ③ 이 별은 크기가 일정하게 유지되는 주계열성이다. 주계열성의 내부에서는 기체 압력 차로 발생한 힘 A와 중력 B가 평형을 이루고 있다.
⑤ 기체 압력 차로 발생한 힘 A가 중력 B보다 크면 별은 팽창한다.

**08** ④ (가) 영역에서는 팽창이 일어나고, (나) 영역에서는 수축이 일어난다. 따라서 (가) 영역에서는 기체 압력 차에 의한 힘 B가 더 크고, (나) 영역에서는 중력 A가 더 크다.

**09** A 층은 대류층, B 층은 복사층, C 층은 핵(복사핵)이다.
ㄱ. A 층의 표면에는 대류에 의해 형성된 밝고 어두운 쌀알무늬가 나타난다.
오답 피하기 ㄴ. B 층은 복사층으로, 주로 복사에 의해 에너지가 전달된다.
ㄷ. C 층에서는 수소 핵융합 반응이 일어나므로 온도가 1000만 K 이상이다.

**10** (가)는 질량이 태양 질량의 약 2배 이하인 별이고, (나)는 질량이 태양 질량의 약 2배 이상인 별이다. 주계열성은 질량이 큰 별일수록 광도가 크고(절대 등급이 작고) 반지름이 크지만, 진화 속도가 빠르기 때문에 수명이 짧다.

**11** ㄱ. 이 별의 중심부에서 헬륨 핵융합 반응이 일어나고 있으며, 태양과 질량이 비슷한 별이므로 적색 거성이다.
오답 피하기 ㄴ. 헬륨 핵융합 반응은 약 1억 K 이상일 때 일어나므로 중심부의 평균 온도는 태양보다 높다.
ㄷ. 적색 거성의 중심에서는 탄소핵까지 형성될 수 있다. 철이 생성되려면 태양보다 질량이 훨씬 큰 초거성이어야 한다.

**12** ㄱ, ㄴ. 이 별은 중심부에 철 핵이 존재하므로 태양보다 질량이 훨씬 큰 초거성이다. 초거성은 중심부로 갈수록 점점 무거운 원소들이 양파 껍질처럼 층을 이루고 있다.
오답 피하기 ㄷ. 초거성에서는 핵융합 반응에 의해 철까지 생성될 수 있으며, 철보다 무거운 원소(금, 우라늄 등)는 초신성 폭발 과정에서 생성된다.

**13** a는 적색 거성, b와 c는 주계열성이다.
ㄴ. CNO 순환 반응은 질량이 큰 주계열성에서 더 우세하다. 따라서 c보다 b에서 우세하다.

오답 피하기 ㄱ. 적색 거성인 a의 중심부에는 수소가 모두 소진되어 헬륨 원자핵이 존재한다. 따라서 중심부의 밀도는 주계열성보다 적색 거성인 a가 크다.
ㄷ. a~c 중 중심부의 온도는 적색 거성인 a가 가장 높고, 표면 온도는 a가 가장 낮다. 따라서 표면과 중심부의 온도 차가 가장 큰 별은 a이다.

**14** 모범 답안 (1) 4개의 수소 원자핵이 융합하여 1개의 헬륨 원자핵이 생성된다. (2) 온도가 1000만 K 이상인 영역에서 일어난다. (3) 주계열성의 중심부에 존재하는 수소가 완전히 소진될 때까지 거의 일정하게 지속된다.

| 채점 기준 | 배점 |
| --- | --- |
| 잘못된 부분 3개를 모두 옳게 고쳐 쓴 경우 | 100% |
| 잘못된 부분 3개 중 2 가지를 옳게 고쳐 쓴 경우 | 70% |
| 잘못된 부분 3개 중 1 가지를 옳게 고쳐 쓴 경우 | 40% |

**15** (가)는 중심부에 탄소 핵이 존재하는 적색 거성의 내부 구조이고, (나)는 중심부에 철 핵이 존재하는 초거성의 내부 구조이다.
모범 답안 (1) ㉠ 탄소 ㉡ 철
(2) 절대 등급과 수명, (가)는 적색 거성, (나)는 초거성이다. 따라서 (가)는 (나)보다 광도가 낮으므로 절대 등급이 크다. 또한 (가)는 (나)보다 질량이 작으므로 수명이 길다.

| 채점 기준 | 배점 |
| --- | --- |
| 물리량 2개를 옳게 쓰고, 그 까닭을 옳게 설명한 경우 | 100% |
| 물리량 2개만 옳게 쓴 경우 | 50% |

**16** ㉠은 중심핵의 온도가 상대적으로 낮을 때 우세한 양성자·양성자 반응이고, ㉡은 중심핵의 온도가 상대적으로 높을 때 우세한 탄소·질소·산소 순환 반응이다.
모범 답안 (1) ㉠ 양성자·양성자 반응 ㉡ 탄소·질소·산소 순환 반응
(2) 태양 질량의 약 2배 이상인 별은 탄소·질소·산소 순환 반응이 우세하므로 내부 구조는 대류핵과 복사층으로 이루어져 있다.

| 채점 기준 | 배점 |
| --- | --- |
| 태양 질량의 2배 이상이며, 대류핵과 복사층으로 이루어져 있음을 설명한 경우 | 100% |
| 별의 내부 구조에 대해 부분적으로 옳게 설명한 경우 | 50% |

# 05 외계 행성계



본교재 167, 169쪽

**01** 시선 **02** 식 **03** 중력 **04** 크 **05** 생명 가능 지대 **06** 클

**01** (1) ㉣ (2) ㉠ (3) ㉢ (4) ㉡  **02** (1) × (2) ×
**03** (1) × (2) × (3) ×  **04** (1) 액체 (2) 대기 (3) 자기장  **05** ④

**01** 외계 행성을 탐사하는 방법은 크게 시선 속도 변화를 측정하는 방법, 식 현상을 이용하는 방법, 미세 중력 렌즈 현상을 이용하는 방법, 직접 관측하는 방법 등이 있다.

**02** (1) 식 현상을 이용한 외계 행성 탐사 방법은 행성의 반지름이 클수록 별의 밝기 변화량이 크므로 행성의 존재 여부를 확인하기 쉽다.
(2) 앞쪽 별의 미세 중력 렌즈 현상에 의해 뒤쪽 별의 밝기가 증가한다.

**03** (1) 발견된 외계 행성들의 크기는 대부분 목성 규모의 행성이다.
(2) 외계 행성들은 주로 시선 속도 변화와 식 현상을 이용하여 발견되었으며, 직접 관측을 통해 발견된 행성의 수가 가장 적다.
(3) 발견된 외계 행성들 중 생명 가능 지대에 위치해 있는 경우는 매우 드물다.

**04** 생명체가 살 수 있는 행성의 조건에는 액체 상태의 물, 적절한 온실 효과를 일으키는 대기, 우주에서 들어오는 고에너지 입자와 항성풍을 막아주는 행성의 자기장 등이다.

**05** 행성의 궤도 반지름이 1 AU이므로 중심별의 분광형은 태양과 비슷한 G형일 것이다.

탐구 활동

본교재 170쪽

**01** (1) ○ (2) ○ (3) × (4) × **02** (1) ○ (2) ○ (3) ×

**01** (3) 태양계에서 생명 가능 지대는 금성 궤도와 화성 궤도 사이에 존재한다.
(4) 생명체가 탄생하여 진화하려면 별의 질량이 너무 크거나 작으면 불리하다. 따라서 태양과 비슷한 G형의 주계열성이 적당하다.

**02** (3) 별의 광도가 너무 크면 수명이 짧기 때문에 생명체가 탄생하기에 불리하다.

내신 실력 Up

본교재 171~173쪽

**01** ③ **02** ⑤ **03** ② **04** ② **05** ⑤ **06** ② **07** ① **08** ②
**09** ④ **10** ④ **11** 해설 참조 **12** 해설 참조 **13** 해설 참조

**01** ㄱ. 중심별 A는 행성 B보다 질량이 크기 때문에 공통 질량 중심에 가깝게 위치한다.
ㄴ. A일 때 중심별이 지구로 접근하므로 청색 편이가 나타나고, A′일 때 지구로부터 멀어지므로 적색 편이가 나타난다.
오답 피하기 ㄷ. A와 B는 공통 질량 중심을 동일한 주기로 공전한다.

**02** ㄱ. 외계 행성에 의해 중심별의 일부가 가려지는 식 현상을 이용한 외계 행성 탐사 방법이다.
ㄴ. 별의 밝기 변화는 행성이 별의 앞면을 지날 때마다 나타난다. 따라서 밝기 변화 주기는 행성의 공전 주기와 같다.
ㄷ. 행성에 의한 식 현상이 일어나려면 행성의 공전 궤도면이 관측자의 시선 방향과 거의 나란해야 한다.

**03** ㄴ. 외계 행성의 존재를 알아내기 위해서는 별빛 스펙트럼의 파장 변화를 관측하거나 식 현상에 의한 별의 밝기 변화를 관측한다. 멀리 있

는 배경별이 없으므로 미세 중력 렌즈 현상을 이용할 수 없다.
오답 피하기 ㄱ. 중심별의 밝기 변화를 관측한다.
ㄷ. 행성의 중력에 의해 나타나는 중심별의 밝기 변화는 극히 작아 측정이 불가능하다. 미세 중력 렌즈 현상은 멀리 있는 배경별의 밝기 변화를 관측하는 것이다.

**04** ㄷ. 외계 행성을 직접 관측하려면 지구에서 행성까지의 거리가 매우 가까워야 한다.
오답 피하기 ㄱ. 제시된 자료는 직접 관측에 의한 행성 탐사 사례에 해당한다.
ㄴ. 행성과 중심별 사이의 거리가 가까운 경우에는 행성을 직접 관측하기 어렵다. 제시된 자료에서 행성은 2년 동안 별 주위를 공전한 각도가 매우 작다. 따라서 행성의 공전 궤도 반지름이 비교적 크다는 것을 알 수 있다.

**05** ⑤ 지구 공전 궤도 반지름은 1 AU이다. 따라서 발견된 행성들은 대부분 지구보다 공전 궤도 반지름이 작다.
오답 피하기 ① (가)의 행성들은 중심별의 시선 속도 변화로 나타나는 별빛의 파장 변화를 관측하여 발견된 행성들이다.
② (나)는 행성에 의한 식 현상을 이용한 방법이다. 따라서 행성의 공전 궤도면이 시선 방향에 거의 나란해야 한다.
③ (다)의 행성들은 행성의 중력에 의해 나타난 배경별의 밝기 변화를 관측하여 발견된 행성들이다.
④ 발견된 행성들은 대부분 목성 질량의 0.01배~10배 사이이다. 따라서 지구보다 대부분 질량이 크다. (참고: 지구 질량은 목성 질량의 약 $\frac{1}{318}$배이다.)

**06** ㄴ. 외계 행성을 탐사하는데 가장 많이 이용되는 방법들은 중심별의 질량이 클수록 행성의 존재 여부를 확인하기가 상대적으로 어렵다.
오답 피하기 ㄱ. 질량이 아주 작은 별 주변에서도 행성이 발견된다.
ㄷ. 현재까지 발견된 외계 행성들은 모두 우리은하 안에서 발견되었으며, 이는 관측 기술의 한계 때문이다. 외부 은하는 너무 멀리 있기 때문에 하나의 별에서 나타나는 시선 속도 변화나 식 현상 등을 관측하기 어렵다.

**07** ① 산소는 생명체에게 필요한 필수적인 조건이 아니다. 원시 지구에서 생명체가 탄생할 당시에는 산소가 존재하지 않았다.
오답 피하기 ②, ③, ④, ⑤ 현재까지의 연구 결과에 따르면, 행성에 생명체가 존재하는데 필요한 조건은 액체 상태의 물, 적당한 두께의 행성 대기, 행성 자기장, 중심별로부터 안정적인 에너지 공급 등이다.

**08** ㄴ. 지구는 태양계에서 생명 가능 지대에 위치해 있는 유일한 행성이다.
오답 피하기 ㄱ, ㄷ. 생명 가능 지대는 물이 액체 상태로 존재할 수 있는 영역이다. 주계열성의 질량이 클수록 광도가 크므로 생명 가능 지대의 거리는 중심별에서 멀어지고, 폭은 넓어진다.

**09** ㄴ. 분광형이 B형인 주계열성은 태양보다 광도가 크므로 생명 가능 지대의 폭이 넓다.
ㄷ. 행성 B는 생명 가능 지대에 위치하므로 생명체가 존재할 가능성이 A, B, C 중에서 가장 높다.
오답 피하기 ㄱ. 절대 등급이 클수록 광도가 낮으므로 생명 가능 지대는 중심별에서 가까운 곳에 위치한다.

 ㄱ. 시간이 지날수록 태양의 광도가 증가하여 생명 가능 지대가 태양으로부터 멀어졌다.

ㄴ. 지구는 1 AU에 위치해 있으므로 태양이 생성된 이후부터 현재까지 생명 가능 지대에 위치하였다.

오답 피하기 ㄷ. 20억 년 후 금성은 생명 가능 지대보다 태양에 가깝게 위치하므로 액체 상태의 물이 존재할 수 없다.

**11** 중심별이 가려진 면적은 A가 B의 4배이고, 이 면적은 행성의 크기에 비례한다.

모범 답안 식 현상에 의한 중심별의 밝기 감소량은 행성의 단면적에 비례하므로 행성의 반지름의 제곱에 비례한다. A에 의한 밝기 감소량은 B의 4배이므로 행성의 반지름은 A가 B의 2배이다.

| 채점 기준 | 배점 |
|---|---|
| 중심별의 밝기 감소량을 행성의 반지름과 관련지어 정량적으로 옳게 설명한 경우 | 100% |
| 중심별의 밝기 변화량이 행성의 크기에 비례함을 옳게 설명한 경우 | 50% |

**12** 수성은 지구와 달리 대기가 존재하지 않으며, 생명 가능 지대보다 중심별에 가깝게 위치해 있다.

모범 답안 ① 지구는 생명 가능 지대에 위치하여 액체 상태의 물이 존재한다. ② 지구는 적절한 두께의 대기층이 존재하여 적당한 온도가 유지될 수 있다. (기타 유사 답안: 자기장이 고에너지 입자를 막아준다. 오존층이 태양 자외선을 흡수해 준다.)

| 채점 기준 | 배점 |
|---|---|
| 지구에 생명체가 존재할 수 있는 이유 2가지를 모두 옳게 설명한 경우 | 100% |
| 지구에 생명체가 존재할 수 있는 이유 2가지 중 한 가지만 옳게 설명한 경우 | 50% |

**13** 모범 답안 (1) (나)의 중심별의 표면 온도는 더 낮고, 광도는 더 크다. 따라서 중심별의 반지름은 (가)보다 (나)가 크다.

| 채점 기준 | 배점 |
|---|---|
| 표면 온도와 광도를 근거로 반지름의 크기를 옳게 비교한 경우 | 100% |
| 반지름의 크기만 옳게 비교한 경우 | 50% |

(2) (가)의 중심별은 주계열성이고, (나)의 중심별은 적색 거성이다. 따라서 행성이 생명 가능 지대에 머물 수 있는 시간은 (가)가 (나)보다 길다.

| 채점 기준 | 배점 |
|---|---|
| 행성이 생명 가능 지대에 머물 수 있는 시간을 중심별의 종류(또는 진화 속도)와 관련지어 옳게 설명한 경우 | 100% |
| 행성이 생명 가능 지대에 머물 수 있는 시간만 옳게 비교한 경우 | 50% |

한눈에 **정리하기** 본교재 174~175쪽

ㄱ 흑체　ㄴ 색지수　ㄷ 표면 온도　ㄹ 광도　ㅁ H-R도
ㅂ 백색 왜성　ㅅ 질량　ㅇ 수소　ㅈ 철　ㅊ 초신성 폭발
ㅋ 중력 수축　ㅌ 양성자·양성자　ㅍ 정역학　ㅎ 시선 속도

---

**수능 1등급** 본교재 176~179쪽

| 01 ② | 02 ④ | 03 ③ | 04 ③ | 05 ⑤ | 06 ① | 07 ① | 08 ③ |
| 09 ④ | 10 ③ | 11 ① | 12 ④ | 13 ① | 14 ⑤ | 15 ① | 16 ③ |

**01** ㄷ. 별의 분광형은 (가)가 M1형, (나)가 B8형이다. 따라서 표면 온도는 (가)가 (나)보다 낮고, 최대 에너지를 방출하는 파장($\lambda_{max}$)은 (가)가 (나)보다 길다.

오답 피하기 ㄱ. (가)는 붉은색으로 보이고, (나)는 청백색으로 보인다.

ㄴ. 색지수는 표면 온도가 낮은 (가)가 (나)보다 크다.

**02** ㄴ. (가)는 중성 수소선이 강하므로 A형 별이고, (나)는 분자선이 뚜렷하게 나타나므로 M형 별이다. 따라서 별의 표면 온도는 (가)가 (나)보다 높다.

ㄷ. 칼슘(Ca I ) 흡수선은 표면 온도가 낮은 K, M형 별에서 잘 나타나므로 (가)보다 (나)에서 뚜렷하다.

오답 피하기 ㄱ. 별들의 주요 대기 성분은 거의 비슷하다. 별의 분광형이 다양한 주요 원인은 표면 온도에 따라 흡수선의 세기와 종류가 다르기 때문이다.

**03** ㄱ. X는 H-R도에서 왼쪽 상단부터 오른쪽 하단으로 이어지는 띠 모양으로 분포하므로 주계열성임을 알 수 있다.

ㄴ. 주계열성은 표면 온도가 높을수록 광도가 크므로 절대 등급이 작다.

오답 피하기 ㄷ. (나)에서 주계열성 X는 질량이 클수록 광도가 크다. 따라서 X는 질량이 클수록 표면 온도가 높다는 것을 알 수 있다.

**04** ㄱ. 바너드별의 수명은 우주의 나이(약 138억 년)보다 훨씬 길다. 따라서 바너드별은 아직 주계열 단계에 있음을 알 수 있다.

ㄴ. 태양보다 바너드별의 광도가 작으므로 생명 가능 지대의 폭은 바너드별이 태양보다 좁다.

오답 피하기 ㄷ. 스피카는 질량이 태양보다 훨씬 크므로 수명이 짧다. 따라서 행성에서 생명체가 탄생하고 진화하는데 필요한 시간을 충분히 확보하기 어렵다.

**05** 태양의 분광형은 G형이므로 H-R도로부터 절대 등급이 약 +5등급임을 알 수 있다

ㄱ. 레굴루스는 태양보다 표면 온도가 높은 주계열성이므로 질량이 태양보다 크다.

ㄴ. 프로키온B는 백색 왜성이므로 태양보다 밀도가 크다.

ㄷ. 알데바란A는 분광형이 K형인 적색 거성이므로 태양보다 붉게 보인다.

**06** ㄱ. 질량이 큰 원시별일수록 주계열 상단에 도달하므로 원시별의 질량은 A>B>C>D 순이다. 한편 H-R도에서 원시별의 광도는 A>B>C>D이므로 질량이 클수록 광도가 크다는 것을 알 수 있다.

오답 피하기 ㄴ. 원시별이 주계열성으로 진화하는 동안 표면 온도의 증가량은 D에서 A로 갈수록 크다.

ㄷ. 원시별의 진화 속도는 질량이 클수록 빠르므로 D에서 A로 갈수록 빠르다.

**07** ㄱ. (가) → (나) 과정에서 원시별이 중력 수축하면서 중심부의 온도가 상승한다.

오답 피하기 ㄴ. 태양은 주계열 단계인 (나)에서 가장 오래 머문다.

ㄷ. 태양은 (다) → (라) 과정에서 행성상 성운을 남기고 백색 왜성으로

진화한다. 초신성 폭발은 태양보다 질량이 훨씬 큰 별에서 일어난다.

**08** ㄱ. 별의 진화 순서는 (가) 원시별 → (라) 주계열성 → (다) 초거성 → (나) 중성자별이다.

ㄴ. X의 초거성의 내부 구조이므로 (다)의 단계에 해당한다.

오답 피하기  ㄷ. 별의 내부에서는 철 핵융합 반응이 일어나지 않는다. 철보다 무거운 원소는 초신성 폭발 과정에서 생성된다.

**09** (가)는 초신성 폭발로 형성된 초신성 잔해이고, (나)는 행성상 성운이다.

④ (가)는 초거성에서, (나)는 적색 거성에서 만들어졌으므로 (가)가 (나)보다 질량이 큰 별이 진화하여 형성되었다.

오답 피하기  ① (가)의 중심부에 중성자별 또는 블랙홀이 존재한다.

② (나)는 질량이 태양 정도인 별이 진화하여 형성되며 중심부에 백색 왜성이 존재한다.

③ 철보다 무거운 원소는 (가)의 초신성 폭발이 일어나는 과정에서 형성된다.

⑤ (가)와 (나)는 우주 공간으로 점점 흩어져 성간 물질로 되돌아간다.

**10** (가)는 양성자 · 양성자 반응이고, (나)는 CNO 순환 반응이다.

ㄱ. ㉠과 ㉡은 수소 핵융합 반응의 두 가지 경로이다.

ㄷ. (가)와 (나)의 반응에서는 질량−에너지 등가의 원리에 따라 감소된 질량만큼 에너지로 전환된다.

오답 피하기  ㄴ. 태양의 중심부에서는 (가)의 양성자 · 양성자 반응이 (나)의 CNO 순환 반응보다 우세하게 일어난다.

정리하기

**수소 핵융합 반응의 경로**
(1) 양성자 · 양성자 반응: 태양 질량의 2배 이하인 별에서 우세함 → 복사핵이 형성됨
(2) 탄소 · 질소 · 산소 순환 반응: 태양 질량의 2배 이상인 별에서 우세함 → 대류핵이 형성됨

**11** (가)는 질량이 태양의 약 2배 이하인 별이고, (나)는 2배 이상인 별이다.

ㄱ. (가)의 표면에는 대류 현상에 의해 형성된 밝고 어두운 쌀알무늬가 형성된다.

오답 피하기  ㄴ. (가)의 중심부에서는 양성자 · 양성자 반응이 탄소 · 질소 · 산소 순환 반응보다 우세하다. (나)의 중심핵에서는 CNO 순환 반응이 더 활발하게 일어난다.

ㄷ. (나)는 (가)보다 중심부의 온도가 높아 수소 연소 효율이 훨씬 높기 때문에 수소 연료를 소비하는데 걸리는 시간이 훨씬 짧다.

정리하기

**주계열성의 내부 구조**
(1) 태양 질량의 2배 이하인 별: 중심핵, 복사층, 대류층
(2) 태양 질량의 2배 이상인 별: 중심핵(대류핵)과 복사층

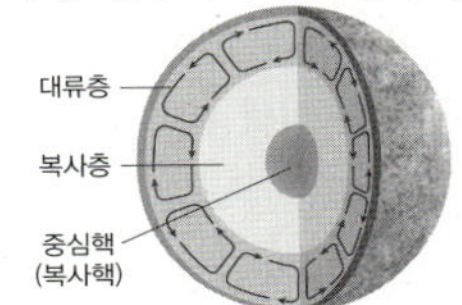
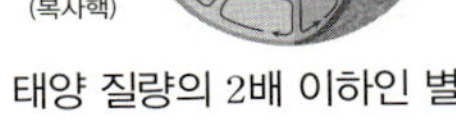


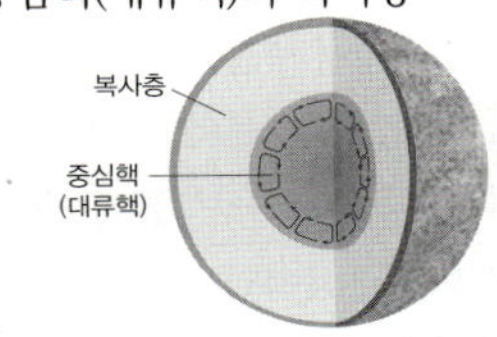




**12** (가)는 초거성, (나)는 적색 거성의 내부 구조이다.

ㄱ. 별의 질량은 초거성인 (가)가 적색 거성인 (나)보다 크다.

ㄷ. (가)와 (나)는 모두 중심부로 갈수록 더 무거운 원자핵으로 이루어진 층상 구조를 갖고 있다.

오답 피하기  ㄴ. (나)는 질량이 태양과 비슷한 적색 거성이므로 중심부에 최종적으로 탄소핵이 형성된다.

**13** (가)는 식 현상을 이용하는 방법이고, (나)는 시선 속도 변화를 이용하는 방법이다.

ㄱ. (가)는 행성의 반지름이 클수록 중심별의 밝기 변화가 크게 나타므로 행성의 존재 여부를 탐사하는데 유리하다.

오답 피하기  ㄴ. (나)는 행성의 질량이 클수록 별의 시선 속도 변화가 커지므로 행성의 존재 여부를 탐사하는데 유리하다.

ㄷ. (가)는 별의 밝기 변화를, (나)는 별의 시선 속도 변화를 관측하여 행성의 존재 여부를 확인한다.

**14** ㄴ. (나)에서 최대 밝기는 뒤쪽 별 A와 앞쪽 별 B가 시선 방향에 거의 일직선이 되어 미세 중력 렌즈 현상이 최대로 나타났을 때에 해당한다.

ㄷ. (나)에서 ㉠일 때 밝기가 다시 증가한 까닭은 행성의 중력에 의해 추가로 미세 중력 렌즈 현상이 나타났기 때문이다.

오답 피하기  ㄱ. (나)는 뒤쪽에 있는 별 A의 밝기 변화를 관측한 것이다.

정리하기

**외계 행성 탐사 방법**
(1) 시선 속도 이용: 별과 행성이 공통 질량 중심을 회전할 때, 별의 시선 속도 변화를 측정 → 스펙트럼의 파장 변화를 측정하여 행성의 존재를 확인
(2) 식 현상 이용: 행성이 별 앞을 지날 때, 별의 일부가 가려진다. → 별의 밝기 감소를 관측하여 행성의 존재를 확인
(3) 미세 중력 렌즈 현상 이용: 멀리 있는 배경별의 별빛이 앞쪽 별의 중력에 의해 굴절 → 행성에 의해 추가로 나타나는 배경별의 밝기 변화를 관측하여 행성의 존재를 확인
(4) 직접 관측: 매우 가까운 거리에 있는 외계 행성만 확인 가능

**15** ㄱ. 케플러 우주 망원경은 식 현상에 의해 나타나는 별의 밝기 변화를 측정하여 행성을 찾는다.

오답 피하기  ㄴ. 케플러 우주 망원경이 발견한 지구 크기의 외계 행성의 수가 약 800개이다. 이 중 생명 가능 지대에 위치한 행성은 극히 일부이다.

ㄷ. 행성의 반지름이 클수록 별의 밝기 변화가 크게 나타나므로 행성의 존재를 확인하는데 유리하다. 목성보다 큰 외계 행성이 상대적으로 적은 까닭은 발견하기 어렵기 때문이 아니라 행성 자체의 수가 적기 때문이다.

**16** (가)는 태양보다 질량이 훨씬 크고 표면 온도가 낮으므로 초거성이다. (나)는 분광형과 질량이 태양과 같으므로 주계열성이다. (다)는 태양보다 표면 온도가 높지만 광도가 훨씬 작으므로 백색 왜성이다.

ㄱ. 절대 등급은 초거성인 (가)가 주계열성인 (나)보다 작다.

ㄷ. 반지름은 (가) 초거성 > (나) 주계열성 > (다) 백색 왜성이다.

오답 피하기  ㄴ. (다)의 백색 왜성은 태양 정도의 질량을 가진 별이 진화하여 만들어진다. 세 별 중 질량이 가장 큰 별은 초거성 (가)이다.

## 01 외부 은하와 우주 팽창

### 01 외부 은하와 우주 팽창

#### 개념 바로 확인
본교재 183, 185쪽

**01** 불규칙 **02** 타원 **03** 막대 나선 **04** 적색 **05** 세이퍼트 **06** 충돌

**01** (1)-(나)  (2)-(라)  (3)-(다)  (4)-(가)
**02** (1)-(가)  (2)-(다)  (3)-(나)

**01** 타원 은하는 성간 물질이 매우 적은 편이다. 나선 은하는 납작한 원반 형태이며 은하핵과 나선팔이 존재한다. 렌즈형 은하는 원반 형태이지만 나선팔 구조가 없다.

**02** (1) 전파 은하는 핵, 로브, 제트 구조를 갖고 있다.
(2) 퀘이사는 매우 멀리 있는 은하로 하나의 별처럼 보인다.
(3) 세이퍼트은하는 아주 밝은 핵과 넓은 방출선을 보인다.

#### 내신 실력 Up
본교재 186~187쪽

**01** ③  **02** ②  **03** ②  **04** ⑤  **05** ①  **06** ③  **07** 해설 참조
**08** 해설 참조

**01** A는 타원 은하, B는 정상 나선 은하, C는 막대 나선 은하, D는 불규칙 은하이다.
③ B와 C는 모두 나선 은하에 속하며, 은하 원반과 나선팔 구조가 존재한다.

오답 피하기 ① 허블은 외부 은하들을 은하의 형태에 따라 나선 은하, 타원 은하, 불규칙 은하로 분류하였다.
② A는 타원 은하로 편평한 정도에 따라 E0~E7까지 세분할 수 있다.
④ 우리은하는 막대 나선 은하인 C 집단에 속한다.
⑤ 은하의 모양과 진화 정도는 상관 관계가 없다는 것이 밝혀졌다.

**02** (가)는 정상 나선 은하, (나)는 불규칙 은하, (다)는 막대 나선 은하이다.
ㄷ. 우리은하와 가장 유사한 구조를 가진 은하는 (다)의 막대 나선 은하이다.

오답 피하기 ㄱ. (가)는 납작한 원반 구조와 나선팔을 갖고 있는 정상 나선 은하이다.
ㄴ. (나)는 특정한 모양이 없는 불규칙 은하로 성간 물질의 비율이 다른 은하들에 비해 높은 편이다.

**03** A는 정상 나선 은하, B는 막대 나선 은하, C는 타원 은하, D는 불규칙 은하이다.
ㄴ. 젊은 별의 비율은 성간 물질이 상대적으로 풍부한 B(막대 나선 은하)가 C(타원 은하)보다 높다.

오답 피하기 ㄱ. 우리은하는 막대 나선 은하인 B에 속한다.
ㄷ. 매우 큰 규모의 거대 은하들은 대부분 타원 형태를 갖고 있다. 불규

칙 은하인 D에는 상대적으로 작은 규모의 은하들이 많다.

정리하기

**은하의 종류와 특징**

| 은하의 종류 | 특징 |
| --- | --- |
| 타원 은하 | • 성간 물질이 상대적으로 적음<br>• 나이 많은 별들로 구성<br>• 편평도에 따라 E0~E7로 세분 |
| 나선 은하 | • 은하 원반과 나선팔이 있음<br>• 막대 구조의 유무에 따라 정상 나선 은하와 막대 나선 은하로 구분<br>• 은하핵에 주로 나이가 많은 붉은 별이 존재하고, 나선팔에 주로 나이가 적은 파란 별이 존재<br>• 핵의 크기와 나선팔이 감긴 정도에 따라 세분한다. |
| 불규칙 은하 | • 일정한 모양이 없는 은하<br>• 젊은 별과 나이 많은 별을 모두 포함<br>• 새로운 별들이 활발하게 생성 |

**04** ㄱ, ㄴ, ㄷ. 이 은하는 전파 영역에서 매우 강한 복사 에너지를 방출하는 전파 은하이다. (가)는 가시광선, (나)는 전파 영역에서 관측한 영상이며, (나)의 전파 영상에서 핵, 제트, 로브 구조가 잘 나타나 있다.

**05** ㄱ. 퀘이사는 하나의 별처럼 보이는 은하이며, 태양계 정도의 크기로 추정된다.

오답 피하기 ㄴ, ㄷ. 퀘이사는 매우 멀리 있기 때문에 스펙트럼에서 매우 큰 적색 편이가 나타난다.

**06** ㄱ, ㄴ. 별들 사이의 공간은 매우 넓기 때문에 은하의 충돌 과정에서 별들이 충돌하는 경우는 거의 일어나지 않는다. 하지만 은하 안의 거대한 분자 구름들이 충돌하면서 새로운 별들이 탄생한다.

오답 피하기 ㄷ. 은하 간의 충돌은 두 은하 사이에 작용하는 중력에 의해 일어난다.

**07** (가)는 둥근 타원체 모양을 갖고 있는 타원 은하이고, (나)는 나선팔을 갖고 있는 정상 나선 은하이다.

모범 답안 (1) (가)는 타원 은하, (나)는 정상 나선 은하에 속한다.
(2) (가)는 성간 물질이 거의 없는 편이고, 비교적 나이가 많은 붉은색의 별들로 이루어져 있다. (나)는 나선팔에 성간 물질과 젊은 별들이 많이 존재하지만 중심부에는 성간 물질이 적고, 주로 늙은 별들이 분포한다.

| 채점 기준 | 배점 |
| --- | --- |
| (가)와 (나) 은하를 모두 옳게 설명한 경우 | 100% |
| (가)와 (나) 은하 중 한 은하만 옳게 설명한 경우 | 50% |

**08** 퀘이사는 우주 탄생 초기의 천체로 우리은하로부터 매우 멀리 떨어져 있어 적색 편이가 크게 나타난다. 퀘이사는 관측 가능한 천체 중 가장 먼 거리에 있다.

모범 답안 (1) (가), (나), (마)
(2) 초기 우주에서 형성된 은하는 (가)의 퀘이사이다. 퀘이사는 매우 먼 거리에 위치해 있기 때문에 스펙트럼에서 매우 큰 적색 편이가 나타난다.

| 채점 기준 | 배점 |
| --- | --- |
| 초기에 형성된 은하와 스펙트럼의 특징을 모두 옳게 설명한 경우 | 100% |
| 초기에 형성된 은하만 옳게 고른 경우 | 40% |

## 02 허블 법칙과 빅뱅 우주론

### 개념 바로 확인
본교재 189, 192쪽

**01** 적색  **02** $\dfrac{v}{r}$  **03** 허블 상수  **04** 빅뱅  **05** 우주 배경 복사
**06** 급팽창

**01** ㄱ  **02** ③  **03** ㄴ  **04** (1) ×  (2) ○  (3) ○
**05** (1)–(다), (2)–(가), (3)–(나)

**01** 모든 은하는 서로 멀어지고 있다. 따라서 팽창하는 우주에서는 중심이 존재하지 않는다.

**02** 허블은 외부 은하들의 스펙트럼에서 흡수선들의 위치가 원래 위치보다 파장이 긴 쪽으로 적색 편이 되어 있다는 사실을 알아냈다. 그는 외부 은하의 스펙트럼에 나타난 적색 편이량으로부터 후퇴 속도를 구할 수 있었다.

**03** 빅뱅 우주론에서는 우주가 한 점에서 시작하여 점점 팽창하였고, 우주의 크기가 커짐에 따라 우주의 온도와 밀도는 계속 감소한다고 설명한다.

**04** 빅뱅 우주론에서는 우주가 어느 시점에 시작되어 크기가 유한하다고 주장한다. 빅뱅 우주론의 증거에는 우주 배경 복사와 우주에 존재하는 가벼운 원소의 비율 등이 있다.

**05** 빅뱅 우주론의 문제점에는 크게 편평성 문제, 지평선 문제, 자기 홀극 문제가 있다. 급팽창 이론을 통해 이러한 문제점들이 해결되었다.

### 탐구 활동
본교재 193쪽

**01** (1) ×  (2) ×  (3) ○  **02** 5000, 400

**01** (2) 거리가 먼 은하일수록 후퇴 속도가 빠르므로 적색 편이량이 커진다.
(3) 허블 법칙 $v=H\times r$ ($H$: 허블 상수, $r$: 외부 은하의 거리)로부터 허블 상수는 $\dfrac{\text{후퇴 속도}}{\text{거리}}$ 에 해당한다.

**02** 허블 상수는 $\dfrac{\text{후퇴 속도}}{\text{거리}}=50 \text{ km/s/Mpc}$이므로 ㉠은 5000이고, ㉡은 400이다.

### 내신 실력 Up
본교재 194~197쪽

**01** ④  **02** ⑤  **03** ①  **04** ③  **05** ②  **06** ③  **07** ③  **08** ⑤
**09** ④  **10** ③  **11** ④  **12** ⑤  **13** ④  **14** 해설 참조
**15** 해설 참조  **16** 해설 참조

**01** ④ 우주의 팽창 속도는 우주의 모든 지점에서 동일하다. 따라서 멀리 있는 은하가 더 빨리 멀어진다는 허블 법칙도 우주의 모든 지점에서 성립한다. 이로부터 우주에는 팽창의 중심점이 존재하지 않는다는 것을 추론할 수 있다.

**02** ㄱ. 거리가 먼 은하일수록 후퇴 속도가 더 크므로 스펙트럼의 적색 편이 현상이 더 크게 나타난다.
ㄴ, ㄷ. 그래프의 기울기는 허블 상수에 해당하며, 그 값은 약 1500 km/s/억 광년이다. 허블 법칙에 따라 후퇴 속도 90000 km/s에 해당하는 거리는 60억 광년이다.

### 정리하기

**허블 법칙**
(1) 허블 법칙은 외부 은하들의 거리와 멀어지는 후퇴 속도가 비례한다는 법칙이다.
$$v=H\times r \quad (H: \text{허블 상수}, r: \text{외부 은하의 거리})$$
(2) 외부 은하의 거리(가로축)와 후퇴 속도(세로축)의 관계 그래프에서 기울기는 허블 상수에 해당한다.
$$\text{기울기}=\dfrac{v}{r}=H$$

**03** 관측 파장과 고유 파장의 차, 즉 파장 변화량은 A가 20 nm, B가 40 nm, C가 80 nm이다.
ㄱ. 적색 편이량은 $\dfrac{\text{파장 변화량}}{\text{고유 파장}}=\dfrac{\Delta\lambda}{\lambda_0}$이다. 파장 변화량($\Delta\lambda$)은 B가 A의 2배이므로 적색 편이량도 2배이다.
**오답 피하기** ㄴ. 후퇴 속도는 파장 변화량에 비례한다. 파장 변화량이 C가 B의 2배이므로 후퇴 속도도 C가 B의 2배이다.
ㄷ. 허블 법칙에 따라 은하까지의 거리는 후퇴 속도에 비례한다. 후퇴 속도는 C가 A의 4배이므로 거리도 C가 A의 4배이다.

**04** ㄷ. 우주 팽창에 의해 멀리 있는 은하가 더 빨리 멀어지므로 두 은하 A와 B 사이의 거리는 멀어진다.
**오답 피하기** ㄱ. 칼슘 흡수선의 고유 파장은 같지만 적색 편이에 의해 관측된 칼슘 흡수선의 파장은 B가 A보다 길게 나타난다.
ㄴ. 적색 편이량은 A보다 B가 크므로 후퇴 속도도 A보다 B가 크다.

**05** ㄴ. 그래프의 기울기는 허블 상수에 해당하므로 허블 상수는 A > B이다.
**오답 피하기** ㄱ. 허블 상수는 우주가 팽창하는 속도를 의미하는 값이다. 따라서 우주의 팽창 속도는 허블 상수가 큰 A가 B보다 크다.
ㄷ. 우주의 나이는 허블 상수의 역수에 해당하므로 허블 상수가 작은 B가 A보다 크다.

**06** ㄷ. B로부터 멀어지는 속도는 거리에 비례한다. 따라서 A보다 D가 더 멀리 있으므로 더 빨리 멀어진다.
**오답 피하기** ㄱ. 이 모형실험은 3차원 우주 공간을 2차원 풍선 표면에 비유한 것이다. 따라서 풍선의 내부는 우주 공간을 의미하지 않는다.
ㄴ. 풍선 표면에 표시된 은하들은 모두 서로로부터 멀어지고 있다. 따라서 풍선 표면에서 팽창의 중심은 존재하지 않는다.

**07** ㄱ. (가)는 빅뱅 우주론 모형, (나)는 정상 우주론 모형이다.
ㄴ. (나)에서 우주가 팽창함에 따라 은하 사이의 거리가 멀어지므로 허블 법칙이 성립한다.
**오답 피하기** ㄷ. (가)의 빅뱅 우주론에서는 우주의 팽창으로 인해 우주의 밀도가 낮아진다. (나)의 정상 우주론에서는 우주가 팽창하더라도 새로운 물질이 생기기 때문에 우주의 밀도가 일정하다.

**08** 우주 배경 복사는 우주의 나이가 약 38만 년일 때 원자핵과 전자가 결합하여 우주가 투명해지면서 우주 전체에 퍼진 복사이다. 생성 당시 약 3000 K였으나 현재는 2.7 K 흑체 복사로 관측된다. 우주 배경 복사는 전체적으로 거의 균일하지만 방향에 따라 미세한 차이가 있다. ⑤ 우주의 가속 팽창은 Ia형 초신성을 연구하여 알아냈다. 우주 배경 복사는 빅뱅 우주론의 증거이다.

**09** ㄱ. 우주의 급팽창은 빅뱅 직후에 일어났으므로 (가) 시기 이전에 일어났다.

ㄴ. (나) 시기에 수소와 헬륨의 질량비는 약 3 : 1이었으며, 현재까지 이 비율이 거의 유지되고 있다. 별 내부에서 핵융합 반응으로 새로 형성되는 헬륨의 양은 우주 전체에 존재하는 헬륨의 양에 영향을 미칠 수 있는 정도가 아니다.

오답 피하기 ㄷ. 우주 배경 복사는 원자가 형성된 (나) 시기에 형성되었다.

**10** ㄱ. (가)에서 양성자와 중성자의 개수 비는 14:2=7:1이다.

ㄷ. (나)에서 수소 원자핵(양성자)과 헬륨 원자핵의 질량비는 3:1이고, 개수 비는 12:1이다. 이 값은 오늘날 우주에 존재하는 수소와 헬륨의 비율과 거의 동일하다.

오답 피하기 ㄴ. 빅뱅 핵융합에 의해 헬륨 원자핵이 형성될 때 우주의 온도는 약 1억 K였다. 우주의 온도가 약 3000 K로 식었을 때는 중성 원자가 생성되어 우주 배경 복사가 나타났다.

**11** ㄱ. A 시기에 우주의 크기가 $10^{50}$배 정도로 커지는 급팽창이 일어났다.

ㄷ. A 시기에 일어난 급팽창 이후에는 관측 가능한 우주가 전체 우주의 극히 일부분에 해당하므로 관측 가능한 우주의 곡률은 평탄하게 나타난다.

오답 피하기 ㄴ. A 시기 이전에는 우주의 크기가 지평선 크기보다 작아 전체적으로 정보를 교환하여 균질해 질 수 있었다.



**12** ㄱ, ㄷ, ㄹ. 빅뱅 우주론이 설명하기 어려운 중요한 문제로 편평성 문제, 지평선 문제, 자기 홀극 문제가 있다. 급팽창 이론은 이러한 문제점들을 해결해 주었다.

오답 피하기 ㄴ. 우주의 팽창 속도가 점점 빨라지는 가속 팽창은 암흑 에너지와 관련이 있다.

**13** ④ 외부 은하의 존재는 1910년대에 발견되었고, 1930년에 허블 법칙이 발표되었다. 1964년 최초로 우주 배경 복사가 발견되었고, 1999년에 우주의 가속 팽창이 확인되었다.

**14** 그래프에서 30억 광년에 위치한 은하의 후퇴 속도는 약 5만 km/s이다. 이를 이용하여 허블 상수를 구할 수 있으며, 우주의 나이는 허블 상수의 역수로부터 구할 수 있다.

모범 답안 (1) 허블 상수는 그래프의 기울기에 해당하므로 $\dfrac{\text{후퇴 속도}}{\text{거리}}$

$= \dfrac{5 \times 10^4\,\text{km/s}}{30\text{억 광년}} ≒ 1667\,\text{km/s/억 광년}$이다.

| 채점 기준 | 배점 |
| --- | --- |
| 허블 상수가 그래프의 기울기라고 제시한 후 기울기를 정확하게 구한 경우 | 100% |
| 허블 상수가 그래프의 기울기라고 제시하였으나 기울기를 정확하게 구하지 못한 경우 | 50% |

(2) 우주의 나이는 허블 상수의 역수이다. 허블 상수가 약 1667 km/s/억 광년이므로 우주의 나이는 약 190억 년이다.

$$\frac{1}{H} = \frac{1\text{억 광년}}{1667\,\text{km/s}} = \frac{9.5 \times 10^{20}\,\text{km}}{1667\,\text{km/s}} ≒ 5.7 \times 10^{17}\text{s} ≒ 190\text{억 년}$$

| 채점 기준 | 배점 |
| --- | --- |
| 허블 상수의 역수가 우주의 나이라고 제시한 후 그 값을 정확하게 구한 경우 | 100% |
| 허블 상수의 역수가 우주의 나이라고 제시하였으나 그 값을 정확하게 구하지 못한 경우 | 50% |

**15** 모범 답안 첫 번째 증거는 우주의 전역에서 약 2.7 K의 우주 배경 복사가 관측되는 것이고, 두 번째 증거는 우주에 존재하는 수소와 헬륨의 질량비가 3:1로 관측되는 것이다.

| 채점 기준 | 배점 |
| --- | --- |
| 두 가지 증거를 모두 옳게 설명한 경우 | 100% |
| 두 가지 증거 중 한 가지만 옳게 설명한 경우 | 50% |

**16** 상호 작용할 수 없는 우주 지평선의 양쪽 정반대 방향에서 오는 우주 배경 복사는 완전히 균일하다. 이를 지평선 문제라고 하는데 급팽창 이론에서는 급팽창 시기 이전에 우주의 크기가 작아서 서로 상호 작용하여 균질해질 수 있었다고 설명한다.

모범 답안 (1) 현재 A와 B는 지평선 바깥쪽에 위치하므로 상호 작용할 수 없다.

| 채점 기준 | 배점 |
| --- | --- |
| 현재 A와 B의 위치를 지평선과 관련지어 상호 작용이 불가능함을 옳게 설명한 경우 | 100% |
| 현재 A와 B가 상호 작용이 불가능하다고만 설명한 경우 | 50% |

(2) 급팽창 이전의 우주는 크기가 매우 작았다. 따라서 급팽창 전에는 A, B 지역이 훨씬 가까이 있어 서로 정보 교환이 가능하여 에너지 밀도가 균일해질 수 있었다.

| 채점 기준 | 배점 |
|---|---|
| 우주 배경 복사가 균질한 까닭을 급팽창과 관련지어 옳게 설명한 경우 | 100% |
| 우주 배경 복사가 균질한 까닭을 급팽창과 관련지어 부분적으로 옳게 설명한 경우 | 50% |

## 03 암흑 물질과 암흑 에너지



본교재 199, 200쪽

**01** 암흑 **02** 가속 **03** 암흑 에너지

**01** (1) ○ (2) × (3) ○ **02** ㄷ **03** (1)-(다), (2)-(가), (3)-(나)

**01** 암흑 물질은 전자기파를 방출하거나 흡수하지 않기 때문에 직접 관측할 수 없다. 암흑 물질은 질량을 갖고 있으므로 중력에 의한 상호 작용을 통해 그 존재를 추정할 수 있다.

**02** 우주의 팽창 속도는 급팽창→감속 팽창→가속 팽창으로 변하였다. 우주의 가속 팽창을 일으키는 원인은 암흑 에너지로 추정하고 있다. 암흑 에너지는 중력의 반대 방향인 척력으로 작용한다.

**03** 우주의 곡률은 우주의 밀도와 관련이 있다. 우주의 밀도를 임계 밀도와 비교하여 우주의 밀도 = 임계 밀도이면 평탄 우주, 우주의 밀도 > 임계 밀도이면 닫힌 우주, 우주의 밀도 < 임계 밀도이면 열린 우주라고 한다.



본교재 201~202쪽

**01** ② **02** ③ **03** ⑤ **04** ③ **05** ② **06** ④ **07** 해설 참조
**08** 해설 참조

**01** ㄷ. 우리은하의 회전 속도가 은하 중심에서 먼 외곽 지역에서도 감소하지 않는 이유는 이 영역에 많은 양의 암흑 물질이 존재하기 때문인 것으로 추정하고 있다.

오답 피하기 ㄱ, ㄴ. 우리은하에서 태양계의 위치와 막대 구조는 암흑 물질의 존재 여부와는 관계가 없다.

정리하기

**우리은하의 회전 곡선과 암흑 물질**

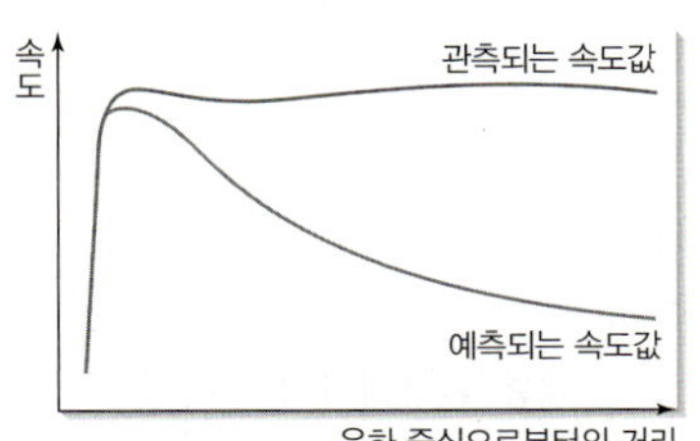


(1) 별의 개수는 은하 중심에서 멀어질수록 감소하므로 은하 중심을 도는 별의 회전 속도가 중심에서 멀수록 느려질 것이라고 예상하였다.

(2) 관측 결과, 은하 중심에서 멀어지더라도 회전 속도가 거의 일정하였다. ➡ 은하의 외곽에 암흑 물질이 존재하기 때문이다.

**02** ㄱ. 은하 무리의 거대한 질량에 의한 중력 렌즈 효과로 은하의 모습이 왜곡되어 관측된다.

ㄷ. 빛이 휘어지는 정도를 예상값과 비교하면 암흑 물질의 양을 추정할 수 있다.

오답 피하기 ㄴ. 빛이 휘어진 정도는 암흑 물질에 의한 효과로 광학적 관측으로 예측한 것보다 더 크게 나타난다.

**03** ㄱ. 후퇴 속도가 클수록 멀리 있다. 따라서 Ia형 초신성의 후퇴 속도가 클수록 겉보기 등급이 크다(어둡게 보인다).

ㄴ. 후퇴 속도를 관측하여 계산한 Ia형 초신성의 거리(예상 거리)보다 겉보기 등급을 관측하여 알아낸 거리(실제 거리)가 더 멀었다. 즉 Ia형 초신성은 우주 팽창 속도를 이용하여 추정한 거리보다 더 먼 곳에 위치하고 있다.

ㄷ. Ia형 초신성의 최대 밝기는 우주의 팽창 속도가 일정한 경우에 비하여 더 어둡게 관측되었다. 그 이유는 초신성까지의 거리가 예상했던 것보다 더 멀었기 때문이며, 이로부터 우주가 가속 팽창하고 있다는 것을 알아내었다.

**04** 우주의 평균 밀도가 임계 밀도와 같으면 평탄 우주이다. 우주의 밀도가 임계 밀도보다 작으면 열린 우주이며, 음의 곡률을 갖는다.

정리하기

**우주의 밀도와 우주의 곡률**
(1) 임계 밀도: 우주의 팽창 속도가 점점 감소하여 0으로 수렴하게 되는 밀도
(2) 우주의 밀도가 임계 밀도의 관계

| 열린 우주 | 우주의 밀도 < 임계 밀도 | 곡률 < 0 |
|---|---|---|
| 평탄 우주 | 우주의 밀도 = 임계 밀도 | 곡률 = 0 |
| 닫힌 우주 | 우주의 밀도 > 임계 밀도 | 곡률 > 0 |

**05** A는 암흑 에너지, B는 암흑 물질, C는 보통 물질이다.

ㄷ. C는 보통 물질로 별, 은하 등을 구성하는 성분이며 질량을 갖고 있기 때문에 중력 렌즈 현상을 일으킬 수 있다.

오답 피하기 ㄱ. A(암흑 에너지)와 B(암흑 물질)는 전자기파를 방출하거나 흡수하지 않는다.

ㄴ. 우주의 가속 팽창을 일으키는 원인은 암흑 에너지(A)이다.

**06** ㄱ. A는 물질의 대부분을 차지하는 암흑 물질이고, B는 전자기파와 상호 작용하는 보통 물질이다.

ㄷ. 우주가 팽창함에 따라 암흑 에너지가 차지하는 상대적인 비율은 계속 증가한다.

오답 피하기 ㄴ. 시간이 지나더라도 물질(암흑 물질과 보통 물질)의 총량은 변하지 않지만, 우주가 팽창함에 따라 비율은 점점 감소한다.

**07** 우리은하의 회전 곡선으로부터 암흑 물질의 존재를 추정할 수 있다.

모범 답안 은하 중심에서 멀어져도 회전 속도가 예측값과 달리 감소하지 않고 거의 일정한 까닭은 은하의 외곽 지역에도 눈에 보이지 않는 암흑 물질이 존재하기 때문이다.

| 채점 기준 | 배점 |
|---|---|
| 예측값과 관측값의 차이를 암흑 물질의 존재와 관련지어 옳게 설명한 경우 | 100% |
| 암흑 물질의 존재에 대해서만 언급한 경우 | 50% |

**08** [모범 답안] (1) A: 평탄 우주, B: 열린 우주, C: 평탄 우주

(2) A 모형에서는 암흑 에너지에 의해 팽창 속도가 점점 증가하는 가속 팽창을 한다. C는 물질의 밀도와 임계 밀도가 같으므로 팽창 속도가 점점 감소하여 0으로 수렴한다.

| 채점 기준 | 배점 |
| --- | --- |
| A 모형과 C 모형에서 우주 팽창 속도를 모두 옳게 설명한 경우 | 100% |
| A 모형과 C 모형에서 우주 팽창 속도를 부분적으로 옳게 설명한 경우 | 50% |





**01** B는 불규칙 은하, C는 타원 은하, E는 정상 나선 은하, F는 막대 나선 은하이다.

ㄱ. A는 규칙적인 모양이 있는 은하이고, B는 특정한 모양이 없는 은하이다. 따라서 A와 B의 분류 기준은 모양의 규칙성 여부이다.

[오답 피하기] ㄴ. C의 은하들은 타원 은하이며, 편평도를 기준으로 세분한다.

ㄷ. E와 F의 분류 기준은 막대 구조의 유무이다.

**02** E0~E7은 타원 은하이고, Sa~Sc는 정상 나선 은하이다. Irr은 불규칙 은하이다.

ㄱ. 색지수가 클수록 표면 온도가 낮아 붉게 보인다. 불규칙 은하(Irr)는 다른 은하에 비해 붉은 별의 비율이 낮다.

[오답 피하기] ㄴ. 타원 은하는 성간 물질이 적기 때문에 새롭게 태어나는 별이 적다. 따라서 나이 많은 별의 비율은 타원 은하에서 가장 높다.

ㄷ. 나선 은하는 a에서 c로 갈수록 핵의 크기가 작고 나선팔이 느슨하므로 색지수가 작다.

**03** 시그너스 A 은하는 제트와 로브 구조가 발달해 있는 전파 은하이다. A는 핵이며, B는 로브라고 불리는 거대한 돌출부이다.

③ 핵(A)과 로브(B)는 핵에서 분출된 제트에 의해 연결되어 있다.

[오답 피하기] ① A는 전파 은하의 중심핵이다.

② 전파 로브 B는 핵에서 분출된 제트 물질에 의해 형성된 거대한 전파 방출 영역이다. 로브와 핵은 매우 멀리 떨어져 있다.

④, ⑤ 이 은하는 핵, 제트, 로브 구조를 갖고 있는 전파 은하이다.

**04** ㄱ. 외부 은하의 거리에 따른 후퇴 속도를 나타낸 그래프에서 기울기는 허블 상수에 해당한다.

ㄴ. 멀리 있는 은하일수록 후퇴 속도가 크므로 적색 편이량이 크다.

[오답 피하기] ㄷ. 거리가 300 Mpc인 은하의 후퇴 속도가 $2 \times 10^4$ km/s

보다 크므로 거리가 600 Mpc인 은하의 후퇴 속도는 $4 \times 10^4$ km/s보다 크다.

**05** ㄷ. 풍선 표면의 팽창은 우주 팽창에 해당하므로 y–z 거리는 x–y 거리보다 항상 크다.

[오답 피하기] ㄱ. 풍선이 팽창한 후에 y–z 거리가 x–y 거리보다 크므로 팽창하기 전에도 y–z 거리가 더 크다. 풍선이 팽창할 때, 거리에 비례하여 멀어지므로 ㉠은 3이다.

ㄴ. 풍선 표면에서 특별한 팽창의 중심점은 존재하지 않는다.

**06** ㄴ. 우주의 나이는 허블 상수의 역수에 해당하므로 허블 상수가 작을수록 우주의 나이가 많다. 따라서 $T_A < T_B$이다.

ㄷ. 은하 X는 (가)와 (나)에서 적색 편이량이 동일하므로 후퇴 속도도 같다. 따라서 은하 X의 거리는 허블 상수가 작은 (나)일 때 더 멀다.

$$r = \frac{v}{H} \text{로부터} \left( r_A = \frac{v}{H_A} \right) < \left( \frac{v}{H_B} = r_B \right), \text{거리는 } r_A < r_B$$

[오답 피하기] ㄱ. 우주의 팽창 속도는 허블 상수에 해당하므로 (가)가 (나)보다 빠르다.

**07** ㄱ. A 시기에 기본 입자들이 결합하여 양성자와 중성자가 형성되었다. 우주의 급팽창은 기본 입자가 생성되기 이전인 빅뱅 직후에 일어났다.

ㄷ. C 시기에 원자핵과 전자가 결합하여 원자가 생성되었다. 이때 우주 배경 복사가 생성되었으며, 이 시기에 수소와 헬륨의 질량비는 약 3:1이었다.

[오답 피하기] ㄴ. B 시기에는 원자핵과 전자에 의해 빛이 계속 산란되었기 때문에 빛이 우주 공간을 자유롭게 진행할 수 없었다.



**우주의 탄생과 진화**

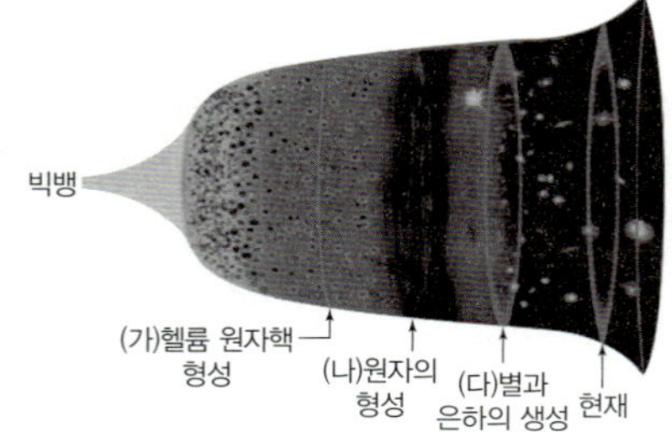


(1) 빅뱅: 무(無)에서 우주가 시작되었다.

(2) 급팽창: 빅뱅 직후 $10^{-35} \sim 10^{-25}$ 초 사이에 우주의 급팽창이 일어났다.

(3) 기본 입자 생성: 온도가 조금씩 낮아지면서 기본 입자(쿼크, 전자 등)가 생성되었다.

(4) 기본 입자들이 결합하여 중성자, 양성자를 형성하였다.

(5) 핵합성에 의해 헬륨 원자핵이 만들어졌다. : 수소와 헬륨의 질량비가 3:1이 되었다.

(6) 원자핵과 전자가 결합하여 원자가 생성되었다. : 우주 배경 복사가 형성되었다.

(7) 우주 나이가 약 4억 년이 지나면서 최초로 별과 은하가 탄생하였다.

(8) 현재 지구에서 약 2.7 K의 우주 배경 복사가 관측된다.

**08** ㄱ, ㄷ. 우주의 모든 방향에서 관측되는 우주 배경 복사가 거의 균일하게 관측되는 문제를 우주의 지평선 문제라고 한다. 예를 들어, A를 기준으로 할 때 B는 우주의 지평선 너머에 위치해 있다. 하지만 두 지점 A와 B에서 방출된 우주 배경 복사의 온도가 거의 동일하게 관측된다.

**오답 피하기** ㄴ. 현재 A와 B는 서로 상호 작용이 불가능한 위치에 있지만, 급팽창 이전에는 우주의 크기가 지평선보다 작았기 때문에 A와 B가 서로 상호 작용이 가능한 위치에 있었을 것으로 추정한다.

**09** ㄱ. Ia형 초신성의 최대 밝기는 거의 일정하며, 이때의 절대 등급은 약 −19.5 등급임을 알 수 있다.

**오답 피하기** ㄴ. Ia형 초신성이 최대로 밝아졌을 때 절대 등급이 일정하므로, 거리가 멀수록 겉보기 등급은 커진다.(어두워진다.)

ㄷ. 가속 팽창할 경우 Ia형 초신성의 거리(ⓒ 겉보기 등급으로 알아낸 거리)가 예상값(㉠ 후퇴 속도로 계산한 거리)보다 더 크게 나타난다.

**10** ㄱ. A는 암흑 에너지에 의해 가속 팽창하는 우주로, 미래의 우주는 A에 가장 가까울 것으로 추정하고 있다.

**오답 피하기** ㄴ. 열린 우주에서는 임계 밀도보다 우주의 밀도가 작고, 평탄 우주에서는 임계 밀도와 우주의 밀도가 같다. 따라서 우주의 밀도는 B보다 C가 크다.

ㄷ. D는 물질의 중력 효과에 의해 미래에 우주가 다시 수축하는 닫힌 우주이다. 암흑 에너지는 중력의 반대인 척력 효과를 일으키므로 가속 팽창 우주에서 존재한다.

**11** ㄱ. A는 우주의 밀도($=\rho_m+\rho_\lambda$)가 임계 밀도보다 작으므로 열린 우주에 해당한다.

**오답 피하기** ㄴ. B는 우주의 밀도($=\rho_m+\rho_\lambda$)가 임계 밀도와 같으므로 편평한 우주, 즉 곡률$=0$을 갖는다.

ㄷ. 우주 팽창은 암흑 에너지 효과에 의해 C보다 B에서 **빠르다**. 따라서 우주의 온도는 C에서 더 천천히 감소한다.

**12** A는 암흑 에너지, B는 암흑 물질이다.

ㄷ. 미래에는 암흑 에너지의 효과가 점점 커지므로 우주의 팽창 속도는 현재보다 115억 년 후에 **빠르다**.

**오답 피하기** ㄱ. 암흑 에너지 A는 중력의 반대인 척력 효과를 일으킨다. 중력 렌즈 현상은 보통 물질과 암흑 물질 B에 의해 일어날 수 있다.

ㄴ. 암흑 물질 B는 총량이 보존되지만 우주가 팽창함에 따라 밀도는 감소한다.

# 워크북

## 쪽지 시험

### Ⅰ-01-01. 판 구조론의 정립　워크북 02쪽

**01** 대륙 이동설, 맨틀 대류설, 해양저 확장설　**02** 판게아　**03** 맨틀 대류　**04** 6,000 m　**05** 잔류　**06** 해양저 확장설　**07** 천발, 해령, 열곡　**08** 해구, 호상 열도　**09** 변환 단층, 천발

### Ⅰ-01-02. 대륙의 분포 변화　워크북 03쪽

**01** 복각　**02** 편각, 복각　**03** 증가　**04** 8.9 cm/년　**05** 로디니아, 판게아　**06** A-b, B-a, C-c　**07** A-c, B-a, C-b

### Ⅰ-01-03. 맨틀 대류와 플룸 구조론　워크북 04쪽

**01** 해령, 해구　**02** 밀어내는, 잡아당기는　**03** 판 구조론　**04** (가)-B, (나)-A　**05** 전체　**06** 높으, 느리　**07** 열점　**08** C→B→A

### Ⅰ-01-04. 변동대의 마그마 활동 및 화성암　워크북 05쪽

**01** 낮고, 많다　**02** 크고, 작아서, 급한　**03** A: 온도 상승, B: 압력 감소, C: 물의 공급　**04** 현무암질　**05** 현무암질, 안산암질　**06** A: 조직(생성 장소), B: $SiO_2$ 함량(화학 조성), ㉠: 안산암, ㉡: 화강암　**07** 52, 66　**08** 천천히, 조립질　**09** 제주도　**10** 화강암, 현무암

### Ⅱ-01-01. 지질 구조와 퇴적 환경　워크북 06쪽

**01** 속성　**02** 쇄설성, 화학적　**03** 연흔　**04** 사층리　**05** 배사, 향사　**06** 역단층　**07** D　**08** 절리　**09** (가): 평행 부정합, (나): 난정합, (다): 경사 부정합

### Ⅱ-01-02. 지질 시대와 환경　워크북 07쪽

**01** 지층 누중의　**02** 건층(열쇠층), 표준　**03** 22,800년　**04** 높고, 많은, 넓다　**05** A와 B, C와 D　**06** 시생, 원생　**07** 실루리아, 트라이아스　**08** 고생, 신생　**09** A-c, B-b, C-a

### Ⅲ-01-01. 기압과 날씨의 변화　워크북 08쪽

**01** 시계 반대, 들어온다　**02** 하강, 맑다　**03** 북태평양, 고온 다습　**04** 적운　**05** 층운, 하강, 상승　**06** 폐색　**07** (다)→(라)→(가)→(나)　**08** 풍향: 북서풍, 날씨: 소나기　**09** 편서　**10** 기압: 998.6 hPa, 풍속: 10 m/s, 날씨: 소나기, 기온: 10℃

### Ⅲ-01-02. 태풍과 우리나라의 주요 악기상　워크북 09쪽

**01** 낮아　**02** 하강　**03** 시계　**04** 위험, 안전(가항)　**05** 잠열(숨은열)　**06** 수증기　**07** (가)→(나)→(다)　**08** 우박　**09** 집중 호우, 적란운　**10** 상승, 건조

### Ⅲ-01-03. 해수의 성질　워크북 10쪽

**01** 태양 복사 에너지　**02** 두꺼워, 높은　**03** 낮으며, 많다　**04** 높을, 낮을　**05** 광합성　**06** 34 psu　**07** 낮으며, 높아진다　**08** A: 수온, B: 염분, C: 밀도　**09** 낮을, 높을　**10** 약 1.025 g/cm³

### Ⅳ-01-01. 대기 대순환과 해양의 표층 순환　워크북 11쪽

**01** 북　**02** (가)-해들리 순환, (나)-페렐 순환, (다)-극 순환, A-무역풍, B-편서풍, C-극동풍　**03** 직접, 간접　**04** 한대 전선대, 많다　**05** 무역풍, 편서풍　**06** 무역풍, 편서풍　**07** 높, 높　**08** 많, 많　**09** 쿠로시오　**10** 동한, 북한

### Ⅳ-01-02. 해양의 심층 순환　워크북 12쪽

**01** 열염　**02** 저, 고　**03** 증가　**04** 수온-염분도　**05** 남극 저층수>북대서양 심층수>남극 중층수　**06** 남극 저층수　**07** 북대서양 심층수　**08** 표층 순환, 저, 고　**09** 산소

### Ⅳ-01-03. 대기와 해양의 상호 작용　워크북 13쪽

**01** 영양 염류　**02** 침강, 용승　**03** A, B, C　**04** 높아, 무역풍　**05** 남방 진동　**06** 가뭄, 홍수　**07** 빙하　**08** 영거 드라이아스기　**09** 낮아, 약해, 약해　**10** 라니냐

### Ⅳ-01-04. 지구 기후 변화　워크북 14쪽

**01** 세차 운동　**02** 커　**03** 작아　**04** 증가, 하강　**05** 짧으, 작　**06** 대기의 창　**07** (1) 30, 25, 45 (2) 154 (3) 133　**08** 많기, 낮　**09** 감소, 높아　**10** 빙하, 높아

| **V-01-01.** 별의 물리량 | 워크북 15쪽 |

**01** 표면 온도  **02** 길어  **03** 색지수  **04** ㄴ, ㄷ  **05** G2  **06** O, A, M  **07** 표면 온도  **08** $100^{1/5}$  **09** 반지름  **10** ③

| **V-01-02.** H-R도와 별의 특징, **03.** 별의 탄생과 진화 | 워크북 16쪽 |

**01** H-R도  **02** A 초거성, B 적색 거성, C 주계열성, D 백색 왜성  **03** (1)-ㄴ, (2)-ㄹ, (3)-ㄷ, (4)-ㄱ  **04** ㄹ>ㄷ>ㄱ>ㄴ  **05** 크, 낮  **06** 질량  **07** 적색 거성, 초거성  **08** (가)>(다)>(나)

| **V-01-04.** 별의 에너지원과 내부 구조 | 워크북 17쪽 |

**01** 중력 수축  **02** 1000만, 수소  **03** 4, 에너지  **04** 양성자–양성자  **05** 탄소·질소·산소  **06** A 압력 차로 발생한 힘, B 중력  **07** 복사층, 대류층  **08** 대류핵  **09** 헬륨, 수소  **10** 철

| **V-01-05.** 외계 행성계 | 워크북 18쪽 |

**01** 시선  **02** 식  **03** 중력  **04** 질량  **05** 반지름  **06** ㄴ, ㄹ  **07** 크  **08** 생명 가능 지대  **09** 멀, 넓  **10** 대기, 자기장  **11** 클, 큰

| **VI-01-01.** 외부 은하 | 워크북 19쪽 |

**01** A 타원, B 정상 나선, C 막대 나선, D 불규칙  **02** (가) 막대 나선 은하, (나) 불규칙 은하, (다) 정상 나선 은하, (라) 타원 은하  **03** ①  **04** 전파  **05** 퀘이사  **06** 세이퍼트  **07** 별  **08** (가) ㄷ, (나) ㄱ, (다) ㄹ, (라) ㄴ

| **VI-01-02.** 허블 법칙과 우주론 | 워크북 20쪽 |

**01** 후퇴 속도  **02** ④  **03** ③  **04** 풍선 표면 – 우주 공간, 스티커–은하  **05** 나이  **06** (가) 빅뱅 우주론 모형, (나) 정상 우주론 모형  **07** 우주 배경 복사  **08** 지평선  **09** 급팽창

| **VI-01-03.** 암흑 물질과 암흑 에너지 | 워크북 21쪽 |

**01** (나), (가)  **02** 암흑 물질  **03** Ia형 초신성, 가속  **04** 감소, 증가  **05** 암흑 에너지  **06** 보통 물질, 암흑 물질, 암흑에너지  **07** 열린, 편평, 닫힌  **08** ㄱ, ㄹ

## 중단원 예상 문제

| **I-01-01.** 판 구조론의 정립 | 워크북 22~23쪽 |

**01** ④  **02** ①  **03** ④  **04** ⑤  **05** ⑤  **06** ⑤  **07** ④  **08** ⑤

**01** 현재 열대 또는 아열대의 기후를 나타내는 인도, 오스트레일리아, 아프리카, 남아메리카에는 고생대 말기에 쌓인 빙하 퇴적물과 빙하의 이동 흔적이 발견된다. 이는 남극을 중심으로 뭉쳐 있던 대륙들이 분리되어 이동하여 현재와 같은 분포를 이룬 것이라 해석할 수 있다.

ㄴ. 고생대 말에 형성된 판게아는 중생대에 분리되기 시작하였고, 그 결과 남아메리카 대륙과 아프리카 대륙 사이에 대서양이 생겨났다. 따라서 대서양을 이루는 해양 지각은 중생대부터 생성되었으므로, 고생대에 서식했던 삼엽충의 화석은 대서양 해저 지층에서 발견되지 않는다.

ㄷ. 고생대 말에 남아메리카 대륙과 아프리카 대륙은 붙어있었으므로 그 당시 두 대륙에 걸쳐 분포하던 생물이 존재하였다면 같은 종의 고생대 생물 화석이 두 대륙에서 발견될 수 있을 것이다.

**오답 피하기** ㄱ. 고생대 말에 적도 지방은 빙하가 형성되기 어려운 환경이었다. 따라서 현재 적도 부근의 어느 지역에서 발견되는 고생대 말에 쌓인 빙하 퇴적물은, 그 지역이 포함된 대륙이 고생대 말에 남극 주변에 있었다가 대륙의 이동으로 적도 부근으로 이동한 결과라고 판단할 수 있다.

**02** 음향 측심법이란 해수면에서 발사한 초음파가 해저면에 반사하여 되돌아오기까지 걸리는 시간을 재어 수심을 측정하는 방법이다. 음파가 반사되어 가장 빨리 되돌아오는 데 걸리는 시간을 $t$, 음파의 속도를 $v$라고 하면 수심 $d$는 $d=\frac{1}{2}vt$이므로, 음파가 반사되어 되돌아오는 데 걸리는 시간이 길수록 수심은 깊다.

ㄱ. A에서 음파가 되돌아오는 데 걸리는 시간이 10초이므로, 수심은 $d=\frac{1}{2}\times1500\times10=7500$ m가 된다.

**오답 피하기** ㄴ. A 지역은 주변보다 수심이 매우 깊은 협곡이 나타나는 지역인 해구이다. A에서는 오래된 해양 지각이 소멸된다.

ㄷ. B 지역은 주변보다 수심이 얕은 지역이므로, 해저 산맥을 이루는 해령이라고 볼 수 있다. 해령에서 새로운 해양 지각이 생성되고, 생성된 해양 지각은 해령에서 멀어지는 방향으로 이동하므로 해양 지각은 B(해령)에서 A(해구)로 이동한다.

**03** 해령에서 새로운 해양 지각이 생성되므로 해령에서 멀어질수록 지각의 나이는 증가한다. 해양 지각이 생성될 때, 암석 속 자성 광물에 기록된 잔류 자기를 토대로 지구 자기장의 역전 현상을 살펴볼 수 있다.

ㄴ. 해저의 확장 속도가 빠른 곳은 같은 시간 동안 해령으로부터 멀어진 거리가 가장 큰 곳이다. 최근 800만 년 동안 해양 지각 A보다 B가 더 멀리 이동하였으므로 해저의 확장 속도는 A보다 B가 빠르다.

ㄷ. 4백만 년 전에 생성된 해양 지각에 존재하는 잔류 자기를 통해, 4백만 년 전 지구 자기장의 방향은 현재와 동일한 북쪽을 향하는 시기인 정자극기임을 알 수 있다.

**오답 피하기** ㄱ. 정자극기와 역자극기가 나타나는 반복 주기를 살펴보면 불규칙적으로 나타남을 알 수 있다. 실제 지구 자기장의 역전은 수십만 년에서 수천만 년 간격으로 불규칙하게 일어났다.

**04** 암석권은 지각과 상부 맨틀의 일부로 이루어진 약 100 km 두께의 단단한 암석층이다. 연약권은 암석권 아래에 위치하며, 암석권에 비해 밀도가 크며, 맨틀이 부분 용융되어 있어 유동성을 띤다.

ㄱ. 연약권은 맨틀이 부분 용융되어 지진파의 속도가 감소하는 저속도층을 포함하고 있으므로, 지진파가 암석권에서 연약권으로 이동할 때 속도가 갑자기 느려진다. P파의 속도 분포를 보면 A와 B의 경계에서 갑자기 P파의 속도가 느려지므로, A는 암석권이고 B는 연약권이다.

ㄴ. B는 연약권으로 고체이지만 부분적으로 용융되어 있어 유동성을 띤다.

ㄷ. 암석권(A)은 연약권(B)에서 일어나는 대류에 의해 이동한다.

**05** (가)는 베게너의 대륙 이동설, (나)는 홈스의 맨틀 대류설, (다)는 헤스의 해양저 확장설이다.

ㄱ. 베게너는 1912년 오늘날 서로 떨어져 있는 대륙들이 과거에는 하나의 땅덩어리인 판게아로 붙어 있었으며, 이 판게아는 약 2억 년 전부터 여러 대륙으로 분열되어 현재의 대륙 모양을 이루게 되었다고 주장하였다. 베게너는 남아메리카 서해안과 아프리카 동해안의 해안선을 끌어와서 서로 잘 맞춰지는 것에 착안하여 대륙이 움직인다고 생각하였다.

ㄴ. 홈스는 맨틀 내의 방사성 원소의 붕괴열과 고온의 지구 중심부에서 맨틀로 올라오는 열에 의하여 맨틀 상하부에 온도차가 생기고 그 결과 매우 느리게 열대류가 일어나고, 이러한 맨틀 대류가 대륙을 움직이게 할 수 있다고 생각하였다.

ㄷ. (가), (나), (다) 이론의 등장 시기는 (가) → (나) → (다) 순이다.

**06** 해령은 새로운 해양 지각이 생성되어 서로 반대 방향으로 멀어지는 발산형 경계이고, 변환 단층은 판의 생성이나 소멸 없이 두 판이 접하면서 서로 반대 방향으로 이동하며 어긋나는 보존형 경계이다.

ㄱ. 같은 판에서 해양 지각의 나이는 해령에서 멀어질수록 많아진다. A가 B보다 발산형 경계인 해령에서 멀리 떨어져 있으므로 해양 지각의 나이는 A가 B보다 많다.

ㄴ. C는 판과 판이 서로 어긋나는 보존형 경계인 변환 단층이다.

ㄷ. D는 맨틀 물질의 상승으로 새로운 해양 지각이 생성되어 판과 판이 반대 방향으로 멀어지는 발산형 경계인 해령이다. 해령을 따라 화산 활동과 천발 지진이 활발하게 일어나므로, D에서는 화산 활동이 활발하게 일어난다.

**07** (가)는 해양판이 대륙판 아래로 섭입하는 과정에서 생성된 안데스 산맥이고, (나)는 대륙판과 대륙판이 충돌하는 과정에서 생성된 히말라야 산맥이다.

ㄴ. (가)의 섭입형 경계에서 해양판은 약 700 km 정도까지 섭입할 수 있어서, 베니오프대를 따라 천발~심발 지진이 발생한다. (나)의 충돌형 경계에서는 밀도가 큰 대륙판이 지하 깊이 내려가지 못하므로, 천발~중발 지진이 발생한다. 따라서 지진이 발생할 수 있는 최대 깊이는 (가)가 (나)보다 깊다.

ㄷ. (가)와 (나)는 모두 두 판이 수렴하는 경계로, 횡압력에 의한 습곡과 역단층이 발달한다.

오답 피하기 ㄱ. (가)의 섭입형 경계에서는 밀도가 작은 안데스 산맥 쪽에서 화산 활동이 활발하게 일어나지만, (나)의 충돌형 경계에서는 화산 활동이 거의 나타나지 않는다.

**08** 판의 상대적 이동 방향에 따라 판의 경계를 분류할 수 있는데, 판과 판이 확장되면서 멀어지는 경계는 발산형 경계, 판과 판이 충돌하거나 섭입하는 경계는 수렴형 경계, 판이 새롭게 생성되거나 소멸되지 않고 서로 어긋나는 경계는 보존형 경계이다. A는 대륙판과 대륙판의 수렴형 경계로 습곡 산맥이 분포한다. B는 해양판과 대륙판의 수렴형 경계로 해구가 분포한다. C는 해양판과 해양판의 발산형 경계로 해령이 분포한다. D는 해양판과 해양판의 보존형 경계로 변환 단층이 분포한다. E는 해양판과 대륙판의 수렴형 경계로 해구가 분포한다.

ㄱ. 판의 상대적 이동 방향으로 보아 A와 B는 모두 판의 수렴형 경계에 위치한다.

ㄴ. C는 해령, D는 변환 단층으로 천발 지진이 활발하게 일어나는 지역이다.

ㄷ. E는 해구로, 맨틀 대류의 하강부에 위치한다.

<table><tr><td>Ⅰ-01-02. 대륙의 분포 변화</td><td>워크북 24~25쪽</td></tr></table>

**01** ④   **02** ②   **03** ③   **04** ②   **05** ③   **06** ②   **07** ①   **08** ①

**01** 복각은 자기장의 방향이나 자침이 수평면과 이루는 각이다.

ㄴ. 자기 적도에서 자기장의 방향은 지평면과 나란하므로, 자기 적도에서 복각은 0°이다.

ㄷ. 자기 적도에서 자극으로 갈수록 복각의 크기는 커진다. 따라서 고위도에 위치한 A가 B보다 복각이 크다.

오답 피하기 ㄱ. 지구 표면의 한 지점에서 진북과 자북 사이의 각은 편각이다.

**02** 지질 시대에 생성된 암석에는 지구 자기장의 기록이 남아 있으므로, 고지자기 변화를 통해 암석 생성 당시의 위도와 지구 자기장의 북극(자북극)의 이동을 알 수 있다.

ㄷ. 북아메리카 대륙과 유럽 대륙에서 측정한 자북극의 이동 경로가 다르지만 지질 시대 동안 자북극은 하나뿐이므로, 자북극의 겉보기 이동 경로를 합쳐보면 과거에 두 대륙이 서로 붙어있었음을 알 수 있다.

오답 피하기 ㄱ. 북아메리카 대륙과 유럽 대륙에서 측정한 자북극의 이동 경로가 다르다.

ㄴ. 지질 시대 동안 자북극은 하나뿐이므로, 5억 년 전에도 자북극은 한 곳에 위치했다.

**03** 해령의 열곡에서는 새로운 해양 지각이 생성되고, 해령을 축으로 해저가 확장되는데, 이때 생성되는 해양 지각의 암석 속 자성 광물이 지구 자기장에 의해 자화되어 고지자기를 남긴다.

ㄱ. 그림에서 정자극기에서 고지자기로 추정한 진북 방향은 왼쪽 방향이다. 따라서 왼쪽 방향이 북쪽 방향이고, 오른쪽 방향이 남쪽 방향이다. A의 해양 지각은 해령에서 생성된 후 왼쪽 방향으로 이동하고 있으므로, 북쪽 방향으로 이동하고 있다. 남반구에서 북쪽 방향으로 이동하는 것은 적도에 가까워지는 것이므로, A의 해양 지각은 생성된 후 저위도로 이동하였다.

ㄴ. 해령에서 멀수록 해저 퇴적물의 두께가 두꺼워진다. C는 B에 비해 해령까지의 거리가 멀기 때문에, 해저 퇴적물의 두께는 B보다 C에서 두껍다.

오답 피하기 ㄷ. 해령에서 멀리 떨어진 해양 지각일수록 해양 지각의 나이가 많아지고, 고지자기가 복각이 클수록 고위도에서 생성되었다. 해령에서 암석이 생성된 순서는 C → B → A가 되고, 복각의 크기는 $-69° → +68° → -65°$로 감소하였으므로, C가 생성된 이후에 해령은 저위도로 이동하였다. 이 해령은 남반구에 위치하므로, 저위도로 이동한 것은 북쪽으로 이동한 것이다.

**04** 인도 판은 지질 시대 동안 북쪽으로 이동하다가, 신생대에 유라시아 판과 충돌하여 현재의 히말라야산맥을 만들었다.
ㄷ. 인도 판은 동서 방향으로는 거의 이동하지 않고 남북 방향으로 이동하였으므로, 시간에 따른 위도의 변화율이 클수록 인도 판의 이동 속도가 빠르다. B 시기가 C 시기보다 시간에 따른 위도의 변화율이 크므로, 인도 판의 평균 이동 속도는 B 시기가 C 시기보다 빨랐다.
[오답 피하기] ㄱ. 암모나이트는 중생대 바다에서 서식하였던 생물이다. 인도 판과 유라시아 판 사이의 중생대 바다에서 퇴적된 지층이, 두 판의 충돌로 인한 습곡 작용으로 인해 히말라야산맥의 해발 고도 3,000 m 이상인 곳까지 올라가게 되어, 그림에서처럼 암모나이트 화석이 히말라야산맥에서 발견될 수 있는 것이다.
ㄴ. 복각은 자기장의 방향이 수평면과 이루는 각으로, 자기 적도에서 0°이고 자극으로 갈수록 커진다. 따라서 고지자기 복각의 크기는 암석이 생성될 당시의 위도가 높을수록 큰 값을 가진다. 인도 판은 A 시기가 B 시기에 비해 고위도에 위치하므로, 고지자기 복각의 크기는 A 시기가 B 시기보다 크다.

**05** 지질 시대 동안 여러 차례 초대륙이 만들어지고 분리되면서 수륙 분포 변화가 일어났다.
ㄱ. 대륙이 가까워지면서 대륙이 충돌하여 조산 운동이 일어나고 새로운 초대륙이 형성된다. 따라서 고생대 후기에 여러 대륙이 다시 모여 판게아가 형성될 때 애팔래치아산맥과 같은 거대한 습곡 산맥이 형성되기도 하였다.
ㄷ. 초대륙이 분리되는 과정에서 대륙의 분포 범위가 넓어지고, 지구 전체의 해안선 길이는 길어짐에 따라 생물의 서식 환경은 다양해진다. (나)에서 (다)로 가는 과정은 대륙이 분리되는 과정이므로, 생물의 서식 환경이 다양해졌을 것이다.
[오답 피하기] ㄴ. (가)와 (다)의 북반구 육지의 면적을 비교해보면, (다)에서 북반구 육지의 면적이 더 넓은 것을 알 수 있다. 따라서 북반구 해양의 면적은 (가)가 (다)보다 넓다.

**06** 대륙은 맨틀 대류에 의해 이동한다.
ㄴ. 같은 기간 동안 대륙 A보다 대륙 B의 거리의 변화량이 크므로 평균 이동 속도는 대륙 B가 더 빠르다.
[오답 피하기] ㄱ. 맨틀 하부의 온도와 맨틀 상부의 온도 차이 때문에 맨틀이 대류하면서 대륙 이동의 원동력으로 작용한다.
ㄷ. 대륙 B는 (가)에서는 남반구 중위도에 위치하고, (나)에서는 북반구 고위도에 위치한다. 따라서 남반구에서 이동하는 동안에는 적도에 가까워지므로 기후가 온난해졌지만, 북반구에서 이동하는 동안에는 극에 가까워지므로 기후가 한랭해졌을 것이다.

**07** 판의 상대적인 이동 방향에 따라 발산형 경계, 수렴형 경계, 보존형 경계로 구분한다.
ㄱ. 현재 대서양에는 새로운 해양 지각이 생성되는 발산형 경계인 해령은 존재하지만, 해양 지각이 맨틀로 들어가면서 소멸하는 수렴형 경계인 해구가 존재하지 않는다. 따라서 현재 대서양은 계속해서 확장하고

있으므로, 대서양은 넓어지고 있다.
[오답 피하기] ㄴ. 판의 이동 방향은 각기 다르고, 이동 속도도 각기 다르기 때문에, 판의 경계에서 판과 판의 상호 작용으로 인해 지각 변동이 활발하게 일어난다.
ㄷ. 판의 운동 방향과 속도를 보면, 현재 인도-오스트레일리아 판과 태평양 판은 서로 가까워지고 있다. 따라서 두 판 사이에는 수렴형 경계인 해구가 발달한다.

**08** 현재 판의 경계에서의 대륙 이동 속도와 방향을 분석하면 미래의 수륙 분포의 모습을 어느 정도 예측할 수 있다. 약 5천만 년 후에는 대서양이 더 넓어지고 지중해는 사라질 것이다. 따라서 약 5천만 년 후의 수륙 분포는 ①의 모습이 가장 적절하다.
[오답 피하기] ② 대서양이 사라지고, 새로운 초대륙인 판게아 울티마가 형성되는 약 2억 5천만 년 후의 모습이다.
③ 오스트레일리아 대륙이 남극 대륙과 분리된 신생대 초기의 모습이다.
④ 고생대 말기에 대륙이 다시 모여 초대륙인 판게아가 형성된 모습이다.
⑤ 판게아가 분리되면서 남아메리카 대륙이 아프리카 대륙과 분리되는 시기인 중생대의 모습이다.

**I-01-03. 맨틀 대류와 플룸 구조론** 워크북 26~27쪽

**01** ③ **02** ① **03** ① **04** ② **05** ③ **06** ④ **07** ③

**01** 대부분의 지진과 화산 활동은 판과 판의 상호 작용으로 일어나므로 지진과 화산 활동이 일어나는 지역은 대체로 판의 경계와 일치한다.
ㄷ. 태평양은 가장자리를 따라 판의 경계가 나타나서 지진과 화산 활동이 자주 발생하지만, 대서양은 가장자리에 판의 경계가 나타나지 않는다. 따라서 태평양 주변부는 대서양 주변부보다 판의 경계가 잘 발달되어 있다.
[오답 피하기] ㄱ. A 화산은 뜨거운 플룸의 상승으로 만들어진 열점에서의 마그마 분출로 만들어졌다. 따라서 A 화산은 판의 경계가 아닌 판의 내부에 위치하고 있다. 맨틀 대류의 상승부에는 판의 발산형 경계인 해령(열곡대)이 발달한다.
ㄴ. 대서양에서의 지진은 주로 중앙 해령을 따라 나타나므로, 지진은 주로 발산형 경계에서 발생한다.

**02** 열점은 뜨거운 플룸이 지표면과 만나는 지점 아래 마그마가 생성되는 곳이다.
ㄱ. A는 맨틀 대류의 상승부에 위치하는 발산형 경계인 해령(열곡)이다.
[오답 피하기] ㄴ. B는 열점이다. 열점에서 분출하는 마그마는 외핵과 맨틀의 경계 부근에서 생성된 것이기 때문에 상부 맨틀이 대류하여 판이 이동해도 열점의 위치는 변하지 않는다.
ㄷ. C는 맨틀 대류의 하강부에 위치하는 수렴형 경계인 해구이다.

**03** 플룸 구조론은 플룸의 하강과 상승에 의해 지구 내부의 변동이 일어난다는 이론이다.
ㄱ. 현재 아시아 대륙에서는 거대한 차가운 플룸이 하강하고 있다.
[오답 피하기] ㄴ. 플룸 상승류가 있는 곳은 주변의 맨틀보다 온도가 높고, 플룸 하강류가 있는 곳은 주변의 맨틀보다 온도가 낮다. 따라서 맨

틀 내부의 온도는 일정한 분포를 보이지 않는다.

ㄷ. 지진파 속도의 분석을 통해 플룸의 상승과 하강을 알아낼 수 있다. 지진파 속도가 느려지는 곳은 주변의 맨틀보다 온도가 높은 플룸 상승류가 나타나고, 지진파 속도가 빨라지는 곳은 주변의 맨틀보다 온도가 낮은 플룸 하강류가 나타난다.

**04** 열점은 맨틀에 위치하는 고정된 마그마의 생성 지점이다.

ㄷ. 열점은 지구 내부에 고정되어 있고, 화산섬들은 판의 움직임에 의해 이동하게 되므로 열점에서 멀어질수록 화산섬을 이루는 암석의 연령은 많다. 따라서 현재 열점은 하와이섬 부근에 위치하며, 화산 활동 역시 주로 화와이섬 부근에서 일어난다.

**오답 피하기** ㄱ. 화산암을 이루는 암석의 연령이 북서쪽으로 갈수록 감소하는 경향을 보이는 것은 마그마의 기원이 되는 열점에서 분출된 마그마에 의해 형성된 화산섬들이 태평양 판에 실려 북서쪽 방향으로 이동하였기 때문이다. 따라서 태평양 판의 이동 방향은 북서쪽이다.

ㄴ. 하와이 열도는 판의 경계가 아닌 열점에서 분출한 마그마에 의해 형성된 화산섬이다. 따라서 하와이 열도는 수렴형 경계인 해구와는 관련이 없다.

**05** 플룸 구조론은 플룸의 하강과 상승에 의해 지구 내부의 변동이 일어난다는 이론이다. 플룸은 지구 내부에서 상승하거나 하강하는 맨틀 물질 덩어리로, 온도가 낮은 차가운 플룸과 온도가 높은 뜨거운 플룸으로 구분한다. A는 차가운 플룸, B는 뜨거운 플룸이다.

ㄱ. A는 하강하는 차가운 플룸으로, 주변 맨틀 물질보다 온도가 낮고 밀도가 크다.

ㄷ. 하와이의 화산 활동은 열점에서의 마그마 분출로 일어난다. 열점은 뜨거운 플룸이 지표면과 만나는 지점 아래 마그마가 생성되는 곳이므로, 하와이의 화산 활동은 뜨거운 플룸인 B와 관련 있다.

**오답 피하기** ㄴ. 차가운 플룸은 하강하는 저온의 맨틀 물질로, 주로 수렴형 경계에서 섭입된 판의 물질이 상부 맨틀과 하부 맨틀의 경계 부근에 쌓여 있다가 가라앉아 생성된다. 따라서 해구에서 섭입하는 물질에 의해 생성되는 플룸은 차가운 플룸인 A이다.

**06** 지구 내부로 들어갈수록 대체로 온도는 높아지므로, 핵에서 멀어질수록 대체로 온도가 낮아진다. 등온선의 분포에서 맨틀 방향으로 볼록한 지점은 주변보다 온도가 높은 영역이고, 핵 방향으로 볼록한 지점은 주변보다 온도가 낮은 영역이다. A는 주변보다 온도가 낮은 영역으로 차가운 플룸에 해당하고, B는 주변보다 온도가 높은 영역으로 뜨거운 플룸에 해당한다.

ㄴ. 열점은 뜨거운 플룸이 지표면과 만나는 지점 아래 마그마가 생성되는 곳이므로, 뜨거운 플룸인 B의 상승으로 만들어진다.

ㄷ. 차가운 플룸(A)이 핵과 맨틀의 경계에 도달하면 핵은 차가운 플룸에 대해 열적 반응을 일으키고, 핵과 맨틀 경계면의 온도 구조가 교란되어 뜨거운 플룸(B)이 생성된다.

**오답 피하기** ㄱ. A는 주변보다 온도가 낮고 B는 주변보다 온도가 높으며, B가 A에 비해 핵에 가까이 있으므로 온도는 A보다 B가 높다.

**07** 상부 맨틀의 운동은 판의 섭입 전 지구 표면의 수평 운동 및 판의 섭입 과정에서 수직 운동을 설명한다. 플룸 운동은 지구 내부의 변동이 플룸의 상승이나 하강에 의해 지배받고 있다는 이론으로, 지구 내부 움직임 중 대규모의 수직 운동을 주로 설명한다.

ㄱ. (가)에서 연약권 내의 대류로 인해 판이 이동한다. 이때 맨틀 대류의 상승부인 해령에서는 새로운 해양 지각이 만들어지고, 해령을 축으로 해저가 확장된다. 이 과정에서 해령 주변의 고지자기 줄무늬 분포가 해령을 축으로 대칭을 이룬다. 따라서 (가)를 통해 해령 주변의 고지자기 줄무늬 분포를 설명할 수 있다.

ㄴ. (가)를 통해 하와이섬, 동아프리카 지역 등 판의 내부에서 일어나는 화산 활동은 설명하기 어렵다. 반면, (나)에서는 뜨거운 플룸의 상승으로 발생하는 열점을 통해 판의 내부에서 일어나는 화산 활동을 설명할 수 있다.

**오답 피하기** ㄷ. (가)의 운동은 주로 맨틀 상부에서만 일어난다. 하지만 (나)에서 일어나는 플룸의 상승과 하강은 맨틀 대류가 맨틀 전체에서 발생하고 있는 것을 보여 준다. 플룸 운동에서 차가운 플룸은 맨틀과 핵의 경계까지 하강하며, 뜨거운 플룸은 맨틀과 핵의 경계에서 맨틀 상부까지 상승한다.

---

**I-01-04. 변동대의 마그마 활동 및 화성암**  워크북 28~29쪽

**01** ④  **02** ①  **03** ③  **04** ③  **05** ④  **06** ⑤  **07** ⑤  **08** ①

**01** 현무암질 마그마는 온도가 높고 $SiO_2$ 함량이 낮으므로 점성이 작고 유동성이 크다. 따라서 현무암질 마그마는 조용히 분출하여 경사가 완만한 순상 화산이나 용암 대지를 만든다. 유문암질 마그마는 온도가 낮고 $SiO_2$ 함량이 많으므로 점성이 크고 유동성이 작다. 따라서 폭발적으로 분출하여 경사가 급한 종상 화산을 만든다.

ㄴ. (가)는 (나)보다 경사가 급하므로, (가)는 (나)보다 유동성이 작고 점성이 큰 마그마가 분출하여 형성되었다.

ㄷ. 마그마의 $SiO_2$ 함량이 많을수록 점성이 크다. (가)는 (나)보다 점성이 큰 마그마가 분출하여 형성되었으므로, (가)는 (나)보다 $SiO_2$ 함량이 많은 마그마가 분출하여 형성되었다.

**오답 피하기** ㄱ. (가)는 경사가 급한 성층 화산 또는 종상 화산이고, (나)는 경사가 완만한 순상 화산이다.

**02** 고체 상태인 지각이나 맨틀 물질은 온도가 올라가거나, 압력이 내려가거나, 물이 첨가되어 용융점이 떨어지면 액체 상태로 변하여 마그마가 될 수 있다.

ㄱ. 물이 포함된 화강암의 용융 곡선을 보면, 압력이 깊어질수록 용융점이 낮아지는 것을 알 수 있다.

**오답 피하기** ㄴ. 열점에서는 지하 깊은 곳에서 뜨거운 물질이 상승하면서 압력이 감소(B 과정)하여 부분 용융이 일어나 현무암질 마그마가 생성된다.

ㄷ. 해령 하부에서는 고온의 맨틀 물질이 상승하면서 압력이 감소(B 과정)하여 부분 용융이 일어나 현무암질 마그마가 생성된다.

**03** 마그마의 온도가 낮을수록, 마그마의 $SiO_2$ 함량이 많을수록 마그마의 점성은 커진다. 그림 (가)에서 동일한 온도에서 B의 점성이 더 크므로, B는 A에 비해 $SiO_2$ 함량이 많다는 것을 알 수 있다.

ㄱ. A와 B 중 $SiO_2$ 함량이 적은 A가 현무암질 마그마, $SiO_2$ 함량이 많은 B가 유문암질 마그마이다.

ㄴ. 화구에서 멀어질수록 마그마의 온도는 감소하므로, 마그마의 점성은 커지게 된다.

오답 피하기 ㄷ. (나)에서 마그마가 조용하게 분출하는 모습을 통해, (나)의 화산에서 분출하는 마그마는 상대적으로 화산 가스 함량이 적은 것을 알 수 있다. 마그마의 온도가 낮고 점성이 클수록 화산 가스의 함량이 많아지므로, (나)에서 분출된 마그마는 온도가 높고 점성이 작은 A와 같은 현무암질 마그마일 것이다.

**04** 화와이 열도를 이루는 화산섬은 뜨거운 플룸의 상승으로 만들어진 열점에서의 마그마 분출로 만들어졌다. 열점은 지구 내부에 고정되어 있고, 화산섬은 판의 움직임에 의해 이동하게 되므로 열점에서 멀어질수록 화산섬의 연령은 많다.

ㄱ. 열점에서는 지하 깊은 곳에서 뜨거운 물질이 상승하면서 압력이 감소하여 부분 용융이 일어나 현무암질 마그마가 생성된다. 하와이 열도의 섬들은 열점에서의 마그마 분출로 만들어졌으므로, 주로 현무암으로 이루어져 있다.

ㄷ. 하와이 열도의 섬들은 현재 하와이섬의 위치에서 만들어진 후 하와이 열도가 속한 태평양 판 위에 실려 이동하였다. 따라서 하와이 열도의 섬들의 분포를 통해 태평양 판의 이동 방향을 알 수 있다. 태평양 판의 이동 방향은 약 4,300만 년 전을 기준으로 북북서쪽에서 북서쪽으로 바뀌었다.

오답 피하기 ㄴ. 해양 지각이 용융되어 생성된 마그마는 섭입대 부근의 안산암질 마그마의 생성과 관련이 있다. 현재 하와이 섬은 열점에서의 마그마 분출로 인한 화산 활동이 활발하다.

**05** A는 열점에서의 마그마 분출로 만들어진 하와이섬이고, B는 해양 판이 대륙판 아래로 섭입되는 판의 경계인 해구 부근의 지역이고, C는 맨틀 대류의 상승부에 위치한 대서양 중앙 해령이다.

ㄱ. 열점에 위치한 A에서는 주로 현무암질 마그마가 분출되고, 섭입대 부근에 위치한 B에서는 주로 안산암질 마그마가 분출된다. 따라서 분출되는 마그마의 $SiO_2$ 함량은 안산암질 마그마가 분출되는 B가 A보다 많다.

ㄷ. C는 해령으로, 해령의 하부에서는 고온의 맨틀 물질이 상승하여 압력이 감소함에 따라 용융 온도에 도달하게 되어, 현무암질 마그마가 생성된다.

오답 피하기 ㄴ. 판이 섭입하면서 해양 지각에서 빠져 나온 물에 의해 연약권을 구성하는 암석의 용융점이 낮아지게 되어, 연약권의 암석이 부분 용융되어 현무암질 마그마가 생성된다. 따라서 B의 하부에서는 물이 암석의 용융점을 낮추어 마그마가 생성되는 것이다.

**06** 화성암은 생성 장소에 따라 마그마의 냉각 속도가 달라 광물 입자의 크기가 달라진다.

ㄱ. 마그마가 지표 부근에서 급격히 냉각되어 생성된 화산암은 결정을 이루지 못하는 유리질 조직이나, 암석을 이루는 광물 입자의 크기가 작은 세립질 조직을 가진다. A는 지표 부근에서 생성된 화산암이므로 세립질 조직을 보인다.

ㄴ. 마그마가 지하 깊은 곳에서 서서히 냉각되어 생성된 심성암은 암석을 이루는 광물 입자의 크기가 큰 조립질 조직을 가진다. B는 지하 깊은 곳에서 생성된 심성암으로, 화강암, 섬록암, 반려암이 B에 해당한다.

ㄷ. A는 지표 부근에서, B는 지하 깊은 곳에서 마그마가 냉각되어 생성되었다. 따라서 A는 B보다 마그마가 빠르게 식어서 생성된 것이다.

**07** 제주도는 신생대인 180만 년 전부터 수천 년 전까지 여러 차례에 걸쳐 일어난 화산 활동으로 형성된 화산섬이다.

ㄱ. 제주도에 존재하는 암석들은 신생대에 형성되었다.

ㄴ. 화산 폭발 시 용암의 표면이 먼저 냉각되면서 수축되면 표면에서 아래쪽으로 갈라지면서 수축이 일어나 주상 절리가 생성된다.

ㄷ. 제주도의 서귀포 해안에서 발달한 주상 절리의 암석은 현무암이다. 현무암은 $SiO_2$ 함량이 52% 이하인 염기성암으로, 석영과 같은 밝은색 광물보다 감람석, 휘석과 같은 어두운색 광물의 함량이 많아 색깔이 어둡다.

**08** (가)의 북한산은 주로 약 1억 8천만 년 전 ~ 1억 6천만 년 전 중생대에 지하 깊은 곳에서 형성된 화강암으로 이루어져 있다. (나)의 한탄강 일대는 신생대 제4기에 현무암질 용암이 분출하여 만들어진 용암 대지가 발달한다.

ㄱ. (가)를 이루고 있는 주요 암석인 화강암은 중생대에, (나)를 이루고 있는 주요 암석인 현무암은 신생대에 생성되었다. 따라서 (가)는 (나)보다 먼저 생성되었다.

오답 피하기 ㄴ. (가)의 화강암은 지하 깊은 곳에서 생성되고, (나)의 현무암은 지표 부근에서 생성된다. 따라서 생성 당시 마그마의 냉각 속도는 (가)보다 (나)가 빨랐다.

ㄷ. (가)의 화강암은 지하 깊은 곳에서 화강암질 마그마가 관입한 후 서서히 식어서 만들어졌고, (나)의 현무암은 현무암질 마그마가 분출하여 생성되었다.

**Ⅱ-01-01** . 지질 구조와 퇴적 환경　　　　워크북 30~31쪽

**01** ③　**02** ③　**03** ③　**04** ③　**05** ④　**06** ②　**07** ③　**08** ①

**01** 퇴적물이 쌓인 후 다져지고 굳어져 퇴적암이 만들어지기까지의 전 과정을 속성 작용이라고 한다.

ㄱ. 압축 작용은 중력에 의해 퇴적물이 압축되는 과정인데, 이때 중력은 퇴적물의 무게 때문에 발생한다.

ㄷ. 압축 작용에서는 압축에 의해 공극이 감소하면서 퇴적물의 밀도가 증가하고, 속성 작용에서는 남아 있는 공극에 석회질 또는 철분의 물질이 채워짐으로써 밀도가 증가하게 된다.

오답 피하기 ㄴ. 속성 작용에서는 퇴적물 사이의 공극에 석회질 또는 철분과 같은 물질이 채워진다.

정리하기

**속성 작용**
- 압축 작용(다짐 작용) : 중력에 의해 퇴적물이 압축되는 과정으로서 공극이 감소한다.
- 교결 작용 : 남아 있는 공극에 석회질이나 철분과 같은 물질이 채워지면서 단단해지는 과정이다.
- 속성 작용 : 퇴적물이 압축과 교결 작용을 통해 퇴적암이 되는 과정이다.

**02** 사층리, 연흔, 건열, 점이 층리와 같은 퇴적 구조는 퇴적물이 쌓일 당시의 기후나 환경에 대한 단서를 제공해 주며, 지층의 상하 판단을 하는 기준이 된다.

ㄷ. 퇴적 구조는 지층의 상하 및 역전 여부 판단에 활용된다.

**오답 피하기** ㄱ. A는 건열로, 퇴적물이 건조한 대기에 노출되어 형성된다.

ㄴ. B는 연흔으로, 퇴적물의 표면에 생긴 물결 모양의 자국이다. 퇴적 당시 퇴적물이 공급된 방향을 추정할 수 있게 해주는 퇴적 구조는 C인 사층리이다.

---

**정리하기**

**퇴적 구조**

퇴적 구조는 퇴적 환경과 지층의 역전 여부를 추측할 수 있게 한다.

- 점이 층리: 저탁류에 의해 생성된 저탁암에서 위로 갈수록 입자의 크기가 작아지는 퇴적 구조이다. → 심해나 반심해의 대륙대의 환경에서 생성된다.
- 사층리: 물이나 바람에 의해 모래가 주요 층리면과 경사지게 쌓인 구조로, 바람의 방향이나 물이 흐른 방향을 알 수 있다. → 사막이나 얕은 물밑 환경에서 생성된다.
- 연흔: 수심이 얕은 곳에서 퇴적되어 물결 무늬가 나타나는 구조이다. → 얕은 물밑 환경에서 생성된다.
- 건열: 건조한 환경에서 퇴적물이 갈라진 구조이다. → 건조 기후 환경에서 생성된다.

---

**03** 퇴적암은 퇴적물의 기원에 따라 쇄설성 퇴적암, 화학적 퇴적암, 유기적 퇴적암으로 구분된다.

ㄱ. 응회암은 화산 활동으로 분출된 화산 쇄설물인 화산재와 화산진이 쌓여서 굳어진 퇴적암이다. 따라서 응회암은 쇄설성 퇴적암에 속하므로, A는 쇄설성 퇴적암이다.

ㄴ. 동식물이나 미생물의 유해가 쌓여 생성된 암석을 유기적 퇴적암이라고 한다. 석탄은 식물체가 쌓여 생성된 암석이므로, B에 해당한다.

**오답 피하기** ㄷ. 암염은 바닷물이 증발하여 소금이 광물로 남아 있는 것으로 염화 나트륨으로 이루어져 있으므로, C는 암염이다. 퇴적물이 쌓인 후 다져지고 굳어져 퇴적암이 만들어지기까지의 전 과정을 속성 작용이라고 하며, 모든 퇴적암은 속성 작용을 거쳐 생성된다.

**04** 점이 층리는 한 지층 내에서 위로 갈수록 입자의 크기가 점점 작아지는 퇴적 구조이다.

ㄱ. 이 실험은 한 지층에서 위로 갈수록 입자의 크기가 점점 작아지는 퇴적 구조인 점이 층리의 발생 과정을 설명할 수 있다.

ㄴ. 입자가 클수록 침강 속도가 빠르기 때문에 입자들이 퇴적될 때 큰 입자가 먼저 쌓이고, 그 이후 작은 입자가 서서히 가라앉는다.

**오답 피하기** ㄷ. 저탁류에 의해 퇴적물이 빠르게 흐르다가 속도가 느려진 대륙대와 같은 심해 환경에서 점이 층리는 잘 만들어진다. 삼각주나 해빈과 같은 수심이 얕은 연안 환경에서는 사층리나 연흔과 같은 퇴적 구조가 잘 만들어진다.

**05** (가)는 중생대에 퇴적된 셰일층으로, 공룡 발자국 화석을 비롯하여 연흔과 건열 등이 나타나는 경남 고성 덕명리 해안이다. (나)는 신생대 화산 활동으로 형성된 응회암 지층으로, 겹겹이 쌓인 층리가 나타나는 제주도 수월봉 지역이다.

ㄴ. 응회암은 화산재가 쌓여서 생성된 암석이므로, 응회암이 나타나는 지역은 화산 활동에 의해 형성되었다고 볼 수 있다.

ㄷ. (가)는 중생대, (나)는 신생대에 형성된 지층이므로 (가)는 (나)의 지층보다 먼저 생성되었다고 볼 수 있다.

**오답 피하기** ㄱ. 공룡은 육상에 서식하던 동물이었으므로, 공룡 발자국 화석이 발견된 지층은 육지에서 퇴적되었다고 볼 수 있다.

**06** 단층은 암석에 힘이 작용하여 암석이 끊어지면서 생긴 면을 경계로 양쪽의 암석이 상대적으로 이동하여 어긋난 지질 구조이다.

ㄴ. B와 C 사이의 단층은 상반인 B가 아래로 내려가 있으므로 장력이 작용하여 형성된 정단층이다. 정단층은 판의 발산형 경계에서 잘 나타나는 지질 구조이다.

**오답 피하기** ㄱ. 단층면이 경사져 있을 때 그 윗부분을 상반, 아랫부분을 하반이라고 한다. A는 하반, B는 상반, C는 하반에 해당한다.

ㄷ. A와 B 사이의 단층, B와 C 사이의 단층, C와 오른쪽 지층 사이의 단층은 모두 상반이 아래로 내려간 정단층이다. 그리고 A와 A의 왼쪽 지층 사이의 단층은 지층이 수평 방향으로 이동한 주향 이동 단층이다. 따라서 이 지역에서는 정단층과 주향 이동 단층만이 나타난다.

**07** 부정합은 퇴적 → 융기 → 침식 → 침강 → 퇴적의 과정을 거쳐 형성된다.

ㄱ. 마그마가 기존 암석의 약한 틈을 뚫고 들어가서 굳어진 암석을 관입암이라고 한다. A는 B층과 C층의 암석을 뚫고 들어가 굳어진 암석이므로 관입암이다.

ㄴ. B층의 쌓인 방향과 C층의 쌓인 방향이 서로 다르며, C층 아래에 기저 역암이 존재하는 것을 통해 B층과 C층의 경계에 부정합면이 존재한다고 볼 수 있다. 따라서 B와 C는 부정합 관계이다.

**오답 피하기** ㄷ. B와 C는 부정합 관계이므로, B층이 퇴적된 후 이 지역은 융기와 침식 등의 과정을 거쳤다. 그 이후에 C층이 퇴적되는데, 이때 B층이 침식을 받아 생긴 돌덩이들이 C층의 아래쪽에 기저 역암으로 나타나게 된다. 따라서 C층 아래의 기저 역암은 부정합면 아래에 쌓인 지층의 침식 흔적이라 볼 수 있다.

**08** 제주도에서 주상 절리가 나타나는 암석은 현무암이고, 설악산에서 판상 절리가 나타나는 암석은 화강암이다.

ㄱ. 제주도를 이루고 있는 현무암은 신생대에, 설악산을 이루고 있는 화강암은 중생대에 생성되었다. 따라서 (가)의 암석은 (나)의 암석보다 나중에 생성되었다.

**오답 피하기** ㄴ. 주상 절리가 나타나는 현무암은 지표 부근에서 마그마가 급격히 식어서 만들어졌고, 판상 절리가 나타나는 화강암은 지하 깊은 곳에서 마그마가 서서히 식어서 만들어졌다. 따라서 (가)의 암석보다 (나)의 암석이 깊은 곳에서 생성되었다.

ㄷ. 절리는 암석에 생긴 틈이나 균열로, 갈라진 틈을 따라 암석의 상대적인 이동이 없는 지질 구조이다. (가)의 주상 절리는 마그마의 급격한 냉각에 의한 부피 수축으로 만들어졌으며, (나)의 판상 절리는 지하 깊은 곳에 있던 암석이 지표로 드러나면서 압력의 감소로 인해 팽창하여 만들어졌다.

---

**Ⅱ-01-02. 지질 시대와 환경**  워크북 32~33쪽

**01** ④  **02** ④  **03** ③  **04** ①  **05** ②  **06** ③  **07** ②  **08** ④

**01** 관입한 암석은 관입당한 암석보다 나중에 생성되었다. (관입의 법칙)

부정합면을 경계로 상부 지층과 하부 지층의 생성 시기가 크게 차이가 난다.(부정합의 법칙) 지층의 역전이 없었다면 아래 지층이 위 지층보다 먼저 형성되었다.(지층 누중의 법칙)

ㄴ. D 지층 하부에 기저 역암과 부정합면이 나타나므로, 부정합의 법칙을 적용하면 C 지층과 D 지층의 생성 시기에는 큰 시간적 간격이 존재한다. 따라서 C 퇴적 → 융기 → 침식 → 침강 → D 퇴적의 순으로 사건이 일어났다.

ㄷ. 이 지역에는 지층의 역전이 없으므로 지층 누중의 법칙을 적용하면 지층의 생성 순서는 D → E 순이다.

**오답 피하기** ㄱ. C 지층 하부에 기저 역암과 부정합면이 나타나므로, 부정합의 법칙을 적용하면 A 암석과 C 지층의 생성 시기에는 큰 시간적 간격이 존재한다. 따라서 A와 C의 선후 관계를 파악하는 데는 부정합의 법칙을 이용한다. 관입의 법칙은 A와 B의 선후 관계를 파악하는 데 이용한다. A 암석이 B 암석을 관입하였으므로, 관입의 법칙을 적용하면 생성 순서는 B → A 순이다.

**02** 표준 화석은 생존 기간이 짧고, 넓은 지역에 걸쳐 분포하며, 개체 수가 많은 생물의 화석이다. 시상 화석은 생존 기간이 길고, 특정 환경에 제한적으로 분포하며, 환경 변화에 민감한 생물의 화석이다.

ㄴ. 생존 기간이 길고 좁은 지역에 분포하며 화석의 수가 많은 B는 시상 화석에 적합하다.

ㄷ. 지층이 생성된 시기를 판단하는 근거로 이용되는 것은 표준 화석이다. 생존 기간이 짧고 넓은 지역에 분포하며 화석의 수가 많은 C는 표준 화석에 적합하다.

**오답 피하기** ㄱ. 필석 화석은 생존 기간이 짧은 고생대의 표준 화석이므로, A에 해당하지 않는다.

**03** 삼엽충 화석은 고생대의 표준 화석이고, 공룡 발자국 화석은 중생대의 표준 화석이다.

ㄱ. 이 지역에서는 B 퇴적 → 화성암 A 관입 → 부정합 → D 퇴적 → 화성암 C 관입 → 부정합 → E 퇴적 순으로 지질학적 사건이 있었다. 따라서 지층 B가 가장 먼저 생성되었다.

ㄷ. 지층 E 하부에 기저 역암과 부정합면이 나타나므로, 지층 D와 E는 부정합 관계이다. 따라서 지층 D가 퇴적된 이후에 융기 → 침식 → 침강의 과정을 거쳤다고 볼 수 있다.

**오답 피하기** ㄴ. 지층 D에서 공룡 발자국 화석이 산출되므로, 지층 D는 중생대에 퇴적되었다. 화성암 C의 관입은 지층 D가 퇴적된 이후이므로, C가 관입한 시기는 고생대일 수가 없다.

**04** 고기후의 연구 방법에는 나무의 나이테 연구, 산호의 성장률 조사, 동식물 화석, 지층의 퇴적물 연구, 꽃가루 연구, 빙하 퇴적물 및 아이스 코어 연구 등이 있다.

ㄱ. 기온이 높고 강수량이 많으면 나무의 성장 속도가 빨라 나무의 나이테 사이의 폭이 넓고 밀도가 낮다. 따라서 나이테 사이의 폭과 밀도를 측정하여 그 지역의 과거 기온과 강수량을 추정할 수 있다.

**오답 피하기** ㄴ. 산호는 따뜻하고 얕은 바다, 고사리는 따뜻하고 습한 육지 환경에서 서식하므로, 산호나 고사리 화석이 산출되면 공통적으로 온난한 기후였음을 추정할 수 있다.

ㄷ. 기후가 한랭하면 소나무와 같은 침엽수림의 꽃가루가 많아지고, 기후가 온난하면 가시나무와 같은 활엽수림의 꽃가루가 많아진다. 따라서 침엽수의 꽃가루가 널리 발견된다면 과거에 기후가 한랭한 지역이었음

을 추정할 수 있다.

**05** 고생대는 약 5.4억 년 전부터 약 2.5억 년 전까지, 중생대는 약 2.5억 년부터 약 0.66억 년 전 까지, 신생대는 약 0.66억 년 전부터이다. 따라서 A는 고생대, B는 중생대, C는 신생대이다.

ㄴ. 지구의 기온이 상승하면 대륙 빙하의 융해와 해수의 열팽창으로 인해 평균 해수면은 대체로 상승하게 된다. B 시기는 전기에 비해 후기에 평균 기온이 높으므로, 전기보다 후기에 평균 해수면이 높았을 것이다.

**오답 피하기** ㄱ. 고생대 후기에는 큰 빙하기가 있었으며, 중생대는 전반적으로 온난하였고 빙하기가 없었다. 따라서 A와 B의 경계에는 빙하기가 있었지만, B와 C의 경계에는 빙하기가 없었다.

ㄷ. 지구의 평균 기온이 상승하면 빙하의 물 분자 산소 동위 원소비($^{18}O/^{16}O$)는 높아진다. C 시기는 전기보다 후기에 기온이 낮으므로, 전기보다 후기에 빙하의 물 분자 산소 동위 원소비($^{18}O/^{16}O$)가 낮았을 것이다.

**06** 짧은 시간 동안에 많은 종의 생물들이 멸종한 사건을 대멸종이라 한다. 이러한 생물의 대멸종 등을 기준으로 지질 시대를 구분한다.

ㄱ. A는 고생대, B는 중생대이다. A와 B 시기의 경계에 육상 식물의 수(과의 수)는 큰 변화가 없지만, 해양 동물 수(과의 수)는 급격하게 감소하였다. 따라서 A와 B 시기의 구분에는 해양 동물이 더 유용하다.

ㄷ. C는 신생대이다. 신생대 표준 화석으로는 화폐석과 매머드가 있다.

**오답 피하기** ㄴ. 판게아에서 분리된 인도 대륙이 유라시아 대륙과 충돌하여 히말라야산맥을 형성하였는데, 히말라야산맥은 신생대인 C 시기에 형성되었다.

**07** 고생대 초기에 대기 중에 산소가 증가하면서 다양한 생물이 폭발적으로 증가하였으며, 실루리아기에 들어 대기 중에 형성된 오존층이 자외선을 차단하면서 최초의 육상 식물이 출현하였다. 따라서 (가)는 고생대 실루리아기 무렵이다. 중생대 트라이아스기에는 육지에 공룡과 원시 포유류가 출현하고, 은행류, 소철류 등의 겉씨식물이 번성하였다. 따라서 (나)는 중생대 트라이아스기이다. 고생대 석탄기에는 최초의 파충류가 출현하였고, 양서류가 전성기를 이루었으며, 양치식물이 거대한 삼림을 형성하였다. 따라서 (다)는 고생대 석탄기이다. 지질 시대 (가), (나), (다)를 시간 순으로 나열하면 (가) → (다) → (나) 순이다.

**08** 지질 시계에서 원생 누대는 약 11시, 고생대는 약 21.1시, 중생대는 약 22.7시, 신생대는 약 23.7시에 시작한다.

ㄴ. 삼엽충은 고생대의 표준 화석으로, 고생대 기간 동안 바다에서 생존한 생물이다. 지질 시계에서 고생대는 약 21.1시에서 22.7시까지이므로, 삼엽충이 생존하였던 시간은 약 1.6 시간이다.

ㄷ. 암모나이트는 중생대의 표준 화석으로, 중생대 백악기 말기에 멸종하였다. 따라서 신생대가 시작하는 약 23.7시에 암모나이트는 멸종하였다.

**오답 피하기** ㄱ. 원핵생물인 시아노박테리아의 출현 시기는 시생 누대에 해당하는 약 35억 년 전으로, 원생 누대가 시작되기 이전이다. 따라서 12시 이전에 생물이 존재하였다.

**Ⅲ-01-01. 기압과 날씨의 변화** 워크북 34~35쪽

**01** ⑤  **02** ①  **03** ③  **04** ③  **05** ②  **06** ②  **07** ⑤  **08** ③

**01** 북반구 고기압에서는 바람이 시계 방향으로 불어 나가고, 저기압에서는 바람은 시계 반대 방향으로 불어 들어온다.

ㄱ, ㄷ. 그림은 서고동저형의 기압 배치가 나타나고, 시베리아 기단의 영향을 받는 겨울철이다.

ㄴ. A는 주변보다 기압이 높은 고기압으로, 지상에서 바람은 시계 방향으로 불어 나간다.

**02** A는 시베리아 기단, B는 양쯔 강 기단, C는 오호츠크 해 기단, D는 북태평양 기단이다.

ㄱ. A는 고위도에 위치하는 대륙성 기단인 시베리아 기단으로 기온과 습도가 모두 낮다.

오답 피하기 ㄴ. 우리나라 초여름의 장마 전선은 주로 오호츠크 해 기단(C)과 북태평양 기단(D)이 만나서 생성된다.

ㄷ. 북태평양 기단에서 만들어지는 고기압은 규모가 큰 정체성 고기압으로 확장과 수축을 반복하면서 우리나라의 날씨에 영향을 미친다. 서에서 동으로 이동하여 우리나라에 영향을 미치는 고기압은 이동성 고기압이다.

정리하기

### 정체성 고기압과 이동성 고기압

- 정체성 고기압: 수평 규모가 매우 크고 한 곳에 오래 머무르며, 세력의 확장과 수축을 반복하면서 주변 지역에 영향을 미친다.
  예 시베리아 고기압, 북태평양 고기압
- 이동성 고기압: 중위도에서 편서풍의 영향으로 동쪽으로 이동하는 고기압으로, 보통 정체성 기단에서 분리되어 생성되거나 온대 저기압의 전, 후면에서 발달한다.
  예 양쯔 강 기단에서 분리된 고기압

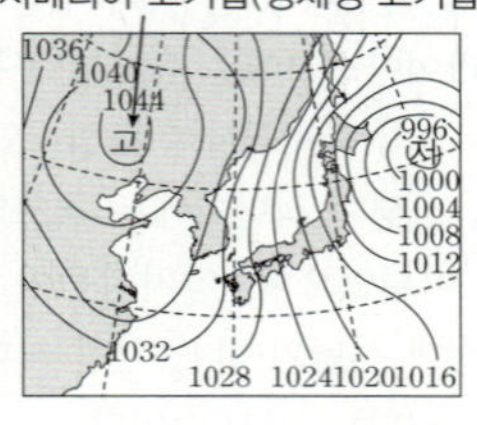
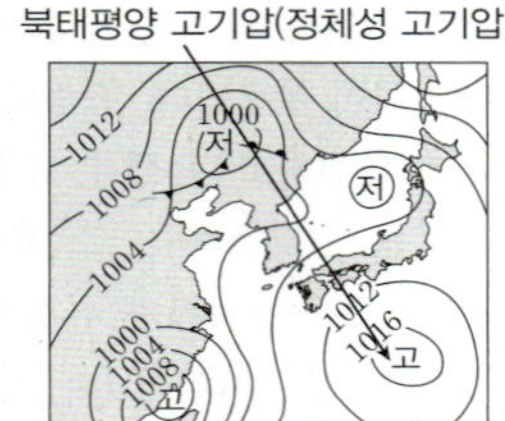

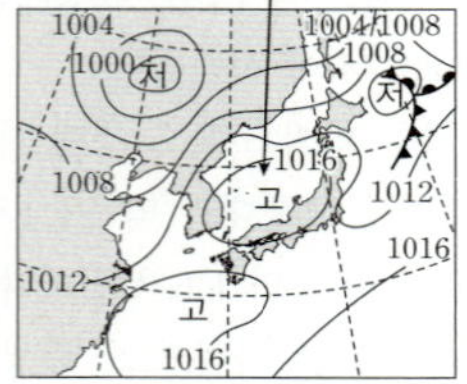

**03** (가)는 한랭 전선이고, (나)는 온난 전선이다.

ㄱ. 전선에서의 강수 범위는 한랭 전선 뒤쪽의 좁은 구역과 온난 전선 앞쪽의 넓은 구역에 위치한다. 따라서 한랭 전선 (가)의 뒤쪽에 위치하는 A 지역과 온난 전선 (나)의 앞쪽에 위치하는 D 지역에서 강수 현상이 나타날 수 있다.

ㄴ. (가)는 찬 기단(A)이 따뜻한 기단(B) 아래로 파고 들어가며 따뜻한 기단을 밀어 올리면서 형성된 한랭 전선이다. (나)는 따뜻한 기단(C)이 찬 기단(D)를 밀며 타고 올라가면서 형성된 온난 전선이다. 따라서 A와

D 지역에는 찬 기단이, B와 C 지역에는 따뜻한 기단이 위치한다.

오답 피하기 ㄷ. 한랭 전선의 뒤쪽에는 적운형 구름에 의한 소나기가, 온난 전선의 앞쪽에는 층운형 구름에 의한 지속적인 비가 내린다. 따라서 전선 주변에서 생성되는 구름의 평균 두께는 한랭 전선인 (가)가 온난 전선인 (나)보다 두껍다.

**04** 정체 전선(장마 전선)은 찬 기단과 따뜻한 기단의 세력이 비슷하여 전선이 거의 이동하지 않고 한 곳에 오랫동안 머무르는 전선이다. 우리나라는 주로 초여름에 고온 다습한 북태평양 기단과 한랭 다습한 오호츠크 해 기단에 의해 장마 전선이 형성된다.

ㄱ. 따뜻한 공기가 찬 공기 위로 올라가면서 구름을 만들기 때문에, 정체 전선에서는 찬 공기 쪽으로 강수대가 형성된다. 따라서 강수량은 전선의 북쪽에 위치하는 B 지역이 전선의 남쪽에 위치하는 A 지역보다 강수량이 많다.

ㄷ. 북태평양 기단의 세력이 커지면 장마 전선은 북상하고, 오호츠크 해 기단의 세력이 커지면 장마 전선은 남하한다.

오답 피하기 ㄴ. 우리나라 남부 지방에는 정체 전선이 형성되어 있다.

**05** A는 한랭 전선의 뒤쪽에 위치하므로 북서풍이 불고 소나기가 내리고 있다. B는 온난 전선과 한랭 전선 사이에 위치하므로 남서풍이 불고 날씨가 맑다. C는 온난 전선의 앞쪽에 위치하므로 남동풍이 불고 지속적인 비가 내린다. (나)의 일기 기호는 북서풍이 불고, 소나기가 내리고 있으므로 A의 날씨를 나타낸 것이다.

ㄴ. B는 따뜻한 기단의 영향을 받고 있으므로, A~C 중 기온이 가장 높은 곳이다. A의 기온이 10 ℃이므로 B의 기온은 10 ℃보다 높을 것이다.

오답 피하기 ㄱ. 저기압은 주변보다 기압이 낮은 곳으로, 저기압 중심으로 갈수록 기압은 낮아진다. 그림에서 A 지역은 C 지역보다 저기압 중심에 가까우므로 기압은 A가 C보다 낮다.

ㄷ. 등압선 간격이 조밀할수록 바람의 세기는 강해진다. 등압선 간격은 A가 C보다 조밀하다. A의 풍속은 10 m/s이므로 C의 풍속은 10 m/s보다 느릴 것이다.

정리하기

### 일기 기호 해석

- 일기 기호는 어느 지점의 현재 일기 상태 및 변화 경향을 알 수 있도록 일기 요소를 기호로 표시한 것이다.
- 원의 오른쪽에는 기압을 나타내는 숫자를 표시하는데, 숫자의 앞자리가 0~5이면 앞에 10을 붙이고, 6~9이면 앞에 9를 붙인다. 또 마지막 숫자는 소수점으로 읽는다.

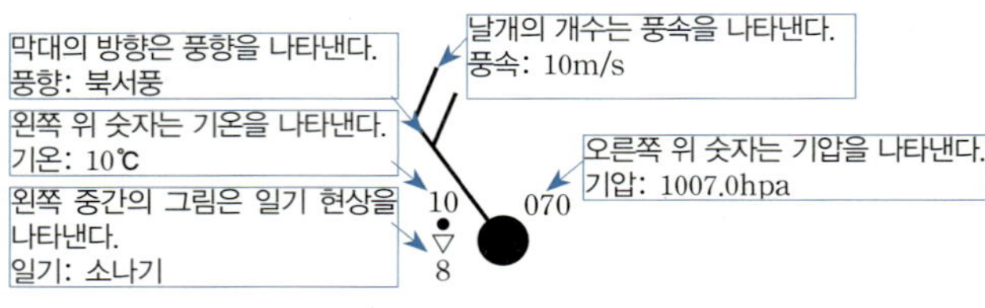


**06** 따뜻한 공기가 찬 공기를 타고 오르면서 형성된 온난 전선이다.

ㄴ. 온난 전선은 전선의 앞쪽에 층운형 구름이 형성되고, 넓은 지역에 약한 비가 내린다. 따라서 온난 전선 전면에 위치하는 B 지점의 상공에는 층운형 구름이 발달한다.

오답 피하기 ㄱ. 전선은 세력이 확장되는 방향으로 이동한다. 더운 공기

가 찬 공기 쪽으로 세력이 확장되므로 전선은 B 방향으로 이동할 것이다.

ㄷ. 온난 전선→B→C로 갈수록 구름 밑면까지의 높이는 높아진다. 전선은 B→C 방향으로 이동하므로 C 지점에서 구름 밑면까지의 높이는 시간이 지남에 따라 낮아진다.

**07** A 지역은 한랭 전선의 뒤쪽에, B 지역은 온난 전선의 앞쪽에 위치한다.

⑤ 한랭 전선을 경계로 앞쪽에는 따뜻한 기단이, 뒤쪽에는 찬 기단이 위치한다. 온난 전선을 경계로 앞쪽에는 찬 기단이, 뒤쪽에는 따뜻한 기단이 위치한다. 따라서 찬 기단이 있는 곳은 A와 B이고, 따뜻한 기단이 있는 곳은 C이다.

오답 피하기 ① 온대 저기압은 생성, 발달, 소멸 단계를 거치면서 서쪽에서 동쪽으로 이동한다. (가)는 온대 저기압의 발달, (나)는 파동 형성, (다)는 폐색 전선 발달, (라)는 전선 형성 단계이므로, 온대 저기압의 일생은 (라)→(나)→(가)→(다)이다.

② 한랭 전선이 온난 전선보다 빠르게 이동하므로, 전선의 이동 속도는 A 지역이 B 지역보다 빠르다.

③ 한랭 전선 뒤쪽에 위치하는 A 지역은 좁은 구역에서 소나기가 내리고, 온난 전선 앞쪽에 위치하는 B 지역은 넓은 구역에서 지속적인 비가 내린다.

④ 한랭 전선이 온난 전선보다 전선면의 기울기가 급하다. 따라서 전선면의 경사는 A 지역이 B 지역보다 급하다.

**08** 온대 저기압은 편서풍의 영향을 받아 서쪽에서 동쪽으로 이동하며 중위도 지역의 날씨에 영향을 미친다.

ㄱ. 저기압의 세력은 중심 기압이 낮을수록 강해진다. 4월 18일의 중심 기압은 1008 hPa보다 작고, 29일의 중심 기압은 996 hPa보다 작다. 따라서 19일의 저기압의 세력이 18일보다 강하다고 볼 수 있다.

ㄴ. 우리나라는 편서풍 지대에 속하므로 전선이나 기압 배치가 서에서 동으로 이동해 간다. 따라서 서쪽에서 다가오는 고기압의 영향으로 20일의 제주도의 날씨는 맑을 것이다.

오답 피하기 ㄷ. 18일에 부산 지역은 남동쪽에 위치하는 고기압의 영향으로 남풍 계열의 바람이 불었을 것이고, 19일에 부산 지역은 북서쪽에 위치하는 고기압의 영향으로 북풍 계열의 바람이 불었을 것이다.

---

### Ⅲ-01-**02**. 태풍과 우리나라의 주요 악기상     워크북 36~37쪽

**01** ③   **02** ⑤   **03** ③   **04** ⑤   **05** ②   **06** ②   **07** ②   **08** ②

**01** 태풍은 수온이 26℃ 이상인 열대 해상에서 발생하여 중심 부근의 최대 풍속이 17 m/s 이상으로 성장한 열대 저기압이다.

ㄱ. 태풍은 저위도 지역에서 남는 에너지를 고위도 지역으로 이동시켜 지구 에너지를 재분배하는 역할을 한다.

ㄷ. 지구 온난화의 영향으로 태풍의 발생 지역이 보다 고위도 지역까지 확대되고 있으며, 그 위력이 커지면서 피해 또한 증가하는 추세이다.

오답 피하기 ㄴ. 적도 해역은 수온이 높지만, 전향력이 작용하지 않아 바람이 소용돌이치며 불기 어렵기 때문에 태풍이 발생하지 않는다.

**02** 태풍은 저기압의 일종으로 중심에 가까이 갈수록 기압은 낮아진다. X-Y 단면의 중앙 부분이 태풍의 중심에 가장 가까이 있다. 따라서 X

에서 태풍 중심 부근으로 가면서 기압은 낮아지고, 태풍 중심 부근에서 Y로 가면서 기압은 다시 높아지게 된다. X-Y 단면에서 기압의 변화는 ㄷ과 같다.

태풍의 중심에는 하강 기류가 있어서 바람이 약하고 대체로 맑은 구역인 태풍의 눈이 존재한다. 태풍의 눈 주위에는 강한 상승 기류로 적란운이 두껍게 발달하고, 많은 비가 내리며 최대 풍속이 나타난다. X-Y 단면은 태풍의 중심을 지나가지 않고 태풍의 눈 주위에 나타나는 높은 구름 벽을 지나간다. 따라서 X에서 태풍 중심 부근으로 갈수록 풍속은 빨라지고, 태풍 중심 부근에서 Y로 갈수록 풍속은 다시 약해지게 된다. X-Y 단면에서 풍속의 변화는 ㄴ과 같다.

오답 피하기 ㄱ. X-Y 단면이 태풍의 중심을 통과하는 경우에는 풍속의 변화가 ㄱ과 같다.

**03** 태풍은 전향점 이전에는 무역풍의 영향으로 북서쪽으로 이동하고, 전향점 이후에는 편서풍의 영향으로 북동쪽으로 이동한다.

ㄱ. 태풍은 무역풍이 수렴하는 저위도 해상에서 발생한 후 편서풍의 영향을 받는 중위도로 이동한다.

ㄴ. 무역풍대는 태풍의 이동 방향과 대기 대순환에 의한 풍향이 반대이고, 편서풍대는 태풍의 이동 방향과 대기 대순환에 의한 풍향이 비슷하다. 따라서 일반적으로 태풍의 이동 속도는 편서풍대가 무역풍대보다 빠르므로, 태풍은 전향점을 지나면 이동 속도가 빨라질 것이다.

오답 피하기 ㄷ. 우리나라에 접근하는 태풍은 북태평양 고기압의 영향 범위에 따라 진로가 달라진다. 10월로 갈수록 북태평양 고기압의 세력이 약해지면서 태풍의 진행은 오른쪽으로 치우치게 된다.

**04** 태풍의 진행 방향의 오른쪽은 태풍의 진행 방향과 태풍의 풍향이 일치하여 풍속이 강한 위험 반원이고, 진행 방향의 왼쪽은 태풍의 진행 방향과 태풍의 풍향이 반대라서 풍속이 약한 안전 반원(가항 반원)이다.

ㄱ. 태풍이 통과하는 동안 이 지역의 풍향은 동풍→북풍→서풍으로 시계 반대 방향으로 바뀌었다. 따라서 이 지역은 태풍 진행 방향의 왼쪽 지역에 위치하므로 안전 반원(가항 반원)에 있었다.

ㄴ. 4시와 6시 사이에 기압이 낮고 풍속이 강한 것으로 보아 태풍의 세력이 강한 시간대로 상승 기류가 우세하였다. 따라서 4시와 6시 사이에 태풍의 중심 부근이 이 해역을 통과하였다고 볼 수 있다.

ㄷ. 기압이 낮을수록 해수면의 높이가 더 높아진다. 따라서 해수면의 높이는 기압이 낮은 6시 경이 8시 경보다 높았다.

**05** 태풍은 저기압의 일종이므로 중심 기압이 낮을수록 세력이 강해지고 중심 부근의 최대 풍속이 빨라진다.

ㄷ. 태풍은 20일 21시에 940 hPa으로 중심 기압이 가장 낮고, 이 때 최대 풍속은 176 km/h로 가장 빠르다.

오답 피하기 ㄱ. 20일 21시에 중심 기압이 940 hPa으로 태풍의 세력이 가장 강하고, 22일 21시에 이동 속도가 47 km/h로 태풍의 이동 속도가 가장 빠르다. 따라서 세력이 강할수록 이동 속도가 빠르다고 볼 수 없다.

ㄴ. 태풍의 이동 방향은 서북서→북서→북→북동→동북동으로 바뀐다. 이를 통해 태풍은 시계 방향으로 포물선 경로를 그리며 이동한다고 볼 수 있다.

**06** 북반구 고기압에서는 바람이 시계 방향으로 불어 나가고, 저기압에서는 바람은 시계 반대 방향으로 불어 들어온다.

ㄴ. B는 주변보다 기압이 낮은 저기압으로, 지상에서는 공기의 수렴이 일어난다.

오답 피하기  ㄱ. A는 주변보다 기압이 높은 고기압으로, 지상에서 바람은 시계 방향으로 불어 나간다.

ㄷ. 등압선이 거의 원형으로 조밀하게 나타나는 C는 태풍(열대 저기압)이다. 태풍은 온대 저기압과 달리 전선을 동반하지 않는다. 성질이 다른 두 기단이 만나 발생한 저기압은 전선을 동반한 온대 저기압인 B이다.

**07** 황사는 중국이나 몽골의 건조 지역에서 발생한 작은 모래나 황토 먼지가 상층 바람을 타고 멀리까지 이동하여 하강하는 현상이다.

ㄷ. 중국 내륙의 삼림 파괴와 사막화가 진행된다면, 이 지역의 고온 건조한 상태가 지속되므로 우리나라의 연간 황사 발생량은 증가할 것이다.

오답 피하기  ㄱ. 봄철에 해당하는 3~5월의 황사 일수는 서울이 부산보다 많다.

ㄴ. 작은 모래나 황토 먼지가 우리나라에서 하강하는 경우에 그 피해가 증가한다. 따라서 우리나라에 상승 기류보다 하강 기류가 발달할 때 황사 피해가 증가한다.

**08** 우리나라에서 고온 다습한 북태평양 기단의 영향을 받는 여름철에 폭염과 열대야 현상이 나타날 수 있다.

② 밤의 최저 기온이 25℃ 이상인 경우에 열대야가 발생한다. A 도시에서는 15일 밤의 온도가 25℃ 아래로 내려갔으므로, 열대야 현상이 나타나지 않았다.

오답 피하기  ① 낮 최고 기온이 33℃ 이상인 날이 2일 이상 지속될 경우에 폭염 주의보가 발령된다. 따라서 A 도시가 B 도시보다 폭염 주의보가 발령될 가능성이 높다.

③ 우리나라의 남동쪽에는 북태평양 고기압이 위치한다. 따라서 우리나라는 고온 다습한 기단의 영향을 받고 있다.

④ ㉠ 지점의 등압선은 1004 hPa 등압선보다 저기압 중심으로부터 2칸 떨어져 있다. 등압선 간격이 4 hPa 간격이므로 ㉠ 지점의 기압은 1012 hPa이다.

⑤ 일기도에서 등압선 간격이 조밀할수록 풍속은 빠르다. 따라서 등압선 간격이 조밀한 ㉢ 지점이 ㉡ 지점보다 풍속이 빠르다.

**Ⅲ-01-03. 해수의 성질**　　　　　　　　　　워크북 38~39쪽

**01** ③　**02** ④　**03** ④　**04** ③　**05** ③　**06** ④　**07** ③　**08** ②

**01** 표층 수온은 태양 복사 에너지의 영향을 가장 많이 받으며, 고위도로 갈수록 대체로 낮아진다. A는 B보다 저위도에 위치하므로 표층 수온은 A가 B보다 높다.

ㄱ. 혼합층의 두께는 바람이 강하게 불수록 두꺼워진다. 따라서 풍속이 더 큰 B가 A보다 혼합층의 두께가 두껍다.

ㄴ. 해수의 밀도는 수온, 염분, 수압에 따라 달라지는데, 수온이 낮을수록, 염분이 높을수록 밀도가 높다. A가 B보다 표층 수온이 높고 표층 염분이 작으므로, 표층 해수의 밀도는 A가 B보다 작다.

오답 피하기  ㄷ. 수온 약층은 혼합층과 심해층의 수온 차이가 클수록 발달한다. 심해층의 수온은 위도에 관계없이 일정하지만, 혼합층의 수온은 위도가 낮고 풍속이 약한 A가 B보다 높게 나타난다. 따라서 수온 약층은 혼합층의 수온이 높은 A가 B보다 잘 발달한다.

**02** 혼합층은 태양 복사 에너지에 의한 가열과 바람의 혼합 작용으로 수온이 일정하게 높은 층이다. 1월의 혼합층의 수온은 약 6℃이고, 두께는 약 90 m이다. 따라서 1월의 깊이에 따른 수온 변화는 ㄷ에 해당한다. 7월의 혼합층의 수온은 약 12℃이고, 두께는 약 30 m이다. 따라서 7월의 깊이에 따른 수온 변화는 ㄱ에 해당한다.

**03** 해수 표층에서는 용존 기체의 농도가 작지만, 수심이 깊어질수록 증가하는 경향이 나타나는 A는 용존 이산화 탄소의 농도의 변화를 나타낸 것이다. 해수 표층에서 용존 기체의 농도가 가장 크게 나타나는 B는 용존 산소의 농도의 변화를 나타낸 것이다.

ㄱ. 표층에서 용존 이산화 탄소의 농도는 약 46 mL/L이고, 용존 산소의 농도는 약 4.5 mL/L이다. 이산화 탄소는 산소보다 기체의 용해도가 크므로 용존 이산화 탄소량은 용존 산소량보다 전체적으로 많다.

ㄴ. 표층에서 A(이산화 탄소)의 농도가 낮은 것은 해양 생물의 광합성에 의해 A가 소비되기 때문이다.

오답 피하기  ㄷ. 수심 800 m 이상에서 B(산소)의 농도가 증가하는 이유는 극지방의 표층에서 침강한 용존 산소가 풍부한 차가운 해수가 유입되기 때문이다.

**04** 증발량과 강수량은 표층 염분에 가장 큰 영향을 주는 요인으로 (증발량 − 강수량) 값이 클수록 표층 염분이 높다.

ㄱ. 대기 대순환에서 저압대인 적도 해역은 강수량이 증발량보다 많기 때문에 표층 해수의 염분이 낮다.

ㄴ. 대기 대순환에서 고압대인 위도 20°~30°N 부근의 중위도는 대부분 날씨가 맑아 증발량이 많고 강수량이 적다.

오답 피하기  ㄷ. 해수가 얼 때는 순수한 물만 얼기 때문에 결빙이 일어나는 바다는 표층 염분이 높아진다.

**05** 깊이에 따른 수온 변화에 따라 해양은 혼합층, 수온 약층, 심해층으로 나뉜다. A는 혼합층, B는 수온 약층, C는 심해층이다.

ㄱ. 혼합층(A)은 태양 복사 에너지에 의한 가열과 바람의 혼합 작용으로 수온이 일정하게 높은 층이다.

ㄷ. 해수의 밀도는 수온이 낮을수록, 염분이 높을수록 커진다. 심해층(C)은 수온이 낮고 염분이 높아 밀도가 크다.

오답 피하기  ㄴ. 수온 약층(B)은 수온이 깊이에 따라 급격하게 낮아져서 매우 안정한 층으로 해수의 연직 운동이 나타나지 않는다.

**06** 수온 약층은 혼합층 아래에서 깊이에 따라 수온이 급격히 낮아지는 층이다.

ㄱ. 2월의 해수의 온도는 깊이에 관계없이 4.5~5℃로 나타나므로, 수온 변화에 따른 층상 구조가 나타나지 않는다. 반면, 8월의 해수의 온도는 깊이 10 m에서 23.84℃이고 깊이 20 m에서는 8.87℃로, 깊이 10~20 m 구간에서 수온이 급격하게 낮아지므로 8월에는 수온 약층이 뚜렷하게 나타난다.

ㄴ. 황해는 우리나라와 중국의 내륙에서 들어오는 하천수의 영향으로 표층 염분이 낮게 나타난다. 8월에는 강수량이 증가하여 황해로 유입되는 하천수가 많아지므로, 표층 해수의 염분이 낮아진다.

오답 피하기  ㄷ. 2월과 8월의 염분 변화를 살펴보면, 표층에서는 0.392이고 깊이 10 m에서는 0.371, 깊이 20 m에서는 0.252, 깊이 50 m에서는 0.157이다. 따라서 계절에 따른 염분 변화 정도는 수심이 깊을수록 커진다고 볼 수 없다.

따른 공기의 열적 대류 현상에 의해 형성되는 직접 순환이지만, 페렐 순

**07** 해수의 밀도는 수온이 낮을수록, 염분이 높을수록 커진다.

ㄱ. 여름철 A 지점은 2월에 비해 수온이 높다. 또한 많은 강수량으로 인한 하천수의 유입이 많아 2월에 비해 염분이 낮다. 따라서 여름철에 A 지점 해수의 밀도는 겨울철인 2월에 비해 낮을 것이다.

ㄷ. A와 B 지점의 해수의 밀도를 비교하면, 수온이 높은 B 지점의 해수가 A보다 밀도가 더 크다. 그 이유는 B 지점의 해수가 A보다 염분이 더 높기 때문이다.

오답 피하기 ㄴ. 황해에 속해 있는 A는 동해에 속해 있는 B 지점보다 저위도에 위치하여 단위 면적당 도달하는 태양 복사 에너지량이 더 많지만, A는 B 지점보다 수온이 낮다. 그 이유는 황해가 수심이 얕고 대륙의 영향을 많이 받기 때문이다.

**08** 위도 60° 이상의 고위도 지방은 수온이 매우 낮고 깊이에 따른 수온 변화가 거의 없으므로, 혼합층과 수온 약층이 나타나지 않는다.

ㄷ. 이 해역의 표층 밀도는 8월에는 약 $1.025\ g/cm^3$이고 10월로 갈수록 증가한다. 8월부터 10월까지의 염분은 약 35.8 psu로 큰 변화가 나타나지 않지만, 수온은 8월보다 10월에 약 3℃가 낮아진다. 즉, 8월부터 10월까지의 수온의 감소가 해수의 밀도를 증가시켰다고 볼 수 있다.

오답 피하기 ㄱ. 이 해역의 표층 수온은 1~4월에는 약 14~15℃이고, 8~9월에는 약 21℃이다. 계절에 따라 표층 수온이 달라진다는 것은 태양 복사 에너지에 의해 가열되는 혼합층이 존재한다는 것을 의미한다. 따라서 이 해역은 위도 60° 이상의 고위도 지방이 아니다.

ㄴ. 이 해역의 표층 염분은 여름철(8~9월)에는 약 35.8 psu이고, 겨울철(1~3월)에는 약 36.1 psu이다. 따라서 표층 염분은 여름철보다 겨울철에 높게 나타난다.

---

### Ⅳ-01-0Ⅰ. 대기 대순환과 해양의 표층 순환
워크북 40~41쪽

**01** ② **02** ① **03** ⑤ **04** ② **05** ④ **06** ② **07** ④ **08** ①
**09** ⑤

---

**01** 적도 지방은 흡수량이 방출량보다 많으므로 에너지가 과잉된 상태이며, 극지방은 방출량이 흡수량보다 많으므로 에너지가 부족한 상태이다.

ㄴ. 태풍은 저위도 열대 해상에서 발생하여 고위도로 이동하면서, 저위도 지역에서 남는 에너지를 고위도 지역으로 이동시켜 지구 에너지를 재분배하는 역할을 한다.

오답 피하기 ㄱ. 적도 지방은 태양 복사 에너지 흡수량이 지구 복사 에너지 방출량보다 많다. 적도 지방에서 B가 A보다 큰 값을 가지므로, B는 태양 복사 에너지 흡수량, A는 지구 복사 에너지 방출량이다.

ㄷ. 남북 방향의 열수송이 가장 큰 지역은 에너지 과잉과 에너지 부족 지역의 경계로 위도 약 38° 부근이다.

**02** 지구가 자전하지 않는 경우의 대기 대순환은 적도 지역에서는 상승 기류가, 극지역에서는 하강 기류가 발달하는 단일 세포 순환 모형이고, 지구가 자전하는 경우의 대기 대순환은 3개 세포 순환 모형이다.

ㄱ. 단일 세포 순환 모형에서는 적도에서 가열되어 상승한 공기는 극으로, 극에서 냉각되어 하강한 공기는 적도로 이동한다. 이로 인해 북반구 지상에서는 북풍, 남반구 지상에서는 남풍이 분다.

오답 피하기 ㄴ. 3개 세포 순환 모형은 해들리 순환, 페렐 순환, 극 순환으로 이루어져 있다. 해들리 순환과 극 순환은 지표면의 가열과 냉각에

따른 공기의 열적 대류 현상에 의해 형성되는 직접 순환이지만, 페렐 순환은 직접 순환 세포 사이에서 공기의 상승과 하강에 의해 역학적으로 형성되는 간접 순환이다.

ㄷ. (가)의 경우 적도 부근에서 상승한 공기가 극으로 이동하여 극에서 하강하므로 위도 30°N 부근에서 고압대가 형성되지 않는다. (나)의 경우 적도 부근에서 상승한 공기가 고위도로 이동하다가 위도 30°N 부근에서 하강하여 중위도 고압대가 형성된다.

**03** 위도에 따른 에너지 불균형과 지구 자전의 영향으로 실제 대기 대순환은 3개의 순환으로 이루어진다. A는 해들리 순환, B는 페렐 순환, C는 극 순환이다.

⑤ 위도 30°N 부근은 해들리 순환에 의해 하강한 공기가 고위도와 저위도로 이동하므로 지상에서 남북 간 온도 차이는 크지 않다. 위도 60°N 부근은 따뜻한 공기의 편서풍과 찬 공기의 극동풍이 수렴하므로 지상에서 남북 간 온도 차이는 크다.

오답 피하기 ① 북태평양 고기압은 온난 고기압으로 주로 해들리 순환의 하강 기류에 의해 발생한다. 따라서 북태평양 기단은 A와 B의 경계 부근의 하강 기류에 의해 발생한다.

② 지구가 자전하지 않는다면, 적도 지역에서 상승한 공기가 극 지역까지 이동하여 하강하고, 하강한 공기는 다시 적도로 되돌아오게 되어 단일 세포 모형이 된다. 극 순환과 해들리 순환 사이에 역학적으로 형성된 페렐 순환은 단일 세포 모형에서 나타날 수 없다.

③ 서로 성질이 다른 두 공기 덩어리가 만날 때 전선이 만들어진다. 위도 60°N 부근의 지상에서는 한랭한 극동풍과 따뜻한 편서풍이 만나 한대 전선대가 형성된다. 전선을 동반한 온대 저기압의 주요 발생 장소가 한대 전선대이다.

④ 대류권은 고도가 높아질수록 지표면에서 방출하는 복사 에너지가 감소하므로 기온이 낮아진다. 지표면의 기온이 높을수록 대체로 대류권 계면의 높이는 높아지므로, 극지방으로 갈수록 대류권 계면의 높이는 대체로 낮아진다.

---

정리하기

**온난 고기압과 한랭 고기압**

1. 정체성 고기압: 수평 규모가 매우 크고 한 곳에 오래 머무르며, 세력의 확장과 수축을 반복하면서 주변 지역에 영향을 미친다.
   예 시베리아 고기압, 북태평양 고기압
2. 정체성 고기압의 분류: 고기압의 온도 특성에 따라 온난 고기압과 한랭 고기압으로 분류된다.
   - 온난 고기압: 아열대 상공에서 수렴된 공기가 대기 대순환의 하강 기류에 의해 주로 발생한다. 중심부의 온도가 주변부보다 높다. 예 북태평양 고기압
   - 한랭 고기압: 고위도 지방의 지표의 냉각에 의해 찬 공기가 수렴할 때 주로 발생한다. 중심부의 온도가 주변부보다 낮다.
     예 시베리아 고기압

---

**04** 대기 대순환에 의한 바람은 지구 전체적인 규모에서 부는 바람으로 연중 일정한 방향으로 불기 때문에 표층 해류를 발생시킨다.

② 적도와 위도 30° 사이의 저위도에서는 동풍 계열의 무역풍이 불고, 무역풍에 의해 북적도 해류와 남적도 해류가 동에서 서로 흐른다.

 ① 적도 반류는 적도 부근에서 서쪽에서 동쪽으로 흐르는 해류로, 바람에 의해 직접 발생하는 것이 아니라 해수면의 높이 차이에 의해 발생하는 해류이다.

③⑤ 위도 30°와 60° 사이의 중위도에서는 서풍 계열의 편서풍이 불고, 편서풍에 의해 북태평양 해류, 북대서양 해류, 남극 순환류가 서에서 동으로 흐른다.

④ 대기 대순환에 의해 형성된 해류는 동서로 흐르다가 대륙에 부딪치면 남북 방향으로 갈라져 경계류가 생성된다. 쿠로시오 해류는 서안 경계류에 해당한다.

**05** 중위도 해역에서 저위도에서 고위도로 흐르는 난류는 서안 경계류에, 고위도에서 저위도로 흐르는 한류는 동안 경계류에 해당한다.
④ 난류는 한류에 비해 영양 염류의 양이 적다.
 ①③⑤ 난류는 한류에 비해 수온이 높고 염분이 크며, 용존 산소량이 적다.
② 서안 경계류인 난류는 동안 경계류인 한류에 비해 폭이 좁고 유속이 빠르다.

**06** A는 쿠로시오 해류, B는 북태평양 해류, C는 적도 반류이다.
ㄴ. 위도 40°N 부근에서 서쪽에서 동쪽으로 흐르는 B는 북태평양 해류이다. 이 해류는 북반구 중위도의 편서풍에 의해 발생한다.
 ㄱ. A는 쿠로시오 해류로 저위도에서 고위도로 흐르는 난류이다. A가 약해지면 북태평양 서쪽 해역에서 난류의 영향이 줄어들어 표층 수온이 낮아지게 되므로 열대 저기압의 발생 빈도는 감소하게 된다.
ㄷ. C는 적도 부근에서 서쪽에서 동쪽으로 흐르는 해류인 적도 반류이다. 남적도 해류는 동쪽에서 서쪽으로 흐르는 해류이다.

**07** 북태평양 표층 수온 분포를 통해 해류의 위치와 방향을 알아낼 수 있어야 한다. 표층 수온의 등수온선은 대체로 위도와 나란하지만, 해류의 영향으로 조금씩 달라진다. 난류가 흐르는 해역은 주변보다 수온이 높아 등수온선이 약간 고위도로 치우쳐 있으며, 반대로 한류가 흐르는 해역은 등수온선이 상대적으로 저위도로 치우치게 된다. 난류와 한류가 만나는 조경 수역에서는 수온 변화가 크므로 등수온선 간격은 조밀하게 나타난다.
ㄱ. A 해역은 난류인 쿠로시오 해류가 흐르고 있고, B 해역은 한류인 캘리포니아 해류가 흐르고 있다. 따라서 영양 염류는 난류가 흐르는 A 해역이 한류가 흐르는 B 해역보다 적다.
ㄴ. 표층 해수에 도달하는 태양 복사 에너지는 적도에서 가장 많고 고위도로 갈수록 적어진다. 태양 복사 에너지가 표층 수온에 가장 큰 영향을 미치므로, 표층 수온은 고위도로 갈수록 대체로 낮아진다.
 ㄷ. 서태평양의 40°N 해역에서는 난류와 한류가 만나는 조경 수역이 형성되어 수온 변화가 크게 나타나므로 등수온선 간격이 조밀하게 나타난다. 따라서 서태평양의 20°N 해역에서 40°N 해역으로 갈수록 위도에 따른 수온 변화율은 커진다.

**08** 수평 탐측 기구와 부표의 위치 변화를 통해 대기와 표층 해류의 흐름을 알 수 있다.
ㄱ. 수평 탐측 기구가 남극 대륙 주변으로 서쪽에서 동쪽으로 순환하고 있다. 이를 통해 남반구 중위도 상공에는 서쪽에서 동쪽으로 부는 바람이 있음을 알 수 있다.

 ㄴ. 부표는 남극 대륙 주변으로 서쪽에서 동쪽으로 순환하고 있다. 이를 통해 남극 대륙 주변에 서쪽에서 동쪽으로 흐르는 해류가 있음을 알 수 있다. 이 해류는 남극 순환류로 편서풍에 의해 형성된 해류이다.
ㄷ. 40°N 해역에서는 편서풍에 의해 표층 해류가 서쪽에서 동쪽으로 흐른다. (나)에서 부표가 이동하는 방향 역시 서쪽에서 동쪽이므로, 40°N 해역에서 해류는 부표가 이동하는 방향과 같은 방향으로 흐른다.

**09** 황해는 수심이 얕고 대륙의 영향을 많이 받기 때문에 동해보다 비교적 수온이 쉽게 변한다.
ㄱ. 황해와 동해의 여름철 수온은 비슷하지만, 겨울철 수온은 황해가 동해보다 낮으므로 수온의 연교차는 황해가 동해보다 크다.
ㄴ. 동한 난류는 저위도에서 고위도로 흐르는 난류로, 동한 난류의 영향을 받는 지역은 주변보다 수온이 높다. A보다 B가 저위도에 위치하므로, B가 A보다 동한 난류의 영향을 크게 받는다.
ㄷ. 남해는 연중 난류(쿠로시오 해류)의 영향을 많이 받아 겨울철에도 수온이 높게 유지되어 연중 수온 변화가 적다.

**Ⅳ-01-02. 해양의 심층 순환**　　　　　워크북 42~43쪽

**01** ③　　**02** ④　　**03** ①　　**04** ⑤　　**05** ①　　**06** ③　　**07** ④　　**08** ⑤
**09** ⑤

**01** 해수의 심층 순환은 수온 약층 아래에서 수온과 염분 변화에 따른 해수의 밀도 차이에 의해 일어난다.
ㄱ, ㄴ. 표층 해수의 수온이 낮아지거나 염분이 증가하여 밀도가 커지면 침강하여 해수의 심층 순환이 일어난다.
 ㄷ. 대기 대순환에 의한 바람이 지속적으로 부는 경우에는 표층 해류가 발생한다.

**02** 해수의 밀도는 수온이 낮을수록, 염분이 높을수록 커진다.
④ 고위도 해역의 수온이 낮은 해수가 결빙되면 염분이 높아지고 밀도가 커지면서 표층 해수가 가라앉아 심층 해류가 형성되기 쉽다.
 ① 저위도 해역은 표층 수온이 높아 밀도가 작으므로 표층 해수의 침강이 잘 일어나지 않는다.
② 증발량이 많은 중위도 해역은 표층 염분이 높으나, 표층 해수의 침강이 일어날 만큼 표층 수온이 낮지 않다.
③ 바람이 강하면 혼합층의 두께는 두꺼워지고, 혼합층의 수온은 낮아진다. 하지만 표층 해수가 침강이 일어날 정도로 중위도 해역에서의 표층 해수 밀도는 크지 않다.
⑤ 빙하의 융해가 일어나면 표층 염분이 낮아지고 밀도가 작아지면서 표층 해수가 가라앉기 어려워진다.

**03** 해수가 침강하면 대기와 상호 작용이 일어나지 않고 성질이 다른 수괴는 잘 섞이지 않으므로 수괴의 수온과 염분이 거의 변하지 않는다.
ㄱ. 표면에서의 수온은 A와 B는 비슷하지만 염분은 A가 B보다 크기 때문에, 표면에서의 밀도는 A가 B보다 크다. 따라서 표면에서의 밀도 차이는 수온보다 염분의 영향이 더 크다.
 ㄴ. 표면에서의 밀도는 A가 B보다 크지만, 해저에서의 밀도는 A와 B가 같다. 따라서 표면에서 해저까지의 밀도 변화는 A가 B보다 작다.

ㄷ. 성질이 다른 수괴끼리는 서로 잘 섞이지 않으므로 해수의 수온과 염분은 거의 변하지 않는다. A와 B의 해저에서의 해수는 수온과 염분이 서로 같으므로, 해저에서는 동일한 심층수가 흐를 것이라 볼 수 있다.

**04** 해수의 밀도는 수온이 낮을수록, 염분이 클수록 커지며, 밀도가 클수록 침강 속도가 빨라진다.

ㄱ. 해수의 심층 순환의 원리를 알아보기 위한 실험으로 소금물은 극지방의 침강하는 표층 해수에 해당한다.

ㄴ. (나)에서 수조에 더운 물을 채우면 소금물과 수조의 온도 차이를 증가시켜 밀도 차이가 커지게 된다. 이로 인해 침강 속도가 빨라지게 되어 실험 결과는 8초보다 짧을 것이다.

ㄷ. (다)에서 5.0 g의 소금을 녹인다면, 소금물의 농도가 높아지게 되어 소금물의 밀도가 증가한다. 이로 인해 침강 속도가 빨라지게 되어 실험 결과는 8초보다 짧을 것이다.

**05** 표층 순환은 주로 바람에 의해 일어나며, 심층 순환은 해수의 밀도 차이에 의해 일어난다.

① A는 해수면 근처에서 흐르는 해류로 바람에 의해 발생하는 표층 해류이다.

오답 피하기 ② 밀도가 큰 해수는 상대적으로 밀도가 작은 해수보다 아래에 위치한다. 따라서 해수의 평균 밀도는 B가 C보다 작다.

③ C는 북대서양 심층수로 그린란드 주변 해역에서 겨울철에 염분이 높은 해수가 냉각되면서 밀도가 증가하여 심층으로 가라앉아 형성된다.

④ D는 남극 저층수로 남극 주변의 웨델해에서 수온이 낮은 해수가 결빙되면서 염분이 높아지고 밀도가 커지면서 가라앉아 형성된 심층수이다. 대서양, 태평양, 인도양에서 수심이 4000 m보다 깊은 곳을 채우며 해저 지형을 따라 북쪽으로 이동하여 30°N까지 흐른다.

⑤ 심층 순환은 표층 순환과 연결되어 저위도의 과잉 에너지를 고위도로 운반하여 위도별 에너지 불균형을 해소시켜 준다.

**06** 심층 순환은 저위도에서 고위도로 이동한 고염분의 해수가 수온이 낮아져서 밀도가 커지고, 이 고밀도의 해수가 침강하여 해양의 심층을 따라 흐르면서 시작된다.

ㄱ. 남극 중층수는 남극에서 침강하여 북쪽으로 이동한다.

ㄷ. 심층수는 밀도가 커야 되므로 수온이 낮고 염분이 높은 곳에서 잘 형성된다. 따라서 일사량이 많아 따뜻한 저위도보다 차가운 고위도 해역에서 잘 형성된다.

오답 피하기 ㄴ. 남극 저층수의 염분은 34.6~34.8 psu의 값을 가지고, 북대서양 심층수의 염분은 34.8~35 psu의 값을 가지므로 남극 저층수는 북대서양 심층수에 비해 염분은 낮다.

**07** A는 고위도 해역에서 침강하여 형성된 심층 순환이고, B는 주로 대기 대순환에 의한 바람에 의해 발생한 표층 해류이다.

ㄴ. 고위도에서 빙하의 융해는 고위도 해역의 표층 염분을 감소시킨다. 이로 인해 표층 해수의 밀도가 감소하여 표층 해수의 침강이 약해지고, 심층 순환의 세기도 약해진다. 표층 순환과 심층 순환은 연결되어 순환하므로 심층 순환이 약해지면 표층 순환도 약해진다.

ㄷ. 북태평양 해수는 염분이 낮기 때문에 해수가 냉각되어도 밀도가 크게 증가하지 않아 침강이 잘 일어나지 않는다.

오답 피하기 ㄱ. 심층 순환은 표층 순환에 비해 유속이 매우 느리다.

**08** 해수의 심층 순환은 수온과 염분 변화에 따른 해수의 밀도 차이에 의해 일어나는 순환이다.

ㄱ. 북대서양 심층수는 북반구 고위도에서 침강하여 남쪽으로 이동하다가, 밀도가 큰 남극 저층수와 만나게 되어 남위 65° 부근에서 떠오르게 된다.

ㄴ. 밀도가 큰 해수는 상대적으로 밀도가 작은 해수보다 아래에 위치한다. 그러므로 해수의 밀도는 북대서양 심층수보다 남극 저층수가 크다.

ㄷ. 심해에 공급되는 용존 산소는 극지방의 표층 해수가 침강하여 공급한다. 대서양 적도의 수심 2~3 km에서는 북대서양 심층수가 흐르고 있으므로, 이곳에서의 산소는 북반구 고위도 해역에서 침강하여 형성된 북대서양 심층수에 의해 공급되었다고 볼 수 있다.

**09** 표층 순환과 심층 순환은 연결되어 있다. 표층 순환이 심층 순환으로 바뀌는 A와 B 해역은 침강 해역이고, 심층 순환이 표층 순환으로 바뀌는 곳은 용승 해역이다.

ㄱ. A에서의 침강은 고위도 표층 해수의 빈자리를 만들고 그 자리를 채우기 위해서 저위도의 표층 해수가 고위도로 이동하게 된다.

ㄴ. B에서의 침강은 용존 산소가 풍부한 표층 해수를 심해로 운반하여 깊은 바다 속에도 산소를 공급하여 생물이 살 수 있는 환경을 만들어준다.

ㄷ. A 해역에서 형성되는 해수는 북대서양 심층수이고, B 해역에서 형성되는 해수는 남극 저층수이다. 염분은 그림의 음영에서 볼 수 있듯이 A인 북대서양 심층수가 더 크다.

---

**Ⅳ-01-03. 대기와 해양의 상호 작용**　　　워크북 44~45쪽

**01** ②　**02** ③　**03** ③　**04** ③　**05** ⑤　**06** ③　**07** ③

**01** 어느 해역에서 표층 해수가 빠져나가면 이를 보충하기 위해서 심층의 찬 해수가 표층으로 상승하는 용승 현상이 일어난다.

ㄷ. 심층의 찬 해수는 수온이 낮으므로 용승이 일어나는 해역의 표층 수온은 낮게 나타난다.

오답 피하기 ㄱ. 적도 해역(A)에서는 표층 해수가 무역풍에 의한 에크만 수송에 의해 적도를 경계로 양 극 쪽으로 이동한다. 즉, 표층 해수가 적도 해역(A)으로부터 발산한다.

ㄴ. 북반구 대륙의 서쪽 연안(B)에 지속적으로 북풍이 불면 에크만 수송이 먼 바다 쪽으로 일어나면서 심층의 찬 해수가 올라오는 연안 용승이 일어난다. 남반구 대륙의 서쪽 연안(C)에 지속적으로 남풍이 불면 에크만 수송이 먼 바다 쪽으로 일어나면서 심층의 찬 해수가 올라오는 연안 용승이 일어난다.

**02** 용승은 심층의 해수가 표층으로 솟아오르는 현상이고, 침강은 표층의 해수가 아래로 가라앉는 현상이다.

ㄱ. 수온 연직 분포를 볼 때 (가)의 연안의 표층 수온이 주변 지역보다 낮으므로, (가)의 연안에서는 용승이 일어난다. 북반구 대륙의 동쪽 연안에서 지속적으로 남풍이 불면 에크만 수송이 먼 바다 쪽으로 일어나면서 심층의 찬 해수가 올라오는 연안 용승이 일어난다.

ㄴ. 수온 연직 분포를 볼 때 (나)의 연안의 표층 수온이 주변 지역보다 높으므로, (나)의 연안에서는 침강이 일어난다.

오답 피하기 ㄷ. (가)에서는 심층의 찬물이 솟아올라 영양 염류가 풍부하기 때문에 식물성 플랑크톤이 번성하여 좋은 어장이 형성된다.

**03** 엘니뇨는 무역풍이 약해져 동태평양 적도 부근 해역의 표층 수온이 평상시보다 높아지는 현상이다.

ㄱ. 엘니뇨에 의해 동태평양에 저기압, 서태평양에 고기압이 분포하여 서태평양에서는 강수량이 평상시보다 감소하여 가뭄의 피해가 생긴다.

ㄷ. 무역풍이 약한 엘니뇨 시기에는 태평양 적도 부근의 따뜻한 해수가 평소에 비해 상대적으로 동쪽으로 이동하게 되어 상승 기류가 나타나는 저기압 지역도 동쪽으로 이동하게 된다.

오답 피하기 ㄴ. 무역풍이 약해지면 무역풍에 의해 흐르는 적도 해류가 약해지면서 동태평양 연안의 용승이 약해지고, 이로 인해 동태평양 적도 부근 해수의 표층 수온이 높아진다.

**04** (가) 시기는 동태평양 페루 연안 해역의 표층 수온이 높은 시기인 엘니뇨 시기이고, (나) 시기는 연안 용승에 의해 표층 수온이 낮은 평상시이다.

ㄱ. 엘니뇨는 무역풍의 약화에 의해 발생하므로, 무역풍의 세기는 엘니뇨 시기인 (가) 시기보다 평상시인 (나) 시기에 더 강하게 발생한다.

ㄷ. 영양 염류는 용승이 발생하는 곳, 한류가 흐르는 곳에서 풍부하게 분포하고, 영양 염류가 풍부한 곳에서는 플랑크톤의 양이 많다. 엘니뇨 시기에는 무역풍의 약화로 인해 동태평양에서의 용승 현상이 줄어들어 영양 염류의 양이 감소하며, 이로 인해 플랑크톤의 양도 줄어든다. 따라서 영양 염류의 양은 엘니뇨 시기인 (가) 시기보다 평상시인 (나) 시기에 더 많다.

오답 피하기 ㄴ. (가) 시기인 엘니뇨 시기에 동태평양 해역의 표층 수온이 높으므로 (가) 시기가 (나) 시기보다 동태평양 해역에서의 상승 기류가 발달한다.

**05** 평상시 태평양의 적도 부근 해역은 동쪽에서 서쪽으로 부는 무역풍에 의해 따뜻한 해수가 서쪽으로 이동한다. 태평양의 서쪽 해역은 따뜻한 해수 층이 두껍고, 해수면이 높으며, 표층 수온이 높아서 상승 기류가 발달한다. 태평양의 동쪽 해역은 따뜻한 해수 층이 얇고, 해수면이 낮으며, 표층 수온이 낮아서 하강 기류가 발달한다.

ㄱ. 평상시 태평양의 적도 부근 해역은 무역풍에 의해 따뜻한 해수가 서쪽으로 이동하여, 표층 수온은 서태평양(A) 해역이 동태평양(B) 해역보다 높다.

ㄴ. 평상시 표층 수온이 높은 서태평양(A)은 따뜻한 해수 층의 두께가 두껍고 수온 약층이 형성되는 수심이 깊고, 용승이 활발하게 일어나는 동태평양(B)은 표층 수온이 낮고 수온 약층이 형성되는 깊이가 얕다. 무역풍이 약해지면 동태평양(B) 해역에서의 용승이 약화되어 수온 약층의 기울기가 감소한다.

ㄷ. 무역풍이 강해지면 따뜻한 해수가 서쪽으로 더 많이 이동하여 동태평양(B) 해역에서의 용승이 강화되어 표층 수온은 낮아진다.

**06** 엘니뇨는 무역풍의 약화로 인해 서태평양으로 이동하는 표층 해수의 흐름이 약화되는 현상이고, 라니냐는 무역풍의 강화로 인해 서태평양으로 이동하는 표층 해수의 흐름이 강화되는 현상이다.

ㄱ. 서태평양에서의 강수량 편차가 (+)이므로, 서태평양에서의 강수량은 평상시보다 증가하였다. 라니냐 시기에는 평상시보다 남동 무역풍이 강해지면서 따뜻한 해수층이 서태평양으로 더 많이 이동하게 되어 서태평양 적도 해역의 표층 수온이 상승하게 된다. 이로 인해 서태평양의 상승 기류가 보다 더 발달하게 되어 강수량이 많아지게 된다.

ㄷ. 라니냐 시기에는 서태평양 적도 해역의 표층 수온은 높아져 상승 기류가 더 활발하게 일어나 기압이 낮아지고, 동태평양 적도 해역의 표층 수온은 낮아져 하강 기류가 더 활발하게 일어나 기압이 높아진다. 따라서 라니냐 시기의 서태평양 적도 해역과 동태평양 적도 해역 사이의 기압 차는 증가한다.

오답 피하기 ㄴ. 라니냐 시기에는 무역풍의 강화로 인해 따뜻한 해수층이 서태평양으로 더 많이 이동하게 되고, 동태평양 적도 해역에서는 용승 현상이 평상시 보다 더 활발하게 된다. 이로 인해 동태평양 적도 해역의 따뜻한 해수층의 두께는 얇아진다.

**07** 북대서양 고위도 해역에서 밀도가 큰 표층 해수가 침강하여 깊은 바다를 따라 인도양 및 태평양까지 이동하고, 침강이 일어나는 북대서양 해역까지 이동하는 표층 해류에 의해 저위도의 따뜻한 표층 해수가 유입되면서 유럽의 기후를 온난하게 유지시키는 열이 공급된다.

ㄱ. 해수의 심층 순환은 수온 약층 아래에서 수온과 염분 변화에 따른 해수의 밀도 차이에 의해 일어나므로 열염 순환이라고도 한다.

ㄴ. 심층 순환(열염 순환)은 표층 순환과 연결되어 저위도의 과잉 에너지를 고위도로 운반하여 위도별 에너지 불균형을 해소시켜 준다.

오답 피하기 ㄷ. 지구 온난화로 빙하가 녹으면 해수의 염분이 낮아지고, 밀도가 감소하여 침강이 잘 일어나지 않는다.

**Ⅳ-01-04. 지구 기후 변화**      워크북 46~47쪽

**01** ①    **02** ③    **03** A: (나) B: (다) C: (가)    **04** ④    **05** ③
**06** ⑤    **07** ③

**01** 지구의 자전축의 기울기가 변화하면, 여름철과 겨울철의 태양의 남중 고도가 달라진다.

ㄱ. A 시기에 자전축의 기울기는 현재보다 작으므로, 태양의 고도가 여름철에는 낮아지고 겨울철에는 높아진다. 따라서 우리나라에서 기온의 연교차는 현재보다 작아질 것이다.

오답 피하기 ㄴ. 지구 전체가 받는 일사량은 태양과 가까워지면 증가하고, 태양에서 멀어지면 감소한다. B 시기에 자전축의 기울기는 현재보다 크지만, 지구와 태양 사이의 거리는 변화가 없으므로 지구 전체가 받는 일사량은 현재와 동일하다.

ㄷ. 현재 우리나라는 근일점에서 겨울이고, 원일점에서 여름이다. C 시기에 자전축의 기울기는 현재보다 크지만, 지구의 공전 주기가 달라지지 않으므로 우리나라는 근일점에서 겨울이고, 원일점에서 여름이다.

**02** 평상시보다 무역풍이 약해지면 동태평양 적도 부근 해역의 표층 수온이 상승하는 엘니뇨가 발생하고, 평상시보다 무역풍이 강해지면 동태평양 적도 부근 해역의 표층 수온이 하강하는 라니냐가 발생한다.

ㄷ. 지구의 평균 기온 상승으로 인해 북극해의 얼음 면적은 감소하고 있다. 북극해의 얼음 면적은 1979년보다 2012년이 좁으므로, 태양 복사 에너지의 반사율은 1979년보다 2012년에 낮다고 볼 수 있다.

오답 피하기 ㄱ. 엘니뇨 시기의 기온 편차는 전년보다 상승하고, 라니냐 시기의 기온 편차는 전년보다 하강하는 경향이 나타난다. 따라서 무역풍이 약해지는 엘니뇨 시기에는 대체로 전년에 비해 기온 편차가 높아진다.

ㄴ. 이 기간 동안 지구의 평균 기온은 상승하고 있다. 이로 인해 우리나라의 동해에 흐르는 동한 난류의 영향이 더 강해지므로, 조경 수역은 북상하게 된다.

**03** 지구의 기후 변화 요인은 크게 지구 내적 요인과 지구 외적 요인으로 구분할 수 있다. 화산재 분출과 화석 연료 사용량 증가는 지구 내적 요인이고, 태양의 흑점 수 증가는 지구 외적 요인이다. 화산재가 분출하면 태양 복사 에너지의 반사율이 증가하여 지구의 평균 기온이 하강하고, 화석 연료 사용량이 증가하면 대기 중의 온실 기체가 많아져서 지구의 평균 기온이 상승한다. 따라서 A는 태양의 흑점 수 증가, B는 화석 연료 사용량 증가, C는 화산재 분출이다.

**04** 지구 대기는 태양 복사 에너지와 지구 복사 에너지를 선택적으로 흡수한다.
ㄱ. 수증기는 적외선을 흡수하여 온실 효과를 일으키는 온실 기체이다.
ㄴ. 태양에서 방출하는 가시광선은 대기에 의해 거의 흡수되지 않고 지표면에 도달하여, 지표면에서 측정된 태양 복사 에너지 세기가 가시광선 영역에서 최댓값을 나타낸다.
 ㄷ. 지구에서 방출하는 전자기파는 대부분 적외선으로 수증기와 이산화 탄소 등에 의해 흡수된다. 오존은 태양에서 방출하는 자외선을 많이 흡수한다.



**파장에 따른 온실 기체의 흡수율**

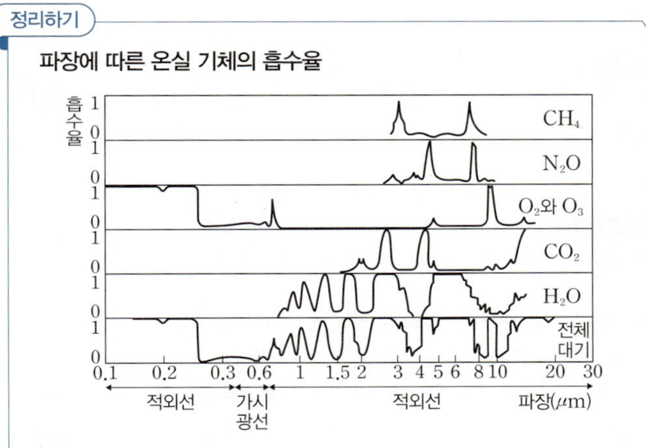


- 온실 기체란 온실 효과를 일으키는 기체로 적외선을 잘 흡수하는 성질이 있다. 메테인, 일산화 이질소, 오존, 이산화 탄소, 수증기가 대표적인 온실 기체이다.
- 적외선은 주로 수증기와 이산화 탄소 등이 흡수한다.
- 자외선은 주로 산소와 오존이 흡수한다.
- 가시광선은 대기에 의한 흡수가 거의 일어나지 않는다.

**05** 대기 중의 이산화 탄소량은 지구의 평균 기온에 비례한다. A 과정은 광합성, B 과정은 화석 연료의 연소이다.
ㄱ. 대기 중의 이산화 탄소량이 많을수록 지구의 평균 기온이 높게 나타난다.a
ㄷ. B 과정은 화석 연료의 연소이고, 이 과정을 통해 이산화 탄소가 대기 중으로 방출된다. 화석 연료의 과정이 증대되면 대기 중의 이산화 탄소량이 증가하여 온실 효과가 활발하게 일어나 지구의 평균 기온이 상승하여 지구 전체의 증발량이 증가하게 된다.
 ㄴ. A 과정은 대기 중의 이산화 탄소를 이용하여 유기물을

합성하는 광합성이다. 광합성이 일어나면 대기 중의 이산화 탄소량이 감소하여 온실 효과가 줄어들어 지구의 평균 기온이 하강하게 된다.

**06** 세차 운동과 지구 공전 궤도의 이심률의 변화로 인해 여름철과 겨울철의 태양과 지구 사이의 거리가 변화한다.
ㄱ. A~F 중 우리나라의 여름철에 해당하는 위치는 북반구가 태양 쪽을 향하는 A, C, F이다. A와 C는 원일점에 해당하고, F는 근일점에 해당한다. A, C, F에서 자전축의 기울기는 동일하므로, 태양과의 거리가 가장 가까운 F에서 하루 동안 태양 복사 에너지를 가장 많이 받게 된다.
ㄴ. (가)는 현재보다 이심률이 작아지는 경우로 근일점에서 태양까지의 거리는 현재보다 멀어지고, 원일점에서 태양까지의 거리는 현재보다 가까워진다. 우리나라의 여름철인 원일점은 현재보다 태양과 가까워지고, 겨울철인 근일점은 현재보다 태양에서 멀어진다. 따라서 기온의 연교차는 현재보다 커지게 되어, 계절 변화가 보다 더 뚜렷해질 것이다.
ㄷ. (나)는 자전축의 경사 방향이 바뀌어, 경사 방향이 현재와 반대가 된다. 현재 남반구의 경우에 근일점에서 여름이고, 원일점에서 겨울이다. (나)와 같이 경사 방향이 현재와 반대가 되면, 남반구의 경우에 근일점에서 겨울이고, 원일점에서 여름이 된다. 여름철은 현재보다 태양에서 멀어지고, 겨울철은 현재보다 태양과 가까워지므로 남반구는 현재보다 기온의 연교차가 작아진다.

**07** 지구 온난화가 진행되면 빙하의 융해와 해수의 열팽창으로 인해 해수면이 상승한다.
ㄱ. 21세기 후반에 해수면의 높이는 A가 B보다 높으므로, 해양의 면적은 A가 B보다 넓다.
ㄴ. A, B 모두 21세기 초반보다 후반에 해수면이 높아질 것이라고 예상하고 있다.
 ㄷ. 21세기 후반의 해수면 높이는 A>B 순이므로 지구의 평균 기온은 A>B 순으로 나타날 것이다. 지구 온난화를 억제하기 위해 노력한다면, 빙하의 융해와 해수의 열팽창으로 인한 해수면 상승의 폭이 줄어들 것이므로, 해수면 변화는 A보다 B의 경향을 따를 것이다.

---

**V-01-01.** 별의 물리량       워크북 48~49쪽

**01** ④　**02** ③　**03** ②　**04** ①　**05** ⑤　**06** ①　**07** ③　**08** ④
**09** ②

**01** ㄴ. 백열등의 스펙트럼은 연속 스펙트럼 (다)에 해당한다.
ㄷ. (가)와 (나)에서 보이는 선 스펙트럼의 위치가 같으므로 동일한 기체에서 형성된 스펙트럼이다.
 ㄱ. (가)는 흡수 스펙트럼, (나)는 방출 스펙트럼이다.

**02** ③ (나)는 U 필터보다 B 필터를 통과한 빛이 많으므로 U등급보다 B 등급이 더 작다.
 ①, ⑤ 최대 에너지를 방출하는 파장이 짧은 (가)가 (나)보다 표면 온도가 높다.
② (가)는 (나)보다 표면 온도가 높으므로 더 파랗게 보인다.
④ 색지수 (B-V)는 표면 온도가 높으므로 (가)가 (나)보다 작다.

**03** (가)는 수소 흡수선(H I)이 강하게 나타나는 A형 별이고, (나)는 칼슘 이온 흡수선(Ca II)강하게 나타나는 K형 별이다.
ㄷ. 표면 온도는 A형인 (가)가 K형인 (나)보다 높다.

 ㄱ. A형인 (가)의 스펙트럼에서는 분자 흡수선이 거의 나타나지 않는다.

ㄴ. 헬륨 흡수선은 분광형이 O형, B형인 별에서 잘 나타난다.

**04** (가)는 질량이 큰 주계열성이고, (나)는 태양과 질량이 같은 주계열성이다. (다)는 태양보다 표면 온도가 높지만 광도가 훨씬 작은 백색 왜성이다.

ㄱ. (가)는 태양보다 표면 온도가 높고, 질량이 훨씬 크므로 광도가 태양보다 훨씬 크다. (나)는 분광형과 질량이 태양과 같으므로 광도가 태양과 같다. 따라서 절대 등급은 (가)가 (나)보다 작다.

 ㄴ. 별이 단위 면적에서 단위 시간 동안 방출하는 에너지양은 표면 온도의 4제곱에 비례하므로 분광형이 A형인 (다)가 G형인 (나)보다 많다.

ㄷ. (다)는 광도가 작고, 표면 온도가 비교적 높은 백색 왜성이다. 따라서 반지름이 세 별 중에서 가장 작다.

**05** ㄱ. 주계열성은 광도가 클수록 질량이 크므로 질량은 절대 등급이 가장 작은 A가 가장 크다.

ㄴ. B는 색지수가 0.0이므로 흰색 별이다.

ㄷ. 별의 수명은 질량이 가장 작은 C가 가장 길다.

**06** ㄱ. 직녀성은 색지수 (B−V)가 0.0이므로 B 등급과 V 등급이 같다.

 ㄴ. 스피카의 분광형은 O형이므로 색지수는 (−)값을 갖는다.

ㄷ. 태양의 분광형은 G형이므로 프로시온보다 광도가 작다. 따라서 태양의 절대 등급은 +2.8보다 크다.

**07** ㄱ, ㄴ. 별의 분광형은 표면 온도에 의해 결정된다. 한편, 슈테판 볼츠만 법칙을 이용하면 광도와 반지름으로부터 표면 온도를 구할 수 있다.

 ㄴ. 절대 등급은 별의 광도와 관련 있다. 절대 등급만으로 별의 표면 온도를 알 수 없다.

**08** ㄱ. A가 B보다 밝은 별이지만 두 별의 겉보기 등급은 같다. 그 까닭은 A가 B보다 멀리 있기 때문이다.

ㄴ. A는 B보다 절대 등급이 5등급 작으므로 광도는 100배 크다.

 ㄷ. 별의 반지름은 광도($L$)의 제곱근에 비례하고, 표면 온도($T$)의 제곱에 반비례한다. 따라서 A의 반지름은 B의 반지름의 2.5배이다.

$$\frac{\text{A의 반지름}}{\text{B의 반지름}} = \left(\frac{L_A}{L_B}\right)^{1/2} \times \left(\frac{T_B}{T_A}\right)^2 = 10 \times \frac{1}{4} = 2.5$$

**09** ㄴ. B는 분광형이 B2이고, C는 분광형이 B0이므로 표면 온도는 B가 C보다 낮다. 따라서 최대 에너지를 방출하는 파장은 B가 C보다 길다.

 ㄱ. 단위 시간 당 방출하는 에너지양은 광도에 해당하므로 A가 B보다 많다.

ㄷ. 별의 반지름은 광도에 비례하고, 표면 온도의 제곱에 반비례한다. C는 D보다 광도가 작고, 표면 온도가 높으므로 반지름이 더 작다.

---

**V-01-02. H−R도와 별의 특징 03. 별의 탄생과 진화**　　워크북 50~51쪽

**01** ④　**02** ⑤　**03** ③　**04** ②　**05** ①　**06** ③　**07** ⑤　**08** ④

**01** A는 주계열성, B와 C는 적색 거성, D는 백색 왜성이다.

ㄱ. A는 태양보다 표면 온도와 광도가 크므로 질량도 크다.

ㄷ. A~D 중 밀도가 가장 큰 별은 백색 왜성인 D이다.

 ㄴ. B와 C는 주계열성인 태양의 왼쪽 상단에 위치한 적색 거성이다.

**02** ㄱ. 태양 근처의 별들은 색지수가 높으므로 상대적으로 온도가 낮은 별들이 많다.

ㄴ. 밝게 보이는 별들은 태양보다 절대 등급이 작으므로 광도가 태양보다 크다.

ㄷ. 태양 근처의 밝게 보이는 별들은 질량이 커서 진화가 빠르므로 거성 단계에 있는 별들의 비율이 높다. 이와 달리 태양 근처의 별들은 질량이 작아 진화가 느리므로 주계열성의 비율이 높다.

**03** ㄱ. 원시별의 질량이 클수록 진화 속도가 빠르며, 표면 온도가 높은 주계열성이 된다. 따라서 (가)에서 A는 B보다 주계열에 먼저 도달한다.

ㄴ. (나)에서 A와 B는 모두 주계열성에서 거성 단계로 진화한다. 따라서 두 별 모두 반지름이 증가한다.

 ㄷ. 주계열에 머무르는 시간은 질량이 작을수록 길다. 따라서 B가 A보다 오래 머문다.

**04** ㄷ. (나)는 (가)보다 질량이 큰 별의 진화 과정이므로 진화 속도는 (나)가 더 빠르다.

 ㄱ. 주계열성의 광도는 질량이 큰 (나)가 (가)보다 크다.

ㄴ. A는 적색 거성으로, 중심에서 핵융합 반응에 의해 탄소 핵까지 생성될 수 있다.

**05** ㄱ. (가)의 별 A는 행성상 성운의 중심부에 위치한 백색 왜성이다.

 ㄴ, ㄷ. (나)는 태양보다 질량이 훨씬 큰 별의 내부 구조이다. 이 별은 초신성 폭발을 거쳐 중성자별 또는 블랙홀이 된다.

**06** ㄱ. 성단을 이루는 별들의 평균 표면 온도는 (가)보다 (나)가 더 낮다. 따라서 평균 색지수는 (나)보다 (가)가 작다.

ㄴ. (가)는 성단을 이루고 있는 대부분의 별들이 주계열성이지만, (나)는 성단을 이루는 별들 중 질량이 큰 별은 대부분 주계열을 벗어나 있다. 따라서 주계열성의 비율은 (가)가 (나)보다 높다.

 ㄷ. (가)는 질량이 큰 별도 아직 주계열 단계에 머물러 있으므로 매우 젊은 성단이다. 따라서 성단의 생성 시기는 (가)보다 (나)가 오래되었다.

**07** ㄱ. (가)는 질량이 태양과 비슷하므로 진화 최종 단계에서 백색 왜성을 형성한다.

ㄴ, ㄷ. (나)와 (다)는 초신성 폭발을 일으켜 각각 블랙홀과 중성자별을 형성하였다. 블랙홀은 중성자별보다 중심부가 더 심하게 수축하여 만들어지는데 이를 위해서는 별의 질량이 더 커야 한다.

**08** ㄴ. (나) 과정은 태양보다 질량이 훨씬 큰 별의 진화 과정이며, 초신성 폭발 과정에서 철보다 무거운 원소가 생성될 수 있다.

ㄷ. (가) 과정은 (나) 과정보다 질량이 작은 주계열성의 진화 과정이므로 진화 시간이 더 길다.

 ㄱ. A는 백색 왜성이고, B는 중성자별이다. 중성자별은 백색 왜성보다 심하게 수축된 고밀도의 별이므로 반지름이 훨씬 작다.

**V-01-04. 별의 에너지원과 내부 구조**　　　　워크북 52~53쪽

**01** ④　**02** ②　**03** ①　**04** ③　**05** ①　**06** ③　**07** ④　**08** ⑤

**01** ㄴ, ㄷ. 수소 원자핵 4개가 헬륨 원자핵 1개로 전환되는 수소 핵융합 반응이다. 이 반응에서는 약 0.7%의 질량이 감소하며, 감소된 질량에 해당하는 만큼의 에너지가 발생한다.

**오답 피하기** ㄱ. 수소 핵융합 반응은 온도가 약 1천만 K 이상일 때 일어난다.

**02** ㄷ. 이 별은 정역학 평형 상태에 있으므로 크기가 일정하게 유지된다.

**오답 피하기** ㄱ, ㄴ. A는 기체 압력 차에 의한 힘이고, B는 중력이다. 정역학 평형 상태에 있는 별은 두 힘의 크기가 같다.

**03** ㄱ. 이 반응은 CNO 순환 반응으로, 최종적으로 수소 원자핵(A) 4개가 헬륨 원자핵 1개를 형성하는 반응이다.

**오답 피하기** ㄴ. CNO 순환 반응에서 탄소, 질소, 산소 원자핵은 촉매 역할을 하므로 반응이 계속되더라도 개수가 증가하지 않는다.
ㄷ. CNO 순환 반응은 태양 질량의 약 2배 이상인 별에서 활발하므로 G형의 주계열성보다 질량이 큰 A형의 주계열성에서 활발하다.

**04** ㄱ. 중심부에서 일어나는 헬륨 핵융합 반응에 의해 탄소로 이루어진 핵이 형성되고 있다.
ㄷ. 온도가 높을수록 더 무거운 원소의 핵융합 반응이 일어날 수 있으므로 이 별의 중심부의 온도는 태양보다 높다.

**오답 피하기** ㄴ. 중심부로 갈수록 더 무거운 원소로 이루어진 층이 존재한다.

**05** ㄱ. 이 별은 초거성이다. 초거성 중심부에서 핵융합 반응이 일어나는 가장 바깥쪽 영역에는 수소층이 존재한다. 따라서 ⊙은 우주에서 가장 풍부한 원소이다.

**오답 피하기** ㄴ. ⓛ은 초거성의 중심부에 존재하는 철이다. 초거성의 중심부에서는 핵융합 반응에 의해 최종적으로 철까지 생성될 수 있다.
ㄷ. 초거성은 초신성 폭발을 일으켜 초신성 잔해를 형성한다.

**06** A는 적색 거성, B는 주계열성, C는 백색 왜성이다.
ㄷ. (나)는 태양과 비슷한 질량을 가진 주계열성의 내부 구조이다. 따라서 이 별은 B 집단에 속한다.

**오답 피하기** ㄱ. 별의 반지름은 적색 거성인 A 집단이 주계열성인 B 집단보다 크다.
ㄴ. A에 속한 적색 거성이 진화하여 백색 왜성인 C 집단이 된다. 따라서 별의 나이는 A 집단보다 C 집단이 많다.

**07** ㄱ. A는 B보다 질량이 큰 주계열성이므로 진화 속도가 빠르다. 따라서 원시별에서 주계열성이 되기까지 걸린 시간은 A가 B보다 짧다.
ㄷ. (나)는 중심부에 대류핵이 존재하므로 태양보다 광도가 큰 A의 내부 구조이다.

**오답 피하기** ㄴ. CNO 순환 반응은 주계열성의 중심부 온도가 높을수록 더 우세하게 일어난다. A는 B보다 질량이 크므로 중심부의 온도가 더 높아서 CNO 순환 반응이 우세하다.

**08** (가)와 (다)는 거성 단계, (나)는 주계열 단계의 별이다. 세 별의 질량이 모두 같으므로 동일한 진화 과정을 거친다. 세 별의 중심

부에서 일어나는 핵융합 반응의 종류를 비교하면 별의 진화 순서는 (나)→(가)→(다)이다. 따라서 별의 나이는 (다)>(가)>(나)이다.
ㄴ. 별의 반지름은 거성 단계보다 주계열 단계일 때 작으므로 (나)가 가장 작다.
ㄷ. 중심부의 온도는 더 무거운 원자핵의 핵융합이 일어나는 (다)가 가장 높다.

**V-01-05. 외계 행성계**　　　　워크북 54~55쪽

**01** ②　**02** ③　**03** ④　**04** ①　**05** ④　**06** ⑤　**07** ②　**08** ④

**01** ㄴ. 행성의 반지름이 클수록 중심별이 가려지는 면적이 넓어져 B가 증가한다.

**오답 피하기** ㄱ. A는 행성에 의해 식 현상이 진행되는 시간이다. 따라서 중심별의 크기가 클수록 행성이 중심별의 앞면을 통과하는 시간이 길어져 A가 길어진다.
ㄷ. C는 식 현상이 반복되는 시간이므로 행성의 공전 주기에 해당한다. 따라서 행성의 공전 궤도 반지름이 클수록 공전 주기 C가 길어진다.

**02** ㄱ. 이 탐사 방법은 별이 행성과의 공통 질량 중심을 회전할 때 나타나는 시선 속도 변화를 이용하여 행성의 존재를 확인하는 방법이다.
ㄴ. A일 때 별빛의 파장이 빨간색 쪽으로 치우치는 적색 편이가 관측되었다.

**오답 피하기** ㄷ. A일 때 적색 편이가 관측되었으므로 중심별은 지구로부터 멀어지고, 이때 행성은 지구 쪽으로 가까워져야 하므로 행성의 공전 방향은 ⓛ이다.

**03** ㄱ. 중심별과 행성은 공통 질량 중심을 같은 주기, 같은 방향으로 회전한다.
ㄷ. 중심별의 크기가 같을 때, 식 현상이 진행되는 시간은 행성의 공전 속도가 빠를수록 짧다. 행성의 공전 속도는 (다)보다 (나)에서 빠르므로 식이 진행되는 시간도 (나)에서 더 짧다.

**오답 피하기** ㄴ. 행성의 질량은 (가)보다 (나)에서 크다. 따라서 행성의 중력에 의해 중심별에 나타나는 시선 속도 변화는 (나)에서 더 크고, 도플러 효과에 의한 별빛의 최대 편이량도 (나)에서 더 크다.

**04** ㄱ. 주계열성은 질량이 클수록 광도가 커서 생명 가능 지대까지의 거리가 멀어진다. 따라서 질량은 물리량 X에 적절하다.

**오답 피하기** ㄴ. 생명 가능 지대는 중심별에서 멀어질수록 폭이 넓어지므로 ⊙이 ⓛ보다 넓다.
ㄷ. 행성 A는 생명 가능 지대보다 중심별에 가깝게 위치하므로 물이 기체 상태로 존재할 것이다.

**05** ㄴ. 지구의 공전 궤도 반지름은 1AU이며, 발견된 행성들의 공전 궤도 반지름은 대부분 1AU보다 작다.
ㄷ. 이 행성들은 모두 식 현상을 이용하여 발견된 행성들이므로 공전 궤도면은 관측자의 시선 방향에 거의 나란하다.

**오답 피하기** ㄱ. 발견된 행성들의 대부분질량이 지구보다 훨씬 크므로 크기도 지구보다 클 것이다.

**06** ㄱ, ㄴ. 생명 가능 지대의 거리가 $t_0$일 때보다 $t_1$일 때 멀어졌으므로 중심별의 광도는 $t_0$일 때보다 $t_1$일 때 크고, 생명 가능 지대의 폭도 $t_0$일 때보다 $t_1$일 때 넓다.

ㄷ. B는 $t_0$일 때부터 $t_1$일 때까지 계속 생명 가능 지대에 머물렀다. 따라서 A, B, C 중 생명 가능 지대에 가장 오랫동안 머물 수 있는 행성은 B이다.

**07** ㄴ. (나)에서는 앞쪽 별과 행성의 미세 중력 렌즈에 의해 나타나는 배경별의 밝기 변화를 관측한다.

오답 피하기 ㄱ. (가)에서는 행성의 반지름이 클수록 중심별의 밝기 변화가 크게 나타나므로 행성의 존재를 확인하기 쉽다.

ㄷ. (가)의 경우 행성의 공전 궤도면이 시선 방향에 거의 나란한 경우에만 이용할 수 있지만, (나)의 경우에는 행성의 공전 궤도면이 시선 방향에 나란하지 않더라도 미세 중력 렌즈 현상이 나타난다.

**08** ㉠은 태양보다 질량이 작지만 표면 온도는 훨씬 높으므로 백색 왜성이다. ㉡은 표면 온도는 낮지만 질량이 매우 크므로 초거성임을 알 수 있다. ㉢은 태양과 분광형, 질량이 비슷한 주계열성이다.

ㄴ. 생명 가능 지대의 폭은 광도가 가장 큰 초거성 ㉡이 가장 넓다.

ㄷ. ㉡은 질량이 가장 크므로 진화 속도가 제일 빠르다. 따라서 생명체가 출현하고 진화할 시간을 확보하기가 어렵다.

오답 피하기 ㄱ. 광도는 ㉡이 가장 크므로 생명 가능 지대의 거리도 가장 멀다.

---

Ⅵ-01-01. 외부 은하        워크북 56~57쪽

**01** ⑤   **02** ②   **03** ②   **04** ④   **05** ④   **06** ④   **07** ①   **08** ②

**01** ㄱ. A는 불규칙 은하, B는 타원 은하, C는 정상 나선 은하, D는 막대 나선 은하이다.

ㄴ. 타원 은하는 편평도에 따라 E0~E7까지 세분할 수 있다.

ㄷ. C와 D는 모두 나선 은하로, 나선팔과 은하 원반 구조를 갖고 있다.

**02** ㄷ. 타원 은하는 성간 물질이 다른 은하에 비해 적은 편이며, 상대적으로 젊은 별이 매우 적다.

오답 피하기 ㄱ. 규모가 매우 큰 거대 은하는 주로 타원 은하이며, 규모가 상대적으로 작은 은하들은 타원 은하 또는 불규칙 은하이다.

ㄴ. 우리은하는 나선 은하이며, 젊은 별과 늙은 별이 모두 존재한다.

**03** (가)는 정상 나선 은하, (나)는 막대 나선 은하, (다)는 타원 은하이다.

ㄴ. (나)의 막대 나선 은하에서는 나선팔이 중심부를 가로지르는 막대 구조와 연결되어 있다.

오답 피하기 ㄱ. (가)의 정상 나선 은하에서는 나이가 젊은 별은 대부분 나선팔에 분포한다.

ㄷ. 은하의 형태와 진화는 서로 관련이 없다는 것이 밝혀졌다.

**04** ㄴ. 퀘이사는 매우 먼 곳에 위치하는 외부 은하이고, 별은 우리은하 내부에 있는 천체이다. 따라서 거리는 퀘이사가 별보다 훨씬 멀다.

ㄷ. 퀘이사는 매우 멀리 있으므로 적색 편이량도 매우 크다. 우리은하 내부에 있는 별은 파장의 편이량이 멀리 있는 외부 은하에 비해 극히 작다.

오답 피하기 ㄱ. 광도는 단위 시간 동안 천체가 방출하는 총 에너지양에 해당한다. 퀘이사는 우리은하가 방출하는 에너지양보다 수백 배 이상의 에너지를 방출한다.

---

**05** ㄴ, ㄷ. 특이 은하는 모두 중심부에 블랙홀이 존재하는 활동성 은하이며, 보통의 은하에 비해 훨씬 많은 양의 에너지를 방출한다.

오답 피하기 ㄱ. 초기 우주에 형성된 특이 은하는 퀘이사이다.

**06** ①은 정상 나선 은하, ②는 불규칙 은하, ③은 타원 은하이다. ④는 전파 영역에서 관측한 전파 은하이고, ⑤는 X선 영역에서 관측한 전파 은하이다. 중심핵의 양쪽에 발달하는 로브 구조는 전파 영역에서 잘 관측된다.

**07** ㄱ. (가)는 하나의 별처럼 보이는 퀘이사이고, (나)는 밝은 핵을 갖고 있는 세이퍼트은하이다.

오답 피하기 ㄴ. (나)의 세이퍼트은하는 대부분 나선 은하로 관측된다.

ㄷ. 우리은하로부터의 거리는 적색 편이가 크게 나타나는 (가)가 (나)보다 멀다.

**08** ㄷ. 은하가 충돌하는 과정에서 성간 물질이 압축되면서 새로운 별들이 생성될 수 있다.

오답 피하기 ㄱ, ㄴ. 나선팔을 갖고 있는 두 나선 은하가 충돌하는 모습이다. 별의 크기에 비해 별 사이의 평균 거리는 매우 멀다. 따라서 은하가 충돌하더라도 별이 서로 충돌하는 경우는 매우 드물다.

---

Ⅵ-01-02. 허블 법칙과 우주론 03. 암흑 물질과 암흑 에너지   워크북 58~59쪽

**01** ③   **02** ③   **03** ④   **04** ⑤   **05** ③   **06** ④   **07** ②   **08** ③

**01** ㄱ, ㄴ. 방출선 (나)의 파장 변화량을 비교해 보면, A가 43Å, B가 86Å이다. 따라서 적색 편이량은 A가 B의 1/2배이다. 적색 편이량은 후퇴 속도에 비례하고, 후퇴 속도는 거리에 비례하므로 우리은하로부터의 거리는 B가 A의 2배이다.

오답 피하기 ㄷ. 은하 B에서 A를 관측한다면, 적색 편이가 나타나므로 방출선 (가)의 파장은 고유 파장인 4340Å보다 크게 나타난다.

**02** ㄱ. 스티커 사이의 간격은 풍선이 부풀어 오를수록 멀어지므로 (다)보다 (라)에서 멀다.

ㄷ. 이 실험을 통해 은하의 거리와 후퇴 속도가 비례한다는 허블 법칙을 설명할 수 있다.

오답 피하기 ㄴ. D를 기준으로 쟀을 때 스티커 사이의 거리 변화량은 B가 가장 크다.

**03** ㄴ, ㄷ. 우주가 팽창함에 따라 우주의 평균 밀도는 계속 감소하며, 우주 배경 복사의 온도도 감소한다.

오답 피하기 ㄱ. 우주가 팽창하더라도 새로운 물질이 생성되지 않으므로 우주의 질량은 A와 B에서 동일하다.

**04** ㄱ. 우주 배경 복사는 우주의 온도가 약 3000K일 때 형성되었으며 현재는 2.7K 흑체 복사로 관측된다.

ㄴ. 우주 배경 복사는 하늘의 모든 방향에서 거의 균일하게 관측되지만, 방향에 따라 미세한 온도 차이가 있다.

ㄷ. 우주가 팽창함에 따라 우주 배경 복사는 적색 편이가 일어나 파장이 길어진다.

**05** ㄱ. 겉보기 밝기는 거리의 제곱에 반비례한다. B는 A보다 3배 멀리 있으므로 겉보기 밝기는 A가 B의 9배이다.

ㄴ. B에서 관측하더라도 우주 팽창에 의해 A와 C는 모두 후퇴하는 것으로 나타난다.

오답 피하기 ㄷ. 10억 년 전에는 C가 우리은하로부터 더 가까이 위치해 있었으므로 후퇴 속도는 현재보다 작았다.

**06** ㄴ, ㄷ. 멀리 있는 Ia형 초신성일수록 허블 법칙(적색 편이량)으로 구한 겉보기 밝기보다 관측된 겉보기 밝기가 더 어둡다. 이는 멀리 있는 Ia형 초신성일수록 적색 편이량이 예상보다 작았다는 의미이다. 이런 관측 결과를 이용하여 우주의 팽창 속도가 점점 빨라졌다는 것을 알 수 있다.

오답 피하기 ㄱ. Ia형 초신성은 거리에 관계없이 최대로 밝아졌을 때, 절대 등급이 항상 일정하다.

**07** ㄷ. 암흑 에너지 C는 밀도가 일정하게 유지되므로 시간에 따라 우주 팽창에 미치는 효과가 상대적으로 커진다.

오답 피하기 ㄱ. A는 암흑 물질, B는 보통 물질, C는 암흑 에너지이다.
ㄴ. A(암흑 물질)와 B(보통 물질)는 중력에 의해 우주의 팽창 속도는 줄이는 역할을 하고, C(암흑 에너지)는 우주의 팽창 속도를 증가시키는 역할을 한다.

**08** ㄱ. 현재 우주는 암흑 에너지에 의한 영향으로 가속 팽창하고 있다.
ㄴ. 우주가 팽창할수록 암흑 물질과 보통 물질의 밀도가 감소하기 때문에 우주의 평균 밀도는 A 시점이 현재보다 크다.

오답 피하기 ㄷ. 우주가 팽창할수록 우주의 평균 밀도가 감소하므로 A 시점이 현재보다 크다.

## 고난도 문제

**I. 지권의 변동**        워크북 60~61쪽

**01** ①    **02** ③    **03** ④    **04** ③    **05** ③    **06** ⑤    **07** 해설 참조
**08** 해설 참조

**01** 음향 측심법이란 해수면에서 발사한 초음파가 해저면에 반사하여 되돌아오기까지 걸리는 시간을 재어 수심을 측정하는 방법이다. 음파가 반사되어 가장 빨리 되돌아오는 데 걸리는 시간을 $t$, 음파의 속도를 $v$라고 하면 수심 $d$는 $d = \frac{1}{2}vt$이므로, 음파가 반사되어 되돌아오는 데 걸리는 시간이 길수록 수심은 깊다.
ㄱ. 탐사 지점 1에서 음파가 되돌아오는 데 걸리는 시간이 6.8초이므로, 수심은 $d = \frac{1}{2} \times 1500 \times 6.8 = 5100$ m가 된다.

오답 피하기 ㄴ. 맨틀 대류의 상승부에 위치하는 해령은 해저에서 솟아오른 산맥을 이루고 있으므로 주변보다 수심이 얕다. 탐사 지점 3은 음파 왕복 시간이 주변보다 길기 때문에, 수심이 주변보다 깊다. 따라서 탐사 지점 3은 맨틀 대류의 상승부에 위치하지 않는다.
ㄷ. 음파 왕복 시간을 보면 탐사 지점 2와 3의 시간 차이는 1.2초, 탐사 지점 3과 4의 차이는 3.4초이다. 음파 왕복 시간이 길수록 수심이 깊어지므로, 두 지점의 음파 왕복 시간의 차이가 클수록 수심의 차이는 커진다고 볼 수 있다. 탐사 지점 사이의 거리는 같기 때문에, 수심의 차이가 더 큰 3~4 구간이 해저면의 평균 기울기가 더 급하다고 볼 수 있다.

**02** 해령의 열곡에서는 새로운 해양 지각이 생성되고, 해령을 중심으로 해저가 확장되는데, 이 때 생성되는 해양 지각의 암석 속 자성 광물이 지구 자기장에 의해 자화되어 고지자기를 남긴다.
ㄱ. (가)에서 정자극기에서 형성된 암석에서 가리키는 고지자기 방향은 아래쪽이므로, 아래쪽이 북쪽 방향, 위쪽이 남쪽 방향이다. 해령 부근의 고지자기 분포는 해령을 축으로 대칭을 이루므로, (가)의 해령은 위−아래로 발달한다. 따라서 (가)의 해령은 남북 방향으로 발달해 있다.
ㄴ. 해령에서 멀어질수록 해양 지각의 나이는 증가한다. 해령까지의 거리는 B가 A보다 가까우므로, B는 A보다 나중에 생성되었다.

오답 피하기 ㄷ. (나)에서 정자극기에서 형성된 암석에서 가리키는 고지자기 방향은 오른쪽이므로, 오른쪽이 북쪽 방향, 왼쪽이 남쪽 방향이다. 그리고 정자극기에 형성된 C의 복각이 −55°이므로 C는 남반구에서 생성된 암석이다. 따라서 (나)의 해령은 남반구에 위치한다. C의 해양 지각은 생성된 후 오른쪽인 북쪽 방향으로 이동하고, 남반구에서 북쪽 방향으로 이동하는 것은 적도에 가까워지는 것이므로 C의 해양 지각은 생성된 후 저위도로 이동하였다.

**03** B의 화산섬들은 열점에서의 마그마 분출로 만들어졌다. 이때, P에서의 화산섬의 연령은 0이므로, B의 화산섬들은 P에서 생성된다고 볼 수 있다. 그리고 P의 남동쪽에 동태평양 해령이 분포하므로, P에서 생성된 화산섬들은 태평양 판에 실려 북서쪽으로 이동하게 된다. 따라서 P에서 북서쪽으로 가면서 화산섬들이 차례로 분포하며, P에서 멀어질수록 화산섬의 연령이 많아진다.
ㄱ. P에서 만들어진 화산섬이 태평양 판에 실려 이동하므로, 태평양 판의 확장 속도는 (나)의 그래프를 통해 구할 수 있다. 화산섬의 연령은 P

에서 화산섬이 만들어지고 난 후의 이동 시간이고, P로부터의 수평 거리는 P에서 화산섬이 만들어지고 난 후의 이동 거리이므로, 태평양 판의 확장 속도는 $\dfrac{\text{P로부터의 수평거리}}{\text{화산섬의 연령}}$가 된다. (나)의 그래프에서의 기울기는 $\dfrac{\text{화산섬의 연령}}{\text{P로부터의 수평거리}}$이므로, 태평양 판의 확장 속도는 $\dfrac{1}{\text{(나)의 그래프의 기울기}}$이 된다. (나)의 그래프의 기울기는 최근 백만 년 동안보다 최근 5백만 년 동안이 더 크므로, 태평양 판의 확장 속도는 최근 백만 년 동안이 최근 5백만 년 동안보다 빨랐다.

ㄴ. 섭입대 부근에서는 주로 안산암질 마그마가 생성되고, 열점에서는 주로 현무암질 마그마가 생성된다. A는 수렴형(섭입형) 경계인 해구 부근으로 주로 안산암질 마그마가 분출하고, B는 열점으로 주로 현무암질 마그마가 분출한다. 따라서 화산에서 분출된 마그마의 $SiO_2$ 평균 함량은 A가 B보다 높다.

ㄷ. 해령에서 새로운 해양 지각이 생성되고, 해령을 축으로 양쪽으로 이동하므로 해령에서 멀어질수록 해양 지각의 나이는 많아진다. A와 C는 모두 동태평양 해령에서 만들어진 해양 지각이 섭입하는 해구이고, A는 C보다 해령까지의 거리가 멀기 때문에 해구에서 섭입하는 해양 지각 나이는 A가 C보다 많다.

 ㄹ. 화산섬들은 P에서 생성된 후 태평양 판에 실려 북서쪽으로 이동하였으며, X 화산섬은 Y 화산섬에 비해 P에 가까우므로 X 화산섬은 Y 화산섬보다 동쪽에 위치한다.

**04** 화성암은 화학 조성($SiO_2$)과 광물의 조성에 따라 분류할 수 있으며, 또 마그마의 냉각 속도와 구성 광물의 조직에 따라 화산암, 심성암으로 분류할 수 있다. A는 $SiO_2$의 함량이 52% 이하인 염기성암으로, 냉각 속도가 빠르며, 무색 광물 함량이 가장 작으므로 현무암이다. B는 $SiO_2$의 함량이 66% 이상인 산성암으로, 냉각 속도가 빠르며, 무색 광물의 함량이 상대적으로 많으므로 유문암이다. C는 $SiO_2$의 함량이 66% 이상인 산성암으로, 냉각 속도가 느리며, 무색 광물의 함량이 상대적으로 많으므로 화강암이다.

ㄱ. 어두운 색 광물은 무거운 원소를 많이 포함하여 밀도가 크며, 무색 광물의 함량이 적을수록 어두운 색 광물의 함량이 많다. A가 C보다 무색 광물의 함량이 적고 어두운 색 광물의 함량이 많으므로 A가 C보다 밀도가 크다.

ㄷ. 마그마의 성분은 온도에 크게 영향을 받는데 온도가 높은 마그마일수록 용융점이 높은 물질까지도 포함되어 있으며, 온도가 낮은 마그마일수록 $SiO_2$와 같은 용융점이 낮은 물질의 함량비가 높다. A가 B보다 $SiO_2$의 함량이 적으므로 A는 B보다 고온의 마그마가 굳어서 생성되었다.

 ㄴ. 마그마의 냉각 속도가 빠를수록 광물 결정의 크기가 작다. B가 C보다 냉각 속도가 빠르므로 B가 C보다 광물 결정의 크기가 작다.

**05** 두 대륙이 충돌하는 과정에서 대륙 주변에 퇴적된 해양 퇴적물은 큰 횡압력을 받아 습곡 산맥이 된다.

ㄱ. 히말라야산맥 지역은 대륙판과 대륙판이 충돌하는 수렴형 경계로, 서로 미는 횡압력에 의해 습곡과 역단층이 발달할 것이다.

ㄴ. 인도 대륙이 충돌하기 전에 형성되어 있던 해양 퇴적물의 일부가 상승하여 히말라야산맥을 구성하였다. 따라서 히말라야산맥에서는 암모나이트 화석과 같은 해양 생물의 화석이 발견된다.

 ㄷ. 현재 대륙과 대륙이 충돌하는 히말라야산맥에서는 화산 활동이 거의 일어나지 않는다. 대륙과 대륙이 충돌하는 과정에서 히말라야산맥을 밀어 올려서 히말라야산맥의 높이가 서서히 높아지고 있다.

**06** 한라산은 신생대에 유동성이 큰 마그마가 분출하여 순상 화산체를 형성하였고, 마지막 단계에서 유동성이 작은 마그마가 분출하여 종상 화산체를 형성하였다. 한라산은 전체적으로 이중 화산의 형태를 띠고 있다.

ㄱ. 제주도의 한라산은 신생대에 여러 차례에 걸쳐 일어난 화산 활동에 의해 만들어진 화산이다.

ㄴ. 용암 동굴은 유동성이 큰 용암이 흘러가면서 용암의 바깥쪽은 굳고 안쪽은 계속 흘러 나가면서 형성되는데, 이때 용암은 점성이 작아 경사가 완만한 평지에서도 잘 흐를 수 있어야 한다. 이와 같이 유동성이 큰 현무암질 용암이 흘러서 제주도의 용암 동굴이 만들어졌다. 따라서 용암 동굴의 주요 암석은 현무암이다.

ㄷ. 점성이 크고 유동성이 작은 마그마가 분출할수록 화산체의 경사는 급해진다. 한라산 정상부는 산의 하부보다 경사가 급하다. 그 이유는 한라산의 정상부를 형성한 마그마가 산의 하부를 형성한 마그마보다 점성이 컸기 때문이다.

**07** 맨틀 대류가 상승하는 위치에서 대륙이 분리되기 시작하고, 새로운 해양 지각이 만들어지면서 바다가 열린다. 이때 만들어진 해양 지각이 소멸하지 않았다면, 어느 대양에서 가장 오래된 해양 지각의 나이는 곧 그 대양의 생성 시기라 볼 수 있다. 따라서 해양 지각의 나이 분포를 이용하면 판게아에서 대륙이 분리된 시기를 알아낼 수 있다. 북아메리카 대륙과 아프리카 대륙 사이에 위치하는 대서양에서 가장 오래된 해양 지각의 나이는 약 1억 8천만 년이므로, 두 대륙은 약 1억 8천만 년 전부터 분리되었다. 오스트레일리아 대륙과 남극 대륙 사이에 위치하는 대양에서 가장 오래된 해양 지각의 나이는 약 9천만 년이므로, 두 대륙은 약 9천만 년 전부터 분리되었다.

 두 대륙 사이의 존재하는 가장 오래된 해양 지각의 나이는 두 대륙이 분리되는 시기이므로 A가 B보다 먼저 일어났다.

| 채점 기준 | 배점 |
| --- | --- |
| A를 고르고, 그 이유를 해양 지각의 나이와 관련지어 올바르게 설명한 경우 | 100% |
| A만 고른 경우 | 50% |

**08** (1) 판은 맨틀 대류로 판 자체에서 만들어지는 물리적인 힘에 의해서도 이동한다. 해령은 맨틀 대류가 상승하는 곳으로 해령에서 멀어지는 방향으로 판을 밀어내는 힘이 작용한다. 해령에서 멀어져 해구까지 밀리고 끌려온 오래된 해양 지각은 차갑고 밀도가 높아서 맨틀로 침강한다. 이때 침강하는 판 자체의 무게는 판 전체를 끌어당기는 힘으로 작용한다. 판 A에는 해령에서 멀어지는 방향으로 판을 밀어내는 힘과 침강하는 판 자체의 무게에 의해 판을 잡아당기는 힘이 모두 작용하지만, 판 B에는 해령에서 멀어지는 방향으로 판을 밀어내는 힘만 작용한다. 따라서 판의 이동 속도는 A가 더 빠르다.

 판 A가 더 빠르다. 판 A에는 해령에서 판을 밀어내는 힘과 섭입하는 판이 잡아당기는 힘이 모두 작용하지만, 판 B에는 해령에서 판을 밀어내는 힘만 작용하기 때문이다.

| 채점 기준 | 배점 |
| --- | --- |
| A를 고르고, 그 이유를 판을 이동시키는 힘과 관련지어 올바르게 설명한 경우 | 100% |
| A만 고른 경우 | 50% |

(2) 판이 섭입하면서 온도와 압력이 상승하여 해양 지각에서 물이 빠져나오고, 빠져 나온 물에 의해 연약권을 구성하는 암석의 용용점이 낮아진다. 이로 인해 연약권의 암석이 부분 용용되고, 용용된 물질로 인해 현무암질 마그마가 생성된다. 현무암질 마그마가 상승하면서 지각 하부를 용용시켜 화강암질 마그마가 생성되고, 화강암질 마그마와 현무암질 마그마가 혼합되어 안산암질 마그마가 생성된다.

〔모범 답안〕 C에서는 주로 안산암질 마그마가 분출한다. 안산암질 마그마는 화강암질 마그마와 현무암질 마그마가 혼합되어 생성된다.

| 채점 기준 | 배점 |
| --- | --- |
| 마그마의 명칭과 마그마의 생성 과정을 모두 올바르게 설명한 경우 | 100% |
| 마그마의 명칭과 마그마의 생성 과정 중 한 가지만 올바르게 설명한 경우 | 50% |

| **Ⅱ. 지구의 역사** | 워크북 62~63쪽 |
| --- | --- |

**01** ③  **02** ⑤  **03** ①  **04** ②  **05** ④  **06** ③  **07** 해설 참조
**08** 해설 참조

**01** 화학적 퇴적암은 호수나 바다 등에서 물에 녹아 있던 물질이 화학적으로 침전하거나 물이 증발하면서 침전하여 생성된 암석이다.

ㄱ. (가)에서 물질이 침전하고 (나)에서 물이 증발하면서 (다)에서 암염이 생성되었다. 따라서 암염은 화학적 퇴적암이라 볼 수 있다.

ㄴ. (가)에서 (다)로 갈수록 B층은 압축 작용을 받아 공극이 감소하여 두께가 줄어들었다. 따라서 B의 퇴적물 입자 사이의 공극은 (가)에서 (다)로 갈수록 감소한다.

〔오답 피하기〕 ㄷ. 암염은 바닷물이 증발하여 소금이 광물로 남아 있는 것으로 염화 나트륨으로 이루어져 있다. 따라서 암염은 주로 증발이 활발하게 일어나는 염수 지역에서 생성된다. 다습한 환경에서는 증발이 활발하게 일어나지 않는다.

**02** 퇴적이 오랫동안 중단된 후 다시 퇴적이 일어나면 지층 사이에 퇴적 시간의 공백이 생기는데, 이처럼 시간적으로 불연속적인 상하 두 지층 사이의 지질 구조를 부정합이라 하고, 그 경계면을 부정합면이라고 한다. 부정합면 바로 위에 놓인 역암을 기저 역암이라 하고, 부정합면 위에는 기저 역암이 존재하는 경우가 많다.

ㄱ. A 암석은 현무암이고, 나타나는 지질 구조는 주상 절리이므로, A는 현무암질 마그마가 분출하여 마그마가 급격하게 식어가는 과정에 만들어진 암석이다. 따라서 A 암석인 현무암은 화산 활동에 의해 만들어졌다.

ㄴ. B층에서 비스듬히 기울어져 나타나는 층리는 사층리이다. 사층리에서 바람이나 물이 흘렀던 방향은 기울기가 큰 쪽에서 작은 쪽 방향이다.

따라서 퇴적될 당시 퇴적물이 공급된 방향은 ⓒ→⑤ 방향이다.

ㄷ. B층의 하부에는 자갈 퇴적물이 있는데, 이는 기저 역암이다. 따라서 B와 C 사이에는 부정합면이 존재하며, B와 C 사이에는 긴 시간 간격이 있다고 판단할 수 있다.

**03** 화폐석은 신생대, 암모나이트는 중생대, 삼엽충은 고생대의 표준 화석이다.

ㄱ. 고사리는 따뜻하고 습한 육지 환경에서 서식하므로, 고사리 화석이 산출되는 (가) 지역은 과거에 온난 습윤한 기후였음을 추정할 수 있다.

〔오답 피하기〕 ㄴ. (가) 지역에 화폐석이 산출되는 지층은 신생대에, (나) 지역에 암모나이트가 산출되는 지층은 중생대에, 삼엽충이 산출되는 지층은 고생대에 퇴적되었다. (나)에는 중생대와 고생대의 지층이 있고 (가)에는 신생대의 지층이 있으므로, 가장 나중에 퇴적된 지층은 (가)에 있다.

ㄷ. 화폐석, 암모나이트, 삼엽충은 모두 바다에 살았던 생물이지만, 고사리는 육지 환경에서 서식한 생물이다. 따라서 두 지역의 지층은 모두 바다에서 형성된 것은 아니다.

**04** 인접한 네 지역에서 같은 종류의 표준 화석이 산출되는 지층을 연결하면, 지층의 선후 관계를 판단할 수 있다.

ㄴ. (가)~(라)에서 표준 화석이 산출되는 지층은 ★→▼→●→■→▲→□→◆의 순으로 생성되었다. 가장 오래된 지층은 (라) 지역에 존재하는 ★가 산출되는 지층이고, 가장 새로운 지층은 (다)와 (라) 지역에 존재하는 ◆가 산출되는 지층이다. 따라서 가장 젊은 지층에서 산출되는 표준 화석은 ◆이다.

〔오답 피하기〕 ㄱ. (가) 지층은 표준 화석이 ▼→(●)→■→▲이 산출되는 기간 동안 형성되었고, (나) 지층은 표준 화석이 ▼→●→■→(▲)→□이 산출되는 기간 동안 형성되었다. 따라서 (가)보다 (나)가 오랜 기간에 걸쳐 지층이 형성되었다.

ㄷ. (라) 지층은 표준 화석이 ★→▼→●→(■)→▲→(□)→◆이 산출되는 기간 동안 형성되었고, 표준 화석 ■과 □이 산출되는 지층이 나타나지 않는다. 이를 통해 표준 화석 ●과 ▲이 산출되는 두 지층 사이에는 시간적으로 차이가 나고, 표준 화석 ▲과 ◆이 산출되는 두 지층 사이에도 시간적으로 차이가 나는 것을 알 수 있다. 따라서 (라) 지층에서 부정합면은 2개 이상 존재한다.

**05** 짧은 시간 동안에 많은 종의 생물들이 멸종한 사건을 대멸종이라고 한다. 대멸종은 지역적 또는 전 지구적으로 일어난 급격한 환경 변화에 의해 일어날 수 있다. 지난 5억 년 동안 5번(고생대 오르도비스기 말, 데본기 말, 페름기 말, 중생대 트라이아스기 말, 백악기 말)의 대멸종이 있었다.

ㄴ. 고생대 페름기 말에는 기온이 갑자기 하강하여 해양 생물의 서식 환경이 달라지고, 초대륙인 판게아가 형성되면서 해양 생물의 서식지가 줄어들었다. 이로 인해 이 시기에 해양 동물 종류의 수가 급격하게 감소하는 생물 대멸종이 일어났다.

ㄷ. 고생대 오르도비스기 말, 데본기 말, 페름기 말, 중생대 백악기 말에는 육상 식물 종류의 수는 큰 변화가 없지만, 해양 생물 종류의 수는 급격하게 감소하였다. 따라서 지질 시대의 구분 기준으로는 해양 동물 종류의 수 변화가 더 적합하다고 판단할 수 있다.

〔오답 피하기〕 ㄱ. 고생대 후기에는 양치식물이, 중생대에는 겉씨식물이,

신생대에는 속씨식물이 번성하였다. 따라서 A는 겉씨식물, B는 속씨식물이다.

**06** 이 지역에서는 지층 C 퇴적→화성암 A 관입→부정합→지층 D 퇴적→화성암 B 관입→부정합→지층 E 퇴적 순으로 지질학적 사건이 있었다.

ㄱ. 지층 D와 지층 E 하부에는 기저 역암이 존재한다. 지층 D와 아래와 지층 E 아래에 부정합면이 존재하므로, 이 지역은 부정합면이 최소한 2개가 존재한다. 부정합면이 생길 때마다 융기가 1회 씩 일어났고, 지층 E가 육지에 드러난 것을 통해 융기가 1회 더 일어났다고 볼 수 있으므로, 이 지역은 최소한 3회 이상 융기하였다.

ㄴ. 습곡은 지층의 휘어짐인데 C에서 나타나는 지층의 휘어짐이 단층에 의해 단절되었다. 이는 습곡이 먼저 형성된 이후에 단층이 만들어졌기 때문이다.

**오답 피하기** ㄷ. 방사성 원소 X의 반감기는 1억 년이다. 화성암 A에 포함된 방사성 원소 X의 양이 처음 양의 12.5%이므로 반감기를 3회 거쳤다. 따라서 화성암 A의 절대 연령은 3억 년이다. 화성암 B에 포함된 방사성 원소 X의 양이 처음 양의 50%이므로 반감기를 1회 거쳤다. 따라서 화성암 B의 절대 연령은 1억 년이다. 지층 E는 화성암 B가 관입한 이후에 퇴적되었으므로, 지층 E의 절대 연령은 0~1억 년이다. 방추충은 고생대 생존했던 생물이므로, 지층 E에서 방추충 화석이 발견될 수 없다.

**07** (1) A와 B층의 경계에 뒤집힌 연흔이 발견되므로 A와 B층은 역전되었다는 것을 알 수 있으므로, B층이 A층보다 먼저 퇴적되었다. 그리고 C층 아래의 기저 역암을 통해 B층과 C층 사이에 부정합면이 존재하는 것을 알 수 있다. 따라서 이 지역에서는 지층 B 퇴적→지층 A 퇴적→지층의 역전→부정합→지층 C 퇴적 순으로 지질학적 사건이 있었다.

**모범 답안** A와 B층의 경계에 뒤집힌 연흔과, C층 아래의 기저 역암의 존재를 통해 지층 A, B, C의 퇴적 순서는 B→A→C 순임을 알 수 있다.

| 채점 기준 | 배점 |
| --- | --- |
| 퇴적 순서를 올바르게 쓰고, 판단 근거를 올바르게 설명한 경우 | 100% |
| 퇴적 순서만 올바르게 쓴 경우 | 50% |

(2) 단층면이 경사져 있을 때 그 윗부분을 상반, 아랫부분을 하반이라고 한다. 정단층은 장력이 작용하여 상반이 아래로 내려간 단층이고, 역단층은 횡압력이 작용하여 상반이 위로 밀려 올라간 단층이다. 단층 P–P′에서 오른쪽 위에 해당하는 지층이 상반이며, 단층면을 따라 상반이 위로 올라가 있으므로 단층 P–P′은 역단층이다. 단층 Q–Q′에서 왼쪽 위에 해당하는 지층이 상반이며, 단층면을 따라 상반이 위로 올라가 있으므로 단층 Q–Q′은 역단층이다.

**모범 답안** 단층 P–P′과 단층 Q–Q′에서 모두 상반이 단층면을 따라 위로 올라간 모습이므로, 모두 역단층이다.

| 채점 기준 | 배점 |
| --- | --- |
| 단층 2개의 명칭을 모두 올바르게 쓰고, 그 이유를 상반의 움직임으로 설명한 경우 | 100% |
| 단층 1개의 명칭만 올바르게 쓰고, 그 이유를 상반의 움직임으로 설명한 경우 | 50% |

**08** 석회암 지대에서 이산화 탄소가 녹아서 형성된 탄산 수소 이온에서 이산화 탄소 일부가 증발하여 생성되는 석순은 간격이 일정하지 않는 무늬가 생긴다. 석순의 무늬 간격이 일정하지 않은 것은 석순의 성장 속도가 일정하지 않기 때문이다. 온도가 낮을 때보다 온도가 높을 때 이산화 탄소의 증발이 활발하므로 석순의 성장 속도가 빨라 무늬 간격이 넓을 것이다. A는 온도가 낮은 시기, B는 온도가 높은 시기이므로 B 시기에 석순의 무늬 간격은 A 시기보다 넓었을 것이다.

**모범 답안** 온도가 높을수록 이산화 탄소의 증발이 활발해져 석순의 성장 속도가 빨라진다. 따라서 온도가 높은 B 시기에 석순의 무늬 간격이 더 넓다.

| 채점 기준 | 배점 |
| --- | --- |
| B를 고르고, 그 이유를 석순의 성장 속도와 관련지어 설명한 경우 | 100% |
| B만 고른 경우 | 50% |

| Ⅲ. 대기와 해양의 변화 | 워크북 64~65쪽 |
| --- | --- |

**01** ③　**02** ③　**03** ⑤　**04** ④　**05** ③　**06** ①　**07** 해설 참조
**08** 해설 참조

**01** A는 한랭 전선, B는 온난 전선, C는 폐색 전선, D는 정체 전선이다.

ㄱ. 한랭 전선은 전선 뒤쪽 좁은 구역에서 적운형의 구름으로부터 소나기가 내린다. 온난 전선은 전선 앞쪽 넓은 구역에서 층운형 구름으로부터 지속적인 비가 내린다. 따라서 주변에 생성되는 구름의 평균 두께는 A(한랭 전선)가 B(온난 전선)보다 두껍다.

ㄴ. C(폐색 전선)는 이동 속도가 빠른 한랭 전선이 온난 전선을 따라잡아 겹치면서 생성된다.

**오답 피하기** ㄷ. 온대 저기압은 생성, 발달, 소멸 단계를 거치면서 서쪽에서 동쪽으로 이동한다. (가)는 온대 저기압의 발달, (나)는 폐색 전선 발달, (다)는 전선 형성 단계이므로, 온대 저기압의 일생은 (다)→(가)→(나) 순이다. 따라서 전선 D가 가장 먼저 형성되고, 전선 C가 가장 나중에 형성된다.

**02** 어느 지역에 전선이 통과하면 기온, 기압, 풍향 등의 일기 요소가 급변한다. 기온과 기압이 급변하는 11시 경에 전선이 이 지역을 통과하였다고 볼 수 있다.

ㄱ. 강한 상승 기류로 발생한 적란운에 의해 뇌우가 나타난다. 따라서 11시 경에는 한랭 전선이 통과하였다고 볼 수 있다. 한랭 전선이 통과하면 기온은 낮아지고, 기압은 높아진다. 따라서 A는 기온, B는 기압이다.

ㄴ. 뇌우의 일생 중 상승 기류와 하강 기류가 공존하는 성숙 단계에서 천둥과 번개를 동반한 소나기가 내린다.

**오답 피하기** ㄷ. 12시 이후에 이 지역의 기압(B)은 점점 증가하고 있는 것으로 보아, 온대 저기압의 중심에서 멀어지고 있다는 것을 알 수 있다.

**03** 태풍이 지나감에 따라 태풍 진행 방향의 오른쪽 지역에서는 풍향이 시계 방향으로 변하고, 왼쪽 지역에서는 시계 반대 방향으로 변한다.

ㄱ. 열대 저기압인 태풍은 중심으로 갈수록 기압은 계속 낮아지고, 중심에서 기압이 최소이다. 따라서 P는 기압 분포이다. 풍속은 중심으로 갈

수록 계속 커지다가 태풍의 눈 주변의 구름의 벽에서 최대가 되고, 태풍의 눈에서는 급격하게 감소한다. 따라서 Q는 풍속 분포이다.

ㄴ. 위험 반원에서의 풍속은 (태풍의 자체 속도 + 태풍의 이동 속도)이고, 안전 반원에서의 풍속은 (태풍의 자체 속도 − 태풍의 이동 속도)이므로 A 지점과 B 지점의 풍속 차이는 2×(태풍의 이동 속도)이다. 따라서 두 지점의 풍속 차이는 태풍의 이동 속도가 빠를수록 커진다.

ㄷ. 북상하는 태풍의 서쪽에 위치하는 A는 태풍 진행 방향의 왼쪽 지역이고, 동쪽에 위치하는 B는 태풍 진행 방향의 오른쪽 지역이다. 따라서 태풍이 이동할 때 풍향은 A에서 시계 반대 방향으로, B에서 시계 방향으로 바뀐다.

**04** (가)는 태풍이 우리나라로 접근하고 있으므로 여름철에 해당하고, (나)는 장마 전선이 우리나라에 형성되어 있으므로 초여름에 해당한다.

ㄴ. B 지역은 구름이 없는 영역으로 고기압이 위치할 것이다. 그림 (가)는 우리나라 여름철에 해당하므로, 우리나라 남동쪽에 위치하는 고기압은 북태평양 고기압이라 볼 수 있다.

ㄷ. 따뜻한 공기가 찬 공기 위로 올라가면서 구름을 만들기 때문에, 정체 전선(장마 전선)에서는 찬 공기 쪽으로 강수대가 형성된다. 따라서 장마 전선은 C 지역의 구름의 남쪽 경계선에 위치한다.

[오답 피하기] ㄱ. 태풍은 저기압의 일종이므로 태풍 중심으로 지상 공기가 시계 반대 방향으로 수렴한다. A 지역은 태풍의 서쪽에 위치하므로 A 지역에서의 풍향은 북서풍일 것이다.

**05** 해수의 밀도는 수온이 낮을수록, 염분이 높을수록 높다.

ㄱ. 육지에서 하천수가 유입되면 표층 염분이 낮아진다. 따라서 표층 염분이 낮게 나타나는 가을이 봄보다 육지에서 유입된 물의 영향을 더 받는다고 볼 수 있다.

ㄴ. 수온 약층은 혼합층 아래에서 깊이에 따라 수온이 급격히 낮아지는 층으로, 혼합층과 심해층의 온도 차이가 클수록 발달한다. 따라서 수온 약층은 혼합층의 수온이 더 높은 가을에 더 뚜렷하게 나타난다.

[오답 피하기] ㄷ. 심층에서 수온과 염분은 계절에 따라 변화가 나타나지 않으므로, 계절에 따른 밀도 변화는 심층에서 가장 작다. 반면, 표층에서는 봄보다 가을에 수온이 높고 염분이 낮으므로, 표층 해수의 밀도는 봄보다 가을에 더 낮게 나타난다.

**06** 수온−염분도를 이용하여 수심에 따른 수온과 염분 및 밀도의 변화 양상을 알 수 있다.

ㄱ. 수심 0~100 m 구간은 수온이 약 16℃로 일정하므로 혼합층에 해당한다. 수심 100~300 m 구간은 깊이에 따라 수온이 감소하고 있으므로 수온 약층에 해당한다. 따라서 수온 약층이 혼합층보다 두껍다.

[오답 피하기] ㄴ. 수심 200 m 부근은 수온 약층으로 매우 안정한 층이므로 해수의 연직 운동이 활발하지 않다.

ㄷ. 수심 100~300 m 구간에서 밀도는 1.025 g/cm$^3$에서 약 1.026 g/cm$^3$로 변하였다. 300~500 m 구간에서 밀도는 1.026~1.027 g/cm$^3$에 존재한다. 따라서 100~300 m 구간에서 깊이에 따른 밀도의 증가율이 크다.

**07** 우리나라는 편서풍 지대에 속하므로 전선이나 기압 배치가 서에서 동으로 이동해 간다. 4일 09시에 저기압의 중심이 우리나라에 위치하고 있고, 우리나라의 북서쪽에 위치하는 고기압이 우리나라 쪽으로 확장하는 것을 알 수 있다. 따라서 5일에는 저기압은 우리나라에서 멀어지고,

북서쪽에 자리 잡고 있는 고기압이 우리나라에 영향을 더 미치게 되므로, 기온은 하강하게 될 것이다.

[모범 답안] 한랭 건조한 고기압의 영향이 더 커지게 되므로 기온은 전날에 비해 하강할 것이다.

| 채점 기준 | 배점 |
|---|---|
| 기온 변화를 적고, 그 이유를 한랭 건조한 기단을 포함하여 올바르게 설명한 경우 | 100% |
| 기온 변화를 적은 경우 | 50% |

**08** (1) 무역풍대는 태풍의 이동 방향과 대기 대순환에 의한 풍향이 반대이고, 편서풍대는 태풍의 이동 방향과 대기 대순환에 의한 풍향이 비슷하다. 따라서 일반적으로 태풍의 이동 속도는 편서풍대가 무역풍대보다 빠르므로, 태풍은 전향점을 지나면 이동 속도가 빨라질 것이다.

[모범 답안] 태풍은 편서풍대에서는 이동 방향과 대기 대순환에 의한 방향이 비슷하므로, 태풍의 이동 속도는 빨라진다.

| 채점 기준 | 배점 |
|---|---|
| 속도 변화를 적고, 그 이유를 편서풍을 포함하여 올바르게 설명한 경우 | 100% |
| 속도 변화를 적은 경우 | 50% |

(2) 태풍의 진로는 북태평양 고기압의 영향을 받는다. 북태평양 고기압의 세력이 강해지면 더 서쪽으로, 북태평양 고기압의 세력이 약해지면 더 동쪽으로 진로가 바뀐다.

[모범 답안] 북태평양 고기압의 세력이 약해지기 때문에 태풍의 이동 경로는 오른쪽으로 치우치게 된다.

| 채점 기준 | 배점 |
|---|---|
| 북태평양 고기압을 포함하여 올바르게 설명한 경우 | 100% |
| 북태평양 고기압만 적은 경우 | 50% |

(3) 태풍 진행 방향의 오른쪽은 태풍의 진행 방향과 태풍의 풍향이 일치하는 위험 반원이고, 왼쪽은 태풍의 진행 방향과 태풍의 풍향이 반대인 안전 반원(가항 반원)이다.

[모범 답안] B는 태풍 진행 방향의 오른쪽인 위험 반원에 위치하므로 왼쪽에 위치한 A보다 풍속이 더 크다.

| 채점 기준 | 배점 |
|---|---|
| B를 고르고, 그 이유를 위험 반원을 포함하여 올바르게 설명한 경우 | 100% |
| B를 고른 경우 | 50% |

| **Ⅳ. 대기와 해양의 상호 작용** | 워크북 66~67쪽 |
|---|---|

**01** ④  **02** ①  **03** ③  **04** ①  **05** ⑤  **06** ③  **07** 해설 참조
**08** 해설 참조

**01** 위도별 복사 에너지의 불균형으로 인해 대기와 해수의 순환이 나타난다.

ㄴ. 20°N 지역의 해양에 의한 에너지 수송량은 약 2.0이고, 대기에 의한 에너지 수송량 역시 약 2.0이다. 20°S 지역의 해양에 의한 에너지 수송량은 약 1.0이고, 대기에 의한 에너지 수송량은 약 4.0이다. 따라서 대

기에 의한 에너지 수송량에 대한 해양에 의한 에너지 수송량의 비는 북반구가 남반구보다 크다.

ㄷ. 저위도 지방은 에너지 과잉 상태이고, 고위도 지방은 에너지 부족 상태이다. 대기와 해수의 순환을 통해 저위도 지방의 남는 에너지가 고위도 지방으로 이동하여 전 지구적으로 에너지 평형 상태에 도달한다.

**오답 피하기** ㄱ. 흡수하는 태양 복사 에너지양과 방출하는 지구 복사 에너지양이 서로 같은 위도 38° 부근에서 에너지의 이동량이 최대로 나타난다. 적도 지역은 흡수하는 태양 복사 에너지양과 방출하는 지구 복사 에너지양의 차이가 크게 나타난다.

**02** A 해역에는 북적도 해류, B 해역에는 쿠로시오 해류, C 해역에는 페루 해류가 흐른다.

ㄱ. A에서 무역풍에 의한 북적도 해류가 동에서 서로 흐르고 있고 챌린저호는 동에서 서로 항해하고 있으므로, 챌린저호는 북적도 해류의 도움을 받아 항해하였다.

**오답 피하기** ㄴ. B에 흐르는 해류는 쿠로시오 해류로 저위도에서 고위도로 흐르는 난류이다. 아열대 해역의 서안에 흐르는 난류인 쿠로시오 해류는 동안에 흐르는 한류인 캘리포니아 해류보다 수온이 높아 용존 산소량이 적으며, 폭이 좁고 유속이 빠르다.

ㄷ. C에서 페루 해류는 고위도에서 저위도(남쪽에서 북쪽)로 흐르고 있고 챌린저호는 저위도에서 고위도(북쪽에서 남쪽)로 항해하고 있다. 따라서 챌린저호의 항해 방향과 해류의 방향은 서로 반대이다.

**03** 심층 순환의 모습을 통해 심층수의 평균 밀도는 남극 저층수>북대서양 심층수>남극 중층수 순임을 알 수 있다. 따라서 A는 남극 중층수, B는 북대서양 심층수, C는 남극 저층수이다.

ㄱ. A는 수온이 4~5℃에 해당하는 남극 중층수이다.

ㄷ. C는 B에 비해 염분은 낮지만 밀도는 더 크다. 그 이유는 수온이 더 낮기 때문이다. 따라서 C인 남극 저층수의 밀도는 염분보다는 수온의 영향을 더 크게 받고 있음을 알 수 있다.

**오답 피하기** ㄴ. 그린란드 빙하의 융해가 활발해지면 북대서양 표층 염분이 낮아져 북대서양에서의 표층 해수의 침강이 약해진다. 따라서 북대서양 심층수인 B의 흐름도 약해질 것이다.

**04** 현재 우리나라는 근일점에서 겨울, 원일점에서 여름이 나타난다. (가)는 공전 궤도 이심률이 작아지는 경우로, 원일점과 근일점간의 거리 차가 감소한다. (나)는 세차 운동에 의해 자전축의 경사 방향이 현재와 정반대가 되고, 자전축의 경사각이 현재보다 작아지는 경우이다.

ㄱ. (가)의 경우처럼 공전 궤도 이심률이 작아지면 근일점은 태양에서 멀어지고, 원일점은 태양과 가까워진다. 현재 우리나라는 원일점일 때 여름이므로 여름은 태양과 가까워져 여름의 기온은 상승하고, 근일점일 때 겨울이므로 겨울은 태양에서 멀어져 겨울의 기온은 하강한다. 따라서 우리나라의 기온의 연교차는 증가한다.

**오답 피하기** ㄴ. 현재 남반구 중위도 지역은 근일점일 때 여름이고, 원일점일 때 겨울이다. (나)의 경우처럼 세차 운동에 의해 자전축의 경사 방향이 현재와 정반대가 되면 근일점일 때 겨울이 되고, 원일점일 때 여름이 된다. 또한 자전축의 경사각이 감소하면 태양의 남중 고도는 여름철에 낮아지고, 겨울철에 높아진다. 즉, 여름철에는 태양의 남중 고도가 낮아지고 태양에서 멀어지므로 여름의 기온은 감소하고, 겨울철에는 태양의 남중 고도가 높아지고 태양과 가까워지므로 겨울의 기온은 증가하게 된다. 따라서 남반구 중위도 지역 기온의 연교차는 감소한다.

ㄷ. 1년 동안 지구에 도달하는 태양 복사 에너지의 양은 자전축의 경사나 자전축의 경사 방향과 관계없이, 태양으로부터의 평균 거리에 따라 달라진다. (나)의 경우 지구의 공전 궤도는 달라지지 않았으므로, 1년 동안 지구에 도달하는 태양 복사 에너지양은 변하지 않는다.

**05** 어느 해역에서 표층 해수가 빠져나가면 이를 보충하기 위해서 심층의 찬 해수가 표층으로 상승하는 현상을 용승이라 하고, 어느 해역에서 표층 해수가 모이면 표층의 해수가 심층으로 하강하는 현상을 침강이라 한다.

ㄱ. (가)의 적도 해역에서 동풍 계열의 무역풍에 의한 에크만 수송에 의해 표층 해수가 적도를 경계로 양극 쪽으로 발산한다.

ㄴ. 북반구의 서쪽 연안에서 북풍이 지속적으로 불 때 에크만 수송이 먼 바다 쪽으로 일어나므로, 표층 해수는 B에서 A로 이동한다.

ㄷ. (가)의 적도 해역과 (나)의 연안에서는 표층 해수의 발산이 일어나므로, 이를 보충하기 위해 심층의 찬 해수가 올라오는 용승이 나타난다.

**06** 지구 온난화는 대기 중 온실 기체의 증가로 온실 효과가 증대되어 평균 기온이 상승하는 현상이다. 수륙 분포, 지표면의 상태 등에 따라 위도에 따른 온난화 정도는 다르게 나타난다.

ㄱ. (가)에서 지표 기온 변화량은 고위도 지역에서 4~18의 값을 가지고, 저위도 지역에서 2~4의 값을 가진다. 따라서 온난화 정도는 고위도 지역이 저위도 지역보다 크게 나타난다.

ㄴ. (나)에서 지표 기온 변화량은 북반구에서 2~8의 값을 가지고, 남반구에서 2~14의 값을 가진다. 따라서 지표 기온 변화량은 남반구가 북반구보다 크다.

ㄷ. 남반구는 북반구와 계절이 반대이다. 12~2월은 남반구의 여름이고, 6~8월은 남반구의 겨울이다. 남반구의 여름에 해당하는 12~2월의 지표 기온 변화량의 값은 2~6이고, 겨울에 해당하는 6~8월의 지표 기온 변화량의 값은 4~14이다. 여름보다 겨울의 지표 기온 변화량의 값이 크므로, 남반구의 지표 기온의 연교차는 감소한다.

**07** 적도 부근 동태평양의 페루 부근 해역에서 엘니뇨가 발생하면 해수면 온도는 상승하고, 상승 기류가 발달하여 기압은 내려간다. 반면, 라니냐가 발생하면 해수면 온도는 하강하고, 평상시보다 하강 기류가 더 발달하여 기압은 올라간다.

**모범 답안** 수온과 기압은 대체로 반비례한다. 무역풍이 약해지면 페루 부근 해역의 수온은 상승하고 기압은 하강하지만, 무역풍이 강해지면 페루 부근 해역의 수온은 하강하고 기압은 상승하기 때문이다.

| 채점 기준 | 배점 |
| --- | --- |
| 관계를 적고, 그 이유를 무역풍을 포함하여 올바르게 설명한 경우 | 100% |
| 관계만 적은 경우 | 50% |

**08** ⑴ 전자기파 중 파장이 8~13 $\mu$m인 영역은 대기의 창으로 지구상에 적외선이 들어오는 통로로 이용될 수 있지만, 동시에 지구에서 우주로 방출하는 지구 복사 에너지의 통로로도 이용된다. 적외선 영역의 대기의 창을 이용하여, 인공위성에서 적외선 영상을 얻을 수 있다. 적외선 영상은 해수의 온도와 구름의 온도를 알 수 있게 해주며, 중위도에서 해수의 흐름 및 전선을 찾는 데도 이용된다.

**모범 답안** 8~13 $\mu$m 영역의 파장을 이용한다. 해수면에서 방출되는 적외선이 대기에 거의 흡수가 되지 않는 대기의 창 영역이기 때문이다.

| 채점 기준 | 배점 |
| --- | --- |
| 8~13 $\mu$m를 고르고, 그 이유를 대기의 창과 관련지어 올바르게 설명한 경우 | 100% |
| 8~13 $\mu$m를 고른 경우 | 50% |

(2) 해수의 순환은 주변 지역의 기후에 영향을 준다. 난류가 흐르는 지역은 같은 위도의 다른 지역에 비해 겨울철 기온이 더 높으며, 해수면의 온도 변화는 태풍의 강도 변화나 대기 순환에서 기압 분포의 변화를 일으키는 원인이 된다.

[모범 답안] 기온은 하강한다. A에서 B로 변하면, 동한 난류가 울릉도의 외해 쪽으로 이동하여 울릉도에 대한 동한 난류의 영향이 줄어들기 때문이다.

| 채점 기준 | 배점 |
| --- | --- |
| 기온 변화를 적고, 그 이유를 동한 난류를 포함하여 올바르게 설명한 경우 | 100% |
| 기온 변화만 적은 경우 | 50% |

## V. 별과 외계 행성계

워크북 68~69쪽

**01** ③　**02** ①　**03** ④　**04** ⑤　**05** ③　**06** ④　**07** 해설 참조

**08** 해설 참조　**09** 해설 참조

**01** ㄱ.주계열성은 표면 온도가 높을수록 질량이 크다. X는 Y보다 색지수가 작아 표면 온도가 높으므로 질량이 더 크다.

ㄷ.X는 색지수가 0.0이므로 분광형이 A형이다. A형은 수소 흡수선의 세기가 가장 강하다.

[오답 피하기] ㄴ.Y는 상대적으로 온도가 낮은 별이므로 B 필터(파란색 영역)를 통과한 에너지양이 V 필터(노란색 영역)를 통과한 에너지양보다 적기 때문에 B 등급이 V등급보다 크다.

**02** 별의 평균 밀도가 클수록 별의 대기층 밀도도 크고, 대기 입자들의 충돌도 빈번하다. 따라서 스펙트럼에 나타난 흡수선의 폭은 주계열성>적색 거성>초거성이다. 따라서 C는 주계열성, B는 적색 거성, C는 초거성이다.

ㄱ. 세 별은 모두 표면 온도가 같으므로 분광형이 동일한 별이다.

[오답 피하기] ㄴ. 스펙트럼의 흡수선 폭은 대기 입자들의 충돌이 많을수록 넓어진다고 하였으므로 별의 대기 밀도는 흡수선의 폭이 가장 넓은 C가 가장 크다.

ㄷ. 별의 반지름은 초거성 A가 가장 크다.

**03** ㄴ. (나)는 주계열성이므로 크기가 일정하게 유지되는 정역학 평형 상태에 있다.

ㄷ. (다)는 주계열성으로 진화 중인 원시별이다. 따라서 중심부의 온도는 주계열성인 (나)보다 원시별인 (가)가 낮다.

[오답 피하기] ㄱ. (가)는 주계열성에서 거성으로 진화 중인 별이다. 따라서 중심핵에서 수소 핵융합 반응이 끝난 별이다.

**04** ㄱ. ㉠은 태양보다 절대 등급이 10등급 작으므로 밝기는 태양보다 $100^2$배 밝다. 따라서 별이 단위 시간 동안 방출하는 에너지양(광도)은 ㉠이 태양의 약 $10^4$배이다.

ㄴ. ㉡은 백색 왜성이므로 주계열성인 태양보다 나이가 많다.

ㄷ. ㉠과 ㉡은 모두 시간이 흐를수록 H-R도의 오른쪽으로 이동하므로 색지수가 증가한다.

**05** A는 P-P 연쇄 반응, B는 CNO 순환 반응이다. 질량이 큰 주계열성일수록 중심부 온도가 높아서 CNO 순환 반응이 우세하다.

ㄷ. 별 X의 중심부에 대류핵이 발달하므로 질량이 태양 질량의 2배 이상인 별이다. 따라서 A 반응(P-P 연쇄 반응)보다 B 반응(CNO 순환 반응)이 우세하다.

[오답 피하기] ㄱ. 온도에 따른 에너지 생성량의 변화율은 P-P 연쇄 반응보다 CNO 순환 반응이 크다.

ㄴ. 태양의 중심부 온도는 약 1500만 K로 P-P 연쇄 반응이 더 우세하다.

**06** ㄱ. 행성의 공전 방향은 ㉠ → ㉣ → ㉢ → ㉡이며, 행성이 ㉠에 위치할 때 별이 멀어지는 속도가 최대가 되므로 스펙트럼에서 적색 편이가 가장 크다.

ㄷ. 별의 질량이 크면 행성에 작용하는 중력이 커지므로 공전 주기가 짧아져 스펙트럼의 파장 변화 주기도 짧아진다.

[오답 피하기] ㄴ. ㉣에서는 별이 시선 방향에 수직하게 움직이므로 별의 시선 속도는 0이다.

**07** 표면 온도가 약 10000K인 별의 (B-V) 색지수는 0.0이다. 태양의 표면 온도는 약 6000K로 (B-V) 색지수는 약 0.66이다.

[모범 답안] 태양의 표면 온도는 약 6000K이다. (가)에서 표면 온도가 6000K인 경우 B 필터(파란색) 영역보다 V 필터(노란색) 영역의 에너지양이 더 많다. 따라서 태양의 B 등급은 V 등급보다 크므로 색지수는 (+) 값을 갖는다.

| 채점 기준 | 배점 |
| --- | --- |
| 태양의 색지수를 B 등급과 V 등급의 차와 관련지어 옳게 설명한 경우 | 100% |
| 태양의 (B-V) 색지수에 대한 설명 중 부적절한 설명이 포함된 경우 | 50% |

**08** 두 별이 5등급 차이날 때 밝기는 100배에 해당한다. 주계열성의 광도를 알면 질량-광도 관계로부터 질량을 구할 수 있다.

[모범 답안] (1) A는 태양보다 절대 등급이 5등급 작으므로 광도는 100배 크다. 질량-광도 관계 그래프에서 광도가 100배일 때 별의 질량은 태양의 약 3배이므로 A의 질량은 태양 질량의 약 3배이다.

| 채점 기준 | 배점 |
| --- | --- |
| A의 절대 등급을 옳게 구하고, 질량-광도 관계를 이용하여 A의 질량을 옳게 구한 경우 | 100% |
| A의 질량을 구하는 과정에 대한 설명에서 부적절한 내용이 포함된 경우 | 50% |

(2) 태양의 내부 구조는 핵, 복사층, 대류층으로 이루어져 있고, A는 태양 질량의 약 3배이므로 내부 구조는 대류핵, 복사층으로 이루어져 있다.

| 채점 기준 | 배점 |
| --- | --- |
| 태양과 A의 내부 구조를 옳게 설명한 경우 | 100% |
| 태양의 내부 구조만 옳게 설명한 경우 | 50% |

**09** 별의 광도가 클수록 생명 가능 지대의 거리가 멀어지고, 폭이 넓어진다. 또한 별의 질량이 클수록 별의 진화 속도가 빠르다.

모범 답안 (1) 케플러 186은 태양보다 생명 가능 지대의 거리가 가까우므로 광도는 케플러 186은 태양보다 작다.
(2) 질량이 작은 주계열성일수록 진화 속도가 느리므로 생명 가능 지대에 더 오래 머물 수 있는 행성은 케플러 186f이다.

| 채점 기준 | 배점 |
|---|---|
| (1)과 (2)를 모두 옳게 설명한 경우 | 100% |
| (1)과 (2) 중에서 한 가지만 옳게 설명한 경우 | 50% |

---

### VI. 외부 은하와 우주 팽창 워크북 70~71쪽

**01** ④ **02** ① **03** ③ **04** ① **05** ⑤ **06** ③ **07** 해설 참조
**08** 해설 참조 **09** 해설 참조

**01** ㄴ. 색지수가 클수록 표면 온도가 낮으므로 나선 은하에서 붉은색 별의 비율은 핵의 크기가 큰 Sa형 은하에서 높다.
ㄷ. 은하를 구성하는 별들의 평균 온도는 색지수가 가장 작은 Irr(불규칙 은하)형이 가장 높다.
오답 피하기 ㄱ. 허블의 은하 분류 체계는 은하의 진화와 관련이 없다.

**02** ㄱ. (가)는 적색 편이량이 매우 큰 퀘이사이다. 퀘이사는 하나의 별처럼 보이는 퀘이사이다.
오답 피하기 ㄴ. (나)는 중심핵이 매우 밝게 관측되는 세이퍼트은하이다.
ㄷ. (가)와 (나)의 특이 은하는 모두 중심부에 블랙홀이 존재하는 활동성 은하이다.

**03** 적색 편이량으로부터 후퇴 속도를 구할 수 있고, 허블 법칙을 이용하여 은하의 거리를 구할 수 있다.
ㄱ. X의 후퇴 속도 $v=\dfrac{\Delta\lambda}{\lambda_0}\times c=\dfrac{200}{4000}\times(3\times10^5)=15000\,\text{km/s}$이다.
ㄷ. X보다 3배 멀리 있는 은하는 흡수선의 파장 변화량도 3배이다. 따라서 이 은하의 흡수선 파장은 4600Å으로 관측된다.
오답 피하기 ㄴ. (나)에서 허블 상수는 50 km/s/Mpc이므로 X의 거리 $r=\dfrac{15000\,\text{km/s}}{50\,\text{km/s/Mpc}}=300\,\text{Mpc}$이다.

**04** ㄱ. (가) 시기에 우주의 온도는 약 1억 K였으며, 이 시기에 빅뱅 핵합성에 의해 헬륨 원자핵이 형성되었다.
오답 피하기 ㄴ. 원자가 생성된 이후부터 투명한 우주가 되었기 때문에 빛이 자유롭게 공간을 진행할 수 있었다.
ㄷ. 우주 배경 복사는 우주가 팽창할수록 파장이 길어지기 때문에 적색 편이량 계속 증가한다.

**05** ㄱ. Ia형 초신성은 거의 일정한 질량에서 초신성 폭발을 일으키기 때문에 가장 밝아졌을 때의 광도가 거의 일정하다.
ㄴ. 모델 A는 초신성 관측 결과와 잘 일치한다. 따라서 A는 암흑 에너지를 고려한 모형으로 가속 팽창하는 우주를 잘 나타내고 있다.

ㄷ. Ia형 초신성은 적색 편이량이 클수록 먼 거리에 위치한다. 따라서 거리가 먼 Ia형 초신성일수록 모델 A와 B에서 예측한 겉보기 등급의 차가 커진다고 할 수 있다.

**06** ㄱ. 우주가 팽창하는 동안 복사 에너지 밀도는 물질 밀도에 비해 훨씬 빠르게 감소하였다. A 시기 이전에는 복사 시대, A 시기 이후에는 물질 시대에 해당하며, 최근에는 암흑 에너지 시대에 해당한다.
ㄷ. B 시기에는 물질의 영향이 크므로 팽창 속도가 감소하는 감속 팽창을 하였으며, 현재는 암흑 에너지에 의해 가속 팽창을 한다. 따라서 팽창 속도의 증가율은 A 시기보다 현재가 크다.
오답 피하기 ㄴ. 빅뱅 이후 현재까지 우주의 밀도에서 암흑 에너지가 차지하는 비율은 계속 증가하였고, 복사 에너지 밀도와 물질 밀도가 차지하는 비율은 계속 감소하였다.

**07** 모범 답안 거리 $r$인 은하의 후퇴 속도를 $v$라고 하면, 허블 법칙에 의해 $v=Hr$이다. 적색 편이량 $z=\dfrac{v}{c}$이고, 우주의 나이는 허블 상수 $H$의 역수이므로 우주의 나이는 $\dfrac{1}{H}=\dfrac{r}{v}=\dfrac{r}{cz}$이다.

| 채점 기준 | 배점 |
|---|---|
| 우주의 나이를 적색 편이량과 허블 상수를 이용하여 옳게 나타낸 경우 | 100% |
| 우주의 나이가 허블 상수의 역수임을 설명한 경우 | 40% |

**08** 모범 답안 급팽창 이론에 따르면 빅뱅 직후 급팽창이 일어나기 전까지는 우주의 크기가 지평선 크기보다 작아 정보를 충분히 교환할 수 있었다. 이 시기에는 빛이 충분히 뒤섞여 에너지 밀도가 균일해질 수 있었다. 이후 급팽창이 일어나 현재 지평선 너머에 위치한 두 지점에서 오는 우주 배경 복사가 거의 같은 온도로 나타날 수 있다.

| 채점 기준 | 배점 |
|---|---|
| 급팽창 이전에 에너지 밀도가 균질해질 수 있었던 까닭을 우주의 크기와 지평선 크기를 비교하여 옳게 설명한 경우 | 100% |
| 급팽창 이전과 이후에 우주의 크기와 지평선 크기만 옳게 비교한 경우 | 50% |

**09** 모범 답안 (1) B>A>C
(2) 우주의 곡률이 (+) 값을 갖는가?
(유사 답안) 우주의 평균 밀도가 평탄 우주보다 큰가?

| 채점 기준 | 배점 |
|---|---|
| (1)과 (2)를 모두 옳게 답한 경우 | 100% |
| (1)만 옳게 답한 경우 | 40% |

BON. 본

# BON 본
# EARTH SCIENCE I